PRESCRIÇÃO E DECADÊNCIA

O GEN | Grupo Editorial Nacional – maior plataforma editorial brasileira no segmento científico, técnico e profissional – publica conteúdos nas áreas de concursos, ciências jurídicas, humanas, exatas, da saúde e sociais aplicadas, além de prover serviços direcionados à educação continuada.

As editoras que integram o GEN, das mais respeitadas no mercado editorial, construíram catálogos inigualáveis, com obras decisivas para a formação acadêmica e o aperfeiçoamento de várias gerações de profissionais e estudantes, tendo se tornado sinônimo de qualidade e seriedade.

A missão do GEN e dos núcleos de conteúdo que o compõem é prover a melhor informação científica e distribuí-la de maneira flexível e conveniente, a preços justos, gerando benefícios e servindo a autores, docentes, livreiros, funcionários, colaboradores e acionistas.

Nosso comportamento ético incondicional e nossa responsabilidade social e ambiental são reforçados pela natureza educacional de nossa atividade e dão sustentabilidade ao crescimento contínuo e à rentabilidade do grupo.

ARNALDO RIZZARDO
ARNALDO RIZZARDO FILHO
CARINE ARDISSONE RIZZARDO

PRESCRIÇÃO E DECADÊNCIA

4.ª edição revista, atualizada e reformulada

- Os autores deste livro e a editora empenharam seus melhores esforços para assegurar que as informações e os procedimentos apresentados no texto estejam em acordo com os padrões aceitos à época da publicação, e todos os dados foram atualizados pelos autores até a data de fechamento do livro. Entretanto, tendo em conta a evolução das ciências, as atualizações legislativas, as mudanças regulamentares governamentais e o constante fluxo de novas informações sobre os temas que constam do livro, recomendamos enfaticamente que os leitores consultem sempre outras fontes fidedignas, de modo a se certificarem de que as informações contidas no texto estão corretas e de que não houve alterações nas recomendações ou na legislação regulamentadora.

- Fechamento desta edição: *14.03.2025*

- Os autores e a editora se empenharam para citar adequadamente e dar o devido crédito a todos os detentores de direitos autorais de qualquer material utilizado neste livro, dispondo-se a possíveis acertos posteriores caso, inadvertida e involuntariamente, a identificação de algum deles tenha sido omitida.

- **Atendimento ao cliente:** (11) 5080-0751 | faleconosco@grupogen.com.br

- Direitos exclusivos para a língua portuguesa
  Copyright © 2025 by
  Editora Forense Ltda.
  Uma editora integrante do GEN | Grupo Editorial Nacional
  Travessa do Ouvidor, 11 – Térreo e 6º andar
  Rio de Janeiro – RJ – 20040-040
  www.grupogen.com.br

- Reservados todos os direitos. É proibida a duplicação ou reprodução deste volume, no todo ou em parte, em quaisquer formas ou por quaisquer meios (eletrônico, mecânico, gravação, fotocópia, distribuição pela Internet ou outros), sem permissão, por escrito, da Editora Forense Ltda.

- Capa: Danilo Oliveira

- **CIP-BRASIL. CATALOGAÇÃO NA PUBLICAÇÃO**
  SINDICATO NACIONAL DOS EDITORES DE LIVROS, RJ

R533p
4. ed.

   Rizzardo, Arnaldo
      Prescrição e decadência / Arnaldo Rizzardo, Arnaldo Rizzardo Filho, Carine Ardissone Rizzardo. - 4. ed. - Rio de Janeiro : Forense, 2025.
      696 p. ; 24 cm.

      Inclui bibliografia
      ISBN 978-85-3099-703-8

      1. Direito civil - Brasil. 2. Decadência (Direito) - Brasil. 3. Prescrição (Direito civil). I. Rizzardo Filho, Arnaldo. II. Rizzardo, Carine Ardissone. III. Título.

25-96694.0   CDU: 347.131.2(81)

Meri Gleice Rodrigues de Souza - Bibliotecária - CRB-7/6439

Sobre os autores

Arnaldo Rizzardo

Advogado atuante, tendo exercido a Magistratura no Estado do Rio Grande do Sul, na função de juiz de direito e desembargador. Foi professor no ensino jurídico, é palestrante em nível nacional e integra várias entidades ligadas ao direito, como o Instituto dos Advogados do Rio Grande do Sul e a Academia Brasileira de Direito Civil. Foi vencedor, em primeiro lugar, de três concursos de monografias jurídicas de âmbito nacional, patrocinados pela Associação Brasileira de Magistrados. Possui vasta produção jurídica, que abrange, além de várias outras matérias, a abordagem sistemática do Código Civil Brasileiro de 2002.

Arnaldo Rizzardo Filho

Advogado. Especialista em Direito Tributário pelo Instituto Nacional de Estudos Jurídicos e Empresariais. Mestre em Direito e doutorando pela Universidade do Vale do Rio dos Sinos – São Leopoldo/RS. Autor de livros e diversos artigos jurídicos publicados em revistas especializadas.

Carine Ardissone Rizzardo

Advogada. Especialista, desde 2010, em Direito Empresarial pela Pontifícia Universidade Católica do Rio Grande do Sul. Autora de diversos artigos jurídicos publicados em revistas especializadas de direito.

Apresentação

Se é verdade que o ser humano se projeta, cresce, se realiza e expande sua vida na medida em que passa o tempo, em contrapartida, também constitui o curso do tempo a agonia do andar para o fim.

Numa outra dimensão, o fator temporal exerce função de relevo no sistema jurídico de normatização do exercício das prerrogativas legais e no desempenho dos deveres. Para consolidar as relações jurídicas e, sobretudo, as contratuais, por imposição do interesse de ordem pública, deve-se conferir estabilidade, certeza e segurança aos negócios, bem como fixar determinados lapsos temporais para a defesa e a busca de créditos, o reconhecimento de direitos ou a recomposição das ofensas ao patrimônio material e moral. Aos que se revelam relapsos ou se omitem na defesa e na reivindicação dos direitos decorrentes das relações jurídicas, se dá a aplicação da máxima romana *dormientibus non sucurrit jus*.

Consolidaram-se, como instrumentos para atingir tais objetivos, os institutos da prescrição e da decadência, que constituem uma constância em todos os campos dos direitos, exceto quanto aos fundamentais da pessoa humana, cujo exercício para a sua invocação não encontra limite no tempo. Outrossim, imprimiu-se o caráter de interesse público, tanto que a sua invocação não mais se configura como uma prerrogativa reconhecida apenas em favor das partes a quem aproveita, mas se torna proclamável de ofício pelo próprio juiz.

Nas definições, tem-se a prescrição como a perda de uma pretensão de exigir de alguém uma conduta própria, estando, no Código Civil, regulada nos arts. 189 a 206; e a decadência como a perda de um direito que não foi exercido pelo seu titular no prazo estabelecido em lei, constando a disciplina nos arts. 207 a 211 do mesmo Código. Com a prescrição, fica consolidado um estado de fato, transformando-o em estado de direito. Já pela decadência, limita-se no tempo a possibilidade de exercer um direito que modificaria uma situação jurídica. Em ambas as figuras, há a inação do titular de uma situação jurídica ativa durante o fluir de certo lapso de tempo, delimitado por um termo inicial e um termo final fixado pela lei.

Aproximam-se os institutos, em especial quando consequências são as mesmas, visto que a prescrição atinge a ação e, por via oblíqua, faz desaparecer o direito que tutela, enquanto a decadência alcança o direito e, em decorrência, extingue a ação. Todavia, em várias situações, a prescrição de um tipo de ação não inibe que se busque o direito por meio de uma demanda diferente, o que não ocorre com a decadência. Aí está uma diferença entre os dois institutos. De qualquer forma, o reconhecimento de uma ou outra figura importa na resolução do mérito do processo judicial, dispensando que se ingresse em outras matérias porventura aventadas, por força do art. 487, II, do Código de Processo Civil, vindo com a Lei nº 13.105, de 16.03.2015.

Desconhecidas as figuras no direito romano primitivo, quando as ações eram perpétuas, a prescrição passou a ser admitida somente no tempo da Lei das XII Tábuas e do direito pretoriano, como na defesa da posse, seguramente constituindo os instrumentos mais importantes na proclamação e na extinção dos direitos, em especial no que toca à prescrição, porquanto reconhecida nas espécies aquisitiva e extintiva, isto é, arvora-se em fonte de criação e de perda de direitos. Vale afirmar que a inércia dos titulares no exercício de busca dos interesses próprios conduz à formação de direitos em favor daqueles que se encontram na posse de bens, e à perda ou à extinção dos direitos contra aqueles que deixaram de exercer a posse ou de usufruir as prerrogativas e as qualidades dos bens.

São esses fenômenos admitidos, reconhecidos e invocáveis em todos os ramos ou áreas do Direito, como na introdução ao direito civil, no direito empresarial e concursal, no direito de família, no direito individual e coletivo do trabalho, no direito processual civil e do trabalho, no direito administrativo, no direito tributário, no direito previdenciário, no direito do consumidor, no direito de trânsito, no direito intelectual, na propriedade industrial, no direito das sucessões, no direito das locações, no direito agrário, na responsabilidade civil, no direito societário, no direito condominial, nos contratos, no direito cambial etc. Por isso, infindável é o campo de seu estudo, não se tornando possível esgotar a matéria, pois surgem novas dimensões a cada tempo. Há, é verdade, várias súmulas, buscando, em síntese, a simplificação e a uniformização de certos assuntos e, dando por definidas questões controvertidas.

O Código Civil de 2002, contrariamente ao de 1916, que disciplinava assistematicamente todos os prazos extintivos como prescricionais, organizou e separou as matérias, definindo prazos prescricionais, os quais atingem as pretensões respectivas, e especificando prazos decadenciais quando necessário ao longo de suas normas. Digno de menção, o atual Código traz ao ordenamento jurídico brasileiro novos prazos prescricionais e decadenciais, além de reduzir os do regime revogado com a finalidade de imprimir segurança jurídica e favorecer a pacificação social, com o que se evita a litigância eterna entre os sujeitos de direito. Em verdade, o diploma civil vigente adequou os prazos de prescrição à velocidade das relações econômicas e sociais da sociedade pós-moderna.

Todavia, a maior extensão dos institutos encontra-se em outros diplomas legais, que definem especificadamente os prazos para o exercício da pretensão ou dos direitos que regulamentam, mormente no Direito Administrativo, no direito tributário e no direito empresarial.

No curso da obra, após o devido tratamento de aspectos conceituais e constitutivos, desenvolveram-se os estudos nos importantes ramos do direito privado, nele incluído o Código Civil; do direito público e do administrativo, com ampla abordagem nos ramos dos tributos, da previdência social, dos títulos de crédito e do direito do trabalho, dando o enfoque legal, doutrinário e jurisprudencial, sem entrar em longas e estéreis discussões teóricas de pouca utilidade prática.

Entre as várias outras matérias abordadas, e de realçada controvérsia, estão o fundo do direito, o dano moral, as ações e outras categorias de bens imprescritíveis, com destaque para as declaratórias, que não se dirigem a reclamar uma prestação, ou a exercitar algum direito, mas foram criadas para a obtenção da "certeza jurídica", que é a proclamação judicial da existência ou inexistência de determinada relação jurídica. Na categoria declaratória, encontram-se as ações de estado, relacionadas aos direitos de personalidade da pessoa, ao seu estado pessoal dentro da sociedade civil, dizendo, também, respeito à filiação, à cidadania, à condição conjugal, à interdição, à paternidade, ao casamento, à integridade etc. Acerbadas discussões, outrossim, envolvem a prescrição na ação civil pública e na iniciativa do Poder Público em dar início à ação punitiva na violação da lei. Em campos mais serenos, variadas formas contratuais reguladas pelo direito codificado, bem como as criadas por leis especiais, foram descritas e analisadas perante a prescrição e a decadência, com a discriminação de prazos para a iniciativa de estancar ou de reiniciar o reconhecimento ou a perda de direitos.

Acredita-se que este trabalho traz uma visão profunda, abrangente, inovadora, sistematizada e bastante global desses institutos de constantes e renovadas discussões em todos os campos do direito.

Obras dos autores

Arnaldo Rizzardo, Arnaldo Rizzardo Filho e Carine Ardissone Rizzardo
Prescrição e Decadência. 4. ed. Rio de Janeiro: Forense, 2025. Em coautoria com Arnaldo Rizzardo Filho e Carine Ardissone Rizzardo.

Arnaldo Rizzardo
Contratos – Lei nº 10.406, de 10.01.2002. 21. ed. Rio de Janeiro: Forense, 2022.
Direito do Agronegócio. 8. ed. Rio de Janeiro: Forense, 2024*Direito das Coisas* – Lei nº 10.406, de 10.01.2002. 9. ed. Rio de Janeiro: Forense, 2021.
Introdução ao direito e parte geral do Código Civil – Lei nº 10.406, de 10.01.2002. 8. ed. Rio de Janeiro: Forense, 2016.
Condomínio edilício e incorporação imobiliária. 9. ed. Rio de Janeiro: Forense, 2021.
Direito das obrigações – Lei nº 10.406, de 10.01.2002. 10. ed. Rio de Janeiro: Forense, 2025.
Direito das sucessões – Lei nº 10.406, de 10.01.2002. 11. ed. Rio de Janeiro: Forense, 2019.
Responsabilidade civil – Lei nº 10.406, de 10.01.2002. 8. ed. Rio de Janeiro: Forense, 2019.
Títulos de crédito – Lei nº 10.406, de 10.01.2002. 6. ed. Rio de Janeiro: Forense, 2021.
Acidentes de Trânsito: Reparação e Responsabilidade. 14 ed. Rio de Janeiro, Forense, 2022.
Ação civil pública e ação de improbidade administrativa. 5. ed. Curitiba, Juruá Editora, 2022.
Direito de empresa – Lei nº 10.406, de 10.01.2002. 7. ed. Rio de Janeiro: Forense, 2019.
Direito de família – Lei nº 10.406, de 10.01.2002. 10. ed. Rio de Janeiro: Forense, 2019.
Promessa de compra e venda e parcelamento do solo urbano – Lei nº 6.766/79. 11. ed. Curitiba: Juruá Editora, 2020.
Servidões. 2. ed. Rio de Janeiro: Forense, 2014.
Comentários ao Código de Trânsito Brasileiro. 11. ed. São Paulo: Thomson Reuters – Revista dos Tribunais, 2023.
Contratos de crédito bancário. 12. ed. Curitiba: Juruá Editora, 2020.
O "leasing". 9. ed. Curitiba: Juruá Editora, 2020.
A Sentença. São Paulo: Thomson Reuters – Editora Revista dos Tribunais, 2021.
Limitações do trânsito em julgado e desconstituição da sentença. Rio de Janeiro: Forense, 2009.
Factoring. 3. ed. São Paulo: Revista dos Tribunais, 2004.
Planos de assistência e seguros de saúde (em coautoria com Eduardo Heitor Porto, Sérgio B. Turra e Tiago B. Turra). Porto Alegre: Livraria do Advogado Editora, 1999.
Casamento e concubinato – Efeitos patrimoniais. 2. ed. Rio de Janeiro: Aide Editora, 1987.

O uso da terra no direito agrário (loteamentos, desmembramentos, acesso às terras rurais, usucapião especial – Lei nº 6.969). 3. ed. Rio de Janeiro: Aide Editora, 1986.

Reajuste das prestações do Banco Nacional da habitação. Porto Alegre: Sérgio Antônio Fabris Editor, 1984.

Da ineficácia dos atos jurídicos e da lesão no direito. Rio de Janeiro: Forense, 1983.

Arnaldo Rizzardo Filho

Em coautoria com SANTOS, P. J. T. *Questões: 1. Desafios aos Direitos Fundamentais e ao Judiciário; 2. Na Sociedade Digital*: homenagem ao desembargador Paulo Sérgio Velten Pereira. 1. ed. São Luis, Maranhão: ESMAM, 2023.

Curso de Redes Contratuais. 1. ed. Porto Alegre: Livraria dos Advogados Editora, 2022.

Em coautoria com BALADAO, C. E. (Org.). *Caderno de Resumos do Grupo de Estudos de Redes Contratuais e Estruturas de Plataforma*. 2. ed. Porto Alegre: OABRS, 2022.

Em coautoria com BALADAO, C. E. (Org.). *Caderno de Resumos do Grupo de Estudo Redes Contratuais*. 1. ed. Porto Alegre: OAB RS, 2021.

Redes Empresariais e Organização Contratual na Nova Economia. 1. ed. Florianópolis: Tirant lo Blanch, 2018.

Redes Empresariais e a Nova Lex Mercatoria: Uma Análise Transdisciplinar Para o Direito Comercial. 1. ed. Florianópolis: Tirant lo Blanch, 2018.

Sumário

CAPÍTULO I – O EFEITO DO TEMPO 1
   1. A vida dos direitos 1
   2. Os limites temporais para o exercício do direito 3
   3. O decurso do tempo e liberação de obrigações.. 4

CAPÍTULO II – PRESCRIÇÃO E DECADÊNCIA 5
   1. Prescrição como perda de ação para exercer um direito 5
   2. A decadência como perda do direito... 7
   3. A distinção entre prescrição e decadência 7
   4. A origem e a importância da prescrição e da decadência 9

CAPÍTULO III – A PRESCRIÇÃO NAS AÇÕES PESSOAIS E NAS AÇÕES REAIS 11

CAPÍTULO IV – O INÍCIO DA PRESCRIÇÃO E INÍCIO DO PRAZO PARA O EXERCÍCIO DA AÇÃO 13

CAPÍTULO V – PRESCRIÇÃO E DECADÊNCIA DIANTE DA CLASSIFICAÇÃO DAS AÇÕES 16

CAPÍTULO VI – RENÚNCIA DA PRESCRIÇÃO E DA DECADÊNCIA 20

CAPÍTULO VII – A PRESCRIÇÃO AQUISITIVA E A EXTINTIVA OU LIBERATÓRIA 24

CAPÍTULO VIII – PRESCRIÇÃO COMO EXCEÇÃO 26

CAPÍTULO IX – PROIBIÇÃO EM ALTERAR OS PRAZOS DA PRESCRIÇÃO E FACULDADE DE AS PARTES ESTABELECEREM A DECADÊNCIA 28

CAPÍTULO X – PRESCRIÇÃO INTERCORRENTE 31
   1. A inércia no andamento do processo judicial pelo período da prescrição 31
   2. A contagem do início do prazo de prescrição 32

3. Prazos na prescrição intercorrente e não inclusão, na contagem, dos prazos de suspensão previstos na execução judicial 32
4. O decurso do prazo para o cumprimento de medidas judiciais nas execuções fiscais 38
5. A decretação de ofício da prescrição intercorrente nas execuções fiscais 40

CAPÍTULO XI – PRESCRIÇÃO, PEREMPÇÃO E PRECLUSÃO 42

CAPÍTULO XII – MOMENTO E LEGITIMIDADE PARA A ALEGAÇÃO DA PRESCRIÇÃO 45

CAPÍTULO XIII – A PRESCRIÇÃO QUANTO AOS RELATIVAMENTE INCAPAZES 48

CAPÍTULO XIV – POSSIBILIDADE DE O JUIZ DECRETAR DE OFÍCIO A PRESCRIÇÃO E A DECADÊNCIA 49

CAPÍTULO XV – A CONTINUAÇÃO DA PRESCRIÇÃO NA SUCESSÃO DE OBRIGAÇÕES OU DIREITOS 52

CAPÍTULO XVI – A PRESCRIÇÃO DOS DIREITOS ACESSÓRIOS E DA EXCEÇÃO 56

CAPÍTULO XVII – SUSPENSÃO DA PRESCRIÇÃO 58
1. A ideia de suspensão e distinções 58
2. A classificação segundo o Código Civil e casos especiais 59

CAPÍTULO XVIII – INTERRUPÇÃO DA PRESCRIÇÃO 65
1. O efeito da interrupção e distinções 65
2. Situações que estabelecem a interrupção segundo o Código Civil 66
3. Interrupção da prescrição pela citação e improcedência ou extinção da ação 73
4. Interrupção pela citação em pedido de tutela provisória 75
5. O recomeço da prescrição interrompida 77
6. Legitimidade para promover a interrupção da prescrição 79

CAPÍTULO XIX – APLICAÇÃO DA LEI NO TEMPO EM MATÉRIA DE PRESCRIÇÃO 81

CAPÍTULO XX – AUMENTO OU REDUÇÃO DO PRAZO PRESCRICIONAL E DECADENCIAL NO CURSO DE UMA RELAÇÃO JURÍDICA 84

CAPÍTULO XXI – CITAÇÃO NULA E PRESCRIÇÃO 89

CAPÍTULO XXII – A EXTENSÃO DA PRESCRIÇÃO PERANTE TERCEIROS E SOLIDARIEDADE 91

CAPÍTULO XXIII – PRAZOS DA PRESCRIÇÃO NO CÓDIGO CIVIL 94

1. O conceito de prazo e seu início 94
2. Prazo ordinário 94
   - 2.1. Prazo ordinário no inadimplemento contratual 97
3. Prazos especiais 99
   - 3.1. A pretensão para o pagamento das despesas de hospedagem e de alimentação 100
   - 3.2. A pretensão do segurado contra o segurador, ou deste contra aquele e ação de regresso 100
   - 3.3. A pretensão na percepção de emolumentos, custas e honorários de árbitros e peritos 109
   - 3.4. A pretensão contra os peritos, pela avaliação de bens que entram para a formação do capital de sociedade anônima 109
   - 3.5. Pretensão dos credores não pagos contra os sócios ou acionistas e os liquidantes 110
   - 3.6. Pretensão a prestações alimentícias 111
   - 3.7. Pretensão às prestações relativas a aluguéis 112
   - 3.8. Pretensão ao recebimento de prestações vencidas de rendas temporárias ou vitalícias 112
   - 3.9. Pretensão em haver juros, dividendos ou quaisquer prestações acessórias 113
   - 3.10. Pretensão ao ressarcimento por enriquecimento sem causa 114
   - 3.11. Pretensão à reparação civil 114
   - 3.12. Pretensão à restituição de lucros ou dividendos recebidos de má-fé 116
   - 3.13. Pretensão ao ressarcimento contra fundadores, administradores, fiscais e liquidantes de sociedades anônimas 117
   - 3.14. Pretensão para haver o pagamento de títulos de crédito 119
   - 3.15. Pretensão do beneficiário e do terceiro prejudicado no seguro obrigatório 122
   - 3.16. Pretensão relativa à tutela na interdição de incapazes 126
   - 3.17. Pretensão para a cobrança de dívidas líquidas 127
   - 3.18. Pretensão dos profissionais liberais, dos procuradores judiciais, dos curadores e dos professores por seus honorários 127
   - 3.19. Pretensão para reaver o que se despendeu em juízo 129

CAPÍTULO XXIV – O COMEÇO DA PRESCRIÇÃO PARA EXERCER A PRETENSÃO NA PENDÊNCIA DE AÇÃO PENAL 131

CAPÍTULO XXV – PRESCRIÇÃO DA PRETENSÃO PARA A REPARAÇÃO DO DANO MORAL POR CRIME DE IMPRENSA 136

CAPÍTULO XXVI – A PRESCRIÇÃO E O CUMPRIMENTO DA PRETENSÃO INDENIZATÓRIA 138

CAPÍTULO XXVII – A PRESCRIÇÃO NO REDIRECIONAMENTO DA AÇÃO CONTRA O ADMINISTRADOR OU SÓCIO DA PESSOA JURÍDICA 140

CAPÍTULO XXVIII – A PRESCRIÇÃO NO USUCAPIÃO 144

1. A prescrição aquisitiva 144
2. O usucapião *pro labore* 144
3. Usucapião especial de terras rurais e sistemas legais vigentes 145
4. Usucapião extraordinário 147
5. Usucapião ordinário 149
6. Usucapião especial urbano individual e coletivo 150
7. Usucapião especial urbano em favor do cônjuge ou companheiro separado que permanece no imóvel 152
8. Suspensão e interrupção do prazo prescricional no usucapião 154
9. A interrupção da prescrição relativamente ao usucapiente herdeiro pela transmissão da herança 157

CAPÍTULO XXIX – A PRESCRIÇÃO NA PARTILHA ANULÁVEL E NA PARTILHA NULA 161

1. A anulação por vícios ou defeitos 161
2. As nulidades absolutas e o tratamento diante das nulidades relativas 161
3. A anulação da partilha amigável 163

CAPÍTULO XXX – PRESCRIÇÃO DA AÇÃO DE PETIÇÃO DE HERANÇA 167

CAPÍTULO XXXI – A PRESCRIÇÃO NAS COLAÇÕES E NAS DOAÇÕES INOFICIOSAS 170

1. O conceito de colação 170
2. A finalidade da colação 170
3. Herdeiros obrigados à colação 171
4. Exceções à colação 172
5. A prescrição da ação visando à colação 173
6. A prescrição da ação visando à anulação da doação inoficiosa 175

CAPÍTULO XXXII – A PRESCRIÇÃO NA SONEGAÇÃO DE BENS 177

CAPÍTULO XXXIII – A PRESCRIÇÃO NO DANO MORAL 180

1. Caracterização e espécies 180
2. Posições sobre a prescrição 181
3. A predominância da prescrição no prazo de dez anos 182
4. Dano moral e prescrição nas relações consumeristas 186

CAPÍTULO XXXIV – O PRAZO DA PRESCRIÇÃO PARA A PRESTAÇÃO DE ALIMENTOS E PARA A PRESTAÇÃO DA INDENIZAÇÃO COM CARÁTER ALIMENTAR.. 187

CAPÍTULO XXXV – A PRESCRIÇÃO NOS PLANOS DE SAÚDE.................. 189
1. Noções sobre os planos de saúde 189
2. Espécies de planos de saúde 190
3. A contratação de associados 192
4. Doenças e Lesões Preexistentes (DLP) e cobertura parcial temporária 193
5. Renovação automática dos contratos após o vencimento............................. 195
6. Proibição em recusar associados e em interromper o internamento 195
7. A mudança das contraprestações pecuniárias em função da idade, da sinistralidade ou da variação de custos 196
8. O tratamento da prescrição 198

CAPÍTULO XXXVI – A PRESCRIÇÃO E A DECADÊNCIA NO CONDOMÍNIO EDILÍCIO... 207

CAPÍTULO XXXVII – PRESCRIÇÃO PARA ANULAR DELIBERAÇÕES DE ASSEMBLEIA GERAL E PARA RECLAMAÇÕES CONTRA A COOPERATIVA... 210

CAPÍTULO XXXVIII – A PRESCRIÇÃO NO CONTRATO DE AGÊNCIA OU REPRESENTAÇÃO COMERCIAL... 213

CAPÍTULO XXXIX – A PRESCRIÇÃO DE PRESTAÇÕES PERIÓDICAS VENCIDAS EM OBRIGAÇÕES DE CUMPRIMENTO PARCELADO E SUCESSIVO... 216

CAPÍTULO XL – PRESCRIÇÃO DO FUNDO DO DIREITO E PRESCRIÇÃO DAS PRESTAÇÕES.. 218

CAPÍTULO XLI – A PRESCRIÇÃO AQUISITIVA DAS SERVIDÕES.............. 221
1. As servidões objeto de aquisição pela prescrição 221
2. Usucapião ordinário 224
3. Usucapião extraordinário 228
4. Usucapião quanto ao modo do exercício da servidão 229

CAPÍTULO XLII – A PRESCRIÇÃO AQUISITIVA OU O USUCAPIÃO DA PASSAGEM FORÇADA.. 230

CAPÍTULO XLIII – PERDA DA SERVIDÃO PELO NÃO USO DURANTE O PRAZO DE DEZ ANOS... 232

CAPÍTULO XLIV – PRESCRIÇÃO NAS INFRAÇÕES DA ORDEM ECONÔMICA.... 234

CAPÍTULO XLV – A PRESCRIÇÃO DE DÍVIDAS BANCÁRIAS 239

CAPÍTULO XLVI – A PRESCRIÇÃO NO DEPÓSITO BANCÁRIO 243

1. Depósito bancário 243
2. Valores depositados em bancos e incidência das regras do mútuo 244
3. O prazo dos depósitos e da prescrição 245
4. A imprescritibilidade durante o depósito 246

CAPÍTULO XLVII – A PRESCRIÇÃO NO DIREITO ADMINISTRATIVO 251

CAPÍTULO XLVIII – A PRESCRIÇÃO E AS PESSOAS JURÍDICAS DE DIREITO PÚBLICO 254

CAPÍTULO XLIX – A PRESCRIÇÃO À RECLAMAÇÃO EM FACE DOS ATOS ADMINISTRATIVOS 258

CAPÍTULO L – A PRESCRIÇÃO DA AÇÃO PUNITIVA DA ADMINISTRAÇÃO PÚBLICA FEDERAL 259

CAPÍTULO LI – A PRESCRIÇÃO DA AÇÃO DISCIPLINAR PARA A APLICAÇÃO DE PENALIDADES ADMINISTRATIVAS A FUNCIONÁRIOS 261

1. As penalidades aplicáveis no plano federal 261
2. O começo do prazo de prescrição 263
3. Interrupção do prazo prescricional 265
4. Prazo para concluir a sindicância e o processo administrativo 266

CAPÍTULO LII – PRESCRIÇÃO DO DIREITO DE AÇÃO CONTRA ATOS RELATIVOS A CONCURSOS PÚBLICOS 268

CAPÍTULO LIII – APLICAÇÃO DO PRAZO DE PRESCRIÇÃO DO CÓDIGO PENAL NAS INFRAÇÕES ADMINISTRATIVAS 271

CAPÍTULO LIV – A PRESCRIÇÃO NAS PRETENSÕES SOBRE ÁGUAS PÚBLICAS 274

CAPÍTULO LV – A PRESCRIÇÃO NA IMPROBIDADE ADMINISTRATIVA 275

1. Atos atentatórios à Administração Pública, prazo para propor a ação de improbidade e hipóteses de suspensão e interrupção 275
2. A prescrição para os ocupantes de cargos temporários 277
3. A divergência de prazos de prescrição entre categorias de funcionários estatutários e de funcionários submetidos à Lei de Improbidade 278
4. A prescrição para as pessoas particulares que não desempenham a função pública 281
5. A lei mais benéfica e sua retroatividade 282
6. A prescrição das ações puramente ressarcitórias 285

CAPÍTULO LVI – A PRESCRIÇÃO NA AÇÃO CIVIL PÚBLICA 291

1. A propositura da ação e vigência dos direitos 291
2. A defesa de interesses a favor ou contra a Administração Pública 291
3. A defesa de interesses particulares 292
4. A defesa de interesses em violações permanentes ou que prosseguem no tempo ... 293
5. O cumprimento de sentença proferida na ação civil pública 294

CAPÍTULO LVII – PRESCRIÇÃO E DECADÊNCIA NOS CRÉDITOS PÚBLICOS NÃO TRIBUTÁRIOS DE NATUREZA PATRIMONIAL 297

CAPÍTULO LVIII – A PRESCRIÇÃO E A DECADÊNCIA NA DESAPROPRIAÇÃO 302

1. A abrangência da desapropriação 302
2. A desapropriação por necessidade ou utilidade pública 302
3. A desapropriação por interesse social diferente da reforma agrária 304
4. A desapropriação por interesse social para fins de reforma agrária 304
5. Desapropriação de imóveis urbanos para fins de urbanização 306
6. Processo de desapropriação e prazos decadenciais 307
7. Retrocessão e prescrição 309
8. Desapropriação indireta 311

CAPÍTULO LIX – A PRESCRIÇÃO NA ARBITRAGEM 314

CAPÍTULO LX – A PRESCRIÇÃO E A DECADÊNCIA NAS SOCIEDADES POR AÇÕES 319

1. Conceito e distinções 319
2. Prazos de prescrição estabelecidos no Código Civil e na Lei nº 6.404/1976 320
   2.1. A pretensão contra os peritos, pela avaliação de bens que entram para a formação do capital de sociedade anônima 321
   2.2. Pretensão dos credores não pagos contra os sócios ou acionistas e os liquidantes 321
   2.3. Pretensão em haver juros, dividendos ou quaisquer prestações acessórias 322
   2.4. Pretensão à restituição de lucros ou dividendos recebidos de má-fé 323
   2.5. Pretensão ao ressarcimento contra fundadores, administradores, fiscais e liquidantes de sociedades anônimas 323
   2.6. Prescrição na ação para buscar a complementação de ações 326
3. Prazos de prescrição estabelecidos na Lei nº 6.404/1976 326
   3.1. Pretensão à anulação da constituição da sociedade 327
   3.2. Pretensão à anulação das deliberações da assembleia geral 327
   3.3. Pretensão à restituição de valores pagos indevidamente 328

3.4. Pretensão à indenização por danos causados pelo agente fiduciário 328
3.5. Pretensão à indenização contra o vendedor que viola o dever de sigilo.... 329
3.6. Pretensão contra a companhia 329

CAPÍTULO LXI – A PRESCRIÇÃO NO USO DAS ÁGUAS SUPÉRFLUAS DAS CORRENTES COMUNS E DAS NASCENTES 330

CAPÍTULO LXII – A PRESCRIÇÃO NA LIQUIDAÇÃO DAS INSTITUIÇÕES FINANCEIRAS E DAS COOPERATIVAS DE CRÉDITO 335

CAPÍTULO LXIII – PRESCRIÇÃO E DANO AMBIENTAL 338
1. Elementos do meio ambiente 338
2. O prazo prescricional da ação punitiva da Administração Pública 341
3. A interrupção da prescrição na incidência das cominações administrativas 343
4. A imprescritibilidade enquanto perdura o dano ambiental 343

CAPÍTULO LXIV – A IMPRESCRITIBILIDADE DOS DIREITOS FUNDAMENTAIS 347
1. Conceituação e natureza dos direitos fundamentais 347
2. A relação dos direitos fundamentais 347
3. A variação de categorias no tempo e gerações de direitos fundamentais 351
4. A imprescritibilidade 352
5. O tratamento dado pelos tribunais 353

CAPÍTULO LXV – A IMPRESCRITIBILIDADE DAS AÇÕES QUANTO AOS BENS PÚBLICOS E DAS AÇÕES DE RESSARCIMENTO AO ERÁRIO PÚBLICO .. 357

CAPÍTULO LXVI – A IMPRESCRITIBILIDADE NOS NEGÓCIOS OU ATOS NULOS 362
1. A abrangência da invalidade dos atos ou negócios 362
2. Especificamente a nulidade do negócio jurídico 363
3. Impossibilidade de confirmação do negócio nulo e sua imprescritibilidade 365

CAPÍTULO LXVII – A IMPRESCRITIBILIDADE DAS TERRAS OCUPADAS PELOS INDÍGENAS 367

CAPÍTULO LXVIII – A IMPRESCRITIBILIDADE NO DIREITO À MUDANÇA DE SERVIDÕES 371

CAPÍTULO LXIX – A IMPRESCRITIBILIDADE DO MARIDO EM CONTESTAR A PATERNIDADE DOS FILHOS 373

CAPÍTULO LXX – IMPRESCRITIBILIDADE DA AÇÃO DE NULIDADE RELATIVA A IMPEDIMENTOS DO CASAMENTO 375

CAPÍTULO LXXI – A IMPRESCRITIBILIDADE NO DIREITO PENAL..................	377
CAPÍTULO LXXII – A DECADÊNCIA NO CÓDIGO CIVIL..............................	380
CAPÍTULO LXXIII – EXEMPLIFICAÇÕES DE DECADÊNCIA........................	383
CAPÍTULO LXXIV – A DECADÊNCIA E A PRESCRIÇÃO NO CAMPO DO DIREITO DO CONSUMIDOR	398
CAPÍTULO LXXV – A DECADÊNCIA DOS DIREITOS DOS INVESTIDORES.....	403
CAPÍTULO LXXVI – A DECADÊNCIA PARA A ADMINISTRAÇÃO PÚBLICA INVALIDAR SEUS PRÓPRIOS ATOS E A DECADÊNCIA PARA SE ANULAR ATOS INCONSTITUCIONAIS...	407
CAPÍTULO LXXVII – A DECADÊNCIA NA AÇÃO POPULAR.........................	411
CAPÍTULO LXXVIII – A DECADÊNCIA NO MANDADO DE SEGURANÇA.....	413
CAPÍTULO LXXIX – A DECADÊNCIA E A PRESCRIÇÃO PERANTE AS TEORIAS DO FATO CONSUMADO, DA *SUPRESSIO* E DA *SURRECTIO*.............	418
1. Direitos imunes à ação do tempo em razão de perdurarem as situações fáticas e jurídicas	418
2. A teoria do fato consumado...	418
3. O reconhecimento de direitos de uso ou proveito, embora contrários à convenção, com base nas teorias da *supressio* e da *surrectio*	422
CAPÍTULO LXXX – A DECADÊNCIA E A PRESCRIÇÃO NAS VÁRIAS MODALIDADES DE TRANSPORTE DE COISAS	428
CAPÍTULO LXXXI – DECADÊNCIA EM EXIGIR QUE SE DESFAÇAM JANELAS E OUTRAS ABERTURAS OU OBRAS SOBRE O PRÉDIO VIZINHO	431
CAPÍTULO LXXXII – DECADÊNCIA DO DIREITO DE PREFERÊNCIA NA ALIENAÇÃO DO IMÓVEL DURANTE O ARRENDAMENTO E A PARCERIA RURAL...	434
CAPÍTULO LXXXIII – DECADÊNCIA DO DIREITO DE PREFERÊNCIA NA VENDA DE QUINHÃO EM COISA COMUM..	437
CAPÍTULO LXXXIV – DECADÊNCIA DO DIREITO DE PREFERÊNCIA DO LOCATÁRIO NA TRANSFERÊNCIA DO IMÓVEL...	441
CAPÍTULO LXXXV – DECADÊNCIA NA VENDA DE ASCENDENTE A DESCENDENTE...	443
1. A anulabilidade e a visão na legislação anterior...	443
2. A venda por interposta pessoa	444

3. O consentimento dos demais descendentes e do cônjuge do alienante 445
4. A necessidade do prejuízo aos demais descendentes e da prova da fraude 446
5. Oportunidade para a propositura da ação 446
6. Prazo de decadência e seu início 447
7. Venda anterior ao reconhecimento da paternidade 449

CAPÍTULO LXXXVI – A DECADÊNCIA NA REVOGAÇÃO DAS DOAÇÕES 451

1. Revogação da doação por ingratidão 451
2. Causas de revogação 452
3. Revogação e direitos de terceiros 453
4. Prazo para promover a revogação 454
5. Revogação da doação por descumprimento de encargo 455

CAPÍTULO LXXXVII – A DECADÊNCIA NA VENDA *AD CORPUS* E NA VENDA *AD MENSURAM* 457

1. Venda *ad corpus* e venda *ad mensuram* 457
2. Tipos de venda *ad corpus* e de venda *ad mensuram* 458
3. Alternativas judiciais oferecidas ao comprador 459
4. Excesso de área na venda 460
5. Decadência do direito de invocar a falta ou o excesso de área 460

CAPÍTULO LXXXVIII – A DECADÊNCIA NOS VÍCIOS REDIBITÓRIOS 462

1. Caracterização 462
2. Requisitos configuradores dos vícios redibitórios 463
3. Conhecimento ou desconhecimento dos vícios pelo alienante 464
4. Perecimento da coisa 465
5. Ações asseguradas ao adquirente 465
6. Erro e vício redibitório 466
7. Cláusula de renúncia à responsabilidade pelos vícios redibitórios 467
8. Prazo de decadência do direito 467

CAPÍTULO LXXXIX – DECADÊNCIA DO DIREITO DE PEDIR A DEVOLUÇÃO DO IMÓVEL NO ARRENDAMENTO E PARCERIA RURAL 470

CAPÍTULO XC – DECADÊNCIA DO DIREITO DE RENOVAÇÃO NO CONTRATO DE LOCAÇÃO DE IMÓVEL 474

1. Requisitos para a renovação, incluindo o prazo decadencial 474
2. Titularidade do direito 475
3. Procedimento judicial e a defesa do locador na ação renovatória 477
4. Indenização em favor do locatário 479

CAPÍTULO XCI – DECADÊNCIA NO CONTRATO DE CONSTRUÇÃO POR EMPREITADA 481

1. A construção por empreitada 481
2. Espécies de contratos 482
3. Prazo decadencial na responsabilidade por vícios de solidez ou segurança nas edificações 483
4. Prazo decadencial na responsabilidade por defeitos e imperfeições da obra 484

CAPÍTULO XCII – A DECADÊNCIA E A PRESCRIÇÃO NO DIREITO DE FALÊNCIAS 486

1. Situações que determinam a falência 486
2. A prescrição do título que ampara o pedido de falência 487
3. Suspensão do curso da prescrição 487
4. Não ocorrência da suspensão da prescrição no caso de créditos fiscais 488
5. Extinção das obrigações do devedor e decadência do direito do credor em se habilitar na falência 488
6. A prescrição dos crimes falimentares 489
7. Atos ineficazes na falência e decadência da ação revocatória 491

CAPÍTULO XCIII – A DECADÊNCIA E A PRESCRIÇÃO NO CÓDIGO DE TRÂNSITO BRASILEIRO 493

CAPÍTULO XCIV – A DECADÊNCIA NO CADASTRO NEGATIVO DO NOME DO DEVEDOR 502

CAPÍTULO XCV – A DECADÊNCIA NA AÇÃO RESCISÓRIA 505

1. Prazo decadencial 505
2. O prazo no caso de intempestividade do recurso 506
3. O prazo nas decisões submetidas ao duplo grau de jurisdição 507
4. O prazo se o autor da ação não foi citado na ação rescindenda 508
5. O prazo na rescisória visando desconstituir parte da sentença ou do acórdão 508
6. O prazo se não promovida a citação para efeitos de interromper a prescrição 509
7. O prazo se promovida a ação com base em prova cuja falsidade tenha sido provada em processo criminal ou em documento novo 509
8. O prazo se o trânsito em julgado ocorreu em momentos distintos 510
9. O prazo que finda em dia não útil 511
10. O prazo na revelia do réu 512
11. Não suspensão do prazo decadencial 513

CAPÍTULO XCVI – A DECADÊNCIA NO CONTRATO DE FRANQUIA 514

CAPÍTULO XCVII – A CADUCIDADE E A PRESCRIÇÃO NOS DIREITOS DE AUTOR ... 516

1. Tipos de direitos de autor ... 516
2. O prazo de proteção e a caducidade dos direitos de autor ... 519
3. O prazo de prescrição ... 521

CAPÍTULO XCVIII – A CADUCIDADE E A PRESCRIÇÃO NA PROPRIEDADE INDUSTRIAL E NO NOME EMPRESARIAL ... 523

1. Abrangência da propriedade industrial ... 523
2. O prazo da prescrição ... 524
3. Prescrição no nome empresarial ... 526
4. Caducidade na propriedade industrial ... 527

CAPÍTULO XCIX – A DECADÊNCIA NO DIREITO TRIBUTÁRIO ... 532

1. Conceito de decadência tributária ... 532
2. Constituição do crédito tributário e decadência ... 533
3. Lançamento tributário e decadência ... 534
4. O prazo decadencial e seus termos iniciais ... 536
5. Constituição do crédito tributário pelo depósito judicial e pelo lançamento ... 538
6. A decadência da penalidade pecuniária ... 539
7. O prazo decadencial das contribuições previdenciárias ... 543
8. Interrupção do prazo decadencial e decadência do direito de o Fisco revisar lançamento anteriormente realizado ... 543
9. Suspensão do prazo decadencial ... 544
10. Reconhecimento da decadência *ex officio* ... 545
11. Constituição do crédito tributário previdenciário pela Justiça do Trabalho ... 546

CAPÍTULO C – A PRESCRIÇÃO NO DIREITO TRIBUTÁRIO ... 551

1. A prescrição na perspectiva do direito tributário ... 551
2. Regras tributárias sobre a prescrição e o prazo ... 552
3. O efeito da prescrição e o termo inicial do prazo ... 553
4. Interrupção da prescrição tributária ... 555
5. Suspensão da prescrição tributária ... 556
6. Reconhecimento da prescrição *ex officio* ... 560
7. Da prescrição intercorrente ... 561
8. Prescrição para promover a ação anulatória de lançamento de débito fiscal ... 564
9. A prescrição no redirecionamento da ação contra coobrigados tributários ... 566
10. A não influência do prazo de pagamento na contagem do prazo prescricional ... 567

CAPÍTULO CI – DECADÊNCIA E PRESCRIÇÃO PARA O EXERCÍCIO DO DIREITO À REPETIÇÃO DO INDÉBITO NO DIREITO TRIBUTÁRIO 568

1. Regime jurídico próprio da decadência e da prescrição na repetição de indébito 568
2. O prazo para a restituição e o seu início 569
3. Identificação da natureza do prazo decadencial ou prescricional 570
4. A opção para definir a decadência ou a prescrição no reconhecimento do indébito 572
5. Prescrição do direito para anular a decisão administrativa que denega a restituição 573
6. A tese dos "cinco mais cinco anos" 574
7. Inaplicabilidade do art. 882 do Código Civil 576
8. Tributo instituído por lei declarada inconstitucional e o prazo prescricional para repetição do indébito 577

CAPÍTULO CII – PRESCRIÇÃO E DECADÊNCIA NO DIREITO PREVIDENCIÁRIO 579

1. Aspectos introdutórios e conceituais 579
2. As contribuições sociais e sua destinação assistencial 581
3. Benefícios de prestação continuada e a incidência da prescrição unicamente no que tange às prestações 582
4. Decadência dos direitos e prescrição das prestações 584
5. Fundo de direito, benefícios previdenciários, prescrição e decadência 585
6. Especificamente quanto à decadência das ações que visam à revisão do benefício previdenciário 588
7. Desaposentação e prazo decadencial 591
8. Suspensão e interrupção do prazo prescricional 593
9. Decadência do direito da Previdência Social em anular os seus atos administrativos 594
10. Prescrição das ações referentes à prestação por acidente do trabalho 596
11. Prazo prescricional da ação regressiva da Previdência Social em face dos responsáveis pelo acidente do trabalho e pelos atos de violência doméstica e familiar contra a mulher 596

CAPÍTULO CIII – A PRESCRIÇÃO E A DECADÊNCIA NOS TÍTULOS DE CRÉDITO 601

1. A incidência da norma geral do Código Civil 601
2. Da prescrição das notas promissórias e letras de câmbio 601
3. Da prescrição do cheque 606
4. Da prescrição da duplicata 611
5. Da prescrição dos títulos representativos de mercadorias 613

6. Da prescrição dos títulos de crédito com garantia real ou privilégio especial 615
7. A prescrição das cédulas hipotecárias habitacionais e das cédulas de crédito bancário 620
8. Da prescrição dos títulos de crédito rural no agronegócio e com lastro em direitos creditórios 623
9. Da prescrição dos títulos com lastro ou garantia imobiliária 625
10. Da prescrição relativamente às ações e debêntures das sociedades anônimas 628

CAPÍTULO CIV – PRESCRIÇÃO E DECADÊNCIA NO DIREITO DO TRABALHO 633

1. Aspectos introdutórios e conceituais da prescrição 633
2. O prazo 637
3. Ato único, prescrição total e parcial 638
4. As regras do Código Civil aplicáveis à prescrição trabalhista 640
5. Fundo de Garantia por Tempo de Serviço e a prescrição 651
6. A prescrição intercorrente 654
7. Readmissão, reintegração e recontratação do empregado, e suspensão e interrupção do contrato de trabalho diante do prazo prescricional 655
8. Termo inicial do prazo prescricional 658
9. A prescrição relativa aos empregados domésticos 658
10. A decadência no Direito do Trabalho 659

BIBLIOGRAFIA 661

Capítulo I
O EFEITO DO TEMPO

1. A VIDA DOS DIREITOS

Nada do que existe é perene, tendo um começo e chegando a um determinado termo, num constante renovar da vida e recriar do universo. Sucedem-se as gerações dos seres animados, com variações na sua constituição, seguindo tendências cíclicas ora para o aperfeiçoamento e ora para a degeneração. Mesmo os seres inanimados sofrem os efeitos inexoráveis do tempo. Na medida em que se dá a sucessão dos anos, em um contínuo evolver de épocas, há o desgaste das coisas, o perecimento de suas qualidades e o enfraquecimento das potencialidades. Tudo caminha para um fim. O próprio renascer diário da vida se extenua com o curso do tempo. O recriar de novas formas, o surgimento de coisas diferentes e o desabrochar, a cada dia, de variações dos seres acontecem de modo menos intenso, numa diminuição de força e vigor. Vão diminuindo e reduzindo-se as energias ou forças da natureza, justamente em razão da falta de fontes ou do despertar de riquezas diferentes. O passar do tempo, pois, conduz ao fenecimento dos seres, da natureza e da vida.

No campo dos direitos, dos créditos, das pretensões, das obrigações, também existe um limite de tempo, mas, diferentemente das outras realidades, durante o qual não se opera uma perda de força ou seu esgotamento enquanto são exercidos tais direitos. Não tendem a se enfraquecer e a desaparecer no decurso do tempo que lhe é reservado se não aproveitados, exercidos, ou reclamados. Continuam íntegros e plenos durante o período de vida que a eles é destinado, podendo ser exercidos a todo o momento. No entanto, lado outro, alcançado o seu termo, a ordem jurídica não mais garante a sua proteção. Opera-se a extinção por obra do tempo, que é fatal e não tolera exceções. Mostra-se apropriada a observação de J. M. Leoni Lopes de Oliveira: "O tempo não espera por ninguém. O ontem é história. O amanhã é um mistério. O hoje é uma dádiva. Por isso é chamado *presente*".[1]

Por isso, o passar dos dias gera efeitos. Oportuna a seguinte colocação de Humberto Theodoro Júnior:

> "O tempo, como evento natural, pode, por si só, apresentar-se como fato jurídico *lato sensu*, com aptidão para produzir efeitos no plano dos direitos subjetivos, seja em razão da lei ou em função da declaração de vontade. Em outras palavras: o tempo, fenômeno da natureza alheio a qualquer comportamento humano, pode ser pressuposto de fato

---

[1] *Direito civil*: teoria geral do direito civil. Rio de Janeiro: Lumen Juris, 1999. v. 2, p. 1.014.

capaz de determinar consequências jurídicas relevantes, como o nascimento, a modificação e a extinção de direitos e relações jurídicas".²

Em outra dimensão, na linha do pensamento de Savigny, o direito é concebido como um poder do indivíduo exigível para a própria subsistência, concebendo-se as normas no sentido de instrumentos para que se mantenha e se efetive esse poder. E para desempenhar essa finalidade fundamental, muitos direitos são executáveis por si mesmos, isto é, ao indivíduo se permitindo a realização por sua iniciativa ou pelas próprias forças, sem a imposição de buscar os caminhos judiciais. Incluem-se, dentre eles, a legítima defesa, a saúde, a vida, o trabalho, a liberdade. Tornam-se executáveis por si mesmos, isto é, são autoexecutáveis, ou *self executing*. Não dependem, sem impedir, da autorização da autoridade, ou do reconhecimento pelo Judiciário. Fazem parte das cláusulas pétreas das constituições dos países, sendo que jamais fenecem. Uma vez violados, a todo tempo e de qualquer modo, desde que não se extrapolem os limites legais, assiste a devida reparação ou restauração.

Entretanto, todos os direitos nascem de relações entre os indivíduos, tendo caráter individual, e impondo-se justamente em vista das relações sociais, criadas por ato de vontade, e que se estabelecem especialmente sobre os bens quando deles emergem valores apreciáveis, mantendo-se em plena integridade enquanto não transcorridos determinados lapsos de tempo que medem a vida de sua validade, os quais são demarcados pela lei. Daí a relação entre os direitos e o tempo cronológico. Os efeitos e a duração dos fatos jurídicos, a perda e aquisição dos direitos persistem enquanto não se opera o transcurso do tempo. Se o titular ficar ciente e conscientemente inativo no exercício dos direitos, em completa inércia, durante o período reservado para a sua fruição, opera-se a prescrição, que corresponde à extinção do exercício da pretensão. Por isso se entender oportuna a afirmação de que a vida dos direitos não vai se reduzindo ou fenecendo com o passar dos dias, mas desaparece e se apaga pela ausência do fato de seu exercício pelo titular. Diz-se, então, e não por razão outra, que o passar do tempo traz efeitos jurídicos às relações entre as pessoas e aos atos contratuais que realizaram, possibilitando a extinção de eventuais obrigações pendentes.

O exercício dos direitos pressupõe a motivação da existência de valores nos bens que são procurados ou disputados. O indivíduo tem à sua disposição valores espirituais ou materiais para os quais deve encaminhar à vontade. Esses valores constituem bens, no dizer de Vicente Ráo, materiais ou imateriais, que ao direito interessa, ou adquirem valor jurídico quando, então, "sobre eles recaem as ações e as relações resultantes de um ato exterior de vontade, segundo a ordem estabelecida pela norma atributiva".³ Efetivamente, porque emerge alguma utilidade, ou uma estimativa econômica, ou vantagem, é que decorrem as relações jurídicas ou brotam as pretensões, asseguradas pela ordem jurídica.

O desaparecimento dos direitos tem múltiplas causas, como a destruição, pela qual somem as propriedades e a essência da coisa, a qual se transforma em outra bem diferente, sendo exemplos a morte do animal e o desabamento do edifício; a perda das qualidades intrínsecas, ou da função da coisa. Citam-se, ainda, a hipótese de um televisor que fica sem imagem, ou sem a recepção e transmissão de imagens; a confusão de coisas, as quais se misturam e aparece uma essência diferente; o extravio de um objeto, ou a sua perda, ou a sua colocação em lugar inatingível ou de impossível acesso.

---

² Ensaio sobre Decadência, prazo, termo final e extinção de eficácia do negócio jurídico. Disponível em: <newsletter@lexdirect.com.br>. Edição 2187, de 05.08.2014.
³ *O direito e a vida dos direitos*. 2. ed. São Paulo: Resenha Universitária, 1978. v. II, t. I. p. 20.

Dentre outras causas de extinção ou perecimentos de direitos, estão a prescrição e a decadência, institutos indispensáveis para imprimir a própria segurança ao mundo e à vida. Não se encontra estabilidade na existência senão se estiver diante da insegurança ou fraqueza. Criam-se mecanismos de defesa porque sempre iminente o perigo, ou porque nunca é suficientemente forte a garantia ou o direito. De sorte que os institutos da prescrição e da decadência induzem os titulares de bens ou direitos a montar e manter medidas de segurança, sendo apropriada a colocação de que representam fatores de fortalecimento dos direitos.

Quem permanece inerte, desinteressado, indolente, despreocupado, não revela desvelo quanto aos seus direitos e ao patrimônio próprio. De todos se espera um mínimo de autodefesa em relação ao tempo, sempre ciente de que o mesmo pode agir contra si. Grande é a sua repercussão na pessoa de todos os indivíduos, marcando cada etapa da vida. Lembra-se, exemplificativamente, que aos dezesseis anos a pessoa pode votar e adquire a maioridade relativa. Nessa idade, autoriza-se o homem e a mulher a casar, desde que manifestada a autorização de ambos os pais ou de seus representantes legais. Aos dezoito anos todos se tornam absolutamente maiores, quando inicia a correr o prazo da prescrição. Também aos dezoito anos a pessoa torna-se penalmente responsável. Não se pode olvidar a perda da propriedade imóvel, se durante quinze anos, permite-se a posse por outra pessoa, desde que revestida de certos requisitos. Estabelece a lei uma idade mínima e máxima para o ingresso em certas funções públicas. De modo que o tempo marca a existência do ser humano, máxime no pertinente à prática ou ao exercício dos direitos. Daí a sua importância, colocando-o Eduardo Espínola "como medida para a duração dos efeitos de um fato gerador de direitos".[4]

Enfim, a vida e a morte são dimensões intercaladas pelo tempo, mas que, com o seu passar, se tocam, daí não se concebendo uma sem a outra.

2. OS LIMITES TEMPORAIS PARA O EXERCÍCIO DO DIREITO

Todos os seres humanos estão protegidos por um manto de direitos, ou um escudo de normas, permitindo-se a garantia em seguir na persecução de sua vocação ou no cumprimento da missão que lhes está reservada. Na medida em que realizam ações, ou celebram contratos e praticam atos, vai se estruturando um mundo seguro nos relacionamentos sociais, protegido e amparado em instrumentos jurídicos, de modo a tornar possível a subsistência e a convivência pacífica.

As conquistas, as aquisições de bens e valores, os reconhecimentos de direitos e, assim, toda a sorte de amparos que a ordem jurídica traz, devem estar sempre sendo exercidos, de modo a não haver um lapso de abandono ou descuido prolongado, sob pena de, em pelo menos uma grande quantidade de casos, se consumar ou perpetrar o desaparecimento. Deixando-se passar um longo período de tempo sem o exercício dos direitos, transparece o desinteresse, que vai se confirmando com o transcorrer de certos prazos fixados pelo ordenamento jurídico. Segue Paulo Luiz Netto Lôbo: "A pessoa tem de exercer e exigir seu direito em tempo razoável, máxime quando se tratar de bens econômicos. A vida social é um eterno movimento. Quem deixa inerte seu direito compromete sua inerente função social. Não há direito isolado que possa ser usufruído apenas para si, em consideração com o meio social, ou deixado de lado indefinidamente, sem consequência. A ordem jurídica fixa, portanto, prazos que considera

---

[4] *Sistema do direito civil brasileiro*. Rio de Janeiro: Livraria Francisco Alves, 1997. v. 1, p. 600.

adequados, dentro dos quais o titular do direito deve exercê-lo definitivamente, por exigência de segurança do tráfico jurídico, de certeza das relações jurídicas e de paz social".⁵

3. O DECURSO DO TEMPO E LIBERAÇÃO DE OBRIGAÇÕES

Seria insuportável a convivência, além de gerar insegurança às pessoas, se permanecessem eternamente os efeitos das obrigações contraídas. Suponha-se a exigência de se manterem guardados para toda a vida os documentos próprios de todas as relações comerciais realizadas, como notas de compra e de prestação de serviços, documentos fiscais, recibos de aluguel, boletos de pagamentos, guias de recolhimento de tributos, extratos bancários, faturas e respectivo pagamento de fornecimento de água, energia elétrica, gás, recibos de mensalidades escolares etc. Sobretudo nos dias atuais, quando vários compromissos são saldados via internet, impor-se-ia o armazenamento de dados relativos ao cumprimento, com possibilidade de serem apagados ou de desaparecerem.

Os negócios consolidam-se depois de certos períodos da celebração, não cabendo às partes a invocação de vícios da vontade. Os atos-fatos jurídicos se firmam de modo incontornável, não se abrindo ensanchas para conturbá-los, ou contrapor alguma precariedade.

Daí a conclusão de Marcos Ehrhardt Jr.: "Os institutos jurídicos da prescrição e da decadência são fundamentais em qualquer sistema jurídico, na medida em que evitam, por exemplo, a obrigação de guarda, por tempo indefinido, de grande quantidade de documentos, e limitam o período de tempo a ser considerado quando da análise dos requisitos de validade na celebração de um negócio jurídico. Enfim, trata-se de instrumentos fundamentais para assegurar a tranquilidade na ordem jurídica, pois *dormientibus non sucurrit jus*, isto é, o direito não socorre os que dormem".⁶

Assim quanto aos direitos, cuja existência encontra barreiras no tempo. Tal como nascem, se expandem e resplandecem, fatalmente depois de algum tempo podem esvair-se ou sumir, não mais encontrando sustentação na ordem que vigora.

Pode-se, pois, entender que a prescrição e a decadência são relevantes no plano social e na ordem pública, no sentido de trazerem a estabilização das situações jurídicas, em especial no campo obrigacional e patrimonial.

---

⁵ *Direito civil*. Parte Geral. São Paulo: Saraiva, 2009. p. 339.
⁶ *Direito civil*: LICC e Parte Geral. Salvador: JusPodium, 2009. v. 1, p. 462.

Capítulo II
PRESCRIÇÃO E DECADÊNCIA

1. PRESCRIÇÃO COMO PERDA DE AÇÃO PARA EXERCER UM DIREITO

O Código Civil, no Título IV do Livro III da Parte Geral, disciplina a prescrição e a decadência.

Inicia com a prescrição, dispondo no art. 189, em texto que reproduz o § 194 do Bürgerliches Gesetzbuch – BGB – Código Civil alemão, que a violação do direito traz para o titular a pretensão da reparação, ou restauração, ou recomposição:

> "Violado o direito, nasce para o titular a pretensão, a qual se extingue, pela prescrição, nos prazos a que aludem os arts. 205 e 206".

O marco para o início do prazo prescricional é o momento da transgressão ou violação. Tão logo verificado o fato que atingiu e feriu o direito, oportuniza-se o exercício da demanda cabível, que perdura por certo tempo, não sendo indefinido ou eterno. Se não vier a ação cabível em um lapso de tempo que a própria lei assinala, consolida-se a transgressão, e reverte-se em direito a favor do transgressor. Fica o direito desprovido da ação que o protegia, e que era garantida para a sua restauração.

Efetivamente, domina no direito brasileiro a teoria alemã da prescrição, que a considera como a perda da ação atribuída a um direito, no que está de acordo com a ideia universal. Corresponde à perda da ação judicial, isto é, à perda do meio de exercer uma pretensão jurídica. Para Carlos da Rocha Guimarães, corresponde a "perda da eficácia do direito subjetivo".[1] Não significa perda do direito, conforme exemplifica Celso Antônio Bandeira de Mello: "Não tendo o devedor efetuado o pagamento ao credor, este disporá do tempo 'x' para acioná-lo. Não o fazendo dentro da dilação própria, prescreverá sua ação para defender tal direito. Sem embargo, o direito não haverá se extinguido, tanto que, se o devedor ulteriormente vier a pagá-lo, não poderá mais tarde propor ação de repetição do indébito".[2]

Já Clóvis Beviláqua assentava o fundamento desse conceito: "Prescrição é a perda da ação atribuída a um direito, e de toda a sua capacidade defensiva, em consequência do não uso delas, durante um determinado espaço de tempo. Não é o fato de não se exercer o direito que lhe tira o vigor; nós podemos conservar inativos em nosso patrimônio muitos direitos, por

---

[1] *Prescrição e decadência*. Rio de Janeiro: Forense, 1980. p. 122.
[2] *Curso de direito administrativo*. 27. ed. São Paulo: Malheiros, 2010. p. 1.054.

tempo indeterminado. O que o torna inválido é o não uso da sua propriedade defensiva, da ação que o reveste e protege".[3]

Também Antonio de Almeida Oliveira, bem antes do Código Civil de 1916, ressaltava: "A prescrição é o obstáculo pela lei posto à ação proveniente de direitos, que durante certo tempo deixaram de ser exercidos por aqueles a quem pertencem".[4]

O que desaparece é a ação para a defesa de determinado direito, em razão da inércia ou omissão de um titular ante violações ou ofensas desse direito, durante um período de tempo previsto para exercitar a defesa. O direito está acompanhado de medidas para o seu exercício e a proteção. Se a pessoa não faz uso dos meios assegurados, entende-se que houve a desistência, levando os sistemas jurídicos a retirar a faculdade de defesa.

Pela prescrição, segue Serpa Lopes, se pode "repelir uma ação por ter o autor negligenciado por um tempo determinado de fazer valer ou excitar o direito ao qual ela se refere".[5] Coloca-se a favor de alguém uma defesa contra quem não exerceu, durante um período de tempo fixado em lei, uma pretensão ou um direito. Daí conceber-se como meio para opor-se à ação a fim de que prepondere ou impere o direito. Trata-se de um acontecimento ou recurso natural de defesa, pois o decurso do tempo é que institui esse meio de defesa. Fica a pessoa desprovida da ação para a busca do direito, o qual perde, em decorrência, a sua eficácia. Desaparece a força do direito, de nada mais adiantando. Realmente, mesmo que ele perdure, não é mais suscetível de proveito pelo meio que vinha previsto. Como salienta Sílvio Rodrigues, "desprovido da ação, o direito perde sua eficácia, pois não se faz acompanhar da força coativa que lhe empresta o Estado".[6] Daí a pouca relevância prática se perece a ação ou o direito, ou as longas discussões se há a prescrição da ação ou decadência do direito, porquanto o direito fica sem ação para a sua manifestação ou para que passe a preponderar, como argumenta o mesmo civilista.

Verdade que se extingue somente a ação, continuando a vigorar o direito, mesmo que em estado latente, com possibilidade de, até em vários casos, voltar a atuar. Extinguindo-se a ação, o direito resta sem tutela legal.

Entretanto, não se pode olvidar que, em certos casos, é possível exercitar o direito por uma forma diferente daquela prevista na lei, e que se encontra subsumida em um prazo delimitado. Assim, quanto à ação para a cobrança do cheque por meio do processo de execução, a prescrição opera-se no prazo de seis meses, contado da expiração do prazo de apresentação (art. 59 da Lei nº 7.357, de 02.09.1985); e no tocante às letras de câmbio e notas promissórias, a prescrição dá-se em três anos, a contar do vencimento (art. 70 da Lei Uniforme de Genebra, relativa às letras de câmbio e notas promissórias, promulgada pelo Decreto nº 57.663, de 24.01.1966). Verifica-se a prescrição para o uso do processo de execução, não se subtraindo à parte a competente ação de rito ordinário ressarcitória ou de indenização, com fundamento no enriquecimento ilícito ou sem causa.

De modo que a prescrição é do procedimento ou do tipo especial de ação que o diploma contempla, e não do direito ao recebimento do valor ou da indenização. Pode-se concluir que se dirige para a ação, fazendo, normalmente, e não sempre, desaparecer o direito. Isto com exceção ao crédito tributário, em que a prescrição extingue o direito de recebê-lo, como se dessume do inc. V do art. 156 do Código Tributário Nacional (Lei nº 5.172, de 25.10.1966):

"Extinguem o crédito tributário: ... V – a prescrição e a decadência".

---

[3] *Teoria geral do direito civil*. Rio de Janeiro: Livraria Francisco Alves, 1908. p. 380.
[4] *Prescrição em direito comercial e civil*. Maranhão: Frias Filho, 1896. p. 1.
[5] *Curso de direito civil*. 6. ed. Rio de Janeiro: Freitas Bastos, 1988. p. 496. v. I.
[6] *Direito civil*. Parte Geral. 27. ed. São Paulo: Saraiva, 1997. v. I, p. 319.

2. A DECADÊNCIA COMO PERDA DO DIREITO

Já a decadência diz respeito ao direito, colocando fim a qualquer pretensão para a sua satisfação. Não se tem em vista o tipo de ação ou lide contemplado para a busca do direito. O próprio direito é atingido, porquanto não procurado, sem importar qual o caminho processual eleito. Por afetar o direito, fazendo-o desaparecer, abrange automaticamente a ação, não se encontrando meio algum para ser aquele exercitado. Sintetiza Carlos da Rocha Guimarães: "A prescrição só atinge o direito de ação, referente a direitos já constituídos, ao passo que a decadência atinge os próprios direitos, quando se trata de direitos potestativos".[7]

Também oportuna a lição de Câmara Leal: "Extinto o direito, a ação que deveria assegurá-lo desaparece, não chegando mesmo a nascer, quando o direito e a ação não se identificam, por não constituir esta o modo do exercício do próprio direito; e perecendo, com o direito, quando com ele simultaneamente nascida".[8]

Vem a ser, como dito, a perda do próprio direito, já que não aproveitado ou procurado no período de tempo que era assegurado pela lei, que estabelece prazos específicos em que pode ser invocado, com a expressa referência do prazo assegurado. Todavia, se fixado um tempo em que é garantido, para o seu exercício deverá haver uma ação. Daí que na decadência está subsumida a prescrição, que corresponde à ação para o exercício do direito.

Os prazos da decadência são extintivos do direito, não importando a ação porventura contemplada na lei.

3. A DISTINÇÃO ENTRE PRESCRIÇÃO E DECADÊNCIA

Grandes as confusões que surgem a respeito da matéria, ou mal apresentada a distinção, em que incorreram inclusive autores de expressão, sendo que muitos se perdem em minúcias que a nada levam. Washington de Barros Monteiro prima pela clareza, ao estabelecer que "a prescrição atinge diretamente a ação e por via oblíqua faz desaparecer o direito por ela tutelado; a decadência, ao inverso, atinge diretamente o direito e por via oblíqua, ou reflexa, extingue a ação".[9] Também atiladamente, expõe a diferença Antônio Luiz da Câmara Leal: "É de decadência o prazo estabelecido pela lei, ou pela vontade unilateral ou bilateral, quando prefixado ao exercício do direito pelo seu titular. E é de prescrição, quando fixado, não para o exercício do direito, mas para o exercício da ação que o protege.

Quando, porém, o direito deve ser exercido por meio da ação, originando-se ambos do mesmo fato, de modo que o exercício da ação representa o próprio exercício do direito, o prazo estabelecido para a ação deve ser tido como prefixado ao exercício do direito, sendo, portanto, de decadência, embora aparentemente se afigure de prescrição".[10]

Em suma, o que predomina é o exercício do direito ou de um tipo de ação – ocorrendo a decadência naquele e a prescrição no último.

Há outros critérios, destacando-se o defendido por Chiovenda, que, inicialmente, separa os direitos em de prestação e em potestativos. Os primeiros têm por finalidade um bem da vida, alcançável mediante uma prestação positiva ou negativa. São os direitos pessoais e reais, encontrando-se neles um sujeito passivo obrigado a uma prestação, seja positiva (dar ou fazer)

---

[7] *Prescrição e decadência*, cit., p. 51.
[8] *Da prescrição e da decadência*. 2. ed. Rio de Janeiro: Forense, 1959. p. 125.
[9] *Curso de direito civil*. Parte Geral. 3. ed. São Paulo: Saraiva, 1962. p. 297.
[10] *Da prescrição e da decadência*. 3. ed. Rio de Janeiro: Forense, 1982. p. 133-134.

ou negativa (abster-se). Os segundos compreendem os que a lei confere certo poder de sujeição do sujeito ativo sobre o sujeito passivo. Existe um estado de sujeição que o exercício do direito cria para outras pessoas, como o poder do mandante e do doador de revogar o mandato e a doação – respectivamente arts. 682, inc. I, e 555 do Código Civil. São aqueles direitos que a lei, visando à tranquilidade social, fixa prazos para o seu exercício, sem prever uma ação específica. O decurso do prazo sem o exercício desses direitos acarreta o seu perecimento.

Consideram-se sujeitos à prescrição os de prestação, e à decadência os potestativos, salientando Orlando Gomes: "O campo de aplicação da prescrição é mais amplo do que o da decadência. Dirige-se, esta, preferencialmente, aos direitos potestativos. São sempre curtos os prazos extintivos".[11] Humberto Theodoro Júnior acrescenta: "Se a prescrição é a perda da pretensão (força de reagir contra a violação do direito subjetivo), não se pode, realmente, cogitar de prescrição dos direitos potestativos. Estes nada mais são do que poderes ou faculdades do sujeito de direito de provocar a alteração de alguma situação jurídica. Neles não se verifica a contraposição de uma obrigação do sujeito passivo a realizar certa prestação em favor do titular do direito. A contraparte simplesmente está sujeita a sofrer as consequências da inovação jurídica. Por isso, não cabe aplicar aos direitos potestativos a prescrição: não há pretensão a ser extinta, separadamente do direito subjetivo; é o próprio direito potestativo que desaparece, por completo, ao término do prazo marcado para seu exercício".[12]

Característica importante é salientada por alguns doutrinadores, que marca a distinção: na decadência, o prazo não se interrompe nem se suspende, correndo contra todos, sendo fatal, ininterrupto e peremptório, terminando sempre no dia preestabelecido, e não podendo ser renunciado; na prescrição, admite-se a interrupção do prazo, o qual também se suspende, aceitando-se a renúncia caso consumada a prescrição. Como se verá, várias as causas de suspensão, sendo exemplos a menoridade e a existência do vínculo conjugal. Depreende-se daí que o prazo, na decadência, é extintivo, esgotando-se indistintamente para qualquer pessoa, enquanto na prescrição encontram-se situações especiais que favorecem casos especiais, como no pertinente aos incapazes, para quem o início se dá apenas com o atingir da maioridade, ou quando se tornarem capazes.

Para a decadência, não se exige a provocação da parte. Não é necessário que seja alegada como condição para o pronunciamento pelo juiz. Acontece que, extinto o direito, falta a causa ou o pressuposto para agir. Não há o direito que sustenta a ação, sequer encontrando fundamento para justificar o pedido. Já a prescrição está na dependência do interessado, a quem compete a arguição, a menos que a relação envolva incapaz.

Carlos da Rocha Guimarães sintetiza as diferenças, sendo elucidativa a sua visão:

"1. A prescrição extingue somente o direito à ação, a decadência extingue o próprio direito.

2. O curso da prescrição pode ser interrompido; o da decadência não.

3. O curso da prescrição pode ser suspenso; o da decadência não, é fatal.

4. A prescrição atinge direitos patrimoniais e alienáveis; a decadência não.

5. A prescrição corre contra pessoas certas e determinadas; a decadência corre contra todos.

---

[11] *Introdução ao direito civil*. 3. ed. Rio de Janeiro: Forense, 1971. p. 461.
[12] *Comentários ao Novo Código Civil*: arts. 185 a 232. Coordenação de Sálvio de Figueiredo Teixeira. Rio de Janeiro: Forense, 2003. p. 344. v. III, t. II.

6. A prescrição não pode ser renunciada senão depois de consumada (art. 161 do Código Civil); o prazo de decadência pode ser diminuído ou não antes do seu término, conforme o caso, não podendo ser renunciada após o seu término.
7. A prescrição não opera *ipso jure*, isto é, o juiz não pode, de ofício, dela conhecer; o contrário acontece com a decadência.
8. A prescrição advém da lei; a decadência pode advir, também, de determinação do juiz ou de ato jurídico (unilateral ou bilateral, gratuito ou oneroso).
9. A prescrição só é alegada em exceção, isto é, como matéria de defesa; a decadência pode dar lugar à ação.
10. Na prescrição há um único sujeito de direito; na decadência há dois: um titular de direito permanente, outro de um direito efêmero, a curto prazo".[13]

O citado art. 161 equivale ao art. 191 do vigente Código, mantendo idêntica redação.

O Código Civil de 2002 delineou bem clara a separação. Mediante critério bastante operacional, que Miguel Reale denominou critério de operabilidade, definiu a pretensão como objeto da prescrição, discriminando em dois artigos (arts. 205 e 206) os casos de sua ocorrência. Já quanto à decadência, deixou as hipóteses de sua verificação para a regulamentação particularizada, o que se deu, na sua maior amplitude, na Parte Especial do Código Civil.

4. A ORIGEM E A IMPORTÂNCIA DA PRESCRIÇÃO E DA DECADÊNCIA

No direito romano antigo, eram estranhos os institutos da prescrição e da decadência. Com o direito pretoriano começaram a surgir exceções à antiga regra da perpetuidade das ações. No entanto, tinha-se a prescrição como um meio de defesa reservado ao possuidor contra terceiros. Na Lei das XII Tábuas foi contemplada a prescrição aquisitiva, reconhecida para os cidadãos e as coisas romanas. No tempo de Justiniano surgiu a distinção em prescrição aquisitiva e extintiva. Passou a haver duas significações: a prescrição propriamente dita, com caráter geral, com a finalidade de extinguir as ações, e o usucapião, utilizado como meio de aquisição do domínio.

A origem da palavra "prescrição" é latina – *prae* (antes), e *scriptio* (escrito). O significado literal era o escrito posto antes, mas o sentido envolve o meio colocado à disposição do pretor de não examinar o direito antes de enfrentar a posse *ad usucapionem*, o que se aplicava especialmente para extinguir a ação reivindicatória. A longa duração da posse – *praescriptio longissimi temporis* – servia para justificar a aquisição da propriedade, exceção que se opunha à ação reivindicatória, e que o pretor examinava antes de examinar o mérito.

Na França, que adotou a denominação (*prescription de long temps*), está contemplada no art. 2.219 do Código Civil, com modificação de uma lei de 2008, dando a ideia de liberação ou extinção de um direito, definindo-a da seguinte maneira: "La prescription extinctive est un mode d'extinction d'un droit résultant de l'inaction de son titulaire pendant un certain laps de temps".

Já o termo decadência procede do verbo latino *cadere*, que significa cair, passando a traduzir a extinção dos direitos por inércia no decurso de tempo para agir em determinado caso. Há a caducidade do direito, que representa o seu completo desaparecimento.

Grande a importância da prescrição e da decadência. A principal finalidade está em imprimir certeza às relações jurídicas, o que se consegue pelo longo decurso do tempo. Com efeito, se passados vários anos de inércia, incute-se na comunidade a convicção de inexistência do

---

[13] *Prescrição e decadência*, cit., p. 52-53.

direito. A busca da estabilidade constitui o fator preponderante para justificar tanto a prescrição como a decadência. Não é possível suportar uma perpétua situação de incerteza ou insegurança. Todas as pessoas buscam estabilidade e certeza. Depois de certo tempo, há de preponderar uma situação de fato sobre uma situação de direito. O fato se sobrepõe ao direito. Mostra-se inconcebível que, passados numerosos anos, ainda vá uma pessoa atrás de pretensos direitos ou bens. Se perpétuo ou reservado indefinidamente o direito de reclamar, desapareceria a estabilidade de toda a espécie de relações. Ficariam enfraquecidos os direitos, e ver-se-ia o devedor em constante ameaça de cobrança de uma dívida, mesmo que passadas décadas de anos. Não teria segurança em adquirir bens, permanecendo enquanto vivesse atrelado a possíveis cobranças.

Caso suprimida a prescrição, as pessoas se sentiriam em permanente estado de insegurança, jamais tendo sossego, e conscientes de, a qualquer momento, terem que suportar um processo de execução. Na aquisição de um imóvel, impor-se-ia o exame de toda a cadeia de transmissões anteriores, desde a primeira compra, para verificar a existência de uma possível transferência *a non domino*. Para prevenir-se de cobranças ou execuções, as pessoas deveriam guardar todos os documentos ao longo da vida, como notas de compra, recibos de pagamentos, títulos de crédito, talões de cheque, extratos bancários e uma infinidade de outros papéis, o que seria impraticável pelos órgãos públicos, instituições financeiras e grandes estabelecimentos comerciais, que travam relações com milhares de indivíduos a cada mês.

Capítulo III
A PRESCRIÇÃO NAS AÇÕES PESSOAIS E NAS AÇÕES REAIS

Evidentemente, as ações pessoais decorrem de direitos pessoais, enquanto as ações reais se fundam em direitos reais.

Os direitos reais recaem em geral sobre bens corpóreos. Constituem poderes exercidos sobre os bens de forma imediata e direta, tendo caráter permanente, com o direito de sequela. Já os direitos pessoais ficam centrados nas relações humanas, exercendo-se contra os devedores e decorrendo de prestações da titularidade de credores.

Os direitos reais surgem da relação dos homens com as coisas, movidos por interesse econômico. Os direitos pessoais formam em grande parte o direito das obrigações, emergindo das relações dos homens entre si.

Antonio de Almeida Oliveira trazia a distinção, a começar pela ação pessoal: "Pessoal é a ação pela qual o autor se propõe a obter alguma coisa em virtude de obrigação do réu (*jus ad rem obtinendam*), isto é, a que tem por fim exigir o cumprimento da obrigação, que o réu contraiu, de dar, fazer ou não fazer alguma coisa. Como ela se exerce contra o indivíduo pessoalmente obrigado a dar, fazer ou não fazer qualquer coisa, e tem por fim compeli-lo a cumprir a sua obrigação, segue-se que é pessoal pela origem a obrigação. E pelo objeto porque só a pessoa empenhada tem de cumprir a sua obrigação...

Reais são as relações que derivam do *jus in re*, da propriedade ou dos direitos reais, *in re aliena*, como as que têm por fim exercer direitos de sucessão ou servidão".[1]

A teor do art. 177 do Código Civil de 1916, em vinte anos prescreviam as ações pessoais; e as ações reais, em dez anos entre presentes, em quinze anos entre ausentes, contados da data em que poderiam ter sido propostas. Havia situações diferentes, como a prescrição em cinco anos das ações para o usucapião especial em terras rurais, dentre outras hipóteses. Interessa, para o direito em vigor, que não mais existe a acepção própria da prescrição para as ações pessoais e para as ações reais. O art. 205 do Código Civil de 2002 estabelece que:

"A prescrição corre em dez anos, quando a lei não lhe haja fixado prazo menor".

Não se mantém a distinção da prescrição para as ações pessoais e para as ações reais, sendo da mesma duração.

Em relação às ações reais de usucapião, o Código Civil estabelece diferentes prazos, em função dos tipos de usucapião.

---

[1] *A prescrição em direito comercial e civil*, cit., p. 393-394.

Assim, no usucapião pretendido independentemente de justo título e boa-fé, o prazo será de quinze anos. Admitida a redução para dez anos se o possuidor mantém a sua moradia habitual no imóvel, ou se nele houver realizado obras ou serviços de caráter produtivo. Também de dez anos no usucapião em que o possuidor exerceu a posse com justo título e boa-fé. Já de cinco anos passa o prazo para usucapir área urbana de até duzentos e cinquenta metros quadrados, desde que a posse esteja destinada à moradia. Também do mesmo prazo é o usucapião em favor do possuidor de imóvel rural não superior a cinquenta hectares.

O regramento está nos arts. 1.238 a 1.244 do Código Civil, com alterações da Lei 12.424/2011.

Todavia, impõe-se que bem se observe a existência ou não da prescrição tratando-se de direitos reais, como no caso de falta de uso de um imóvel, ou de não se exercer a posse em quaisquer bens. Pensa-se que não se dá a prescrição, ou decadência, de modo ao titular perder o direito sobre a mesma, ou o direito a uma pretensão de restituição, isto é, de reaver a coisa, não importando o período de tempo em que ficou afastado da posse ou do simples uso. Pode operar-se, isto sim, a perda do bem em face do surgimento de algum direito em favor de uma terceira pessoa perante o mesmo bem, como o usucapião pela posse e preenchimento dos demais requisitos para o seu reconhecimento. Costuma-se dizer que não ocorre a perda de *propriedade* pelo desuso, não cabendo em se falar de prescrição em promover a ação reivindicatória. No entanto, não se admite a prescrição de qualquer direito real pelo desuso, cujo rol consta do art. 1.225 do Código Civil, havendo a perda de qualquer um deles pelo aparecimento de um direito em favor de terceiro, desde que preenchidas as previsões legais para o reconhecimento.

Acontecendo a ofensa a algum direito real, sempre cabe a defesa, não importando o tempo de falta de uso do bem. Como acentuam Alan Martins e Antonio Borges de Figueiredo, "caso o direito não seja respeitado, na obrigação negativa geral (por exemplo, *erga omnes*, nos casos dos direitos reais), ou na obrigação positiva ou especial (no caso dos direitos pessoais), nasce o direito subjetivo de ação, pelo qual o titular de direito material poderá pleitear o reconhecimento de seu direito em juízo, tentando fazer prevalecer sua pretensão resistida. Então, se provocado pelo autor, o Poder Público, por meio dos órgãos judiciários e mediante o devido processo legal, deverá dirimir as controvérsias jurídicas, de modo a compor a lide, que se define por um conflito de interesses, caracterizado por uma pretensão resistida".[2]

De modo especial quanto à propriedade, embora não se dê a sua extinção pelo não uso, comum é esbarrar a sua reivindicação no reconhecimento do usucapião em favor daquele que passou a utilizar o bem, admitindo-se que alegue a posse em defesa na ação reivindicatória.

---

[2] *Prescrição e decadência no direito civil*. 3. ed. São Paulo: IOB Thomson, 2005. p. 23.

Capítulo IV
O INÍCIO DA PRESCRIÇÃO E INÍCIO DO PRAZO PARA O EXERCÍCIO DA AÇÃO

Vigora o princípio da *actio nata*, ou seja, de que não pode se cogitar do começo da prescrição enquanto não nasce a ação ou a pretensão ao exercício da ação. Existe um tempo útil para o exercício da ação. E se pende uma condição, a prescrição não tem curso. Dito por outras palavras, não corre a prescrição contra aqueles que se encontram, em razão de norma legal, impedidos de exercer a ação.

O momento inicial, ou o *dies a quo* do lapso prescricional, orienta Marco Aurélio S. Viana, "corporifica-se a partir do instante em que o sujeito podia exercer o direito e deixou de fazê-lo. Caio Mário da Silva Pereira pondera que esta regra genérica deve ser acolhida com cautela, porque nem sempre a falta de exercício pode ser tachada de inércia do titular. Reporta-se, então, à doutrina alemã, para concluir que o prazo de decadência ou prescrição inicia-se ao mesmo tempo em que nasce para alguém uma pretensão acionável, ou seja, no momento em que o sujeito pode, pela ação contrária ao seu direito".[1]

Daí fixar o momento como o instante em que o titular do direito está autorizado a buscar a sua restauração, tendo como norte o art. 189 do Código Civil:

> "Violado o direito, nasce para o titular a pretensão, a qual se extingue pela prescrição, nos prazos a que aludem os artigos 205 e 206".

Embora muitos entendam que o art. 189 diz respeito a casos em que a pretensão nasce imediatamente após a violação do direito absoluto ou da obrigação de não fazer, extrai-se da norma que inicia o prazo, também, nos casos determinados pela lei e mesmo pela realidade da vida, quando se opera o conhecimento do fato lesivo. Veja-se a respeito a Súmula nº 278/STJ, emitida em julgamento com a data de 14.05.2003, *DJU* de 16.06.2003: "O termo inicial do prazo prescricional, na ação de indenização, é a data em que o segurado teve ciência inequívoca da incapacidade laboral".

Tem aplicação, outrossim, a regra do art. 125 do Código Civil, pela qual o direito não pode ser invocado enquanto não se verificar a condição estabelecida para o seu exercício.

A questão não se resume nas colocações anteriores. Para o entendimento coerente, não se podem desconhecer situações específicas. Assim, se pleiteável o direito administrativamente, o início se opera quando da negativa em reconhecê-lo, em especial diante de certos julgamentos, como o presente:

---

[1] *Curso de direito civil*. Belo Horizonte: Del Rey, 1993. v. 1, p. 278.

"O termo inicial do prazo prescricional previsto no art. 1º do Decreto 20.910/1932 dá-se no momento em que constatada a lesão e seus efeitos, conforme o princípio da *actio nata*. No caso, inocorrente a prescrição".[2]

É de considerar que a constatação da lesão se dá quando negado o direito na esfera de quem tinha a autoridade para a concessão. De modo que o direito de pleitear o pensionamento, após a verificação da invalidez, só nasceu para o autor a partir da negativa do pedido.

Daí a necessidade de se entender o princípio da *actio nata*, que é quando se opera a violação do direito pelo seu não reconhecimento, como decorre da seguinte ementa:

> "Pelo princípio da *actio nata*, o direito de ação surge com a efetiva lesão do direito tutelado, quando nasce a pretensão a ser deduzida em juízo, acaso resistida, nos exatos termos do art. 189 do novo Código Civil".[3]

A hipótese a seguir ementada bem elucida o assunto:

> "O termo *a quo* do prazo prescricional para ajuizar a ação de indenização contra ato do Estado é regido pelo princípio da *actio nata*, ou seja, o curso do prazo prescricional apenas tem início com a efetiva lesão do direito tutelado. *In casu*, a suposta lesão ocorreu com a publicação dos Decretos 1.498/1995 e 1.499/1995, que suspenderam a readmissão do autor ao funcionalismo público. Logo, o marco inicial para a contagem do prazo prescricional é o da publicação desses Decretos.
>
> Considerando que a referida ação somente foi ajuizada em 2010, quando já decorridos os cinco anos previstos no prazo prescricional, é inafastável a prescrição do fundo de direito".[4]

Na ofensa a direitos em razão de atos administrativos, a *actio nata*, ou seja, o curso do prazo prescricional apenas tem início com a publicação do ato lesivo.

Em situações de direitos patrimoniais, inicia a prescrição a partir de sua definição, como na homologação de um acordo. Veja-se situação similar, julgada pelo STJ:

> "No caso, a certeza da lesão ao direito, marco inaugural do curso do prazo para o ajuizamento do pleito indenizatório, surgiu a partir da sentença homologatória do acordo celebrado pelas partes em audiência, no bojo da ação demarcatória por meio do qual fora reconhecido e declarado o erro atribuído ao ofício registral, pois, até então, 'estava a prevalecer a fé pública do ato do oficial do registro imobiliário, quanto à higidez dos assentamentos'.
>
> O acórdão recorrido se amolda à jurisprudência deste Superior Tribunal, firmada no sentido de que 'o prazo prescricional está submetido ao princípio da *actio nata*, segundo o qual a prescrição se inicia quando possível ao titular do direito reclamar contra a

---

[2] AgRg no AgRg no REsp nº 1.396.117/RS, da 2ª Turma do STJ, j. em 03.10.2013, *DJe* de 14.10.2013, rel. Min. Humberto Martins.
[3] REsp nº 1.270.439/PR, da 1ª Seção do STJ, j. em 26.06.2013, *DJe* de 02.08.2013, rel. Min. Castro Meira.
[4] EDcl no AgRg no REsp nº 1.371.201/RN, da 2ª Turma do STJ, j. em 25.06.2013, *DJe* de 16.09.2013, rel. Min. Benjamin Herman.

situação antijurídica' (AgRg no REsp 1.348.756/RN, rel. Min. Benedito Gonçalves, 1ª Turma, j. em 28.05.2013, *DJe* 04.06.2013)".[5]

Na omissão do pagamento de prestações, a *actio nata* ocorre quando do inadimplemento de cada prestação:

> "A aplicação do princípio da *actio nata* pela Corte de origem está de acordo com os precedentes do STJ no sentido de que 'o prazo prescricional para a cobrança de parcelas não pagas ou de diferenças de parcelas já pagas, é o da data do vencimento da respectiva parcela' (REsp nº 752822/SP, rel. Min. Teori Albino Zavascki, *DJ* 13.11.2006). No mesmo sentido: AgRg no REsp 1.398.944/PB, rel. Min. Mauro Campbell Marques, 2ª Turma, *DJe* 16.12.2013; REsp 801.291/SP, rel. Min. Luiz Fux, 1ª Turma, *DJ* 18.10.2007, p. 277. Aplicação da Súmula 83/STJ".[6]

Se houver lesão moral ou patrimonial, o começo se dá com a ocorrência do ato ou fato provocador:

> "Uma vez veiculada matéria jornalística que se reputa ofensiva à honra, tem se por configurado, em tese, dano moral capaz de ensejar ação de indenização, cujo termo inicial, para fins de prescrição, é a própria data da publicação da referida matéria".[7]

Repetindo-se os danos no curso do tempo, principia o lapso prescricional a cada dano que se verifica, merecendo destaque a seguinte decisão:

> "Sendo os danos ao imóvel de natureza sucessiva e gradual, sua progressão dá azo a inúmeros sinistros sujeitos à cobertura securitária, renovando seguidamente a pretensão do beneficiário do seguro e, por conseguinte, o marco inicial do prazo prescricional. Precedentes".[8]

---

[5] AgRg no REsp nº 1.069.115/PR, da 1ª Turma, j. em 06.05.2014, *DJe* de 13.05.2014, rel. Min. Sérgio Kukina.
[6] AgRg no AREsp nº 473.148/AC, da 2ª Turma do STJ, j. em 08.06.2014, *DJe* de 18.06.2014, rel. Min. Sidnei Beneti.
[7] AgRg no AREsp nº 496.307/RS, da 3ª Turma do STJ, j. em 27.05.2014, *DJe* de 16.06.2014, rel. Min. Sidnei Beneti.
[8] AgRg no AREsp nº 484.874/SP, da 3ª Turma, j. em 10.05.2014, *DJe* de 13.06.2014, rel. Min. Nancy Andrighi.

Capítulo V
PRESCRIÇÃO E DECADÊNCIA DIANTE DA CLASSIFICAÇÃO DAS AÇÕES

Pelo direito romano, as ações classificavam-se levando em conta a natureza do direito pretendido, sendo divididas em reais, pessoais, mistas e prejudiciais. Modernamente, consideram-se as ações de acordo com a natureza do pronunciamento judicial que se busca, ou, na doutrina de Pontes de Miranda, de conformidade com a carga de eficácia.[1]

Foi Giuseppe Chiovenda o inspirador da divisão das ações em condenatórias, constitutivas e declaratórias.

As *condenatórias*, consoante o grande processualista, são as ações pelas quais o autor visa alcançar uma determinada prestação – positiva ou negativa. Um dos pressupostos da ação de condenação é "a existência de uma vontade da lei que garanta um bem a alguém, impondo ao réu a obrigação de uma prestação. Por consequência, não podem jamais dar lugar à sentença de condenação os direitos potestativos".[2]

As *constitutivas* – positivas ou negativas – são as destinadas para se obter a criação, a modificação, ou a extinção de um estado jurídico. Não se destinam para conseguir uma prestação do réu, embora se dirijam para determinada finalidade, ou subjacentemente se vise a prática de uma conduta.

As *declaratórias* dirigem-se para conseguir a afirmação ou negação de um direito, ou do veredicto sobre uma relação. Destinam-se, na lição do mesmo Chiovenda, a "verificar qual seja a vontade da lei, quer dizer, certificar a existência do direito (já direito a uma prestação, já direito potestativo), sem o fim de preparar a consecução de qualquer bem, a não ser a certeza jurídica... O autor que requer uma sentença declaratória não pretende conseguir atualmente um bem da vida que lhe seja garantido por vontade da lei, seja que o bem consista numa prestação do obrigado, seja que consista na modificação do estado jurídico atual; quer, tão somente, saber que seu direito existe ou quer excluir que exista o direito do adversário; pleiteia, no processo, a certeza jurídica e nada mais".[3]

O Superior Tribunal de Justiça ponderou em sentido idêntico:

> "O direito é relação jurídica, cujas normas se caracterizam pela coercibilidade. E toda relação jurídica decorre de fato. Encerra, por sua vez, direitos e deveres contrapostos, denominados conteúdo. O fato, por seu turno, constitui ou desconstitui o vínculo; ou-

---

[1] *Tratado de direito privado*. Rio de Janeiro: Borsoi, 1971. v. V, p. 483.
[2] *Instituições de direito processual civil*. Tradução ao português por Benvindo Aires. São Paulo: Saraiva, 1942. v. I, p. 483.
[3] *Instituições de direito processual civil*, cit., v. I, p. 265 e 303.

trossim, enseja modificação, ou mera declaração. A ação declaratória tem por objeto evidenciar projetos, caracterizar relação jurídica. E o interesse dos autos poderá limitar-se a tanto. Não é obrigado, quando disponível o direito, fazer valer a coercibilidade".[4]

Não se pode olvidar, entrementes, que as sentenças condenatórias e constitutivas encerram um conteúdo declaratório. Toda sentença conterá, necessariamente, a declaração da existência da relação jurídica. A carga eficacial preponderante é que definirá o tipo de ação.

As ações condenatórias submetem-se irrestritamente à prescrição e à decadência, aplicando-se a elas plenamente o art. 205 do Código Civil. São as ações de prestação ou de pretensão, dividindo-se em ações reais e ações pessoais, enquanto as ações constitutivas e declaratórias não se dirigem para conseguir uma prestação, seja pessoal ou real.

No pertinente às ações constitutivas, não se restringindo a uma mera declaração, e, sobretudo, àquelas em que a lei estabelece prazos para a sua propositura (encontram-se hipóteses na enumeração do art. 206 do Código Civil), estão sujeitas ao prazo extintivo por prescrição, classificando-se, pois, como prescritíveis. Pode haver, também, a decadência de direito sempre que verificada a previsão legal. Extinto o direito, extingue-se, em decorrência, a ação constitutiva correspondente. Tal se dá quando a lei fixa um prazo de vigência do direito.

Nesse tipo encontram-se as ações de estado, utilizadas quando alguém quer estabelecer a certeza jurídica a respeito da existência ou inexistência de determinada relação jurídica da pessoa. Quanto a estas, porém, não se afeiçoam à prescrição. São consideradas perpétuas, ou seja, não existindo um prazo para, *v.g.*, vindicar ou negar a paternidade. Já assim entendia Câmara Leal: "O estado das pessoas, sendo uma situação permanente, não pode sofrer modificações por ato ou omissão de terceiros e, por isso, as ações que o protegem têm por fim, apenas, o seu reconhecimento para segurança dos seus efeitos, donde, em regra, a sua imprescritibilidade. Ora, exatamente porque o estado das pessoas constitui-se em situações permanentes, impõe-se a sua preservação, de modo que nem todas as situações assim conceituadas devem seguir a regra da imprescritibilidade".[5]

Também como constitutivas enquadram-se as ações de nulidade, ou aquelas que têm por objetivo a invalidade dos atos nulos; e as ações de anulação, destinadas a invalidar atos anuláveis. Isto porque se visa não apenas declarar, mas constituir a invalidade, ou deslocar o ato que estava no mundo jurídico, que se considerava válido, para o mundo fático da inexistência ou invalidade. A sentença que pronuncia uma nulidade ou anulabilidade ocasiona uma modificação, que é a transformação de um ato juridicamente nulo ou anulável (mas não percebido) em ato inexistente ou inválido. Há uma modificação do que existia. Constitui-se um novo estado do ato, que se perfaz com a passagem para a invalidade. Decreta-se e não simplesmente declara-se a nulidade, ou a anulabilidade.

Algumas situações perduram enquanto não pronunciadas. Há atos nulos que persistem, se não houver a interferência judicial, encontrando-se várias hipóteses no Código Civil, como acontece com o casamento putativo – art. 1.561; o casamento contraído perante autoridade incompetente, depois de decorrido o prazo de dois anos dentro do qual a nulidade deve ser alegada – art. 1.550, inc. VI, c/c o art. 1.560, inc. II; a partilha nula depois de decorrido o prazo decadencial de um ano – art. 2.027, parágrafo único. De modo que, com o resultado positivo da ação, dá-se a modificação da situação antes existente, o que leva a constituir-se um novo estado.

---

[4] REsp nº 187.380/RS, da 6ª Turma, *DJ* 17.02.1999, *ADV Jurisprudência*, n. 21, p. 335, maio 1999.
[5] *Da prescrição e da decadência*, cit., edição de 1959, p. 657.

Diferentemente ocorre com as ações declaratórias. Não visam tais ações propriamente a proteção ou a restauração de direitos lesados, e muito menos procuram o exercício dos direitos. Considerando que o objetivo da prescrição está em liberar o sujeito passivo de uma prestação, e que a finalidade da decadência é a liberação da possibilidade de sofrer uma sujeição, decorre que a ação declaratória não se compatibiliza com a prescrição ou decadência, eis que não se destina a realizar uma prestação, ou a criar um estado de sujeição. Realmente, se as ações declaratórias não são meio de proteção ou restauração de direitos lesados, nem servem como meio de exercício de quaisquer direitos, decorre que o conteúdo da ação declaratória revela-se inconciliável com o significado de prescrição e de decadência.

A imprescritibilidade é reconhecida pelo STJ:

> "Processual civil e administrativo. Servidor público. Ex-celetista. Atividade perigosa, insalubre ou penosa. Contagem de tempo de serviço. Possibilidade. Ação declaratória. Imprescritibilidade. Conteúdo condenatório. Ocorrência. Aposentadoria. Revisão. Prescrição do fundo de direito. Agravo desprovido.
>
> I – O servidor público, ex-celetista, que exerceu atividade perigosa, insalubre ou penosa, detém direito à contagem do tempo de serviço com o devido acréscimo legal, para fins de aposentadoria estatutária.
>
> II – Conforme entendimento do Superior Tribunal de Justiça, a ação meramente declaratória é imprescritível, salvo quando também houver pretensão condenatória, como ocorre na hipótese dos autos.
>
> III – Esta Corte Superior possui entendimento no sentido de reconhecer a prescrição do fundo de direito nos casos em que houver pretensão de revisão do ato de aposentadoria de servidor público, com inclusão de tempo de serviço insalubre, desde que decorridos mais de cinco anos entre o ato da concessão e o ajuizamento da ação".[6]

> "A ação meramente declaratória, na lição de Cândido Rangel Dinamarco, é aquela que visa à eliminação da crise de certeza sobre a existência de determinado direito ou relação jurídica. Pode ser positiva ou negativa. E, assim caracterizada, não se sujeita à prescrição".[7]

No voto do Relator, colhe-se a compreensão da ação declaratória:

> "Nas palavras de Vilson Rodrigues Alves: *'não se pede constituição nem condenação. Pede-se só que se declare, que se torne claro, para se ver se é (ser) ou se não é (não ser) uma relação jurídica, e. g., a relação jurídica de prestação de serviço durante determinado lapso de tempo, para fins previdenciários. Fica-se no plano da existência ou no plano da inexistência de relação jurídica'.*
>
> Mais adiante o doutrinador esclarece que *'o provimento jurisdicional restringir-se-á à simples declaração, sem jamais ir adiante e, por exemplo, anular e desfazer com eficácia ex nunc a própria relação jurídica, uma vez que as ações em que se pede não a simples declaração da existência ou da inexistência de uma relação jurídica, mas, além, dessa pressuposta declaração negativa, sua própria constituição, ou pressuposta a declaração positiva, sua modificação ou sua desconstituição, não são apenas ações declarativas, mas*

---

[6] AgRg no REsp nº 1.174.119/RS, da 5ª Turma, j. em 04.11.2010, *DJe* de 22.11.2010, rel. Min. Gilson Dip.
[7] REsp nº 1.361.575/MG, da 2ª Turma, j. em 02.05.2013, *DJe* de 16.05.2013, rel. Min. Humberto Martins.

ações constitutivas positivas, ou modificativas, ou negativas, porque constituem, ou modificam, ou desconstituem, a relação jurídica' (ALVES, Vilson Rodrigues. *Da prescrição e da decadência no Código Civil de 2002*. 4. ed. São Paulo: Servanda, 2008). Para enfatizar a distinção das ações meramente declaratórias das ações declaratórias constitutivas negativas, Fredie Didier ensina que '*sempre que do processo resultar uma situação jurídica nova ou a modificação/extinção de uma situação jurídica já existente, o caso é de demanda constitutiva*' (DIDIER JR., Fredie. *Direito processual civil*. 6. ed. Salvador: JusPodium, 2006, v. 1)".

Capítulo VI
RENÚNCIA DA PRESCRIÇÃO E DA DECADÊNCIA

A renúncia da prescrição consiste no ato pelo qual a pessoa desiste de sua invocação, ou de servir-se, aproveitar-se da mesma quando da exigência de um ato ou do acionamento de uma pretensão. Já definia Antonio de Almeida Oliveira: "É o ato pelo qual o prescribente desiste do favor da prescrição, ou o meio pelo qual se inutiliza a prescrição completa".[1]

Eis a disciplina, contida no art. 191 da lei civil:

> "A renúncia da prescrição pode ser expressa ou tácita, e só valerá, sendo feita, sem prejuízo de terceiro, depois que a prescrição se consumar; tácita é a renúncia quando se presume de fatos do interessado, incompatíveis com a prescrição".

Por primeiro, de observar que a renúncia é um ato unilateral, segundo já defendia Luiz F. Carpenter: "Como toda renúncia, a renúncia da prescrição é um ato unilateral. É um ato jurídico que extingue direitos de qualquer natureza, salvo aqueles que a lei não consente sejam renunciados".[2]

Da regra *supra* se extraem dois requisitos, facilmente perceptíveis:

a) Que não prejudique terceiros, o que pode ocorrer quando o devedor paga uma dívida que não mais poderia ser reclamada em face do decurso do tempo, tornando-se insolvente, ou não tendo meios de satisfazer outras obrigações. Não viesse a proibição, abrir-se-ia um flanco para muitas falcatruas ou fraudes, especialmente quando ausentes garantias para adimplir outras obrigações.

b) Só pode ser exercida depois de consumada a prescrição, isto é, não vale a convenção que a afasta previamente, por constituir um instituto de ordem pública. É ainda atual a lição de Carlos da Rocha Guimarães: "... Após o decurso do prazo, o qual, repita-se, extingue o direito de ação, mas não o direito propriamente dito (pretensão substancial), nada impede que o devedor, ou o autor do ato ilícito, resolvam abrir mão daquela vantagem e decidam cumprir a sua obrigação ou revigorá-la, ou reparar o ato ilícito, como acontece no adimplemento da obrigação, acima referido, de acordo com o princípio da autonomia da vontade (pagamento de dívida prescrita)".

---

[1] *Prescrição em direito comercial e civil*, cit., p. 185.
[2] *Da prescrição*. 3. ed. Rio de Janeiro: Nacional de Direito, 1958. v. I, p. 151.

Do contrário, isto é, se admitida a derrogação antecipada, perderia tal caráter, e importaria em retirar a consistência do instituto. Não se revestem de valor, pois, as cláusulas pelas quais já se manifesta a possibilidade do exercício do direito a qualquer tempo, ou se prolonga no tempo a sua exigibilidade. Nula a disposição que estende o prazo para o ingresso da ação de execução para quatro anos após o vencimento dos títulos cambiais. Nem é possível conceder o prazo de um ano para a execução de cheque, a contar de sua apresentação no estabelecimento bancário. Não interessa que os direitos sejam patrimoniais e disponíveis.

Nem o encurtamento do prazo deve-se tolerar. Considerando-se que a matéria está regulada na lei, e dada a sua importância pública, não se dá espaço para a introdução de disposições paralelas, de conteúdo diverso daquele que está previsto. Daí conclui Mirna Cianci: "Da mesma forma que não se pode renunciar previamente, também não se admite, de modo válido, convencionar prazos prescricionais diversos daqueles fixados em lei, salvo pelos modos suspensivos e interruptivos normativos".[3]

Se já decorrido o prazo concedido pela lei, o devedor ou obrigado está autorizado a abrir mão da prescrição, como assinala o dispositivo, sendo exemplo o art. 882, que não ampara o pedido da restituição do que se pagou por dívida prescrita, posto que, se tal ocorreu, foi em razão de um ato de vontade, relevando o benefício que lhe estava assegurado.

Pode-se acrescentar mais uma exigência, embora presente em todos os contratos onerosos, que é a capacidade do renunciante, ou que se encontre na livre disposição dos bens. Não sendo assim, indispensável a autorização do juiz, e em vista de consideráveis razões, que devem ser bem sopesadas.

Ressaltam do art. 191, conforme referido, duas espécies de renúncia: a expressa e a tácita.

Pela primeira, vem de modo explícito, documentado ou manifestado verbalmente o ato. A pessoa escreve ou declara pela palavra que satisfaz a obrigação desconsiderando a prerrogativa que o favorecia. Aceita-se qualquer tipo de prova para a demonstração da disposição de vontade, inclusive a testemunhal, como explica Luiz F. Carpenter: "A renúncia expressa tanto pode constar de uma escritura pública, como de uma escritura particular, como de qualquer escrito, *verbi gratia*, uma carta, um telegrama, uma declaração etc. Também pode ser feita verbalmente a renúncia expressa, e, nesse caso, se provará por produção de testemunhas, quer a declaração verbal tenha sido feita face a face, quer por intermédio do telefone".[4]

Pela segunda, a realização de um ato leva a concluir a renúncia. Efetua-se o pagamento da dívida, embora já prescrita, e ciente o devedor. E se deve estar ciente, não é admitida em relação a ele. Garante-se uma obrigação prescrita com uma hipoteca, ou solicita-se a prorrogação de prazo para o adimplemento. Faz-se um acordo ou composição para prorrogar a solução da dívida.

Ao Poder Público não se permite a renúncia, vindo bem delineados os fundamentos neste aresto:

> "O Poder Público pode renunciar a direito próprio, mas esse ato de liberalidade não pode ser praticado discricionariamente, dependendo de lei que o autorize. A renúncia tem caráter abdicativo e em se tratando de ato de renúncia por parte a Administração

---

[3] Renúncia da exceção de prescrição: abrangência do tema. In: CIANCI, Mirna (Coord.). *Prescrição no Código Civil*. 2. ed. São Paulo: Saraiva, 2006. p. 357.
[4] *Da prescrição*, cit., v. I, p. 151.

depende sempre de lei autorizadora, porque importa no despojamento de bens ou direitos que extravasam dos poderes comuns do administrador público".[5]

É, também, a lição de Celso Antônio Bandeira de Mello: "A indisponibilidade dos interesses públicos significa que sendo interesses qualificados como próprios da coletividade – internos ao setor público – não se encontram à livre disposição de quem quer que seja, por inapropriáveis. O próprio órgão administrativo que os representa não tem disponibilidade sobre eles, no sentido de que lhe incumbe apenas curá-los – o que é também um dever – na estrita conformidade do que predispuser a *intentio legis*".[6]

Não se pode deixar de mencionar a posição dos que defendem a impossibilidade de renúncia à prescrição. Realmente, pela importância que representa a figura, opunha-se à renúncia G. Baudry-Lacantinerie, com base no direito francês:

"Porque a prescrição é uma instituição necessária à manutenção da ordem social, o art. 2.220, 1ª parte, extrai essa consequência, que não é apenas uma aplicação do princípio enunciado pelo art. 6º: 'Não se pode renunciar à prescrição de antemão'. O texto acrescenta: 'Pode se renunciar a prescrição adquirida'. Esta renúncia não pode causar nenhum prejuízo à sociedade. O interesse social quer a estabilidade da propriedade, mas ele não exige que aquele em quem a prescrição corre em benefício seja obrigado a dela se beneficiar. Livre fica para renunciar ao direito que a prescrição lhe fez adquirir, se esse modo de aquisição repugnar a sua consciência. A sociedade só pode ganhar com este ato de liberdade".[7]

Todavia, era aceita a renúncia à prescrição aquisitiva, como no exercício da posse em uma área de terras, de modo a afastar futura pretensão de usucapião. O direito francês previu esta possibilidade. Colhe-se de G. Baudry-Lacantinerie:

"A prescrição adquirida pode ser dispensada. A dispensa da prescrição adquirida não está sujeita a nenhuma condição formal particular. A previsão para isso está no art. 2.221: 'A dispensa da prescrição (adquirida) é expressa ou tácita...'. Esta é a aplicação do direito comum. Como os demais atos jurídicos, a ele estão sujeitas as renúncias, com exceção daquelas que constituam atos solenes, como a renúncia à herança (art. 784)".[8]

---

[5] Apel. Cível nº 163.440, da 1ª Câm. Cível do TJSP, *Revista de Jurisprudência do TJ do Estado de São Paulo* 5/133.

[6] *Curso de direito administrativo*. 4. ed. São Paulo: Malheiros, 1993. p. 23.

[7] *Précis de Droit Civil*. 9. ed. Paris: Librairie de la Société du Recueil Gal des Lois et des Arrêts. t. I, p.775.

Texto original: "De ce que la prescription est une institution nécessaire au maintien de l'ordre social, l'art. 2220, 1ª partie, tire cette conséquence, qui n'est qu'une application du principe énoncé par l'art. 6: 'On ne peut, d'avance, renoncer à la prescription'. Le texte ajoute: 'On peut renoncer à la prescription acquise'. Cette renonciation ne peut en effet causer aucun préjudice à la société. L'intérêt social veut la stabilité de la propriété; mais il ne demande nullement que celui au profit du quel la prescription s'est accomplie soit forcé d'en bénéficier. Libre à lui de renoncer au droit que la prescription lui a fait acquérir, si ce mode d'acquisition répugne à sa conscience. La société ne peut que gagner à cet acte de délicatesse".

[8] *Précis de Droit Civil*, cit., t. I, p. 776.

Texto original:

"On peut renoncer à la prescription acquise. La renonciation à la prescription acquise n'est assujettie à aucune condition particulière de forme. On en trouve la prevue dans l'art. 2221: 'La renonciation à la prescription (acquise) est expresse ou tacite...'. C'est l'application du droit commun. Comme les autres actes

Concernentemente à decadência, impera a proibição, em vista do art. 209 do Código Civil:

"É nula a renúncia à decadência fixada em lei".

Restringe-se à nulidade da renúncia unicamente quando a decadência está fixada em lei, e não quanto à convencional. Não se empresta validade na hipótese. Sobre a matéria, leciona Maria Helena Diniz: "Renúncia de decadência prevista em lei. A decadência resultante de prazo legal não pode ser renunciada pelas partes, nem antes nem depois de consumada, sob pena de nulidade. Logo, os prazos decadenciais, decorrentes de convenção das partes, são suscetíveis de renúncia, por dizerem respeito a direitos disponíveis, visto que se as partes podem estabelecê-los, poderão abrir mão deles".[9]

---

juridiques, les renonciations y sont soumises, à l'exception de celles qui constituent des actes solennels, comme la renonciation à la succession (art. 784)".

[9] *Código Civil anotado*. 12. ed. São Paulo: Saraiva, 2006. p. 249.

Capítulo VII
A PRESCRIÇÃO AQUISITIVA E A EXTINTIVA OU LIBERATÓRIA

O Código Civil, seguindo a orientação da maioria dos sistemas existentes, distingue a prescrição em extintiva ou liberatória e aquisitiva. Há a força extintora e a força geradora de direitos. Na primeira, extingue-se a ação reservada ao titular, ficando eliminado o direito porque desaparece a tutela legal, em virtude, já na visão de Antonio de Almeida Oliveira, "da inação do credor e o tempo que decorre sem que ele exija o seu pagamento".[1] Na segunda, surge o direito como fruto do tempo que passa, tornando-se modo de adquirir a propriedade pela posse prolongada. Está marcada aquela pela força negativa, acarretando a perda da ação reconhecida a um direito pela falta de uso ou exercício durante um lapso de tempo previsto; a última traz uma força positiva que leva a adquirir um direito, sendo o caso típico do usucapião.

As definições de cada tipo igualmente são bem colocadas por G. Baudry-Lacantinerie:

"A prescrição aquisitiva é uma modalidade de aquisição de bens, resultante da posse legal prolongada por determinado período de tempo. Então toma-se um prédio que pertence a um vizinho e é possuído por trinta anos como se pertencesse ao possuidor. Ao final deste prazo, o fato terá sido transformado em direito. Se o proprietário reivindicar sua propriedade, poder-se-á impor-lhe a exceção de prescrição e ele sucumbirá.

A prescrição liberatória é uma modalidade de liberação decorrente da inação do credor no prazo fixado em lei. Deve-se uma quantia em dinheiro. Durante trinta anos, o credor negligenciou qualquer reclamação contra o devedor, ficando este liberado".[2]

A prescrição extintiva, ao mesmo tempo em que prossegue e se completa no correr do tempo, dá ensejo à formação do direito de um terceiro. Daí a perfeita correlação entre ambas, a ponto de uma acarretar a formação da outra. A prescrição extintiva é a mais comum, atingindo especialmente as ações condenatórias, e estando fundamentada na inércia ou omissão do

---

[1] *Prescrição em direito comercial e civil*, cit., p. 2.
[2] *Précis de Droit Civil*, cit., t. I, p. 772-773.

Texto original:

"La prescription acquisitive est un mode d'acquisition de la propriété, résultant de la possession legale prolongée pendant certain temps. Ainsi je m'empare d'un immeuble qui appartient à mon voisin, et je le possède pendant trente années comme s'il m'appartenait. Au bout de ce temps, le fait se sera transformé en droit; si le propriétaire reclame son bien, je pourrain lui opposer la prescription, et il succombera.

La prescription libératoire est un mode de liberation résultant de l'inaction du créancier pendant le temps fixé par la loi. Je suis débiteur d'une somme d'argent; pendant trente ans, mon créancier néglige d'exercer contre moi aucune réclamation. Je suis libéré".

titular do direito durante determinado período de tempo, assinalado para o exercício do direito. A aquisitiva é decorrência da extintiva, pois se forma porque desaparece o direito da outra parte.

O titular negligente perde o direito ao fim de certo tempo, ao passo que uma terceira pessoa o adquire.

Ainda elucidativa a distinção apresentada por Eduardo Espínola:

> "1º – A prescrição aquisitiva tem essencialmente por base a posse, e assim exige a boa-fé; a prescrição extintiva, em regra, dispensa a posse, não exige da parte do devedor o requisito da boa-fé.
>
> 2º – A prescrição aquisitiva pode ser fonte de uma ação ou de uma exceção em proveito do adquirente; a extintiva, sendo praticamente um meio de repelir a ação, se apresenta sempre como exceção.
>
> 3º – O campo da prescrição aquisitiva não é tão vasto como o da extintiva: a primeira limita-se à aquisição da propriedade e dos direitos reais; a extintiva abrange todo o domínio do direito civil, e aplica-se a todas as classes de relações jurídicas".[3]

Maria Helena Diniz apresenta a prescrição extintiva como "uma energia que extingue a ação e todos os recursos de defesa de que o direito é provido, funcionando mais como meio de defesa", enquanto a aquisitiva, que se resume no usucapião, reage como "uma energia criadora de direitos reais, em particular da propriedade, transformando uma situação fática numa realidade jurídica".[4]

Não se pode equiparar o usucapião à prescrição. Enquanto a essência da última está no não exercício de um direito, mediante ação apropriada, num determinado espaço de tempo, aquele decorre de ações positivas, da prática de atos, consubstanciados na posse mansa e pacífica, com o *animus domini*, pelo tempo estabelecido na lei. Se resultasse o usucapião da simples falta de uso de um direito, seria suficiente para declará-lo o mero abandono de uma área de terra pelo lapso temporal assinalado para o seu reconhecimento. Imprescindível, além do titular não exercer atos de posse, a prática de condutas evidenciadoras da posse, da ocupação com o intuito de dono, da submissão do bem à vontade do possuidor.

Em resumo, enquanto a prescrição propriamente dita é um modo de extinção da ação para o exercício do direito, a usucapião constitui um modo criador de direitos, verificado pelo exercício de certos atos.

Em face da distinção entre uma e outra espécie de prescrição, e dado o caráter de atuação positiva que deve existir na aquisitiva, unicamente depois de decorrido o prazo necessário para o usucapião é que desaparece o direito à indenização na desapropriação indireta, vindo as razões melhor ditas nesta ementa:

> "Prescrição. Ainda que se trate de direito real, não se verifica, nos termos do art. 177, mas segundo o art. 550 do CC, ou seja, no mesmo prazo estabelecido para a usucapião extraordinária. Assim ocorre porque não se cuida de prescrição extintiva, mas aquisitiva, pelo que a propriedade do particular só passará para o domínio público, que carece de justo título, após o prazo de vinte anos, eis que referido direito real, sendo irrevogável e perpétuo, deixa de extinguir-se pela falta do seu exercício, só desaparecendo em relação ao respectivo titular pela aquisição por outro".[5]

---

[3] *Sistema do direito civil brasileiro*, cit., v. 1, p. 605.
[4] *Curso de direito civil brasileiro*: teoria geral do direito civil. 3. ed. São Paulo: Saraiva, 1993. v. 1, p. 206.
[5] Os arts. 177 e 550 apontados no texto equivalem aos arts. 205 e 1.238 do diploma civil em vigor. Apelação Cível nº 63.662-0, da 1ª Câm. Cível do TJPR, de 31.03.1998, *Direito Imobiliário – COAD*, boletim semanal, n. 49, p. 939, dez. 1998.

Capítulo VIII
PRESCRIÇÃO COMO EXCEÇÃO

Ainda afigura-se coerente o pensamento que vê a prescrição como uma exceção, no que se estende à decadência. Já a origem romana aponta tal caráter, eis que apreciada em momento antecedente ao exame do direito que o cidadão buscava, sempre que verificada a propositura tardia de uma demanda. Aponta Serpa Lopes essa concepção: "Tal caráter de exceção foi igualmente consagrado por muitos juristas franceses, cuja doutrina muito influiu nos italianos, tanto que Pacifici-Mazzoni, definindo a prescrição, considerou-a uma exceção mediante a qual se pode, em geral, repelir uma ação por ter o autor negligenciado por um tempo determinado de fazer valer ou exercitar o direito ao qual ela se refere".[1]

Embora se trate de direito material, apresenta-se, quando cabível, como uma preliminar ao direito de fundo ou ao mérito da ação, o que é comum na ação reivindicatória, nas lides possessórias, e outras que tratam de direitos patrimoniais. Nas execuções fundadas em títulos de crédito, é frequente a defesa escudada na prescrição da ação, ou no não uso da ação no tempo oportuno. Constatada a violação do direito, ficou o respectivo titular de ajuizar, no período de tempo concedido pela lei, a ação apta a restabelecer tal direito, o que não fez. Daí, antes de ingressar no mérito do direito reclamado, a parte acionada apresenta a exceção da prescrição, que se apreciará previamente às demais matérias concernentes ao direito propriamente discutido ou procurado.

Tanto vigora essa concepção que se tornou praxe processual examinar a matéria como exceção, previamente a outras questões. Reconhecida, torna-se prejudicial ao mérito do direito que se procura.

Aliás, adquiriu força a admissibilidade da exceção de pré-executividade em execuções fiscais, de modo a estancar o processo de execução se constatada a prescrição, podendo enquadrar-se o princípio na Súmula nº 393 do STJ, nos seguintes termos: "A exceção de pré-executividade é admissível na execução fiscal relativamente às matérias conhecíveis de ofício que não demandem dilação probatória".

Mais especificamente, importante a Súmula nº 409 do mesmo STJ, admitindo o conhecimento de ofício da matéria, isto é, em preliminar, o que dá o caráter de exceção: "Em execução fiscal, a prescrição ocorrida antes da propositura da ação pode ser decretada de ofício".

A orientação não é recente:

> "Não obstante serem os embargos à execução o meio de defesa próprio da execução fiscal, a orientação desta Corte firmou-se no sentido de admitir a exceção de pré-executividade naquelas situações em que não se fazem necessárias dilações probatórias, e em

---

[1] *Curso de direito civil*, cit., v. I, p. 496.

que as questões possam ser conhecidas de ofício pelo magistrado, como as condições da ação, os pressupostos processuais, a decadência, a prescrição, entre outras".[2]

A prescrição, no entanto, para ser admitida como exceção, alegável por meio da exceção de pré-executividade, deve aferir-se de plano, sem a necessidade da dilação probatória, de acordo com o STJ:

> "Consolidado também, por meio de recurso representativo de controvérsia, o entendimento de que a exceção de pré-executividade somente é admitida nas situações em que não se faz necessária a dilação probatória ou em que as questões possam ser conhecidas de ofício pelo Magistrado, como as condições da ação, os pressupostos processuais, a decadência, a prescrição, entre outras (REsp 1.104.900/ES, rel. Min. Denise Arruda, *DJe* 1º.04.2009)".[3]

Embora as orientações transcritas digam respeito a execuções fiscais, nada impede a aplicação nos processos de execução de dívidas particulares, desde que verificadas as hipóteses de configuração induvidosa da prescrição.

---

[2] REsp nº 726.834/RS, da 1ª Turma, j. em 13.11.2007, *DJ* de 10.12.2007, rel. Min. Denise Arruda.
[3] AgRg no REsp nº 1.416.087/SC, da 2ª Turma, j. em 11.03.2014, *DJe* de 19.03.2014, rel. Min. Herman Benjamin.

Capítulo IX
PROIBIÇÃO EM ALTERAR OS PRAZOS DA PRESCRIÇÃO E FACULDADE DE AS PARTES ESTABELECEREM A DECADÊNCIA

Embora não totalmente, reconhece-se a natureza de ordem pública da prescrição, havendo normas que dispõem especificamente sobre o assunto, e não podendo as partes dispor em sentido contrário. Não é autorizado que se alterem os prazos de prescrição constantes do ordenamento jurídico, porquanto os prazos estão disciplinados na lei, não se facultando a disposição em contrário. É peremptório, sobre o assunto, o art. 192 do Código Civil:

"Os prazos de prescrição não podem ser alterados por acordo das partes".

Nem se valida a prévia renúncia à prescrição, embora possível depois que está consumada, como já observado anteriormente, a teor do art. 191:

"A renúncia da prescrição pode ser expressa ou tácita, e só valerá, sendo feita, sem prejuízo de terceiro, depois que a prescrição se consumar; tácita é a renúncia quando se presume de fatos do interessado, incompatíveis com a prescrição".

Caso típico de renúncia encontra-se no pagamento de dívida prescrita, na letra do art. 882 do Código Civil:

"Não se pode repetir o que se pagou para solver dívida prescrita, ou cumprir obrigação judicialmente inexigível".

Sobre a inalterabilidade pelas partes, escrevem Alan Martins e Antônio Borges de Figueiredo: "Decorre exclusivamente de norma legal o prazo prescricional (CC/2002, art. 205; CC/1916, art.179), o qual não pode ser ampliado ou reduzido pela vontade das partes, segundo a regra expressa (CC/2002, art. 192). Trata-se de norma cogente, de ordem pública, sendo nulo qualquer ajuste das partes em sentido contrário".[1]

Nessa concepção de caráter público, não tem validade a disposição que torna imprescritível certa dívida, ou que impede a sua alegação. Encerra o art. 193 do Código Civil:

"A prescrição pode ser alegada em qualquer grau de jurisdição, pela parte a quem aproveita".

---

[1] *Prescrição e decadência no direito civil*, cit., p. 67.

De modo que não é admitido o prolongamento do prazo da prescrição, como escreve Brenno Fischer: "A hipótese de prolongamento merece recusa à unanimidade, pois não existe voz discrepante a respeito de que não é possível às partes, por qualquer forma, tornarem maiores os prazos de prescrição fixados por lei.

Autorizar semelhante procedimento seria, ao mesmo tempo, inutilizar de vez o instituto da prescrição.

E isso porque, como salienta Cunha Gonçalves (*Tratado*, III, p. 661), "não se podendo renunciar à prescrição (antecipadamente), é claro que não se deve ilidir este preceito por meio de convenções equivalentes, como será, por exemplo, a estipulação ampliando o prazo da prescrição a cinquenta anos, pois, do contrário, seria também lícita a ampliação a mil anos".[2]

Nem se valida a disposição de vontades que abrevia o prazo, como justifica o mesmo Brenno Fischer:

> "(...) O que intérprete tem que ter em vista no ponto em estudo é, precisamente, a finalidade a que tende p instituto da prescrição, que outra não é senão a manutenção do equilíbrio social.
>
> Visando este alvo é que a legislação fixou para cada espécie, que entendeu ser por ela cuidada, *um ponto determinado* dentro do qual e uma vez expirado, a prescrição se tem como consumada.
>
> Foi, precisamente, por entender que só assim, a paz social estava assegurada que ele – o legislador – fixou em prazos rígidos o período indispensável para que a prescrição se consumasse".

Segue justificando que, se proibida a renúncia, obviamente fica vedada a redução do prazo: "Se, portanto, realmente assim é, enquanto a prescrição não se consumar, não pode ser ela objeto de qualquer renúncia. E alongar ou abreviar antecipada e convencionalmente seus prazos é, irrecusavelmente, uma renúncia".[3]

Permite-se ao juiz conhecer de ofício a prescrição, já que simplesmente revogado o art. 194 da lei civil, que prescrevia: "O juiz não pode suprir, de ofício, a alegação de prescrição, salvo de favorecer a absolutamente incapaz". A revogação adveio com a Lei nº 11.280, de 16.02.2006, e se impôs em face da redação que foi dada, pela mesma Lei, ao § 5º do art. 219 do CPC de 1973:

> "O juiz pronunciará, de ofício, a prescrição".

No atual CPC, depreende-se a possibilidade da decretação de ofício da prescrição nos textos dos seguintes dispositivos:

> Art. 332, § 1º: "O juiz também poderá julgar liminarmente improcedente o pedido se verificar, desde logo, a ocorrência de decadência ou de prescrição".
>
> Art. 487, II, parágrafo único: "Haverá resolução de mérito quando o juiz:
>
> (...)
>
> II – decidir, de ofício ou a requerimento, sobre a ocorrência de decadência ou prescrição.

---

[2] *A prescrição nos tribunais*. 2. ed. Rio de Janeiro: José Konfino, 1956. t. I, p. 242.
[3] *A prescrição nos tribunais*, cit., t. I, p. 248.

Parágrafo único. Ressalvada a hipótese do § 1º do art. 332, a prescrição e a decadência não serão reconhecidas sem que antes seja dada às partes oportunidade de manifestar-se".

Mesmo que permitida a possibilidade de disposição da prescrição em certos casos, tal ocorre unicamente nas situações especificadas pela lei. Em outras palavras, por iniciativa própria veda-se a alteração das regras sobre prescrição, sendo que, quando há possibilidade, os casos constam assinalados na lei.

Quanto à decadência, que envolve a extinção do direito, diferente o tratamento. Desde que verificada, aniquila direitos ou faculdades. É possível que as partes convencionem o exercício de um direito ou de uma faculdade em prazo determinado ou fixado, sob pena de sua extinção. Assim, coloca-se uma cláusula em um contrato, na qual se assegura a concessão de um desconto no preço, se o pagamento se efetuar até uma data prevista. Ou autoriza-se a desistência do negócio, desde que manifestada a vontade do desfazimento num período de tempo avançado. Uma vez decorrido o lapso temporal concedido, não mais assiste pretender a vantagem ou o estipulado. Opera-se a decadência denominada convencional, contemplada no art. 211 do Código Civil:

"Se a decadência for convencional, a parte a quem aproveita pode alegá-la em qualquer grau de jurisdição, mas o juiz não pode suprir a alegação".

Assevera Luiz P. Carpenter: "As partes, de comum acordo, podem estabelecer prazos resolutivos convencionais". Adiante: "Fica livre às partes ajustarem prazos preclusivos convencionais, que, entre nós, são mais conhecidos por prazos de caducidade".[4]

Câmara Leal, na linha de Carpenter, ensinava que o prazo decadencial decorre ou da lei ou da vontade humana, caducando o direito de não procurado no tempo previsto: "O objeto da decadência, portanto, é o direito que, por determinação da lei ou da vontade do homem, já nasce subordinado à condição de exercício em limitado lapso de tempo". Continua, linhas adiante: "Sem que o titular exercite o direito a ele subordinado, opera-se a decadência ou caducidade do direito, que fica por essa forma extinto. Esse é, pois, o principal efeito da decadência: extinguir o direito".[5] Uma vez, pois, decorrido o tempo concedido para o benefício ou a realização de um ato, não mais assiste qualquer alegação por meio de ação, visando o seu proveito.

De aduzir que não é admitida qualquer alteração do prazo, e nem dispor diferentemente, se legada a decadência, isto é, se estabelecida na lei.

---

[4] *Da prescrição*, cit., v. I, p. 105 e 108.
[5] *Da prescrição e da decadência*. 2. ed., 1959, cit., p. 119 e 125.

Capítulo X
PRESCRIÇÃO INTERCORRENTE

1. A INÉRCIA NO ANDAMENTO DO PROCESSO JUDICIAL PELO PERÍODO DA PRESCRIÇÃO

A prescrição intercorrente é a verificada no curso do processo judicial, por fato debitado à própria parte a quem prejudica a sua ocorrência, ou inércia na promoção do regular andamento. Normalmente, acontece quando o processo fica paralisado, sem as providências para retomar o regular prosseguimento por iniciativa do titular de um direito cuja satisfação busca. Daí partir-se do parágrafo único do art. 202 do Código Civil para a sua compreensão:

> "A prescrição interrompida recomeça a correr da data do ato que a interrompeu, ou do último ato do processo para a interromper".

A maioria dos direitos são exercitáveis judicialmente durante um certo espaço de tempo. Verificada a omissão nas providências para a sua consecução, decorre naturalmente o seu perecimento. Embora tenha se procurado um impulso inicial em buscar a satisfação ou o cumprimento do direito, havendo a inércia em certo momento, começa a correr novamente o prazo da prescrição, que passa a ser intercorrente porque ressurge por desleixo da parte em cumprir as medidas que lhe são próprias. Se passar, na paralisação do feito, o mesmo prazo previsto para a pretensão do direito, consuma-se a prescrição. Por outras palavras, o prazo prescricional a ser considerado para fins de prescrição intercorrente, em inexistindo lei especial disciplinando de modo diferente, coincide com o prazo para o ajuizamento da ação.

Depreende-se que se trata de uma prescrição que ocorre no curso do processo. Não basta à parte, pois, ajuizar a demanda. Cabe-lhe o ônus de mostrar-se atento para o seu regular encaminhamento ao seu término. Aprofundam a compreensão Cristiano Chaves de Farias e Nelson Rosenvald: "A prescrição intercorrente é verificada pela inércia continuada e ininterrupta do autor no processo já iniciado, durante um tempo suficiente para a ocorrência da própria perda da pretensão. De modo evidente, havendo andamento regular e normal do processo, não haverá a prescrição intercorrente".[1]

De observar que deve debitar-se a inércia ao titular do direito, e não aos órgãos jurisdicionais a quem incumbe o cumprimento dos atos processuais. Se o cartório não atende à determinação judicial, não é do autor da demanda a inércia, embora ponderável esperar do mesmo as

---

[1] *Curso de direito civil*: 1 – Parte Geral e LINDB. 13. ed. São Paulo: Atlas, 1915. p. 636.

diligências visando o atendimento. Ao autor deve recair a culpa em razão de sua negligência em providenciar a imposição vinda do juízo, o que é diferente se o cartório se mostra negligente.

2. A CONTAGEM DO INÍCIO DO PRAZO DE PRESCRIÇÃO

Inicia a fluência do prazo desde o decurso do lapso temporal ordenado para a realização de uma diligência, interrompendo-se a cada cumprimento. Ou seja, reinicia o prazo prescricional sempre que se esgotar o prazo deferido para o cumprimento de um ato. Por *último ato*, ensina Arruda Alvim, "entenda-se, em caso de paralisação, o derradeiro ato praticado num processo antes da paralisação; e, ainda, compreende-se na noção de *último ato* a hipótese da sentença final, à qual nada se sucede".[2]

Não é a mesma coisa que a preclusão, a qual se considera a perda ou extinção de uma faculdade processual, como quando o litigante não recorre de uma decisão proferida pelo juiz, ou deixa de arrolar testemunhas no período de tempo concedido.

No entanto, se o juiz manda que se providencie na anexação de peças processuais para acompanhar o mandado de citação, ou a efetivação do preparo para tal ato, e a parte desleixadamente se omite, inicia a correr o prazo de prescrição. Na lição de Arruda Alvim, "só a partir da inércia, quando ao autor couber a prática de ato (e nem o réu praticar qualquer ato), e este não vier a ser praticado, durante prazo superior ao da prescrição, é que ocorrerá a prescrição intercorrente. Nesse sentido e tendo em vista tal configuração, a prática desse *ato* representa um ônus para o autor, de caráter temporal (pois uma ação deve ser proposta antes da consumação temporal da prescrição), como, ainda, o lapso, por inércia, não se deve verificar no curso do processo, mesmo que esse lapso seja normalmente maior do que aquele representado pelos prazos processuais".[3]

No caso de cumprimento da sentença, após o trânsito em julgado da sentença, se o vencedor não promover a liquidação no prazo legal, volta a iniciar o lapso prescricional, que será o mesmo estabelecido para a pretensão perseguida. Realmente, depois do trânsito em julgado da sentença, cabe à parte vencedora promover para que haja o devido cumprimento do julgado, embora não se impeça o impulso judicial dado pelo juiz.

3. PRAZOS NA PRESCRIÇÃO INTERCORRENTE E NÃO INCLUSÃO, NA CONTAGEM, DOS PRAZOS DE SUSPENSÃO PREVISTOS NA EXECUÇÃO JUDICIAL

Importante regra veio com a Lei 14.382/2022, que incluiu o art. 206-A no Código Civil, explicitando o prazo em que se dá a prescrição intercorrente, com a não inclusão, na contagem, dos prazos de suspensão da execução, quando for o caso:

> "A prescrição intercorrente observará o mesmo prazo de prescrição da pretensão, observadas as causas de impedimento, de suspensão e de interrupção da prescrição previstas neste Código e observado o disposto no art. 921 da Lei nº 13.105, de 16 de março de 2015 (Código de Processo Civil)."

---

[2] Da prescrição intercorrente. In: CIANCI, Mirna (Coord.). *Prescrição no Código Civil*, cit., p. 28.
[3] Da prescrição intercorrente. In: CIANCI, Mirna (Coord.). *Prescrição no Código Civil*, cit., p. 29-30.

Ou seja, opera-se a prescrição nos prazos fixados para a prescrição normal, como nos casos dos arts. 205 e 206, com a incidência das causas de impedimento, suspensão e interrupção, mas devendo-se observar o disposto no art. 921 do CPC.

Cumpre que se veja o referido art. 921, que trata da suspensão da execução, não incidindo, então, para a contagem do período da prescrição, os prazos das hipóteses que vêm arroladas em tal dispositivo, conforme o seguinte texto, em redação e inclusões da Lei 14.195/2021:

"Suspende-se a execução:

I – nas hipóteses dos arts. 313 e 315, no que couber;

II – no todo ou em parte, quando recebidos com efeito suspensivo os embargos à execução;

III – quando não for localizado o executado ou bens penhoráveis;

IV – se a alienação dos bens penhorados não se realizar por falta de licitantes e o exequente, em 15 (quinze) dias, não requerer a adjudicação nem indicar outros bens penhoráveis;

V – quando concedido o parcelamento de que trata o art. 916".

Necessária a análise dos incisos.

Quanto ao inciso I:

No caso, impõe-se que se vejam as previsões dos arts. 313 e 315 do CPC.

Em relação ao art. 313, eis as várias hipóteses:

"Art. 313. Suspende-se o processo:

I – pela morte ou pela perda da capacidade processual de qualquer das partes, de seu representante legal ou de seu procurador;

II – pela convenção das partes;

III – pela arguição de impedimento ou de suspeição;

IV – pela admissão de incidente de resolução de demandas repetitivas;

V – quando a sentença de mérito:

a) depender do julgamento de outra causa ou da declaração de existência ou de inexistência de relação jurídica que constitua o objeto principal de outro processo pendente;

b) tiver de ser proferida somente após a verificação de determinado fato ou a produção de certa prova, requisitada a outro juízo;

VI – por motivo de força maior;

VII – quando se discutir em juízo questão decorrente de acidentes e fatos da navegação de competência do Tribunal Marítimo;

VIII – nos demais casos que este Código regula;

IX – pelo parto ou pela concessão de adoção, quando a advogada responsável pelo processo constituir a única patrona da causa (incluído pela Lei nº 13.363, de 2016);

X – quando o advogado responsável pelo processo constituir o único patrono da causa e tornar-se pai (incluído pela Lei nº 13.363, de 2016)".

Algumas observações devem ser feitas com base nos incisos e parágrafos que seguem ao art. 313.

Em relação ao inciso I, que diz com a suspensão pela morte ou pela perda da capacidade processual de qualquer das partes, de seu representante legal ou de seu procurador, o § 1º ordena que se observem os termos do art. 689, pelo qual "proceder-se-á à habilitação nos autos do processo principal, na instância em que estiver, suspendendo-se, a partir de então, o processo". Há um prazo de suspensão, que consta no § 2º, sendo de dois a seis meses, e ficando no arbítrio do juiz a fixação:

> "§ 2º Não ajuizada ação de habilitação, ao tomar conhecimento da morte, o juiz determinará a suspensão do processo e observará o seguinte:
>
> I – falecido o réu, ordenará a intimação do autor para que promova a citação do respectivo espólio, de quem for o sucessor ou, se for o caso, dos herdeiros, no prazo que designar, de no mínimo 2 (dois) e no máximo 6 (seis) meses;
>
> II – falecido o autor e sendo transmissível o direito em litígio, determinará a intimação de seu espólio, de quem for o sucessor ou, se for o caso, dos herdeiros, pelos meios de divulgação que reputar mais adequados, para que manifestem interesse na sucessão processual e promovam a respectiva habilitação no prazo designado, sob pena de extinção do processo sem resolução de mérito".

Vale concluir que fica a suspensão da prescrição pelo lapso temporal assinalado.

O § 3º diz respeito à suspensão em razão da morte do procurador da parte:

> "§ 3º No caso de morte do procurador de qualquer das partes, ainda que iniciada a audiência de instrução e julgamento, o juiz determinará que a parte constitua novo mandatário, no prazo de 15 (quinze) dias, ao final do qual extinguirá o processo sem resolução de mérito, se o autor não nomear novo mandatário, ou ordenará o prosseguimento do processo à revelia do réu, se falecido o procurador deste".

Tem-se que a suspensão se dá a partir do despacho do juiz e vai até escoar-se o prazo da intimação da parte, que terá quinze dias para a substituição.

Consoante o § 4º, "o prazo de suspensão do processo nunca poderá exceder 1 (um) ano nas hipóteses do inciso V e 6 (seis) meses naquela prevista no inciso II", isto é, não será superior a um ano se depender do julgamento de outra causa ou da declaração de existência ou de inexistência de relação jurídica que constitua o objeto principal de outro processo pendente; e, se tiver de ser proferida somente após a verificação de determinado fato ou a produção de certa prova, requisitada a outro juízo; e não excederá a seis meses se houver convenção de suspensão pelas partes.

Na previsão do § 5º, vencidos os prazos, o juiz ordenará o prosseguimento do processo. Mas, para efeitos de prescrição, computam-se tais prazos.

Há o § 6º, incluído pela Lei 13.363/2016, disciplinando o inciso IX, e relativamente à suspensão de trinta dias, nas hipóteses de parto ou de concessão de adoção por advogada que seja a única patrona da causa, a contar da data do parto ou de concedida a adoção, mas devendo, para tanto, existir requerimento da parte.

O § 7º, aportado também pela Lei 13.363/2016, explicita a aplicação do inciso X, relativamente à suspensão do prazo por oito dias em favor do advogado único patrono da causa, e progenitor da criança ou do adotado, e mesmo cabendo entender-se se marido da adotante. Conta-se o prazo da data do nascimento ou da adoção, impondo-se a devida comprovação e requerimento expresso.

Em relação ao art. 315, consta a previsão da suspensão do processo de execução por depender o mérito da verificação de fato delituoso:

> "Art. 315. Se o conhecimento do mérito depender de verificação da existência de fato delituoso, o juiz pode determinar a suspensão do processo até que se pronuncie a justiça criminal".

Não se dá, pois, a inclusão, para se contar a prescrição intercorrente, do lapso de tempo de suspensão do processo, aguardando o pronunciamento do juízo criminal.

Há especificações em dois parágrafos.

Pelo § 1º, em não se promovendo a ação penal em três meses, que inicia a partir da decisão de suspensão, cessará o efeito de não contagem, cabendo, então, ao juiz apreciar e julgar incidentemente a questão prévia. A suspensão, portanto, é de três meses, que não se inclui no lapso temporal da prescrição intercorrente.

Na forma do § 2º, suspende-se o processo de execução com a proposição da ação penal, perdurando pelo prazo de um ano, findo o qual segue incluindo-se o prazo de suspensão da execução na contagem da prescrição intercorrente.

Quanto ao inciso II:

O inciso II do art. 921 autoriza a suspensão, no todo ou em parte, quando recebidos com efeito suspensivo os embargos à execução.

Ao receber os embargos opostos a uma execução judicial, desde que imprimido o efeito suspensivo, fica interrompido o processo de execução. O período de interrupção não é contado para efeito da prescrição intercorrente.

Nas diversas espécies de execução, possibilita o § 1º do art. 919 do diploma processual civil ao juiz conceder o efeito suspensivo, desde que verificados os requisitos para a concessão da tutela provisória e desde que a execução já esteja garantida por penhora, depósito ou caução suficientes. Quanto à tutela provisória, existe a de urgência e a de eficiência, com os requisitos próprios de cada espécie, ditados pelos arts. 303 e 311, também do estatuto processual.

Quanto ao inciso III:

No caso, fica suspensa a execução enquanto não localizado o executado, ou não encontrados bens para a penhora. Fica suspensa a execução, e não se inclui na contagem da prescrição intercorrente tal período de tempo.

Há várias disposições em parágrafos, disciplinando o inciso III.

De acordo com o § 1º, consta fixado um prazo de suspensão da execução, que se estende à prescrição, sendo de um ano. Já pelo § 2º, se nesse lapso de tempo não se localizar o executado ou não se encontrarem bens penhoráveis, arquiva-se o processo.

Indaga-se: numa ou em outra hipótese se dá o arquivamento?

Para a resposta, conveniente transcrever o § 2º:

> "§ 2º Decorrido o prazo máximo de 1 (um) ano sem que seja localizado o executado ou que sejam encontrados bens penhoráveis, o juiz ordenará o arquivamento dos autos".

Pela redação, em qualquer das hipóteses, admite-se o arquivamento. Cumpre, porém, que se atenda aos regramentos da Seção II, Capítulo IV, Título II, Livro II da Parte Especial do CPC, onde está disciplinada a execução por quantia certa, e inclusive a citação do devedor não encontrado. A falta de localização permite o arresto de bens, que se converterá, depois, em penhora. Pelo § 2º do art. 830, ao exequente incumbe "requerer a citação por edital, uma vez frustradas a pessoal e a com hora certa". De modo que, procedendo-se à citação por edital, o que se justifica se arrestados os bens, não se opera a suspensão do processo e não se cogitando, daí, em suspender a prescrição.

Segundo o § 3º do inciso III, desarquivam-se os autos e seguirá a execução se encontrados bens penhoráveis. O normal será o arresto, que se converterá, depois, em penhora.

O § 4º do mesmo inciso prevê a contagem do prazo de prescrição intercorrente do título executado a partir "da ciência da primeira tentativa infrutífera de localização do devedor ou de bens penhoráveis, e será suspensa, por uma única vez, pelo prazo máximo previsto no § 1º deste artigo", isto é, suspende-se unicamente pelo prazo de um ano.

Há o § 4º-A, incluído pela Lei 14.195/2021, prevendo que se interrompe a prescrição com a efetiva citação, intimação do devedor ou constrição de bens penhoráveis. Também se interrompe com a formalização de providências para "a constrição patrimonial, se necessária, desde que o credor cumpra os prazos previstos na lei processual ou fixados pelo juiz". Esses prazos normalmente compreendem os previstos para requerer a citação e diligências, e os concedidos pelo juiz para as providências de localização.

De se anotar que está prevista a interrupção do prazo, importando, para a contagem seguinte, o decurso do mesmo prazo interrompido.

Quanto ao inciso IV:

Prevê o inciso que suspende-se a execução e, decorrentemente, o prazo de prescrição, na não ocorrência ou na frustração de alienação dos bens penhorados por "falta de licitantes", e se "o exequente, em 15 (quinze) dias, não requerer a adjudicação nem indicar outros bens penhoráveis".

Quanto ao inciso V:

Suspendem-se a execução e o curso da prescrição "quando concedido o parcelamento de que trata o art. 916", isto é, quando, "no prazo para embargos, reconhecendo o crédito do exequente e comprovando o depósito de trinta por cento do valor em execução, acrescido de custas e de honorários de advogado, o executado (...) requerer que lhe seja permitido pagar o restante em até 6 (seis) parcelas mensais, acrescidas de correção monetária e de juros de um por cento ao mês".

Seguirá, porém, a execução se o devedor descumprir as obrigações a que se impôs. Quanto à prescrição, reiniciará a partir do momento em que se verifica a omissão de atos exigidos do devedor.

Algumas regras estão vinculadas nos §§ 5º, 6º e 7º, aplicáveis genericamente a todas as hipóteses do art. 921.

Assim, o § 5º autoriza ao juiz, no prazo de quinze dias, a reconhecer de ofício a prescrição desde que verificada no curso do processo de execução, extinguindo-o sem ônus para as partes, mas intimando-as antes para a devida manifestação.

Nota-se que a extinção se dá sem ônus para as partes, abrangendo a isenção de honorários, como, aliás, já decidiu o STJ:

> "PROCESSUAL CIVIL. RECURSO ESPECIAL. EXECUÇÃO DE TÍTULO EXTRAJUDICIAL. DUPLICATAS. NÃO LOCALIZAÇÃO DE BENS PENHORÁVEIS. PRESCRIÇÃO INTERCORRENTE. CONDENAÇÃO AO PAGAMENTO DE CUSTAS

PROCESSUAIS E DE HONORÁRIOS ADVOCATÍCIOS. NÃO CABIMENTO. SUPERVENIÊNCIA DA LEI Nº 14.195/2021.

1. Ação de execução de título extrajudicial ajuizada em 28/08/1996, da qual foi extraído o presente recurso especial interposto em 07/02/2023 e concluso ao gabinete em 15/06/2023.

2. O propósito recursal consiste em definir se o disposto no art. 921, § 5º, CPC/2015 aplica-se às hipóteses em que o juiz acolhe a alegação da parte executada, a fim de declarar a prescrição intercorrente.

3. A jurisprudência desta Corte pacificou-se no sentido da aplicação do princípio da causalidade na hipótese de extinção do processo em razão do reconhecimento da prescrição intercorrente (art. 85, § 10, do CPC/15). Todavia, após a alteração promovida pela Lei nº 14.195/2021, publicada em 26/08/2021, que alterou o § 5º do art. 921 do CPC/15, não serão imputados quaisquer ônus às partes quando reconhecida a referida prescrição.

4. O disposto no art. 921, § 5º, do CPC/2015 aplica-se tanto à hipótese em que o juiz declara a prescrição intercorrente de ofício quanto à situação em que a prescrição intercorrente é reconhecida em decorrência de pedido formulado pelo executado. Afinal, o legislador não fez distinção e não há motivo razoável para fazê-la, já que as duas situações – prescrição decretada de ofício ou a requerimento – conduzem à mesma consequência, qual seja, a extinção do processo executivo e, em ambas, há prévia intimação do exequente.

5. A legislação que versa sobre honorários advocatícios possui natureza híbrida (material-processual), de modo que o marco temporal para a aplicação das novas regras sucumbenciais deve ser a data de prolação da sentença (ou ato jurisdicional equivalente, quando diante de processo de competência originária de Tribunal). Assim, nas hipóteses em que prolatada sentença de extinção do processo após 26/08/2021, em razão do reconhecimento da prescrição intercorrente (art. 924, IV, do CPC/15), não é cabível a condenação ao pagamento de custas e honorários de sucumbência (art. 921, § 5º, do CPC/2015).

6. Na hipótese dos autos, a sentença extinguiu o processo em 17/02/2022, ante o acolhimento do pedido de reconhecimento da prescrição intercorrente, sem condenação das partes ao pagamento de custas processuais e de honorários advocatícios, e o Tribunal de origem negou provimento às apelações interpostas. Considerando que a sentença foi proferida em data posterior a 26/08/2021, não era mesmo cabível atribuir à executada os ônus sucumbenciais.

7. Recurso especial conhecido e não provido". [4]

O § 6º requer, para a "alegação de nulidade quanto ao procedimento previsto neste artigo, somente será conhecida caso demonstrada a ocorrência de efetivo prejuízo, que será presumido apenas em caso de inexistência da intimação de que trata o § 4º deste artigo". Não basta a alegação de não atendimento de alguma regra. Insta que haja uma alienação sem a prévia intimação, ou a adjudicação por valor ínfimo, ou a omissão de avaliação, ou a falta de citação, entre outras situações. Dada a referência ao § 4º, é presumido o prejuízo se não tenha havido a intimação da primeira tentativa infrutífera de localização do devedor ou de bens penhoráveis.

---

[4] REsp n. 2.075.761/SC, relatora Ministra Nancy Andrighi, Terceira Turma, julgado em 3/10/2023, *DJe* de 9/10/2023.

Em razão do § 7º, todas as situações do art. 921 são extensíveis ao cumprimento de sentença, previsto no art. 523, no seguinte texto:

> "Art. 523. No caso de condenação em quantia certa, ou já fixada em liquidação, e no caso de decisão sobre parcela incontroversa, o cumprimento definitivo da sentença far-se-á a requerimento do exequente, sendo o executado intimado para pagar o débito, no prazo de 15 (quinze) dias, acrescido de custas, se houver".

Não ingressam, para efeitos da incidência da prescrição intercorrente, as suspensões do cumprimento de sentença equivalente às suspensões modeladas para a execução judicial.

4. O DECURSO DO PRAZO PARA O CUMPRIMENTO DE MEDIDAS JUDICIAIS NAS EXECUÇÕES FISCAIS

É comum a prescrição intercorrente nas ações em que a Fazenda Pública figura como autora, que se omite em encaminhar pedidos para seguir o processo. O art. 40 da Lei nº 6.830, de 22.09.1980, autoriza que o juiz suspenda o curso do processo, se não localizado o devedor ou não encontrado patrimônio para a penhora. Asseguram-se à parte as providências que entender cabíveis, nos termos § 1º do art. 40:

> "Suspenso o curso da execução, será aberta vista dos autos ao representante judicial da Fazenda Pública".

Uma vez vencido o prazo de um ano, o juiz ordenará o arquivamento, conforme o § 2º:

> "Decorrido o prazo máximo de 1 (um) ano, sem que seja localizado o devedor, ou encontrados bens penhoráveis, o juiz ordenará o arquivamento dos autos".

No § 4º, em texto da Lei nº 11.051, de 29.12.2004, está prevista a prescrição intercorrente, a contar do decurso do prazo de um ano do arquivamento:

> "Se da decisão que ordenar o arquivamento tiver decorrido o prazo prescricional, o juiz, depois de ouvida a Fazenda Pública, poderá, de ofício, reconhecer a prescrição intercorrente e decretá-la de imediato".

Permanecendo os autos paralisados por mais de cinco anos, sem a manifestação do exequente para dar seguimento, resta demonstrada a inércia em promover o prosseguimento da ação executiva. Mesmo que tenham as partes acordado o pagamento em prestações, e se interrompido o cumprimento por período superior a cinco anos, sem que se promovam atos para dar continuidade na tentativa de localizar bens passíveis de constrição, com vistas à satisfação do crédito exequendo, reconhece-se a prescrição.

Em tal sentido se firmou o STJ, conforme o seguinte exemplo:

> "O termo *a quo* para a contagem da prescrição intercorrente inicia-se após findado o prazo de um ano de suspensão da execução, quando não encontrado o devedor ou localizados os seus bens. O enunciado da Súmula 314 do STJ assim dispõe: 'Em execução

fiscal, não localizados bens penhoráveis, suspende-se o processo por um ano, findo o qual se inicia o prazo da prescrição quinquenal intercorrente'.

Ademais, entendeu o Tribunal *a quo* que a exequente manteve-se inerte desde o ano de 2000 até a decisão que reconheceu a prescrição intercorrente em 27.10.2008, ou seja, mais de cinco anos".[5]

Apropriada, ao caso, a transcrição do voto, para a verificação dos precedentes invocados, que apoiam o entendimento:

> "Não merece reparos a decisão agravada. A Segunda Turma tem entendimento de que o termo *a quo* para a contagem da prescrição intercorrente inicia-se após findado o prazo de um ano de suspensão da execução, quando não encontrado o devedor ou localizados os seus bens.
>
> Essa linha de raciocínio está em consonância com o enunciado da Súmula 314/STJ, que assim dispõe: 'Em execução fiscal, não localizados bens penhoráveis, suspende-se o processo por um ano, findo o qual se inicia o prazo da prescrição quinquenal intercorrente'.
>
> No mesmo sentido:
>
> 'Tributário e processual civil. Execução fiscal. Prescrição intercorrente de ofício. Art. 40, § 4º, da LEF. Suspensão. Intimação pessoal da Fazenda. Prescindibilidade.
>
> Tratando-se de execução fiscal, a partir da Lei nº 11.051, de 29.12.2004, que acrescentou o § 4º ao art. 40 da Lei nº 6.830/1980, pode o juiz decretar de ofício a prescrição, após ouvida a Fazenda Pública exequente.
>
> Prescindível a intimação do credor da suspensão da execução por ele mesmo solicitada, bem como do arquivamento do feito executivo, decorrência automática do transcurso do prazo de um ano de suspensão e termo inicial da prescrição (REsp nº 983.155/SC, rel. Min. Eliana Calmon, *DJe* 1º.09.2008).
>
> Recurso especial não provido' (REsp 1129574/MG, rel. Min. Castro Meira, Segunda Turma, j. em 20.4.2010, *DJe* 29.4.2010).
>
> 'Tributário. Interrupção da prescrição. Não ocorrência. Despacho que ordena a citação anterior à LC 118/2005. Interrupção da prescrição apenas com a citação válida. Termo *a quo* da prescrição. Findo o prazo de um ano de suspensão da execução. Súmula 314/STJ.
>
> A configuração do prequestionamento pressupõe debate e decisão prévios pelo Colegiado, ou seja, emissão de juízo sobre o tema. Se o Tribunal de origem não adotou entendimento explícito a respeito do fato jurígeno veiculado nas razões recursais, inviabilizada fica a análise sobre a violação ao preceito evocado pelo recorrente.
>
> Ademais, a jurisprudência do STJ sempre foi no sentido de que, em execução fiscal, somente a citação pessoal interrompe a prescrição, devendo prevalecer o disposto no artigo 174 do CTN sobre o artigo 8º, § 2º, da Lei nº 6.830/1980. Consequentemente, somente a citação regular interrompe a prescrição.
>
> O termo *a quo* para a contagem da prescrição intercorrente inicia-se após findado o prazo de um ano de suspensão da execução, quando não encontrado o devedor ou localizados os seus bens, pois o enunciado da Súmula 314 do STJ assim dispõe: 'Em execução

---

[5] AgRg no Ag nº 1.253.088/SC, da 2ª Turma, j. em 19.08.2010, *DJe* de 03.09.2010, rel. Min. Humberto Martins.

fiscal, não localizados bens penhoráveis, suspende-se o processo por um ano, findo o qual se inicia o prazo da prescrição quinquenal intercorrente'.

In casu, o processo ficou paralisado por mais de dez anos.

Agravo regimental improvido' (AgRg no REsp 1.098.708/MG, rel. Min. Humberto Martins, 2ª Turma, j. em 20.8.2009, *DJe* 31.08.2009)".

A matéria merecerá mais análises no Capítulo sobre a "prescrição no direito tributário".

5. A DECRETAÇÃO DE OFÍCIO DA PRESCRIÇÃO INTERCORRENTE NAS EXECUÇÕES FISCAIS

Colhe-se, ainda, do voto do Relator do Recurso Especial indicado (AgRg no Ag nº 1.253.088/SC), a transcrição de várias decisões, sobre o assunto em epígrafe, isto é da decretação de ofício da prescrição intercorrente nas execuções fiscais:

"'A prescrição intercorrente decretada de ofício, em relação a direitos patrimoniais, tornou-se possível com o advento da Lei nº 11.051/2004, que introduziu o § 4º ao art. 40 da LEF.

A referida decretação, entretanto, só pode ocorrer quando a execução está suspensa por mais de cinco anos, pois o termo *a quo* é a data da suspensão e não a do ajuizamento da ação.

Recurso especial conhecido e provido' (REsp 835.169/RR, rel. Min. Eliana Calmon, 2ª Turma, j. em 15.8.2006, *DJ* 30.08.2006).

Ademais, entendeu o Tribunal *a quo* que a exequente se manteve inerte desde 2000 até a decisão que reconheceu a prescrição intercorrente em 27.10.2008, ou seja, mais de cinco anos, conforme se verifica da simples leitura de trecho do acórdão recorrido (fl. 87):

'Cabe apontar que o fato de não ter decorrido o lapso prescricional entre a data do arquivamento (10.05.2005) e da decisão judicial (27.10.2008) não tem o condão de afastar o reconhecimento da prescrição, porquanto o feito restava paralisado, sem impulso útil por parte da exequente, desde 2000, sendo o arquivamento uma mera regularização formal da paralisação da demanda. Dessa feita, paralisado o processo por mais de cinco anos e não havendo qualquer causa suspensiva ou interruptiva da prescrição suscitada pela exequente em seu apelo, correta a sentença ao declarar a prescrição intercorrente e extinguir o feito, porquanto, nos termos do art. 156, V, do CTN, o crédito tributário extingue-se pela prescrição'.

Assim, aferir se houve ou não inércia da exequente, em detrimento do que foi analisado e decidido pelo juízo de origem, como requer a recorrente, demandaria o reexame do contexto fático-probatório dos autos, o que é defeso a este Tribunal em vista do óbice da Súmula 7/STJ.

Nesse sentido:

'Processual civil e tributário. Agravo regimental no recurso especial. Execução fiscal.

Interrupção do prazo prescricional pelo despacho do juiz que determina a citação. Art. 174 do CTN, alterado pela LC 118/2005. Aplicação imediata aos processos em curso. Exceção aos despachos proferidos antes da vigência da lei. Demora na citação. Inércia da exequente. Prescrição caracterizada. Impossibilidade de reexame. Súmula 7/STJ.

(...) As instâncias ordinárias assentaram que, nada obstante a ação ter sido distribuída em 2001, os autos permaneceram paralisados no sistema eletrônico virtual por mais de cinco anos, visto que a Procuradoria municipal somente os enviou em 15.12.2006. Destarte, assentada essa premissa fática pelo Tribunal local, inviável sua alteração em sede de recurso especial, portanto, é de rigor a incidência da Súmula 7/STJ para decidir de forma contrária e concluir que tal paralisação não se deu por desídia da Fazenda Pública.

(...) Agravo não provido' (AgRg no REsp 1074051/PE, rel. Min. Benedito Gonçalves, 1ª Turma, j. em 03.09.2009, *DJe* 14.09.2009).

'Processual civil e tributário. Ausência de inércia da Fazenda Estadual. Verificação. Impossibilidade. Súmula 07/STJ. Execução fiscal. Suspensão do processo. Prescrição intercorrente. Aplicação da Súmula 314/STJ. Recurso especial parcialmente conhecido e, nesta parte, desprovido' (REsp 1104460/SC, rel. Min. Teori Albino Zavascki, 1ª Turma, j. em 04.08.2009, *DJe* 17.8.2009)".

Correndo o prazo de prescrição, uma única vez se permite a interrupção, em vista do art. 8º do Decreto nº 20.910, de 06.01.1932:

"A prescrição somente poderá ser interrompida uma vez".

O art. 9º do mesmo diploma aduz que recomeçará a correr pela metade do prazo da data do ato que a interrompeu:

"A prescrição interrompida recomeça a correr, pela metade do prazo, da data do ato que a interrompeu ou do último ato ou termo do respectivo processo".

Entretanto, o prazo para a prescrição inicia somente se determinada a intimação da parte a fim de buscar a medida cabível:

"Nos termos da jurisprudência desta Corte, o reconhecimento da prescrição intercorrente só é possível se a parte intimada para dar andamento ao feito não o fizer no prazo estabelecido. Precedentes.

O Agravo não trouxe nenhum argumento novo capaz de modificar a conclusão alvitrada, a qual se mantém por seus próprios fundamentos.

Agravo Regimental improvido".[6]

---

[6] AgRg nos EDcl no REsp nº 1.169.095/MG, da 3ª Turma, j. em 14.09.2010, *DJe* de 28.09.2010.

Capítulo XI
PRESCRIÇÃO, PEREMPÇÃO E PRECLUSÃO

Há alguns institutos afins, que se assemelham à prescrição, pois também levam à perda do direito, se bem que para determinado ato, e não para a ação.

A *perempção* significa perda ou extinção de uma relação processual, mas sem impedir que se renove a instância, ou se promova nova lide. Por inércia, decorrência de prazo, esquecimento, descuido, extingue-se a ação. Resume-se, consoante Carlos da Rocha Guimarães, em "um prazo meramente processual, decorrente da imposição legal de não deixar o processo paralisado por tempo indeterminado".[1] Deixando a parte de comparecer ao ato, ou não atendendo a uma intimação, não mais se permite a sua realização. Terá que renovar o pedido, para que se lhe permita nova oportunidade, desde que ainda perdure o direito, ou não tenha sobrevindo a prescrição da ação ou a decadência do direito. Uma vez não alegada uma matéria no prazo assinalado pela lei, extingue-se a faculdade de tornar a suscitá-la, como acontece com o litigante que não alega incompetência relativa ou absoluta em preliminar de contestação prevista em lei, consoante arts. 335, 336 e 337 do atual CPC, vindo com a Lei nº 13.105/2015. O § 3º do art. 486 do mesmo CPC contempla a perempção da ação, se o autor der causa, por três vezes, à extinção do processo pelo não cumprimento dos atos e diligências determinadas no prazo de trinta dias, proibindo-se que promova outra com o mesmo objeto e contra a mesma pessoa, ficando-lhe ressalvada, entretanto, a possibilidade de alegar em defesa o seu direito. Se uma vez der motivo à extinção, aquela lide fica perempta, e não a sua renovação. Extrai-se do exposto que não é alcançado o direito, como bem ressalta Yussef Said Cahali, apoiado em Calmon de Passos: "A perempção não extingue o direito material objeto do processo em que se deu o desfazimento da relação processual; e nisso ela se distingue da decadência. Nem alcança, também, a pretensão de direito material, como ocorre com a prescrição. Ela obsta o exercício da pretensão à atividade profissional do Estado (ação). Por isso mesmo, é suscetível de ser conhecida de ofício, independendo de provocação do interessado. E também, por esse mesmo motivo, subsistem o direito e a pretensão de natureza substancial, oponíveis como defesa".[2]

Já *preclusão* restringe-se à perda ou à extinção de uma faculdade processual, não mais se permitindo que se pratique ou renove o ato, com o que o processo segue o normal desenvolvimento, até chegar ao objetivo final, que é a concretização do direito reclamado. Comumente, acontece no curso do processo judicial, quando a parte não recorre da sentença no prazo indicado, ou deixa de contestar, ou de falar sobre documentos juntados no lapso concedido na intimação.

---

[1] *Prescrição e decadência*, cit., p. 144.
[2] *Aspectos processuais da prescrição e da decadência*. São Paulo: RT, 1979. p. 34.

Várias as previsões do Código de Processo Civil sobre a preclusão, sendo exemplo o art. 507 do CPC:

> "É vedado à parte discutir no curso do processo as questões já decididas a cujo respeito se operou a preclusão".

Igualmente o art. 223 do CPC:

> "Decorrido o prazo, extingue-se o direito de praticar ou de emendar o ato processual, independentemente de declaração judicial, ficando assegurado, porém, à parte provar que não o realizou por justa causa".

O art. 278 do CPC, quanto à oportunidade de alegar as nulidades processuais:

> "A nulidade dos atos deve ser alegada na primeira oportunidade em que couber à parte falar nos autos, sob pena de preclusão".

Vinha no art. 516 do CPC de 1973, sem regra equivalente no CPC de 2015:

> "Ficam também submetidas ao tribunal as questões anteriores à sentença, ainda não decididas".

As questões não decididas significam as matérias não preclusas. O art. 774, em seu parágrafo único, do CPC de 2015, dispõe a respeito:

> "Nos casos previstos neste artigo, o juiz fixará multa em montante não superior a vinte por cento do valor atualizado do débito em execução, a qual será revertida em proveito do exequente, exigível nos próprios autos do processo, sem prejuízo de outras sanções de natureza processual ou material".

Dentre os casos constantes do art. 774 do CPC vigente, existe um que envolve a preclusão, constante do inc. IV, e consistindo em resistir injustificadamente às ordens judiciais, evidentemente consubstanciadas por meio de atos já decididos e irrecorríveis.

A prescrição distancia-se das espécies referidas, por envolver a perda da ação reconhecida para o exercício ou a defesa de uma pretensão ou direito, em vista do decurso do tempo, não se permitindo que seja renovada.

Yussef Said Cahali, com base em Calmon de Passos, destaca a diferença da perempção em relação à decadência e à prescrição: "Quanto à diferença que nos interessa, ensina Calmon de Passos: a perempção não extingue o direito material objeto do processo em que se deu o desfazimento da relação processual, e nisso ela se distingue da decadência. Nem alcança, também, a pretensão de direito material, como ocorre com a prescrição. Ela obsta o exercício da pretensão à atividade jurisdicional do Estado (ação). Por isso mesmo, é suscetível de ser conhecida de ofício, independendo de provocação do interessado. E, também, por esse mesmo motivo, subsistem o direito e a pretensão de natureza substancial, oponíveis como defesa".[3]

---

[3] *Prescrição e decadência*. 1. ed., 2.ª tiragem. São Paulo: RT, 2008. p. 31.

Apresenta, também, a distinção da preclusão quanto à prescrição e à decadência:

"A prescrição é a perda da ação. Prescreve a ação. A preclusão, ao contrário, representa a perda, extinção ou consumação de atos ou faculdades dentro da ação. Enquanto aquela ocasiona a perda da ação em si, esta ocasiona, apenas, a perda de faculdades ou atos inerentes à ação...

Quanto à decadência, lembra Andrioli, a preclusão dela se distingue não somente pela causa, mas também pelo objeto: enquanto a decadência consiste no decurso infrutuoso de um termo prefixado para o exercício da ação, a preclusão não se prende somente à expiração de um termo, mas pode derivar da prática de um ato incompatível com aquele que se deva praticar; ao passo que a decadência fulmina a ação, entendida como um todo único, a preclusão fulmina somente as atividades (atos) isoladas ou faculdades, nas quais se manifesta a ação durante o processo".[4]

---

[4] *Prescrição e decadência*, cit., p. 33.

Capítulo XII
MOMENTO E LEGITIMIDADE PARA A ALEGAÇÃO DA PRESCRIÇÃO

Consoante o art. 193 do diploma civil, em qualquer momento do processo, e unicamente pelos interessados, é alegável a prescrição:

> "A prescrição pode ser alegada em qualquer grau de jurisdição, pela parte a quem aproveita".

No direito anterior ao Código Civil de 1916, já prevalecia essa possibilidade, como assentava Antonio de Almeida Oliveira: "Pode a prescrição ser oposta em qualquer estado da causa, mesmo em grau de apelação, e na instância da execução, a menos que se deva supor que a renunciou a parte que não quis opô-la *in limine litis*".[1] Em outra linha, no entanto, via-se com restrição a possibilidade da alegação em momento posterior ao que se oportunizava para a defesa. Eis a oportunidade da alegação, na seguinte parte de uma antiga ementa:

> "A regra de que a prescrição pode ser alegada em qualquer instância, pela parte a quem aproveita, não deve ser interpretada de forma absoluta, a se entender que nunca preclui; ausente a alegação da prescrição na peça contestatória e nas razões de apelação, não pode ser suprida em embargos declaratórios, tendo em vista sua natureza meramente integrativa".[2]

Passou a dominar que se oportuniza à parte a suscitação tanto em primeira como em segunda instância, não importando que tenha passado omitida ou despercebida na contestação.

Em uma corrente bem mais avançada, que faz a diferença entre instância e jurisdição, admite-se que seja suscitada mais de uma vez na mesma jurisdição. É a visão de Gustavo Kloh Muller Neves: "A principal diferença em relação à redação anterior reside no fato de que não se faz mais referência à instância (ou seja, à unidade hierárquica na divisão da competência funcional), e sim ao grau de jurisdição, podendo ser a prescrição indubitavelmente alegada na segunda vez na qual um órgão julgador de mesma instância venha a analisar uma mesma pretensão (como por exemplo, no recurso de apelo previsto no art. 41 da Lei nº 9.099/1995)".[3]

---

[1] *A prescrição em direito comercial e civil*, cit., p. 177.
[2] REsp nº 216.939-RS, da 5ª Turma do STJ, publ. em 12.06.2000, *ADV Jurisprudência*, n. 43, p. 662, out. 2000.
[3] Prescrição e decadência no Código Civil. In: TEPEDINO, Gustavo (Coord.). *A Parte Geral do Novo Código Civil*. 2. ed. Rio de Janeiro: Renovar, 2003. p. 432.

Nos recursos especial e extraordinário, porém, que exigem, para o conhecimento, o prequestionamento, é imprescindível o prévio debate no acórdão recorrido.

Irrelevante, nas demais situações, que em manifestações anteriores a parte não invocara a prescrição, ou mesmo que intempestiva a contestação, segundo já assentou a jurisprudência:

> "A prescrição é matéria de direito alegável a qualquer tempo, por isso que irrelevante a tempestividade ou intempestividade da contestação que a argui".[4]

Inclusive em exceção de pré-executividade admite-se que se alegue a prescrição, dentro de certas regras, resumidas por Mônica de Melo, que transcreve decisão jurisprudencial (ROMS 9980, j. 05.04.1990, 2ª Turma, rel. Min. Ari Pargendler):[5]

> "É cabível a exceção de pré-executividade, segundo entendimento dominante, em caso de discussão sobre os aspectos formais do crédito tributário, sem que isso configure afronta ao art. 16 da LEF.
>
> A exceção de pré-executividade, admitida em nosso direito por construção doutrinário-jurisprudencial, somente se dá, em princípio, nos casos em que o juízo, de ofício, pode conhecer da matéria, a exemplo do que se verifica a propósito da higidez do título executivo. Suscitadas questões, no entanto, que dependeriam do exame de provas, e não dizem respeito a aspectos formais do título executivo, nem poderiam ser conhecidas de ofício, não se mostra adequada a exceção de pré-executividade.
>
> A regra, na execução fiscal, é a de que o executado deverá alegar toda a matéria útil à defesa nos embargos do devedor (Lei nº 6.830, de 1980, art. 16, § 2º). Excepcionalmente, admite-se a exceção de pré-executividade, no âmbito da qual, sem o oferecimento da penhora, o executado pode obter um provimento, positivo ou negativo, sobre os pressupostos do processo ou sobre as condições da ação".

É comum a reiteração da possibilidade:

> "Está sedimentado no âmbito do STJ o entendimento de que, 'malgrado serem os embargos à execução o meio de defesa próprio da execução fiscal, a orientação desta Corte firmou-se no sentido de admitir a exceção de pré-executividade nas situações em que não se faz necessária dilação probatória ou em que as questões possam ser conhecidas de ofício pelo magistrado, como as condições da ação, os pressupostos processuais, a decadência, a prescrição, entre outras' (REsp 1.104.900/ES, rel. Min. Denise Arruda, 1ª Seção, DJe 01.04.2009)".[6]

Passado todo o processo, até a última instância, sem suscitar-se a exceção, torna-se preclusa, não se admitindo a posterior invocação, nem na fase de liquidação ou execução de sentença, como afirma Maria Helena Diniz: "Na fase de liquidação da sentença é inadmissível a invocação de prescrição, matéria que deve ser objeto de deliberação se invocada na fase cognitiva do

---

[4] Apel. Cível nº 90.882-4/2-00, da 9ª Câm. de Direito Privado do TJSP, j. em 29.02.2000, *ADV Jurisprudência*, boletim semanal n. 19, p. 297, maio 2000.
[5] A prescrição no processo de execução fiscal: alegação em exceção de pré-executividade. In: CIANCI, Mirna (Coord.). *Prescrição no Código Civil*, cit., p. 406-407.
[6] REsp nº 1232657/PR, da 1ª Turma, j. em 17.10.2013, DJe 25.10.2013, rel. Min. Benedito Gonçalves.

processo (*RT* 475/162)".[7] Na ação rescisória também não se permite que seja aventada, eis que não está dentro do elenco de situações que a ensejam, além de se tratar de matéria totalmente impertinente daquela que se pretende rescindir.

Digno de nota, igualmente, o disposto no art. 310 do CPC, pelo qual, decretando-se a prescrição ou decadência na tutela cautelar, estendem-se os efeitos ao pedido principal, não podendo a parte rediscutir matéria já decidida. Eis a regra:

> "O indeferimento da tutela cautelar não obsta a que a parte formule o pedido principal, nem influi no julgamento desse, salvo se o motivo do indeferimento for o reconhecimento de decadência ou de prescrição".

A parte final do art. 193 da lei civil restringe a invocação à parte a quem aproveita.

Sintetiza Antonio de Almeida Oliveira quem tem legitimidade: "Aquele que adquire ou se desonera pela prescrição é, por via de regra, quem deve ser ouvido a opô-la".[8] Parece natural que ao estranho ou terceiro é impertinente a alegação, prevalecendo, pois, as regras da legitimidade das partes.

Antônio Chaves, escudado em Câmara Leal, lembra que os terceiros estão legitimados para a suscitação, se tiverem interesse direto ou indireto: "São interessados diretos:

a) o sujeito passivo do direito cuja ação se extinguiu pela prescrição; ou o devedor principal da obrigação prescrita;
b) os codevedores solidários da obrigação extinta pela prescrição;
c) os coobrigados em obrigação indivisível prescrita;
d) os coobrigados subsidiários, por garantia pessoal, relativamente à obrigação prescrita;
e) os herdeiros dos obrigados ou coobrigados diretos anteriormente invocados.

São interessados indiretos:

a) a responsável pela evicção, relativamente à coisa cuja evicção se extinguiu pela prescrição;
b) o fideicomissário, relativamente à prescrição da ação tendente a impedir, direta ou indiretamente, os efeitos do fideicomisso;
c) os credores do prescribente insolvente;
d) qualquer terceiro, relativamente à prescrição da ação, cuja não extinção lhe acarretaria dano ou prejuízo".[9]

---

[7] *Curso de direito civil brasileiro*, cit., v. 1, p. 20.
[8] *A prescrição em direito comercial e civil*, cit., p. 81.
[9] *Tratado de direito civil*: Parte Geral. 3. ed. São Paulo: RT, 1982. v. I, t. II, p. 81.

Capítulo XIII
A PRESCRIÇÃO QUANTO AOS RELATIVAMENTE INCAPAZES

Protege a lei aqueles que não têm capacidade plena, e os relativamente incapazes, que não se encontram na administração de seus bens.

Quanto aos absolutamente incapazes, não corre a prescrição, como se verá adiante.

Em relação aos relativamente incapazes, se, porventura, os representantes legais deixaram ocorrer a prescrição, ou deram causa para que se verificasse, devem responder pelas consequências. O art. 195 do CC regula o assunto:

> "Os relativamente incapazes e as pessoas jurídicas têm ação contra os seus assistentes ou representantes legais, que derem causa à prescrição, ou não a alegaram oportunamente".

A mesma cominação incide em caso de decadência, quando os assistentes ou representantes legais derem causa à decadência, ou não a alegarem oportunamente, por força do art. 208.

Acontece que a prescrição corre contra os relativamente incapazes e, inquestionavelmente, contra as pessoas jurídicas, dada a restrição de que se encontram apenas os totalmente incapazes ao abrigo de sua suspensão.

Garante o Código a ação indenizatória, e não a restituição *in integrum*, pela qual assegura-se a recuperação do bem, ou o recebimento do equivalente. Estabelecendo a indenização, o montante compreenderá o bem perdido com as perdas e danos, sendo, pois, mais benéfica que a simples restituição.

Por esta ação, segue J. M. de Carvalho Santos, restritamente aos incapazes relativos, a que se restringia o Código Civil de 1916: "Os relativamente incapazes poderão cobrar de seus representantes legais (pai, tutor, marido ou curador) os prejuízos que tiverem sofrido com a consumação da prescrição, como, *v.g.*, poderão cobrar a importância do crédito a que tinham direito e que perderam com a prescrição da ação de cobrança, de sorte que, afinal, nenhum prejuízo sofrerão, recaindo todos sobre o representante culpado. O mesmo acontecerá no caso da prescrição da ação real, em que eles poderão cobrar dos seus representantes o valor da coisa, que, se não fora a culpa do representante deixando consumar-se a prescrição, eles poderiam ter reivindicado do prescribente".[1]

Como se percebe, não se assegura a anulação do ato ou da perda do direito à ação. A prescrição consumou-se, e não volta atrás. Cabe unicamente o ressarcimento.

A previsão é para o caso de ter o relativamente menor representante legal. Não havendo, da mesma forma respeita-se a prescrição, ficando afastado qualquer ressarcimento.

---

[1] *Código Civil brasileiro interpretado*. 10. ed. Rio de Janeiro: Freitas Bastos, 1963. v. III, p. 389-390.

Capítulo XIV
POSSIBILIDADE DE O JUIZ DECRETAR DE OFÍCIO A PRESCRIÇÃO E A DECADÊNCIA

Pela redação original do Código Civil de 2002, tratando-se de direitos de pessoas capazes, incumbia às partes suscitar a prescrição. Com efeito, estatuía o art. 194: "O juiz não pode suprir, de ofício, a alegação de prescrição, salvo se favorecer a absolutamente incapaz". Não se operava a prescrição *ipso jure* dos direitos de capazes, fossem quais fossem. Impunha-se sempre que viesse pedido dirigido pelo que se encontrasse no processo, ou ao interessado a quem a alegação aproveitasse.

Com a Lei nº 11.280, de 16.02.2006, art. 11, houve uma fundamental mudança no sistema que vigorava, pois ficou revogado o art. 194.

Por outro lado, o art. 3º da mesma Lei deu nova redação ao § 5º do art. 219 do Código de Processo Civil revogado, permanecendo, na legislação processual civil vigente, no § 1º do art. 332, e no inc. II do art. 487, respectivamente:

§ 1º do art. 332:

"O juiz também poderá julgar liminarmente improcedente o pedido se verificar, desde logo, a ocorrência de decadência ou de prescrição".

Art. 487:

"Haverá resolução de mérito quando o juiz:

(...)

II – decidir, de ofício ou a requerimento, sobre a ocorrência de decadência ou prescrição".

Perdeu força a corrente de doutrinadores que propugnava serem eternos e imorredouros os direitos, até que suprimidos por um diploma ou uma nova ordem jurídica. Passaram a ser havidas como temporárias, limitada a sua promoção a um certo período de tempo, as ações relativas a direitos disponíveis, em especial os patrimoniais, enquanto as que tratam do estado da pessoa, mormente as ligadas aos direitos de personalidade, mantiveram-se imprescritíveis, como sempre aconteceu. Não importa que essas ações interessem unicamente aos envolvidos, à semelhança das que se dirigem à anulação do casamento em certas hipóteses, ou das que envolvem a menoridade relativa.

Parece correta a inovação introduzida no diploma processual civil pela Lei nº 11.280/2006. Em verdade, a prescrição insere-se nas matérias que dizem com a própria possibilidade do processo, e, nesse enfoque, embora havendo resolução do mérito (inc. II do art. 487 do CPC), cabe a sua apreciação antes do ingresso no exame da matéria de fundo. Com efeito, ordena o § 1º do art. 332 do Código de Processo Civil que o juiz julgará liminarmente improcedente o pedido "se verificar, desde logo, a ocorrência de decadência ou de prescrição".

Conduz o dispositivo a concluir que tal assunto precede à análise de outras questões, sobretudo as de mérito propriamente dito. O enfrentamento é prejudicial de discussões trazidas no processo dirigidas à *causa petendi*, possuindo a matéria um forte caráter de ordem pública.

A mesma *ratio* aplica-se à decadência.

Antes de o juiz decretar a decadência ou a prescrição, todavia, necessária a prévia audiência das partes, em especial aquela que a decretação prejudicial. Sobre o assunto, escrevem Cristiano Chaves de Farias e Nelson Rosenvald: "É preciso, ainda, registrar que, em respeito ao princípio constitucional do contraditório e da ampla defesa, antes de conhecer a prescrição de ofício, deverá o julgador cientificar as partes. Não poderá, a toda evidência, pronunciá-la sem antes intimar as partes, até mesmo porque poderá ter ocorrido renúncia (expressa ou tácita) ou mesmo alguma causa interruptiva ou suspensiva. De fato, não é adequado o indeferimento oficioso da inicial porque o magistrado não possui uma bola de cristal para antever a inexistência de causas impeditivas, suspensivas ou interruptivas do curso da prescrição. Em sendo assim, caso o juiz reconheça a prescrição de ofício, em sentença de improcedência *prima facie*, sem oportunizar às partes (em especial ao próprio autor) um momento para a apresentação de eventuais argumentos contrários, haverá evidente afronta à garantia constitucional do contraditório, o que torna nula a decisão. O Superior Tribunal de Justiça, inclusive, vem abraçando esse entendimento e exigindo a cientificação das partes para o reconhecimento *ex officio* da prescrição (STJ, Ac. 2ª T., REsp 1.005.209/RJ, rel. Min. Castro Meira, j. 08.04.2008, *DJU* de 22.04.2008, p. 1)".[1]

Deve-se aduzir que o CPC de 2015 encerra disposição expressa sobre a antecedente ouvida da parte contrária no parágrafo único do art. 487:

> "Ressalvada a hipótese do § 1º do art. 332, a prescrição e a decadência não serão reconhecidas sem que antes seja dada às partes oportunidade de manifestar-se".

Há direitos relativos ao estado dos indivíduos que dizem com a ordem pública, como os concernentes ao casamento, ao nascimento, à legitimidade dos filhos, à tutela, à curatela, ao poder familiar, dentre outros assuntos. Os casos de invalidade absoluta são indicados pela própria lei, não havendo, aí, a prescrição. A própria prescrição passou a ter essa relevância, como proclama o seguinte aresto:

> "Na linha dos precedentes desta Corte, as matérias de ordem pública (*e.g.*, prescrição, decadência, condições da ação, pressupostos processuais, consectários legais, incompetência absoluta, impenhorabilidade etc.) não se sujeitam à preclusão, podendo ser apreciadas a qualquer momento nas instâncias ordinárias".[2]

Grande a relevância da matéria, que se torna apreciável mesmo que intempestivo o instrumento (contestação, recurso) em que veio alegada, ressalta o voto do Relator:

---

[1] *Curso de direito civil*: 1 – Parte Geral e LINDB, cit., p. 432-433.
[2] REsp nº 1.372.133/SC, da 3ª Turma do STJ, j. em 05.06.2014, *DJe* de 18.06.2014, rel. Min. Sidnei Beneti.

"A questão da intempestividade do agravo de instrumento se mostra irrelevante, porquanto, na linha dos precedentes desta Corte, as matérias de ordem pública (*e.g.* prescrição, decadência, condições da ação, pressupostos processuais, consectários legais, incompetência absoluta, impenhorabilidade etc.) não se sujeitam à preclusão, podendo ser apreciadas a qualquer momento nas instâncias ordinárias.

Nesse sentido, por exemplo: EREsp 905.416/PR, rel. Min. Marco Buzzi, 2ª Seção, *DJe* 20.11.2013; REsp 843.616/BA, rel. Min. Raul Araújo, 4ª Turma, *DJe* 25.06.2013; AgRg no AREsp 223.196/RS, rel. Min. Humberto Martins, 2ª Turma, *DJe* 24.10.2012; REsp 1189690/RJ, rel. Min. Sérgio Kukina, 1ª Turma, *DJe* 25.03.2013; EDcl no AgRg no AREsp 135.104/SC, rel. Min. Maria Isabel Gallotti, 4ª Turma, *DJe* 21.02.2014".

Essas matérias revelam interesse público, máxime as que estão ligadas à personalidade, obtendo maior proteção do Estado. Não se reserva aos interessados disporem sobre as mesmas, a não ser em raras exceções, nas quais apenas se aponta a anulação, e expressamente indicadas pela lei. Muito menos ao juiz se reconhece tal faculdade.

Quando a prescrição favorece o Estado, ou se pleiteia um direito contra o Estado, e não vem alegada por seu representante, já havia exegese que reconhecia ao juiz a competência para a sua declaração de ofício. Isto com base no princípio de que, pertencendo o interesse público à coletividade, ostenta-se de rigor indisponível. Não sendo permitida a renúncia à prescrição sem amparo em lei, de igual modo não se tolera que o juiz deixe de reconhecer a prescrição, se presente. É como propugnava, antes da mudança da lei processual civil, e ao tempo do Código Civil de 1916, o juiz federal Edilson Pereira Nobre Júnior: "Penso que a melhor exegese a ser legada ao art. 166 do Código Civil é de que a regra que enuncia – vedação ao juiz reconhecer de ofício prescrição – somente se dirige aos direitos cujo titular, ou representante, poderá dispor. A utilização da expressão *patrimoniais*, no lugar de disponíveis, vocábulo mais apropriado, decorre do fato de, quase sempre, aqueles se confundirem com o campo da disponibilidade jurídica".[3] Lembra-se de que o art. 166, supracitado, equivale ao art. 194 do Código Civil de 2002, dispositivo revogado pela Lei nº 11.280.

---

[3] Prescrição: decretação de ofício em favor da Fazenda Pública. *Revista Forense* 345/33.

Capítulo XV
A CONTINUAÇÃO DA PRESCRIÇÃO NA SUCESSÃO DE OBRIGAÇÕES OU DIREITOS

Tendo a sucessão decorrido durante certo período, e transferindo-se o bem ou direito para outra pessoa, segue o seu curso, somando-se os lapsos temporais. Esta situação estende-se a todas as hipóteses, embora o Código faça menção entre uma pessoa e seu sucessor, segundo proclama o art. 196:

"A prescrição iniciada contra uma pessoa continua a correr contra o seu sucessor".

Em face do art. 165 do Código Civil de 1916, que corresponde ao vigente art. 196, extrai Luiz Carpenter a seguinte conclusão: "Isto posto, diremos agora que não somente contra o originário sujeito ativo da ação pessoal (*v. g.*, de cobrança de dívida), ou real (*v.g.*, de reivindicação) corre a prescrição, mas também contra o seu sucessor, quer a título universal (herdeiro), quer a título singular (cessionário, legatário etc.)".[1]

Exemplo típico da sucessão ou soma dos tempos verificados está no usucapião, autorizando o art 1.243 à sua posse acrescentar a de seus antecessores, contanto que ambas sejam contínuas e pacíficas.

Entrando na relação de direito uma outra pessoa, não se transforma a natureza da relação, continuando a correr a prescrição. Totalmente incongruente restringir a soma de prazos unicamente para o caso de sucessão por herança. Deve-se estender a regra a qualquer situação, ou à sucessão a título singular, e não apenas à sucessão a título universal. Constituiria um absurdo entender que o lapso de tempo transcorrido contra o devedor não possa somar-se àquele que seguiu após a cessão da dívida a outra pessoa. Importa o fato de manter a relação o mesmo caráter, não importando que se transfira de uma para outra pessoa. Mesmo assim, alguns autores da maior envergadura (como Clóvis Beviláqua) defendem posição contrária.

De grande importância a prescrição de obrigações ou créditos particulares transferidos para entes do Poder Público. Mais comum a cessão de créditos de entidades privadas à União, como ocorreu com as dívidas securitizadas ou alongadas com amparo na Lei nº 9.138, de 29.11.1995. O Banco do Brasil e outras instituições financeiras autorizadas a operar na concessão do crédito rural foram autorizados a ceder ou transferir à União Federal os créditos provenientes da concessão de financiamentos rurais.

Para o entendimento da matéria, insta que se observe o art. 5º da Lei nº 9.138/1995, pelo qual ficou autorizado, por um período de sete anos, o alongamento de dívidas provenientes de financiamentos rurais:

---

[1] *Da prescrição*, cit., v. I, p. 226.

"São as instituições e os agentes financeiros do Sistema Nacional de Crédito Rural, instituído pela Lei nº 4.829, de 5 de novembro de 1965, autorizados a proceder ao alongamento de dívidas originárias de crédito rural, contraídas por produtores rurais, suas associações, cooperativas e condomínios, inclusive as já renegociadas, relativas às seguintes operações, realizadas até 20 de junho de 1995:

I – de crédito rural de custeio, investimento ou comercialização, excetuados os empréstimos do Governo Federal com opção de venda (EGF/COV);

II – realizadas ao amparo da Lei nº 7.827, de 27 de setembro de 1989 – Fundos Constitucionais de Financiamento do Norte, do Nordeste e do Centro-Oeste (FNO, FNE e FCO);

III – realizadas com recursos do Fundo de Amparo ao Trabalhador (FAT) e de outros recursos operadas pelo Banco Nacional de Desenvolvimento Econômico e Social (BNDES);

IV – realizadas ao amparo do Fundo de Defesa da Economia Cafeeira (FUNCAFÉ)".

As dívidas não enquadradas nos itens *supra* ficaram beneficiadas por um programa de alongamento especial e de renegociação, para o pagamento em até dez anos, nos termos do § 6º do art. 5º da citada lei:

"Os saldos devedores apurados, que não se enquadrem no limite de alongamento estabelecido no § 3º, terão alongada a parcela compreendida naquele limite segundo as condições estabelecidas no § 5º, enquanto a parcela excedente será objeto de renegociação entre as partes, segundo as normas fixadas pelo Conselho Monetário Nacional".

Permitiu-se que as instituições cedessem as dívidas alongadas ou renegociadas à União Federal, de acordo com o art. 2º da Medida Provisória nº 2.193-3, de 24.08.2001:

"Fica a União autorizada, nas operações originárias de crédito rural, alongadas ou renegociadas com base na Lei nº 9.138, de 29 de novembro de 1995, pelo BB, pelo BASA e pelo BNB, a:

I – dispensar a garantia prestada pelas referidas instituições financeiras nas operações cedidas à União;

II – adquirir, junto às empresas integrantes do Sistema BNDES, os créditos decorrentes das operações celebradas com recursos do Fundo de Amparo ao Trabalhador ou com outros recursos administrados por aquele Sistema;

III – receber, em dação em pagamento, os créditos contra os mutuários, correspondentes às operações a que se refere o inciso II;

IV – adquirir os créditos correspondentes às operações celebradas com recursos das referidas instituições financeiras; e

V – receber, em dação em pagamento, os créditos correspondentes às operações celebradas com recursos do Tesouro Nacional".

Em grande parte, as instituições financeiras, em especial o Banco do Brasil, cederam os créditos, ficando os devedores (produtores rurais) comprometidos com a União Federal, que passou a exigir os seus créditos, com o lançamento e a inscrição em dívida ativa.

A questão que se coloca em debate diz respeito à prescrição dessas dívidas. Ou seja, se incide a prescrição vigorante ao tempo em que os credores eram as instituições financeiras privadas ou se passou a incidir o regime prescricional estabelecido para o ente público. Por diferentes termos, se o prazo prescricional estabelecido para o título cobrado pela instituição financeira privada continua sendo o mesmo para o ente público ao qual foi transferido o crédito. Exemplificando-se, sendo a instituição financeira titular de um crédito representado por uma nota promissória, e dando-se a prescrição em três anos, esse prazo continua o mesmo para o ente público, ao qual se deu a cessão do título, ou se aplica o prazo do art. 1º do Decreto nº 20.910/1932?

Responde-se que não muda o prazo da prescrição porque se operou a cessão do crédito para a União Federal. Segue o mesmo que estava previsto para o credor originário e particular, justamente em vista do art. 196 do Código Civil, supratranscrito.

É como inteligentemente passou a decidir o STJ:

> "Ação ordinária de cobrança movida pelo Estado de Minas Gerais, como sucessor do Banco do Estado de Minas Gerais S/A (BEMGE), proposta em julho de 2007, de dívida estampada em cédula de crédito rural, vencida em julho de 1998.
>
> Inaplicabilidade do Decreto nº 20.910/1932 quando a Fazenda Pública seja credora, pois, por ser norma especial, restringe-se sua aplicação às hipóteses em que os entes públicos sejam devedores (art. 1º).
>
> Na cessão de crédito, o regime jurídico aplicável é o do cedente, e não o do cessionário".[2]

É no voto do Relator que a matéria está bem delineada:

> "A 4ª Turma desta Corte Superior já analisou a questão, ao menos em duas oportunidades, acerca do regime jurídico quando da ocorrência de cessão, em ambas assentando seu entendimento de que o regime jurídico do prazo prescricional deve ser o do cedente, e não o do cessionário.
>
> Anotem-se os seguintes precedentes:
>
> (...) *'Cuidando-se de sucessão de obrigações, o regime de prescrição aplicável é o do sucedido e não o do sucessor, nos termos do que dispõe o art. 196 do CC/2002 (correspondente ao art. 165 do CC/1916): A prescrição iniciada contra uma pessoa continua a correr contra o seu sucessor.*
>
> *Assim, o prazo prescricional aplicável ao Estado de Minas Gerais é o mesmo aplicável a Minas Caixa, nas obrigações assumidas pelo primeiro em razão da liquidação extrajudicial da mencionada instituição financeira'* (REsp 1077222/MG, rel. Min. Luis Felipe Salomão, 4ª Turma, j. em 16.02.2012, DJe 12.03.2012).
>
> (...) *'Sujeitando-se a autarquia estadual, que desenvolvia atividade bancária, ao mesmo regime de prescrição aplicável às pessoas jurídicas de direito privado, a sua extinção e sucessão pelo Estado de Minas Gerais não implica em alteração do lapso extintivo do direito de ação dos antigos depositantes em caderneta de poupança que vindicam expurgos inflacionários sobre seus depósitos'* (AgRg no Ag 1113989/MG, rel. Min. Aldir Passarinho Junior, 4ª Turma, j. em 17.03.2011, DJe 23.03.2011).
>
> Quando do julgamento desse REsp 1.077.222/MG, o Min. Luis Felipe Salomão constou em seu voto contundente reflexão acerca da questão, assim dispondo:

---

[2] REsp nº 1.153.702/MG, da 3ª Turma, j. em 10.04.2012, DJe de 10.05.2012, rel. Min. Paulo de Tarso Sanseverino.

'O único artigo de lei indicado como violado, art. 1º do Decreto n. 20.910/1932, que prevê prescrição quinquenal para as dívidas fazendárias, não se aplica ao caso concreto, uma vez que a obrigação executada não é originariamente da pessoa jurídica de direito público ora recorrente, mas do seu antecessor, Minas Caixa.

Aplica-se antiga e conhecida regra de direito civil segundo a qual, cuidando-se de sucessão de obrigações, o regime de prescrição aplicável é o do sucedido e não o do sucessor, nos termos do que dispõe o art. 196 do CC/2002 (correspondente ao art. 165 do CC/1916): A prescrição iniciada contra uma pessoa continua a correr contra o seu sucessor'.

Em suma, o regime jurídico aplicável é o do sucedido, e não o do sucessor; o do cedente, e não o do cessionário.

De outro modo, não se pode perder o foco de que a presente ação de cobrança pauta-se em título de crédito especial (cédula de crédito rural) cuja relação jurídica primeva é fulcrada no direito privado, de cunho empresarial, com normas específicas a lhe regerem, conforme entendimento deste Superior Tribunal:

(...) '*Consoante o teor do art. 60, do Decreto-lei nº 167/1967, a cédula de crédito rural sujeita-se ao regramento do direito cambial, aplicando-se-lhe, inclusive, o instituto do aval. Precedentes. Recurso especial provido*' (REsp 747.805/RS, rel. Min. Paulo Furtado – Desembargador convocado do TJBA), 3ª Turma, j. em 02.03.2010, *DJe* 11.03.2010).

E o título de crédito rural, nos termos do art. 60 do Decreto-lei nº 167/1967 c/c o art. 70 do Decreto nº 57.663/1666 (Lei Uniforme de Genebra), pode ser executado no prazo de três anos, conforme já devidamente assentado, há bastante tempo, pelo Superior Tribunal de Justiça:

'(...) *I. A prescrição da cédula de crédito rural é regida pela Lei Uniforme.*

II. Interposta ação declaratória, interrompe-se a fluência do prazo de prescrição da cédula.

III. Recurso especial conhecido e provido' (REsp nº 167.779/SP, rel. Min. Aldir Passarinho Junior, 4ª Turma, j. em 10.10.2000, *DJ* 12.02.2001, p. 119)".

Capítulo XVI
A PRESCRIÇÃO DOS DIREITOS ACESSÓRIOS E DA EXCEÇÃO

Os acessórios prescrevem concomitantemente com o principal, segundo vinha na letra do art. 167 do Código Civil de 1916: "Com o principal prescrevem os direitos acessórios". Está-se diante do velho princípio *accessorium sequitur suum principale*, que também vinha materializado do art. 59 do mesmo diploma revogado: "Salvo disposição especial em contrário, a coisa acessória segue a principal". O Código atual omitiu as duas regras, eis que constituem princípios que fluem naturalmente do direito. No entanto, faz referência à exceção, no art. 190, que pode ser concebida como um incidente acessório da pretensão principal:

"A exceção prescreve no mesmo prazo em que a pretensão".

Não cabe reclamar direitos acessórios, como cláusula penal, e encargos remuneratórios, se o contrato está prescrito. Se assegurado o prazo de três anos para a ação de execução de uma nota promissória, não perdura por mais tempo o aval. Ou seja, na previsão da lei, o reconhecimento da prescrição de uma dívida acarreta a mesma sorte quanto às garantias que a acompanham. Todavia, o mesmo não se aplica no sentido inverso. Por outras palavras, a prescrição do acessório não importa na prescrição do principal. Exemplificando, consoante o art. 206, § 3º, inc. III, em três anos prescrevem os juros, dividendos ou quaisquer outras prestações acessórias, pagáveis em períodos não maiores de um ano, com capitalização ou sem ela. A dívida, porém, remanesce por um período de dez anos.

Como direitos acessórios incluem-se os frutos, as rendas, os juros, os danos, as despesas, a hipoteca, o penhor, a cláusula penal, cujo período de tempo de validade, para a alegação de nulidade, não coincide necessariamente com o direito que acompanham, o qual poderá estender-se com mais longevidade no tempo.

Não parece correta, pois, a seguinte conclusão, extraída de uma decisão:

"Prescrição dos juros. A prescrição dos acessórios se dá na mesma forma em que o débito principal".[1]

No voto do Relator:

"Como os juros são encargos acessórios, evidente que não podem se valer da aplicação estipulada no art. 206, pois a eles devem ser aplicadas as disposições referentes ao débito principal, objeto da ação".

---

[1] Apelação Cível nº AC 647160 SC 2010.064716-0, da Câmara Especial Regional de Chapecó-SC, j. em 24.08.2011, rel. Guilherme Nunes Born.

Acontece que, na hipótese, encontra-se estabelecida, na lei, a prescrição específica para os acessórios, neles incluídos os juros.

Há condenações em que alguns itens, embora decorrentes da condenação no objeto principal, não se enquadram como acessórios propriamente ditos. Veja-se a procedência de uma ação de despejo, abrangendo a determinação no pagamento dos aluguéis, e na indenização por deteriorações do imóvel. Esta última imposição não se caracteriza como acessório. A indenização é um dos objetos da ação. A prescrição, no caso, embora também de três anos, encontra como suporte o art. 206, § 3º, inc. V, do Código Civil, enquanto, no despejo, o amparo está no inc. I, do § 3º do mesmo art. 206. Há o seguinte exemplo da correta interpretação:

> "O art. 206, § 3º, CC/2002 estabelece o prazo prescricional de três anos especificamente para a cobrança de aluguéis, não se podendo estendê-lo para abarcar os demais encargos da locação, os quais se submetem ao prazo prescricional geral, ante a ausência de norma específica a regulá-los".[2]

Especificamente no atinente à exceção, sabe-se dos vários significados que se inserem em seu conteúdo, como todos os meios de defesa garantidos à parte demandada, tanto em relação a aspectos preliminares como ao mérito da demanda. Mais apropriadamente, diz-se das questões que são levantadas na primeira parte de uma defesa, e que não se dirigem diretamente ao objeto da demanda, mas a aspectos que dizem respeito ao cabimento da ação, à legitimidade das partes, à possibilidade jurídica do que se pretende. Também o termo abrange matérias condicionantes ao mérito, como prescrição, compensação, retenção, anulabilidade do ato. Por último, existem exceções processuais que são oferecidas por meio de incidente em apenso ao processo principal, e julgadas distintamente, suspendendo o processo principal, sendo exemplos a exceção de incompetência, de suspeição, de coisa julgada e litispendência.

A exceção, no que interessa à prescrição, e por imposição do art. 190 do Código Civil, supratranscrito, prescreve no mesmo prazo que a pretensão. Assim, se o objeto da lide está prescrito, inútil o debate sobre a exceção. Apropriadas as seguintes observações de Alan Martins e Antonio Borges de Figueiredo: "O disposto no art. 190 do CC/2002 deve aplicar-se apenas a poucas exceções. Por exemplo: a) se está prescrita a pretensão do credor quanto ao seu crédito, pode estar prescrita a exceção de pleitear a respectiva compensação (CC/2002, art. 368; CC/1916, art. 1.069); b) no momento em que se consuma a prescrição da pretensão quanto ao cumprimento de um contrato, ocorre também a prescrição de invocar a exceção de contrato não cumprido (CC/2002, art. 476; CC/1916, art. 1.092, *caput*); c) prescrita a pretensão ao recebimento de indenização por benfeitorias realizadas pelo possuidor de boa-fé, deve prescrever a possibilidade de alegar a detenção do bem pelas respectivas benfeitorias (CC/2002, art. 1.219; CC/1916, art. 516)".[3]

---

[2] Prazo de 20 anos na época do Código de 1916. Apelação Cível nº 10145100544843001/MG, da 14ª Câm. Cível do TJMG, j. em 17.02.2013, *DJ* de 22.02.2013, rel. Des. Valdez Leite Machado.
[3] *Prescrição e decadência no direito civil*, cit., p. 71.

Capítulo XVII
SUSPENSÃO DA PRESCRIÇÃO

1. A IDEIA DE SUSPENSÃO E DISTINÇÕES

Trata-se de situações em que a prescrição não corre, ficando paralisada no tempo. Era claro Antonio de Almeida Oliveira: "É a suspensão da prescrição um obstáculo que durante algum tempo a faz dormir em favor de certas pessoas, impedindo-a de começar, ora de concluir seu curso".[1]

Há um lapso no tempo, ou um vazio, como que se o período previsto para a prescrição ficasse parado. Os fatores que fazem parar o tempo prescricional denominam-se causas suspensivas da prescrição. Exemplifica Luiz F. Carpenter: "De maneira que, tratando-se, por exemplo, de uma prescrição cujo prazo é de cinco anos, se sobrevém a causa da suspensão quando já transcorreram dois anos do prazo, a prescrição dorme (*praescriptio quiescit, dormit*) por todo o tempo que durar a suspensão e, cessada esta, tem ainda a prescrição que correr três anos para que então se diga acabada, completa, adquirida, consumada, perfeita".[2]

Primeiramente, cumpre salientar a distinção entre causas que impedem o início da prescrição e causas que param o prazo no seu curso, ou enquanto corria, sintetizando Luiz F. Carpenter: "... As causas que suspendem a prescrição produzem o seguinte efeito: a) obstam a que o curso da prescrição principie, se não preexistentes ao nascimento da ação; b) obstam a que o curso da prescrição continue, se supervenientes ao nascimento da ação".[3] As primeiras não deixam começar o período prescricional, sendo exemplos a duração da sociedade conjugal, ou a incapacidade da pessoa. Não começa o prazo enquanto vige a sociedade conjugal, ou até que a pessoa atinja a capacidade plena. Diz-se que há um fato obstativo do começo do prazo. Já as segundas intervêm para estancar o prazo que vinha correndo, sendo exemplo as hipóteses de ausência de um indivíduo do Brasil, por força da prestação de serviço público. Em síntese, para a prescrição que já iniciara. Conta-se o lapso de tempo que ocorreu antes do fato, e acrescenta-se o período que segue depois de cessada a causa que o suspendeu. Há um intervalo, que deve ser descontado do prazo assinalado para dar-se a prescrição.

Lembra-se, também, da diferença entre suspensão e interrupção. Enquanto a primeira consiste na parada do curso da prescrição, ou o retardamento de seu início, a segunda significa a inutilização do período prescricional ocorrido, devendo reiniciar novamente a contagem. Mais concretamente, pela suspensão, no prazo prescricional, em sua contagem, computa-se

---

[1] *Prescrição em direito comercial e civil*, cit., p. 105.
[2] *Da prescrição*, cit., v. I, p. 302.
[3] *Da prescrição*, cit., v. I, p. 302.

o tempo anteriormente decorrido; já na interrupção, fica inutilizado o tempo já transcorrido, reiniciando-se por inteiro a contagem do prazo.

Gustavo Kloh Muller Neves aprofunda as diferenças: "Na suspensão, o fluxo do prazo é sustado enquanto o motivo permanece – em desaparecendo este, passa o prazo a fluir exatamente no *quantum* ainda restante. As causas de suspensão (e as de impedimento) estão motivadas em razões subjetivas (dizem respeito às qualidades do credor e do prescribente) que justificam a não incidência do prazo prescricional (face à impossibilidade de resistência à lesão), e podem ser facilmente aferidas, de modo objetivo (ou se é ou não se é menor, por exemplo). Já as causas de interrupção – que fazem com que o prazo prescricional volte a correr desde o início – têm por fundamento a consideração objetiva de que o credor saiu da inércia, e sua constatação pode ser difícil (*ex vi* o art. 202, VI) porque dependente de considerações mais subjetivas".[4]

Relativamente à suspensão, princípios de ordem moral impedem o curso do prazo, ou o paralisam, como acontece entre os cônjuges, os ascendentes e descendentes, ou enquanto dura o poder familiar. A afetividade, o relacionamento, a proximidade e outros fatores são incompatíveis com situações limitadoras de direitos, ou que levam à sua extinção. Mais razões existem, e assim as defensivas ou de proteção, que, segundo Caio Mário da Silva Pereira, "impedem ou suspendem a prescrição contra os absolutamente incapazes, contra os ausentes do Brasil em serviço público, contra os que se acharem servindo nas forças armadas em tempo de guerra".[5]

2. A CLASSIFICAÇÃO SEGUNDO O CÓDIGO CIVIL E CASOS ESPECIAIS

Na relação das situações contempladas no Código constam as causas impeditivas ou suspensivas da suspensão.

As *impeditivas* se encontram nos arts. 197, incs. I a III, 198, inc. I, e 199, incs. I e II, não correndo:

a) Entre os cônjuges, na constância da sociedade conjugal, pois impraticável que a conservação de um direito contra o outro cônjuge ficasse na constante dependência de medidas interruptivas da prescrição. A insegurança seria total.

b) Entre ascendentes e descendentes, durante o poder familiar. A razão é também a segurança que deve imperar entre os parentes. Enquanto se mantém a relação, não correm os prazos da prescrição, perdurando os direitos e assegurando-se as ações correspondentes, sejam de execução de dívidas, sejam quanto ao domínio sobre os bens.

c) Entre tutelados ou curatelados e seus tutores ou curadores, enquanto durar a tutela ou curatela. Já que existe um dever de proteção de parte dos tutores e curadores, constituiria uma contradição a possibilidade de aquisição de direitos contra os tutelados ou curatelados; também quebraria a confiança a situação inversa, isto é, se estes últimos adquirissem direitos em detrimentos daqueles.

d) Contra os absolutamente incapazes, que são os elencados no art. 3º do Código Civil, em texto da Lei nº 13.146/2015, isto é, os menores de 16 (dezesseis) anos. Se declarada posteriormente a interdição relativamente a certos atos ou à maneira de os exercer, em ação própria, alcança-se o ato realizado anteriormente, conforme o entendimento da jurisprudência:

---

[4] Prescrição e decadência no Código Civil. In: TEPEDINO, Gustavo (Coord.). *A Parte Geral do Novo Código Civil*, cit., p. 434.
[5] *Instituições de direito civil*. 9. ed. Rio de Janeiro: Forense, 1986. v. I, p. 485.

"A sentença de interdição, em nosso direito, é declaratória e não constitutiva (art. 452 do CC). Assim, não é o julgado que cria o estado de incapacidade, mas a alienação mental. Por conseguinte, a sentença de interdição produz efeitos *ex tunc*, razão pela qual poderão eventuais interessados postular a anulabilidade dos atos praticados pelo incapaz que tiverem sido realizados antes dela, uma vez provado que se efetuaram numa fase em que já se definia a insanidade mental. Outrossim, a incapacidade do agente obsta o começo do prazo prescricional, por expressa determinação legal (art. 169, I, do CC), pouco importando a nomeação de curador que o represente em processo de interdição".[6]

De observar que os citados arts. 452 e 169, I, acima referidos, são do diploma civil de 1916, correspondendo, no CC/2002, aos arts. 1.773 e 198, I. Cumpre observar que o referido art. 1.773 restou revogado pelo CPC de 2015, não havendo correspondência atual a ele.

Em relação aos incapazes na forma vista, e inclusive quanto a certos atos e à maneira de seu exercício, também não corre a decadência, segundo excepciona o art. 208 do Código Civil.

Entretanto, a matéria suscita certa complexidade, relativamente aos incapazes declarados em processo de interdição. Até porque, pela redação do art. 4º dada pela Lei nº 13.146/2015, a incapacidade é para determinados atos e quanto à maneira de os exercer. Não parece coerente que se impeça a prescrição depois de nomeado curador aos incapazes, que será para atos especificados e no tocante ao exercício. Mirna Cianci melhor expõe a matéria, em análise antes da reforma pela Lei nº 13.146/2015: "A prescrição contra o incapaz não tem curso, como do referido dispositivo consta, *apenas enquanto não lhe tenha sido nomeado curador*. Após essa providência, o interdito passa a ter quem por ele responda, na administração de todos os seus bens e interesses, razão que fundamenta o processo de interdição (...).

Entendimento diverso conduz a inusitada situação. O incapaz, na pessoa de seu representante legal, poderia aguardar, digamos, cinquenta anos para ingressar em juízo, pleiteando todos os efeitos pretéritos desde o fato, tornando perigosamente indefinido o lapso prescricional e criando insegurança no mundo jurídico, em razão da dificuldade criada ao demandado, especialmente na produção da prova contrária, surpreendido como seria pela propositura de demanda relativa a fatos dos quais, eventualmente, sequer teria memória".[7]

A posição está fundamentada no princípio da exercibilidade da pretensão, exposta por Pontes de Miranda. Com o suprimento da incapacidade, que se dá mediante a nomeação de curador, decorre o exercício do direito. Com a nomeação de curador, inicia-se a aptidão para o exercício do direito, resultando, daí, defende a autora citada, o termo inicial da prescrição.

É fascinante a tese, e está repleta de razoabilidade. Do contrário, cai por terra toda a filosofia que impõe a prescrição. Apesar de tudo, não se encontram precedentes jurisprudenciais que a confortam.

e) *Pendendo condição suspensiva*. Inviável que comece a prescrição, se ainda não realizada a condição que enseja o direito.

f) *Não estando vencido o prazo*. Parece óbvio que não segue a prescrição se o direito está sujeito a um prazo que ainda não venceu.

O art. 168, inc. IV, do Código revogado incluía como impeditiva a prescrição "em favor do credor pignoratício, do mandatário, e, em geral, das pessoas que lhe são equiparadas, contra

---

[6] Agravo de Instrumento nº 145.328-5/8, da 9ª Câm. de Direito Privado do TJSP, de 1º.12.1999, *Revista dos Tribunais* 778/170.
[7] Da prescrição contra o incapaz de que trata o artigo 3º, inciso I, do Código Civil. In: CIANCI, Mirna (Coord.). *Prescrição no Código Civil*, cit., p. 348-349.

o depositante, o devedor, o mandante e as pessoas representadas, ou seus herdeiros, quanto ao direito e obrigações relativas aos bens confiados à sua guarda". Isto porque é inaceitável, pelo bom senso, que aqueles que exercem algum poder sobre os bens entregues para fins de garantia possam alegar o direito de posse sobre os bens dados em garantia. No entanto, dada a obviedade da decorrência, sendo consequência do encargo exercido, fez bem o atual diploma civil omitir a anterior regra.

As causas *suspensivas* vêm arroladas nos arts. 198, incs. II e III, 199, inc. III, e 200 do Código Civil:

a) Contra os ausentes do País em serviço público da União, dos Estados, ou dos Municípios. Encontrando-se a pessoa fora do Brasil, e impossibilitada de reclamar ou defender o direito, não soa com o bom direito admitir que corra a prescrição.

b) Contra os que se acharem servindo nas Forças Armadas, em tempo de guerra. Acontece que, nessas circunstâncias, fica a pessoa restringida em defender seus interesses pessoais, porquanto colocada à disposição do exército ou de outras facções das forças armadas.

c) Pendendo ação de evicção, porquanto somente depois de ganha a ação do evicto, o comprador mune-se de ação contra o vendedor para obrigá-lo a responder pela evicção. Daí iniciar nesse momento o prazo para a prescrição. Enquanto dura a ação de evicção, fica suspenso o prazo de prescrição.

d) Quando a ação se originar de fato que deva ser apurado no juízo criminal, não correrá a prescrição antes da respectiva sentença definitiva. Ao titular do direito se faculta aguardar o trânsito em julgado da sentença condenatória, e promover a execução no juízo cível, conforme também permite o art. 63 do Código de Processo Penal. Não se conclua que se o fato ensejador de um direito comportar uma ação penal, necessariamente se deva aguardar o julgamento do juízo criminal. Assim, numa pretensão indenizatória por acidente de trânsito, não se suspende a ação cível até que se chegue ao final do processo-crime. Unicamente se já decidida a controvérsia sobre quem seja o autor é que, no cível, não mais se discutirá sobre o assunto. Comprovado, no processo criminal, que o demandado na ação cível não foi o autor da ação lesiva, essa definição fará coisa julgada também no cível, por determinação do art. 935 do Código Civil. E se no processo-crime é discutido assunto que influirá no juízo cível, à parte é facultado o pedido de suspensão da lide, não correndo a prescrição durante esse interregno. De igual modo não fluirá se não ingressar o lesado com a demanda, pois faculta-se esperar a decisão no crime.

e) Acrescenta-se que a suspensão, nas obrigações solidárias, alcança todos os credores se indivisíveis, consoante o art. 201:

> "Suspensa a prescrição em favor de um dos credores solidários, só aproveitam os outros se a obrigação for indivisível".

Considera-se indivisível a obrigação se impossível fracioná-la sem destruí-la ou inviabilizá-la, o que acontece numa obra de arte, num escrito jurídico, num trabalho científico. Se solidária e divisível a obrigação, restritamente ao credor a quem socorre um fato suspensivo alcança a suspensão do prazo, o que se verifica no crédito definido que um incapaz tem a receber.

Mais hipóteses existem relativamente à suspensão, reguladas por leis especiais, como pelo Código Tributário Nacional (Lei nº 5.172/1966), sendo proveitosa, a respeito, a síntese feita por Roque Joaquim Volkweiss:

"Causas suspensivas da contagem do prazo prescricional (que fazem com que este, uma vez iniciado, tenha alguns de seus períodos não computados):

a) As previstas nos arts. 155 (parágrafo único), 172 (parágrafo único), 179 (§ 2º) e 182 (parágrafo único), relativas ao tempo em que o sujeito passivo indevidamente (de má-fé) se utilizou, mediante dolo (intenção de agir no sentido de tirar proveito da situação) ou simulação (atitudes enganosas, dando à sua conduta mera aparência de licitude), do benefício da moratória, da remissão, da isenção ou da anistia, quando, por aquelas razões, tenham sido tais favores revogados pela autoridade administrativa.

b) A prevista no § 3º do art. 2º da Lei nº 6.830, de 1980, relativa ao prazo, de cento e oitenta dias (ou até a distribuição da judicial de execução fiscal, se esta ocorrer antes de findo aquele prazo, podendo este, portanto, ser de até cento e oitenta dias), necessário à inscrição do crédito tributário em dívida ativa (formalização, em título executivo, hábil à sua cobrança judicial).

c) A prevista no art. 40 da mesma Lei nº 6.830, de 1980, relativa ao tempo, de até um ano, na ação judicial de cobrança do crédito tributário, enquanto não for localizado o devedor ou enquanto não forem encontrados bens sobre os quais possa recair a penhora".[8]

Há, também, a suspensão da execução de título extrajudicial nos casos do art. 921 do atual CPC, pelo qual:

> "Suspende-se a execução:
>
> I – nas hipóteses dos arts. 313 e 315, no que couber;
>
> II – no todo ou em parte, quando recebidos com efeito suspensivo os embargos à execução;
>
> III – quando não for localizado o executado ou bens penhoráveis (redação da Lei nº 14.195/2021);
>
> IV – se a alienação dos bens penhorados não se realizar por falta de licitantes e o exequente, em 15 (quinze) dias, não requerer a adjudicação nem indicar outros bens penhoráveis;
>
> V – quando concedido o parcelamento de que trata o art. 916".

De anotar que as regras sobre a matéria trazidas no CPC vigente, art. 919 e parágrafos, têm redação e extensão diferentes às da lei processual anterior:

> "Os embargos à execução não terão efeito suspensivo.
>
> § 1º O juiz poderá, a requerimento do embargante, atribuir efeito suspensivo aos embargos quando verificados os requisitos para a concessão da tutela provisória e desde que a execução já esteja garantida por penhora, depósito ou caução suficientes.
>
> § 2º Cessando as circunstâncias que a motivaram, a decisão relativa aos efeitos dos embargos poderá, a requerimento da parte, ser modificada ou revogada a qualquer tempo, em decisão fundamentada.
>
> § 3º Quando o efeito suspensivo atribuído aos embargos disser respeito apenas a parte do objeto da execução, esta prosseguirá quanto à parte restante.
>
> § 4º A concessão de efeito suspensivo aos embargos oferecidos por um dos executados não suspenderá a execução contra os que não embargaram quando o respectivo fundamento disser respeito exclusivamente ao embargante.

---

[8] *Direito tributário nacional*. 2. ed. Porto Alegre: Livraria do Advogado, 1998. p. 265.

§ 5º A concessão de efeito suspensivo não impedirá a efetivação dos atos de substituição, de reforço ou de redução da penhora e de avaliação dos bens".

Mais situações estão contempladas no art. 313, incs. I a X, do CPC em vigor, com alterações da Lei 13.363/2016:

"Suspende-se o processo:
I – pela morte ou pela perda da capacidade processual de qualquer das partes, de seu representante legal ou de seu procurador;
II – pela convenção das partes;
III – pela arguição de impedimento ou de suspeição;
IV – pela admissão de incidente de resolução de demandas repetitivas;
V – quando a sentença de mérito:
a) depender do julgamento de outra causa ou da declaração de existência ou de inexistência de relação jurídica que constitua o objeto principal de outro processo pendente;
b) tiver de ser proferida somente após a verificação de determinado fato ou a produção de certa prova, requisitada a outro juízo;
VI – por motivo de força maior;
VII – quando se discutir em juízo questão decorrente de acidentes e fatos da navegação de competência do Tribunal Marítimo;
VIII – nos demais casos que este Código regula;
IX – pelo parto ou pela concessão de adoção, quando a advogada responsável pelo processo constituir a única patrona da causa;
X – quando o advogado responsável pelo processo constituir o único patrono da causa e tornar-se pai".

De observar que o art.315 do CPC traz nova hipótese de suspensão, consistente na indispensabilidade da verificação da existência ou não de fato delituoso para a solução da questão cível:

"Se o conhecimento do mérito depender de verificação da existência de fato delituoso, o juiz pode determinar a suspensão do processo até que se pronuncie a justiça criminal.
§ 1º Se a ação penal não for proposta no prazo de 3 (três) meses, contado da intimação do ato de suspensão, cessará o efeito desse, incumbindo ao juiz cível examinar incidentemente a questão prévia.
§ 2º Proposta a ação penal, o processo ficará suspenso pelo prazo máximo de 1 (um) ano, ao final do qual aplicar-se-á o disposto na parte final do § 1º".

Necessário ater-se a algumas das situações anteriormente previstas e ao tempo em que perduram, acarretando a suspensão da execução.

Em relação ao art. 921, inc. III, do CPC atual, em redação da Lei 14.195/2021, (quando o devedor não for localizado ou não possuir bens penhoráveis), não se pode ignorar o disposto no art. 40 da Lei nº 6.830/1980, em relação às execuções fiscais:

"O Juiz suspenderá o curso da execução, enquanto não for localizado o devedor ou encontrados bens sobre os quais possa recair a penhora, e, nesses casos, não correrá o prazo de prescrição".

É de observar, porém, o § 2º:

> "Decorrido o prazo máximo de 1 (um) ano, sem que seja localizado o devedor ou encontrados bens penhoráveis, o Juiz ordenará o arquivamento dos autos".

Assim, mantém-se a suspensão pelo prazo de um ano. Não localizados bens nesse lapso de tempo, não se permite buscar nova suspensão, com a renovação do pedido. Não há previsão legal para tanto.

Quanto às execuções comuns, não há como aplicar o tratamento mencionado. Admite-se a constante renovação da suspensão, desde que a parte credora insista em pedidos ou renove constantes medidas de constrições de garantias da execução. Unicamente a prescrição intercorrente é aplicável, isto é, se houve o abandono do processo pelo lapso temporal da prescrição do título executado.

Aduz-se, finalmente, que a suspensão, nas obrigações solidárias, alcança todos os credores se indivisíveis, consoante o art. 201 do Código Civil:

> "Suspensa a prescrição em favor de um dos credores solidários, só aproveitam os outros se a obrigação for indivisível".

Considera-se indivisível a obrigação se impossível fracioná-la sem destruí-la ou inviabilizá-la, o que acontece numa obra de arte, num escrito jurídico, num trabalho científico.

Capítulo XVIII
INTERRUPÇÃO DA PRESCRIÇÃO

1. O EFEITO DA INTERRUPÇÃO E DISTINÇÕES

O efeito principal da interrupção é bem diferente da suspensão: simplesmente fica inutilizado o tempo da prescrição já decorrido. É como já dizia Antonio de Almeida Oliveira: "É a interrupção da prescrição o fato que inutiliza a prescrição começada contra o credor ou proprietário, eliminando do cálculo o tempo decorrido, mas não impedindo que ela comece de novo".[1] Sabe-se que a nota marcante da prescrição está na falta de exercício da pretensão ao direito subjetivo lesado ou posto à disposição para a fruição. Decorrido o prazo assegurado, não há como exercitar a procura do direito na forma que vinha prevista. Todavia, contempla a lei alguns atos que denotam a prática do exercício do direito, ou a vontade de não deixar correr a inanição. Expõe com clareza J. M. Leoni Lopes de Oliveira: "Logo, toda vez que o titular do direito subjetivo lesado pratica um ato de exercício do direito subjetivo lesado, tal ato determina a interrupção da prescrição".[2]

Causas de interrupção, pois, são determinados eventos expressamente previstos na lei que, uma vez verificados, determinam o recomeço do curso da prescrição. Perde-se o período de tempo já transcorrido. Vale lembrar a síntese dada por Clóvis Beviláqua, que também salienta a distinção relativamente à suspensão: "Pela interrupção da prescrição, inutiliza-se a prescrição já começada. Difere da suspensão em que, nessa última, a prescrição continua o seu curso, logo que desaparece o impedimento, e na interrupção o tempo anteriormente decorrido fica perdido para o prescribente, ainda que, em seu favor, se inicie nova prescrição, cujo lapso de tempo se conta, desde que se ultima o ato interruptivo, se novamente volta à inação o titular do direito".[3]

O credor do direito deve promover um ato que revele a intenção de exercício do direito, ou a sua não perda, a menos quando expressamente o devedor tem a iniciativa de reconhecer o direito daquele, mediante declaração ou outro ato inequívoco, como no pagamento parcial, ou no encaminhamento de declaração de novação da obrigação.

---

[1] *Prescrição em direito comercial e civil*, cit., p. 155.
[2] *Direito civil*: teoria geral do direito civil, cit., v. 2, p. 1.025-1.026.
[3] *Teoria geral do direito civil*, cit., p. 396-397.

2. SITUAÇÕES QUE ESTABELECEM A INTERRUPÇÃO SEGUNDO O CÓDIGO CIVIL

As situações ou modos que estabelecem a interrupção estão elencadas no art. 202 do Código Civil, que, no seu *caput*, restringe a uma única vez a sua ocorrência, limitação esta omitida pelo Código anterior. Eis o elenco:

> "I – por despacho do juiz, mesmo incompetente, que ordenar a citação, se o interessado a promover no prazo e na forma da lei processual;
>
> II – por protesto, nas condições do inciso antecedente;
>
> III – por protesto cambial;
>
> IV – pela apresentação do título de crédito em juízo de inventário ou em concurso de credores;
>
> V – por qualquer ato judicial que constitua em mora o devedor;
>
> VI – por qualquer ato inequívoco, ainda que extrajudicial, que importe reconhecimento do direito pelo devedor".

Passa-se à análise de cada caso.

a) *O despacho do juiz, mesmo incompetente, que ordenar a citação, se o interessado a promover no prazo e na forma da lei processual*. É como veio no inc. I do referido art. 202:

Pelo teor literal da regra, incumbe à parte obter do juiz o despacho citatório. Não é suficiente o mero ingresso da lide, com a simples distribuição. E se é encaminhada a ação, não se logrando êxito em conseguir a decisão, seja pela demora no encaminhamento, seja pela ausência do juiz, seja pela descura do mesmo no cumprimento de suas funções? Está-se diante de um quadro que facilmente acontece. Comum é a desídia tanto de juízes como de funcionários, ocorrendo casos de se impedir inclusive o acesso de advogados aos gabinetes para pedidos verbais de providências. Ora, em casos tais, a única solução está na medida contemplada no parágrafo único do art. 143 do Código de Processo Civil, bastando a omissão em o juiz despachar no prazo de dez dias:

> "As hipóteses previstas no inciso II somente serão verificadas depois que a parte requerer ao juiz que determine a providência e o requerimento não for apreciado no prazo de 10 (dez) dias".

Quais as hipóteses do inciso nº II? São as que dizem respeito a recusar, omitir ou retardar, sem justo motivo, providência que deva ordenar de ofício, ou a requerimento da parte. Decorrido o lapso de tempo de dez dias sem advir o despacho, buscará a parte que o escrivão ou chefe da secretaria lhe forneça uma certidão, onde constem a data da distribuição, e o decurso do tempo ocorrido. Diante de tal circunstância, flagrada documentalmente, configura-se justo motivo para se operar a interrupção.

Pode-se ir mais longe: decorrido o período de cinco dias da ida do processo ao juiz, sem que venha o despacho, dá-se a razão para a interrupção, por inteligência do art. 226, inc. I, do CPC. Eis o teor da norma:

> "O juiz proferirá:
>
> I – os despachos no prazo de 5 (cinco) dias".

Apesar da exegese literal *supra*, pensa-se que se dá a interrupção se a parte buscar, por meio de petição, a consecução do despacho de citação, desde que a encaminhe, no prazo a tanto reservado, ao juiz do processo. Não calha aceitar uma interpretação que pode levar ao perdimento de um direito. Nem existe no sistema processual a previsão de que a parte, por seu advogado, busque intervir pessoalmente junto ao juiz.

Constitui a citação o ato pelo qual se provoca a pessoa a responder contra a qual se reclama um direito, isto é, se quer a prática de um ato, ou sua abstenção, ou a entrega de uma coisa.

O Código Civil de 1916, no art. 172, I, continha uma redação bem diferente, prevendo que a citação pessoal feita ao devedor, ainda que ordenada por juiz incompetente, é que resultaria a interrupção.

Pela nova ordem, basta o despacho do juiz ordenando a citação, mas desde que a parte promova a realização do ato, de acordo com as regras processuais, quando retroagirá o efeito interruptivo à data do proferimento da ordem de citação. No caso, previne o § 2º do art. 240 do CPC:

> "Incumbe ao autor adotar, no prazo de 10 (dez) dias, as providências necessárias para viabilizar a citação, sob pena de não se aplicar o disposto no § 1º".

Deve ser combinado esse dispositivo com os §§ 1º e 3º do mesmo artigo.

Cumpre notar que se imputa à parte a demora ou a não realização do ato se ela não anexa os documentos necessários para a citação, ou não encaminha a precatória de citação, ou omite-se em efetuar o preparo, ou não encaminha à publicação o edital, quando em lugar incerto e desconhecido o réu.

Não se lhe debita a responsabilidade na demora dos serviços cartorários em expedir o mandado, ou do oficial de justiça em conseguir o cumprimento. Sobre este aspecto – demora da citação –, há a Súmula nº 106, do Superior Tribunal de Justiça: "Proposta a ação no prazo fixado para o seu exercício, a demora na citação, por motivos inerentes ao mecanismo da Justiça, não justifica o acolhimento da arguição de prescrição ou decadência".

Por último, conclui a segunda parte do § 2º do art. 240 do CPC que, não efetuada a citação nos prazos e de acordo com as medidas ordenadas, considera-se não interrompido o prazo.

Diante da redação do inc. I do art. 202 do Código Civil, deve ser corretamente entendido o teor do *caput* do art. 240, em combinação com seu § 1º, do atual CPC, que implanta a mesma causa de interrupção.

Uma vez acontecida a citação, retroage a interrupção à data da propositura da ação.

Todavia, cabe salientar que vigorava, no regime antigo, como fato determinante da interrupção, a citação. Havia um efeito retro-operante, levando o início da contagem para a data do despacho que ordenava a citação, como bem observava Serpa Lopes, e que, em razão da nova escrita da lei civil, não mais tem sentido: "O despacho ordinatório não é o fator interruptivo da prescrição, sendo pura e simplesmente o marco assinalador do momento a partir do qual se deve reputar consumada a interrupção, por força de um efeito retro-operante da citação, sendo este, na verdade, o verdadeiro ato interruptivo da prescrição".[4]

O *caput* do art. 240 do CPC tem redação diferente da que constava no conhecido art. 219 da lei processual de 1973, coadunando-se com o Código Civil:

---

[4] *Curso de direito civil*, cit., v. I, p. 521.

"A citação válida, ainda quando ordenada por juízo incompetente, induz litispendência, torna litigiosa a coisa e constitui em mora o devedor, ressalvado o disposto nos arts. 397 e 398 da Lei nº 10.406, de 10 de janeiro de 2002 (Código Civil)".

Quanto à interrupção da prescrição, transcreve-se o § 1º do mesmo art. 240:

"A interrupção da prescrição, operada pelo despacho que ordena a citação, ainda que proferido por juízo incompetente, retroagirá à data de propositura da ação".

É o despacho que ordena a citação que interrompe a prescrição, a qual retroage à data da propositura da ação.

Atinge as disposições referidas igualmente a decadência – § 4º do art. 240 do Código de Processo Civil, bastante claro sobre o ponto:

"O efeito retroativo a que se refere o § 1º aplica-se à decadência e aos demais prazos extintivos previstos em lei".

Sem dúvida, a decadência extingue o direito, na linha assentada já pela Jurisprudência do anterior diploma processual civil:

"Não pode haver dúvida de que a decadência é um ato extintivo. Em princípio, pois, as regras do art. 219 a ela haverão de aplicar-se, no que se tornou explícito o CPC.
Objeta-se que o § 1º do art. 219 cuida da interrupção da prescrição. Não poderia aplicar-se à decadência, em que o curso do prazo não é suscetível de interromper-se. A objeção não me parece válida. Cumpre interpretar a regra com as necessárias adaptações, e não tornar letra morta o citado art. 220. Certo que o prazo decadencial não se interrompe. A aplicação a ela do dispositivo em exame far-se-á lendo-se 'o direito considerar-se-á exercido' em lugar de 'a prescrição considerar-se-á interrompida'. E o § 4º, em sua parte final, significará 'haver-se-á por não exercido o direito'".[5]

Salienta-se que o comparecimento do réu nos autos supre a citação, também constituindo fator de interrupção, segundo exegese que se deve dar ao § 1º do art. 239 do CPC vigente, em regra bastante completa, esclarecendo, inclusive, quando inicia o prazo para contestar ou embargar:

"O comparecimento espontâneo do réu ou do executado supre a falta ou a nulidade da citação, fluindo a partir desta data o prazo para apresentação de contestação ou de embargos à execução".

Se comparecer unicamente para arguir a nulidade, e se rejeitada a alegação, o CPC considera revel o réu, e determina o prosseguimento de execução, se a alegação se operou em embargos, consoante o § 2º e incisos do art. 239:

---

[5] Eis a correspondência dos dispositivos citados ao atual CPC: o art. 219, ao art. 240; o § 1º do art. 219, ao § 1º do art. 240; o art. 220, ao § 4º do art. 240; o § 4º do art. 219 não tem dispositivo correspondente. REsp nº 42.804-1/RJ, da 3ª Turma do STJ, rel. Min. Eduardo Ribeiro, j. em 25.04.1994, *DJU* de 23.05.1994, p. 12.606, *Revista do Superior Tribunal de Justiça*, 7/456. No mesmo sentido, em *Revista dos Tribunais* 681/199. Citações de Theotônio Negrão, em observações ao art. 220 do CPC.

"Rejeitada a alegação de nulidade, tratando-se de processo de:
I – conhecimento, o réu será considerado revel;
II – execução, o feito terá seguimento".

Relativamente ao direito tributário em favor da Fazenda Pública, a interrupção pela citação encontra disciplina específica. O § 2º do art. 8º da Lei nº 6.830, de 1980, assinala que o despacho do juiz ordenando a citação, na ação judicial de cobrança ou execução de crédito, é que interrompe a prescrição. No mesmo sentido o parágrafo único, inc. I, do art.174, do Código Tributário Nacional, que teve nova redação com a Lei Complementar nº 118, de 9.02.2005, como entende o STJ:

"Conforme entendimento firmado no julgamento do REsp nº 999.901/RS, de relatoria do Ministro Luiz Fux, submetido ao regime do artigo 543-C, do CPC, somente após a vigência da Lei Complementar nº 118/2005, que alterou a redação do artigo 174, parágrafo único, I, do CTN, o despacho de citação passou a constituir causa de interrupção da prescrição.

O mero despacho que determina a citação não possuía o efeito de interromper a prescrição, mas somente a citação pessoal do devedor, nos moldes da antiga redação do artigo 174, parágrafo único, I, do CTN; todavia, a Lei Complementar nº 118/2005 alterou o referido dispositivo para atribuir efeito interruptivo ao despacho ordinatório de citação. Por tal inovação se tratar de norma processual, aplica-se aos processos em curso. Cabe assinalar que o referido recurso repetitivo assentou que a data da propositura pode ser anterior; todavia, o despacho que ordena a citação deve ser posterior à vigência da nova redação do art. 174, dada pela Lei Complementar nº 118/2005, sob pena de retroação.

No presente caso, muito embora tenha decorrido cinco anos entre a data da constituição do crédito tributário e a citação do devedor, o Tribunal de origem registrou que a demora na citação não se deu por culpa do exequente, mas por morosidade do mecanismo judiciário. Decisão agravada em consonância com o entendimento firmado no julgamento do Recurso Especial nº 1.102.431-RJ, de relatoria do Ministro Luiz Fux, submetido ao regime do artigo 543-C, do CPC no sentido de que 'a verificação de responsabilidade pela demora na prática dos atos processuais implica indispensável reexame de matéria fático-probatória, o que é vedado a esta Corte Superior, na estreita via do recurso especial, ante o disposto na Súmula 07/STJ'.

Agravo regimental não provido".[6]

Lembre-se de que o art. 543-C citado acima corresponde ao art. 1.036 do CPC de 2015.

Considerado o Código Tributário Nacional lei complementar, não se aceita que outra lei trate diferentemente de matéria tributária, especialmente sobre prescrição e decadência, como consta no art. 146 da Constituição Federal:

"Cabe à lei complementar: (...)
III – estabelecer normas gerais em matéria de legislação tributária, especialmente sobre: (...)
b) obrigação, lançamento, crédito, prescrição e decadência tributários".

---

[6] AgRg no Ag nº 1.303.691/MS, da 1ª Turma, j. em 24.08.2010, *DJe* de 31.08.2010, rel. Min. Benedito Gonçalves.

b) *O protesto, nas condições do inciso antecedente*. Realiza-se esta medida por meio de qualquer aviso ou comunicação destinado a prevenir responsabilidade, a conservar e manter o direito, e a transmitir uma disposição da vontade. O procedimento é judicial, porquanto assim estabelece o inc. II do art. 202 do Código Civil, ao se exigir que se obedeça às condições do inciso que cuida da citação, a qual é judicial. A respeito, assinala a Súmula nº 153 do STF: "Simples protesto cambiário não interrompe a prescrição". Todavia, como se verá adiante, o atual Código Civil acrescentou o protesto cambial como fator de interrupção.

O CPC contempla a notificação e a interpelação (ou o protesto) judicial nos dispositivos que seguem:

"Art. 726. Quem tiver interesse em manifestar formalmente sua vontade a outrem sobre assunto juridicamente relevante poderá notificar pessoas participantes da mesma relação jurídica para dar-lhes ciência de seu propósito.

§ 1º Se a pretensão for a de dar conhecimento geral ao público, mediante edital, o juiz só a deferirá se a tiver por fundada e necessária ao resguardo de direito.

§ 2º Aplica-se o disposto nesta Seção, no que couber, ao protesto judicial.

Art. 727. Também poderá o interessado interpelar o requerido, no caso do art. 726, para que faça ou deixe de fazer o que o requerente entenda ser de seu direito.

Art. 728. O requerido será previamente ouvido antes do deferimento da notificação ou do respectivo edital:

I – se houver suspeita de que o requerente, por meio da notificação ou do edital, pretende alcançar fim ilícito;

II – se tiver sido requerida a averbação da notificação em registro público.

Art. 729. Deferida e realizada a notificação ou interpelação, os autos serão entregues ao requerente".

Dá Humberto Theodoro Júnior a conceituação do protesto judicial: "É ato judicial de comprovação ou documentação da intenção do promovente. Reclama-se, por meio dele, o propósito do agente, de fazer atuar no mundo jurídico uma pretensão, geralmente de ordem material ou substancial. Sua finalidade, dentre outras, pode ser o de (...) prover a conservação de seu direito, como no caso do protesto interruptivo da prescrição".[7]

c) *Pelo protesto cambial*. Esta causa de interrupção veio aportada pelo Código de 2002, não figurando no Código de 1916. Qualquer protesto de título cambial, levado a efeito no Cartório de Protesto de Títulos Mercantis, provoca a interrupção da prescrição, recomeçando a fluir o prazo. Pela inovação, tem-se mais uma causa de interrupção, sendo relevante quanto aos títulos de crédito.

Compreende o protesto uma intimação do obrigado, para que cumpra o pagamento. Encerra o exercício de uma pretensão, servindo o instrumento como prova do título.

O Decreto nº 2.044, de 31.12.1908 disciplina o protesto da letra de câmbio e nota promissória, indicando os elementos que deverá conter o instrumento, e expressando, no art. 32, a necessidade do ato, tirado em tempo útil e na forma regular, para efeitos do direito de regresso contra o sacador, endossadores e avalistas. A Lei Uniforme sobre a Letra de Câmbio e Nota Promissória,

---

[7] *Curso de direito processual civil*: processo de execução e processo cautelar. 25. ed. Rio de Janeiro: Forense, 1989. v. II, p. 518-519.

introduzida no Brasil pelo Decreto nº 57.663, de 24.01.1966, acrescenta, no art. 53, a perda do direito de ação contra os endossantes, contra o sacador e outros coobrigados, à exceção do aceitante, se não feito o protesto por falta de aceite ou de pagamento, no devido prazo legal. A Lei nº 7.357, de 02.09.1985, viabiliza o protesto igualmente para a falta de pagamento do cheque, enquanto a Lei nº 5.474, de 18.07.1968, nos arts. 13 e 14, disciplina o protesto da duplicata.

Assim, além dos efeitos de assegurar o direito de regresso contra os coobrigados e da caracterização oficial da mora, o protesto cambial passou a interromper o prazo prescricional.

d) *Pela apresentação do título de crédito em juízo de inventário ou em concurso de credores.* Uma vez verificado o inventário dos bens do devedor, ou a abertura de concurso de credores, a apresentação do título de crédito nos respectivos autos produz a interrupção do tempo de prescrição. Acontece que, com a apresentação do título, opera-se o ato de manifestar a intenção do recebimento do crédito, correspondendo a uma interpelação.

Acrescenta Paulo Nader:

> "Com essa iniciativa, o credor habilita o seu crédito em juízo, dando prova inequívoca de seu interesse. Se o título, nos autos de inventário, provocar litígio, constituindo matéria de alta indagação, o juiz deverá remeter o credor para as vias ordinárias, na forma do que prescreve o art. 984 do Código de Processo Civil. O credor estará a salvo da prescrição, pois esta interrompeu-se com a apresentação do título ao juízo de inventário".[8]

O art. 984, suprarreferido, equivale ao art. 612 do CPC vigente.

Os títulos de crédito são autuados em apenso ao processo.

e) *Por qualquer ato judicial que constitua em mora o devedor.* Além do protesto, contemplado no inc. II do art. 202 do Código Civil, outros atos podem ser indicados. A citação em processo cautelar tem esse efeito, apontando-se, ainda como exemplos, as tutelas de urgência antecipadas e cautelares previstas nos arts. 294 e seguintes do Código de Processo Civil; o pedido de recebimento do valor devido, feito nos autos; ou a execução da parte líquida de uma condenação. Assim também a notificação judicial ou extrajudicial, por meio da qual se dá conhecimento a uma pessoa de determinada intenção, como a pretensão de retomar um imóvel no caso de uma locação, ou de comunicar a extinção de uma relação de comodato que vinha se mantendo, com o que não perdura o prazo da prescrição aquisitiva que vinha se formando. No mesmo sentido as interpelações a respeito de cumprimento de obrigações pendentes, comunicando os prazos, e solicitando informações ou dados sobre o pagamento.

f) *Por qualquer ato inequívoco, ainda que extrajudicial, que importe reconhecimento do direito pelo devedor.* Trata-se do ato do devedor reconhecendo a sua obrigação e o direito do credor em receber o crédito. Vários os atos que importam em reconhecimento, como o pagamento de juros, a postulação para que seja concedido mais prazo ou prorrogação do vencimento, o oferecimento de garantias, a satisfação parcial da dívida, a aceitação da prorrogação do prazo, o pedido de abatimento ou desconto, a renovação da dívida, a negociação para acerto ou encontro de contas. A respeito, ementou o Superior Tribunal de Justiça, ainda quando da vigência do Código Civil anterior:

> "Nos termos do art. 172, V, do Código Civil, 'a prescrição interrompe-se por qualquer ato inequívoco, ainda que extrajudicial, que importe reconhecimento do direito pelo

---

[8] *Curso de direito civil*: Parte Geral, cit., p. 582.

devedor'. No caso dos autos, esse ato se deu com o pagamento parcial da indenização securitária".[9]

Situação bastante comum de interrupção está no reconhecimento de dívida tributária, expresso pelo pedido de alongamento ou moratória, ou por concessão do benefício de pagar em prestações. Veja-se a seguinte tira de um julgamento do STJ:

"Tributário. Execução fiscal. Parcelamento da dívida. Adesão ao REFIS. Interrupção do prazo prescricional. Exclusão do programa. Inércia do exequente por mais de cinco. Prescrição reconhecida.

De acordo com a jurisprudência desta Corte, 'interrompido o prazo prescricional em razão da confissão do débito e pedido de seu parcelamento, por força da suspensão da exigibilidade do crédito tributário, o prazo recomeça a fluir a partir da data do inadimplemento do parcelamento' (AgRg no Ag 1.382.608/SC, rel. Min. Benedito Gonçalves, 1ª Turma, *DJe* 09.06.2011).

Precedentes: AgRg no REsp 1.350.845/RS, rel. Min. Arnaldo Esteves Lima, 1ª Turma, *DJe* 25.03.2013; e REsp 1.403.655/MG, rel. Min. Eliana Calmon, 2ª Turma, *DJe* 30.09.2013".[10]

Merecem transcrição os seguintes excertos reportados pelo voto do Relator:

"Nos termos do art.174, parágrafo único, IV, do CTN, a prescrição quinquenal se interrompe por qualquer ato inequívoco ainda que extrajudicial, que importe em reconhecimento do débito pelo devedor.

Assim, tendo o contribuinte aderido ao programa de parcelamento do REFIS, reconheceu o débito fazendário.

De acordo com a jurisprudência desta Corte, 'interrompido o prazo prescricional em razão da confissão do débito e pedido de seu parcelamento, por força da suspensão da exigibilidade do crédito tributário, o prazo recomeça a fluir a partir da data do inadimplemento do parcelamento' (AgRg no Ag 1.382.608/SC, rel. Min. Benedito Gonçalves, 1ª Turma, *DJe* 09.06.2011).

No mesmo sentido, confiram-se:

'Tributário. Agravo regimental no recurso especial. Execução fiscal. Parcelamento. REFIS. Exclusão. Prescrição. Não ocorrência. Agravo não provido.*Prescrição e decadência*, cit., p. 127.

A jurisprudência deste Tribunal Superior é no sentido deque, uma vez interrompido o prazo prescricional em razão da confissão do débito e pedido de seu parcelamento, por forçada suspensão da exigibilidade do crédito tributário, o prazo recomeça a fluir a partir da data do inadimplemento do parcelamento' (AgRg no Ag 1.382.608/SC, rel. Min. Benedito Gonçalves, 1ª Turma, *DJe* 09.06.2011) (...).

'Tributário. Prescrição. Parcelamento. Data do inadimplemento. Reexame de provas. Súmula 7 do STJ.

---

[9] Insta notar que o art. 172, inc. V, citado, equivale justamente ao art. 202, inc. VI, do vigente Código. REsp nº 195.425-0/SP, da 4ª Turma, *DJ* de 08.03.2000, *Ementário da Jurisprudência do Superior Tribunal de Justiça* 27/170.

[10] AgRg no REsp nº 1340871/SC, da 1ª Turma, j. em 05.06.2014, *DJe* de 13.06.2014, rel. Min. Sérgio Kukina.

A jurisprudência desta corte firmou-se no sentido de que, uma vez interrompido o prazo prescricional em razão da confissão do débito e pedido de seu parcelamento, por força da suspensão da exigibilidade do crédito tributário, o prazo recomeça a fluir a partir da data do inadimplemento do parcelamento' (AgRg no Ag 1382608/SC, rel. Min. Benedito Gonçalves, 1ª Turma, j. em 02.06.2011, *DJe* 09.06.2011)".

3. INTERRUPÇÃO DA PRESCRIÇÃO PELA CITAÇÃO E IMPROCEDÊNCIA OU EXTINÇÃO DA AÇÃO

Amiúde têm aparecido dificuldades, relativamente à prescrição, diante dos efeitos da improcedência da ação. Vale ou mantém-se a interrupção do prazo decorrente do despacho que ordenou a citação? Em princípio, se válida a citação (de acordo com o Código Civil anterior), ou válido o ato do juiz que ordena a citação (de acordo com a redação do vigente Código), opera-se a interrupção, consoante precedentes jurisprudenciais, sendo digno de nota o seguinte enunciado, do Supremo Tribunal Federal:

> "Civil. Prescrição. A citação que não interrompe a prescrição é aquela declarada nula, por defeitos a ela inerentes, ou a ela anteriores (Código Civil, art. 175). A absolvição de instância, por não promover o autor os atos e diligências a seu cargo (Cód. de Proc. Civil de 1939, art. 201, inc. V), não retira à citação precedente seus efeitos interruptivos da prescrição".

Necessário observar que o art. 175 do Código Civil de 1916 consignava expressamente que não se interrompia a prescrição com a citação nula por vício de forma, por circundo-te, ou por se achar perempta a instância, ou a ação. O Código em vigor não reproduziu a norma, o que fez bem, eis que, no tocante aos vícios de citação, ou do ato que a determina, considerou unicamente para efeito de interrupção o decorrente de despacho emanado de juiz incompetente. Importa em concluir que os demais vícios, porventura verificados, não acarretam a interrupção.

No entanto, não havendo vício de citação ou do despacho que a ordena, mesmo o insucesso da ação importa em interrupção.

No curso do voto do acórdão que emanou o enunciado *supra*, extraem-se estes fundamentos:

> "Por outro lado, ao entender não interrompida a prescrição por citação feita em ação na qual o réu viera a ser posteriormente absolvido de instância, o acórdão, certamente, negou vigência ao art. 175 do Código Civil, segundo o qual 'a prescrição não se interrompe com a citação nula por vício de forma, por circundo-te ou por se achar perempta a instância ou a ação'.
>
> Todas essas formas se referem à ineficácia inerente à própria citação, ao passo que, no caso dos autos, a citação feita de nenhum defeito padecia, vindo o réu a ser absolvido de instância por uma causa superveniente à citação, isto é, porque o autor, não promovendo os atos e diligências que lhe cumpria, abandonara a causa por mais de trinta dias... Nesse caso, não abrangida pelo art. 175 do Código Civil, a citação anterior era válida, e interrompera a prescrição".[11]

---

[11] Recurso Extraordinário nº 87.064-4/MG, de 19.05.1981, rel. Min. Décio Miranda.

Já o Superior Tribunal de Justiça:

> "A citação válida, realizada em ação cujo pedido restou a final desatendido, sob o argumento de ser a via processual eleita pelo autor imprópria ao reconhecimento do direito reclamado, tem o condão de interromper o lapso prescricional para o ajuizamento da ação própria. Hipótese que não se enquadra nas exceções do art. 175, CC.
>
> O que releva notar, em tema de prescrição, é se o procedimento adotado pelo titular do direito subjetivo denota, de modo inequívoco e efetivo, a cessação da inércia em relação ao seu exercício. Em outras palavras, se a ação proposta, de modo direto ou virtual, visa à defesa do direito material sujeito à prescrição".[12]

Socorre-se o voto do ensinamento de Câmara Leal: "Resumindo, poder-se-á dizer que dá-se a interrupção da prescrição sempre que o titular do direito pleiteia, em juízo, o reconhecimento do direito prescrevendo, quer por meio de ação, quer de defesa, ou promove medidas judiciais de proteção ao mesmo...

Diversos Códigos estrangeiros consideram a prescrição como não interrompida, apesar da validade da citação, se o autor desiste da ação, ou a demanda se torna perempta, ou é rejeitada. Nesse sentido dispõem os Códigos francês, italiano, alemão e chileno.

Nosso legislador, porém, tendo dado à citação, em si, o efeito de interromper a prescrição, só à nulidade desta, por defeito de forma, ou à sua ineficácia, ou à sua inadmissibilidade por perempção da instância da ação é que atribui o efeito de impedir a interrupção prescricional.

Do destino da demanda não cogitou o nosso Código, de modo que, qualquer que seja sua sorte, ela não retrotrairá, influindo sobre a prescrição, para infirmá-la.

É que os Códigos citados atribuem a eficácia da interrupção mais à sentença da demanda do que à citação, segundo se infere da lição de Coviello: é de se notar, todavia, que, a estrito rigor, não é tanto a demanda judicial que interrompe a prescrição, como a sentença que a esta se segue, a qual, porém, tem efeito retroativo ao dia da demanda. Na verdade, se a demanda é perempta ou rejeitada, por qualquer razão, a prescrição não é interrompida.

Essa não foi a orientação da nossa lei. À citação deu ela a virtude interruptiva da prescrição, e a ela somente atendeu, para que, independente do resultado da demanda, pudesse operar eficazmente a interrupção".[13]

Prossegue o Relator do acórdão do STJ, explicando que, inclusive, na hipótese de inviável a pretensão ajuizada, e extinta ou finalizada a ação por questões de ordem meramente processual, diferente das elencadas no art. 175 do então Código Civil, "é de ser havida por interrompida a prescrição na data em que regular e validamente houver sido citado o réu. Isto porque, proposta ação visando a assegurar o exercício de um direito, e efetuada, sem vícios, a citação do requerido, tal proceder equivale, quanto ao efeito interruptivo da prescrição, ao ajuizamento de processo preparatório, ação declaratória, ou mesmo ao protesto judicial formulado com esse intuito (art. 172, II)".[14]

Já no voto do Min. Barros Monteiro, reforçam-se os fundamentos já mencionados:

> "Se um simples protesto judicial (art. 172, II, do CC) e até uma medida cautelar preparatória, como produção antecipada de prova, tem o efeito de interromper a prescrição

---

[12] Recurso Especial nº 23.751-1/GO, de 15.12.1992, rel. Min. Sálvio de Figueiredo.
[13] *Da prescrição e da decadência*, cit., p. 178 e 183.
[14] O art. 172, inc. II, apontado no texto, equivale ao art. 202, inc. II, do diploma civil atual.

da pretensão indenizatória..., não há de se negar esse efeito interruptivo a uma ação de conhecimento, com o objeto de declaração e anulação, a envolver as questões básicas da pretensão indenizatória".

Em mais uma decisão do Superior Tribunal de Justiça, foi ementado:

"A citação válida interrompe a prescrição, ainda que o processo seja extinto sem julgamento de mérito, salvante as hipóteses do art. 267, incs. II e III, do CPC".[15]

Tais dispositivos equivalem ao art. 485, incs. II e III, do CPC em vigência.

No voto:

"A citação não traz o efeito de interromper a prescrição unicamente nas hipóteses dos incisos II e III do art. 267 da lei processual civil porquanto os referidos incisos introduziram o significado de perempção da instância, a qual está inserida no art. 175 do Código Civil, e que constitui, ao lado da nulidade da citação e da citação circuncducta, uma das causas de não interrupção".[16]

No entanto, anulando-se o processo desde o seu início, fatalmente fica anulada a citação, o que importa em não se interromper a prescrição, como deixa entrever Yussef Said Cahali, em obra bastante útil sobre a matéria: "Não diverge substancialmente desse entendimento a lição de Pontes de Miranda, apenas com a distinção assim preconizada: a) decretada a nulidade, ou anulado o processo, *ab initio*, sem ser por incompetência do juízo, a citação não interrompeu o curso da prescrição (4ª Câmara do TACivSP, 03.03.1937, *RT* 108/602; 3ª Câmara do TACivSP, 07.02.1938, *RT* 118/687); b) decretada a nulidade, sem ser atingida a citação, houve interrupção e continua eficaz (2ª Turma do STF, 24.10.1944, *RF* 102/473; TACivSP, 3ª Câmara, 05.03.1937, *RT* 122/1.565...)".[17]

4. INTERRUPÇÃO PELA CITAÇÃO EM PEDIDO DE TUTELA PROVISÓRIA

Se o protesto e outros atos evidenciadores do intento de constituir em mora e de manter o crédito ou o direito são aptos para a interrupção, com maior ênfase é a citação do demandado em pedido de tutela provisória, esteja fundamentado na urgência ou na evidência. Com a citação para responder ao pedido, interrompe-se o curso da prescrição. Na tutela de urgência, existem as formas cautelar e antecipada, podendo a concessão ser em caráter antecedente ou incidente. Na de evidência, quando se antevê como certo o direito, estando demonstrada a sua probabilidade, a interrupção se opera no momento da intimação ou citação da parte para a manifestação a que se refere o art. 9º do CPC.

As mesmas regras estabelecidas para a citação do pedido principal ensejam o reconhecimento da interrupção na citação do pedido cautelar ou antecipado antecedente. No pedido incidente, opera-se o ato de chamamento ou conhecimento normalmente após a citação do pedido principal.

---

[15] REsp nº 38.606/SP, j. em 15.10.1996, rel. Min. Ari Pargendler. No mesmo entendimento: REsp nº 934736/RS, da 1ª Turma, j. em 06.11.2008, *DJe* de 1º.12.2008, rel. Min. Luiz Fux.

[16] O art. 267, incs. II e III, suprarreferido, tem regra igual no art. 485, incs. II e III, do CPC de 2015. O referido art. 175 é do Código Civil de 1916.

[17] *Aspectos processuais da prescrição e da decadência*, cit., p. 52.

É o que entendeu o STJ, quando a regulamentação da ação cautelar era do anterior Código de Processo Civil:

> "A cautelar assecuratória de produção de prova visa a adiantar uma das fases do conhecimento no processo principal.
>
> Nos termos do art. 219 do CPC, a citação válida, ainda que realizada em processo cautelar preparatório extinto sem julgamento do mérito, interrompe a prescrição. Neste caso, a pretensão cautelar confunde-se, em parte, com a pretensão da ação principal".[18]

Convincentes os fundamentos do voto da relatora:

> "Na essência, a cautelar assecuratória de produção de prova visa a adiantar uma das fases do conhecimento no processo principal, de maneira a evitar o perigo de não ser mais possível a produção probatória.
>
> No sistema processual estabelecido pelo Código de 1973, a cautelar implica citação e, neste caso, é uma medida preparatória para o ingresso da ação principal. Ora se acautelar tem o propósito de adiantar providência que só ocorreria na fase de conhecimento, exatamente para viabilizar o processo principal, ela interrompe o prazo prescricional.
>
> A interrupção deve-se também ao fato de ser necessária a citação, mas principalmente porque, na essência e na prática, trata-se de adiantamento de providência a ser tomada no processo principal. Ao ingressar com essa cautelar, o autor demonstrou o seu interesse em ingressar com a principal, assim deduzindo a sua pretensão em juízo, o que interrompe a prescrição.
>
> Na hipótese dos autos, a pretensão da cautelar confunde-se em parte com a pretensão indenizatória, no que se refere à necessidade de produção de provas. Difere, no entanto, porque a cautelar tem rito adequado à celeridade necessária para evitar, por meio de produção antecipada de provas, a verificação de um dano a um direito processual do autor.
>
> Nesse contexto, pouco importa a extinção do processo cautelar sem resolução do mérito. Para fins de interrupção do prazo prescricional, basta a citação válida, conforme o art. 219 do CPC. Confira-se:
>
> 'A citação válida torna prevento o juízo, induz litispendência e faz litigiosa a coisa; e, ainda quando ordenada por juiz incompetente, constitui em mora o devedor e interrompe a prescrição'.
>
> Trata-se de uma consequência da citação que independe da sorte da pretensão no curso do processo. A interrupção dá-se de pleno direito, ou seja, imediatamente após a citação e a despeito de outros atos das partes ou do Juízo.
>
> É certo que o direito de ação exaure-se com o seu exercício, dando início ao processo. No entanto, renova-se quando o processo é extinto sem julgamento do mérito, podendo a parte renovar o seu pleito até o limite da perempção dentro do prazo prescricional. (...)
>
> A interrupção da prescrição, último efeito da citação indicado pelo art. 219, ocorre em todas as citações para as ações cautelares jurisdicionais porque nestas já se acha manifesto o interesse do autor em propor a demanda principal.

---

[18] O art. 219 citado corresponde aos arts. 59 e 240 do CPC de 2015. REsp nº 1.067.911/SP, da 2ª Turma, rel. Min. Eliana Calmon, j. em 18.08.2009, *DJe* de 03.09.2009.

Quanto às medidas voluntárias, a citação para protesto possui efeito interruptivo específico (art. 172, II, do Código Civil). Em relação às demais, como as antecipações de prova, admite-se idêntica eficácia, se clara a intenção do requerente em mover a demanda posterior, hipótese em que essa intenção equivale a autêntico protesto".[19]

O acima citado art. 219 corresponde aos atuais arts. 59, 240 e seu §1º do CPC. Já o art. 172, II, do Código Civil de 1916 corresponde ao art. 202, II, do Código Civil de 2002.

Em mais um exemplo:

"Civil e processual civil. Ação declaratória. Código Civil, art. 178, § 9º, V, 'b'. Decadência e prescrição. Distinção. Medida cautelar de protesto. Decadência não consumada.

O ajuizamento da ação cautelar de protesto, da qual os autores tiveram inequívoca ciência, configura exercício de direito por parte do réu a impedir a consumação da decadência. Interpretação do art. 178, § 9º, V, 'b', do Código Civil, à vista dos arts. 219 e 220 do Código de Processo Civil".[20]

O mencionado art. 178, § 9º, V, "b", equivale ao art. 178, inc. II, do CC/2002.

Os arts. 219 e 220 do CPC de 1973, citados acima, têm sua correspondência nos arts. 59, 240 e 240, § 4º, do CPC em vigor.

É certo que a interrupção se dá quando o pedido da tutela provisória preceder o pedido principal. Não vindo ajuizado o pedido principal, morre a tutela provisória, não se operando a interrupção da prescrição. O assunto, sob a regência da legislação anterior, vinha desenvolvido por Yussef Said Cahali, que invocava Pontes de Miranda: "Pontes de Miranda assinala que a citação no arbitramento preparatório, e nas outras medidas preparatórias, interrompe a prescrição se sobrévem, a tempo, a propositura da ação. Quando o art. 806 (art. 808, I) do CPC incide, a citação tem, portanto, *eficácia dependente* de propositura da ação de que a outra foi preparatória. Assim, 'se o credor obtém arresto de bens do devedor, ou outra medida constritiva cautelar, pela obrigação vencida, interrompe-se o prazo de prescrição, com base no art. 172, I, do CC de 1916, porque há citação pessoal' (CPC, art. 802); mas tudo se passa como se nada tivesse havido, *se a ação não for proposta* no prazo de trinta dias, contado da efetivação da medida (art. 806)".[21]

Os arts. 806, 808 e 802, citados acima, do CPC de 1973 correspondem aos arts. 308, 309, I, e 306 do CPC de 2015. Já o art. 172, I, do CC/1916, também referido, equivale ao art. 202, I, do CC/2002.

5. O RECOMEÇO DA PRESCRIÇÃO INTERROMPIDA

Uma vez interrompida a prescrição, recomeça a correr a partir da data do ato que a interrompeu, ou do último ato do processo acionado para a interrupção. É como sinaliza o parágrafo único do art. 202 do Código Civil:

"A prescrição interrompida recomeça a correr da data do ato que a interrompeu, ou do último ato do processo para a interromper".

---

[19] REsp nº 1.067.911/SP, da 2ª Turma, rel. Min. Eliana Calmon, j. em 18.08.2009, *DJe* de 03.09.2009.
[20] REsp nº 299.742/RS, da 3ª Turma, j. em 26.06.2003, *DJU* de 18.08.2003, rel. Min. Antônio de Pádua Ribeiro.
[21] *Prescrição e decadência*, cit., p. 123.

De sorte que necessário observar concretamente as situações:

a) Operando-se a interrupção pelo protesto judicial; pelo protesto cambial; pela apresentação do título de crédito em juízo de inventário ou em concurso de credores; por qualquer ato judicial que constitua em mora o devedor; por qualquer ato inequívoco, ainda que extrajudicial, que importe reconhecimento do direito do devedor, a prescrição recomeça a contar da data do ato que a interrompeu.

b) Dando-se a interrupção pelo despacho do juiz que ordenar citação, a partir do último ato realizado no processo é que reinicia o prazo contestacional, no que se revela claro Carvalho Santos, que considera o ato interruptivo a citação, mas valendo a explicação para a nova tipificação do Código vigente: "Porque o prazo da prescrição anteriormente decorrido é inutilizado com a citação, mas deste momento da citação não começa a correr o novo prazo. Verifica-se um interregno, dentro do qual o novo prazo não começa a correr. Somente com o último termo da demanda ou quando esta tiver fim é que começa a correr o prazo para a prescrição".[22]

Pontes de Miranda expõe com objetividade a matéria, igualmente fixando-se na citação: "Se há interrupção por citação, de acordo com o art. 172, I, a prescrição começa a correr depois que se dá, com eficácia definitiva, o último ato no processo em que a citação a interrompeu, ou de qualquer ato processual, se o processo parou. A interrupção não é, aí, pontual; é duradoura: quando se ultima o processo, cessa a eficácia interruptiva; quando se para o procedimento, retoma-se o curso. Ultima-se o processo (= completa-se o último ato do processo) quando nele não mais cabe recurso (coisa julgada formal)".[23]

Relembra-se que o art. 172, I, invocado no texto, corresponde ao art. 202, I, do CC/2002.

Esse é o entendimento adotado pelo Superior Tribunal de Justiça, exemplificando o último ato por meio da data da homologação de um cálculo:

> "Civil. Prescrição. Interrupção pelo ajuizamento de ação de consignação em pagamento julgada improcedente. *Dies a quo* do reinício do prazo prescricional. Recurso especial que não infirma o fundamento do aresto recorrido. Não conhecimento.
>
> I – O principal fundamento do acórdão recorrido, qual seja, que o *dies a quo* da prescrição prevista no art. 178, § 6º, VII, do Código Civil, no caso de interrupção operada por ação de consignação em pagamento, é a data da homologação judicial dos cálculos não foi impugnado pelas razões recursais".[24]

Não se pode olvidar a regra do § 1º do art. 240 do Código de Processo Civil, fazendo retroagir a prescrição para a data da propositura da ação. Desde esse momento fica interrompida a prescrição, recomeçando a contagem, na sua integralidade, com a realização do último ato do processo no qual se consumou a interrupção. No conceito do último ato está o trânsito em julgado da sentença do processo, embora o pensamento contrário de Carvalho Santos, do qual se discorda, dados os claros e exatos termos do parágrafo único do art. 202, cuja redação coincide com a do art. 173 do Código Civil anterior: "O texto legal fala em data do último ato do processo para interromper a prescrição. Mas, com isso não quer exigir que a prescrição somente comece a correr de novo após a sentença final. Pois o que o Código quer dizer é que a prescrição começa a correr de novo da data do último termo judicial que se praticar por

---

[22] *Código Civil brasileiro interpretado*, cit., v. III, p. 436.
[23] *Tratado de direito privado*: Parte Geral. 3. ed. Rio de Janeiro: Borsoi, 1972. v. IV, p. 229.
[24] O dispositivo citado é do Código Civil de 1916. REsp nº 113464/SP, rel. Min. Waldemar Zveiter, 3ª Turma, j. em 19.11.1998.

efeito da citação inicial da demanda. Antes mesmo da suspensão da instância, pois, recomeça a correr o prazo da prescrição".[25] Endossando-se o pensamento do doutrinador, aquelas ações cujos prazos são extremamente curtos (como de um ano para a cobrança de dívidas pelos hospedeiros ou fornecedores de víveres, para a pretensão do segurado contra o segurador de responsabilidade civil, dentre outros casos) encontrariam novamente a prescrição antes de seu término, eis que as ações perduram, em geral, por longos anos.

A interrupção retroage à data do momento do ingresso de qualquer ação, e inclusive da execução, no que é expresso o art. 802 do CPC:

"Na execução, o despacho que ordena a citação, desde que realizada em observância ao disposto no § 2º do art. 240, interrompe a prescrição, ainda que proferido por juízo incompetente".

No caso de concurso de credores, previa o art. 777 do Código de Processo Civil de 1973, sem correspondência no atual Código, que "a prescrição das obrigações, interrompida com a instauração do concurso universal de credores, recomeça a correr no dia em que passar em julgado a sentença que encerrar o processo de insolvência".

No caso de ocorrer uma situação igual, uma vez operada a interrupção, o novo prazo que reinicia a correr é o mesmo previsto para a prescrição da ação. Nova contagem deve fazer-se, observando o mesmo prazo estabelecido na lei.

6. LEGITIMIDADE PARA PROMOVER A INTERRUPÇÃO DA PRESCRIÇÃO

Indica o art. 203 do Código Civil quem pode alegar ou promover a interrupção da prescrição:

"A prescrição pode ser interrompida por qualquer interessado".

O art. 174 do Código de 1916 discriminava os legitimados para tanto, nas hipóteses do art. 172: "Em cada um dos casos do art. 172, a interrupção pode ser promovida: I – pelo próprio titular do direito em via de prescrição; II – por quem legalmente o represente; III – por terceiro que tenha legítimo interesse".

Percebe-se que a nova previsão simplesmente sintetizou a discriminação do antigo art. 174, que servia para evidenciar hipóteses, sem afastar mais casos.

Não há dúvida que a iniciativa de pedir a interrupção está na pessoa do titular do direito que se encontra em fase de prescrição, citando-se, como exemplos, aquele que tem uma área de terras ocupada por estranhos, ou que dispõe de um título de crédito, ou que tem um seguro a receber.

Igualmente ao representante do titular do direito se reconhece o direito de promover a interrupção; isto não apenas àqueles que receberam mandato expresso e convencional, mas também àqueles que ocupam tal posição em virtude de lei, incluindo-se o tutor, o curador, o que exerce o poder familiar, desde que relativa a incapacidade do representando, eis que contra os absolutamente incapazes, que vêm a ser os menores de dezesseis anos, conforme art. 3º do Código Civil, não corre a prescrição.

Quanto ao terceiro com legítimo interesse, estão o fiador e o avalista de uma pessoa que tem um crédito a receber, e a pessoa que é credora de um terceiro cujo direito sobre um bem

---

[25] *Código Civil brasileiro interpretado*, cit., v. III, p. 438.

corre o risco de perder-se pela prescrição. A respeito do credor daquele contra o qual corre a prescrição, anota Yussef Said Cahali, "é terceiro, mas pode interromper a prescrição, quando pignoratício, pois lhe cabe não somente o direito de posse do título caucionado, como ainda usar dos remédios assecuratórios do seu e do direito do credor caucionante. O usufrutuário pode interromper a prescrição que tende a atingir o direito do proprietário".[26]

No tocante ao fiador e ao avalista, a razão encontra-se no fato de que, perecendo o crédito, terão eles que arcar com a obrigação que estão garantindo. Relativamente ao credor de uma pessoa que tem um direito a receber, e que está em vias de prescrição, acontece que, em se operando a prescrição, ficará prejudicado o seu crédito, ou não o receberá. Justifica-se, pois, a legitimidade para buscar a interrupção do prazo prescricional.

Todas as hipóteses anteriores não passam de exemplificações e resumem-se na regra do atual art. 203: estão legitimados todos quantos tenham algum interesse.

Câmara Leal exemplifica alguns casos de interesse:

"Poderão ter legítimo interesse na interrupção da prescrição:

a) o responsável subsidiário em obrigação contraída pelo titular do direito, se a prescrição vier desfalcar o seu patrimônio, reduzindo-o à impossibilidade de cumprir a obrigação, ou deixá-lo sem bens que garantam a sua execução;

b) o credor do titular do direito, se a prescrição tornar a este insolvente, deixando-o sem bens suficientes para garantia de suas dívidas;

c) o que tem direito real resolúvel sobre a coisa, objeto da prescrição, como o usufrutuário, o usuário, o habitacionário".[27]

Em relação ao Ministério Público, pensa Yussef Said Cahali que unicamente se atua em atenção à regra do art. 9º, II, do CPC de 1973, hoje correspondente ao art. 72, II, do CPC em vigor, lhe cabe invocar a prescrição, isto é, em processo onde há réu preso que não tenha constituído advogado, isto é, revel, ou réu citado por edital.[28] Não encontra razoabilidade essa exegese. Se lhe assiste invocar em tais situações, por que não na situação do inc. I do mesmo artigo, isto é, em processo em que há réu incapaz, se não tiver representante legal, ou se os interesses deste colidirem com os daquele? Outrossim, sempre que estiver presente no processo, é reconhecida a legitimidade para alegar a matéria, mesmo que unicamente patrimoniais os direitos discutidos. O art. 178 do CPC dá o elenco de tipos de assuntos em que é obrigatória a intervenção, sendo-lhe reconhecida a legitimidade de suscitar qualquer assunto que envolve o processo.

---

[26] *Prescrição e decadência*, cit., p. 56.
[27] *Da prescrição e da decadência*, cit., p. 214-215.
[28] *Prescrição e decadência*, cit., p. 56.

Capítulo XIX
APLICAÇÃO DA LEI NO TEMPO EM MATÉRIA DE PRESCRIÇÃO

Depreende-se do art. 2.028 do Código Civil de 2002, embora editado para regular os prazos nas situações em andamento quando de sua entrada em vigor, que prevalecerá o prazo da lei anterior, ainda que mais dilatado, se, na data da entrada em vigor da lei nova, já houver transcorrido mais da metade do tempo estabelecido na lei revogada. A expressão "mais da metade" quer expressar "metade do prazo e mais um dia". O texto do dispositivo é de meridiana clareza:

> "Serão os da lei anterior os prazos, quando reduzidos por este Código, e se, na data de sua entrada em vigor, já houver transcorrido mais da metade do tempo estabelecido na lei revogada".

A primeira premissa, consistente na redução do prazo prescricional, somente terá validade se verificada a condição que está na segunda premissa, a qual prevê o transcurso de mais da metade do tempo estabelecido na lei revogada. Prevalecem, então, as normas estabelecidas no Código Civil anterior até a consumação total da prescrição no prazo que vinha fixada. Sendo o prazo do Código Civil de 2002 reduzido, e se não passou mais da metade do prazo anterior, aplica-se o prazo que introduziu.

O texto do art. 2.028 constitui um princípio, quando superveniente uma lei nova, cuja ideia principal segue antigo entendimento da aplicação da lei nova sempre que reduzido o prazo prescricional, alinhando-se ao seguinte aresto de acórdão do STF:

> "Prescrição. Direito intertemporal. Caso em que o prazo prescribente fixado na lei nova é menor do que o prazo prescricional marcado na lei anterior. Feita a contagem do prazo prescribente marcado na lei nova (isso a partir da vigência dessa lei), e se ocorrer que ele termine antes de findar-se o prazo maior fixado na lei anterior, é de considerar o prazo menor previsto na lei posterior, contado esse prazo a partir da vigência da segunda lei".[1]

Se aplicável o prazo da lei nova, inicia a contagem a partir de sua vigência, como se extrai do art. 2.028 e vem sendo adotado pela jurisprudência:

---

[1] STF, 1ª T., RE 79327/SP, rel. Min. Antônio Neder, ac. de 03.10.1978.

"Havendo redução do prazo, o termo inicial da prescrição, computada com base no Código Civil de 2002, é fixado a partir da data de sua entrada em vigor, ou seja, o dia 11 de janeiro de 2003. Precedentes".[2]

O Relator cita vários precedentes, transcrevendo-se os seguintes:

"O acórdão aplicou a regra de transição do artigo 2.028, do Código Civil de 2002, em perfeita harmonia com a jurisprudência do STJ, no sentido de que 'os novos prazos fixados pelo CC/2002 e sujeitos à regra de transição do art. 2.028 devem ser contados a partir da sua entrada em vigor, isto é, 11 de janeiro de 2003' (REsp 1125276/RJ, Min. Nancy Andrighi, *DJe* 07.03.2012) (...) (AgRg no Ag 1.184.578/PR, rel. Min. Luis Felipe Salomão, 4ª Turma, j. em 12.04.2012, *DJe* 19.04.2012) (...).

Os novos prazos fixados pelo CC/2002 e sujeitos à regra de transição do art. 2.028 devem ser contados a partir da sua entrada em vigor, isto é, 11 de janeiro de 2003 (REsp 1.125.276/RJ, rel. Min. Nancy Andrighi, 3ª Turma, j. em 28.02.2012, *DJe* 07.03.2012).

Com efeito, como houve a redução do prazo de vinte anos (CC/1916) para cinco anos (CC/2002), o termo inicial da prescrição é a data da vigência do novo Código Civil, ou seja, o dia 11 de janeiro de 2003".

Ocorre que, quando o prazo é encurtado, não se pode considerar prescrito aquilo que não estava em vigor até a edição da lei. Então, o prazo tem início exatamente na publicação da nova lei que o encurtou. Constitui o princípio uma regra universal de direito intertemporal.

Entretanto, nem sempre é possível aplicar a lei nova na sua interpretação literal.

Na hipótese de um prazo de cinco anos constante na lei anterior, o qual ficou reduzido para três anos com novo diploma, e tendo transcorrido menos da metade do prazo da lei antiga (ex., dois anos e quatro meses), não se aplicará a lei nova, a que levaria uma interpretação literal do artigo 2.028, pois o tempo já transcorrido, somado ao novo prazo estabelecido, ultrapassa o prazo da lei antiga (no exemplo, dois anos e quatro meses somados a três anos resulta em cinco anos e quatro meses, ou seja, um prazo maior do que o da lei revogada, que é de cinco anos). Se assim ocorrer, o prazo é o restante do estatuto antigo porquanto mais reduzido.

É a orientação do TJRS:

"Apelação cível. Processual civil. Pretensão de reparação. Prescrição. Direito transitório. A contagem do prazo prescricional em curso quando da entrada em vigência do código civil de 2002, se houver redução do prazo previsto no código de 1916, depende da verificação do saldo. Se superior ao do novo diploma, deve ser ignorado, passando a vigorar na integra o novo prazo a partir da data que entrou em vigor a nova lei. Exegese do art. 2.028 do CC 2002. Lição da doutrina".[3]

O voto se reporta a elucidativa e clássica doutrina:

"Segundo a clássica lição de Paul Roubier (*Les Conflits de Lois dans le Temps*, vol. II, Paris, Recueil Sirey, 1933, p. 242-243, reafirmada na 2. ed., *Le Droit Transitoire (Conflits*

---

[2] REsp nº 1.172.707/AL, da 3ª Turma do STJ, j. em 28.05.2013, *DJe* de 05.11.2013, rel. Min. Paulo de Tarso Sanseverino.
[3] Apelação Cível nº 70009809336, 6ª Câmara Cível, j. em 17.11.2004, rel. Des. Carlos Alberto Alvaro de Oliveira.

de Lois dans le Temps), Paris, Dalloz et Sirey, 1960, p. 300-301), 'no caso em que a lei nova reduz o prazo exigido para a prescrição, a lei nova não se pode aplicar ao prazo em curso sem se tornar retroativa, como ficou dito antes, pág. 232. Daí resulta que o prazo novo, que ela estabelece, correrá somente a contar de sua entrada em vigor; entretanto, se o prazo fixado pela lei antiga deveria terminar antes do prazo novo contado a partir da lei nova, mantém-se a aplicação da lei antiga, havendo aí um caso de sobrevivência tácita desta lei, porque seria contraditório que uma lei, cujo fim é diminuir a prescrição, pudesse alongá-la'.

Esse entendimento é adotado tanto pela doutrina brasileira (*v. g.*, Galeno Lacerda, *O novo direito processual civil e os feitos pendentes*, Rio de Janeiro, Forense, 1974, p. 100-102, e Maria Helena Diniz, *Lei de Introdução ao Código Civil Brasileiro interpretada*, São Paulo, Saraiva, 1994, p. 195) quanto pela jurisprudência de modo uníssono (*v.g.*, STF, 1ª Turma, rel. Min. Luiz Galotti, 04.04.1963, *RT* 343/510).

Galeno Lacerda (ob. cit., p. 100), com base na lição de Roubier, oferece o seguinte critério prático para identificar no caso concreto a orientação a seguir: 'A resposta é simples. Basta que se verifique qual o saldo a fluir pela lei antiga. Se ele for inferior à totalidade do prazo da nova lei, continua-se a contar dito saldo pela regra antiga. Se superior, despreza-se o período já decorrido, para computar-se, exclusivamente, o prazo da lei nova, na sua totalidade, a partir da entrada em vigor desta'.

No direito alemão, está consubstanciado o entendimento especial, com a aplicação da seguinte fórmula, descrita por Wilson de Souza Campos Batalha: 'Se a lei nova reduz o prazo de prescrição ou decadência, há que se distinguir: a) se o prazo maior da lei antiga se escoar antes findar o prazo menor estabelecido pela lei nova, adota-se o prazo estabelecido pela lei anterior; b) se o prazo menor da lei nova se consumar antes de terminado o prazo maior previsto pela lei anterior, aplica-se o prazo da lei nova, contando-se o prazo a partir da vigência desta'".[4]

E se a lei nova traz um prazo prescricional mais longo? Aparentemente, parece coerente simplesmente aplicar a lei sob cujo império foi celebrado o ato. Dominaria o princípio do favorecimento que deve atingir à pessoa, o que se daria com o prazo mais curto. Não se aferiria se ocorreu mais ou menos tempo quando passou a vigorar a lei nova. No entanto, a questão é mais profunda, como se examinará no capítulo que segue.

---

[4] *Lei de Introdução ao Código Civil*, citação de Pablo Stolze Gagliano e Rodolfo Pamplona Filho, em *Novo curso de direito civil*. São Paulo: Saraiva, 2002.

Capítulo XX
AUMENTO OU REDUÇÃO DO PRAZO PRESCRICIONAL E DECADENCIAL NO CURSO DE UMA RELAÇÃO JURÍDICA

É possível o surgimento de lei nova, aumentando ou reduzindo os prazos prescricionais ou decadenciais, enquanto perdura uma relação jurídica iniciada anteriormente ou está em andamento um contrato. Não se enfoca o assunto na disciplina do art. 2.028 do Código Civil, já que restrita aos prazos do Código de 1916 em curso, quando da entrada em vigor do diploma de 2002.

O entendimento que tem dominado é no sentido de, aumentando o prazo pela lei nova, esse o prazo que prevalece, mas computando-se, na contagem, o prazo da lei anterior. É que a lei estende seus efeitos de imediato, mas sem prejudicar o direito adquirido, por força do art. 6º da Lei de Introdução às Normas do Direito Brasileiro. Realmente, a imposição decorre da necessidade de convivência entre a entrada em vigor da lei nova e o respeito ao direito adquirido.

O assunto foi desenvolvido por Brenno Fischer, mantendo-se atual o ensinamento: "Aumentando o prazo prescricional por uma lei nova, esta terá aplicação imediata.

O prazo já decorrido na vigência da lei anterior não ficará perdido, mas contar-se-á como parte integrante do prazo que, afinal, integrado consumará a prescrição.

Suponha-se uma prescrição que se cumprirá ao fim de cinco anos.

Quando já eram decorridos quatro anos desse prazo surge uma lei nova que amplia o período prescricional para dez anos.

Contados os quatro anos já decorridos, restarão ainda outros seis a serem cumpridos, contados da vigência da nova lei, para que a prescrição se tenha como consumada.

Entrando, desde logo, a nova lei em plena vigência, ela assim atuará em obediência ao princípio do imediatismo dela sem, por qualquer forma, ferir o princípio da irretroatividade.

Não há direito adquirido, ato jurídico perfeito ou coisa julgada a resguardar.

Sendo, como ensina Roubier (ob. cit., 1/371, n. 41), 'o direito retroativo a aplicação da lei ao passado e o efeito imediato a sua aplicação no presente', não há como se falar no caso em análise em aplicação retroativa da lei".[1]

Havendo redução do prazo relativamente ao da lei anterior, prevalecerá o mesmo, desde que o prazo da lei antiga não se escoar antes do prazo menor vindo com a lei nova. No entanto, se o prazo menor da lei nova terminar antes do prazo maior que vinha na lei antiga, incidirá o prazo menor da lei nova, que se conta a partir da vigência da lei nova.

---

[1] *A prescrição nos tribunais*, cit., t. I, p. 43.

Há uma decisão do STJ que bem aborda a matéria, a partir da análise de uma lei que aumentou o prazo decadencial para a constituição de receita patrimonial mediante lançamento. Trata-se do crédito proveniente das receitas líquidas da alienação de bens imóveis de domínio da União, na previsão da Lei nº 9.636, de 15.05.1998. Seu art. 47 contemplava o prazo decadencial para a constituição de cinco anos. Com a Lei nº 10.852/2004, o prazo decadencial para sua constituição mediante lançamento se elevou para dez anos, enquanto o prazo prescricional para a exigibilidade se manteve em cinco anos, contado do lançamento.

Mostra-se oportuna a transcrição da ementa, no pertinente ao assunto:

> "O art. 47 da Lei nº 9.636/1998 instituiu a prescrição quinquenal para a cobrança de receitas patrimoniais. A Lei nº 9.821/1999, que passou a vigorar a partir do dia 24 de agosto de 1999, estabeleceu em cinco anos o prazo decadencial para a constituição do crédito, mediante lançamento, mantendo-se o prazo prescricional quinquenal para a sua exigência. Com o advento da Lei nº 10.852/2004, publicada em 30 de março de 2004, houve nova alteração do art. 47 da Lei nº .636/1998, para estender o prazo decadencial de cinco para dez anos, mantido o lapso prescricional de cinco anos, a ser contado do lançamento.
>
> No caso dos autos, os valores exigidos são relativos ao exercício de 2003, quando em vigor a decadência quinquenal prevista na Lei nº 9.821/1999. Contudo, antes que se efetivasse a decadência, sobreveio novo prazo decadencial de dez anos, caracterizando, assim, sucessão de lei.
>
> Entendimento doutrinário no sentido de que, em caso de lei mais nova estabelecendo prazo decadencial maior que a antiga, 'aplica-se o novo prazo, computando-se o tempo decorrido na vigência da lei antiga' (Wilson de Souza Campos Batalha (*apud*: Gagliano, Pablo Stolze e Rodolfo Pamplona Filho, *Novo Curso de Direito Civil*, Parte Geral, vol. I, São Paulo: Saraiva, 2002). Ou seja, o tempo transcorrido na vigência da lei antiga deve integrar o novo prazo estabelecido.
>
> No mesmo sentido manifesta-se a jurisprudência do STJ, que, no julgamento do REsp 1114938/AL, rel. Min. Napoleão Nunes Maia Filho, submetido ao regime dos recursos repetitivos (art. 543-C do CPC), reconheceu que a ampliação do prazo decadencial deve ser aplicada imediatamente, devendo ser computado o período já transcorrido sob o manto da legislação anterior.
>
> No caso dos autos, os valores relativos a 2003 poderiam ser constituídos até 2013, o que afasta a decadência declarada pela Corte *a quo*, pois sua constituição ocorreu em momento anterior (em 2009)".[2]

No voto do relator, a matéria é extensa e abrangentemente desenvolvida, com o suporte em valiosa doutrina:

> "(...) Sobreveio a Medida Provisória 152/2003, convertida na Lei nº 10.852/2004, que deu nova redação ao *caput* do art. 47 da Lei nº 9.636/1998: 'O crédito originado de receita patrimonial será submetido aos seguintes prazos:
>
> I – decadencial de dez anos para sua constituição, mediante lançamento; e

---

[2] O citado art. 543-C corresponde ao art. 1.036 do CPC em vigor. REsp nº 1.434.755/SC, da 2ª Turma, j. em 11.03.2014, *DJe* de 18.03.2014, rel. Min. Humberto Martins.

II – prescricional de cinco anos para sua exigência, contados do Lançamento'.

Aumentou-se, portanto, o prazo decadencial para constituição do crédito para dez anos, permanecendo o prazo prescricional de cinco anos.

Esse é, portanto, o normativo de regência a ser aplicado aos créditos decorrentes de receitas patrimoniais da União, tal como é a Taxa Anual por Hectare.

No caso dos autos, o Tribunal de origem reconheceu consumada a decadência do direito de constituir os créditos, porquanto ultrapassado o prazo quinquenal. Vejamos:

'Aplicando essas premissas ao caso dos autos, em que se pleiteiam valores vencidos em 31.01.2003, com notificação publicada em 30.04.2009 e inscrição em dívida em 14.01.2010, tenho por ocorrida a decadência para constituição dos débitos, uma vez que os fatos geradores são anteriores a 29.03.2004 (data de vigência do novo prazo elastecido) e, portanto, sujeitos à regra anterior (prazo quinquenal)'.

Conforme destacado no acórdão, os valores são relativos ao exercício de 2003, quando em vigor a decadência quinquenal prevista na Lei nº 9.821/1999. Contudo, antes que se efetivasse a decadência, sobreveio novo prazo decadencial de 10 anos, caracterizando, assim, sucessão de lei.

Nestes casos, o entendimento doutrinário é no sentido de que, em caso de lei mais nova estabelecendo prazo decadencial maior que a antiga, 'aplica-se o novo prazo, computando-se o tempo decorrido na vigência da lei antiga' (Wilson de Souza Campos Batalha (*apud*: Gagliano, Pablo Stolze e Rodolfo Pamplona Filho, Novo Curso de Direito Civil, Parte Geral, vol. I, São Paulo: Saraiva, 2002). Ou seja, o tempo transcorrido na vigência da lei antiga deve integrar o novo prazo estabelecido.

No mesmo sentido manifesta-se a jurisprudência do STJ, que, no julgamento do REsp 1114938/AL, rel. Min. Napoleão Nunes Maia Filho, submetido ao regime dos recursos repetitivos (art. 543-C do CPC), reconheceu que a ampliação do prazo decadencial deve ser aplicada imediatamente, devendo ser computado o período já transcorrido sob o manto da legislação anterior.

A ementa do julgado: 'Recurso especial repetitivo. Art. 105, III, alínea 'a' da CF. Direito previdenciário. Revisão da renda mensal inicial dos benefícios previdenciários concedidos em data anterior à vigência da Lei nº 9.787/1999. Prazo decadencial de cinco anos, a contar da data da vigência da Lei nº 9.784/1999. Ressalva do ponto de vista do relator. Art. 103-A da Lei nº 8.213/1991, acrescentado pela MP nº 138, de 19.11.2003, convertida na Lei nº 10.839/2004. Aumento do prazo decadencial para dez anos. Parecer do Ministério Público federal pelo desprovimento do recurso. Recurso especial provido, no entanto.

1. A colenda Corte Especial do STJ firmou o entendimento de que os atos administrativos praticados antes da Lei nº 9.784/1999 podem ser revistos pela Administração a qualquer tempo, por inexistir norma legal expressa prevendo prazo para tal iniciativa. Somente após a Lei nº 9.784/1999 incide o prazo decadencial de cinco anos nela previsto, tendo como termo inicial a data de sua vigência (01.02.1999). Ressalva do ponto de vista do Relator.

2. Antes de decorridos cinco anos da Lei nº 9.784/1999, a matéria passou a ser tratada no âmbito previdenciário pela MP nº 138, de 19.11.2003, convertida na Lei nº 10.839/2004, que acrescentou o art. 103-A à Lei nº 8.213/1991 (LBPS) e fixou em dez anos o prazo decadencial para o INSS rever os seus atos de que decorram efeitos favoráveis a seus beneficiários.

3. Tendo o benefício do autor sido concedido em 30.7.1997 e o procedimento de revisão administrativa sido iniciado em janeiro de 2006, não se consumou o prazo decadencial de dez anos para a Autarquia Previdenciária rever o seu ato.

4. Recurso Especial do INSS provido para afastar a incidência da decadência declarada e determinar o retorno dos autos ao TRF da 5ª Região, para análise da alegada inobservância do contraditório e da ampla defesa do procedimento que culminou com a suspensão do benefício previdenciário do autor' (REsp 1.114.938/AL, rel. Min. Napoleão Nunes Maia Filho, 3ª Seção, j. em 14.04.2010, *DJe* 02.08.2010).

Para melhor ilustração, transcrevo excerto do voto-vista proferido pela Min. Maria Thereza de Assis Moura, que bem elucida a questão referente à incidência do novo prazo decadencial:

'(...) os atos administrativos praticados anteriormente ao advento da Lei nº 9.784/1999 tiveram seus prazos de decadência contados a partir do início de sua vigência, qual seja, em 1º.02.1999.

Chega-se, pois, à conclusão de que os atos praticados antes do advento da citada Lei poderiam ser anulados pela Administração até 31 de janeiro de 2004, quando então se encerraria o prazo decadencial de 5 (cinco) anos.

Ocorre que, durante o período de vigência do citado prazo, foi publicada a Medida Provisória nº 138, em 19 de novembro de 2003, posteriormente convertida na Lei nº 10.839/2004, que acresceu à redação da Lei nº 8.213/1991 o art. 103-A, que passou a disciplinar, especificamente para lides previdenciárias, o prazo decadencial de 10 (dez) anos para a Administração rever atos que gerem efeitos favoráveis aos administrados. A propósito, confira-se o *caput* do dispositivo:

(...)

Desde então, considerando ser a Lei nº 10.839/2004 especial em relação à Lei nº 9.784/1999, o prazo decadencial para a Administração Pública rever seus atos, foi ampliado para 10 (dez) anos.

A questão que se coloca diz respeito às situações jurídicas constituídas antes e durante a seara de vigência da Lei nº 9.784/1999. Isso porque a Medida Provisória nº 138, de 19.11.2003, ao ampliar o prazo decadencial para a Administração rever seus atos administrativos, o fez antes de findo o prazo decadencial quinquenal, previsto na Lei nº 9.784/1999.

Assim, pergunta-se: se o prazo decadencial ainda em curso foi aumentado pela nova lei de cinco para dez anos, qual legislação regulamentará tais hipóteses, ou seja, qual prazo decadencial será aplicável? A respeito do tema, a doutrina civilista pátria, de forma majoritária, entende inexistir direito adquirido à imunidade de prazos que a lei futura venha a ampliar para o exercício do direito.

Pelo contrário, o posicionamento dominante, em situações como a que ora se coloca, é no sentido de que o novo lapso temporal se aplicará imediatamente, devendo ser computado o período já transcorrido sob o manto da legislação anterior.

Nesse sentido, cumpre trazer a lume o magistério de Clóvis Beviláqua (in Código Civil dos Estados Unidos do Brasil), aplicável também à decadência:

'1º Se a lei nova estabelece prazo mais longo, do que a antiga, prevalece o prazo mais longo, contado do momento em que a prescrição começou a correr.

2º Se o prazo da lei nova é mais curto, cumpre distinguir: a) Se o tempo, que falta para consumar-se a prescrição, é menor do que o prazo estabelecido pela lei nova, a prescrição se consuma de acordo com o prazo da lei anterior. b) Se o tempo que falta para se consumar a prescrição pela lei anterior, excede o fixado pela nova, prevalece o desta última, contado do dia em que ela entrou em vigor.

Essas regras racionais, que se fundam no princípio de que a prescrição iniciada não constitui direito adquirido, e que, por outro lado, atendem a equidade, estão de acordo com os ensinamentos de Gabba, Theoria della retroatività dele leggi, 3ª edição, nºs 374 e 375, (...)' (in Código Civil dos Estados Unidos do Brasil comentado por Clóvis Beviláqua, 9. ed., Rio de Janeiro, Editora Rio, vol. 1/3, 1980, p. 458-459).

Sobre o tema, esclarece a ilustre mestre Maria Helena Diniz, que, ao cuidar da prescrição, esposou entendimento que também se aplica à decadência:

'A nova lei sobre prazo prescricional aplica-se desde logo se o aumentar, embora deva ser computado o lapso temporal já decorrido na vigência da norma revogada. Se o encurtar, o novo prazo de prescrição começará a correr por inteiro a partir da lei revogadora. Se o prazo prescricional já se ultimou, a nova lei que o alterar não o atingirá (...)'. (in Lei de Introdução ao Código Civil Brasileiro interpretada. 9. ed., São Paulo: Saraiva, 2002, p. 203).

Nessa mesma linha de entendimento, em uma lição bastante esclarecedora a respeito do tema, confiram-se os comentários de Pablo Stolze Gagliano e Rodolfo Pamplona Filho:

'A situação, porém, é mais complexa em relação às situações jurídicas pendentes (*facta pendentia*), nas quais se incluem as situações futuras ainda não concluídas quando da edição da nova norma.

No caso de uma nova lei não estabelecer regras de transição, o saudoso Wilson de Souza Campos Batalha, inspirado nas diretrizes do Código Civil alemão, aponta alguns critérios:

I – se a lei nova aumenta o prazo de prescrição ou de decadência, aplica-se o novo prazo, computando-se o tempo decorrido na vigência da lei antiga;

II – se a lei nova reduz o prazo de prescrição ou decadência, há que se distinguir: a) se o prazo maior da lei antiga se escoar antes de findar o prazo menor estabelecido pela lei nova, adota-se o prazo da lei anterior; b) se o prazo menor da lei nova se consumar antes de terminado o prazo maior previsto pela lei anterior, aplica-se o prazo da lei nova, contando-se o prazo a partir da vigência desta. (...)' (in Novo curso de direito civil, vol. 1, Parte Geral, São Paulo: Saraiva, 2004, p. 507-508).

Na esteira desse raciocínio, na espécie deve prevalecer a lei nova que dilatou o prazo decadencial. Frise-se, ainda, que, como a nova lei mantém os mesmos parâmetros estabelecidos na lei pretérita, o tempo decorrido entre a legislação revogada e a atual será descontado do total previsto na novel legislação.

Em resumo, tendo a Medida Provisória nº 138/2003, convertida na Lei nº 10.839/2004, sido publicada ainda dentro do prazo quinquenal previsto no art. 54 da Lei nº 9.784/1999, o prazo decadencial para a Administração Pública rever os atos que gerem vantagem aos segurados será por ela disciplinado, descontado o prazo já transcorrido antes do advento da aludida Medida Provisória (...)".[3]

---

[3] O citado art. 543-C corresponde ao art. 1.036 do atual CPC.

Capítulo XXI
CITAÇÃO NULA E PRESCRIÇÃO

A lei civil de 1916, na previsão do art. 175, era expressa no sentido de que a nulidade da citação não interrompia a prescrição: "A prescrição não se interrompe com a citação nula por vício de forma, por circunducta, ou por se achar perempta a instância, ou a ação". O Código em vigor não encerra alguma norma sobre o assunto. No entanto, ao referir no inc. I do art. 202, que a interrupção se opera inclusive pelo despacho de citação proferido por juiz mesmo que incompetente, já deixa entender que qualquer outra citação eivada de irregularidade ou nulidade não acarreta o efeito interruptivo.

Sempre que houver nulidade de citação, não se interrompe a prescrição, ressalvada, pois, a situação de vir ordenada por juiz incompetente. A nulidade pode surgir de três causas, que vinham previstas no Código de 1916: por vício de forma, por circunducta e por perempção de instância.

Há vício de forma se não obedecidos os requisitos legais, estabelecidos pelo Código de Processo Civil no art. 248 – citação pelo correio; art. 250 – citação pelo oficial de justiça; e art. 257 – citação por edital. Se presente a nulidade, não existe o ato. Não compactua com o direito a citação por edital quando conhecido o demandado, ou a procedida por funcionário não revestido da função de oficial de justiça. Igualmente, se ficar apurado que os elementos inseridos no relato da citação forem falsos, ou se configurados vícios de consentimento.

Importante antiga manifestação do Supremo Tribunal Federal sobre o assunto: "A citação que não interrompe a prescrição é aquela declarada nula, por defeitos a ela inerentes ou a ela anteriores (Código Civil, art. 175)".[1]

Salienta-se que o comparecimento espontâneo do réu supre a citação, dentro do assinalado no § 1º do art. 239 do Código de Processo Civil. O ingresso espontâneo nos autos equivale, por ficção legal, à citação, sendo válida, pois, a arguição da interrupção da prescrição, o que arreda a nulidade possivelmente existente por vício de forma do ato citatório.

Considerava-se circunducta, no regime anterior, a citação quando não alegada ou acusada em audiência, ou mesmo em outro ato no processo. Omitia o interessado a alegação de que fora citado, não se operando, daí, a interrupção. Todavia, não mais exige o vigente sistema processual civil tal providência. Basta a mera citação para consumar-se a prescrição, não carecendo que a parte a confesse nos autos.

Finalmente, a perempção de instância, expressão comum no antigo direito processual, equivalia à perda do direito a um ato judicial por não se cumprir determinada providência, como na realização de uma diligência, e, especificamente, na falta de suscitação, no momento

---

[1] Recurso Extraordinário nº 87.064/MG, *Revista Trimestral de Jurisprudência* 98/213. O referido dispositivo é do Código Civil de 1916.

oportuno, de uma matéria prejudicial. Diante da omissão, extinguia-se o processo. Já a peremp-ção da ação correspondia à perda da ação, eis que julgada improcedente. Sobre determinado assunto, não assistia promover outra lide. Nesses casos, não ocorria a interrupção prescricional, o que se considerava normal. Não importava a regularidade da citação em dito processo. Situação comum constatava-se quando uma pessoa ingressava com uma ação de reintegração de posse contra alguém que se encontrava ocupando um bem. Se improcedente a lide, embora efetuada a citação, não possuía o ato o condão de interromper a prescrição. No entanto, há de se considerar, no caso, que não prevalece o efeito interruptivo unicamente se anulado o feito desde o início, isto é, desde os atos anteriores à citação, e inclusive esta.

Capítulo XXII
A EXTENSÃO DA PRESCRIÇÃO PERANTE TERCEIROS E SOLIDARIEDADE

Em princípio, a interrupção da prescrição atinge unicamente a pessoa que a suscita. Não interessa que litigue junto com outras pessoas. De igual modo, se operada quanto a um codevedor, ou seu herdeiro, não prejudica os demais coobrigados. O art. 204 do Código Civil é explícito sobre esses princípios:

> "A interrupção da prescrição por um credor não aproveita aos outros; semelhantemente, a interrupção operada contra o codevedor, ou seu herdeiro, não prejudica aos demais coobrigados".

De modo que, figurando vários credores junto a um devedor, não se pense que a propositura da ação de cobrança por um deles vá a citação favorecer aos demais titulares de créditos, interrompendo relativamente a eles o prazo de prescrição. Mesmo que um só o fato ensejador da obrigação, cada credor terá que propor a sua lide, ou promover a citação quanto ao seu crédito. Sendo dois ou três os indivíduos com valores a receber pela venda de um imóvel que pertencia a eles, cada um terá que acionar o comprador, relativamente ao montante que lhe cabe.

Já no polo passivo, se vários os coobrigados, e acionado um apenas, somente contra ele interrompe-se o prazo prescricional. Exemplifica-se a situação na demanda ajuizada contra aquele que deve uma parcela de uma dívida, sendo o restante da responsabilidade de outros obrigados. A citação do acionado não traz efeitos interruptivos quanto aos demais.

Entrementes, se houver solidariedade no crédito ou na obrigação, diferente é a solução. Na solidariedade ativa, qualquer dos titulares está autorizado a procurar o recebimento, dando-se a quitação com o pagamento a um deles, seja qual for. Já na passiva, aciona-se um dos obrigados, à escolha do credor, ou podendo ser reclamado o direito junto ao obrigado que eleger a parte credora. Acontece que os vários credores solidários são reputados um só credor, assim como os vários devedores solidários são havidos como um só devedor. Embora um dos credores ingresse com a medida de interrupção, todos são favorecidos; identicamente, integrando mais de uma pessoa no lado passivo, a todas alcança a mesma interrupção. Exemplo claro está na indenização por acidente de trânsito promovida contra o condutor do veículo e o proprietário, sendo que a citação de um ou outro acarreta a interrupção do lapso de tempo da prescrição.

É como estatui o § 1º do art. 204 do CC:

> "A interrupção por um dos credores solidários aproveita aos outros; assim como a interrupção efetuada contra o devedor solidário envolve os demais e seus herdeiros".

Entretanto, entre os herdeiros não existe solidariedade. Não podem eles alegar a solidariedade, para efeitos de pretender a interrupção. Nesta ótica, dando-se a interrupção contra um dos herdeiros do devedor, não se estende a mesma aos coerdeiros e nem aos demais devedores. É o que assevera o § 2º do mesmo dispositivo:

> "A interrupção operada contra um dos herdeiros do devedor solidário não prejudica os outros herdeiros ou devedores, senão quando se trate de obrigações e direitos indivisíveis".

O princípio é uma decorrência da regra do art. 276, segundo a qual:

> "Se um dos devedores solidários falecer deixando herdeiros, nenhum destes será obrigado a pagar senão a quota que corresponder ao seu quinhão hereditário, salvo se a obrigação for indivisível; mas todos reunidos serão considerados como um devedor solidário em relação aos demais devedores".

Promovendo, pois, alguém um protesto contra um dos herdeiros do devedor, para efeitos de interrupção, não se favorecem os demais credores, nem se estende a interrupção contra os restantes herdeiros ou devedores, exceto se indivisíveis os direitos e obrigações. Como indivisível tem-se a obrigação da entrega de um animal, ou de uma obra de arte, ou de uma joia, em que várias pessoas se obrigaram a cumprir. Falecendo uma delas, o acionamento do respectivo herdeiro estende os efeitos interruptivos da prescrição aos demais obrigados, sejam herdeiros ou não, porquanto impossível reclamar o cumprimento por apenas um dos obrigados ou de seus sucessores de parte da obrigação. Evidentemente, inconcebível que se exija de um dos herdeiros a confecção de uma parte da escultura, o que não acontece quanto a uma dívida em dinheiro ou em coisas infungíveis.

Carvalho Santos bem explicitava a exceção, em lição que se aplica ao vigente Código: "A interrupção feita por um herdeiro de um dos diversos titulares de um direito ou obrigação indivisível falecido aproveita a esse herdeiro, aos seus coerdeiros e aos demais titulares; da mesma maneira, a interrupção operada contra um herdeiro de um dos diversos responsáveis por um direito ou uma obrigação indivisível falecido prejudica a esse herdeiro, aos seus coerdeiros e aos demais responsáveis...

O Código neste ponto aceita a indivisibilidade, não só tendo em vista a prestação, mas igualmente o objeto dela, contra o que está aceito pela melhor doutrina".[1]

Em suma, sendo indivisíveis as prestações, a interrupção promovida por um dos herdeiros do credor alarga os efeitos para os demais credores, e atinge não só aquele herdeiro contra o qual se promove a interpretação, mas aos demais herdeiros ou responsáveis.

Importante efeito traz a interrupção da prescrição relativamente ao fiador: simplesmente faz interromper o prazo da responsabilidade do fiador. É o que assevera o § 3º do art. 204:

> "A interrupção produzida contra o principal devedor prejudica o fiador".

Constitui a regra a aplicação do princípio da acessoriedade da fiança, deixando de existir a responsabilidade do fiador tão logo desapareça a do devedor.

---

[1] *Código Civil brasileiro interpretado*, cit., v. III, p. 456.

Em outros termos, promovendo o credor a interrupção da prescrição contra o devedor, fatalmente fica interrompida a prescrição contra o fiador, sem a necessidade de que providencie na sua notificação. De modo que reinicia o prazo prescricional também contra o fiador. Entrementes, o inverso não se reveste do mesmo efeito, isto é, interpelando o fiador para que não se consuma a prescrição, não alcança a consequência o devedor principal, sendo necessária também a sua interpelação. Acontece que o acessório não afeta ou arrasta o principal.

Capítulo XXIII
PRAZOS DA PRESCRIÇÃO NO CÓDIGO CIVIL

1. **O CONCEITO DE PRAZO E SEU INÍCIO**

Discrimina o Código Civil vários prazos para operar-se a prescrição. Esclareça-se que o prazo de prescrição constitui o espaço de tempo que vai entre o seu termo inicial previsto para procurar o direito, e o derradeiro momento assegurado para tanto, ou o período de tempo reservado à pessoa para buscar o direito.

O início do prazo coincide com o instante da ofensa ao direito, ou a contar do dia em que nasce a pretensão, ou naquele em que se permite a reclamação. Se envolve a matéria ocupação de imóvel, o começo será a data da invasão; em se cuidando de título cambial, a partir do vencimento.

Sobre a incidência dos prazos vindos com o Código Civil de 2002, é necessário observar que se dá unicamente se não reduzidos em relação à previsão do Código anterior, e se já transcorrido mais de metade do tempo que vinha fixado, de conformidade com o art. 2.028 do Código Civil:

> "Serão os da lei anterior os prazos, quando reduzidos por este Código, e se, na data de sua entrada em vigor, já houver transcorrido mais da metade do tempo estabelecido na lei revogada".

Cuida o dispositivo dos prazos que foram reduzidos pelo Código de 2002, ficando afastada qualquer possibilidade de incidir em prazos não reduzidos. Os prazos reduzidos serão os da lei anterior desde que preenchida a condição imposta, e que é o transcurso de mais da metade do prazo fixado no Código Civil de 1916.

Distinguem-se os prazos prescricionais em duas grandes classes: os da *prescrição ordinária* e os da *prescrição especial*.

2. **PRAZO ORDINÁRIO**

Pela *prescrição ordinária*, nos casos não especificamente regulados pela lei, ou cujo prazo está genericamente previsto na lei, segue-se a regra do art. 205:

> "A prescrição ocorre em 10 (dez) anos, quando a lei não lhe haja fixado prazo menor".

Bem diferentemente tratava o assunto o Código Civil anterior, no art. 177, que rezava: "As ações pessoais prescrevem, ordinariamente, em 20 (vinte) anos, as reais em 10 (dez), entre presentes, e entre ausentes em 15 (quinze), contados da data em que poderiam ter sido propostas".

A este dispositivo fazia expressa menção o art. 179: "Os casos de prescrição não previstos neste Código serão regulados, quanto ao prazo, pelo art. 177". No Código em vigor, a regra equivalente se encontra no seu art. 179, consignando que, para a hipótese de não vir contemplado algum prazo, fica o mesmo em dois anos, desde que anulável o ato:

"Quando a lei dispuser que determinado ato é anulável, sem estabelecer prazo para pleitear a anulação, será este de 2 (dois) anos, a contar da data da conclusão do ato".

Cumpre que se observe a restrição do prazo de dois anos: unicamente para os atos anuláveis. Para os demais atos, não se prevendo prazos certos, incide o do art. 205.

A regra geral, no regime do Código anterior, discriminava os prazos em consonância com a natureza das ações em pessoal ou real. Quanto às ações que envolviam direitos pessoais, o prazo prescricional era de vinte anos. Essas ações decorrem de obrigação que a pessoa deve cumprir, e, assim, obrigação positiva (de dar e de fazer), ou deve abster-se, isto é, obrigação negativa (de não fazer). Esse era o interregno para as ações de responsabilidade, como para a reparação de danos, para a indenização, para a cobrança, para cumprir, para a desconstituição de um negócio, para a abstenção de um ato. Incidia sempre que omissa a lei em especificar um prazo diferente.

Já no tocante às ações reais, ou fundadas em um *ius in re*, tendo como objeto a coisa sobre a qual recaía o direito real, o prazo encurtava-se para dez anos se corria a ação entre pessoas presentes, ou seja, residentes no mesmo município; e para quinze anos na eventualidade de dirigida a demanda contra pessoas sitas em municípios diversos daquele onde estava o autor. De duas maneiras protegia-se e ainda protege-se o domínio: a) pela proteção defensiva, exercida por meio das ações possessórias; b) pela proteção ofensiva, que se executa mediante as ações petitórias, em que se procura recuperar o domínio. Salienta-se que nunca prescreve o direito de recuperar o domínio, e mesmo a posse. Sempre mostra-se oportuna a ação. A parte demandada é que suscitará a execução de aquisição do domínio pela prescrição aquisitiva. Todavia, outras ações existem, também ligadas ao domínio, e que versam sobre os direitos restritivos, as que envolvem o usufruto, as servidões, a enfiteuse, os direitos reais de garantia (penhor, hipoteca e anticrese). Unicamente a estas últimas, e às aforadas para discutir algum aspecto sobre uma aquisição, ou para reclamar contra a instituição de direitos de garantia, é que se aplicavam os prazos de prescrição de dez ou quinze anos.

Não abrangia o prazo de dez ou quinze anos as ações petitórias, ou admitidas para reclamar o domínio, a posse, a reivindicação. Com efeito, e ainda é assim no vigente Código Civil, ao titular do domínio não se delimitava e não se delimita um prazo para buscar o imóvel do poder de quem se apossou ilegalmente dele, ou para se reclamar contra invasões. Se demorou mais de quinze anos, daquele que praticou o esbulho ou se apossou é que se exige a prova da posse com determinados requisitos para invocar a seu favor a prescrição aquisitiva, que se fixa como exceção. Oportuna a conclusão de Nelson Godoy Bassil Dower: "Em realidade, a regra do art. 177 é para as ações pessoais que têm o seu tempo de prescrição fixado em vinte anos. As ações reais, que aparecem neste artigo, seguem a regra concernente ao usucapião e, assim, só pelo usucapião é que prescreve o direito de propriedade. Por exemplo, a ação real de reivindicação não prescreve enquanto o imóvel não for usucapido, ou seja, a ação real prevista pelo art. 177 deve ser entendida em relação direta com a perda do domínio pela prescrição aquisitiva (usucapião).

Chega-se à seguinte conclusão: a prescrição extintiva não ocorre nas ações reais, porque só se extingue a ação em função da prescrição aquisitiva, ocasionando-se o usucapião em favor do novo titular. Portanto, é defeituosa a redação do art. 177 que induz a pensar que a propriedade prescreve em dez anos entre presentes, e em quinze entre ausentes".[1]

Lembra-se que o art. 177 citado corresponde ao art. 205 do Código em vigor. Observa-se que a prescrição atingia unicamente às ações que tratavam de algum aspecto dos direitos reais, como para reclamar contra uma escritura pública, ou um ato de registro imobiliário, além das situações supradestacadas. Eram as ações de usufruto, de servidões, enfiteuse, direitos reais de garantia (penhor, hipoteca e anticrese).

Presentemente, em face do art. 205, não mais se faz a distinção em ações pessoas ou reais, e a estas não importando se correm entre presentes ou entre ausentes. O prazo é sempre de dez anos.

Quanto à petição de herança, que envolve direito pessoal, de acordo com uma corrente com raízes no direito anterior, dá-se a prescrição em dez anos (antes o prazo era de vinte anos), mas iniciando a partir do reconhecimento da paternidade. A investigação de paternidade é que se apresenta imprescritível, segundo argumentação ditada pelo Supremo Tribunal Federal:

> "Ação de investigação de paternidade, cumulada com petição de herança. Não há que falar em ação única de investigação de paternidade. Não tem pertinência a alegação de negativa de vigência ao disposto no art. 473 do Código de Processo Civil.
>
> Infrutífera é a arguição de negativa de vigência ao disposto no art. 178, § 9º, inc. V, letra *b*, do Código Civil. A ação de investigação de paternidade é imprescritível, enquanto a prescrição de petição de herança é vintenária (art. 177 do CC). O *dies a quo* do prazo prescricional é o da abertura da sucessão do pretendido pai, eis que não há sucessão de pessoa viva. Na espécie não fluiu o prazo prescricional".[2]

O art. 473 acima invocado é do CPC de 1973, equivalendo ao art. 507 do vigente CPC. Já os arts. 178, § 9º, V, letra *b*, e 177 correspondem aos arts. 178, *caput*, e 205 do atual diploma civil.

A Súmula nº 149 do STF dispôs em idêntica aplicação: "É imprescritível a ação de investigação de paternidade, mas não o é a de petição de herança".

O direito a investigar a paternidade é imprescritível porque trata-se de um direito de estado civil. Ponderam Planiol e Ripert: "Como el tiempo no puede hacer desaparecer el derecho de alegar un estado civil, tampoco puede hacer adquirir el derecho de alegar otro estado, el cual sería necesariamente la negación del precedente. Poco importa que durante un largo período se haya poseído un estado civil contrario a la realidad legal; siempre se puede acreditar el verdadero estado".[3]

Necessário adiantar que, quanto ao início do prazo para a petição de herança, lavra forte dissídio, havendo uma corrente que inicia a contagem a partir do reconhecimento da paternidade, e não da abertura da sucessão. Mário Moacyr Porto é desse sentir: "É princípio universalmente aceito que o prazo de prescrição somente se inicia quando surge o direito à ação. O Código Civil italiano, em seu art. 2.935, acolhe o princípio, ao dispor: 'A prescrição começa a correr do dia em que o direito pode ser exercido'.

Parece-nos, assim, que, antes do julgamento da ação de investigação de paternidade ilegítima, o filho natural, não reconhecido pelo pai, jamais poderá propor a ação de petição de herança para o fim de lhe ser reconhecida a qualidade de herdeiro, com o direito à herança

---

[1] *Curso moderno de direito civil*: parte geral. 2. ed. São Paulo: Nelpa Edições, 1996. v. 1, p. 369.
[2] Recurso Extraordinário nº 94.931/RJ, da 2ª Turma do STF, de 07.12.1982, *Lex – Jurisprudência do Supremo Tribunal Federal* 53/87.
[3] *Tratado práctico de derecho civil frances*. Havana: Editora Cultural, 1946. t. I, p. 11.

do seu indigitado pai. A ação de investigação de paternidade, na hipótese em causa, é um inafastável pressuposto, uma prejudicial incontornável, para que o filho possa intentar a ação de petição de herança".[4]

Efetivamente, essa é a melhor exegese, porquanto não pode iniciar a prescrição sobre um direito não formado judicialmente.

Ademais, resta evidente que a não inclusão de herdeiro no inventário revela nulidade absoluta, tornando a omissão suscetível de invocação a qualquer momento, por força do art. 169 da lei civil em vigor, proclamando a impossibilidade de confirmação do negócio jurídico nulo, sequer convalescendo pelo decurso do tempo.

Em decorrência, sempre possível o aviamento da ação de descoberta da paternidade, com a posterior busca da herança sonegada. Àqueles que se encontram na posse e mesmo na propriedade dos bens herdados resta a oposição por direito de usucapião, alegando o decurso do prazo que acarreta a prescrição aquisitiva.

A matéria merecerá desenvolvimento mais amplo em item próprio.

2.1. Prazo ordinário no inadimplemento contratual

Matéria provocadora de discussões envolve o inadimplemento contratual, reservando-se ao contratante várias pretensões, como a ação de resolução, a indenização por perdas e danos e a exigibilidade da prestação. Sempre despontaram divergências quanto ao prazo para a pretensão, ora alguns inclinando-se para o lapso temporal de três anos, mormente quanto às indenizações por perdas e danos, e mesmo de cinco anos para a cobrança de obrigações, enquanto outros propugnavam o período de dez anos.

Em memorável decisão em embargos de divergência do STJ, em todas as situações envolvendo descumprimento de contrato, na ausência de regra própria, o prazo prescricional é de dez anos.

Traz-se a ementa no pertinente à discussão:

"(...)
2. O propósito recursal consiste em determinar qual o prazo de prescrição aplicável às hipóteses de pretensão fundamentadas em inadimplemento contratual, especificamente, se nessas hipóteses o período é trienal (art. 206, §3, V, do CC/2002) ou decenal (art. 205 do CC/2002).

3. Quanto à alegada divergência sobre o art. 200 do CC/2002, aplica-se a Súmula 168/STJ ('Não cabem embargos de divergência quando a jurisprudência do Tribunal se firmou no mesmo sentido do acórdão embargado').

4. O instituto da prescrição tem por finalidade conferir certeza às relações jurídicas, na busca de estabilidade, porquanto não seria possível suportar uma perpétua situação de insegurança.

5. Nas controvérsias relacionadas à responsabilidade contratual, aplica-se a regra geral (art. 205 CC/02) que prevê dez anos de prazo prescricional e, quando se tratar de responsabilidade extracontratual, aplica-se o disposto no art. 206, § 3º, V, do CC/02, com prazo de três anos.

---

[4] Ações de investigação de paternidade ilegítima e petição de herança. *Revista dos Tribunais*, n. 645, p. 10.

6. Para o efeito da incidência do prazo prescricional, o termo 'reparação civil' não abrange a composição da toda e qualquer consequência negativa, patrimonial ou extrapatrimonial, do descumprimento de um dever jurídico, mas, de modo geral, designa indenização por perdas e danos, estando associada às hipóteses de responsabilidade civil, ou seja, tem por antecedente o ato ilícito.

7. Por observância à lógica e à coerência, o mesmo prazo prescricional de dez anos deve ser aplicado a todas as pretensões do credor nas hipóteses de inadimplemento contratual, incluindo o da reparação de perdas e danos por ele causados.

8. Há muitas diferenças de ordem fática, de bens jurídicos protegidos e regimes jurídicos aplicáveis entre responsabilidade contratual e extracontratual que largamente justificam o tratamento distinto atribuído pelo legislador pátrio, sem qualquer ofensa ao princípio da isonomia.

9. Embargos de divergência parcialmente conhecidos e, nessa parte, não providos".[5]

Importante reproduzir parte do voto, especialmente para ver o alcance do descumprimento contratual, atingindo as indenizações e as várias exigibilidades disponíveis ao contratante:

"Na hipótese de inadimplemento definitivo (art. 475 do CC/02), o credor poderá escolher entre a execução pelo equivalente ou, observados os pressupostos necessários, a resolução da relação jurídica contratual. Em ambas as alternativas, poderá requerer, ainda, o pagamento de perdas e danos eventualmente causadas pelo devedor.

Há, desse modo, três pretensões potenciais por parte do credor, quando se verifica o inadimplemento contratual, todas interligadas pelos mesmos contornos fáticos e pelos mesmos fundamentos jurídicos, sem qualquer distinção evidente no texto normativo.

Tal situação exige do intérprete a aplicação das mesmas regras para as três pretensões. Nas palavras de Judith MARTINS-COSTA e Cristiano ZANETTI (Responsabilidade contratual: prazo prescricional de dez anos. RT, vol. 979/2017, maio/2017, p. 215-241):

'sendo o dever de indenizar pelo inadimplemento substitutivo ao cumprimento contratual (consistindo no 'segundo momento' da relação obrigacional) participa, ontológica e funcionalmente, do mesmo fenômeno, razão pela qual, logicamente, há de ser seguido o mesmo prazo previsto para as ações de cumprimento do negócio, isto é, dez anos'.

Considerando a logicidade e a integridade da legislação civil, por questão de coerência, é necessário que o credor esteja sujeito ao mesmo prazo para exercer as três pretensões que a lei põe à sua disposição como possíveis reações ao inadimplemento.

Não parece haver sentido jurídico nem lógica a afirmação segundo a qual o credor tem um prazo para: (i) exigir o cumprimento da prestação; outro para reclamar o pagamento das perdas e danos que lhe são devidos em razão do mesmo descumprimento.

Se, em uma determinada situação que não ocorreu a prescrição, o contratante ainda pode exigir o cumprimento integral do objeto contratado (ou a execução pelo equivalente), carece de lógica negar-lhe a possibilidade de pleitear a indenização dos danos originados pelo mesmo descumprimento.

Nesse sentido, o art. 205 do CC/02 mantém a integridade lógica e sistemática da legislação civil. Assim, quando houver mora, o credor poderá exigir tanto a execução específica como o pagamento por perdas e danos, pelo prazo de dez anos. Da mesma forma, diante do inadimplemento definitivo, o credor poderá exigir a execução pelo equivalen-

---

[5] EREsp 1.280.825/RJ, da Segunda Seção, relatora Ministra Nancy Andrighi, j. em 27.06.2018, *DJe* de 2.08.2018.

te ou a resolução contratual e, em ambos os casos, o pagamento de indenização que lhe for devida, igualmente pelo prazo de dez anos. Como afirma a doutrina, o objetivo da interpretação sistemática do direito é 'em atribuir a melhor significação, dentre várias possíveis, aos princípios, às normas e aos valores jurídicos, hierarquizando-os num todo aberto, fixando-lhes o alcance e superando antinomias, a partir da conformação teleológica, tendo em vista solucionar os casos concretos' (Juarez FREITAS. Op. cit., p. 54).

Nesse contexto, visando a preservação da coerência do CC/02 e para lhe atribuir a melhor significação e evitar antinomias, a melhor interpretação sistemática dos dispositivos normativos em julgamento mostra-se aquela que atribui a mesma regra prescricional para as consequências negativas originadas do mesmo fato e com mesmos fundamentos jurídicos. Em resumo, para as mesmas causas, as mesmas consequências devem ser observadas. Nas palavras da doutrina civilista:

'A preservação da coerência do ordenamento jurídico exige que, como regra, o credor tenha à disposição o mesmo prazo para exercer os distintos direitos que possui diante do descumprimento, a saber, a execução específica, a execução pelo equivalente ou a resolução, somadas, em todas as hipóteses, às perdas e danos decorrentes do inadimplemento. O raciocínio em sentido diverso priva de lógica e de coerência o ordenamento e, portanto, não encontra abrigo entre nós (Judith MARTINS-COSTA e Cristiano ZANETTI. Op. cit. p. 215-241)'.

Por observância à lógica e à coerência, portanto, o mesmo prazo prescricional de dez anos deve ser aplicado a todas as pretensões do credor nas hipóteses de inadimplemento contratual, incluindo o da reparação de perdas e danos por ele causados".

Efetivamente, há mais coerência a inteligência acima delineada, de modo a incidir o prazo de dez anos para todas as pretensões envolvendo o cumprimento ou descumprimento do contrato.

3. PRAZOS ESPECIAIS

Entra-se na *prescrição especial*, cujos prazos são destacados e fixados em função dos tipos de pretensões.

Unicamente se a lei não fixar prazo mais curto é que incide o prazo de dez anos, tanto para as ações pessoais como para as ações reais, não mais persistindo a distinção que vigorava no diploma civil de 1916. Quando a lei traz lapsos temporais mais curtos, em vista dos interesses destacados, fugindo à regra comum, denominam-se especiais os prazos, que vão de um a cinco anos, em previsões bem diferentes daquelas que estabelecia o Código Civil de 1916, que iam de dez dias a cinco anos. Constam os períodos temporais expressamente mencionados nos vários parágrafos e incisos do art. 206 em uma ordem que inicia pelo menor prazo e segue até o maior.

Salienta-se que o atual Código Civil trouxe profundas modificações em relação ao diploma anterior, afastando várias situações que apareciam neste último, e não mais confundindo os prazos decadenciais com os prescricionais. Exemplificativamente, lembra-se que não vieram contemplados os prazos constantes nos §§ 1º, 2º, 3º, 4º, incs. I e II; no § 5º, incs. I a IV; no § 6º, inc. XI; no § 7º, inc. I; no § 8º; no § 9º, incs. I a VI, todos do art. 178 do Código anterior, que eram considerados de decadência. Consoante já se observou, nos próprios dispositivos que tratam dos institutos constam regulados os prazos decadenciais. Vários dos lapsos de tempo que vinham arrolados decorriam de tratamento diferenciado atribuído ao homem e à mulher. Em vista da igualdade absoluta, não subsiste fundamento para assegurar algum período de tempo para a mulher invocar ou procurar um direito desrespeitado nas relações com o marido, e assim vice-versa, como na eventualidade de encontrar-se a mulher já desprovida de virgindade quando do casamento.

Na enumeração de hipóteses que seguem, ter-se-ão em conta unicamente as prescrições que assinala o atual Código.

3.1. A pretensão para o pagamento das despesas de hospedagem e de alimentação

O prazo de um ano, consoante § 1º, inc. I, do art. 206, assegura-se para "a pretensão dos hospedeiros ou fornecedores de víveres destinados a consumo no próprio estabelecimento, para o pagamento da hospedagem ou dos alimentos". A redação do dispositivo revela certa dificuldade. Resta, porém, certo que a prescrição é da ação de cobrança, e que o prazo inicia a partir da homologação judicial do penhor legal requerido judicialmente sobre as bagagens e quaisquer bens que estiverem com as pessoas hospedadas ou os consumidores.

Deve-se buscar a homologação do penhor legal, não bastando a apreensão dos bens. Para tanto, em obediência aos arts. 703 a 706 do Código de Processo Civil, o hospedeiro ou dono do hotel, bem como o fornecedor de alimentos, devem apresentar um pedido ao juiz, com a relação das despesas, tomando como base os preços colocados em tabela impressa e afixada ostensivamente em lugares de maior frequência dos hóspedes ou frequentadores, como em salas, nos quartos ou apartamentos, e na entrada do prédio. Cita-se o hóspede ou devedor, assegurando-se o prazo de vinte e quatro horas para pagar ou se defender. Resta evidente que se procede ao chamamento por edital se desconhecido o endereço.

Vindo a defesa, apreciará o juiz a matéria, definindo a existência ou não da obrigação. Não impugnado o pedido, haverá uma simples homologação pelo juiz. Incidirá o pagamento nos bens apreendidos, que deverão, obviamente, ser previamente avaliados.

Depois de quarenta e oito horas da homologação serão os autos entregues ao autor do pedido, independentemente de traslado, salvo se a parte contrária houver requerido certidão. Nesta eventualidade, depois de fornecido o documento, entregam-se os autos. Todavia, cumpre observar o início do prazo após o trânsito em julgado da decisão, conforme refere Humberto Theodoro Júnior: "O processo é contencioso e dessa sentença cabe apelação; de maneira que o prazo de quarenta e oito horas para a entrega dos autos, a que alude o art. 876, deve ser contado do respectivo trânsito em julgado, e não da homologação".[6] O citado artigo equivale ao art. 706 do atual CPC, que não mais refere o prazo para a entrega dos autos nem a própria entrega, depreendendo-se que ela não se fará.

Unicamente depois de obedecidos os trâmites exigidos para a homologação é que inicia o prazo de um ano da prescrição.

3.2. A pretensão do segurado contra o segurador, ou deste contra aquele e ação de regresso

Em matéria que envolve o seguro, o Código Civil de 2002 explicitou o início da contagem da prescrição, ao inserir, no inc. II do § 1º do art. 206, que prescreve em um ano:

---

[6] *Curso de direito processual civil*. Rio de Janeiro: Forense, 1985. v. II, p. 1.293.

"A pretensão do segurado contra o segurador, ou deste contra aquele, contado o prazo:

a) para o segurado, no caso de seguro de responsabilidade civil, da data em que é citado para responder à ação de indenização proposta pelo terceiro prejudicado, ou da data que a este indeniza, com a anuência do segurador;

b) quanto aos demais seguros, da ciência do fato gerador da pretensão".

Tanto para o segurado quanto para o segurador, fixado o prazo prescricional de um ano.

Conforme o item "a", ficou regulado o prazo de prescrição no seguro de responsabilidade civil, quando assiste ao responsável o ressarcimento. Especialmente nos acidentes de veículos, existindo o contrato de seguro para a cobertura da indenização a que está obrigado o causador do dano, começa o prazo de um ano a partir da data em que se dá citação na ação ressarcitória promovida pelo terceiro. Nota-se que, ingressando em juízo a demanda, desde o momento da citação terá um ano o responsável que contratou a cobertura do seguro, para promover o recebimento do valor correspondente.

A redação assinala o prazo de um ano, a iniciar na data da citação, mesmo que continue em andamento o pleito no curso do lapso de tempo, o que traz certa dificuldade, pois há a possibilidade de ser julgada improcedente a lide, que importa em não se dever o seguro. Na verdade, em face da redação da norma, o que se viabiliza é a denunciação da lide à seguradora, para que a integre, e fique ciente de sua responsabilidade, nos termos do art. 125, inc. II, do diploma processual civil.

Acorrendo o responsável à indenização em favor do terceiro, cumpre que dê ciência ao segurador, iniciando o prazo de um ano da data do pagamento. Na hipótese, não importa em automática obrigação do segurador em repor a quantia entregue. Garante-se ao mesmo o exame da obediência dos requisitos do contrato. Fixa a lei unicamente o prazo de prescrição, não envolvendo aspectos contratuais.

Nos demais contratos de seguro, quando cabe ao segurado o direito à cobertura de sinistros previstos, como no seguro de vida e de saúde, o prazo de um ano inicia a partir da ciência do fato gerador da pretensão. Desde a data da ciência do fato gerador que importa em cobertura do seguro começa o lapso de um ano. Nesta parte, é mantida a tradição do direito que vinha no passado, contando-se o prazo do dia em que o interessado tiver conhecimento do mesmo fato. A Súmula nº 101, de 1994, do Superior Tribunal de Justiça solidificou dita prescrição ânua, ao alardear: "A ação de indenização do segurado em grupo contra a seguradora prescreve em 1 (um) ano".

Já vinha consolidada a interpretação de que a contagem do prazo inicia a partir do momento da ciência da recusa em pagar pela seguradora, ou da obstinação do segurado em cumprir a sua obrigação. Se em período anterior desenvolviam-se tratativas para o acerto amigável, inafastável que não era, ainda, ocasião de propor a demanda pertinente.

O STJ mantém a exegese, com amparo na Súmula nº 229/1999 do mesmo Pretório:

"Ação de conhecimento. Seguro. Indenização. Prescrição. Suspensão. Súmula nº 229 do STJ. Interpretação extensiva. Impossibilidade. Regra de hermenêutica.

Se a Súmula nº 229 do STJ dispõe que a prescrição fica suspensa até 'que o segurado tenha ciência da decisão', sobre a recusa do pagamento do valor do seguro, não se pode extrair daí que a cientificação do estipulante seja equivalente à ciência do segurado. A cientificação do estipulante sobre a decisão da seguradora em não efetuar o pagamento do valor do seguro não tem o condão de fazer fluir o prazo prescricional da pretensão de cobrança da indenização.

Segundo regra básica de hermenêutica jurídica, não se pode dar interpretação extensiva em matéria de prescrição, visto significar perda do direito de ação por decurso de prazo, ou seja, restrição do direito de quem o tem. As disposições alusivas à perda de direito pela prescrição ou decadência devem ser interpretadas restritivamente, não comportando interpretação extensiva, nem analogia. Recurso especial não conhecido".[7]

Envolvendo seguro de vida, flui o prazo desde a constatação definitiva da incapacidade, como se colhe dos seguintes exemplos pretorianos:

"Seguro de vida em grupo. Prescrição. Prazo. Termo inicial. Fluência a partir da constatação da redução da capacidade total e permanente. Não existindo data indicativa ou consolidação das moléstias que teriam acometido o autor, o termo *a quo* do lapso prescricional conta-se a partir da constatação da redução da capacidade total e permanente".[8]

"O prazo prescricional, na hipótese de seguro de vida em grupo, passa a fluir da data em que o segurado tem conhecimento inequívoco da moléstia profissional".[9]

Não se pode olvidar que o lapso de um ano se restringe unicamente à relação entre segurador e segurado, sem qualquer repercussão quanto ao beneficiário ou pessoa designada como favorecida, e desde que esteja afetada a discussão ao valor ou pagamento do seguro. Não quando o objeto do debate gera em torno de outro campo, como a validade do contrato, as nulidades de cláusulas, pedido de restituição dos prêmios pagos. É como entende o STJ:

"Discussão relativa ao prazo prescricional aplicável à pretensão relativa à nulidade de cláusula contratual que permite a não renovação de seguro de vida coletivo e restituição dos prêmios pagos. (...)

Quando a lei (art. 206, § 1º, II, do CC/2002) fixa os termos iniciais dos prazos de prescrição, deixa evidenciado que a pretensão do segurado – ou do segurador – deve estar relacionada ao próprio objeto do contrato de seguro.

A causa de pedir da indenização, na hipótese, é a responsabilidade extracontratual da seguradora, decorrente da alegada abusividade e ilicitude da sua conduta de não renovar o contrato sem justificativa plausível.

Tendo em vista a interpretação de caráter restritivo que deve ser feita acerca das normas que tratam de prescrição, dentre as quais está a do art. 206, § 1º, II, do Código Civil, não é possível ampliar sua abrangência, de modo a abarcar outras pretensões, ainda que relacionadas, indiretamente, ao contrato de seguro. Aplicação, na hipótese, do art. 206, § 3º, V, do CC/2002.

Na hipótese, mesmo que afastada a aplicação do art. 206, § 1º, II, do Código Civil, fica reconhecida a prescrição trienal".[10]

---

[7] REsp nº 799.744/DF, relª Minª. Nancy Andrighi, 3ª Turma, j. em 25.09.2006, *DJ* 09.10.2006, p. 300.
[8] Apelação Cível c/Rev. nº 489.631, da 8ª Câm. de Direito Privado do TJSP, de 31.07.1997, *Revista dos Tribunais* 779/273.
[9] Embargos de Declaração nº 500.895, da 11ª Câm. de Direito Privado do TJSP, de 23.03.1998, *Revista dos Tribunais* 779/273.
[10] REsp nº 1.290.116/SC, da 3ª Turma, j. em 22.05.2014, *DJe* de 13.06.2014, rel. Min. Nancy Andrighi.

No voto da Relatora, é salientado o objeto da controvérsia, que não diz com o adimplemento do seguro:

> "Na hipótese, a pretensão da recorrida não é de recebimento da indenização securitária contratada, mas de (i) manutenção do contrato de seguro de vida nos mesmos termos em que ele havia sido celebrado e renovado por aproximadamente 25 anos; (ii) anulação da cláusula que prevê a possibilidade de resilição unilateral pela seguradora; e (iii) restituição dos valores pagos a mais no prêmio, para a manutenção da cobertura".

Conclui o entendimento no sentido de ocorrer a prescrição no prazo de três anos, com base no art. 206, § 3º, inc. V, do Código Civil, dada a natureza da pretensão, que visa à reparação por danos pessoais decorrentes de ato ilícito.

Na verdade, a discussão objetivando a mudança do contrato não diz diretamente com a reparação por danos. Mais afeiçoável ao direito seria o prazo de dez anos (art. 205 do CC), por inexistir a previsão de outro mais específico, ou de cinco anos, se envolvida relação submetida ao Código de Defesa do Consumidor (art. 27).

Outrossim, desde que incida o Código de Defesa do Consumidor, importantes consequências se extraem. Vem expresso, no art. 3º, § 2º, da Lei nº 8.078, de 1990, o significado de serviço:

> "(...) É qualquer atividade fornecida no mercado de consumo, mediante remuneração, inclusive as de natureza bancária, financeira, de crédito, *securitária*, salvo as decorrentes das relações de caráter trabalhista".

O art. 1º declara expressamente o objetivo da lei, que é a proteção e defesa do consumidor. O *caput* do art. 2º dá o conceito de Consumidor:

> "É toda pessoa física ou jurídica que adquire ou utiliza produto ou *serviço* como destinatário final".

Por conseguinte, resta evidente a proteção do *serviço de seguros* no âmbito do Código de Defesa do Consumidor. A Lei nº 8.078/1990, pois, incluiu a atividade securitária na relação dos serviços, para efeito de aplicação dos princípios gerais de defesa ao consumidor. Embora o contrato de seguro venha regido pelo Código Civil, e no futuro será pela Lei 15.040/2024, como se verá abaixo, aplicáveis, concomitantemente, os dispositivos da Lei nº 8.078/1990. Nesta ótica, aduz Antônio César Siqueira, incidem as regras que "definem as cláusulas abusivas, a propaganda enganosa, bem como aquelas regras que esclarecem a responsabilidade pelo fato do serviço.

Neste ponto, o art. 14 e seus parágrafos fixam os parâmetros para a responsabilidade civil dos fornecedores pelo fato do serviço. Pelo § 1º, é defeituoso o serviço quando não fornece a segurança que o consumidor dele pode esperar, levando-se em conta, entre outras circunstâncias, o modo de seu fornecimento, o resultado e os riscos que razoavelmente dele se esperam e a época em que foi fornecido".[11]

Igualmente apropriado o art. 27 do mesmo Código de Defesa do Consumidor, o qual fixa em cinco anos o prazo de prescrição para as pretensões reparatórias formalizadas unicamente

---

[11] A prescrição nos contratos de seguro e o Código de Defesa do Consumidor. *Revista de Direito do Consumidor*, São Paulo: RT, n. 26, p. 25-26, abr.-jun. 1998.

pelos segurados, e não pelos fornecedores, eis que se encontram estes fora da proteção do referido ordenamento. Eis a redação do dispositivo:

> "Prescreve em cinco anos a pretensão à reparação pelos danos causados por fato do produto ou do serviço prevista na Seção II deste Capítulo, iniciando-se a contagem do prazo a partir do conhecimento do dano e de sua autoria".

A Seção II cuida da responsabilidade pelo fato do produto e do serviço, ou seja, dentre outros assuntos, da falta de qualidade do produto ou serviço, de seus defeitos, das informações insuficientes e inadequadas ou enganosas.

De modo que, pelo menos no que diz respeito às ações que procuram responsabilizar o fornecedor com amparo nos preceitos inseridos na Seção II do Capítulo IV da Lei nº 8.078/1990 (do art. 12 ao art. 17), mostra-se coerente considerar o prazo prescricional de cinco anos.

O mesmo prazo de um ano, na vigência do Código Civil de 2002, se aplica no resseguro, isto é, na pretensão da empresa seguradora buscar o ressarcimento, junto ao Instituto de Resseguros do Brasil, do valor pago pela cobertura do sinistro, tendo a matéria sido encarada nesse enfoque pelo STJ:

> "A qualificação jurídica do resseguro como um contrato de seguro decorre do fato de a resseguradora obrigar-se, mediante o pagamento de um prêmio, a proteger o patrimônio da seguradora/cedente do risco substanciado na responsabilidade desta perante seu segurado. Logo, presentes as características principais da relação securitária: interesse, risco, importância segurada e prêmio.
>
> Qualquer pretensão do segurado contra o segurador, ou deste contra aquele, prescreve em um ano (art. 178, § 6º, do Código Civil/1916 e art. 206, II, do Código Civil atual), regra que alcança o seguro do segurador, isto é, o resseguro".[12]

O voto do Relator nos dá uma compreensão mais profunda do assunto:

> "Para a resolução da controvérsia, sem pretensão de exaurir o tema, mister se faz uma breve digressão sobre o instituto do resseguro.
>
> Não se desconhece que a sua definição ainda encontra discordância entre estudiosos. Há quem defina o resseguro como uma relação de sociedade, devido aos interesses quanto à lucratividade aparente e comum às partes da operação. Outros doutrinadores o equiparam à cessão, visto que é um contrato em que a seguradora (cedente) repassa o risco assumido à resseguradora.
>
> De fato, a Lei Complementar nº 126/2007, que dispõe sobre a política de resseguro, quando se refere à seguradora, diz:
>
> '*Art. 2º A regulação das operações de cosseguro, resseguro, retrocessão e sua intermediação será exercida pelo órgão regulador de seguros, conforme definido em lei, observadas as disposições desta Lei Complementar.*
>
> *§ 1º Para fins desta Lei Complementar, considera-se:*

---

[12] REsp nº 1.170.057/MG, da 3ª Turma, j. em 17.12.2013, *DJe* de 13.02.2014, rel. Min. Ricardo Villas Bôas Cueva.

I – cedente: a sociedade seguradora que contrata operação de resseguro ou o ressegurador que contrata operação de retrocessão;

II – cosseguro: operação de seguro em que 2 (duas) ou mais sociedades seguradoras, com anuência do segurado, distribuem entre si, percentualmente, os riscos de determinada apólice, sem solidariedade entre elas;

III – resseguro: operação de transferência de riscos de um cedente para um ressegurador, ressalvado o disposto no inciso IV deste parágrafo;

IV – retrocessão: operação de transferência de riscos de resseguro de resseguradores para resseguradores, ou de resseguradores para sociedades seguradoras locais' (grifou-se).

Como se vê, a lei aparentemente confundiu o contrato de resseguro com a figurada cessão disciplinada no Código Civil. Contudo, é evidente que, à diferença da cessão deposição jurídica, no contrato de resseguro a assim chamada 'cedente', ou seja, a sociedade seguradora ressegurada, em regra, não se retira, mas antes permanece na relação jurídica, não havendo sub-rogação pelo cessionário das obrigações da cedente.

Veja-se, a propósito, a lição do professor Ricardo Bechara Santos:

'Consta como função primordial do contrato de resseguro a de indenizar a 'cedente', ou melhor, a sociedade seguradora ressegurada – cabendo de pronto uma reparação quanto à expressão 'cedente' que, embora empregada na referida Lei Complementar, não pode nem deve conduzir a uma eventual confusão entre o contrato de resseguro e o instituto da cessão, a qual é tratada especificamente pelo Código Civil.

Mesmo que o resseguro seja conhecido como operação de transferência de riscos da 'cedente' (seguradora) para o ressegurador (art. 2º da LC 126/2007), já se infere que o contrato de resseguro não tem a mesma natureza jurídica da cessão, seja cessão de crédito ou cessão passiva, posto que nesta o cessionário se sub-roga nas obrigações da cedente, como sucessor, se retirando do negócio, enquanto no resseguro a 'cedente' permanece, em regra, na relação (...)' (http://cadernosdeseguro.funenseg.org.br/secao.php?materia=224)

A maior parte da doutrina sustenta que o contrato de resseguro insere-se, de modo geral, no tipo securitário. Veja-se, por todos, Paulo de Toledo Piza, *Contrato de resseguro*, p. 251.

Com efeito, sabe-se que, pelo contrato de seguro o segurador garante interesse legítimo do segurado assumindo riscos predeterminados. É o que dispõe o art. 757 do Código Civil:

'Pelo contrato de seguro, o segurador se obriga, mediante o pagamento do prêmio, a garantir interesse legítimo do segurado, relativo a pessoa ou a coisa, contra riscos predeterminados.

Parágrafo único. Somente pode ser parte, no contrato de seguro, como segurador, entidade para tal fim legalmente autorizada'.

Não obstante os riscos assumidos sejam predeterminados, é possível que, em ocorrendo sinistro, seja o segurador obrigado a indenizar o segurado em quantia que ultrapasse o que efetivamente poderia pagar, pois a operação de seguros demanda uma grande massa de negócios segurados aliada ao atendimento determinadas condições técnicas. Ocorre, porém, que a *'matemática não é perfeita e, além disso, a Estatística pressupõe um universo de condições que apenas em tese podem ser plenamente alcançadas'* (Luiz Paulo de Toledo Piza, *Seguros*: uma questão atual. São Paulo, Ed. Max Limonad, 2001). Para Leoni Trida, citando Moitinho Filho, *'quando a quantia segurada é de montante elevado, regras de prudência aconselham que, na falta de capacidade financeira do segurador para suportar as consequências do sinistro, se proceda à sua repartição*' (Seguro de pessoas – negativa de pagamento das seguradoras, 2. ed. 2009, Juruá, p. 60).

Desse modo, ainda que as seguradoras captem contratos que, em tese, são suficientes para atender a todas as condições cobertas, mesmo assim, não estão imunes ao desequilíbrio atuarial da carteira, capaz, inclusive, de levar uma seguradora à quebra.

Visando enfrentar esse risco, o contrato de resseguro garante ao segurador o ressarcimento pelo seu prejuízo, passando o ressegurador a atuar como segurador do segurador.

Daí a expressão habitual, *o resseguro é o seguro do segurador*. Sobre as características desse contrato, Pedro Alvim leciona: '*O resseguro tem o mesmo objetivo do cosseguro: distribuir entre seguradoras a cobertura do risco. Divergem, todavia, na sua estrutura técnico-jurídica. (...) Consiste o resseguro na transferência de parte ou de toda a responsabilidade do segurador para o ressegurado. A obrigação assumida perante o segurado por um só segurador é compartilhada por outros através do resseguro. Assim como o segurado procura garantir-se contra os efeitos dos riscos por meio do seguro, procede da mesma forma o segurador resguardando-se através do resseguro, de prejuízos tecnicamente desaconselháveis*' (O contrato de seguro, Forense, 3. ed., p. 356 – grifou-se).

Nas palavras de Manuel Broseta Pont, é precisamente para remediar a '*perniciosa possibilidade*' de o segurador vir a ser fragilizado em suas bases técnicas que '*la técnica del Derecho de seguros ofrece al asegurador un contrato mediante el cual el asegurador se asegura (reasegura) en otro asegurador (reasegurador) por el riesgo de que en su patrimonio nazca una deuda frente al asegurado originario que técnicamente no puede suportar*' (El contrato de reaseguro, Madrid, Aguilar, 1961, p. 18).

Ariel Dirube define o contrato de resseguro como '*um verdadeiro contrato de segundo grau*' (Manual de resseguros, São Paulo, 1991, p. 21).

Não foi sem razão, assim, que o Código Comercial alemão definiu resseguro como '*o seguro do risco assumido pelo segurado*' (art. 779, § 1º, hoje revogado). Na Espanha, a natureza jurídica seguradora do resseguro encontra-se positivada nos artigos 77 a 79 da Lei nº 50/1980, relativa a Contratos de Seguro, como um seguro de dano. No Brasil, desde o Decreto-lei nº 73/1966 (art. 4º), o *resseguro*, o *cosseguro* e a *retrocessão*, já eram partes integrantes da operação de seguro: '*Integram-se nas operações de seguros privados o sistema decô-seguro, resseguro e retrocessão, por forma a pulverizar os riscos e fortalecer as relações econômicas do mercado*'.

Em reforço a isso, o art. 5º da Lei Complementar nº 126/2007, que manda aplicar '*aos resseguradores locais, observadas as peculiaridades técnicas, contratuais, operacionais e de risco da atividade e as disposições do órgão regulador de seguros: (I) o Decreto-lei nº 73, de 21 de novembro de 1966, e as demais leis aplicáveis às sociedades seguradoras, inclusive as que se referem à intervenção e liquidação de empresas, mandato e responsabilidade de administradores; e (II) as regras estabelecidas para as sociedades seguradoras*'.

A qualificação jurídica do resseguro como um contrato de seguro decorre do fato de a resseguradora obrigar-se, mediante o pagamento de um prêmio, a proteger o patrimônio da 'cedente' do risco substanciado na responsabilidade desta perante seu segurado, presentes, portanto, as características principais da relação securitária: interesse, risco, importância segurada e prêmio.

Vera Helena de Mello Franco lembra, ainda, que o resseguro '*cobre as consequências patrimoniais para a seguradora, derivadas do cumprimento das obrigações previstas no* contrato de seguro, (...) é um contrato de seguro de danos com finalidade de cobrir aquelas responsabilidades perante o segurado (...); o risco assumido não é, porém, o risco do contrato original, (...) não há recobertura, mas cobertura de outro risco' (*Lições de direito securitário*. São Paulo: Maltese, 1993).

Pontes de Miranda também afirma a autonomia dos contratos (seguro e resseguro), pois o resseguro é 'outro contrato, autônomo', em que distintos são os riscos e os interesses (*Tratado de direito privado*, t. XLVI, § 4.993, Rio de Janeiro, 3. ed., 1984, p.119).

Nesse contexto, é de se concluir que, apesar de formalmente acessório e autônomo, o resseguro é um verdadeiro contrato de seguro atípico.

IV – Prescrição

Quanto à prescrição, a lei previu, para qualquer pretensão decorrente do contrato de seguro privado, o prazo de um ano (art. 178, § 6º, do Código Civil de 1916 e art. 206 do Código Civil de 2002). Nisso se inclui o seguro do segurador, isto é, o resseguro.

Outro não foi o entendimento firmado pelo Tribunal local: '(...) *Em realidade, o contrato de resseguro nada mais é do que outro contrato de seguro firmado entre a seguradora e a resseguradora. Consequentemente, nas relações entre estas se aplica o prazo prescricional de um (1) ano, previsto no artigo 178, § 6º, inciso II, do Código Civil de 1916 e repetido no inciso II do artigo 206 do atual Código Civil.*

No caso em exame, este prazo prescricional iniciou-se aos 18 de dezembro de 1999 e aos 13 de março de 2.000, datas em que foram efetuados os pagamentos decorrentes do seguro às referidas herdeiras (cf. f. 115-TJ e 112-TJ). Encontra-se, pois, prescrita a pretensão da agravada de receber o valor decorrente do contrato de seguro porquanto ajuizou a ação apenas aos 17 de julho de 2003 (cf. bilhete de distribuição, às fls. 133-TJ), quando, evidentemente, já havia decorrido o prazo prescricional de um (1) ano (...)' (fl. 508).

No STJ, há muito já se firmou jurisprudência quanto à prescrição ânua da ação do segurado contra a seguradora (REsp 31.994/SP, rel. Min. Sálvio de Figueiredo Teixeira, 4ª Turma, j. em 09.03.1993, *DJ* 3.05.1993; AgRg no Ag 211.284/SP, rel. Min. Carlos Alberto Menezes Direito, 3ª Turma, j. em 18.03.1999, *DJ* 02.05.1999; AgRg no REsp 708.117/RJ, rcl. Min. Maria Isabel Gallotti, 4ª Turma, j. em 04.09.2012, *DJe* 17.09.2012; AgRg no Ag 1.230.336/SP, de minha Relatoria, 3ª Turma, j. em 20.08.2013, *DJe* 26.08.2013)".

Quanto à ação de regresso do segurador contra o causador, o prazo é de três anos, posto se exercer a pretensão de ressarcimento ou indenização do valor pago. Explica Rui Stoco: "Como o Código Civil de 2002 reservou previsão expressa para a pretensão de reparação civil, sem fazer distinção entre ação direta e ação regressiva, para a hipótese de a pessoa condenada voltar-se contra o responsável mediato pelo dano, quer parecer que o prazo prescricional de três anos, previsto no art. 206, § 3º, V, aplica-se às duas espécies. Não prevalece, portanto, a regra comum do art. 205, pois o inc. V do § 3º do art. 206 estabelece prazo menor".[13]

Cumpre acrescentar a existência da Lei 15.040, de 9.12.2024, publicada no dia seguinte, e entrando em vigor a partir de um ano depois, isto é, em 10.05.2025. Lei que instituiu o Marco Legal dos Seguros e revogou o inciso II do § 1º do art. 206 e os arts. 757 a 802 do Código Civil, bem como os arts. 9º a 14 do Decreto-Lei nº 73, de 21 de novembro de 1966.

Relativamente à prescrição, que interessa ao caso, as novas regras constam nos arts. 126 e 127.

Cabe a sua transcrição:

---

[13] *Tratado de responsabilidade civil*. Doutrina e jurisprudência. 7. ed. São Paulo: RT, 2007. p. 207.

"Art. 126. Prescrevem:

I – em 1 (um) ano, contado da ciência do respectivo fato gerador:

a) a pretensão da seguradora para a cobrança do prêmio ou qualquer outra pretensão contra o segurado e o estipulante do seguro;

b) a pretensão dos intervenientes corretores de seguro, agentes ou representantes de seguro e estipulantes para a cobrança de suas remunerações;

c) as pretensões das cosseguradoras entre si;

d) as pretensões entre seguradoras, resseguradoras e retrocessionárias;

II – em 1 (um) ano, contado da ciência da recepção da recusa expressa e motivada da seguradora, a pretensão do segurado para exigir indenização, capital, reserva matemática, prestações vencidas de rendas temporárias ou vitalícias e restituição de prêmio em seu favor;

III – em 3 (três) anos, contados da ciência do respectivo fato gerador, a pretensão dos beneficiários ou terceiros prejudicados para exigir da seguradora indenização, capital, reserva matemática e prestações vencidas de rendas temporárias ou vitalícias.

Art. 127. Além das causas previstas na Lei nº 10.406, de 10 de janeiro de 2002 (Código Civil), a prescrição da pretensão relativa ao recebimento de indenização ou capital segurado será suspensa uma única vez, quando a seguradora receber pedido de reconsideração da recusa de pagamento.

Parágrafo único. Cessa a suspensão no dia em que o interessado for comunicado pela seguradora de sua decisão final".

De pronto, nota-se o quanto melhorou a disciplina, já que ampliados e classificados mais detalhadamente os prazos, não restritos tanto ao segurado. No art. 126, estão, nos incisos I e II, os casos da prescrição em um ano.

Quanto ao inciso I: a cobrança do prêmio de seguro pelas seguradoras, a cobrança da remuneração pelos corretores de seguro, agentes ou representantes de seguro e estipulantes evidentemente junto à seguradora, a cobrança ou as pretensões das cosseguradoras entre si, e a cobrança ou as pretensões entre seguradoras, resseguradoras e retrocessionárias.

Quanto ao inciso II: a pretensão do segurado, contado o prazo da ciência da recepção da recusa expressa e motivada da seguradora, para exigir indenização, capital, reserva matemática, prestações vencidas de rendas temporárias ou vitalícias e restituição de prêmio em seu favor.

No inciso III do art. 126, fixado o prazo em três anos, contado da ciência do respectivo fato gerador, está a pretensão dos beneficiários ou terceiros prejudicados para exigir da seguradora indenização, capital, reserva matemática e prestações vencidas de rendas temporárias ou vitalícias. Reservado esse prazo a beneficiários e terceiros prejudicados perante a seguradora. Trata-se da prescrição da ação indenizatória contra atos ilícitos da seguradora, especialmente se decorrentes de aplicações dos beneficiários ou de terceiros prejudicados.

O art. 127 cuida da suspensão do prazo prescricional visando ao recebimento da indenização ou do capital segurado, que se dá, além das causas previstas no Código Civil, em uma única vez, quando do recebimento, pela seguradora, do pedido reconsiderando a recusa do pagamento. Outrossim, conforme o parágrafo único, perdura a suspensão até chegar ao interessado a decisão final sobre a reclamação.

Como consta do dispositivo, admitem-se as causas de suspensão do Código Civil, que são as dos arts. 198, 199 e 200:

"Art. 198. Também não corre a prescrição:

I – contra os incapazes de que trata o art. 3º;

II – contra os ausentes do País em serviço público da União, dos Estados ou dos Municípios;

III – contra os que se acharem servindo nas Forças Armadas, em tempo de guerra.

Art. 199. Não corre igualmente a prescrição:

I – pendendo condição suspensiva;

II – não estando vencido o prazo;

III – pendendo ação de evicção.

Art. 200. Quando a ação se originar de fato que deva ser apurado no juízo criminal, não correrá a prescrição antes da respectiva sentença definitiva".

Uma vez ocorrido o fato ou a causa da suspensão, torna a correr o prazo.

3.3. A pretensão na percepção de emolumentos, custas e honorários de árbitros e peritos

É de um ano o prazo de prescrição para os tabeliães, auxiliares da justiça, serventuários judiciais, árbitros e peritos promoverem a percepção de emolumentos, custas e honorários, em consonância com o § 1º, inc. III, do art. 206 do Código Civil.

Inclui-se nesse prazo a pretensão de todos os que desempenham atividades ligadas à justiça e aos cartórios judiciais e extrajudiciais, como escrivães, oficiais de justiça e oficiais dos registros públicos. Não alcança a parte vencedora de uma lide, e que adiantou as custas, para reembolsar-se junto ao perdedor. Consoante os termos do dispositivo, a regra dirige-se aos que desempenham as atividades referidas. Aquele que despendeu custas ou quaisquer despesas tem assegurado o prazo de cinco anos para a devida cobrança, de acordo com o art. 206, § 5º, inc. III, da lei civil.

Normalmente, segundo os regimentos locais de custas e emolumentos, antes da realização do ato procede-se o depósito prévio, sendo, pois, difícil a ocorrência de hipóteses de exigibilidade judicial. Tanto na esfera da atividade judicial, como na extrajudicial, adianta o interessado as custas e emolumentos, em obediência ao que determina, quanto às despesas dos Atos judiciais, a regra do art. 82 do Código de Processo Civil.

Já no pertinente às custas dos árbitros e peritos, é igualmente normal que sejam antecipadas, ordenando o juiz que a parte faça o depósito, em obediência do assinalado pelo art.95, §§ 1º e 2º, da mesma lei processual civil.

Para a cobrança, nas situações pendentes, o prazo será de um ano, contado sempre da data da exigibilidade definitiva.

3.4. A pretensão contra os peritos, pela avaliação de bens que entram para a formação do capital de sociedade anônima

Estabelecido, no § 1º, inc. IV, do art. 206 do Código Civil, o prazo de um ano para a eventual pretensão dos que participam de sociedades anônimas, contra os peritos:

"Art. 206. Prescreve:

§ 1º Em 1 ano: (...)

IV – a pretensão contra os peritos, pela avaliação dos bens que entraram para a formação do capital de sociedade anônima, contado da publicação da ata da assembleia que aprovar o laudo".

A norma envolve a prescrição em direito societário, não vindo prevista no diploma anterior. Pressupõe a avaliação de má-fé do perito destacado para estimar economicamente os bens com que os sócios formam sua participação no capital social de uma sociedade anônima.

Com efeito, estabelece o art. 7º da Lei nº 6.404, de 15.12.1976:

"O capital social poderá ser formado com contribuições em dinheiro ou em qualquer espécie de bens suscetíveis de avaliação em dinheiro".

E sobre a avaliação, o art. 8º fornece o procedimento:

"A avaliação dos bens será feita por 3 (três) peritos ou por empresa especializada, nomeados em assembleia geral dos subscritores, convocada pela imprensa e presidida por um dos fundadores, instalando-se em primeira convocação com a presença de subscritores que representem metade, pelo menos, do capital social, e em segunda convocação com qualquer número".

De acordo com as normas que seguem, apresenta-se laudo fundamentado, com o critério de avaliação e os elementos de comparação adotados e instruído com os documentos relativos aos bens avaliados. Finalmente, o § 6º do art. 8º contempla a responsabilidade dos avaliadores e do subscritor perante a companhia, os acionistas e terceiros:

"Os avaliadores e o subscritor responderão perante a companhia, os acionistas e terceiros, pelos danos que causarem por culpa ou dolo na avaliação dos bens, sem prejuízo da responsabilidade penal em que tenham incorrido".

Justamente para ensejar a reparação dos danos que causarem com a avaliação é que se previu o lapso de tempo de um ano, que se conta a partir da publicação da ata da assembleia que vier a aprovar o laudo de avaliação.

Na previsão do art. 287, inc. I, letra "a", da Lei nº 6.404/1976, também consta de um ano o prazo de prescrição da ação, contra os peritos, e estendendo-o também contra os subscritores do capital, para deles haver reparação civil pela avaliação de bens, contado o prazo da publicação da ata da assembleia geral que aprovar o laudo.

3.5. Pretensão dos credores não pagos contra os sócios ou acionistas e os liquidantes

Igualmente envolve direito societário a norma do inc. V, § 1º, do art. 206 do Código Civil, o qual concede o prazo de um ano para:

"a pretensão dos credores não pagos contra os sócios ou acionistas e os liquidantes, contado o prazo da publicação da ata de encerramento da liquidação da sociedade".

Sabe-se que a Lei das Sociedades Anônimas (Lei nº 6.404, de 15.12.1976) prevê a dissolução da companhia por três modos: de pleno direito, por decisão judicial e por decisão administrativa. A primeira modalidade, segundo seu art. 206, encontra as seguintes causas de dissolução: por término do prazo de duração, nos casos previstos no estatuto, por deliberação da assembleia geral, pela existência de um único acionista, e pela extinção, na forma da lei, da autorização para funcionar. A segunda modalidade se dá quando anulada a sua constituição, quando provado que não pode preencher o seu fim, e em caso de falência. Já a terceira decorre da decisão da autoridade administrativa competente, sempre que a lei determinar.

Verificada a dissolução, procede-se à liquidação, que se realiza ou pelos órgãos próprios da companhia, ou por decisão judicial. Não satisfeitos os credores dos acionistas ou titulares das ações, assegura-se a competente ação de indenização, até completar o seu crédito. Se o liquidante desviou o capital, ou não agiu corretamente na distribuição do produto resultante da liquidação, também responde por perdas e danos. É como está no art. 218 da lei em pauta:

> "Encerrada a liquidação, o credor não satisfeito só terá direito de exigir dos acionistas, individualmente, o pagamento de seu crédito, até o limite da soma, por eles recebida, e de propor contra o liquidante, se for o caso, ação de perdas e danos. O acionista executado terá direito de haver dos demais a parcela que lhes couber no crédito pago".

Conta-se o prazo para reclamar da publicação da ata onde constam os resultados da liquidação, isto é, os valores que cabem aos credores dos acionistas.

Idêntica previsão de prazo prescricional encontra-se no art. 287, inc. I, letra "b", da Lei nº 6.404, como será abordado mais extensamente adiante.

3.6. Pretensão a prestações alimentícias

Conforme § 2º do art. 206 da lei civil, em dois anos prescrevem as prestações alimentícias, ou dívidas oriundas de pensão de alimentos, a partir da data em que se vencerem, sendo que pelo Código anterior o prazo se ampliava para cinco anos. Necessário observar que a prescrição alcança unicamente as prestações, sem atingir o direito, suscetível de ser invocado a qualquer tempo, como já revelava incisivamente o art. 23 da Lei nº 5.478, de 25.07.1968, quando o prazo era de cinco anos:

> "A prescrição quinquenal referida no art. 178, § 10, inciso I, do Código Civil só alcança as prestações mensais e não o direito a alimentos, que, embora irrenunciável, pode ser provisoriamente dispensado".

O art. 178, § 10, inc. I, é do CC/1916.

De modo que a prescrição de dois anos refere-se unicamente à prestação periódica que está fixada em sentença ou convencionada em acordo. Opera-se em relação a cada prestação que se encontra vencida, mantendo-se o direito de exigir as demais. Já explicava João Claudino de Oliveira e Cruz: "A ação para pedir alimentos é que é imprescritível, pois corresponde ao direito a alimentos e sendo este irrenunciável segue-se que a ele corresponde aquela ação, que o assegura (art. 75 do Código Civil), isso porque – como acentua Oliveira Castro – 'se o direito existe, subsiste concomitantemente a faculdade de torná-lo efetivo mediante a competente ação, dentro da fórmula do art. 75 do Código'".[14]

---

[14] O invocado art. 75 não constou repetido no Código de 2002, pois a sua natureza é processual, constando regulado o direito à ação nos arts. 17, 19 e 18 do Código de Processo Civil em vigor. *Dos alimentos no direito de família*. Rio de Janeiro: Forense, 1956. p. 39.

O direito a alimentos é perpétuo, expondo Carlos da Rocha Guimarães como se forma: "Para a obtenção desse direito, necessário se faz que exista o vínculo de família do alimentando com aquele que pode vir a ser o obrigado a pagar-lhe alimentos. Quando a existência desse vínculo é mera possibilidade e não direito já constituído, a ordem jurídica atribui ao interessado o direito de constituí-lo por intermédio do Judiciário. Ocorre tal situação, por exemplo, no caso do direito de investigação de paternidade. Trata-se, evidentemente, de um direito perpétuo munido de um direito de ação, como meio de efetivá-lo".[15]

Finalmente, adverte Humberto Theodoro Júnior que "não se deve confundir, outrossim, o débito alimentar proveniente das relações de direito de família com o pensionamento imposto como forma de reparação do dano pessoal advindo de ato ilícito (lesões corporais ou homicídio). A prescrição das parcelas estatuídas em ação de responsabilidade civil não segue as regras das dívidas alimentares, mas a da 'pretensão de reparação civil' (art. 206, § 3º, V)".[16] Nessa inteligência, é lembrada a posição do STJ e do STF (REsp nº 45.194-9, da 3ª Turma, *DJU* de 06.05.1996; REsp nº 1.021/RJ, da 4ª Turma, *DJU* de 10.12.1990; RE nº 91.586-9, j. em 02.10.1979, em *RT* 548/254).

3.7. Pretensão às prestações relativas a aluguéis

É de três anos o prazo para a "pretensão relativa a aluguéis de prédios urbanos ou rústicos", segundo o § 3º, inc. I, do art. 206.

Conta-se o prazo, que no Código anterior era de cinco anos, do vencimento de cada parcela. Decorrido o período assinalado, não mais assiste a pretensão para a cobrança.

O aluguel vem a ser a renda pela locação do imóvel, seja urbano ou rústico. Não se trata do uso para exploração agrícola, pecuária, agroindustrial, extrativa ou mista, como se dá com o arrendamento ou a parceria.

Não se incluem na espécie de aluguéis as despesas ou quotas de condomínio, de acordo com a *ratio* do Superior Tribunal de Justiça, com base no Código anterior:

> "A Corte já enfrentou a matéria e decidiu (Relator o Senhor Ministro Waldemar Zveiter) que 'o prazo prescricional da ação de cobrança de quotas condominiais é de vinte anos, regulado pelo artigo 177 do Código Civil' (REsp nº 88.885/RS, *DJ* 17.02.1997). Em outra oportunidade, decidiu a Corte que, 'à falta de norma específica, incide a geral do Código Civil, para os direitos pessoais', destacando o voto condutor do Ministro Eduardo Ribeiro que a 'Lei nº 4.591/1964 regulou minuciosamente as questões relativas ao condomínio por unidades autônomas. Se nada dispôs sobre a questionada prescrição é porque não se pretendeu excluir a aplicação da norma genérica. Não é dado ao juiz, nas circunstâncias, criar regra nova'".[17]

3.8. Pretensão ao recebimento de prestações vencidas de rendas temporárias ou vitalícias

Fixado em três anos o prazo para a pretensão em receber prestações vencidas de rendas temporárias ou vitalícias, a teor do § 3º, inc. II, do art. 206.

---

[15] *Prescrição e decadência*, cit., p. 127.
[16] *Comentários ao Novo Código Civil*: arts. 185 a 232, cit., p. 321.
[17] REsp nº 202.618/SP, 3ª Turma do STJ, j. em 09.11.1999, *DJU* de 27.03.2000. O referido art. 177 é do Código Civil de 1916.

No pertinente às rendas temporárias ou vitalícias são as contempladas nos arts. 803 a 813 do Código, ou seja, as constituídas sobre bens móveis ou imóveis, iniciando o prazo a partir do momento de sua exigibilidade. Consoante definição de Clóvis Beviláqua, a constituição de renda "é a relação jurídica, em que uma pessoa entrega a outra um imóvel, a título oneroso ou gratuito, a fim de que esta, por determinado tempo, lhe forneça dou a outrem certa renda periódica".[18]

Os arts. 803 e 804 bem expressam a ideia:

> "Art. 803. Pode uma pessoa, pelo contrato de constituição de renda, obrigar-se para com outra a uma prestação periódica, a título gratuito.
>
> Art. 804. O contrato pode ser também a título oneroso, entregando-se bens móveis ou imóveis à pessoa que se obriga a satisfazer as prestações a favor do credor ou de terceiros".

3.9. Pretensão em haver juros, dividendos ou quaisquer prestações acessórias

Na previsão do § 3º, inc. III, do art. 206, prescreve em três anos:

> "a pretensão para haver juros, dividendos ou quaisquer prestações acessórias pagáveis, em períodos não maiores de 1 (um) ano, com capitalização ou sem ela".

No que diz com os juros e outras prestações periódicas, a prescrição no lapso de tempo de três anos restringe-se às parcelas pagáveis anualmente ou em períodos menores. Não tem aplicação a regra se combinados prazos maiores, ou prevista a satisfação junto com o capital, o que é comum no mútuo.

Mesmo os juros capitalizáveis, isto é, indo acrescer o capital, e sobre este assim avolumado calculando-se novos juros no período seguinte, ingressam no período prescricional, porquanto se somam aos juros exigíveis periodicamente. Hipótese bastante frequente encontra-se nos contratos de concessão de crédito bancário, quando se estipula a exigibilidade em geral a cada período de seis meses.

Os dividendos correspondem aos lucros das sociedades anônimas distribuídos aos sócios. Retiram-se dos lucros líquidos as importâncias destinadas à formação dos fundos de reserva (reserva legal, reservas estatutárias, reservas para contingências), e outras para finalidades contempladas nos estatutos, e distribui-se o restante entre os sócios. Dividendo é justamente a parte que cabe a cada sócio, proporcional às ações que possuir na sociedade, sendo o resultado da divisão dos lucros líquidos pelo número de ações. A matéria está regulada nos arts. 201 a 205 da Lei das Sociedades Anônimas. No art. 287, inc. II, letra "a", da citada lei, está inserido o mesmo prazo prescricional.

O prazo de prescrição inicia na data em que se estabelece a exigibilidade, definida na assembleia geral de acionistas.

As prestações acessórias referem-se a remunerações pelas aplicações investidas geralmente em estabelecimentos bancários, como nos Certificados de Depósito Bancário (CDBs), nas diversas espécies de letras e de investimentos representados por papéis.

---

[18] *Direito das coisas*. 5. ed. Rio de Janeiro: Forense, 1956. v. I, p. 342.

3.10. Pretensão ao ressarcimento por enriquecimento sem causa

Na letra do § 3º, inc. IV, do art. 206, opera-se em três anos a prescrição da pretensão ao ressarcimento por enriquecimento sem causa. A disposição constitui uma novidade em nosso sistema jurídico, posto que omitida no direito positivo anterior, quando se tinha como prazo prescritivo o de vinte anos.

Naturalmente, inicia o período temporal no momento da verificação do dito enriquecimento. Inúmeras as situações que comportam o ressarcimento, sendo elemento configurativo o proveito resultante a uma das partes de uma relação contratual ou extracontratual. Assim, a falta de pagamento da dívida no momento oportuno, o investimento de capital recebido sem a retribuição pelo tempo em que ficou a parte usufruindo do mesmo capital, o acréscimo feito em uma obra a pedido do contratante, o empréstimo de um instrumento que trouxe vantagens à pessoa, a utilização de uma área de terras no cultivo econômico, a permanência em um imóvel além do prazo combinado, o pagamento do preço inferior ao vigente no mercado, são alguns exemplos.

Se o proveito se dá por meio de uma ação que infringe especificamente um ditame legal, agindo com dolo ou má-fé, como na prática de um crime (furto, apropriação indébita, não restituição do bem que se tem em depósito) considera-se ilícito o enriquecimento sem causa; se ocorre um mero proveito material por descumprimento de contrato, ostenta-se como unicamente sem causa (não restituição do bem no momento combinado).

3.11. Pretensão à reparação civil

Uma vez provado o dano, cabe a ação de reparação. Tem o direito de pedir a reparação toda pessoa que demonstre um prejuízo e sua injustiça. Leva-se a efeito a reparação com a atribuição de uma quantidade de dinheiro suficiente para que compense, por sub-rogação, um interesse.

Existem dois modos de reparar o dano: de um lado, está o ressarcimento, que consiste na recomposição da situação anterior, mediante a compensação de uma soma pecuniária equivalente; de outra parte, vem a reparação específica, ou a integração, pela qual a obrigação ressarcitória se concretiza com a restituição ao sujeito do estado anterior ao dano. Mesmo não cancelando o dano no mundo dos fatos, cria uma realidade materialmente correspondente à que existia antes de se produzir a lesão. O ressarcimento, diferentemente, estabelece uma situação econômica equivalente àquela que foi comprometida pelo dano, por meio de uma indenização em dinheiro. Revelando caráter pecuniário, se expressa na prestação, ao prejudicado, de uma soma, em dinheiro, adequada para originar um estado de coisas equivalente ao anterior. Ao prejudicado assiste o direito de exigir uma importância destinada a reequilibrar a sua posição jurídica.

Importa, mais que as distinções subjetivas, que seja restaurado o prejuízo causado.

Fundamentalmente, duas causas provocam o direito à indenização, imposto como obrigação legal.

A primeira nasce do inadimplemento, pelo devedor, de um dever de dar, fazer ou não fazer. É a reparação pelo dano contratual. A lei protege o credor e o cerca de meios legais a fim de que o obrigado satisfaça aquilo a que se comprometera. Busca-se dar ao titular do direito subjetivo a prestação prometida.

Em segundo lugar, a prática de um ato ilícito determina o ressarcimento dos danos, o que se verifica com a reposição das coisas em seu estado anterior. Se há a impossibilidade de reposição, ao prejudicado resta a opção da indenização em dinheiro por perdas e danos.

Todavia, de observar que não só os atos ilícitos são fonte de indenização. Há a responsabilidade objetiva, ou decorrente do risco, instituída por leis especiais, onde não se questiona a respeito da licitude ou ilicitude do evento que desencadeia o dano.

A reparação assume contornos próprios, segundo a causa que a faz nascer. Às vezes, os prejuízos são devidos porque o compromisso definitivo restou descumprido. Há impossibilidade de satisfação. Em outras ocasiões, o atendimento se verifica após certa demora, mais ou menos prolongada, que produz prejuízos. No primeiro caso, temos a reparação compensatória; no segundo, ela é moratória. Nada impede a acumulação de ambos os modos, quando o atraso no atendimento, primeiramente observado, se transforma em inobservância definitiva.

Opera-se a reparação mediante o pagamento das perdas e danos, representado por uma soma em dinheiro equivalente ao valor da prestação descumprida, ou aos prejuízos sofridos com o inadimplemento, ou equivalente à perda do bem acarretada pelo ato ilícito, advindo por determinação legal independentemente da culpa, que enseja a responsabilidade objetiva.

Uma vez ocorrido o dano, nasce o direito à reparação, começando a correr o prazo de prescrição de três anos.

De três anos o prazo para intentar a reparação civil, conforme está no art. 206, § 3º, inc. V, do Código Civil – preceito sem correspondente no Código Civil anterior, quando vigorava o lapso temporal de vinte anos para a ação de reparação.

Pelo vigente estatuto, todas as ações indenizatórias que visam à reparação de qualquer dano têm o prazo limitado em três anos para o ajuizamento.

Existem dois modos de reparar o dano: de um lado, está o ressarcimento, que consiste na recomposição da situação anterior, mediante a compensação de uma soma pecuniária equivalente. De outra parte, vem a reparação específica, ou a integração, pela qual a obrigação ressarcitória se concretiza com a restituição ao sujeito do estado anterior ao dano. Mesmo não cancelando o dano no mundo dos fatos, cria uma realidade materialmente correspondente à que existia antes de se produzir a lesão. O ressarcimento, diferentemente, estabelece uma situação econômica equivalente àquela que foi comprometida pelo dano, por meio de uma indenização em dinheiro. Revelando caráter pecuniário, se expressa na prestação, ao prejudicado, de uma soma, em dinheiro, adequada para originar um estado de coisas equivalente ao anterior. Ao prejudicado assiste o direito de exigir uma importância destinada a reequilibrar a sua posição jurídica.

Importa, mais que as distinções subjetivas, que seja restaurado o prejuízo causado.

Fundamentalmente, duas causas provocam o direito à indenização, imposto como obrigação legal.

A primeira nasce do inadimplemento, pelo devedor, de um dever de dar, fazer ou não fazer. É a reparação pelo dano contratual. A lei protege o credor e o cerca de meios legais a fim de que o obrigado satisfaça aquilo a que se comprometera. Busca-se dar ao titular do direito subjetivo a prestação prometida.

Em segundo lugar, a prática de um ato ilícito determina o ressarcimento dos danos, o que se verifica com a reposição das coisas em seu estado anterior. Se há a impossibilidade para a reposição, ao prejudicado resta a opção da indenização em dinheiro por perdas e danos.

Todavia, de observar que não só os atos ilícitos são fonte de indenização. Há a responsabilidade objetiva, ou decorrente do risco, instituída por leis especiais, onde não se questiona a respeito da licitude ou ilicitude do evento que desencadeia o dano.

A reparação assume contornos próprios, segundo a causa que a faz nascer. Às vezes, os prejuízos são devidos porque o compromisso definitivo restou descumprido. Há impossibilidade de satisfação. Em outras ocasiões, o atendimento se verifica após certa demora, mais ou menos prolongada, a qual produz prejuízos. No primeiro caso, temos a reparação compensatória; no segundo, ela é moratória. Nada impede a acumulação de ambos os modos, quando o atraso no atendimento, primeiramente observado, se transforma em inobservância definitiva.

Opera-se a reparação mediante o pagamento das perdas e danos, representado por uma soma em dinheiro equivalente ao valor da prestação descumprida, ou aos prejuízos sofridos com o inadimplemento, ou equivalente à perda do bem acarretada pelo ato ilícito, advindo por determinação legal independente da culpa, que enseja a responsabilidade objetiva.

Uma vez ocorrido o dano, nasce o direito à reparação, começando a correr o prazo de prescrição de três anos, seja a responsabilidade de natureza contratual ou extracontratual, segundo recente entendimento adotado pelo Superior Tribunal de Justiça:

> "Recurso especial. Processual civil. Civil. Ausência de violação do art. 535 do CPC/1973. Prescrição. Pretensão fundada em responsabilidade civil contratual. Prazo trienal. Unificação do prazo prescricional para a reparação civil advinda de responsabilidade contratual e extracontratual. Termo inicial. Pretensões indenizatórias decorrentes do mesmo fato gerador: rescisão unilateral do contrato. Data considerada para fins de contagem do lapso prescricional trienal. Recurso improvido".[19]

3.12. Pretensão à restituição de lucros ou dividendos recebidos de má-fé

Tem-se mais uma previsão que aparece no Código Civil de natureza societária, e que não vinha contemplada no Código anterior. Prescreve em três anos, nos termos do § 3º, inc. VI, do art. 206, a pretensão de restituição dos lucros ou dividendos recebidos de má-fé, correndo o prazo da data em que foi deliberada a distribuição.

Os lucros, na definição do art. 191 da Lei nº 6.404, de 15.12.1976, são o resultado do exercício que remanescer depois de deduzidos os prejuízos acumulados, a provisão para o Imposto de Renda, e as participações de empregados, administradores e partes beneficiárias.

De outro lado, os dividendos constituem a parte de resultados positivos que cabe a cada sócio, proporcionalmente às ações que possuir na sociedade, após a dedução dos custos e dos fundos de reserva legal e estatutária, que se abatem do lucro líquido.

O art. 201 da mesma Lei nº 6.404/1976 firma que a companhia somente pode pagar dividendos à conta do lucro líquido do exercício, de lucros acumulados e de reserva de lucros, preferencialmente aos titulares de ações preferenciais.

O recebimento dos lucros ou dividendos de má-fé importa no dever de restituição. A má-fé se ostenta na distribuição sem as prévias e obrigatórias deduções que a lei estabelece, e relativas aos prejuízos e às provisões para o Imposto de Renda e aos fundos de reserva, e desde que ausente o levantamento ou em desacordo com os resultados do mesmo. É o que prevê o § 2º do art. 201 da Lei nº 6.404/1976:

> "Os acionistas não são obrigados a restituir os dividendos que em boa-fé tenham recebido. Presume-se a má-fé quando os dividendos forem distribuídos sem o levantamento do balanço ou em desacordo com os resultados deste".

---

[19] REsp nº 1.281.594/SP, rel. Min. Marco Aurélio Bellizze, 3ª Turma, j. em 22.11.2016, *DJe* de 28.11.2016.

Se ocorreu o recebimento de boa-fé, ou fora das hipóteses *supra*, não nasce a obrigação da restituição.

O mesmo prazo de prescrição se encontra no art. 287, inc. II, letra "c", da Lei nº 6.404/1976:

> "Art. 287. Prescreve: (...)
>
> II – em 3 (três) anos:
>
> c) a ação contra acionistas para restituição de dividendos recebidos de má-fé, contado o prazo da data da publicação da ata e assembleia ordinária do exercício em que os dividendos tenham sido declarados".

Importante diferenciar a prescrição ora tratada daquela que diz respeito à apuração de haveres do sócio excluído. Nessa seara, recentemente, o Superior Tribunal de Justiça entendeu, em julgamento com relatoria da Ministra Nancy Andrighi, no REsp nº 1.139.593/SC (3ª Turma, j. em 22.04.2014), que tal prazo entra na norma genérica estabelecida pelo art. 205 do Código Civil, de dez anos, por falta de delimitação específica, bem como para favorecer o sócio excluído:

> "Trata-se, portanto, de ação de natureza condenatória, cujo objeto é a liquidação de débito reconhecido pelas partes, porém controversos em seu montante. Exatamente, por faltar ao título de exclusão do sócio, a liquidez quanto à obrigação de pagamento do valor correspondente às quotas sociais, aplica-se o prazo prescricional decenal previsto no art. 205 do CC/02 ou vintenário previsto no art. 177 do CC/16. 13. Considerando, pois, que é direito subjetivo do recorrido".

3.13. Pretensão ao ressarcimento contra fundadores, administradores, fiscais e liquidantes de sociedades anônimas

Ainda no âmbito do direito comercial e societário está a prescrição assinalada no art. 206, § 3º, inc. VII, da lei civil, não contemplada no Código revogado, reservando o prazo de três anos para:

> "a pretensão contra as pessoas em seguida indicadas por violação da lei ou do estatuto, contado o prazo:
>
> a) para os fundadores, da publicação dos atos constitutivos da sociedade anônima;
>
> b) para os administradores, ou fiscais, da apresentação, aos sócios, do balanço referente ao exercício em que a violação tenha sido praticada, ou da reunião ou assembleia geral que dela deva tomar conhecimento;
>
> c) para os liquidantes, da primeira assembleia semestral posterior à violação".

No exercício de direitos contra as pessoas anteriormente nomeadas, em decorrência de atos prejudiciais e desrespeitosos à lei ou aos estatutos, inicia o prazo trienal sempre na data da publicação dos atos constitutivo da sociedade (na ação contra os fundadores), da apresentação do balanço (na ação contra os administradores e fiscais), e da primeira assembleia geral semestral que se seguir à violação (na ação contra os liquidantes).

Cabe aos acionistas e outros interessados intentarem a ação reparatória ou de ressarcimento contra os desmandos, o excesso de mandato, os desvios de fundos e valores, a desídia no desempenho das funções, a apropriação do patrimônio da sociedade, a omissão de medidas administrativas, e toda série de atos e negócios prejudiciais, desde que presente a má-fé e até a culpa. Exemplificativamente, os eventos que acarretam a responsabilidade dos administradores decorrem do desrespeito dos deveres a eles impostos, vindo a discriminação no especialmente no art.158 da Lei nº 6.404/1976. Já em relação aos liquidantes, o art. 217 da citada lei disciplina a responsabilidade.

Disposições semelhantes, embora em maior extensão, aparecem no art. 287, inc. II, letra "b", da Lei nº 6.404/1976, ao assinalar a prescrição em três anos, nos seguintes termos:

"b) a ação contra os fundadores, acionistas, administradores, liquidantes, fiscais ou sociedade de comando, para deles haver reparação civil por atos culposos ou dolosos, no caso de violação da lei, do estatuto ou da convenção de grupo, contado o prazo:

1) para os fundadores, da data da publicação dos atos constitutivos da companhia;

2) para os acionistas, administradores, fiscais e sociedades de comando, da data da publicação da ata que aprovar o balanço referente ao exercício em que a violação tenha ocorrido;

3) para os liquidantes, da data da publicação da ata da primeira assembleia geral posterior à violação".

Quanto à hipótese assinalada no inc. II, letra *b*, nº 2, do art. 287, definiu o Superior Tribunal de Justiça:

"Nos termos da regra contida no art. 287, II, *b*, 2, da Lei nº 6.404/1976, a prescrição para o acionista apurar a responsabilidade do administrador de sociedade anônima ocorre em 3 (três) anos, sendo o seu termo inicial a data da publicação da ata que aprovar o balanço".

No voto do relator, apontam-se precedentes:

"'Sociedade anônima. Responsabilidade de administradores. Prescrição. O termo *a quo* do prazo prescricional, para apurar a responsabilidade de administradores a pedido do acionista, é a data da publicação da ata que aprovar o balanço referente ao exercício em que a violação tenha ocorrido (Lei nº 6.404/1976, art. 287, II, *b*, 2). Não releva o momento em que o acionista tenha tido conhecimento do fato' (REsp nº 36.334-9/SP, da 3ª Turma, rel. Min. Eduardo Ribeiro).

'Nos termos de precedentes da Corte, o termo inicial da prescrição para a ação destinada a apurar responsabilidade de administradores de sociedade anônima é a data da publicação da ata em que a violação tenha ocorrido e não a data em que tenha o interessado tido conhecimento do ilícito' (REsp nº 54.458/SP, rel. Min. Carlos Alberto Menezes Direito).

'Prescreve em três anos a ação contra administradores e sociedades de comando para deles haver reparação civil por atos culposos ou dolosos (art. 287, II, *b*, da Lei nº 6.404/1976).

Assim, em face da regra contida no art. 287, II, *b*, 2, da Lei nº 6.404/1976, a prescrição, no caso em exame, ocorre em três anos, da data da publicação da ata que aprovar o balanço' (REsp nº 16.410-0/SP, rel. Min. Sálvio de Figueiredo Teixeira)".[20]

---

[20] Recurso Especial nº 179.008, da 4ª Turma, de 09.05.2000, *DJU* de 26.06.2000, rel. Min. Cesar Asfor Rocha, *ADV Informativo*, p. 685, n. 44, nov. 2000.

3.14. Pretensão para haver o pagamento de títulos de crédito

Também de três anos o prazo prescricional para a pretensão ao pagamento de título de crédito, a contar do vencimento, ressalvadas as disposições de lei especial, em razão do art. 206, § 3º, inc. VIII, do Código Civil, sendo que o Código anterior não continha regra correspondente.

Como está no dispositivo, ressalvam-se as disposições das leis especiais.

Nesse sentido, unicamente se nada consignar em contrário a lei que regula o título de crédito, é que incide a norma do Código Civil. Quanto à letra de câmbio e à nota promissória, já vinha estabelecido o prazo de prescrição de três anos, segundo deflui do art. 70 da Lei Uniforme de Genebra em matéria de letra de câmbio e nota promissória (Decreto nº 57.663, de 24.01.1966):

> "Todas as ações contra o aceitante relativas a letras prescrevem em 3 (três) anos a contar de seu vencimento".

No entanto, embora perdida a força executiva, fica em cinco anos o prazo para a ação de cobrança da dívida, por aplicação do disposto no art. 206, § 5º, inc. I, do Código Civil, vindo a exegese retratada na seguinte síntese de decisão do STJ:

> "Para fins do art. 543-C do Código de Processo Civil: 'O prazo para ajuizamento de ação monitória em face do emitente de nota promissória sem força executiva é quinquenal, a contar do dia seguinte ao vencimento do título'".[21]

O art. 543-C mencionado tem correspondência no art. 1.036 do vigente CPC.

É que não deixa a nota promissória, e por extensão a letra de câmbio, de constituir documento de dívida líquida, deixando somente de manter a exigibilidade junto ao avalista.

Dá o relator os fundamentos da *ratio*:

> "Consoante precedentes do STJ, a pretensão relativa à execução contra o emitente e avalista de nota promissória à vista prescreve no prazo de 3 (três) anos (art. 70, c/c o art. 77 da LUG); contado o prazo, se não apresentada a cártula, a contar do término do prazo de um ano para a apresentação (art. 34, c/c o art. 77 da LUG) (REsp 409/RJ, rel. Min. Cláudio Santos, 3ª Turma; REsp 824.250/SE, rel. Min. Massami Uyeda, 3ª Turma).
>
> Nesse passo, é inequívoco que as notas promissórias regulares que embasam a ação, e que perderam executividade, constituem documento inequivocamente idôneo para satisfazer a exigência de 'prova escrita sem eficácia de título executivo' relativa ao crédito oriundo do negócio subjacente, a que alude o art. 1.102-A do CPC.
>
> Essa é a firme jurisprudência do STJ:
>
> (...) 'I – A ação monitória foi introduzida no ordenamento jurídico brasileiro com a Reforma do Código de Processo Civil, através Lei nº 9.079/1995. Seu objetivo primordial é o de abreviar o caminho para a formação do título executivo, contornando a lentidão inerente ao processo de conhecimento e ao rito ordinário.
>
> II – Mostra-se adequado a instruir a ação monitória o título de crédito que tenha perdido a eficácia executiva em face do transcurso do lapso prescricional. Precedentes do STJ.

---

[21] REsp nº 1.262.056/SP, da 2ª Seção, j. em 11.12.2013, *DJe* de 03.02.2014, rel. Min. Luis Felipe Salomão.

III – Recurso especial não conhecido' (REsp 260.219/MG, rel. Min. Waldemar Zveiter, 3ª Turma, j. em 19.02.2001, *DJ* 02.04.2001, p. 291).

Apenas como registro, releva notar que o aval é instrumento exclusivamente de direito cambiário, por isso que prescrito o prazo para ajuizamento da ação cambiária – embora, em tese, seja possível o ajuizamento de ação causal em face do emitente –, não existe pretensão a ensejar ação monitória em face do avalista, com base apenas na cártula: (...) 'O aval é instrumento exclusivamente de direito cambiário, não subsistindo fora do título de crédito ou cambiariforme ou, ainda, em folha anexa a este (art. 31 da Lei Uniforme). Com efeito, inexistindo a cambiariedade, no caso ora em exame, o aval não pode prevalecer, subsistindo a dívida apenas em relação ao devedor principal (...)' (REsp 707.979/MG, rel. Min. Luis Felipe Salomão, 4ª Turma, j. em 17.06.2010, *DJe* 29.06.2010)".

O art. 1.102-A corresponde ao art. 700 do vigente diploma processual.

Mais adiante, prossegue o voto, invocando doutrina e precedente da Corte:

"o prazo prescricional para a ação monitória baseada em nota promissória sem executividade é o de 5 (cinco) anos previsto no art. 206, § 5º, I, do Código Civil/2002 (...). 'Pelo atual Código, qualquer dívida resultante de documento público ou particular, tenha ou não força executiva, submete-se à prescrição quinquenal, contando-se do respectivo vencimento. É necessário, porém, que a dívida seja líquida, cuja definição a lei não repetiu, mas vinha, com propriedade, definida no art. 1.533 do Código de 1916: *Considera-se líquida a obrigação certa, quanto à sua existência, e determinada, quanto ao seu objeto.* Sendo ilíquida a obrigação, não se aplica essa regra; porém, não se considera ilíquida a dívida cuja importância, para ser determinada, depende apenas de operação aritmética (PELUSO, Cezar (Coord.). *Código Civil comentado*. 6. ed. Barueri: Manole, 2012. p. 163).

Esta é a firme jurisprudência do STJ:

(...) 'A ação monitória fundada em notas promissórias prescritas está subordinada ao prazo prescricional de 5 (cinco) anos de que trata o artigo 206, § 5º, I, do Código Civil' (...) (AgRg no Ag 1304238/MG, rel. Min. João Otávio de Noronha, 4ª Turma, j. em 17.08.2010, *DJe* 26.08.2010)".

Ficou o entendimento pacificado na Súmula nº 504, da 2ª Seção do STJ, de 11.12.2013, em *DJe* de 10.02.2014: "O prazo para ajuizamento de ação monitória em face do emitente de nota promissória sem força executiva é quinquenal, a contar do dia seguinte ao vencimento do título".

Já as ações do portador contra os endossantes e o sacador seguem a segunda parte do mesmo dispositivo, pela qual "prescrevem em um ano, a contar da data do protesto feito em tempo útil, ou da data do vencimento, se se trata de letra que contenha cláusula 'sem despesas'".

Por sua vez, de acordo com a alínea terceira ainda do acima mencionado art. 70 da Lei Uniforme:

"As ações dos endossantes uns contra os outros e contra o sacador prescrevem em 6 (seis) meses a contar do dia em que o endossante pagou a letra ou em que ele próprio foi acionado".

Em relação à duplicata, a disciplina está no art. 18 da Lei nº 5.474, de 18.07.1968:

"A pretensão à execução da duplicata prescreve:

I – contra o sacado e respectivos avalistas, em 3 (três) anos, contados da data do vencimento do título;

II – contra endossantes e seus avalistas, em 1 (um) ano, contado da data do protesto;

III – de qualquer dos coobrigados, contra os demais, em 1 (um) ano, contado da data em que haja sido efetuado o pagamento do título".

Relativamente ao cheque, encontra-se o prazo no art. 59 da Lei nº 7.357, de 02.09.1985:

"Prescreve em 6 (seis) meses, contados da expiração do prazo de apresentação, a ação que o art. 47 desta lei assegura ao portador".

No que endossa a jurisprudência:

"Se o cheque é apresentado ao sacado fora do prazo de apresentação, que é de trinta dias na mesma praça, a prescrição ocorre em seis meses, contados da data de expiração do prazo de apresentação, ou seja, a prescrição ocorre em sete meses a contar da data da emissão".[22]

E se apresentado antes do prazo, também inicia a prescrição quando da expiração:

"O lapso prescricional do art. 59 da Lei do Cheque (Lei nº 7.357/1985) somente tem início a partir da expiração do prazo para apresentação do cheque, independentemente de o credor havê-lo feito em data anterior".[23]

Quanto ao regresso, segue o parágrafo único do art. 59:

"A ação de regresso de um obrigado ao pagamento do cheque contra outro prescreve em 6 (seis) meses, contados do dia em que o obrigado pagou o cheque ou do dia em que foi demandado".

Completa o art. 61 da Lei nº 7.357/1985:

"A ação de enriquecimento contra o emitente e outros obrigados, que se locupletaram injustamente com o não pagamento do cheque, prescreve em 2 (dois) anos, contados do dia em que se consumar a prescrição prevista no art. 59 e seu parágrafo".

Não termina aí o tratamento dado ao cheque, em matéria de prescrição. O art. 62 permite a ação fundada em relação causal, ou seja, que se busque a cobrança por outros meios judiciais diferentes do processo de execução, inclusive mediante ação monitória, dando a origem da dívida:

"Salvo prova de novação, a emissão ou a transferência do cheque não exclui a ação fundada na relação causal, feita a prova do não pagamento".

---

[22] Apelação Cível nº 142.935-0, da 7ª Câm. Cível do Tribunal de Alçada do Paraná, de 14.02.2000, *ADV Jurisprudência*, n. 31, p. 491, ago. 2000.

[23] Recurso Especial nº 162.969-PR, da 4ª Turma do STJ, publ. em 5.06.2000, *ADV Jurisprudência*, n. 45, p. 716, nov. 2000.

Considerando que o valor líquido vem estampado em um documento particular, que é o cheque, tem-se decidido que a prescrição, nessa via, é de cinco anos, com suporte no art. 206, § 5º, inc. I, do Código Civil.

A justificação está bem desenvolvida no seguinte enunciado, em decisão do STJ:

> "O cheque é ordem de pagamento à vista, sendo de 6 (seis) meses o lapso prescricional para a execução após o prazo de apresentação, que é de 30 (trinta) dias a contar da emissão, se da mesma praça, ou de 60 (sessenta) dias, também a contar da emissão, se consta no título como sacado em praça diversa, isto é, em município distinto daquele em que se situa a agência pagadora.
>
> Se ocorreu a prescrição para execução do cheque, o art. 61 da Lei do Cheque prevê, no prazo de 2 (dois) anos a contar da prescrição, a possibilidade de ajuizamento de ação de locupletamento ilícito que, por ostentar natureza cambial, prescinde da descrição do negócio jurídico subjacente. Expirado o prazo para ajuizamento da ação por enriquecimento sem causa, o artigo 62 do mesmo Diploma legal ressalva a possibilidade de ajuizamento de ação de cobrança fundada na relação causal.
>
> No entanto, caso o portador do cheque opte pela ação monitória, como no caso em julgamento, o prazo prescricional será quinquenal, conforme disposto no artigo 206, § 5º, I, do Código Civil e não haverá necessidade de descrição da *causa debendi*.
>
> Registre-se que, nesta hipótese, nada impede que o requerido oponha embargos à monitória, discutindo o negócio jurídico subjacente, inclusive a sua eventual prescrição, pois o cheque, em decorrência do lapso temporal, já não mais ostenta os caracteres cambiários inerentes ao título de crédito".[24]

Essa inteligência ficou consolidada na Súmula nº 503 do STJ, da 2ª Seção, de 11.12.2013, publicada no *DJe* de 10.02.2014: "O prazo para ajuizamento de ação monitória em face do emitente de cheque sem força executiva é quinquenal, a contar do dia seguinte à data de emissão estampada na cártula".

A matéria virá mais desenvolvida em capítulo próprio sobre a prescrição e a decadência dos títulos de crédito.

3.15. Pretensão do beneficiário e do terceiro prejudicado no seguro obrigatório

Reza o inc. IX do § 3º do art. 206 do Código, também em matéria sem precedente no Código revogado, que prescreve em três anos a pretensão do beneficiário contra o segurador, e a do terceiro prejudicado, no caso de seguro de responsabilidade civil obrigatório. É como reconhece o STJ:

> "No que se refere ao prazo prescricional para o ajuizamento de ação em que o beneficiário busca o pagamento da indenização referente ao seguro obrigatório, o entendimento assente nesta Corte é no sentido de que o prazo prescricional é de três anos, nos termos do art. 206, § 3º, IX, do CC".[25]

---

[24] REsp nº 92.6312/SP, da 4ª Turma, j. em 20.09.2011, *DJe* de 17.10.2011, rel. Min. Luis Felipe Salomão.
[25] STJ, 3ª Turma, AgRg no REsp nº 1.057.098/SP, j. em 14.10.2008, *DJe* 03.11.2008.

De modo que, no seguro de responsabilidade civil obrigatório, ampliou-se para três anos o prazo, sem que tenha havido alteração pela Lei 15.040/2024.

Constitui este seguro a obrigação assumida pelo segurador em indenizar sinistros dos quais resultam danos pessoais, como contraprestação pelo pagamento de prêmios satisfeitos pelo segurado, tudo de acordo com as regras previamente combinadas no contrato, que estão rigidamente estampadas em lei e em regulamentos. É devida a cobertura independentemente de culpa, dominando a responsabilidade objetiva. Encontra-se regulado o seguro pela Lei nº 6.194, de 19.12.1974, tratando da indenização imposta em acidentes pessoais, destinada às pessoas transportadas ou não em veículos, que venham a ser mortas ou lesadas em acidentes por veículos em circulação. Denomina-se Seguro Obrigatório de Danos Pessoais por Veículos Automotores de Via Terrestre, ou simplesmente DPVAT.

A finalidade principal do seguro é estabelecer a garantia de uma indenização mínima. O pagamento resulta do simples evento danoso, tendo por base a responsabilidade objetiva dos usuários de veículos pelos danos pessoais que venham a causar, sem qualquer vinculação da culpa.

Os valores do Seguro Obrigatório para Proteção de Vítimas de Acidentes de Trânsito e dos prêmios são estabelecidos por meio de resoluções do Conselho Nacional de Seguros Privados – CNSP, a teor do § 1º de seu art. 2º.

De acordo com regramentos administrativos do Conselho Nacional de Seguros Privados – CNSP, a cobertura abrange os danos pessoais causados ao proprietário e/ou motorista, aos seus beneficiários ou dependentes, e aos terceiros que são vítimas com danos pessoas em acidentes de trânsito.

O beneficiário e o terceiro prejudicado têm o prazo de três anos para o encaminhamento da documentação relativa ao acidente, como se depreende do art. 206. Efetuado o encaminhamento, em quinze dias deve o segurador adimplir a obrigação. A partir do vencimento desse período de tempo, novo prazo de três anos é assegurado para o exercício da pretensão indenizatória.

A respeito do prazo de prescrição, a matéria mereceu amplo debate no STJ, em julgamento no qual o Min. Luis Felipe Salomão endereçou voto defendendo o prazo prescricional do art. 205 do CC, de dez anos, mas restando, juntamente com outros ministros, vencido ante o voto do Min. Fernando Gonçalves, adotado pela maioria, e merecendo a reprodução:

"Na assentada do dia 22 de abril de 2009, pelo voto do relator – Min. Luis Felipe Salomão – foi conhecido e provido o recurso especial interposto por Maria Benvinda de Jesus contra acórdão da Trigésima Segunda Câmara Cível do Tribunal de Justiça do Estado de São Paulo, sendo acolhida a tese de que o prazo prescricional para cobrança, por terceiro beneficiário, do DPVAT – Seguro Obrigatório de Danos Pessoais Causados por Veículos Automotores de Vias Terrestres é o prazo geral de 10 anos, previsto no art. 205 do Código Civil.

Na ocasião, os Ministros Vasco Della Giustina e Paulo Furtado proferiram voto acompanhando o relator. Diante da existência de inúmeros precedentes desta Corte em sentido diverso, solicitei vista dos autos para melhor capacitação acerca da controvérsia.

A discussão, em linhas gerais, pode ser assim delimitada – se for considerado que o DPVAT ostenta a natureza de seguro obrigatório de responsabilidade civil, o prazo prescricional para sua cobrança é de três anos, face a incidência do art. 206, § 3º, inciso IX, do Código Civil, que está assim redigido:

'Prescreve:

(...)

§ 3º Em três anos:

(...)

IX – a pretensão do beneficiário contra o segurador, e a do terceiro prejudicado, no caso de seguro de responsabilidade civil obrigatório'.

Por outro lado, se tomado como seguro obrigatório de danos pessoais, a ação de cobrança, em vista da falta de regulamentação específica, prescreve no prazo geral de dez anos, estabelecido no art. 205 do Código Civil. Colocada nestes termos a questão, com a vênia devida, tenho que a solução alvitrada pelo Tribunal de origem deve prevalecer.

Com efeito, os argumentos daqueles que acolhem a tese de que o DPVAT é seguro obrigatório de danos pessoais podem ser assim resumidos:

(a) A legislação que inicialmente regula o seguro o denomina como 'seguro de responsabilidade civil dos proprietários de veículos automotores de vias terrestres, fluvial, lacustre e marítima, de aeronaves e dos transportadores em geral' (Decreto-lei nº 73, de 21.11.1966). As novas leis que se seguiram sobre o tema, porém, tratam o seguro como de 'danos pessoais causados por veículos automotores de vias terrestres', o que evidenciaria a nítida pretensão do legislador em afastar do mencionado seguro a ideia de responsabilidade civil.

(b) A Lei nº 8.374/1991, que atualmente regula o DPVAT, a ele se refere como seguro de danos pessoais, sendo que, quando deseja se reportar a seguros de responsabilidade civil, o faz expressamente.

(c) A ideia de culpa é inteiramente estranha ao seguro DPVAT, porque o recebimento da indenização prescinde de sua demonstração, assim como da comprovação do pagamento do prêmio. Nesse contexto, sendo a culpa indissociável do conceito de responsabilidade civil, o DPVAT não pode ser enquadrado como seguro dessa espécie.

(d) Os seguros de responsabilidade civil têm por objetivo a proteção do segurado, enquanto o DPVAT, em face de sua índole social, é contratado para salvaguarda da vítima.

A matéria merece alguma reflexão. Em primeiro lugar, a responsabilidade civil não está fincada na ideia de culpa, como a princípio se julgava, mas sim na de equivalência, de contraprestação, como ensina Rui Stoco (*Tratado de responsabilidade civil*, 5. ed. São Paulo: RT, p. 90). Tanto é assim que, já no século XIX, a doutrina objetiva ganha contornos, baseada na teoria do risco, para a qual, na presença desse, a responsabilidade surge da simples constatação da ocorrência do evento danoso com a produção de algum prejuízo, sem se cogitar da culpabilidade.

Dessa natureza as disposições do art. 927, parágrafo único, do Código Civil (inserido no Título IX, do Livro I, da Parte Especial, denominado – Da Responsabilidade Civil): 'Haverá obrigação de reparar o dano, independentemente de culpa, nos casos especificados em lei, ou quando a atividade normalmente desenvolvida pelo autor do dano implicar, por sua natureza, risco para os direitos de outrem'.

Nessa seara foi concebido o DPVAT, instituto de índole eminentemente social, como bem assinalado pelo relator, criado para minimizar os danos experimentados por vítimas de acidente com veículos automotores, cuja utilização foi tida, já em 1966, como atividade que, por sua natureza, implica em risco aos direitos dos outros.

É de se ver, por conseguinte, que conquanto o recebimento da indenização relativa ao DPVAT dispense a demonstração de culpa, isso não significa que deixe de ser um seguro de responsabilidade civil.

Na verdade, esse equívoco em concluir que a ideia de culpa é inseparável do conceito de responsabilidade civil talvez explique a decisão do legislador de excluir da denominação do DPVAT o termo responsabilidade civil, o guardando apenas para as hipóteses de seguro cujo recebimento da comprovação dela não prescinda. De todo modo, a denominação escolhida pelo legislador não é suficiente para, *de per si*, alterar a natureza jurídica do instituto.

Com efeito, me valho da doutrina de José de Aguiar Dias reproduzida no voto do relator, para melhor esclarecer o ponto, *verbis*:

'O seguro de responsabilidade se distingue dos outros seguros de dano porque garante uma obrigação, ao passo que os últimos garantem direitos; ele surge como consequência do ressarcimento de uma dívida de responsabilidade a cargo do segurado; os demais nascem da lesão ou perda de um direito de propriedade (seguro do prédio contra incêndio, do navio contra a fortuna do mar, das mercadorias transportadas), de um direito real (seguro do prédio gravado pelo credor hipotecário) ou simples direito de crédito (seguro de mercadoria transportada pelo transportador que quer o preço do transporte) (*Da responsabilidade civil*. 11. ed. Rio de Janeiro, Renovar, 2006, p. 1.124 e 1.132)'.

Do excerto transcrito se extrai que o seguro de responsabilidade garante uma obrigação. No caso do DPVAT, a obrigação garantida é a de que os condutores de veículo automotor irão ressarcir os danos causados pelo exercício dessa atividade que, como assinalado, implica risco aos direitos dos demais.

Trata-se, portanto, de dívida de responsabilidade a cargo do segurado, como ratificam as normas contidas nos arts. 7º, § 1º, e 8º da Lei nº 6.194/1974, *verbis*:

'Art. 7º A indenização por pessoa vitimada por veículo não identificado, com seguradora não identificada, seguro não realizado ou vencido, será paga nos mesmos valores, condições e prazos dos demais casos por um consórcio constituído, obrigatoriamente, por todas as sociedades seguradoras que operem no seguro objeto desta lei.

§ 1º O consórcio de que trata este artigo poderá haver regressivamente do proprietário do veículo os valores que desembolsar, ficando o veículo, desde logo, como garantia da obrigaçao, ainda que vinculada a contrato de alienação fiduciária, reserva de domínio, *leasing* ou qualquer outro.

Art. 8º Comprovado o pagamento, a Sociedade Seguradora que houver pago a indenização poderá, mediante ação própria, haver do responsável a importância efetivamente indenizada'.

Nesse passo, o DPVAT, como os demais seguros de responsabilidade civil, é contratado para salvaguarda do segurado, beneficiando de forma indireta as vítimas expostas ao risco da atividade por ele exercida.

Seria de se questionar, por outro lado, qual o direito de propriedade, ou o direito real, ou mesmo o direito de crédito que estaria sendo assegurado pelo DPVAT para este ser tido como seguro de dano, nos termos da lição acima transcrita. De fato, os seguros de dano recaem sobre um bem, ou sobre um direito de cuja eventual perda ou deterioração o titular quer se ver ressarcido. Nesse passo, é a partir do valor do bem, ou do crédito, que se calcula o valor do prêmio. Assim, o seguro contra incêndio de uma mansão situada em um bairro nobre é mais oneroso, em condições normais, do que o de um pequeno imóvel na periferia.

O DPVAT, por seu turno, possui um prêmio de valor fixo, isto é, dentro da mesma categoria de veículos, o valor a ser pago é idêntico. Assim no caso de veículos de passeio, por exemplo, pouco importa se para um automóvel de luxo, zero, ou para um modelo popular, usado, o valor do prêmio anual em abril de 2009 corresponde a R$ 93,87 (informação colhida no *site* oficial do seguro obrigatório – http://www.dpvatseguro.com.br).

Isso se explica justamente porque o risco coberto é o da atividade exercida pelo instituidor, qual seja, conduzir veículo automotor, potencialmente lesiva, não havendo qualquer relação com o valor do bem, como no caso dos seguros de dano.

Cumpre esclarecer, no mais, que o fato do seguro ser pago aos beneficiários independentemente do adimplemento do prêmio somente denota sua índole social, porém não retira sua finalidade de proteção do segurado, que será chamado, como visto, a responder pelos valores da indenização. Nesse sentido, estipula o art. 23 da Resolução nº 154 do Conselho Nacional de Seguros Privados, que regulamenta a Lei nº 6.194/1974, *verbis*:

'Efetuado o pagamento da indenização, a sociedade seguradora poderá, mediante ação própria, de rito sumaríssimo, contra o responsável, haver o ressarcimento da importância efetivamente indenizada, salvo se, na data da ocorrência do evento, o veículo causador do dano estiver com o bilhete de seguro DPVAT em vigor'.

Não é por outra razão que a Súmula nº 246/STJ estabelece: 'O valor do seguro obrigatório deve ser deduzido da indenização judicialmente fixada'.

Feitas essas considerações, é possível concluir que o DPVAT exibe a qualidade de seguro obrigatório de responsabilidade civil e, portanto, prescreve em três anos a ação de cobrança intentada pelo beneficiário. No caso dos autos, tendo o acidente ocorrido em 20.01.2002 e a demanda sido ajuizada somente em 08.08.2006, o reconhecimento da prescrição é de rigor. Ante o exposto, não conheço do recurso especial".[26]

Lembra-se de que a Lei 6.194/1974 restou revogada pela Lei Complementar 207/2024, igualmente revogada. Também é de referir que o citado "consórcio" foi substituído pelo "fundo", cuja regulamentação consta dos arts. 7º a 10 da Lei Complementar 207/2024.

Inteligência esta que se consolidou na Súmula nº 405/2009, da mesma Corte acima: "A ação de cobrança do seguro obrigatório (DPVAT) prescreve em três anos". "No que se refere ao prazo prescricional para o ajuizamento de ação em que o beneficiário busca o pagamento da indenização referente ao seguro obrigatório, o entendimento assente nesta Corte é no sentido de que o prazo prescricional é de três anos, nos termos do art. 206, § 3.º, IX, do CC".

3.16. Pretensão relativa à tutela na interdição de incapazes

É de quatro anos a prescrição para a pretensão decorrente da tutela na interdição de incapazes, iniciando a contar da data da aprovação das contas, de acordo com o art. 206, § 4º, do Código Civil, sem dispositivo semelhante no diploma civil de 1916.

No exercício da tutela, impõe o art. 1.755 o dever dos tutores em prestarem contas da administração, mesmo que tenham sido dispensados pelos pais dos tutelados. No final de cada ano de administração, nos termos do art. 1.756, apresenta-se unicamente o balanço, que é a discriminação de todos os eventos – movimentação econômica, entradas de valores e gastos –, o qual será submetido à apreciação do juiz. Uma vez aprovado, anexa-se aos autos do processo de tutela. A prestação de contas, no entanto, em princípio, é feita de dois em dois anos,

---

[26] REsp nº 1º.071.861/SP, da 2ª Seção, j. em 10.06.2009, *DJe* de 21.08.2009, rel. para o acórdão o Min. Fernando Gonçalves.

de acordo com o art. 1.757, a menos que haja determinação diferente do juiz, ou afastamento do cargo, quando se oferecerá a prestação de contas. A prestação é efetuada em juízo, ouvindo-se, como primeiro passo, os interessados, e neles incluído o agente do Ministério Público. Quaisquer valores resultantes da administração, após o pagamento das despesas, deverão ser depositados em estabelecimento bancário oficial, na conta que o juiz ordenar seja aberta, cuja movimentação ficará na dependência da autorização do juiz.

Depois de apresentadas as contas, com a devida intimação dos interessados, irão os autos ao juiz, para a devida apreciação. Uma vez proferida a decisão da homologação ou aprovação, abre-se o prazo de quatro anos para a ação que a parte lesada entender cabível.

3.17. Pretensão para a cobrança de dívidas líquidas

Nos termos do § 5º, inc. I, do art. 206, em disposição sem regra equivalente no Código Civil de 1916, prescreve em cinco anos:

> "a pretensão de cobrança de dívidas líquidas constantes de instrumento público ou particular".

O que se tem em conta, no preceito, é a dívida não regulada por leis especiais, mormente no que se refere às devidas para a Fazenda Pública.

A dívida que constar certificada ou comprovada em documento público é aquela que vem confirmada e aceita em escritura pública de confissão de dívida, que constitui a espécie mais comum. Frequente, também, a que vem certificada em documento público extraído em peças de processos judiciais, como a relativa às custas, às condenações, aos honorários.

A obrigação pecuniária inserida em documento particular também tem o limite temporal da prescrição de cinco anos, se outro prazo especial não vier estabelecido por lei própria, como acontece na obrigação inserida no título de crédito, em que a lei que o regulamenta estabelece o prazo, consoante se descreveu em item anterior, sobre a "pretensão para haver o pagamento de títulos de crédito".

Não se pense que o documento público ou particular, no qual está expressa a obrigação de pagar, seja qualquer um dos apontados para o processo de execução extrajudicial – art. 784, incs. II, III e IV, do vigente Código de Processo Civil, sendo os seguintes: A escritura pública ou outro documento público assinado pelo devedor; o documento particular assinado pelo devedor e por 2 (duas) testemunhas; o instrumento de transação referendado pelo Ministério Público, pela Defensoria Pública, pela Advocacia Pública, pelos advogados dos transatores ou por conciliador ou mediador credenciado por tribunal.

Esses documentos são os permitidos para a execução extrajudicial.

A dívida que se submete à prescrição *supra* é a inserida em qualquer documento público ou particular, mesmo que não ostente a assinatura de testemunhas, ou não venha referendado pelos órgãos indicados.

Uma vez ocorrido o vencimento, a partir daí inicia a correr o prazo de prescrição.

3.18. Pretensão dos profissionais liberais, dos procuradores judiciais, dos curadores e dos professores por seus honorários

O inc. II do § 5º do art. 206 engloba a pretensão de vários titulares ou profissionais no recebimento de sua remuneração, a qual, no Código de 1916, se desdobrava em cinco itens (art. 178, § 6º, incs. VI, IX e X, e § 7º, incs. III e IV). Dá-se a prescrição em cinco anos para:

"a pretensão dos profissionais liberais em geral, procuradores judiciais, curadores e professores pelos seus honorários, contado o prazo da conclusão dos serviços, da cessação dos respectivos contratos ou mandato".

Como profissionais liberais classificam-se todos quantos se dedicam a serviços autônomos, na modalidade do contrato de prestação de serviços, por habilitações próprias ou especializações adquiridas na formação técnica e inscrição em órgãos profissionais que concedem autorização para o exercício. De acordo com o tipo de serviço, há uma classe de profissionais liberais. Têm-se, assim, a título de exemplo, na área da saúde, os médicos, os enfermeiros, os fisioterapeutas, cirurgiões, farmacêuticos, os dentistas; na área da construção, nomeiam-se os engenheiros, os arquitetos e os agrimensores; na área do direito, os advogados; na área da economia, os contadores, os economistas, os auditores; na área rural e da saúde animal, os agrônomos, os veterinários e os zootécnicos. Ou seja, em quaisquer áreas das atividades humanas existem presentemente as profissões com a respectiva competência que lhe dá a habilitação adquirida mediante a formação em cursos superiores, ou mesmo em cursos técnicos, e até pelo simples e constante exercício de um ofício. Nesse sentido, idêntico prazo deve estender-se a outros profissionais ligados à construção, como ao construtor licenciado ou ao mestre de obras, pelos serviços que prestam.

Como professores incluem-se todos quantos se dedicam ao ensino em qualquer grau (mestres, orientadores, auxiliares, administradores de aulas particulares, pesquisadores dirigidos ao ensino).

A prescrição está restrita para os que prestam serviços autônomos, sem vínculo empregatício, posto que, aí, é diferente o regime jurídico, normalmente prevendo um prazo prescricional diferente.

A cobrança de honorários advocatícios, estendendo-se o regramento aos estagiários e solicitadores ou inscritos na Ordem dos Advogados do Brasil em caráter temporário, tem o termo inicial ou no vencimento do contrato, ou na decisão final e transitada em julgado, ou no momento da revogação do mandato. O mesmo período prescricional de cinco anos já vinha constando no art. 25 da Lei nº 8.906, de 04.07.1994, desta maneira redigido:

"Prescreve em cinco anos a ação de cobrança de honorários de advogado, contado o prazo:

I – do vencimento do contrato, se houver;

II – do trânsito em julgado da decisão que os fixar;

III – da ultimação do serviço extrajudicial;

IV – da desistência ou transação;

V – da renúncia ou revogação do mandato".

Como procuradores judiciais incluem-se os que exercem funções ligadas à representação judicial de pessoas jurídicas de direito público, ou de autarquias, ou até de sociedades de economia mista. Já os curadores são os nomeados judicialmente para defender os interesses levados a juízo, havendo nomeação do juiz para o cargo.

Há uma particularidade que consiste na pretensão de buscar o direito de participação nos honorários recebidos em processo no qual houve prestação de serviço de advocacia em conjunto (como divisão de verba honorária entre advogados autônomos que atuaram em colaboração). Não existe uma ação contra o cliente, mas contra o participante. O prazo de cinco anos restringe-se à relação entre o profissional e o cliente. Na disputa contra aquele que atuou em conjunto, e recebeu a verba, por não haver prazo próprio, aplica-se o lapso temporal de dez anos, como já orientou o STJ:

> "1. Trata-se de ação nominada de arbitramento de honorários cumulada com cobrança referente à demanda judicial na qual se alega prestação laboral de serviços advocatícios em parceria com outro patrono.
> 2. O prazo prescricional de 5 (cinco) anos previsto nos artigos 25, V, da Lei nº 8.906/1994 e 206, § 5º, II, do Código Civil é aplicável na relação advogado-cliente, o que afasta sua incidência no caso dos autos.
> 3. A prescrição para cobrança entre advogados de honorários proporcionais aos serviços prestados é regulada pelo prazo decenal disposto no art. 205 do Código Civil, ante a ausência de regra específica.
> 4. O termo inicial para contagem da prescrição está submetida ao princípio da *actio nata* consagrado no art. 189 do Código Civil, que na hipótese se deu com o recebimento dos honorários sucumbenciais".[27]

Resta definir o momento que inicia o prazo.

Obviamente, começa quando definida a controvérsia, em atenção ao art. 189 do CC, que fixa quando se pode ser procurada a pretensão, que se dá na definição dos honorários, e pode a parte exercer o direito ao recebimento.

3.19. Pretensão para reaver o que se despendeu em juízo

Em cinco anos prescreve a pretensão para reaver do vencido tudo aquilo que foi despendido em juízo, de acordo com regra introduzida no art. 206, § 5º, inc. III, do Código Civil, regra sem precedente no Código revogado. Depreende-se que a parte de um processo, quando adianta custas e honorários a perito, terá o prazo de cinco anos para voltar-se contra o perdedor da demanda, com a finalidade do ressarcimento.

Ao ingressar com uma ação, efetua-se o pagamento de custas aos servidores do cartório, de emolumentos ou taxa judiciária, e inclusive, em alguns Estados, de contribuições a entidades de classes dos servidores da justiça. Após a sentença, que define o vencedor da lide, aquele que efetuou os adiantamentos pode ressarcir-se dos gastos que fez, tendo, para tanto, o prazo de cinco anos, que inicia a partir do trânsito em julgado da sentença.

O art. 82 do Código de Processo Civil estabelece que:

> "Salvo as disposições concernentes à gratuidade da justiça, incumbe às partes prover as despesas dos atos que realizarem ou requererem no processo, antecipando-lhes o pagamento, desde o início até a sentença final ou, na execução, até a plena satisfação do direito reconhecido no título".

Na ordem dos §§ 1º, 2º e 3º:

> "§ 1º Incumbe ao autor adiantar as despesas relativas a ato cuja realização o juiz determinar de ofício ou a requerimento do Ministério Público, quando sua intervenção ocorrer como fiscal da ordem jurídica.

---

[27] REsp nº 1.504.969/SP, da Terceira Turma, rel. Min. Ricardo Villas Bôas Cueva, j. em 10.03.2015, *DJe* de 16.03.2015.

§ 2º A sentença condenará o vencido a pagar ao vencedor as despesas que antecipou.

§ 3º Nas ações de cobrança por qualquer procedimento, comum ou especial, bem como nas execuções ou cumprimentos de sentença de honorários advocatícios, o advogado ficará dispensado de adiantar o pagamento de custas processuais, e caberá ao réu ou executado suprir, ao final do processo, o seu pagamento, se tiver dado causa ao processo. (Incluído pela Lei nº 15.109, de 2025)".

Mesmo as despesas exigidas pelos atos determinados pelo juiz de ofício, ou a requerimento do Ministério Público, e não aquelas que advierem de atos postulados pelo beneficiário da justiça gratuita, devem ser adiantadas pelo autor, em obediência ao § 1º do art. 82 do CPC.

Vários outros dispositivos do mesmo Código cuidam do adiantamento das despesas, como o art. 88, incumbindo ao requerente do procedimento de jurisdição voluntária adiantar as despesas, que serão rateadas entre os interessados; o art. 95 do CPC, que atribui ao litigante que requerer o exame o adiantamento da remuneração do perito, ou ao autor quando o exame for pretendido por ambas as partes; o art. 92, que faz depender do depósito das despesas e dos honorários pelo autor a propositura de nova ação, se o juiz decretar a extinção do processo a requerimento do réu.

Capítulo XXIV
O COMEÇO DA PRESCRIÇÃO PARA EXERCER A PRETENSÃO NA PENDÊNCIA DE AÇÃO PENAL

Enquanto pendente de julgamento ação penal, de cujo resultado depende a viabilidade da ação cível, não inicia a fluir o prazo prescricional para exercer a pretensão por meio de ação. O entendimento do assunto exige a observância de algumas regras legais, concernentes à relação entre a jurisdição civil e a penal. A primeira delas está no art. 935 do Código Civil:

> "A responsabilidade civil é independente da criminal, não se podendo questionar mais sobre a existência do fato, ou sobre quem seja o seu autor, quando estas questões se acharem decididas no juízo criminal".

Em sentido convergente, mas de menor extensão, está o art. 66 do Código de Processo Penal:

> "Não obstante a sentença absolutória no juízo criminal, a ação civil poderá ser proposta quando não tiver sido, categoricamente, reconhecida a inexistência material do fato".

Ou seja, unicamente a decisão sobre o fato e a autoria torna-se condicionante da ação civil.

Se há processo penal em andamento, decorrerá a absolvição ou condenação. No caso de absolvição nas hipóteses elencadas de se isentar o demandado por razão de se declarar a inexistência do fato, ou por se definir que o mesmo não é o autor do ato ilícito, fica vedado o ingresso de demanda indenizatória ou de outra espécie civil. Se proferido o juízo condenatório, resulta garantido o pleito visando à recomposição do prejuízo, como, também, contempla o art. 91, inc. I, do Código Penal:

> "São efeitos da condenação: I – tornar certa a obrigação de indenizar o dano causado pelo crime".

Também o art. 63 do Código de Processo Penal enseja o mesmo entendimento:

> "Transitada em julgado a sentença condenatória, poderão promover-lhe a execução, no juízo cível, para o efeito da reparação do dano, o ofendido, seu representante legal ou seus herdeiros".

Expressa o art. 200 do Código Civil a não fluência do prazo prescricional, enquanto pendente processo criminal, de cujo resultado deva ser apurado no juízo criminal:

> "Quando a ação se originar de fato que deva ser apurado no juízo criminal, não correrá a prescrição antes da respectiva sentença definitiva".

Denota-se, pois, que, embora as esferas civil e penal atuando em planos diferentes, a independência não é total, já que existem situações em que a responsabilidade penal interferirá na responsabilidade civil. Por depreender a responsabilidade civil da definição do que vier a ser decidido no juízo criminal sobre a existência do fato e de seu autor, não pode o prazo prescricional iniciar antes do trânsito em julgado da ação penal. A jurisprudência tem se firmado nessa inteligência:

> "As jurisdições cível e criminal intercomunicam-se. A segunda repercute de modo absoluto na primeira quando reconhece o fato ou a autoria. Nesse caso, a sentença condenatória criminal ou decisão concessiva de *habeas corpus* constituem títulos executórios no cível.
>
> 'Quando a ação se originar de fato que deva ser apurado no juízo criminal, não correrá a prescrição antes da respectiva sentença definitiva' (art. 200 do CC/2002).
>
> O art. 1.525 do CC/1916 (art. 935 do novel CC) impede que se debata no juízo cível, para efeito de responsabilidade civil, a ocorrência do fato e a sua autoria quando tais questões tiverem sido decididas no juízo criminal.
>
> O próprio CPC confere executoriedade à sentença penal condenatória transitada em julgado (art. 475-N, II). Assim, não se poderia, coerentemente, obrigar a vítima a aforar a ação civil dentro dos cinco anos do fato criminoso. Remanesce o ilícito civil.
>
> A jurisprudência do Superior Tribunal de Justiça é uníssona no sentido de que o termo inicial para a propositura da ação indenizatória, em face de ilícito penal que está sendo objeto de processo criminal, é do trânsito em julgado da sentença condenatória, ou, no caso, se reconhecidos a autoria e o fato no juízo criminal, da suspensão do processo (trânsito em julgado da decisão concessiva de *habeas corpus*).
>
> Precedentes das 1ª, 2ª e 4ª Turmas desta Corte Superior.
>
> Recurso provido".[1]

O art. 475-N, II, do CPC de 1973, supracitado, corresponde ao art. 515, VI, do CPC de 2015.

> "A prescrição de ação indenizatória, por ilícito penal praticado por agente do Estado, tem como termo inicial o trânsito em julgado da sentença penal condenatória. Precedentes do STJ: AgRg no Ag 951.232/RN, 2ª Turma, DJ 05.09.2008; REsp 781.898/SC, 1ª Turma, *DJ* 15.03.2007; e REsp 439.283/RS, 1ª Turma, *DJ* 01.02.2006".[2]

Merecem transcrição as passagens a seguir do voto do Relator, que se reporta a vários precedentes:

> "A prescrição de ação indenizatória, por ilícito penal praticado por agente do Estado, tem como termo inicial o trânsito em julgado da sentença penal condenatória, consoante se conclui dos seguintes julgados:
>
> 'Agravo de instrumento. Agravo regimental. Responsabilidade civil do Estado. Indenização. Prescrição. Termo inicial após a sentença penal transitada. Agravo regimental não provido.
>
> A jurisprudência desta Corte tem entendimento firmado no sentido de que, em se tratando de ação civil *ex delicto*, com o objetivo de reparação de danos, o termo *a quo*

---

[1] REsp nº 996.722/MG, da 1ª Turma, j. em 20.11.2007, *DJU* de 10.12.2007, rel. Min. José Delgado.
[2] REsp nº 1.109.303/RS, da 1ª Turma do STJ, j. em 4.06.2009, *DJe* de 05.08.2009, rel. Min. Luiz Fux.

para ajuizamento da ação somente começa a fluir a partir do trânsito em julgado da ação penal. Agravo regimental não provido' (AgRg no Ag 951.232/RN, rel. Min. Eliana Calmon, 2ª Turma, j. em 22.04.2008, *DJ* 05.09.2008).

'Processual civil. Recurso especial. Administrativo. Responsabilidade civil do Estado. Indenização por danos morais e materiais. Prescrição quinquenal. Decreto 20.910/1932. Termo inicial.

Os danos morais decorrentes de ação injusta, ainda que judicial, têm como termo *a quo* o trânsito da sentença que exonera o autor da caluniosa injustiça. É que, *mutatis mutandis*, aplica-se, *in casu*, a jurisprudência cediça no Eg. STJ que: 'Administrativo. Responsabilidade civil do Estado. Ação indenizatória *ex delicto*. Prescrição. Termo inicial. Trânsito em julgado da sentença penal.

O entendimento predominante no STJ é o de que, em se tratando de ação civil *ex delicto*, objetivando reparação de danos morais, o início do prazo prescricional para ajuizamento da ação só começa a fluir a partir do trânsito em julgado da ação penal' (AgRg no Ag 441273/RJ, 2ª T., Min. João Otávio Noronha, *DJ* 19.04.2004; REsp 618934/SC, 1ª T., Min. Luiz Fux, *DJ* 13.12.2004).

Recurso especial desprovido" (REsp 743503/PI, rel. Min. Teori Zavascki, *DJ* 07.11.2005).

Basta a existência de ação penal onde o debate envolve a autoria e a existência do fato para impedir o começo da prescrição. Se inexistir a ação penal, deixa de aplicar-se o art. 200 da lei civil, no que é bem claro Rui Stoco: "Mas a disposição do art. 200 do CC só terá incidência e eficácia e, somente então, o prazo prescricional será suspenso, apenas se a ação penal, pública ou privada, for efetivamente ajuizada. Essa a única exegese possível, pois, do contrário, daria azo a subterfúgios e má-fé, com possibilidade de manipulação, pois bastaria a vítima não ingressar com a ação penal privada ou o Ministério Público não oferecer a denúncia para protrair indefinidamente no tempo o termo *a quo* da prescrição.

Ora, se assim fosse, o *quantum* do prazo prescricional acabaria ficando no poder dispositivo da vítima, o que não se pode admitir".[3]

Fica suspensa eventual pretensão reparatória a fim de não se chegar ao absurdo de surgir uma sentença condenatória a reparar o dano civil, e, depois, de proferir-se, no juízo criminal, uma sentença penal absolutória, em que se declara a inexistência do fato ou da autoria. Assim, se tal o objeto da discussão no processo criminal, obrigatória a suspensão da pretensão civil. Essa a linha que imprimiu o STJ:

> "Impera a noção de independência entre as instâncias civil e criminal, uma vez que o mesmo fato pode gerar, em tais esferas, tutelas a diferentes bens jurídicos, acarretando níveis diversos de intervenção. Nessa seara, o novo Código Civil previu dispositivo inédito em seu art. 200, reconhecendo causa impeditiva da prescrição: 'quando a ação se originar de fato que deva ser apurado no juízo criminal, não correrá a prescrição antes da respectiva sentença definitiva'.
>
> Estabeleceu a norma, em prestígio à boa-fé, que o início do prazo prescricional não decorre da violação do direito subjetivo em si, mas, ao revés, a partir da definição por sentença, no juízo criminal, que apure definitivamente o fato. A aplicação do art. 200 do Código Civil tem valia quando houver relação de prejudicialidade entre as esferas

---

[3] *Tratado de responsabilidade civil*. Doutrina e jurisprudência, cit., p. 209.

cível e penal – isto é, quando a conduta originar-se de fato também a ser apurado no juízo criminal –, sendo fundamental a existência de ação penal em curso (ou ao menos inquérito policial em trâmite).

Na hipótese, houve ação penal com condenação do motorista da empresa ré, ora recorrida, à pena de 2 (dois) anos de detenção, no regime aberto, além da suspensão da habilitação, por 6 (seis) meses, como incurso no art. 302 do Código de Trânsito Brasileiro, c/c o art. 121, § 3º, do Código Penal, sendo que a *causa petendi* da presente ação civil foi o ilícito penal advindo de conduta culposa do motorista da empresa recorrida.

O Código Civil em vigor (art. 933), seguindo evolução doutrinária, considera a responsabilidade civil por ato de terceiro como sendo objetiva, aumentando sobejamente a garantia da vítima. Malgrado a responsabilização objetiva do empregar, esta só exsurgirá se, antes, for demonstrada a culpa do empregado ou preposto, à exceção, por evidência, da relação de consumo.

Assim, em sendo necessário – para o reconhecimento da responsabilidade civil do patrão pelos atos do empregado – a demonstração da culpa anterior por parte do causador direto do dano, deverá, também, incidir a causa obstativa da prescrição (CC, art. 200) no tocante à referida ação civil *ex delicto*, caso essa conduta do preposto esteja também sendo apurada em processo criminal.

Dessarte, tendo o acidente de trânsito – com óbito da vítima – ocorrido em 27/3/2003, o trânsito em julgado da ação penal contra o preposto em 9/1/2006 e a ação de indenização por danos materiais e morais proposta em 2/7/2007, não há falar em prescrição.

É firme a jurisprudência do STJ de que 'a sentença penal condenatória não constitui título executivo contra o responsável civil pelos danos decorrentes do ilícito, que não fez parte da relação jurídico-processual, podendo ser ajuizada contra ele a ação, pelo processo de conhecimento, tendente à obtenção do título a ser executado' (REsp 343.917/MA, rel. Min. Castro Filho, 3ª Turma, j. em 16.10.2003, *DJ* 03.11.2003, p. 315), como ocorre no presente caso.

Recurso especial provido".[4]

Naturalmente, não dependendo a ação civil da decisão no processo penal, não há a incidência do art. 200 do Código Civil, como resta esclarecido no aresto que segue, do mesmo STJ:

"O Tribunal *a quo* decidiu que se trata de prescrição contra a Fazenda Pública e que, tendo sido a ação ajuizada após o lapso temporal de 5 (cinco) anos previsto no art. 1º do Decreto nº 20.910/1932, reconheceu a perda do direito de ação. Também consignou que não há falar em interrupção do prazo prescricional, nos termos do art. 200 do Código Civil, pois a ação de reparação por descumprimento de cláusula contratual, a ser proposta no juízo cível, não dependia daquilo que seria apurado no juízo criminal.

De fato, não se trata de ação civil *ex delicto* na qual, enquanto pende a incerteza quanto à condenação criminal, não se pode consignar a prescrição de ação a ser proposta no juízo cível. Vale dizer, a reparação do dano *ex delicto* é consequente, isto é, será proposta de acordo com aquilo que foi decidido na ação penal e, nestes casos, a prescrição é interrompida.

---

[4] REsp nº 1.135.988/SP, da 4ª Turma, j. em 08.10.2013, *DJe* de 17.10.2013, rel. Min. Luis Felipe Salomão.

O caso dos autos trata de ação de reparação civil proposta contra o Estado por descumprimento de cláusula contratual, sendo que a apuração do fato cível, qual seja, a verificação do descumprimento do contrato, em nada depende da ação penal.

Recurso especial improvido".[5]

Havendo processo penal em andamento, é o quanto basta para a aplicação do art. 200, dada a possibilidade de ficar reconhecida a inexistência do fato ou da autoria, nos termos do art. 935. Somente depois do trânsito em julgado, pois, iniciará o curso do prazo prescricional. Do contrário, haveria uma situação no mínimo violadora da norma do art. 935, dada a impossibilidade da previsão do resultado do processo criminal, que poderá consistir em declarar a inexistência do fato, ou firmar que a pessoa processada não fora a autora, matéria que alcança qualquer pretensão no juízo cível. Esta exegese encontra apoio no STJ:

> "O prazo prescricional da ação de indenização proposta contra pessoa jurídica de direito público é de cinco anos (art. 1º do Decreto nº 20.910/1932). O termo inicial do quinquênio, na hipótese ajuizamento de ação penal, será o trânsito em julgado da sentença nesta ação, e não a data do evento danoso, já que seu resultado poderá interferir na reparação civil do dano, caso constatada a inexistência do fato ou a negativa de sua autoria.
>
> É curial observar que se mostra indiferente a circunstância de que a sentença criminal transitada em julgado seja condenatória ou absolutória, para fins de contagem do prazo.
>
> Não faria o menor sentido defender que, após o curso da ação penal, se a conclusão for pela absolvição do servidor público, não seria esse o termo *a quo* do lapso quinquenal.
>
> Verifica-se que o trânsito em julgado da sentença no crime ocorreu em 10 de junho de 1994, tendo sido o processo baixado à origem no dia 13 do mesmo mês e ano, e que a ação indenizatória foi proposta em 17 de março de 1998, donde se conclui que não houve prescrição.
>
> Recurso especial provido para que, afastada a prescrição, examine o Juízo de primeiro grau as demais questões envolvidas na demanda".[6]

Fica definido, pois, que o art. 200 tem aplicação unicamente à ação *ex delito*:

> "A regra estabelecida no art. 200 do Código Civil diz respeito à ação civil *ex delicto*, sendo inaplicável, portanto, a casos de indenização civil que não se fundamentem no título penal condenatório. Precedente do STJ".[7]

---

[5] REsp nº 1.371.444/PE, da 2ª Turma, j. em 02.05.2013, *DJe* de 16.05.2013, rel. Min. Humberto Martins.
[6] REsp nº 442.285/RS, da 2ª Turma, j. em 13.05.2003, *DJU* de 04.08.2003, rel. Min. Franciulli Netto.
[7] AgRg no AREsp nº 496.307/RS, da 3ª Turma do STJ, j. em 27.05.2014, *DJe* de 16.06.2014, rel. Min. Sidnei Beneti.

Capítulo XXV
PRESCRIÇÃO DA PRETENSÃO PARA A REPARAÇÃO DO DANO MORAL POR CRIME DE IMPRENSA

A rigor, é de três meses o prazo prescricional da ação reparatória por dano moral assegurado pela Lei de Imprensa. Com efeito, reza o art. 56 da Lei nº 5.250, de 09.02.1967:

> "A ação para haver indenização por dano moral poderá ser exercida separadamente da ação para haver reparação do dano material, e sob pena de decadência deverá ser proposta dentro de 3 (três) meses da data da publicação que lhe der causa".

No entanto, a partir do art. 5º, inc. X, da Constituição Federal, exegese diferente se consagrou. Encerra este dispositivo:

> "São invioláveis a intimidade, a vida privada, a honra e a imagem das pessoas, assegurado o direito à indenização pelo dano material ou moral decorrente de sua violação".

O voto do então Des. Marco Aurélio dos Santos Caminha, do Tribunal de Justiça do RS, enfrentou o conflito entre o art. 56 da Lei nº 5.250 e o inc. X do art. 5º:

> "Em verdade, com o advento da Constituição Federal de 1988, o art. 56 da antiga Lei de Imprensa, de nº 5.250/1967, restou sem sentido.
>
> A norma constitucional consagrou a ampla reparabilidade do dano moral, equiparando as duas espécies de danos – moral e material.
>
> Nem teria sentido manter prazo tão restrito para um dano tão grave, quanto o moral, enquanto no patrimonial inexiste prazo, afora os prescricionais e decadenciais para o exercício do direito à reparação.
>
> A Constituição atribuiu isonomia às espécies de dano, e assim, também, em relação aos prazos para intentar a ação de reparação. A previsão exígua de três meses contados da data da publicação da notícia prejudicial não mais existe.
>
> O dano moral, quer quando é buscado segundo as regras do direito comum, quer quando se esteia nas diretrizes da antiga Lei de Imprensa, segue como princípio, nem poderia ser de outra forma, as regras constitucionais. E a atual Constituição Federal não prevê prazo para o exercício do direito, nem estabelece qualquer tipo de limitação à reparação dos danos morais".

O Des. Carlos Alberto Alvaro de Oliveira, do mesmo Tribunal, em preciosos adendos, segue apontando doutrina e precedente do Superior Tribunal de Justiça:

> "Em primeiro lugar, porque a Lei de Imprensa só cuidava da reparação na hipótese de crimes contra a honra, e a nova Constituição não formulou qualquer restrição, consagrando amplamente o ressarcimento, como se verifica dos incisos V e X do art. 5º. De mais a mais, como bem pondera Arruda Miranda (*Comentários à Lei de Imprensa*, 3. ed., São Paulo, RT, 1995, n. 725, p. 746), não seria compreensível um prazo tão restrito para o ressarcimento de dano tão grave como é o de natureza moral em relação ao material que não está sujeito a prazo decadencial. Tampouco se pode admitir se trate de forma desigual situações em tudo iguais, prestigiando a ofensa feita pela imprensa, cujo alcance é muito maior do que aquelas cometidas por outros meios.
>
> Nesse sentido se pronunciou, em decisão recente, o Superior Tribunal de Justiça (*v.g.*, REsp nº 120.615/RS, rel. Min. Sálvio Figueiredo Teixeira, 25.10.1999, *DJU* 27.03.2000)".[1]

O próprio STF adotou essa linha:

> "O art. 56 da Lei nº 5.250/1967 (Lei de Imprensa), que estabelece o prazo de decadência de três meses, não foi recepcionado pela Constituição de 1988, art. 5º, V e X. RE conhecido e provido".[2]

Nesta visão, o prazo é de três anos, por tratar-se de ação de reparação civil, incluindo-se o prazo no art. 206, § 3º, inc. V, do vigente Código.

Se o ofensor não é pessoa ligada à imprensa, embora veiculada a imputação pelos meios de comunicação, incide o direito comum na esteira da inteligência ditada pela seguinte ementa:

> "Se o dano moral resultou de entrevista, cujo ofensor não é jornalista ou profissional da comunicação, a reparação é regida pelo Código Civil (art. 159 c/c. art. 1.547). Nesse caso, não há se cogitar do prazo decadencial do art. 56 da Lei da Imprensa, eis que a regência da matéria é a do art. 177, também do Código Civil. Tratando-se de entrevista, se o entrevistado não é profissional da comunicação e dele partiram as ofensas cujo dano se quer ver reparado, é ele parte legítima para figurar no polo passivo".[3]

---

[1] Embargos Infringentes nº 599403920, do 3º Grupo de Câmaras Cíveis do TJRS, de 07.04.2000, *Revista da Ajuris – Associação dos Juízes do Rio Grande do Sul*, n. 78 (nova série), p. 480-481, jun. 2000.
[2] RE nº 420.784-2, rel. Min. Carlos Velloso, *DJU* de 25.06.2004, *Rev. Jur* 322/113.
[3] Os invocados arts. 159, 1.547 e 177 equivalem aos arts. 186, 953 e 205 do Código Civil em vigor. Apelação nº 361/1997, da Câmara Única do Tribunal de Justiça do Amapá, j. em 21.10.1997, *Revista Forense*, 343/459.

Capítulo XXVI
A PRESCRIÇÃO E O CUMPRIMENTO DA PRETENSÃO INDENIZATÓRIA

Parte-se do princípio de que a execução ou o cumprimento de sentença segue o mesmo prazo da pretensão da qual decorreu a condenação. Há coerência no seguinte antigo texto de Amílcar de Castro:

> "A sentença não opera novação, nem cria direitos: é ato judicial meramente interruptor da prescrição. E, assim sendo, desde sua data recomeça a correr a prescrição do direito e, demorando a execução, ou suspensa em qualquer ponto a instância da execução, por tanto tempo quanto tenha a lei fixado para a prescrição do direito declarado na sentença, prescrito ficará esse direito".[1]

Mesmo que preceda à liquidação da sentença, há o momento do cumprimento, cujo início rege-se pelo art. 523 e seu § 1º do CPC. Na lei processual anterior, havia a determinação dada ao credor no concernente ao prazo de seis meses para dar o início ao cumprimento, sob pena de arquivamento, mas admitida a reativação do que não há regra correspondente no CPC em vigor. Todavia, esse prazo não interferia na prescrição.

Quanto à liquidação, dentro do princípio da lógica que deve reger o processo, se a pretensão de cumprir tem um prazo, não se afigura coerente que fique livre a própria liquidação de qualquer prazo para ser promovida. É que se apresenta como um pressuposto para o cumprimento da sentença.

Uma vez operado o trânsito em julgado da sentença, deve iniciar a liquidação, dentro do lapso de tempo assegurado para o cumprimento.

Atualmente não pairam dúvidas que o processo de cumprimento da sentença tem existência autônoma, livre e distinta do processo de conhecimento (observadas as peculiaridades das ações executivas *lato sensu*). Luiz Rodrigues Wambier, Renato Correia de Almeida e Eduardo Talamini observavam, ainda antes da reforma do Código de Processo Civil de 1973 vinda com a Lei nº 11.232, que "a atividade de conhecimento não se confunde com a execução. No Brasil, como em vários sistemas processuais, estabeleceu-se até um processo autônomo de execução (Livro II do CPC, arts. 566 e seguintes) – o que evidencia, também, que a execução não é apenas acessório, elemento estritamente vinculado à cognição".[2] O objetivo de ambos é diverso, pois no processo cognitivo busca-se a solução, enquanto no executório a realização das pretensões.

---

[1] *Comentários ao Código de Processo Civil.* Rio de Janeiro: Forense, 1941. v. 10, n. 479, p. 426.
[2] O Livro II do CPC, art. 566 e seguintes, correspondem ao Livro II da Parte Especial do atual CPC, arts. 778 e seguintes. WAMBIER, Luiz Rodrigues; CORREIA DE ALMEIDA, Flávio Renato; TALAMINI. Eduardo. *Curso avançado de processo civil*: processo de execução. Coordenação Luiz Rodrigues Wambier.

Ressalta-se que até mesmo nas ações condenatórias o *decisum* que pacifica o conflito aplicando a lei ao caso concreto encerra o cumprimento, inexistindo atos subsequentes. Cumprida a obrigação pelo devedor, não haverá lugar para o cumprimento. Somente diante do inadimplemento deste é que, por manifesta e inequívoca vontade do credor, nova fase é instaurada, com nova relação processual.

O início do prazo prescricional para o requerimento do cumprimento da sentença, pelo credor, coincide com o término dos 15 (quinze) dias para que o devedor, devidamente intimado na pessoa de seu advogado, cumpra, voluntariamente, a sentença transitada em julgado. A partir daí é que nasce, para o credor, a pretensão correspondente ao cumprimento definitivo da sentença, já que, antes do escoamento do prazo, pode haver o pagamento voluntário. Não importa que se reserve o prazo de seis meses para dar início ao cumprimento.

Conta-se, pois, a prescrição do cumprimento da sentença a partir do trânsito em julgado da sentença do processo de conhecimento. Assim, tratando-se de cumprimento de sentença decorrente da condenação por danos materiais, o credor deve dar início ao procedimento em, no máximo, três anos (art. 206, § 3º, V, do Código Civil), a contar do dia posterior ao não cumprimento voluntário da sentença, sob pena de configuração da prescrição superveniente *stricto sensu*, a ser reconhecida pelo magistrado de ofício. Na hipótese de cumprimento de sentença oriunda de condenação ao pagamento de quantia constante de instrumento público ou particular, o credor, necessariamente, deverá iniciar a fase de cumprimento da sentença no prazo máximo de cinco anos (art. 206, § 5º, I, do Código Civil), a contar do dia posterior ao não cumprimento voluntário da sentença, pelo devedor, e assim sucessivamente, conforme seja o prazo prescricional da ação condenatória que ensejou o surgimento do título executivo judicial (sentença).

Pela lógica ou pelo princípio da melhor razoabilidade, o mesmo prazo prescricional estabelecido para o direito incide no cumprimento da sentença. Ainda tem a melhor exegese a antiga Súmula 150, do STF, de 1963: "Prescreve a execução no mesmo prazo da prescrição da ação".

Em conclusão, dada a omissão da iniciativa em exigir o cumprimento, opera-se a prescrição, eis que não se pode esquecer que, assim como pela prescrição "se dá a aquisição de um direito", também se opera "a liberação de uma obrigação", o que acontece "pela inação do titular do direito ou credor da obrigação, durante um lapso temporal previsto legalmente".[3]

---

6. ed. rev., atual. e ampl. São Paulo: RT, 2004. v 2. Trilhando o mesmo entendimento: SHIMURA, Sérgio. *Título executivo*. São Paulo: Saraiva, 1997. p. 11-15.

[3] Cf. MARKY, Thomas. *Curso elementar de direito romano*. São Paulo: Saraiva, 1995. p. 149.

Capítulo XXVII
A PRESCRIÇÃO NO REDIRECIONAMENTO DA AÇÃO CONTRA O ADMINISTRADOR OU SÓCIO DA PESSOA JURÍDICA

É frequente o redirecionamento da ação de cobrança, da execução ou do cumprimento de sentença contra o sócio, em especial na hipótese do art. 50 do Código Civil, com o seguinte texto:

> "Em caso de abuso da personalidade jurídica, caracterizado pelo desvio de finalidade, ou pela confusão patrimonial, pode o juiz decidir, a requerimento da parte, ou do Ministério Público, quando lhe couber intervir no processo, que os efeitos de certas e determinadas relações de obrigações sejam estendidos aos bens particulares dos administradores ou sócios da pessoa jurídica".

O desvio de finalidade consiste no direcionamento da sociedade para atividades ou objeto diferentes daqueles que constam dos estatutos ou do contrato social. A confusão patrimonial se dá na transferência do patrimônio social para o nome dos administradores ou sócios.

No direito tributário, há dispositivos expressos que ensejam a responsabilidade dos administradores.

Vejam-se os seguintes dispositivos do Código Tributário Nacional (Lei nº 5.172, de 25.10.1966):

> "Art. 134: Nos casos de impossibilidade de exigência do cumprimento da obrigação principal pelo contribuinte, respondem solidariamente com este nos atos em que intervierem ou pelas omissões de que forem responsáveis: ... III – Os administradores de bens de terceiros, pelos tributos devidos por estes.
>
> Art. 135: São pessoalmente responsáveis pelos créditos correspondentes a obrigações tributárias resultantes de atos praticados com excesso de poderes ou infração de lei, contrato social ou estatutos: I – As pessoas referidas no artigo anterior. II – Os mandatários, prepostos e empregados. III – Os diretores, gerentes ou representantes de pessoas jurídicas de direito privado".

Quais as pessoas referidas no artigo anterior, a que se dirige o inc. I anterior?

São as seguintes:

I – os pais, pelos tributos devidos por seus filhos menores;

II – os tutores e curadores, pelos tributos devidos por seus tutelados ou curatelados;

III – os administradores de bens de terceiros, pelos tributos devidos por estes;

IV – o inventariante, pelos tributos devidos pelo espólio;

V – o síndico e o comissário, pelos tributos devidos pela massa falida ou pelo concordatário;

VI – os tabeliães, escrivães e demais serventuários de ofício, pelos tributos devidos sobre os atos praticados por eles, ou perante eles, em razão do seu ofício;

VII – os sócios, no caso de liquidação de sociedade de pessoas.

E o art. 136 da Lei nº 5.172/1966:

> "Salvo disposição de lei em contrário, a responsabilidade por infrações da legislação tributária independe da intenção do agente ou do responsável e da efetividade, natureza e extensão dos efeitos do ato".

Assim, o ordenamento legal permite, em determinadas situações, direcionar a ação contra os administradores, como presidentes, diretores, gerentes de sociedades e demais prepostos.

Portanto, dada a impossibilidade de exigir a obrigação junto ao devedor originário, a lei abre o caminho para reclamar o cumprimento junto aos administradores e sócios, desde que incida alguma das hipóteses contempladas. Embora direcionada a ação contra a pessoa jurídica, durante o seu curso muda-se o polo passivo, sem a necessidade de se intentar nova demanda. Entretanto, indispensável que se comprove uma das situações que permitem a extensão da responsabilidade às pessoas que estão mencionadas.

Isto desde que não se opere a prescrição em favor do administrador ou sócio, que inicia a contar da data da citação da empresa, computado o lapso temporal daí em diante até a citação do mesmo administrador ou sócio, citação que constitui causa interruptiva da prescrição. Embora o aforamento da ação, com a citação da pessoa jurídica, tenha como efeito a interrupção do prazo prescricional, quanto aos administradores ou sócios, contra os quais não foi movida a lide, reinicia o prazo prescricional. Por outras palavras, a começar da data da citação da empresa passa-se a contar o prazo de prescrição em relação aos administradores e sócios. E se decorrido o prazo estabelecido para a prescrição até a citação dos administradores ou sócios contra quem é redirecionada a ação, decreta-se tal causa de extinção em relação a eles.

No campo do direito tributário, é bastante comum se decretar a prescrição da ação se redirecionada em desfavor dos administradores e sócios, desde que consumada a prescrição a partir da citação da pessoa jurídica. Colacionam-se algumas decisões a respeito:

> "Agravo de instrumento. Direito tributário. Execução fiscal. ICMS. Exceção de pré-executividade. Dissolução irregular da pessoa jurídica. Pedido de redirecionamento.
>
> A dissolução irregular da pessoa jurídica, deixando em aberto débitos tributários não quitados, é causa de infração à lei que autoriza a responsabilização pessoal do sócio gerente, nos termos do art. 135, *caput* e inciso III, do CTN. Súmula 435 do STJ.
>
> Prescrição verificada.
>
> Ocorrência da prescrição do direito de redirecionar o feito ao sócio, uma vez que transcorridos mais de cinco anos entre o marco interruptivo da prescrição com relação à pessoa jurídica e a citação dos sócios contra os quais redirecionado o feito. AgRg no Ag 1157069.
>
> Recurso provido. Decisão monocrática".[1]

---

[1] Agravo de Instrumento nº 70058983248, da 22ª Câmara Cível do TJRS, j. em 30.04.2014, *DJ* de 05.05.2014, rel. Des. Denise Oliveira Cezar.

"(...) Tributário. Execução fiscal. Prescrição. Citação da empresa. Interrupção da prescrição em relação aos sócios. Prazo superior a cinco anos. Prescrição configurada. Fundamento não impugnado. Súmula 283/STF. Falha do mecanismo judiciário. Incidência da Súmula 7/STJ.

(...)

A 1ª Seção do STJ orienta-se no sentido de que, ainda que a citação válida da pessoa jurídica interrompa a prescrição em relação aos responsáveis solidários, no caso de redirecionamento da execução fiscal, há prescrição se decorridos mais de cinco anos entre a citação da empresa e a citação dos sócios, de modo a não tornar imprescritível a dívida fiscal.

(...)

Agravo Regimental não provido".[2]

O voto do Relator bem esclarece a posição do STJ:

"O Superior Tribunal de Justiça pacificou entendimento no sentido de que a citação da empresa interrompe a prescrição em relação aos seus sócios-gerentes para fins de redirecionamento da execução. Todavia, para que a execução seja redirecionada contra o sócio, é necessário que a sua citação seja efetuada no prazo de cinco anos a contar da data da citação da empresa executada, em observância ao disposto no citado art. 174 do CTN.

A propósito:

'Tributário. Processual civil. Embargos à Execução. Prescrição. Ausência de juntada de acórdãos paradigmas. Redirecionamento da execução fiscal.

(...)

Consoante sufragado nesta Corte o lastro prescricional para a citação dos sócios-gerentes, na hipótese de redirecionamento da execução fiscal, flui a partir da citação da pessoa jurídica. Ou seja, a contar da data de citação da empresa executada começa a correr o prazo de 5 (cinco) anos para a realização da citação dos sócios-gerentes. Precedentes.

Recurso especial parcialmente conhecido e, nessa parte, parcialmente provido' (REsp 861.092/RS, 2ª Turma, rel. Min. Humberto Martins, DJ 24.11.2006)".

"Direito tributário. Execução fiscal. Exceção de pré-executividade. ICMS. Citação dos sócios, em redirecionamento, depois do decurso de cinco anos da citação da pessoa jurídica. Prescrição intercorrente configurada.

A prescrição para a cobrança do crédito tributário se interrompe pelo despacho do juiz que ordenar a citação ou pela citação válida do devedor. Aplicação do art. 174, parágrafo único, I, do CTN, na redação da LC nº 118/2005, tratando-se de execução fiscal ajuizada posteriormente à sua vigência.

A prescrição intercorrente tem como termo inicial a constituição do crédito tributário ou citação da pessoa jurídica, não se interrompendo pelo conhecimento da dissolução irregular da sociedade ou do pedido de redirecionamento da execução, nos termos do artigo 174 do CTN.

---

[2] AgRg no REsp 418790/PI, da 2ª Turma do STJ, j. em 10.12.2013, DJe de 06.03.2014, rel. Min. Herman Benjamin.

Hipótese em que houve o decurso de mais de cinco anos, sem efetiva satisfação do crédito tributário, após a citação da empresa, quando da citação do sócio, em redirecionamento, impondo-se, por conseguinte, o reconhecimento da prescrição intercorrente, tendo em vista que o crédito tributário não pode ser cobrado indefinidamente. Precedentes do TJRGS e STJ".[3]

"É subsidiária e não solidária a responsabilidade tributária dos sócios, gerentes ou representantes de pessoas jurídicas de direito privado. A responsabilidade subsidiária não institui a solidariedade, e esta não se presume. Não havendo solidariedade, não incide o que dispõe o artigo 125, inc. III, do CTN, que é um de seus efeitos, não aproveitando para interromper a prescrição contra o responsável subsidiário, a citação da empresa devedora.

O redirecionamento da execução fiscal contra um dos sócios quando decorridos mais de cinco anos desde a citação da pessoa jurídica, autoriza a declaração da prescrição.

Revelando-se absolutamente infrutífera a execução, sem nenhuma perspectiva para frente, sem nenhuma utilidade, se não ocupar espaço nos escaninhos e o tempo do Judiciário, correta a sentença que extinguiu o crédito tributário, por operada a prescrição (CTN – art. 156, V), mesmo porque o processo não pode tramitar indefinidamente ao efeito de tornar imprescritível a dívida tributária. Apelo desprovido. Unânime".[4]

---

[3] Agravo nº 70058885880, da 22ª Câmara Cível do TJRS, j. em 27.03.2014, *DJ* de 1º.04.2014, rel. Carlos Eduardo Zietlow Duro.
[4] Apelação Cível nº 70039441928, 21ª Câmara Cível do TJRS, j. em 10.11.2010, *DJ* de 25.01.2011, rel. Genaro José Baroni Borges.

Capítulo XXVIII
A PRESCRIÇÃO NO USUCAPIÃO

1. A PRESCRIÇÃO AQUISITIVA

Primeiramente, cumpre dar a definição de usucapião, valendo-nos do conceito de Clóvis Beviláqua: "Usucapião é a aquisição do domínio pela posse prolongada", ou, lembrando as fontes romanas, "*est acquisitio domini per possessionem prolixam et justam, vel acquisitio per usum*"; ou, ainda, "*est adjectio dominii per continuationem possessionis temporis lege definiti*".[1]

O reconhecimento do usucapião se dá pela prescrição, que é aquisitiva porque o possuidor adquire o domínio, ou a prescrição que faz surgir um direito de propriedade sobre um bem material em razão do tempo de posse que passa, isto é, tornando-se modo de adquirir a propriedade pelo exercício da posse prolongada. Enquanto a prescrição extintiva está marcada pela força negativa, acarretando a perda da ação reconhecida a um direito pela falta de uso ou exercício durante um lapso de tempo previsto, a aquisitiva (ou liberatória) traz uma força positiva que leva a adquirir um direito. Conforme G. Baudry-Lacantinerie: "La prescription acquisitive est un mode d'acquisition de la propriété, résultant de la possession légale prolongée pendant certain temps".[2] Decorre esse tipo de prescrição da falta de posse por quem aparece como titular do domínio. Constitui-se porque desaparece o direito da outra parte. Enquanto na prescrição extintiva a essência está no não exercício de um direito, a aquisitiva é fruto das ações positivas, da prática de atos, consubstanciados na posse mansa e pacífica, com o *animus domini*, pelo tempo estabelecido na lei.

Existem vários tipos de usucapião, cuja duração de tempo para o seu reconhecimento varia, como se passa a examinar.

2. O USUCAPIÃO *PRO LABORE*

Trata-se de uma espécie de usucapião em desuso, cujos requisitos exigidos a colocam em desvantagem relativamente a outras espécies de usucapião de terras rurais. A previsão está no art. 98 do Estatuto da Terra (Lei nº 4.504, de 30.11.1964):

"Todo aquele que, não sendo proprietário rural nem urbano, ocupar por dez anos ininterruptos, sem oposição nem reconhecimento de domínio alheio, tornando-o produti-

---

[1] *Código Civil dos Estados Unidos do Brasil comentado*. Rio de Janeiro: Livraria Francisco Alves, 1919. v. III, p. 91.
[2] *Précis de Droit Civil*, cit., t. I, p. 772.

vo por seu trabalho, e tendo nele sua morada, trecho de terra com área caracterizada como suficiente para, por seu cultivo direto pelo lavrador e sua família, garantir-lhes a subsistência, o progresso social e econômico, nas dimensões fixadas por esta Lei, para o módulo de propriedade, adquirir-lhe-á o domínio, mediante sentença declaratória devidamente transcrita".

O seguinte requisito retira-se do preceito referido:

a) que perfaça a área necessária para a propriedade familiar;
b) na qual o possuidor tenha exercido a posse por dez anos ininterruptos;
c) em que não haja oposição nem reconhecimento do domínio alheio;
d) que se tenha tornado produtiva pelo trabalho de quem exerce a posse;
e) e que nela se encontre a sua morada do possuidor.

São os requisitos para este tipo de direito.

Como consta da transcrição *supra*, o prazo do exercício da posse é de dez anos, a par de outros elementos.

A propriedade familiar tem o tamanho mínimo de um módulo rural, calculado de acordo com cada região do país e seu tipo de exploração. Se menor que um módulo, passa para a categoria de minifúndio. Sendo maior, não significa que necessariamente seja o latifúndio. Possível que se inclua na pequena ou média propriedade, ou até mesmo na empresa rural, sendo que qualquer uma dessas propriedades podem ser constituídas por mais de um módulo.

Existem outras formas mais vantajosas, como se verá adiante, o que afasta o interesse prático para o tipo em questão.

3. USUCAPIÃO ESPECIAL DE TERRAS RURAIS E SISTEMAS LEGAIS VIGENTES

Existem três tipos de usucapião sobre terras rurais:

a) Primeiramente, temos o usucapião da Lei nº 6.969, de 10.12.1981, reconhecendo o direito em seu art. 1º:

> "Todo aquele que, não sendo proprietário rural nem urbano, possuir como sua, por 5 (cinco) anos ininterruptos, sem oposição, área rural contínua, não excedente de 25 (vinte e cinco) hectares, e a houver tornado produtiva com seu trabalho e nela tiver sua morada, adquirir-lhe-á o domínio, independentemente de justo título e boa-fé, podendo requerer ao juiz que assim o declare por sentença, a qual servirá de título para transcrição no Registro de Imóveis".

b) A vigente Constituição Federal também trouxe o usucapião rural, praticamente derrogando o previsto na Lei nº 6.969. Com efeito, encerra seu art. 191:

> "Aquele que, não sendo proprietário de imóvel rural ou urbano, possua como seu, por cinco anos ininterruptos, sem oposição, área de terra, em zona rural, não superior a cinquenta hectares, tornando-a produtiva por seu trabalho ou de sua família, tendo nela sua moradia, adquirir-lhe-á a propriedade".

c) O Código Civil de 2002 contempla a figura em seu art. 1.239:

> "Aquele que, não sendo proprietário de imóvel rural ou urbano, possua como sua, por cinco anos ininterruptos, sem oposição, área de terra em zona rural não superior a cinquenta hectares, tornando-a produtiva por seu trabalho ou de sua família, tendo nela sua moradia, adquirir-lhe-á a propriedade".

Daí se concluir que a Lei nº 6.969, o art. 191 da Constituição Federal e o art. 1.239 do Código Civil versam sobre o mesmo usucapião rural, que se convencionou denominar "especial" (mormente o da Lei nº 6.969), dado o tratamento próprio que mereceu, em vista das outras espécies comuns regulamentadas pelo Código Civil.

Eis as diferenças entre a regulamentação da Lei nº 6.969, da Constituição Federal e do Código Civil.

De acordo com a redação constante no art. 191 da Constituição Federal e no art. 1.239 da lei civil, a extensão máxima permitida usucapir é de cinquenta hectares. Segundo a Lei nº 6.969, a área não pode exceder a vinte e cinco hectares.

Outra diferença ressalta, que envolve o aspecto conceitual do tipo de área que se submete à usucapião. Conforme a Lei nº 6.969, são objeto do usucapião rural as terras rurais, isto é, aquelas cuja destinação é rural, enquanto, pela norma constitucional e pela do direito do Código Civil, submetem-se à prescrição aquisitiva as áreas situadas na zona rural, isto é, fora do perímetro urbano.

Todavia, deverá preponderar a utilização do imóvel. Nem todo imóvel localizado em zona rural possui uma destinação rural.

Mais uma inovação desponta no art. 191 da Carta Federal e no art. 1.239 do Diploma Civil, em face da Lei nº 6.969: o reconhecimento do domínio depende, sob o império daqueles dispositivos, do trabalho do agricultor ou de sua família. Já pelo art. 1º da Lei nº 6.969, reclama-se o exercício da atividade rural da pessoa que se encontra na posse. Não há menção ao trabalho da pessoa da família do possuidor.

O usucapião da Lei nº 6.969 fala em área contínua, no que são omissas as regras da Constituição e do Código Civil, mas cuida-se este aspecto de uma condição para o reconhecimento do domínio. Impossível um mesmo registro imobiliário para áreas descontínuas, ou separadas. Seria viável um usucapião para cada área, com distintos registros consequentes.

A aquisição se dá pelo art. 1º da Lei nº 6.969, independentemente de justo título e boa-fé. A Constituição e o Código Civil silenciam a respeito, deduzindo-se, daí, igualmente a prescindibilidade de tais elementos.

Contém a parte final do art. 1º da Lei nº 6.969 a autorização ao titular da posse para requerer o reconhecimento do domínio – disposição acertadamente não repetida no art. 191 da CF e no art. 1.239 do Código Civil, pois se a alguém é assegurado um direito, naturalmente se subentende a garantia de seu exercício.

Diante da existência do usucapião especial previsto no art. 191 da Constituição da República e do usucapião do art. 1.239 do Código Civil, a rigor pode-se concluir a derrogação da Lei nº 6.969, mormente para as novas situações que aparecerem.

O § 1º do art. 2º da Lei de Introdução às Normas do Direito Brasileiro encerra que a lei posterior revoga a anterior se é incompatível em relação a ela, ou se regular inteiramente a matéria de que tratava aquela, ou quando expressamente o declare.

O prazo terá um período mínimo de cinco anos, que inicia quando o possuidor se instala com moradia, conforme o art. 1º da Lei nº 6.969, o art. 191 da CF e o art. 1.239 do Código Civil, passando a cultivar a terra e a torná-la produtiva com o seu trabalho ou de sua família.

De observar, finalmente, com fulcro no parágrafo do art. 191 da Carta Maior, que não são os imóveis públicos adquiridos por usucapião, neles incluídas as terras devolutas, que pertencem à classe dos bens públicos dominicais, e conceituadas por Clóvis Beviláqua como "as que não se acharem aplicadas a uso algum público federal, estadual ou municipal, nem forem do domínio particular por qualquer título legítimo".[3]

4. USUCAPIÃO EXTRAORDINÁRIO

Corresponde a espécie ao usucapião mais comum e conhecido, que teve expressiva alteração, quanto ao prazo, reduzindo-o para quinze anos, relativamente ao Código de 1916. Está contemplada no art. 1.238 do atual Código:

> "Aquele que, por 15 (quinze) anos, sem interrupção, nem oposição, possuir como seu um imóvel, adquire-lhe a propriedade, independentemente de título e boa-fé; podendo requerer ao juiz que assim o declare por sentença, a qual servirá de título para o registro no Cartório de Registro de Imóveis".

O prazo de vinte anos, inserido no art. 550 do Código de 1916, veio introduzido pela Lei nº 2.437, de 07.03.1955, sendo que anteriormente era de trinta anos.

Da norma supratranscrita extraem-se quatro requisitos para o reconhecimento do domínio mediante o usucapião extraordinário, a seguir discriminados:

a) *A posse, que deve ser* com o ânimo de dono, justa e sem oposição, Continuada ou ininterrupta.

b) O prazo de quinze anos para a aquisição do domínio. Pelo art. 550 da lei civil anterior, exigia-se que a posse se desenvolvesse durante vinte anos contínuos para ensejar direito ao usucapião *longissimi temporis*, enquanto, pelo art.1.238 do Código de 2002, reduz-se o prazo para quinze anos. Importa que a posse se desenvolva durante todo esse lapso de tempo de modo contínuo, não interrompido e sem impugnação.

No parágrafo único do mesmo dispositivo do atual Código, assinala-se a redução do prazo para dez anos, desde que usado o imóvel para a habitação habitual ou, para o exercício de atividades produtivas:

> "O prazo estabelecido neste artigo reduzir-se-á a dez anos se o possuidor houver estabelecido no imóvel a sua moradia habitual, ou nele realizado obras ou serviços de caráter produtivo".

Não se confunde este usucapião com as formas do usucapião urbano ou rural, introduzidas pela Constituição Federal, e contempladas no próprio Código de 2002, dada, dentre outras, a diferença de tamanho de imóvel envolvido, segundo se verá adiante.

O termo inicial da contagem terá como ponto de partida o dia da detenção com o ânimo de dono, devendo perfazer o lapso necessário até a data da propositura da ação, admitindo-se,

---

[3] *Código Civil dos Estados Unidos do Brasil comentado*, cit., v. I, p. 242.

no entanto, que seja completado na data da citação, por força do art. 240 do Código de Processo Civil, o qual assenta que a citação torna litigiosa a coisa.

De observar, outrossim, que a contagem se dá por dias, de meia-noite a meia-noite, e não por horas, ou de momento a momento. Exclui-se o dia do início, e conta-se o do vencimento, segundo regra do art. 132 do Código Civil:

> "Salvo disposição legal ou convencional em contrário, computam-se os prazos, excluído o dia do começo, e incluído o do vencimento".

Leciona Lenine Nequete: "Assim, para quem entrou na posse de um imóvel a quinze de janeiro, ao meio-dia, por exemplo, o primeiro dia útil da prescrição será o seguinte, dezesseis, eis que naquele a posse não foi de vinte e quatro horas e a lei não manda contar frações, mas dias completos".[4]

Computam-se os períodos que se intercalam no prazo. Todavia, se o término incidir em feriado, prorroga-se para o dia seguinte, por força do § 1º do art. 132 do Código:

> "Se o dia do vencimento cair em feriado, considerar-se-á prorrogado o prazo até o seguinte dia útil".

c) *Sentença declaratória do domínio.* O reconhecimento do usucapião depende de uma sentença declaratória. É o que se dessume do art. 1.238 do Código Civil em vigor, o que era reafirmado no art. 941 do Código de Processo Civil de 1973, mas não vindo reproduzida a regra no atual CPC, tendo o primeiro a seguinte redação:

> "Compete a ação de usucapião ao possuidor para que se lhe declare, nos termos da lei, o domínio do imóvel ou a servidão predial".

Na decisão há um reconhecimento judicial do direito de propriedade, concedido desde que satisfeitos os requisitos estatuídos na lei civil.

Como a sentença é declaratória, limita-se a declarar uma situação jurídica preexistente e valendo como título hábil à matrícula imobiliária. É manifesta a natureza declaratória da sentença no art. 1.241 do Código Civil:

> "Poderá o possuidor requerer ao juiz seja declarada adquirida, mediante usucapião, a propriedade imóvel".

d) *Registro da sentença no Cartório de Registro de Imóveis.* A sentença servirá de título para o registro no cartório imobiliário (art. 945 do Código de Processo Civil, sem regra correspondente no CPC de 2015), assim como acontece com os demais títulos de aquisição da propriedade. O parágrafo único do art. 1.241 do Código Civil contemplou expressamente essa finalidade:

> "A declaração obtida na forma deste artigo constituirá título hábil para o registro no Cartório de Registro de Imóveis".

---

[4] *Da prescrição aquisitiva (usucapião).* 3. ed. Porto Alegre: Ajuris, 1981. p. 188.

Esclareça-se que o *caput* do art. 1.241 garante ao possuidor requerer a declaração, pelo usucapião, da propriedade imóvel. Em nada se alterou, sobre o assunto, o sistema do Código Civil de 1916.

5. USUCAPIÃO ORDINÁRIO

O art. 551 do Código Civil de 1916 assim regulou o chamado usucapião ordinário: "Adquire também o domínio do imóvel aquele que, por dez anos entre presentes, ou quinze entre ausentes, o possuir como seu, contínua e incontestadamente, com justo título e boa-fé". O Código atual, no art. 1.242, reduzindo o prazo, e não mais fazendo distinção entre presentes e ausentes, previu a espécie nos seguintes termos:

> "Adquire também a propriedade do imóvel aquele que, contínua e incontestadamente, com justo título e boa-fé, o possuir por 10 (dez) anos".

Nota-se que o traço distintivo entre o usucapião extraordinário e o ordinário se encontra na exigência, para o último, dos requisitos do justo título e da boa-fé, cuja existência se presume no primeiro tipo e em que o prazo da posse é mais longo.

Eis os requisitos impostos para o reconhecimento do usucapião em exame: a) objeto hábil; b) a duração da posse; c) as qualidades da posse; d) o justo título; e) a boa-fé.

Observaremos cada um dos requisitos.

a) *Objeto hábil.* Em princípio, todos os bens imóveis são aptos à aquisição por usucapião, segundo já foi anotado, desde que comerciáveis e não se classifiquem como públicos.

Excluem-se as coisas incorpóreas, os bens que não se encontram individuados, as coisas acessórias, as coisas fora do comércio.

b) *A duração da posse.* No sistema do Código Civil de 1916, a posse deveria ser exercida pelo tempo de dez anos entre presentes e de quinze entre ausentes; e, na inovação do Código atual, o exercício da posse é pelo período de dez anos, não mais perdurando a distinção entre presentes e ausentes. Requer-se o exercício da posse sempre de modo contínuo e pacificamente, despido dos vícios da violência, clandestinidade e precariedade.

De lembrar uma situação especial de redução do prazo para cinco anos, prevista no parágrafo único do art. 1.242 do Código de 2002: quando, adquirido o imóvel com a transcrição do título, vier, depois, a ser anulado o ato, embora totalmente pago o preço ou operada a compra onerosamente, nele residindo o possuidor, ou desenvolvendo atividade de interesse social ou econômico. Eis a regra:

> "Será de 5 (cinco) anos o prazo previsto neste artigo se o imóvel houver sido adquirido, onerosamente, com base no registro constante do respectivo cartório, cancelado posteriormente, desde que os possuidores nele tiverem estabelecido a sua morada, ou realizado investimentos de interesse social e econômico".

c) *As qualidades da posse.* Exigem-se as seguintes qualidades da posse: que seja contínua, sem impedir que se faça a junção ou soma das posses; deve apresentar-se, também, como pacífica ou incontestada, desprovida de violência física ou moral; que não seja clandestina; que o possuidor mantenha a posse com intenção de dono, a título de proprietário da coisa ou do direito cuja aquisição se pretende.

d) *O justo título*. Deve o possuidor trazer justo título, que é o ato translativo ou constitutivo da propriedade ou da posse. Justo título, para Lenine Nequete, "é todo o ato formalmente adequado a transferir o domínio ou o direito real de que trata, mas que deixa de produzir tal efeito (e aqui a enumeração é meramente exemplificativa) em virtude de não ser o transmitente senhor da coisa ou do direito, ou de faltar-lhe o poder de alienar".[5] Há um ato jurídico escrito, público ou particular, externamente apto para transferir o domínio. Entretanto, se ressente da ausência de alguns requisitos essenciais para operar, eficazmente, a transferência. Encerra uma falha ou um defeito, que acompanha o momento da transmissão e reduz a solidez da validade.

Como exemplos mais comuns de semelhantes títulos, apontam-se: a aquisição *a non domino*; a venda feita pelo marido sem a outorga da mulher, ou vice-versa; aquela que realiza o procurador munido de instrumento falho ou mesmo falso; a alienação efetuada por relativamente incapaz, iniciando o prazo da prescrição a correr a partir da cessação da incapacidade.

e) *A boa-fé*. O exercício da posse virá acompanhado da boa-fé, a qual se define como a convicção do prescribente de que tem a legitimidade da posse sobre o objeto a ela sujeito, obtido mediante uma venda jurídica feita pelo verdadeiro proprietário.

No art. 1.201 encontramos a ideia da convicção que deve ter o interessado:

> "É de boa-fé a posse, se o possuidor ignora o vício, ou o obstáculo que impede a aquisição da coisa".

Compreende-se melhor o significado ao lermos os caracteres judiciosamente discriminados por Lenine Nequete: "Em matéria de usucapião, a boa-fé, em geral, é definida como a crença em que se acha o possuidor, a) de que a coisa possuída lhe pertence; b) de que o título o tornou proprietário; c) de que o transmitente era, em virtude do título inatacável, proprietário do imóvel transmitido; d) de que a aquisição não acarretou nenhum prejuízo ao legítimo titular da coisa; e) de que adquiriu ao legítimo dono".[6]

A boa-fé para originar o *jus usucapiendi* deve persistir desde o início da posse, até consumar-se o prazo da prescrição aquisitiva. A superveniência de má-fé, no decurso do prazo, invalida a posse como justa, interrompendo a contagem do tempo necessário para consumar-se o direito. Só por meio do usucapião extraordinário o interessado conseguirá, então, o reconhecimento do domínio da posse.

6. USUCAPIÃO ESPECIAL URBANO INDIVIDUAL E COLETIVO

A Constituição Federal introduziu, no art. 183, uma nova modalidade de usucapião, de certo modo semelhante ao usucapião rural especial. Assim consta na redação do citado dispositivo:

> "Aquele que possuir como sua área urbana de até duzentos e cinquenta metros quadrados, por cinco anos ininterruptamente e sem oposição, utilizando-a para sua moradia ou de sua família, adquirir-lhe-á o domínio, desde que não seja proprietário de outro imóvel urbano ou rural".

O Código Civil inseriu o mesmo usucapião em dispositivo que se fixou no art. 1.240, com texto igual ao do art. 183 *supra*.

---

[5] *Da prescrição aquisitiva (usucapião)*, cit., p. 207.
[6] *Da prescrição aquisitiva (usucapião)*, cit., p. 222.

Como ressalta, tencionaram os constituintes, bem como o legislador do Código Civil, estabelecer um direito para os desprovidos de bens, de sorte a serem contempladas somente as pessoas sem moradia própria. O critério definidor para a concessão não é apenas a posse naquelas condições, mas também a situação econômica do possuidor.

O instituto, na previsão constitucional, veio regulamentado pela Lei nº 10.257, de 10.07.2001, denominada "Estatuto da Cidade", nos arts. 9º a 14. O direito ao usucapião está no art. 9º, com redação idêntica à do art. 183 da Carta Maior.

Importa a configuração dos seguintes elementos para a invocação do usucapião:

a) duração da posse pelo prazo de cinco anos;
b) posse ininterrupta e sem oposição, com o ânimo de dono;
c) localização da área em zona urbana do Município;
d) extensão superficial do imóvel em até duzentos e cinquenta metros quadrados;
e) a sua utilização para a moradia própria do possuidor ou da família;
f) não ser o possuidor proprietário de outro imóvel urbano ou rural, sem significar que não possa ter sido proprietário em época anterior.

Seguem várias disposições, contempladas nos parágrafos do art. 9º da Lei nº 10.257/2001:

"§ 1º O título de domínio será conferido ao homem e à mulher, ou a ambos, independentemente do estado civil;

§ 2º não se reconhece o direito ao mesmo possuidor por mais de uma vez;

§ 3º o herdeiro legítimo continua, de pleno direito, a posse de seu antecessor, desde que já resida no imóvel por ocasião da abertura da sucessão".

O art. 10 da Lei nº 10.257/2001, alterado pela Lei 13.465/2017, aportou várias novidades, destacando-se o usucapião coletivo, ou promovido por diversas pessoas, ou por uma coletividade ou núcleo de indivíduos, desde que presente um vínculo de proximidade social e econômica. Ocupando um núcleo urbano informal de indivíduos uma área maior de duzentos e cinquenta metros quadrados, e se os possuidores não forem proprietários de outro imóvel urbano ou rural, em um panorama onde é difícil ou impossível identificar as porções ocupadas individualmente, possibilita-se o reconhecimento do usucapião, se, ademais, presentes os requisitos da falta de oposição por terceiros e da ininterrupção da posse por um período de cinco ou mais anos. Eis a letra da previsão legal:

"Os núcleos urbanos informais existentes sem oposição há mais de cinco anos e cuja área total dividida pelo número de possuidores seja inferior a duzentos e cinquenta metros quadrados por possuidor são suscetíveis de serem usucapidos coletivamente, desde que os possuidores não sejam proprietários de outro imóvel urbano ou rural (redação dada pela lei nº 13.465, de 2017)".

Cuida-se de um avanço cuja necessidade há muito tempo era sentida e defendida, a qual, certamente, ajudará a legalizar inúmeras áreas de ocupações irregulares, com origem normalmente em invasões ou assentamentos clandestinos. A situação de fato, dada a quantidade de núcleos residenciais e a consolidação geográfica dos conjuntos habitacionais, com a sua localização definida e identificação no mapa da cidade, torna enraizadas e irremovíveis as vilas e aglomeramentos, passando a integrar a zona urbana. Com a legalização de tais áreas populacionais, passa o Poder Público a gerir e administrar as inúmeras necessidades de infraestrutura, suprindo as carências mais urgentes e implantando um mínimo de equipamentos urbanos comuns a toda cidade.

Como transparece do art. 10, o pedido de usucapião é da área ocupada, mas individuando os ocupantes ou moradores. Para tanto, é autorizada a soma da posse atual com a exercida anteriormente, tendo por finalidade completar o período de cinco anos (§ 1º). Todavia, na sentença que reconhecerá o domínio para fins de registro imobiliário (§ 2º), o juiz atribuirá igual fração ideal de terreno a cada possuidor, independentemente da dimensão do terreno que cada possuidor ou conjunto familiar ocupe, salvo hipótese de acordo escrito entre os condôminos, estabelecendo frações ideais diferenciadas (§ 3º). Ou seja, atribui-se a porção ideal de cada condômino, dentro do todo individuado. Não se discrimina cada porção, com as respectivas características e confrontações, a menos que haja acordo firmado pelos condôminos.

O § 4º dá proeminência à indivisibilidade do condomínio:

"O condomínio especial constituído é indivisível, não sendo passível de extinção, salvo deliberação favorável tomada por, no mínimo, dois terços dos condôminos, no caso de execução de urbanização posterior à constituição do condomínio".

Nota-se a possibilidade da individuação posterior das porções, desde que já implantada a urbanização. Aponta o § 5º a forma de administração:

"As deliberações relativas à administração do condomínio serão tomadas por maioria de votos dos condôminos presentes, obrigando também os demais, discordando ou ausentes".

Depreende-se do dispositivo a necessidade de se implantar uma organização, com uma associação de moradores em forma de pessoa jurídica, de preferência registrada no Cartório de Registro das Pessoas Jurídicas Civis.

Prováveis ações petitórias, possessórias, ou de outra natureza, porventura em andamento, ficarão pendentes enquanto processar-se a ação de usucapião, segundo enuncia o art. 11:

"Na pendência da ação de usucapião especial urbana, ficarão sobrestadas quaisquer outras ações, petitórias ou possessórias, que venham a ser propostas relativamente ao imóvel usucapiendo".

Indica o art. 12 quem possui legitimidade para o ingresso com a ação:

"São partes legítimas para a propositura da ação de usucapião especial urbana:

I – o possuidor, isoladamente ou em litisconsórcio originado ou superveniente;

II – os possuidores, em estado de composse;

III – como substituto processual, a associação de moradores da comunidade, regularmente constituída, com personalidade jurídica, desde que explicitamente autorizada pelos representados".

7. USUCAPIÃO ESPECIAL URBANO EM FAVOR DO CÔNJUGE OU COMPANHEIRO SEPARADO QUE PERMANECE NO IMÓVEL

Por meio da Lei nº 12.424, de 16.06.2011, veio instituído o usucapião referido, visando proteger o cônjuge ou companheiro que, na separação, permanece no imóvel, seja com familiares ou não, incluindo o art. 1.240-A no Código Civil, com a seguinte redação:

"Aquele que exercer, por 2 (dois) anos ininterruptamente e sem oposição, posse direta, com exclusividade, sobre imóvel urbano de até 250m² (duzentos e cinquenta metros quadrados) cuja propriedade divida com ex-cônjuge ou ex-companheiro que abandonou o lar, utilizando-o para sua moradia ou de sua família, adquirir-lhe-á o domínio integral, desde que não seja proprietário de outro imóvel urbano ou rural.

§ 1º O direito previsto no *caput* não será reconhecido ao mesmo possuidor mais de uma vez".

Trata-se de uma norma protetiva. Frequentes os casos de simples afastamento do lar por um dos cônjuges ou companheiros, permanecendo na residência familiar o outro cônjuge ou companheiro, em geral com filhos. Não abrange as separações legais, onde se discutem os direitos patrimoniais. É irrelevante, outrossim, o cumprimento das obrigações alimentares e outras pelo cônjuge ou companheiro que abandona o lar. Importam, para ensejar o direito, o afastamento e a omissão em exercitar a oficialização da separação, com a consequente partilha dos bens.

A lei dirige-se a situações específicas de simples afastamento do lar comum ou recusa em nele permanecer, não havendo, como se disse, a iniciativa em legalizar a separação e a divisão do patrimônio.

Incluem-se na proteção os casais homoafetivos, diante da tendência do direito em reconhecer como válidas e geradoras de direitos as uniões de pessoas do mesmo sexo.

É de se indagar a questão dos casais que exercem a mera posse e não possuem o domínio registral do imóvel residencial. Vários os casos de pessoas casadas ou em união estável que simplesmente exercem a posse do imóvel. Pensa-se que a solução é admitir o usucapião em exame, desde que seja observada a regra do art. 1.240 do Código Civil. Para adquirir o domínio, será indispensável o ingresso do usucapião conjugando os arts. 1.240 e 1.240-A. Além do cônjuge ou companheiro que abandonou o lar, os terceiros poderão participar do litígio, como aqueles em cujo nome está registrado o imóvel. Para tal eventualidade, nada impede que se computem o prazo do abandono por dois anos e mais o período anterior da vida em comum para completar os cinco anos. Obviamente, ao cônjuge que se afastou do imóvel restringe-se a defesa no pertinente ao abandono ou ausência do lar.

Em face do art. 1.240-A, os seguintes requisitos despontam como importantes para ensejar o direito:

a) duração da posse pelo prazo de dois anos, sem a presença do outro cônjuge ou companheiro;
b) posse direta, ininterrupta, sem oposição, com exclusividade;
c) superfície da área da posse de até 250 m²;
d) imóvel urbano;
e) propriedade ou posse em nome dos cônjuges ou companheiros;
f) utilização do imóvel como moradia do cônjuge ou companheiro, com ou sem membros da família;
g) inexistência de propriedade ou posse de outro imóvel urbano ou rural.

Finalmente, a teor do § 1º, o direito não será reconhecido ao mesmo possuidor mais de uma vez.

8. SUSPENSÃO E INTERRUPÇÃO DO PRAZO PRESCRICIONAL NO USUCAPIÃO

Reza o art. 1.244 do Código Civil sobre a matéria aplicada ao usucapião:

"Estende-se ao possuidor o disposto quanto ao devedor acerca das causas que obstam, suspendem, ou interrompem a prescrição, as quais também se aplicam ao usucapião".

Da regra ostentada no dispositivo deduz-se a existência de causas obstativas – aquelas que impedem o início do curso do prazo prescricional; causas suspensivas – as que suspendem o prazo em andamento, impedindo a sua continuação; e causas interruptivas – que obstaculizam o decurso do prazo já iniciado e apagam-no para o efeito de ser computado.[7]

De início, três causas que obstam ou impedem a prescrição vêm arroladas comumente no art. 197 do Código. Assim, não corre a prescrição: entre cônjuges, na constância do casamento; entre ascendentes e descendentes, durante o poder familiar; e entre tutelados ou curatelados e seus tutores ou curadores, durante a tutela ou curatela. O Código Civil de 1916 contemplava mais uma causa, inc. IV do art. 168: em favor do credor pignoratício, do mandatário, e, em geral, das pessoas que lhe são equiparadas, contra o depositante, o devedor, o mutuante e as pessoas representadas, ou seus herdeiros, quanto ao direito e obrigações relativas à sua guarda.

As causas suspensivas aparecem indicadas nos arts. 198 e 199 do Código, sendo as seguintes aquelas que se aplicam ao usucapião suspendendo a prescrição: contra os absolutamente incapazes; contra os ausentes do Brasil em serviço público da União, dos Estados ou dos Municípios; contra aqueles que se acharem servindo nas Forças Armadas, em tempo de guerra; pendendo condição suspensiva; não estando vencido o prazo; e pendendo ação de evicção.

As causas obstativas estão enquadradas nas suspensivas, todas com o mesmo efeito de suspender o prazo durante certo tempo. Contam-se os prazos deduzindo-se os períodos de intervalo da suspensão, pois não são estes contados para efeitos do cálculo do prazo prescricional.

As causas de interrupção do prazo prescricional incidentes no usucapião estão previstas no art. 202 do Código Civil, que, além de alterar, contempla mais hipóteses que as previstas no art. 172 do Código Civil de 1916. Eis a previsão:

"I – por despacho do juiz, mesmo incompetente, que ordenar a citação, se o interessado a promover no prazo e na forma da lei processual;

II – por protesto, nas condições do inciso antecedente;

III – por protesto cambial;

IV – pela apresentação do título de crédito em juízo de inventário ou em concurso de credores;

V – por qualquer ato judicial que constitua em mora o devedor;

VI – por qualquer ato inequívoco, ainda que extrajudicial, que importe reconhecimento do direito pelo devedor".

---

[7] NASCIMENTO, Tupinambá Miguel Castro do. *Usucapião comum e especial*. 5. ed. Rio de Janeiro: Aide, 1984. p. 130.

Dá o parágrafo único do art. 202 do Código o primordial efeito da interrupção:

"A prescrição interrompida recomeça a correr da data do ato que a interrompeu, ou do último ato do processo para a interromper".

Algumas observações especiais são necessárias acrescentar.

Se falecer o titular da propriedade em cuja posse se encontra o possuidor a favor de quem o favor o prazo da prescrição aquisitiva estiver correndo, esta ficará suspensa imediatamente se, dentre os herdeiros do falecido, existir menor de dezesseis anos, pois o art. 198, inc. I, do Código, assinala não correr a prescrição contra os incapazes de que trata o art. 3º do Código, onde estão elencadas as pessoas absolutamente incapazes. No art. 3º do Código, após a reforma da Lei nº 3.146/2015 consta: os menores de 16 anos.

O mesmo tratamento é aplicado se algum outro incapaz, declarado em ação de interdição, for titular do domínio.

Aparecendo um incapaz na relação dos herdeiros, a suspensão atinge igualmente os herdeiros capazes ou titulares do domínio maiores, eis que a herança é legalmente indivisível de acordo com o art. 201 do Código, encerrando: "Suspensa a prescrição em favor de um dos credores solidários, só aproveitam os outros se a obrigação for indivisível". O Código, no parágrafo único do art. 1.791, trata do caso de indivisibilidade da herança:

"Até a partilha, o direito dos coerdeiros, quanto à propriedade e posse da herança, será indivisível, e regular-se-á pelas normas relativas ao condomínio".

Sendo, na hipótese, também chamados herdeiros capazes, serão eles, pois, favorecidos pela incapacidade total do herdeiro. Um direito indivisível não se pode extinguir por parte, tornando-se impossível separar a parte prescrita da não prescrita.

Quanto à citação ou ao despacho de citação, em virtude de ações possessórias ou petitórias, ocorre automaticamente a interrupção, mas isto se a demanda é julgada procedente. É o que assentou o Supremo Tribunal Federal, por sua Primeira Turma, no Recurso Extraordinário nº 77.298, de 10.12.1974, com a seguinte ementa:

"Prescrição aquisitiva. Pretendida interrupção do prazo pela citação em ação possessória julgada improcedente. Julgado que decide que, rejeitada a demanda, a citação não tem efeito interruptivo. Interpretação razoável, sem negativa de vigência de lei".

E no voto do Min. Rodrigues Alckmin:

"Na verdade, reza o art. 172, inc. I, do C. Civil, que a citação interrompe o prazo prescricional. Mas, é óbvio, salta à vista, que interrompe quando a ação, que foi proposta, é julgada procedente, e nunca quando é rejeitada a demanda".

Lembra-se que, em vez da citação, o ato interruptivo, em face do Código em vigor, art. 202, inc. I, é o despacho que ordena a citação. Segue o acórdão:

"O clássico Beudant ensina: de duas uma, ou a demanda foi vitoriosa e o possuidor foi desalojado do imóvel, não se podendo mais cogitar de usucapião, ou então a ação foi rejeitada, hipótese em que a interrupção da posse é considerada como inexistente, como não ocorrida (*Droit Civil Français*, tomo IV, p. 859).

Henri de Page também ensina que a citação para a demanda perde seu efeito interruptivo desde que a demanda seja rejeitada (*Traité de Droit Civil Belge*, vol. VII/1070, nº 1.182).

Planiol-Rippert-Picard sustentam que o efeito interruptivo da prescrição somente subsiste quando a demanda é levada até o fim e julgada procedente (*Traité Pratique de Droit Civil Français*, vol. III, nº 731).

O clássico Cunha Gonçalves ensinou que 'não basta, porém, a citação; é indispensável que a ação prossiga até a sentença final e definitiva, sendo julgada procedente' (*Tratado de Direito Civil*, nº 440, p. 908, da ed. bras.).

Coelho da Rocha também ensinou que quando o possuidor é desapossado pelo titular do domínio, se ele vem a juízo e consegue restituir-se judicialmente na posse, 'conta-se todo o tempo que durou o litígio para efeito de usucapião' (*Tratado de Direito Civil*, vol. II, § 458).

Lafayette, apoiado em Lobão e Heinécio, ensinou que a citação inicial do possuidor para a reivindicação da coisa sujeita ao usucapião interrompe a prescrição, mas 'a citação deixa de ser eficaz para o dito efeito se a ação afinal é julgada improcedente' (*Direito das Coisas*, § 74, p. 161-162).

Essa doutrina, que é unânime, está em perfeita consonância com os dispositivos expressos no nosso Código Civil, cujo art. 520 expõe: 'Perde-se a posse: ... IV – pela posse de outrem, ainda contra a vontade do possuidor, se este não foi manutenido ou reintegrado em tempo competente'".

O mencionado art. 520 do Código Civil de 1916 discriminava casos de perda de posse, que não veio repetido no Código atual, cujo art. 1.223 simplesmente refere a perda quando cessa o poder exercido sobre a coisa.

Adiante, continua o acórdão:

"E por isso mesmo Pontes de Miranda ensina que 'o Código Civil conhece posse de coisa. Não conhece posse de direito, quer real, quer pessoal. A posse própria é posse de coisa. Qualquer das posses mediatas, se há mais de uma, é posse de coisa. A posse do locatário é posse de coisa. Posse de coisa é do usufrutuário, a do usuário, a do credor pignoratício' (*Tratado*, vol. X/138).

... Se o art. 520 dispõe que não perdeu a posse o possuidor que se reintegrou legalmente, isto é, se tudo se passou como se nunca houvesse deixado de gozar da situação de possuidor, com muito maior razão se há de afirmar que a demanda possessória ganha pelas embargantes não caracteriza oposição hábil a impedir o usucapião, principalmente se se considerar que as ações possessórias são públicas".[8]

O Superior Tribunal de Justiça seguiu em idêntica exegese, como exemplifica a seguinte ementa:

"A ação possessória julgada improcedente não interrompe o prazo para a aquisição da propriedade pelo usucapião. Recurso especial não conhecido".[9]

---

[8] *Revista Trimestral de Jurisprudência* 74/435.
[9] REsp nº 10.385/PR, da 3ª Turma, *DJU* de 14.06.1999, *ADV Jurisprudência*, n. 41, p. 655, 17.10.1999.

No caso da interrupção pelo protesto (ou notificação judicial eficaz), assinalado no art. 202, inc. II, do Código, se após a sua efetivação o titular da propriedade não iniciar a ação a que tem direito, o prazo da prescrição recomeçará o seu novo ciclo, conforme explica Ulderico Pires dos Santos: "Isto, aliás, acontece até mesmo no que respeita às ações contenciosas propostas pelo titular do domínio contra o possuidor, porque, se ele as abandonar, haverá a prescrição intercorrente, uma vez que a prescrição interrompida recomeça a correr da data do ato que a interrompeu, ou do último ato do processo para a interromper. Quer dizer: a partir do momento em que a ação ficou paralisada, dependendo de providência do autor, a prescrição recomeça a correr. Se daí em diante ele continuar inerte, até que ela atinja o número de anos que a lei prescreve para autorizar o usucapião, este poderá ser declarado".[10]

9. A INTERRUPÇÃO DA PRESCRIÇÃO RELATIVAMENTE AO USUCAPIENTE HERDEIRO PELA TRANSMISSÃO DA HERANÇA

A transmissão da herança tem o efeito de interromper a prescrição, que corre em favor de alguém que exerce a posse. Transcorrendo o prazo de aquisição do domínio pela via do usucapião, pelo exercício da posse, e vindo a falecer a pessoa em cujo nome se encontra a propriedade, dá-se a interrupção em vista do disposto no art. 1.784 do Código Civil, que estabelece a transmissão da herança, a qual também abrange a posse: "Aberta a sucessão, a herança transmite-se, desde logo, aos herdeiros legítimos e testamentários".

Conforme o art. 1.791, opera-se a transmissão da herança como um todo unitário:

"A herança defere-se como um todo unitário, ainda que vários sejam os herdeiros".

Não se dá a transmissão de partes individuadas, mas do todo, formando um condomínio, no exato sentido constante do parágrafo único do mesmo art. 1.791:

"Até a partilha, o direito dos coerdeiros, quanto à propriedade e posse da herança, será indivisível e regular-se-á pelas normas relativas ao condomínio".

De sorte que todos os herdeiros são revestidos do direito à herança, na sua globalidade, inclusive quanto à posse. Surgindo o direito, depreende-se o nascimento da transmissão, pela qual é firmada a posse comum, ou em favor de todos. Nasce não uma expectativa de aquisição, mas a real titularidade, o que é próprio do direito da *saisine*, o qual constitui uma realidade, com o pleno reconhecimento do seu exercício. Realmente, a *saisine* proporciona aos herdeiros a posse do patrimônio deixado *causa mortis* pelo falecido.

Trata-se de um princípio que autoriza a apreensão possessória de bens do *de cujus* pelo herdeiro vocacionado, legítimo ou testamentário, *ope legis*. O herdeiro, independentemente de qualquer ato, ingressará na posse dos bens que constituem a herança do antecessor falecido, de forma imediata e direta, ainda que desconheça a morte do antigo titular. Justamente por força do art. 1.784, a *saisine* possibilita que todos os bens do falecido se transfiram, de imediato e com sua morte, aos seus herdeiros, legítimos ou testamentários. Verificada a transmissão, pela qual faculta-se a posse em comum, cessam os eventuais atos de posse individual, passando todos os herdeiros a exercer a posse. Há, no mínimo, o momento da autorização para a posse comum. Nesta dimensão, advém a interrupção do prazo de eventuais direitos incidentes na

---

[10] *Usucapião*: doutrina, jurisprudência e prática. São Paulo: Saraiva, 1983. p. 109.

herança, interrupção que se mantém enquanto não se efetiva a partilha ou divisão, com a entrega particularizada dos quinhões aos herdeiros. Se *ope legis* ocorre a transmissão, não é esta uma ficção, mas um fato, que pode ser reclamado. Na omissão de providências para o exercício da posse depois da distribuição das porções, e mantendo-se um ou alguns herdeiros na posse, tem a seu favor o início de um novo prazo, que passa a ser contado daí em diante.

A matéria, no pertinente à transmissão do domínio e da posse com a morte do titular dos bens, foi muito bem analisada e desenvolvida por Carlos Cini Marchionatti, desembargador do Tribunal de Justiça do Rio Grande do Sul, em um julgamento que tem a seguinte ementa:

> "Usucapião. Recebimento da posse a título universal. Princípio da saisine. Declaração de domínio do bem sem a participação dos demais herdeiros. Impossibilidade.
>
> Pelo princípio da *saisine*, aberta a sucessão, o domínio e a posse da herança transmitem-se, desde logo, aos herdeiros legítimos e testamentários. No caso, com a morte do genitor do apelante, proprietário do imóvel usucapiendo, a posse exercida transferiu-se a todos os seus sucessores, de modo que é inviável ao autor, sem que demonstre uma cessão de direito ou ato que importe na efetiva exclusão da posse dos demais, pleitear a declaração de domínio do bem sem a participação de todos os herdeiros".[11]

No desenvolver do voto, a matéria é extensa e judiciosamente desenvolvida, inclusive com a referência de que, com a transmissão da herança, o próprio usucapiente é contemplado na sucessão, pois herdeiro, não podendo, daí, pretender usucapir a parte do imóvel que recebeu por direito hereditário.

> "Conforme se verifica dos documentos constantes das folhas 9-10, o imóvel em questão foi adquirido pelo pai do autor, que permitiu que este usasse a posse do bem e sobre ele edificasse sua moradia; após o falecimento do pai, o demandante e sua esposa permaneceram residindo no imóvel.
>
> O imóvel, como referido, era do pai do autor, e com a sua morte, foi aberta a sucessão, e a herança transmitida, desde logo, aos herdeiros legítimos e testamentários, a teor do art. 1.784 do NCCB.
>
> Todavia, não se verifica a abertura de inventário.
>
> Sendo o demandante um dos herdeiros do casal proprietário do imóvel, falta-lhe interesse de agir, pois a ação de Usucapião objetiva a declaração de propriedade, de forma originária, ao passo que sendo o autor filho do proprietário do imóvel, com a morte deste passou a ser proprietário da universalidade de bens juntamente com os demais herdeiros, sendo incabível a presente ação.
>
> Neste sentido, precedentes deste Tribunal:
>
> 'Apelação cível. Usucapião Especial. Transferência de propriedade. Herdeiro. Impossibilidade. Partilha de bens. Quem recebe a coisa por herança jamais poderá adquiri-la por usucapião, pois a ninguém é lícito mudar o título de sua posse. O instituto do usucapião não se presta à transferência do domínio de bem comum, a favor de um dos coproprietários, mas sim, à aquisição originária da propriedade. Ademais, atos de mera tolerância, dos herdeiros, irmãos do requerente, que sabedor da doação do imóvel, pela mãe, para dois dos irmãos do requerente, passa o ocupar parte da área usucapienda,

---

[11] Apelação Cível nº 70056624216, da 20ª Câm. Cível, j. em 27.11.2013, *DJ* de 04.12.2013.

por ausência de ânimo de dono, não pode ter a favor um decreto de prescrição aquisitiva. Sentença confirmada. Negaram provimento ao apelo. Unânime' (Apelação Cível nº 70031594443, 18ª Câmara Cível, TJRS, rel. Nelson José Gonzaga, j. em 22.04.2010).

'Apelação cível. Usucapião extraordinário. Exercendo a autora composse sobre o imóvel, juntamente com seus filhos menores, herdeiros de seu companheiro já falecido, o qual, por sua vez, era herdeiro do espólio proprietário do imóvel usucapiendo, resta inviável a pretensão de reconhecimento da prescrição aquisitiva do imóvel em questão. Negaram provimento ao apelo. Unânime' (Apelação Cível nº 70014614358, 17ª Câmara Cível, TJRS, rel. Alexandre Mussoi Moreira, j. em 01.06.2006).

Admitir-se o ajuizamento de ação de usucapião pelo autor seria admitir que este se beneficiasse da própria torpeza, além de permitir a violação das regras de direito sucessório.

Em que pese a posse exercida de modo exclusivo por um condômino, de modo incontestável, possa autorizar o reconhecimento da prescrição aquisitiva, não é esse o caso dos autos.

Não há como cogitar em usucapião em qualquer de suas modalidades sem que a posse seja qualificada (presença de *animus domini*).

Quanto ao *animus domini*, é importante que se estabeleçam critérios para a aferição de tal elemento.

Para fazer a aferição do elemento anímico, o *animus domini*, pode ser utilizada a teoria dos obstáculos já defendida por Savigny.

A respeito de tal teoria, deve-se primeiro identificar a causa da posse, como esta se operou, e após verificar se existem ou não obstáculos objetivos, que são a detenção ou a posse direta, nos casos de relação de locação, comodato ou usufruto, por exemplo.

A inexistência de obstáculos objetivos gera presunção positiva do *animus domini*, ou, em outras palavras, presume-se o *animus domini* pela ausência de obstáculos objetivos à posse.

Por definição, o *animus domini* é a vontade de alguém possuir como se fosse dono. Entretanto, para caracterizá-lo não basta a vontade, é preciso que ela resulte do título em virtude do qual se exerce a posse.

O fato de o autor ter permanecido no imóvel após o falecimento de seu pai não configura, por si só, posse qualificada para o usucapião.

Pelo princípio da *saisine*, aberta a sucessão, o domínio e a posse da herança transmitem-se, desde logo, aos herdeiros legítimos e testamentários. No caso, com a morte do genitor do apelante, a posse por ele exercida transferiu-se a todos os seus sucessores, de modo que é inviável ao autor, sem que demonstre uma cessão de direitos ou ato que importe na efetiva exclusão da posse dos demais, pleitear a declaração de domínio do bem sem a participação de todos os herdeiros, não obstante a ausência de resistência destes no presente processo.

Nesse sentido, os julgados que seguem:

'Usucapião. Carência de ação. Impossibilidade jurídica do pedido. 1. Se o herdeiro recebe a posse a título universal, não pode dela excluir os demais sucessores do possuidor procedente e nem cedê-la sem a anuência destes, pena de afronta ao princípio da saisina. 2. Cadeia de cessão de direitos possessórios viciada na origem. 3. Declaração da sentença, prejudicado o recurso (...)' (Apelação Cível nº 196012132, 17ª Câmara Cível, TJRS, rel. Demétrio Xavier Lopes Neto, j. em 11.04.2000).

'Usucapião. Soma de posse. Saisine. Carecem da ação os filhos que pretendem a soma da posse própria com a exercida pelos pais já falecidos, em detrimento dos demais herdeiros (...)' (Apelação Cível nº 586037756, 5ª Câmara Cível, TJRS, rel. Ruy Rosado de Aguiar Júnior, J. em 4.11.1986)".

Em outra decisão, é reeditado o entendimento:

"Apelação cível. Usucapião. Recebimento da posse a título universal. Princípio da *saisine*. Declaração de domínio do bem sem a participação dos demais herdeiros. Impossibilidade. Pelo princípio da *saisine*, aberta a sucessão, o domínio e a posse da herança transmitem-se, desde logo, aos herdeiros legítimos e testamentários. No caso, com a morte do genitor da apelante, a posse por ele exercida transferiu-se a todos os seus sucessores, de modo que é inviável à autora, sem que demonstre uma cessão de direito ou ato que importe na efetiva exclusão da posse dos demais, pleitear a declaração de domínio do bem sem a participação de todos os herdeiros e, ainda, pretendendo a utilização da posse exercida por seu pai. Prescrição aquisitiva em favor da autora tem curso inicial na data do óbito do possuidor anterior do imóvel. Requisito temporal não demonstrado. Apelo desprovido. Unânime".[12]

---

[12] Apelação Cível nº 70024027773, 18ª Câmara Cível do TJRS, j. em 09.06.2011, *DJ* de 14.06.2011, rel. Cláudio Augusto Rosa Lopes Nunes.

Capítulo XXIX
A PRESCRIÇÃO NA PARTILHA ANULÁVEL E NA PARTILHA NULA

1. A ANULAÇÃO POR VÍCIOS OU DEFEITOS

O art. 2.027 do Código Civil, alterado pela Lei 13.105/2015 (atual Código de Processo Civil) trata da partilha anulável, cujo prazo para a anulação é de um ano. Veja-se o dispositivo:

> "A partilha é anulável pelos vícios e defeitos que invalidam, em geral, os negócios jurídicos.
> Parágrafo único: Extingue-se em 1 (um) ano o direito de anular a partilha".

O prazo de um ano é para a anulabilidade e não para a nulidade, cuja alegação não é limitada pelo decurso do tempo, por força do art. 169 do Código atual, estabelecendo que "o negócio jurídico nulo não é suscetível de confirmação, nem convalesce pelo decurso do tempo".

Washington de Barros Monteiro salienta, primeiramente, o conteúdo do art. 1.805 do Código Civil anterior, equivalente ao atual art. 2.027, de tornar anulável a partilha pelos vícios e defeitos que invalidam, em geral, os atos jurídicos, sendo esses vícios e defeitos "o erro ou ignorância, o dolo, a coação e a simulação, definidos no Capítulo II, Título I, do Livro III, do Código Civil..."[1] (atualmente Capítulo IV, Título I, do Livro III, da Parte Geral do Código). De ressalvar que, presentemente, a simulação é ato nulo (art. 167 do Código Civil).

2. AS NULIDADES ABSOLUTAS E O TRATAMENTO DIANTE DAS NULIDADES RELATIVAS

Diferente é a situação se a partilha impregnar-se de nulidade absoluta, nos termos do art. 166 do Código Civil, sendo os seguintes:

I – celebrado por pessoa absolutamente incapaz;

II – for ilícito, impossível ou indeterminável o seu objeto;

III – o motivo determinante, comum a ambas as partes, for ilícito;

IV – não revestir a forma prescrita em lei;

---

[1] *Curso de direito civil*: direito das sucessões. 4. ed. São Paulo: Saraiva, 1962. p. 311-312.

V – for preterida alguma solenidade que a lei considere essencial para a sua validade;

VI – tiver por objetivo fraudar lei imperativa;

VII – a lei taxativamente o declarar nulo, ou proibir-lhe a prática, sem cominar sanção.

Em casos tais, finaliza o mencionado autor, embora não abrangendo o universo de hipóteses introduzido pelo vigente Código, não se pode admitir um prazo tão curto para o que denomina prescrição, sendo atualmente o prazo para a decadência.[2]

Pontes de Miranda endossa a posição de estabelecer o prazo vintenário (pelo Código atual o prazo é de dez anos) a favor de quem não foi parte no ato de partilha.[3]

Jefferson Daibert refere que a então prescrição estendia-se por vinte anos porque existiria um ato nulo na partilha, e "ato nulo não chega a nascer, não pode produzir efeitos, e se é, como afirmamos, natimorto, é imprescritível. Contudo, poder-se-ia aplicar-lhe a prescrição dos direitos pessoais, que é de dez anos".[4]

Orlando Gomes, distinguindo os atos nulos e anuláveis, observa o caso de faltar um dos elementos essenciais à partilha, como na participação de herdeiro menor quando amigável o arrolamento: "Não se trata, no caso, de vício ou defeito da vontade, mas de falta de um elemento sem o qual o ato não pode ter validade. Será, pois, nulo de pleno direito, não se lhe aplicando a disposição do art. 1.805 do Código Civil, mas a regra geral de que não prescrevem os atos nulos, ou, quando muito, prescrevem em vinte anos".[5]

Insta observar que, pelo presente Código – art. 169 –, não se fixa algum tempo para suscitar a nulidade. Se passar um lapso de quinze ou mais anos na posse de um bem, com os requisitos previstos para o usucapião, pode-se dar, aí, o reconhecimento desta forma de aquisição do domínio, tornando sem efeito a nulidade.

Sílvio Rodrigues traz uma exegese bem aceitável para encontrar a explicação de que os arts. 1.805 e 178, § 6º, inc. V, do mesmo Código Civil de 1916, e, assim, o art. 2.027 e seu parágrafo único do atual Código, cujos conteúdos equivalem, se restringem aos casos de anulabilidade: "Primeiro, porque o art. 178, § 6º, inc. V, do Código Civil refere-se especificamente ao art. 1.805, que cuida apenas, e tão só, da partilha anulável, e não da nula, de modo que só se aplica aos casos de anulação por defeito de erro, dolo, coação, simulação ou fraude. Segundo, porque os atos nulos, conforme vimos, são imprescritíveis".[6]

Parece que aí está o cerne da questão.

Conclui-se, conforme a jurisprudência:

> "Todos os vícios processuais, inclusive os da sentença, uma vez transitada em julgado, passam a ser relativos, e desde que cobertos pela *res judicata*, somente são apreciáveis em ação rescisória, específica à desconstituição do julgado. Um deles, porém, restou indene à transformação da *querela nullitatis*, em ação rescisória: a falta de citação inicial, que permaneceu como citação *ipso iure*, com todo o vigor de sua conceituação absoluta de tornar insubsistente a própria sentença transitada em julgado".[7]

---

[2] *Curso de direito civil*: direito das sucessões, cit., p. 312.
[3] *Tratado de direito privado*. São Paulo: RT, 1974. v. VI, p. 349.
[4] *Direito das sucessões*. Rio de Janeiro: Forense, 1976. p. 372.
[5] *Sucessões*. Rio de Janeiro: Forense, 1973. p. 333.
[6] *Direito civil*: direito das sucessões. São Paulo: Saraiva, 1972. v. VII, p. 283.
[7] Agravo de Instrumento nº 589034555, da 6ª Câmara Cível do TJRS, de 27.06.1989, *Revista de Jurisprudência do TJRS* 142/152.

É fora de dúvida que a lei tem em conta, no art. 2.027, exclusivamente os vícios e defeitos que tornam anulável a partilha.

E não poderia ser diferente a exegese. Inconcebível que objetivasse dar a lei o mesmo tratamento para situações de intensidade diferente. Os fatores que ensejam a nulidade são de conteúdo bem mais grave. Realmente, quem não participou do inventário, ou teve um bem particular incluído na partilha, ou, mesmo participando, era menor ou totalmente incapaz, e não foi regularmente representado, não se encontra no mesmo pé de igualdade da pessoa que, participando, foi enganada na distribuição do patrimônio.

Válida esta conclusão de João Alberto Leivas Job, escrevendo sobre o art. 1.805 do Código de 1916, que equivale ao art. 2.027 ora em vigor: "O art. 1.805... do Código Civil brasileiro apenas determina as condições em que a partilha é ato jurídico anulável, permanecendo o mesmo capítulo omisso a uma referência especial aos casos de partilha enquanto ato nulo".[8]

Na mesma posição, o Supremo Tribunal Federal, há bastante tempo, restringindo os arts. 178, § 6º, inc. V, e 1.805, do Código de 1916, e, assim, o art. 2.027 e seu parágrafo único, do presente Código, aos atos anuláveis, e referindo-se à prescrição:

> "I – Prescrição ânua do art. 178, § 6º, V, do Código Civil para a partilha simplesmente anulável e não a nula. II – Os prazos do art. 178 não se aplicam aos atos nulos, mas apenas aos anuláveis... Nesses casos, há a prescrição ordinária e não a breve e excepcional de um ano, nem a decadência inerente à rescisória".[9]

3. A ANULAÇÃO DA PARTILHA AMIGÁVEL

A partilha poderá ser amigável, vindo a sua anulação disciplinada pelo art. 657 do CPC. Contudo, outras formas também podem ser anuláveis, se algum vício de vontade ou defeito se manifestar.

Três são as modalidades de partilha amigável: aquela feita por escritura pública, a elaborada por meio de termo nos autos e a mediante escrito particular. Todas elas são anuláveis.

O art. 657 do CPC, buscando ser bem explícito, apresenta a regra condicionando a anulação a não se configurar hipótese de ação rescisória:

> "A partilha amigável, lavrada em instrumento público, reduzida a termo nos autos do inventário ou constante de escrito particular homologado pelo juiz, pode ser anulada por dolo, coação, erro essencial ou intervenção de incapaz, observado o disposto no § 4º do art. 966".

Além destas causas citadas, existem outras e, dentre elas, bastante comuns são as anulações por não ter participado o herdeiro em todos os atos do inventário, ou por falta de intimação, ou porque não se fez validamente a avaliação.

O Código Civil, no art. 2.027, conforme visto *supra*, tratando da partilha anulável, e não da amigável, considera, no entanto, mais amplamente a possibilidade de anulação. Eis o teor:

---

[8] *Da nulidade da partilha*. 2. ed. São Paulo: Saraiva, 1986. p. 5-6.
[9] Recurso Extraordinário nº 94.302-1/SC, de 17.09.1982, *Lex – Jurisprudência do Supremo Tribunal Federal* 48/108.

"A partilha, uma vez feita e julgada, só é anulável pelos vícios e defeitos que invalidam, em geral, os negócios jurídicos".

Pelo art. 171 do Código Civil, incluem-se como causas de anulação do negócio jurídico e, assim, inclusive daquele levado à homologação judicial, a incapacidade relativa, o erro, o dolo, a coação, o estado de perigo, a lesão e a fraude contra credores.

Empresta-se um caráter negocial à partilha amigável, porquanto revela uma acentuada fisionomia contratual.

O fulcro principal para admitir-se a anulação, na previsão do art. 657 do CPC, está nos limites da sentença. O juiz não decidiu ou se manifestou sobre a controvérsia que deu origem à ação anulatória, pois foi amigável a partilha; ele simplesmente homologou o esboço de partilha. Se alguma decisão aparecer, já não será de homologação, mas de solução do mérito. Não cabe, então, a ação anulatória, e sim a rescisória, desde que presente alguma das hipóteses que a autoriza. Neste sentido a lição de José da Silva Pacheco: "O art. 486 do Código de Processo Civil dispõe que os atos judiciais que não dependem de sentença, ou em que esta for meramente homologatória, podem ser rescindidos, como os atos jurídicos em geral, nos termos da lei civil. Por esse motivo, o art. 1.029 dispôs, expressamente, sobre a anulação da partilha amigável, quer precise ou não de homologação. Não abrange as partilhas julgadas por sentença, às quais se aplica o disposto no art. 1.030 do Código de Processo Civil."[10]

Suponha-se que o juiz tenha homologado uma partilha amigável, na qual participou um menor ou incapaz, ou em que se incluiu herdeiro ausente ou revel, ou na qual houve divergência de algum herdeiro. Há evidente nulidade, reconhecível mediante sentença de anulação. O fundamento último está no art. 966, § 4º, do CPC, pelo qual "Os atos de disposição de direitos, praticados pelas partes ou por outros participantes do processo e homologados pelo juízo, bem como os atos homologatórios praticados no curso da execução, estão sujeitos à anulação, nos termos da lei".

A atuação do juiz não tem maior relevo, visto que ele não decidiu alguma questão, pois somente homologou, ou deu seu beneplácito àquilo que as partes decidiram. No caso, observa Clóvis do Couto e Silva: "A sentença homologatória não processualiza o negócio jurídico homologado, e nem o regime jurídico para os efeitos de invalidade é peculiar ao da sentença de mérito. Criou-se uma forma pela qual pouco valor se deu à sentença simplesmente homologatória, tratando-se como se fora simples ato administrativo. Em consequência, a sentença proferida por juiz incompetente é sentença ineficaz, podendo ser desconstituída em ação comum, sem necessidade da rescisória".[11]

A anulação submete-se a limitações. Tem o interessado um prazo para ajuizar a ação, que é de um ano, calculado de modo próprio, de acordo com o tipo de vício ou de causa de anulação, conforme está no art. 657, parágrafo único, do Código de Processo Civil:

"O direito à anulação de partilha amigável extingue-se em 1 (um) ano, contado esse prazo:

I – no caso de coação, do dia em que ela cessou;

II – no caso de erro ou dolo, do dia em que se realizou o ato;

---

[10] Os arts. 486, 1.029 e 1.030 suprarreferidos equivalem aos arts. 966, § 4º, 657 e 658 do CPC em vigor. *Inventários e partilhas na sucessão legítima e testamentária*. 8. ed. Rio de Janeiro: Forense, 1994. p. 575.
[11] *Comentários ao Código de Processo Civil*. São Paulo: RT, 1977. v. XI, t. I, p. 392.

III – quanto ao incapaz, do dia em que cessar a incapacidade".

O início do prazo não será a data da homologação da partilha amigável. A homologação, a rigor, é exigida apenas quando formalizada a partilha por escrito particular; não quando lançada por termo nos autos, ou feita mediante escritura pública.

Verificado o motivo que ensejou a partilha viciada, o prazo de prescrição inicia unicamente quando cessa o vício, isto é, a coação se verificada, ou quando da realização do ato, em se tratando de erro ou dolo; ou da cessação da incapacidade, se envolvido um incapaz na partilha. No entanto, se esses eventos ocorreram antes da homologação, parece natural que o início se dá com a ciência da homologação.

No mesmo sentido, quanto ao prazo, veio o parágrafo único do art. 2.027 do Código Civil em vigor: "Extingue-se em 1 (um) ano o direito de anular a partilha". No entanto, a extinção, prevista no dispositivo, equivale à decadência ou à caducidade do direito. Este o efeito que passa a vigorar, com o que desaparece qualquer faculdade de remediar a situação, ou de procurar alguma providência para restaurar o direito anterior.

O art. 657 do CPC restringe-se à partilha amigável, que foi homologada pelo juiz. Qualquer nulidade relativa que apareça, e que não restou enfrentada em decisão judicial, é suscitável unicamente no prazo de um ano. Não se considera amigável a partilha se a decisão a julgou, enfrentando pontos controvertidos. Aí o enfrentamento será por meio de ação rescisória, como se observou.

A hipótese de ambos os dispositivos – art. 657, parágrafo único, do CPC, e art. 2.027, parágrafo único, do Código Civil – restringe-se às nulidades relativas, na forma do art. 171 da lei civil, com a ocorrência da extinção do direito de se anular se decorrido um ano da verificação das situações estampadas nos incisos do parágrafo único do art. 657 supracitado.

Entretanto, não será de um ano o prazo para as causas de nulidade, embora em sentença meramente homologatória. Em se verificando evento que importa em nulidade absoluta, como os constantes dos arts. 166 e 167 do Código Civil, não se dá a prescrição ou decadência, em virtude do art. 169 do mesmo diploma, que introduziu preceito novo no Código Civil, proclamando que o negócio jurídico nulo não é suscetível de confirmação, e nem convalesce pelo decurso do tempo, assunto que merecerá exame adiante. Pode-se aduzir que a parte pode beneficiar-se com a prescrição aquisitiva, isto é, pelo usucapião, se exerce a posse do bem com os pressupostos e requisitos exigidos para tanto.

Importa configurar os casos do prazo reduzido, iniciado antes da sentença de homologação, se houver.

É viciada pelo dolo a partilha quando se ludibriou um herdeiro, diminuindo-se seu quinhão, ou valorizando-o sobremaneira.

No erro, incluem-se bens que não eram da herança; ou figura na partilha alguém que não tinha direito; ou considera-se herdeiro quem era legatário; ou não se exclui um bem objeto de legado.

Já a coação ou violência resulta do cerceamento da liberdade na partilha amigável. Por constrangimento físico ou moral, por ameaça de morte, de agressões, de divulgação de fato desonroso, força-se o herdeiro a aceitar um plano de partilha que lhe é prejudicial.

No tocante à incapacidade, refere-se o dispositivo à relativa, ou seja, aos herdeiros relativamente incapazes, como os situados entre dezesseis e dezoito anos – art. 171, inc. I, e não aos absolutamente incapazes.

A lei expressamente determina que será sempre judicial a partilha, se algum herdeiro for menor ou incapaz – art. 2.016 do Código Civil. Considerando, no entanto, a restrição do inc. III, parágrafo único, do art. 657 do CPC, sobrevindo a capacidade, e não se tendo promovido a anulação, convalesce a partilha depois de um ano do início da capacidade plena. No entanto, mantendo-se a incapacidade, perdura a possibilidade de se anular.

De acordo com o entendimento de Pontes de Miranda, a superveniência da capacidade plena tem o efeito de convalidar o ato se não era total a incapacidade quando da partilha.[12]

No pertinente à partilha amigável, lavrada por instrumento público, ou reduzida a termo nos autos do inventário, ou constante de escrito particular homologado pelo juiz, há a disciplina específica, no tocante à prescrição (que deve ser havida como decadência, para manter coerência com o vigente Código Civil) pelo art. 657 e seu parágrafo único do Código de Processo Civil: a anulação por dolo, coação, erro essencial ou intervenção de incapaz prescreve em um ano, a contar:

I – no caso de coação, do dia em que ela cessou;

II – no de erro ou dolo, do dia em que se realizou o ato;

III – quanto ao incapaz, do dia em que cessar a incapacidade.

---

[12] *Comentários ao Código de Processo Civil*. Rio de Janeiro: Forense, 1977. v. XIV, p. 273.

Capítulo XXX
PRESCRIÇÃO DA AÇÃO DE PETIÇÃO DE HERANÇA

Domina, quanto à investigação de paternidade, o entendimento da imprescritibilidade da ação, podendo ser promovida durante toda a existência do filho, porque jamais se perde o direito relativamente a matérias que envolvem a personalidade.

No Direito antigo, quando da elaboração do Código Civil, a maior parte dos autores sustentava a prescrição em vinte anos, com a aplicação do então art. 177 do Código Civil de 1916. Arnoldo Medeiros da Fonseca, um dos seguidores desta corrente, procurava justificar a posição nestes termos: "Na verdade, não há razões sérias para crer que, por não se haver referido especialmente a investigação de paternidade ilegítima, quisesse o legislador brasileiro seguir orientação diferente da adotada na generalidade das nações civilizadas quanto ao princípio de que não é imprescritível aquela ação, estabelecendo-se mesmo prazos mais reduzidos para o seu exercício, como também fez o nosso Código relativamente a outras ações de natureza semelhante. (...) Prazo especial não foi fixado, o lógico é julgar a hipótese compreendida na regra geral da prescrição de vinte anos, em face da disposição ampla do art. 179, que manda regular pelo art. 177 os casos não previstos.

Sendo a prescrição um instituto indispensável à paz social, imposto pela necessidade de evitar que as ações judiciais fiquem eternamente na iminência de serem propostas, não seria aconselhável prescindir desse elemento de segurança quando se trata de demandas tendentes à modificação do estado das pessoas e que interessam, portanto, de modo fundamental, à ordem pública".[1]

Ocorre que o estado da pessoa constitui emanação da personalidade, sendo indisponível, sequer podendo a lei subtrair o direito inato no ser humano em fazê-lo valer a qualquer tempo. A ninguém é facultado abdicar de seu próprio estado, e nem é sustentável a fixação de prazo para o exercício do direito a determinada paternidade.

Daí passou a entender-se, já em época posterior, não conter nenhum valor a desistência ou a renúncia do direito de investigar a paternidade, admitindo-se a qualquer tempo o seu exercício.

De outro lado, lembrava Carvalho Santos: "Não tendo o Código determinado qual a época em que a ação deve ser intentada, a consequência é que pode a mesma ser iniciada em todo o tempo, em qualquer momento da vida do filho, quaisquer que sejam a sua idade e condição social".[2]

Era do amplo entendimento que a petição de herança, no entanto, prescrevia em vinte anos, por ser uma ação pessoal, incidindo as disposições prescricionais dos arts. 177 e 179

---

[1] *Investigação de paternidade*. 3. ed. Rio de Janeiro: Forense, 1958. p. 349-350.
[2] *Código Civil brasileiro interpretado*. 9. ed. Rio de Janeiro: Freitas Bastos, 1963. v. V, p. 491.

do estatuto civil de 1916, que equivalem ao art. 205 do vigente Código Civil, o qual reduziu, todavia o prazo para dez anos nas situações não abrangidas por menor prazo. Iniciaria o lapso temporal na data da abertura da sucessão, isto é, a partir da morte do pretendido progenitor. Não se aceitava, outrossim, a aplicação do § 9º, inc. V, letra "b", do art.178 do Código revogado, regra cuja correspondência está no art. 178, inc. II, do vigente diploma civil, e que limita em quatro anos o prazo de decadência para pleitear a anulação do negócio jurídico contaminado de vício do consentimento (erro, dolo, fraude, estado de perigo, ou lesão), contado do dia em que se realizou o negócio ou do ato.

Inteligência essa que era comum no Supremo Tribunal Federal:

> "Ação de investigação de paternidade, cumulada com petição de herança. Não há que falar em ação única de investigação de paternidade. Não tem pertinência a alegação de negativa de vigência ao disposto no art. 473 do Código de Processo Civil.
>
> Infrutífera é a arguição de negativa de vigência ao disposto no art. 178, § 9º, inc. V, letra *b*, do Código Civil. A ação de investigação de paternidade é imprescritível, enquanto a prescrição de petição de herança é vintenária (art. 177 do CC). O *dies a quo* do prazo prescricional é o da abertura da sucessão do pretendido pai, eis que não há sucessão de pessoa viva. Na espécie não fluiu o prazo prescricional".

Eis o voto do Min. Djaci Falcão:

> "No que se prende à ocorrência da prescrição prevista no art. 178, § 9º, inc. V, letra *b*, do Código Civil, também não vinga a arguição. É que no caso se cogita de ações de investigação de paternidade (imprescritível segundo a jurisprudência) e de petição de herança, cuja prescrição é vintenária, subordinando-se à regra do art. 177 do Código Civil. Não se trata de simples ação de anulação de partilha por erro, simulação ou fraude, ou de rescisão de partilha.
>
> O *dies a quo* do prazo prescricional é o da abertura da sucessão do pretendido pai, eis que não há sucessão de pessoa viva. (...) Não se pode postular acerca de pessoa viva, como é da boa jurisprudência. Somente depois da morte é que há legitimação ativa para suceder, por parte de quem tiver de pleitear a herança".[3]

A matéria, em nível de jurisprudência, ficara pacificada pela Súmula nº 149, do Supremo Tribunal Federal: "É imprescritível a ação de investigação de paternidade, mas não o é a de petição de herança."

Entretanto, quanto à prescrição da petição de herança, tinha força uma corrente sustentando que o início se dava a partir do dia em que o direito puder ser exercido, isto é, do momento em que foi reconhecida a paternidade e não da abertura da sucessão, o que revela que perdurava o dissídio. Sintetizava a posição Mário Moacyr Porto: "É princípio universalmente aceito que o prazo de prescrição somente se inicia quando surge o direito à ação. O Código Civil italiano, em seu art. 2.935, acolhe o princípio, ao dispor: 'A prescrição começa a correr do dia em que o direito pode ser exercido'.

Parece-nos, assim, que, antes do julgamento da ação de investigação de paternidade ilegítima, o filho natural, não reconhecido pelo pai, jamais poderá propor a ação de petição de

---

[3] O invocado art. 473 do CPC de 1973 corresponde ao art. 507 do atual CPC. RE nº 94.931/RJ, 2ª Turma do STF, 07.12.1982, *Lex – Jurisprudência do Supremo Tribunal Federal* 53/87.

herança para o fim de lhe ser reconhecida a qualidade de herdeiro, com o direito à herança do seu indigitado pai. A ação de investigação de paternidade, na hipótese em causa, é um inafastável pressuposto, uma prejudicial incontornável, para que o filho possa intentar a ação de petição de herança. Ao que parece, Orlando Gomes acolhe idêntico entendimento, ao escrever: "Ação de estado é premissa da petição quando o título de herdeiro depende da prova do parentesco, como acontece em relação ao filho ilegítimo".[4]

Por abundância, acrescentamos: a ação de estado (investigação de paternidade) tem como objetivo a declaração judicial de que o demandante é filho de uma determinada pessoa e, como tal, parente sucessível. Na ação de petição de herança, pretende-se que o filho reconhecido seja admitido como herdeiro em relação à herança deixada pelo proclamado pai, reconhecimento que exige, como condição indeclinável, a prévia declaração de que o postulante é filho natural da pessoa que deixou a herança. Conclui-se, de tudo, que não corre contra o filho natural não reconhecido a prescrição da ação de petição de herança."[5]

Efetivamente, esta a melhor exegese, porquanto não podia iniciar a prescrição sobre um direito não formado judicialmente.

Resta evidente que a não inclusão de herdeiro no inventário revela nulidade absoluta, tornando a omissão suscetível de invocação a qualquer momento, por força do art. 169 da lei civil, proclamando a impossibilidade de confirmação do negócio jurídico nulo, sequer convalescendo pelo decurso do tempo.

Em decorrência, sempre possível o aviamento da ação de descoberta da paternidade, com a posterior busca da herança sonegada. Àqueles que se encontram na posse e mesmo na propriedade dos bens herdados resta a oposição por direito de usucapião, alegando o decurso do prazo que acarreta a prescrição aquisitiva. Realmente, a imprescritibilidade da ação investigatória oportuniza o exercício do direito a qualquer tempo, bem como a petição de herança, que é consequente daquela. Entrementes, o exercício da posse por outros herdeiros, apto à aquisição do domínio, conduz à oposição na reivindicação do patrimônio pelo herdeiro reconhecido.

---

[4] *Sucessões*, cit., n. 208, p. 267.
[5] Ações de investigação de paternidade ilegítima e petição de herança, cit., p. 10.

Capítulo XXXI
A PRESCRIÇÃO NAS COLAÇÕES E NAS DOAÇÕES INOFICIOSAS

1. O CONCEITO DE COLAÇÃO

A ideia de colação é colhida da seguinte colocação de Washington de Barros Monteiro: "O que os sucessores receberam em vida de seus ascendentes, direta ou indiretamente, se devolve ao acervo, que assim se recompõe, para depois partilhar-se novamente entre os herdeiros."[1]

Daí a presente definição, trazida por Aldyr Dias Vianna: "Colação é o ato pelo qual os herdeiros descendentes, concorrendo à sucessão do ascendente comum, são obrigados a conferir, sob pena de sonegados, as doações e os dotes que dele em vida receberam, a fim de serem igualadas as respectivas legítimas".[2] Adverte-se que, com o Código da Lei nº 10.406/2002, não mais ingressam os dotes no direito, eis que abolido o instituto.

A palavra provém do latim *collatio*, com o significado de ajuntamento, encontro, agregação, originado o substantivo, conforme Luís Pinto Ferreira, do supino latino *collatum*, termo derivado do verbo *conferre*, que se traduz por reunir, trazer juntamente, ajuntar, agregar. Daí equivaler a "conferir" e "trazer à colação".[3]

Todos os bens dados em vida devem vir relacionados e descritos no inventário, a fim de serem computados na atribuição das quotas hereditárias.

2. A FINALIDADE DA COLAÇÃO

Comum é a doação, não apenas para obsequiar alguém, mas também para favorecer uns ou mais herdeiros perante os outros. Em geral, os ascendentes têm preferência por um ou mais descendentes (mais os pais em relação a um ou mais filhos), e demonstram esta maior afetividade dando presentes. Entretanto, não se devem expressar sentimentos ou afetividades por meio de doações, posto que profundamente precários seriam os critérios determinantes de atribuição do patrimônio.

Eis a regra do art. 544 do Código Civil: "A doação de ascendentes a descendentes, ou de um cônjuge a outro, importa adiantamento do que lhes cabe por herança". Não prevalece, aqui, ou no caso de doações, o direito em dispor até metade do patrimônio – assegurado no

---

[1] *Curso de direito civil*: direito das sucessões, cit., p. 291.
[2] *Lições de direito processual civil*. Rio de Janeiro: Forense, 1985. v. 2, p. 904.
[3] *Inventário, partilha e ações de herança*. São Paulo: Saraiva, 1986. p. 83.

art. 1.846 do diploma civil. Nas doações, qualquer que seja o valor correspondente, terá que ser conferido quando do inventário.

A colação visa justamente a dar aplicação ao art. 544: todos os bens recebidos pelos descendentes dos ascendentes ou por um cônjuge do outro devem acrescer o monte-mor para, depois, levar-se em condições iguais a partilha. Para isso, manda o art. 2.002 que "os descendentes que concorrerem à sucessão do ascendente comum são obrigados, para igualar as legítimas, a conferir o valor das doações que dele em vida receberam, sob pena de sonegação".

Os bens trazidos à conferência, ou acrescentados aos existentes quando do decesso do *de cujus*, não são adicionados à parte partilhável, mas somam-se a todos os bens deixados. Depois, divide-se o todo pelo número de herdeiros, para chegar-se a um denominador sobre a quota de cada herdeiro. De outro lado, não se objetiva encontrar aquilo que poderia dispor o falecido. Não se leva à colação, em outras palavras, unicamente aquilo que excedeu o montante disponível, mas tudo o que constituiu objeto de doação. Uma vez ocorrendo o falecimento do doador, a herança ou o patrimônio então existente é acrescido dos bens entregues à prole em vida do *de cujus*.

Ressalte-se que há a obrigação da igualdade na distribuição do patrimônio, pois, em princípio, os herdeiros possuem o mesmo direito.

Assenta-se, daí, a natureza no princípio da igualdade de todos os herdeiros, o que leva à obrigação de trazerem os bens ao inventário, tendo-se por objetivo mensurar cada quinhão em razão do direito de cada um.

3. HERDEIROS OBRIGADOS À COLAÇÃO

Unicamente na sucessão legítima cabe exigir a colação, inadmissível na sucessão testamentária. Se o inventário envolve apenas legados, ou herdeiros testamentários, ninguém se gabarita a pretender que se considere, para o cálculo do monte disponível, aquilo que foi objeto de doação. Realmente, o art. 2.003 cita a finalidade do instituto: igualar, na proporção estabelecida no Código, as legítimas dos herdeiros. A menção das legítimas afasta a parte do patrimônio que foi objeto da porção disponível.

Não são todos os herdeiros obrigados a trazer os bens para a conferência e inclusão no monte-mor, para fins de compensar a legítima com aquilo já recebido. Apenas os descendentes devem colacionar as doações, de acordo com o art. 2.002 do Código Civil, o qual restringe a obrigação apenas aos descendentes que concorrem à sucessão do ascendente comum. Enquadram-se no rol os filhos, netos e bisnetos. Inclusive os cessionários destes herdeiros, como acontecia no Código anterior e refere Wilson de Oliveira, que cita Carlos Maximiliano: "O cessionário e qualquer outro adquirente da herança havida por descendente ficam sub-rogados nos direitos e sujeitos às obrigações deste; são compelidos à colação e podem reclamá-la dos sucessores legítimos do defunto."[4]

Daí que outros herdeiros, por maiores que tenham sido as doações (com exceção do cônjuge), estão livres de trazer ao inventário aquilo que receberam. Portanto, os herdeiros testamentários, os legatários, os ascendentes, os colaterais, os que renunciaram à herança ou foram excluídos, e aqueles descendentes dispensados pelo doador podem receber integralmente sua quota no inventário, sem nada compensar com aquilo que receberam antes.

---

[4] *Inventários e partilhas*. 5. ed. São Paulo: Saraiva, 1987. p. 105.

A regra geral é que as doações sejam levadas à colação, mas há exceções, admitindo-se a dispensa nas hipóteses a seguir relacionadas.

4. EXCEÇÕES À COLAÇÃO

Há várias exceções à colação, que passam a ser destacadas:

I – Por determinação do autor da herança. Partilha em vida.

O art. 2.005 ostenta claramente que se dispensam de colação as doações quando o testador expressamente "determinar saiam da parte disponível, contanto que não a excedam, computado o seu valor ao tempo da doação".

II – As despesas ordinárias do ascendente com o descendente, enquanto menor.

O art. 2.010 garante a dispensa de colação nos montantes despendidos sobretudo com a finalidade de criação e educação do menor:

> "Não virão à colação os gastos ordinários do ascendente com o descendente, enquanto menor, na sua educação, estudos, sustento, vestuário, tratamento nas enfermidades, enxoval, assim como as despesas de casamento, ou as feitas no interesse de sua defesa em processo-crime".

III – As doações remuneratórias de serviços prestados aos ascendentes.

A exceção vem assegurada no art. 2.011:

> "As doações remuneratórias de serviços feitos ao ascendente também não estão sujeitas a colação."

IV – Os frutos produzidos pelos bens doados até a data do falecimento do autor da herança.

Admite-se esta dispensa por analogia ao art. 2.020, onde consta que os herdeiros, o cônjuge sobrevivente e o inventariante "são obrigados a trazer ao acervo os frutos que perceberam, desde a abertura da sucessão".

V – As benfeitorias introduzidas nos bens doados.

É o que vem garantido no § 2º do art. 2.004:

> "Só o valor dos bens doados entrará em colação; não assim o das benfeitorias acrescidas, as quais pertencerão ao herdeiro donatário, correndo também à conta deste os rendimentos ou lucros, assim como os danos e perdas, que eles sofrerem".

VI – As pequenas doações, ou favorecimentos com quantias não elevadas e bens mais estimativos de apreço e gratidão.

Correspondem a uma prática comum, que mais significa sentimento de afeto e apoio aos filhos e ao cônjuge. Entram nesta ordem as doações de móveis, de instrumentos profissionais, de eletrodomésticos, roupas, e coisas de uso diário.

VII – Os seguros de vida, instituídos em favor dos descendentes e do cônjuge.

Não se levam à colação nem os prêmios pagos e nem o próprio seguro a ser recebido pelo beneficiário, eis que celebrado o contrato sem a participação do mesmo.

VIII – Empréstimos gratuitos de bens.

Todos eles são excluídos, não importando o tipo ou a natureza. Assim, o usufruto, o comodato, o uso, as servidões temporárias, não levam a qualquer cobrança de aluguéis ou valores pela utilização, compensando-os com a legítima reservada ao herdeiro favorecido.

IX – Por ato de vontade dos coerdeiros, em favor do donatário.

Podem os coerdeiros liberar os donatários da colação, se capazes e livremente manifestarem a vontade.

5. A PRESCRIÇÃO DA AÇÃO VISANDO À COLAÇÃO

Tem-se defendido a aplicação da Súmula nº 494 do STF, a qual estabelece que o prazo prescricional para propor a ação visando trazer à colação os bens adiantados pelo autor da herança aos herdeiros, inclusive os sonegados, é de vinte anos, contado a partir da data do ato, e revogando a Súmula nº 152, que previa o lapso temporal de quatro anos para a prescrição, iniciado da abertura da sucessão. Eis a redação: "A ação para anular venda de ascendente a descendente, sem consentimento dos demais, prescreve em vinte anos, contados da data do ato, revogada a Súmula 152".

Todavia, não se confunde o adiantamento de transferência do patrimônio a um ou mais herdeiros com a venda de ascendente a descendente. Nem o tratamento jurídico visa à anulação, mas sim trazer para o espólio os bens já adiantados.

Em face do Código Civil de 2002, art. 205, considera-se de dez anos o prazo. A razão de tal prazo reside em não se encontrar estabelecido um prazo especial para a hipótese. No entanto, pode-se admitir também o maior prazo prescricional considerado para a prescrição aquisitiva, que é o do usucapião extraordinário. No caso, ter-se-á a prescrição em favor de quem exerce a posse. Se promovida contra ele a ação, assiste-lhe invocar a prescrição aquisitiva.

O adiantamento da entrega de bens pode consistir em aquisição de bens e na colocação já em nome dos filhos. Há uma jurisprudência que considera a espécie como adiantamento, e mesmo como venda de ascendente a descendente. No caso, também seria viável a ação de nulidade da venda de ascendente a descendente, embora seja forçada essa interpretação.

O entendimento vem consubstanciado no seguinte aresto do STJ:

> "(...) Se a aquisição dos imóveis em nome dos herdeiros varões foi efetuada com recursos do pai, em doação inoficiosa, simulada, em detrimento dos direitos da filha autora, a prescrição da ação de anulação é vintenária, contada da prática de cada ato irregular.
>
> Achando-se os herdeiros varões ainda na titularidade dos imóveis, a colação deve se fazer sobre os mesmos e não meramente por seu valor, ao teor dos arts. 1.787 e 1.792, § 2º, do Código Civil anterior.
>
> Excluem-se da colação as benfeitorias agregadas aos imóveis realizadas pelos herdeiros que os detinham (art. 1.792, § 2º)".[5]

No voto do relator, encontram-se os fundamentos de tal *ratio*:

> "O Supremo Tribunal Federal ao revogar, pela Súmula nº 494, a Súmula nº 152, para os casos de anulação de venda de ascendente para descendente, alterou o prazo de quatro

---

[5] REsp nº 259.406/PR, da 4ª Turma, j. em 17.02.2005, *DJU* de 04.04.2005, rel. Min. Aldir Passarinho Junior.

anos para a prescrição contados da abertura da sucessão, para vinte anos contados da data do ato (...).

No caso dos autos, houve doação inoficiosa, simulada pelo próprio *de cujus*, a seus filhos homens, de glebas de terras, segundo se verifica do acórdão às fls. ..., onde, no exame do quadro probatório efetuado pelas instâncias ordinárias, a compra efetuada pelos herdeiros varões teria, na verdade, sido realizada pelo pai, embora em nome dos réus, irmãos da autora.

Destarte, a prescrição é a vintenária, contada dos atos respectivos, de sorte que correta a sentença de 1º grau, ao acolher os aclaratórios dos réus, nessas letras (fls. ...): 'Assiste razão ao requerido ... quando propugna em suas alegações finais de fls. ... pela improcedência do pedido face a prescrição descrita no artigo 177 do Código Civil, verifica-se que o caso em espécie versa sobre direito pessoal onde o prazo prescricional é de vinte (20) anos, porque a pretensão da autora visa a relação obrigacional realizada com vício de consentimento quando da realização do negócio, deste modo, incide na hipótese a prescrição vintenária, entendimento participado pela jurisprudência quando se trata de anulabilidade de transcrição de registro de imóvel:

'Anulação de ato jurídico. Preliminar de prescrição do direito de ação. Ato nulo. Aplicação do artigo 177 do Código Civil. Direito pessoal. Rejeição. Visando a demanda a nulidade de ato de transcrição do imóvel no registro competente, cuja ação é de direito pessoal, a prescrição se perfaz em 20 anos. Transferência de imóvel. Venda por mandatário a cônjuge, em regime de comunhão de bens. Artigo 1.133, II do Código Civil. Restando por demonstrado que a venda feita pelo cônjuge virago ao varão desencadeou desvantagens ao outorgante, caracterizando a real vontade de auferir vantagens ao outorgado casado em comunhão universal de bens, nulo é o ato' (TAPR, Ap. Cível nº 0076880-3, Comarca de União da Vitória, Ac. 6173, unân., 2ª Câm. Civ., rel. Juiz Fernando Vidal de Oliveira, j. em 29.11.1995, *DJPR*, 15.12.1995, p. 29-30).

Deste modo, deveria a sentença ter declarado a prescrição referente àqueles atos praticados há mais de 20 anos a contar da propositura da ação, ou seja, a sentença deveria ter declarado a prescrição para aqueles atos anteriores a 6 de novembro de 1971.

Ressalto ainda que o termo inicial da prescrição se inicia a partir da transcrição do registro de imóveis, haja vista que tal circunstância é exigência da lei como substância do ato praticado e ora impugnado'.Destarte, restabeleço, no ponto, a r. sentença monocrática".[6]

Quanto ao início do prazo, há a corrente entendendo que, na ação de sonegados, no que se estende às colações, com o prazo prescricional de dez anos (anteriormente, ao tempo do Código Civil de 1916, vintenário), começa a contagem, para o inventariante, na data em que foram prestadas as últimas declarações – momento final quando poderia o herdeiro prejudicado ter retificado o rol de bens apresentado, diante da não inclusão do bem dito como sonegado; e para os herdeiros, a data da abertura da sucessão. Neste sentido há a doutrina de Carlos Maximiliano: "Quer se trate de doações, quer de algum legado, o legitimário, ou representante seu, pode reclamar e acionar, só depois da abertura da sucessão. O seu direito advém da herança, e esta não existe enquanto vive o disponente: *nulla viventis haereditas* – 'não há herança de pessoa viva'. Pode se agir antes do óbito, sobre outro fundamento – incapacidade do doador

---

[6] Os referidos artigos 177 e 1.133, inc. II, são do Código Civil de 1916.

ou donatário, nulidade da escritura etc., jamais por não caber a dádiva na cota disponível no patrimônio do benfeitor".[7]

Segundo esse entendimento, pois, não pode o herdeiro lesado, na condição de sucessor, ajuizar a ação enquanto ainda vive seu ascendente, pela falta de interesse de agir, diante da impossibilidade de demandar direito sobre herança de pessoa viva. O interesse de agir estaria condicionado a um evento certo, mas de prazo de ocorrência incerto: a abertura de sucessão.

Esse ponto de vista foi honrado pelo Tribunal de Justiça do RS, inclusive quanto a não se tratar a doação de nulidade:

> "Sendo o pedido de colação de bens distinto do pedido de anulação de doação, a ele não se aplica a prescrição vintenária reconhecida na sentença, pois a abertura da sucessão é o marco inicial para a contagem do prazo prescricional do pedido de colação de bens, que ainda não se implementou, o que impõe o prosseguimento do feito. Deram provimento. Unânime".[8]

Ampara-se a fundamentação na doutrina de Nelson Nery Junior e Rosa Maria De Andrade Nery (Código Civil Comentado. 6. ed. RT. p. 1224):

> "A colação é obrigatória, após a abertura da herança, para todos os descendentes que concorrem à sucessão do ascendente comum, que tenham – em qualquer época – recebido desse ascendente comum doação, para o fim de tornar possível e factível a igualdade das legítimas, entre todos os herdeiros necessários".

Sobre o cálculo da legítima referem os precitados autores:

> "É feito a partir do levantamento de todo patrimônio deixado pelo autor da herança. A data da abertura da sucessão, ou seja, da morte daquela de cuja herança se trata, é fundamental para a identificação precisa do todo unitário da herança e seu valor".

6. A PRESCRIÇÃO DA AÇÃO VISANDO À ANULAÇÃO DA DOAÇÃO INOFICIOSA

Doação inoficiosa é aquela que excede a porção ou o montante que o doador poderia doar.

Dois os dispositivos do Código Civil que comandam os limites da doação, que interessam no caso.

O art. 549: "Nula é também a doação quanto à parte que exceder à de que o doador, no momento da liberalidade, poderia dispor em testamento".

O art. 1.789: "Havendo herdeiros necessários, o testador só poderá dispor da metade da herança".

A ação para a anulação prescreve em dez anos, visto que inexiste um prazo estabelecido especificamente para o caso, aplicando-se o lapso temporal do art. 205 do CC. Inicia a contagem a partir do ato, a menos que envolva bens que possibilitem o registro público, como imóveis

---

[7] *Direito das sucessões*. 5. ed. Rio de Janeiro: Freitas Bastos, 1941. p. 39-40.
[8] Apelação Cível nº 70049571441, da 8ª Câmara Cível do TJRS, j. em 9.08.2012, *DJ* de 14.08.2012, rel. Luiz Felipe Brasil Santos.

(Registro Imobiliário) ou participações societárias (arquivamento na Junta Comercial), quando a contagem se dá com o ato do registro ou do arquivamento no registro público.

Normalmente, os litígios aparecem nas doações de ascendentes para descendentes.

Nesse sentido a jurisprudência:

> "Recurso especial. Direito civil. Doação inoficiosa feita por ascendente a descendentes. Ação anulatória. Prescrição. Termo inicial. Registro das doações. Precedentes.
>
> 1. Esta Corte Superior de Justiça há muito firmou entendimento no sentido de que, no caso de ação de nulidade de doação inoficiosa, o prazo prescricional é vintenário e conta-se a partir do registro do ato jurídico que se pretende anular.
>
> 2. Tendo sido proposta a ação mais de vinte anos do registro das doações, é de ser reconhecida a prescrição da pretensão autoral.
>
> 3. Recurso especial provido para restabelecer a sentença".[9]
>
> "Civil e processual. Agravo regimental no agravo em recurso especial. Doação de ascendente a descendente. Nulidade. Prescrição. Marco inicial. Data da liberalidade.
>
> 1. Nos termos da jurisprudência desta Corte Superior de Justiça, no caso de ação em que se busca invalidar doação inoficiosa, o prazo prescricional é vintenário e conta-se a partir do registro do ato jurídico impugnado. Precedentes.
>
> 2. Agravo regimental a que se nega provimento".[10]

---

[9] REsp nº 1.049.078/SP, rel. Min. Ricardo Villas Bôas Cueva, 3ª Turma, j. em 18.12.2012, *DJe* de 01.03.2013.
[10] AgRg no AREsp 332566/PR, 4ª Turma do STJ, rel. Min. Maria Isabel Gallotti, j. em 16.09.2014, *DJe* de 24.09.2014.

Capítulo XXXII
A PRESCRIÇÃO NA SONEGAÇÃO DE BENS

A sonegação, no inventário, corresponde à ocultação ou falta de descrição de bens do espólio, por ocasião das declarações do inventariante. Omite-se parte do patrimônio com o objetivo provável de se apropriar indevidamente da mesma. Mais simplesmente, define-se como a ocultação dolosa de bens da herança.

Conforme a regra do art. 620, inc. IV, do CPC, incumbe ao inventariante apresentar a relação completa e individuada de todos os bens do espólio e dos alheios que nele forem encontrados. Determina o art. 621 do mesmo diploma o momento da caracterização da sonegação:

> "Só se pode arguir sonegação ao inventariante depois de encerrada a descrição dos bens, com a declaração, por ele feita, de não existirem outros por inventariar".

Esta ocasião é a das primeiras declarações, configurando-se a espécie se há a afirmação da inexistência de outros bens.

No entanto, pela inteligência de que o art. 1.996 do diploma civil, somente torna possível a sonegação depois das últimas declarações, o que constitui uma válvula para a protelação do compromisso de revelar o patrimônio e mesmo colocá-lo à disposição de todos os herdeiros. Eis o texto:

> "Só se pode arguir de sonegação o inventariante depois de encerrada a descrição dos bens, com a declaração, por ele feita, de não existirem outros por inventariar e partir, assim como arguir o herdeiro, depois de declarar-se no inventário que não os possui".

O Superior Tribunal de Justiça desloca a ação para depois das últimas declarações:

> "A ação de sonegados deve ser intentada após as últimas declarações prestadas no inventário, no sentido de não haver mais bens a inventarias. Sem haver a declaração no inventário, de não haver outros bens a inventariar, falta à ação de sonegados uma das condições, o interesse processual, em face da necessidade de utilização do procedimento".[1]

Na hipótese de não constar nas declarações a inexistência de outros bens, deverá o juiz ordenar a manifestação expressa para que se evitem protelações ou manobras escusas de enriquecimento indevido à custa do empobrecimento dos demais herdeiros.

---

[1] REsp nº 265.859-SP, da 4ª Turma, *DJU* de 07.04.2003, *Boletim Adcoas*, n. 26, p. 407, 2003.

Não estão presentes os elementos constitutivos da sonegação se não conhecidos os bens quando das primeiras declarações, ou se apareceram posteriormente.

O próprio herdeiro pode incorrer na figura, quando intencionalmente não descreve determinados bens, ou omite o local onde se encontram.

O Código Civil traz vários dispositivos a respeito do assunto, preponderantemente de direito material. O art. 1.992 comina a sanção de perda para quem ocultar os bens, seja a pessoa do inventariante ou a do herdeiro:

> "O herdeiro que sonegar bens da herança, não os descrevendo no inventário quando estejam em seu poder, ou, com o seu conhecimento, no de outrem, ou que os omitir na colação, a que os deva levar, ou o que deixar de restituí-los, perderá o direito, que sobre eles lhe caiba."

Sendo inventariante o sonegador, assume maior gravidade a falta, eis que praticada por quem está revestido da obrigação de cuidar e zelar pelo patrimônio. O 1.993 prevê a pena de exoneração do cargo, que deverá ocorrer sem o menor constrangimento:

> "Além da pena cominada no artigo antecedente, se o sonegador for o próprio inventariante, remover-se-á, em se provando a sonegação, ou negando ele a existência dos bens, quando indicados".

Sujeita-se o infrator, ainda, à indenização pelos danos causados, verificáveis pela não utilização ou não percepção dos frutos.

Pressupõe-se que tenha agido com dolo ou má-fé o sonegador, consoante ensina Roberto Barcellos de Magalhães: "A pena de sonegação consiste em ser o sonegador excluído na partilha do bem sonegado que lhe deveria caber. Essa pena tem sido, porém, condicionada à prova de dolo ou de má-fé do inventariante ou de manifesta desídia sua, quando, por exemplo, não toma conhecimento de indicação feita nos autos."[2]

Pelo art. 1.994, impõe-se a necessidade de se promover uma ação judicial:

> "A pena de sonegados só se pode requerer e impor em ação movida pelos herdeiros ou pelos credores da herança".

No entanto, nos próprios autos admite-se denunciar a existência de outros bens, desde que haja prova documental irrefutável ou a questão não exija longas discussões. Reclamando o pedido maiores indagações, ou a elaboração de provas, intenta-se o pedido mediante ação judicial, como estabelece o dispositivo *supra*.

O prazo para o ingresso estende-se, atualmente, por quinze anos, a contar do momento oportunizado para o arrolamento do patrimônio, conforme reconhece antiga jurisprudência, na vigência do Código de 1916, quando o lapso temporal estendia-se por vinte anos, conforme a seguinte ementa:

> "A ação de sonegados nasce para os herdeiros ou para os credores do espólio, concluída pelo inventariante a descrição dos bens no inventário, com as últimas declarações. Se

---

[2] *Comentários ao Código de Processo Civil*. Rio de Janeiro: José Konfino Editor, 1974. v. V, p. 92.

se trata de herdeiro menor à época do inventário, o prazo de prescrição começa a fluir alcançada a maioridade".

Entende-se esse o prazo por corresponder ao lapso de tempo em que se dá a aquisição pela prescrição aquisitiva em favor daquele que exerce a posse, isto é, o prazo estabelecido para a aquisição prescritiva de direitos imobiliários, previsto para o usucapião extraordinário. Para tanto, a perda do direito da ação decorre do reconhecimento do direito sobre o imóvel em favor daquele que tem a posse.

Não existindo o exercício da posse por um herdeiro ou terceiro, não se pode falar em prescrição para aqueles que ficaram prejudicados.

Quanto ao momento inicial, cita-se, na decisão anteriormente ementada, a lição de Pontes de Miranda:

> "O herdeiro inventariante somente se expõe à ação de sonegados depois de se ter encerrado a descrição, com a declaração, que é pressuposto necessário do encerramento, de não haver outros bens para inventariar... (*in* 'Tratado de Direito Privado', Tomo 60/280, 2. ed., § 6.002, n. 2, p. 280)".

Ainda o próprio Pontes esclarece, no mesmo acórdão:

> "Além disso, anota Pontes de Miranda (*in* 'Tratado das Ações', Tomo III/123, § 28, 1): 'O demandante, se o demandado é o inventariante, há de referir-se ao encerramento da descrição dos bens, de que não consta o bem que entende ter sido sonegado, ou de que não constam os bens que entende terem sido sonegados'".[3]

Converter-se-á em indenização o pedido, caso já consumidos os bens, ou não mais existirem no poder do sonegador – art. 1.995.

Finalmente, não cabe a ação na hipótese de todos os herdeiros conhecerem a sonegação, e omitirem esta circunstância no inventário:

> "A existência dos bens não levados ao inventário era do conhecimento de todos os herdeiros; a qualquer destas cabia interpelar o inventariante para que declarasse os bens tidos como sonegados, posto que a recusa ou a omissão após a interpelação é que caracterizaria o propósito malicioso de ocultar, o que ensejaria a ação."

Invocando-se a lição doutrinária:

> "Ensina Caio Mário da Silva Pereira, *in* 'Instituições de Direito Civil', VI/294: 'Nunca se presumindo, o dolo deverá ser provado, demonstrando-se a intenção maliciosa (...) Cabe, então, ao interessado que tenha conhecimento da existência de outros bens interpelar o inventariante para que os declare, apontando-os. E, na recusa ou omissão, caracteriza-se o propósito malicioso e punível, que ensejará a ação'".[4]

---

[3] RE nº 85.944-6/RJ, da 1ª Turma do STF, de 15.12.1987, rel. Min. Néri da Silveira, *Revista dos Tribunais* 645/208.
[4] Apel. Cív. nº 200.058-1/6, da 1ª Câm. Cív. do TJSP, de 23.11.1993, *Revista dos Tribunais* 704/111.

Capítulo XXXIII
A PRESCRIÇÃO NO DANO MORAL

1. CARACTERIZAÇÃO E ESPÉCIES

Além do prejuízo patrimonial ou econômico, há o sofrimento psíquico ou espiritual, isto é, as dores, os sentimentos, a tristeza, a frustração etc., constituindo o chamado dano moral. Em definição de Gabba, lembrada por Agostinho Alvim, dano moral ou não patrimonial é o dano causado injustamente a outrem, que não atinja ou diminua o seu patrimônio.[1] Constitui-se no que pode se denominar de "la lesion dell'onore, dell'estimazione, dei vincoli di legittimi affetti, di ogni diritto che allo stato giuridico della personalità s'appartenga".[2]

Revela a expressão um caráter negativo, que é não ser patrimonial. Eis o sentido que lhe dá Yussef Said Cahali, em seu judicioso trabalho sobre a matéria: "A caracterização do dano extrapatrimonial tem sido deduzida na doutrina sob a forma negativa, na sua contraposição ao dano patrimonial; assim, 'danno non patrimoniale, conformemente alla sua negativa espressione letterale, è ogni danno privato che non rientra nel danno patrimoniale, avendo per oggetto un interesse non patrimoniale, vale a dire relativo a bene non patrimoniale' (Chironi, De Cupis, n. 10, p. 51); ou, como anota Aguiar Dias, 'quando ao dano não correspondem as características de dano patrimonial, dizemos que estamos em presença do dano moral'".[3]

Para Pontes de Miranda, o dano patrimonial é aquele que alcança o patrimônio do ofendido; moral é o dano que só atinge o ofendido como ser humano, sem repercussão no patrimônio.[4]

O dano moral, ou não patrimonial, ou ainda extrapatrimonial, reclama dois elementos, em síntese, para se configurar: o dano e a não diminuição do patrimônio. Apresenta-se como aquele mal ou dano que atinge valores eminentemente espirituais ou morais, como a honra, a paz, a liberdade física, a tranquilidade de espírito, a reputação, a beleza etc.

Nos últimos tempos, não mais se discute sobre o cabimento do dano moral, vindo a ser uma questão superada no direito.

Buscando uma melhor caracterização, há os que apresentam uma classificação. Para Miguel Reale, há o dano moral objetivo e o dano moral subjetivo: o primeiro é "aquele que atinge a dimensão moral da pessoa no meio social em que vive, envolvendo o de sua imagem"; o segundo "se correlaciona com o mal sofrido pela pessoa em sua subjetividade, em sua intimidade psíquica,

---

[1] *Da inexecução das obrigações e suas consequências*. 5. ed. São Paulo: Saraiva, 1980. p. 219.
[2] CHIRONI, G. P. *La colpa nel diritto civile odierno*: colpa extracontratual. 2. ed. Torino: Fratelli Bocca, 1906. t. III, p. 320.
[3] *Dano e indenização*. São Paulo: RT, 1980. p. 6.
[4] *Tratado de direito privado*. 4. ed. Rio de Janeiro: Borsoi, 1974. § 3.10, v. XXVI, p. 30.

sujeita a dor ou sofrimento intransferíveis porque ligados a valores de seu ser subjetivo, que o ato ilícito veio penosamente subverter".[5]

No entanto, a melhor classificação, que denota toda a sua extensão, revela quatro espécies de dano moral:

a) o dano que representa a privação ou diminuição de um valor precípuo da vida da pessoa, e que se revela na ofensa à paz, à tranquilidade de espírito, à liberdade individual;

b) o dano que alcança a parte social do patrimônio moral, atingindo a personalidade, ou a posição íntima da pessoa consigo mesma, como a honra, a estima, o apreço, a consideração, a reputação, a fama;

c) o dano que atinge o lado afetivo, o estado interior, exemplificado na dor, na tristeza, na saudade, no sentimento;

d) o dano que tem influência no patrimônio, e que envolve a conceituação íntima relacionada ao aspecto ou postura física externa, com prejuízos para a beleza, a aparência, a postura, a simetria corporal, e aí se encontram a cicatriz, o aleijão, a deformidade.

Em qualquer das hipóteses, embora a última esteja ligada mais diretamente a influências patrimoniais, não há o ressarcimento ou a indenização de prejuízos materiais. O valor que se paga tem o caráter de satisfação, de reparação, justamente porque é desnecessária a prova do prejuízo, de desfalque patrimonial. Reparam-se apenas o prejuízo moral, a perda de sentimentos ou sensação de bem-estar, de alegria, de autoestima, advindo a dor, a lágrima, a frustração.

2. POSIÇÕES SOBRE A PRESCRIÇÃO

Interessa, aqui, a prescrição do dano moral. Existem diferentes posições, que passam a ser descritas.

a) A prescrição em três anos. Estabelece-se o prazo de três anos para a prescrição, que é o previsto para as pretensões de natureza civil, vindo contemplado no art. 206, § 3º, inc. V, do Código Civil.

b) A imprescritibilidade do dano moral. Em vista da natureza pessoal ou personalíssima, o dano moral não se submeteria à prescrição. Faz parte dos direitos fundamentais, eis que a ofensa constitui um agravo que atinge a dignidade humana, encontrando-se, ainda, previsão nos incs. V e X do art. 5º da Carta Federal, os quais asseguram, respectivamente, a indenização por dano material, moral ou à imagem; e a inviolabilidade da intimidade, da vida privada, da honra e da imagem das pessoas, com o direito a indenização pelo dano material ou moral decorrente de sua violação. Não se sujeitando à indisponibilidade ou à renúncia, não está sujeito a qualquer tipo de prazo para que o titular do direito ofendido possa reclamar a reparação.

c) A prescrição em dez anos. Esse é o marco em face da falta de previsão de prazo específico no Código Civil. Por isso, aplica-se o lapso temporal constante no art. 205 do Código Civil, que é prazo incidente quando a lei não tenha haja fixado um período de tempo menor.

---

[5] O dano moral no direito brasileiro. *Temas de direito positivo*. São Paulo: RT, 1992. p. 23.

Passou a se defender que não se enquadra a reparação por dano moral no art. 206, § 3º, que se restringe ao dano material. Naturalmente, não chega a ser uma tese essa corrente, no sentido de que não se vislumbra um convencimento imbatível, pois o significado de reparação é amplo, genérico, em todas as dimensões. Nunca o vocábulo limita um campo determinado, ou apenas patrimonial. Não passa, pois, de uma construção sem uma base real.

Relativamente à *ratio* de que não prescreve a pretensão à reparação do dano moral, encontra-se razoabilidade se o dano ofende qualquer um dos direitos fundamentais, neles incluídos os da personalidade, como os referentes à vida, à liberdade, ao nome, à imagem, à honra, à privacidade – direitos que são atributos da personalidade e que se encontram catalogados na Constituição Federal, citando-se, como exemplos, não constituindo, daí, *numerus clausus*, os do art. 5º, *caput*, e seus incs. III e X; dos arts. 6º a 11, 14, 15, 16 e 17; e os dos arts. 11 a 21 do Código Civil. Se alguém tem denegrido o seu nome, afigura-se coerente enquadrar a ofensa como direito fundamental, já que a proteção consta no art. 5º, inc. X (inviolabilidade da honra e da imagem); todavia, se o fato é apto a causar tristeza ou dor interior, ou sofrimento íntimo, pela perda de um familiar; ou se decorre dissabores a alguém pelo não cumprimento de uma obrigação, não é visível uma ofensa a um direito de personalidade ou fundamental, situação que não justifica a imprescritibilidade.

3. A PREDOMINÂNCIA DA PRESCRIÇÃO NO PRAZO DE DEZ ANOS

A posição mais coerente, no concernente ao dano moral, e que está sendo preferida, é a que estabelece o prazo prescricional de dez anos.

O entendimento adquiriu lastro especialmente na Justiça do Trabalho, como se infere da decisão do Tribunal Regional do Trabalho da 21ª Região, que, embora trate de questões trabalhistas, faz uma perfeita visão da questão no âmbito do direito civil, bem como nas previsões constante no Código Civil sobre o dano moral:

> "O v. acórdão embargado acolheu opinativo do Ministério Público do Trabalho que defendeu a prescrição vintenária. O bem elaborado parecer de fls. 105/9, da lavra do Procurador Regional do Trabalho Xisto Tiago de Medeiros Neto, traz lição doutrinária do Professor Raimundo Simão de Melo, na obra 'Direito Ambiental do Trabalho e Saúde do Trabalho', segundo a qual a reparação do dano moral não constitui crédito trabalhista *stricto sensu*.
>
> Convém a transcrição do seguinte trecho:
>
> 'A reparação por danos pessoais (moral, material e estético) decorrentes de acidente de trabalho constitui direito humano fundamental de índole constitucional e não mero direito de natureza trabalhista ou civil. Desse modo, por inexistir norma expressa sobre o prazo de prescrição das respectivas pretensões, aplicam-se subsidiariamente os prazos previstos na lei civil: vinte anos para as ofensas ocorridas até 09.01.2003 (CC de 1916, art. 177) e de 10 para as ofensas ocorridas a partir de 10.01.2003 (CC de 2002, art. 205).' (São Paulo: LTr, 2004, p. 457-463)'.
>
> Em outra parte da referida obra, condensada na *Revista Synthesis*, Órgão Oficial do TRT da 2ª Região, São Paulo, vol. 44/2007, o professor Raimundo Simão de Melo analisa as três principais correntes a respeito do tema: a) da imprescritibilidade (Proc. 939/2005, 12ª VT de São Paulo; Juiz César Augusto C. Fagundes; 31.08.2006); b) da prescrição trabalhista do inciso XXIX do art. 7º da Constituição (Proc. TST-ROAR – 39274/2002-900-03-00; SDI-II, rel. Min. Ives Gandra Martins Filho, *DJU* 13.12.2002); c) da pres-

crição civil (Proc. TST-E-RR – 08871/2002-900-02-00-4, SDI-I, rel. Min. Lélio Bentes Corrêa, *DJU* 05.03.2004; e Proc. nº TST-RR-1162/2002-014-03-00.1, 1ª Turma, rel. Min. João Oreste Dalazen, *DJ* 11.11.2005).

Após várias considerações sobre essas três correntes e o realce sobre os pontos positivos de cada uma, conclui adotando a prescrição civil, mas de forma subsidiária, por falta de disposição expressa regulando a matéria. Diz ele:

Assim, para os danos ocorridos na vigência do Código anterior, a prescrição é vintenária (art. 177); para os danos ocorridos na vigência do novo Código Civil, a prescrição é de 10 anos (art. 205) e não de três anos (art. 206, § 3º, inciso V), porque este último prazo se aplica às reparações civis *stricto sensu*, por exemplo, para as batidas de automóveis e outros danos meramente patrimoniais da esfera puramente civilista. Não é sequer razoável equiparar um dano à pessoa humana com um dano meramente patrimonial, causado por uma batida de automóvel! Ademais, em Direito do Trabalho ainda vigora o princípio da norma mais favorável (proc. TRT/15ª, n. 15419/2005-RO, rel. Juiz Flávio Nunes Campos)".[6]

Defende-se que não se encaixa a prescrição do dano moral na classificação do art. 206, § 3º, inc. V, do CC, que dispõe sobre a prescrição de simples indenização por danos materiais, porque a discussão gira em torno de um direito pessoal, atinente à personalidade, desde que ofendida a honra ou a dignidade da pessoa. A argumentação restringe a regra a um dano que se classifica como *in re ipsa*, tanto que, na vigência do Código Civil de 1916, se enquadrava entre os direitos pessoais, cujo prazo prescricional era de vinte anos. O Código Civil em vigor não estipulou prazo prescricional específico para casos de danos morais, devendo, então, ser aplicada a prescrição do art. 205 da lei civil, *in verbis*:

"A prescrição ocorre em 10 (dez) anos, quando a lei não lhe haja fixado prazo menor".

Na realidade, o dano pessoal atinge a pessoa humana em suas mais diversas facetas, estando enquadrado no art. 5º da Constituição Federal, em seus incs. V e X. Parece coerente que um direito assegurado pela Constituição Federal, classificado dentre os direitos fundamentais, não prescreve em meros três anos, com ocorre com a simples reparação civil.

O ordenamento jurídico brasileiro, não trazendo qualquer dispositivo legal regulando de forma específica os prazos de prescrição para as pretensões decorrentes de danos morais e estéticos à pessoa, conduz, por exclusão, a aplicar-se o prazo prescricional de dez anos, na forma do art. 205 do Código Civil.

A propósito, cita-se lição extraída de Acórdão do Tribunal Superior do Trabalho:

"Inúmeras questões têm suscitado acalorados debates, envolvendo, entre outros assuntos, o alcance da ofensa, a valoração do dano causado, e, a legislação aplicável no que se refere à prescrição, matéria que constitui o cerne do presente recurso. Importante se faz destacar, no intuito de dirimir a questão, que o dano moral possui natureza civil, encontrando-se previsto em nosso ordenamento jurídico, inicialmente no Código Civil Brasileiro de 1916, e atualmente encontra regência no Código Civil Brasileiro de 2002,

---

[6] TRT da 21ª Região, RO nº 01155-2006-006-21-002-0, Acórdão nº 72.906, j. em 23.04.2008, rel. Joaquim Silvio Caldas. A decisão transcrita se reporta a outro acórdão, que é o dos ED nº 00439-2006-018-21-00-0, da 21ª Região, Acórdão nº 70.136, j. em 08.11.2007, rel. Joaquim Sílvio Caldas.

como também na Constituição Federal de 1988, conforme se depreende dos seguintes dispositivos:

Art. 159 do CC/1916. 'Aquele que, por ação ou omissão voluntária, negligência, ou imprudência, violar direito, ou causar prejuízo a outrem, fica obrigado a reparar o dano'.

Art. 953 do CC/2002. 'A indenização por injúria, difamação ou calúnia consistirá na reparação do dano que dela resulte ao ofendido'.

Parágrafo único. 'Se o ofendido não puder provar prejuízo material, caberá ao juiz fixar, equitativamente, o valor da indenização, na conformidade das circunstâncias do caso'.

Art. 954 do CC/2002. 'A indenização por ofensa à liberdade pessoal consistirá no pagamento das perdas e danos que sobrevierem ao ofendido, e se este não puder provar prejuízo, tem aplicação o disposto no parágrafo único do artigo antecedente'.

Parágrafo único. 'Consideram-se ofensivos da liberdade pessoal:

a) o cárcere privado;

b) a prisão por queixa ou denúncia falsa e de má-fé;

c) a prisão ilegal'. (Código Civil Brasileiro de 2002)

Art. 5.º, V, CF. 'É assegurado o direito de resposta, proporcional ao agravo, além da indenização por dano material, moral ou à imagem';

X – 'São invioláveis a intimidade, a vida privada, a honra e a imagem das pessoas, assegurado o direito a indenização pelo dano material ou moral decorrente de sua violação'.

Dessa forma, observada a natureza civil do pedido de reparação por danos morais, pode-se concluir que a indenização deferida a tal título de tal injúria auferida em lide cujo trâmite se deu na Justiça do Trabalho, não constitui crédito trabalhista, e sim, crédito de natureza civil resultante de um ato praticado no curso da relação de trabalho, o que justifica a competência desta Justiça Especializada para a lide. Sendo certo que, a circunstância de o fato gerador desse crédito de natureza civil ter ocorrido na vigência do contrato de trabalho, e ser decorrente da imputação caluniosa ou desonrosa irrogada ao trabalhador pelo empregador, não transmuda a natureza do direito, uma vez que o dano moral se caracteriza pela projeção de um gravame na esfera da honra, da imagem do indivíduo, ou seja, o gravame transcende os limites da condição de trabalhador do ofendido.

Constatada a natureza civil do dano moral, tem-se que a prescrição segue a mesma natureza do direito, como, aliás, já pacificado por esta c. Corte em relação ao FGTS. Logo, a prescrição a ser aplicada à ação que vise à indenização por dano moral é a prevista no Código Civil Brasileiro de 1916, art. 177, vintenária, ou a prevista no novo Código de 2002, art. 205, decenal, adequando-se cada caso ao disposto no art. 2.028 do Código atual, conforme a data em que nasceu o direito à ação (...)

O Supremo Tribunal Federal, reconhecendo a existência de direito de natureza híbrida, acabou firmando entendimento de, na aplicação da prescrição, deve prevalecer o maior prazo aplicável às diversas naturezas, como forma de resguardar o exercício do direito ao maior bem tutelado".[7]

Merece ser transcrito o entendimento adotado pelo Tribunal de Justiça do Estado do Rio de Janeiro, no que diz ao fato de que, como no Código revogado não havia norma correspondente

---

[7] TST, E-RR nº 08871/2002-900-02-00.4, j. em 16.02.2004, DJ 05.03.2004, rel. Min. Lélio Bentes Corrêa.

à do art. 206, § 3º, inc. V, da atual Lei Civil, não teria o legislador reduzido um prazo prescricional de vinte anos (referente aos direitos pessoais) para meros três anos:

> "(...) Há contradição na afirmação de que as verbas atinentes às indenizações por danos materiais e morais compreendidas no termo 'reparação civil', previsto no art. 206, § 3º, inc. V, do Código Civil de 2002, sem que o acórdão tenha decretado a prescrição relativa a essas verbas.
>
> (...)
>
> Cumpre, entretanto, esclarecer à recorrente que os artigos correspondentes à prescrição, como todos de qualquer diploma, devem ser interpretados, sendo esta a função jurisdicional e constitucional do Poder Judiciário.
>
> É claro que o novo Código Civil não cogita de prazos de prescrição ordinária e especial, resultando tal assertiva de mera interpretação dos preceitos referentes à prescrição.
>
> No Código revogado não havia norma correspondente à do art. 206, § 3º, inc. V, do atual, que se refere à 'pretensão de reparação civil'.
>
> Não há razoabilidade no entendimento de que o legislador teria reduzido um prazo vintenário para três anos, que foge a qualquer perspectiva lógica.
>
> A pretensão do autor, no CC/1916, se encontrava no art. 177, do Código Civil, que regulava a prescrição das ações pessoais, parecendo não haver dúvida neste sentido, até porque a própria embargante sustenta essa posição.
>
> Neste caso, a prescrição encontra sua correspondência no artigo 205, do novo Código Civil, segundo o qual 'a prescrição ocorre em 10 (dez) anos, quando a lei não lhe haja fixado prazo menor'.
>
> Ora, o 'prazo menor' não pode ser o da reparação civil, eis que não havia esse termo no CC/1916, como já se disse".[8]

Ainda a respeito da aplicação do art. 205 do Código Civil, relativamente à pretensão de indenização por danos morais, citam-se os seguintes arestos do Tribunal de Justiça de São Paulo:

> "Ilegitimidade *ad causam* – Polo passivo – Ação de indenização de danos morais decorrentes de encaminhamento a protesto de duplicata sacada indevidamente em nome do autor (...) Prescrição – Responsabilidade civil – Prazo decenal – Inexistência de relação de consumo entre as partes – Aplicação do disposto no art. 205 do Código Civil. Responsabilidade civil – Ato ilícito – Protesto de duplicata promovido por instituição bancária que recebeu o título por meio de endosso translativo e em razão de operação de desconto – Inexistência do negócio jurídico autorizador do saque da cambial – Responsabilidade do banco quanto à verificação da regularidade da duplicata não aceita – Dever de indenizar resultante do dano moral causado à pessoa jurídica e comprovado nos autos – Arbitramento – Observância das peculiaridades do caso concreto, bem como do princípio da razoabilidade e da finalidade desestimuladora de condutas como as da espécie, vedado o enriquecimento sem causa do lesado. Ação procedente – Apelação provida".[9]

---

[8] TJRJ, ED na Ap. Cív. nº 2008.001.09229, 7ª Câm. Cív., j. em 16.07.2008, rel. Des. Carlos C. Lavigne de Lemos.
[9] TJSP, Ap. nº 1276516300, 12ª Câm. Dir. Priv., j. em 18.03.2009, rel. Des. José Reynaldo.

> "(...) Prescrição – Alegação de ocorrência de prescrição, por parte da ré, em suas contrarrazões de recurso – Inocorrência – A ação não se amolda nos ditames do art. 206, II, *b*, do CC, posto que não se discute a relação em si, ou o não pagamento, mas sim, a composição de danos materiais e morais, em razão da não renovação do contrato – Prescrição de ordem pessoal, que ocorre em 10 anos (art. 205 do novo CC)".[10]

Também a seguinte decisão do TJRGS:

> "Prescrição. Considerando a natureza pessoal do direito reclamado pelo autor, tratando a demanda de pretensão de ressarcimento por dano material e moral, o prazo prescricional é decenal, nos termos do art. 205 do Código Civil de 2002".[11]

4. DANO MORAL E PRESCRIÇÃO NAS RELAÇÕES CONSUMERISTAS

Conforme o art. 27 da Lei 8.078/1990, é de cinco anos a prescrição por danos causados por fato do produto ou do serviço prevista na Seção II deste Capítulo, iniciando-se a contagem do prazo a partir do conhecimento do dano e de sua autoria.

Tem-se estendido tal prazo à reparação por dano moral, consoante inteligência do STJ, sendo exemplo o seguinte aresto:

> "Nos termos da jurisprudência desta Corte, consoante o disposto no art. 27 do CDC, a pretensão de reparação de danos causados por fato do produto ou do serviço se submete ao prazo de prescrição quinquenal, contado a partir do conhecimento do dano e de sua autoria. Precedente".[12]

No voto do Relator, são citados vários precedentes, como o AgInt no AREsp n. 2.130.068/PR, relator Ministro Marco Buzzi, Quarta Turma, julgado em 12.12.2022, *DJe* de 16.12.2022; e o REsp n. 1.698.676/SP, relatora Ministra Nancy Andrighi, Terceira Turma, julgado em 23.11.2017, *DJe* de 30.11.2017.

---

[10] TJSP, Ap. nº 992070636922, 28ª Câm. Dir. Priv., j. em 18.08.2009, rel. Des. Carlos Nunes.
[11] TJSP, Ap. nº Cível 70021362231, 20ª Câm. Cív., j. em 21.11.2007, rel. Des. José Aquino Flores de Camargo.
[12] AgInt no AREsp 2389675/BA, da Terceira Turma, rel. Min. Moura Ribeiro, j. em 2.09.2024, *DJe* de 4.09.2024.

Capítulo XXXIV
O PRAZO DA PRESCRIÇÃO PARA A PRESTAÇÃO DE ALIMENTOS E PARA A PRESTAÇÃO DA INDENIZAÇÃO COM CARÁTER ALIMENTAR

A prestação alimentar decorrente do direito de família, devida em razão do parentesco, do matrimônio ou da união estável, vindo a obrigação estabelecida nos arts. 1.566, III, e 1.694 a 1.710 do Código Civil, cujo rito para a exigibilidade está regulado pelos arts. 528 a 533 do Código de Processo Civil, quando se tratar de cumprimento de sentença, e arts. 911 a 913, nos casos de execução fundada em título extrajudicial, tem o prazo prescricional de dois anos, a teor do art. 206, § 2º, do Código Civil:

> "Prescreve: (...)
> § 2º em 2 (dois) anos, a pretensão para haver prestações alimentares, a partir da data em que se vencerem".

Há, ainda, a indenização de caráter alimentar, contemplada no art. 948, II, do Código Civil, prevendo:

> "No caso de homicídio, a indenização consiste, sem excluir outras reparações: (...)
> II – na prestação de alimentos às pessoas a quem o morto os devia, levando-se em conta a duração provável da vida da vítima".

O art. 206, § 2º, dirige-se a regular a prescrição de alimentos não indenizatórios, ou que não derivam de delito, mas que decorrem do parentesco, do matrimônio ou da união estável. Já o art. 948, II, do mesmo Código, contempla a obrigação de caráter alimentar decorrente de ato ilícito. A indenização encerra um conteúdo alimentar.

Enquanto o art. 206, § 2º, refere-se a alimentos não indenizatórios, ou que não derivam de delito, a indenização de cunho alimentar visa reparar, ou compensar um prejuízo, contendo, em seu âmbito, a parcela correspondente a alimentos. Nem é possível que a obrigação alimentar indenizatória, de origem *ex delicto*, se converta em obrigação de prestar alimentos. A referência a alimentos tem razão de ser para fins de cálculo da indenização e para evidenciar a finalidade da destinação, que é o sustento da vítima ou das pessoas de quem dependiam. Não tem o direito admitido a metamorfose da indenização em obrigação alimentar pura. Assim, o prazo prescricional aplicável é o do art. 206, § 3º, V, do Código Civil, ou seja, de três anos. Sob a vigência do Código de 1916, o prazo era de vinte anos (art. 177), dada a ausência de um lapso específico.

Sobre a distinção, ainda oportuna a explicação de José de Aguiar Dias: "Na realidade, a expressão '*alimentos*' tem somente a finalidade de orientar o julgador para o *quantum* da indenização. Não constitui fundamento da reparação que, assim, perderia o seu caráter de reconstituição, para assumir o de substituição da obrigação alimentar. O insigne Sá Pereira mostrou que a questão não devia ser colocada nesses termos. O que se procura, com a indenização, é restabelecer o *status quo* anterior ao dano. A indenização não empobrece nem enriquece. O responsável é obrigado a repor os beneficiários da vítima na situação em que estariam, sem o dano".

Destaca as nuances da indenização: "Quando essa perda é a morte de uma pessoa da família, não há que demonstrar que ela representa prejuízo. Este deflui, *ipso facto*, do acontecimento danoso... Não se trata de prestação de alimentos, que se fixa em proporção das necessidades do reclamante e dos recursos da pessoa obrigada, e sim de indenização, que visa a reparar, pecuniariamente, o mal originado do ato ilícito".[1]

A jurisprudência antiga já se filiara a esta inteligência, a começar pela emanada do Supremo Tribunal Federal, tornando a lembrar que os arts. 177, 178, § 10, I, e 1.537, II, que vão citados, equivalem aos arts. 206, § 3º, V (no atinente à prescrição da pretensão à reparação civil), 206, § 2º, e 948, II, do diploma vigente:

> "Responsabilidade civil – Acidente ferroviário – Indenização sob a forma de pensão mensal à vítima inabilitada para o trabalho – Prescrição regulada pelo art. 177, e não pelo art. 178, § 10, I, do CC, dado que não se trata de obrigação de prestar alimentos".

E na fundamentação:

> "Mesmo quando a indenização deriva de homicídio, caso em que a alusão a alimentos, contida no inciso II do art. 1.537 do CC, dá lugar a controvérsias, o Supremo Tribunal Federal tem entendido que a obrigação de indenizar não se converte em obrigação de prestar alimentos, servindo a remissão a estes de simples ponto de referência para o cálculo da indenização e para a determinação dos beneficiários".[2]

---

[1] *Da responsabilidade civil*. 9. ed. Rio de Janeiro: Forense, 1994. v. II, p. 756-757.
[2] RTJ 83/513.

Capítulo XXXV
A PRESCRIÇÃO NOS PLANOS DE SAÚDE

1. NOÇÕES SOBRE OS PLANOS DE SAÚDE

Para o entendimento da matéria, necessário que se tenham algumas noções e elementos básicos dos planos de saúde, de maior incidência da prescrição. Por isso, é indispensável a compreensão de vários componentes dos planos de saúde.

Os planos de saúde são regidos pela Lei nº 9.656, de 03.06.1998, em grande parte modificada pela Medida Provisória nº 2.177-44, de 24.08.2001.

Em geral, três as modalidades de convênios que se podem criar para custear os custos da saúde se destacam.

De um lado, encontram-se aqueles que operam com uma rede independente de hospitais, médicos e clínicas, mas com a obrigatoriedade de escolha ou opção dentre determinados médicos, hospitais e clínicas que o convênio contratou.

De outro, aparecem os convênios que possuem médicos e hospitais próprios, ou já selecionados. O participante é encaminhado para determinado profissional, ou a um hospital indicado.

Finalmente, conhece-se o plano seguro-saúde propriamente dito, constituído de um sistema de reembolso das despesas, pelo qual o segurado escolhe o médico e o serviço hospitalar de sua confiança. Depois é reembolsado até os valores preestabelecidos no contrato.

A Lei nº 9.656/1998, em face das mudanças vindas por meio de Medidas Provisórias, culminando a de nº 2.177-44/2001, restringiu-se a disciplinar os planos de assistência à saúde, ficando de lado os planos de seguro.

Unicamente os serviços ou prestações contratadas podem ser exigidos pelos beneficiários de planos, exceto algumas hipóteses de emergência ou urgência, a teor do que entende o STJ:

> "O reembolso das despesas efetuadas com tratamento médico e internação em hospital, ambos não abrangidos pelo contrato de plano de saúde estabelecido entre a empresa cooperativa de trabalho médico e o consumidor, pode ser admitido tão somente em hipóteses especiais (inexistência de estabelecimento credenciado no local, recusa do hospital conveniado de receber o paciente, urgência da internação etc.)".[1]

---

[1] REsp nº 685.109/MG, da 3ª Turma, j. em 25.09.2006, *DJ* de 09.10.2006.

2. ESPÉCIES DE PLANOS DE SAÚDE

A lei coloca para a escolha alguns planos. As empresas e companhias de assistência à saúde não podem afastar-se daqueles planos que se encontram expressamente introduzidos no sistema.

Há o plano referência (no sentido de plano básico) e os planos especificados ou setorizados.

a) Plano de referência

O art. 10 da Lei nº 9.656/1998 introduz o *"plano-referência de assistência médica"*. Trata-se de um plano ideal e abrangente, que dá assistência ou cobertura a uma grande generalidade de eventos relacionados com a saúde.

O plano-referência ou ideal, que pode ser considerado como o plano-base, cobrindo a totalidade das doenças ou tratamentos, com a exceção dos casos que discrimina, serve de modelo para o interessado ter uma cobertura completa nos eventos que possam atingir sua saúde. A relação das coberturas aparece no Anexo da Resolução Normativa nº 387, de 28 de outubro de 2015, a qual atualiza o Rol de Procedimentos e Eventos em Saúde, constituindo a referência básica para cobertura assistencial mínima nos planos privados de assistência à saúde, contratados a partir de 1º.01.1999.

Este é o intuito do art. 10 da Lei nº 9.656/1998, em redação da Med. Prov. nº 2.177-44/2001:

> "É instituído o plano-referência de assistência à saúde, com cobertura assistencial médico-ambulatorial e hospitalar, compreendendo partos e tratamentos, realizados exclusivamente no Brasil, com padrão de enfermaria, centro de terapia intensiva, ou similar, quando necessária a internação hospitalar, das doenças listadas na Classificação Estatística Internacional de Doenças e Problemas Relacionados com a Saúde, da Organização Mundial de Saúde, respeitadas as exigências mínimas estabelecidas no art. 12 desta Lei, exceto...".

Conforme a última parte do cânone, conterá o plano, no mínimo, os serviços ou atendimentos estabelecidos para os demais planos, que se encontram disciplinados no art. 12.

Nos incisos do art. 10, são nomeadas as exceções de doenças ou eventos não abrangidos no plano-referência:

> I – tratamento clínico ou cirúrgico experimental;
>
> II – procedimentos clínicos ou cirúrgicos para fins estéticos, bem como órteses e próteses para o mesmo fim;
>
> III – inseminação artificial;
>
> IV – tratamento de rejuvenescimento ou emagrecimento com finalidade estética;
>
> V – fornecimento de medicamentos importados não nacionalizados;
>
> VI – fornecimento de medicamentos para tratamento domiciliar, ressalvado o disposto nas alíneas "c" do inc. I, e "g" do inc. II do art. 12 (redação da Lei nº 12.880, de 12.11.2013);
>
> VII – fornecimento de próteses, órteses e seus acessórios não ligados ao ato cirúrgico;
>
> VIII – inciso revogado pelo art. 8º da Med. Prov. nº 2.177-44/2001. A redação que vinha no texto da lei era o seguinte: "procedimentos odontológicos, salvo o conjunto de serviços voltados à prevenção e manutenção básica da saúde dentária, assim compreendidos a pesquisa, o tratamento e a remoção de focos de infecção dentária, profilaxia de cárie dentária, cirurgia e traumatologia bucomaxilar";

IX – tratamentos ilícitos ou antiéticos, assim definidos sob o aspecto médico, ou não reconhecidos pelas autoridades competentes;

X – casos de cataclismos, guerras e comoções internas, quando declarados pela autoridade competente.

b) Planos especificados ou setorizados

Discrimina o art. 12 da Lei nº 9.656/2001, com os direitos assegurados aos aderentes, os planos referentes aos serviços médicos e hospitalares (incs. I a IV), e os planos relativos à extensão temporal e quantitativa do atendimento ou serviços, como período de carência, reembolso e inscrição de filho adotivo (incs. V a VII). Eis o texto do art. 12 da Lei nº 9.656/1998, na redação da Med. Prov. nº 2.177-44/2001:

> "São facultadas a oferta, a contratação e a vigência dos produtos de que tratam o inc. I e o § 1º do art. 1º desta Lei, nas segmentações previstas nos incisos I a IV deste artigo, respeitadas as respectivas amplitudes da cobertura definidas no plano-referência de que trata o art. 10, segundo as seguintes exigências mínimas".

Ou seja, não podendo ir além do que contém o plano-referência, nem absorvendo seus conteúdos.

Eis a ideia dos diversos planos indicados nos incisos do art. 12, com as modificações da Med. Prov. nº 2.177-44/2001, e da Lei 12.880/2013:

I – *Quando incluir o atendimento ambulatorial*:

Este plano tem em conta o atendimento ambulatorial, separadamente ou em conjunto com outros campos.

II – *Quando incluir internação hospitalar*:

Mais completo que o anterior, eis que abrange os serviços hospitalares para o tratamento das moléstias. No entanto, a internação torna-se um direito quando diagnosticada doença que não pode ser curada apenas ambulatoriamente, ou mediante simples consultas médicas.

III – *Quando incluir atendimento obstétrico*:

Abrange a cobertura assistencial ao recém-nascido, filho natural ou adotivo do consumidor, ou de seu dependente, durante os primeiros trinta dias após o parto; a inscrição assegurada ao recém-nascido, filho natural ou adotivo do consumidor, como dependente, isento do cumprimento dos períodos de carência, desde que a inscrição ocorra no prazo máximo de trinta dias do nascimento ou da adoção.

IV – *Quando incluir atendimento odontológico*:

Assegura a cobertura de consultas e exames auxiliares ou complementares, solicitados pelo odontólogo assistente; a cobertura de procedimentos preventivos, de dentística e endodontia; e a cobertura de cirurgias orais menores, assim consideradas as realizadas em ambiente ambulatorial e sem anestesia geral.

V – *Quando fixar períodos de carência*:

Há a previsão do prazo máximo de trezentos dias para partos a termo; do prazo máximo de cento e oitenta dias para os demais casos; e do prazo máximo de vinte e quatro horas para a cobertura dos casos de urgência e emergência.

VI – *Quando trata do reembolso*:

Disciplina o reembolso em todos os tipos de produtos de que tratam o inc. I e o § 1º do art. 1º da Lei nº 9.656/1998, nos limites das obrigações contratuais, das despesas efetuadas pelo beneficiário com assistência à saúde, em casos de urgência ou emergência, quando não for possível a utilização dos serviços próprios, contratados, credenciados ou referenciados pelas operadoras, de acordo com a relação de preços de serviços médicos e hospitalares praticados pelo respectivo produto, pagáveis no prazo máximo de trinta dias após a entrega da documentação adequada.

VII – *Quanto permite a inscrição de filho adotivo*:

Possibilita que seja contemplado filho adotivo menor de doze anos de idade, aproveitando os períodos de carência já cumpridos pelo consumidor adotante.

3. A CONTRATAÇÃO DE ASSOCIADOS

Há duas classificações diferentes de contratações, com subdivisões:

1 – Quanto aos regimes de contratação:

Equivalem os regimes às formas de abrangência de associados e segurados, dirigidas para dimensionar a quantidade e a qualidade dos associados. Temos, segundo a Resolução Normativa nº 557/2022 da ANS, com diversas alterações, sendo a última da Resolução Normativa ANS nº 573/2023, a contratação

a) individual ou familiar. É o oferecido ao mercado para a livre adesão de consumidores, envolvendo a pessoa física com ou sem o grupo familiar;

b) coletiva empresarial. Considera-se o plano dirigido à população delimitada e vinculada a uma pessoa jurídica. Tal população compõe-se ou de empregados de uma empresa, ou de associados, ou de sindicalizados, ou de cooperativados, com a inclusão ou não de dependentes. Ao mesmo tempo em que ingressa o indivíduo na empresa ou na pessoa jurídica, torna-se automaticamente beneficiário do plano, a menos que haja manifestação expressa em contrário.

c) coletiva por adesão. Constitui o regime de plano oferecido por pessoa jurídica para uma massa delimitada de associados, ou em que os associados (funcionários, sócios, sindicalizados) aderem pessoalmente, por livre opção. Formaliza-se o contrato com ou sem opção para incluir os dependentes ou o grupo familiar.

Discrimina o art. 15 da Resolução Normativa nº 557/2022 da ANS, não alterado pelas Resoluções Normativas 570/2023 e 573/2023 que advieram, as pessoas jurídicas de caráter profissional, classista ou setorial com as quais a população que mantém vínculo com as mesmas é contemplada com a cobertura:

"I – conselhos profissionais e entidades de classe, nos quais seja necessário o registro para o exercício da profissão;

II – sindicatos, centrais sindicais e respectivas federações e confederações;

III – associações profissionais legalmente constituídas;

IV – cooperativas que congreguem membros de categorias ou classes de profissões regulamentadas;

V – caixas de assistência e fundações de direito privado que se enquadrem nas disposições desta resolução;

VI – entidades previstas na Lei nº 7.395, de 31 de outubro de 1985, e na Lei nº 7.398, de 4 de novembro de 1985".

De acordo com o art. 16 da mesma Resolução, só poderão contratar plano privado de assistência à saúde coletivo por adesão as pessoas jurídicas indicadas no art. 15, constituídas há pelo menos um ano, exceto as previstas nos incs. I e II daquele artigo. Pelo art. 17, não poderá ser exigido o cumprimento de prazos de carência, desde que o beneficiário ingresse no plano em até trinta dias da celebração do contrato coletivo. Complementa seu § 1º que:

> "A cada aniversário do contrato do plano privado de assistência à saúde coletivo por adesão será permitida a adesão de novos beneficiários sem o cumprimento de prazos de carência, desde que:
>
> I – o beneficiário tenha se vinculado, na forma do artigo 9º, após o transcurso do prazo definido no *caput deste artigo; e*
>
> II – a proposta de adesão seja formalizada até trinta dias da data de aniversário do contrato".

2 – Quanto à extensão temporal e quantitativa dos serviços:

Trata-se da divisão dos planos segundo o começo do proveito dos benefícios previstos, ou da abrangência de serviços e coberturas, apontando-se as seguintes modalidades:

I – *Fixação dos períodos de carência*, ou prazo de pagamento antes de começar a usufruir dos benefícios (art. 12, inc. V, da Lei nº 9.656/1998, em texto da Med. Prov. 2.177-44/2001):

a) prazo máximo de 300 dias para partos a termo;

b) prazo máximo de 180 dias para os demais casos;

c) prazo máximo de 24 horas para a cobertura dos casos de urgência e emergência.

II – *Reembolso, em todos os tipos de plano* nos limites das obrigações contratuais, das despesas efetuadas pelo beneficiário, titular ou dependente, com assistência à saúde, em casos de urgência ou emergência, quando não for possível a utilização de serviços próprios, contratados ou credenciados pelas operadoras definidas no art. 1º, de acordo com a relação de preços de serviços médicos e hospitalares praticados pelo respectivo plano pagáveis no prazo máximo de trinta dias após a entrega à operadora da documentação adequada (art. 12, inc. VI, da Lei nº 9.656/1998, na redação da Med. Prov. 2.177-44/2001).

III – *Inclusão de filho adotivo*, menor de doze anos de idade, aproveitando os períodos de carência já cumpridos pelo consumidor adotante.

No caso, tem cabida a regra quando ocorrer a adoção no curso do contrato. Inviável, dadas as regras que tratam da adoção, se a mesma preexistiu ao contrato.

4. DOENÇAS E LESÕES PREEXISTENTES (DLP) E COBERTURA PARCIAL TEMPORÁRIA

A tão combatida exclusão de doenças preexistentes, embora não na plenitude, foi proibida pela lei. O art. 11 da Lei nº 9.656/1998, em texto vindo com a Med. Prov. n 2.177-44/2001, não permite dúvidas, se surge a moléstia depois de vinte e quatro meses do contrato:

> "É vedada a exclusão de coberturas às doenças e lesões preexistentes à data de contratação dos produtos de que tratam o inciso I e o § 1º do art. 1º desta Lei após vinte e quatro meses de vigência do aludido instrumento contratual, cabendo à respectiva operadora o ônus da prova e da demonstração do conhecimento prévio do consumidor ou beneficiário".

Consideram-se doenças e lesões preexistentes aquelas de que o consumidor ou seu responsável saiba ser portador ou sofredor à época da contratação do plano privado de assistência à saúde.

Acontece que, em grande parte das vezes, o segurado nem está ciente da exigência da lei, ou da gravidade da moléstia. As seguradoras aceitam a proposta, em geral preenchidas por seus prepostos, sem nenhum conhecimento dos interessados quanto aos dados que vinham impressos previamente nos documentos. Compete, realmente, à seguradora precaver-se, e exigir exames médicos sobre o estado de saúde do aderente.

A prudente interpretação da lei leva a rejeitar a exceção ao pagamento quando não se precavera a seguradora com o antecedente exame de saúde, ou nem destacara com termos ostensivos a cláusula de isenção (Lei nº 8.078, de 1990, art. 54, § º).

Em vista do art. 11 da Lei nº 9.656/1998, em redação da Med. Prov. 2.177-44/2001, desconsidera-se a falta de informação se o risco surge depois de vinte e quatro meses da assinatura do contrato. Entrementes, diante da parte final do dispositivo, se aparecer antes a doença, o ônus da prova do conhecimento prévio é da operadora.

Em síntese, depois de vinte e quatro meses não há qualquer escusa para atender qualquer tipo de doença ou lesão.

Ocorrida durante o mencionado período a doença, há a exclusão da cobertura. Daí se vê que a cobertura parcial temporária poderá abranger a doença e a lesão preexistente.

Durante o lapso temporal de vinte e quatro meses, há a chamada cobertura parcial temporária, definida pela Resolução Normativa ANS nº 558, de 14.12.2022, que, em seu art. 2º, inc. II, admite a suspensão da cobertura de Procedimentos de Alta Complexidade (PAC), leitos de alta tecnologia e procedimentos cirúrgicos, desde que relacionados exclusivamente às doenças ou lesões preexistentes declaradas pelo beneficiário ou seu representante legal.

A mesma Resolução Normativa RN nº 558/2022 da ANS também regulamentou o art. 11 da Lei nº 9.656/1998, na redação da Med. Prov. 2.177-44/2001. Seu art. 2º, inc. III, possibilita, se houver o agravo, considerado como o acréscimo no valor da contraprestação paga ao plano privado de assistência à saúde, que o beneficiário tenha direito integral à cobertura contratada, para a doença ou lesão preexistente declarada, após os prazos de carências contratuais, de acordo com as condições negociadas entre a operadora e o beneficiário.

Pela contratação do agravo (§ 2º do art. 7º da dita Resolução), as condições serão estabelecidas entre as partes, devendo constar menção expressa ao:

I – percentual ou valor do Agravo;

II – período de vigência do Agravo.

Consoante a mesma Resolução, veda-se à operadora a alegação de DLP (Doenças e Lesões Preexistentes) decorridos 24 meses da data da celebração do contrato ou da adesão ao plano privado de assistência à saúde (art. 7º). Portanto, findo o prazo de até 24 meses da contratação ou adesão ao plano privado de assistência à saúde, a cobertura assistencial passará a ser integral, conforme a segmentação contratada e prevista na Lei nº 9.656/1998 (§ 1º do art. 7º).

Os procedimentos de alta complexidade, objetos da exclusão na ocorrência de doenças e lesões preexistentes, que devem ser mencionados no contrato (art. 1º, parágrafo único, da Resolução Normativa ANS nº 338/2013), envolvem, dentre outras várias situações, à diálise, à hemodiálise, à hemofiltração, à anestesia, ao ecocardiograma, à colangiopancreatografia.

O entendimento jurídico vigente vem exigindo, mesmo no prazo de carência, a assistência em casos de emergência. Entende-se que o plano de saúde é obrigado a dispensar o prazo de carência e atender situações de emergência sempre que o estado de saúde do segurado indique risco de morte ou lesões irreparáveis. Quando a operadora aceita a proposta de adesão, deve assumir os riscos do negócio, não lhe cabendo recusar a indenização pelas despesas hospitalares.

5. RENOVAÇÃO AUTOMÁTICA DOS CONTRATOS APÓS O VENCIMENTO

Torna-se obrigatória a renovação do contrato após o vencimento. Não assiste à operadora a simples recusa em continuar com o contrato. Aliás, uma vez celebrado um primeiro contrato, nem mais caberia a renovação, ou nem precisaria colocar nele um prazo de duração. Unicamente ao associado ou segurado reconhece-se o direito de continuar na contratação. Para ele apenas teria sentido a colocação de um prazo de duração.

Aduz-se que o entendimento contrário pode levar as seguradoras a fixar prazos inferiores ao próprio período de carência, com a rescisão mesmo antes de o consumidor iniciar a usufruir de todos os benefícios.

O art. 13 da Lei nº 9.656/1998, na mudança da Med. Prov. nº 2.177-44/2001, revela-se claro a respeito:

> "Os contratos de produtos de que tratam o inciso I e o § 1º do art. 1º desta Lei têm renovação automática a partir do vencimento do prazo inicial de vigência, não cabendo a cobrança de taxas ou qualquer outro valor no ato da renovação".

Há incompatibilidade na falta de renovação com a boa-fé e a equidade (art. 51, inc. IV, da Lei nº 8.078, de 1990), visto que o plano de assistência se torna mais necessário no estágio da vida em que se encontra o segurado. Ao mesmo tempo, está ínsita uma autorização para o fornecedor rescindir a apólice (art. 51, inc. XII, do CDC), eis que viabiliza a alteração unilateral.

Mais no sentido de atender aos interesses do segurado, preserva a lei a vigência por um prazo mínimo de um ano. Reza o parágrafo único do art. 13, na dicção da Med. Prov. nº 2.177-44/2001:

> "Os produtos de que trata o *caput*, contratados individualmente, terão vigência mínima de um ano, sendo vedadas:
>
> I – a recontagem da carência;
>
> II – a suspensão e a rescisão unilateral do contrato, salvo por fraude ou não pagamento da mensalidade por período superior a sessenta dias, consecutivos ou não, nos últimos doze meses de vigência do contrato, desde que o consumidor seja comprovadamente notificado até o quinquagésimo dia de inadimplência;
>
> III – a suspensão ou a rescisão unilateral do contrato, em qualquer hipótese, durante a ocorrência de internação do titular".

Ressalta-se que a carência estabelecida para o início do gozo dos benefícios justifica-se quando da assinatura do contrato. Verificado o inadimplemento, e adimplidas as prestações em atraso, com o que se mantém o contrato, não cabe impor novo período de carência.

6. PROIBIÇÃO EM RECUSAR ASSOCIADOS E EM INTERROMPER O INTERNAMENTO

Impede a lei a ressalva para admitir associados em função da idade ou de deficiências de que sejam portadores, na forma do art. 14, em texto da Med. Prov. nº 2.177-44/2001:

> "Em razão de idade do consumidor, ou da condição de pessoa portadora de deficiência, ninguém pode ser impedido de participar de planos privados de assistência à saúde".

O dispositivo vem como decorrência do princípio da igualdade de todos perante a lei, não se admitindo a restrição dos direitos em função de limitações como a idade ou deficiências físicas.

Foi necessário o dispositivo para extirpar a inserção de cláusulas nos contratos impeditivas do direito, ou que, indiretamente, dada a série de exigências, como o valor dos prêmios, obstaculizam totalmente a participação. No entanto, para determinadas situações, não é vedada a fixação de prestações em função da idade. Resta claro que a probabilidade de ocorrer o risco é maior depois de certa idade.

No pertinente às deficiências, não abrangem as doenças internas ou mesmo externas, mas a limitações físicas e psíquicas do corpo humano, dos sentidos e da mente.

Do dispositivo acima decorre importante conclusão relativamente aos internamentos, com a vedação de interrompê-los, a menos que haja a alta hospitalar ou autorização médica.

A conclusão incide mesmo que vencido o prazo do contrato no curso do internamento. Uma vez acontecendo o vencimento nessa circunstância, a cobertura abrange o lapso restante de internação necessária, eis que o evento previsto na cobertura iniciara quando vigorava o contrato.

7. A MUDANÇA DAS CONTRAPRESTAÇÕES PECUNIÁRIAS EM FUNÇÃO DA IDADE, DA SINISTRALIDADE OU DA VARIAÇÃO DE CUSTOS

Não está proibida a variação das prestações que paga o consumidor, diante da circunstância de atingir uma idade mais avançada no curso do contrato, eis que se admite a incidência de aumento de percentual em função das faixas etárias. É o que encerra o art. 15, conforme inovação da Med. Prov. nº 2.177/2001:

> "A variação das contraprestações pecuniárias estabelecidas nos contratos de produtos de que tratam o inciso I e o § 1º do art. 1º desta Lei, em razão da idade do consumidor, somente poderá ocorrer caso estejam previstas no contrato inicial as faixas etárias e os percentuais de reajustes incidentes em cada uma delas, conforme normas expedidas pela ANS, ressalvado o disposto no art. 35-E".

Conforme Resolução Normativa ANS nº 563/2022, o número de faixas etárias manteve-se em dez.

Percebem-se as exigências para o reajuste, que se encontram no art. 15: a previsão das faixas etárias no contrato e dos percentuais de aumento, e a obediência aos critérios e parâmetros que forem fixados pelo ANS.

Além disso, a parte final do art. 15 da Lei 9.656/1998, vinda com a Med. Prov. nº 2.177-44/2001, ressalvava o disposto no art. 35-E. Ou seja, necessário observar, na adaptação, as condições que constam exigidas no citado dispositivo, especialmente as do § 1º.

Lembra-se, no entanto, que o art. 35-E foi declarado inconstitucional na Ação Direta de Inconstitucionalidade nº 1.931-DF, em 2017, transcrevendo-se parte do voto do Relator, Ministro Marco Aurélio:

> "Os dispositivos em análise preveem a incidência das novas regras relativas aos planos de saúde em contratos celebrados anteriormente à vigência do diploma. A norma destoa

do Texto Maior. A vida democrática pressupõe segurança jurídica, e esta não se coaduna com o afastamento de ato jurídico perfeito e acabado mediante aplicação de lei nova.

É o que decorre do inciso XXXVI do artigo 5º da Constituição Federal:

Art. 5º [...] XXXVI – a lei não prejudicará o direito adquirido, o ato jurídico perfeito e a coisa julgada.

É impróprio inserir nas relações contratuais avençadas em regime legal específico novas disposições, sequer previstas pelas partes quando da manifestação de vontade. Consoante fez ver o ministro Maurício Corrêa, cujo voto acompanhei integralmente, no exame da medida acauteladora:

'60. Nesse ponto, entendo patente e indébita a ingerência do Estado no pacto celebrado entre as partes. De fato, os dispositivos acima transcritos interferem na órbita do direito adquirido e do ato jurídico perfeito, visto que criam regras completamente distintas daquelas que foram objeto da contratação.

61. A retroatividade determinada por esses preceitos faz incidir regras da legislação nova sobre cláusulas contratuais preexistentes, firmadas sob a égide do regime legal anterior, que, a meu ver, afrontam o direito consolidado das partes, de tal modo que violam o princípio consagrado no inciso XXXVI do artigo 5º da Constituição Federal e põem-se em contraste com a jurisprudência desta Corte de que é exemplo o acórdão proferido na ADI 493-DF, Moreira Alves, publicado na RTJ 143/724'".

O aumento para as pessoas de idade elevada não se revela coerente com o sistema previdenciário, pois vão inchando os encargos na medida em que mais se fazem sentir as necessidades e provocam, assim, o crescimento das despesas. O correto estaria em fixar, desde o início, certo patamar da prestação em vista da idade daquele que se inscreve no plano. Não passa o dispositivo sem arranhar o art. 51, inc. X, do Código de Defesa do Consumidor, cominando de nulidade as cláusulas que "permitam ao fornecedor, direta ou indiretamente, variação do preço de maneira unilateral". Ao inserir-se uma cláusula com referido teor num contrato padrão e essencialmente adesivo, não se manifesta a liberdade do aderente, eis que está obrigado a acatar a condição, sob pena de inviabilizar-se o contrato.

De observar, porém, que o Estatuto do Idoso (Lei nº 10.741, de 1º.10.2003) trouxe aos planos de saúde firmados sob sua vigência nova regulamentação sob a ótica dos reajustes por mudança de faixa etária, abrangendo, também, aqueles contratos adaptados e migrados em conformidade com a RN nº64/2003 e a 254/2011, da ANS.

A Resolução Normativa ANS 563, de 15.12.2022, da ANS, em seu art. 2º, determinou a adoção de dez faixas etárias para os contratos firmados a partir de 01.01.2004:

Deverão ser adotadas 10 (dez) faixas etárias, observando-se a seguinte tabela:

I – zero a dezoito anos;

II – dezenove a vinte e três anos;

III – vinte e quatro a vinte e oito anos;

IV – vinte e nove a trinta e três anos;

V – trinta e quatro a trinta e oito anos;

VI – trinta e nove a quarenta e três anos;

VII – quarenta e quatro a quarenta e oito anos;

VIII – quarenta e nove a cinquenta e três anos;

IX – cinquenta e quatro a cinquenta e oito anos;

X – cinquenta e nove anos ou mais.

Note-se que antes do Estatuto as operadoras de planos de saúde observavam o máximo de sete faixas etárias, sendo a última a de 70 anos. Hoje, com o Estatuto, observam o máximo de dez faixas etárias, sendo a última a de 59 anos.

8. O TRATAMENTO DA PRESCRIÇÃO

Merecem destaque hipóteses comuns em que é enfrentada a prescrição, conforme tratamento jurisprudencial.

a) *Predominância do prazo de dez anos*

Predomina nos pretórios pátrios o entendimento de que a prescrição, nos contratos de planos de saúde, abrange o prazo de dez anos para reclamar direitos eventualmente não reconhecidos e negados pelas operadoras dos planos. É que a relação entre as partes revela-se de trato sucessivo e de execução continuada. Existem, ademais, particularidades nos contratos de planos de saúde, que os diferenciam dos demais contratos de seguro. Acontece que, nos planos de saúde, não decorre um contrato de seguro, mas sim da prestação de serviço de saúde, que deve receber tratamento próprio. Daí entender-se que não se aplica o prazo prescricional anual vigente para contratos de seguro, impondo a incidência do prazo geral de dez anos, estabelecido no art. 205 do Código Civil para a reclamação da generalidade dos direitos não reconhecidos pelas empresas operadoras dos planos de saúde, como se verá ao longo do presente item, que procura destacar diversas espécies de direitos.

Nos contratos que envolvem os planos de saúde, a prestação é, conforme já observado, continuada e sucessiva. Ocorre a contratação da prestação ou do pagamento de serviços futuros ligados à saúde do consumidor e de seus dependentes, mediante a paga de mensalidades como contraprestações. Essa prestação de serviços que assume a operadora se materializa em três espécies: a) exploração de recursos materiais e humanos próprios (médicos, hospitais e ambulatórios); b) credenciamento de serviços de terceiros; c) por um sistema misto, que abranja serviços próprios e rede credenciada.

b) *Revisão de cláusulas abusivas*

No caso, domina o prazo de dez anos:

> "O prazo prescricional de demanda em que se pleiteia a revisão de cláusula abusiva de contrato de plano de saúde é de 10 (dez) anos, nos termos do art. 205 do Código Civil de 2002".[2]

> "O prazo prescricional aplicável nas hipóteses em que se discute a revisão de cláusula considerada abusiva pelo beneficiário de plano de saúde é de 10 (dez) anos, previsto no art. 205 do Código Civil".[3]

> "O prazo prescricional de demanda em que se pleiteia a revisão de cláusula abusiva de contrato de plano de saúde é de 10 (dez) anos, nos termos do art. 205 do Código Civil.

---

[2] AgRg no REsp nº 1.402.259/RJ, da 3ª Turma do STJ, j. em 22.05.2014, *DJe* de 12.06.2014, rel. Min. Sidnei Beneti.

[3] AgRg no AREsp nº 188.198/SP, da 3ª Turma, j. em 07.11.2013, *DJe* de 25.11.2013, rel. Min. Ricardo Villas Bôas Cueva.

O art. 27 do Código de Defesa do Consumidor somente se aplica às demandas nas quais se discute a reparação de danos causados por fato do produto ou do serviço, hipótese não configurada nos presentes autos.

A aplicação da jurisprudência desta Corte, que considera o prazo decenal da ação revisional de cláusula abusiva de contrato de plano de saúde, implicaria *reformatio in pejus*, motivo por que deve ser mantido o aresto hostilizado por seus próprios termos".[4]

Ampla a fundamentação trazida no voto do Relator do último aresto:

"A ação busca a revisão de cláusula considerada abusiva pelo beneficiário de plano de saúde, motivo pelo qual o regramento que deve incidir quanto à prescrição deve ser o previsto no art. 205 do Código Civil:

'Art. 205. A prescrição ocorre em dez anos, quando a lei não lhe haja fixado prazo menor'.

Nesse sentido, julgando hipótese análoga, a 3ª Turma já se manifestou:

(...) *'1. A previsão infraconstitucional a respeito da atuação do Ministério Público como autor da ação civil pública encontra-se na Lei nº 7.347/1985 que dispõe sobre a titularidade da ação, o objeto, e dá outras providências. No que concerne ao prazo prescricional para seu ajuizamento, esse diploma legal é, contudo, silente.*

2. Aos contratos de plano de saúde, conforme o disposto no art. 35-G da Lei nº 9.656/1998, aplicam-se as diretrizes consignadas no CDC, uma vez que a relação em exame é de consumo, porquanto visa a tutela de interesses individuais homogêneos de uma coletividade.

3. A única previsão relativa à prescrição contida no diploma consumerista (art. 27) tem seu campo de aplicação restrito às ações de reparação de danos causados por fato do produto ou do serviço, não se aplicando, portanto, à hipótese dos autos, em que se discute a abusividade de cláusula contratual.

4. Por outro lado, em sendo o CDC lei especial para as relações de consumo – as quais não deixam de ser, em sua essência, relações civis – e o CC, lei geral sobre direito civil, convivem ambos os diplomas legislativos no mesmo sistema, de modo que, em casos de omissão da lei consumerista, aplica se o CC.

5. Permeabilidade do CDC, voltada para a realização do mandamento constitucional de proteção ao consumidor, permite que o CC, ainda que lei geral, encontre aplicação quando importante para a consecução dos objetivos da norma consumerista.

6. Dessa forma, frente à lacuna existente, tanto na Lei nº 7.347/1985, quanto no CDC, no que concerne ao prazo prescricional aplicável em hipóteses em que se discute a abusividade de cláusula contratual, e, considerando-se a subsidiariedade do CC às relações de consumo, deve-se aplicar, na espécie, o prazo prescricional de 10 (dez) anos disposto no art. 205 do CC.

7. Recurso especial não provido' (REsp 995.995/DF, rel.Min. Nancy Andrighi, 3ª Turma, j. em 19.08.2010, DJe 16.11.2010).

No mesmo sentido, o recente aresto da 3ª Turma:

(...) *'O prazo prescricional aplicável em hipóteses em que se discute a abusividade de cláusula contratual, e, considerando-se a subsidiariedade do CC às relações de consumo, deve-*

---

[4] REsp nº 1.261.469/RJ, da 3ª Turma, j. em 16.10.2012, *DJe* de 19.10.2012, rel. Min. Ricardo Villas Bôas Cueva.

-se aplicar, na espécie, o prazo prescricional de 10 (dez) anos disposto no art. 205 do CC' (...) (AgRg no AREsp 112187/SP, rel. Min. Sidnei Beneti, 3ª Turma, j. em 19.06.2012, DJe 28.06.2012)".

c) *Reembolso de despesas não cobertas pela operadora do plano de saúde*
Referem-se algumas posições sobre o prazo.

Numa linha bastante coerente, tem sido entendido que o prazo para o reembolso de despesas cuja cobertura foi negada pela operadora do plano é de cinco anos, com amparo no art. 27 do Código de Defesa do Consumidor (Lei nº 8.078/1990), citando-se o seguinte precedente da 1ª Turma Recursal do TJ do RGS:

> "Prescrição afastada, porquanto o feito trata de reembolso de despesas médico-hospitalares, sendo aplicável ao mesmo o prazo quinquenal, fulcro no art. 27, do CDC. Havendo o autor comprovado que o procedimento cirúrgico pretendido se enquadra nos termos da Resolução nº 262, editada pela ANS, cabia à ré apresentar justificativa para negar a execução do procedimento, ônus do qual não se desincumbiu. Descabida a alegação de que a cirurgia fora realizada em data precedente à normatização, porquanto a Resolução citada foi publicada em 11/01/2010 e o autor operado em 24 e 25 de maio de 2012".[5]

Nesta linha já decidiu o TJ de São Paulo:

> "Trata-se de relação de consumo regida pelo CDC e pela Lei nº 9.656/1998, regra especial de prescrição quinquenal. Inteligência do art. 27 do CDC. Apelante não inovou que já havia sido rechaçado na sentença. Motivação da sentença adotada como fundamentação do julgamento em segundo grau. Precedentes jurisprudenciais do STJ, STF e a previsão legal contida no art. 252 do RITJSP. Sentença mantida. Recurso improvido".[6]

Todavia, nas Turmas Recursais do RGS foi suscitado incidente de uniformização de que o prazo para o reembolso é de três anos:

> "Preliminar de prescrição afastada, pois já restou consolidado em incidente de uniformização de nº 71004201323 que o prazo para se verificar a prescrição é o contido no art. 206, § 3º, IV, do Código Civil".[7]

Do incidente de uniformização nº 71004201323, julgado em 07.05.2013 pelas Turmas Recursais Cíveis Reunidas dos Juizados Especiais Cíveis, supramencionado, colacionam-se os seguintes fundamentos:

> "Analisando-se, pois, a situação trazida no presente processo, pedido de reembolso de valores por ausência de cobertura em plano de saúde coletivo, vê-se, claramente, que não se está diante de nenhuma das hipóteses estatuídas nos artigos 26 e 27 do Código de Proteção e Defesa do Consumidor.

---

[5] Recurso Cível nº 71005129580, da 1ª Turma Recursal Cível, Turmas Recursais, j. em 27.01.2015, *DJ* de 29.01.2015, rel. Vivian Cristina Angonese Spengler.
[6] Apelação nº 0144970-12.2008.8.26.0100, da 5ª Câmara de Direito Privado do TJSP, j. em 05.05.2010, rel. James Siano.
[7] Recurso Cível nº 71004676748, da 3ª Turma Recursal Cível, Turmas Recursais, j. em 11.12.2014, *DJ* de 12.12.2014, rel. Roberto Arriada Lorea.

O caso abarca modalidade de enriquecimento sem causa, o qual, nos termos do inc. IV do § 3º do art. 206 do Código Civil, tem como prazo prescricional três (03) anos.

(...)

Há que ser registrado que a situação de negativa de cobertura com pedido, posterior, de reembolso de valores despendidos, no que tange ao prazo prescricional a ser considerado, comporta tratamento análogo ao da devolução dos valores cobrados a maior em casos de reconhecimento da abusividade das prestações, pois ambas as demandas possuem natureza ressarcitória.

Ainda a ser registrado que o que define uma demanda como ressarcitória não é a causa de pedir, mas o pedido veiculado pela parte".

O Superior Tribunal de Justiça, porém, vem aplicando o prazo de dez anos, com base no art. 205 do Código Civil:

"Agravo regimental. Agravo em recurso especial. Prazo prescricional. Dano moral. Recusa de cobertura de seguro saúde. *Quantum* indenizatório fixado com razoabilidade. Termo inicial para os juros de mora.

A ação de ressarcimento por despesas que só foram realizadas em razão de suposto descumprimento do contrato de prestação de serviços de saúde, hipótese sem previsão legal específica, atrai a incidência do prazo de prescrição geral de 10 (dez) anos, previsto no art. 205 do Código Civil, e não o de 3 (três) anos, arrolado no art. 206, § 3º, V, cujo prazo começa a fluir a partir da data de sua vigência (11.01.2003), respeitada a regra de transição prevista no art. 2.028.

(...) Agravo regimental improvido".[8]

"Em se tratando de ação objetivando o ressarcimento de despesas realizadas com cirurgia cardíaca para a implantação de 'stent', em razão da negativa do plano de saúde em autorizar o procedimento, a relação controvertida é de natureza contratual. Não havendo previsão específica quanto ao prazo prescricional, incide o prazo geral de 10 (dez) anos, previsto no art. 205 do Código Civil, o qual começa a fluir a partir da data de sua vigência (11.01.2003), respeitada a regra de transição prevista no art. 2.028".[9]

Realmente, o prazo de dez anos para a prescrição encontra fundamentação mais coerente com a natureza do contrato, que é de prestação de serviços ligados à saúde.

d) *Manutenção do plano de saúde pelos aposentados*

Relativamente à manutenção do plano de saúde quando da aposentadoria por associado que era empregado de empresa, ou da renovação do contrato, a *ratio* é que o prazo também se estende por dez anos, para exigir o direito. A Lei nº 9.656/1998, em seu art. 31, em redação da Med. Prov. 2.177-44/2001, reconhece ao aposentado que laborou por mais de dez anos na empresa estipulante, o direito em ser mantido na condição de beneficiário da assistência médica, nas mesmas condições de cobertura assistencial de que gozava quando da vigência do contrato de trabalho, desde que assuma o seu pagamento integral. Outrossim, conforme anteriormente

---

[8] AgRg no AREsp nº 300.337/ES, rel. Min. Sidnei Beneti, 3ª Turma, j. 28.05.2013, DJe 20.06.2013. Ainda: AREsp nº 300.545/SP, decisão monocrática, j. em 17.09.2014, DJe de 23.09.2014, rel. Min. Paulo de Tarso Sanseverino; e REsp nº 1.444.671/SP, decisão monocrática, j. em 17.06.2014, DJe 1º.08.2014, rel. Min. Nancy Andrighi.

[9] REsp nº 1.176.320/RS, da 3ª Turma, j. em 19.02.2013, DJe de 26.02.2013, rel. Min. Sidnei Beneti.

referido, uma vez decorrido o prazo do contrato, é direito do associado ao plano a sua renovação automática. Eis a posição do STJ, a respeito do direito de manter o plano de saúde:

> "Civil e processual civil. Agravo regimental no recurso especial. Ação de obrigação de fazer. Plano de saúde coletivo. Manutenção. Prescrição. Prazo decenal. Art. 205 do CC/2002. Incidência da Súmula nº 83 do STJ. Precedentes.
>
> 1. A operadora do plano de saúde não apresentou argumento novo capaz de incidir ao caso a prescrição ânua, pois a conclusão adotada se apoiou em entendimento consolidado nesta Corte. Incidência da Súmula nº 83 do STJ.
>
> 2. Agravo regimental não provido".[10]

No voto do relator, são apresentadas as razões:

> "O entendimento dominante nesta Corte Superior é no sentido de que a hipótese não se subsume à regra da prescrição ânua prevista no art. 206, § 1º, II, do Código Civil, porque a causa de pedir da pretensão não decorre de contrato de seguro, mas da prestação de serviço de saúde, que deve receber tratamento próprio. Portanto, o prazo prescricional é de 10 (dez) anos, nos termos do art. 205 do Código Civil, por aplicação subsidiária deste estatuto às relações de consumo.
>
> Como se vê: 'Agravo regimental. Plano de saúde. Ação declaratória de restabelecimento de contrato de seguro. Prescrição. Aplicação do art. 205 do CC/2002. Direito a manutenção do contrato nas mesmas condições anteriores a aposentadoria. Súmula 7/STJ. Recurso não provido.
>
> 1. O prazo prescricional aplicável em hipóteses em que se discute a abusividade de cláusula contratual, e, considerando-se a subsidiariedade do CC às relações de 10 (dez) anos disposto no art. 205 do CC.
>
> 2. *Omissis*.
>
> 3. Agravo regimental improvido (AgRg no AREsp nº 112.187/SP, rel. Min. Sidnei Beneti, 3ª Turma, *DJe* 28.06.2012).
>
> Na mesma esteira: AgRg no AREsp nº 507.874/RJ, rel. Min. Luis Felipe Salomão, 4ª Turma, *DJe* 1º.08.2014; e AgRg no AREsp nº 188.198/SP, rel. Min. Ricardo Villas Bôas Cueva, 3ª Turma, *DJe* 25.11.2013".

Colhe-se igual entendimento na jurisprudência dos tribunais estaduais, como no do RGS:

> "O prazo prescricional aplicável à pretensão de manutenção do aposentado em plano coletivo é o decenal (art. 205 do Código Civil).
>
> Preenchidos os requisitos do art. 31 da Lei nº 9.656/1998 é de ser assegurado ao aposentado o direito à manutenção no plano de saúde coletivo, nas mesmas condições e valores de contribuição, assumindo o pagamento integral desta".[11]

No voto do Relator, citam-se precedentes do STJ e do próprio TJRS, que bem explicam a matéria:

---

[10] AgRg no REsp nº 1482823/SP, da 3ª Turma, j. em 25.11.2014, *DJe* de 05.12.2014, rel. Min. Moura Ribeiro.
[11] Apelação Cível nº 70062038310, da 6ª Câmara Cível do TJRS, j. em 29.01.2015, rel. Luiz Menegat.

"O prazo prescricional aplicável em hipóteses em que se discute a abusividade de cláusula contratual, e, considerando-se a subsidiariedade do CC às relações de consumo, deve-se aplicar, na espécie, o prazo prescricional de 10 (dez) anos disposto no art. 205 do CC.

'Em relação ao direito dos aposentados que contribuíram por mais de 10 (dez) anos de ser mantido nas mesmas condições do seguro saúde enquanto empregado, observa-se que a convicção a que chegou o Tribunal de origem decorreu da análise do conjunto fático-probatório, que não tem como ser revisto em sede de recurso especial, ante o preconizado na Súmula nº 7 do STJ (...)' (AgRg no AREsp 112.187/SP, rel. Min. Sidnei Beneti, 3ª Turma, j. em 19.06.2012, DJe 28.06.2012)".

"Apelação cível. Seguros. Plano de saúde. Ação de obrigação de fazer. Pedido de manutenção na condição de segurado de plano de saúde coletivo, por prazo indeterminado. O art. 31 da Lei nº 9.656/1998 é claro ao estabelecer o direito de o consumidor manter a sua condição de segurado de plano de saúde coletivo, por prazo indeterminado, na hipótese de rescisão do contrato de trabalho nos casos em que o beneficiário aposentado tenha contribuído para o plano por mais de 10 anos. Prescrição não incidente. Prazo decenal. Autor que restou obrigado a contratar plano familiar, com mensalidades muito superiores a que vinha pagando. Dever de restituição configurado. Prescrição. Parcelas de trato sucessivo. Relativamente ao pedido de restituição dos valores pagos a maior o prazo prescricional é trienal. Pretensão de ressarcimento. Inteligência do art. 206, § 3º, inc. IV, do CC/2002. Aplicabilidade do Código de Defesa do Consumidor. Inteligência da Súmula 469 do STJ. Apelos não providos' (Apelação Cível nº 70059785865, 6ª Câmara Cível, TJRS, rel. Ney Wiedemann Neto, j. em 28.08.2014)".

e) *Ressarcimento do SUS pelos atendimentos a pacientes associados a planos de saúde*

Conforme o art. 32 da Lei nº 9.656/1998, "serão ressarcidos pelas operadoras dos produtos de que tratam o inciso I e o § 1º do art. 1º desta Lei, de acordo com normas a serem definidas pela ANS, os serviços de atendimento à saúde previstos nos respectivos contratos, prestados a seus consumidores e respectivos dependentes, em instituições públicas ou privadas, conveniadas ou contratadas, integrantes do Sistema Único de Saúde – SUS"; sendo que, nos termos do § 3º, a "operadora efetuará o ressarcimento até o 15º (décimo quinto) dia da data de recebimento da notificação de cobrança feita pela ANS". O § 5º do art. 32 da Lei nº 9.656/1998 estabelece que "os valores não recolhidos no prazo previsto no § 3º serão inscritos em dívida ativa da ANS, a qual compete a cobrança judicial dos respectivos créditos".

Depois da apuração dos valores a serem ressarcidos (art. 20 da Lei nº 9.656/1998), a operadora tem até 15 dias para o pagamento administrativo dos valores; após esse prazo, o montante devido a título de ressarcimento é inscrito em dívida ativa e, assim, passível de execução.

Nessa linha, a constituição do débito a ser ressarcido só se dá com a notificação da operadora, que pode pagar ou impugnar o débito.

O entendimento é esposado no STJ, em decisão com a seguinte ementa:

"Embora o STJ tenha pacificado o entendimento de que a Lei nº 9.873/1999 só se aplica aos prazos de prescrição referentes à pretensão decorrente do exercício da ação punitiva da Administração Pública (v.g.: REsp nº 1.115.078/RS, rel. Min. Castro Meira, *DJe* 06.04.2010), há muito é pacífico no âmbito do STJ o entendimento de que a pretensão executória da créditos não tributários observa o prazo quinquenal do Decreto nº 20.910/1932 (*v.g.*: REsp nº 1284645/RS, rel. Min. Mauro Campbell Marques, 2ª Turma,

DJe 10.02.2012; REsp nº 1133696/PE, rel. Min. Luiz Fux, 1ª Seção, *DJe* 17.12.2010; AgRg no REsp nº 941.671/RS, rel. Min. Denise Arruda, 1ª Turma, *DJe* 02.02.2010).

A relação jurídica que há entre a Agência Nacional de Saúde – ANS e as operadoras de planos de saúde é regida pelo Direito Administrativo, por isso inaplicável o prazo prescricional previsto no Código Civil.

Deve-se acrescentar, ainda, que o parcelamento de crédito não tributário perante a Administração Pública é fato interruptivo do prazo prescricional, porquanto importa reconhecimento inequívoco da dívida pelo devedor. Assim, mesmo que inaplicável a Lei nº 9.873/1999, tem-se que o acórdão recorrido decidiu com acerto ao entender pela interrupção do prazo prescricional, o qual, ainda, foi suspenso com a inscrição em dívida ativa, nos termos do § 3º do art. 1º da Lei nº 6.830/1980".[12]

f) *Alteração e validade das cláusulas contratuais*

É de dez anos o prazo para reclamar contra a alteração do contrato de plano de saúde, em conduta violadora da operadora do plano de saúde. Aplica-se o mesmo prazo aplicado nas ações ajuizadas contra a imposição de cláusulas abusivas, conforme o STJ:

"Plano de saúde. Ação declaratória de restabelecimento de contrato de seguro. Prescrição. Aplicação do art. 205 do CC/2002. Direito a manutenção do contrato nas mesmas condições anteriores à aposentadoria. Súmula 7/STJ. Recurso não provido.

O prazo prescricional aplicável em hipóteses em que se discute a abusividade de cláusula contratual, e, considerando-se a subsidiariedade do CC às relações de consumo, deve-se aplicar, na espécie, o prazo prescricional de 10 (dez) anos disposto no art. 205 do CC".[13]

No voto do Relator, é lembrado precedente da mesma Corte:

"Embora evidente o esforço da agravante, não trouxe nenhum argumento capaz de alterar os fundamentos da decisão agravada, a qual, frise-se, está absolutamente de acordo com a jurisprudência consolidada desta Corte, devendo, portanto, a decisão agravada ser mantida por seus próprios fundamentos (e-STJ, fls.380/382):

(...)

'Quanto à prescrição, o acórdão encontra-se alinhado com a jurisprudência desta Corte, ao entendimento de que nos contratos de plano de saúde, onde se discute a validade das cláusulas contratuais, aplica-se a prescrição decenal prevista no art. 205 do novo Código Civil. Nesse sentido: *Processual civil. Recurso especial. Ação civil pública. Ministério Público. Plano de saúde. Interesse individual indisponível. Reajuste. Cláusula abusiva. Prescrição. Art. 27 do CDC. Inaplicabilidade. Lei nº 7.347/1985 omissa. Aplicação do art. 205 do CC/2002. Prazo prescricional de 10 anos. Recurso não provido.*

(...)

Dessa forma, frente à lacuna existente, tanto na Lei nº 7.347/1985 quanto no CDC, no que concerne ao prazo prescricional aplicável em hipóteses em que se discute a abusividade de cláusula contratual, e, considerando-se a subsidiariedade do CC às relações de consumo,

---

[12] REsp nº 1.435.077/RS, da 2ª Turma, j. em 19.08.2014, *DJe* de 26.08.2014, rel. Min. Humberto Martins.
[13] AgRg no AREsp nº 112.187/SP, da 3ª Turma, j. em 19.06.2012, *DJe* de 28.06.2012, rel. Min. Sidnei Beneti.

deve-se aplicar, na espécie, o prazo prescricional de 10 (dez) anos disposto no art. 205 do CC.

Recurso especial não provido (REsp 995.995/DF, rel. Min. Nancy Andrighi, 3ª Turma, DJe 16.11.2010)".

g) *Repetição de valores pagos indevidamente*

É de dez anos o prazo para a repetição de valores indevidos, exigidos pela operadora do plano de saúde, aplicando-se o art. 205 do Código Civil. É a posição do STJ:

> "Consumidor e processual. Ação de repetição de indébito. Cobrança indevida de valores. Inaplicabilidade do prazo prescricional do art. 27 do CDC. Incidência das normas relativas à prescrição insculpidas no Código Civil. Repetição em dobro. Impossibilidade. Não configuração de má-fé.
>
> A incidência da regra de prescrição prevista no art. 27 do CDC tem como requisito essencial a formulação de pedido de reparação de danos causados por fato do produto ou do serviço, o que não ocorreu na espécie.
>
> Ante a ausência de disposições no CDC acerca do prazo prescricional aplicável à prática comercial indevida de cobrança excessiva, é de rigor a aplicação das normas relativas a prescrição insculpidas no Código Civil.
>
> O pedido de repetição de cobrança excessiva que teve início ainda sob a égide do CC/1916 exige um exame de direito intertemporal, a fim de aferir a incidência ou não da regra de transição prevista no art. 2.028 do CC/2002.
>
> De acordo com este dispositivo, dois requisitos cumulativos devem estar presentes para viabilizar a incidência do prazo prescricional do CC/16: (i) o prazo da lei anterior deve ter sido reduzido pelo CC/2002; e (ii) mais da metade do prazo estabelecido na lei revogada já deveria ter transcorrido no momento em que o CC/2002 entrou em vigor, em 11.01.2003.
>
> Na presente hipótese, quando o CC/2002 entrou em vigor já havia transcorrido mais da metade do prazo prescricional previsto na lei antiga, motivo pelo qual incide o prazo prescricional vintenário do CC/16".[14]

Aduzem-se alguns fundamentos do voto da Relatora:

> "Cinge-se a controvérsia deduzida no presente recurso especial em determinar: (i) se o prazo prescricional do art. 27 do CDC é ou não aplicável na hipótese em que consumidor pleiteia a restituição de valores cobrados indevidamente por fornecedor de serviços (...).
>
> I – Da não incidência do prazo prescricional do art. 27 do CDC.
>
> O TJSP, considerando que o art. 27 do CDC seria aplicável à presente hipótese, entendeu que a restituição de valores pleiteada pelo recorrente somente poderia alcançar os cinco anos que antecederam a propositura desta ação.

---

[14] REsp nº 1.032.952/SP, da 3ª Turma, j. em 17.03.2009, *DJe* de 26.03.2009, rel. Min. Nancy Andrighi.

Ocorre, todavia, que não se configura aqui a pretensão de reparação de danos causados por fato do produto ou do serviço, requisito essencial para a incidência a regra de prescrição prevista no art. 27 do CDC.

O que se tem em discussão é a cobrança de valores indevidos por parte do fornecedor, circunstância esta que, inequivocamente, não se insere no âmbito de aplicação da mencionada regra específica na legislação consumerista.

Logo, ante a ausência de disposições no CDC acerca do prazo prescricional aplicável à prática comercial indevida de cobrança excessiva, é de rigor a aplicação das normas relativas a prescrição insculpida no Código Civil.

Esta conclusão, inclusive, já foi adotada por esta 3ª Turma nos seguintes julgados que decidiram controvérsia similar a respeito do prazo prescricional aplicável em ações de repetição de valores ajuizadas em defesa de consumidores:

'Direito do consumidor e processo civil. Recurso especial. Ação coletiva. Entidade associativa de defesa dos consumidores. Legitimidade. Possibilidade jurídica do pedido. Direitos individuais homogêneos. Cerceamento de defesa.

Concessionárias de veículos e administradora de consórcio. Cobrança a maior dos valores referentes ao frete na venda de veículos novos. Restituição (...).

A pretensão condenatória de serem restituídos valores pagos indevidamente comporta a aplicação do prazo prescricional previsto no art. 205 do CC/2002, ante a incidência da regra de transição do art. 2.028 do CC/2002 (...).

Recursos especiais não conhecidos' (REsp 761.114/RS, de minha relatoria, *DJ* 14.08.2006)".

Capítulo XXXVI
A PRESCRIÇÃO E A DECADÊNCIA NO CONDOMÍNIO EDILÍCIO

Nenhuma previsão específica existe no Código Civil e mesmo na Lei nº 4.591, de 16.12.1964, sobre a prescrição ou decadência em matéria que envolva o condomínio edilício. Daí se entender a incidência do tratamento comum do Código Civil quanto aos prazos para a cobrança de taxas ou contribuições condominiais, para a anulação de decisões da assembleia geral e dos atos em geral praticados ou omitidos pelos condôminos.

No tocante à ação de cobrança das despesas, pensa-se que incide a regra do art. 206, § 5º, inc. I, do Código Civil, prevendo a prescrição em cinco anos para "a pretensão de cobrança de dívidas líquidas constantes de instrumento público ou particular", o que inclui as taxas condominiais, conforme entendimento do STJ, *in verbis*: "A decisão agravada está em consonância com o entendimento consolidado nesta Corte quanto à incidência da prescrição quinquenal *prevista* no art. 206, § 5º, I, do CC/02 para a ação de cobrança das cotas condominiais" (AgReg no AREsp nº 702.620/ES, rel. Min. Moura Ribeiro, 3ª Turma, j. em 18.08.2016, *DJe* de 26.08.2016).

Realmente, as dívidas decorrentes de despesas condominiais estão lastreadas em documentos, pois correspondem a compras de mercadorias, ao pagamento de empregados e prestadores de serviços, e de toda sorte de despesas havidas no edifício. Ademais, encontram amparo na convenção e em assembleias, e são calculadas em função da quantidade de condôminos existentes, já que divididas entre todos, em função da área da titularidade de cada um.

É o entendimento que se colhe de Hamilton Quirino Câmara: "Desta forma, tratando-se de dívida líquida e certa, apesar de não ser cobrada pela via executiva, passa a incidir, a partir de 2003 (respeitada a transição prevista no art. 2028 do Código), a prescrição de cinco anos".

Inclusive esse o prazo para a prescrição dos juros, segue referido autor: "Quanto aos juros devidos à mora do condomínio, aplica-se a mesma prescrição das cotas condominiais, e não a prevista para os juros, que é de três anos, conforme o § 3º, III, do art. 206 do Código Civil". Transcreve, a seguir, decisão do STJ: "Os juros contratualmente fixados em razão do atraso no pagamento de quotas condominiais, portanto de natureza moratória, não se sujeitam à prescrição prevista no CC de 1916, art. 178, § 10, III (CC 2002, art. 206, § 3º, III – STJ, 4ª Turma, REsp nº 291.610/RJ, rel. Min. Aldir Passarinho Júnior, v. u., j. em 4.09.2001, *DJU* de 04.02.2002, p. 478)".[1]

Em relação às pretensões anulatórias com base nos vícios de consentimento (erro, dolo, coação etc.), o prazo é de decadência, sendo de quatro anos, por força do art. 178 do Código Civil, ao estabelecer:

---

[1] *Condomínio edilício*. 3. ed. Rio de Janeiro: Lumen Juris, 2010. p. 225.

"É de 4 (quatro) anos o prazo de decadência para pleitear-se a anulação do negócio jurídico, contado:

I – no caso de coação, do dia em que ela cessar;

II – no de erro, dolo, fraude contra credores, estado de perigo ou lesão, do dia em que se realizou o negócio jurídico;

III – no de atos de incapazes, do dia em que cessar a incapacidade".

Quanto às nulidades, sabe-se que são nulos os atos por falta de requisito ou pressuposto essencial, como omissão de convocação, ou a deliberação de matéria omitida na convocação, não surtindo eficácia, e admitindo-se a invocação a qualquer tempo, com base no art. 169, também do Código Civil:

"O negócio jurídico não é suscetível de confirmação, nem convalesce pelo decurso do tempo".

Nas demais violações da lei ou da convenção, a prescrição se dá em dez anos, por falta de uma previsão de prazos específicos, por imposição do art. 205 do mesmo diploma:

"A prescrição ocorre em 10 (dez) anos, quando a lei não lhe haja fixado prazo menor".

Essa a interpretação esposada por José Fernando Lutz Coelho, que se apoia em J. Nascimento Franco (*Condomínio*. 5. ed. ampl. e atual. São Paulo: RT, p. 364): "Para tal, devemos observar as considerações realizadas por J. Nascimento Franco, na sua recente obra sobre Condomínio, em que enumera os prazos prescricionais decorrentes das normas do Código Civil, e que evidenciamos as seguintes: a) de 4 (quatro) anos (art. 178, I e II, do CC) para anulação das deliberações assembleares e outras tomadas sob coação, erro ou dolo; b) de 5 (cinco) anos para cobrança de despesas de condomínio (art. 206, § 5º); c) de 10 (dez) anos para as ações fundadas em direito, tais como remoção de placa publicitária chumbada na parede externa do edifício, a desobstrução de área comum; d) de 10 (dez) anos (art. 205 do CC) para anulação de decisão de assembleia que ilegalmente decide sobre obras do prédio, benesses em prol de condômino em prejuízo de outros, e alteração de convenção ou regimento interno, em desconformidade à própria convenção ou *quorum* legal".[2]

Para a repetição de indébitos de quantias cobradas indevidamente, está consolidado na Súmula/STJ 412, de 25.11.2009, *DJe* 16.12.2009, que o prazo da prescrição é o do art. 205 do Código Civil, de dez anos: "A ação de repetição de indébito de tarifas de água e esgoto sujeita-se ao prazo prescricional estabelecido no Código Civil". O paradigma está no seguinte aresto:

"Por ocasião do julgamento do REsp 1.113.403/RJ, da relatoria do Min. Teori Albino Zavascki, a Primeira Seção, submetendo seu entendimento à sistemática dos recursos repetitivos (art. 543-C do CPC), fixou que, 'não havendo norma específica a reger a hipótese, aplica-se o prazo prescricional estabelecido pela regra geral do Código Civil, ou seja: de 20 anos, previsto no art. 177 do Código Civil de 1916 ou de 10 anos, previsto no art. 205 do Código Civil de 2002. Observar-se-á, na aplicação de um e outro, se for o caso, a regra de direito intertemporal estabelecida no art. 2.028 do Código Civil de 2002'.

---

[2] *Condomínio edilício*: teoria e prática. Porto Alegre: Livraria do Advogado, 2006. p. 38.

No mesmo sentido, tem-se a Súmula nº 412 desta Corte Superior: 'A ação de repetição de indébito de tarifas de água e esgoto sujeita-se ao prazo prescricional estabelecido no Código Civil'".[3]

Em mais um exemplo, do mesmo Tribunal:

"Segundo entendimento do Superior Tribunal de Justiça, a ação de repetição de indébito de tarifas de água e esgoto, bem como de energia elétrica, sujeitam-se ao prazo prescricional estabelecido no Código Civil, ou seja, de 20 anos, previsto no art. 177 do Código Civil de 1916, ou de 10 anos, nos termos do art. 205 do Código Civil de 2002. Observar-se-á, na aplicação de um e outro, se for o caso, regra de direito intertemporal estabelecida no art. 2.028 do Código Civil de 2002 (Súmula 412/STJ)".[4]

---

[3] O mencionado art. 543-C equivale ao art. 1.036 do CPC de 2015. REsp nº 1.225.027/GO, da 2ª Turma, de 22.02.2011, *DJe* de 4.03.2011, rel. Min. Mauro Campbell Marques.
[4] AgRg no AREsp nº 736.2/RS, da 1ª Turma, j. em 05.06.2014, *DJe* de 18.06.2014, rel. Min. Arnaldo Esteves Lima.

Capítulo XXXVII
PRESCRIÇÃO PARA ANULAR DELIBERAÇÕES DE ASSEMBLEIA GERAL E PARA RECLAMAÇÕES CONTRA A COOPERATIVA

Prescreve em quatro anos a ação para anular deliberações da assembleia geral de cooperativa, decidindo matéria de seu interesse, por vícios de vontade ou infração ao estatuto social e à lei. É o que prevê o art. 43 da Lei nº 5.764, de 16.12.1971 (lei que define a política nacional de cooperativismo e institui o regime jurídico das sociedades cooperativas):

> "Prescreve em 4 (quatro) anos, a ação para anular as deliberações da Assembleia Geral viciadas de erro, dolo, fraude ou simulação, ou tomadas com violação da lei ou do estatuto, contado o prazo da data em que a Assembleia foi realizada".

As deliberações deverão, pois, vir contaminadas por vícios de vontade, ou por infração ao contrato, ou à lei. Os cooperativados são induzidos em erro, ou a decisão ofende uma disposição do estatuto, ou uma regra da lei.

O STJ tem acolhido a prescrição de quatro anos, por tais causas de infração:

> "Prescrição quadrienal do direito à impugnação de Assembleia Geral que autorizou a aquisição de sociedade anônima pela Cooperativa, nos termos do art. 43 da Lei nº 5.764/1971".[1]

Na Lei nº 5.764/1971 não consta a previsão de outros prazos para as ações contra a cooperativa. Assim, de modo geral, incide a regra do art. 205 do Código Civil. Ou seja, é de dez anos o prazo para a prescrição, inclusive nas ações dos cooperativados que demandam a reclamação de direitos, exceto em caso de dívidas calcadas em instrumento público ou particular, dando-se, então, a incidência do prazo prescricional a que alude o art. 206, § 5º, I, do Código Civil.

Eventuais pedidos de restituição de quotas da participação também prescrevem em dez anos. Veja-se a seguinte decisão:

> "Não se aplica, à espécie, a prescrição trienal prevista no dispositivo mencionado (ressarcimento por enriquecimento sem causa), mas, sim, a regra geral prevista no artigo 205 do vigente Código Civil, segundo a qual 'a prescrição ocorre em dez anos, quando a lei não lhe haja fixado prazo menor'.
>
> A propósito, colho o seguinte precedente desta e. Corte de Justiça, *verbis*:

---

[1] REsp nº 198.125/SP, da 4ª Turma, j. em 13.12.2005, *DJ* de 06.03.2006, rel. Min. Aldir Passarinho Junior.

'Civil. Processual civil. Prescrição. Não ocorrência rescisão contratual. Atraso na data de entrega da obra. Mora da cooperativa. Devolução das parcelas pagas.

Não incide o instituto da prescrição. *In casu*, trata-se de prazo geral, ao qual a lei não fixou outro lapso temporal, razão pela qual deve ser aplicado o art. 205 do Código Civil. [...]' (APC nº 20050110909039, 4ª T. Cível, *DJ* 02.10.2007, p. 128, rel. em. Des. Gilberto de Oliveira)".[2]

A previsão legal para terceiros buscarem junto ao associado afastado, excluído ou que se retirou até a aprovação das contas do exercício em que se deu o desligamento. Relativamente aos associados falecidos, estende-se por um ano o prazo, a contar do dia da abertura da sucessão. As regras estão no art. 36 e em seu parágrafo único, da Lei nº 5.764/1971:

> "A responsabilidade do associado perante terceiros, por compromissos da sociedade, perdura para os demitidos, eliminados ou excluídos até quando aprovadas as contas do exercício em que se deu o desligamento.
>
> Parágrafo único. As obrigações dos associados falecidos, contraídas com a sociedade, e as oriundas de sua responsabilidade como associado em face de terceiros, passam aos herdeiros, prescrevendo, porém, após um ano contado do dia da abertura da sucessão, ressalvados os aspectos peculiares das cooperativas de eletrificação rural e habitacionais".

No entanto, esse prazo de um ano, segundo um julgamento do STJ, restringe-se à obrigação quando fundada em título cambial. Envolvidas notas promissórias prescritas, passaria o prazo para cinco anos, tendo, então, como fundamento o art. 206, § 5º, I, do Código Civil:

> "Direito civil e processo civil. Ação monitória. Cobrança de nota promissória prescrita. Emissão vinculada a boletim individual de subscrição de cotas-parte de capital, em sociedade cooperativa.
>
> Crédito decorrente da relação jurídica-base também prescrito, com fundamento no art. 36, parágrafo único, da Lei nº 5.764/1971. Reconhecimento de sub-rogação do titular da nota promissória nesse crédito.
>
> Impossibilidade de sua cobrança. Recurso não conhecido.
>
> É pacífica a jurisprudência do sentido de admitir a cobrança de crédito decorrente de nota promissória prescrita pela via da ação monitória.
>
> Todavia, nessas hipóteses, o crédito não se torna automaticamente imprescritível, mas vinculado à relação jurídica-base.
>
> Se, do ponto de vista dessa relação jurídica, também estiver prescrita a pretensão a cobrança, correta a decisão que a reconheceu".[3]

No voto, indicam-se os efeitos da prescrição do título como cambial:

> "É assente a jurisprudência do STJ no sentido de que a prescrição de um título de crédito não impede a cobrança do débito nele representado pela via da ação monitória.

---

[2] Apelação Cível nº 20060710102003, do TJDF, j. em 18.06.2008, rel. Des. J. J. Costa de Carvalho.
[3] REsp nº 682.559/RS, da 3ª Turma, j. em 15.12.2005, *DJ* de 1º.02.2006, rel. Min. Nancy Andrighi.

Todavia, o fundamento dessa cobrança se altera. Antes da prescrição, a abstração da nota promissória garantiria a cobrança com base exclusivamente nesse título. Após a prescrição, porém, ele se converte em simples documento escrito indicativo da existência de uma dívida, de forma que o fundamento da cobrança não é mais a cártula, autonomamente, mas a dívida de que ela é prova. Tanto que já se pacificou a jurisprudência desta Corte no sentido de que, com a prescrição do título de crédito, o credor não poderá promover ação monitória em face do avalista, mas apenas daquele que teria se locupletado ilicitamente com o não pagamento da dívida (REsps nºs 549.924/MG e 457.556/SP, ambos de minha relatoria, publicados, respectivamente, nos *DJs* 05.04.2004 e 16.12.2002, além do REsp nº 200.492/MG, relatado pelo Min. Eduardo Ribeiro, *DJ* 21.08.2000, entre outros)".

De ressaltar, ainda, que, havendo relação de trabalho, conforme o disposto no art. 7º, XXIX, da Constituição Federal, é de dois anos, após a extinção do contrato de trabalho, o prazo para o ajuizamento da ação quanto aos créditos trabalhistas.

Capítulo XXXVIII
A PRESCRIÇÃO NO CONTRATO DE AGÊNCIA OU REPRESENTAÇÃO COMERCIAL

Introduziu o Código de 2002 a disciplina da agência, comumente também denominada representação comercial, tratada em conjunto com a distribuição, embora esta em menor escala. O Código Civil dá a ideia do instituto, no art. 710, ao mesmo tempo em que lança o conceito de distribuição:

> "Pelo contrato de agência, uma pessoa assume, em caráter não eventual e sem vínculo de dependência, a obrigação de promover, por conta de outra, mediante retribuição, a realização de certos negócios, em zona determinada, caracterizando-se a distribuição quando o agente tiver à sua disposição a coisa a ser negociada".

As expressões "agência" e "representação comercial", embora só a primeira utilizada pelo Código Civil, envolvem idêntico conteúdo, e são empregadas indistintamente com a mesma ideia.

A matéria, na sua especificidade, é regulada pela Lei nº 4.886, de 09.12.1965, com as alterações da Lei nº 8.420/1992, e da Lei nº 12.246/2010, que trata das atividades dos agentes ou representantes comerciais autônomos. As normas do Código Civil são consideradas mais como programáticas. Incidem, ainda, as regras concernentes ao mandato e à comissão, no que se revelar omissa a regulamentação especial, tudo de acordo com o art. 721:

> "Aplicam-se ao contrato de agência e distribuição, no que couber, as regras concernentes ao mandato e à comissão e as constantes de lei especial".

Para entrar no assunto da prescrição, é necessária a visão dos direitos relativos à remuneração e à indenização, no caso de injusta resolução do contrato.

Nesta ordem, o Código Civil retrata várias situações em que é devido o pagamento. No art. 714, encerra que, salvo ajuste, o agente terá direito à remuneração correspondente aos negócios concluídos dentro de sua zona, ainda que sem sua interferência. Não interessa que outro agente tenha sido destacado para a venda de produtos na localidade reservada. Mesmo que o fabricante ou produtor efetue a venda, mantém-se o direito ao pagamento.

Em face do art. 715, tem o agente ou representante direito à indenização se o proponente, sem justa causa, cessar o atendimento das propostas, ou reduzi-lo tanto que se torne antieconômica a continuação do contrato.

Pelo art. 716, é devida a remuneração quando o negócio deixar de se realizar por fato imputável ao proponente.

Estabelece o art. 717 que, ainda que dispensado por justa causa, terá o agente direito a ser remunerado pelos serviços úteis prestados, sem embargo das perdas e danos a que está sujeito pelos prejuízos sofridos.

Na forma do art. 718, se a dispensa ocorre sem causa do agente, cabe-lhe direito à remuneração até então devida, inclusive sobre os negócios pendentes, além das indenizações previstas em lei especial.

E, arremata o art. 719, na eventualidade de o agente não poder continuar o trabalho, por motivo de força maior, assiste-lhe o direito à remuneração correspondente aos serviços realizados. No caso de morte, esse direito cabe aos seus herdeiros.

Vigorando a relação contratual por mais de seis meses, e por prazo indeterminado, obriga-se o denunciante (representante ou representado), salvo outra garantia estabelecida em cláusula, à concessão de aviso prévio com antecedência mínima de noventa dias, ou ao pagamento de importância igual a um terço das comissões auferidas pelo representante, nos três meses anteriores. É o que se encontra no art. 34 da Lei nº 4.886/1965, observando-se que, no que diz com o prazo, houve a alteração pelo art. 720 do Código Civil, aumentando-o para noventa dias:

> "A denúncia, por qualquer das partes, sem causa justificada, do contrato de representação, ajustado por tempo indeterminado e que haja vigorado por mais de 6 (seis) meses, obriga o denunciante, salvo outra garantia prevista no contrato, à concessão de pré-aviso, com antecedência mínima de 90 (noventa) dias, ou ao pagamento de importância igual a um terço das comissões auferidas pelo representante, nos 3 (três) meses anteriores".

Ainda no caso de contrato por prazo indeterminado, ao agente ou representante estão garantidas outras duas indenizações.

A primeira, por determinação do art. 27, letra "j", da Lei nº 4.886/1965, na versão da Lei nº 8.420/1992, não poderá ser inferior (e não superior) a um doze avos do total da retribuição auferida durante o tempo em que foi exercida a representação.

Nos contratos com prazo certo, conforme o § 1º do art. 27, equivalerá a quantia exigível à média mensal da retribuição que o representante recebeu durante o período de tempo em que durou o contrato, multiplicada pela metade do número de meses estabelecido.

Em segundo lugar, admite-se que se estenda a indenização aos prejuízos propriamente ditos. Nota-se do disposto na letra "j" do art. 27 que o montante "não poderá ser inferior" a um doze avos do total da retribuição auferida durante a representação. Até este limite presumem-se os danos, enquanto, para um montante superior, há de se fazer a prova.

O prazo da prescrição, para a pretensão aos direitos do agente ou representante, é de cinco anos, por força do parágrafo único do art. 44 da Lei nº 4.886, incluído pela Lei nº 8.420/1992:

> "Prescreve em cinco anos a ação do representante comercial para pleitear a retribuição que lhe é devida e os demais direitos que lhe são garantidos por esta lei".

A prescrição é da ação e não do direito, o que importaria, no caso, em decadência. Uma vez extinta a relação contratual, inicia o lapso temporal para o ingresso da ação, assegurando-se ao agente ou representante reclamar todos os direitos pendentes, mesmo que anteriores ao quinquênio. Enquanto perdura o vínculo, não flui a prescrição.

Que o prazo se refere apenas ao direito de ação, não limitando o período a ser considerado para fins de composição do cálculo da indenização, há a lição de Murilo Tadeu Medeiros: "O texto legal é nítido, indicando, com clareza, que representante comercial dispõe de cinco anos, após o término do contrato, para pleitear direitos inerentes ao tempo de sua representação".[1]

Rubens Requião segue na mesma toada: "A prescrição atingirá apenas a ação judicial para exigir o pagamento da indenização, se transcorrido o seu prazo. (...) Na verdade, o legislador não limitou o prazo que servirá de base para o cálculo da indenização, a contar do evento que faz surgir esta pretensão do representante. Todo o período do contrato, como já dito, prestar-se-á a tanto. O art. 44, parágrafo único, prevê apenas a prescrição da ação do representante comercial para pleitear a retribuição e outros direitos que lhe forem devidos, garantidos pela Lei nº 4.866/1965. A ação do representado para haver alguma reparação por parte do representante, pelo fato oriundo do contrato de representação comercial, seguirá o prazo comum ou geral que, nos termos do Código Civil, é de dez anos (art. 205). Se a pretensão for de reparação civil, sem base direta no contrato, prazo será de três anos (art. 205, § 3º, V)".[2]

---

[1] *Direitos e obrigações do representante comercial*: segundo a Lei 4.886/65, com as modificações introduzidas pela Lei 8.420/92. Curitiba: Juruá, 2003. p. 98-99.
[2] *Do representante comercial*. 9. ed. Rio de Janeiro: Forense, 2005. p. 295.

Capítulo XXXIX
A PRESCRIÇÃO DE PRESTAÇÕES PERIÓDICAS VENCIDAS EM OBRIGAÇÕES DE CUMPRIMENTO PARCELADO E SUCESSIVO

Nas obrigações com prestações de trato sucessivo, o pagamento se desdobra em parcelas periódicas, durante um prazo previamente estabelecido. O obrigado assume o compromisso de pagar uma dívida fixada em prestações que se estendem no curso de um determinado período. No entanto, o devedor descumpre o pagamento por um período que deflagra a prescrição. O credor omite-se em encetar qualquer iniciativa na exigência do crédito. Evidentemente, se consumado o prazo prescricional, as parcelas impagas ou obrigações não satisfeitas não podem ser exigidas, nem acarretar o efeito da resolução, se o montante da obrigação se firmou, *exempli gratia*, em uma promessa de compra e venda. Todavia, não fica o titular do crédito tolhido de buscar as prestações não prescritas, bem como outros efeitos próprios do inadimplemento. É que persiste o contrato, e, assim, a dívida compromissada.

O amparo da prescrição das prestações e não do débito tem grande incidência nas obrigações do Poder Público, quando reconhecidos determinados direitos, em especial vantagens funcionais. Uma vez reconhecido o direito a um benefício, ao favorecido é facultado buscar as parcelas correspondentes no período compreendido no quinquênio imediato que antecedeu ao reconhecimento do direito. As anteriores encontram-se prescritas. A prescrição alcança tão somente as parcelas vencidas anteriormente ao quinquênio que precede o ajuizamento da ação, e não o próprio fundo do direito.

Aparece no art. 3º do Decreto nº 20.910/1932 o amparo a esse entendimento:

> "Quando o pagamento se dividir por dias, meses ou anos, a prescrição atingirá progressivamente as prestações à medida que completarem os prazos estabelecidos pelo presente decreto".

Em relação aos benefícios previdenciários, existem regras específicas no art. 103, da Lei nº 8.213/1991, na alteração da Lei nº 13.846/2019; e em seu parágrafo único, este incluído pela Lei 9.528/1997. Previstas a decadência do direito no prazo de dez anos e a prescrição da ação em cinco anos, conforme as especificações delineadas abaixo:

> Art. 103: "O prazo de decadência do direito ou da ação do segurado ou beneficiário para a revisão do ato de concessão, indeferimento, cancelamento ou cessação de benefício e do ato de deferimento, indeferimento ou não concessão de revisão de benefício é de 10 (dez) anos, contado.

I – do dia primeiro do mês subsequente ao do recebimento da primeira prestação ou da data em que a prestação deveria ter sido paga com o valor revisto; ou

II – do dia em que o segurado tomar conhecimento da decisão de indeferimento, cancelamento ou cessação do seu pedido de benefício ou da decisão de deferimento ou indeferimento de revisão de benefício, no âmbito administrativo".

Parágrafo único: "Prescreve em cinco anos, a contar da data em que deveriam ter sido pagas, toda e qualquer ação para haver prestações vencidas ou quaisquer restituições ou diferenças devidas pela Previdência Social, salvo o direito dos menores, incapazes e ausentes, na forma do Código Civil".

No entanto, quanto ao art. 103, a sua modificação foi considerada inconstitucional na ADIN 6096, julgada em 6.08.2021, declarando, por maioria dos Ministros, a inconstitucionalidade do art. 24 da Lei 13.846/2019 no que deu nova redação ao art. 103 da Lei 8.213/1991.

Há o entendimento, quanto à prescrição, que somente se dá nas prestações não pagas, sendo exemplo a seguinte decisão:

"Na hipótese de concessão de benefício previdenciário, é sabido que a prescrição não atinge o direito ao benefício, mas somente as prestações não pagas, conforme se infere da leitura das redações, a antiga e a atual, do art. 103 da Lei nº 8.213/1991.

'Em matéria de previdência social, a prescrição só alcança as prestações, não o direito, que pode ser perseguido a qualquer tempo' (REsp 1.319.280/SE, rel. Min. Ari Pargendler, 1ª Turma, j. em 06.08.2013, *DJe* 15.08.2013). Agravo regimental improvido".[1]

De observar, ainda, que o art. 103-A da citada Lei, introduzida pela Lei 10.839/2004, fixa o prazo de decadência de dez anos para a Previdência Social para anular os atos favoráveis aos beneficiários:

"Art. 103-A. O direito da Previdência Social de anular os atos administrativos de que decorram efeitos favoráveis para os seus beneficiários decai em dez anos, contados da data em que foram praticados, salvo comprovada má-fé."

---

[1] AgRg no REsp nº 1384787/CE, da 2ª Turma, j. em 03.12.2013, *DJe* de 10.12.2013, rel. Min. Humberto Martins.

Capítulo XL
PRESCRIÇÃO DO FUNDO DO DIREITO E PRESCRIÇÃO DAS PRESTAÇÕES

Existem situações em que não se entra na seara da discussão ao cabimento de determinado direito. Não há controvérsia quanto a um crédito, ou a uma vantagem funcional. Ou a lei assegura expressamente um crédito, como o adicional por tempo de serviço; ou o Poder Público reconhece o cabimento do direito, sendo o caso de vantagens negadas administrativamente; ou está definida no âmbito do Poder Público uma garantia, como a gratificação pelo desempenho de atividade em horário noturno, em locais insalubres, em períodos de feriado. Já estando garantido o direito, não pressupõe o recebimento dos créditos respectivos de uma ação que proclame o seu cabimento. Se uma lei já prevê a isenção de tributos para quem se encontra dentro de determinada faixa salarial, ou para aquele que percebe rendimentos anuais abaixo de certo montante, encontra-se firmado e consolidado o direito. De igual modo, nos casos reiteradamente decididos e consolidados pelo direito, sufragados pelas decisões judiciais, domina idêntico tratamento.

Diferente é o caso em que a implementação do direito requer uma definição do Poder Público, tanto pela via administrativa como pela judicial. Assim em uma indenização que se perpetra em prestações alimentares mensais; em acréscimo de remuneração determinado por exercício de função em um cargo mais elevado daquele para o qual se deu a nomeação ou contratação; em mudança de enquadramento funcional do servidor. Também na repetição ou restituição de valores de anos anteriores decorrente de uma decisão judicial, na compensação de créditos tributários indevidamente pagos com as incidências mensais do mesmo tributo, no pagamento mensal de valores compensatórios por uso de um bem de outrem.

Quando o recebimento do crédito não está na dependência da definição do direito, a prescrição atinge somente as prestações anteriores a um período indicado na lei para exercer a faculdade de pleiteá-lo, que é de cinco anos nas relações em que o vínculo é com o Poder Público. Todavia, se o crédito necessita de uma decisão, de uma definição ou declaração, de uma ordem administrativa ou judicial, uma vez decorrido o lapso de tempo previsto para a reclamação, que se conta a partir do ato, opera-se a prescrição do fundo do direito, não mais cabendo qualquer ação visando à satisfação do crédito. É a situação de quem pretende discutir sobre a revisão de proventos, como exemplifica o seguinte aresto do STJ:

> "A jurisprudência desta Corte é pacífica no sentido de que a pretensão de alterar o próprio ato de reforma, com promoção a um posto superior na carreira militar e consequente revisão de seus proventos da inatividade, a prescrição aplicável é a de fundo do direito, nos termos do art. 1º do Decreto 20.910/1932, e não apenas a prescrição das prestações anteriores ao quinquênio que antecedeu na data da propositura da ação".[1]

---

[1] AgRg nos EDcl no REsp nº 1.405.426/RS, da 2ª Turma, j. em 21.11.2013, *DJe* de 02.12.2013, rel. Min. Humberto Martins.

"O Superior Tribunal de Justiça firmou entendimento de que é de cinco anos o prazo prescricional para o servidor inativo postular a revisão do benefício de aposentadoria, considerando-se como termo inicial a data em que aquele passou à inatividade, nos termos do art. 1º do Decreto 20.910/1932. Nesses casos, a prescrição atinge o próprio fundo de direito, não se cogitando de relação de trato sucessivo".[2]

Relativamente às obrigações decorrentes de lei, ou admitidas pelo devedor, que não entram na discussão judicial do fundo do direito, foi promulgada a Súmula nº 398, da 1ª Seção do STJ, de 23.09.2009, *DJe* de 7.10.2009: "A prescrição da ação para pleitear os juros progressivos sobre os saldos de conta vinculada do FGTS não atinge o fundo de direito, limitando-se às parcelas vencidas".

Também a Súmula nº 85, da Corte Especial do STJ, aprovada em julgamento com a data de 18.06.1993, publicada no *DJ* de 2.07.1993, bem sintetiza o tratamento dado às situações em que não existe controvérsia sobre o fundo do direito, mas cuja satisfação se faz em prestações periódicas: "Nas relações jurídicas de trato sucessivo em que a Fazenda Pública figure como devedora, quando não tiver sido negado o próprio direito reclamado, a prescrição atinge apenas as prestações vencidas antes do quinquênio anterior à propositura da ação".

É comum o reconhecimento do direito pelo devedor (em geral o Poder Público), envolvendo a prescrição, então, somente das prestações. A respeito, decidiu o STJ:

"Nas relações jurídicas de trato sucessivo em que a Fazenda Pública figure como devedora, quando não tiver sido negado o próprio direito reclamado, a prescrição atinge apenas as prestações vencidas antes do quinquênio anterior à propositura da ação".[3]

A compreensão do fundo do direito importa em se estabelecer, proclamar, impor o direito. Se a pretensão vem amparada em uma lei, ou em decisão, ou em contrato, sem necessidade de ingressar no fundo do direito, não importa que transcorra longo período, superior a um eventual prazo prescricional para exercer o direito. Assiste ao credor o recebimento de valores ou prestações não prescritas. Na pendência de créditos junto ao Poder Público, desdobrado em prestações sucessivas, embora constituído em longa data, sempre socorre ao interessado o recebimento das prestações que não estão abrangidas no prazo prescricional.

A caracterização do fundo do direito e das obrigações de trato sucessivo aparece em voto do Min. Humberto Martins, proferido no julgamento de um recurso especial, que se vale de precedentes:

"Conforme consignado na análise monocrática, para dirimir a celeuma trazida a debate, faz-se necessário distinguirmos prescrição de fundo de direito e prescrição de trato sucessivo.

O Min. Moreira Alves, no julgamento do RE 110.419/SP, esclarece com perfeição o sentido da expressão 'fundo de direito', *in verbis*:

'Fundo de direito é expressão utilizada para significar o direito de ser funcionário (situação jurídica fundamental) ou o direito a modificações que se admitem com relação a essa situação jurídica fundamental, como reclassificações, reenquadramentos, direitos

---

[2] AgRg no REsp nº 1.378.383/SC, da 2ª Turma, j. em 22.05.2014, *DJe* de 13.06.2014, rel. Min. Og Fernandes.
[3] AgRg no REsp 1.305.046/RS, da 2ª Turma, j. em 21.11.2013, *DJe* de 06.12.2013, rel. Min. Herman Benjamin.

a adicionais por tempo de serviço, direito à gratificação por prestação de serviços de natureza especial etc.'

Como se vê, quando se fala em fundo de direito, discute-se o direito em si, ou seja, a chamada situação jurídica fundamental da qual decorrerão, ordinariamente, efeitos patrimoniais, porém estes não constituem a base do pedido.

Quanto às obrigações de trato sucessivo, o Min. Moreira Alves assim se manifestou:

'A pretensão ao fundo do direito prescreve, em direito administrativo, em cinco anos a partir da data da violação dele, pelo seu não conhecimento inequívoco. Já o direito a perceber as vantagens pecuniárias decorrentes dessa situação jurídica fundamental ou de suas modificações ulteriores é mera consequência daquele, e sua pretensão que diz respeito ao 'quantum', renasce cada vez que este é devido (dia a dia, mês a mês, ano a ano, conforme a periodicidade em que é devido o seu pagamento), e, por isso, se restringe às prestações vencidas há mais de cinco anos, nos termos exatos do art. 3º do Decreto nº 20.910/1932'.

Logo, as obrigações de trato sucessivo são aquelas decorrentes de uma situação jurídica já reconhecida.

No presente caso, o ora agravante requer o reconhecimento do direito a promoção ao posto e graduação de Capitão desde 22.12.1960 e, como mera consequência do deferimento do pedido de promoção, o pagamento das diferenças entre as parcelas pagas e as devidas".[4]

As duas seguintes decisões do STJ bem expressam a diferença entre uma e outra prescrição. Quanto à prescrição do fundo de direito:

"Superior Tribunal de Justiça firmou entendimento no sentido de que, nos casos em que servidores buscam seu reenquadramento funcional, a ação deve ser proposta dentro do prazo de cinco anos contados do ato da Administração que determinou o enquadramento, sob pena de prescrição do próprio fundo de direito. Precedentes".[5]

Quanto à prescrição das prestações sucessivas:

"Nas demandas em que se discute o reajuste de vencimentos de servidores, a prescrição não atinge o próprio fundo de direito, mas, tão somente, as parcelas anteriores ao quinquênio que antecedeu à propositura da ação".[6]

---

[4] AgRg nos EDcl no AREsp nº 290.818/SC, da 2ª Turma, j. em 02.05.2013, DJe de 16.05.2013, rel. Humberto Martins.
[5] RMS 16.790, da 5ª Turma, j. em 18.10.2005, DJ de 05.12.2005, rel. Min. Arnaldo Esteves Lima.
[6] AgRg no REsp nº 801.344/RJ, da 5ª Turma, j. em 06.04.2006, DJ de 02.05.2006, rel. Min. Felix Fischer.

Capítulo XLI
A PRESCRIÇÃO AQUISITIVA DAS SERVIDÕES

1. AS SERVIDÕES OBJETO DE AQUISIÇÃO PELA PRESCRIÇÃO

A prescrição extintiva ou liberatória é frequentemente utilizada nas ações promovidas pelos titulares de prédios servientes, a fim de ser o imóvel liberado de entraves que embaraçam o uso pleno.

A par dessa utilização, também o dono do prédio dominante pode invocar o usucapião, como expediente de formação de direito, ou seja, demonstrando a ocorrência da prescrição aquisitiva que lhe consolida a servidão, situação que já reconheceu o Superior Tribunal de Justiça, no *Recurso Especial* nº 71.669/RJ, da 3ª Turma, j. em 29.09.1999, *DJU* de 03.11.1999:

> "Servidão predial aparente. Portão de prédio voltado para via particular, pertencente a condomínio cujas unidades foram construídas depois. Direito à conservação do portão, utilizado há mais de cinquenta anos sem qualquer oposição. Recurso especial não conhecido".[1]

Realmente, desde que satisfeitos os requisitos, assegura a lei o direito de ingressar em juízo para obter o reconhecimento judicial da servidão. Pressuposto primeiro é que os prédios dominante e serviente não pertençam à mesma pessoa, conforme os romanos já assentavam: *Nemine res sua servit (de ninguém serve a própria coisa)*. A servidão será constituída, então, sobre um prédio abandonado, ou sobre um imóvel em que o titular do domínio perdeu a posse.

No direito moderno, os diplomas consagram explicitamente o usucapião das servidões aparentes e contínuas. Somente podem ser adquiridas por usucapião as servidões que se revelem por sinais visíveis e permanentes. As não aparentes e descontínuas só adquirem existência legal por meio de título diverso que o reconhecimento por usucapião, seja qual for a duração da posse. Quem já demonstrava esta realidade foi Lenine Nequete, exemplificando tal tendência com a citação de vários diplomas ainda vigentes no Século passado, como o Código Civil francês – art. 690; o Código Civil do Haiti – art. 555, alínea 2; o Código Civil da Itália, anterior ao vigente – art. 629; da Espanha – art. 539; da Argentina – arts. 2.297 a 3.017, além de inúmeros outros.[2]

---

[1] *ADV Informativo*, n. 9, p. 154, 04.03.2000.
[2] *Da prescrição aquisitiva (usucapião)*, cit., p. 103.

No direito pátrio, anteriormente ao Código Civil de 1916, dominava o entendimento de que a prescrição aquisitiva atingia indistintamente todas as servidões, mesmo as não aparentes, as descontínuas e as negativas.

Nos últimos tempos, predomina a *ratio* de que o direito excluiu o usucapião das servidões não aparentes. Era assim na vigência do Código Civil de 1916, em razão de seu art. 697: "As servidões não aparentes só podem ser estabelecidas por meio de transcrição no Registro de Imóveis". Já em vista do Código Civil de 2002, o art. 1.379 restringe a aquisição via usucapião às servidões aparentes:

> "O exercício incontestado e contínuo de uma servidão aparente, por 10 (dez) anos, nos termos do art. 1.242, autoriza o interessado a registrá-la em seu nome no Registro de Imóveis, valendo-lhe como título a sentença que julgar consumado a usucapião".[3]

De modo que as não aparentes são adquiridas unicamente por contrato levado ao Registro imobiliário, e não por usucapião.

É como se decide:

> "Somente as servidões aparentes podem ser constituídas por usucapião, não cabendo essa modalidade de aquisição para as não aparentes, porquanto as servidões não se presumem.
>
> Servidão de esgoto não é aparente e, por isso, não pode ser adquirida por meio de usucapião".[4]

Admite-se o usucapião no caso específico de se encontrar registrada a servidão, aplicando-se mais a hipótese quando necessária a retificação do nome do adquirente que consta no registro. Procura-se a retificação, por meio do usucapião, se a pessoa de quem houve o título consta do registro indevidamente:

> "Sendo retificável o registro (*e. g.*, não sendo o dono do prédio serviente o que figurava como tal), pode ocorrer usucapião da servidão não aparente que foi registrada... O registro público, e a servidão possuída e publicada não mais se pode considerar não aparente, pelo menos para a incidência de princípios sobre usucapião. Portanto, as servidões não inscritas somente podem ser usucapidas se aparentes; as não aparentes podem ser usucapidas, se inscritas".[5]

Em última análise, o registro transforma a servidão não aparente em aparente, autorizando, por conseguinte, o usucapião. É atingida pela prescrição a posse da pessoa em nome da qual vem registrado o ônus e permitiu que outrem possuísse o prédio, em consonância com os prazos estabelecidos pela lei, tanto para o usucapião ordinário como para o extraordinário. Quem exerce a posse está usucapindo. Se alguém figura, indevidamente, no registro, como titular de servidão não aparente, por ter adquirido a mesma de pessoa que não era proprietária da mesma, o real titular sofre a prescrição e não pode alegar a não aparência da servidão que foi registrada. Surge o efeito que consiste na aquisição do direito de servidão registrada.

---

[3] Nota-se o erro de concordância gramatical no final do texto, que deveria ser "consumado o usucapião".
[4] TJSP, APL nº 9073658942006826 SP 9073658-94.2006.8.26.0000, da 14ª Câmara de Direito Privado, j. em 10.08.2011, *DJ* de 19.08.2011, rel. Melo Colombi.
[5] *Tratado de direito privado*, cit., v. XVIII, p. 233.

Entretanto, a exceção exposta não abala a regra geral.

Uma das consequências mais importantes acarretadas pela falta de registro diz respeito aos efeitos perante os interditos possessórios. Não é amparada por eles sem o registro. Desprovida de elementos concretos e visíveis, retira ao dono do prédio dominante argumentos válidos para justificá-la e provar a própria realidade da posse. Por tais razões, a inclinação foi em não reconhecer a possibilidade jurídica de defesa em ações de natureza possessória. Para a proteção legal, deve vir transcrita no registro de imóveis.

A aquisição da servidão descontínua também se opera pelo usucapião. Para aclararmos perfeitamente a questão no tocante a esta espécie de servidão, urge distinguir a servidão descontínua da posse descontínua. A descontinuidade, nas duas formas, envolve significados diversos.

Servidão descontínua surge quando a atividade humana interfere na sua exteriorização. Na tirada de água em prédio alheio, o homem realiza obras para viabilizar a utilização. A vantagem resultante é decorrência desta interferência.

A posse contínua, por seu turno, se apresenta quando ela é pacífica, pública, ininterrupta e não equívoca. É descontínua se não aparecem estas qualidades. Carvalho Santos tratou do assunto: "Realmente, a posse legítima é elemento essencial no usucapião. E se é a posse que seja contínua, não interrupta, pacífica e não equívoca, claro está que a servidão não aparente não pode ser adquirida por usucapião, precisamente porque à posse da servidão não aparente falta necessariamente a publicidade.

Com relação à servidão descontínua, o mesmo já não sucede. Nem se podendo argumentar, para sustentar o contrário, que se referindo o texto supra à posse contínua de uma servidão, para se verificar o usucapião, exige necessariamente que a servidão seja contínua, mesmo porque não pode haver posse contínua da servidão descontínua. Há, em verdade, nesse modo de argumentar, visível confusão. Porque uma coisa é posse contínua e coisa diversa é servidão contínua. Nada obstando que haja posse contínua de uma servidão descontínua. A continuidade da posse, isto é, a sua conservação, resulta da existência e conservação da coisa em estado de prestar o serviço objeto da servidão, pouco importando seja ela descontínua".[6]

Em suma, para a servidão descontínua a posse deve ser contínua. É descontínua quando carece dos requisitos que a legitimam para o usucapião.

As servidões contínuas e descontínuas, desde que aparentes, propiciam a aquisição mediante o usucapião.

Por último, apenas como referência, é de esclarecer a inaplicabilidade da Lei nº 6.969, de 1981, a qualquer tipo de servidão para fins de aquisição prescritiva, porquanto este diploma se atém ao reconhecimento do domínio sobre áreas rurais não excedentes a vinte e cinco hectares, desde que a posse venha sendo exercida de forma ininterrupta, sem oposição, com *animus sibi habendi*, pelo prazo mínimo de cinco anos, por pessoa que não seja proprietária de imóvel rural ou urbano e tenha tornado a área produtiva com o seu trabalho.

Por idênticas razões, mantém-se a inaplicabilidade do usucapião constitucional rural ou urbano, introduzido nos arts. 191 e 183 da Carta Magna, e regulamentado nos arts. 1.239 e 1.240 do Código Civil de 2002. Estabelecidos os direitos nesses cânones para fins específicos, não se estendem ao reconhecimento para situações diferentes que as assinaladas.

Passam-se a examinar os diferentes tipos de usucapião.

---

[6] *Código Civil brasileiro interpretado, cit.*, 1963, v. IX, p. 173.

2. USUCAPIÃO ORDINÁRIO

O Código de 2002 estabelece o prazo único de dez anos para a prescrição aquisitiva da servidão, não mais prevendo um lapso maior para os possuidores ausentes, como vigorava anteriormente. Outrossim, em vez de considerar a posse, imperante no regime do Código de 1916, passou a referir o exercício da servidão. Eis seu art. 1.379:

> "O exercício incontestado e contínuo de uma servidão aparente, por 10 (dez) anos, nos termos do art. 1.242, autoriza o interessado a registrá-la em seu nome no Registro de Imóveis, valendo-lhe como título a sentença que julgar consumado a usucapião".

Insta observar os termos do art. 1.242, relevante para o usucapião ordinário:

> "Adquire também a propriedade do imóvel aquele que, contínua e incontestadamente, com justo título e boa-fé, o possuir por 10 (dez) anos".

A diferença mais gritante, em relação ao usucapião extraordinário, é o lapso de tempo prescricional. No ordinário, usucapião de breve tempo, nos moldes do Código Civil de 1916, o prazo era de dez ou quinze anos, conforme a posse se desenvolvesse entre presentes ou ausentes; já sob a égide do Código de 2002, esse prazo estanca-se em dez anos, pouco importando se a posse se dá entre presentes ou ausentes. No extraordinário, o período aumenta para quinze anos. Entre seus requisitos, porém, não figuram o justo título e a boa-fé, imprescindíveis na modalidade do usucapião ordinário. No entanto, em relação à boa-fé, em verdade nela está subsumido o *animus sibi habendi*, isto é o ânimo de possuir como dono.

Eis os requisitos para o usucapião ordinário.

I – *Objeto hábil*. O imóvel deve ser daqueles que autorizam a aquisição pela prescrição.

Estão fora do direito de instituição de servidão por usucapião:

1) As coisas incorpóreas. Somente são prescritíveis os direitos reais que importam em posse dos objetos sobre que recaem, quais sejam: as coisas materiais, físicas e tangíveis. Os direitos pessoais, de família ou de crédito, não são contemplados como usucapíveis pela generalidade das legislações.

2) Os bens que não se encontram individuados, nem o possam ser, visto que é impossível uma posse sobre coisa indeterminada, incerta, vaga, ou uma *incerta pars pro indiviso*. Por não se encontrar situado ou localizado o bem, faltam os elementos do poder físico de dispor e o *animus*.

3) As coisas acessórias. Citam-se, como acessórios, em geral, do solo, valendo-nos ilustrativamente da especificação dos arts. 60, 61 e 62 do Código Civil de 1916: os produtos orgânicos da superfície; os minerais ali ocultos ou à mostra; as obras de aderência permanente, acima ou abaixo da superfície; os frutos e rendimentos. O Código de 2002 não mais discrimina as coisas acessórias.

Não se olvida, no entanto, a regra do art. 1.229, de que a propriedade do solo abrange a do espaço aéreo e subsolo correspondentes, em altura e profundidade úteis a atividades que sejam necessárias para o proveito. Assim, na servidão de aqueduto, *v. g.*, a utilização alcança as escavações no subsolo exigíveis para a abertura da canalização por onde correm as águas, bem como o espaço aéreo de modo a propiciar o trânsito para as obras que permitam a conservação.

4) As coisas fora do comércio. São aquelas que não podem ser apropriadas pelo homem, ou incorporadas ao seu patrimônio. Dentre outras (art. 99 e parágrafo único do atual Código

Civil), arrolam-se as comuns a todos – *res communio omnium* –, ou os bens de uso generalizado do povo, como praças, ruas, estradas e rios navegáveis; os bens de uso especial, ou seja, os edifícios ou terrenos aplicados a serviço ou estabelecimento federal, ou seja, os edifícios ou terrenos aplicados a serviço ou estabelecimento federal, estadual ou municipal; os bens dominicais pertencentes à União, aos Estados e aos Municípios. Incluem-se os bens da titularidade ou mesmo do uso das autarquias, visto que pública é a sua personalidade jurídica.

Veja-se, por exemplo, o art. 100 do Código Civil:

> "Os bens públicos de uso comum do povo e os de uso especial são inalienáveis, enquanto conservarem a sua qualificação, na forma que a lei determinar".

II – *A duração da posse*. De conformidade com o art. 1.379 do estatuto civil, a posse deverá ser exercida pelo prazo de dez anos para ensejar o direito ao usucapião ordinário.

Requer-se o exercício da posse sempre de modo contínuo e pacífico, despido dos vícios da violência, clandestinidade e precariedade.

Interessa, com o Código de 2002, o exercício da posse por um determinado período, sem importar onde se encontram residindo as pessoas em cujo nome se encontra o imóvel. Não cabe, em se cuidando de servidão, aventar para as hipóteses diferenciadas de usucapião, como o especial rural ou urbano, cuja disciplina está nos arts. 1.239 e 1.240 do Código Civil, e no art. 191 da Constituição Federal, sendo que o prazo é de cinco anos. A regulamentação própria das servidões impede que se utilize a analogia para adotar princípios e mesmo a lei de institutos paralelos, mas cujo objeto é diferente.

III – *As qualidades da posse*. Exigem-se as seguintes qualidades da posse.

Em primeiro lugar, que seja contínua. Assim é quando os atos possessórios não apresentam omissões ou falhas da parte do possuidor. Não significa o requisito a impossibilidade da junção ou soma das posses, na forma do art. 1.243 do Código Civil.

Deve-se apresentar, também, como pacífica ou incontestada, em atendimento aos arts. 1.379 e 1.241. Ou seja, a posse deve ter se estabelecido e deve se desenvolver desprovida de violência, quer física, quer moral.

Se é pacífica, decorre ser incontestada. O conteúdo deste termo abrange o daquele. A contestação tira o caráter de posse pacífica, mas desde que em situações de efetiva obstaculização ao exercício. Não equivale apenas a uma simples oposição formal e judicial. Exprime um significado mais amplo, como a oposição à utilização de uma servidão, concretizada mediante atos de derrubadas de cercas, de pontes, de fechamento de caminho etc.

Cumpre não venha, outrossim, revestida dos vícios da violência, precariedade e clandestinidade. Quer significar que deve ser justa, dentro dos parâmetros do art. 1.200 da lei civil. Considera-se clandestina quando o objeto (em caso de bem móvel), *v.g.*, é furtado, fator que determina a caracterização como oculta, ilícita e indevida. Denomina-se posse violenta se conseguida mediante esbulho ou pela força. A precariedade, por seu turno, transparece nos casos de uso por empréstimo, ou a título de comodato, com a consciência da devolução dentro de certo prazo.

Por fim, em consonância com a redação dos arts. 1.242 e 1.379, insta que o possuidor tenha exercido a posse com a intenção de dono, ou com o *animus domini*, a título de proprietário da coisa ou do direito cuja aquisição se pretende seja reconhecida. Caio Mário da Silva Pereira já salientava, no que persiste a imperar, que não se cogita da posse desacompanhada da vontade e da intenção de ter a coisa para si – *animus sibi habendi* –, o que sucede, exemplificativamente, no caso da posse direta do locatário, do usufrutuário, do credor pignoratício, eis que exercida com base num título que o obriga a restituí-la de acordo com as estipulações previamente ajustadas, e não em virtude de um direito.[7] O art. 1.198 do Código Civil traça as linhas para distinguir uma posse da outra:

> "Considera-se detentor aquele que, achando-se em relação de dependência para com outro, conserva a posse em nome deste e em cumprimento de ordens ou instruções suas".

IV – *O justo* título. O quarto suporte está no justo título, ou seja, trará o interessado justo título, que é ato translativo ou constitutivo da propriedade ou da posse.

Justo título, para Lenine Nequete, "é todo o ato formalmente adequado a transferir o domínio ou o direito real de que trata, mas que deixa de produzir tal efeito (e aqui a enumeração é meramente exemplificativa) em virtude de não ser o transmitente senhor da coisa ou do direito, ou de faltar-lhe o poder de alienar".[8]

Como exemplos mais comuns de semelhantes títulos, apontam-se: a aquisição *a non domino*; a venda feita pelo marido sem a outorga da mulher, ou vice-versa; aquela que realiza o procurador munido de instrumento falho ou mesmo falso; a alienação efetuada por relativamente incapaz, iniciando o prazo da prescrição a correr a partir da cessação da incapacidade.

O título, porém, deve criar direito amparado em lei, não valendo a escritura pública de venda de ascendente para descendente, na esteira do entendimento do STJ:

> "Conforme a dicção da Súmula nº 494 do Supremo Tribunal Federal, no caso de ação visando à anulação da venda direta de ascendente a descendente, sem o consentimento de herdeiros, o prazo prescricional é vintenário, conforme previsto no art. 177 do Código Civil de 1916.
>
> A escritura pública que consolidou a venda não pode ser considerada como justo título para fins de aquisição da propriedade por usucapião ordinário, se sua lavratura decorreu de negócio fraudulento".[9]

Para valer, o justo título deverá ser atributivo do direito e não meramente declaratório; ou seja, deve atribuir ou transferir a propriedade. Como tais, enumeram-se: a compra e venda, a dação *in soluto*, a permuta, a doação, o dote, o legado, a carta de arrematação ou de adjudicação – formas todas relativamente a imóveis. A sucessão é um ato declaratório e não constitutivo. O herdeiro herda os vícios inerentes ou afetos ao imóvel. Se o autor da sucessão não tinha título, assim prosseguirá com o herdeiro. A abertura da sucessão não é fator de atribuição de domínio. Na divisão entre condôminos, é proferida uma sentença declaratória referente aos quinhões de cada condômino.

Importa, ademais, que seja válido o título, não eivado de uma nulidade absoluta, que torna inexistente o ato. Pontes de Miranda expõe que, sendo nulo o título, não se pode pensar em usucapião breve. Se é nulo o título, não é justo.[10] O ato nulo é juridicamente ineficaz, mas, apresentando-se anulável, acrescenta o renomado civilista: "O título anulável não obsta à

---

[7] *Instituições de direito civil*. 2. ed. Rio de Janeiro: Forense, 1970. v. IV, p. 111.
[8] *Da prescrição aquisitiva (usucapião)*, cit., p. 207.
[9] REsp nº 661.858/PR, da 3ª Turma, j. em 28.06.2005, *DJU* de 15.08.2005.
[10] *Tratado de direito privado*, 4. ed. São Paulo: RT, 1977. v. XI, p. 140.

usucapião breve. É título eficaz posto que desconstituível. Enquanto não se lhe decreta a anulação, produz efeitos".[11]

Quais os títulos que são admitidos?

Primeiramente, segundo doutrina uniforme, aparecem as escrituras públicas, mesmo que desprovidas de registro imobiliário. Caio Mário da Silva Pereira explica: "Tem-se referido que o título justo deve revestir as formalidades externas e estar transcrito no registro imobiliário. Mas não nos parece se possa levar ao extremo a exigência, pois que se destina o instituto do usucapião precisamente a consolidar *tractu temporis* a aquisição fundada em título que apenas em tese era hábil de gerar a aquisição".[12] A razão é encontrada em Pontes de Miranda: "Se houve transcrição do título, operou-se a transferência e, assim, patente é a superfetação da ação de usucapião: seria usucapir de si mesmo".[13]

Em verdade, se a escritura foi registrada, restou aperfeiçoada a transmissão. Desaparece toda a justificação para o usucapião.

Qualquer documento que retrate uma transação efetiva e completa é considerado justo. Mesmo o compromisso de compra e venda sem registro, e até aquele assinado a rogo, incluem-se no justo título, desde que não impugnados nos elementos configuradores da transação.

Comporta apreender o significado da palavra "justo", o que é elementar, traduzindo-se em ato conforme a justiça, a equidade, a razão, ou seja, em ato imparcial, reto, exato, legítimo. Opõe-se à tradição de uma propriedade mediante contrato injusto, injurídico, falho e fraudulento. Jamais a etimologia do termo exige a realização do registro do título, ou a celebração de um negócio perfeito em sua aparência externa. Nesta linha, deve ser entendida a definição de Pothier, que exprime o justo título como aquele que representa um contrato ou um ato capaz de transferir a propriedade, em virtude da tradição que determina, derivando a não transferência da falta de direito da pessoa que ensejou a transferência, e não por defeito do título que representou a tradição.[14]

Deriva, daí, que a cessão de direitos sucessórios e outros títulos viabilizam o usucapião breve, mesmo os que transferem as servidões. Todavia, obviamente, desde que se revistam da titularidade do domínio, embora de forma indireta, os transmitentes estão autorizados a vender.

V – *A boa-fé*. O exercício da posse virá acompanhado da boa-fé, a qual se define como a convicção do prescribente de que tem a legitimidade da posse sobre o objeto a ela sujeito, obtido por meio de uma venda jurídica feita pelo verdadeiro proprietário.

No art. 1.201, encontramos a ideia da convicção que deve ter o interessado:

> "É de boa-fé a posse, se o possuidor ignora o vício, ou o obstáculo que impede a aquisição da coisa".

À primeira vista, transparece a dificuldade em se provar tais elementos, mas, observando-se o parágrafo único do art. 1.201 do Código, deparamo-nos com a presunção em favor do possuidor:

---

[11] *Tratado de direito privado*, cit., v. XI, p. 141.
[12] *Instituições de direito civil*, cit., v. IV, p. 118.
[13] *Tratado de direito privado*, cit., v. XI, p. 143.
[14] Robert Joseph Pothier. *Traité de la Prescription qui Resulté de la Possession*. Oeuvres Complètes. P. J. Langlois, Librairie & A. Durant, Librairie, 1844. n. 57, v. X.

"O possuidor com justo título tem por si a presunção de boa-fé, salvo prova em contrário, ou quando a lei expressamente não admite esta presunção".

A boa-fé para originar o *jus usucapiendi* deve persistir desde o início da posse, até consumar-se o prazo da prescrição aquisitiva. A superveniência de má-fé, no decurso do prazo, invalida a posse como justa, interrompendo a contagem do tempo necessário para consumar-se o direito.[15]

Só pelo usucapião extraordinário conseguirá, então, o interessado o reconhecimento do domínio da posse.

De lembrar, finalmente, uma situação especial de redução do prazo para cinco anos, prevista no parágrafo único do art. 1.242 do Código de 2002: quando, adquirido o imóvel com a transcrição do título, vier, depois, a ser anulado o ato, embora totalmente pago o preço ou operada a compra onerosamente, nele residindo o possuidor, ou desenvolvendo atividade de interesse social ou econômico. Eis a regra:

"Será de 5 (cinco) anos o prazo previsto neste artigo se o imóvel houver sido adquirido, onerosamente, com base no registro constante do respectivo cartório, cancelado posteriormente, desde que os possuidores nele tiverem estabelecido a sua morada, ou realizado investimentos de interesse social e econômico".

Neste caso, de acordo com o art. 2.029 do Código, eleva-se o prazo de cinco anos em mais dois anos, se iniciada a posse durante a vigência do Código anterior, qualquer que seja o tempo transcorrido, até o lapso de dois anos após a entrada em vigor do Código Civil de 2002.

3. USUCAPIÃO EXTRAORDINÁRIO

O art. 1.379, parágrafo único, do Código Civil prevê o usucapião extraordinário:

"Se o possuidor não tiver título, o prazo da usucapião será de 20 (vinte) anos".

Pela singeleza do texto, se conclui que, na ausência do justo título e na ocorrência do prazo da posse por vinte anos, se oportuniza o usucapião extraordinário. A redação literal leva a essa exegese. Nota-se do *caput* do art. .1.379 que, além do prazo de dez anos, uma série de elementos se encontra exigida, e que se desdobra em: a) exercício incontestado da servidão; b) a continuidade da posse; c) a aparência da servidão; d) o justo título e a boa-fé (dada a menção ao art. 1.242).

Depreende-se que, afora a existência de título (deve entender-se justo título, como exigido no usucapião ordinário, pois evidente que não pode ser um título falso ou fraudado) e do prazo da posse de vinte anos, os demais requisitos se revelam idênticos ao do usucapião ordinário. O diferencial, pois, está nesses dois elementos: a posse que perdura por vinte anos e não portar o possuidor o título. Não se dispensa a boa-fé, posto que o parágrafo único do art. 1.379 insere o prazo de vinte anos unicamente a quem não portar o título.

A diferença do usucapião extraordinário aqui tratado quanto ao usucapião extraordinário do art.1.238 da lei civil, estabelecido para a aquisição de imóveis, consiste na dispensa da boa-fé, no prazo e na posse com o ânimo de dono. Veja-se o texto:

---

[15] BARROS MONTEIRO, Washington de. *Curso de direito civil.* Direito das coisas. 3. ed. São Paulo: Saraiva, 1962. p. 127.

"Aquele que, por 15 (quinze) anos, sem interrupção, nem oposição, possuir como seu um imóvel, adquire-lhe a propriedade, independentemente de título e boa-fé; podendo requerer ao juiz que assim o declare por sentença, a qual servirá de título para o registro no Cartório de Registro de Imóveis".

Como se percebe, na modalidade *supra* dispensam-se o justo título e a boa-fé, sendo suficientes o exercício da posse incontestado, sem oposição, de modo contínuo, durante o lapso de tempo assinalado (de quinze anos), e desde que a posse seja com *animus sibi habendi*, incidente no imóvel. No caso do usucapião extraordinário de servidão, não se coloca como condição o justo título, sendo que o prazo da posse passa para vinte anos. A boa-fé, como visto anteriormente, é necessária, pois não é dispensada no parágrafo único do art. 1.379.

Afora o justo título, a boa-fé e o prazo de quinze anos, os demais requisitos correspondem ao do usucapião ordinário.

Quanto à boa-fé, na verdade em seu conteúdo não se insere o *animus sibi habendi*, ou o elemento "possuir como seu". Daí que, a rigor, tal elemento serve de diferencial entre uma espécie e outra de usucapião.

De modo que no usucapião extraordinário para a aquisição do domínio sobre um imóvel (art. 1.238), afora a posse por quinze anos, a não exigência da boa-fé e a necessidade do ânimo de dono, os demais requisitos se identificam com os do usucapião extraordinário de servidão. Relativamente ao usucapião ordinário para o reconhecimento do domínio também sobre imóvel, não existe diferença em relação ao usucapião ordinário para a declaração de dominialidade de uma servidão. Os requisitos se identificam em ambas as espécies, e consistem na continuidade ou posse sem interrupção, na falta de oposição, no prazo de duração de dez anos da posse, e na existência de justo título.

4. USUCAPIÃO QUANTO AO MODO DO EXERCÍCIO DA SERVIDÃO

Interessa não unicamente a servidão em si, como a passagem em determinado caminho, a retirada de água em uma fonte, mas também o modo ou a amplitude do exercício. É comum configurarem-se, no título, as restrições, a extensão ou a forma. Limita-se, *v.g.*, o beneficiado a passar a pé numa estrada, ou a usá-la em certo período do dia. Em outra espécie, obriga-se a pessoa a abrir duas janelas na parede de seu prédio, com dimensões reduzidas a medidas fixadas previamente. No uso da água, o direito à retirada fica adstrito a um horário estabelecido previamente. No entanto, se o proprietário do prédio dominante amplia a circulação pelo caminho, estendendo-o a veículos; se o morador abre uma terceira janela na parede; se a retirada de água se dá em qualquer momento do dia, de maneira notória e sem oposição, mesmo que independentemente de boa-fé, vai-se consolidando a prescrição aquisitiva, até a complementação do prazo (de dez ou vinte anos, conforme tratar-se de usucapião ordinário ou extraordinário) e, então, se autorizar o pedido de reconhecimento do usucapião sobre o modo do exercício da servidão.

Capítulo XLII
A PRESCRIÇÃO AQUISITIVA OU
O USUCAPIÃO DA PASSAGEM FORÇADA

Considerando a semelhança existente entre a passagem forçada e a servidão de trânsito, é útil estendermos algumas considerações sobre o usucapião da primeira espécie.

Sendo ela protegida pelas ações possessórias, é também reconhecível pelo usucapião. Em Lenine Nequete encontramos a justificação: "É da tradição do nosso direito a pertinência da posse prolongada como modo de aquisição da passagem forçada. O Alvará de 09.07.1773, que mandava abolir os caminhos e atravessadouros supérfluos, ainda que deles se tivesse posse imemorial, implicitamente consentia na sua consolidação pela prescrição aquisitiva – mesmo quando a servidão não se revelasse por obras aparentes. No regime codificado, porém, a passagem forçada, à semelhança da servidão convencional do caminho enquanto não exteriorizada, manifestada por obras visíveis e permanentes, não goza da proteção possessória, e, pois, não pode ser usucapida. Tornada, no entanto, aparente, não há falar em tolerância, equívoco, precariedade ou incerteza; e a posse é, então, hábil, cumprindo acrescentar que, não havendo no direito brasileiro diferença de prazos para a prescrição da propriedade imóvel, de um lado, e das servidões, de outro, não ocorre indagar se à usucapião de passagem forçada se aplicam aqueles ou estes; alguma diferença houvesse, no entanto, e a regra, no caso, seria a da vigência dos prazos imobiliários".[1]

Cumpre, no entanto, observar que, no vigente Código Civil, há, sim, diferença de prazo, no pertinente ao usucapião extraordinário visando à aquisição de domínio de imóveis, prazo que é de quinze anos de posse, enquanto para o reconhecimento da servidão se estende para vinte anos. Todavia, essa particularidade não retira a oportunidade da doutrina citada.

Sendo perfeitamente admissível o usucapião, importa dimensionar o seu âmbito, o que se revela importante, posto que, com ou sem usucapião, é a passagem forçada um direito instituído por lei. Daí que, quanto ao instituto em si, não demanda a necessidade da ocorrência da prescrição para o reconhecimento. O que o usucapião reconhece (e concede o título) é quanto ao caminho e ao modo de exercício. O Código Civil francês é expresso sobre o assunto, no que não foi previdente o legislador brasileiro, segundo o art. 685: "L'assiette et le mode de la servitude de passage pour cause d'enclave sont determinés par trente ans d'usage continu".

Não se cuida, como se disse, de firmar o direito à passagem necessária, pois o seu amparo e o fundamento estão na lei, mas de direcionar o traçado e o modo como é exercida a passagem. Se ela foi praticada, durante longo período, a pé ou por animais de carga, ou por veículos, na

---

[1] *Da prescrição aquisitiva (usucapião)*, cit., p. 94.

respectiva modalidade é que será reconhecida. O direito de utilizar-se, segundo a prática desenvolvida, não mais poderá ser afastado ou posto em juízo para efeito indenizatório.

Não cabe ao interessado pretender ampliar ou alargar a área utilizada, sob o fundamento do usucapião. A lei, se for inquestionável a necessidade, concede-lhe tais pretensões, mas o proprietário do prédio dominante deverá pagar a indenização correspondente à ampliação.

Capítulo XLIII
PERDA DA SERVIDÃO PELO NÃO USO DURANTE O PRAZO DE DEZ ANOS

Sabe-se que servidão, no conceito do clássico Lafayette, "é o direito real constituído em favor de um prédio (o dominante) sobre outro prédio pertencente a dono diverso (o serviente). Esse direito do senhor do prédio dominante consiste na faculdade de fazer no prédio o que lhe fora permitido se não existisse a servidão (*jus faciendi*), ou de proibir que o dono do dito prédio exerça nele atos que, a não existir servidão, pudera livremente praticar (*jus prohibendi*)".[1]

Prédio dominante designa-se aquele que tem a vantagem. O que sofre a desvantagem tem o nome de prédio serviente.

O Código Civil, em seu art. 1.378, destaca os efeitos da servidão e a constituição:

> "A servidão proporciona utilidade para o prédio dominante, e grava o prédio serviente, que pertence a diverso dono, e constitui-se mediante declaração expressa dos proprietários, ou por testamento, e subsequente registro no Cartório de Registro de Imóveis".

Trata-se de relação jurídica de direito real por meio do qual o proprietário vincula o seu imóvel, dito serviente, a prestar certa utilidade a outro, dito dominante, ficando sujeito a ele em certa atividade. Estabelece-se um vínculo de obrigação que seja útil e proveitoso a um dos prédios. Ou seja, transferem-se faculdades de uso e fruição ao conteúdo do prédio dominante, favorecendo o exercício do titular deste ou de quem ele tenha acesso, por relação real.

Pelo não uso durante dez anos se extinguem quaisquer tipos de servidões, isto é, as contínuas e descontínuas, as aparentes e não aparentes, as afirmativas e negativas (art. 1.389, inc. III, do Código atual). De lembrar que, no Código Civil português, o prazo é de vinte anos, conforme seu art. 1.569º, 2, letra "b".

A omissão no uso importa na prescrição, isto é, prescreve o direito de procurar manter a servidão.

Trata-se de uma prescrição liberatória, por efeito da qual o fundo que devia a servidão fica desobrigado, já salientava Demolombe, para quem a espécie caracteriza uma presunção de abandono por parte do prédio dominante. A extinção por este motivo é até "une sorte de peine infligée à as négligence".[2] Para se configurar, exigem-se o não uso, o lapso de tempo e a continuidade do não uso.

---

[1] PEREIRA, Lafayette Rodrigues. *Direito das coisas*. Rio de Janeiro: Freitas Bastos, 1943. v. IV, p. 369.
[2] *Cours de Code de Napoléon: Traité des Servitudes*. 3. ed. Paris: Auguste Durand et L. Hachette & Cia, 1863. v. XII, t. II, p. 532.

Cuida-se de modo especial de extinção, muito comum em qualquer direito real, em que a falta de uso, ou mais propriamente do exercício da posse, do proveito, conduz à sua extinção, com a prescrição de pretensão a manter a utilidade, se bem que, em contrapartida, o direito desaparece porque se forma uma propriedade plena em favor daquele que sofria a restrição.

Com a servidão, é o não uso modo peculiar de extinção pela própria natureza do direito real de servidão, posto que se justifica o encargo em um prédio pela razão da utilidade que proporciona. A falta de uso durante o prazo que a lei marca faz presumir a sua inutilidade, não comportando a permanência de uma limitação sem finalidade.

Lembra-se que a extinção da servidão principal conduz à extinção da servidão acessória, como exemplifica Marco Aurélio S. Viana: "Se há servidão de tirar água da fonte de outrem, temos outra acessória, que é a servidão de caminho para se chegar à fonte. Se o titular da servidão transita pelo caminho, mas deixa de tirar a água por dez anos, vem a extinção da servidão principal (de tirar água), e com esta a extinção da acessória, que é a de caminho".[3]

O prazo inicia, nas servidões afirmativas e contínuas, desde o momento em que cessou o exercício, o que se pode verificar em exemplos como o da queda de um aqueduto, do fechamento de uma passagem e da interrupção de retirada de água da fonte. Nas servidões negativas e contínuas, inicia a partir do dia em que o dono do prédio serviente pratica o ato a que estava impedido. Convém recordar que o conteúdo do direito de servidão se exaure em um *non facere* do proprietário do prédio serviente. A continuação em inércia é posse de servidão. Efetuando-se o ato proibido, começa a correr o prazo de dez anos de preclusão.

Quanto às servidões descontínuas ou intermitentes, conta-se o prazo do instante em que o favorecido deveria praticar o último ato e não o praticou.

Sobreleva notar que, com a prescrição, pode ser interrompido o prazo de dez anos.

Verifica-se a hipótese, *v. g.*, na servidão de passagem, abandonada pelo titular do prédio dominante. Se, antes do decurso de dez anos, "uma só vez o proprietário do prédio dominante, por exemplo, passa pela estrada, o prazo da prescrição da servidão de passagem começa a correr de novo a partir desta data. Convindo lembrar que, para esses efeitos, como já ficou explicado, basta que tenha passado qualquer pessoa que esteja na posse do prédio dominante ou que ali vá ter em razão de se achar no prédio o seu possuidor, como, por exemplo, a visita etc.".[4]

Em resumo, o uso da servidão interrompe o lapso de tempo da prescrição, podendo, no entanto, haver novo reinício quando a atividade humana cessar o exercício que retomara.

A extinção, pelo decurso de dez anos, se opera igualmente quanto ao modo do exercício da servidão contrário ao que está convencionado no título da constituição. O modo de ser, ou, segundo Demolombe, "d'en user telle qu'elle est determinée par la cause de son établissement", vem estabelecido de uma maneira determinada. Assim, por exemplo, "le droit de passage peut être exercé, avec bien des modes différens, à piède, ou à cheval, ou en voiture; ou à telle ou telle heure, soit de jour, soit de nuit etc."[5]

A pessoa modifica a forma instituída, passando o exercício a manifestar-se de outra maneira, o que leva a extinguir-se a servidão primitiva.

---

[3] *Comentários ao Novo Código Civil (dos direitos reais)*. Coordenação de Sálvio de Figueiredo Teixeira. Rio de Janeiro: Forense, 2003. v. XVI, p. 609.
[4] Carvalho Santos. *Código Civil brasileiro interpretado*. Rio de Janeiro: Freitas Bastos, 1963. v. IX, p. 274.
[5] *Cours de Code de Napoléon: Traité des Servitudes*, cit., t. II, p. 580.

Capítulo XLIV
PRESCRIÇÃO NAS INFRAÇÕES DA ORDEM ECONÔMICA

Existe a Lei nº 12.529, de 30.11.2011, que, entre outras disposições, estrutura o Sistema Brasileiro de Defesa da Concorrência (SBDC) e dispõe sobre a prevenção e repressão às infrações contra a ordem econômica. Substituiu, quase na íntegra, a Lei nº 8.884, de 11.06.1994.

O Sistema Brasileiro de Defesa da Concorrência tem a finalidade de promover a competitividade da economia mediante a prevenção e a repressão de ações que possam limitar ou prejudicar a livre concorrência no Brasil. É composto pela Secretaria de Direito Econômico (SDE), órgão do Ministério da Justiça; pela Secretaria de Acompanhamento Econômico (SEAE), órgão do Ministério da Fazenda; e pelo Conselho Administrativo de Defesa Econômica (CADE), autarquia federal vinculada ao Ministério da Justiça.

Merece destaque, para a matéria em estudo, o CADE, pelas funções que lhe são incumbidas de analisar e decidir sobre as fusões, aquisições de controle, incorporações e outros atos de concentração econômica entre grandes empresas; e de investigar, em todo o território nacional, e posteriormente julgar, a formação de cartéis e outras condutas nocivas ou infrações à livre concorrência.

O art. 36 da Lei nº 12.529 descreve as infrações à ordem econômica, distribuindo-as em quatro ordens:

> "Constituem infração da ordem econômica, independentemente de culpa, os atos sob qualquer forma manifestados, que tenham por objeto ou possam produzir os seguintes efeitos, ainda que não sejam alcançados:
> I – limitar, falsear ou de qualquer forma prejudicar a livre concorrência ou a livre iniciativa;
> II – dominar mercado relevante de bens ou serviços;
> III – aumentar arbitrariamente os lucros; e
> IV – exercer de forma abusiva posição dominante".

No tocante ao inc. I, a figura típica está na formação de cartel, que constitui uma prática ajustada entre concorrentes para combinar e fixar preços de produtos que fabricam e vendem. Corresponde, também, aos acertos para dividir mercados, estabelecer quotas ou restringir produção, ou adotar posturas pré-combinadas em licitação pública. O mais comum é o cartel para engendrar o aumento de preços e a restrição de oferta, sem qualquer benefício econômico compensatório. As consequências negativas recaem nos consumidores, em vista do encarecimento do preço dos bens e dos serviços. A aquisição e o consumo ficam inacessíveis para a maior parte da população. Trata-se de conduta anticoncorrencial, havida como infração grave e atentatória à ordem econômica existente.

O cartel conduz à formação de monopólio sobre certos produtos ou setor da atividade lucrativa. Existe o monopólio quando uma empresa detém o controle do mercado de um determinado produto e/ou serviço, impondo preços aos que comercializam.

No concernente à hipótese do inc. II, não há infração se a conquista de mercado resulta de processo natural e com base na maior eficiência de agente econômico em relação aos competidores, nos termos do § 1º do art. 36. A caracterização da posição dominante, segundo o § 2º:

> "Presume-se sempre que uma empresa ou grupo de empresas for capaz de alterar unilateral ou coordenadamente as condições de mercado ou quando controlar 20% (vinte por cento) ou mais do mercado relevante, podendo este percentual ser alterado pelo CADE para setores específicos da economia".

Já a modalidade do inc. III corresponde ao abuso na fixação de preços, que são colocados em patamares que trazem vantagem excessiva ao fornecedor de bens ou prestador de serviços.

Quanto ao inc. IV, ocorre posição dominante quando uma empresa ou grupo de empresas controla parcela substancial de mercado relevante, como fornecedor, intermediário, adquirente ou financiador de um produto, serviço ou tecnologia a ele relativa. A posição dominante é exercida abusivamente, com a imposição de limitações injustas na aquisição e no fornecimento de mercadorias, como solvência dos compromissos em longos períodos e condicionando futuros negócios a preços injustos, que sequer cobrem os custos.

O § 3º desdobra as situações dos incisos do art. 36, na medida em que são descritas formas ou modalidades de ofensas à ordem econômica:

> "As seguintes condutas, além de outras, na medida em que configurem hipótese prevista no *caput* deste artigo e seus incisos, caracterizam infração da ordem econômica:
>
> I – acordar, combinar, manipular ou ajustar com concorrente, sob qualquer forma:
>
> a) os preços de bens ou serviços ofertados individualmente;
>
> b) a produção ou a comercialização de uma quantidade restrita ou limitada de bens ou a prestação de um número, volume ou frequência restrita ou limitada de serviços;
>
> c) a divisão de partes ou segmentos de um mercado atual ou potencial de bens ou serviços, mediante, dentre outros, a distribuição de clientes, fornecedores, regiões ou períodos;
>
> d) preços, condições, vantagens ou abstenção em licitação pública;
>
> II – promover, obter ou influenciar a adoção de conduta comercial uniforme ou concertada entre concorrentes;
>
> III – limitar ou impedir o acesso de novas empresas ao mercado;
>
> IV – criar dificuldades à constituição, ao funcionamento ou ao desenvolvimento de empresa concorrente ou de fornecedor, adquirente ou financiador de bens ou serviços;
>
> V – impedir o acesso de concorrente às fontes de insumo, matérias-primas, equipamentos ou tecnologia, bem como aos canais de distribuição;
>
> VI – exigir ou conceder exclusividade para divulgação de publicidade nos meios de comunicação de massa;
>
> VII – utilizar meios enganosos para provocar a oscilação de preços de terceiros;
>
> VIII – regular mercados de bens ou serviços, estabelecendo acordos para limitar ou controlar a pesquisa e o desenvolvimento tecnológico, a produção de bens ou prestação

de serviços, ou para dificultar investimentos destinados à produção de bens ou serviços ou à sua distribuição;

IX – impor, no comércio de bens ou serviços, a distribuidores, varejistas e representantes preços de revenda, descontos, condições de pagamento, quantidades mínimas ou máximas, margem de lucro ou quaisquer outras condições de comercialização relativos a negócios destes com terceiros;

X – discriminar adquirentes ou fornecedores de bens ou serviços por meio da fixação diferenciada de preços, ou de condições operacionais de venda ou prestação de serviços;

XI – recusar a venda de bens ou a prestação de serviços, dentro das condições de pagamento normais aos usos e costumes comerciais;

XII – dificultar ou romper a continuidade ou desenvolvimento de relações comerciais de prazo indeterminado em razão de recusa da outra parte em submeter-se a cláusulas e condições comerciais injustificáveis ou anticoncorrenciais;

XIII – destruir, inutilizar ou açambarcar matérias-primas, produtos intermediários ou acabados, assim como destruir, inutilizar ou dificultar a operação de equipamentos destinados a produzi-los, distribuí-los ou transportá-los;

XIV – açambarcar ou impedir a exploração de direitos de propriedade industrial ou intelectual ou de tecnologia;

XV – vender mercadoria ou prestar serviços injustificadamente abaixo do preço de custo;

XVI – reter bens de produção ou de consumo, exceto para garantir a cobertura dos custos de produção;

XVII – cessar parcial ou totalmente as atividades da empresa sem justa causa comprovada;

XVIII – subordinar a venda de um bem à aquisição de outro ou à utilização de um serviço, ou subordinar a prestação de um serviço à utilização de outro ou à aquisição de um bem; e

XIX – exercer ou explorar abusivamente direitos de propriedade industrial, intelectual, tecnologia ou marca".

As penalidades vêm arroladas no art. 37:

"A prática de infração da ordem econômica sujeita os responsáveis às seguintes penas:

I – no caso de empresa, multa de 0,1% (um décimo por cento) a 20% (vinte por cento) do valor do faturamento bruto da empresa, grupo ou conglomerado obtido, no último exercício anterior à instauração do processo administrativo, no ramo de atividade empresarial em que ocorreu a infração, a qual nunca será inferior à vantagem auferida, quando for possível sua estimação;

II – no caso das demais pessoas físicas ou jurídicas de direito público ou privado, bem como quaisquer associações de entidades ou pessoas constituídas de fato ou de direito, ainda que temporariamente, com ou sem personalidade jurídica, que não exerçam atividade empresarial, não sendo possível utilizar-se o critério do valor do faturamento bruto, a multa será entre R$ 50.000,00 (cinquenta mil reais) e R$ 2.000.000.000,00 (dois bilhões de reais);

III – no caso de administrador, direta ou indiretamente responsável pela infração cometida, quando comprovada a sua culpa ou dolo, multa de 1% (um por cento) a 20% (vinte por cento) daquela aplicada à empresa, no caso previsto no inciso I do *caput* deste artigo, ou às pessoas jurídicas ou entidades, nos casos previstos no inciso II do *caput* deste artigo".

Havendo reincidência, manda o § 1º aplicar as multas em dobro.

De acordo com o art. 38, sem prejuízo das penas cominadas no art. 37, a gravidade dos fatos ou o interesse público geral permite, ainda, a aplicação, isolada ou cumulativamente, das seguintes sanções:

"I – a publicação, em meia página e a expensas do infrator, em jornal indicado na decisão, de extrato da decisão condenatória, por 2 (dois) dias seguidos, de 1 (uma) a 3 (três) semanas consecutivas;

II – a proibição de contratar com instituições financeiras oficiais e participar de licitação tendo por objeto aquisições, alienações, realização de obras e serviços, concessão de serviços públicos, na administração pública federal, estadual, municipal e do Distrito Federal, bem como em entidades da administração indireta, por prazo não inferior a 5 (cinco) anos;

III – a inscrição do infrator no Cadastro Nacional de Defesa do Consumidor;

IV – a recomendação aos órgãos públicos competentes para que:

a) seja concedida licença compulsória de direito de propriedade intelectual de titularidade do infrator, quando a infração estiver relacionada ao uso desse direito;

b) não seja concedido ao infrator parcelamento de tributos federais por ele devidos ou para que sejam cancelados, no todo ou em parte, incentivos fiscais ou subsídios públicos;

V – a cisão de sociedade, transferência de controle societário, venda de ativos ou cessação parcial de atividade;

VI – a proibição de exercer o comércio em nome próprio ou como representante de pessoa jurídica, pelo prazo de até 5 (cinco) anos; e

VII – qualquer outro ato ou providência necessários para a eliminação dos efeitos nocivos à ordem econômica".

A prescrição das ações punitivas ocorre em cinco anos, iniciando o prazo da data da prática dos atos lesivos à ordem econômica, ou de sua cessação se permanente ou continuada a infração, nos termos do art. 46 da Lei nº 12.529/2011:

"Prescrevem em 5 (cinco) anos as ações punitivas da administração pública federal, direta e indireta, objetivando apurar infrações da ordem econômica, contados da data da prática do ilícito ou, no caso de infração permanente ou continuada, do dia em que tiver cessada a prática do ilícito".

Interrompe-se o prazo, consoante o § 1º do art. 46, "qualquer ato administrativo ou judicial que tenha por objeto a apuração da infração contra a ordem econômica mencionada no *caput* deste artigo, bem como a notificação ou a intimação da investigada".

Já a suspensão se dá, pelo § 2º, durante a vigência do compromisso de cessação ou do acordo em controle de concentrações.

A paralisação do processo pelo lapso de tempo superior a três anos importa em prescrição, rezando, a respeito, o § 3º:

> "Incide a prescrição no procedimento administrativo paralisado por mais de 3 (três) anos, pendente de julgamento ou despacho, cujos autos serão arquivados de ofício ou mediante requerimento da parte interessada, sem prejuízo da apuração da responsabilidade funcional decorrente da paralisação, se for o caso".

Se o fato constituir crime, a prescrição reger-se-á pelo prazo previsto na lei penal (§ 4º).

O art. 46-A, incluído pela Lei 14.470/2022, afasta o curso do prazo prescricional para os prejudicados ou consumidores buscarem a indenização, através dos legitimados constantes do art. 82 do CDC (como o Ministério Público, os entes públicos, entidades públicas e associações dentro de certas condições), enquanto perdurar inquérito ou o processo administrativo no âmbito do Cade.

O § 1º do mesmo artigo, também aportado pela citada Lei, fixa o prazo da prescrição em cinco anos para a pretensão à reparação pelos danos causados pelas infrações à ordem econômica previstas no art. 36, iniciando-se sua contagem a partir da ciência inequívoca do ilícito. As infrações à ordem do art. 36 compreendem:

> "I – limitar, falsear ou de qualquer forma prejudicar a livre concorrência ou a livre iniciativa;
>
> II – dominar mercado relevante de bens ou serviços;
>
> III – aumentar arbitrariamente os lucros; e
>
> IV – exercer de forma abusiva posição dominante".

Por último, o § 2º do art. 46-A dá o momento em que se considera a ciência inequívoca do ilícito, que é o da publicação do julgamento final do processo administrativo pelo Cade.

Capítulo XLV
A PRESCRIÇÃO DE DÍVIDAS BANCÁRIAS

Busca-se, aqui, definir o prazo prescricional de dívida bancária, e inclusive a decorrente de financiamento habitacional, representada por contrato particular ou público. Não importa se a dívida vem ou não com lastro em título que enseja a execução, mas se está formalizada em documento público ou particular, com a presença de duas testemunhas.

O artigo 206, § 5º, I, do Código Civil estabelece o prazo de cinco anos para a cobrança de dívida líquida constante de instrumento público ou particular. Embora o art. 206, § 3º, VIII, preveja o prazo de três anos para a prescrição da pretensão em haver o pagamento de título de crédito, a contar do vencimento, está a ressalva de ficarem de fora de tal prazo as situações regidas por leis especiais. No tocante à dívida instrumentalizada por documento público ou particular, existe uma regra própria, constante do § 5º, I, do art. 206, que prevalece.

Nas cobranças com base em outros títulos, em geral o prazo é de três anos, tanto pelo art. 206, § 3º, do Código Civil, como pela Lei Uniforme de Genebra, adotada no Brasil pelo Decreto nº 57.663, de 24.01.1966. Seu art. 70, 1ª alínea, limita o prazo de três anos da ação do portador contra o aceitante, a contar do vencimento. Por sua vez, o art. 70, 2ª alínea, reduz para um ano o prazo da ação do portador da nota promissória e da letra de câmbio contra o endossante e o sacador. Fica diminuído para seis meses o prazo das ações dos endossantes uns contra os outros e contra o sacador, iniciando o prazo do dia em que o endossante pagou a letra ou em que ele próprio foi acionado.

Vindo a dívida representada por instrumento particular ou público, distinto do título de crédito específico, como cheque, nota promissória, duplicata, segundo visto anteriormente, alonga-se para cinco anos, o que vem sendo admitido pelo STJ:

> "A execução hipotecária proposta para cobrança de crédito vinculado ao Sistema Financeiro da Habitação sujeita-se ao prazo prescricional de 05 (cinco) anos previsto no artigo 206, § 5º, I, do Código Civil".[1]

Esse é o prazo, inclusive no contrato de abertura de crédito:

> "O contrato de abertura de crédito, levando-se em conta tão somente os dados informados no instrumento contratual, apresenta obrigação destituída de liquidez. Daí a necessidade de se anexar demonstrativo de débito, a fim de conferir liquidez à cobrança pela via monitória. Súmula 249/STJ [Súmula 247]: 'O contrato de abertura de crédito em

---

[1] REsp nº 1.385.998/RS, da 3ª Turma, j. em 03.04.2014, *DJe* de 12.05.2014, rel. Min. Sidnei Beneti.

contracorrente, acompanhado do demonstrativo de débito, constitui documento hábil para o ajuizamento da ação monitória'. Precedentes.

A jurisprudência do Superior Tribunal de Justiça já pacificou seu entendimento de que a dívida subjacente a contrato de abertura de crédito tem seu prazo prescricional regrado pelo art. 206, § 5º, I, do CC de 2002 – concernente à dívida encartada em instrumento público ou particular. Precedentes".[2]

Quanto à nota de crédito industrial, cuja regência se encontra no Decreto-lei nº 413/1969, reconheceu o STJ o prazo quinquenal:

"A obrigação constante em Nota de Crédito Industrial possui liquidez, certeza e exigibilidade, conforme estabelecido pelos arts. 10 e 18 do Decreto-lei nº 413/1969. O prazo prescricional para exercício da pretensão de cobrança de débito constituído por nota de crédito – deduzida mediante ação de conhecimento ou monitória – é de cinco anos (art. 206, § 5º, I, do CC/2002), começando a fluir do vencimento da obrigação inadimplida.

Hipótese em que a obrigação venceu em 15.11.2002, a atrair a incidência da regra de transição do art. 2.028 do CC/2002. Prazo prescricional findo em 11.01.2008. Pretensão prescrita".[3]

Expõe o voto da Relatora:

"No que se refere propriamente ao prazo prescricional aplicável à situação dos autos, é imperioso reconhecer que incide – ao contrário do que defende o recorrente – a regra do art. 206, § 5º, I, do CC/2002, a qual fixa o período de cinco anos para exercício da pretensão de cobrança de dívidas líquidas constantes de instrumento particular, como na hipótese.

De fato, a natureza da Nota de Crédito Industrial, instrumento representativo do débito objeto desta ação, conforme estabelecido pelos arts. 10 e 18 do Decreto-lei nº 413/1969, é de título líquido, certo e exigível".

Observa-se que o art. 10 suprarreferido enquadra a cédula de crédito industrial como título de crédito:

"A cédula de crédito industrial é título líquido e certo, exigível pela soma dela constante ou do endosso, além dos juros, da comissão de fiscalização, se houver, e demais despesas que o credor fizer para segurança, regularidade e realização de seu direito creditório".

Em outras matérias, como a de revisão de contratos e de repetição de valores pagos indevidamente, o prazo é o do art. 205 do Código Civil:

"Incide a prescrição vintenária do art. 177 do CC/1916 ou na decenal do art. 205 do CC/2002 nos casos de ações de repetição de indébito, respeitada a regra de transição prevista no art. 2.028 do atual Código".[4]

---

[2] AgRg no REsp nº 1402170/RS, da 4ª Turma do STJ, j. em 11.02.2014, DJe de 14.03.2014, rel. Min. Raul Araújo.
[3] REsp nº 1.405.500/MA, da 3ª Turma, j. em 10.06.2014, DJe de 17.06.2014, rel. Min. Nancy Andrighi.
[4] AgRg no AREsp nº 32.822/RS, da 3ª Turma do STJ, j. em 13.08.2013, DJe de 22.08.2013, rel. Min. João Otávio de Noronha.

"A prescrição da pretensão para revisar contratos bancários e pleitear restituição de valores indevidamente pagos segue a norma do artigo 205, do Código Civil. Precedentes".[5]

Em questões que envolvem a atividade creditícia, que emergem do cumprimento ou interpretação dos contratos, e que não se caracterizam como obrigações fundadas em títulos de crédito ou cambiais, também o prazo estende-se por dez anos, com abrigo no art. 205 do Código Civil, já que o direito em debate tem natureza pessoal. A par da atividade creditícia em geral, há o exemplo da devolução de valores pretendida por aderente a contrato celebrado com instituição financeira, como no arrendamento mercantil. O STJ alinha-se nessa interpretação:

"Não se tratando de execução de título de crédito cambial, a prescrição incidente sobre os valores decorrentes da atividade creditícia das instituições financeiras está sujeita ao prazo das ações pessoais, que era vintenário na vigência do Código Civil anterior e atualmente é decenal. Precedentes".[6]

É ilustrativa fundamentação que se colhe do voto da Relatora, além de se reportar a precedentes:

"A título informativo, acrescento que, não se cuidando de ação de execução de título de crédito cambial, tem-se que a prescrição que rege as cláusulas financeiras dos contratos bancários é a vintenária, prevista no art. 177, *caput*, do Código Civil de 1916, ou decenal, após a redução promovida pelo art. 205 do Código atual, considerada a regra de transição do art. 2.028, pois o direito em debate possui natureza pessoal. Como exemplo: (...)

'1. As ações revisionais de contrato bancário são fundadas em direito pessoal, o que às sujeitava à prescrição vintenária detratava o *caput* do art. 177 do Código Civil de 1916.

2. Consoante a jurisprudência sedimentada desta Corte Superior, é possível a revisão judicial dos contratos extintos pela novação ou pela quitação (Precedentes: REsp 455855/RS, 3ª Turma, *DJU* 19.06.2006).

3. É possível a apreciação do contrato e de suas cláusulas para afastar eventuais ilegalidades, mesmo em face das parcelas já pagas, em homenagem ao princípio que impede o enriquecimento sem causa, sendo inclusive prescindível a discussão a respeito de erro no pagamento.

4. Agravo regimental a que se nega provimento' (3ª Turma, REsp 993.879/SP, rel. Min. Vasco Della Giustina (Desembargador convocado do TJRS), unânime, *DJe* 12.08.2009).

(...) – 'A prescrição para a ação revisional de contrato bancário é a ordinária não se aplicando a quinquenal do Código Civil de 1916 (art. 178, § 10, inciso III). Agravo Regimental improvido' (3ª Turma, AgRg no Ag 1.094.498/PR, rel. Min. Sidnei Beneti, unânime, *DJe* 11.02.2009).

'Contratos bancários. Revisão. Prescrição. Novação. Comissão de permanência. Capitalização. Precedentes da Corte.

---

[5] AgRg no AREsp nº 137.892/PR, da 4ª Turma do STJ, j. em 12.03.2013, *DJe* de 19.03.2013, rel. Min. Maria Isabel Gallotti.
[6] EDcl no AREsp 493863/RJ, da 4ª Turma, j. em 20.05.2014, *DJe* de 30.05.2014, rel. Min. Maria Isabel Gallotti.

1. A prescrição para a ação revisional de contratos bancários é a ordinária não se aplicando a quinquenal do antigo Código Civil (art. 178, § 10, III)' (3ª Turma, REsp 685.023/RS, rel. Min. Carlos Alberto Menezes Direito, unânime, *DJU* 07.08.2006) (...).

(...) 'I – Referindo-se a Lei Uniforme aos títulos de crédito, notadamente à letra de câmbio e à nota promissória, não se pode aplicar o prazo prescricional de três anos nela previsto (art. 70) para o *leasing*, que possui natureza contratual, sendo de aplicar-se a norma geral contida no art. 177 do Código Civil, para as ações pessoais, uma vez inexistente norma legal específica.

II – Obrigação é termo de acepção genérica, que se traduz em um vínculo jurídico pelo qual uma pessoa deve a outra determinada prestação, exsurgindo daí o dever de prestar e o direito de crédito.

III – Não obstante a teoria geral das obrigações tenha se desenvolvido no âmbito do Direito Civil, não se pode limitá-la a um capítulo, uma vez que se estende aos demais ramos da ciência jurídica.

IV – Como bem assinalou o v. acórdão impugnado, ilíquido não é o título, que contém o valor do principal da dívida e as informações necessárias ao cálculo dos respectivos acessórios, a serem apurados por simples cálculo do contador.

V – A reapreciação dos fatos da causa, nesta instância especial, seja mediante o reexame de provas, seja por meio da interpretação de cláusula contratual, desvirtua a competência constitucionalmente atribuída a esta Corte, sendo aplicáveis os enunciados 5 e 7 da Súmula/STJ.

VI – Não se configura a divergência jurisprudencial, a ensejar a via do apelo especial, se o recorrente não procedeu ao cotejo analítico entre as hipóteses de fato, não fez prova da divergência e limitou-se a transcrever ementa (art. 541, parágrafo único, CPC)' (4ª Turma, REsp 139.412/MG, rel. Min. Sálvio de Figueiredo Teixeira, unânime, *DJU* 21.06.1999)".[7]

---

[7] Corresponde o mencionado art. 541, parágrafo único, ao art. 1.029, § 1º, do CPC de 2015.

Capítulo XLVI
A PRESCRIÇÃO NO DEPÓSITO BANCÁRIO

1. DEPÓSITO BANCÁRIO

Conceituado no campo do Direito Civil, define-se o contrato de depósito como a espécie em que uma pessoa confia a outra a guarda de objeto móvel, obrigando-se a segunda à restituição, quando reclamado. Na síntese de Clóvis Beviláqua, é o contrato pelo qual "uma pessoa recebe um objeto móvel alheio, com a obrigação de guardá-lo e restituí-lo em seguida".[1]

Importante considerar os elementos componentes.

Pelo primeiro elemento, há a entrega da coisa pelo depositante ao depositário. Não há depósito sem a tradição da coisa depositada, aspecto que o caracteriza como contrato real.

O segundo elemento revela-se na natureza móvel do bem depositado. Basicamente, apenas as coisas móveis podem ser objeto de depósito, sem afastar, no entanto, o de bens imóveis, como frequentemente ocorre no depósito judicial e no sequestro.

Vem, depois, a guarda do bem. A finalidade determinante da espécie em exame é a guarda, o que a distingue de outras figuras, nas quais o contratante igualmente assume a obrigação de guardar a coisa recebida, como na locação, no comodato e mesmo no mandato.

Indo adiante, não se impede o uso. Pode-se conceder o uso, que não desnatura o contrato, desde que não se deteriore a coisa.

Requer-se, ainda, a restituição da coisa. Está o depositário obrigado a devolver a coisa tão logo a reclamar ou exigir o depositante.

Há o depósito bancário, geralmente denominado de *abertura de conta de depósito*, ou de *depósito em conta corrente*, em que se compromete a instituição financeira a acolher depósitos, retiradas e débitos autorizados pelo cliente ou depositante, sendo que os valores depositados em dinheiro estarão imediatamente disponíveis para a retirada na própria agência que celebrou o contrato, ou na rede de agências autorizadas. Contudo, se efetuados os depósitos em agências diferentes daquela da retirada, os saques se darão após a devida conferência de que correspondem aos saldos existentes.

---

[1] *Código Civil dos Estados Unidos do Brasil comentado*. Rio de Janeiro: Livraria Francisco Alves, 1919. v. VI, p. 6.

2. VALORES DEPOSITADOS EM BANCOS E INCIDÊNCIA DAS REGRAS DO MÚTUO

Os depósitos bancários caracterizam-se como depósitos de coisa fungível.

O dinheiro depositado num banco é coisa fungível, com o inerente compromisso de restituir o valor equivalente, ou de restituir a coisa do mesmo gênero, qualidade e quantidade, segundo a conceituação do depósito irregular. É evidente que não se devolvem as mesmas cédulas entregues, ou as idênticas moedas que foram depositadas. Restituem-se outras cédulas ou moedas de igual valor e curso admitido no País. Deve-se considerar, também, embora as teorias existentes procurando considerar o depósito bancário como um mútuo, ou como uma transferência de propriedade do dinheiro, que a finalidade inegável situa-se na entrega de um objeto móvel, ou de coisas móveis, para a guarda pelo depositário durante certo tempo, efetuando-se a restituição ao final.

Observa Aramy Dornelles da Luz os fundamentos que levam a ver o mútuo ou uma transferência de propriedade no depósito: "O fato de o dinheiro ser coisa fungível e consumível e o seu depósito propiciar ao depositário uso e consumo – justamente por ser depositário um banqueiro e coincidentemente ser a coisa depositada sua mercadoria – induziu juristas a enxergar no depósito bancário um verdadeiro mútuo".

Logo adiante: "Pontes de Miranda assinala que o 'dinheiro, feito no banco, faz o banco adquirir a propriedade do que se depositou' (§ 5.423, vol. LII, Tratado de Direito Privado). O fundamento dessa concepção encontra-se no art. 1.280 do Código Civil, atrelador do depósito irregular à disciplina do mútuo, o qual tem no preceito do art. 1.257, que é específico, a definição do efeito transferência de domínio".[2]

Os arts. 1.280 e 1.257, retromencionados, correspondem, no Código Civil em vigor, aos arts. 645 e 587.

Acentua-se o caráter de transferência de propriedade porque, na exposição do mesmo autor, "se há um contrato de conta corrente vinculado ao depósito, o lançamento, na coluna 'haver', do valor depositado apaga sua identidade, entra no jogo de compensação com outros créditos e débitos e não subsiste mais que uma só massa patrimonial que tem a representá-la o saldo disponível. Perde, por esta forma, sua característica de coisa autônoma, individuada, para se transformar numa entidade abstrata chamada crédito. Desaparece o depósito, dele se originando o crédito. Nessa desfiguração ou configuração nova é que se pode considerar que o valor depositado passa à propriedade do depositário e, isso mesmo, é preciso aprofundar a compreensão de como se dá esta aquisição".[3]

No entanto, se subsiste a obrigação de restituir, de devolver, a posse e a disponibilidade que se têm com a entrega do dinheiro são *alieno juris*. Opera-se a transferência da posse direta, mas não a transferência do domínio direto. Sendo inerente ao depósito a obrigação de restituir, é porque não se adquire o domínio sobre o bem depositado.

E mais: em vista de a qualquer momento tornar-se suscetível o pedido de resgate, o uso concedido ou implicitamente autorizado é precário, desvestido da plena disponibilidade.

Apesar de não se desfigurar a natureza do depósito, o tratamento que se deve dar envolve a aplicação de regras do mútuo e da transferência.

Observa-se do art. 629 da Lei Civil como se efetua a restituição:

---

[2] *Negócios jurídicos bancários*. São Paulo: RT, 1996. p. 75.
[3] *Negócios jurídicos bancários*, cit., p. 76.

> "O depositário é obrigado a ter na guarda e conservação da coisa depositada o cuidado e diligência que costuma com o que lhe pertence, bem como a restituí-la, com todos os frutos e acrescidos, quando o exija o depositante".

Ressalta a obrigação de restituir *com todos os frutos e acrescidos*.

Já o art. 645 acrescenta a incidência das regras estabelecidas para o mútuo, envolvendo o depósito de coisas fungíveis:

> "O depósito de coisas fungíveis, em que o depositário se obrigue a restituir objetos do mesmo gênero, qualidade e quantidade, regular-se-á pelo disposto acerca do mútuo".

Portanto, incidem, no depósito, as normas quanto à remuneração prevista no mútuo, que é a possibilidade de se exigirem juros. Tem importância especialmente o art. 586, com esta redação:

> "O mútuo é o empréstimo de coisas fungíveis. O mutuário é obrigado a restituir ao mutuante o que dele recebeu em coisas do mesmo gênero, qualidade e quantidade".

Em suma, na devolução da coisa ou dos bens depositados, acompanham os rendimentos, ou resultados positivos do mútuo. Como a instituição financeira realiza a atividade de captação e aplicação dando e exigindo remuneração, hão de se considerar os frutos e acrescidos na forma dos rendimentos que paga. Neste monte incluem-se todos os ingressos, não se destacando unicamente aqueles originados de aplicações feitas por clientes.

Nessa ênfase, adquire importância o depósito bancário de valores, pois a restituição se fará com os rendimentos resultantes durante o período do depósito.

3. O PRAZO DOS DEPÓSITOS E DA PRESCRIÇÃO

Os direitos decorrentes do contrato de depósito, em princípio, perduram enquanto vigorar o contrato de depósito. Pode-se afirmar que há a imprescritibilidade na vigência do depósito.

No entanto, existe um prazo de permanência de valores em depósito bancário, que é de vinte e cinco anos, a teor do art. 1º da Lei nº 2.313, de 03.09.1954:

> "Os contratos de depósito regular e voluntário de bens de qualquer espécie extinguem--se no prazo de 25 (vinte e cinco) anos, podendo, entretanto, ser renovados por expressa aquiescência das partes".

Concede-se o prazo de cinco anos para a reclamação, em vista do § 1º do mesmo dispositivo:

> "Extintos esses contratos, pelo decurso do prazo, os bens depositados serão recolhidos ao Tesouro Nacional e, aí, devidamente relacionados, em nome dos seus proprietários, permanecerão, se não forem estes reclamados no prazo de 5 (cinco) anos, findo o qual se incorporarão ao patrimônio nacional".

Quando do recolhimento junto ao Tesouro Nacional, necessário dar ciência aos titulares das contas, como ordena o § 2º:

"Por ocasião desse recolhimento ao Tesouro Nacional, os depositários dele darão conhecimento aos interessados por meio de publicidade no '*Diário Oficial*', e na imprensa local, onde houver, pelo menos 3 (três) vezes".

A permanência dos créditos relativos aos depósitos durante o período de vinte e cinco anos é reafirmada pelo art. 2º:

"Os créditos resultantes de contratos de qualquer natureza, que se encontrarem em poder de estabelecimentos bancários, comerciais e industriais e nas Caixas Econômicas, e não forem reclamados ou movimentadas as respectivas contas pelos credores por mais de 25 (vinte e cinco) anos, serão recolhidos, observado o disposto no § 2º do art. 1º ao Tesouro Nacional e aí escriturados em conta especial, sem juros, à disposição dos seus proprietários ou de seus sucessores, durante 5 (cinco) anos, em cujo termo se transferirão ao patrimônio nacional".

Quanto, no entanto, aos depósitos populares em poupança, há a imprescritibilidade, por determinação do § 1º do art. 2º:

"Excetuam-se do disposto neste artigo os depósitos populares feitos nos estabelecimentos mencionados, que são imprescritíveis e os casos para os quais a lei determine prazo de prescrição menor de 25 (vinte e cinco) anos".

Vê-se, pois, a existência de regras especiais sobre a prescrição de depósitos bancários. A matéria foi objeto de análise em várias oportunidades pelo Superior Tribunal de Justiça, conforme evidenciam os paradigmas que ilustram o item seguinte.

4. A IMPRESCRITIBILIDADE DURANTE O DEPÓSITO

Enquanto se mantiver o depósito, não corre a prescrição justamente porque está em vigor o contrato, e mantendo-se as obrigações próprias do instituto. Essa a interpretação reiterada do STJ, a respeito:

"De regra, em um contrato de depósito, durante sua vigência, o direito de resgatar o bem depositado pode ser exercido pelo seu titular como decorrência lógica do pacto, mostrando-se tal providência uma parte ínsita do sinalagma subjacente à avença. Assim, mesmo na atual disciplina do Código Civil de 2002, na vigência de um contrato de depósito, há de se proclamar a imprescritibilidade da ação para reclamar os valores depositados. Isso porque, em verdade, durante o contrato de depósito e antes que os valores sejam efetivamente pleiteados pelo depositante, não há obrigação vencida, aplicando-se o que dispõe o art. 199, inciso II.

Porém, situação particular ocorre no caso de depósito bancário – salvo os populares –, pois há regra própria para o depositante reclamar os valores depositados. O art. 2º da Lei nº 2.313/1954 prevê o prazo de 25 (vinte e cinco) anos para a permanência de valores em depósitos bancários, após o qual, se não forem reclamados ou se não houver movimentação da respectiva conta, serão recolhidos ao Tesouro Nacional, momento a partir do qual o depositante terá 5 (cinco) anos para reaver os valores recolhidos aos cofres públicos.

No caso, a ação foi ajuizada em 5 de junho de 2002, data em que o contrato de depósito não havia sido atingido pelo prazo legal previsto no mencionado diploma – prazo de extinção legal do contrato de depósito. Assim, aplica-se o entendimento segundo o qual, na vigência do contrato de depósito, não corre prescrição contra o depositante, nos termos do que dispunha o art. 168, inciso V [inciso IV], do Código Civil de 1916.

Como consectário, havendo prazo para o ajuizamento de ações relativas aos mencionados depósitos, era obrigação da instituição depositária 'conservar em boa guarda toda a escrituração, correspondências e mais papéis pertencentes ao giro do seu comércio' (art. 10, alínea '3', do Código Comercial), não podendo, assim, opor prescrição à pretensão do autor, que foi deduzida oportunamente".[4]

Importantes as fundamentações que se encontram no voto do Relator, que desenvolvem a matéria:

"Na vigência do Código Civil de 1916, a prescrição não corria contra o depositante, nos termos do que dispunha o art. 168:

'Não corre a prescrição:

I. Entre cônjuges, na constância do matrimônio.

II. Entre ascendentes e descendentes, durante o pátrio poder.

III. Entre tutelados ou curatelados e seus tutores ou curadores, durante a tutela ou curatela.

IV. Em favor do credor pignoratício, do mandatário, e, em geral, das pessoas que lhes são equiparadas, contra o depositante, o devedor, o mandante e as pessoas representadas, ou seus herdeiros, quanto ao direito e obrigações relativas aos bens confiados à sua guarda'.

A doutrina de Washington de Barros Monteiro assevera que, nos três primeiros casos, a prescrição fica paralisada em razão da confiança e amizade existentes entre os contratantes.

No último, a suspensão é ditada por motivos de ordem moral. A rigor, desde o instante em que o depositário, o mandatário e as pessoas, que lhes são equiparadas, se negassem a satisfazer a obrigação de restituir, estariam em mora, tendo o credor ação para compeli-los ao adimplemento. Mas o legislador achou de melhor alvitre suspender a prescrição em todos esses casos, assim fortalecendo a posição da parte inocente (Barros Monteiro, Washington. *Curso de direito civil*. v. I. 35. ed. São Paulo: Saraiva, 1997, p. 302).

Embora o atual Código Civil não reproduza disciplina semelhante, a doutrina majoritária entende que a ação fundada no contrato de depósito é imprescritível. Assim, existente a relação contratual de depósito, sem ter ocorrido a sua rescisão ou extinção, não se haveria falar em prescrição (CAHALI, Yussef Said. *Prescrição e decadência*. 2. ed. São Paulo: RT, p. 282).

Não obstante isso, é de se fazer uma distinção entre as hipóteses em que o contrato de depósito está em vigor daquelas em que o pacto foi extinto, assim também os depósitos comuns e depósitos bancários, que possuem regramento próprio.

---

[4] REsp nº 995.375/SP, da 4ª Turma, j. em 04.09.2012, *DJe* de 1º.10.2012, rel. Min. Luis Felipe Salomão.

Em um contrato de depósito, durante sua vigência, o direito de resgatar o bem depositado pode ser exercido pelo seu titular como decorrência lógica do pacto, mostrando-se tal providência uma parte ínsita do sinalagma subjacente à avença.

Não se cogita, portanto, de uma pretensão nascida de uma violação a direitos subjetivos (art. 188 do Código Civil), não se podendo também falar em prescrição. Cuida-se, em boa verdade, do próprio direito material nascido do contrato, aplicando-se, no ponto, a lição de Caio Mário da Silva Pereira, para quem 'o depositário tem de devolver a coisa no momento em que lhe for pedida. Se perder este caráter, já não será depósito' (*Instituições de direito civil*. vol. 3. 15. ed. Rio de Janeiro: Forense, 2011, p. 327).

De fato, mesmo na atual disciplina do Código Civil de 2002, na vigência de um contrato de depósito, há de se proclamar a imprescritibilidade da ação para reclamar os valores depositados. Isso porque, em verdade, durante o contrato de depósito e antes que os valores sejam efetivamente pleiteados pelo depositante, não há obrigação vencida, aplicando-se o que dispõe o art. 199, inc. II:

'Não corre igualmente a prescrição:

(...)

II – não estando vencido o prazo'.

4.2. Situação particular ocorre no caso de depósito bancário, pois há regra própria para o depositante reclamar os valores depositados'.

A matéria é regida pela Lei nº 2.313/1954:

'Art. 2º Os créditos resultantes de contratos de qualquer natureza, que se encontrarem em poder de estabelecimentos bancários, comerciais e industriais e nas Caixas Econômicas, e não forem reclamados ou movimentadas as respectivas contas pelos credores por mais de 25 (vinte e cinco) anos serão recolhidos, observado o disposto no § 2º do art. 1º, ao Tesouro Nacional e aí escriturados em conta especial, sem juros, à disposição dos seus proprietários ou de seus sucessores, durante 5 (cinco) anos, em cujo termo se transferirão ao patrimônio nacional'.

O mencionado dispositivo – que remete a sua leitura ao art. 1º do mesmo Diploma – prevê o prazo de 25 (vinte e cinco) anos para a permanência de valores em depósitos bancários, após o qual, se não forem reclamados ou se não houver movimentação da respectiva conta, serão recolhidos ao Tesouro Nacional, momento a partir do qual o depositante terá 5 (cinco) anos para reaver os valores recolhidos aos cofres públicos.

Exceção à regra são os depósitos populares, que são imprescritíveis, nos termos do § 1º do art. 2º e da reiterada jurisprudência (REsp 583.360/RS, rel. Min. Massami Uyeda, 4ª Turma, j. em 02.08.2007; REsp 710.471/SC, rel. Min. Humberto Gomes de Barros, 3ª Turma, j. em 21.11.2006, *DJ* 04.12.2006).

A Lei nº 2.313/1954 prevê também a exigência de que 'por ocasião desse recolhimento ao Tesouro Nacional, os depositários dele darão conhecimento aos interessados por meio de publicidade no *Diário Oficial*, e na imprensa local, onde houver, pelo menos 3 (três) vezes' (art. 1º, § 2º).

É bem de ver, todavia, que o prazo de 25 (vinte e cinco) anos a que faz alusão o mencionado diploma não consubstancia um prazo de prescrição para a cobrança de valores existentes em contas de depósito bancário, mas prazo de extinção do próprio contrato de depósito, sempre que não houver levantamento dos valores nem movimentação da conta durante aquele período.

Nessa linha é o magistério de Caio Mário da Silva Pereira:

'*Extingue-se o contrato*: a) pelo vencimento do prazo, sem prejuízo de que o depositante pode, a todo tempo, reclamar a restituição da coisa *depositada* [...] f) pelo decurso do prazo instituído em lei especial (25 anos, *ut* Lei nº 2.313, de 3 setembro de 1954), com recolhimento obrigatório dos bens depositados ao Tesouro, e sua incorporação definitiva ao patrimônio nacional, se não forem reclamados no prazo de cinco anos, abrangidos nesta caducidade tanto os depósitos regulares quanto os irregulares, com exceção das contas de depósitos populares nos estabelecimentos bancários, comerciais e industriais, e as abertas nas Caixas Econômicas' (*Op. cit.*, p. 336).

Com a extinção, por força de lei, do contrato de depósito bancário, extingue-se a situação jurídica contratual antes aperfeiçoada entre o depositante e o Banco depositário, dando lugar a uma outra e nascendo para o titular um novo direito, conferido por lei, com uma nova pretensão de levantamento dos valores que eram objeto do contrato de depósito extinto.

De outra parte, caso os valores tenham sido recolhidos ao Tesouro Nacional, depois de realizada a publicidade a cargo do depositário (art. 1º, § 2º, da Lei nº 2.313/1954), o interessado não tem mais pretensão a ser exercida contra a instituição financeira, devendo ser reclamados os valores no prazo de 5 (cinco) anos, pelo proprietário ou seus sucessores (art. 2º), diretamente do Tesouro, ao termo do qual os valores se incorporarão definitivamente ao patrimônio nacional.

Em suma, depois de recolhidos os valores aos cofres do Tesouro – que deve ocorrer após escoados 25 (vinte e cinco) anos sem movimentação bancária –, o prazo para o pedido de levantamento é de 5 (cinco) anos.

Porém, é até intuitivo imaginar que tais valores nem sempre são recolhidos ao Tesouro Nacional, razão pela qual o prazo extintivo de 5 (cinco) anos – que se refere a prazo que flui em benefício do Tesouro e não em benefício da instituição depositária – deve ser contado somente se houver efetiva transferência dos valores.

Nesse sentido, é o magistério de Yussef Cahali Said: 'Existente a relação contratual de depósito bancário, sem ter ocorrido a sua rescisão ou extinção, não há falar em prescrição. O reconhecimento da prescrição por força da Lei nº 2.313/1954 depende de prova da remessa do direito para o Tesouro Nacional' (p. 282, *ob. cit.*).

Na falta de recolhimento dos valores depositados ao Tesouro Nacional, depois do término legal do contrato de depósito (25 anos), começa a fluir um prazo comum para a cobrança dos valores, o qual, na vigência do Código Civil de 1916, era o prazo geral de 20 (vinte) anos para as ações pessoais (art. 177).

(...)".

Mais revela o caráter da imprescritibilidade quando o depósito é judicial, conforme a seguinte síntese ementada, sendo que unicamente com a extinção do contrato de depósito dá-se início ao prazo de prescrição:

"O depósito judicial não cria entre o depositante e o depositário nenhum tipo de relação jurídica de caráter privado, tratando-se, na realidade, de uma relação essencialmente pública, já que é ato judicial e não contratual. Logo, o depósito judicial não se confunde com os depósitos bancários comuns, não estando submetidos ao mesmo regramento.

Não há falar, portanto, em prescrição do direito de devolução da quantia depositada ou em prescrição dos juros, pois, o termo inicial da prescrição, nestes casos, é a extinção da relação jurídica, o que não ocorreu na hipótese ora em análise.

O art. 1º da Lei nº 6.205/1975 entrou em vigor em 29.04.1975, gerando efeitos apenas para prestações posteriores a esta data, vedada a sua aplicação retroativa, motivo pelo qual a utilização do salário mínimo como fator de correção monetária para o período de 1944 a 1964, conforme fixado pelo Tribunal de origem, não atenta contra a legislação vigente à época.

Na ausência de índices de correção no período anterior a outubro de 1964, a fim de que não se configure o enriquecimento sem causa por parte do Banco, admite-se a utilização do salário mínimo como instrumento de atualização, tendo em vista o caráter oficial de sua estipulação.

É devida a restituição do depósito judicial efetuado em 1944, acrescida de correção monetária, utilizando-se como índice de correção, para o período de 1944 a 1964, o salário mínimo.

Recurso especial não conhecido".[5]

Ressaltando a inexistência de prescrição na devolução dos valores depositados e de seus consectários, enquanto dura o depósito, é exemplo o seguinte aresto:

"O depósito judicial não se submete às regras dos depósitos bancários comuns, uma vez que não cria entre o depositante e o depositário nenhum tipo de relação jurídica de caráter privado, sendo, em verdade, ato judicial. Não há falar, portanto, em prescrição do direito de devolução da quantia depositada ou em prescrição dos juros, pois, o termo inicial da prescrição, nestes casos, é a extinção da relação jurídica, o que não se verifica no caso presente.

A ausência de particularização do dispositivo legal tido por violado caracteriza deficiência na fundamentação, impedindo a abertura da via especial, ante a incidência da Súmula 284/STF.

Decisão agravada mantida pelos seus próprios fundamentos".[6]

---

[5] REsp nº 579.500/MG, da 4ª Turma, j. em 03.09.2009, *DJe* de 21.09.2009, rel. Min. Luis Felipe Salomão.
[6] AgRg no REsp nº 658.039/RS, da 3ª Turma, j. em 27.03.2012, *DJe* de 11.04.2012, rel. Paulo de Tarso Sanseverino.

Capítulo XLVII
A PRESCRIÇÃO NO DIREITO ADMINISTRATIVO

Em regra, na prescrição contra os atos administrativos é adotado o prazo máximo de cinco anos, tanto em favor da Administração, como contra ela. A legislação administrativa, em uma grande plêiade de situações, e mais a doutrina, a jurisprudência e a própria Administração, firmaram-se em torno da prescrição e a decadência nesse lapso de tempo. Citam-se alguns exemplos de expressas previsões legais.

O Código Tributário Nacional, no art. 174, fixa o prazo prescricional de cinco anos para cobrança de crédito tributário. Por sua vez, no art. 173 está previsto o prazo decadencial de cinco anos para constituição do crédito tributário. No art. 168, tem-se o prazo prescricional também de cinco anos para ação de restituição de indébito.

Para agir contra a Fazenda Pública, o Decreto nº 20.910/1932 limitou o exercício da ação no prazo de cinco anos, que também se estende, pelo princípio da igualdade de tratamento, nas demandas que a mesma tem contra os que são seus devedores.

Já a Lei nº 8.112/1990, no art. 142, estabelece que ação disciplinar contra funcionário público prescreve, no máximo, em cinco anos.

Os prazos prescricionais para a punição disciplinar dos membros do Ministério Público Federal, previstos na Lei Complementar nº 75/1993 (art. 244), vão até quatro anos.

A Lei nº 8.429/1992, com as modificações da Lei 14.230/2021, que trata dos atos de improbidade administrativa, fixa, no art. 23, o prazo prescricional de oito anos, contado a partir da ocorrência do fato, ou da cessação da infração permanente:

> "A ação para a aplicação das sanções previstas nesta Lei prescreve em 8 (oito) anos, contados a partir da ocorrência do fato ou, no caso de infrações permanentes, do dia em que cessou a permanência".

Vários parágrafos foram introduzidos pela Lei 14.230/2021.

A instauração de inquérito civil ou de processo administrativo suspende o prazo até cento e oitenta dias, de conformidade com o § 1º:

> "A instauração de inquérito civil ou de processo administrativo para apuração dos ilícitos referidos nesta Lei suspende o curso do prazo prescricional por, no máximo, 180 (cento e oitenta) dias corridos, recomeçando a correr após a sua conclusão ou, caso não concluído o processo, esgotado o prazo de suspensão".

O § 2º fixa um prazo para a conclusão do inquérito civil, que é de 365 dias, com a permissão de prorrogação em uma única vez:

> "O inquérito civil para apuração do ato de improbidade será concluído no prazo de 365 (trezentos e sessenta e cinco) dias corridos, prorrogável uma única vez por igual período, mediante ato fundamentado submetido à revisão da instância competente do órgão ministerial, conforme dispuser a respectiva lei orgânica".

Encerrado tal prazo, deverá ser proposta em trinta dias, desde que não seja o caso de arquivamento do inquérito. É como está no § 3º:

> "Encerrado o prazo previsto no § 2º deste artigo, a ação deverá ser proposta no prazo de 30 (trinta) dias, se não for caso de arquivamento do inquérito civil".

Vêm, no § 4º, previstas hipóteses de interrupção do prazo:

> "O prazo da prescrição referido no *caput* deste artigo interrompe-se:
> I – pelo ajuizamento da ação de improbidade administrativa;
> II – pela publicação da sentença condenatória;
> III – pela publicação de decisão ou acórdão de Tribunal de Justiça ou Tribunal Regional Federal que confirma sentença condenatória ou que reforma sentença de improcedência;
> IV – pela publicação de decisão ou acórdão do Superior Tribunal de Justiça que confirma acórdão condenatório ou que reforma acórdão de improcedência;
> V – pela publicação de decisão ou acórdão do Supremo Tribunal Federal que confirma acórdão condenatório ou que reforma acórdão de improcedência".

O recomeço do prazo após a interrupção vem expresso no § 5º, mas pela metade do prazo previsto no art. 23:

> "Interrompida a prescrição, o prazo recomeça a correr do dia da interrupção, pela metade do prazo previsto no *caput* deste artigo".

Estendem-se a suspensão e a interrupção a todos os que concorreram na improbidade, na previsão do § 6º.

> "A suspensão e a interrupção da prescrição produzem efeitos relativamente a todos os que concorreram para a prática do ato de improbidade".

Pelo § 7º, nos casos de conexão de atos de improbidade, ou seja, de atos que prosseguem e se estendem, a suspensão ou interrupção de qualquer deles se estende aos demais:

> "Nos atos de improbidade conexos que sejam objeto do mesmo processo, a suspensão e a interrupção relativas a qualquer deles estendem-se aos demais".

O § 8º trata da iniciativa do reconhecimento da prescrição intercorrente, isto é, ocorrida no curso do processo por falta de iniciativa no andamento, nos casos do § 4º, com o recomeço, pela metade do prazo, desde que cessada a interrupção, como prevê o § 5º:

"O juiz ou o tribunal, depois de ouvido o Ministério Público, deverá, de ofício ou a requerimento da parte interessada, reconhecer a prescrição intercorrente da pretensão sancionadora e decretá-la de imediato, caso, entre os marcos interruptivos referidos no § 4º, transcorra o prazo previsto no § 5º deste artigo".

A Lei nº 6.838/1980 estabelece o prazo prescricional de cinco anos para a prescrição da punibilidade de profissional liberal, por falta sujeita a processo disciplinar, a ser aplicada por órgão competente:

"Art. 1º A punibilidade de profissional liberal, por falta sujeita a processo disciplinar, através de órgão em que esteja inscrito, prescreve em 5 (cinco) anos, contados da data de verificação do fato respectivo".

Deve-se considerar que a prescrição por falta profissional, ou cometida no exercício da profissão, segundo a regulamentação de cada classe de profissionais. Assim, a negligência ou falta de ética, a concorrência desleal, a desídia, a recusa imotivada de atendimento, no exercício da profissão.

Em outro aspecto, firmou-se consenso na doutrina e na jurisprudência que, na falta de previsão de prazo específico, a prescrição tributária e administrativa se opera em cinco anos.

Capítulo XLVIII
A PRESCRIÇÃO E AS PESSOAS JURÍDICAS DE DIREITO PÚBLICO

Não estão imunes as pessoas jurídicas de direito público das regras da prescrição. Não há, em princípio, privilégio que as isente, ou que assegure imorredouramente os direitos e as ações correspondentes.

Regras especiais regulam a prescrição e a decadência.

Destaca-se, em primeiro lugar, o Decreto nº 20.910, de 06.01.1932, cujo art. 1º limita em cinco anos o prazo para reclamar qualquer direito e propor as ações de cobrança de dívidas:

> "As dívidas passivas da União, dos Estados e dos Municípios, bem assim todo e qualquer direito ou ação contra a Fazenda federal, estadual ou municipal, seja qual for a sua natureza, prescrevem em 5 (cinco) anos, contados da data do ato ou fato do qual se originarem".

O art. 2º, em relação a pensões e direitos e outros direitos:

> "Prescrevem igualmente no mesmo prazo todo o direito e as prestações correspondentes a pensões vencidas ou por vencerem, ao meio soldo e ao montepio civil e militar ou a quaisquer restituições ou diferenças".

A matéria vinha contemplada no art. 178, § 10, inc. VI, do Código Civil de 1916, prevendo o mesmo prazo para "as dívidas passivas da União, dos Estados e dos Municípios, e bem assim toda e qualquer ação contra a Fazenda federal, estadual ou municipal; devendo o prazo da prescrição correr da data do ato ou fato do qual se originar a mesma ação". O Código de 2002 não manteve a disposição, pois está inserida em legislação especial.

São ressalvados certos direitos, como no caso da propriedade, quando o prazo máximo da prescrição aquisitiva é de quinze anos. Daí, enquanto perdura esse lapso temporal, admitir-se-á a ação reivindicatória proposta contra pessoa jurídica de direito público:

> "A perda da propriedade só se consuma depois de vinte anos, quando o titular do domínio já não pode se valer da ação de reivindicação. Inaplicabilidade da regra do art. 1º do Decreto nº 20.910/1932 à chamada desapropriação indireta".[1]

---

[1] O prazo de vinte anos, inserido na ementa, foi reduzido para quinze anos pelo art. 1.238 do Código Civil. REsp nº 164.481/SP, da 2ª Turma do STJ, publ. em 8.09.1998, *ADV Jurisprudência*, n. 21, p. 323, maio 1999.

Quanto aos bens públicos, são imprescritíveis. Parte-se do art. 100 da lei civil, estabelecendo que os bens públicos de uso comum do povo e os de uso especial são inalienáveis enquanto conservarem a sua qualificação, na forma que a lei prescrever. O Decreto nº 22.785, de 31.05.1933, já revogado, no art. 2º, consagrou a imprescritibilidade aquisitiva, que, ainda, foi confirmada pelo Decreto-lei nº 9.760, de 05.09.1946, em seu art. 200. A Súmula nº 340/1963 do STF, colocou em prática o princípio: "Desde a vigência do Código Civil, os bens dominicais, como os demais bens públicos, não podem ser adquiridos por usucapião".

Excepcionalmente, a Lei nº 6.969, de 10.12.1981, em seu art. 2º, permitiu o usucapião das terras devolutas, mas sem extensão a outros tipos de imóveis públicos. Consoante art. 20, inc. II, da Constituição Federal, as terras devolutas indispensáveis à defesa das fronteiras, das fortificações e construções militares, das vias federais de comunicação e à preservação ambiental entram na classe de públicas federais. Já o art. 26, inc. IV, da mesma Carta, atribui aos Estados as terras devolutas não compreendidas entre as da União.

Algumas regras gerais adiantam-se quanto à prescrição, relativamente à Fazenda Pública.

Para a Fazenda Pública cobrar seus créditos tributários, assegura o art. 174 do Código Tributário Nacional (Lei nº 5.172, de 25.10.1966) o prazo de cinco anos:

"A ação para a cobrança do crédito tributário prescreve em cinco anos, contados da data da sua constituição definitiva".

O parágrafo único, no texto das Leis Complementares nº 118/2005 e 208/2024, arrola as hipóteses de interrupção da prescrição:

"A prescrição se interrompe:

I – pelo despacho do juiz que ordenar a citação em execução fiscal;

II – pelo protesto judicial ou extrajudicial;

III – por qualquer ato judicial que constitua em mora o devedor;

IV – por qualquer ato inequívoco, ainda que extrajudicial, que importe em reconhecimento do débito pelo devedor".

No tocante ao inc. I, coincide com o § 2º do art. 8º da Lei nº 6.830, de 22.09.1980, onde consta que o despacho para a citação é que interrompe a prescrição. A partir daí inicia novo prazo prescricional, que poderá ser interrompido quando da citação. Observa-se, ainda, de acordo com os §§ 2º e 3º do art. 40 da mesma Lei, a faculdade de o juiz ordenar o arquivamento dos autos, com a sua reativação tão logo encontrado patrimônio penhorável.

A matéria será analisada mais amplamente em capítulo próprio.

Para constituir o crédito, depois de verificado o fato gerador, tem a Fazenda Pública (federal, estadual ou municipal) também o prazo de cinco anos, na previsão do art. 173 do mesmo Código Tributário Nacional, contados:

"I – do primeiro dia do exercício seguinte àquele em que o lançamento poderia ter sido efetuado;

II – da data em que se tornar definitiva a decisão que houver anulado, por vício formal, o lançamento anteriormente efetuado".

Percebe-se que se tipifica, aqui, a decadência, como, aliás, reforça o parágrafo único:

"O direito a que se refere este artigo extingue-se definitivamente com o decurso do prazo nele previsto, contado da data em que tenha sido iniciada a constituição do crédito tributário pela notificação ao sujeito passivo, de qualquer medida preparatória indispensável ao lançamento".

Cumpre não confundir, e muito menos somar, o prazo para a constituição e o prazo para a exigibilidade.

Na previsão do art. 168 do Código Tributário Nacional, também de cinco anos assegura-se o prazo para se pleitear a restituição do tributo pago indevidamente, contado da data que considerou a ilegalidade da exigência, seja administrativa ou judicial. Trata-se de prazo decadencial, na lição de Aliomar Baleeiro, pois envolve o direito e não a ação.[2] Seguindo, o art. 169 fixa em dois anos a ação anulatória da decisão administrativa que denegar a restituição.

De conformidade com o parágrafo único do art. 169, o prazo de prescrição interrompe-se pelo início da ação judicial, "recomeçando o seu curso, por metade, a partir da data da intimação validamente feita ao representante judicial da Fazenda Pública interessada".

Convém lembrar que o prazo para a cobrança dos créditos da seguridade social seria de dez anos, vindo estabelecido no art. 46 da Lei nº 8.212, de 1991 (dispondo sobre a organização da Seguridade Social e sobre o plano de custeio): "O direito de cobrar os créditos da Seguridade Social constituídos na forma do artigo anterior prescreve em 10 (dez) anos".

No entanto, em sessão plenária de 11 de junho de 2008, os Ministros do Supremo Tribunal Federal ao negar provimento aos Recursos Extraordinários nos 556664, 559882, 559943 e 560626, declararam inconstitucionais os arts. 45 e 46 da Lei nº 8.212/1991 (posteriormente revogados pela Lei Complementar nº 128/2008), reconhecendo que apenas lei complementar pode dispor sobre normas gerais em matéria tributária, com a emissão da Súmula vinculante 8/2008: "São inconstitucionais o parágrafo único do artigo 5º do Decreto-Lei nº 1.569/1977 e os artigos 45 e 46 da Lei nº 8.212/1991, que tratam da prescrição e decadência do crédito tributário".

Em uma das decisões, assentou-se:

> "Constitucional. Tributário. Prescrição e decadência. Reserva de lei complementar. Lei ordinária que dispõe de forma contrária àquela normatizada em lei complementar de normas gerais. Art. 146, III, 'b' da Constituição. Art. 46 da Lei nº 8.212/1991. Processo civil. Agravo regimental. Viola a reserva de lei complementar para dispor sobre normas gerais em matéria tributária (art. 146, III, 'b', da Constituição) lei ordinária da União que disponha sobre prescrição e decadência. Precedentes. 'São inconstitucionais o parágrafo único do art. 5º do Decreto-lei nº 1.569/1977 e os arts. 45 e 46 da Lei nº 8.212/1991, que tratam de prescrição e decadência de crédito tributário' (Súmula Vinculante nº 8). Agravo regimental conhecido, mas ao qual se nega provimento".[3]

Para os entes públicos cobrarem créditos de natureza diversa daquela dos créditos tributários, como indenizações, multas, o prazo é de cinco anos. A matéria foi objeto da Súmula nº 467 do STJ, de 2010, no tocante à multa por infração ambiental, com a seguinte redação: "Prescreve em cinco anos, contados do término do processo administrativo, a pretensão da administração pública de promover a execução da multa por infração ambiental".

---

[2] *Direito tributário brasileiro*. 5. ed. Rio de Janeiro: Forense, 1973. p. 505.
[3] RE 502648 AgR/SC, da 2ª Turma, j. em 19.08.2008, *DJe* de 28.11.2008, rel. Min. Joaquim Barbosa.

Dentre os vários precedentes que levaram a consolidação do entendimento, destaca-se a seguinte ementa:

> "Quanto à execução fiscal para a cobrança de dívida ativa de natureza administrativa, embora não incida na espécie o art. 174 do CTN, o acórdão recorrido deve ser mantido, pois consolidou-se a jurisprudência da 1ª Seção no sentido de que nesse caso é aplicável, por isonomia, o prazo prescricional de cinco anos estabelecido no Decreto nº 20.910/1932. Precedentes: REsp 1.115.078/RS, rel. Min. Castro Meira, *DJe* 06.04.2010; REsp 1.112.577/SP, rel. Min. Castro Meira, *DJe* 08.02.2010; REsp 1.105.442/RJ, rel. Min. Hamilton Carvalhido, j. em 09.12.2009; REsp 1.044.320/PE, rel. Min. Eliana Calmon, *DJe* 17.08.2009; EREsp 961.064/CE, 1ª Seção, rel. p/acórdão Min. Castro Meira, *DJe* 31.08.2009.
>
> Não bastasse a ocorrência da prescrição, o processo de execução fiscal não se mostra como via adequada para a cobrança judicial de dívida que tem origem em fraude relacionada à concessão de benefício previdenciário.
>
> Recurso especial não provido".[4]

Outrossim, ao juiz se reconhece, em execução fiscal, a faculdade de declarar de ofício a prescrição verificada antes do ajuizamento da ação, como vem decidindo o STJ, que emitiu a Súmula nº 409, de 2009: "Em execução fiscal, a prescrição ocorrida antes da propositura da ação pode ser decretada de ofício".

Cita-se a seguinte ementa de um dos precedentes que levaram à consolidação do entendimento *supra*:

> "Apenas as hipóteses nas quais transcorreu o prazo prescricional, contado da decisão que ordenou o arquivamento dos autos da execução fiscal por não haver sido localizado o devedor ou encontrados bens penhoráveis, estão sob a disciplina do art. 40, § 4º, do CTN [art. 40, § 4º, da Lei de Execuções Fiscais]. Os demais casos encontram disciplina na nova redação do art. 219, § 5º, do CPC, de modo que a prescrição da ação executiva pode ser decretada de ofício sem a exigência da oitiva da Fazenda exequente. Orientação ratificada no julgamento do Recurso Especial representativo de controvérsia nº 1.100.156/RJ, examinado sob o rito do art. 543-C do CPC e da Resolução STJ nº 08/2008.
>
> Não se está diante de prescrição intercorrente e, consequentemente, não se aplica ao caso a regra do art. 40, § 4º, da LEF. O art. 219, § 5º, do CPC, que permite ao juiz decretar de ofício a prescrição, foi corretamente aplicado pelo acórdão recorrido".[5]

---

[4] REsp nº 1.125.508/GO, da 2ª Turma, j. em 03.08.2010, *DJe* de 24.08.2010, rel. Min. Mauro Campbell Marques; REsp nº 1.125.508/GO, da 2ª Turma, j. em 03.08.2010, *DJe* de 24.08.2010, rel. Min. Mauro Campbell Marques.

[5] O art. 219, § 5º, encontra equivalência nos arts. 332, § 1º, e 487, inc. II, do atual CPC. Já o mencionado art. 543-C corresponde ao art. 1.036 do mesmo diploma. AgRg no Ag. nº 1.302.295/BA, da 2ª Turma do STJ, j. em 10.08.2010, *DJe* de 19.08.2010, rel. Min. Castro Meira.

Capítulo XLIX
A PRESCRIÇÃO À RECLAMAÇÃO EM FACE DOS ATOS ADMINISTRATIVOS

A atenção da matéria cinge-se aos atos puramente administrativos praticados pelos entes públicos, decorrentes de reclamações sem prazo fixo para sua interposição, não abrangendo, assim, os decorrentes de processos judiciais, e aqueles submetidos a regramentos especiais e próprios.

A pessoa natural ou jurídica encaminha uma pretensão à administração dos órgãos públicos, seja para conseguir uma licença, ou um alvará, seja para pleitear uma providência relacionada a um direito que se julga merecer, e tem indeferido o pedido. Formaliza-se, sob outro enfoque, o que se conhece como reclamação administrativa, inclusive para a prestação de um serviço público, como instalar um equipamento urbano, ou providenciar na remoção de algo inconveniente e prejudicial. Está-se diante do direito de petição que qualquer pessoal poderá dirigir-se ao órgão administrativo em busca de uma decisão.

A pretensão é indeferida, ou simplesmente não mereceu a menor atenção do Poder Público ao pedido.

No caso, a partir do momento em que se manifesta a negativa no atendimento, ou em que se revela o completo descaso ou a desídia, tem o administrado o prazo de um ano para o possível recurso ou o remédio judicial, como se extrai do art. 6 do Decreto nº 20.910/1932:

> "O direito à reclamação administrativa, que não tiver prazo fixado em disposição de lei para ser formulada, prescreve em um ano a contar da data do ato ou fato do qual a mesma se originar".

Conforme ressalta dos termos da regra, não se cuida de preclusão, pois esta envolve a perda de um prazo decorrente de um procedimento administrativo ou judicial – prazo para impugnar ou recorrer. O dispositivo está direcionado à perda do direito à reclamação, ou seja, à pretensão, à ação, diante da inércia em prosseguir na sua busca. Daí que não se admite ao pretendente ou administrado tornar a buscar a medida já antes formalizada. Extingue-se a pretensão administrativa por decurso de um prazo que não é preclusivo em vista da omissão em recorrer, mas prescritivo do pedido à sua concessão.

Tem-se uma espécie de perempção, que se configura quando a parte deixa de promover atos e diligências que deveria ter exercido, abandonando o direito ou a pretensão que perseguia.

Capítulo L
A PRESCRIÇÃO DA AÇÃO PUNITIVA DA ADMINISTRAÇÃO PÚBLICA FEDERAL

Reserva-se ao Poder Público federal, na seara da administração direta ou indireta federal, o prazo de cinco anos para intentar a ação punitiva daqueles que infringiram a lei, com prática de ilicitudes administrativas, no exercício das atividades próprias. A matéria é tratada pela Lei nº 9.873, de 23.11.1999, com alterações da Lei nº 11.941, de 27.05.2009. Não atinge a lei as situações já reguladas pelo Decreto nº 20.910/1932, ou as pessoas submetidas a outros diplomas, como os funcionários públicos, regidos pela Lei nº 8.112/1990. Muito menos abrange o crédito tributário. É claro, respeito, o art. 5º da Lei nº 9.873/1999:

> "O disposto nesta Lei não se aplica às infrações de natureza funcional e aos processos e procedimentos de natureza tributária".

Dirige-se às infrações decorrentes da violação de regramentos administrativos, como a construção de obras sem licença, a falta de pagamento de tarifas, a prestação de serviços sem a devida autorização quando imposta por lei, o exercício de profissão dependente de autorização junto a órgãos públicos.

A prescrição de cinco anos consta no art. 1º:

> "Prescreve em cinco anos a ação punitiva da Administração Pública Federal, direta e indireta, no exercício do poder de polícia, objetivando apurar infração à legislação em vigor, contados da data da prática do ato ou, no caso de infração permanente ou continuada, do dia em que tiver cessado".

Retira-se do texto que dispõe o Poder Público federal do referido prazo para iniciar o procedimento que visa apurar a infração. Todavia, se o fato ofende a ordem penal, qualificando-se como crime, a prescrição se dá pelo mesmo período estabelecido para a prescrição penal. Assim está no § 2º:

> "Quando o fato objeto da ação punitiva da Administração também constituir crime, a prescrição reger-se-á pelo prazo previsto na lei penal".

Várias as hipóteses que operam a interrupção do prazo prescricional, reiniciando a partir daí, descritas no art. 2º, modificado pela Lei nº 11.941/2009:

> "I – pela notificação ou citação do indiciado ou acusado, inclusive por meio de edital;
> II – por qualquer ato inequívoco, que importe apuração do fato;

III - pela decisão condenatória recorrível;

IV - por qualquer ato inequívoco que importe em manifestação expressa de tentativa de solução conciliatória no âmbito interno da administração pública federal".

Não se estabelece um prazo para a conclusão da ação punitiva. No entanto, se permanecer paralisado o processo por mais de três anos, sem decisão ou despacho dando impulso, opera-se a prescrição, que se dará, então, nesse período de três anos, na previsão do § 1º:

> "Incide a prescrição no procedimento administrativo paralisado por mais de três anos, pendente de julgamento ou despacho, cujos autos serão arquivados de ofício ou mediante requerimento da parte interessada, sem prejuízo da apuração da responsabilidade funcional decorrente da paralisação, se for o caso".

Depreende-se que, iniciado o procedimento, fica seu curso simplesmente parado, aguardando o impulso para seguir a tramitação. Se transcorrer mais de três anos, é automática a prescrição, podendo ser conhecida de ofício pela própria autoridade condutora, ou por requerimento da parte interessada.

Decorrendo do procedimento a aplicação de alguma cominação econômica, como no caso de multa, reserva-se à Administração o prazo de cinco anos para encaminhar a execução, que iniciará após a constituição do valor em crédito tributária, que se dará por meio da inscrição em dívida ativa. Assim consta do art. 1º-A, em texto incluído pela Lei nº 11.941/2009:

> "Constituído definitivamente o crédito não tributário, após o término regular do processo administrativo, prescreve em 5 (cinco) anos a ação de execução da administração pública federal relativa a crédito decorrente da aplicação de multa por infração à legislação em vigor".

O art. 2º-A, vindo com a Lei nº 11.941/2009, aponta os casos de interrupção do prazo prescricional da ação executória:

> "I - pelo despacho do juiz que ordenar a citação em execução fiscal;
>
> II - pelo protesto judicial;
>
> III - por qualquer ato judicial que constitua em mora o devedor;
>
> IV - por qualquer ato inequívoco, ainda que extrajudicial, que importe em reconhecimento do débito pelo devedor;
>
> V - por qualquer ato inequívoco que importe em manifestação expressa de tentativa de solução conciliatória no âmbito interno da administração pública federal".

Capítulo LI
A PRESCRIÇÃO DA AÇÃO DISCIPLINAR PARA A APLICAÇÃO DE PENALIDADES ADMINISTRATIVAS A FUNCIONÁRIOS

1. AS PENALIDADES APLICÁVEIS NO PLANO FEDERAL

Um tratamento especial é dado na prescrição da ação visando à aplicação de penalidades administrativas. As leis próprias de cada ente administrativo regulam os prazos prescricionais. Em geral, os Estados e os Municípios, e inclusive certas entidades autárquicas, possuem regulamentos específicos regulando o regime legal das respectivas categorias funcionais e os atos administrativos.

No âmbito federal, aplicável aos funcionários públicos federais, há a Lei nº 8.112, de 11.12.1990, com várias alterações, dentre as quais as das Leis nº 9.515/1997 e nº 9.527/1997, cujo art. 142 estabelece os prazos:

"A ação disciplinar prescreverá:

I – em 5 (cinco) anos, quanto às infrações puníveis com demissão, cassação de aposentadoria ou disponibilidade e destituição de cargo em comissão;

II – em 2 (dois) anos, quanto à suspensão;

III – em 180 (cento e oitenta) dias, quanto à advertência".

A demissão vem prevista para uma série de infrações, cuja descrição está no art. 132:

"A demissão será aplicada nos seguintes casos:

I – crime contra a administração pública;

II – abandono de cargo;

III – inassiduidade habitual;

IV – improbidade administrativa;

V – incontinência pública e conduta escandalosa, na repartição;

VI – insubordinação grave em serviço;

VII – ofensa física, em serviço, a servidor ou a particular, salvo em legítima defesa própria ou de outrem;

VIII – aplicação irregular de dinheiros públicos;

IX – revelação de segredo do qual se apropriou em razão do cargo;

X – lesão aos cofres públicos e dilapidação do patrimônio nacional;

XI – corrupção;

XII – acumulação ilegal de cargos, empregos ou funções públicas;

XIII – transgressão dos incisos IX a XVI do art. 117."

Descrevem-se as infrações dos incs. IX a XVI do art. 117:

"IX – valer-se do cargo para lograr proveito pessoal ou de outrem, em detrimento da dignidade da função pública;

X – participar de gerência ou administração de sociedade privada, personificada ou não personificada, exercer o comércio, exceto na qualidade de acionista, cotista ou comanditário (redação da Lei nº 11.784/2008);

XI – atuar, como procurador ou intermediário, junto a repartições públicas, salvo quando se tratar de benefícios previdenciários ou assistenciais de parentes até o segundo grau, e de cônjuge ou companheiro;

XII – receber propina, comissão, presente ou vantagem de qualquer espécie, em razão de suas atribuições;

XIII – aceitar comissão, emprego ou pensão de estado estrangeiro;

XIV – praticar usura sob qualquer de suas formas;

XV – proceder de forma desidiosa;

XVI – utilizar pessoal ou recursos materiais da repartição em serviços ou atividades particulares."

A cassação de aposentadoria ou de disponibilidade acontece nas situações que importam na demissão, como aparece no art. 134:

"Será cassada a aposentadoria ou a disponibilidade do inativo que houver praticado, na atividade, falta punível com a demissão".

O art. 135 diz que cabe a destituição em cargo de comissão nas infrações que levam à suspensão ou à demissão:

"A destituição de cargo em comissão exercido por não ocupante de cargo efetivo será aplicada nos casos de infração sujeita às penalidades de suspensão e de demissão".

A suspensão é aplicada quando verificada a reincidência nas faltas punidas com advertência e de violação das demais infrações não punidas com demissão; e de recusa à submissão em inspeção médica ordenada pela autoridade administrativa, estando elencados em dois dispositivos:

1 – No art. 130:

"A suspensão será aplicada em caso de reincidência das faltas punidas com advertência e de violação das demais proibições que não tipifiquem infração sujeita a penalidade de demissão, não podendo exceder de 90 (noventa) dias".

2 – No caso do § 1º do art. 130:

"Será punido com suspensão de até 15 (quinze) dias o servidor que, injustificadamente, recusar-se a ser submetido a inspeção médica determinada pela autoridade competente, cessando os efeitos da penalidade uma vez cumprida a determinação".

Já a demissão torna-se aplicável nos casos antes discriminados.

Aplica-se a penalidade de advertência, nos termos do art. 129, "nos casos de violação de proibição constante do art. 117, incisos I a VIII e XIX, e de inobservância de dever funcional previsto em lei, regulamentação ou norma interna, que não justifique imposição de penalidade mais grave".

Os casos de violação do art. 117, incs. I a VIII e XIX, são os seguintes:

> "I – ausentar-se do serviço durante o expediente, sem prévia autorização do chefe imediato;
>
> II – retirar, sem prévia anuência da autoridade competente, qualquer documento ou objeto da repartição;
>
> III – recusar fé a documentos públicos;
>
> IV – opor resistência injustificada ao andamento de documento e processo ou execução de serviço;
>
> V – promover manifestação de apreço ou desapreço no recinto da repartição;
>
> VI – cometer a pessoa estranha à repartição, fora dos casos previstos em lei, o desempenho de atribuição que seja de sua responsabilidade ou de seu subordinado;
>
> VII – coagir ou aliciar subordinados no sentido de filiarem-se a associação profissional ou sindical, ou a partido político;
>
> VIII – manter sob sua chefia imediata, em cargo ou função de confiança, cônjuge, companheiro ou parente até o segundo grau civil;
>
> (...);
>
> XIX – recusar-se a atualizar seus dados cadastrais quando solicitado".

2. O COMEÇO DO PRAZO DE PRESCRIÇÃO

O prazo da prescrição inicia sempre quando o fato se torna conhecido, de acordo com o § 1º do art. 142 da Lei nº 8.112/1990: "O prazo de prescrição começa a correr da data em que o fato se tornou conhecido". O significado de "tornar-se conhecido" é chegar ao conhecimento da autoridade administrativa.

Quem é a autoridade administrativa? Objetivamente, é a autoridade que tem ascendência sobre o funcionário, isto é, o superior imediato, embora entenda o Superior Tribunal de Justiça que nessa qualidade se encontra qualquer autoridade da administração:

> "A Terceira Seção desta Corte pacificou o entendimento de que o termo inicial do prazo prescricional da Ação Disciplinar é a data em que o fato se tornou conhecido da Administração, mas não necessariamente por aquela autoridade específica competente para a instauração do Processo Administrativo Disciplinar (art. 142, § 1º, da Lei nº 8.112/1990). Precedentes.
>
> Qualquer autoridade administrativa que tiver ciência da ocorrência de infração no Serviço Público tem o dever de proceder à apuração do ilícito ou comunicar imediatamente à autoridade competente para promovê-la, sob pena de incidir no delito de condescendência criminosa (art. 143 da Lei nº 8.112/1990); considera-se autoridade, para os efei-

tos dessa orientação, somente quem estiver investido de poder decisório na estrutura administrativa, ou seja, o integrante da hierarquia superior da Administração Pública".[1]

No voto, a matéria está amplamente desenvolvida, com apoio em precedente:

"Nos termos do art. 142, § 1º da Lei nº 8.112/1990, o prazo de prescrição da Ação Disciplinar começa a correr da data em que o fato se tornou conhecido. Em face da notória indeterminação do critério legal adotado, a Terceira Seção desta Corte pacificou o entendimento de que o termo inicial do referido prazo é a data em que o fato se tornou conhecido pela Administração e não necessariamente por aquela autoridade específica competente para a instauração do Processo Administrativo Disciplinar.

Vale destacar a ementa do célebre julgamento do Mandado de Segurança 11.974/DF, da relatoria da eminente Ministra Laurita Vaz: 'Administrativo. Mandado de segurança. Servidor público. Cassação de aposentadoria. Prescrição da pretensão punitiva da administração. Início da contagem do prazo. Art. 142, § 1º, da Lei nº 8.112/1990. Data em que o fato se tornou conhecido pela Administração, e não necessariamente pela autoridade competente para a instauração do processo administrativo disciplinar.

O art. 142, § 1.º, da Lei nº 8.112/1990 – o qual prescreve que o prazo de prescrição começa a correr da data em que o fato se tornou conhecido, não delimita qual autoridade deverá ter obtido conhecimento do ilícito administrativo. Dessa forma, não cabe ao intérprete restringir onde o legislador não o fez.

Ademais, consoante dispõe o art. 143 da Lei nº 8.112/1990, qualquer autoridade administrativa que tomar conhecimento de alguma irregularidade no serviço público deverá proceder à sua apuração ou comunicá-la à autoridade que tiver competência para promovê-la, sob pena de responder pelo delito de condescendência criminosa.

Desse modo, é razoável entender-se que o prazo prescricional de cinco anos, para a ação disciplinar tendente à apuração de infrações puníveis com demissão ou cassação de aposentadoria, comece a correr da data em que a autoridade da Administração tem ciência inequívoca do fato imputado ao servidor, e não apenas a partir do conhecimento das irregularidades pela autoridade competente para a instauração do processo administrativo disciplinar.

Na hipótese, admitida a ciência das irregularidades, pelo Superintendente Regional do INCRA, em maio de 1995 e sendo de 5 (cinco) anos o prazo para o exercício da pretensão punitiva do Estado, nos termos do art. 142, inciso I, da Lei nº 8.112/1990, resta configurada a prescrição, já que o processo administrativo disciplinar que culminou com a aplicação da pena de cassação de aposentadoria do ora Impetrante foi instaurado apenas em 28/03/2005.

Segurança concedida' (MS 11.974/DF, rel. Min. Laurita Vaz, DJU 07.05.2007).

Esse entendimento, hoje prevalecente neste Superior Tribunal, tem o suporte do douto magistério do Professor Mauro Roberto Gomes de Mattos:

'O critério de conhecimento pela Administração Pública é muito vago, pois é cediço que ela é representada pelo agente público de uma maneira geral. Ou seja, não delimita pela norma legal qual é a autoridade administrativa que deverá ter obtido o conhecimento do ilícito disciplinar.

---

[1] Mandado de Segurança nº 14.159/DF, da 3ª Seção, j. em 24.08.2011, DJe de 10.02.2012, rel. Min. Napoleão Nunes Maia Filho.

Ao não estabelecer qual será a autoridade responsável pelo conhecimento da prática do ato ilícito, não cabe ao intérprete restringir situação legal onde o legislador não o fez, para estabelecer que o prazo prescricional de 05 (cinco) anos começaria a fluir a partir da ciência da autoridade que possui competência para instaurar o Processo Disciplinar, como decidido pelo STJ: comece a correr na data em que a autoridade da Administração tem ciência inequívoca do fato impugnado ao servidor, e não apenas a partir do conhecimento das irregularidades pela autoridade competente para a instauração do processo administrativo disciplinar. Mesmo sendo indeterminado o critério adotado pelo artigo 142, § 1º, da Lei nº 8.112/1990, o aplicador do direito deve conferir efetividade à regrada prescritibilidade, pois a Administração Pública é representada por seus agentes, que, se tomarem conhecimento da prática de qualquer ato ilegal, são obrigados a solicitar ou determinar a imediata apuração do ilícito disciplinar (art. 143, da Lei nº 8.112/1990).

Dessa forma, a falta disciplinar é aferida desde o seu conhecimento por qualquer dos agentes públicos' (Lei nº 8.112/1990 Interpretada e Comentada, Regime Jurídico Único dos Servidores Públicos da União, Rio de Janeiro, América Jurídica, 2008, p. 1.011).

Não custa advertir que qualquer autoridade administrativa que tiver ciência de irregularidade no serviço público tem o dever de proceder à apuração do ilícito ou comunicar imediatamente à autoridade competente para promovê-la, sob pena de incidir no delito de condescendência criminosa (art. 143 da Lei nº 8.112/1990). Considera-se autoridade, para os efeitos dessa orientação, quem detiver poder decisório na estrutura administrativa, ou seja, o integrante da hierarquia superior da Administração Pública.

Dest'arte, a partir do conhecimento inequívoco dos fatos pela Administração, ainda que não o seja por intermédio da autoridade especificamente responsável pela abertura dos trabalhos apuratórios, começa a correr o prazo prescricional da pretensão punitiva do Poder Público, não havendo como conceber que, mesmo a despeito da ciência da Administração, o suposto desconhecimento das irregularidades pela autoridade competente impeça o início da fluência do prazo.

Um esclarecimento impõe-se, quanto ao entendimento de que considera-se autoridade somente quem estiver investido de poder decisório na estrutura administrativa, ou seja, o integrante da hierarquia superior da Administração Pública. Qualquer autoridade que tenha poderes de gestão e de mando administrativo, como o chefe de seção, ou o Delegado de Polícia relativamente a inspetores e escrivães, consideram-se autoridades com poder decisório. Não cabe atribuir essa responsabilidade a uma autoridade completamente alheia ao setor onde atua o funcionário, como um diretor de escola pública em relação a um serventuário da Justiça.

O momento da intervenção da autoridade superior é justamente quando fica a mesma ciente do ato infracional. Aí pode agir, com a instauração de procedimento da sindicância, ou de inquérito administrativo ou policial. Reservam-se à autoridade superior os prazos estabelecidos 142 para os esclarecimentos e averiguações, com a ordem de instaurar ou não o processo administrativo. Apurando a autoridade a existência do fato, cabe-lhe instaurar a sindicância ou, de imediato, o processo administrativo, sendo que, em geral, este último procedimento decorre do resultado da sindicância".

3. INTERRUPÇÃO DO PRAZO PRESCRICIONAL

Com a instauração da sindicância e, em geral depois, do processo administrativo, interrompe-se o prazo da prescrição, recomeçando a sua contagem. É a previsão do § 3º do art. 142 da Lei nº 8.112:

"A abertura de sindicância ou a instauração de processo disciplinar interrompe a prescrição, até a decisão final proferida por autoridade competente".

Complementa o § 4º:

"Interrompido o curso da prescrição, o prazo começará a correr a partir do dia em que cessar a interrupção".

A teor do dispositivo, fica interrompido o prazo a partir da abertura de sindicância ou do processo administrativo, até quando se opera o trânsito em julgado da decisão administrativa. A partir daí, recomeça a prescrição, impondo-se a aplicação da penalidade enquanto não decorrerem novamente os prazos estabelecidos.

4. PRAZO PARA CONCLUIR A SINDICÂNCIA E O PROCESSO ADMINISTRATIVO

De considerar que estabelece a lei um prazo para a conclusão da sindicância, que é de trinta, prorrogável por igual prazo pela autoridade (parágrafo único do art. 145); e de sessenta dias para o processo administrativo, também prorrogável por mais sessenta dias se o exigirem as circunstâncias (art. 152). Decorrido o prazo, se não concluída a sindicância ou o processo administrativo, recomeça o prazo prescricional, na esteira das decisões, o que revela coerência na interpretação.

Como visto, é admitida a prorrogação por mais sessenta dias para o processo administrativo, o que conduz a estender o prazo para cento e vinte dias. No entanto, reiteradamente, o STF e o STJ estendem o prazo para cento e quarenta dias, em vista de consignar o art. 167 o lapso temporal de vinte dias reservado para a autoridade julgadora proferir a sua decisão. Neste sentido o reiterado reconhecimento de que recomeça a prescrição após o decorrer de cento e quarenta dias a contar do seu início, como revela o seguinte aresto do STF:

"De acordo com jurisprudência consolidada deste Superior Tribunal de Justiça, o prazo legal para término do processo administrativo disciplinar é de 140 (cento e quarenta) dias.

A contagem do prazo prescricional, após a interrupção prevista no art. 142, § 3º, da Lei nº 8.112/1990, deve ser retomada, por inteiro, a partir do término do prazo de interrupção, e não a partir da ciência do fato pela Administração, conforme pretende o impetrante".[2]

Existem hipóteses obrigatórias do processo administrativo, que se instaurará depois da sindicância, desde que envolvam a suspensão por mais de trinta dias, a demissão, a cassação da aposentadoria ou disponibilidade, ou a destituição do cargo em comissão, nos termos do art. 146:

"Sempre que o ilícito praticado pelo servidor ensejar a imposição de penalidade de suspensão por mais de 30 (trinta) dias, de demissão, cassação de aposentadoria ou disponibilidade, ou destituição de cargo em comissão, será obrigatória a instauração de processo disciplinar".

---

[2] RMS nº 29405 DF, j. em 21.11.2013, *DJe* de 26.11.2013, rel. Min. Celso de Mello.

Sobre o início do prazo a partir do conhecimento do fato, firmou-se a jurisprudência do STJ sobre a extensão do significado, servindo de exemplo a ementa a seguir:

> "(...) O art. 142, I, da Lei nº 8.112/1990 (Regime Jurídico dos Servidores Públicos da União) funda-se na importância da segurança jurídica no domínio do Direito Público, instituindo o princípio da inevitável prescritibilidade das sanções disciplinares, prevendo o prazo de 5 (cinco) anos para o Poder Público exercer o *jus puniendi* na seara administrativa, quanto à sanção de demissão.
>
> A Terceira Seção desta Corte pacificou o entendimento de que o termo inicial do prazo prescricional da Ação Disciplinar é a data em que o fato se tornou conhecido da Administração, mas não necessariamente por aquela autoridade específica competente para a instauração do Processo Administrativo Disciplinar (art. 142, § 1º, da Lei nº 8.112/1990). Precedentes.
>
> Qualquer autoridade administrativa que tiver ciência da ocorrência de infração no Serviço Público tem o dever de proceder à apuração do ilícito ou comunicar imediatamente à autoridade competente para promovê-la, sob pena de incidir no delito de condescendência criminosa (art. 143 da Lei nº 8.112/1990); considera-se autoridade, para os efeitos dessa orientação, somente quem estiver investido de poder decisório na estrutura administrativa, ou seja, o integrante da hierarquia superior da Administração Pública. Ressalva do ponto de vista do relator quanto a essa exigência".[3]

---

[3] MS nº 14159/DF, da 3ª Seção, j. em 24.08.2011, *DJe* de 10.02.2012, rel. Min. Napoleão Nunes Maia Filho.

Capítulo LII
PRESCRIÇÃO DO DIREITO DE AÇÃO CONTRA ATOS RELATIVOS A CONCURSOS PÚBLICOS

Os atos ilegais praticados em concursos realizados na esfera de órgãos da União, para promover o provimento de cargos e empregos tanto da administração direta como na indireta (autarquias e empresas públicas), sujeitam-se à impugnação durante o lapso de um ano, a partir da homologação do concurso. Não se inserem no âmbito da impugnação os resultados ou a classificação, posto que os editais estabelecem os prazos das reclamações e recursos para tanto.

A previsão encontra-se no art. 1º da Lei nº 7.144, de 23.11.1983:

> "Prescreve em 1 (um) ano, a contar da data em que for publicada a homologação do resultado final, o direito de ação contra quaisquer atos relativos a concursos para provimento de cargos e empregos na Administração Federal Direta e nas Autarquias Federais".

Uma vez decorrido o prazo, e não existindo ação pendente sobre as provas realizadas, autoriza o art. 2º a incineração ou destruição dos documentos ou material pertinente ao certame:

> "Decorrido o prazo mencionado no artigo anterior, e inexistindo ação pendente, as provas e o material inservível poderão ser incinerados".

Não há de se cogitar da aplicação do Decreto nº 20.910/1932, dada a existência de regra específica e própria que disciplina o assunto, conforme já assentou o STJ:

> "A norma contida no art. 1º da Lei nº 7.144/1983 prevalece sobre a regra do Decreto nº 20.910/1932, uma vez que trata especificamente do prazo prescricional para o ajuizamento de ação contra atos relativos a concursos públicos federais.
>
> Hipótese em que a homologação do resultado final do concurso para o cargo de Fiscal de Contribuições Previdenciárias do INSS ocorreu em 21.11.1997. Destarte, ajuizada a ação ordinária tão somente em 16.04.2002, após o prazo de 1 (um) ano, deve ser reconhecida a prescrição".[1]

Há outras manifestações da mesma Corte sobre o assunto, como:

> "O direito de ação contra atos relativos a concursos para provimento de cargos e empregos na Administração Federal Direta e nas Autarquias Federais prescreve em 1 (um)

---

[1] REsp nº 897.129/DF, da 5ª Turma, *DJ* de 07.02.2008, rel. Min. Arnaldo Esteves Lima.

ano, a contar da data em que foi publicada a homologação do resultado final, a teor da regra contida no art. 1º da Lei nº 7.144/1983, que constitui-se norma especial, relativamente à norma geral prevista no Decreto n.º 20.910/1932".[2]

"A Lei nº 7.144/1983 estabelece o prazo de um ano para a prescrição do direito de ação contra atos relativos a concursos para provimento de cargos e empregos na Administração Federal Direta e nas Autarquias Federais, dentre eles a Polícia Federal.

Pelo princípio do *actio nata*, o curso do prazo prescricional apenas tem início com a efetiva lesão do direito tutelado, pois nesse momento nasce a pretensão a ser deduzida em juízo, acaso resistida (art. 189 do Código Civil/2002)".[3]

Impugna-se qualquer ato do concurso com a ação, mormente o que envolve a ordem de classificação e o relativo à pontuação de questões das provas. No voto do relator, consta a exemplificação:

"A pretensão da ação ordinária ajuizada está em revisar ato da Banca Examinadora que anulou questões de prova e, com isso, alterou a ordem classificatória dos candidatos.

Dessa forma, correto o acórdão recorrido ao reconhecer a prescrição da ação de ação ajuizada somente em outubro de 1997.

Nesse sentido, destaca-se:

'(...) Concurso público para delegado de polícia federal. Edital nº 01/1993. Prescrição. Pretensão de rever anulação de questões da prova objetiva. Lei nº 7.144/1983. Prazo de 1 (um) ano. Marco inicial. Data de publicação do ato lesivo. Princípio da actio nata. Suspensão do prazo prescricional. Não ocorrência.*

(...) A Lei nº 7.144/1983 estabelece prazo para prescrição do direito de ação contra atos relativos a concursos para provimento de cargos e empregos na Administração Federal Direta e nas Autarquias Federais, possuindo aplicação aos concursos que especifica em face da sua especialidade, em detrimento do Decreto nº 20.910/1932.

O instituto da prescrição é regido pelo princípio do actio nata*, ou seja, o curso do prazo prescricional apenas tem início com a efetiva lesão do direito tutelado, pois nesse momento nasce a pretensão a ser deduzida em juízo, acaso resistida; sendo certo que, no caso dos autos, se materializou com a publicação do ato da Banca Examinadora que anulou as questões da prova objetiva. Recurso especial parcialmente conhecido e, nessa parte, desprovido'* (REsp 800.634/MG, rel. Min. Laurita Vaz, 5ª Turma, j. em 24.03.2009, *DJe* 20.04.2009)".

Sobre o início do prazo, que é sempre da ciência da homologação do concurso, que pode dar-se pela publicação dos resultados ou por outra modalidade, como a publicação por edital, é de se compreender que importa é a ciência, que pode dar-se por meio da ciência pessoal, ou da intimação por agente da Justiça, tem-se o seguinte exemplo:

"O prazo prescricional começa a correr a partir da homologação final do concurso que é feita após a realização das provas de conhecimento, exame psicotécnico, exame médico e prova de capacidade física, e não após a conclusão do Curso de Formação, tendo em vista que o concurso público de que participaram os autores, regulado no Edital 1/1993,

---

[2] REsp nº 576.922/RS, da 5ª Turma, j. em 14.06.2007, *DJ* de 06.08.2007, rel. Min. Laurita Vaz.
[3] AgRg no REsp nº 909.547/RJ, da 5ª Turma, j. em 08.06.2010, *DJe* de 21.06.2010, rel. Min. Jorge Mussi.

não foi para ingresso direto e imediato ao cargo de Delegado de Polícia Federal, mas sim de admissão à matrícula no Curso de Formação Profissional respectivo. Precedentes do STJ e desta Corte.

O termo inicial do prazo prescricional é a data em que o autor teve ciência de que fora classificado fora do limite de vagas para o curso de formação profissional (29.12.1994), pois a partir desse momento surgiu a possibilidade de impugnação do ato que o exclui do certame. A ação somente foi proposta após o transcurso do prazo prescricional de 1 (um) ano, previsto na lei de regência (art. 1º da Lei nº 7.144/1983)".[4]

---

[4] AGRAC nº 0022506-22.1998.4.01.3800/MG, da 4ª Turma Suplementar, e-*DJF1* p. 1425 de 27.09.2013, rel. Juiz Federal Marcio Barbosa Maia.

Capítulo LIII
APLICAÇÃO DO PRAZO DE PRESCRIÇÃO DO CÓDIGO PENAL NAS INFRAÇÕES ADMINISTRATIVAS

Passou a se entender que, nas infrações administrativas, incide o prazo prescricional estabelecido para as penas dos delitos correspondentes, constantes do Código Penal, no caso de se admitirem a penalização penal e a instaurado o processo penal. Prossegue Miguel Thomaz de Pietro Junior: "Assim, reconhecida a conduta como infração administrativa e criminal, o prazo prescricional desta prevalecerá sobre o prazo daquela. É o que ocorre, por exemplo, com o abandono do cargo previsto no art. 142, I, da Lei nº 8.112/1990, punível com demissão, e que é previsto também como crime nos termos do arts. 323 do Código Penal Brasileiro. Embora para a primeira infração exista previsão do prazo prescricional de cinco anos, para a segunda aplica-se o at. 109, VI, do Código Penal, cujo prazo é de apenas dois anos, contado a partir do trigésimo primeiro dia de falta ao serviço, pois a Administração tem imediato conhecimento do fato".[1]

Na inexistência de penalização penal, os prazos são os da lei administrativa que rege o ato, cuja infração acarretou o processo administrativo ou de improbidade administrativa. Exemplificativamente, extrai-se a inteligência dos seguintes dispositivos legais:

– Art. 23 da Lei nº 8.429/1992, em texto da Lei 14.230/2021, que é a Lei da Improbidade Administrativa, e quanto aos casos a ela submetidos:

> "A ação para a aplicação das sanções previstas nesta Lei prescreve em 8 (oito) anos, contados a partir da ocorrência do fato ou, no caso de infrações permanentes, do dia em que cessou a permanência".

A matéria ficou analisada no Capítulo XLVII.

– Art. 142, §§ 1º e 2º, da Lei nº 8.112/1990, que é lei do funcionário público federal, fazendo-se a transcrição de todo o artigo, para a melhor compreensão:

> "A ação disciplinar prescreverá:
>
> I – em 5 (cinco) anos, quanto às infrações puníveis com demissão, cassação de aposentadoria ou disponibilidade e destituição de cargo em comissão;
>
> II – em 2 (dois) anos, quanto à suspensão;
>
> III – em 180 (cento e oitenta) dias, quanto à advertência.

Quanto ao começo do prazo, o § 1º:

---

[1] A prescrição administrativa e o Novo Código Civil. In: CIANCI, Mirna (Coord.). *Prescrição no Código Civil*, cit., p. 319.

"§ 1º O prazo de prescrição começa a correr da data em que o fato se tornou conhecido".

Quanto à aplicação dos prazos de prescrição da lei penal às infrações administrativas, o § 2º:

"§ 2º Os prazos de prescrição previstos na lei penal aplicam-se às infrações disciplinares capituladas também como crime".

Ou seja, se comportar a falta administrativa a ação penal, e se instaurada, o prazo prescricional será o mesmo do previsto para a figura penal. Do contrário, prevalece o prazo da prescrição estabelecido pela lei administrativa.

É a orientação ditada pelo STJ:

"Cuida-se de recurso ordinário interposto contra acórdão que denegou a segurança ao pleito mandamental de nulidade da aplicação da pena de demissão contra servidor público estadual. O impetrante sustenta a ocorrência de prescrição da pretensão punitiva, bem como alega ter sido a penalidade desproporcional em relação à conduta apurada.

Deve ser reconhecida a prescrição da pretensão punitiva, uma vez que a demissão ocorreu com a publicação da Portaria no Diário Oficial em 14.03.2012, tendo sido o inquérito instaurado em 30.03.2009; mesmo acrescidos os 140 dias adicionais no caso do Rio Grande do Sul, nos termos do RMS 25.076/RS, o prazo findaria em 17.08.2011.

Para haver o cálculo da prescrição administrativa com atenção ao prazo previsto na legislação penal, resta imperioso que tenha havido, ao longo do período de processo disciplinar, a instauração de inquérito policial ou o ajuizamento de ação penal; providência que não foi realizada no caso concreto.

'Nos casos em que o suposto ilícito praticado pelo servidor público não for objeto de ação penal ou o servidor for absolvido, aplica-se o disposto na legislação administrativa quanto ao prazo prescricional. Precedentes' (MS 12.090/DF, rel. Min. Arnaldo Esteves Lima, 3ª Seção, *DJ* 21.05.2007, p. 541). Recurso ordinário provido".[2]

Em outro exemplo:

"A controvérsia reside no prazo prescricional para a ação de improbidade ajuizada contra a ora recorrente, acusada de inserir declaração falsa de que não exercia outra atividade remunerada no termo de posse para o cargo de Professor Assistente-Dedicação Exclusiva da Universidade Federal Fluminense, sendo que a servidora docente já está repondo ao Erário o que indevidamente recebeu durante o período de descumprimento do regime de dedicação exclusiva.

A lei administrativa dispõe que o prazo prescricional para a ação de improbidade é o 'previsto em lei específica para faltas disciplinares puníveis com demissão a bem do serviço público, nos casos de exercício de cargo efetivo ou emprego' (Lei nº 8.429/1992, art. 23, II). Por sua vez, a Lei nº 8.112/1990, em seu art. 142, § 2º, remete à lei penal o prazo de prescrição quando as infrações disciplinares constituírem também fato-crime.

---

[2] Recurso em Mandado de Segurança nº 38992/RS, da 2ª Turma do STJ, j. em 21.11.2013, *DJe* de 02.12.2013, rel. Min. Humberto Martins.

Extinta a punibilidade da ora recorrente e rechaçada a deflagração de processo criminal, há de aplicar-se a regra geral, qual seja, o prazo de cinco anos previsto no art. 142, I, c/c o art. 132, IV, da Lei nº 8.112/1990 e art. 23, II, da Lei nº 8.429/1992.

Ainda que se leve em conta o dia 4.01.2004 como termo inicial da prescrição, data da 'ciência inequívoca do titular da demanda'– e não a data do ato ímprobo, isto é, em 17.01.2000 –, impõe-se a rejeição da exordial de improbidade pela ocorrência da prescrição, porque ajuizada a ação somente em 19.05.2010, quando já ultrapassado o lustro legal.

Recurso especial provido".[3]

---

[3] REsp nº 1.335.113/RJ, da 2ª Turma, j. em 27.11.2012, *DJe* de 06.12.2012, rel. Min. Castro Meira.

Capítulo LIV
A PRESCRIÇÃO NAS PRETENSÕES SOBRE ÁGUAS PÚBLICAS

É de trinta anos o prazo prescricional de posse para a aquisição do direito de proteção sobre as águas públicas que alguém aproveita, segundo o que se extrai do art. 47 do Código de Águas (Decreto nº 24.643, de 24.06.1934):

> "O Código respeita os direitos adquiridos sobre estas águas, até a data de sua promulgação, por título legítimo ou posse trintenária.
>
> Parágrafo único. Estes direitos não podem ter maior amplitude do que os que o Código estabelece, no caso de concessão".

Daí decorre que a posse das águas públicas por trinta anos dá a proteção legal, a qual é outorgada, também, por título legítimo. O art. 1º do mesmo estatuto discrimina as águas públicas, citando-se, a título de exemplos, as de mares, de rios e lagos navegáveis; as de canais e de braços de rios públicos; as de uso comum do povo.

Sobre a prescrição decorrente da posse pelo prazo de trinta anos, já se pronunciou o Supremo Tribunal Federal, conforme lembrança em um Recurso Especial do Superior Tribunal de Justiça:

> "Queda d'água. Fornecimento de energia elétrica ajustado em contrato entre particulares. Cessação do fornecimento pela companhia cessionária de serviços públicos.
>
> Prescrição prevista no art. 47, parágrafo único, do Código de Águas. Preliminares rejeitadas".[1]

---

[1] Explicita-se no acórdão que o prazo de 30 anos se estende aos velhos direitos e também aos novos. Recurso Extraordinário nº 96.645-5, rel. Min. Soares Muñoz, j. em 15.08.1983, citado no Recurso Especial nº 23.915-MG, da 2ª Turma, j. em 16.11.1999, *DJU* de 17.12.1999, *Revista do Superior Tribunal de Justiça* 129/173.

Capítulo LV
A PRESCRIÇÃO NA IMPROBIDADE ADMINISTRATIVA

1. ATOS ATENTATÓRIOS À ADMINISTRAÇÃO PÚBLICA, PRAZO PARA PROPOR A AÇÃO DE IMPROBIDADE E HIPÓTESES DE SUSPENSÃO E INTERRUPÇÃO

Existe uma regulamentação própria da prescrição em matérias que envolvem a improbidade administrativa.

Os atos de improbidade são aqueles que atentam contra o erário, o patrimônio público e os princípios e parâmetros da ordem moral e constitucional, praticados pelos agentes públicos e aqueles que lidam com o erário e os bens do Estado, isto é, pelas pessoas ligadas a atividades que interessam ou são executadas em favor dos entes públicos. Para Waldo Fazzio Júnior, "tem-se o ato de improbidade administrativa como o ato ilegal, fundado na má-fé do agente público que, isoladamente ou com a participação de terceiro, viola o dever de probidade administrativa, com ou sem proveito econômico, produzindo ou não lesão ao patrimônio público econômico".[1]

Em geral, o ato de improbidade atinge o erário e revela-se sobretudo no desvio de poder ou desvio de finalidade, no abuso do direito, no uso indevido do poder, na realização de atos em desacordo com as finalidades que o determinam, na malversação de dinheiro público e corrupção administrativa.

A ação de improbidade administrativa enquadra-se como ação civil pública, própria para a defesa de interesses públicos, transindividuais, de cunho difusos, cuja titularidade para acionar recai nos agentes do Ministério Público, como decorre especialmente do inc. III do art. 129 da Constituição Federal, e na entidade lesada, que é a protegida e, assim, a interessada (em especial a União, os Estados, o Distrito Federal, os Municípios, as autarquias e entidades que recebam verbas públicas que formam a maioria de seu capital), como ampara o art. 17 da Lei nº 8.429, de 02.06.1992, alterada por várias leis, como as Leis nº 12.120/2009, nº 13.019/2014 e nº 13.146/2015.

A referida Lei nº 8.429/1992, a chamada Lei da Improbidade Administrativa, regulamentando o art. 37, § 4º, da Constituição Federal, veio a tratar em concreto da matéria, mais propriamente a trazer efetividade à probidade administrativa, eis que já erigida na ordem constitucional, definindo e especificando os sujeitos ativos que podem praticar os atos prejudiciais ao patrimônio público; indicando as ações ou atos lesivos, mesmo que exemplificativamente; disciplinando o tipo de demanda apropriada para apurar as infrações; e prevendo as punições para as diferentes espécies de violações. Sem dúvida, constitui-se de uma lei forte no combate

---

[1] *Atos de improbidade administrativa*. São Paulo: Atlas, 2007. p. 74.

à corrupção, com graves repercussões na vida pública nacional, por muitos criticada e taxada de inconstitucional, que trouxe salutar impacto no cenário jurídico e político brasileiro, dadas as severas penalidades previstas para a gama de atos que atentam contra o patrimônio público.

Relativamente à prescrição, a própria Constituição Federal, no art. 37, § 5º, previu a ocorrência para os atos praticados pelos agentes servidores ou não, reservando à lei ordinária a fixação dos prazos, exceto quanto às ações de ressarcimento:

> "A lei estabelecerá os prazos de prescrição para ilícitos praticados por qualquer agente, servidor ou não, que causem prejuízo ao erário, ressalvadas as respectivas ações de ressarcimento".

Está ressalvado que a lei fixará os prazos, à exceção para as pretensões de ressarcimento, que abrangem as de recuperação de bens, de indenização e de reposição de valores.

Regulamentando o dispositivo *supra*, em nova redação do art. 23 da Lei nº 8.429/1992 pela Lei 14.230/2021, alteração que se estende aos parágrafos, a prescrição é de oito anos para propor a ação, a partir da ocorrência do fato, ou do dia da cessação das infrações permanentes:

> "A ação para a aplicação das sanções previstas nesta Lei prescreve em 8 (oito) anos, contados a partir da ocorrência do fato ou, no caso de infrações permanentes, do dia em que cessou a permanência".

De concluir, pois, quanto ao início do prazo, se pretendida alguma sanção contemplada na Lei nº 8.429/1992 com a ação de improbidade administrativa, seja qual for a infração, será a data do fato, ou nas infrações permanentes, a data em que cessaram.

Mister desenvolver a matéria, com a sua aplicação às pessoas físicas ou particulares que não são funcionárias ou empregadas públicas, mas que se aproveitam do patrimônio público, mais no caso de integrarem o concurso de agentes efetivos e temporários na prática da improbidade.

A primeira análise diz com a suspensão do prazo, que se dá com a abertura de inquérito civil ou de processo administrativo, a teor do § 1º:

> "A instauração de inquérito civil ou de processo administrativo para apuração dos ilícitos referidos nesta Lei suspende o curso do prazo prescricional por, no máximo, 180 (cento e oitenta) dias corridos, recomeçando a correr após a sua conclusão ou, caso não concluído o processo, esgotado o prazo de suspensão."

Há a previsão, no § 2º, do período para a conclusão do inquérito civil, que é de 365 dias, prorrogável uma única vez:

> "O inquérito civil para apuração do ato de improbidade será concluído no prazo de 365 (trezentos e sessenta e cinco) dias corridos, prorrogável uma única vez por igual período, mediante ato fundamentado submetido à revisão da instância competente do órgão ministerial, conforme dispuser a respectiva lei orgânica".

Encerrado o prazo, será a ação proposta em trinta dias. Caso não houver o ajuizamento, não decai o direito se não decorrido o prazo de oito anos, como se infere do § 3º:

> "Encerrado o prazo previsto no § 2º deste artigo, a ação deverá ser proposta no prazo de 30 (trinta) dias, se não for caso de arquivamento do inquérito civil".

Outrossim, o § 4º elenca situações que importam em interrupção do prazo prescricional, sendo:

"I – pelo ajuizamento da ação de improbidade administrativa;

II – pela publicação da sentença condenatória;

III – pela publicação de decisão ou acórdão de Tribunal de Justiça ou Tribunal Regional Federal que confirma sentença condenatória ou que reforma sentença de improcedência;

IV – pela publicação de decisão ou acórdão do Superior Tribunal de Justiça que confirma acórdão condenatório ou que reforma acórdão de improcedência;

V – pela publicação de decisão ou acórdão do Supremo Tribunal Federal que confirma acórdão condenatório ou que reforma acórdão de improcedência".

O § 5º reduz o prazo para a metade, se recomeçado após a interrupção:

"Interrompida a prescrição, o prazo recomeça a correr do dia da interrupção, pela metade do prazo previsto no *caput* deste artigo".

O § 6º estende a suspensão e a interpretação a todos os que participaram do ato de improbidade:

"A suspensão e a interrupção da prescrição produzem efeitos relativamente a todos os que concorreram para a prática do ato de improbidade".

De acordo com o § 7º, a suspensão e a prescrição abrangem os atos conexos, isto é, os diversos atos de improbidade, mas submetidos ao mesmo processo:

"Nos atos de improbidade conexos que sejam objeto do mesmo processo, a suspensão e a interrupção relativas a qualquer deles estendem-se aos demais".

Consideram-se conexos os atos quando possuem uma correlação, isto é, uns estão ligados aos outros, como em sucessivos desmandos na gestão de uma empresa pública, havendo desvios de verbas em várias ocasiões. De certa forma, tem-se o ilícito continuado. A interrupção da prescrição pelo ajuizamento da ação, ou por outra causa, abrange todos os atos seguintes de desvio.

Em sequência, o § 8º autoriza ao juiz reconhecer a prescrição intercorrente mesmo de ofício, mas depois de ouvido o Ministério Público, e se provocado pela parte, desde que decorrido o prazo do § 5º.

"O juiz ou o tribunal, depois de ouvido o Ministério Público, deverá, de ofício ou a requerimento da parte interessada, reconhecer a prescrição intercorrente da pretensão sancionadora e decretá-la de imediato, caso, entre os marcos interruptivos referidos no § 4º, transcorra o prazo previsto no § 5º deste artigo".

2. A PRESCRIÇÃO PARA OS OCUPANTES DE CARGOS TEMPORÁRIOS

No exercício de cargos temporários, como de prefeito, governador, presidente da República, deputados federais e estaduais, senadores, vereadores, ou de assessores nomeados em cargos de confiança, que são, em geral, os comissionados, os dirigentes de empresas estatais, os requisitados ou contratados temporariamente (art. 37, IX, da CF), dentre outras categorias, não corria o prazo, e assim se dava durante o tempo em que se exercia a função. Era o que previa o inc. I do art. 23 a respeito. Com o término do exercício, dava-se o início do prazo prescricional, perdurando por cinco anos, cuja ocorrência fenecia o direito à ação.

Com a Lei 14.230/2021, art. 23, ficou revogada tal previsão. O prazo prescricional passou para oito anos, que inicia da ocorrência do fato, ou do dia em que cessou a infração permanente, conforme analisado e transcrito no item anterior.

Havia fortes razões para o início da prescrição quando do término no exercício da função.

A temporariedade era a característica que marcava esses cargos, sendo que, em grande parte, os ocupantes provinham de eleições.

Na realidade, uma vez encontrando-se no exercício das atividades, os eleitos escolhem assessores, secretários, assistentes e outros tipos de auxiliares, que são comissionados. A maioria dos cargos de confiança ou comissionados tem a mesma duração do cargo do eleito, ou um pouco mais, até novo mandatário assumir o posto, isto é, dando-se o seu provimento e a substituição com a mudança de governo.

Inolvidável o interesse político que os cargos temporários revestem. Dificilmente procura-se apurar os casos de improbidade durante a gestão dos envolvidos. Mesmo que se dê a iniciativa de investigação no período, há grande possibilidade de interferência na apuração dos fatos. Por isso, revelava-se a lei sábia e coerente com a realidade ao firmar como início do prazo de prescrição a data do afastamento da gestão ou função, mormente quanto aos cargos eletivos e comissionados, e abrangendo as mais diversas nomeações, como de secretários de Estado, diretores, presidentes de autarquias e empresas estatais, de fundações e de sociedades de economia mista, que formam uma cadeia de subordinação hierárquica. O critério para a escolha é mais político e partidário, posto que prevalecem os interesses de grupos ou de facções, favorecendo o eclodir de atos ímprobos em todos os setores da vida pública.

A vigente previsão de oito anos, como destacado, especialmente em reeleições, favorece a impunidade, especialmente quanto às contas dos órgãos administrados, que serão examinadas ou conferidas na gestão seguinte pelos novos ocupantes dos cargos temporários.

3. A DIVERGÊNCIA DE PRAZOS DE PRESCRIÇÃO ENTRE CATEGORIAS DE FUNCIONÁRIOS ESTATUTÁRIOS E DE FUNCIONÁRIOS SUBMETIDOS À LEI DE IMPROBIDADE

Não se pode olvidar a discrepância existente entre a prescrição na ação de improbidade e a prescrição prevista em leis especiais, como estatutos de funcionários públicos das diversas categorias.

Quanto aos que exercem cargos ou empregos efetivos e estáveis, ou temporários, nomeados vitaliciamente ou não os titulares, as regras da prescrição para a penalidade de demissão a bem do serviço público é que regerão a prescrição da ação de improbidade. Se operar-se a prescrição no regime estatutário ou na lei que rege uma categoria de funcionários em cinco anos, este o lapso temporal que, decorrido, traz a extinção da punibilidade, por prescrição, mesmo que por força da ação de improbidade. A título de exemplo, citam-se os funcionários públicos da União, sendo fixado o prazo prescricional de cinco anos para as faltas funcionais punidas pela demissão, a teor do art. 142, inc. I, da Lei nº 8.112, de 11.12.1990, iniciando a correr da data em que o fato se tornou conhecido, e interrompendo-se com a abertura da sindicância ou a instauração do processo disciplinar, na previsão dos parágrafos do mesmo art. 142.

Disserta, sobre o assunto, Sérgio Ferraz: "Na forma do art. 132, IV, da Lei nº 8.112/1990, qualquer ato de improbidade administrativa configura transgressão punível com a pena de demissão. De seu turno, o art. 142 do mesmo diploma, consigna ser de 5 (cinco) anos, contados da data em que o fato se tornou conhecido, a ação disciplinar quando a infração for punível com demissão, cassação de aposentadoria ou indisponibilidade e destituição de cargo em comissão".[2]

De realçar que a iniciativa da sindicância e mesmo do inquérito civil ou administrativo interrompe o prazo prescricional durante o tempo previsto no estatuto próprio para a sua conclusão. Assim prevê o art. 142, § 3º, da citada Lei nº 8.112/1990:

> "A abertura de sindicância ou a instauração de processo disciplinar interrompe a prescrição, até a decisão final proferida por autoridade competente".

Com a interrupção, recomeça todo o prazo prescricional.

Aos funcionários públicos federais, em consonância com a mesma Lei nº 8.112/1990, concede-se o lapso temporal de cento e quarenta dias para a conclusão do processo administrativo. Uma vez vencido esse período, torna a iniciar o prazo prescricional.

É esta, também, a exegese do STJ:

> "O prazo para a Administração aplicar a pena de demissão ao servidor faltoso é de 5 (cinco) anos, a teor do que dispõe o art. 142, inciso I, da Lei nº 8.112/1990, na hipótese de não ter havido regular apuração criminal da mesma falta.
>
> No caso em apreço, a contagem do prazo prescricional foi interrompida com a instauração do Processo Administrativo Disciplinar em 17.10.2000, voltando a correr por inteiro em 6.03.2001, após o transcurso de 140 (cento e quarenta) dias (prazo máximo para a conclusão do processo – art. 152, *caput* c/c o art. 169, § 2º, da Lei nº 8.112/1990). Assim, tendo sido expedida a Portaria Demissória do Impetrante em 20.01.2004, constata-se, a toda evidência, a não ocorrência da prescrição da pretensão punitiva da Administração Federal".[3]

Todavia, de acordo com os estatutos das categorias funcionais e as leis específicas, se estadual o funcionário, e dando-se, *v. g.*, a prescrição em três anos; ou, se municipal, estiver previsto o prazo de quatro anos, verifica-se a incidência de períodos diferentes para consumar a prescrição.

Há uma incoerência, e até uma eiva de inconstitucionalidade, pois resta violado o princípio da igualdade imposto no art. 5º da Carta Federal. Não se oferece nenhuma razão para o tratamento desigual. Não há permissão para estabelecer distinções. Como se não bastasse, resta flagrante a violação do princípio da segurança jurídica, ao mesmo tempo em que se dificulta a aplicação da ação de improbidade.

Ademais, nota-se a existência da remissão à lei penal que, para a figura que enseja a improbidade, na sua esfera contempla um prazo bem superior para ensejar a prescrição. É como se nota no § 2º do art. 142 da Lei 8.112/1990:

---

[2] Aspectos processuais na lei sobre improbidade administrativa. *Improbidade administrativa*: questões polêmicas e atuais. São Paulo: Malheiros, 2002. p. 447.
[3] MS (Mandado de Segurança) nº 9516/DF, da 3ª Seção, j. em 13.06.2007, *DJe* de 25.06.2008.

> "Os prazos de prescrição previstos na lei penal aplicam-se às infrações disciplinares capituladas também como crime".

É imperioso reconhecer que o tratamento desigual assume medida desproporcional, pois, às vezes, vai até mais de dez anos. A título de exemplo, Luciana Maria Ribeiro Alice cita esta situação: "Como a apropriação de dinheiro público caracteriza o crime de peculato (art. 312 do Código Penal) e, uma vez que os §§ 1º e 2º do art. 197 do Estatuto dos Servidores Públicos Civis do Estado do Rio Grande do Sul estabelece que, se a falta constituir, também, crime ou contravenção, a prescrição será regulada pela lei penal, na hipótese o prazo prescricional será de dezesseis anos, sendo possível sustentar as causas de interrupção do prazo prescricional da lei penal".[4]

De anotar que a pena para o crime de peculato é de reclusão de dois a doze anos. Em consonância com o inc. II do art. 109 do Código Penal, o prazo da prescrição em abstrato é de 16 anos. Evidente a ofensa ao princípio da igualdade, perante outros servidores públicos, além da violação da regra de proporcionalidade que se impõe exista entre o ato e a sanção.

Em caso diametralmente oposto, o emprego irregular de verbas ou rendas públicas comina pena de um a três meses de detenção (art. 315 do Código Penal), na hipótese de remeter a lei local à lei penal, operando-se a prescrição em três anos (art. 109, inc. VI, do Código Penal). Já o agente submetido à Lei 8.429/1998 fica em franca desvantagem, pois, no mínimo, a prescrição exige o decurso do período de oito anos.

Para as situações de diferenças de prazos, deve-se levar em conta o prazo de menor duração, ou o mais favorável ao réu.

Toma-se como fundamento o princípio da analogia, a qual, na lição de Larenz, está fundada na "exigência da justiça tratar igualmente aquilo que é igual. A integração da lacuna da lei, por via de um recurso a um princípio ínsito na lei, funda-se em que a situação de fato não regulada expressamente na lei é aquela a que o princípio (igualmente) se refere, sem que aqui intervenha um princípio contrário".

Assim, logo adiante, conclui: "Entendemos que a solução mais justa e adequada é estabelecer em cinco anos o prazo prescricional para todos os servidores e empregados, públicos ou não, fixando-se como termo inicial a data da ciência do fato pelo superior hierárquico".[5]

Mesmo, portanto, no incurso dos funcionários na ação de improbidade administrativa, também incidem os prazos da lei que for mais favorável ao agente público, e que os rege especificamente.

Não se pode olvidar, também, a aplicação do disposto no § 5º do art. 23, na redação da Lei 14.230/2021, prevendo a redução em metade do prazo se interrompida a prescrição:

> "Interrompida a prescrição, o prazo recomeça a correr do dia da interrupção, pela metade do prazo previsto no *caput* deste artigo".

A interrupção ocorre nas situações do § 4º do mesmo art. 23, já transcritas no item 1 do presente Capítulo, devendo ser dada a mesma inteligência de incidência da lei mais favorável ao réu.

---

[4] Prescrição na ação de improbidade administrativa. *Ajuris – Associação dos Juízes do RS*, Porto Alegre, n. 102, p. 254, jun. 2006.
[5] Prescrição na ação de improbidade administrativa, cit., p. 271-272.

Em suma conclui-se prevalecer o prazo mais curto para o réu funcionário público previsto em estatuto próprio, se for demandado em ação de improbidade administrativa.

4. A PRESCRIÇÃO PARA AS PESSOAS PARTICULARES QUE NÃO DESEMPENHAM A FUNÇÃO PÚBLICA

No caso de pessoas físicas particulares autoras ou beneficiárias da conduta ímproba, que não têm a investidura em cargo público, a prescrição da ação para a aplicação das respectivas sanções se opera no mesmo prazo do vigente art. 23.

Merece plausibilidade a inteligência de se aplicar o mesmo prazo que incide para quem é agente público. O terceiro nunca responde de forma isolada, havendo um participante que desempenha função pública, ou atua com valores ou bens do ente estatal. Deverá haver, portanto, identidade de lapso temporal com o agente público envolvido. Essa inteligência é defendida por Luciana Maria Ribeiro Alice: "Quanto aos agentes que não são servidores públicos, o prazo prescricional deverá ser, sempre, o do agente público coautor, pois que o direito reclama tratamento igual a situações iguais. Observe-se que a responsabilização de quem não é agente público pressupõe, a teor do art. 3º da Lei de Improbidade Administrativa, a prática de um ato de improbidade por agente público, em coautoria ou não. Portanto, a melhor solução é sustentar a igualdade de prazos prescricionais aplicáveis aos envolvidos".[6]

Cita-se como precedente desta linha de entendimento o seguinte aresto, com a observação de que os incisos I e II do art. 23 restaram revogados pela Lei 14.230/2021:

> "Nos moldes da jurisprudência firmada do STJ, aplica-se aos particulares, réus em ação de improbidade, a mesma sistemática cabível aos agentes públicos, prevista no art. 23, I e II, da Lei nº 8.429/1992, para fins de fixação do termo inicial da prescrição".[7]

Vários os precedentes referidos no voto da Relatora:

> "Em relação ao terceiro que não detém a qualidade de agente público, incide também a norma do art. 23 da Lei nº 8.429/1992 para efeito de aferição do termo inicial do prazo prescricional (REsp 1156519/RO, rel. Min. Castro Meira, 2ª Turma, j. em 18.06.2013, *DJe* 28.06.2013)".

> "Esta Corte Superior entende que o termo inicial da prescrição em improbidade administrativa em relação a particulares é idêntico ao do agente público que praticou o ato ímprobo, matéria regulada no art. 23, I e II, da Lei nº 8.429/1992. Precedente (REsp 773.227/PR, rel. Min. Denise Arruda, 1ª Turma, j. em 09.12.2008, *DJe* 11.02.2009)".

> "A orientação desta Corte Superior é no sentido de que o termo inicial da prescrição em improbidade administrativa em relação a particulares é idêntico ao do agente público que praticou o ato ímprobo, matéria regulada no art. 23, I e II, da Lei nº 8.429/1992. Confiram-se: REsp nº 965.340/AM, 2ª Turma, rel. Min. Castro Meira, *DJ* 08.10.2007, p. 256; REsp nº 704.323/RS, 1ª Turma, rel. Min. Francisco Falcão, *DJ* 06.03.2006, p. 197; REsp nº 773227/PR, rel. Min. Denise Arruda, 1ª Turma, j. em 9.12.2008, *DJe* 11.02.2009)".

---

[6] Prescrição na ação de improbidade administrativa, cit., p. 270.
[7] AgRg no REsp nº 1.159.035/MG, da 2ª Turma do STJ, j. em 21.11.2013, *DJe* de 29.11.2013, rel. Ministra Eliana Calmon.

> "Se alguém estranho ao serviço público praticar um ato de improbidade em concurso com ocupante de cargo efetivo ou emprego público, sujeitar-se-á ao mesmo regime prescricional do servidor público. Precedente (REsp nº 965340/AM, rel. Min. Castro Meira, 2ª Turma, j. em 25.09.2007, *DJ* 08.10.2007, p. 256)".

Tal inteligência vem consolidada na Súmula 634/STJ, de 2019:

> "Ao particular aplica-se o mesmo regime prescricional previsto na Lei de Improbidade Administrativa para o agente público".

No entanto, como já observado, se mais benéfico aos agentes públicos de qualquer categoria, perdura o prazo pelo tempo previsto para a prescrição da penalidade no estatuto próprio, conforme entendido no item anterior.

No caso, porém, de participantes particulares no ato de improbidade, por não integrarem uma categoria estatutária, será de oito anos o prazo, o que excepciona o entendimento acima.

5. A LEI MAIS BENÉFICA E SUA RETROATIVIDADE

Várias as alterações da Lei de Improbidade trazidas pela Lei 14.230/2021 que vieram a beneficiar os sujeitos passivos envolvidos na improbidade.

É de se perquirir se tais alterações alcançam ou não os processos em curso, sem o trânsito em julgado, e aos com o trânsito em julgado.

Como dado inicial, cumpre se tenha em conta o caráter sancionador da Lei 8.429/1992, prevendo em seu art. 1º, § 4º, incluído pela Lei 14.230/2021a seguinte natureza da Lei:

> "Aplicam-se ao sistema da improbidade disciplinado nesta Lei os princípios constitucionais do direito administrativo sancionado".

Daí, portanto, que tal norma, sendo de natureza sancionatória, dirigida à improbidade administrativa, está inserida no sistema da aplicação da lei mais benigna. Considerando a interpretação do princípio do *due process*, amplia-se o sistema de incidência da regra fundamental do art. 5º, inciso XL, da Carta da Nação, abarcando o princípio da retroatividade em matéria de improbidade.

A natureza sancionatória da Lei de Improbidade Administrativa vem estampada mais diretamente no art. 17-D da Lei 8.429/1992, aportado pela Lei 14.230/2021, quando destaca:

> "A ação por improbidade administrativa é repressiva, de caráter sancionatório, destinada à aplicação de sanções de caráter pessoal previstas nesta Lei, e não constitui ação civil, vedado seu ajuizamento para o controle de legalidade de políticas públicas e para a proteção do patrimônio público e social, do meio ambiente e de outros interesses difusos, coletivos e individuais homogêneos".

Sem dúvida, resta de meridiana clareza o caráter sancionatório, conduzindo a chegar ao caráter até penal, motivando a sua aplicação aos processos pendentes. Por isso a incidência das regras de prescrição aos processos pendentes, com a duração, entre outras hipóteses, superior a oito anos, oportunizando o reconhecimento da prescrição.

Nesse entendimento, já existem algumas decisões, como as que seguem.

O TJ/SP entendeu que

> "a edição da Lei 14.230/2021, alterando a Lei 8.429/1992, com introdução de normas mais benéficas ao réu imputado ímprobo, deve ser aplicada, ainda que de forma retroativa, às ações de improbidade administrativa em curso, mesmo que ajuizadas antes da vigência da nova lei, em decorrência e por imposição da extensão ao direito administrativo sancionador de princípios do direito penal, dentre os quais o da retroatividade da lei mais benigna ao réu".[8]

Em uma decisão monocrática, a juíza federal Sílvia Regina Salau Brollo, da 11ª Vara Federal de Curitiba/PR, observou que "a ação de improbidade administrativa tem cunho repressivo e sancionatório. Por isso, aplicam-se os princípios constitucionais do Direito sancionador, como o artigo 5º, inciso XL – 'a lei penal não retroagirá, salvo para beneficiar o réu'. A Lei 14.230/2021 retroage seus efeitos para fatos ocorridos antes da sua vigência, e que, naquela hipótese, passaram-se mais de quatro anos desde o ajuizamento da ação (...)".[9]

O Tribunal de Justiça de São Paulo ponderou que "a doutrina e jurisprudência majoritárias consideram que normas de direito administrativo sancionador possuem similitude com normas penais; e, quando mais benéficas, devem retroagir em benefício do réu"[10].

Como consta do AgRg no HC 575.395/RN, do STJ, sendo rel. o Min. Nefi Cordeiro, da Sexta Turma, j. em 8.09.2020, *DJe* 14.09.2020, deve prevalecer

> "a aplicação retroativa da norma mais benigna ao infrator, consoante posicionamento do Pretório Excelso na esteira de que 'norma de natureza jurídica mista e mais benéfica ao réu, deve retroagir em seu benefício'".

Sobre a aplicação do princípio da lei mais benigna à improbidade administrativa, especificamente decidiu o Min. Sérgio Kukina, em decisão monocrática, em 11.10.2021, *DJe* de 15.10.2021, em decisão proferida[11]:

> "As recorrentes, foram condenadas por improbidade administrativa, nos termos dos artigos previstos no art. 10, incisos VI, XI, XII e 11, da Lei 8.429/92. Ocorre que o Projeto de Lei nº 2.505, de 2021 (em anexo), prevê, expressamente, a revogação dos incisos, VI, XI, XII do artigo 10 da referida Lei, o que certamente, em razão do caráter penal e pessoal do instituto da Improbidade Administrativa, retroagirá ao caso das recorrentes, caindo por terra a punição decorrente da condenação.
>
> Isso se deve ao fato de que o princípio constitucional da retroatividade da lei mais benéfica deve também ser aplicado ao campo administrativo e judicial sancionador (cenário no qual se inserem os atos de improbidade), justamente porque, assim como a lei penal, a Lei de Improbidade também prevê em seu corpo estrutural um coletivo de sanções e penalidades. Ou seja, noutros termos, é dizer que a retroatividade da lei mais benigna

---

[8] Ap Civ. n. 50005477920184036118, de São Paulo, julgada em 17.12.2921, publ. em 14.01.2022, rel. o Des. Federal Luis Carlos Hiroki Muta.
[9] Ação de Improbidade Administrativa nº 5003077-85.2012.4.04.7008, julgada em 4.11.2021.
[10] Agravo de Instrumento 2146747-50.2021.8.26.0000, sendo Relator o Dr. Torres de Carvalho, da 10ª Câmara Direito Público, julgado em 16.12.2021, Registro em 16/12/2021,
[11] PET no AREsp 1850460.

se insere em princípio constitucional com aplicabilidade para todo o exercício do *jus puniendi* estatal — neste se incluindo a Lei de Improbidade".

Merece destaque a seguinte ementa de decisão do TJ/SP[12], pelo enfrentamento de hipóteses da contagem do prazo prescricional, na previsão da Lei 14.230/2021:

> "(...)
>
> Aplicabilidade imediata quanto às normas processuais nos termos do artigo 14, do CPC e, por analogia, do artigo 2º, do CPP – Aplicabilidade imediata e retroativa das normas materiais mais benéficas ao agente, nos termos do artigo 5º, inciso XL, da Constituição Federal: 'XL – a lei penal não retroagirá, salvo para beneficiar o réu' – 'Lei penal' que deve ser entendida como sendo todo o *jus puniendi* estatal – Direito administrativo sancionador que compartilha com o direito penal, das garantias constitucionais fundamentais, tais como o devido processo legal, o contraditório, a ampla defesa, os princípios da legalidade, da tipicidade, da culpabilidade, da pessoalidade das penas, da individualização da sanção, da razoabilidade e da proporcionalidade e, como não poderia deixar de ser, da retroatividade da lei mais benéfica.
>
> PRESCRIÇÃO – Ocorrência – Prazo prescricional de 08 anos contados da data do fato que é interrompido pelo ajuizamento da ação de improbidade – Após interrompido, o prazo recomeça pela metade, contado da data da interrupção. Ação ajuizada em 21/07/2017, tendo decorrido o prazo prescricional de 08 anos contados da data do fato, isto é, janeiro a novembro de 2008.
>
> Verifica-se a prescrição ainda pelo fato de o prazo, interrompido com o ajuizamento da petição inicial, ser contado pela metade, 04 anos, após o ajuizamento, o que leva ao reconhecimento da prescrição em 22/07/2021 – Inteligência do artigo 23, *caput* e § 4º, inciso I e §§ 5º e 8º da Lei de Improbidade Administrativa, com a redação dada pela Lei 14.230 de 25/10/2021. Reconhecimento da prescrição intercorrente e consequente extinção do processo. (...) Sentença reformada para reconhecer a prescrição. Recurso prejudicado".

Tem, todavia, decidido o STF que a irretroatividade não atinge as ações e penalidades aplicadas se transitada em julgado a sentença.

O STF aprovou a tese através do Tema 1.199, de 2023, incluindo a prescrição e outras matérias:[13]

> "É necessária a comprovação de responsabilidade subjetiva para a tipificação dos atos de improbidade administrativa, exigindo-se – nos artigos 9º, 10 e 11 da LIA – a presença do elemento subjetivo – DOLO; 2) A norma benéfica da Lei 14.230/2021 – revogação da modalidade culposa do ato de improbidade administrativa –, é IRRETROATIVA, em virtude do artigo 5º, inciso XXXVI, da Constituição Federal, não tendo incidência em relação à eficácia da coisa julgada; nem tampouco durante o processo de execução das penas e seus incidentes; 3) A nova Lei 14.230/2021 aplica-se aos atos de improbidade administrativa culposos praticados na vigência do texto anterior da lei, porém sem

---

[12] Apelação Cível 1009214-10.2017.8.26.0161 – Relator Leonel Costa; Órgão Julgador, da 8ª Câmara de Direito Público, j. em 22.02.2022, Registro em 22.02.2022.

[13] ARE 843.989, Tribunal Pleno, rel. Min. Alexandre de Moraes, j. em 18.08.2022, *DJe* de 12.12.2022.

condenação transitada em julgado, em virtude da revogação expressa do texto anterior; devendo o juízo competente analisar eventual dolo por parte do agente; 4) O novo regime prescricional previsto na Lei 14.230/2021 é IRRETROATIVO, aplicando-se os novos marcos temporais a partir da publicação da lei".

O STJ tem mantido a linha de interpretação do STF, sendo oportuno o seguinte excerto da ementa, que trata, também, de improbidade culposa:

> "1. A questão jurídica referente à aplicação da Lei n. 14.230/2021, em especial no tocante à necessidade da presença do elemento subjetivo dolo para a configuração do ato de improbidade administrativa e da aplicação dos novos prazos de prescrição geral e intercorrente, teve a repercussão geral julgada pelo Supremo Tribunal Federal (Tema 1.199 do STF).
>
> 2. A despeito de ser reconhecida a irretroatividade da norma mais benéfica advinda da Lei n. 14.230/2021, que revogou a modalidade culposa do ato de improbidade administrativa, o STF autorizou a aplicação da lei nova, quanto a tal aspecto, aos processos ainda não cobertos pelo manto da coisa julgada.
>
> 3. A Primeira Turma desta Corte Superior, no julgamento do AREsp 2.031.414/MG, em 9.05.2023, firmou a orientação de conferir interpretação restritiva às hipóteses de aplicação retroativa da LIA (com a redação da Lei n. 14.230/2021), adstrita aos atos ímprobos culposos não transitados em julgado, de acordo com a tese 3 do Tema 1.199 do STF.
>
> 4. Acontece que o STF, posteriormente, ampliou a abrangência do Tema 1.199/STF, a exemplo do que ocorreu no ARE 803568 AgR – segundo-EDv-ED, admitindo que a norma mais benéfica prevista na Lei n. 14.230/2021, decorrente da revogação (naquele caso, tratava-se de discussão sobre o art. 11 da LIA), poderia ser aplicada aos processos em curso.
>
> 5. Tal como aconteceu com a modalidade culposa e com os incisos I e II do art. 11 da LIA (questões diretamente examinadas pelo STF), a conduta ímproba escorada em dolo genérico (tema ainda não examinado pelo Supremo) também foi revogada pela Lei n. 14.230/2021, pelo que deve receber rigorosamente o mesmo tratamento".[14]

6. A PRESCRIÇÃO DAS AÇÕES PURAMENTE RESSARCITÓRIAS

Consoante visto *supra*, o art. 37, § 5º, da CF atribuiu à lei complementar, estabelecer os prazos de prescrição para os ilícitos praticados, ficando, porém, "ressalvadas as respectivas ações de ressarcimento".

Em vista dessa delegação, a Lei nº 8.429/1992 fixou os prazos para a prescrição das sanções aplicáveis às infrações nela constantes, que são as dos arts. 9º, 10 e 11, com alterações e inclusões da Lei 14.230/2021. Depreende-se que ficaram de fora as ações de ressarcimento. Desde que buscada a indenização por razões diferentes das violações contempladas nos arts. 9º, 10 e 11, cujas sanções vêm discriminadas no art. 12, incidiria o prazo de dez anos, previsto no art. 205 do Código Civil, ou a da ação popular, que é de cinco anos.

Essa se afigura a interpretação mais coerente, sendo inaceitável que se excetue o ressarcimento nessa situação, para excluí-lo da prescrição. Não se admite que, em uma única exceção no

---

[14] AgInt no AREsp 2617421/SP, da Primeira Turma, rel. Min. Gurgel de Faria, j. em 23.09.2024, *DJe* de 27.09.2024.

direito positivo, ficassem sem prescrição as indenizações por danos cometidos contra o erário, desde que não tipificadas as situações dos arts. 9º, 10 e 11. Nem se afeiçoa ao bom senso uma interpretação tão estranha, que levasse a um tratamento assim diferenciado relativamente aos demais direitos da Fazenda Pública. Haveria um divórcio inconcebível com o sistema jurídico universal, até porque nem os delitos mais infamáveis, de modo predominante, estão acobertados do manto da prescrição. Nada permanece indelével à ação do tempo. Os fatos que acontecem tendem a se esvanecer, a se apagar e a desaparecer, carcomidos e soterrados pelo peso dos anos, perdendo a importância e o interesse dos que remanescem.

Pelo que se verifica, poucas são as atenções que se fixam na ressalva do mencionado art. 37, § 5º, e raras as decisões que fazem a diferenciação, máxime enfatizando a imprescritibilidade.

Encontram-se precedentes do STJ que apontam para esse horizonte, sendo exemplo a seguinte:

"Ação civil pública. Ressarcimento de danos ao patrimônio público. Prazo prescricional da ação popular. Analogia.

1. A Ação Civil Pública e a Ação Popular veiculam pretensões relevantes para a coletividade.

2. Destarte, hodiernamente ambas as ações fazem parte de um microssistema de tutela dos direitos difusos onde se encartam a moralidade administrativa sob seus vários ângulos e facetas. Assim, à míngua de previsão do prazo prescricional para a propositura da Ação Civil Pública, inafastável a incidência da analogia *legis*, recomendando o prazo quinquenal para a prescrição das Ações Civis Públicas, tal como ocorre com a prescritibilidade da Ação Popular, porquanto *ubi eadem ratio ibi eadem legis dispositio*. Precedentes do STJ: REsp nº 890552/MG, rel. Min. José Delgado, *DJ* 22.03.2007; e REsp nº 406.545/SP, rel. Min. Luiz Fux, *DJ* 09.12.2002.

3. Ação Civil Pública ajuizada por Ministério Público Estadual em face de ex-prefeito e outros corréus, por ato de improbidade administrativa, causador de lesão ao erário público e atentatório aos princípios da Administração Pública, consistente na doação de imóvel efetuada pelo Município de Valença em favor da Irmandade Santa Casa de Misericórdia, objetivando a declaração de nulidade da mencionada doação, bem como a condenação dos requeridos, de forma solidária, ao ressarcimento ao erário do prejuízo causado ao Município, à luz do valor venal do imóvel objeto de doação, devidamente atualizado (fls. 02/21).

4. A Medida Provisória 2.180-35 editada em 24.08.2001, no afã de dirimir dúvidas sobre o tema, introduziu o art. 1º-C na Lei nº 9.494/1997 (que alterou a Lei nº 7.347/1985), estabelecendo o prazo prescricional de cinco anos para ações que visam a obter indenização por danos causados por agentes de pessoas jurídicas de direito público e privado prestadores de serviço público, senão vejamos:

'Art. 4º A Lei nº 9.494, de 10 de setembro de 1997, passa a vigorar acrescida dos seguintes artigos:

Art. 1º-C. Prescreverá em cinco anos o direito de obter indenização dos danos causados por agentes de pessoas jurídicas de direito público e de pessoas jurídicas de direito privado prestadoras de serviços públicos'.

5. A Lei nº 8.429/1992, que regula o ajuizamento das ações civis de improbidade administrativa em face de agentes públicos, dispõe em seu art. 23:

'Art. 23. As ações destinadas a levar a efeitos as sanções previstas nesta lei podem ser propostas: I – até cinco anos após o término do exercício de mandato, de cargo em comissão ou de função de confiança; II – dentro do prazo prescricional previsto em lei específica para faltas disciplinares puníveis com demissão a bem do serviço público, nos casos de exercício de cargo efetivo ou emprego'.

6. A doutrina do tema assenta que: 'Trata o art. 23 da prescrição das ações civis de improbidade administrativa (...). O prazo prescricional é de 5 (cinco) anos para serem ajuizadas contra agentes públicos eleitos ou ocupantes de cargo de comissão ou de função de confiança, contados a partir do término do mandato ou do exercício funcional (inciso I). O prazo prescricional em relação aos demais agentes públicos que exerçam cargo efetivo ou emprego público, é o estabelecido em lei específica para as faltas disciplinares puníveis com demissão a bem do serviço público (inciso II). No âmbito da União, é de 5 (cinco) anos e começa a correr da data em que o fato tornou-se conhecido, não pendendo causa interruptiva ou suspensiva, e dos Estados ou Municípios, no prazo previsto nas leis por eles editadas sobre essa matéria. No caso de particulares acionados por ato de improbidade administrativa, por serem coniventes com o agente público ímprobo, tendo induzido-os ou concorrendo para a sua Prática, entendo eu, que observa a regra dos incisos I ou II, conforme a qualificação do agente público envolvido' (Marino Pazzaglini Filho, *in* Lei de Improbidade Administrativa Comentada, Atlas, 2007, p. 228-229).

7. Sob esse enfoque também é assente que: '(...) No entanto, não se pode deixar de trazer à baila, disposições a respeito da Ação Civil Pública trazidas pela Lei nº 8.429/1992, que visa o controle da probidade administrativa, quando o ato de improbidade é cometido por agente público que exerça mandato, ou cargo em comissão com atribuições de direção, chefia e assessoramento, ou função de confiança. O art. 23 da Lei nº 8.429/1992 dispõe: 'Art. 23. As ações destinadas a Levar a efeitos as sanções previstas nesta lei podem ser propostas:

I – até cinco anos após o término do exercício de mandato, de cargo em comissão ou de função de confiança;

II – dentro do prazo prescricional previsto em lei específica para faltas disciplinares puníveis com demissão a bem do serviço público, nos casos de exercício de cargo efetivo ou emprego'.

Nota-se que simplesmente limitar-se a dizer que as ações civis Públicas não prescrevem, não nos parece cientificamente correto afirmar, haja vista que o inc. I do art. 23 se refere ao prazo prescricional da Ação Civil Pública, quando o ato de improbidade administrativa tiver sido cometido por agente político, exercente dos cargos públicos e funções disciplinadas na citada lei'.

Em relação aos casos não previstos no artigo acima citado, Mateus Eduardo Siqueira Nunes, citando Hely Lopes Meirelles, que entende que 'diante da ausência de previsão específica, estariam na falta de lei fixadora do prazo prescricional, não pode o servidor público ou o particular ficar perpetuamente sujeito a sanção administrativa por ato ou fato praticado há muito tempo. A esse propósito, o STF já decidiu que 'a regra é a da prescritibilidade. Entendemos que, quando a lei não fixa o prazo da prescrição administrativa, esta deve ocorrer em cinco anos, à semelhança da prescrição das ações pessoais contra a Fazenda Pública (Dec. nº 20.910/1932), das punições dos profissionais liberais (Lei nº 6.838/1980 e para a cobrança do crédito tributário CTN, art. 174)' (Fábio Lemos Zanão, *in* Revista do Instituto dos Advogados de São Paulo, RT, 2006, p 33-34).

8. A exegese dos dispositivos legais atinentes à questão *sub examine* conduz à conclusão de que o ajuizamento das ações de improbidade em face de agentes públicos eleitos, ocupantes de cargo em comissão ou de função de confiança, submete-se ao prazo pres-

cricional de 5 (cinco) anos, cujo termo *a quo* é o término do mandato ou do exercício funcional, consoante a *ratio essendi* do art. 23, inciso I, da Lei n 8.429/1992".[15]

Encontra-se, também, a interpretação que aplica a prescrição do Código Civil:

"A norma constante do art. 23 da Lei nº 8.429 regulamentou especificamente a primeira parte do § 5º do art. 37 da Constituição Federal. À segunda parte, que diz respeito às ações de ressarcimento ao erário, por carecer de regulamentação, aplica-se a prescrição vintenária preceituada no Código Civil (art. 177 do CC de 1916) – REsp nº 601.961/MG, rel. Min. João Otávio de Noronha, *DJU* 21.08.2007.

Não há vedação legal ao entendimento de que cabem danos morais em ações que discutam improbidade administrativa seja pela frustração trazida pelo ato ímprobo na comunidade, seja pelo desprestígio efetivo causado à entidade pública que dificulte a ação estatal.

A aferição de tal dano deve ser feita no caso concreto com base em análise detida das provas dos autos que comprovem efetivo dano à coletividade, os quais ultrapassam a mera insatisfação com a atividade administrativa".[16]

Com base também em outros fundamentos já aplicou o STJ a prescrição para a pretensão ressarcitória, como a prescrição em cinco anos estabelecida no Decreto nº 20.910/1932:

"Em debate acerca do prazo prescricional das pretensões indenizatórias ajuizadas contra a Fazenda Pública, esta Corte firmou entendimento, no julgamento do REsp 1.251.993/PR, sob o rito do art. 543-C do CPC, de que deve ser aplicado o prazo quinquenal – previsto no Decreto 20.910/1932 – em detrimento do prazo trienal contido no Código Civil de 2002. Dessa forma, em homenagem ao princípio da igualdade, impõe-se que as pretensões da Fazenda Pública contra o particular ou agente público também prescrevam no mesmo prazo.

No caso dos autos, os atos lesivos ao erário imputados ao recorrente ocorreram no período de 1984 a 1988, enquanto a presente Ação Civil Pública somente foi ajuizada em 22.09.1997, data em que já havia transcorrido o prazo prescricional de cinco anos, pelo quede se concluir pela ocorrência da prescrição da pretensão ressarcitória.

Recurso Especial parcialmente conhecido e, nessa extensão, provido para reconhecer a prescrição da pretensão ressarcitória".[17]

No voto do Relator, é transcrita a lição do Ministro César Asfor Rocha, em sede doutrinária:

"Quanto às ações de ressarcimento ao erário, em decorrência de atos de improbidade administrativa, a questão da prescrição está na ordem do dia das preocupações dos juristas: as indagações começam a partir do art. 37, § 5º da Constituição, que ressalva as ações de ressarcimento por danos ao erário das disposições da lei que regulará a prescrição das sanções administrativas aos agentes de tais ilícitos (Lei nº 8.429/1992).

---

[15] REsp nº 910.625/RJ, da 1ª Turma, j. em 17.04.2008, *DJU* de 04.09.2008, rel. Min. Luiz Fux. Ainda, REsp nº 727.131/SP, da 1ª Turma, j. em 11.03.2008, *DJe* de 23.04.2008.
[16] REsp nº 960.926/MG, da 2ª Turma do STJ, j. em 18.03.2008, *DJU* de 1º.04.2008.
[17] O citado art. 543-C corresponde ao art. 1.036 do atual CPC. REsp nº 1.197.330/MG, da 1ª Turma, j. em 21.05.2013, *DJe* de 12.06.2013, rel. Min. Napoleão Nunes Maia Filho.

A alguns doutrinadores pareceu que essa previsão da Carta Magna apenas excluiu aquela matéria (a prescrição das ações de ressarcimento) da Lei nº 8.429/1992 (norma especial), deixando a sua regulação para ser disciplinada em outras normas estranhas a essa lei específica; e acrescentam esses eminentes juristas que, com essa exclusão, o constituinte não autoriza, em absoluto, a conclusão de imprescritibilidade dessas ações de ressarcimento; aliás, importa observar que a exceção que afirma a imprescritibilidade de qualquer ação deveria se localizar no contexto do art. 5º da Constituição, porque é nele que estão elencadas as garantias subjetivas, de modo que o seu afastamento haveria de constar desse elenco.

(...).

Insisto em que, se não há, na Constituição, previsão expressa de imprescritibilidade de certa ação, no caso, da ação de ressarcimento por dano ocasionado ao erário, penso que não seria razoável – nem legítimo – extraí-lo do Texto Maior, mediante esforço exegético, por se tratar, como já frisei, de situação timbrada de excepcionalidade.

Acolhendo-se, como acolho, a tese da prescritibilidade do direito público de ação, pode-se indagar, nesse caso, qual será o prazo prescricional já que a Lei nº 8.429/1992 não o define – e nem o poderia definir, como se viu – inclusive por interdição constitucional claríssima?

Tenho para mim que será de grande importância, nesse contexto de ausência de norma expressa quanto ao prazo de prescrição, recorrer-se à tradição do Direito Administrativo brasileiro, para se observar que, desde 1932, se adotou o lapso de cinco anos para a extinção das pretensões individuais contra a Administração Pública (Decreto nº 20.910/1932), parecendo-me da maior razoabilidade que se admita esse mesmo prazo (cinco anos) para a extinção das pretensões desta contra os indivíduos; diria que esse raciocínio tem, ainda, a respaldá-lo a lógica da simetria, ou a lógica da igualdade (Breves reflexões críticas sobre a Ação de Improbidade Administrativa, Ribeirão Preto/SP, Migalhas, 2012, p. 43-45)".

Apesar de tudo, há vozes dissonantes da interpretação anterior, como a de Walace Paiva Martins Júnior: "O ressarcimento do dano é imprescritível, pois o art. 37, § 5º, da Constituição Federal, ao ressalvar a ação de ressarcimento de ilícito praticado por agente, servidor ou não, tornou a presente ação imprescritível. O art. 37, § 5º, da Constituição Federal repudia arguição de prescrição quinquenal com lastro no Decreto nº 20.910/1932 ou no art. 21 da Lei nº 4.717/1965, ou trienal, em se tratando de sociedade de economia mista, com base na Lei nº 6.404/1976".[18]

A questão encontra-se com repercussões gerais reconhecidas no Supremo Tribunal Federal. O Recurso Extraordinário 852.475, por exemplo, foi ementado da seguinte maneira:

"Administrativo. Recurso extraordinário. Ação civil pública. Ato de improbidade administrativa. Pretensão de ressarcimento ao erário. Prescritibilidade (art. 37, § 5º, da Constituição Federal). Repercussão geral configurada. 1. Possui repercussão geral a controvérsia relativa à prescritibilidade da pretensão de ressarcimento ao erário, em face de agentes públicos, em decorrência de suposto ato de improbidade administrativa. 2. Repercussão geral reconhecida".[19]

---

[18] *Probidade administrativa*. 2. ed. São Paulo: Saraiva, 2002. p. 339.
[19] RE nº 852475 RG, rel. Min. Teori Zavascki, j. em 19.05.2016, *DJe-108* divulg. 25.05.2016, public. 27.05.2016.

Nessa mesma linha, o Recurso Extraordinário 636.886:

"Administrativo. Recurso extraordinário. Execução fundada em acórdão proferido pelo Tribunal de Contas da União. Pretensão de ressarcimento ao erário. Prescritibilidade (art. 37, § 5º, da Constituição Federal). Repercussão geral configurada.

1. Possui repercussão geral a controvérsia relativa à prescritibilidade da pretensão de ressarcimento ao erário fundada em decisão de Tribunal de Contas. 2. Repercussão geral reconhecida".[20]

---

[20] RE nº 636886 RG, rel. Min. Teori Zavascki, j. em 2.06.2016, *DJe-123* divulg. 14.06.2016, public. 15.06.2016.

Capítulo LVI
A PRESCRIÇÃO NA AÇÃO CIVIL PÚBLICA

1. A PROPOSITURA DA AÇÃO E VIGÊNCIA DOS DIREITOS

Desde que estabelecida em determinado momento a violação a direitos protegidos pela ação civil pública, vigora o entendimento de que o prazo para se propor a ação mede-se pelo período de tempo estabelecido para a vigência dos direitos que se visa proteger, e cuja violação enseja a ação civil pública.

É objeto da ação civil pública a proteção de valores e interesses supraindividuais, que abrange a sociedade em geral, as categorias ou classes de indivíduos, as instituições e as pessoas jurídicas estatais, e certos bens da titularidade pública e que servem à generalidade dos seres vivos e à própria sobrevivência da humanidade.

2. A DEFESA DE INTERESSES A FAVOR OU CONTRA A ADMINISTRAÇÃO PÚBLICA

Se promovida contra os entes públicos, em qualquer de suas esferas, considera-se de cinco anos o prazo. Isto porque este o prazo garantido para o exercício do direito à pretensão.

Realmente, tanto à Administração Pública, por quaisquer de seus órgãos e esferas da Administração Pública, como às pessoas particulares, naturais ou jurídicas, é fixado o prazo de cinco anos para a exigibilidade dos direitos que lhe são reconhecidos. Em relação às obrigações devidas pela Administração Pública, o lapso de tempo estabelecido consta do art. 1º do Decreto nº 20.910, de 06.01.1932: "As dívidas passivas da União, dos Estados e dos Municípios, bem assim todo e qualquer direito ou ação contra a Fazenda federal, estadual ou municipal, seja qual for a sua natureza, prescrevem em cinco anos contados da data do ato ou fato do qual se originarem". O mesmo prazo foi estendido às autarquias pelo art. 2º do Decreto nº 4.597, de 19.08.1942.

O art. 2º do mesmo Decreto nº 20.910 estende o prazo a pensões e demais benefícios previdenciários:

> "Prescrevem igualmente no mesmo prazo todo o direito e as prestações correspondentes a pensões vencidas ou por vencerem, ao meio soldo e ao montepio civil e militar ou a quaisquer restituições ou diferenças".

Os termos próprios da época do aparecimento do diploma devem ser traduzidos na correspondência atual de benefícios previdenciários, originados da Previdência Social particular ou pública.

Importante a compreensão da regra do art. 4º, pela qual o prazo deve iniciar quando da consolidação da obrigação, e não enquanto houver debate administrativo sobre a sua existência:

> "Não corre a prescrição durante a demora que, no estudo, ao reconhecimento ou no pagamento da dívida, considerada líquida, tiverem as repartições ou funcionários encarregados de estudar e apurá-la".

A interpretação conduz a não iniciar o lapso prescricional no período de tempo de defesa administrativa das dívidas.

Outrossim, em respeito ao princípio da igualdade, idêntico o tratamento quanto às obrigações ou dívidas das pessoas naturais ou jurídicas particulares em relação à Fazenda Pública, em qualquer uma de suas esferas. Esse o entendimento exposto por Mauro Roberto Gomes de Mattos:

> "No que pertine ao prazo prescricional das ações e direitos reivindicados contra a Administração Pública, e vice-versa, ainda vige o Decreto 20.910/1932, que declara em seu artigo inaugural que 'as dívidas passivas da União, dos Estados e dos Municípios, bem assim todo e qualquer direito ou ação contra a Fazenda Federal, Estadual e Municipal, seja qual fora sua natureza, prescrevem em cinco anos'. E o art. 2º do citado Decreto determina: 'Prescrevem igualmente no mesmo prazo todo o direito e as prestações correspondentes a pensões vencidas ou por vencerem ao meio soldo e ao montepio civil e militar ou a quaisquer restituições ou diferenças'.
>
> Sucede que a prescrição elencada pelo citado comando legal não possui como finalidade apenas regular o ingresso de ações por parte dos interessados contra o Poder Público, funcionando também como freio a revogabilidade dos atos administrativos estáveis pelo transcurso dos anos. Esse raciocínio lógico depreende-se do próprio texto legal, visto que o art. 2º do Decreto 20.910/1932 impõe o prazo prescricional de 5 (cinco) anos para o exercício de todo o direito, sem exceção. O que leva o intérprete a concluir que, pela dicção do sadio princípio da igualdade, norma assente no *caput* do art. 5º da CF, a consumação do lapso prescricional é direcionada tanto para o ente público como também para o administrado".[1]

Na situação particular de se buscar a indenização junto a pessoas jurídicas de direito público, ou às pessoas jurídicas de direito privado que prestam serviços públicos, também se encontra fundamento para a prescrição da ação no prazo de cinco anos no art. 1º-C da Lei nº 9.494, de 10.09.1997, com as mudanças da Medida Provisória nº 2.180-35/2001:

> "Prescreverá em 5 (cinco) anos o direito de obter indenização dos danos causados por agentes de pessoas jurídicas de direito privado prestadoras de serviços públicos".

3. A DEFESA DE INTERESSES PARTICULARES

No caso de interesses particulares, várias as situações que merecem a atenção.

Se a ação visar à indenização por danos causados, e não se dirigindo a contra o Poder Público, a prescrição se opera, em geral, no prazo de três anos, conforme assinala o art. 206, § 3º, inc. V, do Código Civil.

---

[1] *O limite da improbidade administrativa*: comentários à Lei 8.429/92. Rio de Janeiro: Forense, 2010. p. 663.

Em outras situações, afora se envolver direitos do consumidor, a prescrição é quinquenal, na linha dos seguintes arestos do STJ:

> "A ação civil pública não veicula bem jurídico mais relevante para a coletividade do que a ação popular. Aliás, a bem da verdade, hodiernamente ambas as ações fazer parte de um microssistema de tutela de direitos difusos onde se encartam a moralidade administrativa sob seus vários ângulos e facetas. Assim, à míngua de previsão do prazo prescricional para a propositura da ação civil pública, inafastável a incidência da *analogia legis*, recomendando o prazo quinquenal para a prescrição das ações civis públicas, tal como ocorre com a prescritibilidade da ação popular, porquanto *ubi eadem ratio ibi eadem legis dispositio*".[2]
>
> "A Ação Civil Pública e a Ação Popular compõem um microssistema de tutela dos direitos difusos, por isso que, não havendo previsão de prazo prescricional para a propositura da Ação Civil Pública, recomenda-se a aplicação, por analogia, do prazo quinquenal previsto no art. 21 da Lei nº 4.717/1965 (REsp nº 1070896/SC, rel. Min. Luis Felipe Salomão, 2ª Seção, j. em 14.04.2010, *DJe* 04.08.2010)
>
> Não ocorre coisa julgada em relação aos motivos, por mais importantes que sejam, que determinaram o pronunciamento judicial. Ademais, tal instituto não se aplica a fatos supervenientes à sentença.
>
> Eventual mácula da decisão singular do relator que decide nos termos do artigo 557 do Código de Processo Civil, fica superada como julgamento colegiado do recurso pelo órgão competente.
>
> Agravo regimental a que se nega provimento".[3]

Em suma, adota-se o prazo estabelecido para a prescrição da ação popular (regulada pela Lei nº 4.717, de 29.06.1965), cujo art. 21, expressamente, fixa o prazo prescricional de cinco anos:

> "A ação prevista nesta Lei prescreve em 5 (cinco) anos".

4. A DEFESA DE INTERESSES EM VIOLAÇÕES PERMANENTES OU QUE PROSSEGUEM NO TEMPO

Se as violações são permanentes e prosseguem no tempo, em qualquer tempo, enquanto perdurarem, é possível o ajuizamento da ação civil pública. Muitos dos fatos que ensejam as ações encerram motivação para o ajuizamento no momento em que se verificam, indo até o momento em que cessam de existir. Enquanto perdura a poluição, ou se mantém a devastação da natureza, sempre são oportunas as medidas judiciais próprias. Igualmente enquanto se faz a propaganda enganosa, ou são utilizados contratos contendo cláusulas írritas e abusivas. Realmente, não é possível conceber a formação de direito adquirido em degradar a natureza, ou em praticar algum ato que ofenda os interesses difusos, coletivos ou individuais homogêneos. Mas, não mais se justifica o caminho judicial uma vez cessada a violação.

A essas situações é que se amolda o seguinte aresto do STJ:

> "A ação civil pública é imprescritível, porquanto inexiste disposição legal prevendo o seu prazo prescricional, não se aplicando a ela os ditames previstos na Lei nº 4.717/1965, específica para a ação popular".[4]

---

[2] REsp nº 406.545/SP, da 1ª Turma do STJ, j. em 21.11.2002.
[3] O art. 557 citado corresponde ao art. 932, incs. III e IV, do CPC de 2015. AgRg no AREsp nº 114.401/PR, da 4ª Turma, j. em 13.03.2012, *DJe* de 23.03.2012, rel. Min. Maria Isabel Gallotti.
[4] REsp nº 586.248, da 1ª Turma, j. em 06.04.2006, *DJU* de 04.05.2006.

Mais apropriada a Súmula 613 do STJ:

> "DIREITO AMBIENTAL – DANO AMBIENTAL
>
> Não se admite a aplicação da teoria do fato consumado em tema de Direito Ambiental" (Primeira Seção, j. em 09.05.2018, *DJe* 14.05.2018).

5. O CUMPRIMENTO DE SENTENÇA PROFERIDA NA AÇÃO CIVIL PÚBLICA

Na ação civil pública, em se tratando de interesses dos consumidores, às próprias vítimas se reconhece a titularidade da liquidação e do cumprimento de sentença ("execução de sentença" anteriormente à Lei nº 11.232, de 22.12.2005), em vista do art. 97 da Lei nº 8.078/1990, no que se estende à ação civil pública que tem por objeto outros interesses, fulcrada na Lei nº 7.347/1985:

> "A liquidação e a execução de sentença poderão ser promovidas pela vítima e seus sucessores, assim como pelos legitimados do art. 82".

Esclarece-se que os legitimados do art. 82 são os seguintes, em texto da Lei nº 9.008/1995:

I – o Ministério Público,

II – a União, os Estados, os Municípios e o Distrito Federal;

III – as entidades e órgãos da Administração Pública, direta ou indireta, ainda que sem personalidade jurídica, especificamente destinados à defesa dos interesses e direitos protegidos por este código;

IV – as associações legalmente constituídas há pelo menos um ano e que incluam entre seus fins institucionais a defesa dos interesses e direitos protegidos por este código, dispensada a autorização assemblear.

Isto se a condenação não for genérica em função do pedido coletivo, ou formulado por um ente estatal, por uma coletividade. Eventual resultado econômico condenatório destina-se para a formação de um fundo, utilizado para certas finalidades, conforme já estudado. A liquidação e o cumprimento que o interessado promove é aquela que objetivou um resultado para cada indivíduo, ou ente que forma a parte autora, como no caso de se pretender a restituição de valores cobrados indevidamente dos consumidores, ou de ordenar a reparação ou substituição de peças defeituosas em um bem colocado no comércio.

No cumprimento de sentença proferida na ação civil pública, convencionou-se aplicar o mesmo prazo prescricional estabelecido para a ação, por força da Súmula nº 150 do STF, firmando que "prescreve a execução no mesmo prazo de prescrição da ação". A inteligência restou adotada pelo STJ, no que é exemplo o seguinte aresto:

> "No âmbito do Direito Privado, é de cinco anos o prazo prescricional para ajuizamento da execução individual em pedido de cumprimento de sentença proferida em Ação Civil Pública" (REsp nº 1273643/PR, rel. Min. Sidnei Beneti, 2ª Seção, julgado sob o rito do art. 543-C do CPC, *DJe* 4.04.2013)".[5]

---

[5] O art. 543-C referido no aresto equivale ao art. 1.036 do CPC de 2015. EDcl no AgRg no AREsp nº 96.986/PR, da 4ª Turma, j. em 21.11.2013, *DJe* de 28.11.2013, rel. Min. Luis Felipe Salomão.

A fundamentação está no voto do Min. Sidnei Beneti, no Recurso Especial supramencionado, de nº 1.273.643/PR, destacando-se as seguintes passagens e precedentes, transcritos no que interessa ao assunto:

> "(...) a 4ª Turma deste Tribunal, no julgamento do REsp nº 1.276.376/PR, Relator Ministro Luís Felipe Salomão, *DJ* de 1º.02.2012, por unanimidade, entendeu que o mesmo prazo prescricional, de 5 (cinco) anos, deve ser aplicado para o ajuizamento da execução individual da sentença proferida em Ação Civil Pública, conforme orientação da Súmula nº 150 da Suprema Corte, entendimento este que também vem sendo adotado pela Terceira Turma deste Superior Tribunal. Isso porque a regra abstrata de direito adotada na fase de conhecimento para fixar o prazo de prescrição não faz coisa julgada em relação ao prazo prescricional a ser fixado na execução do julgado, que deve ser estabelecido em conformidade com a orientação jurisprudencial superveniente ao trânsito em julgado da sentença exequenda.
>
> Nesse sentido seguem-se precedentes de ambas as Turmas da C. 2ª Seção do Tribunal, competente para as matérias de direito privado:
>
> '(...) 1. *A sentença não é nascedouro de direito material novo, não opera a chamada novação necessária, mas é apenas marco interruptivo de uma prescrição cuja pretensão já foi exercitada pelo titular. Essa a razão da máxima contida na Súmula nº 50/STF: 'Prescreve a execução no mesmo prazo de prescrição da ação'. Não porque nasce uma nova e particular pretensão de execução, mas porque a pretensão da ação teve o prazo de prescrição interrompido e reiniciado pelo último ato do processo.*
>
> *2. As ações coletivas fazem parte de um arcabouço normativo vocacionado a promover a facilitação da defesa do consumidor em juízo e o acesso pleno aos órgãos judiciários (art. 6º, incisos VII e VIII, CDC), sempre tendo em mente o reconhecimento da vulnerabilidade do consumidor (art. 4º, CDC), por isso que o instrumento próprio de facilitação de defesa e de acesso do consumidor não pode voltar-se contra o destinatário da proteção, prejudicando sua situação jurídica.*
>
> *3. Assim, o prazo para o consumidor ajuizar ação individual de conhecimento – a partir da qual lhe poderá ser aberta a via da execução – independe do ajuizamento da ação coletiva, e não é por esta prejudicado, regendo-se por regras próprias e vinculadas ao tipo de cada pretensão deduzida.*
>
> *4. Porém, cuidando-se de execução individual de sentença proferida em ação coletiva, o beneficiário se insere em microssistema diverso e com regras pertinentes, sendo imperiosa a observância do prazo próprio das ações coletivas, que é quinquenal, nos termos do precedente firmado no REsp nº 1.070.896/SC, aplicando-se a Súmula nº 50/STF.*
>
> *5. Assim, no caso concreto, o beneficiário da ação coletiva teria o prazo de 5 (cinco) anos para o ajuizamento da execução individual, contados a partir do trânsito em julgado da sentença coletiva, e o prazo de 20 (vinte) anos para o ajuizamento da ação de conhecimento individual, contados dos respectivos pagamentos a menor das correções monetárias em razão dos planos econômicos.*
>
> 6. Recurso especial provido' (REsp nº 1275215/RS, rel. Min. Luis Felipe Salomão, 4ª Turma, j. em 27.09.2011, *DJe* 1º.02.2012).
>
> '(...) 1. A 2ª Seção deste Tribunal, pacificou o entendimento de que o prazo para o ajuizamento da ação civil pública é de 5 (cinco) anos, nos termos do disposto no art. 21 da Lei nº 4.717/1965 (Lei da Ação Popular).
>
> 2. Seguindo essa linha de entendimento, bem como a orientação da Súmula 150 do Supremo Tribunal Federal, as Turmas que compõem a 2ª Seção desta Corte adotam o enten-

dimento de que o mesmo prazo prescricional, de 5 (cinco) anos, deve ser aplicado para o ajuizamento da execução individual da sentença proferida em Ação Civil Pública, mesmo na hipótese em que, na ação de conhecimento, já transitada em julgado, tenha sido reconhecida a prescrição vintenária.

3. Nesse sentido todos os julgamentos monocráticos proferidos, mantidos, por unanimidade em ambas as Turmas, nos Agravos Regimentais interpostos (cf. AgRg no AREsp nº 93.945/PR, rel. Min. Nancy Andrighi, j. em 22.05.2012, e AgRg no AREsp nº 94.922/PR, rel. Min. Marco Buzzi, j. 20.03.2012), afastada a necessidade de suspensão dos julgamentos nesta Corte para aguardar julgamento de Recurso Repetitivo, destinado, este, a produzir efeitos quanto aos processos que permanecem suspensos na origem.

4. Agravo Regimental improvido' (AgRg no AREsp nº 113.967/PR, rel. Min. Sidnei Beneti, 3ª Turma, j. em 19.06.2012, DJe 22.06.2012).

'(...) Nas execuções individuais, o prazo prescricional é o quinquenal, próprio das ações coletivas, contado a partir do trânsito em julgado da sentença proferida em ação civil pública, nos termos do precedente firmado no julgamento dos Recursos Especiais nº 1.275.215/RS e nº 1.276.376/PR, DJe de 1º.02.2012' (AgRg no AREsp nº 132.712/PR, rel. Min. Marco Buzzi, 4ª Turma, j. em 21.08.2012, DJe 28.08.2012).

'(...) Perfilhando a orientação traçada pela 2ª Seção no julgamento do Recurso Especial nº 1.070.896/SC, Relator o em. Ministro Luís Felipe Salomão, DJe de 04.08.2010, no qual ficou assentada a tese de que é quinquenal o prazo prescricional para o ajuizamento de ação civil pública, precedentes desta Corte consolidaram a compreensão de que o mesmo prazo prescricional de cinco anos deve ser aplicado em relação à execução individual da sentença proferida na ação coletiva' (AgRg no AREsp nº 123.999/PR, rel. Min. Raul Araújo, 4ª Turma, j. em 27.03.2012, DJe 30.04.2012)".

Firmou-se, como se vê, o prazo prescricional de cinco anos para o ajuizamento da execução individual em cumprimento de sentença proferida em Ação civil pública. No entanto, mantendo a coerência com o entendimento de que a prescrição da ação deve dar-se no mesmo prazo da prescrição da pretensão ao direito ofendido e que se busca restaurar mediante a ação civil pública, deve aplicar-se a prescrição para buscar o cumprimento individual em igual prazo assegurado para a busca da pretensão por meio da ação civil pública. Se a ação para restaurar o direito está garantida pelo prazo de três anos, o cumprimento da sentença deve ser de três anos.

Aos lesados em interesses particulares se reserva o prazo de um ano para ingressar com a liquidação e o pedido de cumprimento da sentença. A partir do decurso de tal prazo inicia o prazo da prescrição. Esta exegese decorre do texto do art. 100 da Lei nº 8.078/1990:

"Decorrido o prazo de 1 (um) ano sem habilitação de interessados em número compatível com a gravidade do dano, poderão os legitimados do art. 82 promover a liquidação e execução da indenização devida".

No caso, pois, de se manterem omissos no pedido, aos legitimados do art. 82 nasce a capacidade para o acionamento das medidas de liquidação e de cumprimento.

Por conseguinte, não se infere que, decorrido o prazo de um ano, se extingue o direito à ação. Desloca-se unicamente a faculdade de se transferir o pedido de liquidação e de cumprimento aos legitimados do art. 82. Se não exercida essa faculdade, aos interessados particulares mantém-se o direito de intentarem a liquidação e o cumprimento no lapso temporal de cinco anos.

Capítulo LVII
PRESCRIÇÃO E DECADÊNCIA NOS CRÉDITOS PÚBLICOS NÃO TRIBUTÁRIOS DE NATUREZA PATRIMONIAL

As receitas públicas têm origem, sobretudo, nos tributos, que constituem a maior fonte de arrecadação nas diversas esferas da Administração Pública. Existem outras procedências dos recursos públicos, como os provenientes de alienação de bens móveis e imóveis de domínio da União, dos Estados e dos Municípios. Também os valores que ingressam a título de locações, de arrendamentos, de concessões, de transferência de direito de uso, de permissões de ocupação, de aforamentos (como de taxa de ocupação de terrenos de marinha), e de prestação de serviços. São créditos patrimoniais, ou que têm origem em um patrimônio público (venda, uso, cessão, ocupação etc.), cuja regulamentação vem na Lei nº 9.636, de 15.05.1998, dispondo sobre a regularização, administração, aforamento e alienação de bens imóveis de domínio da União; alterando dispositivos dos Decretos-leis nos 9.760, de 05.09.1946, e 2.398, de 21.12.1987; e regulamentando o § 2º do art. 49 do Ato das Disposições Constitucionais Transitórias.

Normalmente a lei que rege a matéria contempla a decadência e a prescrição. Na omissão, incide o Decreto nº 20.910/1932, que fixa em cinco anos o prazo da prescrição, para o exercício de qualquer direito.

Para a constituição desses créditos patrimoniais, há o prazo decadencial de dez anos, enquanto para a exigibilidade o prazo de prescrição é de cinco anos. Ou seja, é concedido o prazo de dez anos para formalizar o crédito com o lançamento e a devida inscrição, findo o qual se opera a decadência. Tem o credor público mais o prazo de cinco anos para exercer a pretensão ao recebimento.

Veja-se a respeito o art. 47 da Lei nº 9.636, na redação da Lei nº 10.852/2004.

> "O crédito originado de receita patrimonial será submetido aos seguintes prazos:
> I – decadencial de dez anos para sua constituição, mediante lançamento; e
> II – prescricional de cinco anos para sua exigência, contados do lançamento".

Para a constituição, inicia o prazo no momento em que surge, e é do conhecimento do ente titular do crédito. Só então pode ser constituído. Não basta o surgimento. Necessária, também, a ciência do credor, ou a iniciativa do interessado, que pode ser o devedor, solicitando, junto ao órgão competente, elementos e circunstâncias do fato sobre a hipótese de incidência da receita patrimonial. Havendo o encaminhamento de pedido, pelo devedor, ou de outro interessado, sobre o fato e as circunstâncias da incidência, ou da obrigação, obviamente a Receita toma conhecimento da existência do crédito que possui, iniciando, então, o prazo para a constituição também nessa hipótese. A partir do momento do conhecimento ou da solicitação do interessado de circunstâncias e fatos sobre a incidência, é permitida a cobrança de créditos abrangendo o período de cinco anos anterior, conforme reza o § 1º do art. 47, no texto da Lei nº 9.821/1999:

> "O prazo de decadência de que trata o *caput* conta-se do instante em que o respectivo crédito poderia ser constituído, a partir do conhecimento por iniciativa da União ou por solicitação do interessado das circunstâncias e fatos que caracterizam a hipótese de incidência da receita patrimonial, ficando limitada a cinco anos a cobrança de créditos relativos a período anterior ao conhecimento".

Mister compreender, também, a extensão da limitação do período anterior ao conhecimento, de cinco anos. Assiste a exigibilidade dos créditos até cinco anos anteriores ao momento da ciência ou conhecimento. Se esses créditos já eram da ciência ou conhecimento, do respectivo momento inicia o prazo decadencial. A cada data ou época da ciência ou do conhecimento se dá o início do prazo decadencial, sempre se autorizando a cobrança pelo período anterior de cinco anos.

Embora alcançados pela prescrição os créditos, mantém-se a sua validade para o efeito do parágrafo único do art. 101 do Decreto-lei nº 9.760, de 5.09.1946, em redação da Lei nº 9.636/1998, isto é, para se declarar a caducidade dos aforamentos:

> "O não pagamento do foro durante três anos consecutivos, ou quatro anos intercalados, importará a caducidade do aforamento".

É o que estabelece o § 2º do art. 47 da Lei nº 9.636/1998, também no texto da Lei nº 9.821/1999:

> "Os débitos cujos créditos foram alcançados pela prescrição serão considerados apenas para o efeito da caracterização da ocorrência de caducidade de que trata o parágrafo único do art. 101 do Decreto-lei nº 9.760, de 1946, com a redação dada pelo art. 32 desta Lei".

Dentro da decadência para a constituição e da prescrição para a pretensão, várias as manifestações dos tribunais, merecendo destaque uma decisão do STJ, versando sobre a chamada "taxa anual por hectare" – TAH, que é uma taxa com a natureza jurídica de preço público, instituída pela Lei nº 7.886, de 20.11.1989, com as alterações da Lei nº 9.314, de 14.11.1996, dando nova redação ao art. 20 do Decreto-lei nº 227, de 28.02.1967. É exigida pela atividade de exploração de pesquisa mineral devidamente autorizada, e formalizada por meio de alvará, com a obrigação de efetuar o pagamento anualmente.

Com efeito, consta do art. 20 do Decreto-lei nº 227/1967, em texto das leis *supra*:

> "A autorização de pesquisa importa nos seguintes pagamentos: (...)
>
> II – pelo titular de autorização de pesquisa, até a entrega do relatório final dos trabalhos ao DNPM, de taxa anual, por hectare, admitida a fixação em valores progressivos em função da substância mineral objetivada, extensão e localização da área e de outras condições, respeitado o valor máximo de duas vezes a expressão monetária UFIR, instituída pelo art. 1º da Lei nº 8.383, de 30 de dezembro de 1991".

Eis a ementa sobre tal taxa, no que pertine à natureza da dívida e à prescrição, definindo, igualmente, quando se aplica o Decreto nº 20.910/1932 e os prazos do Código Civil:

"Administrativo. Execução fiscal. Crédito não tributário. Taxa anual por hectare. Preço público. Receita patrimonial. Prescrição.

A Taxa Anual por Hectare é considerada preço público, conforme decisão do STF na ADI 2596-4/DF.

A natureza jurídica de preço público não atrai à referida Taxa Anual por Hectare os institutos próprios do Direito Privado, visto que se mantém relação jurídica materialmente pública, haja vista as partes envolvidas na relação: Administração Pública (União) e administrado (particular).

O STJ entende que os prazos prescricionais devem observância à natureza jurídica da dívida, obedecendo, consequentemente, as respectivas legislações pertinentes. É a natureza jurídica do crédito, e não a natureza jurídica da entidade estatal titular do valor consubstanciado na execução (de direito público ou privado), que define a prescrição aplicável.

Aos créditos de natureza tributária (impostos, taxas e contribuições), aplicável a prescrição quinquenal prevista no art. 174 do CTN (REsp nº 68.786/SP, rel. Min. Peçanha Martins, 2ª Turma, j. em 20.08.1998, *DJ* 23.11.1998, p. 160).

Aos créditos não tributários de natureza pública, a prescrição rege-se pela lei que os institui, cuja ausência de previsão expressa quanto à questão prescricional impõe a aplicação do prazo previsto no Decreto nº 20.910/1932, incidindo o princípio da igualdade, corolário do princípio da simetria (AgRg no Ag nº 957840/SP, rel. Min. Eliana Calmon, 2ª Turma, j. em 06.03.2008, *DJe* 25.03.2008).

O prazo prescricional da execução fiscal em que se pretende a cobrança de crédito não tributário de natureza privada rege-se pelo disposto no Código Civil, revelando-se inaplicável o Decreto nº 20.910/1932 (REsp nº 928.267/RS, rel. Min. Teori Albino Zavascki, 1ª Seção, j. em 12.08.2009, *DJe* 21.08.2009).

A relação de direito material que dá origem à taxa anual por hectare é regida pelo Direito Administrativo, tornando inaplicável a prescrição de que trata o Código Civil, configurando os valores recolhidos a tal título em receita patrimonial.

O art. 47 da Lei nº 9.636/1998 instituiu a prescrição quinquenal para a cobrança de receitas patrimoniais. A Lei nº 9.821/1999, que passou a vigorar a partir do dia 24 de agosto de 1999, estabeleceu em cinco anos o prazo decadencial para a constituição do crédito, mediante lançamento, mantendo-se o prazo prescricional quinquenal para a sua exigência. Com o advento da Lei nº 10.852/2004, publicada em 30 de março de 2004, houve nova alteração do art. 47 da Lei nº 9.636/1998, para estender o prazo decadencial de cinco para dez anos, mantido o lapso prescricional de cinco anos, a ser contado do lançamento.

O prazo prescricional para a cobrança da Taxa Anual por Hectare é de cinco anos, independentemente do período considerado. Constituído o crédito em 2001, e promovida a execução tão somente em 2009, configurada está a prescrição.

Recurso especial provido".[1]

Oportuna a transcrição do voto do culto Relator, nos pontos que seguem.

a) Quanto aos créditos tributários. Aplicação do regime do Código Tributário Nacional:

---

[1] REsp nº 1.315.298/RN, da 2ª Turma, j. em 18.02.2014, *DJe* de 24.02.2014, rel. Min. Humberto Martins.

"O STJ entende que os prazos prescricionais devem observância à natureza jurídica da dívida, obedecendo, consequentemente, as respectivas legislações pertinentes, ou seja, a jurisprudência do STJ firmou-se no sentido de que é a natureza jurídica do crédito, e não a natureza jurídica da entidade estatal titular do valor consubstanciado na execução (de direito público ou privado), que define a prescrição aplicável.

Aos créditos de natureza tributária (impostos, taxas e contribuições), aplicável a prescrição quinquenal prevista no art. 174 do CTN. A exemplo: *'Processual civil e tributário. ICMS. Execução fiscal. Prescrição da ação. Início do prazo. CTN, art. 174. Violação à lei federal não configurada. Prequestionamento ausente.*

– A prescrição da ação para cobrança do crédito tributário está fixada pelo CTN (art. 174), em 05 (cinco) anos, a contar de sua constituição definitiva.

(...)

– Recurso não conhecido' (REsp nº 68.786/SP, rel. Min. Peçanha Martins, 2ª Turma, j. em 20.08.1998, DJ 23.11.1998, p. 160)".

b) Quanto aos créditos não tributários e sem regulamentação específica. Aplicação do Decreto nº 20.910/1932:

"Por seu turno, aos créditos não tributários de natureza pública, a prescrição rege-se pela lei que os institui, cuja ausência de previsão expressa quanto à questão prescricional impõe a aplicação do prazo previsto no Decreto n. 20.910/1932, incidindo o princípio da igualdade, corolário do princípio da simetria (AgRg no Ag nº 957840/SP, rel. Min. Eliana Calmon, 2ª Turma, j. em 6.03.2008, DJe 25.03.2008).

Neste sentido:

'Administrativo. Execução fiscal. Multa administrativa. Infração à legislação do meio ambiente. Prescrição. Sucessão legislativa. Lei nº 9.873/1999. Prazo decadencial. Observância. Recurso especial submetido ao rito do art. 543-C do CPC e à Resolução do STJ nº 08/2008.

O IBAMA lavrou auto de infração contra o recorrido, aplicando-lhe multa.

(...) A jurisprudência desta Corte preconiza que o prazo para a cobrança da multa aplicada em virtude de infração administrativa ao meio ambiente é de cinco anos, nos termos do Decreto nº 20.910/1932, aplicável por isonomia por falta de regra específica para regular esse prazo prescricional.

Embora esteja sedimentada a orientação de que o prazo prescricional do art. 1º do Decreto nº 20.910/1932 – e não os do Código Civil – aplicam-se às relações regidas pelo Direito Público, o caso dos autos comporta exame à luz das disposições contidas na Lei nº 9.873, de 23 de novembro de 1999, com os acréscimos da Lei nº 11.941, de 27 de maio de 2009' (REsp nº 1115078/RS, rel. Min. Castro Meira, 1ª Seção, j. em 24.03.2010, DJe 06.04.2010).

(...)

'O prazo prescricional, para a cobrança da taxa de ocupação de terrenos de marinha, é de cinco anos, independentemente do período considerado, uma vez que os débitos posteriores a 1998 se submetem ao prazo quinquenal, à luz do que dispõe a Lei nº 9.636/1998, e os anteriores à citada lei, em face da ausência de previsão normativa específica, se subsomem ao prazo encartado no art. 1º do Decreto-lei nº 20.910/1932. Precedentes do STJ: AgRg no REsp nº 944.126/RS, rel. Min. Herman Benjamin, 2ª Turma, DJe 22.02.2010; AgRg

no *REsp nº 1035822/RS, rel. Min. Humberto Martins, 2ª Turma, DJe 18.02.2010; REsp nº 1044105/PE, rel. Min. Eliana Calmon, 2ª Turma, DJe 14.09.2009; REsp nº 1063274/PE, rel. Min. Castro Meira, 2ª Turma, DJe 04.08.2009; EREsp nº 961064/CE, rel. Min. Teori Albino Zavascki, rel. p/Acórdão Ministro Castro Meira, 1ª Seção, DJe 31.08.2009.*

A relação de direito material que enseja o pagamento da taxa de ocupação de terrenos de marinha é regida pelo Direito Administrativo, por isso que inaplicável a prescrição delineada no Código Civil.

(...)

Recurso Especial provido, para afastar a decadência, determinando o retorno dos autos à instância ordinária para prosseguimento da execução. Acórdão submetido ao regime do art. 543-C do CPC e da Resolução STJ 08/2008' (REsp nº 1133696/PE, rel. Min. Luiz Fux, 1ª Seção, j. em 13.12.2010, *DJe* 17.12.2010).

(...)

'Em atenção ao princípio da isonomia, esta Corte Superior firmou sua jurisprudência no sentido de que a aferição da prescrição relativa à execução de multas de natureza administrativa deve ser feita com fundamento no artigo 1º do Decreto 20.910/1932. Precedentes: REsp nº 751832/SC, rel. Min. Teori Albino Zavascki, rel. p/Acórdão Min. Luiz Fux, 1ª Turma, j. em 07.03.2006, DJ 20.03.2006; REsp nº 539187/SC, rel. Min. Denise Arruda, 1ª Turma, j. em 21.02.2006, DJ 03.04.2006; REsp nº 1197850/SP, rel. Min. Castro Meira, 2ª Turma, j. em 24.08.2010, DJe 10.09.2010; REsp nº 623023/RJ, rel. Min. Eliana Calmon, 2ª Turma, j. em 03.11.2005, DJ 14.11.2005.

Consta do acórdão recorrido que a execução foi proposta em 2003 e se refere a débitos relativos a multas administrativas exigidas nos anos de 1993 e 1994, tendo ultrapassado, portanto, o prazo prescricional de cinco anos previsto no Decreto nº 20.910/1932. Desse modo, incide à hipótese dos autos o teor da Súmula 83/STJ.

Agravo regimental não provido' (AgRg no REsp nº 1153654/SP, rel. Min. Benedito Gonçalves, 1ª Turma, j. em 02.12.2010, *DJe* 09.12.2010)".[2]

c) Quanto aos créditos públicos, de natureza civil:

"Lado outro, o prazo prescricional da execução fiscal em que se pretende a cobrança de crédito não tributário de natureza privada rege-se pelo disposto no Código Civil, revelando-se inaplicável o Decreto nº 20.910/1932, visto que:

'Conforme se percebe, a orientação adotada pela 1ª Seção é no sentido de que o critério a ser considerado para efeito da prescrição é o da natureza da prestação, que, no caso, é preço e não tributo.

Não se levou em conta, portanto, a natureza autárquica do concessionário. O tratamento isonômico atribuído aos concessionários (pessoas de direito público ou de direito privado) tem por suporte, em tais casos, a identica natureza da exação de que são credores. À luz desse critério, não há razão para aplicar ao caso o art. 1º do Decreto nº 20.910/1932, até porque se trata de norma que fixa prescrição em relação às dívidas das pessoas de direito público, não aos seus créditos' (REsp nº 928267/RS, rel. Min. Teori Albino Zavascki, 1ª Seção, j. em 12.08.2009, *DJe* 21.08.2009)".

---

[2] O art. 543-C referido no aresto equivale ao art. 1.036 do CPC vigente.

Capítulo LVIII
A PRESCRIÇÃO E A DECADÊNCIA NA DESAPROPRIAÇÃO

1. A ABRANGÊNCIA DA DESAPROPRIAÇÃO

É a desapropriação um modo especial de perda da propriedade para o seu titular, e de aquisição da propriedade em favor do Poder Público, previsto na Constituição Federal, e regulado no direito administrativo, de profundo alcance social e político.

Se de um lado as leis maiores do País protegem a propriedade, tornando-a inviolável e elevando-a em nível de direito fundamental assegurado a toda pessoa, de outro lado instituiu o Estado prioridades públicas e sociais, cuja importância sobrepuja o direito do particular. Daí envolver o instituto uma limitação ao direito de propriedade privada no interesse superior do Estado e da Sociedade. Corresponde ao poder que é assegurado ao Estado de extinguir, limitar ou restringir, mediante justa indenização, a propriedade particular, segundo já afirmava Solidônio Leite.[1]

O titular perde a propriedade, que é transferida ao patrimônio do expropriante, por necessidade ou utilidade pública, ou por interesse social.

José Cretella Júnior bem lança o conceito exato do instituto, no sentido genérico: "Desapropriação é o procedimento complexo de direito público, pelo qual a Administração, fundamentada na necessidade pública, na utilidade pública ou no interesse social, obriga o titular de bem, móvel ou imóvel, a desfazer-se desse bem, mediante justa indenização paga ao proprietário".[2]

Mais especificamente, o Estado, necessitando de um bem privado para fins de necessidade ou utilidade pública, ou de interesse social, obriga o proprietário a transferir-lhe a propriedade desse bem, mediante prévia e justa indenização em dinheiro.

Alguns tipos de desapropriação ressaltam e merecem a atenção.

2. A DESAPROPRIAÇÃO POR NECESSIDADE OU UTILIDADE PÚBLICA

O diploma básico das desapropriações é o Decreto-lei nº 3.365, de 21.06.1941, com as modificações emanadas de leis posteriores, como do Decreto-lei nº 7.426, de 1945; da Lei nº 6.306, de 1975; da Lei nº 6.602, de 1978; da Lei nº 6.071, de 1974; da Medida Provisória nº 2.183, de 2001; da Lei nº 9.785, de 1998; da Lei nº 11.977, de 2009; da Lei nº 12.873, de 2013;

---

[1] *Desapropriação por utilidade pública*. Rio de Janeiro: Edição J. Leite, 1928. p. 12.
[2] *Tratado geral da desapropriação*. Rio de Janeiro: Forense, 1980. v. I, p. 11.

da Lei 13.465, de 1917; da Lei nº 13.867, de 2019; da Lei nº 14.273, de 2021; da Lei 14.421, de 2022; e da Lei nº 14.620, de 2023.

Trata-se da desapropriação por necessidade ou utilidade pública, havendo, também, a por interesse social, todas previstas no art. 5º, inc. XXIV, da Constituição da República, ao proclamar que:

> "a lei estabelecerá o procedimento para a desapropriação por necessidade ou utilidade pública, ou por interesse social, mediante justa e prévia indenização em dinheiro, ressalvados os casos previstos nesta Constituição".

O Decreto-lei nº 3.365/1941, que é a lei matriz das desapropriações, fala apenas em utilidade pública (art. 1º). No entanto, no conteúdo da casuística elencada que justifica a desapropriação, e mesmo no art. 15-A, está inserida a extensão do significado de modo a envolver a necessidade pública. É o entendimento de Rubens Limongi França: "Por outro lado, o Decreto-lei nº 3.365, de 21 de junho de 1941, o diploma fundamental das desapropriações, fala apenas em utilidade pública, expressão reiterada de modo exclusivo, por diversas vezes, na respectiva exposição de motivos firmada pelo então Min. Francisco Campos. Assinale-se, porém, que, efetivamente, na expressão 'utilidade pública', para fins de desapropriação, está contida inapelavelmente a 'necessidade', posto que aquela é mais ampla que esta".[3]

Conforme o art. 5º do Decreto-lei nº 3.365/1941, com várias modificações, consideram-se casos de utilidade pública, salientando-se que não exaurem outros:

> "a) A segurança nacional.
>
> b) A defesa do Estado.
>
> c) O socorro público em caso de calamidade.
>
> d) A salubridade pública.
>
> e) A criação e melhoramentos de centros de população, sem abastecimento regular de meios de subsistência.
>
> f) O aproveitamento industrial das minas e das jazidas minerais, das águas e da energia hidráulica.
>
> g) A assistência pública, as obras de higiene e decoração, causas de saúde, clínicas, estações de clima e fontes medicinais.
>
> h) A exploração ou a conservação dos serviços públicos.
>
> i) A abertura, conservação e melhoramento de vias ou logradouros públicos; a execução de planos de urbanização; o parcelamento do solo, com ou sem edificação, para sua melhor utilização econômica, higiênica ou estética; a construção ou ampliação de distritos industriais (redação da Lei nº 9.785, de 29.01.1999).
>
> j) O funcionamento de meios de transporte coletivo.
>
> k) A preservação e conservação dos monumentos históricos e artísticos, isolados ou integrados em conjuntos urbanos ou rurais, bem como as medidas necessárias a manter-lhes e realçar-lhes os aspectos mais valiosos e característicos e, ainda, a proteção de paisagens e locais particularmente dotados pela natureza.

---

[3] *Manual prático das desapropriações*. 2. ed. São Paulo: Saraiva, 1978. p. 52.

l) A preservação e conservação adequada de arquivos, documentos e outros bens móveis de valor histórico ou artístico.

m) A construção de edifícios públicos, monumentos comemorativos e cemitérios.

n) A criação de estádios, aeródromos ou campos de pouso para aeronaves.

o) A reedição ou divulgação de obra ou invento de natureza científica, artística ou literária.

p) Os demais casos previstos por leis especiais".

3. A DESAPROPRIAÇÃO POR INTERESSE SOCIAL DIFERENTE DA REFORMA AGRÁRIA

Temos a desapropriação por interesse social regulada pela Lei nº 4.132, de 10.09.1962, com vários acréscimos da Lei 14.701/2023.

O art. 2º considera de interesse social:

"I – O aproveitamento de todo bem improdutivo ou explorado sem correspondência com as necessidades de habitação, trabalho e consumo dos centros de população a que deve ou possa suprir por seu destino econômico;

II – a instalação ou intensificação das culturas nas áreas em cuja exploração não se obedeça a plano de zoneamento agrícola (vetado);

III – o estabelecimento e a manutenção de colônias ou cooperativas de povoamento e trabalho agrícola;

IV – a manutenção de posseiros em terrenos urbanos onde, com a tolerância expressa ou tácita do proprietário, tenham construído sua habitação, formando núcleos residenciais de mais de 10 (dez) famílias;

V – a construção de casas populares;

VI – as terras e águas suscetíveis de valorização extraordinária, pela conclusão de obras e serviços públicos, notadamente de saneamento, portos, transporte, eletrificação, armazenamento de água e irrigação, no caso em que não sejam ditas áreas socialmente aproveitadas;

VII – a proteção do solo e a preservação de cursos e mananciais de água e de reservas florestais;

VIII – a utilização de áreas, locais ou bens que, por suas características, sejam aproveitados ao desenvolvimento de atividades turísticas (incluído pela Lei 6.513/1977);

IX – a destinação de áreas às comunidades indígenas que não se encontravam em área de ocupação tradicional em 5 de outubro de 1988, desde que necessárias à reprodução física e cultural, segundo seus usos, costumes e tradições".

É de esclarecer que a Lei 6.513, que introduziu o inciso VIII, ficou revogada pela 14.978/2024. No entanto, esta última Lei trouxe várias alterações à Lei 11.771/2008, que disciplina o turismo, estabelecendo medidas de proteção às áreas reservadas para tal finalidade.

4. A DESAPROPRIAÇÃO POR INTERESSE SOCIAL PARA FINS DE REFORMA AGRÁRIA

Merece grande relevância a desapropriação para fins de reforma agrária, cujos regramentos fundamentais estão na Constituição de 1988. Seu art. 184 restringiu a competência para a desapropriação por interesse social unicamente à União. Várias outras normas gerais existem, como a do art. 185, tornando insuscetíveis de desapropriação para aquelas finalidades a pequena e média propriedade rural e a propriedade produtiva; e a do art. 186, que esclarece quando é realizada a função social, que se verifica se configurar-se:

> "I – o aproveitamento racional e adequado da terra;
>
> II – a utilização adequada dos recursos naturais disponíveis e preservação do meio ambiente;
>
> III – a observância das disposições que regulam as relações de trabalho;
>
> IV – a exploração que favoreça o bem-estar dos proprietários e dos trabalhadores".

De importância a Lei nº 8.629, de 25.02.1993, dispondo sobre a regulamentação dos dispositivos constitucionais relativos à reforma agrária, previstos no Capítulo III, Título VII, da Carta Federal, com as modificações introduzidas por sucessivas reedições da Medida Provisória nº 2.183-56/2001, salientando-se, dentre outras importantes regras, a do art. 2º, que torna passível de desapropriação a propriedade rural que não cumpre a função social; e a do § 2º do mesmo cânone, que autoriza a União, por meio de órgão federal competente, a ingressar no imóvel de propriedade particular para o levantamento de dados e informações, mediante comunicação escrita ao proprietário, preposto ou representante.

A Lei Complementar nº 76/1993 cuida do procedimento contraditório especial, de rito sumário, para o processo de desapropriação de imóvel rural por interesse social, destinado à reforma agrária. Revogou expressamente o Decreto-lei nº 554/1969.

São imóveis que se submetem à desapropriação para fins de reforma agrária:

a) Os imóveis rurais cujo conceito encontra-se no inc. I do art. 4º da Lei nº 8.629/1993, e não se enquadra na definição de média e pequena propriedade, constante nos incs. II e III do mesmo art. 4º: a média propriedade constitui-se do imóvel rural de área superior a quatro e até quinze módulos fiscais; a pequena propriedade é aquela cuja área fica compreendida entre um e quatro módulos fiscais.

De acordo com o § 1º do mesmo dispositivo:

> "São insuscetíveis de desapropriação para fins de reforma agrária a pequena e média propriedade rural, desde que o seu proprietário não possua outra propriedade rural".

b) Imóveis que não cumprem a função social. A incidência é apenas em imóveis rurais que não estejam cumprindo sua função social, segundo permite o art. 184 da Carta política.

Quais os imóveis que cumprem a função social?

A resposta está no art. 186 da Constituição, conforme transcrição supra efetuada.

No art. 9º da Lei nº 8.629/1993, são indicados os seguintes fatores caracterizadores do cumprimento da função social:

> "A função social é cumprida quando a propriedade rural atende, simultaneamente, segundo graus e critérios estabelecidos nesta lei, os seguintes requisitos:
>
> I – Aproveitamento racional e adequado;
>
> II – utilização adequada dos recursos naturais disponíveis e preservação do meio ambiente;

III – observância das disposições que regulam as relações de trabalho;

IV – exploração que favoreça o bem-estar dos proprietários e dos trabalhadores".

5. DESAPROPRIAÇÃO DE IMÓVEIS URBANOS PARA FINS DE URBANIZAÇÃO

A Constituição prevê, também, a desapropriação de imóveis urbanos em favor do Poder Público municipal, no art. 182, §§ 3º e 4º:

> "§ 3º As desapropriações de imóveis urbanos serão feitas com prévia e justa indenização em dinheiro.
>
> § 4º É facultado ao Poder Público municipal, mediante lei específica para área incluída no plano diretor, exigir, nos termos da lei federal, do proprietário do solo urbano não edificado, subutilizado ou não utilizado que promova seu adequado aproveitamento, sob pena, sucessivamente, de:
>
> I – parcelamento ou edificação compulsórios;
>
> II – imposto sobre a propriedade predial e territorial urbana progressivo no tempo;
>
> III – desapropriação com pagamento mediante títulos da dívida pública de emissão previamente aprovada pelo Senado Federal, com prazo de resgate de até dez anos, em parcelas anuais, iguais e sucessivas, assegurados o valor real da indenização e os juros legais".

As medidas referidas constituem medidas de repressão à subutilização ou mau aproveitamento do solo urbano.

Os dispositivos da Constituição Federal foram regulamentados pela Lei nº 10.257, de 10.07.2001, o chamado "Estatuto da Cidade", estabelecendo diretrizes gerais sobre política urbana. Relativamente ao uso do solo urbano, traça normas para a devida ocupação, como se percebe em seu art. 5º.

Se não cumpridas as normas da correta utilização, a consequência é a desapropriação. Para tanto, define-se a subutilização no § 1º do art. 5º:

> "Considera-se subutilizado o imóvel:
>
> I – cujo aproveitamento seja inferior ao mínimo definido no plano diretor ou em legislação dele decorrente;
>
> II – (vetado)".

Seguem normas dirigidas a oportunizar o correto aproveitamento, verificado no parcelamento, edificação ou utilização, concedendo-se prazos, que vão de um a dois anos. Notificam-se os proprietários, visando oportunizar a utilização proveitosa. O não atendimento importa na incidência do Imposto sobre Propriedade Territorial Predial e Territorial Urbana – IPTU – progressivo no tempo, mediante a majoração da alíquota pelo prazo de cinco anos consecutivos, em taxas ou percentuais que não excederão a quinze por cento.

Outrossim, se decorridos cinco anos de cobrança de IPTU progressivo, sem que o proprietário tenha cumprido a obrigação de parcelamento, edificação ou utilização, abre-se o caminho da desapropriação, segundo os vários parágrafos do art. 8º da mesma Lei nº 10.257/2001.

Autoriza-se o pagamento em títulos da dívida pública, resgatáveis no prazo de dez anos, em prestações anuais, iguais e sucessivas, assegurados o valor real da indenização e os juros legais de seis por cento ao ano.

Terá o Município o prazo de cinco anos para proceder ao adequado aproveitamento do imóvel.

Como se nota, vêm naquelas disposições previstas normas de política urbana.

A desapropriação para fins de urbanização propriamente dita, sem que decorra do mau aproveitamento do solo, aparece consubstanciada mais no Decreto-lei nº 3.365/1941, prescrevendo o art. 4º:

> "A desapropriação poderá abranger a área contígua necessária ao desenvolvimento da obra a que se destina, e as zonas que se valorizarem extraordinariamente, em consequência da realização do serviço. Em qualquer caso, a declaração de utilidade pública deverá compreendê-las, mencionando-se quais as indispensáveis à continuação da obra e as que se destinam à revenda".

6. PROCESSO DE DESAPROPRIAÇÃO E PRAZOS DECADENCIAIS

Quanto ao procedimento para os diversos tipos de desapropriação, inicia-se advertindo que não basta o mero decreto de utilidade pública, que constitui o ato inicial. Deve o Poder Público ou a entidade autorizada ingressar com o competente processo. Efetivamente, a desapropriação propriamente dita se materializa ou objetiva por meio de acordo entre o expropriante e o expropriado, com o que se transfere o imóvel deste último para aquele, ou inicia mediante uma ação especial promovida pelo Poder Público.

O ato de declaração de utilidade pública ou interesse social é de iniciativa do Presidente da República, do Governador, do Interventor ou do Prefeito Municipal, ou de ato do Poder Legislativo. A ação, no entanto, virá ajuizada pela Pessoa Pública que tais pessoas representam, ou pela entidade autorizada, segundo já analisado antes.

Salienta-se que, primeiramente, há um procedimento preliminar que se desenvolve na órbita administrativa.

Assim, inicia-se com o levantamento procedido pelos técnicos do órgão expropriante, a fim de verificar se o bem preenche os requisitos exigidos para a finalidade a que se destina a desapropriação.

O passo seguinte consiste no ato – em geral decreto – de declaração de utilidade ou necessidade pública, ou de interesse social, indicando o objeto da expropriação, bem como o preenchimento dos demais requisitos.

Quanto às desapropriações por utilidade ou necessidade pública, para fins sociais diversos da reforma agrária, e para urbanização de imóveis urbanos, de conformidade com o art. 10 do Decreto-lei nº 3.365/1941, efetiva-se a desapropriação mediante acordo, ou mediante ação judicial, a ser proposta no prazo de cinco anos a contar da expedição do decreto. Decorrido o prazo, simplesmente caduca o direito do Poder Público cristalizado no decreto. Eis o texto:

> "A desapropriação deverá efetivar-se mediante acordo ou intentar-se judicialmente, dentro de cinco anos, contados da data da expedição do respectivo decreto e findos os quais este caducará".

O parágrafo único, incluído pela Med. Prov, 2.183-55/2001 contempla o mesmo prazo para reclamações ou pedido de indenização em virtude de restrições no uso impostas pelo Poder Público:

> "Extingue-se em cinco anos o direito de propor ação que vise a indenização por restrições decorrentes de atos do Poder Público".

A disposição do prazo estende-se à desapropriação do solo urbano para fins de urbanização, dada a omissão da Lei nº 10.257/2001 sobre a matéria.

Havendo a solução amigável, reduz-se a termo a expropriação, para a transferência do bem, lavrando-se, após, a escritura pública se tratar-se de imóvel, com o consequente Registro Imobiliário. Procede-se mediante contrato particular o acordo, com a posterior transferência, se a desapropriação realiza-se em bem imóvel.

Consoante restou lembrado, a desapropriação por interesse social, prevista na Lei nº 4.132/1962, que não se destina para a reforma agrária, também segue o procedimento do Decreto-lei nº 3.365, como está consignado no art. 5º da Lei nº 4.132/1962:

> "No que esta lei for omissa, aplicam-se as normas legais que regulam a desapropriação por utilidade pública, inclusive no tocante ao processo e à justa indenização devida ao proprietário".

No entanto, neste tipo de desapropriação, uma vez declarado o interesse social, reserva-se o prazo de dois anos para ingressar com a ação, nos termos do art. 3º:

> "O expropriante tem o prazo de 2 (dois) anos, a partir da decretação da desapropriação por interesse social, para efetivar a aludida desapropriação e iniciar as providências de aproveitamento do bem expropriado".

Segundo o art. 4º, os bens desapropriados serão objeto de venda ou locação a quem revelar condições de dar-lhes a destinação social prevista. Todavia, de acordo com uma exegese bastante coerente, não se vislumbra inconveniente em efetuar doações, ou entregar o bem para uso de terceiros, especialmente em se tratando de imóveis desapropriados para fins de construções de habitações populares. Se uma das metas especiais da desapropriação está na colocação de pessoas carentes e posseiros em imóveis urbanos, é próprio da política social deslocar os indivíduos marginalizados, ocupantes de cortiços e favelas, e instalá-los nas habitações erguidas em áreas desapropriadas justamente para a realização de programas sociais de atendimento aos necessitados.

Na regulamentação processual do Decreto-lei nº 3.365, haverá o pedido de imissão provisória na posse, que deve ser formulado no prazo de cento e vinte dias a contar do pedido de urgência, com o depósito prévio do valor do imóvel, de conformidade com o art. 15. Não providenciada a medida, decai o Poder expropriante da imissão antecipada.

Relativamente à desapropriação por interesse social para fins de reforma agrária, e não para outros fins de interesse social, segue-se o procedimento da Lei Complementar nº 76/1993, que, no art. 25, revogou o Decreto-lei nº 554/1969.

A própria Constituição Federal impôs a rápida tramitação, ao prever, no art. 184, § 3º, que compete à lei complementar trazer o procedimento contraditório especial, de rito sumário, para o processo judicial de desapropriação.

Relembra-se que, em momento preliminar, precederá à ação o decreto declarando o imóvel de interesse social, para fins de reforma agrária, atribuída a competência para este tipo de desapropriação à União, e reservada ao Presidente da República a incumbência de baixar o decreto declaratório respectivo. Todavia, promoverá a ação o órgão federal executor da reforma agrária, no juízo federal da situação do imóvel. Dado o tratamento especial, foge-se em várias situações do procedimento comum.

O art. 3º da Lei Complementar nº 76/1993, estipula o prazo de dois anos para a propositura da ação, contado da publicação do decreto declaratório: "A ação de desapropriação deverá ser proposta dentro do prazo de dois anos, contado da publicação do decreto declaratório". Ultrapassado o prazo, opera-se a caducidade do ato declaratório.

Em todos os casos de caducidade, uma vez decorridos os prazos, em face da caducidade estabelecida, decorre a decadência de seguir no processo.

O pedido da ação virá com os requisitos ordenados pelo art. 319 da lei de processo civil, contendo, ainda, a narração do ato de declaração de interesse social e a oferta do preço. Instruem a petição inicial os seguintes documentos, assinalados no art. 5º da Lei Complementar nº 76/1993, com as alterações da Lei Complementar nº 88/1996:

> "I – texto do decreto declaratório de interesse social para fins de reforma agrária, publicado no Diário Oficial da União;
>
> II – certidões atualizadas de domínio e de ônus real do imóvel;
>
> III – documento cadastral do imóvel;
>
> IV – laudo de vistoria e avaliação administrativa, que conterá, necessariamente:
>
> a) descrição do imóvel, por meio de suas plantas geral e de situação, e memorial descritivo da área objeto da ação;
>
> b) relação das benfeitorias úteis, necessárias e voluptuárias, das culturas e pastos naturais e artificiais, da cobertura florestal, seja natural ou decorrente de florestamento ou reflorestamento, e dos semoventes;
>
> c) discriminadamente, os valores de avaliação da terra nua e das benfeitorias indenizáveis.
>
> V – comprovante de lançamento dos Títulos da Dívida Agrária correspondente ao valor ofertado para pagamento de terra nua;
>
> VI – comprovante de depósito em banco oficial, ou outro estabelecimento no caso de inexistência de agência na localidade, à disposição do juízo, correspondente ao valor ofertado para pagamento das benfeitorias úteis e necessárias".

7. RETROCESSÃO E PRESCRIÇÃO

Por retrocessão se entende a obrigação que tem o expropriante de entregar ou oferecer o bem ao expropriado, mediante devolução do valor pago, na hipótese de não ser dado ao mesmo o destino constante no ato expropriatório.

Aparecia esta previsão no art. 1.150 do Código Civil de 1916, sendo mantida pelo art. 519 do Código Civil atual, em redação mais genérica e aperfeiçoada:

> "Se a coisa expropriada para fins de necessidade ou utilidade pública, ou por interesse social, não tiver o destino para que se desapropriou, ou não for utilizada em obras ou serviços públicos, caberá ao expropriado direito de preferência, pelo preço atual da coisa".

No entanto, se não houver devolução, assiste ao antigo proprietário intentar uma ação de nulidade do ato jurídico de desapropriação, afigurando-se como exemplo a seguinte decisão:

> "Restando demonstrado que, na desapropriação de terras rurais, para fins de ampliação de distrito industrial, ocorreu desvio de finalidade (houve permissão provisória para empresa adentrar em parcela da área, que, posteriormente, a 'vendeu' a terceiro; não foram implantadas indústrias e, decorridos mais de quatro anos, o imóvel foi transformado em depósito de lixo), viável a ação direta para invalidar aquele ato administrativo. Nesse caso, sendo comprovada a existência do apontado vício, julga-se procedente a ação para decretar a nulidade do ato de desapropriação, reintegrar os autores na posse do imóvel e condenar o réu a indenizar lucros cessantes".[4]

Possível, também, a ação indenizatória pura por perdas e danos, que, obviamente, não incluirá o preço do imóvel, se já satisfeito o mesmo. Necessária a prova dos prejuízos.

Como se calcula a indenização, se não incluído o preço do bem?

Há uma previsão que exclui a retrocessão, assinalada no § 3º do art. 5º da Lei nº 3.365/1941, em texto da Lei nº 9.785/1999, e que diz respeito ao imóvel desapropriado para fins de implantação de parcelamento popular:

> "Ao imóvel desapropriado para implantação de parcelamento popular, destinado às classes de menor renda, não se dará outra utilização nem haverá retrocessão".

Além de injustificada a exceção, enseja o incremento da irresponsabilidade, pois afasta o imóvel da possibilidade de retornar ao domínio do antigo titular, podendo permanecer indefinidamente na disposição do administrador público. Ao retirar a decorrência natural pela falta de cumprimento do objetivo determinante do ato, enseja iniciativas de desapropriação sem o devido planejamento na implantação de núcleos habitacionais.

Não há prazo consignado para utilizar o expropriante o bem, ou para dar-lhe o destino constante na declaração de expropriação. No entanto, desde que transpareça algum ato que denuncie o desinteresse do expropriante, como a doação, a venda, a troca, o completo abandono, a deterioração, a tolerância ante esbulhos ou invasões, nasce o direito à retrocessão. Nem é necessário aguardar o término da ação desapropriatória, segundo orientou o Tribunal de Justiça do Paraná:

> "É admissível a retrocessão ainda pendente o processo expropriatório, desde que obtida a imissão na posse pelo Poder Público. A retrocessão constitui direito de natureza pessoal, só gerando perdas e danos contra o Poder Expropriante".[5]

Se ausente alguma circunstância que aponte o propósito determinante da expropriação, parece mais coadunável aguardar o prazo de cinco anos, com fulcro no art. 10 do Decreto-lei nº 3.365/1941, se fixado tal lapso de tempo para o expropriante ingressar judicialmente com a competente ação, contado da data da expedição do respectivo decreto e findo o qual caducará.

---

[4] TJPR, Apelação Cível nº 64.658-0, da 6ª Câm. Cível, de 24.06.1998, *Direito Imobiliário – COAD*, n. 52, p. 1.001, 03.01.1999.

[5] Apel. Cível nº 57.987-5, da 4ª Câm. Cível, j. em 05.11.1997, *Direito Imobiliário – COAD*, n. 20, p. 406, 24.05.1998.

Ora, se esse o período concedido para se concretizar a desapropriação, o mesmo deve estender-se para a realização da finalidade que determinou o ato. Do contrário, importaria em aceitar o proceder inconsequente e arbitrário do Poder Público, que se apropria da propriedade privada sem a devida e indispensável seriedade.

Há decisões, no entanto, que aplicam o prazo prescricional do usucapião – numa combinação do art. 1.238 do Código Civil:

> "Não há, no direito positivo brasileiro, lei que fixe prazo dentro do qual o bem expropriado deve ser utilizado pela entidade expropriante. A ação de retrocessão, ação real, não está sujeita à prescrição quinquenal do Decreto nº 20.910, de 1932, mas ao da reivindicação, observado o prazo do usucapião extraordinário (Código Civil vigente, art. 177, combinado com o art. 550). A prescrição da ação de retrocessão, nas hipóteses de abandono e de afetação parcial, começa a correr do momento em que o expropriante abandona, inequivocadamente, o propósito de dar ao imóvel a destinação de utilidade pública. Tratando-se de desapropriação de remanescente em decorrência do direito de extensão, não tem o expropriado direito de retrocessão, no caso de ficar o mesmo remanescente em disponibilidade após a execução da obra. A retrocessão, nessa hipótese, só tem lugar se o imóvel, na sua integridade, não for aproveitado...)".[6]

Além do desvio de finalidade, ensejam a retrocessão o abandono e a afetação parcial, em que se verificam sobras de terreno após a implantação do objetivo intentado pela desapropriação.

Em face do art. 35 do Decreto-lei nº 3.365/1941, descabe a reivindicatória do bem, caso o Poder Público se recuse a proceder voluntariamente à restituição.

8. DESAPROPRIAÇÃO INDIRETA

Há casos em que o Poder Público ocupa sumariamente o bem particular, desprovido de qualquer autorização e não seguindo as formalidades processuais próprias ou específicas. Simplesmente toma posse do bem particular, em geral para alguma finalidade pública, como ocorre quando da abertura de uma rua em terras ainda não desapropriadas regularmente. Não sendo mais possível a reintegração da área ocupada, só resta ao proprietário buscar a indenização, em ação ordinária própria.

É bastante frequente este procedimento, às vezes imposto por circunstâncias especiais, ditadas por um interesse público impostergável e que exige súbita e imediata ocupação do bem alheio. Passa a ser considerado legítimo o apossamento dada a imprescindibilidade de uma obra ou atividade em benefício do domínio público.

O titular do domínio, em situações tais, encontra o único caminho da indenização para recuperar seu prejuízo, faculdade exercitável no lapso de tempo de cinco anos, a teor do art. 1º do Decreto nº 20.910/1932.

No entanto, há inteligência do STJ estabelecendo que se mantém o direito de indenização pelo mesmo prazo do usucapião, isto é, devendo corresponder ao prazo da prescrição aquisitiva, conforme os seguintes arestos, que têm em conta o Código de 1916:

---

[6] TFR. Apel. Cível nº 66.124, de Minas Gerais, COAD – 191.177. STAHNKE, Oscar Breno. *Apontamentos e guia prático sobre desapropriação*. Porto Alegre: Fabris, 1986. p. 56. Os referidos artigos 177 e 550 são do Código Civil de 1916.

"Demonstrado o domínio, enquanto o proprietário não perder o direito de propriedade, fundada a demanda nesse direito, substituída a pretensão reivindicatória pelo pedido indenizatório correspondente ao valor do imóvel afetado pelo apossamento administrativo, não ocorre a prescrição quinquenal. Vivo o domínio, não pode deixar de ser considerada viva a ação que o protege, estabelecendo-se a prescrição vintenária (Súmula nº 119/STJ). Não transcorrido, no caso, o prazo vintenário, observada a causa de pedir, persiste o direito de agir. Sem significação, na espécie, o recurso oficial (Súmula nº 620/STJ)".[7]

Em outra decisão, reafirmou-se o prazo:

"É vintenário o prazo prescricional para a propositura da ação de indenização. Tal prazo corre da data em que efetivamente se deu o apossamento administrativo. Os adquirentes de imóveis já ocupados pelo Poder Público também têm direito à indenização, pois se sub-rogam nos direitos e ações dos alienantes".[8]

Em decisão bem apropriada:

"Descabe a esta Corte analisar tese que não foi debatida na instância de origem. Incidência da Súmula nº 282/STF.

Seguindo a linha de entendimento de que a prescrição da ação de indenização por desapropriação indireta regula-se pelo prazo da usucapião, devem ser considerados os novos prazos da prescrição aquisitiva definidos no Código Civil vigente (art. 1.238 e ss.), observadas as regras de transição (art. 2.028 e ss.).

Transcorrido menos da metade do tempo estabelecido no Código Civil de 1916, aplica-se o novo prazo prescricional definido no Código Civil atual, contado a partir de sua vigência".[9]

Em outra decisão do mesmo STJ aponta-se o real fundamento da exegese:

"(...) A ação de indenização, impropriamente chamada de ação de desapropriação indireta, não pode, nessa linha, ser tratada como demanda contra o Estado; é meio de defesa da propriedade, constitucionalmente assegurada, cuja perda só se dá, em caso de esbulho, no prazo do usucapião extraordinário, depois de vinte anos".[10]

Conclui Rui Stoco: "Portanto, a prescrição, em casos tais, se ainda prevalecer a orientação da Corte Superior, poderá obedecer ao mesmo prazo da usucapião extraordinária que, no novo regime do Código Civil de 2002, é de 15 anos, nos termos do art. 1.238, *caput*".[11]

Em decisão mais recente, manteve-se a exegese, havendo, inclusive, tese firmada em ADI pelo STF, e em súmula e recurso repetitivo do STJ, conforme trechos da seguinte ementa:

---

[7] REsp nº 153.756/RS, da 1ª Turma, publ. de 17.12.1999, *ADV Jurisprudência*, n. 13, p. 196, 02.04.2000.
[8] REsp nº 124.010/SP, da 2ª Turma do STJ, *DJU* de 16.03.1998, *Direito Imobiliário – COAD*, n. 49, p. 939, 13.12.1998.
[9] REsp nº 1.386.164/SC, da 2ª Turma, j. em 3.10.2013, *DJe* de 14.10.2013, rel. Min. Eliana Calmon.
[10] REsp nº 7.459-0, da 2ª Turma, j. em 13.09.1995, rel. Min. Ary Pargendler, *RT* 726/177.
[11] *Tratado de responsabilidade civil*. Doutrina e jurisprudência, cit., p. 213.

> "(...) A jurisprudência é pacífica que o prazo prescricional para o ajuizamento da Ação de Desapropriação Indireta é o mesmo do usucapião, conforme entendimento do Supremo Tribunal Federal, registrado na ADI 2.260-DF, e do Superior Tribunal de Justiça, na Súmula 119/STJ.
>
> Além disso, ao julgar os REsps 1.757.352/SC e 1.757.385/SC, representativos de controvérsia (Tema 1.019), esta Corte fixou a seguinte tese: 'O prazo prescricional aplicável à desapropriação indireta, na hipótese em que o Poder Público tenha realizado obras no local ou atribuído natureza de utilidade pública ou de interesse social ao imóvel, é de 10 anos, conforme parágrafo único do art. 1.238 do CC'".[12]

Importante considerar a situação especial de não se enquadrar como desapropriação indireta a ocupação de imóvel por invasores, chegando a uma situação consolidada, já que não repelida tal ocupação pelo Poder Público.

No mesmo julgamento, cita-se, no voto do relator, entendimento em precedente, sendo oportuna a transcrição:

> "Tampouco se imputa responsabilidade ao Estado quando, em gleba cuja invasão por terceiros apresenta situação consolidada e irreversível, limita-se a realizar serviços públicos de infraestrutura, não tendo concorrido para o desapossamento ocasionado exclusivamente por particulares e, portanto, não sendo o caso de desapropriação indireta (AgRg no AREsp 327.900/PA, Rel. Ministro Mauro Campbell Marques, julgado em 7.11.2013, *DJe* 18.11.2013)".

Entende-se, pois, mesmo que realizadas obras de infraestrutura pelo Poder Público em imóvel invadido por terceiros, não se caracteriza a desapropriação indireta, não cabendo a indenização:

> "Inexiste desapossamento por parte do ente público ao realizar obras de infraestrutura em imóvel cuja invasão já se consolidara, pois a simples invasão de propriedade urbana por terceiros, mesmo sem ser repelida pelo Poder Público, não constitui desapropriação indireta (Precedente: REsp 1041693/RJ, Rel. Min. Luiz Fux, Primeira Turma, julgado em 03/11/2009, *DJe* 02/02/2010). Agravo regimental improvido (AgRg no AREsp 18.092/MA, Rel. Ministro Humberto Martins, da Segunda Turma, *DJe* de 28/3/2012)".

Mesmo assim, nesses apossamentos de imóveis por indivíduos particulares, a prescrição para a retomada conta-se de conformidade com o prazo estabelecido para a aquisição prescritiva pelos invasores. Enquanto não atingido tal lapso de tempo, mostra-se oportuna a demanda apropriada. Não se aplica, ao caso, o prazo do art. 205 da lei civil. Sempre perdura o direito para reaver o bem, desde que não formado outro direito da parte contrária.

---

[12] AgInt no REsp 1.934.539/AM, DA Segunda Turma, rel. Min. Herman Benjamin, j. em 13.08.2024, *DJe* de 23.08.2024.

Capítulo LIX
A PRESCRIÇÃO NA ARBITRAGEM

Pela arbitragem, entrega-se a solução de um litígio a terceiro. As partes se louvam em árbitros para resolver uma pendência, seja de ordem judicial (porque já se encontra em juízo a questão) ou extrajudicial. De comum acordo, elege-se um terceiro capaz para a função de juiz dos interesses discutidos, que dará o veredicto, segundo seu livre convencimento. Dispensa-se o acesso ao Poder Judiciário, exceto se manifesta a infringência à lei. No ensinamento de Beat Walter Rechesteiner, "pela arbitragem privada as partes resolvem submeter suas lides, resultantes de determinadas relações jurídicas de direito privado, a um tribunal arbitral, composto por um árbitro único ou uma maioria deles, designados, em princípio, pelas partes ou por uma entidade por ela indicada. Mediante a instituição do tribunal arbitral exclui-se a competência dos juízes estatais para julgar a mesma lide".[1] Trata-se de uma forma de justiça privada, aplicando-se o direito sem a intervenção das autoridades estatais. Pode-se dizer que é derrogada a ordem da jurisdição, submetendo-se as dúvidas ou controvérsias a árbitros.

Pode-se dizer que as partes contratam a forma de solução de um litígio. A feição contratual transparece na redação do art. 851 do Código Civil, que encerra:

"É admitido compromisso, judicial ou extrajudicial, para resolver litígios entre pessoas que podem contratar".

A regulamentação da matéria está na Lei nº 9.307, de 23.09.1996, com as alterações da Lei nº 13.129/2015, cujo art. 1º restringiu a utilização do sistema unicamente às pessoas capazes de contratar, e desde que os litígios envolvam direitos patrimoniais disponíveis (art. 1º). Nesse sentido, o próprio Código Civil de 2002 deixou estampada regra, no art. 852:

"É vedado compromisso para solução de questões de estado, de direito pessoal de família e de outras que não tenham caráter estritamente patrimonial".

No contrato já se insere, na eventualidade de surgirem controvérsias a respeito de determinada avença, a solução por árbitros. Preveem as partes a obrigatoriedade de se procurar o juízo arbitral.

Tem-se, aí, a cláusula arbitral. Quando se efetuar a instituição e a escolha do árbitro ou dos árbitros, com a delimitação da questão a ser resolvida, aí forma-se o compromisso arbitral. Assim explica Celso Barbi Filho: "A cláusula arbitral ou compromissória é a estipulação inserida em um contrato qualquer, através da qual as partes se comprometem a submeter à arbitragem

---

[1] *Arbitragem privada internacional no Brasil*. São Paulo: RT, 1998. p. 16.

a solução de eventuais controvérsias surgidas na interpretação e aplicação daquele contrato. Pelo que se nota, a obrigação pactuada é tipicamente de fazer, não instituindo desde logo o juízo arbitral... Já o compromisso arbitral é o acordo de vontades pelo qual as partes instituem efetivamente o juízo arbitral, indicando e delimitando o conflito, nomeando os árbitros e fixando as condições em que a arbitragem deverá se processar. O compromisso é que constitui o ato de instituição do juízo arbitral".[2]

Pela convenção arbitral, pois, no contrato já se insere, na eventualidade de surgirem controvérsias, a solução por árbitros.

No art. 5º nota-se uma disposição muito genérica, mas que deixa patente a permissão em indicar qual o órgão ou entidade arbitral que resolverá o litígio, se surgir:

> "Reportando-se as partes, na cláusula compromissória, às regras de algum órgão arbitral institucional ou entidade especializada, a arbitragem será instituída e processada de acordo com tais regras, podendo, igualmente, as partes estabelecer na própria cláusula, ou em outro documento, a forma convencionada para a instituição da arbitragem".

Autoriza-se, na previsão referida, a prévia escolha de um órgão ou entidade arbitral. Existem, já, várias entidades arbitrais, especialmente na área comercial, ligadas a campos específicos das atividades. No instrumento elege-se uma entidade.

Não havendo acordo sobre a escolha do juiz arbitral, do órgão ou da entidade arbitral, longa a regulamentação para a escolha, desde que presente a cláusula no contrato. Há minúcias que tornam difícil colocar em prática a solução posterior de litígios. Insere-se no contrato a escolha da solução arbitral. Como, porém, eleger qual o órgão?

Orienta, então, o art. 6º da Lei nº 9.307/1996 que se comunique, por carta postal, com aviso de recebimento, da intenção de firmar o compromisso arbitral, e já convocando para o comparecimento em local, data e horário estabelecidos:

> "Não havendo acordo prévio sobre a forma de instituir a arbitragem, a parte interessada manifestará à outra parte sua intenção de dar início à arbitragem, por via postal ou por outro meio qualquer de comunicação, mediante comprovação de recebimento, convocando-a para, em dia, hora e local certos, firmar o compromisso arbitral".

Não comparecendo, ou não concordando a outra parte, segue-se o caminho que vem indicado no art. 7º. Ou seja, deve-se recorrer ao Judiciário, por meio de uma demanda com procedimento especialíssimo, a fim de que o juiz decida como se constituirá o juízo arbitral. Preceitua o dispositivo:

> "Existindo cláusula compromissória e havendo resistência quanto à instituição da arbitragem, poderá a parte interessada requerer a citação da outra parte para comparecer em juízo a fim de lavrar-se o compromisso, designando o juiz audiência especial para tal fim".

Em termos explicativos, promove-se uma ação para obrigar o contratante a submeter-se à solução por meio do compromisso, ou com vistas a constituir-se o juízo arbitral, expondo o autor o fato do negócio, a inserção da cláusula arbitral, e pedindo a citação e a designação

---

[2] Execução específica de cláusula arbitral. *Revista dos Tribunais*, n. 732, p. 65.

de audiência. Instruirá o pedido com os documentos que revelem a existência da cláusula, narrando claramente o objeto da arbitragem. Os parágrafos do artigo em foco traçam o procedimento, com o recebimento da inicial devidamente autuada pelo juiz, e designando desde já a audiência. Nela, procura-se conciliar as partes acerca do litígio, ou seja, sobre a controvérsia. Somente depois de infrutífera esta tentativa é que buscará conduzir as partes à celebração, de comum acordo, do compromisso arbitral. Se também inexitoso este segundo passo, na própria audiência ouvirá as razões da parte que não concorda. Se achar conveniente, e em vista do grau de complexidade da matéria, não há proibição para se conceder um prazo para que o requerido se oponha ao pedido, decidindo, após, em dez dias.

Ao juiz permite-se nomear árbitro, se nada vier disciplinado na cláusula arbitral.

A falta de comparecimento do autor na audiência importará em extinguir o processo sem o julgamento de mérito.

Não vindo o réu, reputa-se configurada a revelia, e decidirá o juiz, nomeando árbitro único.

A sentença decidirá sobre o compromisso arbitral, definindo sua validade ou não. Uma vez ordenando a solução pelo juízo arbitral, é evidente que considerou válida a cláusula. Tal juízo proferirá a decisão sobre a matéria.

Conclui-se, pois, que há um processo visando ao cumprimento da convenção de solução pelo juízo arbitral. Unicamente cabe ao juiz manter ou não a previsão de tal maneira de se resolver o litígio.

Com essas explicações prévias, parte-se para o exame da prescrição.

É de se anotar que não existe um tratamento especial ou diferenciado no juízo arbitral. Não se aplicam regras diferentes, em matéria de prescrição, na arbitragem, sendo que o ordenamento é o comum. Nesse passo, têm prevalência dois princípios.

O primeiro consiste na necessidade de se obedecerem aos prazos de prescrição e de decadência de todos os institutos de direito que, porventura, venham a ser submetidos ou discutidos na arbitragem. Assim quanto ao prazo da prescrição aquisitiva ou extintiva. A lei que se aplica a essas espécies de prescrição é a mesma que regula o objeto principal da causa.

O segundo, relevante na matéria, como se verá adiante, cuja importância está em marcar a interrupção, revela-se na aplicação da regra do inc. I do art. 202, do Código Civil, pelo qual se dá a interrupção pelo despacho do juiz, mesmo incompetente, que ordenar a citação, se o interessado a promover no prazo e na forma da lei processual.

Nesse ponto, pertinente a síntese apresentada por Leonardo de Faria Berardo, em obra que é um verdadeiro tratado sobre a arbitragem:

> "Falando agora da interrupção da prescrição no processo arbitral, quando é que isso ocorre? Na LA (Lei de Arbitragem), não há previsão legal sobre isso, logo, devemos nos valer da analogia e utilizarmos as regras aplicáveis ao processo estatal.
>
> Inicialmente, cumpre lembrarmos que no processo arbitral não existe citação, e, quanto ao eventual primeiro despacho do árbitro, tem-se que isso pode demorar, uma vez que não só ele precisa ser nomeado, mas tem que aceitar. Quando se tratar de arbitragem com árbitro único, a escolha do nome em comum pode demorar bastante tempo.
>
> Como solucionar, então, esse imbróglio? Temos que há quatro hipóteses distintas, e cada uma delas merece ser mencionada.

Na primeira situação, ambas as partes comparecem, espontaneamente, à câmara de arbitragem e instauram um procedimento arbitral. Esse ato processual praticado conjuntamente interrompe a prescrição.

Na segunda situação, apenas uma das partes comparece ao centro de arbitragem e requer seja iniciada uma arbitragem. A notificação feita à parte contrária, por parte da instituição arbitral, informando-a da lide que está sendo proposta, é o ato processual que interrompe a prescrição.

Na terceira situação, como uma das partes está procrastinando a instalação do processo arbitral, haja vista se tratar de cláusula compromissória vazia, a parte contrária será forçada a ajuizar a ação prevista no art. 7º da LA, ou seja, terá de ir ao Judiciário e requerer ao juiz que determine onde será a arbitragem, entre outros detalhes. O primeiro despacho desse juiz, que poderá até mesmo ser o de citação do réu, interromperá a prescrição.

Na quarta opção, e ela será a mais segura e adequada se o prazo prescricional estiver prestes a escoar, pode o credor valer-se do protesto judicial ou, até mesmo, da notificação extrajudicial, uma vez que ambos têm o poder de interromper a prescrição".

Conclui o Professor, citando Donaldo Armelin:

"Dessa forma, a ausência de legislação equiparando atos de início do processo civil e da arbitragem para fins de interrupção da prescrição, não impede que se extraia do sistema o paralelismo de seus efeitos, até porque a via arbitral serve, assim como o processo civil, de veículo legal e constitucional para o acesso à justiça, observando os mesmos princípios garantidores do devido processo legal, guardadas as peculiaridades desses dois institutos' (Prescrição e Arbitragem. *Revista de Arbitragem e Mediação*, vol. 15. São Paulo: Revista dos Tribunais, 2007, p. 79)".[3]

No entanto, em decisão do STJ, basta a simples iniciativa de buscar a arbitragem para impor a interrupção:

"RECURSO ESPECIAL. PROCESSUAL CIVIL. ARBITRAGEM. INSTAURAÇÃO. PRAZO PRESCRICIONAL. INTERRUPÇÃO. LEI Nº 13.129/2015. FATOS ANTERIORES. IRRELEVÂNCIA.

1. A controvérsia dos autos resume-se a saber se a anterior instauração de procedimento arbitral constitui causa de interrupção do prazo prescricional, mesmo antes do advento da Lei nº 13.129/2015.

2. Nos exatos termos do art. 31 da Lei nº 9.307/1996, a sentença arbitral produz, entre as partes e seus sucessores, os mesmos efeitos da sentença proferida pelos órgãos do Poder Judiciário. A instauração do procedimento arbitral, entre outros efeitos, implica a interrupção do prazo prescricional.

3. A inequívoca iniciativa da parte em buscar a tutela dos seus direitos por um dos meios que lhes são disponibilizados, ainda que sem a intervenção estatal, é suficiente para derruir o estado de inércia sem o qual não é possível falar na perda do direito de ação pelo seu não exercício em prazo razoável. Modificação perpetrada pela Lei nº 13.129/2015

---

[3] *Curso de arbitragem nos termos da Lei nº 9.307/96*. São Paulo: Atlas, 2014. p. 407.

que veio somente para consolidar a orientação que já era adotada pela doutrina majoritária.

4. Uma vez interrompido o prazo prescricional pela instituição da arbitragem, volta ele a fluir a partir da data do ato que o interrompeu, ou do último ato do processo para o interromper, nos termos do parágrafo único do art. 202 do Código Civil, inteiramente aplicável à espécie, com as necessárias adaptações.

5. Hipótese em que o prazo prescricional da pretensão de cobrar aluguéis e demais consectários da locação foi interrompido com a instauração da primeira arbitragem, voltando a fluir com o trânsito em julgado de ação declaratória de nulidade da sentença arbitral.

6. Recurso especial não provido".

Em uma posição mais avançada, lembrada pelo mesmo mestre, há os que defendem que se opera a interrupção com a simples assinatura do compromisso arbitral, considerando que equivale o ato à propositura da ação.

Também relevante advertir da conveniência de suscitar a prescrição no processo arbitral, ou até em ação anulatória da sentença arbitral, com base na violação da ordem pública, e valendo-se do princípio, colhido dos arts. 332, § 1º, e 487, inc. II do Código de Processo Civil, de que está o juiz obrigado a reconhecer a prescrição, declarando-a de ofício, mesmo diante do silêncio das partes.

Capítulo LX
A PRESCRIÇÃO E A DECADÊNCIA
NAS SOCIEDADES POR AÇÕES

1. CONCEITO E DISTINÇÕES

A sociedade por ações, ou companhia, ou sociedade anônima como era, no passado, mais conhecida, é aquela cujo capital se divide em pequenas frações denominadas *ações*, as quais servem para estabelecer a titularidade e o grau de responsabilidade dos membros ou das pessoas que formam a sociedade, enquanto não integralizadas, ou na pendência do ingresso do valor que representam.

Do art. 1º da Lei nº 6.404, de 15.12.1976, que rege presentemente este tipo de sociedade, extraem-se os elementos conceituais, e que a distinguem de outras sociedades:

> "A companhia ou sociedade anônima terá o capital dividido em ações, e a responsabilidade dos sócios ou acionistas será limitada ao preço de emissão das ações subscritas ou adquiridas".

Dois os elementos caracterizadores e diferenciadores deste tipo de sociedade:

a) a divisão do capital social em frações mínimas denominadas ações, levando a considerá-la uma sociedade de capital;
b) a limitação da responsabilidade dos sócios ao preço ou valor de emissão das ações de que o sócio é titular.

Ressalta-se que o grau de responsabilidade do sócio mede-se pelo preço de emissão da ação, e não pelo valor da fração do capital que representa. Assim entende Marcelo Andrade Féres: "Na verdade, o preço de emissão das ações é o que está mais próximo de indicar a verídica perda patrimonial que o sócio pode vir a sofrer com o insucesso e consequente falência da sociedade. Lado outro, o valor nominal, que é o resultado da divisão do capital social pelo número de ações são subscritas ou adquiridas por valor muito superior ao seu valor nominal".[1]

O estudo, aqui, restringe-se mais à prescrição.

Quanto à decadência, as previsões são esparsas, constando ao longo da Lei nº 6.404/1976, como a do art. 171, § 4º, fixando o prazo de decadência não inferior a trinta dias para o exercício de preferência em qualquer situação na aquisição de ações pelos sócios, que se conta do momento do aviso publicado:

---

[1] Empresa e empresário: do Código Civil italiano ao novo Código Civil Brasileiro. *Direito de empresa no novo Código Civil*. Rio de Janeiro: Forense, 2004. p. 64.

"O estatuto ou a assembleia geral fixará o prazo de decadência, não inferior a 30 (trinta) dias, para o exercício do direito de preferência".

Há a decadência do art. 172, em texto vindo com a Lei nº 10.303, de 31.10.2001, prevendo a exclusão da preferência, na aquisição de ações e debêntures conversíveis em ações, ou bônus de subscrição, aos antigos acionistas, se não manifestada a preferência no prazo de trinta dias. O § 4º do art. 223 garante ao acionista, no caso de não se constituir a sociedade aberta em decorrência da incorporação, fusão ou cisão de outras sociedades, ou de não colocar no mercado as ações, o direito de se retirar, com o reembolso das ações pelo valor de mercado, promovendo esse direito no prazo de trinta dias a contar do vencimento do prazo máximo de cento e vinte dias da assembleia geral que aprovou a operação, sob pena de decadência do direito.

Existe, também, o prazo de três anos do parágrafo único do art. 45 do Código Civil, dirigido às pessoas jurídicas em geral, para exercer o direito de anular a constituição das pessoas jurídicas de direito privado, por defeito do ato respectivo, contado o prazo da publicação de sua inscrição no registro.

Vários os prazos de prescrição contemplados para o caso específico das sociedades por ações, os quais se aplicam também às sociedades de economia mista, já que as mesmas não se submetem ao regime da pessoa jurídica de direito público. É o entendimento do STJ:

> "A prescrição quinquenal em regra não atinge as sociedades de economia mista porquanto as mesmas têm inequívoca natureza jurídica de direito privado, aplicando-se-lhes a prescrição vintenária atribuída às ações pessoais, prevista no art. 177 do Código Civil. Aliás, referido entendimento é pacífico no STJ porquanto sumulado, *verbis*: Súmula nº 39 – 'Prescreve em vinte anos a ação para haver indenização, por responsabilidade civil, de sociedade de economia mista'".[2]

Em outra decisão:

> "Não se aplica o prazo prescricional quinquenal do Decreto nº 20.910/1932 às ações propostas contra sociedades de economia mista. Agravo regimental a que se nega provimento".[3]

A matéria da prescrição passou a ser tratada, em parte, pelo Código Civil, com disposições que reiteraram os prazos que constam na Lei nº 6.404/1976.

Examinam-se as hipóteses previstas.

2. PRAZOS DE PRESCRIÇÃO ESTABELECIDOS NO CÓDIGO CIVIL E NA LEI Nº 6.404/1976

Existem algumas previsões no Código Civil e na Lei das Sociedades Anônimas, sem, no entanto, modificar a duração dos prazos. Realmente, todas as situações editadas pelo Código Civil se encontram na Lei das Sociedades Anônimas. Não se justifica, portanto, a inovação.

---

[2] De salientar que o referido art. 177 equivale ao disposto no art. 205 do vigente Código, sendo o prazo de dez anos. EDcl no REsp nº 550.095/SC, da 1ª Turma, j. em 15.02.2005, *DJU* de 21.03.2005.
[3] AgRg no Ag. nº 520.581/RS, da 2ª Turma do STJ, j. em 19.12.2003, *DJU* de 17.05.2004.

Já foram descritos os casos no capítulo sobre os "prazos da prescrição no Código Civil". A apresentação programática da matéria, no entanto, impõe um desenvolvimento sistemático perante o Código Civil e a Lei nº 6.404/1976.

2.1. A pretensão contra os peritos, pela avaliação de bens que entram para a formação do capital de sociedade anônima

Estabelecido, no § 1º, inc. IV, do art. 206 do Código Civil, o prazo de um ano para a eventual pretensão dos que participam de sociedades anônimas, contra os peritos, "pela avaliação dos bens que entraram para a formação do capital de sociedade anônima, contado da publicação da ata da assembleia que aprovar o laudo". A norma envolve a prescrição em direito societário, não vindo prevista no diploma civil anterior. Pressupõe a avaliação de má-fé do perito destacado para estimar economicamente os bens com que os sócios formam sua participação no capital social de uma sociedade anônima.

Com efeito, estabelece o art. 7º da Lei nº 6.404, de 12.12.1976, que:

> "O capital social poderá ser formado com contribuições em dinheiro ou em qualquer espécie de bens suscetíveis de avaliação em dinheiro".

E sobre a avaliação, o art. 8º fornece o procedimento:

> "A avaliação dos bens será feita por três peritos ou por empresa especializada, nomeados em assembleia geral dos subscritores, convocados pela imprensa e presidida por um dos fundadores, instalando-se em primeira convocação com a presença de subscritores que representem metade, pelo menos, do capital social, e em segunda convocação com qualquer número".

De acordo com as normas que seguem, apresenta-se laudo fundamentado, com o critério de avaliação e os elementos de comparação adotados, e instruído com os documentos relativos aos bens avaliados. Finalmente, o § 6º do art. 8º contempla a responsabilidade dos avaliadores e do subscritor perante a companhia, os acionistas e terceiros, pelos danos que "causarem por culpa ou dolo na avaliação dos bens, sem prejuízo da responsabilidade penal em que tenham incorrido".

Justamente para ensejar a reparação dos danos que causarem com a avaliação é que se previu o lapso de tempo de um ano, que se conta a partir da publicação da ata da assembleia que vier a aprovar o laudo de avaliação.

Na previsão do art. 287, inc. I, letra *a*, da Lei nº 6.404/1976, também consta de um ano o prazo de prescrição da ação, contra os peritos, e estendendo-o também contra os subscritores do capital, para deles haver reparação civil pela avaliação de bens, contado o prazo da publicação da ata da assembleia geral que aprovar o laudo.

2.2. Pretensão dos credores não pagos contra os sócios ou acionistas e os liquidantes

Igualmente envolve direito societário a norma do inc. V, § 1º, do art. 206, do Código Civil, concedendo o prazo de um ano para "a pretensão dos credores não pagos contra os sócios ou acionistas e os liquidantes, contado o prazo da publicação da ata de encerramento da liquidação da sociedade".

Sabe-se que a Lei das Sociedades Anônimas prevê a dissolução da companhia por três modos: de pleno direito, por decisão judicial e por decisão de autoridade administrativa competente, nos casos e na forma previstos em lei especial. A primeira modalidade, segundo art. 206 da Lei nº 6.404/1976, com alterações da Lei 9.457/1997, encontra as seguintes causas de dissolução: por término do prazo de duração, nos casos previstos no estatuto; por deliberação da assembleia geral; pela existência de um único acionista; e pela extinção, na forma da lei, da autorização para funcionar. A segunda modalidade se dá quando anulada a sua constituição, quando provado que não pode preencher o seu fim, e em caso de falência. Já a terceira decorre da decisão da autoridade administrativa competente, sempre que a lei determinar.

Verificada a dissolução, procede-se à liquidação, que se realiza ou pelos órgãos próprios da companhia, ou por decisão judicial. Não satisfeitos os credores dos acionistas ou titulares das ações, assegura-se a competente ação de indenização, até completar o seu crédito. Se o liquidante desviou o capital, ou não agiu corretamente na distribuição do produto resultante da liquidação, também responde por perdas e danos. É como está no art. 218 da lei em pauta:

> "Encerrada a liquidação, o credor não satisfeito só terá direito de exigir dos acionistas, individualmente, o pagamento de seu crédito, até o limite da soma, por eles recebida, e de propor contra o liquidante, se for o caso, ação de perdas e danos. O acionista executado terá direito de haver dos demais a parcela que lhes couber no crédito pago".

Conta-se o prazo para reclamar da publicação da ata onde constam os resultados da liquidação, isto é, os valores que cabem aos credores dos acionistas.

Idêntica previsão de prazo prescricional encontra-se no art. 287, inc. I, alínea *b*, da Lei nº 6.404/1976.

2.3. Pretensão em haver juros, dividendos ou quaisquer prestações acessórias

Na previsão do § 3º, inc. III, do art. 206 do Código Civil, dá-se em três anos a prescrição da "pretensão para haver juros, dividendos ou quaisquer prestações acessórias, em períodos não maiores de 1 (um) ano, com capitalização ou sem ela".

No que diz com os juros e outras prestações periódicas, a prescrição no lapso de tempo de três anos restringe-se às parcelas pagáveis anualmente ou em períodos menores. Não tem aplicação a regra se combinados prazos maiores, ou prevista a satisfação junto com o capital, o que é comum no mútuo.

Mesmo os juros capitalizáveis, isto é, indo acrescer o capital, e sobre este assim avolumado calculando-se novos juros no período seguinte, ingressam no período prescricional, porquanto se somam aos juros exigíveis periodicamente. Hipótese bastante frequente encontra-se nos contratos de concessão de crédito bancário, quando se estipula a exigibilidade em geral a cada período de seis meses.

Os dividendos correspondem aos lucros das sociedades anônimas distribuídos aos sócios. Retiram-se dos lucros líquidos as importâncias destinadas à formação dos fundos de reserva (reserva legal, reservas estatutárias, reservas para contingências), e outras para finalidades contempladas nos estatutos, e distribui-se o restante entre os sócios. Dividendo é justamente a parte que cabe a cada sócio, proporcional às ações que possuir na sociedade, sendo o resultado da divisão dos lucros líquidos pelo número de ações.

A matéria está regulada nos arts. 201 a 205 da Lei das Sociedades Anônimas. No art. 287, inc. II, alínea "a", da citada lei, está inserido o mesmo prazo prescricional.

O prazo de prescrição inicia na data em que se estabelece a exigibilidade, definida na assembleia geral de acionistas.

As prestações acessórias referem-se a remunerações pelas aplicações investidas geralmente em estabelecimentos bancários, como nos Certificados de Depósito Bancário (CDBs), nas diversas espécies de letras e de investimentos representados por papéis.

2.4. Pretensão à restituição de lucros ou dividendos recebidos de má-fé

Tem-se mais uma previsão que aparece no Código Civil de natureza societária, e que não vinha contemplada no Código anterior. Prescreve em três anos, nos termos do § 3º, inc. VI, do art. 206, a pretensão de restituição dos lucros ou dividendos recebidos de má-fé, correndo o prazo da data em que foi deliberada a distribuição.

Os lucros, na definição do art. 191 da Lei nº 6.404/1976, são o resultado do exercício que remanescer depois de deduzidos os prejuízos acumulados, a provisão para o Imposto de Renda, e as participações de empregados, administradores e partes beneficiárias.

De outro lado, os dividendos constituem a parte que cabe a cada sócio, proporcionalmente às ações que possuir na sociedade, após a dedução dos custos e dos fundos de reserva legal e estatutária, que se abatem do lucro líquido.

O art. 201 da mesma Lei n 6.404/1976 firma que a companhia somente pode pagar dividendos à conta do lucro líquido do exercício, de lucros acumulados e de reserva de lucros, preferencialmente aos titulares de ações preferenciais.

O recebimento dos lucros ou dividendos de má-fé importa no dever de restituição. A má-fé se ostenta na distribuição sem as prévias e obrigatórias deduções que a lei estabelece, e relativas aos prejuízos e às provisões para o Imposto de Renda e aos fundos de reserva, e desde que ausente o levantamento ou em desacordo com os resultados do mesmo. É o que prevê o § 2º do art. 201 da Lei nº 6.404/1976, ao estabelecer que se configura "quando os dividendos forem distribuídos sem o levantamento do balanço ou em desacordo com os resultados deste". Se ocorreu o recebimento de boa-fé, ou fora das hipóteses citadas, não nasce a obrigação da restituição.

O mesmo prazo de prescrição se encontra no art. 287, inc. II, alínea *c*, da Lei nº 6.404/1976, ao se referir à "ação contra acionistas para restituição de dividendos recebidos de má-fé, contado o prazo da data da publicação da ata de assembleia ordinária do exercício em que os dividendos tenham sido declarados". A diferença, relativamente à disposição do Código Civil, está na parte passiva a que se dirige a pretensão, restringindo-se aos acionistas, enquanto, naquele diploma, é contra qualquer pessoa que se beneficiou indevidamente ou que procedeu mediante culpa.

2.5. Pretensão ao ressarcimento contra fundadores, administradores, fiscais e liquidantes de sociedades anônimas

Ainda no âmbito do direito societário está a prescrição assinalada no art. 206, § 3º, inc. VII, do Código Civil de 2002, não contemplada no Código revogado, reservando o prazo de três anos para:

"a pretensão contra as pessoas em seguida indicadas por violação da lei ou do estatuto, contado o prazo:

a) para os fundadores, da publicação dos atos constitutivos da sociedade anônima;

b) para os administradores, ou fiscais, da apresentação, aos sócios, do balanço referente ao exercício em que a violação tenha sido praticada, ou da reunião ou assembleia geral que dela deva tomar conhecimento;

c) para os liquidantes, da primeira assembleia semestral posterior à violação".

No exercício de direitos contra as pessoas supranomeadas, em decorrência de atos prejudiciais e desrespeitosos à lei ou aos estatutos, inicia o prazo trienal sempre na data da publicação dos atos constitutivo da sociedade (na ação contra os fundadores), da apresentação do balanço (na ação contra os administradores e fiscais), e da primeira assembleia geral semestral que se seguir à violação (na ação contra os liquidantes).

Cabe aos acionistas e outros interessados intentarem a ação reparatória ou de ressarcimento contra os desmandos, o excesso de mandato, os desvios de fundos e valores, a desídia no desempenho das funções, a apropriação do patrimônio da sociedade, a omissão de medidas administrativas, e toda a série de atos e negócios prejudiciais, desde que presentes a má-fé e até a culpa. Exemplificativamente, os eventos que acarretam a responsabilidade dos administradores decorrem do desrespeito dos deveres a eles impostos, vindo a discriminação especialmente no art. 158 da Lei nº 6.404/1976. Já em relação aos liquidantes, o art. 217 da citada lei disciplina a responsabilidade.

Disposições semelhantes, embora em maior extensão, aparecem no art. 287, inc. II, alínea "b", da Lei nº 6.404/1976, ao assinalar a prescrição em três anos, nos seguintes termos:

"b) a ação contra os fundadores, acionistas, administradores, liquidantes, fiscais ou sociedade de comando, para deles haver reparação civil por atos culposos ou dolosos, no caso de violação da lei, do estatuto ou convenção do grupo, contado o prazo:

1) para os fundadores, da data da publicação dos atos constitutivos da companhia;

2) para os acionistas, administradores, fiscais e sociedades de comando, da data da publicação da ata que aprovar o balanço referente ao exercício em que a violação tenha ocorrido;

3) para os liquidantes, da data da publicação da ata da primeira assembleia geral posterior à violação".

Em relação à sociedade, mas tendo em vista os dispositivos da Lei nº 6.404/1976, desta forma decidiu o STJ:

"Sociedade anônima. Responsabilidade de administradores. Prescrição. O termo *a quo* do prazo prescricional, para apurar a responsabilidade dos administradores, a pedido de acionistas, é a data da publicação da ata que aprovar o balanço referente ao exercício em que a violação tenha ocorrido (Lei nº 6.404/1976, art. 287, II, *b*, 2). Não revela o momento em que o acionista tenha conhecimento do fato".[4]

---

[4] REsp nº 36.334-9, da 3ª Turma, j. em 14.09.1993.

Em outros casos, no mesmo sentido:

> "Prescrição. Termo inicial... Nos termos de precedentes da Corte, o termo inicial da prescrição para a ação destinada a apurar responsabilidade de administradores de sociedade anônima é a data da publicação da ata em que a violação tenha ocorrido e não a data em que tenha o interessado tido conhecimento do ilícito".[5]

> "Nos termos da regra contida no art. 287, II, *b*, '2', da Lei nº 6.404/1976, a prescrição para o acionista apurar a responsabilidade do administrador de sociedade anônima ocorre em 3 (três) anos, sendo o seu termo inicial a data da publicação da ata que aprovar o balanço".[6]

Quanto à hipótese assinalada no inc. II, alínea *b*, nº 2, do art. 287, definiu o Superior Tribunal de Justiça o momento do início do prazo:

> "Nos termos da regra contida no art. 287, II, *b*, 2, da Lei nº 6.404/1976, a prescrição para o acionista apurar a responsabilidade do administrador de sociedade anônima ocorre em 3 (três) anos, sendo o seu termo inicial a data da publicação da ata que aprovar o balanço".

No voto do relator, apontam-se precedentes, ressaltando o início da contagem do prazo:

> "'Sociedade anônima. Responsabilidade de administradores. Prescrição. O termo *a quo* do prazo prescricional, para apurar a responsabilidade de administradores a pedido do acionista, é a data da publicação da ata que aprovar o balanço referente ao exercício em que a violação tenha ocorrido (Lei nº 6.404/1976, art. 287, II, *b*, 2). Não releva o momento em que o acionista tenha tido conhecimento do fato' (REsp nº 36.334-9/SP, da 3ª Turma, rel. Min. Eduardo Ribeiro).
>
> 'Nos termos de precedentes da Corte, o termo inicial da prescrição para a ação destinada a apurar responsabilidade de administradores de sociedade anônima é a data da publicação da ata em que a violação tenha ocorrido e não a data em que tenha o interessado tido conhecimento do ilícito' (REsp nº 54.458-SP, rel. Min. Carlos Alberto Menezes Direito).
>
> 'Prescreve em três anos a ação contra administradores e sociedades de comando para deles haver reparação civil por atos culposos ou dolosos (art. 287, II, *b*, da Lei nº 6.404/1976).
>
> Assim, em face da regra contida no art. 287, II, *b*, 2, da Lei nº 6.404/1976, a prescrição, no caso em exame, ocorre em três anos, da data da publicação da ata que aprovar o balanço...' (REsp nº 16.410-0/SP, rel. Min. Sálvio de Figueiredo Teixeira)".[7]

Se, nessa hipótese, instaurar-se procedimento penal, o prazo não iniciará antes de prolatado o juízo criminal definitivo, e se completará com o estabelecido em lei para a prescrição penal, mas nunca antes de três anos, tudo em consonância com o seguinte aresto:

---

[5] REsp nº 54.458, j. em 03.06.1997, *DJU* de 04.08.1997.
[6] REsp nº 179.008-SP, da 4ª Turma do STJ, j. em 9.05.2000, *DJU* de 26.06.2000, *RSTJ* 136/350.
[7] REsp nº 179.008, da 4ª Turma, de 9.05.2000, *DJU* de 26.06.2000, rel. in. Cesar Asfor Rocha, *ADV Informativo*, n. 44, p. 685, nov. 2000. Nessa mesma interpretação, o REsp nº 36.334-9/SP, j. em 14.09.1993, *DJU* de 04.10.1993.

"O prazo de prescrição previsto no art. 287, II, *b*, da Lei nº 6.404/1976 aplica-se às ações movimentadas contra administradores no exercício do cargo ou que dele tenham se afastado. Tratando-se de crime, e havendo sentença condenatória, o prazo extintivo se completará quando decorrido o previsto em lei para a prescrição da pena imposta, mas nunca antes de três anos da publicação da ata que aprovou o balanço, relativo ao exercício em que se deu a violação".[8]

2.6. Prescrição na ação para buscar a complementação de ações

Firmou o STJ a posição de que incide, na ação que visa à busca da complementação de ações, ou o recebimento da titularidade de ações, o prazo prescricional do art. 205 do Código Civil, por ter a ação caráter pessoal. Nesta visão, o prazo prescricional é de dez anos (com a incidência do art. 2.028, para as ações cujos fatos aconteceram antes da vigência do Código de 2002).

Neste sentido a seguinte decisão:

"Nas demandas em que se discute o direito à complementação de ações em face do descumprimento de contrato de participação financeira firmado com sociedade anônima, a pretensão é de natureza pessoal e prescreve nos prazos previstos no artigo 177 do Código Civil revogado e artigos 205 e 2.028 do novo Código Civil".[9]

No voto do relator, indica-se precedente:

"A propósito, confira-se o seguinte precedente, proferido segundo o rito dos recursos especiais repetitivos: 'Comercial e processual civil. TELECOM. CRT. Contrato de participação financeira. Complementação de ações. Diferença. Prescrição. Direito pessoal. Dividendos. Arts. 177 do CC/1916, 205 e 2.028 do CC/2002. Valor patrimonial da ação. Apuração. Critério. Balancete do mês da integralização. Recurso especial repetitivo. Lei nº 11.672/2008. Resolução/STJ nº 8, de 7.08.2008. Aplicação.

I – Nas demandas em que se discute o direito à complementação de ações em face do descumprimento de contrato de participação financeira firmado com sociedade anônima, a pretensão é de natureza pessoal e prescreve nos prazos previstos no art. 177 do Código Civil revogado e arts. 205 e 2.028 do novo Código Civil.

(...)

III – Julgamento afetado à 2ª Seção com base no procedimento da Lei nº 11.672/2008 e Resolução nº 8/2008 (Lei de Recursos Repetitivos).

IV – Recurso especial conhecido em parte e provido' (REsp nº 1.033.241-RS, rel. Min. Aldir Passarinho Junior, 2ª Seção, *DJ* de 05.11.2008)".

3. PRAZOS DE PRESCRIÇÃO ESTABELECIDOS NA LEI Nº 6.404/1976

Várias as situações de prescrição contempladas somente na Lei nº 6.404/1976, envolvendo a prescrição nas sociedades por ações, além das hipóteses adotadas pelo atual Código Civil, que se encontram no art. 206, § 1º, incs. IV (ações contra peritos que avaliaram o capital social) e

---

[8] STJ, REsp nº 31.620-4/SP, j. em 08.08.1994, *DJU* de 29.08.1994.
[9] Agravo regimental desprovido. AgRg nos EDcl no REsp nº 1.035.913-RS, da 3ª Turma, j. em 02.10.2010, *DJe* de 10.12.2010, rel. Min. Paulo de Tarso Sanseverino.

V (ações dos credores contra sócios ou acionistas e liquidantes); § 3º, incs. III (ação para haver juros, dividendos ou quaisquer prestações acessórias, pagáveis, em períodos não maiores de um ano, com capitalização ou sem ela); VI (ação para a restituição de lucros ou dividendos), e VII (pretensão contra fundadores, administradores, fiscais e liquidantes); e art. 205, todas já abordadas.

Lembra-se, antes, o art. 288 da Lei nº 6.404/1976, estabelecendo que o prazo inicia somente após o trânsito em julgado da sentença da ação penal, ou da prescrição, se depende o fato de prova no juízo criminal:

> "Quando a ação se originar de fato que deva ser apurado no juízo criminal, não ocorrerá a prescrição antes da respectiva sentença definitiva, ou da prescrição da ação penal".

3.1. Pretensão à anulação da constituição da sociedade

Para anular a constituição da sociedade, por vício ou defeito, o prazo da prescrição é de um ano – art. 285:

> "A ação para anular a constituição da companhia, por vício ou defeito, prescreve em 1 (um) ano, contado da publicação dos atos constitutivos".

Mesmo após a propositura da ação, porém, é assegurado à sociedade, por decisão da assembleia geral, sanar o vício ou defeito.

Explica Tullio Ascarelli que o dispositivo, o qual coincide com o art. 155 do Decreto-lei nº 2.627, de 1940, que regia anteriormente as sociedades anônimas, "diz respeito aos vícios de constituição da sociedade, cujos atos constitutivos já tenham sido arquivados na repartição competente; o momento inicial da prescrição que estabelece é, com efeito, o da publicação dos atos constitutivos, a qual é precedida pelo arquivamento".[10]

Outrossim, arrola o autor vários vícios ou defeitos que podem ensejar a anulação, e que são: a falta de arquivamento e publicidade, não preenchimento dos requisitos na constituição, violação aos direitos de acionistas privilegiados, deliberações contrárias à ordem pública ou aos direitos dos acionistas, violação das normas que regulam a assembleia e o procedimento de suas deliberações, falta de voto e de maioria, dentre outros.

3.2. Pretensão à anulação das deliberações da assembleia geral

O art. 286 estende o lapso de tempo para dois anos, para fins prescricionais, da ação

> "para anular as deliberações tomadas em assembleia geral ou especial, irregularmente convocada ou instalada, violadoras de lei ou de estatuto, ou eivadas de erro, dolo, fraude ou simulação, contados da deliberação".

Apesar de referir a contagem da data da instalação, a inteligência predominante é que o início se dá com a publicação da ata da assembleia:

> "Muito embora diga a lei que a ação prescreve em dois anos, contados da deliberação (art. 286, Lei nº 6.404/1976), impera na melhor doutrina o entendimento de que flui

---

[10] *Problemas das Sociedades Anônimas e direito comparado.* Campinas: Bookseller, 2001. p. 512.

da sua publicação, como dispunha o art. 156, parágrafo único, da norma revogada, o Decreto-lei nº 2.627/1940".[11]

Não importa que os vícios sejam os da lei civil. Mantém-se o prazo exíguo referido, na inteligência adotada pelo STJ:

"O direito de impugnar as deliberações tomadas em assembleia, mesmo aquelas contrárias à ordem legal ou estatutária, sujeita-se à prescrição, somente podendo ser exercido no exíguo prazo previsto na lei das sociedades por ações... Pela mesma razão, não pode o juiz, de ofício, mesmo nos casos em que ainda não atingido o termo *ad quem* do lapso prescricional, reconhecer a ilegalidade da deliberação e declará-la nula (...). Também o exercício do direito de haver dividendos, colocados à disposição dos acionistas sob a forma de bonificações se submete à condição temporal (art. 287, II, *a*, da Lei nº 6.404)".[12]

Em outro precedente da mesma Corte:

"Direito comercial. Sociedade por ações. Ação anulatória de deliberação de assembleia geral e ação de responsabilidade do administrador. Prescrição. Contagem do prazo. Lei nº 6.404, de 15.12.1976, arts. 134, § 3º, 159, 286 e 287, II, *b*, 2. Interpretação.

Considera-se prescrita a ação de responsabilidade de administrador que teve suas contas aprovadas sem reservas pela assembleia geral, se esta não foi anulada dentro do biênio legal, mas só posteriormente, por deliberação de outra assembleia geral, a partir de cuja publicação da ata se pretendeu contar o triênio extintivo. Ofensa aos citados textos legais caracterizada. Recurso especial conhecido e provido".[13]

3.3. Pretensão à restituição de valores pagos indevidamente

O art. 287, inc. II, alínea *c*, fixa em três anos o lapso para a ação contra acionistas (e não outros favorecidos ou responsáveis, que constam no art. 206, § 3º, inc. VI, do Código Civil)

"para restituição de dividendos recebidos de má-fé, contado o prazo da data da publicação da ata e assembleia geral ordinária do exercício em que os dividendos tenham sido declarados".

No mesmo período assegura o dispositivo, na alínea *d*, a ação contra os administradores ou titulares de partes beneficiárias para restituição das participações no lucro recebidas de má-fé, contado o prazo da data da publicação da ata da assembleia geral ordinária do exercício em que as participações tenham sido pagas.

3.4. Pretensão à indenização por danos causados pelo agente fiduciário

Ainda por três anos, conforme art. 287, inc. II, alínea *e*, permite-se a ação contra o agente fiduciário de debenturistas ou titulares de partes beneficiárias

---

[11] É citada, no acórdão, entre outros, a doutrina de Fran Martins, em sua obra *Comentários à Lei das S.A.*, Rio de Janeiro: Forense, 1979, v. III, n. 1.175. Ap. Cív. nº 169.095-1/0, da 5ª Câmara Cível do TJSP, j. em 04.06.1992, *RT* 688/67.
[12] REsp nº 35.230, j. em 10.04.1995, *DJU* de 20.11.1995, *Revista de Direito Mercantil* 104/26.
[13] REsp nº 256.596-SP, da 3ª Turma, j. em 08.05.2001, *DJU* de 18.06.2001, *RSTJ* 151/313.

"para dele haver reparação civil por atos culposos ou dolosos, no caso de violação da lei ou da escritura de emissão, a contar da publicação da ata da assembleia geral em que for tomado conhecimento da violação".

3.5. Pretensão à indenização contra o vendedor que viola o dever de sigilo

Diante do art. 287, inc. II, alínea *f*, durante três anos reserva-se a ação contra o violador do dever de sigilo de que trata o art. 260

"para dele haver reparação civil, a contar da data da publicação da oferta".

O citado preceito veda a divulgação sobre dados da sociedade que vai se formar, até a data da publicação de oferta para a colocação de ações.

3.6. Pretensão contra a companhia

Por último, fixa o art. 287, inc. II, alínea *g*, em três anos o prazo

"para a ação movida pelo acionista contra a companhia, qualquer que seja o seu fundamento".

Esse prazo restringe-se aos sócios, não se aplicando a terceiros, que têm contra si os prazos do direito comum.

Capítulo LXI
A PRESCRIÇÃO NO USO DAS ÁGUAS SUPÉRFLUAS DAS CORRENTES COMUNS E DAS NASCENTES

Importante para qualquer pessoa o direito à utilização das águas, como no caso das sobras de vertente ou fonte que se encontra em um prédio vizinho, no que o ampara o art. 90 do Código de Águas (Decreto nº 24.643, de 10.07.1934):

> "O dono do prédio onde houver alguma nascente, satisfeitas as necessidades de seu consumo, não pode impedir o curso natural das águas pelos prédios inferiores".

É a chamada servidão das águas supérfluas, pela qual, explica J. L. Ribeiro de Souza, o prédio inferior pode adquirir "sobre as sobras uma perfeita servidão das águas, destinada para usos domésticos, bebedouro de gado e, sobretudo, para finalidades agrícolas e industriais".[1]

No Código Civil de 2002, está expresso direito no art. 1.290:

> "O proprietário de nascente, ou do solo onde caem águas pluviais, satisfeitas as necessidades de seu consumo, não pode impedir, ou desviar o curso natural das águas remanescentes pelos prédios inferiores".

Nota-se que estão abrangidas não somente as águas não captadas, mas também as nascentes em geral e as pluviais. Todas as águas não aproveitadas, ou remanescentes, seja qual for a origem, não podem ser desviadas e nem ter o seu curso natural impedido.

Trata-se de um direito de vizinhança. Dispõe-se sobre o proveito de uma riqueza natural. É consagrado não como servidão, mas dentro da ordem estabelecida em proteção ao uso das águas. Mesmo no Código de Águas não se fala em servidão. Todavia, não deixa de se encaixar, também, dentro do conceito de servidão legal.

Existindo sobras, os proprietários inferiores têm o direito a elas, instituindo-se, então, uma servidão legal sobre elas. A jurisprudência do Superior Tribunal de Justiça consolida o princípio:

> "Não contraria os arts. 69, 70 e 109 do Código de Águas o acórdão que veda ao proprietário a retenção de água corrente, em detrimento de seu vizinho, a jusante".

Expondo princípios, colhe-se no voto do relator:

---

[1] *Servidões*. São Paulo: Livraria Acadêmica Saraiva, 1931. p. 49.

"As águas correm naturalmente da montanha para a jusante. Este é seu ciclo inexorável, *ratio legis* da regra consagrada no art. 69 do Código de Águas, reprodução do enunciado contido no art. 563 do Código Civil. É ver no *REsp* nº 53.114/MG, assim ementado: 'Civil. Águas. Utilização. Não contraria os arts. 36, 43 e 46 do Código de Águas o acórdão que veda ao proprietário a retenção e desvio de água corrente, em detrimento de seu vizinho a jusante'".[2]

Não é admissível impedir o curso natural nos prédios inferiores. O dono da nascente é obrigado a tolerar tal estado. Assim, a construção de obra no prédio superior com o objetivo de criar direito sobre a nascente, ou dificultar o seu aproveitamento, é um atentado contra a lei e constitui turbação à posse que vinha sendo mantida. De igual modo, desviar o leito natural para formar outro álveo:

"O possuidor, à jusante, se turbado pelo dono da propriedade superior do qual fluem as águas, pode pedir a manutenção sobre estas, para mantê-las dentro dos limites da sua propriedade, para a qual fluem com o concurso de manufaturas e obras".[3]

A primazia no uso, entretanto, é do prédio superior, constituindo direito imprescritível, o que reconhece a jurisprudência desde tempos antigos:

"Água. Proprietário do prédio superior em sua propriedade, sem que o dono do prédio inferior possa se opor. Imprescritibilidade desse direito. Inteligência e aplicação dos arts. 565 do CC, 79 e 90 do Código de Águas (Decreto-lei nº 852, de 11 de novembro de 1938). O proprietário do prédio superior é dono das águas enquanto permanecem em sua propriedade, sendo livre de lhes dar a aplicação que entender conveniente, sem que o proprietário do prédio inferior possa se opor. É um direito inteiramente imprescritível, ainda que *ad imemorabili* a água tenha corrido para o prédio inferior".[4]

O princípio é basilar no direito universal, notando Pacifici-Mazzoni que "la sorgente à parte del fondo in cui nasce, e perciò appartiene esclusivamente al proprietario di questo, tanto se scaturisca per opera della natura, quanto per fatto dell'uomo".[5]

Acrescenta que o titular do prédio onde brota a água pode gozar e dispor da maneira mais absoluta, fazendo o aproveitamento que lhe aprouver, como, por exemplo, para produzir a força motriz da máquina de sua oficina, para manter o nível da água em um viveiro de peixes e para a satisfação das necessidades recreativas. Precisando, nada impede a retenção de toda a água em seu prédio, privando o fundo inferior. Para alguns, isso envolve o arbítrio de efetivar a cessão a um título gratuito ou oneroso a quem pretende adquiri-la. No entanto, se o vizinho já utiliza as sobras, a cessão a terceiros não é admitida, ainda mais se a água flui por canalização ou qualquer obra humana que a encaminhe até sua propriedade.

---

[2] REsp nº 100.419/RJ, da 3ª Turma, j. em 11.11.1996.
[3] NUNES, Antônio de Pádua. *Nascentes e águas comuns*. São Paulo: RT, 1969, p. 51.
[4] O art. 565 suprainvocado equivale ao art. 1.290 do Código Civil de 2002. Embargos Infringentes nº 116.776, do 1º Grupo de Câmaras Cíveis do TJSP, j. em 30.07.1963, rel. Almeida Bicudo, *Revista dos Tribunais* 355/154.
[5] *Codice Civile italiano commentato*. Trattato delle Servitù Prediali. 5. ed. Florença: Fratelli, 1905. v. II, p. 51.

Comparando o art. 565 do Código Civil de 1916 com o art. 1.290 do Código Civil de 2002 e o art. 90 do Código de Águas, percebe-se que estes últimos não mais falam em águas não captadas. Interessa se há sobras.

A razão que justifica o uso não exclusivo do prédio superior nos é dada por Clóvis Beviláqua, mostrando-se ainda atual: "Assim, como a solidariedade humana e o interesse geral exigem que o prédio inferior receba as águas que correm do superior, também reclamam que o dono do prédio superior não impeça que as águas da sua fonte, depois de satisfeitas as necessidades do seu consumo, desçam para os prédios inferiores. É uma espécie de uso comum das águas, com direito preferencial do senhor da fonte, que não pode, igualmente, corromper as águas que têm de servir aos proprietários a jusante".[6]

Diz o autor que a proibição está também em não corromper as águas, o que equivale a não as poluir ou estragá-las. Nesta parte, contém o Código Civil atual norma expressa no art. 1.291:

> "O possuidor do imóvel superior não poderá poluir as águas indispensáveis às primeiras necessidades da vida dos possuidores dos imóveis inferiores; as demais, que poluir, deverá recuperar, ressarcindo os danos que estes sofrerem, se não for possível a recuperação ou o desvio do curso artificial das águas".

Efetivamente, mais que pelo princípio da solidariedade, por questão de interesse público há de se manter a pureza e a salubridade das águas, já que indispensáveis para a própria vida daqueles que delas carecem. Mesmo aquelas que não se destinam a atender às primeiras necessidades devem ser recuperadas, ou desviadas. Se for isso impossível, cabe a indenização.

Há, pois, o direito sobre as águas correntes provindas das nascentes e sobre as águas correntes formadas pelas chuvas.

Como entender, então, o disposto no art. 70 do Código de Águas? Eis sua redação:

> "O fluxo natural, para os prédios inferiores, de água pertencente ao dono do prédio superior, não constitui por si só servidão em favor deles".

Nota-se uma aparente contradição.

A correta interpretação é dada por Antônio de Pádua Nunes: "Ao dizer que o fluxo natural para os prédios inferiores, de águas pertencentes ao dono do prédio superior, não constitui por si só servidão em favor deles, o art. 70 é claro em permitir a servidão. Desde que o fluxo não é natural, mas em rego aberto, mantido e conservado pelo dono do imóvel a jusante, ou desde que haja manufatura dirigindo o fluxo, é evidente que essas circunstâncias podem gerar servidão em termos da lei civil e do art. 70 citado".[7]

O que isto quer dizer?

A resposta só pode ser a seguinte: o uso durante o lapso de tempo da prescrição aquisitiva resulta em direito à permanência definitiva do uso. O dono do prédio serviente não mais poderá privar o imóvel inferior das águas tidas como supérfluas durante o prazo de prescrição.

Quando inicia a contar-se o prazo da prescrição? Pacifici-Mazzoni explica que deve computar-se "dal giorno in cui il proprietario del fondo inferiore ha fatto e terminato nel

---

[6] *Código Civil dos Estados Unidos do Brasil comentado*. Rio de Janeiro: Livraria Francisco Alves, 1950. v. III, p. 95.
[7] *Nascentes e águas comuns*, cit., p. 91.

fondo superiore opere visibili e permanenti, destinate a facilitare il declívio ed il corso delle acque nel proprio fondo". Destaca, quanto aos requisitos da posse: "Per acquistare mediante la prescrizione, è necessario un possesso legitimo (art. 2.106), ed legitimo è quando sai continuo, non interrotto, pacifico, publico, non equivoco e con animo di tenere la cosa come própria".[8]

O direito francês não é diferente. Além de admitir a servidão, estende a aplicação às águas pluviais que fluem para o prédio inferior, vindas do prédio superior onde caíram. No direito brasileiro, entretanto, apenas as águas pluviais que correm por lugares públicos podem ser utilizadas por qualquer proprietário dos terrenos por onde passam, em consonância com o Código de Águas, arts. 107 e 108. Rezam os artigos:

> "Art. 107. São de domínio público de uso comum as águas pluviais que caírem em lugares ou terrenos públicos de uso comum.
>
> Art. 108. A todos é lícito apanhar estas águas. Parágrafo único. Não se poderão, porém, construir nestes lugares ou terrenos, reservatórios para o aproveitamento das mesmas águas sem licença da administração".

O que interessa observar é que a utilização das águas vindas do prédio superior pode resultar em servidão, alcançável pela prescrição aquisitiva, obrigando-se o titular do domínio a respeitar o uso desenvolvido ao longo do prazo do usucapião. Em verdade, se o prédio inferior recebe continuamente as águas, pelo interregno estabelecido em lei, não é justo, depois, que se proceda ao cancelamento do fluxo, desde que não sejam pluviais, as quais são imprescritíveis (art. 106 do Código de Águas) se não forem sobras. Relativamente a estas, o parágrafo único, no item 1º, do art. 103 proíbe o desperdício pelo dono do prédio onde caem, se outros prédios necessitarem, bem como o desvio do curso natural sem o consentimento expresso daqueles para onde elas se dirigiam.

Em face do ponto de vista defendido, outra dúvida aparece, ao lermos os arts. 79 e 93 do Código de Águas:

> "Art. 79. É imprescritível o direito de uso sobre as águas das correntes, o qual só poderá ser alienado por título ou instrumento público, permitida não sendo, entretanto, a alienação em benefício de prédios não marginais, nem com prejuízo de outros prédios, aos quais pelos artigos anteriores é atribuída a preferência no uso das mesmas águas. (...)
>
> Art. 93. Aplica-se às nascentes o disposto na primeira parte do art. 79".

A ressalva atinge as águas das correntes e das nascentes ou fontes. Não alcança as pluviais nem os aquedutos.

Pelos termos empregados, as normas *supra* autorizam, aparentemente, o reconhecimento do usucapião em face do não uso pelo proprietário. Possível que o dono da nascente deixe de usar uma corrente, não importando durante quanto tempo. Este fato não redunda em prescrição aquisitiva, a favor do prédio inferior: "Não se pode falar em prescrição aquisitiva do dono do prédio inferior só porque o dono do prédio superior não usou as águas da nascente deixando-as correr para o prédio inferior... O proprietário marginal, pois, ainda que abandone durante séculos o uso das águas correntes, nunca perde pela prescrição o seu direito, que é imprescritível, porque deriva da natureza".[9] Argumenta nos seguintes termos M. I. Carvalho

---

[8] *Codice Civile italiano commentato*, cit., n. 75, v. II, p. 54.
[9] NUNES, Antônio de Pádua. *Código de Águas*. 2. ed. São Paulo: RT, 1980. v. I, p. 191.

de Mendonça: "É um direito imprescritível, pois que sendo facultativo, não constitui posse que é a base da prescrição. Não se extingue pelo não uso ainda que imemorial. O não uso em tal caso não implica a renúncia voluntária, pois que o próprio não uso constitui o exercício de um direito. Ainda que outro ribeirinho haja ocupado toda a água desde tempo imemorial, não se elimina uma linha na extensão do direito do utente que não o exerceu. A água é sempre comum entre eles e o não uso de um jamais importa renúncia do direito".[10]

Tais razões não afastam, entrementes, o direito do proprietário inferior em ter reconhecido o usucapião, se efetivou obras para facilitar ou dirigir o escoamento. Apenas, concomitantemente, permanece a garantia ao proprietário do prédio superior no aproveitamento das águas necessárias. Quanto às excedentes é que se opera o direito pela prescrição aquisitiva, em favor do confinante que as vem utilizando. Consumado o lapso de tempo exigido pela lei, consubstancia-se a garantia de sempre usar tais águas, ao mesmo tempo em que se consolida o limite de águas tidas como necessárias ao prédio superior. A imprescritibilidade às águas necessárias é o que a lei disciplina.

---

[10] *Rios e águas correntes*. Rio de Janeiro: Freitas Bastos, 1939. p. 212.

Capítulo LXII
A PRESCRIÇÃO NA LIQUIDAÇÃO DAS INSTITUIÇÕES FINANCEIRAS E DAS COOPERATIVAS DE CRÉDITO

A liquidação extrajudicial das instituições financeiras públicas ou privadas e das cooperativas de crédito submete-se à Lei nº 6.024, de 13.03.1974.

Num primeiro momento, se dá a intervenção pelo Banco Central do Brasil, que nomeará interventor. O art. 2º elenca os casos de intervenção:

"I – a entidade sofrer prejuízo, decorrente da má administração, que sujeite a riscos os seus credores;

II – forem verificadas reiteradas infrações a dispositivos da legislação bancária não regularizadas após as determinações do Banco Central do Brasil, no uso das suas atribuições de fiscalização;

III – na hipótese de ocorrer qualquer dos fatos mencionados nos artigos 1º e 2º, do Decreto-lei nº 7.661, de 21 de junho de 1945 (Lei de Falências), houver possibilidade de evitar-se, a liquidação extrajudicial".[1]

Em consonância com o art. 6º, a intervenção provocará os seguintes efeitos:

"A intervenção produzirá, desde sua decretação, os seguintes efeitos:

a) suspensão da exigibilidade das obrigações vencidas;

b) suspensão da fluência do prazo das obrigações vincendas anteriormente contraídas;

c) inexigibilidade dos depósitos já existentes à data de sua decretação".

Portanto, durante o prazo da intervenção, que será de seis meses, prorrogável por igual período pelo Banco Central do Brasil, não poderá correr a prescrição das obrigações vencidas e vincendas, a qual fica suspensa, retomando o seu curso após cessar a medida.

A liquidação extrajudicial ocorrerá nas hipóteses constantes do art. 15, sendo:

"I – *ex officio*:

a) em razão de ocorrências que comprometam sua situação econômica ou financeira especialmente quando deixar de satisfazer, com pontualidade, seus compromissos ou quando se caracterizar qualquer dos motivos que autorizem a declaração de falência;

---

[1] Os dispositivos referidos da revogada Lei de Falências encontram-se previstos no art. 94 da Lei nº 11.101/2005.

b) quando a administração violar gravemente as normas legais e estatutárias que disciplinam a atividade da instituição bem como as determinações do Conselho Monetário Nacional ou do Banco Central do Brasil, no uso de suas atribuições legais;

c) quando a instituição sofrer prejuízo que sujeite a risco anormal seus credores quirografários;

d) quando, cassada a autorização para funcionar, a instituição não iniciar, nos 90 (noventa) dias seguintes, sua liquidação ordinária, ou quando, iniciada esta, verificar o Banco Central do Brasil que a morosidade de sua administração pode acarretar prejuízos para os credores;

II – a requerimento dos administradores da instituição – se o respectivo estatuto social lhes conferir esta competência – ou por proposta do interventor, expostos circunstanciadamente os motivos justificadores da medida".

Um dos efeitos da liquidação consiste na suspensão das ações e execuções que envolvem o patrimônio da instituição, por determinação da alínea "a" do art 18 da Lei nº 6.024/1974:

"A decretação da liquidação extrajudicial produzirá, de imediato, os seguintes efeitos:

a) suspensão das ações e execuções iniciadas sobre direitos e interesses relativos ao acervo da entidade liquidanda, não podendo ser intentadas quaisquer outras, enquanto durar a liquidação".

De sorte que, no período da liquidação, fica suspenso o prazo prescricional das ações e execuções.

Além disso, interrompe-se a prescrição das obrigações pendentes, em que a instituição é responsável, a teor do mesmo artigo 18, na alínea "e", ao prever que se dá a "interrupção da prescrição relativa a obrigações de responsabilidade da instituição". De sorte que após o processo recomeça o prazo da prescrição das obrigações que ficaram pendentes.

A interrupção do prazo de prescrição das obrigações foi reconhecida pelo seguinte aresto do STJ:

"(...) A decretação da liquidação extrajudicial de instituições financeiras produz, de imediato, o efeito de interromper a prescrição de suas obrigações (art. 18, alínea 'e', da Lei nº 6.024/1974), consectário lógico da aplicação da teoria da *actio nata*, segundo a qual não corre a prescrição contra quem não possui ação exercitável em face do devedor. É que a decretação da liquidação extrajudicial também induz suspensão das ações e execuções em curso contra a instituição e a proibição do aforamento de novas (art. 18, alínea 'a', da Lei nº 6.024/1974). Precedentes.

Com efeito, não possuindo o credor ação exercitável durante o prazo em que esteve a Minas Caixa sob regime de liquidação extrajudicial, descabe cogitar-se de fluência de prazo de prescrição do seu crédito nesse período.

Não fosse por isso, ainda que escoado o prazo prescricional de cinco anos depois do término da liquidação extrajudicial da Minas Caixa, o pagamento administrativo realizado pelo sucessor (Estado de Minas Gerais) há de ser considerado renúncia tácita à prescrição. Precedentes".[2]

---

[2] REsp nº 1.077.222/MG, da 4ª Turma, j. em 16.02.2012, *DJe* de 12.03.2012, rel. Min. Luis Felipe Salomão.

Pertinente transcrever a seguinte parte da fundamentação dada pelo Relator:

> "Deveras, a interrupção da prescrição das obrigações da instituição financeira liquidanda é consectário lógico da aplicação da teoria da *actio nata*, segundo a qual não corre a prescrição contra quem não possui ação exercitável em face do devedor. A ausência de ação exercitável, no caso concreto, decorre do regime próprio da liquidação extrajudicial de instituições financeiras, cuja decretação também induz suspensão das ações e execuções em curso contra a instituição e a proibição do aforamento de novas (art. 18, alínea 'a', da Lei nº 6.024/1974).
>
> Daí por que já decidiu esta Corte que 'o art. 18, *a*, da Lei nº 6.024, de 1974, proíbe o ajuizamento de ações ou execuções contra instituição financeira em liquidação extrajudicial; proposta, a despeito da norma legal, a execução pode ser inibida por meio de exceção de pré-executividade' (REsp 468.942/PA, rel. Min. Ari Pargendler, 3.ª Turma, j. em 13.09.2005, *DJ* 03.10.2005, p. 241).
>
> No mesmo sentido, confira-se o seguinte precedente: 'Agravo regimental. Agravo de instrumento. Execução. Título judicial. Executada. Instituição financeira em liquidação extrajudicial. Suspensão. Não provimento.
>
> Tratando-se de execução movida contra instituição financeira em regime de liquidação extrajudicial, é de rigor, via de regra, sua suspensão, a teor do artigo 18, 'a', da Lei nº 6.024/1974. Precedentes. Agravo regimental não provido' (AgRg no Ag 646.909/RS, rel. Min. Maria Isabel Gallotti, 4ª Turma, j. em 06.09.2011, *DJe* 13.09.2011).
>
> Com efeito, não possuindo o autor, ora recorrido, ação exercitável durante o prazo em que esteve a Minas Caixa sob regime de liquidação extrajudicial, descabe cogitar de fluência de prazo prescricional do seu crédito nesse período (...)".

Capítulo LXIII
PRESCRIÇÃO E DANO AMBIENTAL

1. ELEMENTOS DO MEIO AMBIENTE

O dano ambiental, também considerado dano ecológico, corresponde à lesão ao meio ambiente, isto é, aos recursos naturais, ou à natureza no estado em que se encontrava quando do ato atentatório à sua integridade, resultando a degradação ecológica e a consequente perda dos elementos naturais e qualidades que revelava. O meio ambiente compreende dois sentidos: o natural, que abrange os recursos naturais, integrantes da biota; e o cultural ou artificial, envolvendo outros valores, como o estético, o histórico, o turístico, o cultural. O primeiro sentido se encontra claro no art. 3º, I, da Lei nº 6.938, de 31.08.1981:

"Para os fins previstos nesta Lei, entende-se por:

I – meio ambiente, o conjunto de condições, leis, influências e interações de ordem física, química e biológica, que permite, abriga e rege a vida em todas as suas formas".

Explicita Paulo Affonso Leme Machado: "Destarte, o meio ambiente é considerado como 'um patrimônio público a ser necessariamente assegurado e protegido, tendo em vista o uso coletivo' (art. 2º, I).

A definição federal é ampla, pois vai atingir tudo aquilo que permite a vida, que a abriga e rege. No entendimento de Odum, estão abrangidos as comunidades, os ecossistemas e a biosfera".[1]

Eros Grau dá a extensão do sentido envolvendo o meio ambiente natural, que inclui os chamados recursos naturais, integrantes da biota, e o meio ambiente cultural ou artificial, que inclui outros valores, como estéticos, históricos, turísticos e culturais *(stricto sensu)*, que, como reza a lei "permitem, abrigam e regem a vida em todas as suas formas".[2]

Incluem-se no seu âmbito a poluição, o desmatamento, a contaminação das águas, a devastação pela exploração de recursos minerais.

A reparação se dá, numa primeira modalidade, na reconstituição ou recuperação de seu estado primitivo ou anterior ao ato lesivo. Na impossibilidade de se alcançar essa reversão, consistirá a reparação em indenização. Assim leciona Paulo Affonso Leme Machado: "A Constituição agasalha os princípios da *restauração, recuperação e reparação do meio ambiente* no

---

[1] *Direito ambiental brasileiro*. 20. ed. São Paulo: Malheiros, 2012. p. 63.
[2] Proteção do meio ambiente: caso do Parque do Povo. *Revista dos Tribunais,* São Paulo, ano 1983, n. 702, p. 250, 1994.

art.225. Em seu §1º, I, aponta a obrigação de 'restaurar os processos ecológicos essenciais'. 'Esta disposição traduz a ideia de reencontrar a dinâmica que existia antes'.

No § 3º do art. 225, consta a obrigação de reparar o dano causado ao meio ambiente. Acentua este parágrafo que a obrigação de reparar é independente da aplicação de sanções penais e administrativas".[3]

Na reparação, domina a teoria do risco, como vem estabelecido no art. 14, § 1º, da Lei nº 6.938/1981:

> "Sem obstar a aplicação das penalidades previstas neste artigo, é o poluidor obrigado, independentemente da existência de culpa, a indenizar ou reparar os danos causados ao meio ambiente e a terceiros, afetados por sua atividade. O Ministério Público da União e dos Estados terá legitimidade para propor ação de responsabilidade civil e criminal, por danos causados ao meio ambiente".

Nesta conotação também o art. 225, § 3º, da Carta Federal:

> "As condutas e atividades consideradas lesivas ao meio ambiente sujeitarão os infratores, pessoas físicas ou jurídicas, a sanções penais e administrativas, independentemente da obrigação de reparar os danos causados".

A responsabilidade alcança todos os agentes que interferem negativamente no meio ambiente, isto é, tanto a pessoa natural como a pessoa jurídica.

O Decreto nº 6.514, de 22.07.2008, com alterações dos Decretos 6.686/2008, 6.695/2008, 9.179/2017, 10.936/2022, 11.080/2022, 11.373/2023 e 12.189/2024, arrola extensa relação de ofensas ao meio ambiente, como as que atingem os animais e as florestas,

Incluem-se, também, como exemplos de violações do meio ambiente o desrespeito às áreas de preservação permanente e de reserva legal, a poluição, o desmatamento, a contaminação das águas, as queimadas, a destruição de elementos históricos.

Quanto às áreas que devem ser preservadas, a relação está no art. 4º da Lei nº 12.651, de 25.05.2012, alterada pela Lei nº 12.727, de 17.10.2012, denominada Código Florestal ou Lei de Proteção da Vegetação Nativa, que substituiu o Código Florestal anterior, editado pela Lei nº 4.771, de 15.09.1965:

> "Considera-se Área de Preservação Permanente, em zonas rurais ou urbanas, para os efeitos desta Lei:
>
> I – as faixas marginais de qualquer curso d'água natural perene e intermitente, excluídos os efêmeros, desde a borda da calha do leito regular, em largura mínima de:
>
> a) 30 (trinta) metros, para os cursos d'água de menos de 10 (dez) metros de largura;
>
> b) 50 (cinquenta) metros, para os cursos d'água que tenham de 10 (dez) a 50 (cinquenta) metros de largura;
>
> c) 100 (cem) metros, para os cursos d'água que tenham de 50 (cinquenta) a 200 (duzentos) metros de largura;

---

[3] *Direito ambiental brasileiro*, cit., p. 175.

d) 200 (duzentos) metros, para os cursos d'água que tenham de 200 (duzentos) a 600 (seiscentos) metros de largura;

e) 500 (quinhentos) metros, para os cursos d'água que tenham largura superior a 600 (seiscentos) metros;

II – as áreas no entorno dos lagos e lagoas naturais, em faixa com largura mínima de:

a) 100 (cem) metros, em zonas rurais, exceto para o corpo d'água com até 20 (vinte) hectares de superfície, cuja faixa marginal será de 50 (cinquenta) metros;

b) 30 (trinta) metros, em zonas urbanas;

III – as áreas no entorno dos reservatórios d'água artificiais, decorrentes de barramento ou represamento de cursos d'água naturais, na faixa definida na licença ambiental do empreendimento; (redação dada pela Lei nº 12.727/2012)

IV – as áreas no entorno das nascentes e dos olhos d'água perenes, qualquer que seja sua situação topográfica, no raio mínimo de 50 (cinquenta) metros;

V – as encostas ou partes destas com declividade superior a 45°, equivalente a 100% (cem por cento) na linha de maior declive;

VI – as restingas, como fixadoras de dunas ou estabilizadoras de mangues;

VII – os manguezais, em toda a sua extensão;

VIII – as bordas dos tabuleiros ou chapadas, até a linha de ruptura do relevo, em faixa nunca inferior a 100 (cem) metros em projeções horizontais;

IX – no topo de morros, montes, montanhas e serras, com altura mínima de 100 (cem) metros e inclinação média maior que 25°, as áreas delimitadas a partir da curva de nível correspondente a 2/3 (dois terços) da altura mínima da elevação sempre em relação à base, sendo esta definida pelo plano horizontal determinado por planície ou espelho d'água adjacente ou, nos relevos ondulados, pela cota do ponto de sela mais próximo da elevação;

X – as áreas em altitude superior a 1.800 (mil e oitocentos) metros, qualquer que seja a vegetação;

XI – em veredas, a faixa marginal, em projeção horizontal, com largura mínima de 50 (cinquenta) metros, a partir do espaço permanentemente brejoso e encharcado."

De igual modo, a área de reserva legal, caracterizada no art. 12 da Lei nº 12.651/2012, em redação da Lei nº 12.727/2012, como a área que deve ser conservada com a cobertura de vegetação nativa pelo proprietário do imóvel rural, possuidor ou ocupante a qualquer título, pessoa física ou jurídica, de direito público ou privado. Eis o texto:

"Todo imóvel rural deve manter área com cobertura de vegetação nativa, a título de Reserva Legal, sem prejuízo da aplicação das normas sobre as Áreas de Preservação Permanente, observados os seguintes percentuais mínimos em relação à área do imóvel, excetuados os casos previstos no art. 68 desta Lei:

I – localizado na Amazônia Legal:

a) 80% (oitenta por cento), no imóvel situado em área de florestas;

b) 35% (trinta e cinco por cento), no imóvel situado em área de cerrado;

c) 20% (vinte por cento), no imóvel situado em área de campos gerais;

II – localizado nas demais regiões do País: 20% (vinte por cento)".

2. O PRAZO PRESCRICIONAL DA AÇÃO PUNITIVA DA ADMINISTRAÇÃO PÚBLICA

A prescrição, no caso, pela autoridade administrativa segue os parâmetros da Lei nº 9.873, de 23.11.1999, cujo prazo é de cinco anos, nos termos do art. 1º e parágrafos:

> "Prescreve em cinco anos a ação punitiva da Administração Pública Federal, direta e indireta, no exercício do poder de polícia, objetivando apurar infração à legislação em vigor, contados da data da prática do ato ou, no caso de infração permanente ou continuada, do dia em que tiver cessado.
>
> § 1º Incide a prescrição no procedimento administrativo paralisado por mais de três anos, pendente de julgamento ou despacho, cujos autos serão arquivados de ofício ou mediante requerimento da parte interessada, sem prejuízo da apuração da responsabilidade funcional decorrente da paralisação, se for o caso.
>
> § 2º Quando o fato objeto da ação punitiva da Administração também constituir crime, a prescrição reger-se-á pelo prazo previsto na lei penal".

O Decreto nº 6.514, de 22.07.2008, regulamentando especificamente os atos dispondo sobre as infrações e sanções administrativas ao meio ambiente, na linha da Lei nº 9.873/1999, reafirma, no art. 21, o prazo quinquenal da prescrição, que inicia na data da prática do ato ou da cessão do ato:

> "Prescreve em cinco anos a ação da administração objetivando apurar a prática de infrações contra o meio ambiente, contada da data da prática do ato, ou, no caso de infração permanente ou continuada, do dia em que esta tiver cessado".

De destacar que, em infrações permanentes ou continuadas, iniciará para a Administração Pública a contagem do prazo de cinco anos para a instauração do processo administrativo ambiental e apuração da conduta ilícita quando da cessação da atividade ilegal.

O § 1º do mesmo art. 21 define a data do início da ação de apuração da infração pela autoridade administrativa:

> "Considera-se iniciada a ação de apuração de infração ambiental pela administração com a lavratura do auto de infração".

Reafirmando o § 1º do art. 21 da Lei nº 9.873/1999, o § 2º do art. 21 do Decreto nº 6.514/2008, modificado pelo Decreto nº 6.686/2008, reduz o prazo para três anos se o procedimento administrativo ficar paralisado por esse lapso de tempo, pendente de julgamento ou despacho:

> "Incide a prescrição no procedimento de apuração do auto de infração paralisado por mais de três anos, pendente de julgamento ou despacho, cujos autos serão arquivados de ofício ou mediante requerimento da parte interessada, sem prejuízo da apuração da responsabilidade funcional decorrente da paralisação".

Entende-se que, paralisado o feito por três anos, sem qualquer impulso mediante despacho da autoridade ou decisão, é o quanto basta para dar-se a prescrição.

Se a infração se enquadrar em um dispositivo de lei que a considere crime, o lapso de prescrição se rege pelo prazo estabelecido pelo ordenamento penal, em obediência ao § 3º do art. 21 do citado Decreto, reproduzindo disposição da Lei nº 9.873/1999:

> "Quando o fato objeto da infração também constituir crime, a prescrição de que trata o *caput* reger-se-á pelo prazo previsto na lei penal".

Assim, quando se deparar com uma infração administrativa que se tipifique como infração penal, o prazo de prescrição coincidirá com o prazo de prescrição do tipo da pena privativa de liberdade estabelecido para o ato cometido, com a incidência da tabela de prazos prevista no art. 109 do Código Penal, alterado pela Lei 12.234/2010. Eis a tabela:

> "I – em vinte anos, se o máximo da pena é superior a doze;
> II – em dezesseis anos, se o máximo da pena é superior a oito anos e não excede a doze;
> III – em doze anos, se o máximo da pena é superior a quatro anos e não excede a oito;
> IV – em oito anos, se o máximo da pena é superior a dois anos e não excede a quatro;
> V – em quatro anos, se o máximo da pena é igual a um ano ou, sendo superior, não excede a dois;
> VI – em 3 (três) anos, se o máximo da pena é inferior a 1 (um) ano".

Não se pode olvidar o § 4º do art. 21 do Decreto nº 6.514/2008, na redação do Decreto nº 6.686/2008, que é relativo à indenização:

> "A prescrição da pretensão punitiva da administração não elide a obrigação de reparar o dano ambiental".

No entanto, não se entende que a indenização do dano ambiental é imprescritível. Tem aplicação, para a reparação cível, o art. 1º da Lei nº 9.873/1999. É de cinco anos o tempo de prescrição, no que se acha suporte igualmente no art. 1º do Decreto nº 20.910/1932.

Quanto à multa aplicada pelo ente público, há a Súmula nº 467 da Primeira Seção do STJ, de 13.10.2010, e publicada no *DJe* de 25.10.2010, fixando a prescrição em cinco anos:

> "Prescreve em cinco anos, contados do término do processo administrativo, a pretensão da Administração Pública de promover a execução da multa por infração ambiental".

Em decisão anterior, o assunto já encontrava igual entendimento na mesma Corte:

> "A jurisprudência desta Corte tem reconhecido que é de cinco anos o prazo para a cobrança da multa aplicada ante infração administrativa ao meio ambiente, nos termos do Decreto nº 20.910/1932, o qual que deve ser aplicado por isonomia, à falta de regra específica para regular esse prazo prescricional".[4]

---

[4] REsp nº 1.112.577/SP, da 1ª Seção, rel. Min. Castro Meira, j. em 9.12.2009, *DJe* de 8.02.2010.

3. A INTERRUPÇÃO DA PRESCRIÇÃO NA INCIDÊNCIA DAS COMINAÇÕES ADMINISTRATIVAS

A teor do art. 22 do Decreto nº 6.514/2008, opera-se a interrupção do prazo de prescrição na ocorrência das seguintes hipóteses, acarretando que se inicie nova contagem a partir do dia da interrupção:

> "I – pelo recebimento do auto de infração ou pela cientificação do infrator por qualquer outro meio, inclusive por edital;
> II – por qualquer ato inequívoco da administração que importe apuração do fato; e
> III – pela decisão condenatória recorrível".

O ato inequívoco da administração constante do inc. II, que importe em apuração do fato, é aquele que implica a instrução do processo (parágrafo único do art. 22), sendo exemplos o pedido da autoridade julgadora no sentido de requerer parecer técnico ou contradita (art. 119 do Decreto nº 6.514/2008); requisição da produção de provas necessárias à sua convicção e parecer técnico ou contradita do agente autuante, especificado o objeto a ser esclarecido (redação dada pelo Decreto nº 11.373, de 2023).

4. A IMPRESCRITIBILIDADE ENQUANTO PERDURA O DANO AMBIENTAL

Há o entendimento de que, por se incluir o meio ambiente nos direitos fundamentais, é imprescritível, tese admissível desde que perdure a situação que afeta ao meio ambiente. Havendo a infração, e mantendo-se o estado de violação ao meio ambiente, sempre se revela possível a ação do Poder Público para estancar o ato. Esse o sentido que se colhe da lição de Hugo Nigro Mazzilli:

> "Em matéria ambiental, a consciência jurídica indica a inexistência de direito adquirido de degradar a natureza; da mesma forma, tem-se afirmado a imprescritibilidade da pretensão reparatória. Não se pode formar direito adquirido de poluir, já que é o meio ambiente patrimônio não só das gerações atuais como futuras. Pelo mesmo motivo, não se pode dar à reparação da natureza o regime de prescrição do direito privado. O direito ao meio ambiente hígido é imprescritível, embora seja patrimonialmente aferível para fim de indenização".[5]

Domina a não aplicabilidade do fato consumado em dano ambiental que perdura princípio consolidado pela Súmula 613, do STJ, de 9.05.2018, *DJe* 14.05.2018, da Primeira Sessão,:

> "Não se admite a aplicação da teoria do fato consumado em tema de Direito Ambiental".

Não cabe argumentar que se consolida o direito de poluir o meio ambiente, ou de explorar a área rural em faixa de preservação permanente, ou que desrespeita a reserva legal, porque decorreu um longo espaço de tempo. Sempre se revela oportuna a ação do Poder Público, ou a demanda judicial de interessado, para cessar o ato poluidor ou que viola as leis de proteção ambiental. Há, também, nessa dimensão, o princípio de que o direito ao meio ambiente é imprescritível diante da garantia do art. 225 da Constituição Federal:

---

[5] *A defesa dos interesses difusos em juízo*. 11. ed. São Paulo: Saraiva, 1999. p. 307.

"Todos têm direito ao meio ambiente ecologicamente equilibrado, bem de uso comum do povo e essencial à sadia qualidade de vida, impondo-se ao Poder Público e à coletividade o dever de defendê-lo e preservá-lo para as presentes e futuras gerações".

O STJ tem aplicado a imprescritibilidade em situações de se manter a lesão ao meio ambiente:

"1. Descabida a supressão de vegetação em Área de Preservação Permanente – APP que não se enquadra nas hipóteses previstas no art. 8º do Código Florestal (utilidade pública, interesse social e baixo impacto ambiental).

2. Conquanto não se possa conferir ao direito fundamental do meio ambiente equilibrado a característica de direito absoluto, certo é que ele se insere entre os direitos indisponíveis, devendo-se acentuar a imprescritibilidade de sua reparação, e a sua inalienabilidade, já que se trata de bem de uso comum do povo (art. 225, *caput*, da CF/1988).

3. Em tema de direito ambiental, não se cogita em direito adquirido à devastação, nem se admite a incidência da teoria do fato consumado. Precedentes do STJ e STF.

4. A proteção legal às áreas de preservação permanente não importa em vedação absoluta ao direito de propriedade e, por consequência, não resulta em hipótese de desapropriação, mas configura mera limitação administrativa. Precedente do STJ.

5. Violado o art. 14, § 1º, da Lei nº 6.938/1981, pois o Tribunal de origem reconheceu a ocorrência do dano ambiental e o nexo causal (ligação entre a sua ocorrência e a fonte poluidora), mas afastou o dever de promover a recuperação da área afetada e indenizar eventuais danos remanescentes.

6. Em que pese ao loteamento em questão haver sido concedido licenciamento ambiental, tal fato, por si só, não elide a responsabilidade pela reparação do dano causado ao meio ambiente, numa vez afastada a legalidade da autorização administrativa".[6]

Merece a reprodução das seguintes passagens do voto da Relatora:

"O meio ambiente equilibrado – elemento essencial à dignidade da pessoa humana –, como 'bem de uso comum do povo e essencial à sadia qualidade de vida' (art. 225, Constituição Federal/1988 e art. 2º, I, da Lei nº 6.938/1981), integra o rol dos direitos fundamentais e sua titularidade foi conferida a todos os viventes, bem como a todos os futuros integrantes da espécie. É o primeiro direito intergeracional explicitado na ordem constitucional pátria. Daí a relevância de uma proteção que refoge aos paradigmas ultrapassados das lides interindividuais."

Os atuais detentores do patrimônio natural são meros guardiães de uma riqueza que foi não por eles construída, mas que está a ser rapidamente destruída, ante a insensatez da exploração dos recursos ecológicos.

Conquanto não se possa conferir ao direito fundamental do meio ambiente equilibrado a característica de direito absoluto, certo é que ele se insere entre os direitos indisponíveis, devendo-se acentuar a imprescritibilidade de sua reparação, e a sua inalienabilidade, já que se trata de bem de uso comum do povo (art. 225, *caput*, da CF/1988).

Assim, em tema de direito ambiental, não se cogita em direito adquirido à devastação, nem se admite a incidência da teoria do fato consumado. A prevalecer o acórdão combatido,

---

[6] REsp nº 1.394.025/MS, da 2ª Turma, j. em 8.10.2013, *DJe* de 18.10.2013, relatora Ministra Eliana Calmon.

estar-se-ia chancelando uma desafetação ou desclassificação jurídica tácita em razão do fato consumado, o que é incompatível com o Direito Brasileiro. Nessa esteira de pensamento, já decidiu este Tribunal Superior no Recurso Especial 650.728/SC, sob a relatoria do Min. Herman Benjamin, que assim consignou:

> "(...) Se os manguezais são bens públicos de uso comum do povo, é óbvio que, por isso mesmo, apresentam-se como imprescritíveis e inalienáveis. Se é assim, impossível a sua desafetação ou desclassificação jurídica tácita em razão do fato consumado: aterrados ou não, permanece a utilidade pública que justifica a sua proteção. E para os infratores, abre-se a via da responsabilidade civil (também penal e administrativa), contra eles surgindo o dever de recuperar o ecossistema degradado e indenizar os danos eventualmente causados' (grifei).
>
> (...) Além disso, esta Corte Superior já firmou tese no sentido de que inexiste direito adquirido a poluir ou degradar o meio ambiente, pois o tempo é incapaz de curar ilegalidades ambientais de natureza permanente e que 'décadas de uso ilícito da propriedade não dão salvo-conduto ao proprietário ou possuiro para a continuidade de atos proibidos ou tornam legais práticas vedadas pelo legislador, sobretudo no âmbito de direitos indisponíveis, que a todos aproveita, inclusive às gerações futuras, como é o caso da proteção do meio ambiente' (REsp nº 948.921/SP, rel. Min. Herman Benjamin).
>
> Vê-se, assim, que o aresto recorrido diverge do entendimento desta Corte registrado no Recurso Especial nº 948.921/SP, consoante ementa seguinte:
>
> (...) 'Inexiste direito adquirido a poluir ou degradar o meio ambiente. O tempo é incapaz de curar ilegalidades ambientais de natureza permanente, pois parte dos sujeitos tutelados – as gerações futuras – carece de voz e de representantes que falem ou se omitam em seu nome.
>
> Décadas de uso ilícito da propriedade rural não dão salvo-conduto ao proprietário ou possuiro para a continuidade de atos proibidos ou tornam legais práticas vedadas pelo legislador, sobretudo no âmbito de direitos indisponíveis, que a todos aproveita, inclusive às gerações futuras, como é o caso da proteção do meio ambiente.
>
> As APPs e a Reserva Legal justificam-se onde há vegetação nativa remanescente, mas com maior razão onde, em consequência de desmatamento ilegal, a flora local já não existe, embora devesse existir.
>
> Os deveres associados às APPs e à Reserva Legal têm natureza de obrigação *propter rem*, isto é, aderem ao título de domínio ou posse. Precedentes do STJ.
>
> Descabe falar em culpa ou nexo causal, como fatores determinantes do dever de recuperar a vegetação nativa e averbar a Reserva Legal por parte do proprietário ou possuidor, antigo ou novo, mesmo se o imóvel já estava desmatado quando de sua aquisição. Sendo a hipótese de obrigação *propter rem*, desarrazoado perquirir quem causou o dano ambiental *in casu*, se o atual proprietário ou os anteriores, ou a culpabilidade de quem o fez ou deixou de fazer. Precedentes do STJ. Recurso Especial parcialmente conhecido e, nessa parte, não provido' (REsp 948921/SP, rel. Min. Herman Benjamin, 2ª Turma, j. em 23.10.2007, *DJe* 11.11.2009, grifei)".

A aplicação de sanções e a pretensão indenizatória, se o dano ambiental está consumado e não mais persiste, prescrevem em cinco anos, em consonância com o art. 1º do Decreto nº 20.910/1932, no que se encontra apoio no STJ:

"A ação que busca a reparação de danos em decorrência da imposição de limitação administrativa prevista na Lei nº 4.771/1965 está sujeita à prescrição quinquenal, conforme disposto no art. 1º do Decreto nº 20.910/1932, a contar do advento normativo da restrição ambiental. Precedentes do STJ".[7]

---

[7] REsp nº 239.948/PR, da 2ª Turma do STJ, j. em 03.10.2013, *DJe* de 14.10.2013, rel. Min. Eliana Calmon. A Lei nº 4.771/1965 foi revogada e substituída pela Lei nº 12.651/2012.

Capítulo LXIV
A IMPRESCRITIBILIDADE DOS DIREITOS FUNDAMENTAIS

1. CONCEITUAÇÃO E NATUREZA DOS DIREITOS FUNDAMENTAIS

A gama de valores e bens que se referem à personalidade do ser humano, à própria vida e à subsistência, jamais pode ser relegada, sendo a todo tempo resgatável. Tudo o que diz respeito à natureza humana, e que nasce com o indivíduo, desde que tenha pertinência à personalidade, é superior às normas, não podendo elas imporem limitações. Dá Vicente Ráo, acertadamente, o fundamento: "Direitos existem ditados pela natureza humana, os quais, por isso, são superiores às normas objetivas que podem e devem, sem dúvida, discipliná-los em razão da harmonia social, mas desconhecê-los não podem, sob pena de incidirem em ilegitimidade: a negação dos poderes inerentes à natureza humana do homem, ali onde ocorre, não significa a inexistência, mas a violação dos correspondentes direitos".[1]

Os valores que importam à personalidade do ser humano incluem-se entre os direitos imprescritíveis. Fazem parte dos direitos fundamentais.

Direitos fundamentais, que também aparecem, dentre outras, com as denominações de "direitos do homem", "direitos da pessoa humana", "direitos humanos fundamentais", "direitos e garantias fundamentais", "direitos de personalidade", são os considerados básicos e essenciais para qualquer ser humano, não se levando em conta as condições das pessoas, e não podendo ser derrogados ou alterados por qualquer ordem jurídica. São inatos ou originários, adquiridos automaticamente com o nascimento, mantendo-se vitalícios, perenes ou perpétuos até o desaparecimento do ser humano, e mesmo após a morte, no tocante à memória, ao conceito enquanto ser vivo. Não deixam de existir com o passar do tempo, ou não se perdem com o tempo, nem pela falta de uso. Não desaparecem porque são sempre exercitáveis. Revestem-se, por isso, do caráter de inviolabilidade, de intemporalidade e de universalidade.

Dizem respeito ao direito à vida, à liberdade, à igualdade, à dignidade, à privacidade, ao nome, a alimentos, bem como ao pleno desenvolvimento da personalidade.

2. A RELAÇÃO DOS DIREITOS FUNDAMENTAIS

Primeiramente, os direitos fundamentais constituem o gênero, havendo várias classes, como os direitos de personalidade, os direitos políticos, os direitos sociais, integrando elenco da Constituição Federal. De observar, também, que os direitos de personalidade não se confundem

---

[1] *O direito e a vida dos direitos*, cit., v. II, t. I, p. 21.

com os direitos pessoais, embora muitos destes possam fazer parte daqueles. Nessa ênfase, o direito à intimidade ou à privacidade, à honra, à imagem, valores que integram o quadro dos direitos de personalidade, são também direitos pessoais, o que não acontece com os direitos de vizinhança, ou os direitos de proteção à posse, que se enquadram como pessoais, mas não fundamentais ou da personalidade.

Mais comuns são os direitos subjetivos da pessoa de defender o que lhe é próprio, ou seja, a sua *integridade física* (vida, alimentos, próprio corpo vivo ou morto, corpo alheio vivo ou morto, partes separadas do corpo vivo ou morto); a sua *integridade intelectual* (liberdade de pensamento, autoria científica, artística e literária); e a sua *integridade moral* (honra, imagem, recato, segredo profissional e doméstico, identidade pessoal, familiar e social).

A análise que se desenvolve enfoca a matéria globalmente no gênero de direitos fundamentais, pela razão do caráter da imprescritibilidade que lhe é próprio, abrangendo as várias classes ou espécies.

No âmbito da Constituição Federal, elencam-se basicamente os seguintes:

a) No art. 1º, inc. III, está o direito à dignidade, que se enquadra mais como inerente à personalidade:

> "A República Federativa do Brasil, formada pela união indissolúvel dos Estados e Municípios e do Distrito Federal, constitui-se em Estado Democrático de Direito e tem como fundamentos: (...) III – a dignidade da pessoa humana".

b) No art. 5º, *caput*, vários direitos referem-se à pessoa humana e à sua personalidade:

> "Todos são iguais perante a lei, sem distinção de qualquer natureza, garantindo-se aos brasileiros e aos estrangeiros residentes no País a inviolabilidade do direito à vida, à liberdade, à igualdade, à segurança e à propriedade, nos termos seguintes".

c) No inc. III do citado artigo destaca-se a proibição dos casos de maior gravidade de violação dos direitos fundamentais:

> "Ninguém será submetido a tortura nem a tratamento desumano ou degradante".

d) No inc. X do mesmo cânone, estende-se o elenco a uma gama de valores da pessoa:

> "São invioláveis a intimidade, a vida privada, a honra e a imagem das pessoas, assegurado o direito à indenização pelo dano material ou moral decorrente de sua violação".

Daí se vê que decorre a consequência da indenização pela sua violação, o que dá um alcance patrimonial ou econômico.

e) Há os direitos sociais impondo a igualdade social, e destinados especialmente para a proteção dos menos favorecidos. Estão contemplados nos arts. 6º ao 11, sendo relativos à educação, à saúde, ao trabalho, à previdência social, ao lazer, à segurança, à alimentação, à moradia, à proteção da maternidade e da infância, e à e assistência aos desamparados.

f) Seguem os direitos de nacionalidade, extraídos do art. 12, estando ligados ao vínculo jurídico e político que liga os brasileiros ao Estado, proclamando-os como cidadãos aptos a impor a proteção e obrigando-os a cumprir os deveres impostos a todos.

g) Aparecem, também, os direitos políticos, constantes dos art. 14, 15 e 16, sendo os que permitem ao indivíduo exercer sua cidadania, o que se dá pela participação ativa nos acontecimentos políticos do Estado, como em eleições, plebiscitos, e audiências públicas que precedem certos atos, em especial por meio do voto e da manifestação individual.

h) Não se olvidam os direitos relativos à existência, organização e participação em partidos políticos, garantidos pelo art. 17, e que asseguram a autonomia e a liberdade plena dos partidos políticos como instrumentos necessários e importantes na preservação do Estado democrático de direito.

Em outros diplomas vêm contemplados os direitos fundamentais da personalidade, como no Código Civil, nos arts. 11 a 21, no que era omisso o Código de 1916, que se restringiu a descrever os direitos e deveres dos cidadãos. Cumpre que se reproduza a discriminação:

a) Sobre a intransmissibilidade e a irrenunciabilidade dos direitos de personalidade, o art. 11 do atual diploma civil:

> "Com exceção dos casos previstos em lei, os direitos da personalidade são intransmissíveis e irrenunciáveis, não podendo o seu exercício sofrer limitação voluntária".

b) Sobre a cessação da ameaça ou da lesão, o art. 12:

> "Pode-se exigir que cesse a ameaça, ou a lesão, a direito da personalidade, e reclamar perdas e danos, sem prejuízo de outras sanções previstas em lei".

c) Sobre o direito ao cônjuge e descendentes do morto, para as medidas do art. 12, assegura o parágrafo único do mesmo dispositivo:

> "Em se tratando de morto, terá legitimação para requerer a medida prevista neste artigo o cônjuge sobrevivente, ou qualquer parente em linha reta, ou colateral até o quarto grau".

d) Sobre a disposição do próprio corpo, o art. 13:

> "Salvo por exigência médica, é defeso o ato de disposição do próprio corpo, quando importar diminuição permanente da integridade física, ou contrariar os bons costumes".

e) Sobre a finalidade do transplante, parágrafo único do art. 13:

> "O ato previsto neste artigo será admitido para fins de transplante, na forma estabelecida em lei especial".

f) Sobre a validade da disposição do próprio corpo, o art. 14:

> "É válida, com objetivo científico, ou altruístico, a disposição gratuita do próprio corpo, no todo ou em parte, para depois da morte".

g) Sobre a revogação da disposição do próprio corto, o parágrafo único do art. 14:

> "O ato de disposição pode ser livremente revogado a qualquer tempo".

h) Sobre a liberdade em submeter-se a tratamento médico, o art. 15:

> "Ninguém pode ser constrangido a submeter-se, com risco de vida, a tratamento médico ou a intervenção cirúrgica".

i) Sobre o direito ao nome, o art. 16:

"Toda pessoa tem direito ao nome, nele compreendidos o prenome e o sobrenome".

j) Sobre o uso do nome, o art. 17:

"O nome da pessoa não pode ser empregado por outrem em publicações ou representações que a exponham ao desprezo público, ainda quando não haja intenção difamatória".

k) Sobre o uso do nome em propagandas, o art. 18:

"Sem autorização, não se pode usar o nome alheio em propaganda comercial".

l) Sobre a proteção ao pseudônimo, o art. 19:

"O pseudônimo adotado para atividades lícitas goza da proteção que se dá ao nome".

m) Sobre a transmissão de escritos e outros dados e imagens da pessoa, o art. 20:

"Salvo se autorizadas, ou se necessárias à administração da justiça ou à manutenção da ordem pública, a divulgação de escritos, a transmissão da palavra, ou a publicação, a exposição ou a utilização da imagem de uma pessoa poderão ser proibidas, a seu requerimento e sem prejuízo da indenização que couber, se lhe atingirem a honra, a boa fama ou a respeitabilidade, ou se se destinarem a fins comerciais".

n) Sobre os legitimados para a proteção, em se tratando de pessoa morta ou ausente, o parágrafo único do art. 20:

"Em se tratando de morto ou de ausente, são partes legítimas para requerer essa proteção o cônjuge, os ascendentes ou os descendentes".

o) Sobre a inviolabilidade da vida privada da pessoa natural, o art. 21:

"A vida privada da pessoa natural é inviolável, e o juiz, a requerimento do interessado, adotará as providências necessárias para impedir ou fazer cessar ato contrário a esta norma".

Não se impede, porém, a divulgação da biografia de uma pessoa, a teor da ADIN 4.815, do Tribunal Pleno do STF, julgada em 10.06.2015, publicada em 1º.02.2016, da relatoria da Ministra Cármen Lúcia, merecendo ser transcritos os seguintes excertos:

"(...) O direito de informação, constitucionalmente garantido, contém a liberdade de informar, de se informar e de ser informado. O primeiro refere-se à formação da opinião pública, considerado cada qual dos cidadãos que pode receber livremente dados sobre assuntos de interesse da coletividade e sobre as pessoas cujas ações, público-estatais ou público-sociais, interferem em sua esfera do acervo do direito de saber, de aprender sobre temas relacionados a suas legítimas cogitações.

Biografia é história. A vida não se desenvolve apenas a partir da soleira da porta de casa.

Autorização prévia para biografia constitui censura prévia particular. O recolhimento de obras é censura judicial, a substituir a administrativa. O risco é próprio do viver. Erros corrigem-se segundo o direito, não se coartando liberdades conquistadas. A reparação de danos e o direito de resposta devem ser exercidos nos termos da lei.

A liberdade é constitucionalmente garantida, não se podendo anular por outra norma constitucional (inc. IV do art. 60), menos ainda por norma de hierarquia inferior (lei civil), ainda que sob o argumento de se estar a resguardar e proteger outro direito constitucionalmente assegurado, qual seja, o da inviolabilidade do direito à intimidade, à privacidade, à honra e à imagem (...)".

Diante da discriminação *supra*, Luciana Pereira dos Santos, Patrícia Helena de Ávila Jacyntho e Reginaldo da Silva sintetizaram os seguintes direitos fundamentais da personalidade:

"Direito à vida; direito à integridade física, abrangendo o direito ao corpo humano vivo ou morto e o direito à voz; direito à integridade psíquica, no que se insere o direito à liberdade física, o direito à liberdade de pensamento, o direito às criações intelectuais e o direito à privacidade; direito à integridade moral, abrangendo o direito à honra, o direito à imagem e o direito à identidade".[2]

Gilmar Ferreira Mendes, apoiado em doutrina estrangeira, apresenta extensa catalogação de direitos fundamentais, de várias ordens, como: a) os de defesa (abstenção de ofensa física); b) os de proteção de institutos jurídicos (ex., liberdade de associação); c) os de garantias positivas do exercício de liberdades (ex., defesa contra a indevida intervenção do Poder Público); d) os de atuação do Estado para a fruição dos direitos (ex., para garantir a liberdade); e) os de organização e de procedimento para a efetividade das garantias (ex., criação de órgãos de proteção); os de igualdade (ex., proibição de tratamento discriminatório; os de proteção (ex., dar segurança pública).[3]

3. A VARIAÇÃO DE CATEGORIAS NO TEMPO E GERAÇÕES DE DIREITOS FUNDAMENTAIS

Torna-se difícil uma catalogação dos direitos fundamentais no tempo, eis que variam ao longo da história da humanidade. Exemplificativamente, na antiguidade, o Código de Hamurabi dava realce à vida, ao direito de propriedade, à honra, à dignidade, à família e à supremacia das leis em relação aos governantes. A Revolução Francesa proclamou os ideais da liberdade, da igualdade e da fraternidade. A Declaração Universal dos Direitos do Homem, assinada em Paris na data de 10.12.1948, constituiu a primeira manifestação das nações em estabelecer parâmetros humanitários válidos universalmente para todos os homens, independentes de raça, sexo, poder, língua e crença. Foi adotada pela Resolução nº 217 da Organização das Nações Unidas, subscrevendo-a o Brasil.

Na época atual, o debate envolve, sobretudo, o direito à vida, os direitos de personalidade, o direito ao meio ambiente ecologicamente equilibrado, o direito à liberdade de religião, o direito à igualdade das pessoas de sexo diferente e à igualdade social, com a abominação dos preconceitos raciais.

A doutrina costuma apresentar uma classificação dos direitos fundamentais, distinguindo-os em gerações ou dimensões, sendo relevantes as seguintes:

a) Os de primeira geração, considerados os relacionados às pessoas, individualmente. Servem de exemplo a propriedade, a igualdade formal (perante a lei), a liberdade de crença e de manifestação de pensamento, o direito à vida etc. Conforme o Prof. João Trindade Cavalcante Filho, "foram os primeiros a ser conquistados pela humanidade e se relacionam à luta pela liberdade e segurança diante do Estado. Por isso, caracterizam-se por conterem uma proibição

---

[2] Imprescritibilidade dos direitos da personalidade. Disponível em: <http://www.cesumar.br>.
[3] Os direitos fundamentais e seus múltiplos significados na ordem constitucional. *Revista Diálogo Jurídico*, do Centro de Atualização Jurídica – CAJ, Salvador, n. 10, jan. 2002.

ao Estado de abuso do poder: o Estado não pode desrespeitar a liberdade de religião, nem a vida etc. Trata-se de impor ao Estado obrigações de não fazer".[4]

b) Os direitos de segunda geração abrangem os direitos sociais, culturais e de grupos de pessoas menos favorecidas, impondo uma obrigação do Estado em realizá-los e garanti-los, como a saúde, a educação, a moradia, a segurança pública, a alimentação, a redução das desigualdades, a previdência social, o lazer.

c) Os direitos de terceira geração, que dizem respeito aos direitos transindividuais, homogêneos e difusos, atingindo várias pessoas concomitantemente, como os do Código de Defesa do Consumidor, o direito ao meio ambiente sadio, a proteção à infância, à juventude, à velhice, aos deficientes.

4. A IMPRESCRITIBILIDADE

Dentre as várias características que decorrem de sua natureza, destaca-se a imprescritibilidade, que merece mais atenção, embora não se ignorando a existência de outras, como a irrenunciabilidade, a historicidade, a inviolabilidade, a universalidade, a efetividade, a interdependência, a complementaridade e a concorrência no seu exercício, ou seja, o exercício de um direito não afasta o exercício de outro.

Não se dá a intercorrência temporal do não exercício de modo a fundamentar a perda da exigibilidade pela prescrição porque indisponíveis, intransmissíveis, irrenunciáveis, absolutos, ilimitados, impenhoráveis, inexpropriáveis e vitalícios os direitos. O italiano Luigi Ferrajoli dá sequência ao entendimento, em tradução espanhola: "Que los derechos fundamentales son indisponibles quiere decir que están sustraídos tanto a las decisiones de la política como al mercado; en virtud de su indisponibilidad activa, no son alienables por el sujeto que es su titular: no puedo vender mi libertad personal o mi derecho de sufragio y menos aún mi propia autonomía contractual. Debido a su indisponibilidad pasiva, no son expropiables o limitables por otros sujetos, comenzando por el Estado: ninguna mayoría, por aplastante que sea, puede privarme de la vida, de la libertad o de mis derechos de autonomía".[5]

Qualquer violação jamais prescreve, no sentido de que sempre é possível a restauração, por maior o lapso de tempo decorrido. Não se admite que a lesão de um direito da personalidade se convalide pelo decurso dos anos. Se atingida a pessoa no seu direito à saúde, ou se negado o recurso médico assegurado pela Constituição Federal, mantém-se a busca em qualquer momento do futuro. No caso de preterido o indivíduo em uma pretensão em virtude de sua raça, ou condição social, fica aberto o caminho para recuperar a pretensão que lhe foi negada. Se impedida a pessoa de frequentar a escola, concede-se a todo o tempo a sua ação contra tal arbitrariedade. Jamais perece a garantia de ingressar no mercado de trabalho ao deficiente, em atividade apropriada à sua condição. A inconformidade contra a negativa injustificada ao exercício de votar é sempre autorizada, não podendo ser negada porque decorrido um longo período de tempo da ofensa. A proteção ao menor de idade perdura enquanto se mantém tal condição, não se estabelecendo prazo para reclamar contra a sua denegação. Embora alguém tenha sido obrigado a adotar uma religião para manter-se em um emprego ou praticar uma atividade, nunca fenece a liberdade em professar um credo diferente sem que venha a sofrer

---

[4] Teoria geral dos direitos fundamentais. Disponível em: <twitter.com/jtrindadeprof>.
[5] *Derechos y garantías*: la ley del más débil. Tradução espanhola de Perfecto Andrés Ibañez. Madrid: Trotta, 1999. p. 47.

retaliações ou a demissão, mostrando-se atentatória à ordem constitucional, *v.g.*, condicionar o exercício do magistério unicamente aos que professam a mesma religião da escola.

Apropriada a visão de Caio Mário da Silva Pereira: "A prescritibilidade atinge todos os direitos subjetivos patrimoniais de caráter privado. Escapam-lhe aos efeitos aqueles direitos que se prendem imediatamente à personalidade ou ao estado das pessoas. Os direitos à vida, à honra, à liberdade, à integridade física ou moral não estão sujeitos a qualquer prescrição, em razão de sua própria natureza. Por maior que seja o tempo decorrido de inatividade do titular, nunca perecerão os direitos respectivos que sempre se poderão reclamar pelas ações próprias, uma vez que não é lícita a constituição de um estado que lhes seja contrário".[6]

5. O TRATAMENTO DADO PELOS TRIBUNAIS

Vários os enfrentamentos da matéria sobre a imprescritibilidade pelo Superior Tribunal Superior, em casos, dentre outras violações, de desaparecimento de presos políticos, tortura, prisões ilegais, em regimes totalitários, como ocorreu no deflagrado em 1964. Ilustrativamente, citam-se os seguintes exemplos:

> "Administrativo. Desaparecido político. Tortura. Regime militar. Responsabilidade civil do Estado. Legitimidade de agir. Prescrição. Danos materiais e morais. Súmula nº 7/STJ. Honorários advocatícios. Matéria não prequestionada. Súmulas nº 282 e nº 356 do STF.
>
> 1. Mesmo que o familiar de desaparecido político já tenha se valido da Lei nº 9.140/1995 para requerer perante a Administração a indenização por dano material tarifada, não lhe falta legitimidade para o exercício de pretensão no bojo de processo judicial que busca valor em maior extensão, bem como reparação por danos morais. As instâncias administrativa e judicial não se confundem e é garantia constitucional do jurisdicionado a busca do Judiciário para a reparação de lesões ou inibição de ameaça a direito.
>
> 2. No que diz respeito à prescrição, já pontuou esta Corte que a prescrição quinquenal prevista no art. 1º do Decreto-lei nº 20.910/1932 não se aplica aos danos morais decorrentes de violação de direitos da personalidade, que são imprescritíveis, máxime quando se fala da época do Regime Militar, quando os jurisdicionados não podiam buscar a contento as suas pretensões.
>
> 3. Entende-se, assim, que a morte decorrida da tortura no Regime Militar é fato tão sério e que viola em tamanha magnitude os direitos da personalidade, que as pretensões que buscam indenização a títulos de danos morais são imprescritíveis, dada a dificuldade, ou a impossibilidade de serem validadas na época, sendo que apenas se aplica o lustro prescricional para as pretensões de indenização ou reparação de danos materiais.
>
> 4. A questão é controvertida na doutrina e, com ressalvas de meu posicionamento pessoal, ainda que não se abarcasse a tese da imprescritibilidade das pretensões que visam reparar/garantir a efetividade dos direitos fundamentais, baseada em um dos pilares da República, que é a dignidade humana, a pretensão da irmã do preso, torturado e morto pelo Regime Militar, no caso dos autos, também não estaria prescrita.
>
> 5. A Lei nº 9.140/1995, em seu art. 10, § 1º, previu o prazo de 120 dias para que os parentes do desaparecido político nela expressamente contemplados requeressem a res-

---

[6] *Instituições de direito civil.* Rio de Janeiro: Forense, 2004. v. I, p. 687.

pectiva indenização reparatória. Na mesma linha ditou o art. 2º da Lei nº 10.536/2002, que reabriu os prazos para requerimento da indenização.

6. Quando o nome do desaparecido político não consta da lista, expressamente se previu que 'o prazo para haver a indenização somente se inicia após o reconhecimento dessa condição pela Comissão Especial criada por aquele mesmo normativo' (art. 10, § 1º).

7. Referido prazo de 120 dias, vale dizer, diz respeito apenas para o requerimento administrativo, não se confundindo com o das pretensões exercidas em juízo. Neste caso, para aqueles que admitem a tese da prescritibilidade, incidiria o art. 1º do Decreto-lei nº 20.910/1932, cujo comando expõe a existência do lustro prescricional.

8. No caso dos autos, o nome do falecido Severino Viana ... não constava, desde o início, da lista aludida pela lei, somente sendo reconhecido pela Administração como desaparecido político em 19.12.2003 (Ata de fls. 119/122). Como o eventual prazo para o exercício da pretensão indenizatória dos familiares se encerraria apenas cinco anos após, não há falar, em hipótese alguma, em prescrição neste caso, pois a ação foi ajuizada em 21.11.2005.

9. Não pode o STJ, em sede de recurso especial, discutir a configuração dos requisitos da responsabilidade civil ou o arbitramento dos danos morais, sob pena de violar o comando da Súmula 07/STJ.

Recurso especial da União conhecido em parte e improvido. Recurso de Maria Viana de Souza não conhecido".[7]

"1. Conforme entendimento desta Corte, 'a prescrição quinquenal, disposta no art. 1º do Decreto nº 20.910/1932, não se aplica aos danos decorrentes de violação de direitos fundamentais, os quais são imprescritíveis, principalmente quando ocorreram durante o Regime Militar, época em que os jurisdicionados não podiam deduzir a contento suas pretensões' (AgRg no AREsp nº 302.979/PR, rel. Min. Castro Meira, 2ª Turma, DJe de 5.06.2013).

2. Não compete ao STJ, ainda que para fins de prequestionamento, examinar na via especial suposta violação a dispositivos constitucionais, sob pena de usurpação da competência do STF (art. 102, III, da CF/1988).

3. Agravo regimental a que se nega provimento".[8]

No entanto, houve uma inteligência que imprimiu a imprescritibilidade unicamente para a vítima. Seus herdeiros submeter-se-iam ao prazo do art. 1º do Decreto nº 20.910/1932, conforme o seguinte exemplo:

"Aplica-se o prazo quinquenal previsto no Decreto nº 20.910/1932, para os casos em que a reparação pelos danos morais, em decorrência de atos que importem violação ao direito da personalidade, é pleiteada pelos herdeiros do *de cujus*, posto que os direitos da personalidade, imprescritíveis, desaparecem com a morte da vítima".[9]

A exegese não predominou, conforme os seguintes arestos do STJ, impondo-se a imprescritibilidade quando buscadas as indenizações pelos herdeiros:

---

[7] REsp nº 1.002.009/PE, rel. Min. Humberto Martins, 2ª Turma, j. em 12.02.2008, DJ 21.02.2008.
[8] AgRg no REsp nº 1128042/PR, da 1ª Turma, j. em 15.08.2013, DJe de 23.08.2013, rel. Min. Sérgio Kukina.
[9] TRF4, AC nº 5004522-03.2010.404.7108, da 3ª Turma, DE de 17.10.2013, rel. Fernando Quadros da Silva.

"Processual civil. Administrado. Ação de reparação de danos. Perseguição política e tortura durante o regime militar. Imprescritibilidade de pretensão indenizatória decorrente de violação de direitos humanos fundamentais durante o período de exceção. Inaplicabilidade do art. 1.º do Decreto n. 20.910/32. Precedentes. Ajuizamento de ação indenizatória pelos herdeiros. Possibilidade. Transmissibilidade do direito. Precedentes. Súmula 83/STJ.

1. Conforme jurisprudência do STJ, são imprescritíveis as ações de reparação por danos morais, ajuizadas em decorrência de perseguição, tortura e prisão, por motivos políticos, durante o Regime Militar, transmitindo-se aos herdeiros a legitimidade ativa para ajuizamento da indenizatória. Precedentes. 2. 'Não se conhece do recurso especial pela divergência, quando a orientação do Tribunal se firmou no mesmo sentido da decisão recorrida'. Agravo regimental improvido".[10]

"(...) Atos de violência praticados pelo Estado durante o regime militar. Ação de reparação. Imprescritibilidade. Legitimidade *ad causam*. Irrelevância. Aplicação da Súmula nº 83/STJ.

É pacífico o entendimento no Superior Tribunal de Justiça segundo o qual as ações de indenização por danos morais e materiais decorrentes de atos de violência ocorridos durante o Regime Militar são consideradas imprescritíveis, independentemente dos legitimados *ad causam*...".[11]

Ainda sobre a imprescritibilidade, em outros tribunais e em outras matérias:

"Tratando-se de reparação por danos ambientais, não há falar em prescrição, já que o respectivo direito encontra-se protegido pelo manto da imprescritibilidade por ser inerente à vida, bem como fundamental e essencial à afirmação dos povos.

A proteção ao meio ambiente busca resguardar bem jurídico indispensável, o qual antecede os demais direitos pela sua imprescindibilidade, impondo o reconhecimento da imprescritibilidade do direito à reparação por eventuais danos, sendo inadequada a utilização dos prazos previstos para ações indenizatórias que versem sobre matéria eminentemente privada. Portanto, existindo o dano ambiental, torna-se irrelevante a data da implantação do loteamento, afastando a alegação de prescrição. Preliminar rejeitada".[12]

"Merece reparo a decisão singular que julgou extinto o feito em razão do reconhecimento da prescrição do direito de ação, aplicando ao caso dos autos o Decreto nº 20.910 de 1932, porquanto constatada a imprescritibilidade da demanda que visa reparar danos morais decorrentes de tortura praticada durante período de exceção do Estado, cujos agentes públicos extrapolaram os poderes de polícia, utilizando métodos desumanos para obter objetivos escusos.

Com efeito, adotar a prescrição quinquenal com base no Decreto nº 20.910 de 1932 é destituir a força normativa da Constituição, e reconhecer a aplicabilidade de norma de

---

[10] AgRg no AREsp nº 478.312/RS, da 2ª Turma do STJ, rel. Min. Humberto Martins, j. em 24.04.2024, *DJe* de 02.05.2014.
[11] AgInt no REsp nº 1380062/RS, da 1ª Turma, rel. Min. Regina Helena Costa, j. em 15.09.2016, *DJe* de 26.09.2016.
[12] Apelação Cível nº 70027454602, da 1ª Câmara Cível do TJRS, j. em 10.03.2010, *DJ* de 06.04.2010, rel. Jorge Maraschin dos Santos.

conteúdo valorativo inferior em detrimento de princípio de maior valor consagrado na Carta Magna.

A dignidade da pessoa humana é um dos fundamentos da República Federativa do Brasil, e a tortura o mais expressivo atentado a esse pilar da República, de sorte que reconhecer a imprescritibilidade dessa lesão é uma das formas de dar efetividade à missão de um Estado Democrático de Direito, reparando odiosas desumanidades praticadas na época em que o país convivia com um governo autoritário e a supressão de liberdades individuais consagradas.

Constata-se a existência de um núcleo essencial de direitos fundamentais que não permite ser atingido por qualquer tipo de interpretação, e o princípio orientador desse núcleo será justamente o princípio da dignidade da pessoa humana. Desta forma, somente será possível limitar um direito fundamental até o ponto de o princípio da dignidade da pessoa humana não for agredido, porquanto existem direitos fundamentais considerados absolutos.

A vedação a tortura deve ser considerada um direito fundamental absoluto, pois a mínima prática de sevícias já é capaz de atingir frontalmente a dignidade da pessoa humana. Nesse sentido é o proclamado no art. 2º da declaração sobre a proteção de todas as pessoas contra a tortura, que dispõe que todo ato de tortura ou outro tratamento ou pena cruel, desumano ou degradante constitui uma ofensa à dignidade humana e será condenado como violação dos propósitos da Carta das Nações Unidas e dos Direitos Humanos e Liberdades Fundamentais Proclamados na Declaração Universal de Direitos Humanos. Assim, rejeita-se a prefacial de prescrição, pois este instituto é incompatível com o tema em discussão, na medida em que versa sobre direito inalienável sem prazo para o exercício".[13]

"Imprescritibilidade dos direitos fundamentais. Indenização por dano moral. Trabalho em condição análoga à de escravo.

Seguindo o magistério doutrinário de Pablo Stolze Gagliano e Rodolfo Pamplona Filho, a imprescritibilidade dos direitos de personalidade deve ser entendida no sentido de que inexiste um prazo para o seu exercício, não se extinguindo pelo não uso. Ademais, não se deve condicionar a sua aquisição ao decurso de tempo, por serem inatos, ou seja, nascem com o próprio homem. Todavia, a imprescritibilidade do direito de personalidade, está-se referindo aos efeitos do tempo para a aquisição ou extinção de direitos. Não há como confundir, porém, a prescritibilidade da pretensão de reparação por eventual violação a um direito de personalidade. Se há uma violação, consistente em ato único, nasce nesse momento, obviamente, para o titular do direito, a pretensão correspondente, que se extinguirá pela prescrição, que, no caso, submete-se aos prazos previstos no art. 7º".[14]

---

[13] Apelação Cível nº 70037772159, da 5ª Câmara Cível do TJRS, j. em 20.04.2011, DJ de 28.042011, rel. Jorge Luiz Lopes do Canto.
[14] Processo nº 279200900518001/GO 00279-2009-005-18-00-1, do TRT-18 de Goiânia, DJe 179, de 1º.10.2009, rel. Káthia Maria Bomtempo de Albuquerque.

Capítulo LXV
A IMPRESCRITIBILIDADE DAS AÇÕES QUANTO AOS BENS PÚBLICOS E DAS AÇÕES DE RESSARCIMENTO AO ERÁRIO PÚBLICO

Sabe-se que os bens são classificados em públicos e particulares – os primeiros por pertencerem ao Poder Público, e os últimos porque são do domínio particular. Realmente, é o que expressa o art. 98 do Código Civil:

"São públicos os bens do domínio nacional pertencentes às pessoas jurídicas de direito público interno; todos os outros são particulares, seja qual for a pessoa a que pertencerem".

O art. 99 do Código Civil faz a classificação tendo em vista a destinação dos bens públicos:

"Os bens públicos são:

I – os de uso comum do povo, tais como os rios, mares, estradas, ruas e praças;

II – os de uso especial, tais como edifícios ou terrenos destinados a serviços ou estabelecimento da administração federal, estadual, territorial ou municipal, inclusive os de suas autarquias;

III – Os dominicais, que constituem patrimônio das pessoas jurídicas de direito público, como objeto de direito pessoal, ou real, de cada uma dessas entidades".

Nota-se que, além de especificar os diversos tipos, são fornecidos alguns exemplos, com o caráter meramente exemplificativo. Além dos já previstos, há os bens públicos por afetação, também dignos de estudo. Deu um passo além o Código Civil, envolvendo os bens dominicais das pessoas jurídicas de direito público que têm a estrutura de direito privado, como as empresas públicas e mesmo as sociedades de economia mista.

Importante apresentar os bens pertencentes à União, aos Estados e aos Municípios.

A Constituição Federal é a principal referência da dominialidade. O art. 20 nomeia os bens da União:

"I – Os que atualmente lhe pertencem e os que lhe vierem a ser atribuídos;

II – as terras devolutas indispensáveis à defesa das fronteiras, das fortificações e construções militares, das vias federais de comunicação e à preservação ambiental, definidas em lei;

III – os lagos, rios e quaisquer correntes de água em terrenos de seu domínio, ou que banhem mais de um Estado, sirvam de limites com outros países, ou se estendam a território estrangeiro ou dele provenham, bem como os terrenos marginais e as praias fluviais;

IV – as ilhas fluviais e lacustres nas zonas limítrofes com outros países; as praias marítimas; as ilhas oceânicas e as costeiras, excluídas, destas, as áreas referidas no art. 26, II (redação da Emenda Constitucional nº 45/2005);

V – os recursos naturais da plataforma continental e da zona econômica exclusiva;

VI – o mar territorial;

VII – os terrenos de marinha e seus acrescidos;

VIII – os potenciais de energia hidráulica;

IX – os recursos minerais, inclusive os do subsolo;

X – as cavidades naturais subterrâneas e os sítios arqueológicos e pré-históricos;

XI – as terras tradicionalmente ocupadas pelos índios".

A ressalva do inc. IV, excluindo as áreas referidas no art. 26, II, diz respeito às áreas, nas ilhas oceânicas e costeiras, situadas no domínio dos Estados-membros.

As várias espécies mencionadas são reguladas por leis especiais ou complementares, como pelo Decreto-lei nº 9.760, de 05.09.1946, que disciplina o uso dos bens imóveis da União; o Decreto nº 1.265, de 11.10.1994, que trata da Política Marítima Nacional; a Lei nº 8.617, de 04.01.1993, dispondo sobre o mar territorial, a zona contígua e a econômica exclusiva, e sobre a plataforma continental brasileira.

Já o art. 26 da mesma Carta arrola os bens dos Estados Federados:

"I – as águas superficiais ou subterrâneas, fluentes, emergentes e em depósito, ressalvadas, neste caso, na forma da lei, as decorrentes de obras da União;

II – as áreas, nas ilhas oceânicas e costeiras, que estiverem no seu domínio, excluídas aquelas sob domínio da União, Municípios ou terceiros;

III – as ilhas fluviais e lacustres não pertencentes à União;

IV – as terras devolutas não compreendidas entre as da União".

Quanto aos Municípios, lhe pertencem os demais bens públicos, sobre os quais exerce a posse ou a ocupação, e que não se encontram registrados em nome de particulares. É comum o registro em seu nome, com origem em aquisições das mais variadas formas, como compra e venda, doações, dações em pagamento, arrematações, adjudicações, e, sobretudo, em desapropriações. Advém a titularidade também da lei, como as áreas marginais de rios e afluentes municipais, até certa largura.

Pelo art. 100 do Código Civil, quanto aos bens de uso comum do povo e aos de uso especial, depreende-se a imprescritibilidade, que advém da inalienabilidade:

"Os bens públicos de uso comum do povo e os de uso especial são inalienáveis, enquanto conservarem a sua qualificação, na forma que a lei determinar".

O Decreto-lei nº 9.760, de 05.09.1946, em seu art. 200, confirmou a imprescritibilidade, embora se refira apenas aos bens da União:

"Os bens imóveis da União, seja qual for a sua natureza, não são sujeitos ao usucapião".

A Súmula nº 340, do STF, de 1963, colocou em prática o princípio: "Desde a vigência do Código Civil, os bens dominicais, como os demais bens públicos, não podem ser adquiridos por usucapião".

Sobre a imprescritibilidade, oportuno o seguinte aresto do STJ:

"Aos bens originariamente integrantes do acervo das estradas de ferro incorporadas pela União, à Rede Ferroviária Federal S. A., nos termos da Lei número 3.115, de 16 de março de 1957, aplica-se o disposto no artigo 200 do Decreto-lei número 9.760, de 5 de setembro de 1946, segundo o qual os bens imóveis, seja qual for a sua natureza, não são sujeitos a usucapião.

Tratando-se de bens públicos propriamente ditos, de uso especial, integrados no patrimônio do ente político e afetados à execução de um serviço público, são eles inalienáveis, imprescritíveis e impenhoráveis.

Recurso especial conhecido e provido".[1]

Matéria de grande importância gira em torno da imprescritibilidade das ações de ressarcimento de dano em favor do Erário Público. A tese favorável encontra suporte no art. 37, § 5º, da Carta Política, no seguinte texto:

"A lei estabelecerá os prazos de prescrição para os ilícitos praticados por qualquer agente, servidor ou não, que causem prejuízos ao erário, ressalvadas as respectivas ações de ressarcimento".

Em vista da parte final, criou-se a inteligência de que não há prazo de prescrição para a busca do ressarcimento. Várias as decisões da Corte Maior abraçando tal compreensão, como a seguinte:

"Constitucional. Agravo regimental no agravo de instrumento. Ação civil pública. Concessionária de serviço público. Contrato. Serviços de mão de obra sem licitação. Ressarcimento de danos ao erário. Art. 37, § 5º, da CF. Prescrição. Inocorrência.

As ações que visam ao ressarcimento do erário são imprescritíveis (art. 37, § 5º, *in fine*, da CF). Precedentes.

Agravo regimental a que se nega provimento".[2]

Partem as decisões, em geral, da interpretação do julgamento do Mandado de Segurança nº 26.210, relator o Ministro Ricardo Lewandowski, *DJ* de 10.10.2008, em que se fixou entendimento no sentido da imprescritibilidade da ação de ressarcimento de dano ao erário.

No entanto, a exegese que domina não reflete coerência, já que em outras situações de direitos da Fazenda Pública incide a prescrição, como no crédito tributário.

---

[1] REsp nº 242.073/SC, da 4ª Turma, j. em 05.03.2009, *DJe* de 11.05.2009, rel. para o acórdão Juiz Federal convocado Carlos Fernando Mathias.
[2] AgRg no AgIn nº 712435/SP, da 1ª Turma, j. em 13.03.2012, *DJe* de 12.04.2012, rel. Min. Rosa Weber.

No próprio STF lavra dúvida sobre o alcance da regra referida, o que se percebe da seguinte ementa:

> "Agravo regimental no agravo de instrumento. Direito administrativo. Dano ao Erário. Artigo 37, § 5º, da CF. Imprescritibilidade. Precedentes. Pretensão de rejulgamento da causa pelo Plenário e alegação de necessidade de demonstração de dano concreto para se impor a condenação ao ressarcimento em razão do dano causado à administração pública. Submissão da matéria a reexame pelo Plenário do Supremo Tribunal Federal. Agravo regimental provido, determinando-se o processamento do recurso obstado na origem.
>
> 1. O Supremo Tribunal Federal tem jurisprudência assente no sentido da imprescritibilidade das ações de ressarcimentos de danos ao erário. Precedentes: MS nº 26210/DF, Tribunal Pleno, rel. Min. Ricardo Lewandowski, 10.10.2008; RE nº 578.428/RS-AgR, 2ª Turma, rel. Min. Ayres Britto, DJe 14.11.2011; RE nº 646.741/RS-AgR, 2ª Turma, rel. Min. Gilmar Mendes, DJe 22.10.2012; AI nº 712.435/SP-AgR, 1ª Turma, rel. Min. Rosa Weber, DJe 12.04.2012.
>
> 2. Agravo regimental. Pleito formalizado no sentido de submeter o tema a reexame do Plenário da Corte. Cabimento da pretensão, porquanto entendo relevante a questão jurídica e aceno com a necessidade de reapreciação da matéria pelo Supremo Tribunal Federal.
>
> 3. Agravo regimental provido, determinando-se o processamento do recurso extraordinário obstado pelo Tribunal de origem".[3]

Sente-se, nos votos de alguns ministros, a insegurança quanto à matéria.

Assim, no voto do próprio relator, encontram-se apontamentos restringindo-se a incidência do disposto no § 5º do art. 37 "às hipóteses de ressarcimento em virtude de condenação criminal". Ademais, o sentido da ressalva das ações de ressarcimento é "porque, quanto a essas, já havia o prazo prescricional". Para o Min. Marco Aurélio, "discrepa do sistema é conceber que uma ação patrimonial surja imprescritível", além de ser "inconcebível que se tenha ação patrimonial imprescritível". Isto porque, segue, "quando o legislador constituinte quis prever a imprescritibilidade, o fez quanto a certos crimes". Mesmo o Min. Dias Toffoli revelou dúvida, lembrando a inteligência da prescrição em cinco anos.

No STJ domina a imprescritibilidade, embora posições pessoais contrárias, como a do Ministro Napoleão Nunes Maia Filho, que assim se manifestou, em um julgamento:

> "No que se refere à alegação de prescrição das ações de ressarcimento ao erário, a 1ª Seção desta Corte, em diversas oportunidades consignou que a prescrição apenas das sanções pela prática de atos de improbidade não impede o prosseguimento da ação quanto ao pedido de ressarcimento de danos. Contudo, melhor seria entender-se que a ação ressarcitória do dano ao erário – qualquer que seja o lapso temporal de sua prescrição, e isso é um problema jurídico relevante – deve ser processada seguindo as regras de direito comum, até porque os alegados atos de improbidade já não podem, por causa da prescrição, ser investigados. Todavia, diante da pacífica jurisprudência desta Corte, ressalvo meu ponto de vista pessoal e acompanho a orientação firmada pela douta 1ª Seção".[4]

---

[3] AgIn no AgR nº 819135 AgR/SP, da 1ª Turma, j. em 28.05.2013, DJe de 19.08.2013, rel. Min. Luiz Fux.
[4] REsp nº 1.232.548/SP, da 1ª Turma, j. em 17.09.2013, DJe de 24.10.2013.

Há uma decisão relatada pelo mesmo Ministro em que prevaleceu a prescrição quinquenal, tratando a matéria de ressarcimento em ação de improbidade administrativa:

> "(...) Em debate acerca do prazo prescricional das pretensões indenizatórias ajuizadas contra a Fazenda Pública, esta Corte firmou entendimento, no julgamento do REsp nº 1.251.993/PR, sob o rito do art. 543-C do CPC, de que deve ser aplicado o prazo quinquenal – previsto no Decreto nº 20.910/1932 – em detrimento do prazo trienal contido no Código Civil de 2002. Dessa forma, em homenagem ao princípio da igualdade, impõe-se que às pretensões da Fazenda Pública contra o particular ou agente público também prescrevam no mesmo prazo.
>
> No caso dos autos, os atos lesivos ao erário imputados ao recorrente ocorreram no período de 1984 a 1988, enquanto a presente Ação Civil Pública somente foi ajuizada em 22.09.1997, data em que já havia transcorrido o prazo prescricional de cinco anos, pelo que de se concluir pela ocorrência da prescrição da pretensão ressarcitória.
>
> Recurso especial parcialmente conhecido e, nessa extensão, provido para reconhecer a prescrição da pretensão ressarcitória".[5]

O assunto, no capítulo sobre a prescrição da ação de ressarcimento na improbidade administrativa, tornará a ser abordado.

---

[5] O art. 543-C referido no aresto equivale ao art. 1.036 do atual CPC. REsp nº 1.197.330/MG, da 1ª Turma, j. em 21.05.2013, *DJe* de 12.06.2013, rel. Min. Napoleão Nunes Maia Filho.

Capítulo LXVI
A IMPRESCRITIBILIDADE NOS NEGÓCIOS OU ATOS NULOS

1. A ABRANGÊNCIA DA INVALIDADE DOS ATOS OU NEGÓCIOS

O Código Civil tem como inválidos os negócios ou atos que não preenchem os elementos mínimos, ou não obedecem aos requisitos legais ou àquelas exigências ordenadas para a sua formalização, como a capacidade do agente, a licitude do objeto e a forma adequada, tornando-se passíveis de nulidade. Sujeitam-se à anulação, outrossim, aqueles contaminados por vícios de consentimento ou incapacidade relativa do agente. Efetivamente, pelo modelo atual vigorante, alguns pressupostos e requisitos mínimos devem ser atendidos, que constituem condição para a validade dos negócios. Esses pressupostos e requisitos são o ponto inicial para a constituição do negócio. Sem a sua configuração ou presença, não se pode partir para a análise de outras condições ou elementos, de cunho mais apurado, e que dizem com a justiça, a coerência, a razoabilidade do negócio.

A não validade tem um campo bem amplo, decorrente de toda série de infringências ao ato ou negócio jurídico. Com fidelidade apreendeu Francisco Amaral o sentido: "Negócio jurídico inválido é o que não vale para o direito, por não preencher os requisitos legais, não se lhe reconhecendo o poder de produzir as relações jurídicas pretendidas. Consiste na medida jurídica que traduz não só uma sanção do sistema legal para o descumprimento da norma jurídica pertinente à formação do negócio, como também, e principalmente, um julgamento, um juízo de valor acerca da conveniência da própria existência e eficácia da declaração da vontade".[1] A invalidade atinge todos os males que afetam o ato ou negócio, desde a falta de suporte inicial, até a não coadunação à forma ordenada na lei. Não se restringe à ausência de capacidade dos figurantes, ou à ilicitude, à impossibilidade do objeto, dentre outros fatores, mas abarca exigibilidades mais primárias, como a inexistência do próprio objeto contratado, ou da parte falsamente colocada como presente.

Num sentido bem apropriado, acentua Emilio Betti que "a invalidade é aquela falta de idoneidade para produzir, por forma duradoura e irremovível, os efeitos essenciais do tipo..., que provém da lógica correlação estabelecida entre requisitos e efeitos, no mecanismo da norma jurídica, e é, ao mesmo tempo, sanção do ônus imposto à autonomia privada de escolher meios idôneos para atingir os seus escopos de regulamentação dos interesses".[2]

---

[1] *Direito civil brasileiro*: introdução. Rio de Janeiro: Forense, 1991. p. 561.
[2] *Teoria geral do negócio jurídico*. Tradução de Fernando Miranda. Coimbra: Coimbra Editora, 1970. t. III, p. 11.

É, pois, a invalidade o gênero de todas as modalidades de conceitos que não conformam os atos ou negócios praticados pelas partes.

Nesta dimensão, se ausente um dos elementos necessários para a constituição, como uma das partes, ou o objeto, diz-se inválido por inexistente o negócio. Impossível, *v.g.*, tratar-se de um divórcio se os envolvidos não são casados, ou se alguém buscar alimentos em favor de uma pessoa se nenhum grau de parentesco for encontrado entre o pretendente a alimentos e o sedizente obrigado. É inexistente o negócio que obriga a prestar alimentos, e, por consequência, não traz eficácia.

Já a nulidade está afeta à falta de um dos requisitos colocados para a validade, como a capacidade. Não se confunde com a ausência da parte, que levaria à inexistência, mas ao não preenchimento dos requisitos para ser parte, como a capacidade.

Por outro lado, se a parte é capaz, mas seu consentimento restou viciado pelo erro, ou dolo, ou coação, o negócio é anulável.

De modo que, nesta visão abrangente de invalidade, estão incluídas a inexistência, a nulidade e a anulabilidade do negócio ou ato jurídico.

Em resumo, inclui-se na invalidade toda sorte de causas que afeta o negócio, seja por inexistência, não produzindo efeitos, seja por falta de um dos requisitos elencados para o seu reconhecimento, ou seja, por defeitos na sua origem.

2. ESPECIFICAMENTE A NULIDADE DO NEGÓCIO JURÍDICO

Se o ato ou negócio apresenta todos os elementos próprios, mas sendo perpetrado infringindo disposição de lei, ou revelando-se contrário à ordem pública, aos bons costumes, ou não observando a forma prescrita em lei, apresenta-se então a nulidade. Mais aprofundadamente, aponta Emílio Betti que se ostenta inicialmente revestido de uma aparente validade: "A valoração de um negócio como nulo pressupõe, pelo menos, que o negócio exista como *fatispecie*, que, portanto, há uma imagem exterior dos seus elementos, valorável como válida ou inválida e, eventualmente, capaz de gerar, pelo menos, qualquer efeito secundário, negativo ou aberrante, embora essa figura venha, depois, graças a uma análise mais profunda, a revelar-se inconsistente".[3] Ao ser examinado o negócio, depara-se com a infração aos elementos necessários, expondo Orlando Gomes: "Negócio nulo é o que se pratica com infração de preceito legal de ordem pública, ou de normas imperativas. Sua ineficácia é intrínseca, no sentido de que ocorre sem necessidade de prévia impugnação do negócio".[4]

Não se autorizando seja suprimida a nulidade por pretensão das partes envolvidas, nem por decisão judicial, ao juiz ordena a lei a sua decretação de ofício, e ao órgão do Ministério Público o dever de suscitá-la, o oposto do que acontece com a anulabilidade, restrita a alegação a critério das partes.

As situações de nulidade ou anulabilidade, em princípio, assentam-se na maior ou menor gravidade da infringência à lei. Não necessariamente têm fundo ontológico, ou encontram razão de ser na natureza da infração. A enumeração revela critério da política legislativa adotada quando da fixação do grau de invalidade dos negócios, podendo variar conforme a época e o lugar.

A distinção da anulabilidade, pois, situa-se na ofensa a valores situados numa diferente escala de importância, mostrando-se clara a caracterização de Clóvis Beviláqua: "Quando o

---

[3] *Teoria geral do negócio jurídico*, cit., t. III, p. 18.
[4] *Introdução ao direito civil*. 3. ed. Rio de Janeiro: Forense, 1971. p. 431.

ato ofende princípios básicos da ordem jurídica, princípios garantidores dos mais elevados interesses da coletividade, é bem de ver que a reação deve ser mais enérgica, a nulidade deve ser de pleno direito, o ato é nulo. Quando os preceitos que o ato contraria são destinados mais particularmente a proteger os interesses das pessoas, e estas se acham aparelhadas para se dirigirem nas relações da vida social, ou porque tenham capacidade plena ou porque já disponham de certo discernimento que pesa no comércio jurídico, ou porque se acharam, no momento, assistidas pelos recursos que o direito subministra aos incapazes, a reação é atenuada pela vontade individual que se interpõe. O ato, neste caso, é apenas anulável".[5]

As previsões de nulidade encontram-se na lei, não se aceitando a criação de outras, a critério das partes. Entretanto, toda vez que em um diploma constam discriminados os requisitos para a validade de um ato ou negócio jurídico, não sendo observados, enseja-se o reconhecimento de causa de anulação.

Acresce destacar que a nulidade não está submetida a um prazo extintivo, prescricional ou decadencial. A qualquer tempo é arguível ou reconhecível, por força do art. 169, diferentemente da anulabilidade, que está submetida a um direito potestativo da parte, e sujeita a um prazo de natureza decadencial.

De uma maneira ou outra, todas as deficiências, precariedades, violações e ofensas subsumem-se numa das previsões que constam nos arts. 166, 167 e 171 do Código Civil.

Algumas características marcam as nulidades, como as seguintes:

- constam previstas em lei, isto é, vêm indicadas em dispositivos específicos;
- nascem com a formação do ato ou negócio, como na incapacidade absoluta, ou na impossibilidade do objeto;
- embora realizem efeitos os negócios praticados, a decretação da nulidade retroage desde o seu nascimento, isto é, tem efeito *ex tunc*, a teor do art. 182 do Código Civil;
- ao juiz permite-se que decrete de ofício a nulidade, a qual é invocável pelo Ministério Público e por qualquer interessado;
- não se permite a ratificação ou confirmação do negócio nulo;
- mesmo que não produzindo efeitos no sentido legal, de acordo com o princípio latino *quod nullum est nullum producit effectum*, vai o negócio tendo eficácia perante terceiros enquanto não se declarar a nulidade. Daí a necessidade de se ingressar com a ação própria para a declaração da nulidade;
- a nulidade tem eficácia *erga omnes*, estendendo-se a todas as pessoas.

A fim de compreender o esquema das nulidades do Código Civil, recorda-se que seu art. 104 requer que o negócio jurídico, para a sua validade, seja praticado por agente capaz, tenha objeto lícito, possível, determinado ou determinável, e se apresente sob a forma prescrita ou não defesa em lei.

O art. 66 do mesmo diploma considera nulo o negócio jurídico quando:

"I – celebrado por pessoa absolutamente incapaz;

II – for ilícito, impossível ou indeterminável o seu objeto;

III – o motivo determinante, comum a ambas as partes, for ilícito;

---

[5] *Teoria geral do direito civil*, cit., p. 337-338.

IV – não revestir a forma prescrita em lei;
V – for preterida alguma solenidade que a lei considere essencial para a sua validade;
VI – tiver por objetivo fraudar lei imperativa.
VII – a lei taxativamente o declarar nulo, ou proibir-lhe a prática, sem cominar sanção".

Já o art. 167 acrescenta a nulidade por simulação:

"É nulo o negócio jurídico simulado, mas subsistirá o que se dissimulou, se válido for na substância e na forma.

§ 1º Haverá simulação nos negócios jurídicos quando:

I – aparentarem conferir ou transmitir direitos a pessoas diversas daquelas às quais realmente se conferem, ou transmitem;

II – contiverem declaração, confissão, condição ou cláusula não verdadeira;

III – os instrumentos particulares forem antedatados, ou pós-datados.

§ 2º Ressalvam-se os direitos de terceiros de boa-fé em face dos contraentes do negócio jurídico simulado".

3. IMPOSSIBILIDADE DE CONFIRMAÇÃO DO NEGÓCIO NULO E SUA IMPRESCRITIBILIDADE

Não se confirma o negócio nulo, e nem é prescritível a nulidade, sempre sendo possível a sua alegação, independentemente do passar do tempo. Nada o pode ratificar. Uma compra e venda feita por documento particular, ou não obedecendo à forma prescrita, não adquire a validade plena com o decurso dos anos. Nem o matrimônio entre um homem e uma mulher já casados se convalida após uma duração por longo lapso temporal. É expresso sobre o assunto o art. 169 do Código Civil:

"O negócio jurídico nulo não é suscetível de confirmação, nem convalesce pelo decurso do tempo".

A imprescritibilidade é proclamada pelo STJ:

"Os atos nulos não prescrevem, podendo a sua nulidade ser declarada a qualquer tempo".[6]

Dentre os vários precedentes lembrados no voto do Relator, reproduzem-se os seguintes:

"Processual civil. Ação de anulação de declaração de compra e venda de imóvel. Prescrição. Ato nulo. Ausência. Outorga uxória.

A ausência de consentimento ou outorga uxória em declaração de transferência de imóvel pertencente ao patrimônio do casal é ato jurídico absolutamente nulo e, por isso, imprescritível, podendo sua nulidade ser declarada a qualquer tempo, além de não

---

[6] REsp nº 1.353.864/GO, da 3ª Turma, de 07.03.2013, *DJe* de 12.03.2013, rel. Min. Sidnei Beneti.

produzir qualquer efeito jurídico (...) (REsp nº 38.549/SP, rel. Min. Antônio De Pádua Ribeiro, 3ª Turma, j. em 08.06.2000, *DJ* 28.08.2000, p. 70)".

"Recurso extraordinário. Arguição de relevância. Ação declaratória de nulidade. Alteração de contrato social. Assinatura falsificada. Nulidade absoluta. (...)

Os atos jurídicos nulos não prescrevem, podendo ser declarados nulos a qualquer tempo. Precedentes da turma (...) (REsp nº 7.364/SP, rel. Min. Carlos Alberto Menezes Direito, 3ª Turma, j. em 18.02.1997, *DJ* 10.11.1997, p. 57741)".

Pela ação declaratória pode-se pedir o reconhecimento da nulidade, sendo o remédio próprio, como vê Humberto Theodoro Júnior: "A nulidade sujeita-se à ação declaratória e, como tal, não sofre efeitos da prescrição. Só as ações condenatórias prescrevem (perde-se a pretensão de exigir a prestação não cumprida). As ações constitutivas sujeitam-se à decadência, e não à prescrição porque não veiculam pretensão, mas apenas exercitam a faculdade de criar situações jurídicas novas durante determinado espaço de tempo (direito potestativo).

Para as declaratórias, não há prazo extintivo, simplesmente porque se destinam a eliminar a incerteza jurídica, e a incerteza não desaparece só pelo decurso do tempo".[7]

Admite-se, no entanto, que o correr de um extenso período faça surgir outro direito, como o do reconhecimento do domínio via usucapião. Melhor elucida a matéria J. M. Leoni Lopes de Oliveira: "De fato, se o negócio nulo é daqueles que têm como consequência a transferência de propriedade de uma coisa, e tal transferência se verificou, o possuidor pode, em virtude do decurso do tempo, em defesa, na ação de nulidade, alegar a aquisição por usucapião. Aqui, o fato aquisitivo não é o negócio nulo, mas a posse mansa e pacífica com *animus domini* durante o período exigido pela lei".[8]

Conclui-se que um direito vai se formando com o transcorrer do tempo, o qual se sobrepõe à nulidade, mas sem que a afaste. Esse direito que se constitui e se impõe, se o objeto compreender especialmente matéria de natureza privada, cria uma garantia, paralela à nulidade, mas que não resta afetada por esta. Se um menor efetua a venda de um imóvel, não há como convalidar o negócio. Todavia, adquirindo ele a maioridade, e a partir daí correndo o lapso de tempo de quinze anos, a prescrição aquisitiva sana a nulidade, pois faz emergir um novo direito, que é o reconhecimento do domínio. Não que se convalide o negócio, mas o direito que emerge impede a perda do bem por eventual declaração de nulidade.

O art. 170 deixa entrever a validade de outro negócio que possivelmente pode emergir do negócio nulo:

> "Se, porém, o negócio jurídico nulo contiver os requisitos de outro, subsistirá este quando o fim a que visavam as partes permitir supor que o teriam querido, se houvessem previsto a nulidade".

Assim, malgrado a nulidade do casamento porque contraído por pessoas já casadas, não deixa de resultar a longa convivência os direitos próprios da união estável, inclusive com a partilha do acervo patrimonial formado em sua vigência.

---

[7] *Comentários ao Novo Código Civil*. Coordenação de Sálvio de Figueiredo Teixeira, cit., v. III, t. I, p. 527.
[8] *Direito civil*: teoria geral do direito civil, cit., v. 2, p. 932.

Capítulo LXVII
A IMPRESCRITIBILIDADE DAS TERRAS OCUPADAS PELOS INDÍGENAS

Áreas indígenas são as destinadas, por sua origem e tradição, à permanência dos indígenas. Incluem-se, numa interpretação mais ampla, aquelas que são utilizadas para a habitação e as atividades rurais, e, mormente, para o extrativismo e a caça. Nas localidades, sobretudo interioranas e afastadas dos centros urbanizados, é onde mais se acentua o caráter rural das terras indígenas, embora não tanto no que diz com as práticas de trabalhos agrícolas.

Não existiam, nas primeiras Constituições do Brasil, normas que reconheciam a titularidade em favor dos índios sobre as terras que ocupavam. A partir da Constituição de 1934 introduziram-se meros dispositivos sobre o respeito às terras ocupadas por indígenas, impondo a presença e a proteção pelo Poder Público. Com a Carta de 1988, consagrando o princípio de que os índios são os primeiros e naturais senhores da terra, houve uma extensa regulamentação. Estabeleceu, no art. 231, dentre outros direitos, o de ocupação pelos índios:

> "São reconhecidos aos índios sua organização social, costumes, línguas, crenças e tradições, e os direitos originários sobre as terras que tradicionalmente ocupam, competindo à União demarcá-las, proteger e fazer respeitar todos os seus bens".

Todavia, por forma do art. 20, inc. XI, da mesma Carta, o domínio pertence à União.

Definiu, no § 1º do mesmo art. 231, as terras consideradas como de direito dos índios:

> "São terras tradicionalmente ocupadas pelos índios as por eles habitadas em caráter permanente, as utilizadas para suas atividades produtivas, as imprescindíveis à preservação dos recursos ambientais necessários a seu bem-estar e as necessárias a sua reprodução física e cultural, segundo seus usos, costumes e tradições".

A discriminação é explicada por Alcir Gursen de Miranda: "As áreas tradicionalmente ocupadas pelos índios não são apenas aquelas onde eles moram – as por eles habitadas em caráter permanente –, são também as utilizadas para suas atividades produtivas como trabalhadores rurais na sua mais ampla expressão, na agricultura, no extrativismo agrário (vegetal e animal), e mais aquelas imprescindíveis à preservação dos recursos ambientais essenciais a seu bem-estar, áreas preservadas com ecossistema natural necessário à vida do índio; especialmente, as que atendam à sua reprodução física e cultural: área onde o grupo possa se desenvolver e seja suficiente à comunidade, com a reprodução".[1]

---

[1] Áreas indígenas. *O direito agrário na Constituição*. Rio de Janeiro: Forense, 2005. p. 342.

No § 2º do mesmo art. 231, assegura-se a posse permanente:

> "As terras tradicionalmente ocupadas pelos índios destinam-se à sua posse permanente, cabendo-lhes o usufruto exclusivo das riquezas do solo, dos rios e dos lagos nelas existentes".

No § 3º, estendeu a proteção, em favor dos índios, aos recursos hídricos, aos potenciais energéticos, à pesquisa e à lavra de minerais:

> "O aproveitamento dos recursos hídricos, incluídos os potenciais energéticos, a pesquisa e a lavra das riquezas minerais em terras indígenas só podem ser efetivados com autorização do Congresso Nacional, ouvidas as comunidades afetadas, ficando-lhes assegurada participação nos resultados da lavra, na forma da lei".

O § 4º elenca três características fundamentais que são a inalienabilidade, indisponibilidade e imprescritibilidade:

> "As terras de que trata este artigo são inalienáveis e indisponíveis, e os direitos sobre elas, imprescritíveis".

Expõe Christiano Cassettari sobre a posse: "Cabe aos índios ou silvícolas a posse permanente das terras que habitam e o direito ao usufruto exclusivo das riquezas naturais e de todas as utilidades naquelas terras existentes. As terras ocupadas pelos índios são bens inalienáveis da União.

Considera-se posse do índio ou silvícola a ocupação efetiva da terra que, de acordo com os usos, costumes e tradições tribais, detém onde habita ou exerce atividade indispensável à sua subsistência.

O usufruto assegurado aos índios ou silvícolas compreende o direito à posse, ao uso e à percepção das riquezas naturais e de todas as utilidades existentes nas terras ocupadas, bem assim ao produto da exploração econômica de tais riquezas naturais e utilidades.

Incluem-se no usufruto, que se estende aos acessórios e seus acrescidos, o uso dos mananciais e das águas dos trechos das vias fluviais compreendidas nas terras ocupadas.

É garantido ao índio o exclusivo exercício da caça e pesca nas áreas por eles ocupadas, devendo ser executadas por forma suasória as medidas de polícia que em relação a ele eventualmente tiverem de ser aplicadas".[2]

Temos, pois, especialmente pela perenidade do direito reconhecido, que há a imprescritibilidade das terras ocupadas, na forma anteriormente exposta, pelos indígenas. Não cabe, daí, invocar a aquisição pelo usucapião. Todavia, não se pode sustentar que não se dá a perda do direito pela falta de uso durante algum período, pois desaparece o elemento ou requisito fundamental da ocupação tradicional e permanente. Deve haver continuidade histórica.

Assim, considerado o marco temporal de reconhecimento o dia 5 de outubro de 1988, quando foi promulgada a Constituição, esse o momento significativo da ocupação indígena, no que veio a confirmar a Lei 14.701/2023, em seu art. 4º:

---

[2] *Direito agrário*: lições básicas. São Paulo: Saraiva, 1985. p. 185-186.

"São terras tradicionalmente ocupadas pelos indígenas brasileiros aquelas que, na data da promulgação da Constituição Federal, eram, simultaneamente:

I – habitadas por eles em caráter permanente;

II – utilizadas para suas atividades produtivas;

III – imprescindíveis à preservação dos recursos ambientais necessários a seu bem-estar;

IV – necessárias à sua reprodução física e cultural, segundo seus usos, costumes e tradições".

A matéria é objeto de vários processos no STF (ADC 87, ADI 7582, ADI 7583, ADI 7586 e ACO 86), que tratam de matérias relativas à constitucionalidade de dispositivos legais.

Já vinha tal marco reconhecido, como se conclui do voto da Ministra Eliana Calmon, do STJ:

"Revela-se pertinente para a compreensão do art. 231, § 1º, da CF/1988 e para o exame da questão, a leitura de trecho do voto exarado pelo relator Min. Carlos Ayres Britto na Pet nº 3.388/RR, Pleno, *DJ* 19.03.2009, quando o STF discutiu a demarcação continuada da reserva indígena Raposa Serra do Sol. Vejamos:

'Passemos, então, e conforme anunciado, a extrair do próprio corpo normativo da nossa Lei Maior o conteúdo positivo de cada processo demarcatório em concreto. Fazêmo-lo sob os seguintes marcos regulatórios:

I – *O MARCO TEMPORAL DA OCUPAÇÃO*. Aqui, é preciso ver que a nossa Lei Maior trabalhou com data certa: a data da promulgação dela própria (5 de outubro de 1988) como insubstituível referencial para o reconhecimento, aos índios, dos direitos sobre as terras que tradicionalmente ocupam. Terras que tradicionalmente ocupam, atente-se, e não aquelas que venham a ocupar.

(...)

II – *O MARCO DA TRADICIONALIDADE DA OCUPAÇÃO*. Não basta, porém, constatar uma ocupação fundiária coincidente com o dia e ano da promulgação do nosso Texto Magno. É preciso ainda que esse estar coletivamente situado em certo espaço fundiário se revista do caráter da perdurabilidade. Mas um tipo qualificadamente tradicional de perdurabilidade da ocupação indígena, no sentido entre anímico e psíquico de que viver em determinadas terras é tanto pertencer a elas quanto elas pertencerem a eles, os índios (Anna Pata, Anna Yan: Nossa Terra, Nossa Mãe). Espécie de cosmogonia ou pacto de sangue que o suceder das gerações mantém incólume, não entre os índios enquanto sujeitos e as suas terras enquanto objeto, mas entre dois sujeitos de uma só realidade telúrica: os índios e as terras por ele ocupadas. As terras, então, a assumir o *status* de algo mais que útil para ser um ente. A encarnação de um espírito protetor. Um bem sentidamente congênito, porque expressivo da mais natural e sagrada continuidade etnográfica, marcada pelo fato de cada geração aborígine transmitir a outra, informalmente ou sem a menor precisão de registro oficial, todo o espaço físico de que se valeu para produzir economicamente, procriar e construir as bases da sua comunicação linguística e social genérica. Nada que sinalize, portanto, documentação dominial ou formação de uma cadeia sucessória. E tudo a expressar, na perspectiva da formação histórica do povo brasileiro, a mais originária mundividência ou cosmovisão.

Noutros termos, tudo a configurar um padrão de cultura nacional precedente à do colonizador branco e mais ainda a do negro importado do continente africano. A mais antiga expressão da cultura brasileira, destarte, sendo essa uma das principais razões de a nossa Lei Maior falar do reconhecimento dos *direitos originários sobre as terras que tradicionalmente ocupam*. O termo 'originários', a traduzir uma situação jurídico subjetiva mais antiga do que qualquer outra, de maneira a preponderar sobre eventuais escrituras públicas ou títulos de legitimação de posse em favor de não índios.

Termo sinônimo de primevo, em rigor, porque revelador de uma cultura *pró-europeia* ou ainda não civilizada. A primeira de todas as formas de cultura e civilização genuinamente brasileiras, merecedora de uma qualificação jurídica tão superlativa a ponto de a Constituição dizer que 'os direitos originários' sobre as terras indígenas não eram propriamente outorgados ou concedidos, porém, mais que isso, 'reconhecidos' (parte inicial do art. 231, *caput*); isto é, direitos que os mais antigos usos e costumes brasileiros já consagravam por um modo tão legitimador que à Assembleia Nacional Constituinte de 1987/1988 não restava senão atender ao dever de consciência de um explícito reconhecimento. Daí a regra de que 'São nulos e extintos, não produzindo efeitos jurídicos, os atos que tenham por objeto a ocupação, o domínio e a posse das terras a que se refere este artigo, ou a exploração das riquezas naturais do solo, dos rios e dos lagos nelas existentes, ressalvado interesse público da União, segundo o que dispuser lei complementar, não gerando a nulidade e a extinção direito a indenização ou a ações contra a União, salvo, na forma da lei, quanto a benfeitorias derivadas da ocupação de boa-fé'. Pelo que o direito por continuidade histórica prevalece, conforme dito, até mesmo sobre o direito adquirido por título cartorário ou concessão estatal.

(...)

III – *O MARCO DA CONCRETA ABRANGÊNCIA FUNDIÁRIA E DA FINALIDADE PRÁTICA DA OCUPAÇÃO TRADICIONAL*. Quanto ao recheio topográfico ou efetiva abrangência fundiária do advérbio 'tradicionalmente', grafado no *caput* do art. 231 da Constituição, ele coincide com a própria finalidade prática da demarcação; quer dizer, áreas indígenas são demarcadas para servir, concretamente, de habitação permanente dos índios de uma determinada etnia, de par com as terras utilizadas para suas atividades produtivas (deles, indígenas de uma certa etnia), mais as imprescindíveis à preservação dos recursos ambientais necessários a seu bem-estar e as necessárias à sua reprodução física e cultural, segundo seus usos, costumes e tradições (§ 1º do art. 231). Do que decorre, inicialmente, o *sobre direito* ao desfrute das terras que se fizerem necessárias à preservação de todos os recursos naturais de que dependam, especificamente, o bem-estar e a reprodução físico-cultural dos índios. *Sobre direito* que reforça o entendimento de que, em prol da causa indígena, o próprio meio ambiente é normatizado como elemento indutor ou via de concreção (o meio ambiente a serviço do indigenato, e não o contrário, na lógica suposição de que os índios mantêm com o meio ambiente uma relação natural de *unha e carne)*'.

Restou definido que a data da promulgação da Constituição (05.10.1988) constitui o parâmetro que deve ser levado em conta para aferir-se a ocupação de terras pelos indígenas. Deve ser demonstrado que os índios, àquela data, já estavam localizados na área a ser demarcada – MARCO TEMPORAL.

Ficou, ainda, definido que a ocupação da terra pelos índios transcende ao que se entende como mera posse da terra, no conceito de direito civil. Deve-se apurar se a área a ser demarcada guarda ligação anímica com a comunidade; se os índios têm a noção de que a discutida região forma um só ser com a comunidade: é a cosmovisão mencionada pelo Min. Britto – MARCO TRADICIONALISTA DA OCUPAÇÃO".[3]

---

[3] Mandado de Segurança nº 14.746/DF, da 1ª Seção, j. em 10.03.2010, *DJe* de 18.03.2010, rel. Min. Eliana Calmon.

Capítulo LXVIII
A IMPRESCRITIBILIDADE NO DIREITO À MUDANÇA DE SERVIDÕES

É permitida a mudança de local das servidões. Há a mudança pelo dono do prédio serviente e a mudança pelo dono do prédio dominante.

Quanto à primeira, vem a matéria disciplinada no art. 1.384 do Código Civil, em texto mais amplo que o correspondente art. 703 do Código de 1916, por estender também ao dono do prédio dominante a prerrogativa de remover de local a servidão, se arcar com o custo e se não resultar prejuízo ao titular do domínio do prédio:

> "A servidão pode ser removida, de um local para outro, pelo dono do prédio serviente e à sua custa, se em nada diminuir as vantagens do prédio dominante, ou pelo dono deste e à sua custa, se houver considerável incremento da utilidade e não prejudicar o prédio serviente".

Condição básica é que não redunde prejuízo ao dono do prédio dominante.

Permitida, também, a mudança pelo titular do prédio dominante, inclusive sob o comando do art. 703 do revogado Código de 1916. Francesco Messineo já revelava as razões que permitiam a mudança no direito italiano: "Come si è già accennato, il mutamento del luogo della servitù può essere provocato dall'iniziativa del titolare della servitù. Lo prevede il terzo comma dell'art. 1.068, il quale dispone: 'Il cambiamento di luogo per l'esercizio della servitù si può del pari concedere su istanza (domanda giudiziale) del proprietario del fondo dominante, se questi prova che il cambiamento riesce per lui di notevole vantaggio e non reca danno al fondo servente'. Qui, il principio, cui s'ispira tale accezione, è davvero il vantaggio economico, ossia un'esigenza, della produzione; qui, enfatti, la legge richiede un notevole vantaggio per il proprietario del fondo dominante. In pari tempo, si deve accertare che non ne provenga danno al fondo servente".[1]

Pontes de Miranda seguia no mesmo posicionamento, embora com mais ponderação, já sendo aceitável sua manifestação: "O dono do prédio dominante não pode mudar, *sponte sua*, o lugar da servidão, porque se trataria de incursão ilícita em esfera jurídica de outrem; mas pode pedir ao juiz que constitua a transferência, depois de examinar se há conveniência para o prédio dominante e se não há inconveniência para o prédio serviente. Conveniência para o prédio serviente ou sua exploração planejada ou planejável".[2]

---

[1] *Le servitù*. Milano: Giuffrè, 1949. n. 80, p. 162.
[2] *Tratado de direito privado*. 3. ed. Rio de Janeiro: Borsoi, 1971. § 2.226, n. 4, v. XVIII, p. 384.

Sempre, para a tomada de uma posição, examina-se o ponto crucial, que é a ocorrência ou não de prejuízo para o prédio serviente. Em caso negativo, não há razões para obstacularizar a transferência, segundo a melhor interpretação que se deve dar ao art. 1.384 do Código Civil. José Guilherme Braga Teixeira indica os pressupostos para a mudança pelo dono do prédio dominante: "Primeiro, que o faça (o titular do prédio dominante) à sua custa; segundo, que a remoção confira considerável incremento de utilidade fornecida pela servidão; terceiro, que a remoção da servidão não traga nenhum prejuízo ao prédio serviente".[3]

A faculdade de remoção é exercitável pelo interessado a qualquer tempo, ou quando lhe convier. Justamente por ser uma faculdade é que não prescreve, segundo o princípio romano *in facultativis non datur prescriptio*, aduzindo os franceses C. Aubry e C. Rau: "Cette faculté est imprescriptible; elle peut être invoquée par celui-là même qui y a renoncé, alors du moins que le propriétaire de l'héritage dominant n'a aucun intérêt appréciable à s'approver à son exercice".[4]

Além da mudança de um lugar para outro, é admissível o pedido de modificação do próprio exercício ou do modo de ser da servidão. A possibilidade requer seja mais cômodo o uso e se verifique a inexistência de prejuízo ao prédio dominante. Se aspectos negativos não aparecerem, falta ao titular da servidão interesse para manifestar oposição.

Especialmente em vista do avanço de novas técnicas e instrumentos mais aperfeiçoados, não revela oneração ou aumento de restrições a mudança do modo de utilização de um caminho, que, em épocas anteriores, se fazia por meio de animais, passando a se efetuar mediante veículos, sem acarretar alargamento do espaço que vinha destinado, e muito menos intensificando a utilização.

Ao que se percebe, preponderante é para a solução de o caso verificar se resulta ou não prejuízo para o titular da servidão, ou para o dono do prédio gravado com o encargo. Não se detectando prejuízos, as modificações pretendidas por qualquer pessoa devem ser atendidas.

---

[3] *Comentários ao Código Civil brasileiro* (Da propriedade, da superfície e das servidões). Coordenação de Arruda Alvim e Thereza Alvim. Rio de Janeiro: Forense, 2004. v. XII, p. 322.

[4] *Cours de droit civil français*. 6. ed. Paris: Librairie de la Cour de Cassation, 1938. § 254. v. III, p. 139.

Capítulo LXIX
A IMPRESCRITIBILIDADE DO MARIDO EM CONTESTAR A PATERNIDADE DOS FILHOS

Necessário saber quando se presume como concedidos os filhos na constância do casamento, o que está esclarecido no art. 1.597 do Código Civil:

"Presumem-se concebidos na constância do casamento os filhos:
I – nascidos cento e oitenta dias, pelo menos, depois de estabelecida a convivência conjugal;
II – nascidos nos trezentos dias subsequentes à dissolução da sociedade conjugal, por morte, separação judicial, nulidade e anulação do casamento;
III – havidos por fecundação artificial homóloga, mesmo que falecido o marido;
IV – havidos, a qualquer tempo, quando se tratar de embriões excedentários, decorrentes de concepção artificial homóloga;
V – havidos por inseminação artificial heteróloga, desde que tenha prévia autorização do marido".

Algumas regras seguem, enfraquecendo ou afastando a presunção. Assim o art. 1.598:

"Salvo prova em contrário, se, antes de decorrido o prazo previsto no inciso II do art. 1.523, a mulher contrair novas núpcias e lhe nascer algum filho, este se presume do primeiro marido, se nascido dentro dos trezentos dias a contar da data do falecimento deste e, do segundo, se o nascimento ocorrer após esse período e já decorrido o prazo a que se refere o inciso I do art. 1597".

Segundo o art. 1.523, II, não deve casar a viúva, ou a mulher, cujo casamento se desfez por ser nulo ou ter sido anulado, até dez meses depois do começo da viuvez, ou da dissolução da sociedade conjugal. Casando antes de vencer o prazo, tem-se como do primeiro marido o filho caso tenha nascido dentro dos trezentos dias a contar da data do falecimento deste.

Também a prova da impotência do cônjuge para gerar, à época da concepção, ilide a presunção da paternidade, a teor do art. 1.599.

De acordo com o art. 1.600, a confissão de adultério da mulher não é suficiente para ilidir a presunção legal da paternidade. Nem basta a confissão materna para excluir a paternidade, complementa o art. 1.602.

O art. 1.601 proclama a imprescritibilidade do direito para contestar a paternidade:

> "Cabe ao marido o direito de contestar a paternidade dos filhos nascidos de sua mulher, sendo tal ação imprescritível".

O parágrafo único assegura aos herdeiros do impugnante o prosseguimento da ação.

Capítulo LXX
IMPRESCRITIBILIDADE DA AÇÃO DE NULIDADE RELATIVA A IMPEDIMENTOS DO CASAMENTO

Quanto às nulidades contidas no art. 1.548 do diploma civil, por desrespeito aos impedimentos dos incs. I a VII do art. 1.521, e em face da doença mental, que retira o necessário discernimento para os atos da vida civil, a ação é imprescritível e o direito para pedir a nulidade não sofre qualquer prazo decadencial.

Para a compreensão, transcreve-se o art. 1.548:

"É nulo o casamento contraído:
I – *Revogado pela Lei nº 13.146/15*;
II – por infringência de impedimento".

Por sua vez, dispõe o art. 1.521 os impedimentos:

"Não podem casar:
I – os ascendentes com os descendentes, seja o parentesco natural ou civil;
II – os afins em linha reta;
III – o adotante com quem foi cônjuge do adotado e o adotado com quem o foi do adotante;
IV – os irmãos, unilaterais ou bilaterais, e demais colaterais, até o terceiro grau inclusive;
V – o adotado com o filho do adotante;
VI – as pessoas casadas;
VII – o cônjuge sobrevivente com o condenado por homicídio ou tentativa de homicídio contra o seu consorte".

De igual modo, quanto às situações de inexistência do ato matrimonial, não interfere qualquer prazo prescricional, pois aquilo que não se formou nunca existiu, não havendo, pois, um termo inicial para a contagem do prazo.

A matéria vem muito bem analisada quanto à imprescritibilidade em se anular os atos nulos na Apelação Cível nº 103.891-1, da 8ª Câmara Cível do Tribunal de Justiça de São Paulo, julgada em 19.02.1989, cujos conteúdos não sofrem restrições diante do atual Código:

"A lição de Washington de Barros Monteiro faz-se bem explícita sobre a impossibilidade da extinção pelo decurso do prazo: 'A anulabilidade é prescritível. A nulidade, ao contrário, em regra, não prescreve, sobretudo em direito matrimonial. É realmente inconcebível, como diz Paulo, que o decurso do tempo torne eficaz ato proibido por lei (*quo initio vitiosum est, non potest tractu temporis convalescere*)...' (*Curso de Direito Civil, Direito de Família*, Saraiva, 18. ed., 1979, p. 74).

Também Sílvio Rodrigues é de igual entendimento: '... A ação de nulidade é imprescritível, não cessando jamais o direito de propô-la.

Isso porque o silêncio das partes, permitindo que um ato jurídico defeituoso convalesça do vício, equivale a uma ratificação tácita, ou melhor, a uma ratificação presumida. Ora, como os atos nulos não podem ser ratificados, são eles imprescritíveis' (*Direito Civil, Direito de Família*, Saraiva, 2. ed., 1979, p. 79).

Orlando Gomes mostra que há apenas uma nulidade absoluta sanável, a do art. 208 do Código Civil:

'... As demais nulidades matrimoniais são imprescritíveis, como se costuma dizer, e, portanto, podem ser alegadas a qualquer tempo...'" (*Direito de Família*, Forense, 3. ed., 1978, p. 138). Tem por justificável a exceção apontada ao princípio da imprescritibilidade das nulidades.

"Para demonstração da ausência de discrepância entre os principais doutrinadores, aponte-se igualmente o princípio lembrado por Pontes de Miranda, que anota como sempre a única exceção à regra (art. 208):

'A ação de nulidade absoluta é imprescritível' (*Tratado de Direito de Família*, Max Limonad, 1947, vol. I, Capítulo XI, § 69, p. 351).

A circunstância de se constituir em ação de estado marca o efeito habitual da imprescritibilidade. Adviria ou advém prescrição apenas se existente norma de exceção expressa".[1]

O art. 208 citado, que cominava de nulidade o casamento contraído perante celebrante incompetente, corresponde ao inc. VI do art. 1.550 do vigente Código, encerrando que a referida incompetência enquadra-se como ato anulável.

A imprescritibilidade das nulidades é realçada pelo Superior Tribunal de Justiça:

"A ação proposta com a finalidade de declarar-se a nulidade absoluta do casamento, por bigamia, é imprescritível".

No correr da fundamentação, aporta-se a razão:

"O estado das pessoas, sendo uma situação permanente, decorrente da lei, não pode sofrer modificação por ato ou omissão de terceiros, e, por isso, as ações que o protegem têm por fim, apenas, o seu reconhecimento para segurança de seus efeitos, donde, em regra, a sua imprescritibilidade".[2]

---

[1] TJSP, Apel. Cível nº 103.891-1, da 8ª Câm. Cível, j. em 15.02.1989, *Revista de Jurisprudência do TJSP* 120/32.
[2] STJ, REsp nº 85.794/SP, da 4ª Turma, j. em 05.10.1999, *DJ* de 17.12.1999, *Revista do Superior Tribunal de Justiça* 132/398.

Capítulo LXXI
A IMPRESCRITIBILIDADE NO DIREITO PENAL

Também no direito penal a Constituição Federal sufraga a imprescritibilidade, em delitos envolvendo o racismo e as ações de grupos armados, civis ou militares contra a ordem constitucional e o estado democrático, conforme previsões nos incs. XLII e XLIV do art. 5º:

"Inciso XLII: A prática do racismo constitui crime inafiançável e imprescritível, sujeito à pena de reclusão, nos termos da lei. (...)

Inciso XLIV: Constitui crime inafiançável e imprescritível a ação de grupos armados, civis ou militares, contra a ordem constitucional e o Estado Democrático".

Discrimina o inc. XLIII os crimes inafiançáveis e insuscetíveis de graça ou anistia:

"A lei considerará crimes inafiançáveis e insuscetíveis de graça ou anistia a prática da tortura, o tráfico ilícito de entorpecentes e drogas afins, o terrorismo e os definidos como crimes hediondos, por eles respondendo os mandantes, os executores e os que, podendo evitá-los, se omitirem".

No entanto, os delitos inseridos no XLIII não se incluem na imprescritibilidade, sendo eles a tortura, o tráfico ilícito de entorpecentes e drogas afins, o terrorismo e os crimes hediondos.

Sobre o racismo, eis o pronunciamento do STF:

"*Habeas-corpus.* Publicação de livros: Antissemitismo. Racismo. Crime imprescritível. Conceituação. Abrangência constitucional. Liberdade de expressão. Limites. Ordem denegada.

1. Escrever, editar, divulgar e comerciar livros 'fazendo apologia de ideias preconceituosas e discriminatórias' contra a comunidade judaica (Lei nº 7.716/1989, artigo 20, na redação dada pela Lei nº 8.081/1990) constitui crime de racismo sujeito às cláusulas de inafiançabilidade e imprescritibilidade (CF, artigo 5º, XLII).

2. Aplicação do princípio da prescritibilidade geral dos crimes: se os judeus não são uma raça, segue-se que contra eles não pode haver discriminação capaz de ensejar a exceção constitucional de imprescritibilidade. Inconsistência da premissa.

3. Raça humana. Subdivisão. Inexistência. Com a definição e o mapeamento do genoma humano, cientificamente não existem distinções entre os homens, seja pela segmentação da pele, formato dos olhos, altura, pelos ou por quaisquer outras características fí-

sicas, visto que todos se qualificam como espécie humana. Não há diferenças biológicas entre os seres humanos. Na essência são todos iguais.

4. Raça e racismo. A divisão dos seres humanos em raças resulta de um processo de conteúdo meramente político-social. Desse pressuposto origina-se o racismo que, por sua vez, gera a discriminação e o preconceito segregacionista.

5. Fundamento do núcleo do pensamento do nacional-socialismo de que os judeus e os arianos formam raças distintas. Os primeiros seriam raça inferior, nefasta e infecta, características suficientes para justificar a segregação e o extermínio: inconciliabilidade com os padrões éticos e morais definidos na Carta Política do Brasil e do mundo contemporâneo, sob os quais se ergue e se harmoniza o estado democrático. Estigmas que por si só evidenciam crime de racismo. Concepção atentatória dos princípios nos quais se erige e se organiza a sociedade humana, baseada na respeitabilidade e dignidade do ser humano e de sua pacífica convivência no meio social. Condutas e evocações aéticas e imorais que implicam repulsiva ação estatal por se revestirem de densa intolerabilidade, de sorte a afrontar o ordenamento infraconstitucional e constitucional do País.

6. Adesão do Brasil a tratados e acordos multilaterais, que energicamente repudiam quaisquer discriminações raciais, aí compreendidas as distinções entre os homens por restrições ou preferências oriundas de raça, cor, credo, descendência ou origem nacional ou étnica, inspiradas na pretensa superioridade de um povo sobre outro, de que são exemplos a xenofobia, 'negrofobia', 'islamafobia' e o antissemitismo.

7. A Constituição Federal de 1988 impôs aos agentes de delitos dessa natureza, pela gravidade e repulsividade da ofensa, a cláusula de imprescritibilidade, para que fique, *ad perpetuam rei memoriam*, verberado o repúdio e a abjeção da sociedade nacional à sua prática.

8. Racismo. Abrangência. Compatibilização dos conceitos etimológicos, etnológicos, sociológicos, antropológicos ou biológicos, de modo a construir a definição jurídico-constitucional do termo. Interpretação teleológica e sistêmica da Constituição Federal, conjugando fatores e circunstâncias históricas, políticas e sociais que regeram sua formação e aplicação, a fim de obter-se o real sentido e alcance da norma.

9. Direito comparado. A exemplo do Brasil, as legislações de países organizados sob a égide do estado moderno de direito democrático igualmente adotam em seu ordenamento legal punições para delitos que estimulem e propaguem segregação racial. Manifestações da Suprema Corte Norte-Americana, da Câmara dos Lordes da Inglaterra e da Corte de Apelação da Califórnia nos Estados Unidos que consagraram entendimento que aplicam sanções àqueles que transgridem as regras de boa convivência social com grupos humanos que simbolizem a prática de racismo.

10. A edição e publicação de obras escritas veiculando ideias antissemitas, que buscam resgatar e dar credibilidade à concepção racial definida pelo regime nazista, negadoras e subversoras de fatos históricos incontroversos como o holocausto, consubstanciadas na pretensa inferioridade e desqualificação do povo judeu, equivalem à incitação ao discrímen com acentuado conteúdo racista, reforçadas pelas consequências históricas dos atos em que se baseiam.

11. Explícita conduta do agente responsável pelo agravo revelador de manifesto dolo, baseada na equivocada premissa de que os judeus não só são uma raça, mas, mais do que isso, um segmento racial atávico e geneticamente menor e pernicioso.

12. Discriminação que, no caso, se evidencia como deliberada e dirigida especificamente aos judeus, que configura ato ilícito de prática de racismo, com as consequências gravosas que o acompanham.

13. Liberdade de expressão. Garantia constitucional que não se tem como absoluta. Limites morais e jurídicos. O direito à livre expressão não pode abrigar, em sua abrangência, manifestações de conteúdo imoral que implicam ilicitude penal.

14. As liberdades públicas não são incondicionais, por isso devem ser exercidas de maneira harmônica, observados os limites definidos na própria Constituição Federal (CF, artigo 5º, § 2º, primeira parte). O preceito fundamental de liberdade de expressão não consagra o 'direito à incitação ao racismo', dado que um direito individual não pode constituir-se em salvaguarda de condutas ilícitas, como sucede com os delitos contra a honra. Prevalência dos princípios da dignidade da pessoa humana e da igualdade jurídica.

15. 'Existe um nexo estreito entre a imprescritibilidade, este tempo jurídico que se escoa sem encontrar termo, e a memória, apelo do passado à disposição dos vivos, triunfo da lembrança sobre o esquecimento'. No estado de direito democrático devem ser intransigentemente respeitados os princípios que garantem a prevalência dos direitos humanos. Jamais podem se apagar da memória dos povos que se pretendam justos os atos repulsivos do passado que permitiram e incentivaram o ódio entre iguais por motivos raciais de torpeza inominável.

16. A ausência de prescrição nos crimes de racismo justifica-se como alerta grave para as gerações de hoje e de amanhã, para que se impeça a reinstauração de velhos e ultrapassados conceitos que a consciência jurídica e histórica não mais admitem. Ordem denegada".[1]

Quanto ao crime de tortura praticado durante o regime militar instaurado em 1964, por razões políticas, é imprescritível a reparação, como proclama o STJ na Súmula 647/2021:

"São imprescritíveis as ações indenizatórias por danos morais e materiais decorrentes de atos de perseguição política com violação de direitos fundamentais ocorridos durante o regime militar".

Dentre os vários precedentes, transcreve-se a seguinte ementa:

"Processual Civil. Administrativo. Responsabilidade civil do Estado. Indenização por danos materiais e morais. Regime militar. Tortura. Imprescritibilidade. Inaplicabilidade do art. 1º do Decreto n. 20.910/1932. Súmula 168/STJ.

1. A Primeira Seção do STJ pacificou o entendimento de que as ações indenizatórias por danos morais e materiais decorrentes de atos de tortura, ocorridos durante o Regime Militar de exceção, são imprescritíveis. Inaplicabilidade do prazo prescricional do art. 1º do Decreto n. 20.910/1932. Precedente: EREsp 816.209/RJ, Rel. Min. Eliana Calmon, DJe 10.11.2009.

2. A Constituição Federal não estipulou lapso prescricional à faculdade de agir, correspondente ao direito inalienável à dignidade; assim, eventual violação dos direitos humanos ou direitos fundamentais da pessoa humana, enseja ação de reparação ex delicto imprescritível, com fundamento constitucional no art. 8º, § 3º, do Ato das Disposições Constitucionais Transitórias (...)".[2]

---

[1] HC 82424/RS, do Tribunal Pleno, j. em 17.09.2003, *DJ* de 09.03.2004, rel. Min. Moreira Alves.
[2] ED em Recurso Especial nº 845.228/RJ, da Primeira Seção, rel. Min. Humberto Martins, j. em 8.09.2010, *DJe* de 16.09.2010.

Capítulo LXXII
A DECADÊNCIA NO CÓDIGO CIVIL

O Código Civil de 1916 não dispôs separadamente sobre a decadência. Tratou unicamente da prescrição. No entanto, numerosas das hipóteses previstas como de prescrição eram típicas de caducidade ou decadência, além de, especificamente, em vários dos dispositivos da Parte Especial, contemplar prazos decadenciais. O atual Código, em sua Parte Geral, traz um capítulo próprio sobre a decadência (Capítulo II do Título IV do Livro III), com normas genéricas, ao mesmo tempo em que vários dispositivos tratam de prazos decadenciais.

Cumpre relembrar que a decadência atinge diretamente o direito, fazendo desaparecer as ações que eram previstas para a proteção ou para invocar o direito. Outorga-se o exercício do direito, aliás, como na prescrição. Todavia, se não empreendido ou procurado, há a completa extinção, enquanto na prescrição tal ocorre com a ação apontada, não tornando inviável outra forma de recompor o direito, se possível, como a ação indenizatória por perdas e danos ou por enriquecimento sem causa.

O Código de 2002, como referido, traz regras genéricas sobre a decadência, despontando aquela da qual se extrai a incidência das regras da prescrição ao instituto, com as exceções que refere, nos termos do art. 207:

"Salvo disposição legal em contrário, não se aplicam à decadência as normas que impedem, suspendem ou interrompem a prescrição".

Daí declina-se que as causas que impedem, suspendem ou interrompem a prescrição não têm aplicação à decadência. As regras que tratam de tais matérias se encontram nos arts. 197 a 204 do Código Civil. Como a decadência envolve o direito em si, nada suspende o prazo em que a mesma se dá. Desta sorte, ela continua entre os cônjuges, na constância da sociedade conjugal. E assim também entre os ascendentes e descendentes, durante o poder familiar, sendo que o despacho ordenando a citação não a interrompe.

Contempla, no entanto, o art. 208 uma exceção, em relação aos incapazes, em dispositivo que tem alcance também aos assistentes e representantes que deram causa à prescrição, ou não a alegaram no tempo oportuno:

"Aplica-se à decadência o disposto nos arts. 195 e 198, inciso I".

Eis o disposto no art. 195:

"Os relativamente incapazes e as pessoas jurídicas têm ação contra os seus assistentes ou representantes legais, que derem causa à prescrição, ou não a alegarem oportunamente".

Trata-se da responsabilidade por desídia na promoção de medidas inerentes à assistência ou representação, e na omissão da oportuna alegação da prescrição, tendo em vista, aqui, os relativamente incapazes, embora ao juiz se permita o seu conhecimento em qualquer hipótese (havendo partes capazes ou incapazes), de acordo com os arts. 332, § 1º, e 487, inc. II, do CPC.

Já o art. 198, inc. I, do Código Civil excepciona o curso da prescrição contra os incapazes de que trata o art. 3º. Tais incapazes constituem-se dos menores de dezesseis anos; os que, por enfermidade ou deficiência mental, não tiverem o necessário discernimento para a prática desses atos; e os que, mesmo por causa transitória, não puderem exprimir sua vontade. Por conseguinte, não segue a prescrição contra tais pessoas.

Esta, seguramente, se revela como uma das grandes novidades do vigente Código, em relação ao revogado. Ordenou a aplicação da causa de impedimento ou suspensão da prescrição à decadência, consistente na proibição do curso do prazo contra os absolutamente incapazes. Da regra nova emergem consequências importantíssimas no exercício dos direitos daqueles que eram menores, e que tinham o óbice da decadência aplicada indistintamente para capazes ou incapazes.

Diferentemente da prescrição, em que o art. 191 admite a renúncia depois de consumada, tal não se dá com a decadência fixada em lei, por força do art. 209:

"É nula a renúncia à decadência fixada em lei".

Em todas as previsões legais, não podem os interessados dispensá-la, ou torná-la sem efeito, de modo a perdurarem os direitos indefinidamente. Sem validade, *v. g.*, a disposição que permite o ingresso com a ação depois dos trinta dias para obter a redibição ou o abatimento do preço na alienação de coisa móvel com vício redibitório, assegurado no art. 445.

Entrementes, se a decadência for convencional, ou se encontrar estabelecida pelas partes, cabe a renúncia, posto que proibida somente a fixada em lei, consoante é expresso o art. 209.

Conhecerá o juiz de ofício da decadência se estabelecida por lei, em virtude do art. 210:

"Deve o juiz, de ofício, conhecer da decadência, quando estabelecida por lei".

Na prescrição, em face da revogação do art. 194 do Código Civil, e diante do texto dos arts. 332, § 1º, e 487, inc. II, do atual CPC, de igual modo está o juiz obrigado a reconhecer a prescrição, declarando-a de ofício, mesmo diante do silêncio das partes.

Contempla o art. 211 do Código Civil a decadência convencional verificada nas disposições negociais ou contratuais firmadas pelas partes. Os envolvidos em uma relação jurídica demarcam prazos para o exercício de determinado direito. Numa promessa de compra e venda, inclui-se um período de tempo durante o qual cabe a faculdade de resolução. Em uma locação, reserva-se ao locatário o direito de aquisição do imóvel, se manifestar a preferência, dentro de um número de dias fixado após o término do contrato. Na sociedade, consigna-se o direito a uma categoria de sócios para a subscrição de ações ou de capital em suas quotas, no aumento de capital, dentro de um período temporal constante nas cláusulas dos estatutos sociais.

Uma vez decorrido o lapso concedido, não mais cabe invocar o direito que estava previsto. Se vier alegar o direito fora do prazo permitido, a parte a quem aproveita a decadência está autorizada a suscitá-la em qualquer grau de jurisdição, tanto em primeira como na segunda instância. Entrementes, ao contrário do que acontece na decadência legal, ao juiz não cabe conhecer de ofício da matéria, ou suprir a alegação, já que de interesse estritamente particular.

Quando não previsto o prazo de decadência, prevalece o constante no art. 205, que é de dez anos. Assim é por decorrência da norma do art. 207, que afasta a aplicação exclusivamente das regras da prescrição que a impedem, a suspendem ou a interrompem.

Tome-se como exemplo a doação inoficiosa. Há a nulidade de doação por ofensa ao art. 549, que estatui:

> "Nula é também a doação quanto à que exceder a de que o doador, no momento da liberalidade, poderia dispor em testamento".

Não se apresenta, na situação, vício de consentimento, em que a prescrição é a do art. 178, inc. II, e que se consuma em quatro anos.

Primeiramente, de salientar que o prazo inicia somente depois da abertura da sucessão, no que se revela bem explícito Carlos Maximiliano: "Quer se trate de doações, quer de algum legado, o legitimário, ou representante seu, pode reclamar e acionar só depois da abertura da sucessão. O seu direito advém da herança, e esta não existe enquanto vive o disponente".[1]

Seguindo, o direito para reduzir as liberalidades é de dez anos. Não se encontra uma previsão legal que contemple prazo diferente.

Observa-se que o prazo atual é de dez anos por comando do art. 205 do Código Civil.

Outro exemplo encontra-se no art. 548, prevendo a nulidade da doação de todos os bens, sem reserva de parte ou renda suficiente para a subsistência do doador.

---

[1] *Direito das sucessões*, cit., v. III, p. 39.

Capítulo LXXIII
EXEMPLIFICAÇÕES DE DECADÊNCIA

Exemplificam-se as seguintes previsões que constituem hipóteses de decadência, que se colhem ao longo do Código Civil, não afastando, no entanto, a existência de outras:

– *Anulação da constituição de pessoas jurídicas de direito privado:* Art. 45, parágrafo único, fixando em três anos o prazo para o direito de anular a constituição das pessoas jurídicas de direito privado, por defeito do ato respectivo, contado o prazo da publicação de sua inscrição no registro. Eis a regra:

> "Decai em três anos o direito de anular a constituição das pessoas jurídicas de direito privado, por defeito do ato respectivo, contado o prazo da publicação de sua inscrição no registro".

– *Anulação de decisões das pessoas jurídicas:* Art. 48, parágrafo único, que reserva o prazo de três anos para procurar anular as decisões das pessoas jurídicas que tiverem administração coletiva, se violarem a lei ou o estatuto, ou forem eivadas de erro, dolo, simulação ou fraude. Eis o texto:

> "Decai em três anos o direito de anular as decisões a que se refere este artigo, quando violarem a lei ou estatuto, ou forem eivadas de erro, dolo, simulação ou fraude".

– *Discordância na alteração dos estatutos de fundação:* Art. 68, outorgando o prazo de dez dias para os membros de uma fundação que discordaram da alteração dos estatutos se manifestarem, a fim de lançar as impugnações que acharem justas, devendo o expediente ser encaminhado ao Ministério Público:

> "Quando a alteração não houver sido aprovada por votação unânime, os administradores da fundação, ao submeterem o estatuto ao órgão do Ministério Público, requererão que se dê ciência à minoria vencida para impugná-la, se quiser, em dez dias".

– *Anulação de negócio concluído por representante da parte:* Parágrafo único do art. 119, que estabelece o prazo de cento e oitenta dias, a contar da conclusão do negócio ou da cessação da incapacidade, para pleitear a anulação do negócio concluído pelo representante em conflito de interesses com o representado, cabendo explicitar que o *caput* considera anulável o negócio concluído pelo representante em conflito de interesses com o representado, se tal fato era ou devia ser do conhecimento de quem com aquele tratou:

> "É de cento e oitenta dias, a contar da conclusão do negócio ou da cessação da incapacidade, o prazo de decadência para pleitear-se a anulação prevista neste artigo".

– *Anulação de negócio jurídico com base em vícios de consentimento:* Art. 178, prevendo em quatro anos o prazo para pleitear a anulação do negócio jurídico, contado:

"I – no caso de coação, do dia em que ela cessar;

II – no de erro, dolo, fraude contra credores, estado de perigo ou lesão, do dia em que se realizou o negócio jurídico;

III – no de atos de incapazes, do dia em que cessar a incapacidade".

Nas hipóteses referidas, melhor se afiguraria considerar-se o prazo como de prescrição, consoante defendia já Pontes de Miranda, neste texto: "O prazo de prescrição da ação de anulação por fraude contra credores é de quatro anos".[1] Em outro momento de sua obra, justificando, com base nas regras do Código Civil anterior: "O art. 178, § 9º, V, *b*), quarta parte, adotou o prazo de quatro anos por simetria com as prescrições das outras ações de anulação por defeitos de vontade, não por sugestão histórica da L. 7, C, *de temporibus in integrum restitutionis*, 2, 52, que as Ordenações Afonsinas (Livro III, Título 126, § 5º), Manuelinas (Livro III, Título 86, § 7º) e Filipinas (Livro III, Título 41, § 6º) receberam".[2]

Salienta-se que, por envolver anulabilidade, fica na dependência da parte a suscitação do vício, inclusive com reflexos na interrupção do prazo. Pelo próprio caráter da causa de rescisão do ato ou contrato, decorre a melhor coadunação à prescrição, porquanto, em se tratando de decadência, predominaria o interesse público, tanto que nenhuma outra ação ou defesa se permitiria. Está mais na conveniência do interessado a invocação do vício. Omitindo-se em apontá-lo, desaparece a ação de anular ou rescindir o contrato, mas não de exercitar uma indenização pelos prejuízos decorridos. Deixa-se para a conveniência do diretamente prejudicado, inclusive, a oportunidade de propor a ação, com a faculdade de provocar a interrupção do prazo. Fatores como os lembrados concluem pela melhor capitulação das hipóteses como de prescrição.

O prazo restringe-se àqueles que participaram do negócio. Não comporta estender a decadência para terceiros, porquanto possível que sequer tenham ficado cientes do vício do consentimento.

Normalmente, parte-se do dia do término da prática do ato viciado, que, na prática envolve o momento de sua realização, ou, quanto aos atos dos incapazes, do dia da cessação da incapacidade. Humberto Theodoro Júnior aduz, quanto às hipóteses do inc. II do art. 178: "A contagem do prazo do art. 178, II, segue sempre a mesma regra, isto é, conta-se da data do aperfeiçoamento do negócio, pouco importando se o erro se deu por declaração direta do contratante ou se deveu o ato de mensageiro, defeito de instrumento ou falha de pessoa intermediária. A situação não muda se o caso for de erro obstativo ou de erro vício".[3]

No entanto, defende-se a tese do início a partir do registro imobiliário do contrato, se envolvidos imóveis, relativamente a terceiros: "Segundo pensa-se, respeitados os entendimentos divergentes, o prazo deve ser contado a partir do registro do ato, *data venia*.

É que a lei substantiva fala em lapso temporal para o ajuizamento da ação e alguém só pode ter interesse de agir quando tomar conhecimento da ocorrência do ato ou negócio que tenha causado ou venha a causar prejuízos ao seu direito. No sistema brasileiro, um negócio translativo do direito de propriedade só produzirá efeitos perante terceiros quando for registrado no

---

[1] *Tratado de direito privado*, 4. ed., cit., v. VI, p. 383.
[2] *Tratado de direito privado*, cit., v. IV, p. 482.
[3] *Comentários ao Novo Código Civil*. Coordenação de Sálvio de Figueiredo Teixeira. Rio de Janeiro: Forense, 2003. p. 68.

Cartório de Registro de Imóveis competente; antes dessa providência, existe apenas uma relação de direito pessoal, envolvendo os intervenientes do ato ou negócio; para eles, intervenientes do ato ou do contrato, isto é, participantes da relação jurídica, o prazo será contado a partir do ato ou do contrato; para terceiros, só a contar do registro". Transcreve o acórdão passagem do Recurso Especial nº 36.065-0/SP, sendo importante este trecho, que se refere a prazo prescricional em vez de decadencial, em vista do sistema jurídico de 1916:

> "Quanto a atos jurídicos anuláveis por simulação ou por fraude contra credores, o terceiro pode não ter conhecido o vício do ato jurídico, por não ter conhecido o próprio ato jurídico. Ignoraria o vício e a existência da própria ação; seria absurdo que contra ele corresse o prazo prescricional sem que estivesse apto a propor ação... E a data do ato jurídico, quanto a terceiro, é a do registro e, ainda depois de prescrita a ação de anulação, tem o terceiro a exceção de simulação viciante ou a *exceptio pauliana*".[4]

Estende-se a decadência quadrienal a todos os casos de anulabilidade dos atos jurídicos, que tenham por base um dos vícios do consentimento, inclusive quanto à ação pauliana e fraude à execução, aspecto bem explicado por Amílcar Aquino Navarro:

> "A ação pauliana ou revocatória tem prazo decadencial de quatro anos, contado a partir do registro da escritura, conforme orientação jurisprudencial (CC de 2002, art. 178, inc. II) (TJSP, Apelação nº 25.611-4, Des. Franciulli Netto, 9ª Câmara, e AI 204.041-1, rel. Des. Barbosa Pereira). Não houve alteração do prazo (CC/1916, art. 178, § 9º, inc. V, alínea 'b').
>
> A fraude à execução fica caracterizada quando, estando em curso ação judicial contra devedor solvente, este, por meio de atos fraudulentos, vem a se tornar insolvente, alienando e dissipando seu patrimônio com o intuito de impedir o credor de receber o que lhe é devido (CPC, art. 593).
>
> Humberto Theodoro Júnior afirma que não há necessidade de nenhuma ação para anular ou desconstituir o ato de disposição fraudulenta, pois a lei o considera ineficaz perante o exequente, que poderá requerer a penhora do bem imóvel alienado que esteja no patrimônio de terceiros".[5]

– *Anulação de ato considerado anulável pela lei sem previsão de prazo para anular*: Art. 179, limitando em dois anos o prazo para postular a anulação do ato, a iniciar da conclusão do mesmo, quando a lei declara anulável determinado ato, sem estabelecer o prazo para providenciar na sua decretação:

> "Quando a lei dispuser que determinado ato é anulável, sem estabelecer prazo para pleitear-se a anulação, será este de dois anos, a contar da data da conclusão do ato".

– *Redibição ou abatimento no preço*: Art. 445 do CC, onde se garante o prazo de trinta dias para obter a redibição ou o abatimento no preço, se a coisa for móvel; e de um ano, se tratar-se de imóvel, contado da entrega efetiva. Se já estava na posse, conta-se o prazo da alienação, reduzido à metade. No entanto, por força do § 1º do mesmo artigo, se o vício, por sua natureza,

---

[4] Apelação nº 2.115-4/4, da 1ª Câmara de Direito Privado do TJSP, j. em 7.05.1996, *Revista dos Tribunais* 732/211.
[5] O art. 593 do CPC, citado no texto, corresponde ao art. 792 do CPC vigente. Prescrição e decadência no direito brasileiro. In: CIANCI, Mirna (Coord.). *Prescrição no Código Civil*, cit., p. 10.

só puder ser conhecido mais tarde, o período decadencial principia a correr no momento em que dele tiver ciência a parte lesada, até o máximo de cento e oitenta dias, caso o bem for móvel; e até o máximo de um ano, se cuidar-se de imóvel. Envolvendo a transação animais, aplica-se o mesmo prazo assinalado para as coisas móveis, se não houver regra disciplinando diferentemente a matéria, consoante o § 2º.

Em vista do art. 446, os prazos citados não correm, em existindo cláusula de garantia, e enquanto a mesma perdurar. Cabe ao adquirente, porém, denunciar o defeito nos trinta dias seguintes ao seu descobrimento, sob pena de decadência:

> "Não correrão os prazos do artigo antecedente na constância de cláusula de garantia; mas o adquirente deve denunciar o defeito ao alienante nos trinta dias seguintes ao seu descobrimento, sob pena de decadência".

– *Ações para abatimento de preço ou complementação de área:* Art. 501, garantindo o prazo de um ano para as ações de abatimento de preço ou complementação de área nas compras e vendas de imóveis com áreas superiores ou inferiores às constantes no contrato. Conta-se o lapso de tempo a partir do registro do título. Havendo atraso na imissão da posse no imóvel, atribuível ao alienante, a partir da entrega fluirá o prazo de decadência. Realmente, expressa o texto:

> "Decai do direito de propor as ações previstas no artigo antecedente o vendedor ou o comprador que não o fizer no prazo de um ano, a contar do registro do título".

– *Exercício do direito de preferência pelo condômino:* Art. 504, que limita o prazo de cento e oitenta dias para o condômino preterido, na venda de imóvel comum, exercer o direito de preferência:

> "Não pode um condômino em coisa indivisível vender a sua parte a estranhos, se outro consorte a quiser, tanto por tanto. O condômino, a quem não se der conhecimento da venda, poderá, depositando o preço, haver para si a parte vendida a estranhos, se o requerer no prazo de cento e oitenta dias, sob pena de decadência".

– *Ação para reaver o imóvel na retrovenda:* Art. 505, concedendo o prazo de três anos para exercer o direito assegurado na retrovenda, de reaver o imóvel, restituindo o preço recebido e reembolsando as despesas. Conta-se o prazo a partir da data da escritura:

> "O vendedor de coisa imóvel pode reservar-se o direito de recobrá-la no prazo máximo de decadência de 3 (três) anos, restituindo o preço recebido e reembolsando as despesas do comprador, inclusive as que, durante o período de resgate, se efetuaram com a sua autorização escrita, ou para a realização de benfeitorias necessárias".

– *Estipulação do prazo na venda a contento e à prova:* O Art. 509 trata da venda a contento, sendo aquela em que se reserva ao comprador a liberdade de não comprar a coisa se esta não lhe agradar, significando mais uma proposta de de venda.

Já a venda à prova consta no art. 510, consistindo naquela que sujeita a confirmação à prova a cargo do comprador. Ou seja, antes de ser oficializada, assiste ao comprador a verificação se a coisa tem as qualidades asseguradas e seja idônea para a finalidade determinante da compra.

Tanto numa quanto na outra espécie, há, pois, uma condição suspensiva.

Não constando previsto um prazo para o comprador confirmar a aquisição, cabe ao vendedor fixá-lo, como encerra o art. 512:

"Não havendo prazo estipulado para a declaração do comprador, o vendedor terá direito de intimá-lo, judicial ou extrajudicialmente, para que o faça em prazo improrrogável".

Naturalmente, colocará o vendedor o prazo, não podendo revelar-se exíguo, ou de alguns dias.

– *A venda com cláusula de preempção ou preferência da venda ao vendedor:* Art. 513, parágrafo único, que preserva o prazo de cento e oitenta dias, se a coisa for móvel, ou de dois anos, se imóvel, a partir do ato da venda, durante o qual prevalece a cláusula de preempção ou preferência em favor do vendedor, na venda do bem que o comprador fizer no curso de tal prazo:

"O prazo para exercer o direito de preferência não poderá exceder a cento e oitenta dias, se a coisa for móvel, ou a dois anos, se imóvel".

– *A venda com cláusula de preempção ou preferência ao vendedor em inexistindo prazo:* Art. 516, que estabelece o dever de o comprador ofertar para o vendedor a coisa objeto da venda, a fim de que este exerça o direito de preempção ou preferência na compra, tanto por tanto. O prazo, para dizer do interesse, em se tratando de coisas móveis, limita-se a três dias; já no pertinente a imóveis, estende-se para sessenta dias. Eis a regra:

"Inexistindo prazo estipulado, o direito de preempção caducará, se a coisa for móvel, não se exercendo nos 3 (três) dias, e, se for imóvel, não se exercendo nos 60 (sessenta) dias subsequentes à data em que o comprador tiver notificado o vendedor".

Ou seja, insere-se uma cláusula obrigando-se o comprador a oferecer, antes, a oportunidade do vendedor em readquirir a mesma coisa, em conformidade com o assegurado pelo dispositivo mencionado.

– *Anulação da doação feita pelo cônjuge adúltero ao seu cúmplice:* O art. 550, reservando o prazo de dois anos para a anulação da doação feita pelo cônjuge adúltero ao seu cúmplice, devendo a ação vir promovida pelo outro cônjuge ou seus herdeiros:

"A doação do cônjuge adúltero ao seu cúmplice pode ser anulada pelo outro cônjuge, ou por seus herdeiros necessários, até dois anos depois de dissolvida a sociedade conjugal".

Realmente, o art. 550 assegura ao outro cônjuge ou aos seus herdeiros necessários a anulação da doação do cônjuge adúltero ao seu cúmplice, até dois anos depois de dissolvida a sociedade conjugal. Não significa que se impeça a promoção da lide competente durante a vigência da sociedade conjugal, obviamente ajuizável apenas pelo outro cônjuge.

Cuida-se da anulação de doação de um dos cônjuges ao concubino, assegurando o art. 1.642, inc. V, o direito tanto do marido como da mulher em reivindicar os bens comuns, móveis ou imóveis, doados ou transferidos pelo outro cônjuge ao concubino, desde que provado que os bens não foram adquiridos pelo esforço comum destes, se o casal estiver separado de fato por mais de cinco anos.

A nulidade ou anulação de doações restringe-se tão somente às pessoas casadas, não sendo possível a aplicação aos solteiros, viúvos, separados ou divorciados.

– *Doação a entidade futura:* Art. 554, dispondo que a doação a entidade futura caducará se, em dois anos, a mesma não se constituir legalmente:

> "A doação a entidade futura caducará se, em dois anos, esta não estiver constituída regularmente".

– *Revogação da doação por ingratidão:* Art. 559, que limita em um ano o prazo para a ação de revogação de doação tendo como amparo as hipóteses de ingratidão discriminadas no art. 557:

> "A revogação por qualquer desses motivos deverá ser pleiteada dentro de um ano, a contar de quando chegue ao conhecimento do doador o fato que a autorizar, e de ter sido o donatário o seu autor".

Consoante os arts. 555 a 557, revogam-se as doações por inexecução do encargo recebido do doador, e por ingratidão do donatário, sendo admitidas, neste último fundamento, unicamente as seguintes eventualidades: se o donatário atentou contra a vida do doador ou cometeu crime de homicídio doloso contra ele; se cometeu contra ele ofensa física; se o injuriou gravemente ou o caluniou; e se, podendo ministrá-los, recusou ao doador os alimentos de que este necessitava.

Inicia o prazo decadencial na data do fato revelador do fato ensejador da causa. Na repetição de fatos, não se conceberá o evento no significado de continuidade, mas considera-se cada um deles de forma autônoma. Na ofensa física, repetida em três momentos distintos, o período da decadência fluirá separadamente, a contar de cada ofensa.

De outra parte, extrai-se do art. 560 que a revogação não se transmite aos herdeiros do doador, nem prejudica os do donatário. Entretanto, aqueles podem prosseguir na ação iniciada pelo doador, continuando-a contra os herdeiros do donatário, se este falecer depois de ajuizada a lide. Trata-se, pois, de ação personalíssima, a ser intentada pelo doador, a ponto de não permitir o Código a propositura por outras pessoas, dirigindo-se a demanda apenas contra o ingrato.

A respeito, pontificou no Superior Tribunal de Justiça, sobre o assunto, tendo em conta o então art. 1.185, que está substituído pelo art. 560 do atual Código:

> "A disposição do artigo 1.185 do Código Civil, estabelecendo que personalíssimo o direito de pedir a revogação da doação, só se aplica quando isso se pleitear em virtude de ingratidão do donatário e não quando o pedido se fundar em descumprimento de encargo".

Aduz-se, no curso do voto:

> "Não se justificaria, com efeito, que apenas o doador pudesse postular a revogação. Essa restrição se justifica quando se trata de ingratidão. Em tal caso, razoável se limite a titularidade da ação ao doador, pois, a quem praticou o ato de liberalidade e foi vítima da ofensa, em que se traduziu a ingratidão, se há de reservar a decisão sobre se é o caso de desfazê-lo. A mesma razão não se apresenta quando se cuida de inadimplemento de encargo".[6]

---

[6] REsp nº 95.309/SP, da 3ª Turma, j. em 27.04.1998, *DJU* de 15.06.1998, rel. Min. Eduardo Ribeiro, *Direito Imobiliário*, boletim semanal n. 47, p. 892, nov. 1998.

Finalmente, considerando que o prazo *supra* se restringe à anulação por inexecução de encargo e por ingratidão, extrai-se que as demais causas de se anular ou revogar submetem-se ao prazo comum de dez anos, previsto no art. 205.

– *Ação do dono da obra contra o empreiteiro, por vício ou defeito de solidez e segurança:* O art. 618 fixa o prazo de cinco anos de solidez e garantia da construção. O parágrafo único assegura o prazo de cento e oitenta dias para o dono da obra em propor a ação contra o empreiteiro de materiais e execução, a contar do aparecimento do vício ou defeito relativamente à solidez e segurança do trabalho, nos contratos de empreitada de edifícios e outras construções respeitáveis, valendo o direito durante cinco anos desde a conclusão da obra:

> "Nos contratos de empreitada de edifícios ou outras construções consideráveis, o empreiteiro de materiais e execução responderá, durante o prazo irredutível de cinco anos, pela solidez e segurança do trabalho, assim em razão dos materiais, como do solo.
>
> Parágrafo único. Decairá do direito assegurado neste artigo o dono da obra que não propuser a ação contra o empreiteiro, nos cento e oitenta dias seguintes ao aparecimento do vício ou defeito".

Conforme entendimento predominante, o prazo de cinco anos é de simples garantia. Durante seu curso, o construtor obriga-se a assegurar a solidez e a garantia da construção. No entanto, não envolve a indenização pelos prejuízos que advierem da imperfeição da obra. Bem explícito é Washington de Barros Monteiro, sobre o prazo que anteriormente era de vinte anos e hoje se encurtou para dez anos, para reclamar o valor da indenização, decorrente de vícios verificados durante o mencionado lapso de cinco anos: "Só ao cabo de vinte anos prescreve a ação... para a reposição da obra em perfeito estado".[7]

Carvalho Santos é mais incisivo nesta *opinio*: "O prazo de cinco anos aí prefixado não diz respeito ao exercício da ação que o proprietário pode intentar contra o construtor, em razão de sua responsabilidade. Esta sim é que se presume sempre, se se manifestam os vícios da obra ou sobrevém a ruína nesse prazo.

De fato, nos termos do texto que comentamos, o construtor fica obrigado a garantir a solidez e a segurança da construção que fizer pelo prazo de cinco anos. Mas não obriga a lei que o dono da obra intente a sua ação nesse mesmo prazo. Pelo que parece evidente que a sua ação prescreverá em vinte anos, contados do momento em que se verificar a falta de segurança ou solidez da obra".[8]

A aplicação jurisprudencial era pacífica nessa exegese, observando, entrementes, que o período decadencial passou a ser de cento e oitenta dias a começar do surgimento do vício ou defeito.

– *Concurso com promessa de recompensa:* Art. 859, relativamente ao concurso com promessa de recompensa, afirmando ser condição essencial, para valer, a fixação de um prazo:

> "Nos concursos que se abrirem com promessa pública de recompensa, é condição essencial, para valerem, a fixação de um prazo, observadas também as disposições dos parágrafos seguintes". Tal prazo fica a critério do programador do concurso.

---

[7] *Curso de direito civil*: direito das obrigações. 2. ed. São Paulo: Saraiva, 1962. v. 2, p. 207.
[8] *Código Civil brasileiro interpretado*, cit., v. XVII, p. 347-348.

– *A ação do proprietário de prédio desfalcado pela avulsão:* Art. 1.251, onde se assinala o prazo de um ano, para a ação do proprietário do prédio desfalcado contra o do prédio aumentado pela avulsão, contando-se o prazo do dia em que ocorreu a avulsão, sendo definido o fenômeno da avulsão e indicadas as viabilidades oferecidas ao dono do prédio desfalcado:

> "Quando, por força natural violenta, uma porção de terra se destacar de um prédio e se juntar a outro, o dono deste adquirirá a propriedade do acréscimo, se indenizar o dono do primeiro ou, sem indenização, se, em 1 (um) ano, ninguém houver reclamado".

Não verificada a reclamação no período mencionado, consolida-se a propriedade em nome do dono do prédio no qual se deu a anexação.

Observa Clóvis Beviláqua, tendo em vista os arts. 541 e 542 do Código anterior, cujos conteúdos se repetem no atual art. 1.251 e em seu parágrafo único, que a faculdade, "segundo determina o art. 541, dá opção ao réu para aquiescer na remoção da terra, que se veio juntar ao seu prédio, ou para indenizar o reclamante. Decorrido um ano, declara o art. 542, a junção da terra ficará definitivamente incorporada ao prédio onde se acha, perdendo o antigo dono o direito de reivindicá-la ou de ser indenizado...".[9]

– *Ação para exigir que se desfaça janela, sacada, terraço ou goteira:* Art. 1.302, prevendo o lapso de ano e dia após a conclusão da obra, para o proprietário exigir que se desfaça janela, sacada, terraço ou goteira sobre o seu prédio:

> "O proprietário pode, no lapso de ano e dia após a conclusão da obra, exigir que se desfaça janela, sacada, terraço ou goteira sobre o seu prédio; escoado o prazo, não poderá, por sua vez, edificar sem atender ao disposto no artigo antecedente, nem impedir, ou dificultar, o escoamento das águas da goteira, com prejuízo para o prédio vizinho".

Escoado o prazo, não se lhe permite, por sua vez, edificar abrindo janela, ou fazendo eirado, terraço ou varanda a menos de metro e meio do terreno vizinho, ou impedindo ou dificultando o escoamento de águas da goteira, com prejuízo para o prédio vizinho.

A norma enseja dúvidas. Mesmo concordando na obra irregular, o dono do prédio serviente reveste-se de titularidade para o desfazimento?

Os autores, ao tempo da norma do art. 576 do Código de 1916, dividiam a anuência em expressa e tácita. Não aceitavam a possibilidade da retirada ou do desfazimento se não fosse expressa. O disposto no então art. 576 só se referia à anuência tácita ou presumida. Mostrava-se coerente a exegese, e estende-se ao atual art. 1.302. Realmente, contra o disposto pelas partes nada se pode exigir. Não contraria preceito legal a disposição de suas vontades.

O prazo é computado a partir da obra e não da abertura da janela, ou da construção de sacada, terraço ou varanda.

Se o dono, durante o referido lapso de tempo, fica inerte, firma-se o direito do vizinho, que se transforma em verdadeira servidão de continuar com a janela no estado em que a colocou. Escoado o prazo, não se conclua que fica autorizado a construir desrespeitando a restrição do art. 1.302.

O assunto virá desenvolvido mais profundamente adiante, em item específico.

---

[9] *Código Civil dos Estados Unidos do Brasil comentado.* 12. ed. Rio de Janeiro: Edição Paulo de Azevedo, 1959. v. I, p. 380.

– *Manifestação do direito de remissão de imóvel hipotecado pelo adquirente:* Art. 1.481, que oferece o prazo de trinta dias, a contar do registro do título aquisitivo, para o adquirente de imóvel hipotecado manifestar o direito de remi-lo, citando os credores hipotecários e propondo importância não inferior ao preço por que o adquiriu:

> "Dentro em trinta dias, contados do registro do título aquisitivo, tem o adquirente do imóvel hipotecado o direito de remi-lo, citando os credores hipotecários e propondo importância não inferior ao preço por que o adquiriu".

– *Confirmação do casamento nuncupativo:* Art. 1.541, fixando o prazo de dez dias para a as testemunhas confirmarem o casamento nuncupativo:

> "Realizado o casamento, devem as testemunhas comparecer perante a autoridade judicial mais próxima, dentro em dez dias, pedindo que lhes tome por termo a declaração de:
> I – que foram convocadas por parte do enfermo;
> II – que este parecia em perigo de vida, mas em seu juízo;
> III – que, em sua presença, declararam os contraentes, livre e espontaneamente, receber-se por marido e mulher".

Este casamento consta definido no art. 1.540:

> "Quando algum dos contraentes estiver em iminente risco de vida, não obtendo a presença da autoridade à qual incumba presidir o ato, nem a de seu substituto, poderá o casamento ser celebrado na presença de seis testemunhas, que com os nubentes não tenham parentesco em linha reta, ou, na colateral, até segundo grau".

– *Anulação do casamento de menor não autorizado por seu representante:* Art. 1.555 e seus §§ 1º e 2º, fixando o prazo de cento e oitenta dias para o menor em idade núbil, quando não autorizado por seu representante legal, pedir a anulação do casamento:

> "§ 1º O prazo estabelecido neste artigo será contado do dia em que cessou a incapacidade, no primeiro caso; a partir do casamento, no segundo; e, no terceiro, da morte do incapaz.
> § 2º Não se anulará o casamento quando à sua celebração houverem assistido os representantes legais do incapaz, ou tiverem, por qualquer modo, manifestado sua aprovação."

Estende-se a faculdade aos seus representantes legais ou aos herdeiros necessários. Inicia o prazo, para a propositura da ação, do dia em que cessou a incapacidade, se o menor a ajuizar; a partir do casamento, para o caso dos representantes promoverem a lide; e da morte do incapaz, se os herdeiros forem os autores.

Deve-se entender o menor em idade núbil, como o relativamente capaz, que já completou dezesseis anos de idade.

– *Anulação do casamento, a contar da celebração, por incapaz de consentir, incompetência do celebrante, e erro sobre a pessoa:* Art. 1.560, prevendo, para ser intentada a ação de anulação do casamento, a contar do dia da celebração, os seguintes prazos:

"I – cento e oitenta dias, no caso do inc. IV do art. 1.550;

II – dois anos, se incompetente a autoridade celebrante;

III – três anos nos casos dos incisos I a IV do art. 1.557;

IV – quatro anos, se houver coação".

Em relação ao inciso I, referindo o caso do inciso IV do art. 1.550, tem em vista o casamento celebrado por incapaz de consentir ou manifestar, de modo inequívoco, o consentimento.

Quanto ao inciso III, os casos dos incisos I a III são os seguintes, com alteração da Lei 13.146/2015:

"I – o que diz respeito à sua identidade, sua honra e boa fama, sendo esse erro tal que o seu conhecimento ulterior torne insuportável a vida em comum ao cônjuge enganado;

II – a ignorância de crime, anterior ao casamento, que, por sua natureza, torne insuportável a vida conjugal;

III – a ignorância, anterior ao casamento, de defeito físico irremediável que não caracterize deficiência ou de moléstia grave e transmissível, por contágio ou por herança, capaz de pôr em risco a saúde do outro cônjuge ou de sua descendência".

É de esclarecer mais pormenorizadamente a hipótese do inc. I do art. 1.560, que fixa o prazo de cento e oitenta dias para o caso do inc. IV do art. 1.550, que, por sua vez, é o do incapaz de consentir ou manifestar, de modo inequívoco, o consentimento. Não abrange o menor de dezesseis anos, pois o prazo, no caso, está regulado no § 1º do art. 1.560, como se verá logo adiante. A previsão do inc. IV do art. 1.550 refere-se ao incapaz de consentir ou manifestar, de modo inequívoco, o consentimento, seja qual for a causa, como interdição, ou incapacidade declarada judicialmente. Não se pode olvidar que as incapacidades dos incisos II e III do art. 3º do Código Civil restaram revogadas pela Lei nº 13.146/2015. Presentemente, é necessária a declaração judicial para definir a incapacidade de realizar os atos da vida civil.

– *Anulação do casamento de menor de dezesseis anos e de seus representantes:* Art. 1.560, § 1º, fixando o prazo de cento e oitenta dias para exercer o direito de anular o casamento dos menores de dezesseis anos, iniciando, para o menor, do dia em que ele perfez essa idade, e da data do casamento, para seus representantes legais e ascendentes:

"Extingue-se, em cento e oitenta dias, o direito de anular o casamento dos menores de dezesseis anos, contado o prazo para o menor do dia em que perfez essa idade; e da data do casamento, para seus representantes legais ou ascendentes".

– *Anulação do casamento realizado por mandatário:* Art. 1.560, § 2º, em que consta o prazo de cento e oitenta dias para a anulação do casamento realizado pelo mandatário, sem que ele ou o outro contraente soubesse da revogação do mandato, e não sobrevindo coabitação entre os cônjuges, contando o lapso de tempo a começar da data em que o mandante tiver conhecimento da celebração:

"Na hipótese do inciso V do art. 1.550, o prazo para anulação do casamento é de cento e oitenta dias, a partir da data em que o mandante tiver conhecimento da celebração".

– *Impugnação do reconhecimento da paternidade ou da maternidade:* Art. 1.614, concedendo o prazo de quatro anos para o filho menor impugnar o reconhecimento da paternidade ou maternidade, a iniciar da maioridade ou emancipação. Eis a redação do art. 1.614:

"O filho maior não pode ser reconhecido sem o seu consentimento, e o menor pode impugnar o reconhecimento, nos 4 (quatro) anos que se seguirem à maioridade, ou à emancipação".

A disposição repete praticamente a norma que constava do art. 362 do Código Civil de 1916.

É bem possível que o filho venha a saber que sua mãe, em sua vida de aventuras, no período presumível da concepção, tenha tido em momentos próximos mais de uma ligação amorosa. E, certamente, constitui razão ponderável ao filho a pretensão de rejeitar a paternidade não verdadeira, para buscar a que entende real, que poderá, inclusive, trazer repercussões sociais e econômicas mais vantajosas.

Entretanto, é de se ponderar, buscando o filho o reconhecimento da paternidade biológica, ajuíze a ação em qualquer tempo, depois de advinda a maioridade. Ora, advindo a maioridade, concede-se o prazo de quatro anos para impugnar a paternidade. No entanto, decaindo do direito de desconstituição da paternidade constante no registro civil, não há como investigar a paternidade. Há a decadência do direito de desconstituir, sem o que não se abre o caminho de buscar uma nova paternidade. Prepondera o princípio da proteção à estabilidade das relações jurídicas.

Nota-se, pelo raciocínio *supra*, que a imprescritibilidade da ação de investigação de paternidade cede quando o filho deixa de questionar o seu reconhecimento de filho de determinado pai registral no quadriênio seguinte ao de sua maioridade. Esse prazo para impugnar a paternidade já vinha consagrado no art. 178, § 9º, inc. VI, do Código Civil de 1916.

Também prepondera o entendimento da inviabilidade de dar a mesma igualdade do filho que tem registro à do não registrado, em relação ao pai. As situações são diferentes. Do contrário, todas as pessoas poderiam propor ações de investigação de paternidade, transformando em caos as relações afetivas, instaurando o desassossego e desencadeando a instabilidade do próprio sistema jurídico.

Como, então, manter o princípio constitucional de que é imprescritível a ação de investigação de paternidade, com base no § 6º do art. 227 da Carta Federal? Garante o dispositivo que "os filhos, havidos ou não da relação do casamento, ou por adoção, terão os mesmos direitos e qualificações, proibidas quaisquer designações discriminatórias relativas à filiação". Retira-se da gama de direitos contida nesse cânone que os filhos podem intentar a investigatória a qualquer tempo, a qual se institui como imprescritível. Daí segue-se que o fato de alguém ter sido registrado como filho por outrem que não seja o pai biológico não possui a força de afastar o direito de investigar a paternidade, e de alterar o registro. No entanto, vai adquirindo importância a paternidade afetiva, a qual, aliada à necessidade de se manter o *status* do fato consumado, ou a realidade da vida como vinha se perpetuando, desaconselha que se quebre a estabilidade das relações e uma estruturação de vidas formada ao longo dos anos.

Num outro campo, não se pode negar o direito de impugnar a paternidade se incapaz o filho, que será representado, no caso, pelo curador nomeado na interdição, ou por outro que o juiz designará na própria ação.

Quanto ao menor, percebe-se o prazo de quatro anos para viabilizar a impugnação a contar do início da maioridade. No entanto, nada impede que ele ingresse antes com a ação, ou enquanto menor, se devidamente representado ou assistido.

– *Anulação do ato praticado sem a autorização do cônjuge: Art. 1.649, que* reserva o prazo de dois anos, contado do término da sociedade conjugal, para providenciar na anulação do ato praticado sem autorização do outro cônjuge, nos seguintes casos, apontados no art. 1.647:

"I – alienação ou gravação de ônus real os bens imóveis;

II – pleito, como autor ou réu, acerca desses bens ou direitos;

III – prestação de fiança ou aval;

IV – doação, não sendo remuneratória, de bens comuns, ou dos que possam integrar futura meação".

Interessa, no caso, observar a existência de atos cuja validade depende da presença do marido e da mulher, como os que envolvem transmissões ou onerações de imóveis, e concessão de fiança ou aval.

Aponta o art. 1.650 quem está autorizado a pleitear a nulidade:

"A decretação de invalidade dos atos praticados sem outorga, sem o consentimento, ou sem o suprimento do juiz, só poderá ser demandada pelo cônjuge a quem cabia concedê-la, ou por seus herdeiros".

Sobre o início do prazo, dá Yussef Said Cahali a seguinte orientação:

"1º) Conquanto não seja prazo prescricional, e, portanto, inaplicável a suspensão prevista no art. 197, I, a ação anulatória pode ser proposta pelo cônjuge na constância do casamento, a qualquer tempo, 'até dois anos depois de terminada a sociedade conjugal' (art. 1.650, *caput*).

Esse caráter então 'vitalício' do direito de pedir a anulação do ato, se a mulher não viesse a separar-se judicialmente, já inquietava o direito anterior, na medida em que gerava uma prolongada instabilidade das relações negociais.

2º) Separando-se ou não judicialmente o cônjuge, vindo este a falecer, seus herdeiros ou a) se habilitariam como sucessores da ação anulatória se ajuizada pelo *de cujus*; ou b) estariam sujeitos à decadência pelo prazo remanescente até completar-se o biênio legal. Esta, aliás, a solução preconizada por Lafayette no caso de doação feita pelo marido ao corréu adúltero".[10]

Entende-se que, no caso de morte do cônjuge, em vista do art. 1.649, transfere-se aos seus herdeiros o direito de buscar a anulação, no prazo de dois anos, eis que este fato traz o término da sociedade conjugal. Se houve o divórcio, e depois de certo período veio a falecer o ex-cônjuge prejudicado, aos seus herdeiros reserva-se o interregno restante do lapso temporal de dois anos a contar do divórcio.

– *O direito de demandar a exclusão do herdeiro ou legatário:* Art. 1.815, parágrafo único, assegurando o prazo de quatro anos para o direito de demandar a exclusão do herdeiro ou legatário, contado da abertura da sucessão; e o art. 1.965, parágrafo único, que estabelece em quatro anos o período decadencial para exercer o direito de provar a causa de deserdação, a contar da data da abertura do testamento.

Veja-se o texto do parágrafo único do art. 1.815:

"O direito de demandar a exclusão do herdeiro ou legatário extingue-se em 4 (quatro) anos, contados da abertura da sucessão".

---

[10] *Prescrição e decadência*, cit., p. 205.

Por sua vez, o parágrafo único do art. 1.965:

"O direito de provar a causa de deserdação extingue-se no prazo de 4 (quatro) anos, a contar da data da abertura do testamento".

A ação, portanto, no primeiro caso, é para o herdeiro ingressar com a ação de deserdação. Já na segunda situação, a ação visa à confirmação da causa de deserdação, que veio declarada em testamento.

Luiz F. Carpenter aponta as duas hipóteses: "No sentido lato, a exclusão do herdeiro indigno, também denominada deserdação, abrange não só a que é invocada pelo próprio autor da herança (vulgar e simplesmente chamada deserdação), como a que é invocada pelos herdeiros dele, depois de sua morte (vulgar e simplesmente denominada exclusão do herdeiro)".[11]

O art. 1.814 autoriza a exclusão dos herdeiros:

"I – que houverem sido autores, coautores ou partícipes de homicídio doloso, ou tentativa deste, contra a pessoa de cuja sucessão se tratar, seu cônjuge, companheiro, ascendente ou descendente;

II – que houverem acusado caluniosamente em juízo o autor da herança ou incorrerem em crime contra a sua honra, ou de seu cônjuge ou companheiro;

III – que, por violência ou meios fraudulentos, inibirem ou obstarem o autor da herança de dispor livremente de seus bens por ato de última vontade".

Consoante o art. 1.815, dependerá de sentença a exclusão do herdeiro ou legatário em qualquer dos casos citados de indignidade.

As causas de deserdação dos descendentes pelos ascendentes, além das constantes no art. 1.814, aparecem no art. 1.962, sendo:

"I – ofensa física;

II – injúria grave;

III – relações ilícitas com a madrasta ou o padrasto;

IV – desamparo do ascendente em alienação mental ou grave enfermidade".

Já as causas de deserdação dos ascendentes pelos descendentes, a par das inseridas no art. 1.814, estão no art. 1.963:

"I – ofensa física;

II – injúria grave;

III – relações ilícitas com a mulher ou companheira do filho ou a do neto, ou

com o marido ou companheiro da filha ou o da neta;

IV – desamparo do filho ou neto com deficiência mental ou grave enfermidade".

Nestas últimas previsões, oportuna a lembrança da advertência de Luiz F. Carpenter: "É de notar, porém, que o autor da herança, que falecer sem testamento, não poderá deserdar,

---

[11] *Da prescrição*, cit., v. II, p. 634.

porque a deserdação, que não for feita em testamento, não tem valor: é o que diz o art. 1.742 do Código, cujo teor é o seguinte: 'a deserdação só pode ser ordenada em testamento, com expressa declaração de causa".[12]

– *Impugnação da validade do testamento:* Art. 1.859, reservando o prazo de cinco anos para impugnar a validade do testamento, iniciando na data de seu registro:

> "Extingue-se em cinco anos o direito de impugnar a validade do testamento, contado o prazo da data do seu registro".

Tem-se um lapso de tempo para a iniciativa da invalidade do ato de disposição de última vontade, numa exceção à regra do art. 169 da lei civil, a qual determina que o negócio jurídico nulo não é suscetível de confirmação, e nem convalesce pelo decurso do tempo. Na hipótese da sucessão testamentária, uma vez operado o transcurso do lapso de cinco anos, naturalmente iniciando na data do registro do testamento, não cabe mais qualquer medida judicial para a desconstituição. Não se aplica a regra de que inicia o prazo quando se dá o conhecimento do vício. Em relação aos incapazes, há a exceção do art. 198, inc. I, em obediência ao art. 208, levando a concluir que não se inicia o prazo até ser alcançada a capacidade plena.

Trata-se de prazo decadencial, ou de caducidade, verificado em negócio jurídico *causa mortis*.

Abrange tanto os casos de nulidade – arts. 166 e 167, como, em parte, os casos de anulabilidade – art. 171, uma vez que o dispositivo assegura a ação para a invalidade, que é o gênero, compreendendo as duas espécies. Outrossim, nada impede que a invalidade envolva parte ou todo o ato de disposição.

Falou-se que abrange em parte os casos do art. 171. Veja-se o texto:

> "Além dos casos expressamente declarados na lei, é anulável o negócio jurídico:
> I – por incapacidade relativa do agente;
> II – por vício resultante de erro, dolo, coação, estado de perigo, lesão ou fraude contra credores".

De observar, porém, o conteúdo do art. 1.909:

> "São anuláveis as disposições testamentárias inquinadas de erro, dolo ou coação.
> Parágrafo único. Extingue-se em quatro anos o direito de anular a disposição, contados de quando o interessado tiver conhecimento do vício".

De modo que, quanto aos vícios de consentimento de erro, dolo e coação, o prazo decadencial é de quatro anos.

Conforme resta claro do art. 1.859, o registro do testamento, que se lança depois da abertura e confirmação, seguindo a tramitação dos arts. 735 e seguintes do diploma processual civil, marca o início do lapso temporal da caducidade, não comportando que se procure a via judicial ainda em vida do testador, por se tratar de negócio *causa mortis*.

– *Comprovação da causa que determinou a deserdação:* Art. 1.965 do CC, e seu parágrafo único, prevendo que, uma vez verificada a deserdação, tem o herdeiro ou o interessado o prazo

---

[12] O mencionado art. 1.742 veio reproduzido, no seu conteúdo, pelo art. 1.964 do Código de 2002. *Da prescrição*, cit., v. II, p. 634.

de quatro anos para a comprovação da causa, a contar da data da abertura do testamento. Eis o texto do art. 1.965:

> "Ao herdeiro instituído, ou àquele a quem aproveite a deserdação, incumbe provar a veracidade da causa alegada pelo testador.
>
> Parágrafo único. O direito de provar a causa da deserdação extingue-se no prazo de quatro anos, a contar da data da abertura do testamento".

Capítulo LXXIV
A DECADÊNCIA E A PRESCRIÇÃO NO CAMPO DO DIREITO DO CONSUMIDOR

Sabe-se que a decadência diz respeito ao direito, colocando fim a qualquer pretensão para a sua satisfação. Não se tem em vista o tipo de ação ou lide contemplado para a busca do direito. O próprio direito é atingido, porquanto não procurado, sem importar qual o caminho processual eleito. Por afetar o direito, fazendo-o desaparecer, abrange automaticamente a ação, não se encontrando meio algum para ser aquele exercitado. Os prazos são extintivos do direito, não importando a ação porventura contemplada na lei. Se o direito caduca, automaticamente não cabe qualquer ação para reclamá-lo.

A prescrição é considerada como a perda da ação relativa a um direito. Já Clóvis Beviláqua assentava o fundamento desse conceito: "Prescrição é a perda da ação atribuída a um direito, e de toda a sua capacidade defensiva, em consequência do não uso delas, durante um determinado espaço de tempo. Não é o fato de não se exercer o direito que lhe tira o vigor; nós podemos conservar inativos em nosso patrimônio muitos direitos, por tempo indeterminado. O que o torna inválido é o não uso da sua propriedade defensiva, da ação que o reveste e protege".[1]

No campo do direito do consumidor, colocam-se limites temporais para os direitos, o que é próprio da decadência; e prazos para o exercício dos direitos, tendo, então, a prescrição.

Em relação à *decadência*, se afastado o direito, o mesmo desaparece. O reconhecimento se dá em determinado momento, quando inicia a contagem da decadência. Falando a lei em direito, é ele que desaparece com o decurso do prazo estabelecido para a sua fruição. Na prescrição, uma vez ocorrendo, há a perda da ação, que pode abranger direitos do passado desde o momento da existência da relação contratual, ou o período anterior que enseja a pretensão. Em se cuidando da decadência, decorrido o lapso de tempo para as medidas, caducam as viabilidades de insurgência. Vejam-se as hipóteses do art. 26 da Lei nº 8.078/1990, típicos casos de decadência:

> "O direito de reclamar pelos vícios aparentes ou de fácil constatação caduca em:
>
> I – 30 (trinta) dias, tratando-se de fornecimento de serviço e de produto não duráveis;
>
> II – 90 (noventa) dias, tratando-se de fornecimento de serviços e de produtos duráveis".

Na primeira previsão, enquadram-se os produtos perecíveis, como na produção e comercialização de alimentos, enquanto na segunda o objeto da relação econômica envolve bens ou produtos que perduram no tempo, isto é, de existência longa ou mais duradoura e, assim, os eletrodomésticos, os veículos, as vestimentas, os móveis.

---

[1] *Teoria geral do direito civil*, cit., p. 380.

O § 1º indica quando inicia a contagem do prazo da decadência, que é "a partir da entrega efetiva do produto ou do término da execução dos serviços".

A entrega efetiva, define Suzana Catta Preta Federighi, "é o produto ou serviço completo em sua composição, possibilitando a imediata experimentação da utilidade do bem em sua real extensão. De nada adiantaria a entrega de automóvel sem motor, em prazo posterior, uma vez que a constatação da perfeição do bem estaria prejudicada pela imobilidade da lei".[2]

Por sua vez, o § 2º aponta fatos obstativos do início da decadência:

> "Obstam a decadência: I – a reclamação comprovadamente formulada pelo consumidor perante o fornecedor de produtos e serviços até a resposta negativa correspondente, que deve ser transmitida de forma inequívoca;
> II – (vetado);
> III – a instauração de inquérito civil, até seu encerramento".

Todavia, segue o § 3º, que versa sobre vício oculto, "o prazo decadencial inicia-se no momento em que ficar evidenciado o defeito". Unicamente quando surgir ou ficar comprovado o defeito inicia a contagem do prazo. Suzana Catta Preta Federighi dá a ideia de vício oculto: "Esses vícios são aqueles que demandam um tempo maior ou um conhecimento específico, não constituindo, portanto, resultado de uma percepção imediata do adquirente.

Um critério que pode ser usado para a detecção do vício é o do prazo dado pela garantia contratual, que de fato auxilia o consumidor na fixação da durabilidade do produto, auxiliando-o a discernir o que é envelhecimento do produto e o que é vício".[3]

Sendo aparente o vício, ou de fácil constatação, inicia o prazo com a entrega dos produtos, aplicando-se o § 1º, aspecto este analisado pelo Prof. catarinense Orlando Celso da Silva Neto: "(...) O § 1º deixa claro que a contagem, nesses casos, é a partir da entrega do produto. O consumidor, portanto, ao receber o produto, mesmo que não pretenda dar-lhe uso imediato, deverá abrir a embalagem e verificar sua aparência e estado geral. Em se tratando de produto que necessite eletricidade, deverá ligar o aparelho e deixá-lo funcionar por tempo razoável".[4]

Há, também, a decadência do direito para restituir produtos ou sanar vícios de qualidade ou quantidade, a cargo do fornecedor ou prestador.

Realmente, se apresentarem os bens vendidos e serviços vícios ou deficiências de qualidade ou quantidade, prejudicando o uso ou o consumo, assiste ao adquirente ou consumidor o direito de exigir que sejam substituídos ou sanados os vícios e defeitos, ou restituído o valor da compra. Para tanto, é necessário que seja manifestada a vontade mediante notificação ou qualquer outra modalidade de comunicação. É assegurado o prazo de trinta dias para o fornecedor ou prestador atender ao pedido. Veja-se o art. 18 da Lei nº 8.078/1990, a respeito:

> "Os fornecedores de produtos de consumo duráveis ou não duráveis respondem solidariamente pelos vícios de qualidade ou quantidade que os tornem impróprios ou inadequados ao consumo a que se destinam ou lhes diminuam o valor, assim como por aqueles decorrentes da disparidade, com as indicações constantes do recipiente, da em-

---

[2] A prescrição e a decadência no CDC. In: CIANCI, Mirna (Coord.). *Prescrição no Código Civil*, cit., p. 522.
[3] A prescrição e a decadência no CDC. In: CIANCI, Mirna (Coord.). *Prescrição no Código Civil*, cit., p. 519.
[4] *Comentários ao Código de Defesa do Consumidor*. Rio de Janeiro: Forense, 2013. p. 398-399.

balagem, rotulagem ou mensagem publicitária, respeitadas as variações decorrentes de sua natureza, podendo o consumidor exigir a substituição das partes viciadas".

Orlando Celso da Silva Neto explica o significado de vício: "O Código definiu o vício como falta de qualidade de um produto ou serviço. No que diz respeito ao fornecimento de produtos, tratado neste art. 18, vício é particularidade que torne o produto inadequado, impróprio para o consumo, diminua o valor do produto ou que apresente disparidade entre o que efetivamente existe e o indicado".[5]

Uma vez decorrido o lapso de tempo de trinta dias, há a decadência do direito em sanar os vícios ou deficiências. Nascem, então, várias alternativas ao consumidor, sendo elas: ou a substituição do produto, ou a restituição da quantia paga, ou o abatimento proporcional do preço. É o que garante o § 1º do art. 18:

"Não sendo o vício sanado no prazo máximo de trinta dias, pode o consumidor exigir, alternativamente e à sua escolha:

I – a substituição do produto por outro da mesma espécie, em perfeitas condições de uso;

II – a restituição imediata da quantia paga, monetariamente atualizada, sem prejuízo de eventuais perdas e danos;

III – o abatimento proporcional do preço".

O § 6º exemplifica várias situações de impropriedade para o uso e consumo:

"São impróprios ao uso e consumo:

I – os produtos cujos prazos de validade estejam vencidos;

II – os produtos deteriorados, alterados, adulterados, avariados, falsificados, corrompidos, fraudados, nocivos à vida ou à saúde, perigosos ou, ainda, aqueles em desacordo com as normas regulamentares de fabricação, distribuição ou apresentação;

III – os produtos que, por qualquer motivo, se revelem inadequados ao fim a que se destinam".

O STJ abordou a matéria da decadência em várias oportunidades, sendo exemplo a seguinte decisão:

"A garantia legal de adequação de produtos e serviços é direito potestativo do consumidor, assegurado em lei de ordem pública (arts. 1º, 24 e 25 do Código de Defesa do Consumidor).

A facilidade de constatação do vício e a durabilidade ou não do produto ou serviço são os critérios adotados no Código de Defesa do Consumidor para a fixação do prazo decadencial de reclamação de vícios aparentes ou de fácil constatação em produtos ou serviços.

O direito de reclamar pelos vícios aparentes ou de fácil constatação caduca 30 (trinta), em se tratando de produto não durável, e em 90 (noventa) dias, em se tratando de produto durável (art. 26, incisos I e II, do CDC).

---

[5] *Comentários ao Código de Defesa do Consumidor*, cit., p. 331.

O início da contagem do prazo para os vícios aparentes ou de fácil constatação é a entrega efetiva do produto (tradição) ou, no caso de serviços, o término da sua execução (art. 26, § 1º, do CDC), pois a constatação da inadequação é verificável de plano a partir de um exame superficial pelo 'consumidor médio'.

A decadência é obstada pela reclamação comprovadamente formulada pelo consumidor perante o fornecedor de produtos e serviços até a resposta negativa correspondente, que deve ser transmitida de forma inequívoca (art. 26, § 2º, inciso I, do CDC), o que ocorreu no caso concreto.

O vestuário representa produto durável por natureza, porque não se exaure no primeiro uso ou em pouco tempo após a aquisição, levando certo tempo para se desgastar, mormente quando classificado como artigo de luxo, a exemplo do vestido de noiva, que não tem uma razão efêmera.

O bem durável é aquele fabricado para servir durante determinado transcurso temporal, que variará conforme a qualidade da mercadoria, os cuidados que lhe são emprestados pelo usuário, o grau de utilização e o meio ambiente no qual inserido. Por outro lado, os produtos 'não duráveis' extinguem-se em um único ato de consumo, porquanto imediato o seu desgaste.

Recurso provido para afastar a decadência, impondo-se o retorno dos autos à instância de origem para a análise do mérito do pedido como entender de direito".[6]

Entretanto, cumpre observar que os prazos do art. 26 não abrangem a prestação de contas solicitada pelo consumidor, em especial quando bancários os serviços, e relativos a concessões de crédito ou empréstimos. Há a Súmula nº 477, do STJ, proclamada em julgamento de 13.06.2012, *DJe* de 19.06.2012, da 2ª Seção, sobre a matéria: "A decadência do art. 26 do CDC não é aplicável à prestação de contas para obter esclarecimentos sobre cobrança de taxas, tarifas e encargos bancários".

A razão do entendimento está em que "o art. 26 do Código de Defesa do Consumidor dispõe sobre o prazo decadencial para a reclamação por vícios em produtos ou serviços prestados ao consumidor, não sendo aplicável à ação de prestação de contas ajuizada pelo correntista com o escopo de obter esclarecimentos acerca da cobrança de taxas, tarifas e/ou encargos bancários (...)".[7]

Em relação à *prescrição*, o prazo para o exercício de direitos é de cinco anos. Assim, na reparação de danos causados por violação dos preceitos de proteção ao consumidor, estende-se para cinco anos o lapso de tempo para a ação ou providência judicial. Configura-se a prescrição, nos termos do art. 27:

> "Prescreve em 5 (cinco) anos a pretensão à reparação pelos danos causados por fato do produto ou do serviço prevista na Seção II deste Capítulo, iniciando-se a contagem do prazo a partir do conhecimento do dano e de sua autoria".

Os danos causados por fato do produto ou do serviço previstos na Seção II são os seguintes, contemplados nos arts. 12, 13 e 14:

---

[6] REsp nº 1.161.941/DF, da 3ª Turma, j. em 5.11.2013, *DJe* de 14.11.2013, rel. Min. Ricardo Villas Bôas Cueva.
[7] AgRg no REsp nº 1064135/PR, rel. Min. Raul Araújo, da 4ª Turma, j. em 1º.03.2012, *DJe* de 26.03.2012.

a) na fabricação de produtos, e também na sua comercialização se não identificado o produtor, ou fabricante, ou o produto, ou se não adequadamente conservados os produtos, os danos causados ao consumidor por defeitos decorrentes de projeto, fabricação, construção, montagem, fórmulas, manipulação, apresentação ou acondicionamento, bem como por informações insuficientes ou inadequadas sobre sua utilização e riscos;

b) na prestação de serviços, os danos também sofridos pelo consumidor por defeitos decorrentes da deficiente ou precária qualidade, bem como de informações insuficientes ou inadequadas sobre sua fruição e riscos.

O Código de Defesa do Consumidor fixa mais prazos para o exercício de alguns direitos, restritamente aos que protege. Para a compreensão, necessário indicar, primeiramente, quem são os legitimados para a propositura da ação em defesa dos consumidores. O art. 91 reconhece a legitimidade às pessoas do art. 82 para proporem, em nome próprio e no interesse das vítimas ou seus sucessores, a ação civil de responsabilidade pelos danos individualmente sofridos. Essas pessoas do art. 82 são o Ministério Público; a União, os Estados, os Municípios e o Distrito Federal; as entidades e órgãos da administração pública, direta ou indireta, ainda que sem personalidade jurídica, especificamente destinados à defesa dos interesses e direitos protegidos pelo mesmo Código; e as associações legalmente constituídas há pelo menos um ano e que incluam entre seus fins institucionais a defesa dos interesses e direitos protegidos pelo Código de Defesa do Consumidor, dispensada a autorização assemblear.

Uma vez obtida a sentença, às vítimas e aos seus sucessores, e mais aos autorizados pelo art. 82, alterado pela Lei 9.008/1995, é admitida a legitimidade para a liquidação e o cumprimento da sentença (art. 97), concedendo-se, para tanto, o prazo de um ano. Se no referido prazo não se habilitarem os interessados, aos entes enumerados no art. 82 se outorga a promoção da liquidação e o cumprimento da indenização devida (art. 100). Todavia, não se trata de extinção do direito, se os lesados se quedarem inertes. Unicamente passa para os entes do art. 82 a incumbência de mover a ação. Somente para os lesados ou sucessores caduca o direito de buscarem pessoalmente a liquidação e o cumprimento da sentença. Para os legitimados do art. 82, o prazo é o do art. 26, § 3º, isto é, de cinco anos, a contar do surgimento do direito, ou seja, quando se dá o trânsito em julgado da condenação.

O prazo de cinco anos é para a indenização com a finalidade da constituição do fundo que visará à recomposição do prejuízo, e para a ação individual dos lesados buscando o ressarcimento do prejuízo particular sofrido. Esta possibilidade exsurge evidente do art. 99 da Lei nº 8.078: "Em caso de concurso de créditos decorrentes de condenação prevista na Lei nº 7.347, de 24 de julho de 1985, e de indenizações pelos prejuízos individuais resultantes do mesmo evento danoso, estas terão preferência no pagamento". Se prevista a ordem de preferência, é porque se permitem as duas indenizações.

Capítulo LXXV
A DECADÊNCIA DOS DIREITOS DOS INVESTIDORES

A defesa dos investidores do mercado financeiro de valores mobiliários está regida pela Lei nº 7.913, de 07.12.1989, com alterações da Lei 14.195/2021, cuja destinação é bem esclarecida por Lionel Zaclis: "A ação coletiva de que trata a Lei nº 7.913/1989 objetiva proteger os titulares de valores mobiliários e os investidores no correspondente mercado, e tende à obtenção de tutelas distintas, uma voltada a impedir a ocorrência de irregularidades potencialmente danosas, outra direcionada ao ressarcimento dos danos individualmente sofridos pelos investidores em virtude de tais irregularidades, especialmente quando decorrerem de (1) operações fraudulentas, práticas não equitativas, manipulação de preço de valores mobiliários; (2) compra ou venda de valores mobiliários, por parte dos administradores ou acionistas controladores de companhia aberta, utilizando-se de informação relevante ainda não divulgada para conhecimento do mercado, ou a mesma operação realizada por quem a detenha em razão de sua própria função, ou por quem a detenha em razão de sua profissão ou função, ou por quem quer que a tenha obtido por intermédio dessas pessoas (*insider information*) e (3) omissão de informação relevante por parte de quem estava obrigado a divulgá-la, bem como a sua prestação de forma incompleta, falta ou tendenciosa".[1]

A proteção efetiva-se quando atingidos interesses gerais e comuns nesse campo de aplicações, mas sem afastar o ressarcimento individual dos lesados. Havendo, sobretudo, abalo na economia privada, no sistema de captação de recursos, na aplicação de fundos, de valores de mercado e de ações por meio da bolsa de valores, nos investimentos populares, na liquidação precipitada do capital das empresas, na insolvência civil provocada, resultando prejudicados os investidores, os aplicadores, os poupadores, e mesmo terceiros, reserva-se ao órgão do Ministério Público a ação civil pública, com a finalidade de sanar ou recuperar esses prejuízos. Suponha-se que, por meio de uma fraude financeira, são causados prejuízos a um número elevado de pessoas, que foram iludidas e deixaram-se levar por manobras ilícitas. Intervém o Poder Público, para evitar que os gestores de fundos de investimento, os que manobram dinheiro arrecadado junto às pessoas, e igualmente as empresas, as fábricas, os órgãos públicos ou os de economia mista atinjam os contribuintes em geral, provocando-lhes prejuízos.

Aprofunda Hugo Nigro Mazzilli a finalidade da lei: "A Lei nº 7.913/1989 dispôs que, sem prejuízo da ação de indenização de iniciativa do próprio lesado, o Ministério Público poderá propor ações com objetivo coletivo, para evitar lesões ou obter ressarcimento de danos causados aos titulares de valores mobiliários e aos investidores de mercado, especialmente (mas não exclusivamente) quando decorrerem de operação fraudulenta, prática não equitativa,

---

[1] *Proteção dos investidores no mercado de capitais*. São Paulo: RT, 2007. p. 150 e 152.

manipulação de preços ou criação de condições artificiais de procura, oferta ou preço de valores mobiliários; compra ou venda de valores mobiliários por parte dos administradores e acionistas controladores de companhia aberta, utilizando-se de informações desconhecidas do mercado; omissão de informação relevante ou sua prestação de forma incompleta, falsa ou tendenciosa".[2]

Faz-se imprescindível, sendo inclusive de interesse público, a segurança em um mercado financeiro estável, de modo que ofereça segurança e confiabilidade, gerando empregos, riquezas e contribuições ao Fisco, não causando transtornos à sociedade e falta de credibilidade. Especialmente quanto ao mercado financeiro, a imposição de sua segurança é importante para todos, e mais daqueles que atuam no mercado de investimentos, sobretudo no de valores mobiliários, porquanto representa um canal condutor da prosperidade e um instrumento para o desenvolvimento econômico e social do país.

O art. 1º da Lei nº 7.913, alterado pela Lei 14.195/2021, especifica a proteção visada, que é evitar prejuízos e trazer o ressarcimento de danos na aplicação de investimentos no mercado financeiro por meio da formação de fundos:

> "Sem prejuízo da ação de indenização do prejudicado, o Ministério Público ou a Comissão de Valores Mobiliários, pelo respectivo órgão de representação judicial, adotará as medidas judiciais necessárias para evitar prejuízos ou para obter ressarcimento de danos causados aos titulares de valores mobiliários e aos investidores do mercado, especialmente quando decorrerem de:
>
> I – operação fraudulenta, prática não equitativa, manipulação de preços ou criação de condições artificiais de procura, oferta ou preço de valores mobiliários;
>
> II – compra e venda de valores mobiliários, por parte dos administradores e acionistas controladores de companhia aberta, utilizando-se de informação relevante, ainda não divulgada para conhecimento do mercado ou a mesma operação realizada por quem a detenha em razão de sua profissão ou função, ou por quem quer que a tenha obtido por intermédio dessas pessoas;
>
> III – omissão de informação relevante por parte de quem estava obrigado a divulgá-la, bem como sua prestação de forma incompleta, falsa ou tendenciosa".

Necessário identificar os valores mobiliários, considerados, segundo Lionel Zaclis, como "as ações, as debêntures, os bônus de subscrição; os cupons, direitos, recibos de subscrição e certificados de desdobramento relativos aos valores mobiliários supramencionados; os certificados de depósito de valores mobiliários; as cédulas de debêntures; as cotas de fundos de investimento em valores mobiliários ou de clubes de investimento em quaisquer ativos; as notas comerciais; os contratos futuros, de opções e outros derivados, cujos ativos subjacentes sejam valores mobiliários; outros contratos derivativos, independentemente dos ativos subjacentes; e quando ofertados publicamente, quaisquer outros títulos ou contratos de investimento coletivo, que gerem direito de participação, de parceria ou de remuneração, inclusive resultante de prestação de serviços, cujos rendimentos advêm do esforço do empreendedor ou de terceiros. Excluem-se, no entanto, do regime da Lei os títulos da dívida pública federal, estadual ou municipal, assim como os títulos cambiais de responsabilidade de instituição financeira, exceto as debêntures".[3]

O objeto de grande importância da proteção visado pela lei está nas aplicações financeiras, que são feitas em fundos de investimento. Os aplicadores formam consórcios ou condomínios,

---

[2] *A defesa dos interesses difusos em juízo*. 13. ed. São Paulo: Saraiva, 2001. p. 461-462.
[3] *Proteção dos investidores no mercado de capitais*, cit., p. 158-159.

criados e geridos por gestores, operando-se a utilização na aquisição de títulos comercializáveis no mercado.

Os danos causados aos titulares de valores mobiliários e aos investidores do mercado compreendem as aplicações em fundos de investimento. Para uma correta inteligência da matéria, oportuna a caracterização dos fundos.

Na inteligência de Lázaro Plácido Lisboa, "os fundos representam uma modalidade de investimento que, sob a forma de condomínio, reúne recursos de pessoas físicas e/ou jurídicas, possuidoras de objetivos comuns. Estes recursos, administrados por uma instituição financeira, são destinados à aplicação em carteiras diversificadas de títulos e valores mobiliários, em quotas de fundos e, ainda, em outros títulos específicos, dependendo do objeto previsto, o qual definirá o perfil do fundo. A sua constituição em forma de condomínio caracteriza a copropriedade dos bens, ou seja, estes pertencem aos condôminos, denominados quotistas, que são proprietários de partes ideais, representadas por quotas proporcionais do valor investido".

Adiante, prossegue: "O fundo de investimento é uma pessoa jurídica independente da instituição financeira que o administra, possuindo C. G. C. e escrituração contábil. As demonstrações contábeis estão sujeitas aos procedimentos de escrituração, elaboração, remessa e publicação previstas nas Normas Básicas do Plano Contábil das Instituições do Sistema Financeiro Nacional – COSIF".

Consoante explicações do mesmo autor, o gestor ou administrador poderá ser banco múltiplo, banco comercial, banco de investimento, caixa econômica, e corretora ou distribuidora de títulos.[4]

Dois tipos de fundos dominam: os de renda fixa e os de renda variável, vindo a explicação de Fernando Schwarz Gaggini: "Os atuais fundos de investimento, no direito brasileiro, costumam ser tradicionalmente classificados em dois gêneros principais: os fundos do gênero 'renda fixa', que investem primordialmente (mas não necessariamente em sua totalidade) em ativos nos quais é possível conhecer previamente a rentabilidade, e os fundos de 'renda variável', que aplicam majoritariamente em ações e outros ativos nos quais não se pode definir antecipadamente o rendimento. A partir dessa divisão básica criaram-se diversas subespécies, que buscam atender a todos os tipos de investidores. Desse modo, são considerados fundos do gênero renda fixa os Fundos de Investimento Financeiro (FIF), os Fundos de investimento no Exterior e diversas subespécies... Por sua vez, são considerados como fundos de renda variável os Fundos de Investimento em Títulos e Valores Mobiliários (FITVM) e os Fundos de Investimento em Cotas de FITVM (FICFITVM)".[5]

Os valores decorrentes da ação condenatória, e desde que promovida pelo Ministério Público, não formarão um fundo, destinado a reparar ou sanar os prejuízos dos interesses difusos, coletivos, ou individuais homogêneos, como se dá com as demais ações civis públicas, mas são distribuídos entre os prejudicados, na proporção dos prejuízos que vieram acarretados, em atenção ao art. 2º:

> "As importâncias decorrentes da condenação, na ação de que trata esta Lei, reverterão aos investidores lesados, na proporção de seu prejuízo".

---

[4] *Manual de contabilidade de fundos de investimento*. 19. ed. São Paulo: Fipecafi, 1998. p. 9-20, em *Improbidade administrativa*. Porto Alegre: Síntese, 1998. p. 241-242.
[5] *Fundos de investimento no direito brasileiro*. São Paulo: Leud, 2001. p. 30.

Primeiramente, ficam depositadas as quantias em uma conta remunerada, à disposição do juízo, até que se proceda à divisão aos investidores que se habilitarem, convocados por edital. Assim disciplina o § 1º do mesmo art. 2º:

> "As importâncias a que se refere este artigo ficarão depositadas em conta remunerada, à disposição do Juízo, até que o investidor, convocado mediante edital, habilite-se ao recebimento da parcela que lhe couber".

Garante-se o prazo de dois anos para o investidor se habilitar, sob pena de operar-se a decadência ao direito de concorrer, em consonância com o § 2º, em redação da Lei 9.008/1995:

> "Decairá do direito à habilitação o investidor que não o exercer no prazo de 2 (dois) anos, contado da data da publicação do edital a que alude o parágrafo anterior, devendo a quantia correspondente ser recolhida ao Fundo a que se refere o art. 13 da Lei nº 7.347, de 24 de julho de 1985".

Capítulo LXXVI
A DECADÊNCIA PARA A ADMINISTRAÇÃO PÚBLICA INVALIDAR SEUS PRÓPRIOS ATOS E A DECADÊNCIA PARA SE ANULAR ATOS INCONSTITUCIONAIS

Reconhece-se à Administração Pública a prerrogativa de anular os atos administrativos que editou, se eivados de nulidade, ou revogá-los se não forem convenientes ou oportunos para o interesse público.

O amparo para esse princípio de autotutela, sem o recurso de uma demanda judicial, está na Lei nº 9.784, de 29.01.1999, em seu art. 53:

> "A Administração deve anular seus próprios atos, quando eivados de vício de legalidade, e pode revogá-los por motivo de conveniência ou oportunidade, respeitados os direitos adquiridos".

O art. 54 do diploma reserva o prazo de cinco anos para o exercício dessa faculdade, ou, mais apropriadamente, do dever de anular ou revogar:

> "O direito da Administração de anular os atos administrativos de que decorram efeitos favoráveis para os destinatários decai em cinco anos, contados da data em que foram praticados, salvo comprovada má-fé".

Em geral, esses atos são favoráveis aos destinatários, como no caso de funcionários públicos, quando são concedidas vantagens com base em interpretação equivocada da lei. No setor dos interesses financeiros, é revogado o empenho de uma verba pública para a execução de obra cuja repercussão financeira compromete o orçamento, ou enseja dúvidas no pertinente à real prioridade e necessidade.

Inicia o prazo, em havendo benefícios patrimoniais contínuos, a partir do primeiro pagamento. Serve de exemplo o pagamento de uma transação em prestações. A previsão encontra-se no § 1º do art. 54:

> "No caso de efeitos patrimoniais contínuos, o prazo de decadência contar-se-á da percepção do primeiro pagamento".

O exercício do direito de anular deve ter uma razão que o justifique, como a eiva de nulidade. A isso conduz, em parte, o § 2º:

"Considera-se exercício do direito de anular qualquer medida de autoridade administrativa que importe impugnação à validade do ato".

Não se admite o mero exercício de invalidar, em especial quando redunda em graves prejuízos a terceiros. O preceito não alcança o ato de revogação, quando o critério determinante deve basear-se na significativa prejudicialidade ao bem comum, ou a inconveniência para a administração.

Decorrido o período de cinco anos sem que a Administração Pública tenha se pronunciado pela nulidade, opera-se uma convalidação tácita. O ato fica valendo de forma regularizada, não mais sendo possível a sua anulação.

A possibilidade da anulação ou revogar é reconhecida pela jurisprudência do STJ:

"O princípio da autotutela administrativa confere à Administração Pública a prerrogativa de anular ou revogar seus próprios atos, quando eivados de nulidades ou por motivo conveniência ou oportunidade, na forma do teor da Súmula 473/STF: 'A administração pode anular seus próprios atos, quando eivados de vícios que os tornam ilegais, porque deles não se originam direitos; ou revogá-los, por motivo de conveniência ou oportunidade, respeitados os direitos adquiridos, e ressalvada, em todos os casos, apreciação judicial'".[1]

Sobre o início do prazo, que é quando da prática do ato, é protótipo o seguinte aresto, da mesma Corte:

"Agravo regimental em agravo regimental em recurso especial. Administrativo. Cumulação de pensão militar e previdenciária. Artigo 54 da Lei nº 9.784/1999. Precedentes.

1. 'O direito da Administração de anular os atos administrativos de que decorram efeitos favoráveis para os destinatários decai em cinco anos, contados da data em que foram praticados, salvo comprovada má-fé', e 'considera-se exercício do direito de anular qualquer medida de autoridade administrativa que importe impugnação à validade do ato' (art. 54, *caput* e § 2º, da Lei nº 9.784/1999).

2. Instaurado o processo de revisão da cumulação das pensões após decorridos mais de quinze anos da sua concessão e recebimento, permanente e continuado, resta consumado o prazo decadencial de que cuida o art. 54 da Lei nº 9.784/1999. Precedentes.

3. Conquanto se admita que o controle externo, oriundo dos Poderes Legislativo e Judiciário, não esteja sujeito a prazo de caducidade, o controle interno o está, não tendo outra função o art. 54 da Lei nº 9.784/1999 que não a de impedir o exercício abusivo da autotutela administrativa, em detrimento da segurança jurídica nas relações entre o Poder Público e os administrados de boa-fé, razão pela qual não poderia a Administração Pública, ela mesma, rever as pensões concedidas há mais de cinco anos".[2]

Tratando-se de nulidade absoluta de atos administrativos, nem o decurso do tempo os convalida. Na verdade, os atos nulos não possuem existência jurídica. A todo o tempo se reconhece a prerrogativa ou dever de extirpá-los, e declará-los inexistentes, pois insanáveis.

---

[1] RMS nº 23280/RJ, da 1ª Turma, j. em 26.10.2010, *DJe* de 18.11.2010, rel. Min. Luiz Fux.
[2] AgRg no AgRg no REsp nº 1215897/RJ, da 1ª Turma, j. em 1º.03.2011, *DJe* de 24.03.2011, rel. Min. Hamilton Carvalhido.

Exemplifica-se com a destinação de uma verba pública sem a autorização legislativa, ou a previsão orçamentária. Nesse enfoque, pode-se afirmar que o prazo decadencial do art. 54, já transcrito, restringe-se aos atos anuláveis, isto é, aos atos com vícios de sujeitos e de forma, desde que esta não venha imposta pela lei.

Não se pode olvidar a decisão adotada pela 2ª Turma do STF no julgamento do RMS nº 25856, rel. Min. Eros Grau, fixando o entendimento de que:

> "O prazo decadencial estabelecido no art. 54 da Lei nº 9.784/1999 conta-se a partir da sua vigência (1º.02.1999), vedada a aplicação retroativa do preceito para limitar a liberdade da Administração Pública".[3]

Sob outro enfoque, está se consolidando na jurisprudência pátria o entendimento de que não há prazo decadencial para anular atos inconstitucionais. O Superior Tribunal de Justiça, no julgamento do Agravo Regimental no Recurso Especial nº 1.502.071/GO, decidiu que não se cogita decadência no direito de anulação de ato administrativo manifestamente inconstitucional:

> "Não há falar em decadência do direito de anular ato administrativo manifestamente inconstitucional. Nesse sentido: STF, RE 216443, Relator p/acórdão Ministro Marco Aurélio, Primeira Turma, *DJe-026*; REsp 1.310.857/RN, Rel. Ministro Humberto Martins, Segunda Turma, *DJe* de 5.12.2014".[4]

Merece ser transcrita passagem do voto do Relator, ao tratar da matéria:

> "Os institutos da prescrição e decadência não se aplicam em situações que afrontam diretamente a Constituição Federal. Desse modo, o decurso do tempo não possui o condão de convalidar atos administrativos que afrontem o princípio do concurso público. É a posição desta Corte: 'Administrativo. Processual civil. Ação civil pública. A ausência de concurso público. Provimento de pessoas em cargos de provimento efetivo após 1988. Assembleia Legislativa do Estado. Acórdão recorrido que reconhece a prescrição, com apoio no art. 1º do Decreto n. 20.910/1932. Inaplicabilidade às hipóteses de flagrante inconstitucionalidade. Precedentes do STF. Retorno dos autos para a primeira instância.
>
> 1. Cuida-se de recurso especial interposto contra acórdão que considerou o advento de prescrição, em homenagem ao princípio da segurança jurídica, ao pleito de ação civil pública ajuizada para desconstituir a efetivação de atos de provimento efetivo em cargos públicos de pessoas que não realizaram concurso público. Diversas pessoas foram nomeadas, após o advento da Constituição Federal, para cargos efetivos na Assembleia Legislativa. (...)
>
> (...) Precedentes: AgRg no AREsp 113.967/PR, Rel. Ministro Sidnei Beneti, Terceira Turma, *DJe* 22.6.2012; AgRg no REsp
>
> 1.185.347/RS, Rel. Ministro Humberto Martins, Segunda Turma, *DJe* 25.4.2012.
>
> 4. No caso, contudo, não pode ser localizada prescrição da pretensão do Ministério Público, pela flagrante e continuada violação aos preceitos constitucionais de 1988. Tampouco seja possível reconhecer também eventual decadência, sendo desinfluente, portanto, discussão sobre o termo inicial.

---

[3] Da 2ª Turma do STF, j. em 09.03.2010, *DJe* de 13.05.2010.
[4] Da 2ª Turma, rel. Min. Humberto Martins, j. em 17.03.2015, *DJe* de 24.03.2015.

5. É assentado que, após o advento da Constituição Federal de 1988, há necessidade da realização de concurso público para a efetivação no cargo público. Súmula n. 685 do STF ('é inconstitucional toda modalidade de provimento que propicie ao servidor investir-se, sem prévia aprovação em concurso público destinado ao seu provimento, em cargo que não integra a carreira na qual anteriormente investido').

6. Em razão de os atos administrativos de provimento serem absolutamente inconstitucionais e, logo, nulos, por violação ao direito, que nem mesmo o Poder Constituinte derivado poderia relevar (art. 60, § 4º, inciso IV, da CF), não há falar em prescrição nem em decadência para o Ministério Público buscar, em juízo, as providências cabíveis para restaurar a necessidade de observância do princípio constitucional do concurso público, não importando o tempo que o cidadão permaneceu, ilicitamente, no exercício do cargo. Nesse sentido: STF, RE 216443, relator p/ acórdão Ministro Marco Aurélio, Primeira Turma, *DJe-026*.

7. Deve-se esclarecer que o caso não enseja pronunciamento a respeito da constitucionalidade do art. 54 da Lei n. 9.784/1999 nem do art. 1º do Decreto n. 20.910/1932, pois, na verdade, em atenção ao princípio da especialidade e à luz do art. 60, § 4º, inciso IV, da CF, as disposições desses dispositivos não alcançam situações fático-jurídicas cuja ocorrência tenha-se dado com a não observância de direitos e garantias individuais. A respeito, pelo STF: MS 29270 AgR, Relator Min. Dias Toffoli, Tribunal Pleno, *DJe-105*; MS 28273 AgR, Relator Min. Ricardo Lewandowski, Tribunal Pleno, *DJe-034*; MS nº 28.297/DF, Relatora a Ministra Ellen Gracie, Tribunal Pleno, *DJ* de 29/4/11. E, pelo STJ: RMS 36.294/RS, Rel. Ministro Benedito Gonçalves, Primeira Turma, *DJe* 19/8/2013; REsp 1293378/RN, Rel. Ministro Arnaldo Esteves Lima, Primeira Turma, *DJe* 5/3/2013.

Recurso especial provido para cassar o acórdão recorrido e determinar o retorno dos autos ao juízo de primeiro grau para que a ação, retomando seu regular trâmite, seja julgada no mérito.' (REsp nº 1.310.857/RN, rel. Min. Humberto Martins, 2ª Turma, j. em 25.11.2014, *DJe* de 5.12.2014)".

Importante trazer o Tema 839 do STF, de 2019:

"Possibilidade de um ato administrativo, caso evidenciada a violação direta ao texto constitucional, ser anulado pela Administração Pública quando decorrido o prazo decadencial previsto na Lei nº 9.784/1999. b) Saber se portaria que disciplina tempo máximo de serviço de militar atende aos requisitos do art. 8º do ADCT".

Na ementa que ensejou o Tema, colhem-se os seguintes argumentos:

"O decurso do lapso temporal de 5 (cinco) anos não é causa impeditiva bastante para inibir a Administração Pública de revisar determinado ato, haja vista que a ressalva da parte final da cabeça do art. 54 da Lei nº 9.784/99 autoriza a anulação do ato a qualquer tempo, uma vez demonstrada, no âmbito do procedimento administrativo, com observância do devido processo legal, a má-fé do beneficiário.

As situações flagrantemente inconstitucionais não devem ser consolidadas pelo transcurso do prazo decadencial previsto no art. 54 da Lei nº 9.784/99, sob pena de subversão dos princípios, das regras e dos preceitos previstos na Constituição Federal de 1988. Precedentes. 4. Recursos extraordinários providos".[5]

---

[5] RE 817.338, do Tribunal Pleno, rel. Min. Doas Toffoli, j. em 16.10.2019, *DJe* de 31.07.2020.

Capítulo LXXVII
A DECADÊNCIA NA AÇÃO POPULAR

Quanto à ação popular, infere-se o cabimento no art. 5º, inc. LXXIII, da Constituição Federal:

> "Qualquer cidadão é parte legítima para propor ação popular que vise a anular ato lesivo ao patrimônio público ou de entidade de que o Estado participe, à moralidade administrativa, ao meio ambiente e ao patrimônio histórico e cultural, ficando o autor, salvo comprovada má-fé, isento de custas judiciais e do ônus da sucumbência".

Pela Lei nº 4.717, de 29.06.1965, que regulamenta a ação popular, é atribuída a legitimidade a qualquer cidadão, desde que revestido da plenitude dos direitos políticos, para pleitear a anulação ou a declaração de nulidade de atos ou contratos ilegais ou lesivos ao patrimônio dos entes públicos e de pessoas jurídicas formadas por capital público ou que dito capital cubra, no mínimo, cinquenta por cento, de seu capital ou de suas despesas. Visa atacar a lesividade ou a ilegalidade do ato administrativo.

Nos termos do art. 21 da Lei nº 4.717, "a ação prevista nesta lei prescreve em 5 (cinco) anos". Nota-se que o dispositivo prevê a "prescrição", quando o correto seria a decadência. Realmente, uma vez constatado o ato que oportuniza este tipo de ação, tem o cidadão o prazo de cinco anos para ajuizar a demanda. Não que se impeça outro tipo de ação, como a indenizatória, mas se ofendidos os interesses da parte. Se cabíveis, ao próprio Poder Público se garante a promoção de medidas judiciais ou administrativas adequadas. No entanto, o direito para se promover a ação pública tem é assegurado durante o período de cinco anos.

A jurisprudência tem firmado a decadência:

> "Em respeito à segurança jurídica e aos direitos adquiridos eventualmente decorrentes do ato nulo, contudo, a Lei nº 4.717/1965 dispõe, em seu art. 21, que a ação prescreve em 5 (cinco) anos. O prazo, contudo, é de decadência – por visar a Ação Popular à desconstituição de um ato e, posteriormente, à condenação dos responsáveis ou beneficiários – contado a partir da ciência do ato qualificado como lesivo, que geralmente se aperfeiçoa com a regular publicação".[1] Desde que presentes a ilegalidade e a lesividade, dirige-se a ação popular para declarar a nulidade do ato e a condenação a reparar a lesão ao bem ou patrimônio público. O objeto com essa dupla finalidade ressalta do art. 11:

> "A sentença que, julgando procedente a ação popular, decretar a invalidade do ato impugnado, condenará ao pagamento de perdas e danos os responsáveis pela sua prática e

---

[1] AgRg no REsp nº 1378776/SC, da 1ª Turma do STJ, j. em 06.08.2013, *DJe* de 19.08.2013, rel. Min. Napoleão Nunes Maia Filho.

os beneficiários dele, ressalvada a ação regressiva contra os funcionários causadores de dano, quando incorrerem em culpa".

Nos artigos seguintes, regula-se com destaque a condenação na reparação.

Inicia o prazo decadencial a partir da prática do ato administrativo ilegal e lesivo ao patrimônio Público. A matéria está bem desenvolvida pela Procuradora do Estado de São Paulo Rita de Cássia Rocha Conte: "O prazo prescricional computa-se a partir do ato administrativo que deu ensejo à execução da lei e não da edição desta. Isso porque a lesividade só chega a implementar-se com a efetiva prática do ato autorizado pela lei despida de efeitos concretos".[2]

Também tem se declarado o início com a publicação do ato lesivo:

"O prazo para propositura de ação popular é de cinco anos e tem início após a publicidade do ato lesivo ao patrimônio público".[3]

Aduz-se, no voto do relator, que "o início da contagem do prazo se dá com a publicidade do ato lesivo ao patrimônio, pois é a partir desse momento que os administrados podem controlar os atos administrativos praticados".

Para a execução da sentença, o começo da decadência de cinco anos se dá com o dia seguinte ao do decurso de sessenta dias do trânsito em julgado. Somente começa depois desse período de sessenta dias porque esse é o prazo reservado ao autor para promover a execução da sentença. Na sua omissão, transfere-se a legitimidade ao representante do Ministério Público – tudo conforme o ordenado pelo *art. 16*:

"*Caso decorridos* 60 (sessenta) dias da publicação da sentença condenatória de segunda instância, sem que o autor ou terceiro promova a respectiva execução. O representante do Ministério Público a promoverá nos 30 (trinta) dias seguintes, sob pena de falta grave".

É a visão da citada autora, que se reporta em Rodolfo de Camargo Mancuso:

"Quanto ao termo inicial, Rodolfo de Camargo Mancuso esclarece que o prazo para execução tem início 'do dia do trânsito em julgado, estendendo-se pelos 60 dias subsequentes, para o autor popular ou terceiro (art. 16 da LAP); do termo final desses 60 dias, estendendo-se pelos 30 dias subsequentes para o Ministério Público (art. 16 da LAP, parte final). Essa atuação é subsidiária, porque só se legitima em caso de inação do autor popular ou do terceiro, a teor daquele dispositivo; do dia do trânsito em julgado, estendendo-se pelos cinco anos subsequentes, para as entidades mencionadas no art. 1º da LAP (art. 17 dessa lei), ainda que tenham contestado a ação ou se omitido de fazê-lo' (*Ação popular*. São Paulo: RT, 1993. p. 17)".[4]

---

[2] Prescrição no Código Civil e a ação civil pública, ação popular e ação de improbidade administrativa. In: CIANCI, Mirna (Coord.). *Prescrição no Código Civil*, cit., p. 438.

[3] REsp nº 93959/DF, da 2ª Turma do STJ, j. em 17.11.2005, *DJ* de 1º.02.2006, rel. Min. João Otávio de Noronha.

[4] Prescrição no Código Civil e a ação civil pública, ação popular e ação de improbidade administrativa. In: CIANCI, Mirna (Coord.). *Prescrição no Código Civil*, cit., p. 440.

Capítulo LXXVIII
A DECADÊNCIA NO MANDADO DE SEGURANÇA

Em relação ao mandado de segurança, previsto no art. 5º, inc. LXIX, da Constituição Federal, é de cento e vinte dias o prazo para o seu ingresso em juízo, a contar da ciência pelo interessado do ato impugnado e violador do direito. O prazo já foi questionado, mas a sua constitucionalidade foi consolidada por meio da Súmula nº 632 do STF, de 1964: "É constitucional a lei que fixa o prazo de decadência para a impetração de mandado de segurança". Esse entendimento foi confirmado recentemente:

> "(...) esta Corte já consolidou entendimento segundo o qual é constitucional lei que fixa prazo de decadência para impetração de mandado de segurança. Nesse sentido, a Súmula 632 desta Corte. No caso dos autos, verifico que a preliminar de decadência suscitada é procedente. (...) Contudo, o processo não é um fim em si mesmo. No presente caso, há razões peculiares que justificam avançar na análise do pedido autoral, notadamente porque a impetrante é favorecida por decisão liminar concedida pelo então relator, min. Cezar Peluso, desde 10.11.2004".[1]

Cabe esse remédio, a teor do art. 1º da Lei nº 12.016, de 07.08.2009, a qual atualmente regulamenta o instituto, sempre que a autoridade, ilegalmente ou com abuso de poder, violar ou ameace violar direito líquido e certo:

> "Conceder-se-á mandado de segurança para proteger direito líquido e certo, não amparado por *habeas corpus* ou *habeas data*, sempre que, ilegalmente ou com abuso de poder, qualquer pessoa física ou jurídica sofrer violação ou houver justo receio de sofrê-la por parte de autoridade, seja de que categoria for e sejam quais forem as funções que exerça".

O art. 23 da citada lei expressamente estabelece o referido lapso de tempo para a impetração, no que ficou inalterada a lei anterior sob esse aspecto (Lei nº 1.533/1951):

> "O direito de requerer mandado de segurança extinguir-se-á decorridos 120 (cento e vinte) dias, contados da ciência, pelo interessado, do ato impugnado".

Salienta Mantovanni Colares Cavalcante que "o prazo de cento e vinte dias é decadencial porque atinge mortalmente o próprio direito de se obter sumariamente o reconhecimento de

---

[1] MS 25097, da 2ª Turma, j. em 05.05.2017, *DJe* de 05.05.2017, rel. Min. Gilmar Mendes.

direito líquido e certo ameaçado ou violado por autoridade pública ou agente que pratique ato por delegação do Poder Público".[2]

Transparece o começo do prazo a contar da ciência do ato impugnado pelo interessado, sem impedir, entrementes, o uso de outra ação processual, como o pedido de medidas cautelares preparatórias ou incidentes, ou de antecipação de tutela.

O ato impugnado é o ato administrativo, definido por Oswaldo Aranha Bandeira de Mello, "no sentido material, ou objetivo, como manifestação de vontade do Estado, enquanto Poder Público, individual, concreta, pessoal, na consecução do seu fim, de realização da utilidade pública, de modo direto e imediato, para produzir efeitos de direito".[3]

O início conta-se da ciência do ato impugnado.

A seguinte ementa de um julgado do STJ sintetiza o entendimento dominante a respeito da matéria:

> "A 1ª Seção do STJ, no julgamento do MS nº 18.218/DF, decidiu que 'a teor do disposto no art. 23 da Lei nº 12.016/2009, a data em que o interessado tiver conhecimento do ato impugnado é o termo inicial do prazo de decadência para impetração de mandado de segurança, que, na hipótese, deve ser contado da publicação do ato do Diário Oficial'.
>
> O Supremo Tribunal Federal já decidiu que a publicação na imprensa oficial é suficiente para eficácia da pena de demissão imposta a servidor público, sendo desnecessária a intimação pessoal do acusado. Precedente: RMS nº 24.619/DF, rel. Min. Gilmar Mendes, 2ª Turma, *DJe* 22.11.2011.
>
> *In casu*, considerando-se que o ato apontado como coautor foi publicado no Diário Oficial da União de 17.01.2014 e que a impetração do mandado de segurança se deu somente em 21.05.2014, quando já decorrido os 120 dias (art. 23 da Lei nº 12.016/2009), decaiu o direito da parte de interpor o presente *mandamus*.
>
> Precedente do STF e do STJ".[4]

Nas relações de trato sucessivo – aquelas que se prolongam no tempo de forma periódica e reiterada, como as relativas a vencimentos na função pública –, o prazo decadencial renova-se no tempo, iniciando a cada ato, conforme entende o STJ:

> "O juízo, que é prejudicial ao mérito da própria impetração, sobre o possível transcurso do prazo de decadência do mandado de segurança, há de levar em conta a natureza da prestação decorrente do direito líquido e certo afirmado na inicial, nada importando, para esse efeito, se o direito material afirmado realmente existe ou não.
>
> Se a prestação afirmada e reclamada é de trato sucessivo, isto é, se tem natureza de prestação continuada no tempo, alcançando também tempo presente e futuro, não se considera como único termo *a quo* do prazo decadencial o do vencimento da primeira das prestações continuativas. Considera-se, isto sim, que esse termo *a quo* se renova a cada vencimento das demais prestações supervenientes.

---

[2] *Mandado de segurança*. 2. ed. São Paulo: Dialética, 2010. p. 133.
[3] *Princípios gerais de direito administrativo*. 3. ed. São Paulo: Malheiros, 2007. v. 1, p. 476.
[4] AgRg no MS nº 21.005/DF, da 1ª Seção, j. em 11.06.2014, *DJe* de 17.06.2014, rel. Min. Mauro Campbell Marques.

Nos casos de impetração de mandado de segurança visando ao recebimento de adicionais e gratificações incidentes sobre os proventos de servidor público inativo, por ser típica relação jurídica de trato sucessivo, não há que se falar em decadência do direito. Precedentes.

Agravo regimental a que se nega provimento".[5]

"Trata-se de debate sobre a fixação de proventos proporcionais de inatividade abaixo do salário mínimo vigente.

Conquanto decorridos mais de 120 dias para a impetração do *writ*, cuida-se de relação de trato sucessivo, cuja lesão renova-se a cada dia, não se atingindo o fundo de direito.

Agravo regimental não provido".[6]

Já nas leis de efeito concreto, como aquelas que concedem direitos exemplificados em pensões, aposentadorias, isenções tributárias, anistia, remissões, refinanciamentos, o prazo é único, não se renovando. Inicia o prazo decadencial com a data do ato administrativo que determinou o fato ofensor. Não se dá a renovação de prazo a cada prestação – quando se trata de mitigação integral de um direito. Neste sentido:

"É firme o entendimento no Superior Tribunal de Justiça de que o ato administrativo que suprime vantagem antes paga a servidor, por constituir-se em ato único de efeitos concretos, deve ser considerado como termo inicial para impetração de mandado de segurança, não havendo falar em relação de trato sucessivo.

No presente caso, os recorrentes impetraram, em 2004, mandado de segurança contra ato que, em 2001, suprimiu de seus proventos a parcela denominada 'diária operacional'. Reconhecimento da decadência do direito de pleitear a segurança, a teor dos arts. 18 da Lei nº 1.533/1951 e 23 da Lei nº 2.016/2009. Precedentes. 3. Recurso ordinário não provido".[7]

"Mandado de segurança. Pedido administrativo de reajuste de gratificação. Negativa expressa. Ato de efeitos concretos. Decadência. Ilegitimidade passiva da autoridade apontada como coatora.

A impetração volta-se contra ato administrativo de efeitos concretos e imediatos que expressamente negou o reajuste pleiteado. Inviável, portanto, a aplicação da teoria do trato sucessivo, que se restringe às hipóteses em que se repute ilegal a omissão da autoridade coatora.

A autoridade coatora, para fins de impetração de mandado de segurança, é aquela que pratica ou ordena, de forma concreta e específica, o ato ilegal, ou, ainda, aquela que detém competência para corrigir a suposta ilegalidade. Inteligência do art. 6.º, § 3.º, da Lei nº 12.016/2009.

Agravo regimental improvido".[8]

Não inicia o prazo decadencial contra o ato omissivo. Mantendo-se omissa a autoridade pública, impossível dar início ao prazo. Há uma perduração do direito da impetração, pois se mantém o motivo que justifica o remédio constitucional.

---

[5] AgRg no AREsp nº 78.023/MS, da 1ª Turma, j. em 27.03.2012, *DJe* de 30.03.2012, rel. Min. Teori Albino Zavascki.
[6] AgRg no AREsp nº 52485/GO, da 2ª Turma, de 6.12.2011, *DJe* de 6.03.2012. rel. Min. Herman Benjamin.
[7] RMS nº 31.956/PI, da 2ª Turma, j. em 17.05.2011, *DJe* de 17.05.2011, rel. Min. Mauro Campbell Marques.
[8] AgRg nos EDcl no RMS nº 23429/PA, da 5ª Turma, de 20.03.2012, *DJe* 09.04.2012, rel. Min. Jorge Mussi.

Também não se impede o ajuizamento do mandado de segurança preventivo, porquanto não se consumar a situação ilegal ou abusiva. Daí persistir o direito enquanto perdurar a ameaça de ofensa, e se mantiver a omissão.

Rodrigo Klippel e José Antônio Neffa Júnior tratam dessas situações:

> "O prazo decadencial para a utilização da via mandamental não corre em se tratando de mandado de segurança contra ato omissivo. Aqui, a própria conduta omissiva da autoridade impede a contagem do prazo decadencial. Enquanto perdurar a omissão da autoridade pública, o remédio constitucional poderá ser manejado.
>
> De igual forma, também não há que se falar em prazo decadencial de 120 dias em hipóteses de impetração preventiva de mandado de segurança. Isto porque, como o ato ilegal ou abusivo que causaria a lesão ao direito líquido e certo do impetrante ainda não se consumou, inviável se torna a fluência daquele prazo".[9]

Quanto à primeira hipótese, cita-se a seguinte decisão do STJ:

> "Administrativo. Agravo regimental no recurso especial. Servidor público federal. Remoção. Mandado de segurança. Decadência não configurada.
>
> 'O prazo decadencial não flui em se tratando de ato omissivo, isto é, quando a autoridade coatora, devidamente provocada, não responde à solicitação do requerente renovando-se a omissão enquanto não houver resposta à pretensão deduzida' (MS 5.788/DF, rel. Min. Francisco Peçanha Martins, Corte Especial, DJ 11.03.2002).
>
> Agravo regimental não provido".[10]

No entanto, prescrevem as prestações anteriores ao quinquênio do ingresso da ação:

> "A jurisprudência desta Corte Superior de Justiça firmou-se no sentido de que inexistindo manifestação expressa da Administração Pública negando o direito reclamado, não ocorre a prescrição do chamado fundo de direito, mas tão somente das parcelas anteriores ao quinquênio que precedeu à propositura da ação, ficando caracterizada relação de trato sucessivo, conforme dicção da Súmula nº 85/STJ. Precedentes: AgRg no REsp nº 1.314.255/RS, rel. Min. Napoleão Nunes Maia Filho, 1ª Turma, DJe 29.06.2012; REsp nº 1.358.395/PB, rel. Min. Castro Meira, 2ª Turma, DJe 22.08.2013".[11]

Havendo recurso em decisão administrativa, mesmo que não tenha efeito suspensivo, o prazo decadencial somente deverá iniciar com o trânsito em julgado do recurso, pois a respectiva decisão será a definitiva, substituindo a proferida anteriormente. Esse o pensamento mais uniforme da doutrina e da jurisprudência, embora manifestações contrárias do STJ (AgRg no MS nº 14178/DF, rel. Min. Felix Fischer, da 3ª Seção, DJe de 17.04.2009; e AgRg no REsp nº 1051765/RJ, rel. Min. Humberto Martins, da 2ª Turma, DJe de 15.12.2008). Anota Gregório Assagra de Almeida: "Conforme melhor entendimento jurisprudencial, a interposição de recurso

---

[9] *Comentários à Lei de Mandado de Segurança*. Rio de Janeiro: Lumen Juris, 2010. p. 365.
[10] AgRg no REsp nº 1.377.517/AL, da 1ª Turma, j. em 13.06.2014, DJe de 1º.07.2014, rel. Min. Benedito Gonçalves.
[11] AgRg no AREsp nº 213543/DF, da 1ª Turma do STJ, j. em 5.08.2014, DJe de 8.08.2014, rel. Min. Benedito Gonçalves.

administrativo também impede o início do prazo decadencial para a impetração do mandado de segurança, o qual se inicia após a ciência da parte do julgamento final do recurso interposto".[12]

O pedido de reconsideração, no entanto, não importa em postergar o início do prazo, existindo, a respeito, a Súmula nº 430 do STF, firmando que o "pedido de reconsideração na via administrativa não interrompe o prazo para a impetração do mandado de segurança".

Finalmente, oportuna a observação de Gregório Assagra de Almeida sobre o conteúdo da decadência, que é o de impetrar, e não do direito objeto mandado de segurança: "Observa-se que a decadência não é do próprio direito objeto do mandado de segurança, mas do direito à impetração deste *writ*. Assim, mesmo tendo havido o escoamento do prazo sem a impetração do mandado de segurança, o titular do direito poderá buscar a tutela integral de seu direito por outras vias ordinárias adequadas. Logo, a decadência recai sobre o direito processual de utilização da via expedita do mandado de segurança, quando o impetrante decair do direito à impetração do mandado de segurança, a extinção do processo é sem resolução do mérito".[13]

---

[12] *Mandado de segurança*. Obra em conjunto com Mirna Cianci e Rita Quartieri. São Paulo: Saraiva, 2011. p. 479.
[13] *Mandado de segurança*, cit., p. 481.

Capítulo LXXIX
A DECADÊNCIA E A PRESCRIÇÃO PERANTE AS TEORIAS DO FATO CONSUMADO, DA *SUPRESSIO* E DA *SURRECTIO*

1. DIREITOS IMUNES À AÇÃO DO TEMPO EM RAZÃO DE PERDURAREM AS SITUAÇÕES FÁTICAS E JURÍDICAS

Há direitos que são imunes à ação do tempo, cujo transcorrer não se volta contra a sua admissibilidade, mas, pelo contrário, dão suporte e corroboram para a sua afirmação e consolidação. O reconhecimento se perfaz e se aperfeiçoa na medida em que surgem e prosseguem determinadas situações. Na proporção em que se estendem ou se repetem as manifestações de certas condutas ou estados de fato, mais avança e se firma o direito ao amparo ou à sua proteção. Trata-se de acontecimentos bastante comuns, que vão se repetindo e são admitidos por aqueles que poderiam se opor, e que provavelmente sofrem os efeitos. Não existe a possibilidade de se alegar a sua perda ou extinção por decurso de um lapso de tempo fixo. Não se cuida de imprescritibilidade, mas de atos aceitos ou admitidos, mesmo que temporária e precariamente pelo Poder Público, e que, depois de algum tempo, por terem se incorporado na prática de atividades e fazerem parte da própria vida da pessoa, fica difícil, inconveniente e injusta a sua revogação ou desconstituição. Nesta mesma inviabilidade encontram-se fatos que aparecem e são realizados numa sequência ou continuidade constantes, inserindo-se nos direitos de quem os pratica, e afigurando-se inoportuna a erradicação pura e simples.

Porque perduram as situações fáticas e jurídicas, ou porque existe uma pendência judicial em curso, não são enquadradas entres aquelas que autorizam a incidência da prescrição ou decadência. Por diferentes termos, não se incluem nos direitos imprescritíveis, mas são excluídas da possibilidade de sua extinção pela prescrição ou decadência, em razão da inaplicabilidade desses institutos. Se alguma precariedade legal pode emanar do ato, a fruição do tempo convalida o ato nulo, apagando novos efeitos ou interpretações contrárias às que geraram efeitos por certo lapso de tempo, gerando a estabilidade a determinada situação.

Passa-se ao exame de algumas dessas situações.

2. A TEORIA DO FATO CONSUMADO

Há situações que vão se firmando e prolongando, constituindo um estado de fato que resta consolidado, tornando-se injusta a sua extinção ou modificação. De tal modo se implantaram na realidade da vida, e, assim, numa instituição, numa atividade, no exercício de uma função pública, em um setor específico das profissões, nas relações sociais, no decurso do tempo, que se mostra desaconselhável, prejudicial e injusta a modificação, ou a erradicação, ou sua interrupção. Num exemplo prático, durante longo período de tempo, diante do consentimento de pessoas que convivem com alguém, é admitida a utilização de um espaço que, pelos estatutos, pertence ao uso comum de condôminos. Mesmo que vá contra o estatuto do condomínio, e embora não fiquem plenamente preenchidos os requisitos do reconhecimento do domínio, se formou uma prática ou realidade tal que se revela incongruente e oneroso demais para a pessoa a alteração do uso que se exerceu. O consentimento decorrente da omissão em providências para erradicar uma posse precária traz efeitos de se admitir o proveito, que se estabiliza cada vez mais, e mostrando-se conveniente à ordem jurídica manter e proteger.

É o que se convencionou denominar "teoria do fato consumado", que se aplica por força da segurança jurídica e da estabilidade das relações sociais. Tem-se sustentado que a segurança jurídica, muito mais do que um princípio constitucional, constitui uma decorrência inevitável da própria ideia de direito, como norma de conduta social destinada a promover a paz e a ordem no seio da comunidade em que vigora.

De modo que, em muitos casos, embora a coercibilidade do ordenamento jurídico, se uma decisão judicial autorizou determinada situação jurídica e, após muitos anos, constatou-se que tal solução não era acertada, ainda assim não deve ser desconstituída essa situação para que não haja insegurança jurídica.

De observar que não se restringe a teoria a casos de decisões judiciais não corretas, em que o cumprimento literal da lei conduz a soluções impraticáveis. Há fatos que levam a dar uma exegese da lei mais afeita à realidade da vida, de sorte a não se implantar soluções desconexas com o bom senso e à lei da vida.

Mais se acentuam as hipóteses de se consolidarem as situações de fato, passando a merecer a proteção, no direito administrativo. Os tribunais aludem para alguns casos em que desponta o reconhecimento e, por isso, a proteção, decorrente da inércia da administração ou da morosidade do Judiciário, e desde que não reste aberta ou francamente violada a lei.

Assim alguém que consegue a inscrição para a realização de exame vestibular, logrando aprovação, mas não apresentando o certificado de conclusão do ensino médio no ato da matrícula, fato que leva à recusa deste ato. Depois de algum tempo, e já frequentando o curso universitário, com o cumprimento pelo estudante do currículo das disciplinas do curso de graduação, prestes a se formar, vem a ser julgado o processo judicial, negando a pretensão da matrícula, com amparo na Lei nº 9.394/1996. Entretanto, a instância superior permite o ato, em razão de já haver se consolidado um estado de fato mais relevante que uma formalidade, até porque o certificado de aprovação veio a ser expedido posteriormente. De fato, entendeu-se que o candidato aprovado em regular processo seletivo para ingresso no ensino superior terá assegurado o direito à matrícula no curso para o qual concorreu se, antes de a sentença ser proferida, tiver sido apresentado o certificado de conclusão do nível médio.

Também referentemente à matrícula, tendo o aluno menos de dezoito anos ao se inscrever para as provas do vestibular, e logrando a aprovação, não se considera razoável, depois, impedir a matrícula. Acontece que, embora a idade precoce e não concluído o ensino médio, se o aluno presta vestibular e consegue a aprovação, revela capacidade e maturidade suficientes para o curso superior. A justificativa está, pois, no entendimento de que o retorno ao *status quo* anterior se mostra contrário ao senso de justiça, já que demonstradas a maturidade e a capacidade do estudante com a aprovação no exame de ingresso.

Há hipóteses de se conferir o grau de aprovação em um curso universitário, mas se negando a concessão do diploma por não satisfeita alguma formalidade secundária. Estando a exercer a profissão em razão de liminar obtida em mandado de segurança, não se afigura razoável, anos depois, cassar a medida, porquanto já estava implantada uma situação de fato com um grau elevado de irreversibilidade.

É, ainda, o caso do candidato que logrou aprovação nos exames escritos e nos títulos, passando para a fase posterior, quando não consegue sucesso em um exame psicológico. Admitido na função pública por medida judicial, e exercendo o cargo por mais de dez anos, vem a ser julgada improcedente a ação. A rigor, cumpria fosse afastado o funcionário. Entretanto, diante da morosidade da justiça, da falta de diligência do Poder Público em apressar a solução do litígio, se estabeleceu uma situação de fato que torna desarrazoado o afastamento da pessoa do exercício do trabalho, ao mesmo tempo em que o tempo transformou em direito a função desempenhada.

Há a situação de um candidato ser aprovado em concurso de ingresso na função pública de policial, mas ficando impedido de realizar a prova física de flexão em barra fixa em razão de uma tendinite, resultando no seu afastamento do certame, e, assim, da nomeação normal. Veio a ocupar o cargo por imposição judicial. Conseguida a permanência entre os classificados, para a remarcação de exame, com a aprovação, não se aceitou a alegação que impunha a desclassificação porque não fez o teste na data prevista no edital. Foi mantido no cargo, com supedâneo no princípio do fato consumado.

A aprovação em todos os testes, exceto no exame psicotécnico, para entrar em curso de formação de sargentos, baseado em critérios subjetivos, sem possibilidade de recurso administrativo ou judicial na previsão do edital, importou em autorizar a participação no curso por meio de liminar dada em mandado de segurança. Em vista da longa duração do processo, e da conclusão do curso e da promoção para terceiro sargento, se evidenciou inoportuna a realização do referido exame anos depois, vingando a aplicação da teoria do fato consumado.

Várias as decisões de instância derradeira que tornam definitivas as nomeações precárias via mandados de segurança e outros instrumentos judiciais, por uma gama de razões, como não aprovação em exames secundários, falta de um documento não relevante, incapacidade temporária no momento de exames. Não havendo indício de exercício do trabalho de maneira insatisfatória, e evidenciando que a providência relevada não era essencial, não se apresenta conveniente que seja abruptamente retirada da função a pessoa nomeada, sofrendo uma drástica modificação na sua vida profissional, econômica e moral, com consequências irreversíveis.

No direito de família, também se revelou eficiente a teoria, e mereceu a sua aplicação. Vários os casos de adoção afetiva e deferidos, em prejuízo da filiação biológica, especialmente aos pais que, durante longos anos, se mantiveram afastados dos filhos, que foram criados e educados, em conjunto com a progenitora, pelo esposo ou companheiro que a ela se uniu. Embora a oposição e omissão dos pais biológicos, não se revela coerente e sensato manter uma paternidade fictícia, unicamente no papel, em prejuízo da verdadeira paternidade, que é aquela formada pelo vínculo afetivo e pelo poder familiar estabelecidos no curso do tempo, totalmente favorável ao filho.

No direito previdenciário, há a situação apresentada por Mauro Roberto Gomes de Mattos:

> "Figure-se, como outro exemplo, a situação levantada pela ilustre Maria Isabel Gallotti (*RDA* 170/29), onde uma viúva que tenha recebido, durante anos, uma pensão com base em lei posteriormente inconstitucional, ou de um funcionário que tenha sido nomeado para o cargo criado por lei muito tempo depois julgada inconstitucional.
>
> Como resolver esses casos em que uma norma jurídica foi pacificamente aplicada por um longo período e depois declarada ilegal? De acordo com o bom senso, a primazia da realidade e o fato consumado, não é salutar que uma viúva devolva o valor correspon-

dente a todos os anos de pensão recebida. Bem como, não se afigura como lícito, que se subtraia a pensão se ela integrou ao patrimônio jurídico e econômico da viúva após longos anos de pensionamento.

A ideia de se recorrer a sanatório ou convalidação dos atos nulos se coloca em termos menos rígidos na órbita do direito administrativo, não 'por desamor ou menosprezo à lei, mas por ser impossível desconhecer o valor adquirido por certas situações de fato constituídas sem dolo, mas eivadas de infrações legais a seu tempo não percebidas ou decretadas' (Miguel Reale, *Revogação e anulamento do ato administrativo*. Rio de Janeiro: Forense, 1968. p. 83).

A fruição do tempo convalida o ato nulo, apagando novos efeitos ou interpretações contrárias as que geraram efeitos por certo lapso de tempo, gerando a estabilidade a determinada situação".[1]

Na casuística mencionada, é preponderante a ação do tempo, ostentando-se oportuna a ponderação axiomática de Lafayette de Andrada, então ministro do STF:

"A verdade, porém, é que se criou uma situação de fato que o tempo já consolidou. Em casos semelhantes, a orientação do Supremo Tribunal ter sido no sentido de atender a tais situações cuja excepcionalidade aconselha encarar o problema mais sob o aspecto da finalidade social das leis do que de uma severa interpretação literal dos textos".[2]

A teoria ora apresenta avanços e ora tem retrocessos.

Exemplos de decisões do STJ que aceitam a teoria:

"Administrativo. Universidade Federal do Estado do Rio Grande do Sul. Sistema de cotas. Egressos de escola pública. Exclusão de aluna do Sistema de Cotas. Decurso de anos da concessão liminar. Teoria do fato consumado.

A jurisprudência desta Corte, especialmente por sua 2ª Turma, apresenta-se disposta no sentido da aplicabilidade da teoria do fato consumado na hipótese de o estudante frequentar a instituição de ensino, na qualidade de aluno, há pelo menos três anos, ainda que amparado por medidas de natureza precária, como liminar e antecipação dos efeitos da tutela. Precedentes.

Agravo regimental improvido".[3]

"Administrativo. Mandado de segurança. Exame nacional de desempenho dos estudantes (ENADE). Obrigatoriedade. Colação de grau. Situação fática consolidada. Aplicação da teoria do fato consumado.

A jurisprudência desta Corte Superior de Justiça é no sentido de que o Exame Nacional do Desempenho dos Estudantes (ENADE) é obrigatório a todos os estudantes convocados regularmente para a sua realização, não sendo ilegal o condicionamento da colação de grau e, consequentemente, da obtenção do diploma de curso superior, ao comparecimento ao referido exame.

---

[1] Disponível em: <http://www.gomesdemattos.com.br>.
[2] RMS nº 17.444, *RTJ* 45/589.
[3] AgRg no REsp nº 1267594/RS, da 2ª Turma, j. em 15.05.2012, *DJe* de 21.05.2012, rel. Min. Humberto Martins.

Ocorre que, no presente caso, levando-se em conta que já houve a outorga do grau à impetrante, há que ser considerada consolidada a situação de fato.

Conforme se extrai dos autos, a liminar concedida em primeira instância possibilitou que a recorrida obtivesse o diploma de conclusão do curso de farmácia em 03.02.2011, ou seja, há quase dois anos, sendo natural que esteja valendo-se de sua formação para exercer sua profissão e prover o seu sustento.

Em casos excepcionais, em que a restauração da estrita legalidade ocasionaria mais danos sociais do que a manutenção da situação consolidada pelo decurso do tempo (conclusão do curso e obtenção do diploma), por intermédio do mandado de segurança concedido, a jurisprudência do Superior Tribunal de Justiça tem se firmado no sentido de aplicar a teoria do fato consumado. Precedentes: AgRg no REsp nº 1291328/RS, rel. Min. Napoleão Nunes Maia Filho, 1ª Turma, j. em 24.04.2012, *DJe* 09.05.2012; AgRg no REsp nº 1049131/MT, rel. Min. Humberto Martins, 2ª Turma, j. em 4.06.2009, *DJe* 25.06.2009.

Recurso especial não provido".[4]

Exemplos de manifestações que afastam a teoria, respectivamente, do STF e do STJ:

"A jurisprudência deste Tribunal é no sentido da inaplicabilidade da teoria do fato consumado a casos nos quais se pleiteia a permanência em cargo público, cuja posse tenha ocorrido de forma precária, em razão de decisão judicial não definitiva".[5]

"Nos termos da jurisprudência pacífica desta Corte, a Teoria do Fato Consumado em matéria de concurso público requer o cumprimento dos requisitos legalmente estabelecidos para a investidura no cargo pretendido".[6]

Em relação ao direito ambiental, é afastada a teoria pela Súmula 613/STJ, de 9.05.2018:

"Não se admite a aplicação da teoria do fato consumado em tema de Direito Ambiental".

Resta óbvio, diante da natureza do instituto, pensar ou cogitar de prescrição ou decadência do direito na invocação da teoria. Não se ostenta possível estabelecer um prazo para suscitar qualquer uma dessas causas de extinção da ação ou do direito. O decurso do tempo somente favorece a parte que invoca a teoria.

3. O RECONHECIMENTO DE DIREITOS DE USO OU PROVEITO, EMBORA CONTRÁRIOS À CONVENÇÃO, COM BASE NAS TEORIAS DA *SUPRESSIO* E DA *SURRECTIO*

Há algum tempo tem surgido uma teoria que busca tornar direito adquirido uma situação que se consolidou ou que vinha ocorrendo ao longo do tempo. Embora determinada pactuação, houve uma conduta diferente, que iniciou e foi indo em constante repetição, sem que se tenha levantado uma oposição do outro contratante, numa evidente aceitação, como se as partes revelassem uma disposição de estabelecer uma nova realidade, ou de simplesmente

---

[4] REsp nº 1346893/PR, 2ª Turma, j. em 06.11.2012, *DJe* 12.11.2012, rel. Min. Mauro Campbell Marques.
[5] RE nº 405964 AgR/RS, da 1ª Turma, rel. Min. Dias Toffoli, j. em 24.04.2012, *DJe* de 16.05.2012.
[6] AgRg no REsp nº 1248007/RS, rel. Min. Humberto Martins, 2ª Turma, j. em 21.06.2011, *DJe* 29.06.2011.

suprimir aquilo que haviam combinado antes. Apesar de haver uma regra de procedimento, ou uma proibição, ou um comando contratual, a pessoa segue em trilha diferente e contrária, sem despertar qualquer manifestação de repulsa ou inconformidade, o que leva a induzir que se ostenta e vai se consumando uma aceitação.

Vários os exemplos, como nos contratos de locação, em que se tolera o pagamento do aluguel até o final do mês, embora conste no contrato que se faça até o dia dez; ainda neste tipo de contrato, no qual há a expressa previsão de caracterizar causa de sua resolução a sublocação, mas que se verifica e existe há longo tempo, tendo o contrato se renovado periodicamente, com ciência do locador.

De outra parte, nos condomínios está consignada a proibição na convenção de se individualizar o espaço que vai do elevador até a porta da unidade, mas, apesar disso, vários condôminos fazem o aproveitamento privativo de tal espaço. Neste mesmo tipo de instituto, os proprietários aproveitam as sacadas, erguendo parede até o teto, fazendo-as uma extensão da peça com a qual têm ligação. Ainda, apesar de estabelecida a proibição do exercício de qualquer atividade profissional nas unidades destinadas exclusivamente para a moradia, alguns condôminos executam nos apartamentos em que moram funções econômicas mais de caráter pessoal e esporádico, recebendo pessoas dentro de certa constância, como professores que ministram aulas particulares, ou mesmo outros profissionais, mas desde que não estabelecidos com indicações e anúncios de se destinar o espaço para uma finalidade econômica. Em outro caso, apesar de constar na convenção a colocação nos espaços de estacionamento individuados um único veículo, mesmo que comportem mais de um, no curso dos anos foi se consolidando a tolerância de serem guardados dois veículos. Outrossim, ficou consolidada a dispensa de cobrança da multa no pagamento das contribuições condominiais se feito até o final do mês em que são devidas, embora a previsão da incidência se efetuado após o dia dez do mês em que são devidas.

Ou seja, vai se realizando, se prolongando e se consolidando uma conduta diferente daquela que é ditada ou imposta em um regulamento, ou contrato, ou convenção. Não se levantaram vozes contrárias ou reclamações, numa clara e notória atitude não apenas de complacência, mas de real aceitação. Este estado de postura revela a concordância com a nova situação que passou a vigorar e foi se firmando e perpetuando, a ponto de se tornar definitiva, impedindo, posteriormente, que se procure revogá-la, ou se busque o retorno ao cumprimento ao que vinha escrito e estabelecido. Dá-se validade ao que passou a vigorar e foi aceito, em prestígio ao princípio da boa-fé objetiva, já que se implantou um estado de fato por todos aceito. A reiterada e admitida conduta ou utilização de um bem, por um período de tempo considerável, conduz à formação de direitos em favor da pessoa que executa a conduta ou aproveita o bem.

Esta aquisição de direito em manter uma situação que se consolidou, em evidente expressão de desistência de qualquer oposição, e inclusive de mudar aquilo que vinha constando nas manifestações escritas, é conhecida como teoria da *supressio* (palavra que se costumou escrevê-la erradamente, pois usada no latim com grafia *supretio*), logrando aceitação na doutrina e na jurisprudência.

A situação importa em suprimir o direito de um contratante e em aceitar um estado de fato que se consolidou, de modo a reconhecer-se, ou a emergir, ou a operar-se o surgimento do direito em favor de alguém, que se materializa em permanecer o estado de fato.

Há também a *surrectio*, que é uma variante da *supressio*, e que Fernando Noronha a considera como o exercício continuado de uma situação jurídica ao arrepio do convencionado ou do ordenamento jurídico, que implica nova fonte de direito subjetivo, estabilizando-se tal situação para o futuro.⁷ Opera-se uma consolidação de uma situação de repetida violação contratual ou legal, de modo que se presuma e se aceita como uma nova conformação jurídica a que as partes afeiçoaram. Daí concluir Judith Martins-Costa que a *surrectio* "aponta para o nascimento de um direito como efeito, no tempo, da confiança legitimamente despertada na contraparte por determinada ação ou comportamento".⁸

Ou seja, na *surrectio*, pratica-se um determinado ato, contra o que vinha estabelecido, havendo uma aceitação, e vindo a reconhecer-se o direito a manter-se e prosseguir o ato. Já a *supressio* diz mais com a omissão em desencadear uma reação contrária a um ato. No fundo, em ambas as figuras aparece um estado de fato que é admitido por certo período de tempo, ou porque não há oposição, ou em razão de sua repetida realização, que se consolida e passa a prevalecer.

Em várias ocasiões o Tribunal de Justiça do RS utilizou a teoria da *supressio*, como na Apel. Cível nº 70005342332⁹, entendendo que não se encontrava caracterizada. Na Apelação Cível nº 70003607231¹⁰, também enfrentou a mesma teoria, mas concluindo que o contexto dos fatos não a tipificava. Já na Apel. Cível nº 70001911684¹¹, ficaram descritos os elementos para a sua admissão:

> "Para a sua configuração, exige-se (i) o decurso de prazo sem exercício do direito com indícios objetivos de que o direito não mais seria exercido e (ii) desequilíbrio, pela ação do tempo, entre o benefício do credor e o prejuízo do devedor".

E acrescentou a relatora, Desembargadora Maria Isabel de Azevedo Souza, com base na lição de Menezes Cordeiro:

> "Não caracteriza conduta contrária à boa-fé o exercício do direito de exigir a restituição de quantia emprestada depois de transcorrido mais de quinze anos se tal não gera desvantagem desproporcional ao devedor em relação ao benefício do credor". Essa omissão de reclamar o crédito anteriormente não representaria, pois, a formação do direito de não mais exercer o direito. A mesma inteligência foi reeditada na Apelação Cível nº 70001135383, de 09.08.2000.¹²

Em outro julgamento, a 13ª Câm. Cível, sendo relator o Des. Roberto Carvalho Fraga, reconheceu a figura da *supressio*, dada a longa demora em pleitear o direito de indenização:¹³

> "Direito privado não especificado. 'Contrato de bandeira'.
>
> Denúncia do contrato. Evidencia-se a ausência de culpa da apelada na demora da efetivação de ato que incumbia exclusivamente ao serventuário judicial, caso em que se aplica a Súmula nº 106 do STJ.
>
> Uso indevido de marca. Indenização. Perdas e danos. Tendo efetivamente a apelada utilizado indevidamente sinais distintivos da Distribuidora-apelante, cabia a esta agir de

---

[7] *O direito dos contratos e seus princípios fundamentais*. São Paulo: Saraiva, 1994. p. 183.
[8] *A boa-fé no direito privado*: sistema e tópica no processo obrigacional. São Paulo: RT, 1999. p. 469.
[9] Julgamento em 14.05.2003, *DJ* de 21.05.2003, da 2ª Câm. Cível.
[10] Julgamento em 18.10.2002, *DJ* de 30.10.2002, da 14ª Câm. Cível.
[11] Julgamento em 4.12.2000, *DJ* de 26.12.2011, da 2ª Câm. Cível.
[12] Julgamento em 09.08.2000, *DJ* de 11.09.2000, da 2ª Câm. Cível.
[13] Conforme Apel. Cível nº 70004385837, j. em 30.03.2008, *DJ* de 06.04.2004.

forma célere para reparar o dano que lhe estava causando tal conduta. Contudo, apenas decorridos mais de quatro anos da notificação judicial para denunciação do contrato, foi a apelante buscar a indenização. Com tal conduta, mostrou não ser tão premente a necessidade da reparação pretendida. Dentro da função interpretativa da boa-fé objetiva, essa conduta acarreta a minoração da exigibilidade da cláusula indenizatória, a chamada *supretio*. Ademais, como bem ressaltado pelo magistrado, se houve conduta maliciosa da apelada por não restituir os materiais publicitários e equipamentos, também agiu insidiosamente a apelante ao esperar o momento que mais lhe convinha para exigir o ressarcimento. Dessa forma, compensam-se as condutas, dentro do que prevê o art. 150 do novo CC brasileiro, não havendo entre as partes qualquer direito a pleitear indenização também porque já deferida pela sentença a retirada do material publicitário da apelante do estabelecimento da apelada, bem como os equipamentos cedidos a ela em comodato.

Apelo desprovido".

Também junto ao STJ foi aventada a teoria, com o seu reconhecimento e aplicação:

"Direito civil. Vizinhança. Condomínio comercial que admite utilização mista de suas unidades autônomas. Instalação de equipamento por condômino que causa ruído. Indenização devida. Dano moral fixado em quantum razoável.

O exercício de posições jurídicas encontra-se limitado pela boa-fé objetiva. Assim, o condômino não pode exercer suas pretensões de forma anormal ou exagerada com a finalidade de prejudicar seu vizinho. Mais especificamente não se pode impor ao vizinho uma convenção condominial que jamais foi observada na prática e que se encontra completamente desconexa da realidade vivenciada no condomínio.

A '*supressio*', regra que se desdobra do princípio da boa-fé objetiva, reconhece a perda da eficácia de um direito quando este longamente não é exercido ou observado.

Não age no exercício regular de direito a sociedade empresária que se estabelece em edifício cuja destinação mista é aceita, de fato, pela coletividade dos condôminos e pelo próprio condomínio, pretendendo justificar o excesso de ruído por si causado com a imposição de regra constante da convenção condominial, que impõe o uso exclusivamente comercial, mas que é letra morta desde sua origem.

A modificação do *quantum* fixado a título de compensação por danos morais só deve ser feita em recurso especial quando aquele seja irrisório ou exagerado.

Recurso especial não conhecido".[14]

Importante a fundamentação do voto, neste trecho:

"O art. 187, CC, ao tratar da definição de ato ilícito, reconhece que a violação da boa-fé objetiva pode corresponder ao exercício inadmissível ou abusivo de posições jurídicas. Isto é, a figura do abuso de direito é associada à violação do princípio da boa-fé objetiva e, nessa função, ao invés de criar deveres laterais, a boa-fé restringe o exercício de direitos, para que não se configure a abusividade.

---

[14] REsp nº 1.096.639/DF, da 3ª Turma do STJ, j. em 09.12.2008, *DJe* de 12.02.2009, rel. Min. Nancy Andrighi.

O exercício de posições jurídicas encontra-se limitado pela boa-fé objetiva. Assim, o condômino não pode exercer suas pretensões de forma anormal ou exagerada com a finalidade de prejudicar seu vizinho. Mais especificamente, não se pode impor ao recorrido uma convenção condominial que jamais foi observada na prática e que se encontra completamente desconexa da realidade vivenciada naquele condomínio. Se colocarmos a questão em termos teóricos, constata-se, aqui, a figura da *supressio*, regra que se desdobra do princípio maior da boa-fé objetiva e segundo a qual o não exercício de direito por certo prazo pode retirar-lhe a eficácia. Confira-se, *mutatis mutandis*, o que já estabeleceu esta Corte a este respeito: 'Condomínio. Área comum. Prescrição. Boa-fé. Área destinada a corredor, que perdeu sua finalidade com a alteração do projeto e veio a ser ocupada com exclusividade por alguns condôminos, com a concordância dos demais. Consolidada a situação há mais de vinte anos sobre área não indispensável à existência do condomínio, é de ser mantido o *statu quo*.

Aplicação do princípio da boa-fé (*supressio*). Recurso conhecido e provido' (REsp nº 214.680/SP, 4ª Turma, rel. Min. Ruy Rosado de Aguiar, *DJ* 16.11.1999)".

O citado Min. Ruy Rosado de Aguiar, em outro julgamento, embora vencido o seu voto, deixou evidenciado a causa que leva ao reconhecimento do direito:

"Tenho como admissível a teoria da *supressio*, segundo a qual o comportamento da parte, que se estende por longo período de tempo ou se repete inúmeras vezes, porque incompatível com o exercício do direito, pode levar a que se reconheça a extinção desse direito, com base na boa-fé objetiva.

No caso dos autos, a egrégia Câmara examinou os fatos da causa e concluiu que o documento de fl. 28 representava o acerto final das contas entre empregadora e empregado, tendo o decurso de tempo consolidado essa conclusão. Daí a improcedência da reconvenção.

Para modificar esse julgamento, seria necessário rever os fatos e lhes dar nova qualificação jurídica, considerando-os insuficientes para a conclusão a que, com base neles, chegou a r. Câmara".[15]

Em mais um julgamento, voltou-se a adotar a espécie, com fulcro na boa-fé objetiva:

"O instituto da '*supressio*' indica a possibilidade de se considerar suprimida uma obrigação contratual, na hipótese em que o não exercício do direito correspondente, pelo credor, gere no devedor a justa expectativa de que esse não exercício se prorrogará no tempo".[16]

No tocante à *surrectio*, tem-se um exemplo do Tribunal de Justiça de Minas Gerais:

"Direito civil. Locação residencial. Situação jurídica continuada ao arrepio do contrato. Aluguel. Cláusula de preço. Fenômeno da *surrectio* a garantir seja mantido a ajuste tacitamente convencionado. A situação criada ao arrepio de cláusula contratual livremente convencionada pela qual a locadora aceita, por certo lapso de tempo, aluguel a preço

---

[15] REsp nº 207.509/SP, da 4ª Turma, j. em 27.11.2001, *DJU* de 18.08.2003.
[16] REsp nº 953.389/SP, da 3ª Turma, j. em 23.02.2010, *DJe* de 15.03.2010, rel. Min. Nancy Andrighi.

inferior daquele expressamente ajustado, cria, à luz do Direito Civil moderno, novo direito subjetivo, a estabilizar a situação de fato já consolidada, em prestígio ao princípio da boa-fé contratual".[17]

A aplicação no condomínio edilício é frequente, em que não são obedecidas certas regras e restrições, ou passam a ser admitidos proveitos, usos e destinação, embora o contrário conste nas regras da convenção.

Também nestas figuras o correr do tempo é computado a favor dos que se amparam nelas na defesa de suas pretensões ou direitos. Não se encontra coerência pensar em um prazo para sustentar tais meios de defesa, posto que ajudam ou conduzem a se manter o exercício de um proveito.

---

[17] TJMG, Apel. Cível nº 1.0024.03.163299-5/001-Belo Horizonte-MG, da 16ª Câm. Cível, j. em 07.03.2007, rel. Des. Mauro Soares de Freitas.

Capítulo LXXX
A DECADÊNCIA E A PRESCRIÇÃO NAS VÁRIAS MODALIDADES DE TRANSPORTE DE COISAS

Pelo art. 750 do Código Comercial de 1850, em vigor, posto que não revogado pelo art. 2.045 do Código Civil, a responsabilidade do transportador começa a correr desde o momento em que ele recebe as mercadorias, cessando com a efetiva entrega ao destinatário ou à pessoa por ele autorizada legalmente, conforme consta do mesmo dispositivo. Se houver recusa do destinatário, ou ele não for encontrado, unicamente com o depósito em juízo exime-se o transportador.

No tocante ao transporte multimodal, que é o transporte regido por um único contrato e que utiliza duas ou mais modalidades de transporte, desde a origem até o seu destino, o qual é regido pela Lei nº 9.611, de 19.02.1998, a responsabilidade do operador de transporte cessa quando do recebimento da carga pelo destinatário sem protestos ou ressalvas.

Quanto ao transporte ferroviário, diz o art. 3º do Decreto nº 2.681, de 7.12.1912, que a responsabilidade inicia a partir do recebimento na estação pelos empregados, antes mesmo do respectivo despacho, o que se coaduna com o Código Comercial.

O atual Regulamento Geral dos Transportes (Decreto nº 51.813, de 1963), no art. 163, disciplina da mesma forma:

> "A responsabilidade da empresa, pelo que lhe é confiado, para transporte, começa logo após o recebimento, pelo empregado competente, antes mesmo do despacho, e cessa com a entrega efetiva da expedição a quem de direito".

Sobre a decadência, encontram-se duas regras nos dispositivos do Código Civil que tratam do transporte.

Em primeiro lugar, no caso de dar o remetente informação inexata ou falsa descrição dos bens, reserva o art. 745 do Código Civil o lapso de cento e vinte dias para a competente ação, de iniciativa do transportador, a fim de exercer o direito que entende lhe competir:

> "Em caso de informação inexata ou falsa descrição no documento a que se refere o artigo antecedente, será o transportador indenizado pelo prejuízo que sofrer, devendo a ação respectiva ser ajuizada no prazo de 120 (cento e vinte) dias, a contar daquele ato, sob pena de decadência".

Na hipótese, o dono da carga, ou remetente, entrega ao transportador uma relação inexata de mercadorias, ou uma falsa descrição das mesmas, podendo esta conduta resultar em prejuízos. É o caso de constituir a carga de mercadorias altamente inflamáveis, ou facilmente deterioráveis, vindo a provocar um incêndio, ou a contaminar outros produtos carregados. Diante da omissão em informar, assiste ao transportador reclamar a indenização dos danos ocorridos, desde que manifeste o direito no lapso temporal de cento e vinte dias.

Em segundo lugar, há a situação estabelecida no parágrafo único do art. 754, também da lei civil, que concede o prazo de dez dias para o destinatário exercer seu direito contra o transportador, em razão de perda parcial ou de avaria não perceptível à primeira vista:

> "No caso de perda parcial ou avaria não perceptível à primeira vista, o destinatário conserva a sua ação contra o transportador, desde que denuncie o dano em 10 (dez) dias a contar da entrega".

Quanto à prescrição, na falta de disposição específica fixando prazo mais curto, é de dez anos o lapso de tempo em outras reparações diferentes das situações *supra*.

Havia, outrossim, dispositivos no Código Comercial e em leis especiais. Para o transporte terrestre, o Código Comercial fixava o prazo de um ano, mas as relações devem envolver comerciantes. Atualmente, a matéria está regulada pelo Código Civil, incidindo a mesma prescrição prevista para a reparação dos danos de modo geral. Todavia, as ações judiciais para o ressarcimento dos danos advindos do não cumprimento das responsabilidades decorrentes do transporte multimodal, consoante o art. 22 da Lei nº 9.611/1998, deverão ser intentadas no prazo máximo de um ano, contado da data da entrega da mercadoria no ponto de destino, ou, caso isso não ocorra, do nonagésimo dia após o prazo previsto para a entrega, sob pena de prescrição.

Tratando-se de transporte aéreo, o Código Brasileiro de Aeronáutica (Lei nº 7.565, de 19.12.1986) dilata o lapso temporal para dois anos, de acordo com o art. 317, a contar da data em que se verificou o dano, da data da chegada ou do dia em que devia chegar a aeronave ao ponto de destino, ou da interrupção do transporte. Eis as situações que estão elencadas no art. 317:

> "Prescreve em 2 (dois) anos a ação:
>
> I – por danos causados a passageiros, bagagem ou carga transportada, a contar da data em que se verificou o dano, da data da chegada ou do dia em que devia chegar a aeronave ao ponto de destino, ou da interrupção do transporte;
>
> II – por danos causados a terceiros na superfície, a partir do dia da ocorrência do fato;
>
> III – por danos emergentes no caso de abalroamento a partir da data da ocorrência do fato;
>
> IV – para obter remuneração ou indenização por assistência e salvamento, a contar da data da conclusão dos respectivos serviços, ressalvado o disposto nos parágrafos do artigo 61;
>
> V – para cobrar créditos, resultantes de contratos sobre utilização de aeronave, se não houver prazo diverso neste Código, a partir da data em que se tornem exigíveis;
>
> VI – de regresso, entre transportadores, pelas quantias pagas por motivo de danos provenientes de abalroamento, ou entre exploradores, pelas somas que um deles haja sido obrigado a pagar, nos casos de solidariedade ou ocorrência de culpa, a partir da data do efetivo pagamento;
>
> VII – para cobrar créditos de um empresário de serviços aéreos contra outro, decorrentes de compensação de passagens de transporte aéreo, a partir de quando se tornem exigíveis;
>
> VIII – por danos causados por culpa da administração do aeroporto ou da Administração Pública (artigo 280), a partir do dia da ocorrência do fato;

IX – do segurado contra o segurador, contado o prazo do dia em que ocorreu o fato, cujo risco estava garantido pelo seguro (artigo 281);

X – contra o construtor de produto aeronáutico, contado da ocorrência do dano indenizável".

Por sua vez, o art. 318 da mesma lei estende o prazo para três anos se a vítima provar que não conhecia o dano a identidade do responsável:

> "Se o interessado provar que não teve conhecimento do dano ou da identidade do responsável, o prazo começará a correr da data em que tiver conhecimento, mas não poderá ultrapassar de 3 (três) anos a partir do evento".

Quanto ao transporte marítimo, disciplinado pelo Decreto-lei nº 116, de 25.01.1967, o prazo é de um ano, conforme seu art. 8º:

> "Prescrevem ao fim de um ano, contado da data do término da descarga do navio transportador, as ações por extravio de carga, bem como as ações por falta de conteúdo, diminuição, perdas e avarias ou danos à carga".

O Decreto nº 64.387, de 22.04.1969, que regulamentou o Decreto-lei nº 116/1967, repete a mesma regra no art. 8º.

Daí entender o equívoco do Recurso Especial 1.631.472/RS, da 3ª Turma, relatora a Min. Nancy Andrighi, j. em 17.10.2017, ao ementar:

> "Inexistindo regramento específico em nosso ordenamento jurídico quanto ao prazo prescricional para a cobrança de frete marítimo – nas hipóteses, em que não configurado o transporte multimodal – a matéria deve ser regida pelas disposições insertas no Código Civil.
>
> Em se tratando de transporte unimodal de cargas, considerando que o conhecimento de embarque expressa em seu conteúdo uma dívida líquida, será quinquenal o prazo para ajuizamento da ação de cobrança, nos termos do art. 206, § 5º, I, do CC/2002".

É que existe lei específica.

O prazo apenas atinge a ação relativamente ao dono da carga, e não ao terceiro. Ávio Brasil transcreve uma antiga decisão do Tribunal de Justiça do ex-Distrito Federal, a respeito:

> "O exercício da ação para haver indenização por avaria de carga transportada por mar independente da vistoria, sujeitando-se, sim, ao protesto. O Direito à ação prescreve em vinte anos, se promovida por terceiro, contra transportador".[1]

O prazo atual é de dez anos, diante do vigente Código Civil. Em se cuidando de responsabilidade no transporte rodoviário de carga, a prescrição se dá em um ano, que se inicia na data do conhecimento do dano, nos termos do art. 18 da Lei nº 11.442, de 5.01.2007:

> "Prescreve em 1 (um) ano a pretensão à reparação pelos danos relativos aos contratos de transporte, iniciando-se a contagem do prazo a partir do conhecimento do dano pela parte interessada".

---

[1] Ap. Cível nº 8.967, *Transportes e seguros marítimos e aéreos*. Rio de Janeiro, 1955. p. 255.

Capítulo LXXXI
DECADÊNCIA EM EXIGIR QUE SE DESFAÇAM JANELAS E OUTRAS ABERTURAS OU OBRAS SOBRE O PRÉDIO VIZINHO

O art. 1.302 do Código Civil estabelece o prazo de uno e dia ao proprietário para exigir que se desfaça janela, sacada, terraço ou goteira sobre o seu prédio, e proíbe que, decorrido tal lapso temporal, construa a menos de metro e meio de seu imóvel, ou impeça ou dificulte o escoamento das águas caídas das goteiras:

> "O proprietário pode, no lapso de ano e dia após a conclusão da obra, exigir que se desfaça janela, sacada, terraço ou goteira sobre o seu prédio; escoado o prazo, não poderá, por sua vez, edificar sem atender ao disposto no artigo antecedente, nem impedir, ou dificultar, o escoamento das águas da goteira, com prejuízo para o prédio vizinho".

Para entender o alcance da norma, mister que se veja o art. 1.301: "É defeso abrir janelas, ou fazer eirado, terraço ou varanda, a menos de metro e meio do terreno do vizinho". O prazo é decadencial, pois atinge diretamente o direito.

O prazo para a providência de desfazimento de ano e dia é computado a partir da conclusão da obra, que nem sempre coincide com o da abertura da janela, ou da construção de sacada, terraço ou varanda.

Se o dono, durante o referido lapso de tempo, fica inerte, firma-se o direito do vizinho, que se transforma em verdadeira servidão de continuar com a janela no estado em que as colocou. A jurisprudência, formada ao tempo do Código de 1916, endossava o princípio:

> "Ultrapassado o prazo decadencial previsto no art. 576 do CC, não pode o proprietário lindeiro fechar as aberturas do prédio vizinho, necessárias para a ventilação e a iluminação das dependências por elas servidas. Embora controvertido na doutrina e na jurisprudência, o melhor entendimento do referido art. 576 do CC é o de que, na inércia do vizinho quanto à abertura com infringência do art. 573 do CC, se enseja servidão adquirida pela posse e decurso do ano e dia".[1]

A lei discrimina os prazos e o caminho para a oposição à constrição judicial. A consequência da omissão é o surgimento de uma servidão na hipótese de se prolongar o silêncio durante o interregno especificado. A lição já era pregada por Clóvis: "Passado o prazo de ano e dia, depois de concluída a obra, está definitivamente adquirido o direito de a ter, onde se

---

[1] Os arts. 576 e 573 apontados no aresto equivalem aos arts. 1.302 e 1.301 do Código de 2002. Apel. Cível nº 24.197, da 2ª Câm. Cível do TARS, j. em 16.12.1980, em *Julgados do Tribunal de Alçada do RS* 38/407.

acha, e o dono dela poderá segurá-la pela ação confessória, ou defendê-la pelos interditos ou exceções competentes. Esse direito é uma verdadeira servidão, adquirida pela posse e o decurso do tempo, e cujo título é a confissão presumida do vizinho (usucapião)".[2]

Dídimo da Veiga entendia que a criação da servidão estava na dependência de usucapião, embora não negasse a impossibilidade de desfazer as obras após o interregno de ano e dia da conclusão: "Quando, porém, a janela, o eirado, o terraço, ou a varanda tiverem sido, aquela aberta e estes construídos sem guardar o espaço de metro e meio do prédio vizinho, e o proprietário deste não embargar, pela ação de obra nova, essas obras de abertura de janela e construção de terraço, eirado ou varanda, e permanecer a situação por trinta anos (atualmente vinte), poderá o proprietário do prédio intentar a ação confessória, para ser julgada estabelecida a servidão, por prescrição aquisitiva, e a sentença, que declarar consumada a usucapião, poderá ser transcrita no registro de imóveis, ficando assim definitivamente constituída a servidão".[3]

Salienta-se que o Superior Tribunal de Justiça firmou a impossibilidade de se impedir o proprietário do prédio vizinho em edificar, embora a existência de janela a menos de metro e meio:

"Não se opondo o proprietário, no prazo de ano e dia, à abertura de janela sobre seu prédio, ficará impossibilitado de exigir o desfazimento da obra, mas daí não resulta seja obrigado ao recuo de metro e meio ao edificar nos limites de sua propriedade".[4]

Igualmente o Tribunal de Justiça do RGS imprimiu tal exegese:

"Declaratória de servidão. Demolitória. Muro construído na divisa de imóveis lindeiros. Servidão de luz. Inexistência.

Abertura de janelas a menos de metro e meio da divisa do terreno. Autorização pelo proprietário do imóvel vizinho. Ausência de oposição, no prazo de ano e dia, que não inibe o proprietário de edificar nos limites de sua propriedade. Interpretação dos arts. 573, § 2º, e 576, CCB/1916. Precedentes. Negaram provimento".[5]

Entrementes, esta maneira de interpretar vai contra o disposto no art. 1.302 do Código de 2002.

Fique claro que a anuência, para efeitos do preceito em tela, se concretiza com o simples silêncio durante o lapso de tempo da lei. A partir daí, aperfeiçoa-se a concessão presumida do vizinho. A posse é o fundamento para a aquisição do direito. Se dentro do interregno optar pelo desfazimento, duas viabilidades se oferecem ao prédio serviente: ou pela ação demolitória, ou pela negatória.

A nunciação de obra nova é, também, entendida como via judicial correta para colimar o desfazimento, se intentada durante a construção. Com certeza, quem, ao construir, abre janela, sacada, terraço, ou varanda a menos de um metro e meio do terreno vizinho, pode ser

---

[2] *Código Civil dos Estados Unidos do Brasil comentado*, cit., v. III, p. 104-105.
[3] *Direito das coisas*. In: LACERDA, Paulo de (Org.). *Manual do Código Civil brasileiro*. Rio de Janeiro: Jacinto Ribeiro dos Santos editor, 1925. 2ª parte, v. IX, p. 499-500.
[4] *REsp* nº 229.164/MA, da 3ª Turma, *DJU* de 06.12.1999, *ADV Jurisprudência*, n. 6, p. 95, 13.02.2000.
[5] Ap. Cível nº 70040369662, da 19ª Câmara Cível do TJRS, j. em 31.01.2012, *DJ* de 08.02.2012, rel. Carlos Rafael dos Santos Júnior.

compelido judicialmente a fechá-los ou desfazê-los se o vizinho prejudicado embargar a obra (nunciação) no prazo de ano e dia.

No entanto, se possível o reparo sem destruir a obra, não será demolida, em linha orientada pelo Superior Tribunal de Justiça:

> "Lícito se determine que, em lugar de ser a obra demolida, se proceda aos reparos para eliminar o que contravenha às normas que regulam as relações de vizinhança".[6]

Tendo decorrido o prazo, ao dono do prédio beneficiado cabe a defesa da posse, mediante as ações possessórias e a confessória.

A construção a menos de metro e meio pode ter como amparo a convenção das partes, constituindo-se em uma servidão. Nessa eventualidade, a proteção reside não em direito de vizinhança, mas firma-se em uma servidão. Então, não cabe a desconstituição, pois não se aplica o prazo do art. 1.302 do Código Civil atual, e nem se aplicava o art. 576 do Código revogado.

Amolda-se, aqui, o seguinte aresto do STJ:

> "A servidão foi constituída por ato jurídico voluntário, do então proprietário do prédio serviente, devidamente transcrito no registro de imóveis competente, por isso é válida e eficaz".[7]

A justificação estende-se no voto do Relator:

> "É que os recorrentes embasam o recurso especial no artigo 576 do Código Civil de 1916, dispositivo vocacionado para a solução de controvérsias relativas aos direitos de vizinhança, que, ressalte-se, até mesmo topograficamente, situa-se na Parte Especial, Livro II, Título II, Capítulo II, Seção V, expressamente intitulada, *verbis*: 'Dos direitos de vizinhança'.
>
> Com efeito, o prazo de ano e dia, para exigência de desfazimento, após a conclusão de obra, previsto no artigo 576 do Código Civil revogado, não se aplica às servidões prediais. Nesse sentido, já se posicionou o egr. STF, em precedente relatado pelo e. Ministro Moreira Alves, assim ementado:
>
> 'Servidão de luz. Constituição de servidão por destinação do proprietário. Embora sem empregar a denominação técnica, o acórdão recorrido admitiu, no caso, a constituição de servidão de luz por destinação do proprietário, matéria controvertida em face do Código Civil Brasileiro, mas que não é discutível com base nos artigos 572 e 576 do mesmo Código, dispositivos que não lhe são pertinentes. Inexistência, pelo mesmo motivo, de dissídio de jurisprudência. Recurso Extraordinário não conhecido' (RE nº 99957, rel. Min. Moreira Alves, 2ª Turma, j. em 28.06.1983, *DJ* 23.09.1983, p. 14502, Ement. 01309-03/651, *RTJ* 107-03/1281). No mencionado precedente, Sua Excelência dispôs:
>
> 'Portanto, o acórdão recorrido admitiu que, tendo sido os dois prédios construídos pelo mesmo proprietário, nas condições que atualmente se apresentam (ou seja, com basculante para iluminação, aberto a menos de metro e meio do outro), e, assim, sem infringência ao art. 576 do Código Civil, que pressupõe relação de vizinhança' ...".

---

[6] *REsp* nº 85.806/MG, da 3ª Turma, j. em 25.05.2000, *DJU* de 05.03.2001.
[7] REsp nº 207.738/SP, da 4ª Turma, j. em 05.04.2011, *DJe* de 29.04.2011, rel. Min. Luiz Felipe Salomão.

Capítulo LXXXII
DECADÊNCIA DO DIREITO DE PREFERÊNCIA NA ALIENAÇÃO DO IMÓVEL DURANTE O ARRENDAMENTO E A PARCERIA RURAL

Na forma dos arts. 92, § 3º, do Estatuto da Terra (Lei nº 4.504, de 30.11.1964), e 45, 46 e 47 do Decreto nº 59.566, de 14.11.1966, cumpre ao proprietário que pretende alienar o imóvel arrendado a obrigação de oferecê-lo ao arrendatário, ou ao parceiro, a quem igualmente é assegurado o direito, como se analisará adiante. Os ocupantes do imóvel têm a preferência, desde que ofereçam preço igual ao da proposta recebida do terceiro pelo titular do domínio.

A fim de possibilitar o exercício da faculdade de aquisição, o proprietário deve dar a notícia ao ocupante de sua intenção e do valor oferecido. Levará a efeito a medida por meio de notificação, que se procederá ou por meio do ofício de Registro de Títulos e Documentos, ou mediante as vias judiciais.

Vilson Ferretto explica como se deve formalizar a notificação: "A notificação deverá ser expressa e informar, precisa e claramente, as propostas existentes, com todas as condições do negócio, não sendo suficiente a mera comunicação da intenção de vender o imóvel rural. Nela deverá ser declinado o preço, o prazo, se houver, e, neste caso, a incidência ou não, de juros e correção monetária; a inclusão ou não de benfeitorias ou quaisquer outras condições da transação, para que possa o arrendatário bem aquilatar de suas próprias condições de realizar o negócio, igualando, ou não, a proposta".[1]

O prazo para a manifestação do arrendatário é de trinta dias, a contar da data do recebimento da comunicação, imputando-se o silêncio em desistência à preempção.

Levada a efeito a notificação, com a manifestação expressa da aceitação pelo arrendatário, indaga-se da possibilidade de desistir da venda o arrendante ou proprietário. Vilson Ferretto, após analisar a doutrina, conclui no sentido de se permitir, pois "o proprietário tem sempre a livre disponibilidade do bem, somente sendo obrigado a vendê-lo mediante prévio e expresso compromisso, no que não se constitui a notificação, representativa de mera intenção de venda. Ademais, não há confundir direito de preferência com o direito à adjudicação do imóvel; aquele só existe em tese e este somente poderá ser exercido se preterido aquele, a teor legal, após a alienação se tornar efetiva".[2]

Na eventualidade de modificação da proposta, como na estipulação de novo preço, em face da desistência do proponente da compra, renova-se a notificação ao arrendatário – questão bem posta por Vilson Ferreto, que prossegue no texto citado: "Pode ocorrer que, em desistindo o arrendatário da preferência, também desista do negócio o proponente, de modo que o

---

[1] *Contratos agrários*: aspectos polêmicos. São Paulo: Saraiva, 2009. p. 148-149.
[2] *Contratos agrários*: aspectos polêmicos, cit., p. 153.

proprietário, interessado na alienação do imóvel, resolva reduzir suas pretensões, aceitando nova oferta, mediante novas condições de preço e prazo".

Outrossim, reserva-se o direito de preferência ao arrendatário que efetivamente exerce o cultivo da terra, e não ao que faz a utilização especulativa, subarrendando a área. O conceito que se retira do art. 3º do Decreto nº 59.566/1966 induz a entender que o arrendamento corresponde ao uso, ao cultivo, à exploração pessoal do arrendatário ou de sua família:

> "Arrendamento rural é o contrato agrário pelo qual uma pessoa se obriga a ceder à outra, por tempo determinado ou não, o uso e gozo de imóvel rural, parte ou partes do mesmo, incluindo, ou não, outros bens, benfeitorias e ou facilidades, com o objetivo de nele ser exercida atividade de exploração agrícola, pecuária, agroindustrial, extrativa ou mista, mediante certa retribuição ou aluguel, observados os limites percentuais da Lei".

Realmente, se o direito de preferência é assegurado ao arrendatário, tal se dá desde que se verifique a atividade de exploração agrícola, pecuária, agroindustrial, extrativa ou mista. Ora, o subarrendador não se equipara ao arrendatário, tanto que o § 3º do mesmo art. 3º o equipara ao arrendador:

> "O arrendatário outorgante de subarrendamento será, para todos os efeitos, classificado como arrendador".

Igualmente no texto do art. 92 do Estatuto da Terra infere-se a existência, no arrendamento, do exercício de atividade agrícola ou pecuária:

> "A posse ou uso temporário da terra serão exercidos em virtude de contrato expresso ou tácito, estabelecido entre o proprietário e os que nela exercem atividade agrícola ou pecuária, sob forma de arrendamento rural, de parceria agrícola, pecuária, agroindustrial e extrativa, nos termos desta Lei".

A fim de exercer o direito de preferência, incumbe ao interessado propor a ação judicial de anulação da venda, cumulada com a adjudicação do imóvel, depositando, desde logo, o valor do preço constante da escritura pública, o que é requisito essencial para a procedência da ação. O prazo para a providência é de seis meses, a contar do registro imobiliário da transferência. É o que dispõe o § 4º do art. 92 da mesma Lei nº 4.504/1964:

> "O arrendatário a quem não se notificar a venda poderá, depositando o preço, haver para si o imóvel arrendado, se o requerer no prazo de seis meses, a contar da transcrição do ato de alienação no Registro de Imóveis".

Imposição colocada como condição para pleitear o imóvel é o depósito do preço:

> "Carece de ação o arrendatário que pede a nulidade da compra e venda, por simulação, sem pretender a adjudicação do bem, e, em consequência, sem depositar o preço, hipótese que deve ser reconhecida de ofício pelo julgador".[3]

---

[3] Apel. Cível nº 598.158.087, da 10ª Câm. Cível do TJRS, de 06.05.1999, *ADV – Jurisprudência*, n. 28, p. 443, 18.07.1999.

Não se faz necessário o registro do contrato de arrendamento no ofício imobiliário para a ação, segundo entendimento consolidado pelo STJ:

> "É juridicamente possível o pedido de preempção formulado pelo arrendatário, mesmo que o contrato de arrendamento rural não esteja registrado na matrícula do imóvel".[4]

Para garantir o direito de preferência ao arrendatário (art. 92, § 3º, da Lei nº 4.505/1964), exige-se apenas situação de fato – existência do arrendamento – independentemente de qualquer formalidade. Se não procedido o registro, o prazo de seis meses para o ingresso da ação conta-se a partir da data em que o arrendatário teve conhecimento da alienação, recaindo nele o ônus da prova.

O preço a se depositar não envolve as despesas de transmissão, pois não teria sentido o autor da ação, que objetiva, por meio de adjudicação judicial, haver para si o imóvel arrendado, com o que torna ineficaz o "ato de alienação" a que se vincularam o réu e o alienante, arcar com as despesas necessárias a um ato praticado em fraude à lei e em detrimento do direito dele, autor da ação.

Na eventualidade do pagamento do preço efetuar-se em prestações, o autor da ação de anulação da venda e de adjudicação do imóvel depositará os valores já pagos e seguirá depositando os das parcelas que vencerem no curso da ação, conforme bem explica Vilson Ferretto: "Caso o valor constante da escritura de venda deva ser pago pelo comprador a prazo, as parcelas vincendas poderão ser posteriormente depositadas em juízo, enquanto pendente a lide, nos respectivos prazos e com os mesmos encargos contratuais indicados na escritura, mediante prévio protesto a ser feito na inicial da ação adjudicatória".[5]

O inc. VII do art. 96 do Estatuto da Terra estende à parceria as normas pertinentes ao arrendamento rural.

---

[4] REsp nº 904.810/PR, da 3ª Turma, j. em 15.02.2007, *DJU* de 19.03.2007.
[5] *Contratos agrários*: aspectos polêmicos, cit., p. 150.

Capítulo LXXXIII
DECADÊNCIA DO DIREITO DE PREFERÊNCIA NA VENDA DE QUINHÃO EM COISA COMUM

Há no direito a preferência do condômino na aquisição de parte ideal em coisa indivisível, no caso de venda. Encontra o direito fulcro no art. 504 do Código Civil, que encerra:

> "Não pode um condômino em coisa indivisível vender a sua parte a estranhos, se outro consorte a quiser, tanto por tanto. O condômino a quem não se der conhecimento da venda poderá, depositando o preço, haver para si a parte vendida a estranhos, se o requerer no prazo de 180 (cento e oitenta) dias, sob pena de decadência".

Na hipótese de existir mais de um condômino, estipula o parágrafo único:

> "Sendo muitos os condôminos, preferirá o que tiver benfeitorias de maior valor e, na falta de benfeitorias, o de quinhão maior. Se as partes forem iguais, haverão a parte vendida os coproprietários, que a quiserem, depositando previamente o preço".

De modo geral, proíbe-se a um condômino em coisa indivisível vender a sua parte a estranhos, se outro consorte a quiser, tanto por tanto. Deve o condômino comunicar aos demais coproprietários a intenção de venda, informando o preço do quinhão, o dia, hora e local em que se procederá ao ato de transferência, ou dando um prazo para a manifestação e oferta. O Superior Tribunal de Justiça, ao mesmo tempo em que impõe a prévia comunicação, não coloca como condição o prazo para expressar o interesse, consoante depreende-se da seguinte ementa, abordando o art. 1.139 do Código anterior, que coincide, em essência, ao atual art. 504:

> "O art. 1.139 do Código Civil incumbe ao condômino que deseja alhear seu quinhão do imóvel indiviso de promover a comunicação prévia aos demais, sem determinar o prazo que lhes deve ser concedido para o exercício da preferência. Assentado nas instâncias ordinárias ter havido essa comunicação, e nem afirmada má-fé da alienante pelas instâncias ordinárias, não há que se invocar violação do art. 1.139, do Código Civil".[1]

A falta de comunicação não importa em nulidade da venda. O direito do estranho adquirente, no entanto, fica sob o regime de uma condição resolutiva. Enquanto não ocorrer a manifestação da preferência, o terceiro é tido como adquirente do bem e poderá exercer plenamente o domínio.

---

[1] REsp nº 88.408-SP, da 4ª Turma, publicado em 18.12.1998, *ADV Jurisprudência*, nº 18, p. 283, 09.05.1999.

O prazo de seis meses com a finalidade de ser ajuizada a ação anulatória da venda considera-se decadencial, como está expresso na lei, iniciando a fluir a partir do momento da publicidade decorrente do registro imobiliário, o que já vinha apregoado pela antiga doutrina. "O prazo de seis meses é prazo preclusivo", diz Pontes de Miranda. "Dentro dele há de ser exercido o direito de preferência, depositando o preço (não basta a oferta de depósito)".[2]

No entanto, se não registrada a venda, o início vige desde o momento em que o condômino preterido tomou conhecimento da alienação, o que depende de produção de prova. Há, no entanto, quem afirme que sempre iniciará o prazo a partir desta ciência, o que constitui um verdadeiro contrassenso.[3] Tendo o ato registrário justamente o efeito de dar publicidade, torna-se o meio de revelação da venda aos interessados por essência, muito embora não se possa exigir deles o comparecimento, no cartório, a cada seis meses. De outra parte, a própria utilidade social recomenda a consolidação definitiva das transações após transcorrido razoável lapso de tempo.

Cumpre fixar o conceito de indivisibilidade. Para a sua melhor compreensão, coloca-se em confronto com a divisibilidade, que aparece retratada no art. 87 da lei civil:

> "Bens divisíveis são os que se podem fracionar sem alteração na sua substância, diminuição considerável de valor, ou prejuízo do uso a que se destinam".

Por conseguinte, indivisíveis classificam-se os bens que não podem se fracionar sem alteração na sua substância, diminuição considerável de valor, ou prejuízo do uso a que se destinam.

Decorre a indivisibilidade também da lei ou da vontade das partes, por força do art. 88:

> "Os bens naturalmente divisíveis podem tornar-se indivisíveis por determinação da lei ou por vontade das partes".

Consoante os conceitos referidos, dir-se-á que um litro de leite, ou uma peça de fazenda, são divisíveis. As partes divididas passam a formar, cada uma, novas unidades autônomas e perfeitas.

Contudo, um motor, um relógio, uma obra de arte, são bens indivisíveis. Se forem partidos, a sua própria substância estará sendo atingida. Aplica-se a regra do art. 87 do Código Civil.

A indivisibilidade pode ser determinada por necessidade do fim ou do destino da coisa, o que representa, em última análise, o valor econômico da mesma. Emerge um sentido econômico na restrição. Sofrendo a divisão, torna-se imprópria à sua finalidade. Ou seja, a indivisibilidade resulta da circunstância de afetar a divisão o valor econômico do bem. Embora não seja atingido em sua substância, pois continua a ser o que era antes, o valor econômico resta prejudicado. É a hipótese de uma peça de fazenda. Se fragmentada em número de partes excessivo, não se prestará mais ao fim econômico normal. O resultado é idêntico à alteração da substância, incidindo a vedação do art. 87. De igual modo, no caso de um terreno, com certa metragem de largura, se o fracionarmos em tantas unidades que os titulares dos respectivos domínios ficariam impossibilitados de construir sobre ele. As partes, tomadas isoladamente, perdem a utilidade.[4]

---

[2] *Tratado de direito privado.* 3. ed. Rio de Janeiro: Borsoi, 1971. v. 39, p. 225.
[3] Recurso Extraordinário nº 61.104/MG, do Tribunal Pleno, rel. Min. Eloy da Rocha, v.u., de 14.04.1971, *Revista dos Tribunais* 432/229.
[4] ALVIM, Agostinho. *Da compra e venda e da troca.* Rio de Janeiro: Forense, 1966. p. 116-117.

Aos condôminos faculta-se estabelecer a indivisibilidade por convenção, com fulcro no § 1º do art. 1.320, que expressa:

> "Podem os condôminos acordar que fique indivisa a coisa comum por prazo não maior de 5 (cinco) anos, suscetível de prorrogação ulterior".

Em suma, de acordo com a redação do art. 504, nas situações supraindicadas incide a restrição, com o direito de preferência ao condômino.

Poderá existir a comunhão, mas, se divisível o bem, não vinga a regra do art. 504. Oportuna, a respeito, a lição de Silvio Rodrigues, tratando de assunto cuja regulamentação mantém-se sob a égide do Código de 2002:

> "Assim, se a coisa for divisível, ampla é a liberdade de alienar do comunheiro; se indivisível, só pode vendê-la a estranhos após havê-la oferecido por igual preço aos consortes. Só após a oferta e mediante a recusa dos mesmos fica legitimado para vendê-la alhures".[5]

Para o condômino fazer valer o princípio da preferência, cumpre que o mesmo se iguale ao estranho no oferecimento não só do preço, mas também das condições, o que importa se leve em conta o prazo e se considerem os juros e outras vantagens.

De conformidade com o termo "vender" empregado no texto do art. 504 não se estende o direito a outras alienações, como na doação. O sentido é restrito, o que também ocorre quanto à troca, tendo em vista que o consorte a quem se devesse dar preferência não poderia dar ao outro condômino a coisa que este desejasse receber em permuta.[6]

Na dação em pagamento, prevalece a regra, justamente pela razão do art. 357 igualar esta figura à venda:

> "Determinado o preço da coisa dada em pagamento, as relações entre as partes regular-se-ão pelas normas do contrato de compra e venda".

É inaplicável o princípio nas alienações judiciais, como leilão, praça e vendas autorizadas pelo juiz, apesar de entendimento diferente de Pontes de Miranda, lembrando que o art. 1.139 referido no texto corresponde ao art. 504 do vigente Código: "O direito de preferência de que se cogita no art. 1.139 pode ser exercido nas compras e vendas de direito privado e nas de direito público (leilões judiciais, praças, vendas particulares permitidas pelo juízo)".[7]

Mostra-se, todavia, inviável a prática da preferência neste tipo de alienações. Por uma, porque o titular do domínio, em geral, é expropriado de modo forçado, e não irá ele providenciar na interpelação prévia dos outros condôminos, a fim de que manifestem o interesse. Por outra, o procedimento cinge-se à esfera judicial, com designações de datas para a venda e publicações de editais, o que faz presumir a ciência pública de todos quantos desejaram a aquisição.

O que se pode admitir, e isto está em consonância com a lei, é a preferência do condômino que se apresentar para a aquisição, perante o terceiro pretendente.

---

[5] *Direito civil*: dos contratos e das declarações unilaterais da vontade. 3. ed. São Paulo: Max Limonad, 1968. v. III, p. 179.
[6] ALVIM, Agostinho. *Da compra e venda e da troca*, cit., p. 124.
[7] *Tratado de direito privado*, cit., v. 39, p. 222.

Relativamente a unidades em condomínios horizontais de prédios, a lei de condomínio e incorporações, de nº 4.591, de 16.12.1964, pelo seu art. 4º, estatui:

> "A alienação de cada unidade, a transferência de direitos pertinentes à sua aquisição e a constituição de direitos reais sobre ela independerão do consentimento dos condôminos".

É, pois, expressa a permissão de alienação a terceiros.

Capítulo LXXXIV
DECADÊNCIA DO DIREITO DE PREFERÊNCIA DO LOCATÁRIO NA TRANSFERÊNCIA DO IMÓVEL

Tem preferência o locatário na alienação do imóvel, vindo a matéria regulada com minúcias. Neste sentido, é claro o art. 27 da Lei nº 8.245, de 18.10.1991, que estende o direito aos contratos de venda, cessão ou promessa de cessão de direitos ou dação em pagamento, onde se consigna a preferência do locatário.

Para assegurar o exercício do direito, o locador deve dar ao locatário conhecimento do negócio, por meio de comunicação, a qual conterá todas as condições, e, em especial, o preço, a forma de pagamento, a existência de ônus reais, bem como o local e o horário em que se permitirá o exame da documentação pertinente (art. 27, parágrafo único).

Uma vez recebida a comunicação, terá o locatário o lapso de tempo de trinta dias para informar sua decisão (art. 28). Inclinando-se para a aquisição, não mais se permite a desistência do locador, sob pena de responder pelos prejuízos acarretados, inclusive lucros cessantes.

O desiderato da lei foi coibir as manobras do locador que, para incutir insegurança no inquilino, ameaça vender o imóvel, o que, às vezes, o faz procurar outro imóvel para alugar. No entanto, se não consegue este intento, simplesmente ignora a proposta levada a termo.

O direito de preferência, na sublocação, será do sublocatário, ficando em segundo lugar o sublocador. Se vários os locatários ou sublocatários, a primazia na compra caberá ao mais antigo; se todos iniciaram na mesma data, ao mais idoso. Igualmente, envolvendo a alienação mais de uma unidade, a preferência será daquele que pretende adquirir a totalidade dos bens objeto da alienação.

Se não respeitado o direito de preferência, ou não oferecido o imóvel ao locatário, a consequência consistirá na indenização em perdas e danos, ou no direito de promover o locatário a competente ação adjudicatória, ou de anulação da venda, com o depósito do preço constante na escritura pública e demais despesas havidas, tendo, para tanto, o prazo de seis anos.

O cabimento da ação de indenização, ou da ação de preferência por meio de adjudicação, fica na opção do locatário. Lendo-se o art. 33, encontra-se a essa faculdade de opção:

> "O locatário preterido no seu direito de preferência poderá reclamar do alienante as perdas e danos ou, depositando o preço e demais despesas do ato de transferência, haver para si o imóvel locado, se o requerer no prazo de seis meses, a contar do registro do ato no Cartório de Imóveis, desde que o contrato de locação esteja averbado pelo menos trinta dias antes da alienação junto à matrícula do imóvel".

Na falta de registro, o prazo de seis meses conta-se a partir da data da transferência, ficando a cargo do locatário a prova. No entanto, fica garantida a faculdade sempre que vier a ser levado a termo o registro imobiliário. Mesmo que transcorrido longo tempo, lavrado o registro, começa o prazo citado para a competente ação. Obviamente, isto se não houver o locatário ingressado com uma ação, para a mesma finalidade, anteriormente.

Não há que se falar em direito de preferência, no entanto, se a transferência da propriedade, ou a venda, decorre de decisão judicial, permuta, doação, integralização de capital, cisão e incorporação (art. 32). Acresce observar que, em face da Lei nº 10.931, de 02.08.2004, introduzindo o parágrafo único ao art. 32, afastou do direito de preferência os casos de constituição de propriedade fiduciária e de perda da propriedade, ou a venda por quaisquer formas de realização de garantia, inclusive mediante leilão extrajudicial, devendo essa condição constar expressamente em cláusula contratual específica, destacando-se das demais por sua apresentação gráfica.

Ainda, na preferência entre condôminos e locatário, prevalece a do primeiro (art. 34).

Capítulo LXXXV
DECADÊNCIA NA VENDA DE ASCENDENTE A DESCENDENTE

1. A ANULABILIDADE E A VISÃO NA LEGISLAÇÃO ANTERIOR

É anulável, segundo o Código Civil, a venda de ascendente a descendente, sem o prévio consentimento dos outros descendentes e do cônjuge do alienante. É o preceito inserido em seu art. 496, em termos claros:

> "É anulável a venda de ascendente a descendente, salvo se os outros descendentes e o cônjuge do alienante expressamente houverem consentido".

Pelo art. 1.132 do diploma civil anterior, tinha-se como nula a venda, e não apenas anulável, em vista de seus termos, estabelecendo que "as ascendentes não podem vender aos descendentes, sem que os outros descendentes expressamente consintam". Havia uma proibição mais direta, impondo que não se podia efetuar a venda. Daí o então caráter de nulidade da venda.

Em relação ao Código anterior, ainda, o Código de 2002 introduziu também a necessidade do consentimento do cônjuge do alienante (a menos que o casamento tenha sido pelo regime de separação obrigatória – parágrafo único do art. 496) pela razão de que ele também herda, diante das inovações dos arts. 1.829 e 1.832, podendo, pois, com a venda, ficar prejudicado.

O propósito da norma é evitar que, usando de um negócio fraudulento, o ascendente altere a igualdade dos quinhões hereditários de seus descendentes e do cônjuge sobrevivente. Objetiva, igualmente, afastar as liberalidades, não raras vezes disfarçadas em negócios onerosos, em prejuízo de alguns membros da prole.

Os efeitos se revelam mais nocivos que os da doação, porquanto, nesta, os bens doados são trazidos à colação, o que não ocorre com os vendidos.

É de tradição de nosso direito a proibição, encontrando suas origens nas velhas Ordenações Manuelinas (Livro IV, Título 12), que cominavam a sanção de nulidade às vendas "aos filhos, netos ou outros descendentes, sem consentimento dos outros filhos, netos e descendentes, permitindo a licença régia em caso de o denegarem os filhos, netos ou outros descendentes". Passando a regra para as Ordenações Filipinas, consignava-se que "ninguém faça venda alguma a seu filho, neto, nem a outro descendente. Nem, outrossim, faça com os sobreditos troca, que desigual seja, sem o consentimento dos outros filhos, netos ou descendentes, que houverem de ser herdeiros do dito vendedor" (Livro IV, Título 12).

No entanto, já as anteriores Ordenações Afonsinas (de 1446) silenciavam sobre o assunto. Aliás, observava, sobre o assunto, Adahil Lourenço Dias, que "antes do advento das Ordenações

Manuelinas, nenhuma proibição expressa havia que esbarrasse a venda de bens a descendente, tampouco constituíam empecilhos à operação os laços de cognição ou agnição entre os ancestrais e epígonos em linha vertical".[1]

A Consolidação das Leis Civis de 1858, elaborada por Teixeira de Freitas, conservou a regra do direito luso, registrando-a no art. 582, com a seguinte redação: "Não podem vender: § 1º Os pais aos filhos, aos netos e aos demais descendentes, sem o consentimento dos outros filhos ou descendentes".

2. A VENDA POR INTERPOSTA PESSOA

Na venda efetuada diretamente pelo pai ao filho, a falta de consentimento é visível a olhos nus, bastando observar a escritura.

O mesmo não acontece na venda realizada por via oblíqua, em que as partes usam de uma interposta pessoa para a concretização do negócio. Esta pessoa, denominada "testa de ferro", recebe a coisa das mãos do ascendente e a transmite, posteriormente, ao filho do fictício vendedor.

Por não obter a unanimidade do *placet* dos filhos ou netos, vale-se o progenitor de pessoa geralmente de sua intimidade, como parente ou vizinho, que apenas servirá de intermediária, agindo impulsionada pelo *animus adjuvandi*.

Eis como Pontes de Miranda apresenta a situação, argumentando em torno do então art. 1.132: "Se alguém vende a filho sem o assentimento dos outros filhos, viola a regra jurídica do art. 1.132 do Código Civil, para cuja violação a sanção é a nulidade do contrato de compra e venda. Pode ser que 'A' não vende a filho, mas venda a estranho, que doe ao filho ou a venda ao filho. É a violação indireta. É a *fraus legis* ...".[2] Conclui Adahil Lourenço Dias: "Há simulação e a figura é perfeita. Mas ocorre que a *fraus legis* pela doutrina da absorção, por ser de vulto e consequências superiores, aglutina a simulação, perdendo esta para aquela na intensidade danosa".[3]

A interposição de terceira pessoa visa encobrir a venda direta, coibida expressamente pelo art. 496, de modo a dar ao ato a aparência de uma compra e venda.

De certo modo, está mais evidente o propósito de se intentar a fraude da própria lei, o que motiva a anulação do negócio. É o que preponderava na jurisprudência, mantendo-se a sua atualidade, como pode-se ver no seguinte aresto:

> "Venda de ascendente a descendente, por interposta pessoa. Art. 1.132 c/c o art. 102 do Código Civil. Dissídio jurisprudencial comprovado. Nula é a venda que contraria a proibição expressa no art. 1.132 do Código Civil. Aí o ato é nulo, não em virtude da simulação em si, mas por constituir o negócio real uma venda de ascendente a descendente, sem a aquiescência dos demais descendentes. Nulidade independente da prova da simulação".[4]

---

[1] *Venda a descendente*. 3. ed. Rio de Janeiro: Forense, 1985. p. 21.
[2] *Tratado de direito privado*, cit., v. 39, p. 83.
[3] *Venda a descendente*, cit., p. 103.
[4] Os artigos citados – 1.132 e 102 – equivalem aos arts. 496 e 167 do Código em vigor. RE nº 100.440, de 4.10.1983, rel. Min. Djaci Falcão.

3. O CONSENTIMENTO DOS DEMAIS DESCENDENTES E DO CÔNJUGE DO ALIENANTE

Os descendentes que devem consentir são os mais próximos.

Se todos os filhos estiverem vivos, só é necessário o assentimento deles, malgrado o texto do art. 496 use do termo "descendentes". Unicamente no caso de falecimento de um dos filhos torna-se imprescindível o consentimento dos netos. A participação do descendente de grau inferior é exigida a título de representação.

Reclama-se a aquiescência de todos os filhos, pouco importando a antiga qualificação existente antes da atual Constituição Federal, isto é, de filhos legitimados, ilegítimos ou adulterinos. Quanto aos adotivos, eles também herdam, nada mais repercutindo se o adotante possui filho legítimo, legitimado ou reconhecido, perante o art. 227, § 6º, da citada Carta Magna, assim redigido:

> "Os filhos havidos ou não da relação do casamento, ou por adoção, terão os mesmos direitos e qualificações, proibidas quaisquer designações discriminatórias relativas à filiação".

Depende, pois, do consentimento dos mesmos a venda, tornando-se irrelevante haver ou não filho consanguíneo. Mesmo que o adotante tenha somente filhos adotivos, a alienação a um deles requer a concordância dos outros; porquanto todos são herdeiros necessários.

É de rigor, diante da nova ordem do Código Civil, o consentimento do cônjuge do alienante, já que passou o mesmo a figurar na ordem sucessória. Sem o seu *placet*, poderia redundar em prejuízo ao respectivo quinhão. Todavia, dispensa-se caso o regime de bens for o de separação obrigatória, por determinação do parágrafo único do art. 496:

> "Em ambos os casos, dispensa-se o consentimento do cônjuge se o regime de bens for o da separação obrigatória".

De observar a falta de nexo da expressão "em ambos os casos", pois o *caput* do art. 496 trata unicamente da venda de ascendentes a descendentes.

Se adotado o regime de separação obrigatória, e não o de separação total convencional, não se requer o consentimento do outro cônjuge por coerência ao art. 1.647, que autoriza a alienação ou a instituição de gravame, envolvendo o negócio bens imóveis, se o regime de comunhão tiver sido o de separação absoluta, o qual se dá nas situações do art. 1.641, e que consistem no casamento contraído com inobservância das causas suspensivas da celebração; no casamento de pessoa maior de sessenta anos; e no casamento daqueles que dependem de suprimento judicial.

Embora omisso o Código, também se requer a anuência do companheiro, na união estável. Acontece que, na hipótese, incidem os efeitos próprios do regime de comunhão parcial de bens, em vista do art. 1.725, que estatui:

> "Na união estável, salvo contrato escrito entre os companheiros, aplica-se às relações patrimoniais, no que couber, o regime da comunhão parcial de bens".

Se o companheiro está incluído no rol dos herdeiros na sucessão hereditária de seu consorte, há interesse em exigir a sua vênia na venda de ascendente a descendente.

A finalidade do art. 496 é evitar que, sob o disfarce de uma venda, na realidade se faça uma doação a um descendente, em detrimento dos demais. Se justo o preço, nada impede a realização do negócio.

4. A NECESSIDADE DO PREJUÍZO AOS DEMAIS DESCENDENTES E DA PROVA DA FRAUDE

É indispensável a ocorrência de prejuízo aos demais herdeiros, como o que se chega à existência da fraude. A mera venda não importa em anulabilidade, se real o negócio, e condizente o valor pago ao preço verdadeiro.

Aborda Jesualdo Eduardo de Almeida Júnior com clarividência a matéria: "Ademais, entendemos que o simples fato de não ter existido a concordância dos demais herdeiros, não retiraria, *de per si*, a validade do negócio.

Reclama-se, ao nosso ver, entre outros requisitos, que seja demonstrado o prejuízo, como, por exemplo, de que o bem tenha sido alienado por valor inferior ao de mercado. Neste sentido, repise-se julgamento do STJ:

> 'Inobstante, farta discussão doutrinária e jurisprudencial, adota-se a corrente que entende cuidar-se de ato anulável, de sorte que o seu desfazimento depende da prova de que a venda se fez por preço inferior ao valor real dos bens, para fins de caracterização da simulação, circunstância sequer aventada no caso dos autos, pelo que é de se ter como lícita a avença' (STJ, REsp nº 74.135, 4ª Turma, rel. Min. Aldir Passarinho Júnior, *DJU* 11.12.2001)'.

Deste modo, a venda em questão não é automaticamente nula, ou sequer anulável. Faz-se necessário demonstrar que se trata de negócio simulado, em que a alienação se deu por valor inferior ao valor de mercado. Assim, impõe-se demonstrar o prejuízo causado aos demais herdeiros, no tocante às suas legítimas.

É imprescindível, pois, que se prove o *consilium fraudis* entre o alienante ascendente e o comprador descendente.

A fraude deve ser provada. Jamais se presume".[5]

Realmente, se a doação de ascendente a descendente é possível, na previsão do art. 544 do Código Civil, desde que obedecido o limite do art.549, importando em adiantamento de herança, e determinando, pois, a colação, o mesmo sucede com a venda de bens, mas sem limite quantitativo do patrimônio e sem a decorrência da colação.

5. OPORTUNIDADE PARA A PROPOSITURA DA AÇÃO

O direito dos herdeiros preteridos ou do cônjuge ou companheiro sobrevivente no sentido de promoverem a ação nasce antes ou só após a morte do ascendente que vendeu a descendente, sem o consentimento dos demais?

---

[5] Os contratos de compra e venda, de doação e de permuta entre ascendentes e descendentes. *Ajuris*, Porto Alegre, n. 89, p. 142-143, mar. 1993.

O direito à ação surge a partir do momento em que foi violada a norma do art. 496, ou seja, desde o instante da realização da venda sem a anuência expressa dos descendentes não beneficiados.

A espera pela morte do ascendente para o aforamento da lide anulatória tornaria, na maioria das vezes, inoperante a proteção concedida pelo citado dispositivo, porquanto bastaria que o descendente contemplado vendesse a terceiro o bem, e este novamente, acontecendo uma série de transações subsequentes, com o escopo de não mais se reconstituir a situação anterior. Tornar-se-á impossível restaurar o direito lesado se o patrimônio recebido é o único do filho favorecido, e se tiver ele gasto o dinheiro apurado com a venda que efetuou.

Esta é a inclinação da jurisprudência vigente: "Venda de ascendente a descendente. A ação de anulação dessa transação não se funda no direito eventual à legítima futura, mas no direito atual que o descendente tem de intervir em tal venda, de ver ouvido expressamente seu consentimento, surgindo, assim, com a violação desse direito. Pode, por isso, ser ajuizada em vida do ascendente".[6]

A doutrina endossa o mesmo ponto de vista.[7]

6. PRAZO DE DECADÊNCIA E SEU INÍCIO

Normalmente, na espécie fala-se em prescrição e não em decadência.

Afirmava-se amiúde, antes do vigente Código, que o prazo prescricional, como se preferia denominar, era de quatro anos, com fulcro no art. 178, § 9º, inc. V, letra "b", do Código de 1916, que tratava das hipóteses do art. 147, inc. II, do mesmo diploma, isto é, dos vícios de consentimento. No entanto, defendia-se, também – inteligência que passou a predominar –, que o fato provocador da anulabilidade não era propriamente a simulação. Este vício consistia em um dos componentes da conduta antijurídica na situação de uma interposta pessoa participar na transação.

A causa real da anulabilidade estava na infringência taxativa ao preceito legal. O entendimento vinha consolidado na Súmula nº 494, revocatória da Súmula nº 152, e que revelava o posicionamento do Supremo Tribunal Federal. Eis seus termos: "A ação para anular venda de ascendente a descendente, sem consentimento dos demais, prescreve em vinte anos, revogada a Súmula nº 152".

Tornou-se quase unanimidade, assim, o prazo de vinte anos.

A *ratio* foi adotada pelos julgados dos pretórios estaduais, como transparece nos seguintes exemplos: "Venda de ascendente a descendente. Ação para anulá-la, não só no caso de ser realizada diretamente, mas também por interposta pessoa, prescreve em vinte anos da data do ato".[8] "É de vinte anos, contados da data do ato, o prazo prescricional da ação anulatória de venda de ascendente a descendente, mesmo por interposta pessoa".[9]

Iniciava o prazo desde a data do ato inquinado de anulabilidade: "A ação do descendente para anular a venda feita pelo ascendente a outro descendente, sem o consentimento dos demais, não se baseia no eventual direito a legítimas futuras, e sim no direito atual do descendente de

---

[6] *Revista de Jurisprudência do TJRS* 68/318. Igualmente, *Revista dos Tribunais* 452/59, 443/320 e 433/93.
[7] ALVIM, Agostinho. *Da compra e venda e da troca*, cit., p. 72; Pontes de Miranda, *Tratado de direito privado*, cit., v. 39, p. 80. .
[8] *Revista de Jurisprudência do TJ do RS* 80/379; ainda nos nºs 21/145, 52/423, 53/368, 70/749 e 74/595.
[9] *Revista dos Tribunais* 432/81. Também nºs 417/161, 443/121, 504/112, 571/100; e *Revista Trimestral de Jurisprudência* 33/146.

intervir em tais vendas, não estando, portanto, na dependência da abertura da sucessão, pela morte do ascendente vendedor. Esse direito surge íntegro e atual com a violação do direito por ela tutelado".[10]

O Código de 2002 não é propriamente omisso, pois, no art. 179, previu a decadência, que se dá em dois anos, para todos os atos ou negócios anuláveis em que não se estabelece prazo para pleitear a anulação:

> "Quando a lei dispuser que determinado ato é anulável, sem estabelecer prazo para pleitear-se a anulação, será este de 2 (dois) anos, a contar da data da conclusão do ato".

Prevendo o art. 496 ser ato anulável tal venda, parece razoável a incidência da regra. Nesse rumo a jurisprudência, consoante o seguinte exemplo:

> "O prazo decadencial para anular a venda de ascendente a descendente prevista no art. 496 do CC é de dois anos, consoante inteligência do art. 179 do mesmo diploma".[11]

No entanto, na vigência do Código Civil de 1916, e para as vendas diretas de ascendente para descendente efetuadas na sua vigência (desde que, aplicando-se a regra de transição do art. 2.028 do Código Civil atual, entre a data do ato e a entrada em vigor do novo Código Civil não tenha se passado mais da metade do tempo estabelecido na lei revogada), aplicava-se o prazo de vinte anos, enquanto nas vendas por interposta pessoa reduzia-se o prazo para quatro anos, posto que, então, o ato era anulável, por força do art. 178, § 9º, V, *b*, que previa tal prazo para os atos minados por vícios de consentimento, neles incluída a simulação. Veja-se o seguinte exemplo de inteligência que preponderava e prepondera para tais vendas realizadas antes do vigente Código Civil:

> "Venda de ascendente para descendente. Interposta pessoa. Anulação. Prescrição. Data inicial. Doação inoficiosa.
> – A prescrição da ação de anulação de venda de ascendente para descendente por interposta pessoa é de quatro anos e corre a partir da data da abertura da sucessão. Diferentemente, a prescrição da ação de nulidade pela venda direta de ascendente a descendente sem o consentimento dos demais, é de vinte anos e flui desde a data do ato de alienação.
> – A prescrição da ação de anulação de doação inoficiosa é de vinte anos, correndo o prazo da data da prática do ato de alienação. Arts. 177, 1778, 1132 e 1176 do C. Civil".[12]

Aliás, em toda a doação inoficiosa o prazo prescricional é de dez anos:

> "A transferência da totalidade de bens do pai da recorrida para a ex-cônjuge em partilha e para a filha do casal, sem observância da reserva da legítima e em detrimento dos direitos da recorrida caracterizam doação inoficiosa.

---

[10] Revista dos Tribunais 171/752.
[11] Apel. Cível nº 70055344923, DA 17ª Câmara Cível do TJRS, j. em 15.08.2013, *DJ* de 23.08.2013, rel. Gelson Rolim Stocker.
[12] REsp nº 151.935/RS, da 4ª Turma, j. em 25.06.1998, *DJ* de 16.06.1988, rel. Min. Ruy Rosado de Aguiar.

Aplica-se às pretensões declaratórias de nulidade de doações inoficiosas o prazo prescricional decenal do CC/2002, ante a inexistência de previsão legal específica. Precedentes".[13]

Considera-se realizado o ato com o registro imobiliário da escritura ou do contrato. Se não efetuada esta providência, inicia o lapso temporal na data do conhecimento da venda pelos demais herdeiros ou pelo cônjuge sobrevivente.

Entretanto, quanto ao início do prazo, ordenando o art. 179 do Código Civil que se dá a contar da conclusão do ato, não tem aplicação no caso de alienação de bens patrimoniais, já que regras próprias disciplinam a matéria. É o registro imobiliário que perfectibiliza a transmissão, o qual se faz depois de formalizada a partilha por meio do inventário judicial ou extrajudicial. Melhor se coaduna com o direito conceber-se o começo com a data, no mínimo, da abertura do inventário, quando os demais descendentes têm noção do que ocorreu com os bens, em vida do ascendente. Não é coerente exigir que os herdeiros diretos, a cada mês, pesquisem no registro imobiliário a realização de alguma venda de bem.

7. VENDA ANTERIOR AO RECONHECIMENTO DA PATERNIDADE

O reconhecimento da filiação não cria ao filho o direito de anular a venda levada a efeito quando em vida do progenitor. Os efeitos da sentença que reconhece a paternidade *post mortem* não atingem a situação já consolidada dos descendentes em favor de pessoas, na época não revestidas dessa qualidade jurídica.

No Recurso Extraordinário nº 103.513-7, de 18.02.1986, com base em valiosa doutrina, o relator Min. Francisco Resek, tornou clara a questão, mantendo-se presente a lição, dada a correspondência, na sua essência, do art. 1.132 do Código revogado ao art. 496 do atual:

"Quando prescreve, no art. 1.132, não poderem os ascendentes vender aos descendentes, sem que expressamente consintam na venda os outros descendentes, refere-se o Código Civil aos descendentes existentes, aos que se acham no uso e gozo desse estado. Não se refere nem pode referir-se aos que ainda não nasceram, nem tampouco aos que, embora nascidos, não estiverem de fato e de direito na posse do estado de descendentes; pelo que os atos regularmente consumados com a anuência dos descendentes existentes não se invalidam pela superveniência de filhos ilegítimos ou reconhecimento posterior de filhos ilegítimos, por ato espontâneo dos pais ou por sentença judicial em ação de investigação de paternidade. Não seria possível exigir, como requisito formal de um ato, o consentimento de filhos que ainda não eram filhos em face do direito e que, portanto, não podiam ser chamados a se manifestarem.

Os descendentes, afirma Caio Mário da Silva Pereira, cujo consentimento se requer, são os herdeiros necessários ao tempo do contrato, vale dizer, os mais próximos em grau, salvo o direito de representação; e não se excluem os legitimados, nem os ilegítimos, reconhecidos, que, para os efeitos sucessórios, aos legítimos se equiparam. Os naturais não reconhecidos no momento da venda não têm de ser ouvidos, porque somente o ato de reconhecimento tem o efeito de converter uma situação fática em status jurídico".[14]

---

[13] REsp nº 1.321.998/RS, da 3ª Turma, j. em 07.08.2014, *DJe* de 20.08.2014, rel. Min. Nancy Andrighi.
[14] *Revista dos Tribunais* 606/231.

Não retroagem os efeitos do reconhecimento posterior da paternidade aos atos praticados em vida do ascendente. Respeitam-se as situações jurídicas definitivamente constituídas. Nesta *ratio*, decidiu já o STF, no Recurso Extraordinário nº 4.367:

> "A ação que visa a obter o reconhecimento da filiação tem natureza declarativa; a sentença retroage ao dia do nascimento; mas seus efeitos não atingem a situação dos herdeiros que, únicos no regime da lei anterior, receberam a herança de acordo com essa lei; a virtude retro-operante da sentença tem natural limite no direito adquirido".[15]

---

[15] *Revista dos Tribunais* 147/303.

Capítulo LXXXVI
A DECADÊNCIA NA REVOGAÇÃO DAS DOAÇÕES

1. REVOGAÇÃO DA DOAÇÃO POR INGRATIDÃO

Estipula o art. 555 do Código Civil:

> "A doação pode ser revogada por ingratidão do donatário, ou por inexecução do encargo".

Não se trata, aqui, da nulidade e da anulação, que vinham contempladas no art. 1.181 do Código de 1916, e que as previa, ao inserir: "Além dos casos comuns a todos os contratos, a doação também se revoga por ingratidão do donatário".

A referida revogação pelos casos comuns a todos os contratos expressava que se desconstituía a doação pelas mesmas causas ou razões que anulavam o contrato em geral, ou seja: por inadimplemento das cláusulas, condições ou dos encargos; por fraude aos credores; por outros vícios da vontade, como erro, dolo e coação; e por simulação. Ensejavam a anulação, outrossim, a incapacidade absoluta do doador; o objeto impossível ou ilícito; a falta de escritura pública, ou particular, segundo fosse imóvel ou móvel o bem; a abrangência da totalidade do patrimônio do doador; e a parte que excedesse ao limite disponível, entre outras hipóteses, como se estudou nos itens anteriores.

Tais causas de nulidade ou anulação persistem. Não vieram todas abrangidas nos dispositivos reservados à doação porque já se encontram muitas delas disciplinadas na parte geral do Código Civil, que regulamenta a teoria das nulidades ou da anulação dos negócios jurídicos, sendo dispensável a repetição de nova regra.

A norma mencionada do art. 555, diferentemente do art. 1.181 do Código anterior, restringe-se a uma causa peculiar de desconstituição da doação, que é a ingratidão do donatário, ou a inexecução do encargo, sendo que, a por esta última causa, virá abordada adiante.

Convém, no entanto, ressaltar a distinção entre revogação por ingratidão e as causas de nulidade ou anulação, as quais atingem o ato, invalidando-o por infração a um preceito legal que trata das condições ou dos requisitos para a sua validade. Na revogação, aparece a ofensa ou o descumprimento de um dever ou encargo, considerado essencial para manter a munificência, a ponto de Ambrosio Colin e H. Capitant falarem em "incumplimiento de las condiciones" como fator que enseja a revogação.[1] Daí afirmar, como o faz Agostinho Alvim, que a doação,

---

[1] *Curso elemental de derecho civil*. 2. ed. Madrid: Reus, 1951. t. III, p. 613.

na revogação, se desfaz, sem prejuízo de poder ser anulada, rescindida ou resolvida, o que acontece nos demais contratos.[2]

Considera-se a doação um contrato benéfico por excelência. Alguém, voluntariamente, tira parcela de seu patrimônio para acrescer o de outrem. Estas e outras razões fazem reconhecer que o doador se torna credor de gratidão, cumprindo ao donatário mostrar-se reconhecido. Dir-se-ia que há um dever moral, o que obriga a concluir que a moral e o direito nunca andaram tão juntos como nesta situação.

A gratidão, na hipótese, corresponde à obrigação do beneficiado em não assumir certas condutas, abstendo-se da prática de vários atos, configuradores do desapreço e da ingratidão.

Prescreve, outrossim, o art. 556:

> "Não se pode renunciar antecipadamente ao direito de revogar a liberalidade por ingratidão do donatário".

Vale afirmar que o direito de revogar a doação por ingratidão é irrenunciável, o que determina a nulidade da cláusula pela qual se obriga o doador a não exercê-lo. Entretanto, com isso, não se conclua a obrigatoriedade de ser proposta a ação revogatória. Uma vez verificada qualquer uma das circunstâncias justificáveis da revogação, não se pode impedir ao doador que renuncie ao direito de demandá-la, o que acontece pelo simples fato de deixar transcorrer o prazo de decadência.

2. CAUSAS DE REVOGAÇÃO

Revoga-se a doação por causa superveniente, enumerando a lei taxativamente os fatos provocadores. Não está na vontade do doador estabelecê-los, mas constam previstos no art. 557 do Código Civil:

> "Podem ser revogados por ingratidão as doações:
>
> I – se o donatário atentou contra a vida do doador ou cometeu crime de homicídio doloso contra ele;
>
> II – se cometeu contra ele ofensa física.
>
> III – se o injuriou gravemente ou o caluniou.
>
> IV – se, podendo ministrá-los, recusou ao doador os alimentos de que este necessitava".

Por regra vinda com o Código de 2002, no art. 558, ensejam a revogação se praticadas as ofensas *supra* contra o cônjuge, o ascendente, o descendente, ainda que adotivo, e o irmão do doador:

> "Pode ocorrer também a revogação quando o ofendido, nos casos do artigo anterior, for o cônjuge, ascendente, descendente, ainda que adotivo, ou irmão do doador".

Por uma questão de moral e de solidariedade familiar, incluíram-se os parentes próximos ou integrantes da família.

---

[2] *Da doação.* 3. ed. São Paulo: Saraiva, 1980. p. 259.

Naturalmente, ao doador restringe-se a faculdade de revogar a doação, não se estendendo aos parentes indicados, em razão do caráter personalíssimo do exercício do direito.

No sentido de cônjuge, naturalmente se inclui o companheiro, que vive em união estável com aquele que fez a doação, porquanto se inclui na entidade familiar, que é protegida pelo direito.

Faz o art. 564 algumas exceções à revogação, embora ocorra a ingratidão:

> "Não se revogam por ingratidão:
> I – as doações puramente remuneratórias;
> II – as oneradas com encargo já cumprido;
> III – as que se fizerem em cumprimento de obrigação natural;
> IV – as feitas para determinado casamento".

Na parte em que exceder à remuneração, ao encargo, ou à obrigação natural, convertendo-se em ato de pura liberalidade, a revogação deve ser permitida, por inteligência do art. 540. Existiam alguns comentadores do Código de 1916 que restringiam essa faculdade apenas às doações remuneratórias, o que não parece certo, pelo menos quanto às duas primeiras hipóteses do então art. 1.187, equivalente ao atual art. 564, pois o outrora art. 1.167, cujo conteúdo está no art. 540 do vigente Código, fazia referência expressa a elas.

3. REVOGAÇÃO E DIREITOS DE TERCEIROS

Estabelece o art. 563 do Código Civil:

> "A revogação por ingratidão não prejudica os direitos adquiridos por terceiros, nem obriga o donatário a restituir os frutos percebidos antes da citação válida; mas sujeita--o a pagar os posteriores, e, quando não possa restituir em espécie as coisas doadas, a indenizá-la pelo meio-termo do seu valor".

A revogação por ingratidão é um caso típico da propriedade resolúvel *ex nunc*, e não *ex tunc*, isto é, os atos de disposição da coisa, anteriores à revogação, não são atingidos pela decisão judicial. A resolução, pois, não decorre de cláusula resolutiva, o que determinaria que os terceiros seriam atingidos por força do art. 1.359, mas é proveniente de outra causa, o que implica a aplicação do art. 1.360.

Considera-se o donatário possuidor de boa-fé antes de receber a citação da lide. Pertencem a ele os frutos percebidos até este momento, e só a partir de então é tido como possuidor de má-fé, passando a responder por todos os frutos colhidos, bem como pelos que, culposamente, deixou de perceber.[3]

Na hipótese do donatário não poder restituir em espécie a coisa doada, cumpre-lhe indenizá-la pelo valor médio, isto é, pela média do valor que a coisa teve ou podia ter entre a data da tradição ao donatário e a da restituição. Realmente, a expressão "meio-termo" não significa a média do preço entre o valor ao tempo da doação e o valor ao tempo da restituição. O significado corresponde à média entre o maior valor a que a coisa atingiu e o menor valor a que ela desceu, durante esse prazo.

---

[3] BEVILÁQUA, Clóvis. *Código Civil dos Estados Unidos do Brasil comentado*, cit., v. IV, p. 356.

Em suma, tem-se como válida a venda. O donatário só é obrigado a restituir o seu valor. Ao doador não assiste o direito de reivindicar a coisa em poder de terceiro. Permanecem os direitos reais consolidados.

4. PRAZO PARA PROMOVER A REVOGAÇÃO

Consta do art. 559 do Código Civil:

> "A revogação por qualquer desses motivos deverá ser pleiteada dentro de 1 (um) ano, a contar de quando chegue ao conhecimento do doador o fato que a autorizar, e de ter sido o donatário o seu autor".

Trata-se de prazo decadencial, previsto para o exercício do direito de revogar a doação, contrariamente ao regime anterior, quando se estabelecia a prescrição. Pelo sistema do Código de 2002, qualquer prazo para o exercício do direito, afora as hipóteses contempladas nos arts. 205 e 206, é de decadência. O próprio direito é atingindo, que se extingue.

A revogação deve ser pleiteada mediante uma ação própria. Há de ser declarada judicialmente, pois considera-se a doação, enquanto não desconstituída, um ato perfeito e acabado. E o prazo, compreendendo apenas as hipóteses de ingratidão, será de um ano. Visando-se à anulação, ou desconstituir a doação por motivos outros que os capitulados no art. 557 e no art. 555, não mais se aplicará tal lapso prescricional; vigorará, então, o do art. 205 do Código Civil, de dez anos, com raras exceções, previstas expressamente pelo Código, quando será, então, decadencial.

Na hipótese da revogação, como se extrai do art. 559, inicia o prazo na data do fato revelador da ingratidão, e de ter sido o donatário o seu autor. De sorte que, na repetição de fatos, não se conceberá evento no significado de continuidade, mas considera-se cada um deles de forma autônoma. Na ofensa física, repetida em três momentos distintos, o período da prescrição fluirá separadamente, a contar de cada ofensa. Todavia, não se pode olvidar que, se desconhecido o autor, a partir do momento em que o mesmo se tornar conhecido é que tem início o prazo.

De outra parte, extrai-se do art. 560 que "o direito de revogar a doação não se transmite aos herdeiros do doador, nem prejudica os do donatário. Mas aqueles podem prosseguir na ação iniciada pelo doador, continuando-a contra os herdeiros do donatário, se este falecer depois de ajuizada a lide".

Trata-se de ação personalíssima, a ser intentada pelo doador, a ponto de não permitir o Código a propositura por outras pessoas, dirigindo-se a demanda apenas contra o ingrato. A respeito, ensina Alfredo Ascoli, evidenciando a universalidade da regra: "L'azione di revocazione è un'azione personale e così strettamente personale che non può essere intentata neppure contro gli eredi. Tanto meno dunque essa può avere efficacia contro i terzi, e se per mezzo di terzi una donazione abbia avuto luogo, come ad esempio nei casi di delegazione 'donationis causa' o di stipulazione a favor di terzo, l'azione di revocazione competerà sempre al solo donante contro il solo donatario non mai al terzo nè contro il terzo, che eventualmente sia stato promittente o stipulante nel contratto per cui la donazione si attuò".[4]

---

[4] *Trattato delle donazioni*. 2. ed. Milano: Società Editrice Libraria, 1935. p. 321. O ensinamento revela, ainda, as pessoas que, obrigatoriamente, são envolvidas na demanda, o que, também, é comum na doutrina francesa.

Isto porque o dever de gratidão é pessoal, restrito ao próprio donatário. Não se compreende que o doador possa exigir gratidão aos herdeiros do beneficiado. Nem que os herdeiros daquele venham a reclamar reconhecimento da parte do gratificado.

Mesmo que o doador sucumba ao atentado, sem ter promovido a ação, o Código não permite aos seus herdeiros a propositura da ação, o que, em verdade, constitui, no mínimo, uma irreverência à sua memória.

No caso do donatário, se ele já tiver morrido, não se admitirá mais a revogação. Seus herdeiros assumirão o processo se já apresentada a defesa. Não tendo havido este ato, entende-se que o donatário se conformara com o pedido, aceitando-o.

5. REVOGAÇÃO DA DOAÇÃO POR DESCUMPRIMENTO DE ENCARGO

Consta do art. 555 que a doação pode ser revogada, além da ingratidão, por inexecução do encargo.

Igualmente no art. 562 está a previsão:

> "A doação onerosa pode ser revogada por inexecução do encargo, se o donatário incorrer em mora. Não havendo prazo para o cumprimento, o doador poderá notificar judicialmente o donatário, assinando-lhe prazo razoável para que cumpra a obrigação assumida".

Se a tanto leva o descumprimento, é porque, na doação com encargo, ou modal, impõe-se ao gratificado a obrigação de realizar um dever, ou uma incumbência, como está no art. 553:

> "O donatário é obrigado a cumprir os encargos da doação, caso forem a benefício do doador, de terceiros, ou do interesse geral".

O encargo ou *modus*, que acompanha a doação, constitui uma determinação acessória, não se exigindo o cumprimento unicamente se o beneficiado for o donatário. Se o próprio doador, ou terceiro, ou o interesse geral, figurar como beneficiado, a revogação é exigível pelas seguintes pessoas, indicadas por José da Silva Pacheco, invocando Clóvis:

> "a) Pelo doador, se o encargo for estipulado em benefício dele, de terceiro, ou no benefício geral; b) pelo terceiro favorecido, pois terá o encargo a natureza de estipulação em favor de terceiro; c) pelo Ministério Público, depois da morte do doador, se o encargo imposto, no interesse geral, ainda não tiver sido executado".[5]

Quando competir ao doador a ação, sem que a formalize em vida, transmite-se o direito aos seus herdeiros ou sucessores universais.

Não se pense, destarte, que o direito à ação restringe-se ao doador, a exemplo do que acontece na revogação por ingratidão. O Superior Tribunal de Justiça se pronunciou, a respeito:

---

[5] Comentário ao Recurso Especial nº 95.309/SP, da 3ª Turma do STJ, j. em 27.04.1998, rel. Min. Eduardo Ribeiro, *COAD – Direito Imobiliário*, n. 47, p. 891, nov. 1998.

"Doação com encargo. Revogação. A disposição do art. 1.185 do Código Civil, estabelecendo que personalíssimo o direito de pedir a revogação da doação, só se aplica quando isso se pleitear em virtude de ingratidão do donatário e não quando o pedido se fundar em descumprimento de encargo". Fundamenta-se no acórdão: "Não se justificaria, com efeito, que apenas o doador pudesse postular a revogação. Essa restrição se justifica quando se trata de ingratidão. Em tal caso, razoável se limite a titularidade da ação ao doador, pois, a quem se praticou o ato de liberalidade e foi vítima da ofensa, em que se traduziu a ingratidão, se há de reservar a decisão sobre se é o caso de desfazê-lo. A mesma razão não se apresenta quando se cuida de inadimplemento de encargo".[6]

Na doação com encargo, ou modal, em que se impõe ao gratificado a obrigação de realizar um dever, ou uma incumbência, a revogação é permitida dentro do mesmo panorama procedimental da revogação por ingratidão, convindo, no entanto, distinguir: não nos mesmos casos. Uma coisa é revogar por ingratidão, e outra por descumprimento do encargo. A jurisprudência se apercebeu da diferença:

"Tratando-se de doação com encargo, ela só pode ser revogada ocorrendo o seu descumprimento, e não por ingratidão (art. 1.187, inciso II, do CC). Em assim sendo, toda a discussão a respeito de eventual ingratidão perde a sua consistência. Por outro lado, a revogação por inexecução do encargo depende de prova bastante e inequívoca a respeito do seu não atendimento. Prova essa que a autora não logrou produzir, embora dela fosse o ônus, nos termos do art. 333, inc. I, do CPC".[7]

Para dar ensejo à ação, mister se encontre em mora o devedor, a qual se verifica pelo simples vencimento do prazo estabelecido para a satisfação do encargo, ou pela interpelação, se não previsto o prazo, como está na segunda parte do art. 562 do Código. Caio Mário da Silva Pereira, no entanto, defende a necessidade da interpelação em qualquer caso, sem a qual não se consuma a mora,[8] o que é secundado pela maioria dos autores. E com razão, pois, ao revés, não se justificaria a fixação de um termo para o cumprimento.

Qual o prazo decadencial para o exercício da pretensão de ajuizar a ação objetivando a revogação? De acordo com o já analisado, o art. 559 limita em um ano o lapso de tempo para consumar-se a decadência, fazendo remissão expressa ao art. 557 que, por sua vez, trata dos casos de ingratidão.

---

[6] O mencionado art. 1.185 equivale ao art. 560 do Código em vigor. REsp nº 95.309/SP, da 3ª Turma, de 27.04.1998, Rel. Min. Eduardo Ribeiro, em COAD – Direito Imobiliário, nº 47, novembro de 1998, pág. 892.

[7] Corresponde o art. 1.187, inc. II, do Código Civil de 1916, no texto citado, ao art. 564 do vigente diploma civil. Já o art. 333, I, do CPC/1973 corresponde ao art. 373, I, do CPC vigente. Apel. Cível nº 597015361, da 3ª Câm. Cível do TJRS, de 2.10.1997, *Direito Imobiliário – COAD*, Acórdãos Selecionados, p. 60, mar.-abr. 1998.

[8] *Instituições de direito civil*. 3. ed. Rio de Janeiro: Forense, 1975. v. III, p. 232.

Capítulo LXXXVII
A DECADÊNCIA NA VENDA *AD CORPUS* E NA VENDA *AD MENSURAM*

1. VENDA *AD CORPUS* E VENDA *AD MENSURAM*

É *ad corpus* a venda realizada sem determinação da área do imóvel, ou sem fixação do preço por medida de extensão. Na venda, considera-se o bem como corpo certo ou determinado, individualizado por suas características e confrontações, e mesmo pela simples denominação, se rural.

É a hipótese da alienação de uma fazenda ou propriedade com denominação específica por um valor determinado.

Chama-se *ad mensuram* a venda quando se determina a área do imóvel. Ou, ainda, se a determinação da área é o critério decisivo na fixação do preço. Compra-se uma extensão territorial por um valor calculado por metro ou outra medida empregada.

Efetivamente, reza o art. 500 do Código Civil:

> "Se, na venda de um imóvel, se estipular o preço por medida de extensão, ou se determinar a respectiva área, e esta não corresponder, em qualquer dos casos, às dimensões dadas, o comprador terá o direito de exigir o complemento da área, e, não sendo isso possível, o de reclamar a resolução do contrato ou abatimento proporcional do preço".

Para a caracterização especialmente da venda *ad corpus*, insta que se observe o conteúdo do § 3º do art. 500:

> "Não haverá complemento de área, nem devolução de excesso, se o imóvel for vendido como coisa certa e discriminada, tendo sido apenas enunciativa a referência às suas dimensões, ainda que não conste, de modo expresso, ter sido a venda *ad corpus*".

E o § 1º, acrescentando mais um dado de referência:

> "Presume-se que a referência às dimensões foi simplesmente enunciativa, quando a diferença encontrada não exceder de 1/20 (um vigésimo) da extensão total enunciada, ressalvado ao comprador o direito de provar que, em tais circunstâncias, não teria realizado o negócio".

Outrossim, o Código de 2002 trouxe o direito de reclamar o complemento da área, e, na impossibilidade, a resolução do contrato ou o abatimento do preço mesmo que inferior a diferença a um vigésimo da extensão total enunciada, desde que prove que não realizaria o negócio em tais circunstâncias. Tal ocorre, *v. g.*, quando a autorização municipal para a construção de prédio impõe uma extensão mínima de área, e apurar-se, depois, que não é atingida a quantidade imposta; ou se destinado o imóvel para um empreendimento econômico que não se viabiliza sem a extensão faltante da área; ou se o imóvel situa-se em uma zona de extrema valorização, importando a extensão faltante em considerável prejuízo.

Câmara Leal justifica a incidência da decadência e não da prescrição: "Na ação de comprador contra o vendedor do imóvel por deficiência de extensão, o direito à reposição da diferença ou ao abatimento do preço e a ação para obtê-los nascem do mesmo fato – a verificação da extensão. O exercício desse direito se confunde com o exercício da respectiva ação, que é o meio criado pela lei para que esse direito se torne efetivo. O prazo, portanto, prefixado para o exercício do direito, é também um prazo preestabelecido para o exercício do direito, donde a decadência, e não a prescrição".[1]

2. TIPOS DE VENDA *AD CORPUS* E DE VENDA *AD MENSURAM*

Dois são os casos de venda *ad corpus*, ditados pelo art. 500 e seu § 1º:

1º – O alienante expressamente diz transferir o imóvel adquirido de tal pessoa, indicando as divisas, e mencionando a área de forma aproximada, em geral com a expressão "mais ou menos". Transparece a venda de uma coisa certa e determinada. As dimensões possuem significado apenas enunciativo; é irrelevante a verificação de uma sobra, ou de uma porção tanto a mais como a menos.

2º – Procede-se à venda com indicação de um bem certo e determinado, consignando-se a medida da área e a discriminação de divisas e confrontações. Entretanto, descobre-se uma diferença de área para menos, não superior a um vigésimo da constante no documento. Como este *quantum* está dentro do limite de tolerância, o alienante não é responsável, a menos que se prove que não se efetuaria o negócio em tais circunstâncias. A lei presume, *juris et de jure*, o caráter enunciativo da extensão referida no contrato. É a aplicação do § 1º do art. 500.

Exemplificativamente, tendo o terreno adquirido mil metros quadrados, mas com referências à sua denominação, e ficando, portanto, em cinquenta metros quadrados o seu vigésimo, nada poderá reclamar o adquirente se, ao medir, encontrar novecentos e cinquenta metros quadrados. Nota-se que, a par das medidas, foi dado realce à denominação, o que faz predominar o caráter de corpo certo.

Presume-se que o vendedor conhece bem o que aliena e o comprador tenha conferido o que adquire.

Igualmente duas hipóteses sobressaem na venda *ad mensuram*:

1ª – Na venda de um imóvel estipula-se o preço por medida de extensão. É a situação da venda feita por uma pessoa, na qual se estipula o preço, *v. g.*, por metro quadrado, ou por hectare. De sorte que o preço corresponde ao resultado de um determinado valor pelo número referente à metragem ou extensão superficial da área.

2ª – Na venda de um imóvel onde se declara a quantidade de área, ou a extensão superficial. O preço é fixado em vista da extensão superficial como um todo, sem especificar a determinação por unidade, ou seja, por metro quadrado ou por hectare, o que define a distinção com a hipótese *supra*.

---

[1] *Da prescrição e da decadência*, cit., p. 123.

Situações especiais surgem.

Transferindo o vendedor uma quantidade certa de terra, *v. g.*, de cinquenta hectares, dentro de limites discriminados, por um preço estabelecido por hectare, encontrando uma porção excedente o comprador, há, em favor do vendedor, o direito à devolução, ou de exigir o pagamento pela sobra, ou mesmo à resolução. Aureliano Guimarães já explicava a razão: "Parece-nos que o vendedor pode reclamar aumento de preço pelos hectares a mais, se não puder rescindir o contrato, por erro, ou se o comprador não preferir entregar-lhe o que houver demais, porque, neste caso, houve a venda de 50 hectares, por tanto cada hectare e não estão incluídos os hectares a mais. Não foi apenas enunciativa a coisa: foi precisada, determinada e, portanto, o vendedor não pode ser obrigado ou compelido a entregar aquilo que não alienou".[2]

Contrariamente pensava Orlando Gomes: "Se a área do imóvel tiver dimensões maiores do que as declaradas, ao comprador aproveita o excesso, pois ao vendedor não se permite que, por essa razão, pleiteie a resolução do contrato, nem que pretenda suplementação do preço".[3]

3. ALTERNATIVAS JUDICIAIS OFERECIDAS AO COMPRADOR

O art. 500 do Código Civil concede ao comprador três caminhos para o caso da área não corresponder àquela constante no título: pedir a complementação de área; não sendo isso possível, propor a resolução; ou buscar a redução do preço.

Todavia, não se habilita o titular do direito a pleitear indistintamente qualquer um desses remédios. Em primeiro lugar, cabe-lhe requerer o complemento de área. Só na eventualidade de ser impossível obter que a área seja inteirada terá a alternativa de exigir a rescisão do contrato, ou o abatimento proporcional do preço.

É a conclusão a que induz a redação do art. 500.

De sorte que, antes de tentar o complemento da terra faltante, não se lhe autoriza propor a resolução contratual.

E no caso de complementação, a forma de se proceder não fica ao critério exclusivo do vendedor. É óbvio que a parcela a ser retirada deva ser contígua à alienada, possuindo, ademais, idênticas destinação e qualidades. Quanto a estas, a questão é um tanto relativa, posto que está o alienante obrigado a entregar a terra existente contiguamente, seja de que tipo for.

De assinalar, ainda, que, se a diferença de metragem se verifica relativamente à medida da frente ao fundo, a parte a ser anexada será a do fundo. Sendo a diferença na frente do terreno e oferecendo-se a viabilidade, o complemento se procederá por meio de um dos terrenos laterais, reservando-se a escolha ao comprador.

Caso este não consiga obter que a área seja inteirada, então possui ele a alternativa, a seu favor, de pretender o que lhe é mais conveniente, dentre as seguintes soluções: o abatimento proporcional do preço ou a resolução do contrato. No entanto, pondera-se que esta resolução se concederá em último caso, mantendo-se a transação. A rigor, porém, a lei não veda a simples resolução.

Como se procederá o pedido?

Na mesma demanda, colocam-se as pretensões, naquela ordem, isto é, postulando-se, em primeira mão, o complemento, e ressalvando-se as outras duas soluções na impossibilidade de conseguir o complemento.

---

[2] *A compra e venda civil*. São Paulo: Livraria Acadêmica Saraiva, 1927. p. 139.
[3] *Contratos*. 10. ed. Rio de Janeiro: Forense, 1984. p. 261.

Denomina-se *ex empto* a ação para buscar o complemento. Não é correto classificar a demanda como ação redibitória. Aparentemente, tem-se a impressão de que neste instituto se enquadra a figura, e por seus dispositivos regulamentares deveria guiar-se a ação, inclusive quanto ao prazo decadencial de um ano – art. 445. No entanto, Agostinho Alvim demonstra o contrário: "Como observam os autores, falta de quantidade não é vício; a parte entregue é perfeita, somente não é completa. Acresce que quem compra um imóvel, mormente de grande extensão, nem sempre, ou quase nunca, pode medi-lo, em tempo tão curto. Finalmente, a matéria, no nosso sistema, como em outros, não figura no capítulo dos vícios redibitórios, e nem no da compra e venda, ao contrário do que se passa no Código Civil alemão, para o qual o caso é de vício redibitório e nesse lugar está colocado. Por isso, as ações competentes, em face desse direito, são as edilícias... No nosso direito não há lugar, em tais casos, para as edilícias, embora as ações cabíveis se possam chamar redibitórias (porque redibem), ou *quanti minoris* (porque nelas se pede abatimento)".[4]

4. EXCESSO DE ÁREA NA VENDA

Numa situação diferente, introduzida pelo § 2º do art. 500 do Código Civil, ao vendedor assegura-se o direito de reclamar junto ao comprador a complementação do preço, em função da extensão real, ou a restituição daquilo que entregou a mais, mas desde que tenha motivos que levem a convencer que ignorava a quantidade exata. Eis a redação da regra:

> "Se em vez de falta houver excesso, e o vendedor provar que tinha motivos para ignorar a medida exata da área vendida, caberá ao comprador, à sua escolha, completar o valor correspondente ao preço ou devolver o excesso".

Por uma questão de igualdade de tratamento, assim como ao comprador se oferece a oportunidade de buscar a complementação da área, ou a redução do preço, ou até a resolução do negócio, ao vendedor se dá a perspectiva, mas desde que prove a existência de motivo para desconhecer as dimensões exatas, de o comprador escolher a alternativa de completar o valor ou restituir o excesso recebido.

Condição básica para o exercício do direito está na verificação de motivos que justifiquem o desconhecimento da medida exata, que podem ocorrer na circunstância de se localizar o imóvel em ponto distante daquele do domicílio do vendedor, ou de constar as medidas consignadas na venda em documento público, ou porque parte do imóvel era ocupada indevidamente por estranho, ou em razão de haver o vizinho deslocado a cerca da posição correta e original. Em vista dos termos da lei, há necessidade da existência de motivos, não se impondo que não tenha procedido com descuido, ou falta de diligência. Requer-se a razoabilidade da justificação, o que não acontece quando a medida não é especificada exatamente, mas consta da expressão "mais ou menos", ou "aproximadamente", ou quando se identifica o imóvel pela sua denominação, com as dimensões referidas a título de referência.

5. DECADÊNCIA DO DIREITO DE INVOCAR A FALTA OU O EXCESSO DE ÁREA

Diferentemente do Código de 1916, fixa o atual um prazo de decadência para o exercício do direito que envolve a falta e o excesso de área, que é de um ano, nos termos do art. 501:

---

[4] *Da compra e venda e da troca*, cit., p. 96.

"Decai do direito de propor as ações previstas no artigo antecedente o vendedor ou o comprador que não o fizer no prazo de 1 (um) ano, a contar do registro do título".

Conforme já observado, os direitos à propositura de ações, relativamente ao comprador, correspondem ao pedido do complemento da área, ou, se impossível tal medida, à exigência da resolução do contrato, ou do abatimento do preço. A primeira alternativa deve preceder as demais. Unicamente se impossível passa-se para as seguintes, de acordo com o entendimento que já vigorava no regime anterior. Entrementes, pensa-se que não existe inconveniente no fato da parte prejudicada buscar o complemento ou a diminuição do preço. Quanto à resolução, dada a sua gravidade, constitui a solução se impossível complementar a área. Nesse sentido a manifestação do Superior Tribunal de Justiça, como revela o REsp nº 52.663-9/SP, da 4ª Turma, *DJU* de 12.06.1995.

No que diz com o vendedor, deve oferecer ao comprador a escolha entre completar o valor do preço pela área que recebeu a mais, ou devolver o excesso.

Conta-se o prazo a partir do registro da escritura pública ou do contrato de compra e venda. Não coincidindo o momento do registro com o da imissão, desde esta última inicia a fluir o prazo, se tal fato decorreu de culpa ou de conduta do vendedor, nos termos do parágrafo único do art. 501:

"Se houver atraso na imissão de posse no imóvel, atribuível ao alienante, a partir dela fluirá o prazo de decadência".

O atraso na entrega do imóvel é comum nas compras de unidades de construções. Embora efetuado o registro, a disponibilidade do imóvel ocorre algum tempo depois, fato que impede o início da contagem do lapso decadencial.

Contudo, se o atraso no registro decorre de protelações do comprador, por uma questão de coerência e de tratamento igual ao vendedor, revela-se coerente que se dê o início com a imissão na posse.

Finalmente, lembra-se que, sob a égide do Código de 1916, dada a omissão de seu art. 1.136 em estabelecer um prazo para o exercício do direito, enfatizava-se que incidia a prescrição no lapso de vinte anos, por força do então art. 177.

Capítulo LXXXVIII
A DECADÊNCIA NOS VÍCIOS REDIBITÓRIOS

1. CARACTERIZAÇÃO

Vícios redibitórios constituem defeitos ocultos que tornam a coisa imprópria ao uso a que se destina, ou lhe diminuem o valor. É a ideia que se encontra no art. 441 Código Civil:

> "A coisa recebida em virtude de contrato comutativo pode ser enjeitada por vícios ou defeitos ocultos, que a tornem imprópria ao uso a que é destinada, ou lhe diminuam o valor".

Como é natural nos contratos comutativos, mister que exista a garantia do uso da coisa, e que esta apresente as qualidades e a finalidade próprias de sua natureza, fatores que, seguramente, determinam a formalização de uma declaração bilateral de vontades. Observam Jorge Ripert e Jean Boulanger: "El vendedor debe procurar al comprador una posesión útil. Es responsable entonces por los defectos ocultos que tornan a la cosa impropia para todo servicio o que disminuyan considerablemente su utilidad".[1]

O princípio da garantia constitui, pois, o fundamento da invocação dos vícios redibitórios, como analisa Caio Mário da Silva Pereira: "... O seu fundamento é o princípio de garantia, sem a intromissão de fatores exógenos, de ordem psicológica ou moral. O adquirente, sujeito a uma contraprestação, tem direito à utilidade natural da coisa, e, se ela lhe falta, precisa de estar garantido contra o alienante, para a hipótese de lhe ser entregue a coisa a que faltem qualidades essenciais de prestabilidade".[2]

Daí que, não sendo proveitoso o bem, tais vícios ou defeitos ocultos produzem a redibição da coisa, ou seja, tornam sem efeito o contrato e acarretam a sua resolução, restituindo-se a mesma coisa defeituosa ao antigo dono.

Nem sempre, porém, os vícios ou defeitos redibem a coisa, porquanto oferecem ao contratante prejudicado, além da garantia à resolução, a alternativa de abatimento do preço, mas conservando para si o bem. É o que, também, defendem os autores franceses Mazeaud: "El comprador al que se le deba la garantía contra los vicios ocultos puede obtener, en principio, a su elección, la resolución de la compraventa ejerciendo la acción redhibitoria, o una disminución

---

[1] *Tratado de derecho civil*. Contratos civiles. Buenos Aires: Ediciones La Ley, 1965. t. VIII, p. 125.
[2] *Instituições de direito civil*, cit., v. III, p. 104.

del precio, fijada por peritos, ejerciendo la acción estimatoria".³ No próprio direito romano eram duas as ações: uma de resolução do contrato – redibitória –, e outra de redução do preço, ou *quanti minoris*.

A garantia não é específica da compra e venda, mas se estende a todos os contratos comutativos que envolvem a transferência de bens. Não carece de cláusula própria para valer, posto a sua previsão em dispositivos legais. Existe, por conseguinte, nos contratos de permuta, sociedade, doação onerosa e na dação em pagamento. O parágrafo único do art. 441, embora faça referência a somente um tipo de contrato, reza:

"É aplicável a disposição deste artigo às doações onerosas".

Envolve a garantia as qualidades anunciadas, a incolumidade e a adequação aos objetivos colimados. Não se permite ao vendedor fugir das responsabilidades, se vier a revelar o bem defeitos ou imperfeições que o tornem imprestável à sua finalidade ou reduzam o seu valor.

2. REQUISITOS CONFIGURADORES DOS VÍCIOS REDIBITÓRIOS

Para haver vício redibitório, vários pressupostos são reclamados, os quais se extraem dos dispositivos que tratam da matéria.

a) Que o vício da coisa seja oculto. Efetivamente, se não era oculto, mas estava às claras, ou à vista, e se apresentava conhecido do outro contratante, ou facilmente verificável por uma atenção comum ou um simples e rápido exame, não se concebe o vício redibitório. Assinala Sebastião de Souza: "Para que o vício da coisa autorize sua rejeição e a rescisão do contrato, deve ser oculto, porque se o vício é aparente, ostensivo, não pode o adquirente se queixar de que foi enganado".⁴

Isto importa, no dizer dos Mazeaud, que "una persona que tenga los mismos conocimientos técnicos que el comprador no los habría descubierto en la ocasión de la compraventa".⁵

Entretanto, embora aparente, tem-se na condição de oculto o vício que demanda conhecimentos técnicos de parte do comprador, o qual não os possui. Na compra de animais, em relação a uma pessoa não acostumada ao seu trato, muitas doenças podem passar despercebidas, o que não sucederia se o adquirente fosse veterinário.

b) Que o vício torne a coisa imprópria ao uso a que é destinada, ou lhe diminua de valor. Assim, deve o vício se referir ao destino do bem, ou à sua própria natureza. Exemplo típico é a aquisição de um animal destinado à reprodução, mas portador de um defeito ou mal que o torne incapaz ou inapto para tal finalidade. De igual modo, a compra de um veículo considerado em excelente estado pelo aspecto e pelas características identificadoras, mas que, após, se apura irrecuperável defeito em seu mecanismo interno, que lhe reduz substancialmente o valor.

Envolvendo a compra de uma série de coisas, em princípio aplica-se a regra do art. 503.

"Nas coisas vendidas conjuntamente, o defeito oculto de uma não autoriza a rejeição de todas".

Entretanto, abrangendo um conjunto uniforme, de tal sorte que a falta ou o defeito de uma delas destitua o valor ou a importância das restantes, admite-se o reconhecimento do vício

---

³ MAZEAUD, Henri, Léon y Jean. *Lecciones de derecho civil*. Parte terceira. Buenos Aires: Ediciones Jurídicas Europa-América, 1962. v. III, p. 289.
⁴ *Da compra e venda*. Rio de Janeiro: José Konfino, 1946. p. 298.
⁵ *Lecciones de derecho civil*, cit., p. 289.

redibitório. Exemplificando-se, não pode convalidar uma compra e venda de um conjunto de estátuas esculturais e próprias para adornar uma sala requintada, se uma delas revelar um grave e irrecuperável defeito, não se encontrando o par correspondente no mercado. Refere Sebastião de Souza: "Deve-se, porém, observar que em certos casos as coisas valem pelo conjunto e uma vez separadas não conviriam ao adquirente. O defeito existente em um pé de sapato naturalmente invalida a compra de um par. Já os romanos decidiam que o vício em um dos cavalos de uma parelha da mesma cor e da mesma raça invalidava o contrato".[6]

Adverte, ainda, Raymundo M. Salvat: "Los vicios o defectos ocultos, como lo dice la ley expresamente, deben existir al tiempo de la adquisición. Los acontecimientos posteriores que puedan afectar la cosa y desmejorala, serán el resultado del simple trancurso del tiempo, que todo lo descompone o destruye, de un caso fortuito o de la propia falta de cuidado del adquirente; en ninguno de los tres casos la responsabilidad del enejevante podía lógicamente existir. Sin embargo, cuando se trata de cosas que deben ser separadas o elegidas, los vicios o defectos deben existir al tiempo de la entrega, porque es en ese momento que se consuma la enajenación y transmisión de la propiedad".[7]

c) Há de ser o vício anterior à tradição, ou, no mínimo, é necessário que exista no momento da tradição. Após o adquirente receber a coisa, esta já se encontra em seu poder, e responsabiliza-se ele pelo que vier a ocorrer.

Em certos bens, porém, unicamente a causa do vício pode remontar a uma época anterior à aquisição, máxime se envolver animais. Não é fora de cogitação que certa doença tenha um estágio incubatório, não manifestável, e venha a expor os sintomas quando já no poder do adquirente. Sem dúvida, em casos deste tipo, admite-se a proteção da lei. A anterioridade, dizem Jorge Ripert e Jean Boulanger, deve ser "al menos en germen y en su principio",[8] ou em sua origem, segundo os autores Mazeaud.[9]

d) Cumpre que seja desconhecido o vício do comprador no momento do contrato. Agiria ele de má-fé se reclamasse a garantia de um vício que conhecia quando da conclusão do negócio, o qual aceitara. Presume-se que tenha agido de boa-fé, até que faça o outro contratante prova do conhecimento do defeito pelo adquirente.

Se, por acaso, era o vício conhecido, a presunção é que renunciou o comprador. Ensinam Ripert e Boulanger: "Se considera que renunció a toda garantia por este motivo".[10]

e) De acrescentar, por último, ser indispensável que se constate certa gravidade nos defeitos, o que não se tipifica se a coisa revelar apenas algumas deficiências secundárias, restritas às aparências. Deste modo, não conduz ao reconhecimento do vício se não apresenta tanta beleza, ou não se revelar tão agradável e perfeita como esperava o adquirente. Tais precariedades não retiram a qualidade do bem, nem prejudicam a funcionalidade.

3. CONHECIMENTO OU DESCONHECIMENTO DOS VÍCIOS PELO ALIENANTE

Tem repercussão o fato do conhecimento ou desconhecimento dos vícios pelo alienante.

A matéria já constava regulada no art.1.103 do Código de 1916, e aparece no art. 443 do Código de 2002. Eis a redação do art. 443:

---

[6] *Da compra e venda*, cit., p. 300.
[7] *Tratado de derecho civil argentino*. 2. ed. Buenos Aires: Tipografica Editora Argentina, 1957. v. III, p. 458.
[8] *Tratado de derecho civil*: contratos civiles, cit., p. 126.
[9] MAZEAUD HENRI, Léon y Jean. *Lecciones de derecho civil*, cit., p. 289.
[10] *Tratado de derecho civil*: contratos civiles, cit., p. 125-126.

> "Se o alienante conhecia o vício ou defeito da coisa, restituirá o que recebeu com perdas e danos; se não o conhecia, tão somente restituirá o valor recebido, mais as despesas do contrato".

Se não conhecia o defeito, o alienante agiu de boa-fé e não teve o propósito de enganar o adquirente. Fica apenas aliviada a sua responsabilidade. Por ordem da regra referida, segunda parte, deve ele restituir o que recebeu e mais as despesas de contrato.

No entanto, os limites da responsabilidade são ampliados se agiu de má-fé, ou se tinha ciência do vício, de conformidade com a primeira parte do citado cânone.

4. PERECIMENTO DA COISA

Estabelece o art. 444 do Código Civil:

> "A responsabilidade do alienante subsiste ainda que a coisa pereça em poder do alienatário, se perecer por vício oculto, já existente ao tempo da tradição".

Com a tradição, a coisa passa a ser propriedade do adquirente, que sofre as consequências da perda, o que é normal. Entretanto, perecendo em razão de vício existente ao tempo da tradição, arca o alienante com a responsabilidade, devolvendo o que lhe foi entregue, embora não possa mais receber a coisa, em face do perecimento.

Ressalva-se, porém, o perecimento decorrente de caso fortuito, que isenta o alienante da garantia, pois que o dano aconteceria de qualquer modo, com ou sem a transferência. João Luiz Alves estava de acordo: "Na verdade, o texto só faz subsistir a responsabilidade do alienante, já estando a coisa em poder do adquirente, se parecer por vício oculto preexistente. *A contrario sensu*, se perecer por caso fortuito, perece por conta do adquirente".[11] Igualmente os autores Mazeaud, com alguma diferença quanto ao direito de diminuição do preço: "Cuando la cosa afectada por un vicio perezca por la culpa del comprador o por caso fortuito, el comprador no puede intentar la acción redhibitoria, pero conserva el derecho a obtener, por la acción estimatoria, una disminución del precio".[12]

5. AÇÕES ASSEGURADAS AO ADQUIRENTE

Duas são as ações que pode ter o adquirente de coisa viciada: a redibitória, pela qual é rejeitada a coisa, com a rescisão do contrato e a devolução do preço pago; e a estimatória, ou *quanti minores*, em que se pretende apenas a redução ou abatimento do preço, mantendo-se a propriedade do bem.

A norma do art. 442 conduz a estas duas alternativas, como exsurge de seus termos:

> "Em vez de rejeitar a coisa, redibindo o contrato (art. 441), pode o adquirente reclamar abatimento no preço".

---

[11] *Código Civil da República dos Estados Unidos do Brasil anotado*. Rio de Janeiro: F. Briguiet, 1917. p. 749.
[12] *Lecciones de derecho civil*, cit., p. 290.

O fundamento para qualquer demanda está no princípio que veda o enriquecimento ilícito, visando preservar o adquirente de prejuízos e impedindo o enriquecimento indevido do transmitente.

Uma terceira via é permitida pelos doutrinadores. Em vez de qualquer uma daquelas demandas, admite-se ao adquirente exigir a simples reparação. Permanecerá ele com o bem e não postulará a redução do preço.

Nada impede que procure o prejudicado qualquer uma das medidas no mesmo feito, formulando a postulação alternadamente. Pode o juiz, se entender mais apropriado e conveniente, deferir a redução em vez da rescisão. A primeira solução, dir-se-ia, tem menor alcance do que a segunda. Significará uma procedência em parte da lide. Entretanto, se diretamente pleiteada, não se admite o inverso, isto é, conceder a rescisão, pois corresponderia a um agravamento das consequências em relação ao alienante.

6. ERRO E VÍCIO REDIBITÓRIO

Distinguem-se, em princípio, o erro e o vício redibitório.

No primeiro, a coisa difere daquela que o comprador visou adquirir. Trata-se de um bem distinto. Não há coincidência entre a vontade real do agente e a vontade por ele manifestada. No último, o objeto adquirido é exatamente aquele que se desejava, mas contém um defeito oculto não conhecido pelo comprador, ou insuscetível de constatação imediata.

No erro, exemplifica Arnoldo Wald, em lição sempre atual, adquire-se um objeto de metal dourado, pensando que é de ouro. Quanto ao vício redibitório, ocorre a compra de um livro no qual faltam algumas páginas. Além de incompleta a obra, está oculto o defeito, por não ser razoável impor-se ao comprador a verificação da existência de todas as páginas. Com apoio em Cunha Gonçalves, prossegue: "Há diferença de qualidade, ou seja, erro, quando a coisa em si, intrinsecamente, não é viciada ou defeituosa, mas difere daquela que o comprador quisera adquirir. Quem compra uma cópia em vez de um quadro original, um cavalo abastardo em vez de um puro sangue, um vaso de cerâmica moderno quando pretendia adquirir um antigo, incide em erro. Nestas hipóteses,... O objeto está perfeito, sem vício, mas é diferente do pedido, ocorre uma diferença de origem, de matéria-prima, de tecido etc. Ao contrário, o vício redibitório é uma imperfeição existente na feitura da obra ou na fabricação da mercadoria, que é a pretendida pelo adquirente. O vício é desgaste, estrago, falha do objeto, que se encontra fora do estado normal".[13]

Importantes são as decorrências da distinção.

A pretensão à anulação por erro tem prazo diferente para o seu exercício em relação ao vício redibitório. Relativamente à ação redibitória, é ele bem mais reduzido, isto é, de trinta dias para bens móveis e de um ano em se tratando de imóveis, ficando reduzido para metade, contado da alienação, se já se encontrava na posse da pessoa a coisa – art. 445, enquanto, no caso de erro, em face da norma do art. 178, II, a ação pode ser proposta em quatro anos, contado o início do dia em que se realizou o negócio. Advirta-se que, no vigente Código, os prazos são de decadência, tanto para os vícios redibitórios como para o erro e outras situações de defeito do consentimento, enquanto no Código anterior eram de prescrição.

---

[13] *Curso de direito civil brasileiro*: obrigações e contratos. 3. ed. São Paulo: Sugestões Literárias, 1962. p. 222-223.

E se ocorre vício redibitório, em que o objeto é o pretendido, mas apresenta alguma falha, algum defeito ou uma insuficiência não aparente no momento da aquisição, tornando-se imprestável para atender a finalidade a que é destinado, e tendo o interessado deixado transcorrer o prazo para a propositura da demanda dirigida à rescisão do contrato ou a redução do preço, faculta-lhe o ingresso com a ação anulatória por erro?

A resposta é afirmativa, porquanto no vício de vontade por erro estão subsumidos os elementos componentes do vício redibitório. Tanto isso que o art. 139, inc. I, do Código Civil tipifica a configuração do erro quando o defeito é relativo às qualidades essenciais do objeto, o que também se reclama para a primeira espécie.

A diferença é que, na rescisão por vício redibitório, e em conhecendo o outorgante o vício ou o defeito, o outorgado terá mais direitos, pois garante-lhe a primeira parte do art. 443, ainda, a obtenção de perdas e danos, o que não é normal no caso do erro.

Mesmo que já formalizada a pretensão por vício do objeto, e não obtido o reconhecimento do direito, autoriza-se a propositura da ação de anulação por erro, se o ponto debatido não é o mesmo sobre o qual resultou coisa julgada material na primeira demanda.

Revela-se afinidade também com o dolo. Lê-se do art. 147:

> "Nos negócios jurídicos bilaterais, o silêncio intencional de uma das partes a respeito de fato ou qualidade que a outra parte haja ignorado, constitui omissão dolosa, provando-se que sem ela o negócio não se teria celebrado".

Há uma falsa representação do objeto por ardis ou manobra da parte vendedora. Especialmente na configuração do silêncio malicioso ou intencional sobre o vício do objeto, se não proposta a redibitória, permite-se ao prejudicado a anulação, invocando o fundamento anterior, em que o prazo decadencial também é de quatro anos.

7. CLÁUSULA DE RENÚNCIA À RESPONSABILIDADE PELOS VÍCIOS REDIBITÓRIOS

Admite-se às partes a exclusão da responsabilidade do alienante pelos vícios redibitórios, mas desde que o alienante desconheça a existência dos vícios. Se estava ao par, e os ocultou, procedeu de má-fé, conduta que a lei não pode proteger. O Código Civil espanhol tem norma expressa a respeito, ao dispor, no art. 1.485, que não vigerá a proteção "cuando se haya estipulado lo contrario, y el vendedor ignorara los vicios y defectos ocultos de lo vendido".

8. PRAZO DE DECADÊNCIA DO DIREITO

Pelo art. 178, § 2º, do Código Civil de 1916, prescrevia em "quinze dias, contados da tradição da coisa, a ação para haver o abatimento do preço da coisa móvel, recebida com vício redibitório, ou para rescindir o contrato e reaver o preço pago, mais perdas e danos".

O § 5º, inc. IV, quanto aos imóveis, dizia prescrever em seis meses "a ação para haver o abatimento do preço da coisa imóvel, recebida com vício redibitório, ou para rescindir o contrato comutativo, e haver o preço pago, mais perdas e danos; contado o prazo da tradição da coisa".

Com o Código de 2002, ficaram ampliados respectivamente para um mês e um ano os prazos, sendo que, encontrando-se os bens já na posse do adquirente, reduz-se o lapso para metade, que passaram a ser de decadência. Está a previsão no art. 445:

"O adquirente decai do direito de obter a redibição ou abatimento no preço no prazo de 30 (trinta) dias se a coisa for móvel, e de 1 (um) ano se for imóvel, contado da entrega efetiva; se já estava na posse, o prazo conta-se da alienação, reduzido à metade".

Mormente cuidando-se de bens móveis, dada a crescente complexidade que alcançaram nos tempos atuais, não há dúvida de que ainda se mantém o lapso de tempo muito reduzido.

Consistindo os bens em máquinas, conta-se o lapso temporal não do dia da entrega, mas da experimentação. Se houver a substituição por outras, de idêntica maneira o começo se dá com a experimentação. Não correrá, por outro lado, o prazo enquanto o vendedor realiza as instalações do equipamento e presta assistência técnica. Realmente, assinalando o contrato certo período de acompanhamento ou assessoria na manutenção, ou assegurando um prazo da garantia, fica suspenso o início do curso da prescrição. De igual modo, enquanto o vendedor atende reclamações do adquirente e procede aos reparos. O art. 446 do Código é claro sobre o assunto:

"Não correrão os prazos do artigo antecedente na constância de cláusula de garantia; mas o adquirente deve denunciar o defeito ao alienante nos 30 (trinta) dias seguintes ao seu descobrimento, sob pena de decadência".

No caso de imóveis, se a abertura de matrícula e o registro no ofício imobiliário se procedem anteriormente ao uso ou ocupação do bem, ou à tradição da posse, não se concebe falar em vício redibitório. Por constituir uma das condições para o reconhecimento que seja oculto o vício, é indispensável o uso. Daí que o prazo inicia com o uso, ou a experimentação do imóvel.

O Código Civil atual deu ensejo à interpretação *supra*, embora um tanto abstratamente, como exsurge do § 1º art. 445:

"Quando o vício, por sua natureza, só puder ser conhecido mais tarde, o prazo contar-se-á do momento em que dele tiver ciência, até o prazo máximo de 180 (cento e oitenta) dias, em se tratando de bens móveis; e de 1 (um) ano, para os imóveis".

Ou seja, inicia o prazo depois de cento e oitenta dias da constatação para os móveis e de um ano para imóveis, não importando a data da entrega. O que importa é o fato de que o vício, por sua natureza, não viabilizar o seu conhecimento imediato, ou no momento da entrega da coisa. Nos termos em que veio posta essa condição, torna-se difícil decidir quando a natureza do vício impõe o conhecimento mais tarde. É vaga essa condicionante, levando a abrir um amplo campo para em qualquer caso se iniciar o prazo a contar do momento alegado como o da ciência do vício. Certamente, não pode consistir em vício externo, que aparece pela simples visualização mais detalhada, ou experimentação da coisa, ou uso do imóvel. Necessariamente, trata-se daquele vício que desponta no curso do funcionamento, ou pelo constante contato com o mesmo, integrando um mecanismo interno de um equipamento, ou a estrutura do prédio, cujas fissuras das paredes somente surgem com o passar do tempo.

As disposições são reconhecidas pela jurisprudência do STJ:

"O art. 445 do Código Civil estabelece que 'o adquirente de bem móvel decai do direito de obter a redibição ou abatimento no preço no prazo de 30 dias'. O § 1º do referido dispositivo, por sua vez, dispõe que o prazo decadencial para reclamação sobre os vícios redibitórios dos bens móveis será de 180 dias, contados da respectiva ciência, apenas quando o vício, por sua natureza, só puder ser conhecido tardiamente" (AgInt no REsp n. 1.973.722/SP, relator Ministro Moura Ribeiro, Terceira Turma, julgado em 23/5/2022, *DJe* de 25/5/2022), o que é a hipótese dos autos".[14]

Não se pode olvidar a regra do art. 446, supratranscrita, no sentido de que, na pactuação de um período de garantia, qualquer prazo estabelecido para o exercício da ação competente começa depois de esgotado esse lapso de tempo de garantia. Incumbe, ao adquirente, sob pena de decadência, denunciar ou comunicar o defeito ao alienante nos trinta dias seguintes ao seu descobrimento, prazo que somente iniciará depois de esgotada a garantia, pois durante sua vigência é oportunizada a reparação.

Envolvendo animais, os prazos serão regulados em lei especial, ou, em sua falta, pelos usos locais, em consonância com o § 2º do art. 445:

"Tratando-se de venda de animais, os prazos de garantia por vícios ocultos serão os estabelecidos em lei especial, ou, na falta desta, pelos usos locais, aplicando-se o disposto no parágrafo antecedente se não houver regras disciplinando a matéria".

Cuida-se de norma programática, com pouca objetividade. Não existe lei estabelecendo um determinado lapso temporal de garantia, a começar da aquisição ou entrega. Nem são conhecidos períodos de tempo ditados pelos usos locais para tal finalidade. Daí que, em face da remissão ao parágrafo antecedente, chega-se ao prazo de cento e oitenta dias para o exercício do direito, que inicia a partir da ciência do vício. Por se classificarem os animais como semoventes, e, assim, aproximando-se mais às coisas móveis, por coerência elege-se o lapso de cento e oitenta dias, e não de um ano, reservado para os imóveis.

A garantia envolve doenças e defeitos. Naturalmente, se adquirido um cavalo para a procriação, há vício que enseja a anulação do negócio ou redução do preço se constatar-se sua esterilidade.

---

[14] AgInt no AREsp 2.403.576/SP, da Terceira Turma, rel. Min. Mauco Aurélio Bellizze, j. 18.03.2024, *DJe* de 20.03.2024.

Capítulo LXXXIX
DECADÊNCIA DO DIREITO DE PEDIR A DEVOLUÇÃO DO IMÓVEL NO ARRENDAMENTO E PARCERIA RURAL

Diz o art. 95, inc. IV, do Estatuto da Terra, na redação da Lei nº 11.443, de 05.01.2007:

"Em igualdade de condições com estranhos, o arrendatário terá preferência à renovação do arrendamento, devendo o proprietário, até 6 (seis) meses antes do vencimento do contrato, fazer-lhe a competente notificação extrajudicial das propostas existentes. Não se verificando a notificação extrajudicial, o contrato considera-se automaticamente renovado, desde que o locatário, nos 30 (trinta) dias seguintes, não manifeste sua desistência ou formule nova proposta, tudo mediante simples registro de suas declarações no competente Registro de Títulos e Documentos".

Na forma do inc. V, em redação da mesma Lei, faculta-se, outrossim, ao proprietário, até seis meses antes do vencimento do contrato, por via de notificação, declarar sua intenção de retomar o imóvel para explorá-lo diretamente, ou por meio de dependente seu:

"Os direitos assegurados no inciso IV do *caput* deste artigo não prevalecerão se, no prazo de 6 (seis) meses antes do vencimento do contrato, o proprietário, por via de notificação extrajudicial, declarar sua intenção de retomar o imóvel para explorá-lo diretamente ou por intermédio de descendente seu".

As regras vêm inseridas, igualmente, no art. 22 e seu § 2º, do Decreto nº 59.566/1966.

Como mostram Oswaldo Opitz e Sílvia Opitz, "a norma incide somente quando as partes não convencionarem a renovação do contrato findo o prazo convencional".[1]

Os contratos podem, pois, estipular a renovação tácita do arrendamento ou da parceria, desde que o arrendatário ou parceiro-outorgado não manifeste a intenção de rescindir o contrato dentro do prazo estipulado, ou expressamente, quando ao arrendatário incumbirá, no prazo fixado, manifestar sua vontade de permanecer no imóvel.

Na ausência de notificação do arrendador, até seis meses antes do vencimento, "o contrato considera-se automaticamente renovado, salvo se o arrendatário, nos trinta dias seguintes ao término do prazo para a notificação, manifestar sua desistência ou formular nova proposta", conforme art. 22, § 1º, do Decreto nº 59.566/1966.

---

[1] *Direito agrário brasileiro*. São Paulo: Saraiva, 1980. p. 197.

A notificação é necessária, portanto, em dois casos, segundo o art. 22 e seus §§ 1º e 2º, do mencionado Decreto, e art. 95, incs. IV e V, do Estatuto da Terra, em redação da Lei nº 11.443/2007:

a) Quando houver interesses de terceiros, cabendo ao arrendador formular a proposta oferecida.

b) Na hipótese de retomada pelo arrendador para explorar o imóvel diretamente, ou por intermédio de descendente seu.

Para bem entender a necessidade da notificação, conveniente a transcrição dos incs. IV e V do art. 95:

> "IV – em igualdade de condições com estranhos, o arrendatário terá preferência à renovação do arrendamento, devendo o proprietário, até 6 (seis) meses antes do vencimento do contrato, fazer-lhe a competente notificação extrajudicial das propostas existentes. Não se verificando a notificação extrajudicial, o contrato considera-se automaticamente renovado, desde que o arrendador, nos 30 (trinta) dias seguintes, não manifeste sua desistência ou formule nova proposta, tudo mediante simples registro de suas declarações no competente Registro de Títulos e Documentos;
>
> V – os direitos assegurados no inciso IV do *caput* deste artigo não prevalecerão se, no prazo de 6 (seis) meses antes do vencimento do contrato, o proprietário, por via de notificação extrajudicial, declarar sua intenção de retomar o imóvel para explorá-lo diretamente ou por intermédio de descendente seu".

O prazo de seis meses é decadencial e conta-se de forma regressiva da data do termo final do contrato. Não interessa a época em que foi requerida a medida, pois a lei exige a antecedência mínima de seis meses entre o final previsto e a data da medida. Isto pela razão que justifica a notificação, que se colhe de um antigo julgado:

> "Tendo-se em vista a finalidade da notificação em causa – que é a de prevenir o arrendatário, permitindo-lhe preparar a documentação, regular a utilização do imóvel de acordo com a necessidade de entregá-lo, providenciar a obtenção de outras terras a desejar continuar sua atividade econômica ou desfazer-se dos bens, compromissos e encargos nela envolvidos, e assim por diante – o único que importa é o momento em que a manifestação de vontade do arrendador chega ao conhecimento do arrendatário. Antes disso, de nada lhe vale o fato de ter sido já requerida a notificação".[2]

Era inaplicável o disposto no art. 219, § 3º, do Código de Processo Civil, dispositivo sem previsão no atual CPC, isto é, o requerimento de prorrogação do prazo de notificação, se não realizada nos dez dias seguintes ao despacho:

> "O que se tem de considerar é a utilidade da notificação para o arrendatário, vale dizer, a adequação da forma e momento em que ela se realiza aos fins a que se destina. A permissão de fazer retroagir à data do despacho a eficácia da notificação poderia importar em subtrair ao locatário parcela talvez importante do prazo, quiçá a ponto de torná-lo

---

[2] Julgados do Tribunal de Alçada do RS 39/268.

inútil, por insuficiente. A conclusão que se impõe é uma só: iniciado o último semestre do prazo sem que o arrendatário tenha recebido a notificação, está renovado o arrendamento, e essa renovação só se pode frustrar por ato de vontade do próprio arrendatário, a quem a lei confere a faculdade de renúncia".[3]

Entretanto, a interpretação comporta certo temperamento, pois se o ato deixa de se efetivar por ineficiência dos órgãos judiciais ou extrajudiciais, o coerente é não relegar o direito do arrendador, mesmo que se prolongue o lapso temporal de seis meses pelo período que faltou para completá-lo. Se se afiguram ponderáveis os motivos que ordenam respeitar aquele interregno, não deixam de se apresentar menos importantes as prerrogativas do proprietário, sob pena de, por entraves alheios à sua vontade, ter gravemente lesados seus interesses.

A renovação, se não exercido o direito de retomada, importa em decadência do direito de retomar o imóvel e em nova vigência do contrato anterior em todas as suas cláusulas, e mormente quanto ao prazo, que permanece determinado.

Há quem defenda, porém, que o novo contrato não fica sujeito ao prazo do anterior, admitindo-se o reajuste por qualquer prazo.

A questão importa uma observação mais profunda, a partir da distinção entre prorrogação e renovação. Esta última forma configura-se quando o arrendador não retomar o imóvel, com a prévia notificação concretizada anteriormente aos últimos seis meses de duração do contrato então vigente. Vencido o prazo, sem qualquer atitude contrária do proprietário, prolonga-se o contrato por outro lapso de tempo igual ao anterior, em razão do art. 95, inc. IV, segunda parte, do Estatuto da Terra, em redação da Lei nº 11.443/2007.

A prorrogação, no entanto, envolve estipulação expressa das partes, que prolongam a duração por qualquer período de tempo, igual ao anterior ou mais reduzido. As manifestações das vontades deverão aparecer expressas, cumprindo que sejam induvidosamente provadas.

Os significados de "renovar" e "prorrogar" conduzem à distinção.

"Renovar", segundo o conhecido Aurélio Buarque de Holanda Ferreira, expressa "tornar novo", "recomeçar", "repetir", "tornar a fazer", "exercitar novamente", "restabelecer", "aparecer de novo". E "prorrogar", bem diferentemente, equivale a "protrair", "alongar", "dilatar" (um prazo estabelecido), "fazer durar além do prazo estabelecido", "estender", "ampliar", fazer continuar em exercício.

Vê-se, pois, que os conteúdos são diversos, o que determina um tratamento diferenciado.

Com efeito, na prorrogação é dispensada a notificação, o que é reconhecido por Oswaldo e Sílvia Opitz: "Prevista a prorrogação do contrato, dispensável se torna qualquer notificação ou cientificação, porque o contrato se prolonga automaticamente, não se aplicando o disposto nos arts. 95, IV, do ET., e 22 de seu Regulamento, embora ambos deixem transparecer que se trata de renovação e não de prorrogação".[4]

Geralmente, esta espécie ocorre quando, depois de terminado o prazo, as partes, de comum acordo, estipulam a duração por mais certo lapso de tempo, em geral inferior ao prazo original. A finalidade é a conclusão de uma safra, ou complementação de engorda do gado.

Não interessa o prazo mais longo previsto pela lei, porquanto estabelecido unicamente para a renovação.

---

[3] Julgados do Tribunal de Alçada do RS 39/268.
[4] *Tratado de direito agrário brasileiro*. São Paulo: Saraiva, 1983. v. 3, p. 50.

De notar, ainda, a observação de Oswaldo e Sílvia Opitz: "O direito à retomada cabe aos herdeiros, se por sucessão *causa mortis* o imóvel rural for partilhado entre vários deles. Qualquer um deles poderá exercer o direito de retomada de sua parte, com obediência aos preceitos do Regulamento nº 59.566".[5]

Efetuada a notificação a terceiro, ao arrendatário cabe manifestar se aceita as mesmas condições. Não aceitando, o arrendador fica autorizado a firmar contrato com o terceiro, de acordo com a proposta oferecida.

No tocante à parceria, o Estatuto da Terra expressamente estipula que "aplicam-se à parceria agrícola, pecuária, agropecuária, agroindustrial ou extrativa as normas pertinentes ao arrendamento rural, no que couber, bem como as regras do contrato de sociedade, no que não estiver regulado na presente lei" (art. 96, inc. VII). De igual modo a regra está prevista no Decreto nº 59.566/1966, art. 34. Salienta Antônio Luiz Ribeiro Machado: "Como a renovação automática do contrato de arrendamento está prevista no § 1º do art. 22 (Seç. II do Cap. II do Regulamento), é de se convir que suas normas são extensivas aos contratos de parceria. Desse modo, se no prazo legal não tiver sido formalizada a notificação preparatória para com o parceiro-trabalhador, o contrato de parceria será renovado de forma automática".[6]

Observam, ainda, Altemir Pettersen e Nilson Marques: "Para que o arrendador ou o parceiro outorgante exerçam o direito de retomada, necessita comprovar a sinceridade do pedido, podendo o arrendatário ou o parceiro comprovar a insinceridade do retomante através de quaisquer dos meios de prova admitidos em direito, beneficiando-se ainda do acionamento por perdas e danos".[7]

---

[5] *Direito agrário brasileiro*, cit., p. 108.
[6] *Manual prático dos contratos agrários e pecuários*. 2. ed. São Paulo: RT, 1977. p. 70; e 3. ed. São Paulo: Saraiva, 1991.
[7] *Uso e posse temporária da terra (arrendamento e parceria)*. São Paulo: Pró Livro, 1977. p. 66.

Capítulo XC
DECADÊNCIA DO DIREITO DE RENOVAÇÃO NO CONTRATO DE LOCAÇÃO DE IMÓVEL

1. **REQUISITOS PARA A RENOVAÇÃO, INCLUINDO O PRAZO DECADENCIAL**

A locação aqui abordada é a de prédios não residenciais e destinados para o comércio, ou a indústria, ou qualquer outra atividade lucrativa. Pela ação renovatória, assegura-se ao locatário a renovação do contrato, desde que preenchidos os requisitos que passam a ser discriminados, estatuídos no art. 51 da Lei nº 8.245, de 18.10.1991, sendo que, anteriormente, regia-se a ação renovatória pelo Decreto nº 24.150, de 20.04.1934, que era a chamada Lei de Luvas.

Em primeiro lugar, é necessário que o contrato seja escrito e por prazo determinado. Está aí uma das condições de suma importância. É como se decidiu:

> "A integralização do prazo fixado em lei para a possibilidade jurídica da ação renovatória de locação é matéria a ser provada documentalmente, posto ser a lei de locações expressa quanto à exigência de contratos escritos. Assim, a pretensão da locatária referentemente à comprovação, através de testemunhas, da integração do quinquênio legal, mostra-se totalmente descabida, ainda mais quando, à oportunidade do aforamento da intenção renovatória, já se operara a decadência do direito da apelante a tanto".[1]

Reclama-se, em segundo lugar, que o prazo mínimo do contrato a renovar, ou a soma dos prazos ininterruptos dos contratos escritos, seja de cinco anos. Como foi salientado, é possível a adição dos períodos, desde que a soma perfaça o total de cinco anos. Não se afasta a possibilidade da soma de períodos diversos, desde que presente o lapso temporal da locação quinquenal. Mesmo que tenha havido pequeno lapso de tempo sem locação entre um período e outro:

> "É pacífico o entendimento desta Corte no sentido de que se breve o interregno entre os contratos escritos, é permitido o *acessio temporis* para viabilizar o perfazimento do prazo mínimo legal, exigido na Lei de Luvas para a renovação da locação".[2]

Outrossim, o contrato, se procedente a ação, será renovado por período igual ao anterior:

---

[1] Apel. Cível nº 97.012983-1, da 1ª Câm. Cível do TJSC, publ. em 17.04.1998.
[2] REsp nº 69.842/RJ, da 5ª Turma do STJ, publ. em 24.11.1997, rel. Min. Felix Fischer.

"O prazo do novo contrato, prorrogado por conta de ação renovatória, deve ser fixado na mesma base da avença anterior. A soma dos prazos dos diversos contratos sucessivos, *acessio temporis*, é admitida apenas para facultar ao locatário o uso da renovatória".[3]

Não corresponde ao lapso de tempo de um dos períodos que complementou o prazo de cinco anos, ou o período que está no contrato, mas ao prazo mínimo previsto em lei, como explicitou o STJ:

"Quando o art. 51, *caput*, da Lei 8.245 dispõe que o locatário terá direito à renovação do contrato 'por igual prazo', ele está se referido ao prazo mínimo exigido pela legislação, previsto no inciso II do art. 51, da Lei 8.245/91, para a renovação, qual seja, de 5 (cinco) anos, e não ao prazo do último contrato celebrado pelas Partes".[4]

O terceiro requisito é a exploração do mesmo ramo de comércio, ou indústria, ou de atividade lucrativa por sociedade civil, pelo prazo mínimo e ininterrupto de três anos. Exige-se a prova do exercício do comércio, ou indústria, ou atividade civil por sociedade.

Para o sucesso da demanda, revela-se imprescindível tenha o locatário cumprido todas as obrigações do contrato, conforme já decidido:

"A comprovação do integral cumprimento do contrato de locação em curso, constitui condição *sine qua non* para a propositura da renovatória de locação, e o inquilino que descumpre qualquer uma de suas cláusulas, notadamente a que prevê seguro contra incêndio, carece do direito de propô-la, impondo-se a extinção do processo, sem julgamento de mérito".[5]

A observância do prazo para propor a ação constitui mais um requisito, sem o qual há decadência do direito, na forma do § 5º do art. 51:

"Do direito à renovação decai aquele que não propuser a ação no interregno de um ano, no máximo, até seis meses, no mínimo, anteriores à data da finalização do prazo do contrato em vigor".

Explica José da Silva Pacheco: "Assim, pode ser exercido o direito à ação renovatória a partir do primeiro dia útil do último ano do prazo de duração do contrato, cessando, porém, seis meses antes do último dia daquele prazo". De modo geral, esse prazo conta-se na forma da Lei nº 810, de 06.09.1949, fixando seu art. 1º que o ano civil é "o período de doze meses contados do dia do início ao dia e mês correspondentes ao ano seguinte".[6]

2. TITULARIDADE DO DIREITO

Pode-se afirmar que é assegurado o direito a todo aquele que exerce o comércio (art. 51 da Lei nº 8.245/1991), ao industrialista e à sociedade civil com fim lucrativo (art. 51, § 4º, da mesma lei).

---

[3] REsp nº 14.540/SP, da 4ª Turma do STJ, publ. em 14.04.1997, rel. Min. Cesar Rocha.
[4] REsp nº 1.323.410, da 3ª Turma, j. em 07.11.2013, *DJe* de 20.11.2013, rel. Min. Nancy Andrighi.
[5] REsp nº 62.239/SP, da 5ª Turma do STJ, de 13.04.1998, rel. Min. Flaquer Scartezzini.
[6] Comentários ao Recurso Especial nº 45.624, de 21.10.1997, da 5ª Turma do STJ, *COAD – Direito Imobiliário*, n. 12, p. 249.

Relativamente ao regime da Lei de Luvas, a novidade está na sociedade civil constituída com fins lucrativos, a quem também é garantido o direito. Nesta categoria, encontram-se as sociedades de médicos, de advogados, os hospitais, laboratórios, escritórios de contabilidade etc., desde que regularmente constituídas.

Havendo cessão ou sucessão na locação, faculta-se o exercício da ação renovatória aos cessionários ou sucessores. Ocorrendo a sublocação total, fica reservado o direito unicamente ao sublocatário (art. 51, § 1º). Nesta parte, várias as controvérsias que surgem envolvendo as distribuidoras de combustíveis, quando alugam imóveis e os sublocam para terceiros, que passam a explorar a revenda. Não se reconhece a legitimidade da ação renovatória em favor da distribuidora, na reiterada linha seguida pelo Superior Tribunal de Justiça:

> "A distribuidora de derivados de petróleo que subloca totalmente posto de serviço ao seu revendedor, mesmo que impossibilitada de comercializar diretamente seus produtos, não tem legitimidade para propositura da ação de renovação do contrato".[7]

As razões vêm no voto do Min. Edson Vidigal:

> "De fato, quem desenvolve e explora esse fundo, captando clientela, elemento fundamental de qualquer tipo de atividade mercantil, gerenciando o posto de serviços, contratando pessoal, gerando empregos, assumindo diretamente os riscos que o comércio proporciona, é que pode se valer do pedido renovatório.
>
> Assim, tendo a empresa recorrente sublocado totalmente o contrato de locação, em que pese ela não poder explorar diretamente o serviço de distribuição, ainda assim, não podendo figurar no polo ativo da ação renovatória por falta de interesse de agir, importando na carência de ação, por lhe faltar um dos elementos que integram as condições da ação, por lhe faltar um dos elementos que integram as condições da ação, conforme referido".

No entanto, no mesmo acórdão, no voto vencido do Min. José Dantas, vêm transcritas decisões em sentido contrário,[8] onde a tônica para o entendimento está na convergência ou comunhão de interesses entre a distribuidora e a revendedora, constando do REsp nº 3.939, da 4ª Turma, j. em 6.12.1993, DJ de 21.03.1994, rel. Min. Bueno de Souza:

> "Comunhão de interesses existente entre Distribuidora (locatária e também sublocadora) e revendedor (sublocatário) no intuito de comercializar os mesmos produtos, por primeiro no atacado e ao depois no varejo. Coexistência harmônica e plenamente identificável no imóvel de dois fundos de comércio".

Daí a legitimidade da distribuidora para a propositura da ação renovatória.

A decisão proferida pelo STJ mereceu a análise de José da Silva Pacheco, que referendou a conclusão majoritária, ao observar: "Alfredo Buzaid, sobre o assunto, salientava que o 'sublocatário está vinculado pelo contrato e é o proprietário do fundo; nele se reúnem as duas condições, quer sob o aspecto subjetivo, quer sob o aspecto objetivo. O locatário principal não pode pleitear a renovação, por lhe faltar uma das condições legais; diversamente, o sublocatário

---

[7] REsp nº 71.173/SP, da 5ª Turma, de 10.03.1998, ADV – Jurisprudência, n. 13, p. 199, 04.04.1999.
[8] REsp nº 3.939, da 4ª Turma, DJ de 21.03.1993, rel. Min. Bueno de Souza; e REsp nº 37.120, 6ª Turma, DJ de 20.02.1995, rel. Min. Pedro Acioli.

é parte legítima e pode propor a renovatória, não como substituto processual do sublocador, antes, como parte principal, em seu próprio nome e interesse, porque só ele preenche as condições de admissibilidade da ação. Ao sublocatário confere a Lei, portanto, um *plus*, que falta ao locatário principal: o direito de ação'".

Estende-se o direito da renovatória à sociedade da qual faz parte o locatário, desde que o contrato autorize a utilização do imóvel pela mesma e lhe pertença o fundo de comércio, de acordo com o art. 51, § 2º:

> "Quando o contrato autorizar que o locatário utilize o imóvel para as atividades da sociedade de que faça parte e que a esta passe a pertencer o fundo de comércio, o direito à renovação poderá ser exercido pelo locatário ou pela sociedade".

Vem estabelecida a garantia da transferência da locação quando se dissolver a sociedade por morte de um dos sócios, em razão do § 3º:

> "Dissolvida a sociedade comercial por morte de um dos sócios, o sócio sobrevivente fica sub-rogado no direito à renovação, desde que continue no mesmo ramo".

Com mais razão se não extinta a sociedade, ressalta o STJ:

> "O falecimento dos sócios da locatária não implica a extinção da sociedade que, inclusive, pode adquirir as próprias quotas, temporariamente, até que se aperfeiçoa sucessão *mortis causa*... A morte dos sócios não leva necessariamente à extinção da sociedade, uma vez que a interpretação do art. 20 do Código Civil c/c o art. 8º do Decreto nº 3.708, de 10 de janeiro de 1919, admite que, temporariamente, a própria sociedade adquira as quotas, ficando sem sócios até que se aperfeiçoe a sucessão *mortis causa*".[9]

Ocorre que a extinção da sociedade decorre, em princípio, se constituída apenas de dois sócios, e não houver a reconstituição no prazo de cento e oitenta dias, segundo o inc. IV do art. 1.033 do Código de 2002.

3. PROCEDIMENTO JUDICIAL E A DEFESA DO LOCADOR NA AÇÃO RENOVATÓRIA

Em capítulo distinto da Lei nº 8.245/1991, relativamente àquele que trata do direito à ação renovatória, é disciplinado o procedimento judicial da ação para a renovação da locação.

Exige o art. 71 da Lei nº 8.245, com alterações da Lei 12.109/2009, o preenchimento de vários requisitos ao ingressar o locatário com a petição inicial:

I – prova do atendimento dos requisitos dos incs. I, II e III do art. 51, que são aqueles concernentes ao contrato por escrito e por tempo determinado; ao prazo mínimo não inferior a cinco anos; e à exploração do comércio, no mesmo ramo, por três anos ininterruptos, pelo menos;

---

[9] REsp nº 66.812/DF, da 6ª Turma do STJ, de 19.05.1998, *ADV – Jurisprudência*, n. 11, p. 164, 21.03.1999. O dispositivo citado é do Código Civil de 1916.

II – prova do exato cumprimento do contrato em curso, isto é, do pagamento dos aluguéis, encargos e outras obrigações;

III – prova da quitação dos impostos e taxas que incidirem sobre o imóvel, a que se comprometera o locatário;

IV – indicação clara e precisa das condições oferecidas para a renovação, como preço, garantias e forma de utilização;

V – indicação do fiador quando houver no contrato a renovar e, quando não for o mesmo, com indicação do nome ou denominação completa, número de sua inscrição no Ministério da Fazenda, endereço e, tratando-se de pessoa natural, a nacionalidade, o estado civil, a profissão e o número da carteira de identidade, comprovando, desde logo, mesmo que não haja alteração do fiador, a atual idoneidade financeira (redação da Lei nº 12.112/2009);

VI – prova da aceitação, por declaração, do encargo pelo fiador, autorizado por seu cônjuge, se casado for;

VII – prova, se for o caso, da condição de cessionário ou sucessor, em virtude de título oponível ao proprietário.

Dentre as hipóteses referidas, ressalta-se a prova, que acompanhará a inicial, do exato cumprimento do contrato em curso. Constitui, nos termos do art. 23, inc. I, da Lei nº 8.245, obrigação do locatário pagar, pontualmente, o aluguel e os encargos da locação no prazo estipulado ou, na falta, até o sexto dia útil do mês seguinte ao vencido. Com a inicial virá a prova, incumbindo ao locatário trazer desde já os elementos que permitam a aferição.

Havendo sublocação, autoriza o parágrafo único do art. 71 o ajuizamento pelo sublocatário do imóvel ou da parte objeto do contrato. Nesse caso, citam-se o sublocador e o locador, que atuarão passivamente como litisconsortes. Isto a menos que, em virtude de locação originária ou renovada, o sublocador dispuser de prazo que admita renovar a sublocação. É claro que haverá de constar esta possibilidade no contrato. Ou seja, a duração do contrato faculta e permite ao sublocador o exercício da ação. Ele, pois, promoverá a demanda. Promovida a lide pelo sublocatário, e procedente, obriga-se o proprietário diretamente à renovação em favor do mesmo.

Levada a efeito a citação, abre-se o prazo de quinze dias para a contestação, em que ao locador é assegurado o uso de todos os meios de defesa, mas concentrando-se os argumentos nas seguintes matérias de fato (art. 72):

I – Não preencher o locatário os requisitos estabelecidos em lei, como prazo de locação inferior a cinco anos.

II – Valor da proposta inferior ao preço de mercado na época da renovação. Não se deve, no entanto, considerar a valorização trazida pelo ponto ou lugar. É que o preço poderá ser bem superior em razão do ponto, mas valorização esta decorrente da própria atividade explorada pelo locatário.

III – Existir proposta de terceiro em melhores condições.

IV – Não estar obrigado o locador a renovar o contrato em razão da própria lei, como se dá nas hipóteses do art. 52, incs. I e II, isto é, se o Poder Público ordenar a realização de obras que importarem na total transformação do imóvel, com o que não mais se adequará à ocupação que vinha sendo desenvolvida; ou se o locador quiser efetuar modificações de tal ordem que aumentem o valor do negócio ou da propriedade; ou se o locador resolver ele mesmo utilizar o imóvel; ou, ainda, se o locador pretender transferir o fundo de comércio existente há mais de um ano, sendo ele, ou seu cônjuge, ascendente ou descendente, detentor da maioria do capital.

No caso de recusa, em virtude de transferência do fundo de comércio, este não poderá ser do mesmo ramo daquele empregado pelo locatário, a menos que a locação também envolva o fundo de comércio, com as instalações e pertences (art. 52, § 1º).

De lembrar que, na impossibilidade de renovar em virtude de reformas ou transformações no imóvel, deverá acompanhar a contestação a ordem do Poder Público, ou relatório das obras a serem executadas e da estimativa da valorização, documentos estes assinados por engenheiro devidamente habilitado (art. 72, § 3º).

Não concordando o locador com o preço oferecido, impõe-lhe a lei que apresente contraproposta, mais as condições de locação reputadas compatíveis com o valor locativo real e atual do imóvel.

Se um terceiro interessado tiver oferecido melhor proposta, deverá vir aos autos a prova documental da proposta, subscrita pelo terceiro e por duas testemunhas, especificando o ramo da atividade a ser explorada, evidentemente diversa daquela do locatário. Sempre que houver melhor oferta de terceiro, ao replicar o locatário poderá aceitar o mesmo aluguel ou as mesmas condições, quando, então, o contrato há de se renovar (art. 72, § 2º). Fica o locador obrigado a renovar o contrato, não se lhe facultando obstar o pedido por outras razões, a menos que já as sustentara na contestação.

Na contestação, ao locador ou sublocador faculta-se pedir aluguel provisório, para vigorar a partir do primeiro mês do prazo do contrato a ser renovado. Este aluguel não excederá de oitenta por cento do valor postulado pelo locador, ao qual incumbe, ainda, oferecer subsídios para o juiz aquilatar a justeza ou não do montante gestionado (art. 72, § 4º).

A própria periodicidade de reajuste torna-se possível de alteração, na ação renovatória, se o requerer o locador, o que também se estende quanto ao indexador de reajuste (art. 72, § 5º). Sem dúvida, fica derruído o princípio do *pacta sunt servanda*.

Normalmente, procede-se à perícia, a fim de aquilatar o real valor da locação e se confere com a proposta oferecida pelo locatário. Após a instrução, proferirá o juiz a sentença, renovando ou não o contrato. No caso de renovar, determinará o pagamento das diferenças do aluguel em uma só vez (art. 73). Se não acolher o pedido de renovação, estabelecerá a sentença o prazo de um mês para a desocupação, se o requerer expressamente a contestação (art. 74, em redação da Lei nº 12.112). Nada constando, terá o locador que ingressar com uma ação de rescisão, por vencimento do contrato, ou, se já encontrar-se por prazo indeterminado, cumpre se proceda, antes, a notificação para a desocupação em trinta dias.

4. INDENIZAÇÃO EM FAVOR DO LOCATÁRIO

Assiste ao locatário a indenização dos prejuízos e dos lucros cessantes nas seguintes hipóteses (art. 52, § 3º, da Lei nº 8.245):

"I – Se a renovação não ocorrer em razão de proposta de terceiro, em melhores condições.

II – Se o locador, no prazo de três meses da entrega do imóvel, não der o destino alegado.

III – Se não iniciar, no mesmo prazo de três meses, as obras determinadas pelo Poder Público, ou que declarou pretender realizar".

Quais as indenizações? Serão aquelas que envolvem o ressarcimento dos prejuízos e lucros cessantes que decorrerão da mudança, como interrupção de atividade lucrativa; e perda do lugar e desvalorização do fundo de comércio, situação que sempre se verificará, pois é evidente a diminuição da clientela, máxime se o ramo do comércio ou da indústria, ou da sociedade civil lucrativa, era conhecido na região em que se encontrava instalado.

A indenização será calculada em liquidação de sentença, exceto no tocante à não renovação em virtude de proposta de terceiro em condições melhores, quando a sentença fixará desde logo o valor devido, que será suportado solidariamente pelo locador e pelo proponente (art. 75).

Capítulo XCI
DECADÊNCIA NO CONTRATO DE CONSTRUÇÃO POR EMPREITADA

1. A CONSTRUÇÃO POR EMPREITADA

Pelo contrato de construção, combina-se a edificação ou erguimento de um prédio ou qualquer outra obra, mediante o pagamento de certo preço. De um lado, está aquele que será o dono da obra, e que acerta a construção por meio de empreitada; de outro, aparece o construtor, que é a pessoa física ou jurídica devidamente habilitada, que se incumbe de executar e edificar a obra.

A construção levada a efeito pelo proprietário, que a administra e coordena os empregados, faz incidir na sua pessoa a responsabilidade pelos defeitos e danos causados a terceiros. Já ele contratando a construção, procede-se por meio do contrato de empreitada, que se define como o ajuste pelo qual uma das partes obriga-se a executar por si só, ou com o auxílio de outros, mas sem dependência ou subordinação, determinada obra, ou a prestar certo serviço, e a outra a pagar o preço global ou proporcional ao trabalho realizado. Como salienta Arnoldo Wald, "alguém faz ou manda fazer uma obra ou um serviço com autonomia aos seus próprios riscos, recebendo o pagamento pela obra ou pelo serviço, caracterizando-se o contrato pela sua finalidade, pelo resultado alcançado e distinguindo-se do contrato de trabalho, por exemplo, pela ausência de um vínculo de subordinação e de continuidade de um dos contratantes em relação ao outro".[1]

Desdobrando-se o conceito, aparecem duas formas de objeto: ou a realização de uma obra, ou a execução de um serviço. Aquele que executa ou faz executar a obra denomina-se empreiteiro. E dono da obra, ou empreitante, é quem determina a execução do trabalho e efetua o pagamento do preço.

Vasto é o campo da contratação de obras por meio da empreitada, tornando-se comum em 1) construções e demolições de edifícios e casas, 2) aberturas de ruas e estradas, 3) implantação de infraestrutura de loteamentos, 4) reformas e pinturas de prédios, 5) reparos em bens móveis, 6) plantações, 7) ajardinamentos, 8) colocação de cercas em campos e pastagens, 9) fabricação de mobiliários, 10) derrubadas de matas, 11) lavração de terrenos para culturas agrícolas, 12) drenagem e terraplanagem etc.

O mero contrato de se elaborar um projeto não importa em assumir a obrigação de sua execução, ou de fiscalizá-la e acompanhá-la, o que parece óbvio, embora tenha o atual Código Civil introduzido norma a respeito, consubstanciada no § 2º do art. 610:

---

[1] *Curso de direito civil brasileiro:* obrigações e contratos, cit., p. 307-308.

"O contrato para elaboração de um projeto não implica a obrigação de executá-lo, ou de fiscalizar-lhe a execução".

É comum contratar unicamente a elaboração de planta ou projeto especial, e encarregar outro profissional para a execução.

2. ESPÉCIES DE CONTRATOS

O Código Civil prevê duas espécies de construção por empreitada, conforme o art. 610, que são: 1) empreitada de lavor ou mão de obra; e 2) a global ou mista:

"O empreiteiro de uma obra pode contribuir para ela só com seu trabalho ou com ele e os materiais".

Por outras palavras, existem:

a) A empreitada de lavor ou de mão de obra, constituída de uma obrigação de fazer, em que o empreiteiro contribui apenas com o seu trabalho.

Ao proprietário incumbe o fornecimento dos materiais e o pagamento da mão de obra, o que ocorre na medida em que os trabalhos se desenvolvem. O empreiteiro simplesmente recebe a remuneração, combinada em uma percentagem acertada sobre a soma dos valores gastos pelo dono da obra. A sua obrigação se prende à direção e à fiscalização dos trabalhos. Está ele coberto dos riscos decorrentes da oscilação dos preços dos materiais, o que representa, sem dúvida, maior segurança no resultado do trabalho contratado.

b) A empreitada mista, ou o contrato de empreitada propriamente dito, ou de empreitada global, quando o empreiteiro fornece também os materiais necessários à execução do trabalho, envolvendo uma obrigação de fazer e de dar. Deverá estar contemplada em lei ou vir expressa mediante convenção esta modalidade, na imposição do § 1º do art. 610 do Código Civil:

"A obrigação de fornecer os materiais não se presume; resulta da lei ou da vontade das partes".

Neste tipo, o preço acertado deve abranger todas as despesas necessárias para a concretização da obra. Inexistindo previsão, não cabe o direito a qualquer acréscimo, muito embora se tenha verificado o aumento do custo do material e dos salários dos empregados. Assim, a orientação é não admitir a invocação da cláusula *rebus sic stantibus*, mesmo ocorrendo o empobrecimento do empreiteiro, em face da alta dos preços no curso do empreendimento.

Relativamente à *determinação do preço*, surgem três modalidades:

a) A empreitada de preço fixo, estabelecendo-se a remuneração pela obra inteira, sem consideração ao desenvolvimento da mesma. No entanto, nada impede o fracionamento das prestações, ou o escalonamento dentro de um cronograma previamente fixado, cujo critério pode ser a metragem concluída, o que normalmente acontece.

A preço fixo também se costuma designar a empreitada que não prevê o reajuste dos pagamentos, em função da variação dos preços da mão de obra e dos materiais. Embora verificada a variação, em princípio mantém-se o valor estabelecido, por determinação do art. 619:

"Salvo estipulação em contrário, o empreiteiro que se incumbir de executar uma obra, segundo plano aceito por quem a encomendou, não terá direito a exigir acréscimo no preço, ainda que sejam introduzidas modificações no projeto, a não ser que estas resultem de instruções escritas do dono da obra".

A rigidez da regra é atenuada se tácito o consentimento do dono nas modificações, o que decorre de sua presença constante na obra e, assim, da verificação por ele próprio, sem que tenha manifestado alguma oposição. Oportunamente o Código Civil trouxe a previsão dessa possibilidade no parágrafo único do art. 619:

> "Ainda que não tenha havido autorização escrita, o dono da obra é obrigado a pagar ao empreiteiro os aumentos e acréscimos, segundo o que for arbitrado, se, sempre presente à obra, por continuadas visitas, não podia ignorar o que se estava passando, e nunca protestou".

b) A empreitada de preço combinado de acordo com as partes da obra. O valor está programado para cada setor, *v.g.*, do prédio. A sua composição é o resultado da soma dos valores estipulados para os diversos componentes do edifício. De modo que, ao concluir-se a colocação dos fundamentos, satisfaz-se uma parcela; ao se erguer estrutura de concreto, mais uma cifra em dinheiro é paga, e assim por diante.

c) A empreitada com reajustamento, ou contendo cláusula permissiva da variação do preço em decorrência da variação do custo dos materiais e da mão de obra. Permite esta modalidade que as partes, em razão das alterações de preço dos componentes da obra, revejam, periodicamente, a retribuição contratada. As quantias devidas sofrerão reajustes segundo a majoração das mercadorias necessárias ou dos salários, desde que relacionados a tais itens.

3. PRAZO DECADENCIAL NA RESPONSABILIDADE POR VÍCIOS DE SOLIDEZ OU SEGURANÇA NAS EDIFICAÇÕES

O art. 618 da lei civil delimita o prazo de cinco anos para a responsabilidade em certas obras:

> "Nos contratos de empreitada de edifícios ou outras construções consideráveis, o empreiteiro de materiais e execução responderá, durante o prazo irredutível de 5 (cinco) anos, pela solidez e segurança do trabalho, assim em razão dos materiais, como do solo".

As obras envolvem edifícios, pontes, estradas, reservatórios de água, viadutos e outras de valor e consistência.

O prazo é de simples garantia. Durante cinco anos o construtor obriga-se a assegurar a solidez e a garantia da construção. Contudo, não envolve a indenização pelos prejuízos que advierem da imperfeição da obra, que poderia ser proposta no prazo de vinte anos no sistema do Código anterior, como ratificava a jurisprudência:

> "... Se os defeitos são de construção, o prazo prescricional vintenário do art. 177 da lei civil começou a fluir desde a sua verificação pela perícia.
>
> O prazo quinquenal de garantia do art. 1.245 não concerne à edificação defeituosa e consequentes danos, cuja responsabilidade firma-se em dolo ou culpa do construtor, elemento subjetivo estranho, que é objetiva... Incide o art. 177, depois de ultrapassados os cinco anos do art. 1.245, que constituem prazo de garantia da solidez. Tais vícios, porém, já existiam desde a construção".[2]

---

[2] Os arts. 1.245 e 177 mencionados correspondem aos arts. 618 e 205 do atual Código. Apel. Cível nº 4.668/1997, da 2ª Câm. Cível do TJRJ, de 16.09.1997, *Direito Imobiliário – COAD*, Acórdãos Selecionados, p. 26, set.-out. de 1998. A *ratio* citada é adotada pelo STJ, como revela, entre outros, o REsp nº 73.022-SP, de 14.05.1996.

Carvalho Santos mostrava-se incisivo neste ponto, tornando-se a lembrar a equivalência do tratamento pelo Código anterior e pelo atual: "O prazo de cinco anos aí prefixado não diz respeito ao exercício da ação que o proprietário pode intentar contra o construtor, em razão de sua responsabilidade. Esta sim é que se presume sempre, se se manifestam os vícios da obra ou sobrevém a ruína nesse prazo.

De fato, nos termos do texto comentado, o construtor fica obrigado a garantir a solidez e a segurança da construção que fizer pelo prazo de cinco anos. Mas não obriga a lei que o dono da obra intente a sua ação nesse mesmo prazo. Pelo que, parece evidente a sua ação prescreverá em vinte anos, contados do momento em que se verificar a falta de segurança ou solidez da obra".[3]

Clóvis, analisando a doutrina francesa, era do mesmo pensamento, propagando a aplicação no direito comum.[4]

Presentemente, o Código Civil em vigor, visando dirimir as controvérsias que grassavam antes, introduziu regra expressa de decadência, fixando em cento e oitenta dias o lapso assegurado para a reclamação indenizatória, de acordo com o parágrafo único do art. 618:

> "Decairá do direito assegurado neste artigo o dono da obra que não propuser a ação contra o empreiteiro, nos 180 (cento e oitenta) dias seguintes ao aparecimento do vício ou defeito".

Por último, a responsabilidade excepcional a que alude o art. 618 não se aplica a todo e qualquer empreiteiro, mas tão somente àquele que fornece os materiais e o trabalho.

Não se pode olvidar, por último, que a responsabilidade prevista no art. 618 mantém-se na pessoa do autor do projeto se a execução da obra for confiada a terceiros, não arcando ele com outras decorrências desde que não assuma a direção ou fiscalização. É o que está no art. 622:

> "Se a execução da obra for confiada a terceiros, a responsabilidade do autor do projeto respectivo, desde que não assuma a direção ou fiscalização daquela, ficará limitada aos danos resultantes de defeitos previstos no art. 618 e seu parágrafo único".

Constata-se, sem dúvida, uma incoerência na previsão, ou não se encontra bem redigida a regra. A responsabilidade do art. 618 restringe-se à empreitada global, isto é, àquela de lavor e de fornecimento de materiais. Havendo a transferência de execução, o autor do projeto não executa a obra e nem fornece os materiais. Destarte, inconcebível que vá responder pela solidez e segurança do trabalho, tanto em razão dos materiais como do solo. A menos que se tenha seguido à risca o projeto, com o erguimento no solo e o uso dos materiais que constam rigorosamente no dito projeto.

4. PRAZO DECADENCIAL NA RESPONSABILIDADE POR DEFEITOS E IMPERFEIÇÕES DA OBRA

Afora a hipótese do art. 618, que se restringe à solidez e segurança, desponta a responsabilidade por defeitos e imperfeições da obra (infiltrações, vazamentos, rachaduras), conforme se retira do art. 615 que preceitua:

---

[3] *Código Civil brasileiro interpretado*. 8. ed. Rio de Janeiro: Freitas Bastos, 1964. v. XVII, p. 347-348.
[4] *Código Civil dos Estados Unidos do Brasil comentado*, cit., p. 432-433.

> "Concluída a obra de acordo com o ajuste, ou o costume do lugar, o dono é obrigado a recebê-la. Poderá, porém, rejeitá-la, se o empreiteiro se afastou das instruções recebidas e dos planos dados, ou das regras técnicas em trabalhos de tal natureza".

Naturalmente, se a obra revela defeitos ou imperfeições, decorre que o empreiteiro não seguiu as obrigações ou exigências do contrato.

De acordo com ponderável corrente da doutrina, estende-se a incidência das normas sobre os vícios redibitórios aos defeitos e imperfeições das construções. Quanto à decadência para exercer os direitos pertinentes, aplicam-se especialmente as disposições do art. 445 e seus parágrafos, que fixam os prazos de trinta dias ou um ano, conforme forem móveis ou imóveis os bens. Eis o conteúdo do art. 445:

> "O adquirente decai do direito de obter a redibição ou abatimento no preço no prazo de 30 (trinta) dias se a coisa for móvel, e de 1 (um) ano se for imóvel, contado da entrega efetiva; se já estava na posse, o prazo conta-se da alienação, reduzido à metade".

Mesmo que este último dispositivo mencione o termo "adquirente" da coisa, enquanto, na espécie, está-se diante de contrato de construção mediante empreitada, como se depreende da redação do art. 615, não se encontra um regramento diferente no direito vigente que defina um prazo decadencial próprio. Daí a aplicação por analogia.

Realmente, não existindo a previsão específica de um determinado período para a reclamação, não se conclui que se deva aplicar o prazo de extinção dos direitos estabelecido para promover a pretensão em geral, como o do art. 205. Configurar-se-ia uma incoerência, porquanto para os defeitos mais graves que afetam a solidez e segurança do prédio limita-se o prazo a cinco anos, e para defeitos menores haveria um lapso de tempo maior.

A toda evidência, com mais razão regulam a matéria as regras sobre vícios redibitórios na aquisição de uma construção, justamente porque a aquisição consta contemplada explicitamente no referido art. 445.

Em qualquer caso, seja adquirente do bem ou da empreitada, opera-se a aplicação dos mencionados lapsos temporais para o exercício do direito, contados da entrega efetiva, ou da alienação se já está posse, mas reduzidos à metade.

Possui relevância, ainda, o § 1º do art. 445:

> "Quando o vício, por sua natureza, só puder ser conhecido mais tarde, o prazo contar-se-á do momento em que dele tiver ciência, até o prazo máximo de 180 (cento e oitenta) dias, em se tratando de bens móveis; e de 1 (um) ano, para os imóveis".

Nos casos, pois, de não se ostentarem os vícios, mas surgindo com o uso, proveito, ou desgaste, naturalmente quando do efetivo aparecimento começam a fluir os prazos constantes do dispositivo.

Capítulo XCII
A DECADÊNCIA E A PRESCRIÇÃO NO DIREITO DE FALÊNCIAS

1. **SITUAÇÕES QUE DETERMINAM A FALÊNCIA**

A Lei nº 11.101, de 09.02.2005, em vigor desde 9.06.2005, a chamada Lei de Falências e de Recuperação de Empresas, em alguns dispositivos refere a prescrição na falência.

Cabe, de início, enunciar as situações que autorizam a falência, constantes de seu art. 94:

"Será decretada a falência do devedor que:

I – sem relevante razão de direito, não paga, no vencimento, obrigação líquida materializada em título ou títulos executivos protestados cuja soma ultrapasse o equivalente a 40 (quarenta) salários mínimos na data do pedido de falência;

II – executado por qualquer quantia líquida, não paga, não deposita e não nomeia à penhora bens suficientes dentro do prazo legal;

III – pratica qualquer dos seguintes atos, exceto se fizer parte de plano de recuperação judicial:

a) procede à liquidação precipitada de seus ativos ou lança mão de meio ruinoso ou fraudulento para realizar pagamentos;

b) realiza ou, por atos inequívocos, tenta realizar, com o objetivo de retardar pagamentos ou fraudar credores, negócio simulado ou alienação de parte ou da totalidade de seu ativo a terceiro, credor ou não;

c) transfere estabelecimento a terceiro, credor ou não, sem o consentimento de todos os credores e sem ficar com bens suficientes para solver seu passivo;

d) simula a transferência de seu principal estabelecimento com o objetivo de burlar a legislação ou a fiscalização ou para prejudicar credor;

e) dá ou reforça garantia a credor por dívida contraída anteriormente sem ficar com bens livres e desembaraçados suficientes para saldar seu passivo;

f) ausenta-se sem deixar representante habilitado e com recursos suficientes para pagar os credores, abandona estabelecimento ou tenta ocultar-se de seu domicílio, do local de sua sede ou de seu principal estabelecimento;

g) deixa de cumprir, no prazo estabelecido, obrigação assumida no plano de recuperação judicial".

2. A PRESCRIÇÃO DO TÍTULO QUE AMPARA O PEDIDO DE FALÊNCIA

Tem destaque o inadimplemento de obrigação representada por título executivo.

A prescrição do título que embasa o pedido afasta a falência. Se fundada a falência na impontualidade, pelo inadimplemento do título do credor, uma das principais defesas do devedor é a prescrição. Prescrevendo o direito de executar o título, pelo fato de perder a executividade, não serve para postular o decreto de falência, muito embora permaneça a obrigação nele contida, viabilizando, como no cheque ou na nota promissória não executados nos prazos estabelecidos, a busca do respectivo valor pelos meios ordinários. Tem-se uma causa de extinção decorrente da inação do titular do direito e do decurso do tempo.

Com efeito, dispõe o art. 96:

> "A falência requerida com base no art. 94, inciso I do *caput*, desta Lei, não será decretada se o requerido provar: (...)
>
> II – prescrição".

3. SUSPENSÃO DO CURSO DA PRESCRIÇÃO

Outras regras sobre a prescrição estão no art. 6º da Lei de Falências, em redação da Lei 14.112/2020, suspendendo o curso da prescrição, das execuções e de medidas constritivas:

> "A decretação da falência ou o deferimento do processamento da recuperação judicial implica:
>
> I – suspensão do curso da prescrição das obrigações do devedor sujeitas ao regime desta Lei;
>
> II – suspensão das execuções ajuizadas contra o devedor, inclusive daquelas dos credores particulares do sócio solidário, relativas a créditos ou obrigações sujeitos à recuperação judicial ou à falência;
>
> III – proibição de qualquer forma de retenção, arresto, penhora, sequestro, busca e apreensão e constrição judicial ou extrajudicial sobre os bens do devedor, oriunda de demandas judiciais ou extrajudiciais cujos créditos ou obrigações sujeitem-se à recuperação judicial ou à falência".

Ou seja, durante o processo de falência fica suspenso o curso da prescrição relativa a obrigações de responsabilidade do devedor. Entretanto, a suspensão refere-se apenas ao falido e não às obrigações de terceiro para com o mesmo ou com a massa. Assim, não se suspende a prescrição das obrigações em que o falido é credor.

Uma vez encerrado o processo de falência, os credores recuperam o direito de executar o devedor ou, no caso das sociedades empresárias, os sócios de responsabilidade solidária, pelos saldos dos seus créditos.

De observar que não se dá a suspensão da prescrição com o pedido de recuperação judicial com base em plano especial, a teor do parágrafo único do art. 71:

> "O pedido de recuperação judicial com base em plano especial não acarreta a suspensão do curso da prescrição nem das ações e execuções por créditos não abrangidos pelo plano".

4. NÃO OCORRÊNCIA DA SUSPENSÃO DA PRESCRIÇÃO NO CASO DE CRÉDITOS FISCAIS

Mais um aspecto impõe que venha ressaltado, o qual envolve os créditos fiscais. É necessário notar a ressalva do § 7º do art. 6º da Lei nº.11.101/2005:

> "As execuções de natureza fiscal não são suspensas pelo deferimento da recuperação judicial, ressalvada a concessão de parcelamento nos termos do Código Tributário Nacional e da legislação ordinária específica".

Nota-se a referência restritamente à recuperação judicial. Todavia, o art. 187 do Código Tributário Nacional (Lei nº 5.172/1066) estende o prosseguimento das cobranças judiciais mesmo no caso de falência: "A cobrança judicial do crédito tributário não é sujeita a concurso de credores ou habilitação em falência, concordata, inventário ou arrolamento".

Daí, pois, que, se o crédito tributário pode ser livremente executado, não cabe falar em suspensão do prazo prescricional. A prescrição da pretensão da cobrança do crédito fazendário se regula pelos prazos que se lhe aplicam. Constituindo exceção à regra da suspensão das ações, também há exceção à regra da suspensão da prescrição.

5. EXTINÇÃO DAS OBRIGAÇÕES DO DEVEDOR E DECADÊNCIA DO DIREITO DO CREDOR EM SE HABILITAR NA FALÊNCIA

Há, outrossim, a decadência.

Para a compreensão, mister que se vejam as hipóteses de extinção das obrigações do falido, enumeradas no art. 158 da Lei nº 11.101/2005, com as alterações da Lei 14.112/2020, sendo elas:

> "I – o pagamento de todos os créditos;
>
> II – o pagamento, após realizado todo o ativo, de mais de 25% (vinte e cinco por cento) dos créditos quirografários, facultado ao falido o depósito da quantia necessária para atingir a referida porcentagem se para isso não tiver sido suficiente a integral liquidação do ativo;
>
> (...)
>
> V – o decurso do prazo de 3 (três) anos, contado da decretação da falência, ressalvada a utilização dos bens arrecadados anteriormente, que serão destinados à liquidação para a satisfação dos credores habilitados ou com pedido de reserva realizado;
>
> VI – o encerramento da falência nos termos dos arts. 114-A ou 156 desta Lei".

Pelo inciso V, a decadência se dá com o passar de três anos, cuja contagem inicia com a decretação da falência, mas podendo prosseguir quanto aos bens arrecadados, com a sua conversão em dinheiro.

Há também uma regra de importância, vinda com a Lei 14.112/2020, que está no § 10 do art. 10, relativa ao prazo para a habilitação de crédito ou o pedido de reserva de crédito, na falência:

> "O credor deverá apresentar pedido de habilitação ou de reserva de crédito em, no máximo, 3 (três) anos, contados da data de publicação da sentença que decretar a falência, sob pena de decadência".

O dispositivo mantém coerência com o inciso V do art. 158, pelo qual extinguem-se as obrigações do falido pelo decurso do prazo de três anos, contado da decretação da falência, ressalvada a utilização dos bens arrecadados anteriormente, que serão destinados à liquidação para a satisfação dos credores habilitados ou com pedido de reserva realizado.

Não mais persistirão os créditos, impedindo a habilitação, se não exercido o direito do pagamento, através da habilitação, no período de três anos, a contar da publicação da sentença que decretou a falência.

Quanto à reserva de crédito, justifica-se se existiu pedido de habilitação de crédito. Exercido esse direito de reserva, a contar de sua formalização conta-se o prazo, embora já existente a pretensão à habilitação.

A decadência restringe-se à exigibilidade nos autos da falência, e não em procedimento comum, após o encerramento da falência, se não operar-se, então, a prescrição. Evidentemente, antes do encerramento não pode o credor exercer o direito de cobrança ou execução em processo distinto, concomitante ao curso da falência.

6. A PRESCRIÇÃO DOS CRIMES FALIMENTARES

Em outro ponto, cabe acrescentar que elenca a Lei nº 11.101/2005 os crimes falimentares nos arts. 168 a 178, cominando penalidades de reclusão de até seis anos, e a quatro anos de detenção, com várias causas de aumento ou redução. Exemplificando, eis a espécie do art. 168, com modificações da Lei 14.112/2020:

> "Praticar, antes ou depois da sentença que decretar a falência, conceder a recuperação judicial ou homologar a recuperação extrajudicial, ato fraudulento de que resulte ou possa resultar prejuízo aos credores, com o fim de obter ou assegurar vantagem indevida para si ou para outrem.
>
> Pena – reclusão, de 3 (três) a 6 (seis) anos, e multa.
>
> Aumento da pena:
>
> § 1º A pena aumenta-se de 1/6 (um sexto) a 1/3 (um terço), se o agente:
>
> I – elabora escrituração contábil ou balanço com dados inexatos;
>
> II – omite, na escrituração contábil ou no balanço, lançamento que deles deveria constar, ou altera escrituração ou balanço verdadeiros;
>
> III – destrói, apaga ou corrompe dados contábeis ou negociais armazenados em computador ou sistema informatizado;
>
> IV – simula a composição do capital social;
>
> V – destrói, oculta ou inutiliza, total ou parcialmente, os documentos de escrituração contábil obrigatórios.
>
> Contabilidade paralela e distribuição de lucros ou dividendos a sócios e acionistas até a aprovação do plano de recuperação judicial".

Consoante o § 2º, "a pena é aumentada de 1/3 (um terço) até metade se o devedor manteve ou movimentou recursos ou valores paralelamente à contabilidade exigida pela legislação, inclusive na hipótese de violação do disposto no art. 6º-A desta Lei".

O art. 182 da Lei nº 11.101/2005 ordena a aplicação, para a prescrição dos crimes falimentares, dos prazos do Código Penal:

> "A prescrição dos crimes previstos nesta Lei reger-se-á pelas disposições do Decreto-lei nº 2.848, de 7 de dezembro de 1940 – Código Penal, começando a correr do dia da de-

cretação da falência, da concessão da recuperação judicial ou da homologação do plano de recuperação extrajudicial".

Assim, exemplificando a prescrição em abstrato, discrimina o art. 109 do Código Penal os prazos, em texto da Lei nº 12.234/2010:

> "A prescrição, antes de transitar em julgado a sentença final, salvo o disposto no § 1º do art. 110 deste Código, regula-se pelo máximo da pena privativa de liberdade cominada ao crime, verificando-se:
>
> (...)
>
> III – em doze anos, se o máximo da pena é superior a quatro anos e não excede a oito;
>
> IV – em oito anos, se o máximo da pena é superior a dois anos e não excede a quatro;
>
> V – em quatro anos, se o máximo da pena é igual a um ano ou, sendo superior, não excede a dois".

O art. 110 do Código Penal traz regra para a prescrição depois do trânsito em julgado da sentença:

> "A prescrição depois de transitar em julgado a sentença condenatória regula-se pela pena aplicada e verifica-se nos prazos fixados no artigo anterior, os quais se aumentam de um terço, se o condenado é reincidente".

Já o § 1º do mesmo artigo excepciona a prescrição depois da sentença condenatória com trânsito em julgado para a acusação ou depois de improvido seu recurso: regula-se "pela pena aplicada, não podendo, em nenhuma hipótese, ter por termo inicial data anterior à da denúncia ou queixa".

Oportuno reproduzir o art. 111, em texto da Lei nº 7.209/1984, no que é pertinente à matéria, alterado por várias leis, que trata do início da contagem do prazo:

A prescrição, antes de transitar em julgado a sentença final, começa a correr:

> "I – do dia em que o crime se consumou;
>
> II – no caso de tentativa, do dia em que cessou a atividade criminosa;
>
> III – nos crimes permanentes, do dia em que cessou a permanência".

Após a sentença condenatória, o art. 112 do Código Penal, também em redação da Lei nº 7.209/1984, fixa os seguintes inícios:

> "I – do dia em que transita em julgado a sentença condenatória, para a acusação, ou a que revoga a suspensão condicional da pena ou o livramento condicional;
>
> II – do dia em que se interrompe a execução, salvo quando o tempo da interrupção deva computar-se na pena".

O parágrafo único do art. 182 da Lei de Falências e Recuperação de Empresas tratou da interrupção da prescrição, que é o ato da decretação da falência:

> "A decretação da falência do devedor interrompe a prescrição cuja contagem tenha iniciado com a concessão da recuperação judicial ou com a homologação do plano de recuperação extrajudicial".

Entende-se das normas mencionadas que, como princípio geral, o início da contagem do prazo se dá com a decretação da falência. Todavia, em havendo, antes, a concessão da recuperação judicial ou a homologação do plano da recuperação extrajudicial, a data da concessão dessas medidas é que servirá de início para a contagem. Em se decretando, após, a falência, opera-se a interrupção, recomeçando a correr o lapso da prescrição.

7. ATOS INEFICAZES NA FALÊNCIA E DECADÊNCIA DA AÇÃO REVOCATÓRIA

No art. 129, a Lei nº 11.101/2005 enumera os atos considerados ineficazes, suscetíveis de revogação de ofício pelo juiz, ou em atendimento de pedidos do Ministério Público, do administrador e de qualquer credor:

> "São ineficazes em relação à massa falida, tenha ou não o contratante conhecimento do estado de crise econômico-financeira do devedor, seja ou não intenção deste fraudar credores:
>
> I – o pagamento de dívidas não vencidas realizado pelo devedor dentro do termo legal, por qualquer meio extintivo do direito de crédito, ainda que pelo desconto do próprio título;
>
> II – o pagamento de dívidas vencidas e exigíveis realizado dentro do termo legal, por qualquer forma que não seja a prevista pelo contrato;
>
> III – a constituição de direito real de garantia, inclusive a retenção, dentro do termo legal, tratando-se de dívida contraída anteriormente; se os bens dados em hipoteca forem objeto de outras posteriores, a massa falida receberá a parte que devia caber ao credor da hipoteca revogada;
>
> IV – a prática de atos a título gratuito, desde 2 (dois) anos antes da decretação da falência;
>
> V – a renúncia à herança ou a legado, até 2 (dois) anos antes da decretação da falência;
>
> VI – a venda ou transferência de estabelecimento feita sem o consentimento expresso ou o pagamento de todos os credores, a esse tempo existentes, não tendo restado ao devedor bens suficientes para solver o seu passivo, salvo se, no prazo de 30 (trinta) dias, não houver oposição dos credores, após serem devidamente notificados, judicialmente ou pelo oficial do registro de títulos e documentos;
>
> VII – os registros de direitos reais e de transferência de propriedade entre vivos, por título oneroso ou gratuito, ou a averbação relativa a imóveis realizados após a decretação da falência, salvo se tiver havido prenotação anterior".

Fábio Ulhoa Coelho ressalta a ineficácia, que difere da a nulidade ou anulabilidade:

> "Os atos considerados ineficazes pela Lei de Falências não produzem qualquer efeito jurídico perante a massa. Não são atos nulos ou anuláveis, ressalte-se, mas ineficazes. Quer dizer, sua validade não se compromete pela lei falimentar – embora de alguns deles até se pudesse cogitar de invalidação por vício social, nos termos da lei civil. Por isso, os atos referidos pela Lei de Falências como ineficazes diante da massa falida produzem, amplamente, todos os efeitos para os quais estavam preordenados em relação aos demais sujeitos de direito".[1]

---

[1] *Comentários à lei de falências e de recuperação de empresas*. 8ª ed. São Paulo: Saraiva, 2011. p. 461.

O parágrafo único do mesmo art. 129 dá os momentos e as formas da alegação da ineficácia:

"A ineficácia poderá ser declarada de ofício pelo juiz, alegada em defesa ou pleiteada mediante ação própria ou incidentalmente no curso do processo".

Portanto, a ineficácia sujeita-se à suscitação no processo, permitindo-se a declaração de ofício pelo juiz, ou em atendimento de pedido do administrador judicial, do Ministério Público e de qualquer credor, bem como torna-se postulável em ação própria.

Afasta o art. 131, em redação da Lei 14.112/2020, a declaração de ineficácia, ou a revogação, dos atos constantes dos incs. I, II, III e VI do art. 129, desde que previstos e realizados na forma estabelecida no plano de recuperação judicial.

Já o art.130 cuida da ação revocatória, estendendo a possibilidade de revogação de outros atos, sempre que verificado o propósito de prejudicar credores, e desde que verificado o conluio com terceiros, redundando prejuízo para a massa falida:

"São revogáveis os atos praticados com a intenção de prejudicar credores, provando-se o conluio fraudulento entre o devedor e o terceiro que com ele contratar e o efetivo prejuízo sofrido pela massa falida".

Reconhece-se a legitimidade do administrador judicial, de qualquer credor e do Ministério Público para propor a ação. Fixado o prazo de três anos para a ação, a contar da decretação da falência. As regras constam do art. 132:

"A ação revocatória, de que trata o art. 130 desta Lei, deverá ser proposta pelo administrador judicial, por qualquer credor ou pelo Ministério Público no prazo de 3 (três) anos contado da decretação da falência".

Ressalta o prazo decadencial de três anos para o ajuizamento da ação, iniciando na data do decreto da falência.

É promovível a ação contra todos os que figuraram no ato ou que por efeito dele foram pagos, garantidos ou beneficiados; contra os terceiros adquirentes, se tiveram conhecimento, ao se criar o direito, da intenção do devedor de prejudicar os credores; e contra os herdeiros ou legatários das pessoas que se beneficiaram e dos terceiros adquirentes. Essa a previsão do art. 133:

"A ação revocatória pode ser promovida:

I – contra todos os que figuraram no ato ou que por efeito dele foram pagos, garantidos ou beneficiados;

II – contra os terceiros adquirentes, se tiveram conhecimento, ao se criar o direito, da intenção do devedor de prejudicar os credores;

III – contra os herdeiros ou legatários das pessoas indicadas nos incisos I e II do *caput* deste artigo".

Outras normas aparecem na sequência, constantes nos arts. 134 a 138, merecendo destaque a que se refere aos efeitos da sentença de procedência, que determinarão o retorno dos bens à massa falida em espécie, com todos os acessórios, ou o valor de mercado, tudo acrescido das perdas e danos; e a que assegura ao contratante de boa-fé o direito à restituição dos bens ou valores entregues ao devedor.

Capítulo XCIII
A DECADÊNCIA E A PRESCRIÇÃO NO CÓDIGO DE TRÂNSITO BRASILEIRO

O Código de Trânsito Brasileiro (Lei nº 9.503, de 29.09.1997) não traz algum dispositivo sobre a prescrição das penalidades aplicadas pelas infrações de trânsito. No entanto, na ausência de previsão da lei especial, aplicam-se por analogia as normas legais que disciplinam a atuação do Poder Público. Pertinente, nesta visão, a incidência do art. 1º da Lei nº 9.873/1999, que estabelece o prazo de cinco anos para a prescrição:

> "Prescreve em cinco anos a ação punitiva da Administração Pública Federal, direta e indireta, no exercício do poder de polícia, objetivando apurar infração à legislação em vigor, contados da data da prática do ato ou, no caso de infração permanente ou continuada, do dia em que tiver cessado".

Há, ademais, o entendimento da aplicação do art. 1.º do Decreto-lei nº 20.910/1932, que tem o seguinte texto:

> "As dívidas passivas da União, dos Estados e dos Municípios, bem assim todo e qualquer direito ou ação contra a Fazenda federal, estadual ou municipal, seja qual for a sua natureza, prescrevem em 5 (cinco) anos, contados da data do ato ou fato do qual se originarem".

O Tribunal de Justiça de São Paulo já tem aplicado essa interpretação:

> "Aplica-se à espécie a prescrição quinquenal do artigo 1.º do Decreto-lei nº 20.910/1932, bem como da Lei nº 9.873/1999, tendo em vista seu caráter administrativo, ausente disciplina normativa a respeito no Código Brasileiro de Trânsito e o caráter de direito público da relação jurídica combatida. Assim, correto o provimento jurisdicional ao aplicar a prescrição quinquenal".

No curso do voto, o relator cita outros julgados do mesmo Tribunal:

> "'Mandado de segurança. Ato administrativo. Apreensão de veículo.
> II. As multas aplicadas nos períodos de 1997, 1998 e 1999 estão prescritas. A cobrança de multas de trânsito prescreve no prazo de 5 anos, aplicável a regra do Decreto nº 20.910/1932 também contra a Administração.
> III. (...).

IV. Sentença parcialmente procedente.

Recurso da Municipalidade improvido e acolhido o outro' (Ac. 990.10.043407-1, rel. Des. Guerrieri Rezende, j. em 22.03.2010);

'Multas de trânsito. Cobrança de multa de trânsito por empresa pública. Prescrição quinquenal configurada. Aplicação por analogia do disposto no art. 1.º do Decreto-lei nº 20.910/1932. Precedentes jurisprudenciais. Infrações com vencimentos entre julho de 1997 e janeiro de 1999. Manutenção da sentença que reconheceu a prescrição, mas por outro fundamento. Recurso não provido' (Ac. nº 518.817.5/9-00, rel. Des. Edson Ferreira, j. em 11.11.2009);

'(...) Trânsito. Multas aplicadas no período de 31.07.2000 a 14.09.2000. Prescrição quinquenal. Ocorrência: Prescrição quinquenal, prevista tanto na Lei nº 9.873/1999 como no Decreto nº 20.910/1932, e não o prazo prescricional do Código Civil. (...)' (Ac. nº 604.330.5/8-00, rel. Des. Evaristo dos Santos, j. em 1º.06.2009. No mesmo sentido: Ac. nº 299.599.5/8-00, rel. Des. Sidney Romano dos Reis, j. em 11.05.2009)".[1]

A exegese adotada não está em consonância com a Res. CONTRAN nº 723/2018, com alterações da Res. CONTRAN 824/2021, sendo que os arts. 17-A, 17-B, 17-C, 17-D e 17-E fixam prazos menores para a aplicação das penalidades:

"Art. 17-A. Os prazos para aplicação da penalidade de suspensão do direito de dirigir referente às infrações cometidas desde 1º de novembro de 2016 são os seguintes:

I – no caso do inciso I do art. 3º: de 6 (seis) meses a 1 (um) ano e, no caso de reincidência no período de 12 (doze) meses, de 8 (oito) meses a 2 (dois) anos;

II – no caso do inciso II do art. 3º: de 2 (dois) a 8 (oito) meses, exceto para as infrações com prazo descrito no dispositivo infracional, e, no caso de reincidência no período de 12 (doze) meses, de 8 (oito) a 18 (dezoito) meses, exceto para as reincidências que geram a cassação do documento de habilitação, conforme inciso II do art. 263 do CTB. (NR)

Art. 17-B. Os prazos para aplicação da penalidade de suspensão do direito de dirigir referente às infrações cometidas antes do dia 1º de novembro de 2016 são os seguintes:

I – para infratores não reincidentes na penalidade de suspensão do direito de dirigir no período de doze meses:

a) de 01 (um) a 03 (três) meses, para penalidades de suspensão do direito de dirigir aplicadas em razão de infrações para as quais não sejam previstas multas agravadas;

b) de 02 (dois) a 06 (seis) meses, para penalidades de suspensão do direito de dirigir aplicadas em razão de infrações para as quais sejam previstas multas agravadas com fator multiplicador de três vezes;

c) de 04 (quatro) a 10 (dez), para penalidades de suspensão do direito de dirigir aplicadas em razão de infrações para as quais sejam previstas multas agravadas com fator multiplicador de cinco vezes;

d) de 08 (oito) a 12 (doze) meses, para penalidades de suspensão do direito de dirigir aplicadas em razão de infrações para as quais sejam previstas multas agravadas com fator multiplicador de dez vezes;

---

[1] TJSP, 8ª Câm. Dir. Públ., Ap. Cív. nº 994.08.204401-3, rel. Des. Osni de Souza, j. em 30.06.2010.

II – para infratores reincidentes na penalidade de suspensão do direito de dirigir no período de doze meses:

a) de 06 (seis) a 10 (dez) meses, para penalidades de suspensão do direito de dirigir aplicadas em razão de infrações para as quais não sejam previstas multas agravadas;

b) de 08 (oito) a 16 (dezesseis) meses, para penalidades de suspensão do direito de dirigir aplicadas em razão de infrações para as quais sejam previstas multas agravadas com fator multiplicador de três vezes;

c) de 10 (dez) a 20 (vinte) meses, para penalidades de suspensão do direito de dirigir aplicadas em razão de infrações para as quais sejam previstas multas agravadas com fator multiplicador de cinco;

d) de 16 (dezesseis) a 24 (vinte e quatro) meses, para penalidades de suspensão do direito de dirigir aplicadas em razão de infrações para as quais sejam previstas multas agravadas com o fator multiplicador de dez vezes. (NR)

Art. 17-C. Os prazos de suspensão do direito de dirigir para processo instaurado em decorrência da contagem de 20 (vinte) ou mais pontos em que haja uma ou mais infrações cometidas antes de 1º de novembro de 2016 são os estabelecidos no art. 17-B. (NR)

Art. 17-D. O prazo de suspensão do direito de dirigir decorrente de resultado positivo no exame toxicológico periódico de que trata o § 2º do art. 148-A do CTB é de 3 (três) meses. (NR)

Art. 17-E. Para os casos anteriores à publicação da Deliberação CONTRAN nº 163, de 31 de outubro de 2017, em que a penalidade já tenha sido inscrita no RENACH, mas que não tenha data de início do seu cumprimento, os órgãos e entidades integrantes do SNT deverão adotar a medida administrativa de recolhimento do documento de habilitação e encaminhá-la aos órgãos ou entidades de registro do documento de habilitação para aposição do início e fim do cumprimento da respectiva penalidade". (NR)

Vê-se, pois, que estabelecidos vários prazos para aplicar as penalidades, de conformidade com a época do cometimento e a natureza da infração. A rigor, pois, decorridos os prazos estabelecidos, não pode a autoridade administrativa aplicar as penalidades, reconhecendo-se a decadência.

Outrossim, decai do direito de formar o processo administrativo e de punir se não encaminhada a notificação da autuação da infração de trânsito no prazo de trinta dias, a contar data da mesma autuação. Veja-se, sobre o assunto, o disposto no § 1º, inc. II, do art. 281 do Código de Trânsito Brasileiro em redação das Leis 9.602/1998 e 14.304/2022:

"O auto de infração será arquivado e seu registro julgado insubsistente:

I – se considerado inconsistente ou irregular;

II – se, no prazo máximo de trinta dias, não for expedida a notificação da autuação".

Embora configurada a infração, há a decadência por falta de expedição do ato notificatório da autuação.

Nota-se que duas as hipóteses de arquivamento do auto, com a insubsistência do registro para efeitos de reincidência e de antecedentes. A primeira refere-se à inconsistência ou irregularidade do auto, ou seja, da falta de elementos de identificação do veículo, de tipicidade, de provas claras, ou o auto apresenta irregularidades e vícios tais a ponto de impedir o reconhecimento do tipo de infração caracterizada.

A segunda hipótese, embora configurada a infração, está na decadência por falta de expedição do ato notificatório da autuação. Uma vez recebido o auto de infração, e homologado ou considerado subsistente, terá a autoridade o prazo de trinta dias para remeter a notificação (prazo reduzido de sessenta para trinta dias pela Lei nº 9.602/1998). Decorrido este lapso, desaparece a possibilidade de prosseguir o processo administrativo. Não mais há o interesse do estado em punir. Esse o entendimento do STJ:

> "O entendimento jurisprudencial firmado no Superior Tribunal de Justiça é no sentido de que os autos de infração devem ser arquivados quando já expirado o prazo de trinta dias para a expedição da notificação de autuação, por força do que dispõe o art. 281, parágrafo único, inc. II, do CTB. Precedente: REsp nº 1.092.154/RS, rel. Min. Castro Meira, 1ª Seção, j. em 12.08.2009, submetido à sistemática dos recursos repetitivos".[2]

Impõe a lei a *remessa* no mencionado prazo, e não a efetivação do ato de notificação. Incumbe à autoridade o cumprimento de sua obrigação. Se não se conseguir notificar o infrator, não se imputará a falta à autoridade. Ademais, presume-se que se dê por válida a notificação, por força do conteúdo do art. 282, § 1.º, em texto da Lei 14.229/2021, do CTB, eis que é obrigação de quem possui habilitação comunicar, à autoridade, no prazo de trinta dias, a mudança de endereço, segundo se verá no item seguinte.

De ressaltar que o prazo é para notificação, e não para aplicar a penalidade, segundo explicita o STJ:

> "O prazo decadencial, previsto no art. 281, parágrafo único, II, do CTB, diz respeito à notificação de infração à lei do *trânsito*, não aplicando ao processo administrativo para imposição de pena de suspensão do direito de dirigir (CTB, art. 265)".[3]

Deve ser compreendida corretamente a notificação constante do inc. II supra. Primeiramente, quanto à sua obrigatoriedade, exsurge do art. 4.º da Res. CONTRAN 918/2022:

> "Com exceção do disposto no § 5º do art. 3º, após a verificação da regularidade e da consistência do AIT, o órgão autuador expedirá, no prazo máximo de 30 (trinta) dias contados da data do cometimento da infração, a NA dirigida ao proprietário do veículo, na qual deverão constar os dados mínimos definidos no art. 280 do CTB".

Omitida a medida, desaparece a infração, ou não mais se permite a aplicação da penalidade correspondente. Veda-se à autoridade seguir no procedimento. O § 1º do art. 4º é peremptório sobre o arquivamento:

> "A não expedição da NA no prazo previsto no *caput* ensejará o arquivamento do AIT".

Se aplicada a penalidade sem a anterior notificação no prazo, enseja-se o correspondente recurso administrativo, ou inclusive uma ação judicial desconstitutiva do ato. Verificadas a infração e a aplicação da penalidade, é necessária a remessa da notificação, com a finalidade de dar ciência ao autuado, em consonância com os arts. 30 a 32 da mesma Res. nº 918/2022:

---

[2] STJ, 2ª T., AgRg no AgRg no REsp nº 937.521/RS, j. em 08.06.2010, *DJe* 28.06.2010.
[3] STJ, 1ª T., REsp 782.995/RS, j. em 6.12.2005, *DJU* de 19.12.2005.

"Art. 30. A expedição das notificações de que trata esta Resolução se caracterizará:

I – pela entrega da notificação pelo órgão autuador à empresa responsável por seu envio, quando utilizada a remessa postal; ou

II – pelo envio eletrônico da notificação pelo órgão autuador do veículo, quando utilizado sistema de notificação eletrônica.

Art. 31. No caso de falha nas notificações previstas nesta Resolução, a autoridade de trânsito poderá refazer o ato, observados os prazos prescricionais.

Art. 32. A NA e a NP deverão ser encaminhadas à pessoa física ou jurídica que conste como proprietária do veículo na data da infração, respeitado o disposto no § 3º do art. 10.

§ 1º Caso o AIT não conste no prontuário do veículo na data do registro da transferência de propriedade, o proprietário atual será considerado comunicado quando do envio, pelo órgão ou entidade executivos de trânsito, do extrato para pagamento do Imposto sobre Propriedade de Veículo Automotor (IPVA) e demais débitos vinculados ao veículo, ou quando do vencimento do prazo de licenciamento anual.

§ 2º O órgão máximo executivo de trânsito da União deverá adotar as providências necessárias para fornecer aos órgãos de trânsito responsáveis pela expedição das notificações os dados da pessoa física ou jurídica que constava como proprietário do veículo na data da infração.

§ 3º Até que sejam disponibilizadas as informações de que trata o § 2º, as notificações enviadas ao proprietário atual serão consideradas válidas para todos os efeitos, podendo este informar ao órgão autuador os dados do proprietário anterior para continuidade do processo de notificação".

É necessária a comprovação da entrega ao destinatário ou na residência por este indicada em seu prontuário junto ao Detran ou órgão encarregado do Estado. Do contrário, resta ferido o direito de defesa. Possível que a empresa responsável extravie o documento.

A notificação da autuação (NA) encerra a finalidade de permitir o exercício da própria defesa, como se infere do § 2º do mesmo art. 4º da citada Resolução:

"Na NA constará a data do término do prazo para a apresentação da defesa da autuação pelo proprietário do veículo, principal condutor ou pelo condutor infrator devidamente identificado, que não será inferior a 30 (trinta) dias, contados da data de expedição da NA ou publicação por edital, observado o disposto no art. 14".

Sempre que não lograda a efetiva notificação por carta, ou outro meio, mesmo que alterado o endereço, leva-se a efeito a notificação por edital, como prevê a Res. CONTRAN nº 918/2022, em seu art. 14. Necessária a transcrição do dispositivo, com os respectivos parágrafos, para bem verificar a forma e os requisitos da notificação por edital:

"Art. 14. Esgotadas as tentativas para notificar o infrator ou o proprietário do veículo por meio postal ou pessoal, as notificações de que trata esta Resolução serão realizadas por edital publicado em diário oficial, na forma da lei, respeitados o disposto no § 1º do art. 282 do CTB e os prazos prescricionais previstos na Lei nº 9.873, de 23 de novembro de 1999, que estabelece prazo de prescrição para o exercício de ação punitiva.

§ 1º Os editais de que trata o caput, de acordo com sua natureza, deverão conter, no mínimo, as seguintes informações:

I – edital da NA:

a) cabeçalho com identificação do órgão autuador e do tipo de notificação;

b) instruções e prazo para apresentação de defesa da autuação; e

c) lista com a placa do veículo, número do AIT, data da infração e código da infração com desdobramento;

II – edital da NP de advertência por escrito:

a) cabeçalho com identificação do órgão autuador e do tipo de notificação;

b) instruções e prazo para interposição de recurso, observado o disposto no § 2º do art. 11; e

c) lista com a placa do veículo, número do AIT, data da infração, código da infração com desdobramento e número de registro do documento de habilitação do infrator;

III – edital da NP de multa:

a) cabeçalho com identificação do órgão autuador e do tipo de notificação;

b) instruções e prazo para interposição de recurso e pagamento; e

c) lista com a placa do veículo, número do AIT, data da infração, código da infração com desdobramento e valor da multa".

É necessária a notificação da autuação ao proprietário do veículo, mesmo que identificado o condutor, como se infere do inciso II do 2º da Res. CONTRAN nº 918/2022. Acontece que, na verdade, a multa será exigida junto ao proprietário do veículo. Cumpre que tenha o mesmo conhecimento da autuação, para o exercício do direito de defesa, se for da sua vontade.

Necessária a notificação, também, às missões diplomáticas, repartições consulares ou representações de organismos internacionais, por meio de remessa ao Ministério das Relações Exteriores, por força do art. 28 da mesma Resolução:

"Nos casos dos veículos registrados em nome de missões diplomáticas, repartições consulares de carreira ou representações de organismos internacionais e de seus integrantes, as notificações de que trata esta Resolução, respeitado o disposto no § 3º do art. 10, deverão ser enviadas ao endereço constante no registro do veículo junto ao órgão executivo de trânsito do Estado ou do Distrito Federal e comunicadas ao Ministério das Relações Exteriores para as providências cabíveis, na forma definida pelo órgão máximo executivo de trânsito da União".

Tal providência conterá informações a respeito dos dados da autuação e do condutor identificado.

O art. 8.º da Resolução contempla a hipótese de penhor, arrendamento mercantil, comodato, aluguel ou arrendamento não vinculado ao financiamento do veículo. A notificação será dirigida ao possuidor, ou àquele que tem a disponibilidade de uso do veículo:

"Para fins de cumprimento desta Resolução, no caso de veículo objeto de penhor ou de contrato de arrendamento mercantil, comodato, aluguel ou arrendamento não vinculado ao financiamento do veículo, o possuidor, regularmente constituído e devidamente registrado no órgão ou entidade executivo de trânsito do Estado ou do Distrito Federal, nos termos de regulamentação específica, equipara-se ao proprietário do veículo".

Todavia, se o contrato for por prazo inferior a cento e oitenta dias, encaminha-se a notificação para quem aparece como proprietário (parágrafo único do art. 8º).

De acordo com o § 8º do art. 257 do CTB, se a arrendante não fornecer ao órgão de trânsito os dados necessários à identificação do arrendatário, quando da celebração do contrato de arrendamento mercantil, arca com a responsabilidade pelo cometimento da infração, além da multa. Este parágrafo comina, além da multa aplicada pela infração, nova multa ao proprietário do veículo, cujo valor é o da multa multiplicada pelo número de infrações iguais cometidas no período de doze meses.

A notificação se faz necessária para a finalidade de assegurar o direito à defesa prévia antes da aplicação da multa.

A notificação é exigida pelo STJ:

> "Em homenagem aos princípios da ampla defesa e do contraditório, deve ser inequívoco o conhecimento das notificações relativas a infrações de trânsito, não se mostrando razoável que o condutor ou proprietário do veículo tenha a obrigação de comprovar que não foi devidamente cientificado, cabendo essa demonstração aos órgãos de trânsito, estes cada vez mais aparelhados em sua estrutura funcional".[4]

Em outra decisão:

> "O atual Código de Trânsito Brasileiro prevê mais de uma notificação ao infrator: uma quando da lavratura do auto de infração, ocasião em que é disponibilizado prazo para oferecimento de defesa prévia; e outra quando da aplicação da penalidade pela autoridade de trânsito. A autuação *in facie* do infrator torna inexigível posterior notificação, sendo esta equivalente àquela. Art. 280, VI, do CTB".[5]

Mais longamente desenvolvendo as razões da necessidade, existem vários outros acórdãos, salientando-se o seguinte:

> "O sistema de imputação de sanção pelo Código de Trânsito Brasileiro (Lei nº 9.503/1997) prevê duas notificações, a saber: a primeira, referente ao cometimento da infração; e a segunda, inerente à penalidade aplicada, desde que superada a fase da defesa quanto ao cometimento, em si, do ilícito administrativo. Similitude com o processo judicial, por isso que ao imputado concede-se a garantia de defesa antes da imposição da sanção, sem prejuízo da possibilidade de revisão desta.
>
> Nas infrações de trânsito, a análise da consistência do auto de infração à luz da defesa propiciada é premissa inafastável para a aplicação da penalidade e consectário da garantia da ampla defesa assegurada no inciso LV, do art. 5.º da CF, como decorrência do *due process of law* do direito anglo-norte-americano, hoje constitucionalizado na nossa Carta Maior.
>
> A garantia da plena defesa implica a observância do rito, as cientificações necessárias, a oportunidade de objetar a acusação desde o seu nascedouro, a produção de provas, o acompanhamento do *iter* procedimental, bem como a utilização dos recursos cabíveis.

---

[4] STJ, 2ª Turma, REsp nº 89.116/SP, j. em 06.03.2001, *DJU* de 30.04.2002.
[5] STJ, 1.ª Turma, REsp nº 511.549/RS, j. em 04.09.2003, *DJU* de 06.10.2003.

A Administração Pública, mesmo no exercício do seu poder de polícia e nas atividades *self executing*, não pode impor aos administrados sanções que repercutam no seu patrimônio sem a preservação da ampla defesa, que *in casu* se opera pelas notificações apontadas no CTB.

Sobressai inequívoco do CTB (art. 280, *caput*) que à lavratura do auto de infração segue-se a primeira notificação *in facie* (art. 280, VI) ou, se detectada a falta à distância, mediante comunicação documental (art. 281, parágrafo único, do CTB), ambas propiciadoras da primeira defesa, cuja previsão resta encartada no art. 314, parágrafo único, do CTB.

Superada a fase acima e concluindo-se nesse estágio do procedimento pela imputação da sanção, nova notificação deve ser expedida para satisfação da contraprestação ao cometimento do ilícito administrativo ou oferecimento de recurso (art. 282 do CTB). Nessa última hipótese, a instância administrativa somente se encerra nos termos dos artigos 288 e 290, do CTB.

Revelando-se procedente a imputação da penalidade, após obedecido o devido processo legal, a autoridade administrativa recolherá, sob o pálio da legalidade a famigerada multa pretendida abocanhar açodadamente.

A sistemática ora entrevista coaduna-se com a jurisprudência do E. STJ e do E. STF as quais, malgrado admitam à administração anular os seus atos, impõe-lhe a obediência ao princípio do devido processo legal quando a atividade repercuta no patrimônio do administrado.

No mesmo sentido é a *ratio essendi* da Súmula nº 127 do STJ, que inibe condicionar a renovação da licença de veículo ao pagamento da multa, da qual o infrator não foi notificado.

Recurso especial parcialmente conhecido e, nesta parte, desprovido".[6]

Decisões dos Tribunais estaduais levaram a essa inteligência, que partiram do enfoque dado ao direito de defesa com base no art. 5º, LV, da CF. Eis o seguinte exemplo:

"Mandado de segurança. Aplicação de multa. Inobservância do princípio constitucional de ampla defesa. Ilegal o ato de aplicação de multa sem a observância do princípio constitucional de ampla defesa. Somente após analisados os argumentos da defesa, bem como a fundamentação do auto de infração, é que a autoridade de trânsito julgará a consistência do auto, e poderá aplicar a penalidade".[7]

Na apresentação da defesa prévia, a Res. CONTRAN nº 900/2022, em seu art. 3º, indica os dados que conterá:

"O requerimento de defesa prévia ou de recurso deverá ser apresentado por escrito de forma legível, no prazo estabelecido, contendo no mínimo os seguintes dados:

I – nome do órgão ou entidade de trânsito responsável pela autuação ou pela aplicação da penalidade de advertência por escrito ou de multa;

---

[6] STJ, 1ª Turma, REsp nº 506.104/RS, j. em 24.06.2003, *DJU* de 04.08.2003. A linha expressa no referido acórdão ficou sedimentada no STJ em várias outras decisões, como a do REsp nº 466.836/RS, j. em 25.02.2003, *DJU* de 31.03.2003; e, inclusive, na 2ª Turma, a do REsp nº 486.007/RS, j. 22.04.2003, *DJU* de 26.05.2003.

[7] TJRS, 21ª Câm. Civ., AC e Reexame Necessário nº 70000192690, j. 20.10.1999.

II – nome, endereço completo com CEP, número de telefone, número do documento de identificação e CPF ou CNPJ do requerente;

III – placa do veículo e número do Auto de Infração de Trânsito (AIT);

IV – exposição dos fatos, fundamentos legais e/ou documentos que comprovem a alegação;

V – data do requerimento; e

VI – assinatura do requerente ou de seu representante legal.

Parágrafo único. O requerimento de defesa prévia ou recurso deverá ter somente um AIT como objeto".

Para cada auto de infração haverá uma defesa prévia ou recurso.

Já o art. 4º, aponta as hipóteses de não conhecimento, que são as seguintes:

"I – forem apresentados fora do prazo legal;

II – não for comprovada a legitimidade;

III – não houver a assinatura do recorrente ou de seu representante legal; e

IV – não houver o pedido, ou este for incompatível com a situação fática".

Por sua vez, com a defesa prévia, juntam-se os seguintes documentos, contemplados no art. 5º:

"I – requerimento de defesa prévia ou de recurso;

II – cópia da notificação de autuação ou notificação da penalidade, conforme o caso, ou ainda cópia do AIT ou de documento que conste a placa do veículo e o número do AIT;

III – cópia da CNH ou outro documento de identificação que comprove a assinatura do requerente;

IV – documento que comprove a representação, quando pessoa jurídica; e

V – procuração, quando for o caso".

Protocola-se a defesa ou recurso perante o órgão ou entidade de trânsito autuador ou enviado, por via postal, para o seu endereço, respeitado o art. 287 do CTB, que permite a entrega junto ao órgão ou entidade de trânsito da residência ou domicílio do infrator caso a infração for cometida em localidade diversa daquela do licenciamento do veículo.

Permite-se a juntada de outros documentos que o infrator julgar necessários.

Capítulo XCIV
A DECADÊNCIA NO CADASTRO NEGATIVO DO NOME DO DEVEDOR

É permitida a existência de bancos de dados de devedores, ou de entidades de cadastro de inadimplentes, bem como considera-se legal o registro de atos que visam ao recebimento de créditos.

Unicamente depois de devidamente verificada a inadimplência é aceita a providência de registrar o nome do inadimplente. Assim, quanto ao protesto de título de crédito, a Lei nº 9.492, de 10.09.1997, em seu art. 1º, somente autoriza o ato depois de completamente caracterizado o inadimplemento da obrigação:

> "Protesto é o ato formal e solene pelo qual se prova a inadimplência e o descumprimento de obrigação originada em títulos e outros documentos de dívida".

O art. 15 da mesma lei impõe a prévia intimação. Já a Lei nº 8.078, de 11.09.1990 (Código de Defesa do Consumidor), no art. 43, § 2º, ordena que "a abertura de cadastro, ficha, registro e dados pessoais e de consumo deverá ser comunicada por escrito ao consumidor, quando não solicitada por ele".

A citada Lei nº 8.078/1990, além de regular o funcionamento de tais órgãos, no § 4º do citado art. 43, dá o caráter público aos bancos de dados e cadastros relativos a consumidores, aos serviços de proteção ao crédito e entidades congêneres. Em suma, são legais e regulares os lançamentos dos nomes dos inadimplentes em cadastros, impondo-se a medida como instrumento de defesa dos comerciantes e de todos quantos lidam com a concessão do crédito.

Vários os órgãos ou bancos de dados onde se faz o cadastro, como a SERASA – Centralização de Serviços dos Bancos S. A.; o SPC – Serviço de Proteção ao Crédito; e o CADIN – Cadastro Informativo do Banco Central.

O Código de Defesa do Consumidor (Lei nº 8.078/1990), no § 1º do art. 43 delimita o espaço de tempo de cinco anos para o registro de informações negativas, de sorte que não abrangerá período anterior. Passado esse período, opera-se a decadência do direito de lançar o nome.

Outrossim, pelo § 5º do mesmo artigo, consumada a prescrição relativa à cobrança da dívida, não perduram os registros de informações negativas, não mais devendo ser fornecidas. Todavia, o STJ, por meio de nova redação dada à Súmula nº 323, em julgamento de 25.11.2009, da Segunda Seção, tendo como orientação precedente os Recursos Especiais nº 472203, nº 615639, nº 631451, nº 648528 e nº 676678, determinou a aplicação do prazo *supra* independentemente de ter ou não ocorrido a prescrição da execução: "A inscrição do nome do devedor pode ser mantida nos serviços de proteção ao crédito até o prazo máximo de 5 (cinco) anos, independentemente da prescrição da execução".

Entende-se que, depois de cinco anos, há a caducidade da inscrição.

O voto do Relator, Ministro Jorge Scartezzini, bem esclarece a matéria, inclusive com a transcrição dos dispositivos suprarreferidos:

"A controvérsia gravita, portanto, em torno do prazo de permanência da inscrição do nome do devedor nos cadastros de proteção ao crédito. Registro, inicialmente, que os mencionados dispositivos assim dispõem:

'*Art. 43, § 1º Os cadastros e dados de consumidores devem ser objetivos, claros, verdadeiros e em linguagem de fácil compreensão, não podendo conter informações negativas referentes a período superior a 5 (cinco) anos.*

Art. 43, § 5º Consumada a prescrição relativa à cobrança de débitos do consumidor, não serão fornecidas, pelos respectivos Sistemas de Proteção ao Crédito, quaisquer informações que possam impedir ou dificultar novo acesso ao crédito junto aos fornecedores'.

Como se verifica, o § 1º, do art. 43, dispõe que as informações restritivas de crédito devem ser canceladas após o quinto ano do registro. De outro lado, o teor do § 5º, do mesmo dispositivo legal, refere-se à prescrição relativa à ação de cobrança de débitos do consumidor, não se confundindo, portanto, a prescrição da ação de execução com a prescrição do registro nos órgãos de controle cadastral. Destarte, mesmo se a via executiva não puder mais ser exercida, os débitos podem ainda ser cobrados por outro meio processual. Assim sendo, como ressaltou a Ministra Nancy Andrighi, '*o nome do devedor só pode ser retirado dos cadastros de inadimplentes quando decorrido o prazo de 5 anos previsto no art. 43, § 1º, do CDC.*

Todavia, admite-se a retirada em prazo inferior quando verificada a prescrição do direito de propositura de ação de conhecimento para cobrança da dívida, conforme consta do § 5º do mesmo artigo, e não simplesmente do direito de ação para execução do título que ensejou a negativação' (REsp nº 615.908/RS, *DJ* 10.08.2004).

Logo, na esteira de precedentes desta Corte, é de concluir-se que a exclusão do nome do devedor dos órgãos de proteção ao crédito deve ser efetivada quando realizada uma das seguintes condições fáticas: decorrer o prazo quinquenal, a contar da inscrição; ou, ocorrer a prescrição do direito de cobrança em momento anterior ao decurso desse prazo (cfr. REsp nº 536.833/RS, rel. Min. Sálvio de Figueiredo Teixeira, *DJU* 10.09.2003).

Nesse sentido, tem se manifestado esta Corte, *verbis*:

'Direito do consumidor. Registro junto aos órgãos de proteção ao crédito. Cancelamento. Prazo prescricional. CDC. Art. 43, §§ 1º e 5º.

I – *Para cancelamento de registro de devedor em órgão de proteção ao crédito, devem ser levados em consideração os referenciais constantes dos §§ 1º e 5º do art. 43 do CDC, isto é, o prazo máximo de cinco anos e, se menor, o da prescrição da cobrança dos débitos.*

II – *A prescrição da ação cambial, antes do transcurso do prazo quinquenal, não enseja o cancelamento do registro.*

III – *Recurso especial conhecido e provido*' (REsp nº 658.850/RS, rel. Min. Antônio de Pádua Ribeiro, *DJU* 24.08.2004).

'Consumidor. Recurso especial. Cadastros de inadimplentes. Inclusão do nome do devedor. Retirada. Decurso de cinco anos ou prescrição do direito de cobrança do débito.

I – *O nome do devedor inadimplente há de ser mantido nos cadastros de proteção ao crédito pelo período máximo de cinco anos, a contar da data de sua inclusão. No entanto, há possibilidade de haver a sua exclusão antes do decurso desse prazo se verificada a prescrição do direito de propositura de ação visando à cobrança do débito. Precedentes. Recurso provido'* (REsp nº 656.110/RS, rel. Min. Nancy Andrighi, *DJ* 19.08.2004)".[1]

A rigor, pela orientação extraída dos precedentes citados, não é o prazo de prescrição da ação cambial, mas sim da ação de cobrança. Exemplificando, quanto à ação para a cobrança do cheque por meio do processo de execução, a prescrição opera-se no prazo de seis meses, contado da expiração do prazo de apresentação (art. 59 da Lei nº 7.357, de 02.09.1985); e no tocante às letras de câmbio e notas promissórias, a prescrição dá-se em três anos, a contar do vencimento (art. 70 da Lei Uniforme relativa às letras de câmbio e notas promissórias, promulgada pelo Decreto nº 57.663, de 24.01.1966). Verifica-se a prescrição para o uso do processo de execução, não se subtraindo à parte a competente ação de rito ordinário ressarcitória ou de indenização, com fundamento no enriquecimento ilícito ou sem causa. No caso, o prazo da prescrição estende-se para cinco anos. É que art. 62 da Lei nº 7.357/1985 permite a ação fundada em relação causal, ou seja, que se busque a cobrança por outros meios judiciais diferentes do processo de execução, inclusive por meio da ação monitória, dando a origem da dívida:

"Salvo prova de novação, a emissão ou a transferência do cheque não exclui a ação fundada na relação causal, feita a prova do não pagamento".

Considerando que o valor líquido vem estampado em um documento particular, que é o cheque, tem-se decidido que a prescrição, nessa via, é de cinco anos, com suporte no art. 206, § 5º, inc. I, do Código Civil.

O mesmo se diga quanto à nota promissória e à letra de câmbio, cujo prazo prescricional é de três anos. A ação de ressarcimento tem sido admitida pelo lapso temporal de 5 (cinco) anos previsto no art. 206, § 5º, inc. I, do Código Civil/2002.

Daí concluir-se que a decadência em levar o nome ao cadastro negativo opera-se com o decurso de cinco anos do vencimento, também não se admitindo que permaneça em prazo maior no registro negativo.

Nas relações que não envolvem a Lei nº 8.078/1990, também é de cinco anos o prazo. Acontece que somente podem ser cadastradas dívidas representadas em documento, cuja prescrição se dá em tal lapso, a teor do art. 206, § 5º, inc. I, do Código Civil.

---

[1] REsp nº 676.678, da 4ª Turma, j. em 18.11.2004, *DJU* de 06.12.2004.

Capítulo XCV
A DECADÊNCIA NA AÇÃO RESCISÓRIA

1. PRAZO DECADENCIAL

Para propor a ação rescisória, o prazo é de dois anos, que se caracteriza como de decadência, contando-se a partir do trânsito em julgado da última decisão proferida nos autos, por força do art. 975 do CPC, apresentando redação mais completa que a da lei anterior:

> "O direito à rescisão se extingue em 2 (dois) anos contados do trânsito em julgado da última decisão proferida no processo".

Daí constituir-se como pressuposto o prazo, sendo extintivo, não se admitindo que ultrapasse a dois anos, contado a partir do trânsito em julgado da sentença, prazo esse decadencial, o que importa em não se suspender, interromper ou prorrogar, mesmo se indeferida a petição inicial, e vier a ser ajuizada outra rescisória mais adiante.

Em vista dessa natureza, e por aplicação do disposto no art. 207 do Código Civil, se encerrar-se em dia de feriado, ou sem expediente no foro, a rigor, não se estende o lapso temporal para ajuizar a ação até o primeiro dia seguinte útil. Cumpre que se afore no dia anterior, de modo a não se ultrapassar o período assegurado. Entrementes, ver-se-á, a seguir, que domina entendimento diferente, estendendo-se o prazo para o dia seguinte, por uma questão de coerência com outros casos de encerramento de prazos em tais circunstâncias.

Inicia a contagem no momento da inexistência de qualquer recurso para se modificar o julgado, seja pelo esgotamento das vias recursais, seja porque não manifestada uma irresignação possível. A contagem parte do primeiro dia após a data do trânsito em julgado da sentença rescindenda:

> "Segundo entendimento que veio a prevalecer no tribunal, o termo inicial para o prazo decadencial da ação rescisória é o primeiro dia após o trânsito em julgado da última decisão proferida no processo, salvo se se provar que o recurso foi interposto por má-fé do recorrente".[1]

De salientar a ineficácia, para aferir o prazo, de manobras protelatórias da parte vencida, que insiste em suscitar incidentes sem o caráter de recurso, como reconsiderações ou medidas

---

[1] REsp nº 62.353/RJ, da 4ª Turma do STJ, j. em 26.08.1997, *DJU* de 29.09.1997.

de estancamento do processo, sendo o exemplo a renúncia ao mandato, oferecida antes do trânsito em julgado de uma decisão.

Para os entes de direito público e o Ministério Público não incide a ampliação do prazo, mantendo-se em dois anos sem ater-se para a qualidade da parte promovente da ação.

Em relação aos incapazes, por força do art. 3º do Código Civil, fica suspenso o prazo até o advento da capacidade, em razão de seu art. 208:

> "Aplica-se à decadência o disposto nos arts. 195 e 198, inciso I".

Necessário observar os artigos mencionados.

> "Art. 195: Os relativamente incapazes e as pessoas jurídicas têm ação contra os seus assistentes ou representantes legais, que derem causa à prescrição, ou não a alegarem oportunamente".

Já quanto ao art. 198:

> "Também não corre a prescrição:
> I – contra os incapazes de que trata o art. 3º".

Foi como se decidiu:

> "O prazo para o ajuizamento da ação rescisória é de decadência (art. 495, CPC), por isso aplica-se-lhe a exceção prevista no art. 208 do Código Civil de 2002, segundo a qual os prazos decadenciais não correm contra os absolutamente incapazes".[2]

2. O PRAZO NO CASO DE INTEMPESTIVIDADE DO RECURSO

Se, porventura, verificar-se a intempestividade do recurso, o lapso decadencial tem começo a contar do trânsito em julgado da decisão que apreciou tal assunto, e não a partir da data considerada como a do trânsito em julgado da última decisão impugnada por recurso intempestivo. Acontece que se profere uma decisão sobre a admissibilidade ou não do recurso, que também se sujeita a irresignações, e sem a qual não é possível definir o trânsito em julgado. Esse o entendimento que empresta o STJ:

> "A relação processual principia com o ingresso da ação (a citação é exigência para fluir o tempo para resposta) e termina quando expira o prazo para recorrer da última decisão.
> Daí surge o fenômeno da coisa julgada (muitas vezes, sem precisão técnica, confundida com a preclusão). Para efeito de correr o prazo para propor ação rescisória, o termo *a quo* é contado do dia seguinte ao término do prazo do recurso adequado para atacar a decisão, ou de seu julgamento, se interposto. Sem essa alternativa, chegar-se-ia a situação inadequada, caso o recurso fosse apreciado após a fluência do biênio para o exercício do direito potestativo para desconstituir o julgado".[3]

---

[2] No atual CPC, a regra do art. 495 suprarreferida está no art. 975. REsp nº 1.165.735/MG, da 4ª Turma, j. em 06.09.2011, *DJe* de 06.10.2011, rel. Min. Luis Felipe Salomão.
[3] REsp nº 41.488-RJ, da 6ª Turma, j. em 1º.03.1994, *DJU* de 28.03.1994.

Mais especificadamente, deve sempre decorrer o prazo do recurso que seria admissível para atacar a decisão:

> "Quando interposto, em tempo, o recurso extraordinário (extraordinário, matéria constitucional; ou especial, matéria infraconstitucional) não admitido, daí a interposição do respectivo agravo, tempestivamente, tal circunstância impede a formação da coisa julgada.
>
> Hipótese em que, não provido o agravo de instrumento, o trânsito em julgado somente ocorrerá após esgotado o prazo para o subsequente agravo regimental".[4]

Ou seja, o prazo no caso de ingresso de recurso para os tribunais superiores inicia depois do trânsito em julgado, inclusive se com base na inadmissibilidade:

> "O biênio para a propositura da ação rescisória corre da passagem *in albis* do prazo para recorrer da decisão proferida no último recurso interposto no processo, ainda que dele não se tenha conhecido. Isso porque a interposição de recurso, mesmo que posteriormente o juízo de admissibilidade seja negativo, obsta que a última decisão de mérito proferida no processo seja acobertada pelo manto da coisa julgada material".[5]

> "O prazo decadencial de dois anos para a proposição da ação rescisória tem início na data do trânsito em julgado do acórdão, mesmo que este se limite a proclamar deserto o recurso de apelação, por falta de preparo.
>
> Somente contar-se-ia o prazo em tela a partir do 15º dia da publicação da sentença de primeiro grau na hipótese de ser o recurso interposto fora do prazo".[6]

Por diferentes palavras, a contagem inicia após o trânsito em julgado da decisão que não conheceu o recurso.

Todavia, se manifesto o ingresso fora do prazo, e simplesmente não admitido, conta-se a partir do trânsito em julgado da sentença ou acórdão.

3. O PRAZO NAS DECISÕES SUBMETIDAS AO DUPLO GRAU DE JURISDIÇÃO

Tratando-se de processo cuja decisão submete-se ao duplo grau de jurisdição, ou de reexame necessário, apenas depois de apreciado e transitado em julgado o reexame necessário começa o prazo decadencial de dois anos:

> "A contagem do prazo de decadência da ação rescisória começa a correr da data do trânsito em julgado da sentença. Portanto, em se tratando de decisão sujeita ao duplo grau de jurisdição, os seus efeitos somente ocorrem quando confirmada pelo juízo *ad quem*".[7]

---

[4] REsp nº 13.415/RJ, da 3ª Turma, j. em 25.05.1992, *DJU* de 29.06.1992.
[5] REsp nº 11.106/SC, da 2ª Turma do STJ, j. em 06.10.1997, *DJU* de 10.11.1997.
[6] REsp nº 170.636/MG, da 6ª Turma, j. em 16.06.1998, *DJU* de 17.08.1998.
[7] REsp nº 75.502/PB, da 1ª Turma do STJ, j. em 23.11.1995, *DJU* de 26.02.1996; igualmente, *Ação Rescisória* nº 55/DF, da 1ª Seção do STJ, j. em 10.04.1990, *DJU* de 30.04.1990.

Não interessa, no caso, que se omita o juiz de encaminhar o processo a reexame necessário. À parte que está no feito cabe providenciar no cumprimento dos atos processuais, inclusive requerer que se processo a remessa necessária do feito a reexame pela instância superior.

4. O PRAZO SE O AUTOR DA AÇÃO NÃO FOI CITADO NA AÇÃO RESCINDENDA

Se o réu não foi citado em ação na qual o deveria ser, se optar pela ação rescisória e não pela ação anulatória, principia o interregno decadencial a partir da data em que tomar conhecimento da decisão transitada em julgado, conforme entendeu o mesmo STJ:

> "Tratando-se de réu que, em ação de usucapião, devendo, para tanto, ser citado, mas não o foi, o prazo para ele, como autor, para propor a ação rescisória tem início a partir do momento em que tomou ciência da sentença que pretende rescindir".[8]

No entanto, conforme já debatido, em face não apenas da nulidade absoluta, mas da própria inexistência do ato, não há prazo de prescrição ou decadência, com o direito de suscitar a nulidade a qualquer momento, não importando o tipo de ação. De observar, porém, que essa prerrogativa não importa em protrair indefinidamente a possibilidade da ação rescisória. Seu prazo para a propositura é de dois anos, sem embargo de se aventar a matéria em qualquer momento, mesmo em ação declaratória de inexistência de ato, como sobejamente defendido em itens próprios.

5. O PRAZO NA RESCISÓRIA VISANDO DESCONSTITUIR PARTE DA SENTENÇA OU DO ACÓRDÃO

A rescisória de parte da sentença começa do respectivo trânsito em julgado, não importando a pendência de recurso no pertinente à outra parte. As presentes decisões revelam tal exegese:

> "A interposição de recurso especial parcial não obsta o trânsito em julgado da parte do acórdão federal recorrido que não foi pela insurgência abrangido.
>
> Se partes distintas da sentença transitarem em julgado em momentos também distintos, a cada qual corresponderá um prazo decadencial com seu próprio *dies a quo*: vide Pontes de Miranda, em *Trat. da ação rescisória*, 5ª ed., p. 353 (*in* 'Comentários ao Código de Processo Civil', de José Carlos Barbosa Moreira, vol. V, Editora Forense, 7ª ed., 1998, p. 215, nota de rodapé n. 224).
>
> Precedentes do Superior Tribunal de Justiça (REsp nº 381.531/RS..., em *DJ* de 19.12.2002)".[9]

> "O recurso ordinário ou extraordinário, desde que em ataque a decisão com partes autônomas, não impede o trânsito em julgado da parte do *decisum* que não foi impugnada, sendo a partir daí contado o prazo decadencial para a propositura da ação rescisória versando sobre o tema não recorrido".[10]

---

[8] REsp nº 4.825/CE, da 3ª Turma, j. em 13.11.1990, *DJU* de 10.12.1990.
[9] REsp nº 299.029/SP, da 6ª Turma do STJ, j. em 26.05.2004, *DJU* de 25.10.2004.
[10] REsp nº 293.267/RS, da 5ª Turma do STJ, j. em 02.05.2002, *DJU* de 27.05.2002.

6. O PRAZO SE NÃO PROMOVIDA A CITAÇÃO PARA EFEITOS DE INTERROMPER A PRESCRIÇÃO

Mister observar que interessa o acionamento da lide dentro do prazo, não cabendo a aplicação das regras dos parágrafos do art. 240 do CPC, dando como não interrompida a prescrição se não promovida a citação no prazo de dez dias do despacho que a ordenar, e na ausência de postulação para a prorrogação do prazo em até noventa dias. Acontece que o art. 240 dirige-se à prescrição, cuja disciplina é diferente da que trata da decadência, não sujeita à interrupção. Unicamente àquela causa de extinção do direito incide a prescrição. A decadência não carece de providências judiciais para se efetivar, jamais se interrompendo seu curso. Não é o caso, portanto, de se postular a prorrogação do prazo para a citação, como condição para não seguir correndo a decadência. Basta a mera propositura da ação, vindo a calhar o teor da Súmula nº 106 do STJ, de 1994: "Proposta a ação no prazo fixado para o seu exercício, a demora na citação, por motivos inerentes ao mecanismo da Justiça, não justifica o acolhimento da arguição da prescrição ou decadência".

Até porque, entendendo diferentemente, ficaria vulnerado o art. 2º do diploma processual civil (que assegura o impulso oficial do processo):

> "O processo começa por iniciativa da parte e se desenvolve por impulso oficial, salvo as exceções previstas em lei".

Nesse enfoque, "o obstáculo da máquina judiciária não pode prejudicar a parte autora que ajuizou a ação rescisória no prazo e não teve culpa da citação não ter ocorrido tempestivamente".[11]

De notar, ainda:

> "Impor ao litigante o ônus de ajuizar a demanda com antecedência suficiente para que a citação se aperfeiçoe antes de findo o prazo da decadência, além de manifesta ilegalidade, e, ademais, sumamente aventuroso, certo que nunca se podem prever os obstáculos à citação. Por outro lado, exigir do autor da rescisória intentada na véspera da consumação do prazo (no regular exercício do direito), que logo requeira a dilação do prazo para a citação (CPC, art. 219, §§ 2º, 3º e 4º) constitui requinte de formalismo, desnecessário e incompatível com o princípio da instrumentalidade do processo, que a garantia de acesso à jurisdição tanto encarece e recomenda".[12]

7. O PRAZO SE PROMOVIDA A AÇÃO COM BASE EM PROVA CUJA FALSIDADE TENHA SIDO PROVADA EM PROCESSO CRIMINAL OU EM DOCUMENTO NOVO

Tem entendido certa corrente da doutrina um contrassenso a contagem do prazo a partir do trânsito em julgado da sentença definitiva, nas hipóteses *supra*. Subtrair-se-ia o direito de propor a ação caso a sentença, dando pela falsidade do documento, venha a ser proferida após o prazo de dois anos; ou o documento se consiga após tal lapso de tempo.

---

[11] REsp nº 62.353/RJ, da 4ª Turma do STJ, j. em 26.08.1997, *DJU* de 29.09.1997.
[12] No CPC vigente, o § 2º do art. 219 corresponde ao § 2º do art. 240, enquanto os §§ 3º e 4º não possuem regra equivalente. REsp nº 2.721/MG, da 4ª Turma do STJ, j. em 27.10.1992, *Revista do Superior Tribunal de Justiça* 70/140.

Teresa Arruda Alvim Wambier e José Miguel Garcia Medina expõem as razões: "Analisando a hipótese do art. 485, inc. VI, do CPC, relacionada à prova 'cuja falsidade tenha sido apurada em processo criminal', Pontes de Miranda chegou à conclusão semelhante. Para o aludido autor, se o suporte fático do referido preceito legal completa-se após o biênio, 'o não se atender à superveniência importaria manter-se a contradição no sistema jurídico, pela divergência entre o julgado criminal e o julgado cível, o que o art. 485, VI, primeira parte, tentou evitar. Temos, pois, de admitir que, na espécie, somente se começa de contar o prazo do dia em que transitou em julgado a decisão criminal declarativa da falsidade, salvo – entenda-se – se ocorreu antes do trânsito em julgado da sentença cível' (*Tratado da Ação Rescisória das Sentenças e de outras Decisões*, § 25, p. 311).

Esta ordem de ideias, segundo pensamos, deve ser aplicada também à hipótese que o autor faz uso de 'documento novo' ou de 'exame pericial novo'. É que, atendida a literalidade legal, o autor somente teria condições de ajuizar a ação rescisória se obtivesse o documento dentro do biênio, o que é algo que lhe poderá ser impossibilitado. Acresce-se, ainda, que muitas vezes tal requisito se mostrará de impossível realização pela parte, o que viola o princípio consagrado no art. 5º, inc. XXXV, da CF. Com efeito, se é certo que a norma pode estabelecer requisitos para o exercício de um direito, tais requisitos não podem ser imoderados ou de impossível realização".[13]

Embora coerentes as ponderações, não se revela conveniente abrir a exceção para se prolongar o prazo na ação rescisória com esteio nos aludidos fundamentos, pois conduziria a desestabilizar a segurança dos julgados, gerando uma intranquilidade social perene, e jamais se conseguindo o trânsito em julgado definitivo das decisões. Mesmo porque deve existir um tempo para tudo, em especial para a possibilidade de se contraverter as decisões.

8. O PRAZO SE O TRÂNSITO EM JULGADO OCORREU EM MOMENTOS DISTINTOS

Naturalmente, começa o prazo na data do trânsito em julgado da sentença para cada parte que esteve no processo. Operando-se a intimação dos litisconsortes em momentos distintos, ou nas ações em que são partes a Fazenda Pública (para quem o prazo de recurso é contado em dobro) e um particular (com prazo simples), inicia o lapso decadencial a contar do trânsito em julgado para cada um deles. Tem-se a previsão de prazos distintos, o que acontece relativamente ao ente público, que é em dobro o lapso de tempo para recorrer, em atendimento aos arts. 180, 183 e 186 do CPC, prevendo que o prazo é em dobro ao Ministério Público, à União, aos Estados, ao Distrito Federal, aos Municípios, às suas respectivas autarquias, às fundações de direito público e à Defensoria Pública, a fim de se manifestarem, com o início a partir da intimação pessoal. Não se aguarda, para a contagem, a verificação do trânsito em julgado da sentença para todos, sem considerar que a mesma se opera em momentos diferentes.

O STJ assim orienta:

> "Este Superior Tribunal de Justiça já pacificou o entendimento de que, se partes distintas da sentença transitaram em julgado em momentos também distintos, a cada qual também corresponderá um prazo decadencial com seu próprio *dies a quo*, para fins de ajuizamento de ação rescisória. Precedentes".[14]

---

[13] O art. 485, VI, supracitado, equivale ao art. art. 966, VI, do atual CPC. *O dogma da coisa julgada*. São Paulo: RT, 2003. p. 207-208.
[14] REsp nº 331.888/RS, da 5ª Turma, *DJU* de 02.12.2002.

Sem embargo essa interpretação, há acórdãos totalmente diferentes, defendendo a contagem do prazo a partir do trânsito em julgado da decisão para todas as partes:

> "O termo inicial para a contagem do prazo do art. 495 do CPC deve ser o do trânsito em julgado da última decisão da causa, momento em que ocorre a coisa julgada material".[15]

O art. 495 citado equivale ao art. 975 do CPC/2015.

No entanto, o mesmo Tribunal já decidiu de modo contrário, impondo que se aguarde o trânsito em julgado do processo como um todo:

> "Já decidiu esta Colenda Corte Superior que a sentença é una, indivisível e só transita em julgado como um todo após decorrido *in albis* o prazo para a interposição do último recurso cabível, sendo vedada a propositura de ação rescisória de capítulo do *decisum* que não foi objeto do recurso. Impossível, portanto, conceber-se a existência de uma ação em curso e, ao mesmo tempo, várias ações rescisórias no seu bojo, não se admitindo ações rescisórias em julgados no mesmo processo.
>
> (...)
>
> Sendo assim, na hipótese do processo seguir, mesmo que a matéria a ser apreciada pelas instâncias superiores refira-se tão somente à intempestividade do apelo – existindo controvérsia acerca deste requisito de admissibilidade, não há que se falar no trânsito em julgado da sentença rescindenda até que o último órgão jurisdicional se manifeste sobre o derradeiro recurso. Precedentes.
>
> (...)
>
> Prevalecendo o raciocínio constante nos julgados divergentes, tornar-se-ia necessária a propositura de ação rescisória antes da conclusão derradeira sobre o feito, mesmo que a matéria pendente se refira à discussão processual superveniente desconsiderar a interposição de recurso intempestivo para fins de contagem do prazo decadencial para a propositura de ação rescisória seria descartar, por completo, a hipótese de reforma do julgado que declarou a intempestividade pelas instâncias superiores, negando-se a existência de dúvida com relação à admissibilidade do recurso".[16]

9. O PRAZO QUE FINDA EM DIA NÃO ÚTIL

No caso de terminar o prazo em dia não útil, prorroga-se até o primeiro dia seguinte, em obediência ao seguinte aresto:

> "Se o prazo decadencial para ajuizamento da ação rescisória finda-se em dia não útil, prorroga-se para o dia útil imediatamente posterior".[17]

Importante observar, sobre a matéria, a regra do art. 224 do CPC:

---

[15] O art. 495 citado equivale ao art. 975 do atual CPC. REsp nº 705.354, da 2ª Turma do STJ, j. em 08.03.2005, *DJU* de 09.05.2005.
[16] EDcl. nos EREsp nº 441.252/CE, da Corte Especial do STJ, j. em 16.05.2007, *DJU* de 29.06.2007.
[17] REsp nº 550.315, da 2ª Turma do STJ, j. em 07.10.2004, *DJU* de 13.12.2004.

"Salvo disposição em contrário, os prazos serão contados excluindo o dia do começo e incluindo o dia do vencimento".

Já o § 1º, quanto à espécie em exame, além de tratar do começo do prazo, apresenta regra quanto à comunicação eletrônica:

"Os dias do começo e do vencimento do prazo serão protraídos para o primeiro dia útil seguinte, se coincidirem com dia em que o expediente forense for encerrado antes ou iniciado depois da hora normal ou houver indisponibilidade da comunicação eletrônica".

Por sua vez, o § 3º do art. do mesmo art. 224:

"A contagem do prazo terá início no primeiro dia útil que seguir ao da publicação".

Parece coerente a aplicação dos ditames mencionados para o caso da ação rescisória, na falta de exceções específicas, mesmo que decadencial o prazo.

Oportuno lembrar o § 1º do art. 132 do Código Civil:

"Se o dia do vencimento cair em feriado, considerar-se-á prorrogado o prazo até o seguinte dia útil".

Procurando dirimir as divergências existentes, por se tratar de prazo decadencial, conclui Márcia Conceição Alves Dinamarco: "Assim sendo, no caso de recair o último dia do prazo para interposição da ação rescisória em feriado forense ou em dia que o *forum* teve seu expediente encerrado antes do horário normal, o termo *ad quem* prorroga-se para o primeiro dia útil subsequente, de modo a evitar o cerceamento do direito de ação.

O prazo previsto no art. 132, § 1º, do Código Civil de 2002 firma o princípio geral a ser obedecido: se o termo final de prazo recair em dia não útil, prorrogar-se-á o prazo até o dia útil seguinte, mesmo em se tratando de prazo decadencial.

Assim, o obstáculo não deve ser imputado às partes, sendo mais do que plausível a orientação do legislador e a dos Tribunais, que procura ser benéfica e não odiosa na contagem ou resguardo do prazo".[18]

10. O PRAZO NA REVELIA DO RÉU

Mesmo que revel o demandado na ação, deve-se aguardar o trânsito em julgado. Não importa que corram os prazos independentemente de sua intimação, a teor do art. 346 do CPC. Ou seja, necessária a publicação de cada ato do processo. Eis o texto do dispositivo:

"Os prazos contra o revel que não tenha patrono nos autos fluirão da data de publicação do ato decisório no órgão oficial".

Essa a interpretação do STJ:

"A revelia do réu em juízo rescindendo não antecipa o termo inicial do prazo para que ele proponha ação rescisória. Cabendo apelação pela parte adversa e ainda restando

---

[18] *Ação rescisória*. São Paulo: Atlas, 2004. p. 74-75.

tempo para a sua interposição, somente com o escoamento deste último prazo há trânsito em julgado. 'O *dies a quo* do direito de propor ação rescisória é o *dies ad quem* do prazo do recurso que, abstratamente e em tese, poderia ser interposto, ainda que não tenha sido exercitado' (REsp nº 12.550/SP, por mim relatado, *DJ* 04.11.1996)".[19]

11. NÃO SUSPENSÃO DO PRAZO DECADENCIAL

Por se tratar de prazo decadencial, não se interrompe e nem se suspende, mesmo havendo incapazes em um dos polos da ação.

Nessa linha, "indeferida a inicial, se bem que se permita renovar a rescisória, o prazo decadencial não se interrompe ou suspende pela citação para a ação incidentalmente frustrada".[20]

Igualmente, "em se tratando de prazo decadencial, o ajuizamento da ação rescisória em tribunal incompetente não suspende ou interrompe o lapso temporal em que deve ser exercido esse direito".[21]

---

[19] REsp nº 694.896/RS, da 4ª Turma do STJ, j. em 3.08.2006, *DJU* de 4.09.2006.
[20] Ação Rescisória nº 1.416/SP, da 1ª Seção do Tribunal Federal de Recursos, j. em 17.08.1988, *DJU* de 12.09.1988.
[21] Ação Rescisória nº 1.435/CE, da 3ª Seção do STJ, j. em 14.04.2004, *DJU* de 10.05.2004.

Capítulo XCVI
A DECADÊNCIA NO CONTRATO DE FRANQUIA

A 13.966/2019, que substituiu a Lei 8.955/1994, dispõe sobre o contrato de franquia. Em seu art. 1º, caracteriza-o como um sistema pelo qual um franqueador cede o uso de marca e outros objetos de propriedade intelectual, associado à distribuição de produtos ou serviços:

> "Esta Lei disciplina o sistema de franquia empresarial, pelo qual um franqueador autoriza por meio de contrato um franqueado a usar marcas e outros objetos de propriedade intelectual, sempre associados ao direito de produção ou distribuição exclusiva ou não exclusiva de produtos ou serviços e também ao direito de uso de métodos e sistemas de implantação e administração de negócio ou sistema operacional desenvolvido ou detido pelo franqueador, mediante remuneração direta ou indireta, sem caracterizar relação de consumo ou vínculo empregatício em relação ao franqueado ou a seus empregados, ainda que durante o período de treinamento".

O art. 2º também exige, para a implantação da franquia, que o franqueador forneça ao interessado Circular de Oferta de Franquia, escrita em língua portuguesa, de forma objetiva e acessível, contendo obrigatoriamente uma série longa de requisitos.

Permite o art. 3º a locação do ponto comercial onde se encontra instalada a franquia:

> "Nos casos em que o franqueador subloque ao franqueado o ponto comercial onde se acha instalada a franquia, qualquer uma das partes terá legitimidade para propor a renovação do contrato de locação do imóvel, vedada a exclusão de qualquer uma delas do contrato de locação e de sublocação por ocasião da sua renovação ou prorrogação, salvo nos casos de inadimplência dos respectivos contratos ou do contrato de franquia".

Segundo o § 1º do art. 2º, a circular de oferta de franquia deverá, além de conter informações verdadeiras, ser entregue ao candidato a franqueado no mínimo dez dias antes da assinatura do contrato ou pré-contrato, ou do pagamento de qualquer tipo de taxa:

> "A Circular de Oferta de Franquia deverá ser entregue ao candidato a franqueado, no mínimo, 10 (dez) dias antes da assinatura do contrato ou pré-contrato de franquia ou, ainda, do pagamento de qualquer tipo de taxa pelo franqueado ao franqueador ou a empresa ou a pessoa ligada a este, salvo no caso de licitação ou pré-qualificação promovida por órgão ou entidade pública, caso em que a Circular de Oferta de Franquia será divulgada logo no início do processo de seleção".

Na falta de entrega da circular, ou na entrega fora do prazo previsto, e nas informações falsas nela veiculadas, de acordo com o § 2º do art. 2º, o franqueado poderá arguir a anulabilidade do contrato, exigindo a devolução de valores pagos a título de taxa de filiação e *royalties*.

> "Na hipótese de não cumprimento do disposto no § 1º, o franqueado poderá arguir anulabilidade ou nulidade, conforme o caso, e exigir a devolução de todas e quaisquer quantias já pagas ao franqueador, ou a terceiros por este indicados, a título de filiação ou de royalties, corrigidas monetariamente".

Tem incidência o disposto na primeira parte do *caput*, do art. 171 do Código Civil: "Além dos casos expressamente declarados na lei, é anulável o negócio jurídico...". O § 2º do art. 2º contempla hipóteses que autorizam suscitar a anulabilidade, isto é, encaixa-se a previsão no art. 171.

Por outros termos, o descumprimento do dever de entrega e de sinceridade da circular gera anulabilidade do contrato de franquia.

E o prazo decadencial para suscitar esse vício ou defeito, por aplicação do art. 171, *caput*, que mais acontece na veiculação de informações, é de dois anos, por determinação do art. 179 do Código Civil: "Quando a lei dispuser que determinado ato é anulável, sem estabelecer prazo para pleitear-se a anulação, será este de dois anos, a contar da data da conclusão do ato".

A conclusão é de que o franqueado possui dois anos para pleitear a anulação de um contrato de franquia na qual a circular não foi entregue, ou se entregou a destempo, ou se veicularam informações falsas. O termo inicial se dá com a assinatura do contrato de franquia (ou com uma situação análoga, como o início da operação da unidade franqueada, se não houve assinatura de contrato).

Capítulo XCVII
A CADUCIDADE E A PRESCRIÇÃO NOS DIREITOS DE AUTOR

1. **TIPOS DE DIREITOS DE AUTOR**

Os direitos de autor estão regulados pela Lei nº 9.610, de 19.02.1998, que já sofreu algumas alterações. São os direitos relacionados à edição e à autoria de obras intelectuais. Consistem, em essência, segundo Carlos Alberto Bittar, "em uma exclusividade ao autor – ou a seus sucessores –, pelo prazo da lei, para a utilização econômica da obra, sujeitando-se, pois, à sua autorização toda e qualquer forma possível de aproveitamento, aliás, desde a concepção do mecanismo aos privilégios, como temos notado".[1]

Há os direitos morais e os direitos patrimoniais, que passam a ser descritos.

a) *Direitos morais*

São aqueles que objetivam garantias à propriedade da obra, de sorte a manter intocável a paternidade na criação intelectual, que reflete a própria personalidade do autor. Visam, assim, proteger a personalidade do criador, que se manifesta na obra, e dizem com o direito do inédito, o direito de reivindicar a paternidade da obra, o direito de sua integridade, de arrependimento e de retirar a obra de circulação, de destruição, de tradução e de modificação.

A discriminação desses direitos está no art. 4. Eis a relação:

"I – o de reivindicar, a qualquer tempo, a autoria do autor;

II – o de ter seu nome, pseudônimo ou sinal convencional indicado ou anunciado, como sendo o do autor, na utilização de sua obra;

III – o de conservar a obra inédita;

IV – o de assegurar a integridade da obra, opondo-se a quaisquer modificações ou à prática de atos que, de qualquer forma, possam prejudicá-la ou atingi-lo, como autor, em sua reputação ou honra;

V – o de modificar a obra antes ou depois de utilizada;

VI – o de retirar de circulação a obra ou de suspender qualquer forma de utilização já autorizada, quando a circulação ou utilização implicarem afronta à sua reputação e imagem;

---

[1] *Contornos atuais do direito do autor*. Atualização de Eduardo Carlos Bianca Bittar. 2. ed. São Paulo: RT, 1999. p. 138.

VII – o de ter acesso a exemplar único e raro da obra, quando se encontre legitimamente em poder de outrem para o fim de, por meio de processo fotográfico ou assemelhado, ou audiovisual, preservar sua memória, de forma que cause o menor inconveniente possível a seu detentor, que, em todo caso, será indenizado de qualquer dano ou prejuízo que lhe seja causado".

No art. 25, encontra-se reservado exclusivamente ao diretor de obra audiovisual o exercício de direitos morais. Por sua vez, o art. 26 permite que o autor repudie a autoria de projeto arquitetônico alterado sem o seu consentimento, respondendo o proprietário da construção pelos danos que causar ao autor se, depois do repúdio, der como sendo dele a autoria do projeto. Finalmente, instituíram-se a inalienabilidade e a irrenunciabilidade dos direitos morais, o que já consagrava a lei anterior.

Não há decadência ou caducidade e nem prescrição em relação aos direitos morais, mantendo-se sempre a possibilidade de seu exercício, em função do art. 27, que garante a inalienabilidade e a irrenunciabilidade:

"Os direitos morais do autor são inalienáveis e irrenunciáveis".

Já se manifestou, sobre a matéria, o Tribunal de Justiça do RS:

"O art. 24 da Lei nº 9.610/1998 dispõe que: 'São direitos morais do autor: I – o de reivindicar, a qualquer tempo, a autoria da obra'; ...

... Desta redação, extrai-se ser o direto moral do autor imprescritível...

... O demandado, ao utilizar trechos integrais da obra da demandante sem, no entanto, indicar a autoria das passagens utilizadas, violou direito assegurado pela lei dos direitos autorais. Ainda que as passagens reproduzidas não constituam parte expressiva do artigo publicado pelo réu, subsiste o direito da demandante de ter seu nome identificado como autora dos trechos reproduzidos. Certo é que o direito moral do autor de ter o seu nome indicado ou anunciado, como sendo o do autor, na utilização de sua obra, na esteira do art. 24, inciso II, da Lei nº 9.610/1998, restou violado".[2]

Também no STJ a matéria já foi apreciada:

"O autor da obra detém direitos de natureza pessoal e patrimonial. Os primeiros são direitos personalíssimos, por isso inalienáveis e irrenunciáveis, além de imprescritíveis, estando previstos no art. 24 da Lei nº 9.610/1998. Os segundos, regulados pelo art. 28 da referida Lei, são passíveis de alienação.

Nesse contexto, nada há a reparar na decisão guerreada quando afirma ser o segundo recorrido ainda titular de direitos morais que podem ser vindicados em juízo, tendo direito à reparação por danos morais em face das modificações perpetradas em sua obra sem autorização, pois apenas alienou seus direitos autorais de ordem patrimonial.

Na hipótese dos autos, a letra original da canção foi alterada de modo a atrair consumidores ao estabelecimento da sociedade empresária ré, não havendo falar em paráfrase, pois a canção original não foi usada como mote para desenvolvimento de outro pensa-

---

[2] Apelação Cível nº 70018822239, 9ª Câmara Cível do TJRS, j. em 23.05.2007, *DJ* de 31.05.2007, rel. Odone Sanguiné.

mento, ou mesmo em paródia, isto é, em imitação cômica, ou em tratamento antitético do tema. Foi deturpada para melhor atender aos interesses comerciais do promovido na propaganda.

Recurso especial conhecido e desprovido".[3]

b) *Direitos patrimoniais*

Formam os que dizem respeito aos resultados econômicos da obra, assegurados ao autor. Advêm eles da reprodução e da comunicação do trabalho intelectual ao público. Com isso, possibilita-se ao criador auferir os proventos econômicos compensatórios de seu esforço.

Carlos Alberto Bittar ressalta a decorrência da comunicação ao público e da reprodução de tais direitos: "O direito patrimonial manifesta-se, positivamente, com a comunicação da obra ao público e a reprodução, que possibilitam ao seu criador auferir os proventos econômicos que lhe puder proporcionar".[4]

A matéria aparece extensamente regulada no Capítulo III da Lei nº 9.610/1998, iniciando no art. 28 e terminando no art. 45.

O art. 28 assegura ao autor o direito exclusivo de utilizar, fruir e dispor da obra literária, artística ou científica.

O elenco de direitos está no art. 29, com algumas inovações relativamente à lei anterior. Eis os direitos:

"I – A reprodução parcial ou integral;

II – a edição;

III – a adaptação, o arranjo musical e quaisquer outras transformações;

IV – a tradução para qualquer idioma;

V – a inclusão em fonograma ou produção audiovisual;

VI – a distribuição, quando não intrínseca ao contrato firmado pelo autor com terceiros para uso ou exploração da obra;

VII – a distribuição para oferta de obras ou produções mediante cabo, fibra ótica, satélite, ondas ou qualquer outro sistema que permita ao usuário realizar a seleção da obra ou produção para percebê-la em um tempo e lugar previamente determinados por quem formula a demanda, e nos casos em que o acesso às obras ou produções se faça por qualquer sistema que importe em pagamento pelo usuário;

VIII – a utilização, direta ou indireta, da obra literária, artística ou científica, mediante:

a) representação, recitação ou declamação;

b) execução musical;

c) emprego de alto-falante ou de sistemas análogos;

d) radiodifusão sonora ou televisiva;

e) captação de transmissão de radiodifusão em locais de frequência coletiva;

f) sonorização ambiental;

g) a exibição audiovisual, cinematográfica ou por processo assemelhado;

---

[3] REsp nº 1.131.498/RJ, da 4ª Turma, j. em 17.05.2011, *DJe* de 8.06.2011, rel. Min. Raul Araújo.
[4] *Direito de autor na obra feita sob encomenda*. São Paulo: RT, 1977. p. 21.

h) emprego de satélites artificiais;

i) emprego de sistemas óticos, fios telefônicos ou não, cabos de qualquer tipo e meios de comunicação similares que venham a ser adotados;

j) exposição de obras de artes plásticas e figurativas;

IX – a inclusão em base de dados, o armazenamento em computador, a microfilmagem e as demais formas de arquivamento do gênero;

X – quaisquer outras modalidades de utilização existentes ou que venham a ser inventadas".

O principal direito está evidentemente na percepção do pagamento pelo contrato de edição ou de cessão. Uma vez não verificada uma anuência no preço, a solução encontra-se no art. 57, ordenando que o preço da retribuição será, então, arbitrado "com base nos usos e costumes".

2. O PRAZO DE PROTEÇÃO E A CADUCIDADE DOS DIREITOS DE AUTOR

Quanto aos direitos patrimoniais, a previsão do tempo de proteção está no art. 41 da Lei nº 9.610/1998:

> "Os direitos patrimoniais do autor perduram por setenta anos contados de 1º de janeiro do ano subsequente ao de seu falecimento, obedecida a ordem sucessória da lei civil".

Inexistindo, porém, parentes, a obra cairá em domínio público na data do seu falecimento (art. 45, inc. I). Já a obra anônima ou pseudônima, igualmente contemplado o prazo de setenta anos para passar ao domínio de todos, mas começando o lapso temporal no dia 1º de janeiro do ano subsequente ao da primeira publicação (art. 43). Todavia, dando-se o autor a conhecer antes do termo ou limite de setenta anos, o período de setenta anos inicia na forma prevista no art. 41, isto é, a começar do dia 1º de janeiro do ano seguinte ao do falecimento (art. 43, parágrafo único).

De igual modo é a contagem para os herdeiros ou sucessores no caso de obra intelectual realizada em colaboração, mas indivisível, iniciando, porém, o prazo a partir da morte do último dos colaboradores sobreviventes (art. 42). Se um dos coautores não deixar herdeiros ou sucessores, acrescer-se-ão aos dos sobreviventes os direitos respectivos (parágrafo único do art. 42). Salienta-se que, na indivisão, presume-se que os autores terão partes iguais nos direitos patrimoniais, e assim também os herdeiros e sucessores, como leva a entender o art. 23.

O prazo de setenta anos, mas com início a partir de 1º de janeiro do ano subsequente ao da divulgação, abrange as obras audiovisuais e fotográficas, conforme preceitua o art. 44:

> "O prazo de proteção aos direitos patrimoniais sobre obras audiovisuais e fotográficas será de setenta anos, a contar de 1º de janeiro do ano subsequente ao de sua divulgação".

Há a caducidade, porquanto desaparece o direito. Cessa o direito não porque se deixa de invocá-lo ou de colocá-lo em prática, mas pela razão de que a proteção firma-se ou existe unicamente por um determinado período de tempo. Daí a diferença de decadência, que é a perda de um direito pelo decurso do tempo em que ele devia ser exercido, embora também resulte da caducidade. Mais aprofundadamente, opera-se a extinção do direito pela inércia do seu titular, sendo que sua eficácia está, na origem, subordinada à condição de seu exercício dentro de um prazo prefixado, que se esgotou sem que o exercício se tivesse verificado.

Da caducidade, no caso, decorre a extinção dos direitos ligados à edição, que se dá pelas causas que determinam a extinção dos contratos em geral, além de algumas especiais, previstas na Lei nº 9.610/1998:

a) morte do autor antes de concluída a obra, ou superveniência de sua incapacidade para terminá-la;

b) inadimplemento das obrigações por qualquer das partes, determinando a rescisão contratual relativamente às edições futuras convencionadas;

c) destruição da obra por caso fortuito ou força maior, por desaparecer o objeto, a menos que o autor possua cópia ou segunda via, o que lhe permite encaminhá-la ao editor. Se a destruição ocorre quando já reproduzido o trabalho, mas não exposto ainda, à venda, ao editor cabe fazer nova tiragem às suas custas;

d) pelo esgotamento da edição; havendo uma nova edição, outro contrato há de se elaborar;

e) pelo decurso do prazo de dois anos, a partir do momento em que foi celebrado o contrato, salvo prazo diverso estipulado em contrário, sem que o editor publique a obra (art. 62, parágrafo único, da Lei nº 9.610/1998);

f) não publicação de nova edição, a que tem direito o editor, depois de esgotada a anterior, e intimado o mesmo para que a faça em certo prazo. É o que depreende do art. 65:

"Esgotada a edição, e o editor, com direito a outra, não a publicar, poderá o autor notificá-lo a que o faça em certo prazo, sob pena de perder aquele direito, além de responder por danos".

As obras em relação às quais decorreu o prazo de proteção aos direitos patrimoniais, de acordo com o item *supra*, passam automaticamente ao domínio público. Transcorrido o período de proteção, qualquer interessado poderá usá-las, não mais precisando de autorização ou de contrato de edição ou cessão.

Consoante o art. 45, há outras eventualidades das obras caírem no domínio de todos:

"Além das obras em relação às quais decorreu o prazo de proteção aos direitos patrimoniais, pertencem ao domínio público:

I – as de autores falecidos que não tenham deixado sucessores;

II – as de autor desconhecido, ressalvada a proteção legal aos conhecimentos étnicos e tradicionais".

Importante, também, que se analisem os direitos conexos. Pela leitura do art. 89 da Lei nº 9.610/1998 e de seu parágrafo único, compreende-se o significado desses direitos. Eis a redação do art. 89:

"As normas relativas aos direitos de autor aplicam-se, no que couber, aos direitos dos artistas intérpretes, ou executantes, dos produtores fonográficos e das empresas de radiodifusão.

Parágrafo único. A proteção desta Lei aos direitos previstos neste artigo deixa intactas e não afeta as garantias asseguradas aos autores das obras literárias, artísticas ou científicas".

Percebe-se que, ao lado do autor intelectual, foram colocados os artistas, intérpretes e executantes, os produtores fonográficos e as empresas de radiodifusão. Estendem-se a eles os mesmos direitos concedidos ao autor intelectual – sendo conhecidos também como direitos afins, ou análogos, dentre outras denominações.

O período de tempo de proteção também é de setenta anos, segundo dispõe o art. 96:

> "É de setenta anos o prazo de proteção aos direitos conexos, contados a partir de 1º de janeiro do ano subsequente à fixação, para fonogramas; à transmissão, para as emissões das empresas de radiodifusão; e à execução e representação pública, para os demais casos".

Sempre, pois, inicia o prazo no ano seguinte ao da produção, nas diversas formas de uso das obras.

A conclusão a que se chega é que, decorrido o prazo de setenta anos, em todas as situações supradescritas, não remanesce qualquer direito de autor. Resulta, daí, a caducidade do direito na defesa depois do referido lapso de tempo. Isto porque os direitos perduram por setenta anos.

3. O PRAZO DE PRESCRIÇÃO

Já no pertinente à prescrição, o prazo para a defesa é de dez anos, a partir da violação, por aplicação do art. 205 do Código Civil, que é a regra geral de prescrição no direito brasileiro na ausência de dispositivo especial. Não contendo a Lei nº 9.610/1998 regra a respeito, incide o lapso de dez anos para a prescrição da ação de reparação de danos patrimoniais por violação de direito de autor, contados da data da ofensa ou dano, sendo que a Súmula 37 do Superior Tribunal, de 1992, de Justiça autoriza a cumulação de pedidos de reparação por danos patrimoniais e morais advindos do mesmo evento. Sob o regime do Código Civil de 1916, era de cinco anos a prescrição da ação civil por ofensa a direitos de autor, contado o prazo da data da contrafação, como defluía do inc. VII do § 10 de seu art. 178. Essa a orientação dada por Rui Stoco: "Não havendo previsão acerca da prescrição na lei específica, como é da tradição do nosso direito, incide a lei comum, ou seja, o Código Civil.

Entretanto, é cediço que esse Código de 2002 não estabeleceu, especificamente, a prescrição relativa aos direitos autorais, não sendo aplicável o § 5º, II, do art. 206, ao fazer menção 'à pretensão dos profissionais liberais em geral, procuradores judiciais, curadores e professores pelos seus honorários', por ausência de adequação fática.

Diante disso, não havendo específica tipificação do prazo prescricional para a cobrança de valores devidos a título de direitos autorais, incide a cláusula geral do art. 205 do referido CC, ao dispor que 'a prescrição ocorre em dez anos, quando a lei não lhe haja fixado prazo menor'".[5]

Conclui-se que, durante o prazo de proteção, em havendo violação, tem o autor o prazo de dez anos para o exercício do direito, em se tratando de direitos patrimoniais. Quanto aos direitos morais constantes do art. 24 da Lei nº9.610, por aplicação do art. 5º, IX, e, sobretudo, por força do art. 5º, XXVII, domina a imprescritibilidade. Sempre se assegura a defesa dos direitos enquanto perdura a obra.

Relativamente à prescrição, na linha do STJ, o prazo de dez anos se aplica para a ofensa a direitos contratuais, incidindo o prazo de três anos em se tratando de indenização por ato ilícito:

---

[5] *Tratado de responsabilidade civil*: doutrina e jurisprudência, cit., p. 218.

"O Código Civil de 2002 não trouxe previsão específica quanto ao prazo prescricional incidente em caso de violação de direitos do autor, sendo de se aplicar o prazo de 3 anos (art. 206, § 3º, V) quando tiver havido ilícito extracontratual ou então o prazo de 10 anos (art. 205), quando a ofensa ao direito autoral se assemelhar a um descumprimento contratual, como na hipótese".[6]

No caso de contrafação, conta-se o prazo prescricional da data em que a mesma ocorreu. Necessário definir o significado do termo *contrafação*. Na singela ideia do art. 5º, inc. VI, da Lei nº 9.610/1998, conceitua-se como a reprodução não autorizada. A Lei anterior, de nº 5.988/1973, em seu art. 64, apresentava uma conceituação mais ampla: "Considera-se contrafação, sujeitando-se o editor ao pagamento de perdas e danos, qualquer repetição de número, bem como exemplar não numerado, ou que apresente número que exceda a edição contratada". Envolve, também, o plágio, figura que contém elementos da contrafação. Nas duas formas, estampa-se a utilização indevida de obra alheia, mais precisamente a reprodução ilícita: no plágio, pelo aproveitamento de ideias e texto, sem referir a origem ou a autoria; na contrafação, desprezando-se a autorização ou licença para publicar. No fundo, em ambas as espécies há a usurpação de direitos e proveito moral ou econômico ilícito, embora mais presente a falsidade no plágio.

---

[6] REsp nº 1.159.317/SP, da 3ª Turma, j. em 11.03.2014, *DJe* de 18.03.2014, rel. Min. Sidnei Beneti.

Capítulo XCVIII
A CADUCIDADE E A PRESCRIÇÃO NA PROPRIEDADE INDUSTRIAL E NO NOME EMPRESARIAL

1. ABRANGÊNCIA DA PROPRIEDADE INDUSTRIAL

O direito industrial é definido como o conjunto de normas legais e princípios jurídicos, de proteção à propriedade industrial.

Num sentido mais amplo, como João da Gama Cerqueira já definia quase nos primórdios de sua instituição, é "o conjunto de normas legais e princípios jurídicos de proteção à atividade do trabalho e seus resultados econômicos e reguladores das relações jurídicas, oriundas dessa atividade, entre os indivíduos e entre estes e o Estado".[1]

Faz parte da propriedade intelectual, pois é uma modalidade da propriedade, com a característica marcante de ter como objeto bens imateriais. Dirige-se ao disciplinamento da matéria que trata da criação intelectual voltada à indústria. Como no direito de autor, integra a propriedade intelectual, a qual se destaca pela imaterialidade, compreendendo as invenções e os sinais distintivos da empresa, como as obras científicas, artísticas e literárias. De sorte que o direito intelectual é o gênero, do qual aparecem como espécies o direito de autor e o direito industrial.

Efetua-se a proteção do direito industrial, conforme Douglas Gabriel Domingues, mediante:

> "a) concessão de privilégios de invenção, de modelos de utilidade, de modelo industrial e desenho industrial;
>
> b) concessão de registros de marcas de indústria, de comércio ou de serviço, de expressões ou sinais de propaganda;
>
> c) repressão a falsas indicações de procedência;
>
> d) repressão à concorrência desleal".[2]

A matéria submetia-se à Lei nº 5.772, de 21.12.1971, e, no momento, está normatizada na Lei nº 9.279, de 14.05.1996, a chamada Lei da Propriedade Industrial.

---

[1] *Privilégios de invenção e marcas de fábrica e de comércio*. São Paulo: Empresa Gráfica da Revista dos Tribunais, 1931. v. I, p. 14.
[2] *Direito industrial*: patentes. Rio de Janeiro: Forense, 1980. p. 69.

Tem como objeto a propriedade industrial a regulamentação e a proteção dos privilégios de invenção, de modelos de utilidade, de desenhos ou modelos industriais, as marcas de fábrica ou de comércio, o nome comercial e indicações de procedência ou denominações de origem e a repressão à concorrência desleal.

As proteções se encontram discriminadas no art. 2º da citada Lei, com inclusão pela Lei nº 14.852, de 2024:

> "I – concessão de patentes de invenção e de modelo de utilidade;
>
> II – concessão de registro de desenho industrial;
>
> III – concessão de registro de marca;
>
> IV – repressão às falsas indicações geográficas; e
>
> V – repressão à concorrência desleal.
>
> VI – concessão de registro para jogos eletrônicos".

Passa-se a examinar alguns prazos da prescrição.

2. O PRAZO DA PRESCRIÇÃO

O prazo prescricional para reclamar qualquer direito concernente à propriedade industrial é de cinco anos. Assim prevê o art. 225:

> "Prescreve em 5 (cinco) anos a ação para reparação de danos causados ao direito de propriedade industrial".

Regra semelhante continha o art. 178, § 10, inc. IX, do Código Civil de 1916, sem equivalente no Código de 2002, que não se podia conceber restritamente à propriedade mobiliária ou imobiliária, pois o termo "propriedade" é genérico, alcançando toda a dimensão ou qualquer ramo da propriedade.

Sobre as perdas e danos por uso de marca, veio a Súmula nº 143 do Superior Tribunal de Justiça, de 1995: "Prescreve em 5 (cinco) anos a ação de perdas e danos pelo uso de marca comercial".

Inicia o prazo na data da verificação ou da ciência da ofensa ao direito de propriedade. Em julgado não recente, já se imprimia tal inteligência:

> "A ação protetiva da propriedade de marca de indústria encontra amparo no direito real e, por isso, seu prazo prescricional vem estipulado no art. 178, § 10, inc. IX, do CC, e começa a fluir da ciência da violação do direito, não se interrompendo, para nova reabertura, a cada repetição da violação".[3]

Para a ação anulatória da carta patente, seja de invenção ou de modelo de utilidade, não se aponta um prazo, consoante o art. 56, pelo qual a ação respectiva é ajuizável a qualquer tempo da vigência da patente, atribuindo-se legitimidade ao INPI e a qualquer interessado.

---

[3] O dispositivo *supra* não encontra regra equivalente no Código Civil de 2002. Apel. Cível nº 108.165-1, da 8ª Câm. Cível do TJSP, de 29.03.1989, *Revista dos Tribunais* 643/78.

Relativamente ao registro de desenho industrial, por força do art. 118, que manda aplicar à espécie as disposições que tratam da patente, de idêntico modo não existe um prazo peremptório, mas enquanto perdurar o registro viabiliza-se a competente lide de anulação.

Já para registro de marcas o prazo limita-se a cinco anos, a teor do art. 174:

> "Prescreve em 5 (cinco) anos a ação para declarar a nulidade do registro, contados da data da concessão".

Não se pode olvidar a regra do art. 226, pelo qual, quanto ao início do prazo, se dará com a publicação do ato do registro no órgão próprio de divulgação. Outrossim, em atenção ao art. 222, na contagem exclui-se o dia do começo e inclui-se o do vencimento.

Desde tempos passados o Supremo Tribunal Federal vem aplicando os princípios das regras supramencionadas, que constituem repetição da legislação anterior:

> "Nulidade do registro. A prescrição de ação tem como *dies a quo* a respectiva publicação no órgão oficial do INPI...".[4]

Para as providências de cessação do abuso, da contrafação, da fraude, em vista de outra marca que ofende uma anterior, também deve incidir o prazo de dez anos, a iniciar na data do conhecimento do evento, com base no art. 205 do Código de 2002, já que não assinalado, no próprio Código Civil ou em lei própria, um prazo específico.

No caso de indenização, o prazo, porém, será de cinco anos.

Realmente, a Lei nº 9.279/1996 prevê, em seus arts. 208 e 209, o ressarcimento pelos danos decorrentes do uso indevido de marca.

> "Art. 208. A indenização será determinada pelos benefícios que o prejudicado teria auferido se a violação não tivesse ocorrido.
>
> Art. 209. Fica ressalvado ao prejudicado o direito de haver perdas e danos sem ressarcimento de prejuízos causados por atos de violação de direitos de propriedade industrial e atos de concorrência desleal não previstos nesta Lei, tendentes a prejudicar a reputação ou os negócios alheios, a criar confusão entre estabelecimentos comerciais, industriais ou prestadores de serviço, ou entre os produtos e serviços postos no comércio".

O prazo da prescrição está inserido no art. 225:

> "Prescreve em 5 (cinco) anos a ação para reparação de dano causado ao direito de propriedade industrial".

A jurisprudência tem decidido no sentido da prescrição quinquenal:

> "O prazo prescricional para a ação de indenização por violação ao uso indevido de marca é quinquenal. Porém, o termo *a quo* nasce a cada dia em que o direito é violado. De fato, se a violação do direito é continuada, de tal forma que os atos se sucedam em sequência, a prescrição ocorre do último deles, mas se cada ato reflete uma ação inde-

---

[4] Agravo de Instrumento no 114.930-2/RJ, de 17.02.1985.

pendente, a prescrição alcança cada um, destacadamente. (Pereira, Caio Mário da Silva. *Instituições de direito civil*. 25. ed. Rio de Janeiro: Forense, 2012. p. 585)".[5]

Existe, sobre a matéria, a Súmula nº 143, do STJ, de 14.06.1995 (*DJ* 23.06.1995):

"Prescreve em cinco anos a ação de perdas e danos pelo uso de marca comercial".

3. PRESCRIÇÃO NO NOME EMPRESARIAL

Aplica-se ao nome empresarial ou comercial o regime da Lei de Propriedade Industrial, quanto à prescrição.

Consiste o nome empresarial na denominação pela qual uma pessoa física ou jurídica desempenha a atividade do comércio ou da indústria que exerce. Clara é a explicação de José Carlos Tinoco Soares: "Nome comercial, portanto, designa a pessoa natural (firma individual) ou a pessoa jurídica (qualquer tipo de sociedade), e, bem assim, os estabelecimentos e as localidades. Ao designar a pessoa jurídica, o nome comercial já abrangeu praticamente os estabelecimentos e as localidades, quando estas são empregadas como elementos preponderantes, figurando na espécie expressões de fantasia. Melhor seria, entretanto, se numa só expressão e com um só sentido, os autores tivessem conceituado. O nome comercial designa a pessoa natural ou jurídica no exercício de suas atividades comerciais e industriais. A expressão 'pessoa natural' corresponde à firma individual e a expressão 'pessoa jurídica' às sociedades de pessoas em nome coletivo e todos os demais tipos de sociedades, inclusive aquelas que são constituídas dos nomes dos estabelecimentos e de localidades".[6]

O sentido de nome comercial quase se identifica com o de nome empresarial, sendo este último de maior extensão. É que o primeiro restringe-se mais ao conteúdo comercial, isto é, envolve o comércio; já o segundo abrange os setores do comércio e da produção, e inclusive dos serviços, abrangendo aquele. E neste amplo significado, é corrente especificar, no nome ou empresa comercial, a firma e a denominação.

Relativamente à prescrição de qualquer ação para insurgir-se contra a usurpação do nome empresarial, é estabelecida em cinco anos. É a lição de Paulo Roberto Tavares Paes: "O prazo de prescrição é de cinco anos a contar do arquivamento no Registro de Comércio dos atos constitutivos da empresa contra a qual se insurge para o fim de propositura da ação (CC, art. 178, § 10, inc. IX)... Quanto ao entendimento de que a prescrição é quinquenal, v. acórdão do STF, RE nº 46.597, *DJU* 17.09.1962, p. 418)".[7]

O dispositivo da lei civil apontado, cujo preceito não está previsto no Código de 2002, encerrava que prescrevia em cinco anos a ação por ofensa ou dano causados ao direito de propriedade, contado o prazo da data em que se deu a mesma ofensa ou dano. Com apoio nesse dispositivo se firmou a jurisprudência, conforme *Apelação Cível* nº 89.021-1, da 3ª Câm. Cível do TJSP, j. em 25.08.1987.[8] Inclusive em nível de Superior Tribunal de Justiça:

"O direito sobre o nome comercial, segundo o entendimento hoje prevalente na doutrina e jurisprudência, constitui uma propriedade, à semelhança do que ocorre com as

---

[5] REsp nº 1320842/PR, da 4ª Turma do STJ, j. em 14.05.2013, *DJe* de 1º.07.2013, rel. Min. Luis Felipe Salomão.
[6] *Nome comercial*. São Paulo: Atlas, 1968. p. 31.
[7] *Propriedade industrial*. São Paulo: Saraiva, 1982. p. 74-75.
[8] *Jurisprudência Brasileira*, n. 132, cit., p. 186.

marcas de fábrica e de comércio, motivo pelo qual, em ações por violação de seu uso exclusivo, se aplica o lapso prescricional previsto no art. 178, § 10, inc. IX, do Código Civil".[9]

O Código Civil de 2002 omitiu a regra do art. 178, § 10, inc. IX, do Código revogado. Por força de seu art. 205, na falta de fixação de prazo menor, ocorre a prescrição em dez anos. De sorte que esse o prazo aplicável, desde a vigência do Código da Lei nº 10.406/2002.

Havendo o arquivamento de um nome empresarial já registrado, a contar da data do segundo registro (arquivamento) assegura-se o prazo para o lesado promover a competente anulação. Caso não efetuado o registro, oferece-se o prazo a partir da data em que se deu a ofensa ou o dano, ou que se tomou conhecimento de sua ocorrência.

4. CADUCIDADE NA PROPRIEDADE INDUSTRIAL

No tocante à caducidade, diz respeito à patente de invenção e à patente de modelo de utilidade.

Quanto à patente de invenção, para o entendimento, necessário explicar que são privilegiáveis as invenções novas e suscetíveis de utilização industrial – tanto a invenção em si como a aplicada em modelo de utilidade. Nova será uma invenção quando apresenta substancial diferença dos produtos, processos ou meios já conhecidos, sendo acrescentado algo novo ao conhecimento humano.

A invenção poderá se apresentar em três formas:[10]

a) Novo produto industrial, ou um bem, antes inexistente, que passa a integrar as riquezas materiais;

b) Novo meio ou processo de fabricação, significando um modo diferente dos então existentes para produção de bens.

c) Aplicação nova de meios ou processos já conhecidos, em que os agentes da fabricação já existem, mas imprime-se uma combinação, ou um uso diferente. Dada a associação de técnicas em processos conhecidos, descobre-se uma forma diferente de se fabricar um produto.

Uma vez surgida a invenção, dois direitos emergem: o de privilégio e o da patente. Explica João da Gama Cerqueira: "Privilégio é o próprio direito do inventor; a patente é a prova desse direito e o título legal de seu exercício, expedido pela administração pública".[11]

Da invenção decorre o direito à privilegiabilidade, que se consegue com a patente. Conforme o citado autor, em outra obra de sua lavra, o direito do inventor, no entanto, não se origina da concessão da patente, nem é privilégio, mas este é decorrência do direito do inventor. O conteúdo positivo de seu direito é o uso ou exploração do invento, e o conteúdo negativo é a exclusão de outras pessoas no proveito.[12]

Temos, aí, os elementos principais do privilégio: o proveito do invento e a exclusividade, que decorrem do invento patenteado.

---

[9] REsp nº 4.055/PR, da 4ª Turma, j. em 19.03.1991, *DJU* de 20.05.1991.
[10] DOMINGUES, Douglas Gabriel. *Direito industrial*: patentes, cit., p. 38.
[11] *Privilégios de invenção e marcas de fábrica e de comércio*, cit., p. 96.
[12] *Tratado da propriedade industrial*. 2. ed. São Paulo: RT, 1982. v. I, p. 200.

Eis, pois, o significado de privilégio: a exclusividade do uso e a exploração do invento, que a lei assegura, e se consegue com a patente. Este o quadro que forma e outorga a propriedade industrial. O título da propriedade é justamente a carta de patente. É claro, neste sentido, João da Gama Cerqueira: "A patente de invenção, expedida pela administração pública, mediante o cumprimento das formalidades legais e sob certas condições, é o ato pelo qual o Estado reconhece o direito do inventor, assegurando-lhe a propriedade e o uso exclusivo da invenção pelo prazo da lei; é o título do direito de propriedade do inventor. Constitui, ao mesmo tempo, a prova do direito e o título legal para o seu exercício. Em sentido figurado, significa o próprio privilégio".[13]

É que da patente advém o privilégio, concedendo a exclusividade do uso e a exploração do bem.

A "patente" tem o significado de carta pública, dirigida a todos quantos tomem contato com ela. Utiliza-se o termo, além das invenções propriamente ditas, para simbolizar o desenho, a invenção, o modelo, dentre outras criações, passando a ter-se a patente de desenho, a patente de invenção, a patente de modelo.

Quanto à invenção do modelo de utilidade, pressupõe-se a existência do objeto de uso prático. Se já existente o objeto de uso prático, ou parte deste, torna-se viável a patenteabilidade, desde que se lhe seja imprimida ou colocada nova forma ou disposição de cunho inventivo, como exige o art. 9º da citada Lei:

"É patenteável como modelo de utilidade o objeto de uso prático, ou parte deste, suscetível de aplicação industrial, que apresente nova forma ou disposição, envolvendo ato inventivo, que resulte em melhoria no seu uso ou em sua fabricação".

Sintetiza Patrícia Aurélia Del Nero: "A proteção do privilégio concedida ao modelo de utilidade somente diz respeito à forma ou às disposições novas que tragam melhor utilização à função a que o objeto ou parte de máquina destinam-se".[14]

Pela patente declara-se a propriedade em nome do inventor ou do modelo de utilidade, valendo o título como presunção e até garantia da propriedade, sujeitando-se à nulidade se constatar-se que são falhos os pressupostos para a concessão.

Da redação do art. 6º da Lei nº 9.279/1996 extrai-se tal conclusão:

"Ao autor de invenção ou modelo de utilidade será assegurado o direito de obter a patente que lhe garanta a propriedade, nas condições estabelecidas nesta Lei".

O § 1º, quanto à presunção da legitimidade para requerer a patente:

"Salvo prova em contrário, presume-se o requerente legitimado a obter a patente".

A novidade constitui pressuposto para a patente de invenção e de modelo de utilidade. O art. 11 fornece a ideia de novidade:

"A invenção e o modelo de utilidade são considerados novos quando não compreendidos no estado da técnica".

---

[13] *Tratado da propriedade industrial*, cit., p. 202.
[14] *Propriedade intelectual*: a tutela jurídica da biotecnologia. São Paulo: RT, 1998. p. 57.

O estado da técnica tem a significação delineada no § 1º:

> "O estado da técnica é constituído por tudo aquilo tornado acessível ao público antes da data de depósito do pedido de patente, por descrição escrita ou oral, por uso ou qualquer outro meio, no Brasil ou no exterior, ressalvado o disposto nos arts. 12, 16 e 17".

Importante, também, observar que a propriedade industrial rege-se, além da Lei nº 9.279/1996, por acordos ou tratados internacionais, desde que signatário o Brasil. Uma das últimas manifestações internacionais ocorreu em 1994, no Uruguai, na chamada Rodada Uruguaia de Negociações Comerciais Multilaterais do GATT. Contou com a adesão de cento e vinte países, no âmbito do GATT – Acordo Geral sobre Tarifas e Comércio (*General Agreement on Tariff and Trade*). Teve como objetivo principal a adoção, pelos países, de regras gerais para uniformizar o comércio internacional. Dos debates surgiu o Acordo sobre Aspectos dos Direitos de Propriedade Intelectual – TRIPs (*Trade Related Intellectual Property Rights*), cujo protocolo ("Ata Final da Rodada Uruguaia de Negociações Comerciais Multilaterais do GATT") foi aprovado e acolhido no Brasil pelo Decreto Legislativo nº 30, de 15.12.1994, e publicado no Diário Oficial da União de 19.12.1994. Já o Decreto nº 1.355, de 30.12.1994, homologou o protocolo, começando a vigorar em 1º.01.1995.

Com esses dados, salienta-se que a patente de invenção e a de modelo de utilidade não perduram indefinidamente.

Já consignava João da Gama Cerqueira: "A lei positiva considera o direito do inventor como uma propriedade temporária e resolúvel, garantida pela concessão da patente, que assegura ao inventor o direito de explorar a invenção, de modo exclusivo, durante certo prazo, considerado suficiente para lhe permitir que tire de sua criação os proveitos materiais que possa proporcionar. Findo esse prazo, a invenção cai no domínio público, podendo, desde então, ser livremente usada e explorada. Assim se conciliam, de modo justo e equitativo, os direitos do inventor sobre a sua obra e os interesses da coletividade relativos à utilização das invenções".[15]

O art. 40 da Lei nº 9.279/1996 trata dos prazos de vigência da patente de invenção e a de modelo de utilidade, tendo a Lei 14.195/2021 revogado seu parágrafo único:

> "A patente de invenção vigorará pelo prazo de 20 (vinte) anos e a de modelo de utilidade pelo prazo de 15 (quinze) anos contados da data de depósito".

De notar que o prazo de vinte anos consta também no art. 33 do Acordo sobre Aspectos dos Direitos de Propriedade Intelectual – TRIPs:

> "A vigência da patente não será inferior a um prazo de 20 anos, contados a partir da data do depósito".

Decorridos os prazos, decorre a caducidade.

Com a redação do art. 40 da Lei nº 9.279/1996, todas as patentes de invenção então em vigor, e as que estavam regidas pela Lei nº 5.772/1971, tiveram seus prazos estendidos de quinze para vinte anos, o que encontra fundamento no art. 6º da Lei de Introdução às Normas do Direito Brasileiro:

---

[15] *Tratado da propriedade industrial*, cit., p. 464.

"A lei em vigor terá efeito imediato e geral, respeitados o ato jurídico perfeito, o direito adquirido e a coisa julgada".

Igualmente tem-se a caducidade se, decorridos 5 (cinco) anos da sua concessão, o uso da marca não tiver iniciado no Brasil, ou se o uso foi interrompido por mais de 5 (cinco) anos consecutivos, ou se, no mesmo prazo, a marca tiver sido usada com modificação, que implique alteração de seu caráter distintivo original, tal como constante do certificado de registro.

Com efeito, o art. 142 da Lei nº 9.279/1996 elenca hipóteses de extinção:

"O registro da marca extingue-se:

I – pela expiração do prazo de vigência;

II – pela renúncia, que poderá ser total ou parcial em relação aos produtos ou serviços assinalados pela marca;

III – pela caducidade; ou

IV – pela inobservância do disposto no art. 217".

O art. 143, tratando da caducidade:

"Caducará o registro, a requerimento de qualquer pessoa com legítimo interesse se, decorridos 5 (cinco) anos da sua concessão, na data do requerimento:

I – o uso da marca não tiver sido iniciado no Brasil; ou

II – o uso da marca tiver sido interrompido por mais de 5 (cinco) anos consecutivos, ou se, no mesmo prazo, a marca tiver sido usada com modificação que implique alteração de seu caráter distintivo original, tal como constante do certificado de registro.

§ 1º Não ocorrerá caducidade se o titular justificar o desuso da marca por razões legítimas.

§ 2º O titular será intimado para se manifestar no prazo de 60 (sessenta) dias, cabendo-lhe o ônus de provar o uso da marca ou justificar seu desuso por razões legítimas".

Estabelece o art. 144 os elementos que deverão compreender o uso da marca, para não caducar:

"O uso da marca deverá compreender produtos ou serviços constantes do certificado, sob pena de caducar parcialmente o registro em relação aos não semelhantes ou afins daqueles para os quais a marca foi comprovadamente usada".

Tal caducidade já foi reconhecida pelo STJ:

"O detentor da marca registrada perderá o registro, por caducidade, se a requerimento de qualquer pessoa com legítimo interesse e decorridos 5 (cinco) anos da sua concessão, o uso da marca não tiver sido iniciado no Brasil ou se o uso tiver sido interrompido por mais de 5 (cinco) anos consecutivos, ou, ainda, se, no mesmo prazo, a marca tiver sido usada com modificação, que implique alteração de seu caráter distintivo original, tal como constante do certificado de registro (Lei de Propriedade Industrial, art. 143, incisos I e II)".[16]

---

[16] REsp nº 964.780/SP, da 4ª Turma, j. em 21.08.2007, DJ de 24.09.2007, rel. Min. Hélio Quaglia Barbosa.

Há mais casos de caducidade.

Assim a caducidade do registro da marca coletiva, prevista no art. 153:

> "A caducidade do registro será declarada se a marca coletiva não for usada por mais de uma pessoa autorizada, observado o disposto nos arts. 143 a 146".

Também na situação de decorrido o prazo de dois anos do registro da patente, sem que tenha da licença compulsória sido suficiente para prevenir ou sanar abuso ou desuso, o se retira da conjugação do art. 78, III, da Lei nº 9.279/1996, com o art. 80 e seus parágrafos.

Encerra o art. 78, III:

> "A patente extingue-se: ... III – pela caducidade".

Por sua vez, o art. 80:

> "Caducará a patente, de ofício ou a requerimento de qualquer pessoa com legítimo interesse, se, decorridos 2 (dois) anos da concessão da primeira licença compulsória, esse prazo não tiver sido suficiente para prevenir ou sanar o abuso ou desuso, salvo motivos justificáveis".

Embora deferido o lapso de tempo referido para a licença compulsória, não conseguiu a pessoa sanar as precariedades que existiam.

O § 1º aponta para mais um caso de caducidade, que é a falta de início da exploração quando do pedido de caducidade ou da instauração de ofício do processo correspondente:

> "A patente caducará quando, na data do requerimento da caducidade ou da instauração de ofício do respectivo processo, não tiver sido iniciada a exploração".

Capítulo XCIX
A DECADÊNCIA NO DIREITO TRIBUTÁRIO

1. CONCEITO DE DECADÊNCIA TRIBUTÁRIA

Para participar da vida social, pagam-se tributos. Faz-se isso ao morar, ao estudar, ao trabalhar, ao divertir-se, e especialmente ao ganhar dinheiro pelas mais diversas formas. Enfim, sempre um tributo incide, e esse é o maior ônus patrimonial que a organização em sociedade impõe. Quem tem legitimidade para impor esse ônus é o Estado, que decorre de sua função política e constitucional. Inobstante os diversos significados que encerra a expressão "*poder*", aqui será tratada no sentido de *competência*. Portanto, o Estado tem a competência para impor o ônus tributário, exercendo essa competência formalmente, e em um determinado período, sempre em nome da necessária estabilização jurídica que o indivíduo necessita ter na própria vida civil, ou, em uma visão mais contemporânea, para a própria dignidade. É o que se denomina *segurança jurídica*. Em última instância, refere-se à liberdade do ser humano.

Tratar-se-á, em primeiro momento, de um dos institutos jurídicos que possui a função de manter a segurança jurídica e social, que é a decadência tributária, a qual, assim como o poder de tributar, também tem uma finalidade política.[1]

Em termos tributários, Vittorio Cassone explica que "decadência é a perda de um direito em consequência de não tê-lo exercido durante determinado período de tempo".[2] Aurora Tomazini de Carvalho, citando Marcos Diniz de Santi, assevera que a decadência é "a perda do direito da competência administrativa do fisco para constituir o crédito tributário, em decorrência do decurso de certo período de tempo sem que o tenha exercido".[3]

Daí se concluir que a decadência tributária (ou caducidade) se entende como a perda do direito do Estado em constituir (lançar) o seu crédito tributário, com a consequente perda ao próprio crédito, que se extingue. É, portanto, uma das formas de extinção do crédito tributário, conforme dispõe o art. 156, inc. V, do Código Tributário Nacional. Decorre da omissão do Estado em constituir o crédito tributário por meio do lançamento correspondente.

---

[1] Na filosofia do direito, o debate encontra-se dividido. Enquanto Ahrens, Cassiodoro, Gaio, Grocio, Thibaut e Savigny consideram a prescrição e a decadência meras criações políticas, Puffendorf d'Argentre, Troplong e Baine colocam os institutos como um direito natural.
[2] *Direito tributário*: fundamentos constitucionais, análise dos impostos, incentivo à exportação, doutrina, prática e jurisprudência. 10. ed. São Paulo: Atlas, 1997. p. 131.
[3] *Decadência e prescrição em direito tributário*. 2. ed. São Paulo: MP Editora, 2010. p. 41.

2. CONSTITUIÇÃO DO CRÉDITO TRIBUTÁRIO E DECADÊNCIA

Tem o Estado um percurso a percorrer para constituir o crédito tributário. Começa com a identificação da ocorrência do fato gerador e termina com a constituição definitiva. Em relação à constituição definitiva, Ives Gandra da Silva Martins explica que a mesma se dá "quando houver ato administrativo regularmente notificado, ou homologação, nos termos do art. 150 do CTN, que preencha requisitos do art. 142 do CTN, tornando a obrigação extinta (art. 150 do CTN) ou líquida, isto é, certa quanto à sua existência e determinada quanto ao seu objeto (art. 1.533 do CC/1916)".[4]

O Código Tributário Nacional (Lei nº 5.172, de 25.10.1966), considerado lei complementar, disciplina o instituto da decadência nos arts. 150, § 4º, 156, inc. V, e 173. Ressalta-se que, segundo o art. 146, inc. III, alínea "b", da Constituição Federal, devem ser veiculadas apenas por lei complementar normas gerais em matéria de legislação tributária, especialmente sobre a decadência tributária.

Transcreve-se o teor dos artigos supracitados:

> "Art. 150. O lançamento por homologação, que ocorre quanto aos tributos cuja legislação atribua ao sujeito passivo o dever de antecipar o pagamento sem prévio exame da autoridade administrativa, opera-se pelo ato em que a referida autoridade, tomando conhecimento da atividade assim exercida pelo obrigado, expressamente a homologa.
>
> (...)
>
> § 4º Se a lei não fixar prazo à homologação, será ele de 5 (cinco) anos, a contar da ocorrência do fato gerador; expirado esse prazo sem que a Fazenda Pública se tenha pronunciado, considera-se homologado o lançamento e definitivamente extinto o crédito, salvo se comprovada a ocorrência de dolo, fraude ou simulação.
>
> (...)
>
> Art. 156. Extinguem o crédito tributário: (...)
>
> V – a prescrição e a decadência; (...)
>
> Art. 173. O direito de a Fazenda Pública constituir o crédito tributário extingue-se após 05 (cinco) anos, contados:
>
> I – do primeiro dia do exercício seguinte àquele em que o lançamento poderia ter sido efetuado;
>
> II – da data em que se tornar definitiva a decisão que houver anulado, por vício formal, o lançamento anteriormente efetuado.
>
> Parágrafo único. O direito a que se refere este artigo extingue-se definitivamente com o decurso do prazo nele previsto, contado da data em que tenha sido iniciada a constituição do crédito tributário pela notificação, ao sujeito passivo, de qualquer medida preparatória indispensável ao lançamento".

A decadência extingue o direito do Fisco em lançar e, por isso, extingue o próprio crédito tributário. O efeito da decadência tributária, segundo o art. 156 do Código, é a extinção do crédito tributário. A lição doutrinária é firme nesse ponto: "Alerte-se, mais uma vez, para o que ficou dito: a decadência e a prescrição não representam, no Direito Tributário, apenas a perda

---

[4] *Direito tributário*: princípios e normas gerais. Organização de Ives Gandra da Silva Martins e Edvaldo Pereira de Brito. São Paulo: RT, 2011. p. 927. (Coleção Doutrinas essenciais, v. 1.)

ou a extinção, respectivamente, do direito de lançar um crédito e de cobrar judicialmente um crédito já lançado, mas também a extinção do próprio crédito (sujeito a lançamento, no caso da decadência, e já lançado, no caso da prescrição) [...]."[5]

O art. 150, § 4º, aplica-se aos tributos sujeitos ao lançamento por homologação; já o art. 173 tem pertinência aos tributos cujos lançamentos ocorrem de ofício e por declaração. A regra contida no art. 173, I, é a básica para fins de decadência tributária.

Decorrido, portanto, o prazo sem o lançamento tributário, prazo que é de cinco anos, ocorre a extinção do direito-dever da Fazenda Pública constituir o crédito tributário.

3. LANÇAMENTO TRIBUTÁRIO E DECADÊNCIA

Conforme já referido, nota-se que a decadência tributária está objetiva e procedimentalmente ligada ao lançamento tributário, o qual vem a ser o procedimento administrativo em que se verifica a ocorrência de um fato gerador de uma determinada obrigação tributária. Segundo o art. 142 do Código Tributário Nacional, consiste o lançamento tributário no procedimento administrativo tendente a verificar a ocorrência do fato gerador da obrigação correspondente, determinar a matéria tributável, calcular o montante do tributo devido, identificar o sujeito passivo e, sendo o caso, propor a aplicação da penalidade cabível. O parágrafo único do mesmo artigo expressa que a atividade administrativa de lançamento é vinculada e obrigatória, sob pena de responsabilidade funcional. Quando o art. 173 esclarece haver um direito de a Fazenda Pública constituir o crédito tributário, em verdade existe um dever, uma vez que se trata de atividade administrativa plenamente vinculada – art. 2º do Código Tributário Nacional.

As regras decadenciais, em Direito Tributário, possuem regime próprio de acordo com a espécie de lançamento a que está sujeito o tributo. Portanto, para se entender como flui o prazo decadencial que o Fisco deve respeitar para lançar um crédito tributário, indispensável conhecer os procedimentos de lançamento que a legislação prevê.

Existem três modalidades de lançamento tributário no sistema jurídico pátrio: lançamento de ofício, lançamento por declaração e lançamento por homologação.

Hugo de Brito Machado ensina que o lançamento de ofício "é feito por iniciativa da autoridade administrativa, independentemente de qualquer colaboração do sujeito passivo".[6] Estudando-se a legislação pertinente ao lançamento de ofício, mais especificamente o art. 149 do Código Tributário Nacional, é possível concluir que, além de suas hipóteses próprias, o lançamento de ofício é utilizado para corrigir irregularidades ou omissões nas outras modalidades de lançamentos. Por isso o art. 149 prevê que o lançamento de ofício é utilizado para "efetuar o lançamento" e para "rever os lançamentos de qualquer modalidade".

Nos incisos do art. 149 está exposta essa dupla função do lançamento de ofício:

> "O lançamento é efetuado e revisto de ofício pela autoridade administrativa nos seguintes casos:
>
> I – quando a lei assim o determine;
>
> II – quando a declaração não seja prestada, por quem de direito, no prazo e na forma da legislação tributária;

---

[5] VOLKWEISS, Roque Joaquim. *Direito tributário nacional*. 2. ed. Porto Alegre: Livraria do Advogado, 1998. p. 256.
[6] *Curso de direito tributário*. 29. ed. São Paulo: Malheiros, 2008. p. 177.

III – quando a pessoa legalmente obrigada, embora tenha prestado declaração nos termos do inciso anterior, deixe de atender, no prazo e na forma da legislação tributária, a pedido de esclarecimento formulado pela autoridade administrativa, recuse-se a prestá-lo ou não o preste satisfatoriamente, a juízo daquela autoridade;

IV – quando se comprove falsidade, erro ou omissão quanto a qualquer elemento definido na legislação tributária como sendo de declaração obrigatória;

V – quando se comprove omissão ou inexatidão, por parte da pessoa legalmente obrigada, no exercício da atividade a que se refere o artigo seguinte;

VI – quando se comprove ação ou omissão do sujeito passivo, ou de terceiro legalmente obrigado, que dê lugar à aplicação de penalidade pecuniária;

VII – quando se comprove que o sujeito passivo, ou terceiro em benefício daquele, agiu com dolo, fraude ou simulação;

VIII – quando deva ser apreciado fato não conhecido ou não provado por ocasião do lançamento anterior;

IX – quando se comprove que, no lançamento anterior, ocorreu fraude ou falta funcional da autoridade que o efetuou, ou omissão, pela mesma autoridade, de ato ou formalidade especial".

E confirmando a função revisora do lançamento de ofício, o parágrafo único do art. 149 limita a revisão de qualquer lançamento para enquanto não extinto o direito da Fazenda Pública:

"A revisão do lançamento só pode ser iniciada enquanto não extinto o direito da Fazenda Pública".

Já o lançamento por declaração é aquele realizado com base em declaração fornecida pelo contribuinte ou por terceiro, declaração essa que diz respeito a informações sobre a matéria fática indispensável ao próprio lançamento. A redação do art. 147 elucida que "(...) o lançamento é efetuado com base na declaração do sujeito passivo ou de terceiro, quando um ou outro, na forma da legislação tributária, presta à autoridade administrativa informações sobre matéria de fato indispensáveis à sua efetivação".

Ressalta-se a Súmula nº 555 do Superior Tribunal de Justiça, publicada no *Diário da Justiça eletrônico* em 15.12.2015, no sentido de que, "quando não houver declaração do débito, o prazo decadencial quinquenal para o Fisco constituir o crédito tributário conta-se exclusivamente na forma do art. 173, I, do CTN, nos casos em que a legislação atribui ao sujeito passivo o dever de antecipar o pagamento sem prévio exame da autoridade administrativa".

Por fim, o lançamento por homologação, ou autolançamento, dá-se quando "(...) o sujeito passivo antecipar (ao ato de lançamento, que ainda virá, a cargo da autoridade administrativa), nos casos previstos em lei, o pagamento do tributo legalmente devido em decorrência da prática do respectivo fato gerador, cabendo ao sujeito ativo a sua posterior conferência e homologação (expressa ou tácita), isto é, o reconhecimento oficial de que o pagamento assim antecipado o foi corretamente (segundo a lei). É essa homologação (reconhecimento ou declaração administrativa da correção do sujeito passivo na antecipação do pagamento devido) que, oficialmente, configura o ato (privativo) do autolançamento do crédito tributário".[7]

---

[7] VOLKWEISS, Roque Joaquim. *Direito tributário nacional*, cit., p. 210.

O art. 150 do Código Tributário Nacional explana que o lançamento por homologação se destina aos tributos cuja legislação atribua ao sujeito passivo o dever de antecipar o pagamento sem prévio exame da autoridade administrativa. Daí que o lançamento operar-se-á pelo ato em que a referida autoridade, tomando conhecimento da atividade assim exercida pelo obrigado, expressa ou tacitamente homologa "a apuração do montante devido" – e não o pagamento, conforme adverte Hugo de Brito Machado. Obviamente, a homologação tácita só ocorre se há o pagamento antecipado, conforme o § 1º do artigo em análise.

O § 4º do art. 150 do mesmo Código contém a regra decadencial do lançamento por homologação:

> "Se a lei não fixar prazo à homologação, será ele de cinco anos, a contar da ocorrência do fato gerador; expirado esse prazo sem que a Fazenda Pública se tenha pronunciado, considera-se homologado o lançamento e definitivamente extinto o crédito, salvo se comprovada a ocorrência de dolo, fraude ou simulação".

Observe-se que nos argumentos até aqui apresentados, com apoio legal, doutrinário e jurisprudencial, o lançamento está sendo considerado como ato. Mas já há algum tempo Paulo de Barros Carvalho esclarece que o lançamento pode ser tido como ato, como procedimento ou como norma – norma individual e concreta.

4. O PRAZO DECADENCIAL E SEUS TERMOS INICIAIS

O Código Tributário Nacional prevê o prazo de cinco anos para que a Fazenda Pública exerça seu *dever* de constituir o crédito tributário, o que faz por meio dos lançamentos tributários. A fixação dos termos inicias pelos quais os prazos começam a correr demonstra que, em verdade, algumas vezes esse prazo é maior que cinco anos. Ambos os incisos do art. 173, supratranscritos, apontam para essa conclusão. No caso em que o lançamento é por homologação (art. 150 do Código Tributário Nacional), aí, sim, o prazo será de cinco anos, pois seu termo inicial coincide com a data de ocorrência do fato gerador.

Temos cinco termos iniciais.

O art. 173 traz as hipóteses aplicáveis ao lançamento de ofício e por declaração. O "primeiro" termo inicial está no inc. I, com o prazo iniciando-se no primeiro dia do exercício seguinte àquele em que o lançamento poderia ter sido efetuado – regra básica do lançamento tributário.

O "segundo" termo inicial consta no inc. II, e o prazo inicia-se na data em que se tornar definitiva a decisão que houver anulado, por vício formal, o lançamento anteriormente efetuado.

No parágrafo único do mesmo artigo há a previsão do "terceiro" termo inicial, que ocorre de forma antecipada, quando tenha ocorrido qualquer medida preparatória indispensável ao lançamento, caso em que o início do prazo se dará com notificação ao sujeito passivo a respeito da medida. Ainda referente ao parágrafo único, deve-se observar que se a notificação ocorrer após iniciado o prazo decadencial, não há interrupção ou suspensão.

No § 4º do art. 150 está o "quarto" termo inicial, no caso dos tributos sujeitos ao lançamento por homologação, que ocorrerá na própria data de ocorrência do fato gerador.

Analisando o inc. II do art. 173 e a segunda parte do § 4º do art. 150, realmente se pode dizer que a decadência é uma questão política. A decisão sobre sua incidência, sobre seu prazo, sobre sua interrupção ou suspensão diz respeito a temas como organização social e segurança jurídica. As relações obrigacionais não podem e não devem durar para sempre. E em cada ramo do Direito pode-se configurar a decadência sem qualquer vinculação com o que está configurado em outro ramo. É por isso que, a despeito do que acontece com o Direito Civil, no Direito Tributário a decadência pode ser interrompida. Esse inc. II indica que a Fazenda Pública, de modo geral, tem o direito (leia-se dever) de constituir o crédito tributário em cinco anos, a contar do primeiro dia do exercício seguinte àquele em que o lançamento poderia ter sido efetuado. Caso haja uma decisão que anule, por vício formal, o lançamento anteriormente efetuado, o prazo de cinco anos recomeça a correr desde o início, na integralidade, desconsiderando-se o prazo que já correu.

Cabem alguns apontamentos em relação a essa decisão que anula por vício formal o lançamento. Que decisão é essa? Administrativa? Judicial? Ambas? Sacha Calmon Navarro Coêlho entende que só pode ser uma decisão administrativa, pois, "se a decisão fosse judicial, já não se trataria mais de decadência. O crédito já estaria formalizado. O direito de crédito já estaria incorporado ao patrimônio jurídico da Fazenda Pública. A tese é fácil de provar se atentarmos para a imutabilidade do lançamento efetivado com erro de direito pela Fazenda Pública. Diz o art. 146 do CTN: 'A modificação introduzida, de ofício ou em consequência de decisão administrativa ou judicial, nos critérios jurídicos adotados pela autoridade administrativa no exercício do lançamento somente pode ser efetivada, em relação a um mesmo sujeito passivo, quanto a fato gerador ocorrido posteriormente à sua introdução'. Ora, se por erro de direito não se permite à Fazenda Pública alterar lançamento efetivado, como admitir que possa fazê-lo, sem limite de tempo, por erro meramente formal? O erro nunca pode beneficiar o seu autor. É princípio geral de Direito, aplicável ao Direito Tributário por expressa determinação do art. 108 do CTN, que cuida da interpretação da legislação tributária. Ademais disso, com visão sistemática, não se pode descurar do art. 149 do mesmo CTN, parágrafo único: 'A revisão do lançamento só pode ser iniciada enquanto não extinto o direito da Fazenda Pública'".[8]

Por outro lado, o Superior Tribunal de Justiça entende que essa decisão pode ser, também, judicial:

> "Processual civil. Tributário. Omissão inexistente. Entendimento contrário ao interesse da parte. DCTF acompanhada de declaração de compensação. Confissão de dívida. Rejeição do procedimento compensatório. Notificação do sujeito passivo. Ausência. Erro formal. Decadência. Aplicação do art. 173, II, do CTN.
>
> (...)
>
> A declaração de compensação é instrumento de confissão da dívida, por isso, hábil e suficiente por si só para legitimar a exigência dos débitos indevidamente compensados. REsp nº 962379/RS, rel. Min. Teori Albino Zavascki, j. em 22.10.2008, *DJe* 28.10.2008.
>
> Se a DCTF apresentada pelo contribuinte é acompanhada da informação de ocorrência de compensação, e tal procedimento é rejeitado pelo Fisco, a inscrição imediata do valor em dívida ativa mostra-se ilegítima, por vício formal no procedimento estabelecido, que determina a abertura de prazo para o sujeito passivo impugnar a sua negativa. A existência de vício formal na constituição do crédito tributário atrai a incidência do prazo decadencial disposto no art. 173, II, do CTN.
>
> 'O prazo a Fazenda pública proceder ao lançamento do crédito tributário, quando houver eventual decisão anulatória judicial ou administrativa relativo ao respectivo lançamento, em virtude da ocorrência de vício formal, inicia-se na data em que tal deci-

---

[8] *Liminares e depósitos antes do lançamento por homologação*: decadência e prescrição. 2. ed. São Paulo: Dialética, 2002. p. 61-62.

são tornar-se definitiva, na forma do art. 173, II, do CTN' (REsp nº 1174144/CE, rel. Min. Castro Meira, 2ª Turma, j. em 27.04.2010, *DJe* 13.05.2010). Agravo regimental improvido".[9]

No que tange à decadência do lançamento por homologação (art. 150, § 4º), uma observação deve ser feita. A parte final do parágrafo traz o "quinto" termo inicial, ao estabelecer que, se comprovada a ocorrência de dolo, fraude ou simulação, o termo inicial não começa quando da ocorrência do fato gerador. A questão é saber, então, quando tem início o prazo decadencial, uma vez que o próprio art. 150 não esclarece. Paulo de Barros Carvalho entende que, no caso de dolo, fraude ou simulação, deve ser aplicada a regra contida no art. 173, inc. I, ou seja, o termo inicial dá-se no primeiro dia do exercício seguinte àquele em que ficou evidenciado o dolo, a fraude ou a simulação.[10] Sacha Calmon enfatiza que "em ocorrendo, todavia, fraude ou simulação, devidamente comprovada pela Fazenda Pública, imputáveis ao sujeito passivo da obrigação tributária do imposto sujeito ao 'lançamento por homologação', a data do fato gerador deixa de ser o dia inicial da decadência. Prevalece o *dies a quo* do art. 173, o primeiro dia do exercício seguinte àquele em que o lançamento poderia ter sido efetivado".[11] Hugo de Brito Machado é da mesma opinião.[12]

5. CONSTITUIÇÃO DO CRÉDITO TRIBUTÁRIO PELO DEPÓSITO JUDICIAL E PELO LANÇAMENTO

Questão já debatida na jurisprudência envolve a constituição do crédito tributário pelo depósito judicial. No caso de tributos sujeitos a lançamento por homologação, o contribuinte, ao realizar o depósito judicial para discutir o crédito, beneficiando-se com a suspensão da exigibilidade do mesmo, acaba por constituí-lo nos moldes do que dispõe o art. 150 e parágrafos do Código Tributário Nacional. O contribuinte, ao fazer o depósito judicial, verifica a ocorrência do fato gerador, calcula o montante devido e deposita o valor correspondente. Acontece que o crédito tributário fica constituído por declaração do sujeito passivo da exação, não se podendo mais falar em decadência. A inércia da autoridade fazendária é suprida pelo próprio contribuinte, não sendo mais necessário qualquer ato formal de lançamento.[13]

Há mais um aspecto digno de atenção. Apesar de o Código Tributário Nacional prever, em seu art. 142, que a constituição do crédito tributário se dá pelo lançamento, o Supremo Tribunal Federal e o Superior Tribunal de Justiça têm entendimento fixo no sentido de que, "com a lavratura do auto de infração, fica consumado o lançamento do crédito tributário, não havendo, pois, que se falar em decadência".[14] Resumindo, lavrado ao auto de infração, não mais necessário é lançar. Com a lavratura do auto de infração, dá-se o termo inicial do prazo decadencial, que muito bem se poderia considerar o "sexto" termo inicial. A fixação do termo inicial do prazo decadencial para se constituir o crédito tributário por meio do auto de infração será tratada no item "A decadência da penalidade pecuniária".

---

[9] AgRg no REsp nº 1221146/SC, rel. Min. Humberto Martins, 2ª Turma, j. em 03.09.2013, *DJe* de 11.09.2013.
[10] *Direito tributário, linguagem e método*. 3. ed. São Paulo: Noeses, 2009. p. 564. Edição digital.
[11] *Liminares e depósitos antes do lançamento por homologação*: decadência e prescrição, cit., p. 61.
[12] *Curso de direito tributário*, cit., p. 222.
[13] REsp nº 1.037.202, da 1ª Turma, j. em 9.09.2008, *DJe* de 24.09.2008, rel. Min. Denise Arruda.
[14] STF: RE nº 91812/SC, de 11.12.1979, *DJ* de 08.02.1980, rel. Min. Rafael Mayer. STJ: AgRg no AREsp nº 511208/SP, da 2ª Turma, j. em 18.06.2014, *DJe* de 25.06.2014, rel. Min. Og Fernandes.

Por fim, cabe advertir que a perfectibilização do lançamento tributário se dá com a notificação do lançamento ao sujeito passivo. Essa conclusão pode ser inferida do próprio art. 145, do Código Tributário Nacional, que possibilita a alteração do "lançamento regularmente notificado ao sujeito passivo".

Sobre o tema, destaca-se o seguinte aresto do Tribunal Regional Federal da Terceira Região:

> "Desse modo, a constituição do crédito referente ao tributo-taxa em comento se sujeita ao lançamento de ofício, por meio do qual cabe à autoridade fazendária a verificação da ocorrência da hipótese de incidência, a identificação do sujeito passivo, o cálculo do valor devido e a notificação do contribuinte para o pagamento. Na lição de Leandro Paulsen, a notificação ao sujeito passivo é condição para que o lançamento tenha eficácia. (*in Direito tributário* – Constituição e Código Tributário à luz da doutrina e jurisprudência, Porto Alegre: Livraria do Advogado, 2008. p. 982). Isso porque, uma vez notificado, aperfeiçoa-se a relação entre a administração e o sujeito passivo com a possibilidade de impugnação de eventuais vícios existentes no ato. Denota-se, desse modo, que a notificação é uma decorrência dos princípios constitucionais do contraditório e ampla defesa".[15]

6. A DECADÊNCIA DA PENALIDADE PECUNIÁRIA

Paulo de Barros Carvalho expõe que "as normas que põem no ordenamento sanções tributárias integram a subclasse das normas secundárias, pois, como já observado, são providências em que o Estado-jurisdição encontra-se em relação com o sujeito infrator para fins de aplicar-lhe coativamente uma sanção (...).

(...) A diferença entre essa espécie normativa e as demais regras de comportamento está no antecedente, tendo em vista que a regra sancionatória descreve fato ilícito qualificado pelo descumprimento de dever estipulado no consequente da regra matriz de incidência. Essa conduta é tida como antijurídica por transgredir o mandamento prescrito, e recebe o nome de 'ilícito' ou 'infração tributária'.

No consequente, estão previstas penalidades pecuniárias ou multas fiscais, impostas pelo Estado-jurisdição, configurando o objeto do dever a ser cumprido pelo autor do ilícito. Eis a sanção como liame de natureza obrigacional, e o pagamento do valor estipulado é promovido a título de sanção... Em síntese, a norma primária tem em sua hipótese a conotação de um fato possível de ocorrência, ao passo que a hipótese da norma secundária descreve a inobservância da conduta prescrita na consequência da primeira. E, enquanto aquela estatui direitos e deveres correlatos, esta prescreve a sanção mediante o exercício da coação estatal. A norma primária estabelece relação jurídica de direito material (substantivo); a norma secundária, relação jurídica de direito formal (adjetivo ou processual)".[16]

Pode-se ver que a ideia de relação entre a norma primária e a secundária é de suma importância para se entender a sanção também como um procedimento, em uma relação de antecedente e consequente. A norma primária prevê direitos e obrigações; já a norma secundária estabelece a sanção pelo descumprimento de uma norma primária.

---

[15] Tribunal Regional da 3ª Região, Apelação Cível nº 10853/SP 0010853-57.2006.4.03.6105, da 4ª Turma, j. em 02.08.2013, rel. Des. Federal André Nabarrete.
[16] *Curso de direito tributário*. 23. ed. São Paulo: Saraiva, 2001. p. 586-589.

A infração tributária é, portanto, uma ação ou omissão, direta ou indireta, que descumpre algum dever jurídico contido em uma norma tributária primária. As normas que preveem sanções tributárias são secundárias, pois constituem providências do Estado em face do sujeito passivo da relação tributária. Assim como as normas primárias, as secundárias são regras de conduta, possuindo a mesma estrutura lógica de uma regra de incidência.

As normas sancionatórias decorrem tanto do que o Código denominou obrigação tributária principal, quanto do que chamou de obrigação tributária acessória. Eis o art. 113 e seus parágrafos do Código Tributário Nacional:

> "A obrigação tributária é principal ou acessória.
>
> § 1º A obrigação principal surge com a ocorrência do fato gerador, tem por objeto o pagamento de tributo ou penalidade pecuniária e extingue-se juntamente com o crédito dela decorrente.
>
> § 2º A obrigação acessória decorre da legislação tributária e tem por objeto as prestações, positivas ou negativas, nela previstas no interesse da arrecadação ou da fiscalização dos tributos.
>
> § 3º A obrigação acessória, pelo simples fato da sua inobservância, converte-se em obrigação principal relativamente à penalidade pecuniária".

A obrigação principal é oriunda do fato gerador, e seu objeto constitui-se da obrigação em pagar o tributo ou a penalidade pecuniária. A obrigação acessória decorre de prestações, positivas ou negativas, relativas ao interesse da arrecadação ou da fiscalização dos tributos. Quando inobservada a obrigação acessória, torna-se ela obrigação principal relativamente à penalidade pecuniária prevista.

As multas tributárias são classificadas de acordo com o tipo de obrigação a que se referem. Podem ser decorrentes do descumprimento da obrigação principal ou do descumprimento da obrigação acessória. As primeiras dão-se quando o contribuinte não paga o tributo ou paga fora do prazo; as segundas, quando o contribuinte descumpre uma obrigação acessória.

Por força do art. 113, que equipara ambas as espécies de obrigações para fins de cobrança do crédito, tanto a penalidade tributária decorrente da obrigação principal quanto a decorrente da obrigação acessória possuem o mesmo regime decadencial. Conforme já referido, são equiparadas e tratadas sob o regime de obrigação principal.

Nesse diapasão, o crédito tributário originário da penalidade pecuniária decorrente tanto do descumprimento da obrigação principal quanto do descumprimento da obrigação acessória necessita ser constituído definitivamente.

O lançamento decorrente de um ilícito tributário, se é que se pode usar aqui o termo "lançamento", ocorre por meio do auto de infração. O auto de infração, assim como o lançamento, sujeitam-se à decadência que, em Direito Tributário, possui o prazo de cinco anos.

Segundo Ives Gandra entende, "(...) o auto de infração, enquanto simplesmente ato de proposição de penalidade, não é constitutivo de crédito tributário; será constitutivo na parte em que contiver exigência de tributo, se observados os requisitos do art. 142 do CTN".[17]

---

[17] *Direito tributário*: princípios e normas gerais, cit., p. 927.

A jurisprudência pacificou-se no sentido de que, com a lavratura do auto de infração, consuma-se o lançamento do crédito tributário,[18] e que o regime de decadência aí empregado é o constante no art. 173 do Código Tributário Nacional.[19] Inclusive já se aplicou, especificamente, a regra do inc. I do art. 173.[20]

Algumas questões daí decorrentes merecem análise. Em primeiro lugar, deve-se fixar *quando ocorre* ou *quando começa* a surtir efeito a lavratura do auto de infração. O Decreto nº 70.235, de 06.03.1972, que dispõe sobre o processo administrativo fiscal, traz dois comandos contraditórios acerca da necessidade de ocorrer a notificação do contribuinte para que a lavratura do auto possa dar início à contagem do prazo decadencial. O art. 9º refere que a exigência do

---

[18] "Direito processual civil. Embargos infringentes em ação rescisória julgada improcedente, com discrepância de votos. Dispositivo de lei federal de interpretação controvertida nos tribunais. Embargos rejeitados. Com a lavratura do auto de infração, consuma-se o lançamento do credito tributário... Embargos infringentes rejeitados. Decisão unânime" (STJ, EAR nº 276/RJ 1991/0018927-8, da 1ª Seção, j. em 13.04.1992, *DJ* de 18.05.1992, p. 6.957, rel. Min. Demócrito Reinaldo).

[19] "Exceção de pré-executividade. Execução fiscal. Alegação de decadência do direito de a Fazenda Pública constituir o crédito tributário. Desnecessária dilação probatória. Admissibilidade. Infração ambiental. Auto de infração. Lançamento logo após notificado o infrator, que se deu na mesma data. Com a lavratura do auto de infração consuma-se o lançamento do crédito tributário (art. 242 do CTN). Decadência do direito de o fisco constituir o crédito. Prazo de cinco anos (art. 173, incisos e parágrafo único, do CTN). Não ocorrência, no caso. Agravo de instrumento não provido" (TJSP, AI nº 990102511332/SP, da Câmara Reservada ao Meio Ambiente, j. em 14.10.2010, *DJ* 22.10.2010, rel. Eduardo Braga).

[20] "Tributário. Processual civil. Execução fiscal. Cobrança judicial do crédito tributário. Constituição do crédito mediante auto de infração. Termos inicial e final de contagem dos prazos. Decadência e prescrição inocorrentes. 1. Acerca do termo inicial do prazo decadencial, dispõe o art. 173, I, do Código Tributário Nacional que "o direito de a Fazenda Pública constituir o crédito tributário extingue-se após 5 (cinco) anos, contados: I – do primeiro dia do exercício seguinte àquele em que o lançamento poderia ter sido efetuado. Tal dispositivo tem plena aplicabilidade aos tributos sujeitos a lançamento por homologação, na hipótese em que o contribuinte, obrigado por lei a apurar o montante devido e proceder ao recolhimento, deixa de fazê-lo. 2. A constituição definitiva do crédito tributário deu-se com a lavratura de auto de infração, do qual foi regularmente notificado o contribuinte, não tendo havido o transcurso do lapso de 5 (cinco) anos entre o primeiro dia do exercício seguinte àquele em que o lançamento poderia ter sido efetuado, e a data da constituição do crédito (auto de infração), pelo que não há que se falar em decadência do direito à constituição do crédito fazendário. Precedentes da 1ª Turma do E. STJ: REsp nº 973.733/SC, Min. Luiz Fux, j. 12.08.2009, v.u.; AGA nº 200701555924, rel. Min. Denise Arruda, j. 04.03.2008, v.u., *DJE* 27.03.1998. 3. De acordo com o *caput* do art. 174 do Código Tributário Nacional, A ação para a cobrança do crédito tributário prescreve em 5 (cinco) anos, contados da data da sua constituição definitiva. 4. A partir da constituição do crédito, quando se tem por definitivo o lançamento na esfera administrativa, inicia-se o prazo prescricional quinquenal para que a Fazenda ingresse em juízo para cobrança do crédito tributário. 5. No período que media entre a constituição do crédito e a preclusão para a impugnação administrativa do débito (ou até que esta seja decidida definitivamente), não corre nenhum prazo, seja o decadencial, pois o crédito já se encontra constituído, seja o prescricional, por estar suspensa a exigibilidade do crédito tributário (art. 151, III, do CTN) e, portanto, impedida a Fazenda de exercer a pretensão executiva. Súmula 153 do extinto TFR. 6. O termo final do prazo prescricional deve ser analisado considerando-se a existência, ou não, de inércia por parte do exequente; se não houver inércia, o *dies ad quem* a ser considerado é a data do ajuizamento da execução fiscal, à luz da Súmula nº 106 do STJ e art. 219, § 1º, do CPC. Constatada a inércia da exequente, o termo final será a data da efetiva citação (execuções ajuizadas anteriormente a 09.06.2005, data da vigência da Lei Complementar nº 118/2005) ou a data do despacho que ordenar a citação (execuções ajuizadas posteriormente à vigência da referida Lei Complementar). 7. *In casu*, os débitos inscritos na dívida ativa não foram alcançados pela prescrição, uma vez que não decorreu período superior a 5 (cinco) anos entre a data de constituição definitiva do crédito e o ajuizamento da execução fiscal. Precedente: STJ, 1ª Seção, REsp Representativo de Controvérsia nº 1.120.295/SP, rel. Min. Luiz Fux, j. 12.05.2010, v.u., *DJe* 21.05.2010". ((TRF-3, Apel. Reex. nº 21942/SP 0021942-93.2010.4.03.9999, da 6ª Turma, j. em 20.09.2012, rel. Des. Federal Consuelo Yoshida).

crédito tributário e a aplicação de penalidade isolada serão formalizadas em autos de infração ou notificação de lançamento, distintos para cada tributo ou penalidade.

Ora, se para o lançamento é preciso haver notificação, necessariamente para o auto de infração também deverá haver notificação. Ambos são instrumentos formais, documentos, e, sobretudo, fazem parte de procedimentos. O art. 10, por outro lado, alude que o auto de infração, ao ser lavrado, conterá obrigatoriamente a determinação da intimação. Ou seja, conterá a *determinação da intimação*, mas não a *intimação cumprida*.

Entendimento que reflete a melhor interpretação é o que se coaduna com o princípio do contraditório. Assim como ocorre com o lançamento, reputa-se que a lavratura do auto de infração envolve a notificação do sujeito passivo. Se a notificação ao sujeito passivo é condição para que o lançamento tenha eficácia, a notificação também é condição para que o auto de infração tenha eficácia, e, a partir daí, não se aplica a decadência, mas inicia a contagem da prescrição, na lição dos dois seguintes arestos:

> "Notificado o contribuinte do auto de infração no prazo de cinco anos a que alude o art. 173, I, do CTN, não há que se falar em decadência do direito à constituição do crédito tributário".[21]

> "Sobre o tema, esta Corte Superior de Justiça firmou compreensão de que, uma vez constituído o crédito tributário pela notificação do auto de infração, não há falar em decadência, mas em prescrição, cujo termo inicial é a data da constituição definitiva do crédito, que se dá, nos casos de lançamento de ofício, quando não couber recurso administrativo ou quando se houver esgotado o prazo para sua interposição. Precedentes: EDcl no AgRg no AREsp nº 439.781/RO, rel. Min. Humberto Martins, 2ª Turma, *DJe* 31.03.2014; EDcl no AREsp nº 197.022/RS, rel. Min. Arnaldo Esteves Lima, 1ª Turma, *DJe* 20.03.2014; e REsp nº 773.286/SC, rel. Min. Francisco Falcão, rel. p/acórdão Min. Teori Albino Zavascki, 1ª Turma, *DJ* 09.11.2006".[22]

Samuel Monteiro segue a mesma linha de pensamento, quanto à notificação:

> "Lavrado o auto de infração e notificado regular e eficazmente o contribuinte dentro do prazo de decadência marcado na lei, para a constituição do crédito público, não mais se fala, tecnicamente, em decadência (...) A simples lavratura do termo inicial de fiscalização, que deve dar início à ação fiscal externa, quando não for procedida de intimação para exibição de livros, documentos e papeis, é procedimento fisco-administrativo obrigatório, por exigência da lei, mas, como o próprio nome está a provar, trata-se apenas do início da fiscalização externa e não tem o condão de suspender ou interromper a decadência, pois se lavrado o termo de início de fiscalização e abandonada esta, sem continuidade e sem lavratura do auto de infração e respectiva notificação fiscal e, ultrapassado o prazo da lei para a constituição formal do crédito público, ocorre a decadência do direito, não mais podendo o fisco retornar à empresa, sociedade, firma ou pessoa física, para dar continuidade à fiscalização interrompida".[23]

Por fim, o termo de início desse ato/procedimento, que é o auto de infração, serve para elidir a denúncia espontânea, conforme o parágrafo único do art. 138 do Código Tributário Nacional:

---

[21] AgRg no AREsp nº 511208/SP, da 2ª Turma, j. em 18.06.2014, *DJe* de 25.06.2014, rel. Min. Og Fernandes.
[22] AgRg no AREsp nº 424868/RO, da 1ª Turma, j. em 16.06.2014, *DJe* de 25.06.2014, rel. Min. Sérgio Kukina.
[23] *Tributos e contribuições*. Tratado teórico e prático. São Paulo: Hemus, 1990. t. I, p. 415 e 423.

"Não se considera espontânea a denúncia apresentada após o início de qualquer procedimento administrativo ou medida de fiscalização, relacionados com a infração".

7. O PRAZO DECADENCIAL DAS CONTRIBUIÇÕES PREVIDENCIÁRIAS

As contribuições previdenciárias, para efeito de cobrança ou exigibilidade, são consideradas tributos, e por isso sujeitam-se às regras decadenciais veiculadas por leis complementares, como o é considerado o Código Tributário Nacional. Nessa senda, lei ordinária que fixa prazo decadencial para a constituição do crédito tributário é inconstitucional. Por tal motivo o art. 45 da Lei nº 8.212/1991 foi declarado inconstitucional pelo Supremo Tribunal Federal, e posteriormente revogado pela Lei Complementar nº 128/2008, pois as contribuições sociais – gênero da qual é espécie a contribuição previdenciária – sujeitam-se ao art. 146, inc. III, alínea "b", da Constituição Federal.

O Supremo Tribunal Federal, inclusive, editou a Súmula Vinculante nº 8[24], declarando inconstitucionais os arts. 45 e 46 da Lei nº 8.212/1991, que previam, respectivamente, prazos decadencial e prescricional de dez anos para as contribuições devidas à Seguridade Social. O fundamento da decisão embasou-se na impossibilidade de lei ordinária dispor sobre prazos decadenciais e prescricionais de tributos, pois trata-se de questões reservadas à lei complementar, em consonância com o já referido art. 146, inc. III, alínea "b", de nossa Carta Magna.

Portanto, para a decadência do direito à constituição dos créditos tributários, inclusive das contribuições previdenciárias, o prazo é de cinco anos, conforme prescrevem os arts. 150 e 173 do Código Tributário Nacional que, como já sabemos, foi recepcionado pela Constituição da República Federativa do Brasil de 1988 como lei complementar.

8. INTERRUPÇÃO DO PRAZO DECADENCIAL E DECADÊNCIA DO DIREITO DE O FISCO REVISAR LANÇAMENTO ANTERIORMENTE REALIZADO

A decadência tributária pode ser interrompida, a despeito de muitas vozes de protesto. Eurico Marcos Diniz de Santi entende que "a interrupção da decadência do direito do Fisco nada mais é do que o reinício (termo preferível àquele) de um novo prazo decadencial, decorrente do fato jurídico da anulação do lançamento anterior por vício formal... Deveras, os prazos de formação relativos às diversas regras decadenciais são intercorrentes, conformando normativamente fatos jurídicos decadenciais distintos, cada qual com seu termo inicial".[25]

No caso do Direito Tributário, a interrupção está prevista no inc. II do art. 173 do Código, determinando que o "direito-dever" de a Fazenda Pública constituir o crédito tributário extingue-se após cinco anos, contados da data em que se tornar definitiva a decisão que houver anulado, por vício formal, o lançamento anteriormente efetuado.

A anulação, então, por vício formal, do lançamento anteriormente efetuado, é causa interruptiva da decadência tributária. Portanto, o lançamento, em uma conclusão apressada, pode ser revisto, desde que exista vício formal em sua elaboração e que ainda não esteja caduco.

---

[24] Supremo Tribunal Federal, Súmula Vinculante nº 08. Sessão Plenária de 12.06.2008. *DJe* nº 112/2008, p. 1, em 20.06.2008 – *DO* de 20.06.2008, p. 1. Constitucionalidade. Prescrição e decadência de crédito tributário: São inconstitucionais o parágrafo único do art. 5º do Decreto-lei nº 1.569/1977 e os arts. 45 e 46 da Lei nº 8.212/1991, que tratam de prescrição e decadência de crédito tributário.

[25] *Decadência e prescrição no direito tributário*. São Paulo: Max Limonad, 2000. p. 175-176.

Acontece que o inc. II do art. 173 tem aplicação conjunta com o art. 149, que elenca hipóteses em que o lançamento pode ser efetuado ou revisto de ofício pela autoridade administrativa.

Obviamente que o lançamento de ofício não se confunde com a revisão. E aí está uma questão que merece destaque: quando o lançamento revisado tenha sido efetuado pelo próprio Fisco, incide a regra constante no inc. II do art. 173? Ou a revisão do lançamento só é possível nos lançamentos por homologação e por declaração? Em uma interpretação estritamente literal, o art. 145 do Código Tributário Nacional contempla que o lançamento pode ser alterado de ofício pela autoridade administrativa nos casos do art. 149. Não há, dessa forma, limitação.

Assim, cabendo a revisão, ela só pode ser efetuada enquanto não extinto o direito de constituir o crédito pela Fazenda Pública, de acordo com a previsão do parágrafo único do art. 149. A regra, então, é simples. Para revisão, também é necessário respeito ao prazo decadencial, apenas observando-se a lição de Eurico Marcos Diniz de Santi, no sentido de que é possível, nesse caso, "haver dois tipos de prazos decadenciais coincidentes: um para a revisão e outro para a realização do ato de produção da norma que se está revisando",[26] ou seja, o novo lançamento.

Por isso, através de um raciocínio lógico, pode-se chegar à conclusão de que o lançamento em que tenha ocorrido homologação "tácita" não pode ser revisto, pois a homologação tácita ocorre justamente no termo final do prazo decadencial, conforme prescreve o § 4º do art. 150, salvo, conforme visto anteriormente, se comprovada a ocorrência de dolo, fraude ou simulação.

As críticas ao parágrafo único do art. 149 são muitas. Sacha Calmon entende que, "(...) embora anômalo em relação à teoria geral da decadência, que não admite interrupções, pois que sua marcha é fatal e peremptória, o sistema do Código adotou uma hipótese de interrupção da caducidade. Mas há que entendê-la com temperamentos.

A rigor, já terá ocorrido um lançamento, e, pois, o direito de crédito da fazenda já estaria formalizado. Não há mais falar em decadência. Em real verdade, está a se falar em anulação do lançamento – por isso que inaproveitável – e sua substituição por outro, hipótese, por exemplo, de lançamento feito por autoridade incompetente para fazê-lo... Em rigor, há aqui um tremendo equívoco, tanto que esta revisão anulatória só pode ser feita dentro do prazo decadencial (art. 149 do CTN). Como entre a anulação e a efetivação do novo lançamento poderia transcorrer tempo apertado, já perto do fim do período decadencial, 'inventou-se' este novo *dies a quo* para operá-lo, alargando-se em prol da fazenda o quinquênio decadencial, com esforço na teoria da nulidade do ato jurídico. Lançamento nulo é lançamento inexistente. Outro há de ser feito para assegurar o direito da Fazenda ao crédito tributário. Mais um privilégio!!!".[27]

9. SUSPENSÃO DO PRAZO DECADENCIAL

Não há possibilidade no Direito Tributário pátrio de se suspender o exercício do direito-dever do Fisco em constituir o crédito tributário. Os incisos do art. 151 do Código Tributário Nacional suspendem apenas a exigibilidade do crédito, ou seja, interferem do direito-dever de exigência do crédito, mas jamais no direito-dever de constituir o crédito.

Quando ocorre o lançamento e há alguma impugnação administrativa ou recurso administrativo, o lançamento já ocorreu e aí se dá a suspensão do crédito tributário, conforme dispõe o inc. III do art. 151 do CTN:

---

[26] *Decadência e prescrição no direito tributário*, cit., p. 180.
[27] *Liminares e depósitos antes do lançamento por homologação*: decadência e prescrição, cit., p. 62.

"Suspendem a exigibilidade do crédito tributário: (...)

"III – as reclamações e os recursos, nos termos das leis reguladoras do processo tributário administrativo".

O seguinte aresto do Tribunal Regional Federal da Primeira Região elucida a matéria:

"Processual civil e tributário. Agravo regimental. Decadência. Prescrição. Recurso administrativo. Suspensão da exigibilidade do crédito e da fluência do prazo para constituição definitiva.

1. 'As reclamações e os recursos administrativos suspendem a exigibilidade do crédito tributário, nos termos do art. 151, III, do CTN, período em que não tem curso o prazo prescricional de cinco anos para a cobrança do crédito, previsto no art. 174, também do CTN. Na data da última notificação, em que intimado o contribuinte acerca do resultado de seu recurso administrativo é que tem início a contagem do prazo prescricional previsto no art. 174 do CTN. O prazo prescricional previsto no art. 174 do CTN só tem início com a decisão definitiva do recurso administrativo (enunciado da Súmula 153 do extinto TFR). Não há prescrição ou decadência, no caso. (...)' (AC nº 2009.36.00.011366-5/MT, rel. Des. Federal Reynaldo Fonseca, 7ª Turma e-*DJF1* 07.06.2013, p. 1016).

2. No mesmo sentido, 'a interposição de recurso administrativo suspende a exigibilidade do crédito, impedindo a sua constituição definitiva, que só ocorre com o julgamento final do processo, assim como a fluência do prazo prescricional (AgRg no Ag nº 1336961/SP, rel. Min. Napoleão Nunes Maia Filho, 1ª Turma, j. em 23.10.2012, *DJe* 13.11.2012; REsp nº 1306400/RJ, rel. Min. Castro Meira, 2ª Turma, j. em 28.08.2012, *DJe* 04.09.2012; REsp nº 1052634/RS, rel. Min. Castro Meira, 2ª Turma, j. em 8.09.2009, *DJe* 24.09.2009). (...)' (AC nº 2009.01.99.020116-8/GO, rel. Des. Federal Reynaldo Fonseca, 7ª Turma, e. *DJF1* 10.05.2013)".[28]

10. RECONHECIMENTO DA DECADÊNCIA *EX OFFICIO*

A questão é simples e não necessita maiores digressões. A decadência, por ser matéria de ordem pública, não só pode como deve ser declarada a qualquer tempo, nas instâncias ordinárias – pois nos Tribunais Superiores necessita do prequestionamento –, inclusive de ofício. Nesse sentido é a unânime jurisprudência pátria.[29]

A matéria é objeto de exame em capítulo próprio, sendo aplicável em qualquer campo.

---

[28] TRF da 1ª Região, AGA nº 0062305-69.2011.4.01.000/TO, rel. Des. Federal Reynaldo Fonseca, rel. conv. Juiz Federal Náiber Pontes de Almeida (conv.), 7ª Turma, e-*DJF1*, p.1002 de 30.08.2013.

[29] Processual civil e tributário. Agravo regimental. Decadência. Lançamento por homologação (art. 150, § 4º, e art. 173 do CTN). Nulidade absoluta. Conhecimento *ex officio*. Limites do recurso especial.

1. O prequestionamento é exigência indispensável ao conhecimento do recurso especial, fora do qual não se podem reconhecer sequer as nulidades absolutas.

2. A mais recente posição doutrinária admite sejam reconhecidas nulidades absolutas *ex officio*, por ser matéria de ordem pública. Assim, se ultrapassado o juízo de conhecimento, por outros fundamentos, abre-se a via do especial (Súmula nº 456/STF).

3. Hipótese em que se conheceu do recurso especial por violação do art. 161 do CTN, ensejando no seu julgamento o reconhecimento *ex officio* da decadência.

4. Nas exações cujo lançamento se faz por homologação, havendo pagamento antecipado, conta-se o prazo decadencial a partir da ocorrência do fato gerador (art. 150, § 4º, do CTN). Somente quando não há pagamento antecipado, ou há prova de fraude, dolo ou simulação é que se aplica o disposto no art. 173,

11. CONSTITUIÇÃO DO CRÉDITO TRIBUTÁRIO PREVIDENCIÁRIO PELA JUSTIÇA DO TRABALHO

O fato gerador e a base de cálculo de alguns tributos são oriundos das relações trabalhistas, como é o caso das contribuições sociais e do imposto de renda da pessoa natural.

Sobre as contribuições, explica Leandro Paulsen que "há situações em que o Estado atua relativamente a um determinado grupo de contribuintes. Não se trata de ações gerais, a serem custeadas por impostos, tampouco específicas e divisíveis, a serem custeadas por taxa, mas de ações voltadas a finalidades específicas que se referem a determinados grupos de contribuintes, de modo que se busca, destes, o seu custeio através de tributo que se denomina de contribuições. Não pressupondo nenhuma atividade direta, específica e divisível, as contribuições não são dimensionadas por critérios cumulativos, mas por critérios distributivos, podendo variar conforme a capacidade contributiva de cada um. Designa-se simplesmente por 'contribuições' ou por 'contribuições especiais' (para diferenciar das contribuições de melhoria) tal espécie tributária de que cuida o art. 149 da Constituição. Já as subespécies são definidas em atenção às finalidades que autorizam a sua instituição: a) sociais, b) de intervenção no domínio econômico, c) do interesse das categorias profissionais ou econômicas e d) de iluminação pública".[30]

Referente às contribuições previdenciárias, interessam as regras previstas no art. 195, incs. I e II da Carta Magna. O *caput* encerra que a seguridade social será financiada por toda a sociedade, de forma direta e indireta, mediante recursos provenientes dos orçamentos dos entes da Federação, e de contribuições sociais a cargo do empregador, do trabalhador, e de outros segurados da previdência social.

O fato que interessa é a introdução, pela Emenda Constitucional nº 20/1998, do § 3º, ao art. 114 da Constituição, dando prerrogativa para a Justiça do Trabalho, executar, de ofício, as contribuições sociais previstas justamente no art. 195, I, *a*, e II, e seus acréscimos legais, decorrentes das sentenças proferidas em seu âmbito de competência.

Mais tarde, a Emenda Constitucional nº 45/2004 realocou esse proposição para o inc. VIII do *caput* do art. 114.

Com base na primeira alteração constitucional, a Lei nº 10.035/2000 aportou na Consolidação das Leis Trabalhistas o procedimento para a execução das contribuições devidas à Previdência Social, verificadas, obviamente, no âmbito de um processo de competência da Justiça do Trabalho.

Fruto dessas mudanças, o art. 876 da Consolidação, no parágrafo único, passou a prescrever que:

I, do CTN. Em normais circunstâncias, não se conjugam os dispositivos legais. Precedentes das Turmas de Direito Público e da 1ª Seção.

5. Hipótese dos autos em que não houve pagamento antecipado, aplicando-se a regra do art. 173, I, do CTN.

6. Crédito tributário fulminado pela decadência, nos termos do art. 156, V, do CTN.

7. O julgamento do recurso especial com observância às regras técnicas que lhe são inerentes não importa em negativa de prestação jurisdicional, supressão de instância ou contrariedade a qualquer dispositivo constitucional, inclusive aos princípios do devido processo legal, ampla defesa ou contraditório.

8. Agravo regimental provido para prover em parte o recurso especial e reconhecer, de ofício, a decadência (AgRg no Ag nº 939714/RS, *DJU* de 21.02.2008, rel. Min. Eliana Calmon).

[30] *Curso de direito tributário completo*. 4. ed. Porto Alegre: Livraria do Advogado, 2012. p. 40.

"Serão executados *ex officio* os créditos previdenciários devidos em decorrência de decisão proferida pelos Juízes e Tribunais do Trabalho, resultantes de condenação ou homologação de acordo, inclusive sobre os salários pagos durante o período contratual reconhecido".

Complementa essa previsão o art. 832, em seu § 3º, determinando que "as decisões cognitivas ou homologatórias deverão sempre indicar a natureza jurídica das parcelas constantes da condenação ou do acordo homologado, inclusive o limite de responsabilidade de cada parte pelo recolhimento da contribuição previdenciária, se for o caso".

O efeito dessas regras é dar o poder de um ato de decisão ou de homologação judiciais constituir um crédito tributário. A decisão judicial corresponde a um lançamento tributário. Pelo menos essa é a letra da lei, e no plano da eficácia tem surtido efeitos. O debate gira em torno da própria constitucionalidade da referida emenda. O art. 146 da Constituição Federal refere caber à lei complementar estabelecer normas gerais em matéria de lançamento tributário. No entanto, a própria Emenda Constitucional nº 20 deu a entender que algumas decisões judiciais trabalhistas seriam constituidoras do crédito tributário, e por isso poderiam ser executáveis de ofício.

A doutrina contrária à possibilidade da Justiça do Trabalho constituir o crédito tributário previdenciário também aponta as formalidades que o Código Tributário exige para a constituição do crédito tributário, e ao fato de ser uma atividade administrativa. De revés, outra parte da doutrina, que entende pela constitucionalidade da Lei nº 10.035/2000, além de embasar suas razões na própria Emenda Constitucional nº 20/1998, no sentido suprarreferido, também cita a Portaria nº 516/2003 do Ministério da Previdência Social, que reconhece que a sentença homologatória de cálculo da contribuição previdenciária devida supre a inexistência de lançamento administrativo – art. 6º.

A jurisprudência do Supremo Tribunal Federal afirma, reiteradamente, que a Justiça do Trabalho é competente para executar contribuições previdenciárias relativas ao objeto da condenação constante das sentenças que proferir:

"Recurso extraordinário. Repercussão geral reconhecida. Competência da Justiça do Trabalho. Alcance do art. 114, VIII, da Constituição Federal.

1. A competência da Justiça do Trabalho prevista no art. 114, VIII, da Constituição Federal alcança apenas a execução das contribuições previdenciárias relativas ao objeto da condenação constante das sentenças que proferir.

2. Recurso extraordinário conhecido e desprovido".[31]

Como se pode ver no aresto, a competência alcança apenas a execução das contribuições previdenciárias incidentes nos valores objeto da condenação. Ocorre que o Instituto Nacional do Seguro Social – INSS, em grau recursal, pretendeu que a Justiça do Trabalho executasse todas as contribuições previdenciárias referentes ao período do vínculo empregatício. Inobstante, o Supremo decidiu que essa possibilidade de execução, *ex officio*, não abrangeria as contribuições atinentes ao vínculo de trabalho reconhecido na decisão, mas sem condenação ou acordo.

Há outro exemplo legislativo semelhante no art. 43 da Lei nº 8.212/1991 – em redação dada pela Lei nº 11.941/2009:

---

[31] RE nº 569.056, do Tribunal Pleno, j. em 11.09.2008, *DJe* de 12.12.2008, rel. Min. Menezes Direito.

"Nas ações trabalhistas de que resultar o pagamento de direitos sujeitos à incidência de contribuição previdenciária, o juiz, sob pena de responsabilidade, determinará o imediato recolhimento das importâncias devidas à Seguridade Social. (...)

§ 2º Considera-se ocorrido o fato gerador das contribuições sociais na data da prestação do serviço.

§ 3º As contribuições sociais serão apuradas mês a mês, com referência ao período da prestação de serviços, mediante a aplicação de alíquotas, limites máximos do salário de contribuição e acréscimos legais moratórios vigentes relativamente a cada uma das competências abrangidas, devendo o recolhimento ser efetuado no mesmo prazo em que devam ser pagos os créditos encontrados em liquidação de sentença ou em acordo homologado, sendo que nesse último caso o recolhimento será feito em tantas parcelas quantas as previstas no acordo, nas mesmas datas em que sejam exigíveis e proporcionalmente a cada uma delas".

Aqui, a discussão constitucional traz como paradigma o art. 195, inc. I, alínea "a", da Constituição Federal, e está centrada na identificação da data em que se considera ocorrido o fato gerador. Prescreve o artigo em comento que a seguridade social será financiada por toda a sociedade, com recursos públicos e contribuições sociais. Dentre outras hipóteses, essas contribuições incidem sobre a folha de salários e demais rendimentos do trabalho.

O Tribunal Superior do Trabalho considera ocorrido o fato gerador somente no momento do pagamento efetivo das verbas trabalhistas. O seguinte aresto ilustra o tema:

"Agravo de instrumento. Execução. Contribuições previdenciárias. Juros e multa. Fato gerador. Prestação dos serviços antes do início da vigência da Lei nº 11.941/2009. Demonstrada a provável afronta ao art. 195, I, *a*, da Constituição Federal, o destrancamento do recurso de revista é medida que se impõe. Agravo de instrumento a que se dá provimento. Recurso de revista. Execução. Contribuições previdenciárias. Juros e multa.

Fato gerador. Prestação dos serviços antes do início da vigência da lei nº 11.941/2009. A redação atual do art. 43 da Lei nº 8.212/1991, alterada pela Lei nº 11.941/2009, prevendo a prestação dos serviços como fato gerador das contribuições sociais, não pode prevalecer nos casos em que a prestação laboral tenha ocorrido antes da vigência da alteração legislativa, sob pena de afronta ao princípio da irretroatividade tributária (art. 150, III, 'a', da Constituição Federal).

Assim, afastada a incidência retroativa da Lei nº 11.941/2009 à hipótese, aplica-se o entendimento anteriormente firmado por esta Colenda Corte Superior, no sentido de que o fato gerador da contribuição previdenciária prevista no art. 195, I, *a*, da Constituição Federal é o efetivo pagamento do crédito devido ao empregado, e não a prestação dos serviços, incidindo os juros de mora e a multa apenas a partir do dia dois do mês seguinte ao da liquidação da sentença, nos termos do art. 276 do Decreto nº 3.048/1999. Recurso de revista de que se conhece e a que se dá provimento".[32]

Diferentemente, o Superior Tribunal de Justiça entende que o fato gerador da contribuição é a data em que ocorreu a prestação do serviço, independentemente do momento de

---

[32] TST, RR nº 1414000720045010067 141400-07.2004.5.01.0067, da 5ª Turma, j. em 02.10.2013, *DEJT* 11.10.2013, rel. Guilherme Augusto Caputo Bastos.

sua remuneração. Eis, exemplificativamente, a ementa de uma decisão do STJ, de relatoria do Ministro Francisco Falcão:

> "Contribuições ao SESC, SENAC e SEBRAE. Sociedade cooperativa. Prestadora de serviços. Exigibilidade. Contribuição previdenciária sobre o pagamento de salários. Fato gerador. Data do recolhimento. Vigência da contribuição ao INCRA. Natureza de intervenção no domínio econômico. Leis nºs 7.789/1989 e 8.212/1991. Destinação diversa. Taxa Selic. Incidência... III.
>
> O fato gerador da contribuição previdenciária não é o pagamento do salário, mas a relação laboral existente entre o empregador e o empregado; dessa forma o recolhimento da contribuição previdenciária deve ser efetuado a cada mês, após vencida a atividade laboral do período, independentemente da data do pagamento do salário. Precedentes: AGA nº 550.961/SC, rel. Min. Franciulli Netto, *DJ* 02.05.2005; AGA nº 618.570/PR, rel. Min. Francisco Falcão, *DJ* 14.03.2005; e REsp nº 633.807/SC, rel. Min. Luiz Fux, *DJ* 06.12.2004... VII – Agravo regimental improvido".[33]

De concluir que gera controvérsia o art. 30, inc. I, alíneas "a" e "b", da Lei nº 8.212/1991 – redação conferida pela Lei nº 9.876/1999, mantida pelas Leis nº 11.488/2007 e nº 11.933/2009 – segundo o qual o fato gerador das contribuições sociais é "a remuneração paga, devida ou creditada". Eis a previsão:

> "A arrecadação e o recolhimento das contribuições ou de outras importâncias devidas à Seguridade Social obedecem às seguintes normas:
>
> I – a empresa é obrigada a:
>
> a) arrecadar as contribuições dos segurados empregados e trabalhadores avulsos a seu serviço, descontando-as da respectiva remuneração;
>
> b) recolher o produto arrecadado na forma da alínea a deste inciso, a contribuição a que se refere o inciso IV do art. 22 desta Lei, assim como as contribuições a seu cargo incidentes sobre as remunerações pagas, devidas ou creditadas, a qualquer título, aos segurados empregados, trabalhadores avulsos e contribuintes individuais a seu serviço até o dia 20 (vinte) do mês seguinte ao da competência ...".

A importância da fixação da data de ocorrência do fato gerador está na identificação do termo inicial da incidência de juros, e na identificação da própria decadência. Ora, ocorrido o fato gerador na data da prestação do serviço, os valores devidos que forem reconhecidos em ação judicial trabalhista não podem estar caducos, sob pena de a Justiça do Trabalho não poder executar, de ofício, as contribuições sociais decorrentes das sentenças ou acordos de sua competência. De qualquer forma, o problema é minorado pela própria prescrição dos direitos trabalhistas, prevista no inc. XXIX do art. º da Constituição:

> "São direitos dos trabalhadores urbanos e rurais, além de outros que visem à melhoria de sua condição social:

---

[33] AgRg no REsp nº 1.018.189/RS, da 1ª Turma, j. em 15.05.2008, *DJe* de 02.06.2008, rel. Min. Francisco Falcão.

XXIX – ação, quanto aos créditos resultantes das relações de trabalho, com prazo prescricional de cinco anos para os trabalhadores urbanos e rurais, até o limite de dois anos após a extinção do contrato de trabalho".

Capítulo C
A PRESCRIÇÃO NO DIREITO TRIBUTÁRIO

1. A PRESCRIÇÃO NA PERSPECTIVA DO DIREITO TRIBUTÁRIO

A prescrição tributária, assim como a decadência tributária, por determinação constitucional – art. 146, inc. III, alínea "b", é matéria de norma geral de Direito Tributário, estando sua validade, conforme a teoria da nulidade do sistema norte-americano, condicionada à veiculação por lei complementar. Por isso, toda legislação ordinária que tratar de prescrição tributária é inconstitucional. Nessa toada, o Supremo Tribunal Federal editou a Súmula Vinculante nº 8,[1] declarando inconstitucionais os arts. 45 e 46 da Lei nº 8.212/1991, que previam, respectivamente, prazos decadencial e prescricional de dez anos para as contribuições devidas à Seguridade Social. O fundamento da decisão embasou-se na impossibilidade de lei ordinária dispor sobre prazos decadenciais e prescricionais de tributos, pois se trata de questões reservadas à lei complementar, em consonância com o referido artigo constitucional.

Conceitualmente, na linha do que já se vem falando ao longo desta obra, entende-se por prescrição a perda do direito de ação atribuída a um direito material, em consequência do não uso dela, durante um determinado período de tempo. Em direito tributário, procedimentalmente, a prescrição está ligada à decadência, segundo a lição de Paulo de Barros Carvalho: "Com o lançamento eficaz, quer dizer, adequadamente notificado ao sujeito passivo, abre-se à Fazenda Pública o prazo de cinco anos para que se ingresse em juízo com a ação de cobrança (ação de execução). Fluindo esse período de tempo sem que o titular do direito subjetivo deduza sua pretensão pelo instrumento processual próprio, dar-se-á o fato jurídico da prescrição. A contagem do prazo tem como ponto de partida a data da constituição definitiva do crédito, expressão que o legislador utiliza para referir-se ao ato de lançamento regularmente comunicado (pela notificação) ao devedor".[2]

Conforme preconiza Eurico Marcos Diniz de Santi, "no plano geral e abstrato, estudaremos as normas de prescrição que apresentam, em sua hipótese, o decurso do tempo qualificado pela omissão do Fisco no exercício do direito de ação, e em seu consequente, a previsão abstrata da

---

[1] STF, Súmula vinculante nº 8. Sessão Plenária de 12.06.2008, DJe 112/2008, p. 1, em 20.06.2008: "Constitucionalidade. Prescrição e decadência de crédito tributário: São inconstitucionais o parágrafo único do art. 5º do Decreto-lei nº 1.569/1977 e os arts. 45 e 46 da Lei nº 8.212/1991, que tratam de prescrição e decadência de crédito tributário".

[2] *Curso de direito tributário*, cit., p. 548.

extinção do direito de ação ou do crédito. Essas normas são precedidas, em nexo de causalidade jurídica, pelas normas que determinam o exercício do direito da ação executiva fiscal".[3]

Roque Joaquim Volkweiss explica que "a prescrição, por sua vez, é a perda que, pelo decurso de certo prazo, o Estado sofre, caso se mantenha omisso, não só do direito de ajuizar ou de propor a ação judicial de cobrança de um crédito tributário já constituído ou lançado, mas também do próprio crédito, que, em consequência, também se extingue. É, assim, o desaparecimento do direito à ação judicial de cobrança, qualquer que seja seu rito (executivo, ou não). Esse prazo também é de cinco anos. Similarmente à decadência, a prescrição possui causas impeditivas (que evitam o início da contagem), suspensivas (que, uma vez iniciada a contagem, fazem com que parte do período dela não seja computada) e interruptivas (que, uma vez iniciada a contagem, fazem com que seja ela reiniciada a partir do zero, abandonando-se o tempo já decorrido)."[4]

Aurora Tomazini de Carvalho, citando Marcos Diniz de Santi, em conceito sucinto, porém perfeito, aduz ser a prescrição "a perda do direito do fisco de ingressar com o processo executivo fiscal, em decorrência do decurso de certo período de tempo sem que o tenha exercido".[5]

Como na decadência, domina o princípio da segurança jurídica. Estatuiu-se que o indivíduo não pode ser cobrado eternamente. A liberdade deve prevalecer, e isso abarca todas as questões que, mesmo momentaneamente, nela interferem. E uma das formas de se proteger a liberdade, ou ao menos minorar sua restrição, é a segurança, no caso, segurança jurídica de não viver eternamente sob a pecha de devedor. Sente-se a liberdade espelhada na paz individual. Quem vive sob uma dívida, de certa forma, está com parte de seu patrimônio, de sua propriedade, presa a ela. Não pode dispor, portanto, de forma livre, sobre suas coisas. Por isso existe prazo para que a liberdade volte ao seu *status a quo*. Afinal, o homem nasce livre e este tem que ser o principal paradigma da vida em sociedade, mas esse raciocínio só vale para aqueles que não consideram a propriedade como origem dos problemas sociais.

2. REGRAS TRIBUTÁRIAS SOBRE A PRESCRIÇÃO E O PRAZO

Tendo em vista as ideias supraexpostas, transcrevem-se as regras legais do Código Tributário Nacional, com alterações e inclusões das Leis Complementares 104/2001, 118/2005 e 208/2024, sobre prescrição no direito tributário pátrio, para então adentrar-se na análise específica de cada significado nelas contido:

> "Art. 151. Suspendem a exigibilidade do crédito tributário:
>
> I – moratória;
>
> II – o depósito do seu montante integral;
>
> III – as reclamações e os recursos, nos termos das leis reguladoras do processo tributário;
>
> IV – a concessão de medida liminar em mandado de segurança;
>
> V – a concessão de medida liminar ou de tutela antecipada, em outras espécies de ação judicial;
>
> VI – o parcelamento.

---

[3] *Decadência e prescrição no direito tributário*, cit., p. 217.
[4] *Direito tributário nacional*, cit., p. 256.
[5] *Decadência e prescrição em direito tributário* cit., p. 41.

Parágrafo único. O disposto neste artigo não dispensa o cumprimento das obrigações assessórios dependentes da obrigação principal cujo crédito seja suspenso, ou dela consequentes".

"Art. 156. Extinguem o crédito tributário: (...)
V – a prescrição..."

"Art. 174. A ação para a cobrança do crédito tributário prescreve em cinco anos, contados da data da sua constituição definitiva.
Parágrafo único. A prescrição se interrompe:
I – pelo despacho do juiz que ordenar a citação em execução fiscal;
II – pelo protesto judicial ou extrajudicial;
III – por qualquer ato judicial que constitua em mora o devedor;
IV – por qualquer ato inequívoco ainda que extrajudicial, que importe em reconhecimento do débito pelo devedor."

A ideia mais comum que se tem é que a ação para cobrança do crédito tributário prescreve em cinco anos. Explica Hugo de Brito Machado o seguinte:

"Dizer que ação para cobrança prescreve em cinco anos significa dizer que a Fazenda Pública tem o prazo de cinco anos para cobrar judicialmente, para propor a execução do crédito tributário. Tal prazo é contado da constituição definitiva do crédito, isto é, da data em que não mais admite a Fazenda Pública discutir a seu respeito, em procedimento administrativo. Se não efetua a cobrança no prazo de cinco anos, não mais poderá fazê-lo".[6]

3. O EFEITO DA PRESCRIÇÃO E O TERMO INICIAL DO PRAZO

O efeito da prescrição tributária, isto é, da decorrência do lapso temporal de cinco anos, segundo o art. 156 do Código Tributário Nacional, é a extinção do próprio crédito tributário. A doutrina chama a atenção nesse ponto: "Alerte-se, mais uma vez, para o que ficou dito: a decadência e a prescrição não representam, no Direito Tributário, apenas a perda ou a extinção, respectivamente, do direito de lançar um crédito e de cobrar judicialmente um crédito já lançado, mas também a extinção do próprio crédito (sujeito a lançamento, no caso da decadência, e já lançado, no caso da prescrição)..."[7]

A "constituição definitiva" (*caput* do art. 174 do Código Tributário Nacional) é o principal termo *a quo* do prazo prescricional tributário. Conforme já aludido, diz respeito ao lançamento que, além de válido, deve ser eficaz, ou seja, notificado ao sujeito passivo. Sempre que houver processo administrativo fiscal, a constituição do crédito tributário dá-se quando esgotado o prazo para impugnar ou para recorrer. Deve-se ressaltar que, findo o prazo impugnativo ou recursivo, o contribuinte deve ser novamente notificado da decisão administrativa final, para então ter início a contagem do prazo prescricional:

"Agravo de instrumento. Exceção de pré-executividade em execução fiscal de ISS. Remissão. Matéria que não comporta apreciação pelo meio processual adotado, que não

---

[6] *Curso de direito tributário*, cit., p. 123.
[7] VOLKWEISS, Roque Joaquim. *Direito tributário nacional*, cit., p. 256.

admite dilação probatória. Prescrição não configurada. Prazo prescricional que tem início com a notificação da decisão final do processo administrativo. Decisão mantida. Recurso desprovido.

1. Enquanto estiver em curso o processo administrativo, ficará suspensa a exigibilidade do crédito tributário, pois estarão pendentes de julgamento as reclamações e recursos apresentados. Estando suspensa a exigibilidade, não há um estado de inadimplência, de modo que, enquanto durar o processo administrativo, não correrá o prazo da prescrição.

2. Somente a partir da data em que o contribuinte é notificado do resultado do recurso ou da sua revisão no processo administrativo, tem início a contagem do prazo prescricional.

3. Conforme entendimento exarado pelo Superior Tribunal de Justiça, em processo administrativo fiscal não há que se falar em prescrição intercorrente.

4. É vedado à parte beneficiar-se da própria torpeza, sendo inadmissível a alegação de que a intempestividade do seu recurso na via administrativa não gerou os efeitos do art. 151, III, do CTN".[8]

É de notar que o Recurso Especial nº 1.320.825/RJ (recurso repetitivo), de relatoria do Ministro Gurgel de Faria, julgado em 10.08.2016, assentou o entendimento de que o Imposto sobre a Propriedade de Veículos Automotores (IPVA) é lançado de ofício no início de cada exercício (art. 142 do CTN), e constituído definitivamente com a cientificação do contribuinte para o recolhimento da exação. Reconhecida a regular constituição do crédito tributário, não se discute mais sobre a decadência, mas sim sobre a prescrição, cujo prazo inicia no dia seguinte à data do vencimento para o pagamento. Ainda, no julgamento do recurso em comento restou firmada a seguinte tese "A notificação do contribuinte para o recolhimento do IPVA perfectibiliza a constituição definitiva do crédito tributário, iniciando-se o prazo prescricional para a execução fiscal no dia seguinte à data estipulada para o vencimento da exação".

Observa-se que naqueles lançamentos realizados por declaração, ou quando há confissão do contribuinte, não se reclama a necessidade de notificação do contribuinte, abrindo-se prazo para impugnação. Desde a declaração e finalizado o vencimento do pagamento, começa a correr o prazo prescricional da ação, e, se alguma omissão ocorreu, deve haver o lançamento de ofício da diferença existente. Sob essa diferença, o prazo que temos é decadencial, pois seu valor correspondente precisa ser constituído. Aí, conforme já referido no capítulo sobre a decadência tributária, o prazo de cincos anos tem início no primeiro dia do exercício seguinte àquele em que se declarou o valor – art. 173, inc. I, do Código Tributário Nacional:

"Tributário. Lançamento de ofício suplementar. Decadência. Inocorrência.

1. O art. 173, I, do CTN refere-se ao lançamento de ofício, modalidade prevista em lei para alguns tributos, também cabível nos casos de lançamento por declaração ou por homologação, quando for constatada a necessidade de lançamento suplementar. Dispõe a autoridade administrativa do prazo de cinco anos, após o próprio exercício em que poderia realizar o lançamento de ofício, para constituir o crédito tributário.

2. No caso, tendo em vista que o fato gerador perfectibilizou-se em 31.12.2001, bem como que a declaração atinente ao IRPF foi entregue no ano de 2002, exercício a partir

---

[8] TJPR, AI nº 5781286/PR 0578128-6, da 3ª Câmara Cível, j. em 15.09.2009, rel. Paulo Roberto Vasconcelos.

do qual poderia ter sido efetuado o lançamento suplementar (daquilo que não foi declarado), forçoso reconhecer que o termo *a quo* do prazo de decadencial é 1º.01.2003 (primeiro dia do exercício seguinte) e o termo *ad quem* 1º.01.2008, razão pela qual não há reconhecer a decadência.

3. Agravo legal improvido".[9]

4. INTERRUPÇÃO DA PRESCRIÇÃO TRIBUTÁRIA

A fluência do prazo prescricional pode ser interrompida, segundo o parágrafo único do art. 174 do Código Tributário Nacional.

Eis as causas de interrupção, constantes do dispositivo *supra*: o despacho do juiz que ordenar a citação em execução fiscal; o protesto judicial ou extrajudicial; qualquer ato judicial que constitua em mora o devedor; e qualquer ato inequívoco, ainda que extrajudicial, que importe em reconhecimento do débito pelo devedor.

Interromper a prescrição significa desconsiderar totalmente o prazo já decorrido, o qual recomeçará seu curso.

Em relação à primeira das quatro causas de interrupção, – o "despacho do juiz que ordenar a citação em execução fiscal" –, primeiramente observa-se que o simples ajuizamento da execução fiscal no prazo não tem o condão de interromper a prescrição. Faz-se necessário o despacho do juiz que ordenar a citação. Ademais, é posição já consolidada a aplicação conjunta do art. 240 e de seu § 1º do atual CPC. Assim, a interrupção da prescrição pelo despacho do juiz que ordena a citação retroage à data da propositura da execução fiscal.

A segunda causa interruptiva da prescrição está no inc. II do parágrafo único do art. 174 do Código Tributário Nacional: o protesto judicial ou extrajudicial, compreendendo a interpelação judicial ou extrajudicial.

O protesto ocorre na forma do art. 726 e parágrafos do Código de Processo Civil e parágrafos:

> "Quem tiver interesse em manifestar formalmente sua vontade a outrem sobre assunto juridicamente relevante poderá notificar pessoas participantes da mesma relação jurídica para dar-lhes ciência de seu propósito.
>
> § 1º Se a pretensão for a de dar conhecimento geral ao público, mediante edital, o juiz só a deferirá se a tiver por fundada e necessária ao resguardo de direito.
>
> § 2º Aplica-se o disposto nesta Seção, no que couber, ao protesto judicial".

O inc. III do parágrafo único do art. 174 do CTN traz outra causa interruptiva: qualquer ato judicial que constitua em mora o devedor. Entram, aí, a confissão judicial de débito, o oferecimento de caução em garantia por meio de uma ação cautelar, entre outros. Enquanto o protesto judicial exige procedimento judicial especial e cautelar, o simples ato judicial que constitua em mora o devedor não possui singularidade, podendo ser uma interpelação, uma notificação, uma intimação, e até mesmo uma citação em uma ação ordinária declaratória.

Finalmente, o inc. IV refere que todo ato inequívoco ainda que extrajudicial, que importe em reconhecimento do débito pelo devedor, é capaz de interromper a prescrição. Na prática, têm-se como exemplo os termos de confissão de dívida que sejam assinados para adesão aos

---

[9] TRF4, AG nº 2009.04.00.045228-5, da 1ª Turma, *DJ* de 16.03.2010, rel. Joel Ilan Paciornik.

parcelamentos tributários. Também se incluem as ocorrências de casos de emergência ou calamidade pública, em que possa o Estado se valer dessa hipótese quando esteja desmobilizado o suficiente para distribuir suas execuções fiscais.

Observa-se, também, que o despacho do juiz que ordenar a citação interrompe a prescrição relativamente aos sócios gestores que possam ter eventual responsabilidade sobre infrações tributárias. Trata-se da aplicação do art. 135 do Código Tributário, prevendo:

> "São pessoalmente responsáveis pelos créditos correspondentes a obrigações tributárias resultantes de atos praticados com excesso de poderes ou infração de lei, contrato social ou estatutos: (...)
> III – os diretores, gerentes ou representantes de pessoas jurídicas de direito privado".

Atente-se que esse despacho passa a ser o termo *a quo* da prescrição no redirecionamento da execução fiscal. É o teor da jurisprudência hoje dominante:

> "O redirecionamento da execução fiscal contra o sócio deve ocorrer no prazo de cinco nos da citação da pessoa jurídica, sob pena de operar-se a prescrição".[10]

5. SUSPENSÃO DA PRESCRIÇÃO TRIBUTÁRIA

O art. 151 do Código Tributário Nacional, no texto da Lei Complementar 104/2001, determina a suspensão da exigibilidade do crédito tributário pela moratória; pelo depósito do montante integral do crédito; pelas reclamações e recursos nos termos das leis reguladoras do processo tributário administrativo; pela concessão de medida liminar em mandado de segurança; pela concessão de medida liminar ou de tutela antecipada em outras espécies de ações judiciais; e pelo parcelamento da dívida.

O parágrafo único complementa, advertindo que a exigibilidade suspensa do crédito principal não exonera do cumprimento das obrigações assessórias correspondentes.

Taxativo o rol de hipóteses em que a exigibilidade do crédito tributário é suspensa. Analisando essas previsões, algumas questões intrigantes vêm à baila. Nota-se que em muitas vezes a exigibilidade do crédito tributário é suspensa sem mesmo estar o mesmo definitivamente constituído, como no caso das reclamações e recursos administrativos. Paulo de Barros observa que "por exigibilidade havemos de compreender o direito que o credor tem de postular, efetivamente, o objeto da obrigação, e isso tão só ocorre, como é óbvio, depois de tomadas todas as providências necessárias à constituição da dívida, com a lavratura do ato de lançamento tributário. No período que antecede tal expediente, ainda não se tem o surgimento da obrigação tributária, inexistindo, consequentemente, crédito tributário, o qual nasce com o ato de lançamento tributário".[11]

Hugo de Brito Machado explica a situação referindo que, em verdade, a suspensão da exigibilidade do crédito tributário pode ocorrer "inclusive durante o procedimento de sua constituição, antes de sua constituição definitiva, pelo ato administrativo que o declara, encerrando o procedimento administrativo de lançamento. Por isso se diz que a suspensão da exigibilidade do crédito tributário pode ser: a) prévia, operando-se antes do surgimento da

---

[10] STJ, AgRg no REsp nº 1181116/SP, da 2ª Turma, j. em 8.06.2010, *DJe* 18.06.2010, rel. Min. Castro Meira.
[11] *Curso de direito tributário*, cit., p. 515.

própria exigibilidade, porque no curso do próprio procedimento de constituição do crédito, caso em que mais propriamente se devia dizer *impedimento*, em lugar de suspensão; e b) posterior, operando-se depois que o crédito tributário está constituído, e por isso mesmo é exigível".[12]

Nesse sentido, alguns doutrinadores entendem que, nos casos em que ocorre uma suspensão antes mesmo da definitiva constituição do crédito tributário, está-se tratando de um *impedimento*, e não de uma *suspensão*, pois não se suspende o que não se iniciou, no caso, o prazo, que só pode começar a correr quando a questão está, administrativamente (formalmente), decidida.

Vejamos, uma a uma, essas hipóteses suspensivas.

A *moratória* não é conceituada pelo Código. Doutrinariamente entende-se ser "a dilação do intervalo de tempo, estipulado para o implemento de uma prestação, por convenção das partes, que podem fazê-lo tendo em vista uma execução unitária ou parcelada".[13] Ou seja, é a "concessão de um novo prazo para pagamento".[14] Concedida a moratória, o que se dá unicamente por lei, pois trata com patrimônio público, a exigibilidade do crédito tributário fica suspensa até o vencimento do novo prazo.

Possui duas modalidades: em caráter geral (criada por lei) e em caráter individual (autorizada por lei). Em caráter geral, pode ser concedida pela pessoa jurídica de direito público competente para instituir o tributo a ser beneficiado; ou pela União, quanto a tributos de competência dos outros entes federativos, quando simultaneamente concedida aos tributos de sua competência e às suas obrigações de direito privado. Essa segunda previsão é tida por muitos como inconstitucional, pois quebra o pacto federativo. Em caráter individual, a moratória será concedida por despacho da autoridade administrativa, obviamente também autorizada por lei.

Acresce anotar que a moratória, em qualquer de suas modalidades, pode ser concedida especificamente a determinada região do território do ente federativo concedente, ou a determinada classe ou categoria de contribuintes.

Referente aos requisitos da lei concessiva, impõe-se, no mínimo, a especificação do prazo de duração do favor; das condições da concessão do favor em caráter individual; dos tributos a que se aplica; do número de prestações e seus vencimentos; e das garantias que devem ser fornecidas pelo beneficiado no caso de concessão em caráter individual.

Em princípio, segundo o art. 154 do Código Tributário Nacional, a moratória abrange os créditos definitivamente constituídos à data da lei ou do despacho que a conceder, ou cujo lançamento já tenha sido iniciado àquela data por ato regularmente notificado ao sujeito passivo. Salienta-se que a lei pode trazer previsão diversa. É exatamente o que alude o artigo em comento: "salvo disposição de lei em contrário, a moratória somente abrange os créditos definitivamente constituídos..."

Ora, se a suspensão da prescrição tributária opera/suspende a exigibilidade do crédito tributário, como se poderia suspender um crédito que ainda não está constituído? Paulo de Barros Carvalho tem uma explicação: "Apresentando à autoridade administrativa competente uma declaração em que tudo aquilo que o lançamento contém esteja claramente discriminado. É assim que ocorre nos casos em que o procedimento, que prepara a edição do ato, se haja iniciado por expediente notificado de forma regular ao sujeito passivo. Nessas condições, antecipa-se o devedor, oferecendo os dados integrais que seriam expressos no ato de lançamento, e predica sua inclusão para desfrutar dos prazos mais dilargados que a lei moratória prevê. É

---

[12] MACHADO, Hugo de Brito. *Curso de direito tributário*. 29. ed. rev., atual. e ampl. São Paulo: Malheiros, 2008. p. 182.
[13] CARVALHO, Paulo de Barros. *Curso de direito tributário*, cit., p. . 16.
[14] VOLKWEISS, Roque Joaquim. *Direito tributário nacional*, cit., p. 222.

precisamente a hipótese a que alude a parte final do art. 154. Esse é o único caminho possível para o funcionamento do instituto. Sem ele, seria ilógico pensar na sua aplicabilidade, a não ser em âmbito restrito, e cogitar e seus efeitos".[15]

Como se trata de um "favor", a moratória não aproveita casos em que haja dolo, fraude ou simulação do sujeito passivo ou do terceiro em benefício daquele.

A moratória concedida em caráter individual não gera direito adquirido e será revogada de ofício, sempre que se verifique algum incumprimento de obrigação. Nesse caso, acresce-se o crédito de juros de mora, com a aplicação de penalidade quando houver dolo ou simulação. O Código tenta preservar a boa-fé do contribuinte, pois, se não verificado dolo ou simulação, não é imposta penalidade. Só os juros incidem.

Referente aos institutos do dolo e da simulação, que devem ser considerados para a aplicação de penalidade quando a moratória é revogada por incumprimento de alguma obrigação, há autores que aceitam a aplicação dessa penalidade para outros vícios de consentimento, como a fraude. Já outra corrente doutrinária aplica a essa questão o art. 112 do Código, que expressa a ideia de que a lei tributária que define infrações e comina penalidades deve ser interpretada sempre da maneira mais favorável ao acusado. Ou seja, não caberia essa interpretação analógica.

Especificamente sobre suspensão da prescrição, prevê o parágrafo único do art. 155 que, se for constatado o dolo ou a simulação quando da revogação da moratória por incumprimento de obrigação, o tempo decorrido entre a sua concessão e a revogação não se computa para efeito da prescrição do direito à cobrança do crédito. Caso não tenha ocorrido um desses defeitos, a prescrição segue correndo durante a moratória, e sua revogação só pode ocorrer antes de prescrito o referido direito. Aqui há, dessa maneira, um ponto importante a ser considerado: a suspensão ou não da exigibilidade do crédito tributário enquanto vigorou a moratória revogada.

Referente ao *depósito do montante integral*, é aquele realizado no curso de uma ação judicial. Deve ser sempre espontâneo, não forçado ou condicionado. Não fica impedido o depósito durante o procedimento administrativo. É possível o depósito nessa fase constitutiva do crédito, mas apenas com o objetivo de estancar a atualização monetária incidente. Isso porque o inc. III do art. 151 já determina que as reclamações e os recursos no processo tributário administrativo por si só suspendem a exigibilidade do crédito tributário. Assim, por lógica legislativa, o inc. II do mesmo artigo só pode estar tratando do depósito judicial. Ademais, se se está ainda falando em esfera administrativa, certamente o crédito tributário ainda não se constituiu, e não constituído, não há o que ser suspenso.

Nos casos em que o contribuinte intenta uma ação conta o Estado para discutir uma obrigação tributária, fazendo o depósito do montante integral do valor dito devido, não há mais de se falar em prescrição e até mesmo em decadência. É necessário ter cuidado com os prazos de constituição e de exigibilidade do crédito tributário. A jurisprudência pátria é uniforme em considerar que no caso de tributos sujeitos a lançamento por homologação, o contribuinte, ao realizar o depósito judicial para discutir o crédito, beneficiando-se com a suspensão da exigibilidade do mesmo, acaba por constituí-lo nos moldes do que dispõem o art. 150 e seus parágrafos do Código Tributário Nacional.

No que tange às *impugnações e recursos nos termos das leis reguladoras do processo tributário administrativo*, isto é, nos procedimentos administrativos fiscais, mais uma vez parece confusa a legislação. Fala-se em suspensão da exigibilidade de um crédito tributário que ainda está sendo discutido na esfera administrativa, o que pressupõe que ainda não esteja definitivamente

---

[15] *Curso de direito tributário*, cit., p. 518-519.

constituído. A interpretação possível é que se considera constituído o crédito por meio daquele lançamento impugnado, ou mediante aquela decisão recorrida acerca da impugnação, e enquanto não definitivamente decidida a impugnação ou o recurso, não tem "início" a contagem do prazo prescricional.

Eurico de Santi, citando alguns autores, analisa o inc. III do art. 151 em conjunto o *caput* do art. 174. Leva em conta que este último artigo prescreve que o termo inicial do prazo prescricional dá-se com a constituição definitiva e, portanto, para entender a suspensão, necessário, antes, compreender a definitividade da constituição do crédito tributário. Explica o renomado doutrinador que "Alberto Xavier entende que a expressão lançamento definitivo 'nos termos do art. 174 do CTN, não é o lançamento imutável na órbita administrativa, mas o lançamento que conclui o respectivo procedimento administrativo e foi regularmente notificado'. Na mesma linha, afirma Carlos da Rocha Guimarães que todo o crédito tributário desde a sua constituição é sempre definitivo: 'Se até decisões dos Tribunais passadas em julgado podem ser anuladas (ação rescisória) sem deixar de serem consideradas definitivas antes dessa anulação, com mais razão se deve considerar o lançamento como definitivo logo que formalizado pela autoridade competente, eis que há ato unilateral, dependendo a sua qualidade de definitivo da própria decisão do agente público que o declara como tal'. De idêntico modo, Alcides Jorge Costa leciona que o 'lançamento constitui o crédito definitivamente. Os procedimentos de segundo grau podem desconstituir o crédito, mas não lhe atribuem definitividade, que resultam do próprio lançamento. O crédito pode ser desconstituído por sentença judicial e, deste modo, se crédito definitivamente constituído fosse apenas o que não pode de forma alguma sem impugnado, só seria definitivo o crédito assim caracterizado em sentença passada em julgado.' E arremata: 'A posição aqui defendida é consentânea com o art. 151, III, segundo o qual reclamações e recursos no processo administrativo suspendem a exigibilidade do crédito. Se crédito resultante do auto de infração (ou de uma decisão administrativa posterior ao auto, como no caso paulista pode ter a exigibilidade suspensa é por já ser exigível'".[16]

Já outros autores entendem que o crédito tributário só pode ser considerado definitivamente constituído quando não haja mais possibilidade de defesa ou de recurso administrativos.

Também são casos de suspensão da exigibilidade do crédito tributário *a concessão de medida liminar em mandado de segurança* e *a concessão de medida liminar ou de tutela antecipada em outras espécies de ação judicial*. São hipóteses em que o contribuinte intenta ação judicial contra o ato do lançamento tributário. Nesses casos, o crédito tributário já está definitivamente constituído pela autoridade administrativa e a suspensão da fluência do prazo justifica-se até mesmo por questão de lógica processual. Não há motivo para o Estado ajuizar uma execução fiscal se há discussão sobre o mesmo crédito correndo perante o Poder Judiciário.

A última hipótese – *parcelamento* – está disciplinada no art. 155-A, do Código Tributário, e sua concessão também depende de lei. De regra, o parcelamento do crédito tributário não exclui a incidência de juros e multas, muito embora a lei que o conceda possa prever o contrário. No mais, aplicam-se, subsidiariamente as disposições do Código Tributário Nacional relativas à moratória.

Quanto aos juros, é muito importante ater-se ao fato de que a dispensa de juros das obrigações tributárias caracteriza renúncia à receita tributária. A Constituição Federal, no art. 165, § 6º, estabelece que o projeto de lei orçamentária será acompanhado de demonstrativo regionalizado do efeito, sobre receitas e despesas, decorrente de isenções, anistias, remissões, subsídios e benefícios de natureza financeira, tributária e creditícia. A Lei de Responsabilidade

---

[16] *Decadência e prescrição no direito tributário*, cit., p. 214-215.

Fiscal determina, no § 1º de seu art. 14, que a renúncia de receitas compreende anistia, remissão, subsídio, crédito presumido, concessão de isenção em caráter geral, alteração de alíquota ou modificação de base de cálculo que implique redução discriminada de tributos ou contribuições, e outros benefícios que correspondem a tratamento diferenciado. O questionamento é: juros e penalidades tributários encontram-se dentro da significação desse parágrafo? Doutrina especializada e inúmeras decisões de Tribunais de Contas respondem afirmativamente essa questão.

Ainda quanto ao parcelamento, deve-se considerar uma perspectiva em relação ao pagamento integral. Ocorre que o art. 138 do Código Tributário afirma que a responsabilidade é excluída pela denúncia espontânea da infração, acompanhada do pagamento do tributo devido e dos juros de mora. Ou seja, pagando-se a dívida integralmente, a penalidade é excluída. Já se optando pelo parcelamento do pagamento, mesmo que em virtude de uma denúncia espontânea, a exclusão da penalidade não corre, salvo se prevista na lei específica que concedeu o parcelamento.

Finalmente, faz-se referência à inconstitucionalidade da previsão contida no § 3º do art. 2º da Lei de Execuções Fiscais (Lei nº 6.830, de 22.09.1980), de que a inscrição em dívida ativa suspende a prescrição por 180 dias, ou até a distribuição da execução fiscal, se esta ocorrer antes de findo aquele prazo. Essa previsão é válida apenas para as dívidas não tributárias, pois não dependem elas de Lei Complementar:

> "Processual civil. Recurso especial. Inexistência de ofensa ao art. 535 do CPC. Execução fiscal. Prescrição. Art. 2º, § 3º, da Lei nº 6.830/1980. Suspensão por 180 dias. Norma aplicável somente às dívidas não tributárias. (...)
>
> Diante das circunstâncias acima retratadas, com especial destaque para a recusa da exequente em prestar as informações requisitadas pelo juiz, recusa esta aliada ao decurso de mais de cinco anos entre a notificação do débito e o ajuizamento da execução, o Tribunal de origem não estava obrigado a se pronunciar – à luz do art. 15 do Decreto nº 70.235/1972 – sobre a alegação de que a prescrição só começa a fluir após o prazo de trinta dias para a impugnação do lançamento, ainda que a referida disposição do Decreto nº 70.235/1972 tenha sido invocada nos embargos de declaração e no recurso especial. Portanto, não há que se falar em contrariedade aos arts. 535, II, do CPC, 174 do CTN, e 2º, § 3º, da Lei nº 6.830/1980.
>
> A Corte Especial, no julgamento da AI no Ag nº 1.037.765/SP, rel. Min. Teori Albino Zavascki, acolheu por maioria o incidente para reconhecer a inconstitucionalidade, em relação aos créditos tributários, do § 3º do art. 2º da Lei nº 6.830/1980, ressaltando que tal reconhecimento da inconstitucionalidade deve ser parcial, sem redução de texto, visto que tal dispositivo legal preserva sua validade e eficácia em relação a créditos não tributários objeto de execução fiscal".[17]

6. RECONHECIMENTO DA PRESCRIÇÃO *EX OFFICIO*

O tema já se encontra pacificado, sendo certa a possibilidade de o magistrado reconhecer, de ofício, a prescrição. A Súmula nº 409 do Superior Tribunal de Justiça, de 2009, trata do assunto:

---

[17] O mencionado art. 535 corresponde ao art. 1.022 do atual CPC. Já o inc. II do art. 535 corresponde ao inc. II do art. 1.022, também do CPC de 2015, embora redigidos em termos diferentes. REsp nº 1.326.094/PE, da 2ª Turma do STJ, j. em 16.08.2012, *DJe* 22.08.2012, rel. Min. Mauro Campbell Marques.

"Em execução fiscal, a prescrição ocorrida antes da propositura da ação pode ser decretada de ofício (art. 219, § 5º, do CPC)".

O conteúdo do mencionado art. 219, § º, encontra equivalência nos arts. 32, § 1º, e 487, inc. II, do atual CPC.

7. DA PRESCRIÇÃO INTERCORRENTE

A prescrição intercorrente, em nosso sistema jurídico, é criação doutrinária e da jurisprudência. A tese é que a prescrição da pretensão, interrompida com o ajuizamento da ação, em razão do despacho do juiz determinando a citação (conforme art. 202, inc. I, do Código Civil, e art. 174, inc. I, do Código Tributário Nacional), volte a correr, em casos de injustificada paralisação do processo.

O tema vem sendo discutido há mais de meio século. Em 1963, o Supremo Tribunal Federal editou as Súmulas nºs 264 e 327, com os seguintes verbetes, respectivamente:

"Verifica-se a prescrição intercorrente pela paralisação da ação rescisória por mais de cinco anos".

"O direito trabalhista admite a prescrição intercorrente".[18]

O Superior Tribunal de Justiça, por sua vez, em 12.12.2005, editou a Súmula nº 314, com seguinte verbete:

"Em execução fiscal, não localizados bens penhoráveis, suspende-se o processo por um ano, findo o qual se inicia o prazo da prescrição quinquenal intercorrente".

Uma das diferenças entre a prescrição da pretensão e a prescrição intercorrente está em que a primeira é de ordem material, enquanto a segunda se entende ser de ordem processual. Entretanto, há muitas ideias correlatas entre ambas. O tempo do lapso prescricional intercorrente, por exemplo, é o mesmo da prescrição da própria pretensão.

A tese que defende a prescrição intercorrente surgiu em nome da já mencionada segurança jurídica. Vejamos o voto da Ministra Eliana Calmon, do Superior Tribunal de Justiça, no julgamento do Recurso Especial nº 1.034.191:

"Cumpre, antes de tudo, entender que a prescrição intercorrente, consoante aplicação, é resultante de construção doutrinária e jurisprudencial para punir a negligência do titular de direito e também para prestigiar o princípio da segurança jurídica, que não se coaduna com a eternização de pendências administrativas ou judiciais. Assim, quando determinado processo administrativo ou judicial fica paralisado por um tempo longo, por desídia da Fazenda Pública, embora interrompido ou suspenso o prazo prescricional, este começa a fluir novamente. Portanto, a prescrição intercorrente pressupõe a preexistência de processo administrativo ou judicial, cujo prazo prescricional havia sido interrompido pela citação ou pelo despacho que ordenar a citação, conforme in-

---

[18] Presentemente vigora o entendimento de que não há prescrição intercorrente em processo trabalhista, haja vista a Súmula nº 114 do TST: "Prescrição intercorrente (mantida) – Res. 121/2003, *DJ* 19, 20 e 21.11.2003: É inaplicável na Justiça do Trabalho a prescrição intercorrente".

ciso I do parágrafo único do art. 174 do CTN, com a redação que lhe foi dada pela Lei Complementar nº 118, de 09.02.2005. Portanto, a prescrição intercorrente é aquela que diz respeito ao reinício da contagem do prazo extintivo após ter sido interrompido".[19]

Ressalta-se, a despeito do entendimento supratranscrito, que há quem entenda não incidir prescrição intercorrente em procedimento administrativo:

> "Tributário. Processual civil. Ausência de violação do art. 535 do CPC. Recurso administrativo. Suspensão da exigibilidade e do prazo prescricional. Processo administrativo fiscal. Demora. Reexame de fatos e provas. Súmula 7/STJ.
>
> 1. Inexiste violação do art. 535 do CPC quando a prestação jurisdicional é dada na medida da pretensão deduzida, com enfrentamento e resolução das questões abordadas no recurso.
>
> 2. A conclusão de processo administrativo em prazo razoável é corolário dos princípios da eficiência, da moralidade e da razoabilidade. Todavia, a análise, no presente caso, de que ocorreu demora injustificada no encerramento do processo administrativo fiscal capaz de configurar prescrição intercorrente esbarra no óbice da Súmula 7/STJ.
>
> 3. Ademais, nos termos da jurisprudência do STJ, o recurso administrativo suspende a exigibilidade do crédito tributário enquanto perdurar o contencioso administrativo, nos termos do art. 151, III, do CTN. Assim, somente a partir da notificação do resultado do recurso tem início a contagem do prazo prescricional, afastando-se a incidência da prescrição intercorrente em sede de processo administrativo fiscal, pela ausência de previsão normativa específica.
>
> Agravo regimental improvido".[20]

A primeira previsão legal pátria sobre prescrição intercorrente veio na Lei nº 11.051/2004, que introduziu parágrafos ao art. 40 da Lei nº 6.830/1980 (Lei de Execução Fiscal).

O *caput* do art. 40 da Lei de Execução Fiscal, na literalidade, prevê a suspensão do processo executivo e do prazo prescricional tributário enquanto não for localizado o devedor ou não encontrados bens sobre os quais se possa recair a penhora.

O § 1º ordena que, "suspenso o curso da execução, será aberta vista dos autos ao representante judicial da Fazenda Pública".

O § 2º desse mesmo artigo manda o Juiz arquivar os autos se, após um ano da suspensão, não forem localizados o devedor ou bens seus penhoráveis. E o § 4º reconhece que decorrido o lapso temporal prescricional – que só pode ser de cinco anos – a partir da decisão que ordenar o arquivamento, está configurada a prescrição intercorrente.

Transcrevem-se as regras que preveem e regulam a prescrição intercorrente no sistema normativo pátrio, com as mudanças da Lei 11.051/2004:

> "Art. 40. O Juiz suspenderá o curso da execução, enquanto não for localizado o devedor ou encontrados bens sobre os quais possa recair a penhora, e, nesses casos, não correrá o prazo de prescrição. (...)

---

[19] STJ, REsp nº 1.034.191, da 2ª Turma, j. em 13.05.2008, *DJe* de 26.05.2008.
[20] O mencionado art. 535 corresponde ao art. 1.022 do CPC vigente. AgRg no AREsp nº 73.621/RS, da 2ª Turma, j. em 18.09.2012, *DJe* 25.09.2012, rel. Min. Humberto Martins.

§ 2º Decorrido o prazo máximo de 1 (um) ano, sem que seja localizado o devedor ou encontrados bens penhoráveis, o Juiz ordenará o arquivamento dos autos. (...).

§ 4º Se da decisão que ordenar o arquivamento tiver decorrido o prazo prescricional, o juiz, depois de ouvida a Fazenda Pública, poderá, de ofício, reconhecer a prescrição intercorrente e decretá-la de imediato

§ 5º A manifestação prévia da Fazenda Pública prevista no § 4º deste artigo será dispensada no caso de cobranças judiciais cujo valor seja inferior ao mínimo fixado por ato do Ministro de Estado da Fazenda".

Surgiram discussões a respeito da constitucionalidade da suspensão do lapso temporal para fins de consideração da prescrição intercorrente, e ao termo inicial desse mesmo prazo. Entra em questão a previsão constitucional de que a matéria de prescrição e decadência tributárias só podem ser veiculadas por lei complementar (art. 146, inc. III, alínea "b", da CF). Essa matéria constitui o único ramo do direito que sofreu esse condicionamento constitucional. Inobstante, nem a Lei nº 6.830/1980, nem a Lei nº 11.051/2004, que introduziu parágrafos no art. 40 daquela, são leis complementares.

Trata-se, como já mencionado, de regulação da prescrição tributária por lei ordinária (Lei nº 6.830/1980 e Lei nº 11.051/2004). O texto literal é no sentido de que a suspensão do prazo prescricional ocorre enquanto não for localizado o devedor ou seus bens, por no máximo um ano, e a interrupção se opera pela decisão que ordenar o arquivamento dos autos, depois da suspensão.

A conclusão é que a prescrição intercorrente é reconhecida pela doutrina e jurisprudência brasileiras, mesmo sem previsão legal constitucionalmente válida (lei complementar), em nome do princípio da segurança jurídica.

Sua regulamentação, portanto, também é feita pela jurisprudência e doutrina, sendo correto o entendimento análogo ao da Súmula nº 264 do Supremo, no sentido de que a prescrição intercorrente começa a correr quando da paralisação injustificada da ação. Cuidado deve-se ter com a caracterização da paralisação, que deve ser, realmente, imotivada, conforme os seguintes paradigmas:

"Administrativo. Execução fiscal. Prescrição intercorrente. Requisitos: lapso temporal e inércia do credor. Desídia do exequente. Reexame de fatos e provas. Impossibilidade. Incidência da Súmula nº 7/STJ.

1. Nos termos da jurisprudência do STJ, a prescrição intercorrente depende não só da análise fria do lapso temporal, mas se conjuga com outro requisito indispensável, a prova da desídia do credor na diligência do processo.

2. O Tribunal de origem, ao analisar a matéria, afastou a ocorrência de prescrição por reconhecer culpa exclusiva da máquina judiciária e ausência de inércia da exequente. Dessa forma, desconstituir tal premissa requer, necessariamente, o reexame de fatos e provas, o que é vedado ao STJ, por esbarrar no óbice da Súmula nº 7/STJ.

Agravo regimental improvido".[21]

"Processo civil. Recurso especial. Execução de sentença. Cálculos apresentados sem a inclusão dos juros fixados no título judicial. Apresentação de novos cálculos no curso da execução. Possibilidade. Renúncia tácita não configurada. Recurso não provido.

---

[21] AgRg no AREsp nº 459.937/GO, rel. Min. Humberto Martins, 2ª Turma do STJ, j. em 25.03.2014, *DJe* 31.03.2014.

(...) É firme a jurisprudência do Superior Tribunal de Justiça no sentido de que não ocorre prescrição intercorrente se a parte não deu causa à paralisação do feito.

'A renúncia ao crédito exequendo remanescente, com a consequente extinção do processo satisfativo, reclama prévia intimação, vedada a presunção de renúncia tácita' (REsp nº 1.143.471/PR, rel. Min. Luiz Fux, sob o rito do art. 543-C do CPC, *DJe* 22.02.2010).

4. Recurso especial não provido".[22]

De lembrar, ainda, a existência do Tema 566/STJ, de 2018, sobre o assunto, nos seguintes termos:

"O prazo de 1 (um) ano de suspensão do processo e do respectivo prazo prescricional previsto no art. 40, §§ 1º e 2º da Lei n. 6.830/80 – LEF tem início automaticamente na data da ciência da Fazenda Pública a respeito da não localização do devedor ou da inexistência de bens penhoráveis no endereço fornecido, havendo, sem prejuízo dessa contagem automática, o dever de o magistrado declarar ter ocorrido a suspensão da execução".[23]

8. PRESCRIÇÃO PARA PROMOVER A AÇÃO ANULATÓRIA DE LANÇAMENTO DE DÉBITO FISCAL

A prescrição para promover a ação anulatória de lançamento de débito fiscal é de cinco anos, por força do art. 1º do Decreto nº 20.910/1932, contado o prazo a partir da notificação fiscal do ato administrativo do lançamento, o que é confirmado pela jurisprudência do STJ:

"O prazo prescricional adotado em sede de ação declaratória de nulidade de lançamentos tributários é quinquenal, nos moldes do art. 1º do Decreto nº 20.910/1932 (precedentes: AgRg no REsp nº 814.220/RJ, rel. Min. Eliana Calmon, 2ª Turma, j. em 19.11.2009, *DJe* 02.12.2009; AgRg nos EDcl no REsp nº 975.651/RJ, rel. Min. Mauro Campbell Marques, 2ª Turma, j. em 28.04.2009, *DJe* 15.05.2009; REsp nº 925.677/RJ, rel. Min. Luiz Fux, 1ª Turma, j. em 21.08.2008, *DJe* 22.09.2008; AgRg no Ag 711.383/RJ, Rel. Min. Denise Arruda, *DJ* 24.04.2006; REsp nº 755.882/RJ, rel. Min. Francisco Falcão, *DJ* 18.12.2006).

Isto porque o escopo da demanda é a anulação total ou parcial de um crédito tributário constituído pela autoridade fiscal, mediante lançamento de ofício, em que o direito de ação contra a Fazenda Pública decorre da notificação desse lançamento".[24]

No voto do relator, citam-se precedentes:

"'Esta Corte já se pronunciou no sentido de que o prazo prescricional adotado na ação declaratória de nulidade de lançamentos tributários é quinquenal, nos termos do art. 1º do Decreto nº 20.910/1932, contado a partir da notificação fiscal do ato administrativo do lançamento. Precedentes: REsp nº 894.981/RJ, rel. Min. Luiz Fux, 1ª Turma, *DJ* 18.06.2008; REsp nº 892.828/RJ, rel. Min. Teori Albino Zavascki, 1ª Turma, DJ 11.06.2007.

---

[22] O art. 543-C referido corresponde ao art. 1.036 do atual CPC. REsp nº 1.388.682/RS, da 1ª Turma do STJ, j. em 17.12.2013, *DJe* 24.02.2014, rel. Min. Arnaldo Esteves Lima.
[23] REsp 1340553/RS, da 1ª Seção, rel. Min. Mauro Campbel Mrques, j. em 12.09.2018, *DJe* de 13.09.2019.
[24] REsp nº 947.206/RJ, da 1ª Seção, j. em 13.10.2010, *DJe* de 26.10.2010, rel. Min. Luiz Fux.

Na espécie, constatado o decurso de cinco anos entre a notificação do lançamento e o ajuizamento da ação, há de se reconhecer a prescrição em relação aos lançamentos referentes ao exercício de 1999 e anteriores...' (AgRg nos EDcl no REsp nº 975.651/RJ, rel. Min. Mauro Campbell Marques, 2ª Turma, j. em 28.04.2009, *DJe* 15.05.2009).

'Processo civil e tributário. Inconstitucionalidade da cobrança do IPTU progressivo, da TCLLP e da TIP. Ação anulatória de lançamento fiscal. Prescrição quinquenal. Aplicação do art. 1º do Decreto nº 20.910/1932. Ajuizamento de ação anulatória do lançamento posterior à propositura do executivo fiscal. Ausência de embargos à execução. Possibilidade. Ausência de prequestionamento. Indicação de dispositivo não debatido na instância *a quo* (art. 267, VI, do CPC). Violação do art. 535 do CPC não configurada.

O prazo prescricional, em sede de ação declaratória de nulidade de lançamentos tributários, é quinquenal, nos moldes do art. 1º do Decreto nº 20.910/1932 (Precedentes: AgRg no Ag nº 711.383/RJ, Rel. Min. Denise Arruda, *DJ* 24.04.2006; REsp nº 766.670/RJ, rel. Min. Luiz Fux, *DJ* 31.08.2006; REsp nº 755.882/RJ, rel. Min. Francisco Falcão, *DJ* 18.12.2006).

Isto porque a presente demanda retrata hipótese em que o direito de ação contra a Fazenda Pública decorre da notificação do lançamento de ofício, e não da extinção do crédito tributário (art. 168, I, do CTN), porquanto não encerra o caso *sub judice* pleito de repetição do indébito, mas de anulação total ou parcial de um crédito tributário definitivamente constituído.

In casu, o ora Recorrente ajuizou, em 02.07.2003, ação anulatória dos lançamentos fiscais que constituíram créditos tributários relativos ao IPTU, TCLLP e TIP – tributos eivados de vício de inconstitucionalidade – referentes aos exercícios de 1995 a 1999, tendo sido os lançamentos efetuados nos meses de janeiro dos respectivos anos.

Consequentemente, na ausência de norma específica a regular a matéria, o prazo prescricional a ser observado é quinquenal, nos moldes do art. 1º do Decreto nº 20.910/1932, razão pela qual ressoa inequívoca a ocorrência da prescrição quanto aos lançamentos efetuados nos exercícios de 1995 a 1998.

O ajuizamento de ação anulatória de lançamento fiscal é direito constitucional do devedor – direito de ação –, insuscetível de restrição, podendo ser exercido tanto antes quanto depois da propositura da ação, não obstante o rito previsto para a execução contemple a ação de embargos do devedor como instrumento hábil à desconstituição da obrigação tributária, cuja exigência já esteja sendo exercida judicialmente pela Fazenda Pública (Precedentes: REsp nº 854942/RJ, *DJ* 26.03.2007; REsp nº 557080/DF, *DJ* 07.03.2005).

Os embargos à execução não encerram o único meio de insurgência contra a pretensão fiscal na via judicial, porquanto se admitem, ainda, na via ordinária, as ações declaratória e anulatória, bem assim a via mandamental.

A fundamental diferença entre as ações anulatória e de embargos à execução jaz exatamente na possibilidade de suspensão dos atos executivos até o seu julgamento.

Nesse segmento, tem-se que, para que a ação anulatória tenha o efeito de suspensão do executivo fiscal, assumindo a mesma natureza dos embargos à execução, faz-se mister que seja acompanhada do depósito do montante integral do débito exequendo, porquanto, ostentando o crédito tributário o privilégio da presunção de sua veracidade e legitimidade, nos termos do art. 204, do CTN, a suspensão de sua exigibilidade se dá nos limites do art. 151 do mesmo Diploma legal (Precedentes: REsp nº 747.389/RS, rel. Min.

Castro Meira, *DJ* 19.09.2005; REsp nº 764.612/SP, rel. Min. José Delgado, *DJ* 12.09.2005; e REsp nº 677.741/RS, rel. Min. Teori Albino Zavascki, *DJ* 07.03.2005).

In casu, verifica-se que o pedido da ação anulatória não teve a pretensão de suspender a exigibilidade do crédito tributário, mas tão somente de desconstituir lançamentos tributários eivados de ilegalidade, razão pela qual subsistente o direito subjetivo de ação.

A apreciação, em sede de Recurso Especial, de matéria sobre a qual não se pronunciou o tribunal de origem (ilegitimidade ativa *ad causam*), é inviável, porquanto indispensável o requisito do prequestionamento. Ademais, como de sabença, 'é inadmissível o recurso extraordinário, quando não ventilada na decisão recorrida, a questão federal suscitada' (Súmula nº 282/STF).

Os embargos de declaração que enfrentam explicitamente a questão embargada, qual seja, a existência de obscuridade e erro material, não ensejam recurso especial pela violação do art. 535, II, do CPC.

A questão relativa à ausência de comprovação dos pagamentos e da propriedade dos imóveis não restou analisada pelo acórdão da apelação, não tendo sido sequer alvo dos embargos declaratórios opostos pelo recorrente, por isso que não há qualquer omissão a ser suprida.

Recurso especial parcialmente provido, para decretar a prescrição da ação quanto ao exercício de 1998, nos termos da fundamentação expendida' (REsp nº 925.677/RJ, rel. Min. Luiz Fux, 1ª Turma, j. em 21.08.2008, *DJe* 22.09.2008)".[25]

9. A PRESCRIÇÃO NO REDIRECIONAMENTO DA AÇÃO CONTRA COOBRIGADOS TRIBUTÁRIOS

Uma vez verificada a responsabilidade dos sócios ou coobrigados de uma sociedade, é possível a exigibilidade da exação tributária contra eles. Há a previsão no art. 135 do CTN dos casos que permitem o redirecionamento.

Inicia o prazo prescricional de cinco anos a contar do ato que permite a exigibilidade contra os coobrigados.

A matéria está definida em tese do Tema 444/STJ, no sistema de repetitivo, com o seguinte teor:

"(i) o prazo de redirecionamento da Execução Fiscal, fixado em cinco anos, contado da diligência de citação da pessoa jurídica, é aplicável quando o referido ato ilícito, previsto no art. 135, III, do CTN, for precedente a esse ato processual;

(ii) a citação positiva do sujeito passivo devedor original da obrigação tributária, por si só, não provoca o início do prazo prescricional quando o ato de dissolução irregular for a ela subsequente, uma vez que, em tal circunstância, inexistirá, na aludida data (da citação), pretensão contra os sócios-gerentes (conforme decidido no REsp 1.101.728/SP, no rito do art. 543-C do CPC/1973, o mero inadimplemento da exação não configura ilícito atribuível aos sujeitos de direito descritos no art. 135 do CTN). O termo inicial do prazo prescricional para a cobrança do crédito dos sócios-gerentes infratores, nesse contexto, é a data da prática de ato inequívoco indicador do intuito de inviabilizar a satisfação

---

[25] Os citados arts. 67, inc. VI, 535 e 535, inc. II, correspondem respectivamente, aos arts. 485, inc. VI, 1.022 e 1.022, inc. II, do CPC de 2015.

do crédito tributário já em curso de cobrança executiva promovida contra a empresa contribuinte, a ser demonstrado pelo Fisco, nos termos do art. 593 do CPC/1973 (art. 792 do novo CPC - fraude à execução), combinado com o art. 185 do CTN (presunção de fraude contra a Fazenda Pública); e

(iii) em qualquer hipótese, a decretação da prescrição para o redirecionamento impõe seja demonstrada a inércia da Fazenda Pública, no lustro que se seguiu à citação da empresa originalmente devedora (REsp 1.222.444/RS) ou ao ato inequívoco mencionado no item anterior (respectivamente, nos casos de dissolução irregular precedente ou superveniente à citação da empresa), cabendo às instâncias ordinárias o exame dos fatos e provas atinentes à demonstração da prática de atos concretos na direção da cobrança do crédito tributário no decurso do prazo prescricional".[26]

10. A NÃO INFLUÊNCIA DO PRAZO DE PAGAMENTO NA CONTAGEM DO PRAZO PRESCRICIONAL

O crédito, normalmente, só pode ser exigido após findo o prazo previsto para pagamento. O *caput* do art. 160 do Código Tributário Nacional prevê a regra geral de prazo de trinta dias para pagamento do crédito, desde a notificação:

> "Quando a legislação tributária não fixar o tempo do pagamento, o vencimento do crédito ocorre trinta dias depois da data em que se considera o sujeito passivo notificado do lançamento".

Todavia, se o crédito só pode ser exigido após vencido o prazo de pagamento, em princípio, por lógica, o termo inicial da prescrição só pode ter início após vencido esse mesmo prazo de pagamento. Com a finalidade de trazer objetividade e racionalidade, o Código estabelece como termo inicial do prazo prescricional a data da constituição definitiva, o que é favorável ao contribuinte, pois diminui o lapso temporal no mesmo tempo do prazo para o pagamento.

Eurico Marcos Diniz de Santi explica que "não havendo uniformidade na fixação desses prazos e sendo necessário objetivar um termo inicial para a prescrição, o Código Tributário Nacional determinou o *dies a quo* como sendo a data da constituição definitiva do crédito, incluindo o período previsto para efetivação do pagamento no decurso de tempo prescricional, em face da exiguidade de um prazo fixado em cerca de um mês em relação ao prazo de prescrição, fixado em cinco anos".[27]

---

[26] REsp 1.901.993/SP, da Primeira Seção, rel. Min. Herman Benjamin, j. em 8.05.2019, *DJe* de 12.12.2019.
[27] *Decadência e prescrição no direito tributário*, cit., p. 14-215.

Capítulo CI
DECADÊNCIA E PRESCRIÇÃO PARA O EXERCÍCIO DO DIREITO À REPETIÇÃO DO INDÉBITO NO DIREITO TRIBUTÁRIO

1. **REGIME JURÍDICO PRÓPRIO DA DECADÊNCIA E DA PRESCRIÇÃO NA REPETIÇÃO DE INDÉBITO**

Os institutos da decadência e da prescrição, como em qualquer interesse patrimonial, incidem sobre o direito do particular em pedir ao Estado a devolução do valor do tributo pago indevidamente. Os regimes jurídicos da prescrição e da decadência aplicados à repetição do indébito tributário são diferentes dos mesmos institutos aplicados ao direito do Fisco cobrar o crédito tributário. Essa diferenciação ocorre em virtude de o Fisco ter o poder de constituir o título executivo, extrajudicial, para exigir seu crédito. É o próprio Fisco que emite a norma individual e concreta aplicada ao caso específico. O contribuinte, ao reverso, quando pede a devolução do valor, não possui o poder de formar um documento com tal força. Conforme explana Marcelo Fortes de Cerqueira, o indébito, no momento de sua aparição, não está vertido em linguagem competente. É um direito indeterminado, ilíquido, inexigível:

"A obrigação efectual de devolução é, portanto, de eficácia mínima. Nestas relações jurídicas, o direito subjetivo de que é titular o sujeito ativo também não está formalmente delimitado e dimensionado. Sabe-se que se tem no patrimônio jurídico o direito subjetivo de exigir as importâncias indevidamente pagas, mas pela falta de um título jurídico reconhecedor desse direito, o mesmo não experimenta sua máxima expressão. O direito subjetivo presente na obrigação efectual de devolução do indébito não tem a mesma magnitude do direito subjetivo presente na obrigação de devolução intranormativa, justamente porque o ordenamento jurídico ainda não o reconhece e dimensionou".[1]

Obviamente que o direito subjetivo à devolução existe desde o momento em que houve pagamento indevido. Todavia, é necessário postular pelo reconhecimento desse direito na esfera administrativa ou judicial. E aqui se revela outra diferença substancial entre a prescrição e a decadência do direito do contribuinte – pelo que pagou indevidamente – e do Fisco.

Para o Fisco, conforme referido nos itens anteriores, a decadência e a prescrição possuem uma necessária relação procedimental. Primeiramente o Fisco deve constituir seu crédito tributário, por meio do lançamento ou do auto de infração, sob pena de decadência. Após, deve cobrar esse crédito, sob pena de prescrição.

Para o contribuinte, a decadência e a prescrição possuem relação procedimental diversa. Aqui, os lapsos temporais da prescrição e da decadência correm juntos, dependendo de como o

---

[1] *Repetição do indébito tributário*: delineamentos de uma teoria, cit., p. 354-355.

contribuinte reclamou seu direito. Assim, a perda do direito do contribuinte em rever o que foi indevidamente pago pode ter natureza decadencial ou prescricional, segundo sua preferência. Exatamente. O contribuinte escolhe se fará o pedido de devolução perante a Administração Pública ou perante o Poder Judiciário. Se preferir reclamar pela via administrativa, seu prazo será decadencial; se escolher pela via judicial, será prescricional.

O detalhe que aproxima o procedimento a ser seguido pelo contribuinte do procedimento seguido pelo Fisco está no art. 169 do Código Tributário. Caso o contribuinte escolha a via administrativa, ainda terá a via judiciária para pedir a revisão do que restou decidido no pleito administrativo. Mais adiante se analisará o artigo em comento.

Antes de entendermos a forma como o Código Tributário Nacional tratou a natureza de cada prazo – prescricional e decadencial – analisa-se a técnica empregada na contagem dos lapsos temporais. Esses lapsos, pelo que já foi dito, serão tratados em conjunto, sem diferenciação naturalística de fato, tendo em vista justamente a possibilidade de serem prescricionais ou decadenciais, à escolha do contribuinte.

2. O PRAZO PARA A RESTITUIÇÃO E O SEU INÍCIO

Dita o art. 168 do Código Tributário Nacional que o direito de pleitear a restituição do tributo pago indevidamente extingue-se com o decurso do prazo de cinco anos. O termo inicial dá-se, no caso de pagamento espontâneo de tributo indevido ou maior que o devido (art. 168, inc. I, c/c o art. 165, inc. I, ambos do Código Tributário Nacional), na data da extinção do crédito tributário.

O termo inicial da contagem do lapso temporal também se dá na data da extinção do crédito tributário nos casos de erro na edificação do sujeito passivo, na determinação da alíquota aplicável, no cálculo do montante do débito ou na elaboração ou conferência de qualquer documento relativo ao pagamento (art. 168, inc. I, c/c o art. 165, inc. II, ambos do Código Tributário Nacional).

Por sua vez, quando ocorre a reforma, a anulação, a revogação ou a rescisão de decisão condenatória, o termo inicial é o da data em que se tornar definitiva a decisão administrativa ou passar em julgado a decisão judicial que tenha reformado, anulado, revogado ou rescindido a decisão condenatória (art. 168, inc. II, c/c o art. 165, inc. III, ambos do Código Tributário Nacional).

Três, portanto, são as hipóteses: art. 168, inc. I, c/c o art. 165, inc. I; art. 168, inc. I, c/c o art. 165, inc. II; e art. 168, inc. II, c/c o art. 165, inc. III, todos do Código Tributário Nacional:

Primeira e segunda hipóteses:

> "Art. 168. O direito de pleitear a restituição extingue-se com o decurso do prazo de 5 (cinco) anos, contados:
>
> I – nas hipótese dos incisos I e II do art. 165, da data da extinção do crédito tributário".
>
> "Art. 165. O sujeito passivo tem direito, independentemente de prévio protesto, à restituição total ou parcial do tributo, seja qual for a modalidade do seu pagamento, ressalvado o disposto no § 4º do art. m162, nos seguintes casos:
>
> I – cobrança ou pagamento espontâneo de tributo indevido ou maior que o devido em face da legislação tributária aplicável, ou da natureza ou circunstâncias materiais do fato gerador efetivamente ocorrido;

II – erro na edificação do sujeito passivo, na determinação da alíquota aplicável, no cálculo do montante do débito ou na elaboração ou conferência de qualquer documento relativo ao pagamento".

Terceira hipótese:

"Art. 168. O direito de pleitear a restituição extingue-se com o decurso do prazo de 5 (cinco) anos, contados: (...)

II – na hipótese do inciso III do art. 165, da data em que se tornar definitiva a decisão administrativa ou passar em julgado a decisão judicial que tenha reformado, anulado, revogado ou rescindido a decisão condenatória".

"Art. 165. O sujeito passivo tem direito, independentemente de prévio protesto, à restituição total ou parcial do tributo, seja qual for a modalidade do seu pagamento, ressalvado o disposto no § 4º do art. 162, nos seguintes casos: (...)

III – reforma, anulação, revogação ou rescisão de decisão condenatória".

Frise-se que o Superior Tribunal de Justiça definiu que o prazo prescricional das ações de restituição de tributos pagos indevidamente, sujeitos a lançamento por homologação, é de cinco anos, contado a partir do pagamento, quando a ação for ajuizada após a LC nº 118/2005. Para as ações propostas antes da lei, aplica-se a tese dos cinco anos mais cinco[2].

3. IDENTIFICAÇÃO DA NATUREZA DO PRAZO DECADENCIAL OU PRESCRICIONAL

Quanto à identificação da natureza desses prazos, decadencial ou prescricional, Eurico Marcos Diniz de Santi ensina que, nos casos de pagamento indevido, a decadência refere-se à extinção do direito do contribuinte de pleitear o débito do Fisco pela via administrativa; enquanto a prescrição refere-se à extinção do direito de cobrar o débito do Fisco pela via judicial.[3]

É fundamental, então, fixar a ideia de que o art. 168 trata de uma norma com dupla função: ao mesmo tempo em que cuida da decadência do direito do particular em pedir a devolução do tributo pago indevidamente, cuida também da prescrição da cobrança do valor pago indevidamente.

Marcelo Forte de Cerqueira expõe que "o art. 168 do CTN refere-se ao prazo para postular o reconhecimento do indébito, mas este direito instrumental, como já ficou patente, está incluído no próprio direito subjetivo ao indébito. Ora, óbvio que se tem de distinguir enunciado prescritivo de norma jurídica e *mens legislatoris* de *mens legis*; contudo, não se deve deixar de registrar que, pelo mencionado artigo, parece ter pretendido o legislador estabelecer prazo para a postulação do reconhecimento do indébito na esfera administrativa, desconsiderando que o particular possa recorrer ao Judiciário independentemente de ter postulado tal reconhecimento perante a Administração.

---

[2] REsp nº 1.269.570, da 1ª Seção, rel. Min. Mauro Campbell Marques, *DJe* de 04.06.2012, j. em 23.05.2012.
[3] *Decadência e prescrição no direito tributário*, cit., p. 253.

Pois bem, em termos rigorosos, este mesmo prazo há de ser estendido, tanto ao pleito administrativo quanto ao judicial. A definição sobre se tratar de prazo de decadência (pleito administrativo) ou de prescrição (pleito judicial) dependerá de um ou de outro referencial".[4]

Evidencia a existência desses dois prazos, um decadencial e outro prescricional, o art. 169 e seu parágrafo único do Código, que encerram o seguinte:

> "Prescreve em dois anos a ação anulatória da decisão administrativa que denegar a restituição.
>
> Parágrafo único. O prazo de prescrição é interrompido pelo início da ação judicial, recomeçando o seu curso, por metade, a partir da data da intimação validamente feita ao representante judicial da Fazenda Pública interessada".

Ademais, conforme referido antes, deve-se tem em mente que há uma diferença substancial entre o direito do Fisco em cobrar o tributo e o direito do contribuinte em repetir o indébito: o Fisco tem um título executivo; o contribuinte, não. Por isso, nas palavras de Marcelo Fortes de Cerqueira, "o direito do particular à repetição do indébito nasce com a concretização do evento do pagamento indevido, mas não se tornará efetivo sem seu reconhecimento administrativo ou judicial... Assim, o prazo mencionado no retrotranscrito art. 168 do CTN, relativamente à possibilidade de reconhecimento administrativo do indébito, é típico prazo decadencial. Já quanto à possibilidade de ingresso imediato perante o Poder Judiciário, o prazo tem todas as características da prescrição.

Por mais paradoxal que possa ser, o lapso temporal previsto no art. 168 do CTN, para aquela hipótese em que o particular não se dispõe a discutir o seu direito à devolução do indébito na esfera administrativa, passa a ser de prescrição e não de decadência. Note-se que o questionamento na esfera administrativa do indébito não é requisito de procedibilidade para a ação judicial de repetição de indébito tributário."[5]

Correm juntos, nessa toada, os lapsos dos prazos decadencial e prescricional para o contribuinte. Essa é outra diferença fundamental em face do direito do Fisco, cujas decadência e prescrição correm sempre em procedimento articulado: primeiro o lapso do prazo decadencial, depois o lapso do prazo prescricional.

Referentemente, então, aos prazos prescricional e decadencial, pressupõe-se o pagamento, que é sinônimo de extinção do crédito tributário. Com o pagamento indevido, dando-se aí a extinção do crédito tributário indevido, têm inícios os prazos prescricional e decadencial.

Na hipótese de cobrança ou pagamento espontâneo de tributo indevido ou maior que o devido – art. 168, inc. I, cumulado com o art. 165, inc. I – é na data do próprio pagamento que ocorre a extinção do crédito tributário e, portanto, a partir de então corre o prazo. O mesmo se aplica na hipótese de erro na edificação do sujeito passivo, na determinação da alíquota aplicável, no cálculo do montante do débito ou na elaboração ou conferência de qualquer documento relativo ao pagamento. Como, nesses casos, já operou o pagamento, é a partir da data desse pagamento que tem início a fluência do prazo. Já a terceira hipótese, em que acontece a reforma, ou a anulação, ou a revogação, ou a rescisão de decisão condenatória, o pagamento ocorreu em virtude de uma decisão anterior, administrativa ou judicial, condenatória, decisão essa que acabou por ser reformada.

---

[4] *Repetição do indébito tributário*: delineamentos de uma teoria, cit., p. 361-363.
[5] *Repetição do indébito tributário*: delineamentos de uma teoria, cit., p. 357.

4. A OPÇÃO PARA DEFINIR A DECADÊNCIA OU A PRESCRIÇÃO NO RECONHECIMENTO DO INDÉBITO

A questão é identificar como cada um dos dois institutos em estudo – decadência ou prescrição – incide em relação a cada uma das três hipóteses supradelineadas que os arts. 165 e 168 do Código Tributário, em interpretação conjunta, preveem.

Conforme referido, o direito à repetição nasce com o pagamento indevido, mas depende de reconhecimento administrativo ou judicial para ter efeito. E é a escolha do Poder emissor desse reconhecimento, por parte do contribuinte, que definirá se o prazo será decadencial ou prescricional. Isso porque o art. 168 refere-se ao direito de reclamar a repetição e ao próprio direito à repetição, direito instrumental e direito material, respectivamente. Marcelo Fortes de Cerqueira ensina que, "como a caducidade e a prescrição somente atingem o primeiro vínculo de devolução, tem-se que o particular que realizou o evento do pagamento indevido possui o prazo decadencial de cinco anos para pleitear, na via administrativa, o reconhecimento do indébito, e, paralelamente, detém o prazo prescricional também de cinco anos para postular judicialmente o reconhecimento formal do pagamento indevido. Os dois prazos correm conjuntamente, e se até seu termo final não for postulada a veiculação administrativa ou judicial da norma individual e concreta da repetição, o direito à devolução não se efetivará, sendo atingido ao mesmo tempo pela decadência e pela prescrição".[6]

Dessa maneira, continua Marcelo Fortes de Cerqueira, "o prazo mencionado no retro-transcrito art. 168 do CTN, relativamente à possibilidade de reconhecimento administrativo do indébito, é típico prazo decadencial. Já, quanto à possibilidade de ingresso imediato perante o Poder Judiciário, o prazo tem todas as características da prescrição. Por mais paradoxal que possa ser, o lapso temporal previsto no art. 168 do CTN, para aquelas hipóteses em que o particular não se dispõe a discutir o seu direito à devolução do indébito na esfera administrativa, passa a ser de prescrição, e não de decadência. Note-se que o questionamento na esfera administrativa do indébito não é requisito de procedibilidade para a ação judicial de repetição do indébito tributário".[7]

A única conclusão possível é interessante: não exercitável o direito de reclamação pelo pagamento indevido de crédito tributário, ocorre a decadência do direito de reclamar perante a Administração Pública, e a prescrição do direito de reclamar perante o Poder Judiciário.

Autores de renome consideram que o instituto existente em decorrência do transcurso do lapso temporal em relação à Administração Pública é o da decadência. Explicam que não se trata de prescrição porque esta é exclusiva do processo judicial, e perante a Administração não se fala em ação judicial.

Entretanto, grande parte da doutrina também entende que perante a Administração Pública correm prazos prescricionais, ou, sob outra denominação, prazos peremptórios. Certo é que o direito do contribuinte à repetição do indébito não possui natureza tributária, pois só os entes federativos possuem essas espécies de créditos. O direito do contribuinte, em relação ao que pagou a mais, tem natureza civil. E mais, pode-se até discutir se o valor cobrado e pago indevidamente, em sua origem, deva ser considerado crédito tributário. Se é indevido, se não tem base legal, se não corresponde a um fator gerador de tributo, tributário não pode ser esse crédito. É crédito ilícito, e sua cobrança deve ser considerada ato ilícito, tendo aplicação, portanto, a legislação civil sobre ato ilícito e responsabilidade civil.

---

[6] *Repetição do indébito tributário*: delineamentos de uma teoria, cit., p. 362.
[7] *Repetição do indébito tributário*: delineamentos de uma teoria, cit., p. 362-363.

Sendo, portanto, regido pelas mesmas normas comuns relativas a qualquer direito indenizatório em face do Estado, prescritível o direito à repetição. Diógenes Gasparini afirma que "o pedido administrativo de indenização ou pedido amigável de indenização processa-se perante a Administração Pública responsável pelo agente público causador do dano e, obviamente, pela indenização... Conforme o caso, deve trazer, ainda, o pedido de juros de mora, de juros compensatórios e de correção monetária. Tal pedido é examinado pelos órgãos públicos (setor de obras, se o dano é decorrente da construção de um edifício público, setor fazendário e setor jurídico), que pela natureza de suas funções ou porque implicados diretamente no evento devem oferecer suas respectivas manifestações de mérito e de legalidade... Esse direito, entre nós, é prescritível. Extingue-se em cinco anos conforme estatui o art. 1º do Decreto federal, com força de lei, nº 20.910/1932, que disciplina a matéria prescricional de forma completa".[8]

O art. 1º do Decreto nº 20.910/1932 prescreve que "as dívidas passivas da União, dos Estados e dos Municípios, bem assim todo e qualquer direito ou ação contra a Fazenda federal, estadual ou municipal, seja qual for a sua natureza, prescrevem em cinco anos contados da data do ato ou fato do qual se originarem". Já o art. 5º estabelece que "não tem efeito de suspender a prescrição a demora do titular do direito ou do crédito ou do seu representante em prestar os esclarecimentos que lhe forem reclamados ou o fato de não promover o andamento do feito judicial ou do processo administrativo durante os prazos respectivamente estabelecidos para extinção do seu direito à ação ou reclamação".

Tem-se, então, segundo Decreto nº 20.910/1932, a previsão de fluência de prazo prescricional, relativo a processo judicial ou administrativo, sobre dívidas passivas dos entes federativos, e sobre todo e qualquer direito ou ação contra as Fazendas Públicas.

5. PRESCRIÇÃO DO DIREITO PARA ANULAR A DECISÃO ADMINISTRATIVA QUE DENEGA A RESTITUIÇÃO

O art. 169 do Código Tributário Nacional trata da prescrição do direito do contribuinte em buscar a anulação da decisão administrativa que não concedeu a restituição:

> "Prescreve em dois anos a ação anulatória da decisão administrativa que denegar a restituição".

É o caso de o contribuinte ter optado por obter a restituição na esfera administrativa, sendo-lhe negado o pedido. Nesse caso, o contribuinte terá o prazo de dois anos para intentar a competente ação judicial para reformar aquela decisão administrativa denegatória. Conforme já referido, caso o contribuinte opte por intentar seu pleito diretamente perante o Poder Judiciário, seu prazo será de cinco anos. No entanto, se reclamou, primeiramente, perante a administração pública, sendo-lhe negado o pedido, ainda poderá reclamar judicialmente.

O parágrafo único do art. 169 prevê uma causa interruptiva do lapso temporal, sendo que a partir dessa interrupção recomeça pela metade o prazo prescricional – um ano, portanto:

> "O prazo de prescrição é interrompido pelo início da ação judicial, recomeçando o seu curso, por metade, a partir da data da intimação validamente feita ao representante judicial da Fazenda Pública interessada".

---

[8] GASPARINI, Diogenes. *Direito administrativo*. 17. ed. atual. por Fabrício Motta. São Paulo: Saraiva, 2012. p. 1.134.

É evidente que a previsão desse parágrafo único não foi recepcionada pela atual Constituição Federal. Sacha Calmon entende que "o parágrafo único do art. 169 é uma desfaçatez sem tamanho. É modalidade de prescrição intercorrente, já não mais da ação, mas do processo, em inteiro descompasso com a realidade. Trata-se, em verdade, de absurdo privilégio processual em prol da Fazenda Pública, contra o princípio da isonomia. Correndo por metade a prescrição, mesmo após a intimação (*rectius*: citação) do representante judicial da Fazenda Pública, tem-se que prescreveria o direito do autor em um ano, na melhor das hipóteses, após a citação, à falta de sentença. Em rigor, o autor só poderia ser responsabilizado pelas delongas processuais a seu cargo. A inércia ou a morosidade do Judiciário não podem ser a ele debitadas. Ruborizados, com louvável pudor, os representantes judiciais da Fazenda não fazem uso do deslavadamente iníquo parágrafo único do art. 169, salvo raríssimas exceções, invariavelmente repelida pelos juízes".[9]

6. A TESE DOS "CINCO MAIS CINCO ANOS"

É de destacar o debate travado nos Tribunais em relação ao art. 168, inc. I, do CTN, prescrevendo que o direito de pleitear a restituição extingue-se com o decurso do prazo de cinco anos contado da data da extinção do crédito tributário.

Mas qual seria a data da extinção do crédito tributário?

A resposta depende do tipo de pagamento, segundo observa o Paulo de Barros Carvalho: "(...) o Código Tributário Nacional veicula duas modalidades de pagamento: (i) uma, que podemos chamar de 'pura e simples'; e (ii) outra, que aquele próprio Diploma denomina 'pagamento antecipado'. Havendo ato jurídico-administrativo de lançamento, com a apuração, pelo Fisco, da importância devida a título de tributo, o recolhimento do valor correspondente configura a hipótese de 'pagamento puro e simples', dando-se por extinto o crédito (ou o débito, que é a mesma coisa), no montante mesmo de sua realização, vale dizer, no átimo em que o recolhimento for efetuado. Se, todavia, a produção da norma individual e concreta, que apura em linguagem o *quantum* devido como tributo, couber ao contribuinte – competindo-lhe também o 'pagamento antecipado' da dívida, o que sucede aos impostos sujeitos ao chamado 'lançamento por homologação' –, o Código Tributário Nacional, por disposição expressa (art. 156, VII), determina que a extinção somente acontecerá com a homologação do pagamento antecipado".[10]

No caso do lançamento por homologação, havia certa pacificação no Superior Tribunal de Justiça quanto ao entendimento de que o prazo para interposição da ação de restituição seria de cinco anos a contar da efetiva homologação, expressa ou tácita. Era a chamada tese dos "cinco mais cinco", ou tese dos "dez anos": cinco anos para homologar o lançamento e, a partir daí, cinco anos para cobrar a restituição. No entanto, a Lei Complementar nº 118/2005 trouxe, em seu art. 3º, a seguinte significação:

> "Para efeito de interpretação do inciso I do art. 168 da Lei nº 5.172, de 25 de outubro de 1966 – Código Tributário Nacional, a extinção do crédito tributário ocorre, no caso de tributo sujeito a lançamento por homologação, no momento do pagamento antecipado de que trata o § 1º do art. 150 da referida Lei".

---

[9] *Liminares e depósitos antes do lançamento por homologação*: decadência e prescrição, cit., p. 40.
[10] *Direito tributário, linguagem e método*, cit., p. 565.

A questão passou a ser dividida em dois momentos: o anterior à vigência da Lei Complementar nº 118/2005, e o posterior. No primeiro caso, o termo inicial se dá com a homologação, expressa ou tácita. No caso posterior, com o pagamento antecipado.

Para se considerar essa diversidade de termos iniciais no caso de pagamento indevido de tributos sujeitos ao lançamento por homologação, deve-se, obviamente, considerar inconstitucional a parte final do art. 4º da Lei Complementar nº 118/2005, que prevê efeitos retroativos ao seu art.3º, observando-se o disposto no art. 106, inc. I, do Código Tributário Nacional, que, por sua vez, impõe a aplicação da legislação tributária ao fato pretérito, em qualquer caso, quando seja expressamente interpretativa.

A discussão foi ao Supremo Tribunal Federal, por meio do Recurso Extraordinário nº 566.621, de 2011, sendo relatora a Ministra Ellen Gracie, que discutia justamente a constitucionalidade da segunda parte do art. 4º da Lei Complementar nº 118/2005, o qual determina a aplicação retroativa do seu art. 3º em consonância com o art. 168, inc. I, do Código Tributário Nacional. A decisão pela inconstitucionalidade do dispositivo em análise foi baseada na violação da segurança jurídica. Ou seja, o tema da segurança jurídica volta à tona, tornando-se esse instituto um dos principais pilares do Direito Tributário, que, diga-se de passagem, é um ramo do Direito destinado à proteção do contribuinte, e não para fortalecer o Fisco.

O entendimento foi de que a norma teria se sobreposto, de forma retroativa, à jurisprudência do Superior Tribunal de Justiça, que consolidou interpretação no sentido de que o prazo seria de dez anos contados do fato gerador.

A ministra Ellen Gracie, ao proferir seu voto, explicou que o dispositivo não teria caráter meramente interpretativo, pois traria inovação ao mundo jurídico, reduzindo o prazo de dez anos consolidado pela jurisprudência pátria. Eis a ementa da decisão:

> "Quando do advento da LC nº 118/2005, estava consolidada a orientação da Primeira Seção do STJ no sentido de que, para os tributos sujeitos a lançamento por homologação, o prazo para repetição ou compensação de indébito era de 10 anos contados do seu fato gerador, tendo em conta a aplicação combinada dos arts. 150, § 4º, 156, VII, e 168, I, do CTN.
>
> A LC nº 118/2005, embora tenha se autoproclamado interpretativa, implicou inovação normativa, tendo reduzido o prazo de 10 anos contados do fato gerador para 5 (cinco) anos contados do pagamento indevido.
>
> Lei supostamente interpretativa que, em verdade, inova no mundo jurídico deve ser considerada como lei nova. Inocorrência de violação à autonomia e independência dos Poderes, porquanto a lei expressamente interpretativa também se submete, como qualquer outra, ao controle judicial quanto à sua natureza, validade e aplicação.
>
> A aplicação retroativa de novo e reduzido prazo para a repetição ou compensação de indébito tributário estipulado por lei nova, fulminando, de imediato, pretensões deduzidas tempestivamente à luz do prazo então aplicável, bem como a aplicação imediata às pretensões pendentes de ajuizamento quando da publicação da lei, sem resguardo de nenhuma regra de transição, implicam ofensa ao princípio da segurança jurídica em seus conteúdos de proteção da confiança e de garantia do acesso à Justiça. Afastando-se as aplicações inconstitucionais e resguardando-se, no mais, a eficácia da norma, permite-se a aplicação do prazo reduzido relativamente às ações ajuizadas após a *vacatio legis*, conforme entendimento consolidado por esta Corte no enunciado 445 da Súmula do Tribunal.

O prazo de *vacatio legis* de 120 dias permitiu aos contribuintes não apenas que tomassem ciência do novo prazo, mas também que ajuizassem as ações necessárias à tutela dos seus direitos. Inaplicabilidade do art. 2.028 do Código Civil, pois, não havendo lacuna na LC nº 118/2008, que pretendeu a aplicação do novo prazo na maior extensão possível, descabida sua aplicação por analogia. Além disso, não se trata de lei geral, tampouco impede iniciativa legislativa em contrário. Reconhecida a inconstitucionalidade art. 4º, segunda parte, da LC nº 118/2005, considerando-se válida a aplicação do novo prazo de 5 anos tão somente às ações ajuizadas após o decurso da *vacatio legis* de 120 dias, ou seja, a partir de 9 de junho de 2005. Aplicação do art. 543-B, § 3º, do CPC aos recursos sobrestados. Recurso extraordinário desprovido".[11]

O Superior Tribunal de Justiça, enfrentando a matéria, no REsp nº 1.096.288[12], definiu que o prazo prescricional das ações de restituição de tributos pagos indevidamente, sujeitos a lançamento por homologação, é de cinco anos, contado a partir do pagamento, quando a ação for ajuizada após a LC nº 118/2005. Para as ações propostas antes da lei, aplica-se a tese dos cinco anos mais cinco:

"O Superior Tribunal de Justiça, alinhando-se ao julgado do STF, fixou o entendimento de que, para as ações ajuizadas a partir de 09.06.2005, aplica-se o art. 3º da LC 118/2005, contando-se o prazo prescricional dos tributos sujeitos a lançamento por homologação em cinco anos a partir do pagamento antecipado de que trata o art. 150, § 1º. do CTN. Por outro lado, ajuizada a demanda antes da vigência da referida lei, aplica-se a conhecida tese dos cinco mais cinco anos. Precedente: REsp 1.269.570/MG, Rel. Min. Mauro Campbell Marques, *DJe* 4.06.2012, julgado sob o rito do art. 543-C do CPC".

O art. 543-C tem regra correspondente no art. 1.036 do vigente CPC.

7. INAPLICABILIDADE DO ART. 882 DO CÓDIGO CIVIL

O art. 882 do Código Civil atual prescreve que "... não se pode repetir o que se pagou para solver dívida prescrita, ou cumprir obrigação judicialmente inexigível".

Em tempos passados, parte da doutrina defendia que o pagamento de crédito tributário decaído dava direito à repetição, enquanto o pagamento de crédito tributário prescrito não conferia o direito à restituição, em interpretação literal ao artigo em comento.

Outra parte da doutrina, encerrando o debate de forma definitiva, defendeu a possibilidade da repetição dos valores pagos referentes a pagamento de crédito tributário prescrito, com base no art. 156 do Código Tributário Nacional, que possui intelecção diversa da regra civil. O enunciado do art. 156 refere que a prescrição do crédito tributário importa na extinção do próprio crédito. E aí está a diferença entre o crédito tributário prescrito e o credito civil prescrito. Aquele se extingue com a prescrição, este não.

Se o crédito tributário prescrito está extinto, não há razão para impedir sua repetição. Encontrando-se extinto, não existe, e não existindo, incabível a sua exigibilidade. Daí admitir-se a restituição, se houve o pagamento. Já quanto ao crédito civil, pereceu a ação judicial para

---

[11] O art. 543-B, § 3º, corresponde ao art. 1.039 do atual CPC. STF, RE nº 566621/RS, do Tribunal Pleno, j. em 04.08.2011, *DJe* 10.10.2011, rel. Min. Ellen Gracie.
[12] Da 1ª Seção, rel. Min. Napoleão Nunes Maia Filho, j. em 28.10.2015, *DJe* de 18.11.2015.

cobrá-lo pereceu, posto que não é admitida a ação para a cobrança. Quem pagou uma dívida que não era exigível porque prescrita, não tem a ação para a repetição ou restituição. É a letra do art. 882 do Código Civil.

Assim, uma vez realizado o pagamento de dívida tributária prescrita, cabível a sua repetição, tendo em vista que a prescrição extingue o próprio crédito tributário, e não apenas o direito de ação de sua exigibilidade. A matéria já foi examinada pelo Superior Tribunal de Justiça, conforme se colhe dos seguintes arestos:

> "Tributário e processual civil. Repetição de indébito de dívida prescrita paga. Possibilidade. Diferença dos efeitos da prescrição do crédito tributário, art. 156, V, do CTN e da prescrição no direito privado, art. 970 do CC de 1916. A dívida reconhecidamente prescrita que foi paga pode ser objeto de repetição de indébito tendo em vista que, diferentemente do direito privado, a prescrição extingue o crédito tributário e torna-se, portanto, indevida...".[13]

> "Processual civil. Recurso especial. Tributário. Prescrição dos créditos tributários anteriormente ao ajuizamento da ação fiscal. Decretação de ofício da prescrição. Legalidade. Inexigibilidade da CDA. Possibilidade de indeferimento da inicial. contribuição de melhoria... A prescrição, na seara tributária, estampa certa singularidade, qual a de que dá azo não apenas à extinção da ação, mas do próprio crédito tributário, nos moldes do preconizado pelo art. 156, V, do CTN. Tanto é assim que, partindo-se de uma interpretação conjunta dos arts. 156, V, do CTN, que situa a prescrição como causa de extinção do crédito tributário, e 165, I, do mesmo diploma legal, ressoa inequívoco o direito do contribuinte à repetição do indébito, o qual consubstancia-se no montante pago a título de crédito fiscal inexistente, posto fulminado pela prescrição...".[14]

8. TRIBUTO INSTITUÍDO POR LEI DECLARADA INCONSTITUCIONAL E O PRAZO PRESCRICIONAL PARA REPETIÇÃO DO INDÉBITO

Muitos são os casos de tributos instituídos por leis declaradas inconstitucionais pelos órgãos judiciários competentes. Nesses casos, abre-se novo prazo prescricional para se postular a repetição do indébito, pois se trata de créditos indevidos. Na ementa do acórdão que julgou o Recurso Especial nº 203.144, o relator Ministro Francisco Peçanha Martins bem expressou o entendimento dominante:

> "As ações para restituição do Adicional do IR prescrevem em cinco anos, contados da data em que foi declarada inconstitucional a exação".[15]

No voto do relator, é lembrado precedente:

> "É entendimento pacífico deste Tribunal de que as ações de repetição do adicional do imposto de renda prescrevem em cinco anos, contados da data em que foi declarada inconstitucional a exação.

---

[13] De referir que o art. 970 citado no aresto corresponde ao art. 882 do Código Civil em vigor. STJ, REsp nº 871.416/SP, da 2ª Turma, j. em 16.06.2009, *DJe* de 29.06.2009, rel. Min. Humberto Martins.
[14] STJ, AgRg no REsp nº 1.002.435/RS, DA 1ª Turma, j. em 20.11.2008, *DJe* de 17.12/2008, rel. Min. Luiz Fux.
[15] 2ª Turma do STJ, j. em 16.08.2001, *DJ* de 05.11.2001.

A título ilustrativo, destaco o seguinte julgado:

'Tributário. Prescrição. Repetição de Indébito. Lei Inconstitucional.

1. Atende ao princípio da ética tributária e o de não se permitir a apropriação indevida, pelo Fisco, de valores recolhidos a título de tributo, por ter sido declarada inconstitucional a lei que o exige, considerar-se o início do prazo prescricional de indébito a partir da data em que o colendo Supremo Tribunal Federal declarou a referida ofensa à Carta Magna.

2. Recurso improvido' (REsp nº 200.909/RS, *DJ* 1º.07.1999, rel. Min. José Delgado)".

Capítulo CII
PRESCRIÇÃO E DECADÊNCIA NO DIREITO PREVIDENCIÁRIO

1. ASPECTOS INTRODUTÓRIOS E CONCEITUAIS

O art. 194 da Constituição Federal, em redação das Emendas Constitucionais 20/1998 e 103/2019, dá abrangência da seguridade social:

> "A seguridade social compreende um conjunto integrado de ações de iniciativa dos Poderes Públicos e da sociedade, destinadas a assegurar os direitos relativos à saúde, à previdência e à assistência social.
>
> Parágrafo único. Compete ao Poder Público, nos termos da lei, organizar a seguridade social, com base nos seguintes objetivos:
>
> I – universalidade da cobertura e do atendimento;
>
> II – uniformidade e equivalência dos benefícios e serviços às populações urbanas e rurais;
>
> III – seletividade e distributividade na prestação dos benefícios e serviços;
>
> IV – irredutibilidade do valor dos benefícios;
>
> V – equidade na forma de participação no custeio;
>
> VI – diversidade da base de financiamento, identificando-se, em rubricas contábeis específicas para cada área, as receitas e as despesas vinculadas a ações de saúde, previdência e assistência social, preservado o caráter contributivo da previdência social;
>
> VII – caráter democrático e descentralizado da administração, mediante gestão quadripartite, com participação dos trabalhadores, dos empregadores, dos aposentados e do Governo nos órgãos colegiados".

Por sua vez, o art. 195, com a redação das Emendas Constitucionais 20/1998, 42/2003, 103/2019 e 132/2023, determina como se opera o financiamento da seguridade social. Toda a sociedade participará, de forma direta e indireta, mediante recursos provenientes dos orçamentos da União, dos Estados, do Distrito Federal e dos Municípios, e de uma série de contribuições sociais: I – do empregador, da empresa e da entidade a ela equiparada na forma da lei, incidentes sobre: a) a folha de salários e demais rendimentos do trabalho pagos ou creditados, a qualquer título, à pessoa física que lhe preste serviço, mesmo sem vínculo empregatício; b) a receita ou o faturamento; c) o lucro; II – do trabalhador e dos demais segurados da previdência social, podendo ser adotadas alíquotas progressivas de acordo com o valor do salário de contribuição, não incidindo contribuição sobre aposentadoria e pensão concedidas pelo Regime Geral de Previdência Social; III – sobre a receita de concursos de prognósticos; IV – do importador de bens ou serviços do exterior, ou de quem a lei a ele equiparar; V – sobre bens e serviços, nos termos de lei complementar.

Além dessas contribuições, com olhos no § 4º do mesmo artigo, vê-se que poderão ser instituídas outras fontes para garantir a manutenção ou a expansão da seguridade social.

Em relação aos servidores públicos, no § 1º do art. 149, no texto da Emenda Constitucional 103/2019, consta inserida a participação dos mesmos no custeio da previdência que lhes é própria:

> "A União, os Estados, o Distrito Federal e os Municípios instituirão, por meio de lei, contribuições para custeio de regime próprio de previdência social, cobradas dos servidores ativos, dos aposentados e dos pensionistas, que poderão ter alíquotas progressivas de acordo com o valor da base de contribuição ou dos proventos de aposentadoria e de pensões".

Legalmente, as contribuições sociais possuem natureza tributária. Paulo de Barros Carvalho, no rumo de outros autores de prestígio, já escreveu sobre essa questão: "Não é de agora que advogamos a tese de que as chamadas *contribuições* têm natureza tributária. Vimo-las sempre como figuras de impostos ou de taxas, em estrita consonância com o critério constitucional consubstanciado naquilo que nominamos de *tipologia tributária no Brasil*. Todo o suporte argumentativo calcava-se na orientação do sistema, visto e examinado na sua integridade estrutural. Assim, outra coisa não fez o legislador constituinte senão prescrever manifestamente que as *contribuições* são entidades tributárias, subordinando-se em tudo e por tudo às linhas definitórias do regime constitucional peculiar aos tributos".[1]

Portanto, sendo a contribuição social espécie de tributo, aplicam-se a ela as regras e princípios do Sistema Tributário Nacional sobre prescrição e decadência, cuja matéria foi tratada no capítulo anterior. E, conforme a Constituição Federal, as normas sobre prescrição e decadência tributárias devem ser veiculadas por lei complementar. Observa, com autoridade, o já citado Paulo de Barros Carvalho: "o art. 146, III, prevê que as normas gerais sobre matéria tributária deverão ser introduzidas no ordenamento mediante lei complementar, dispondo, entre outros pontos, a respeito do fato gerador, da base de cálculo, dos contribuintes, da obrigação, do lançamento, da prescrição e da decadência...".[2]

O citado artigo 146, III, é da CF, sendo trazidas inclusões pela Emenda Constitucional 132/2023.

Questão que merece destaque refere-se à diferença existente entre as contribuições sociais do *caput* e as do § 1º do art. 149, alterado pela Emenda Constitucional 103/2019, da Carta Federal: enquanto as primeiras se prestam a financiar a seguridade social – saúde, previdência e assistência social – de responsabilidade da União, as segundas destinam-se estritamente ao custeio do regime previdenciário próprio dos servidores públicos dos Estados, do Distrito Federal e dos Municípios. É nesse sentido que Luciano Amaro enfatiza que "participam da natureza das *contribuições sociais*, destinadas à seguridade social, embora atuem no âmbito restrito do funcionalismo público dos Estados, do Distrito Federal e dos Municípios".[3]

Com efeito, veja-se o texto do mencionado § 1º:

---

[1] *Curso de direito tributário*, cit., p. 75.
[2] *Curso de direito tributário*, cit., p. 75.
[3] *Direito tributário brasileiro*. 20. ed. São Paulo: Saraiva, 2014. p. 74.

"A União, os Estados, o Distrito Federal e os Municípios instituirão, por meio de lei, contribuições para custeio de regime próprio de previdência social, cobradas dos servidores ativos, dos aposentados e dos pensionistas, que poderão ter alíquotas progressivas de acordo com o valor da base de contribuição ou dos proventos de aposentadoria e de pensões".

2. AS CONTRIBUIÇÕES SOCIAIS E SUA DESTINAÇÃO ASSISTENCIAL

Feitos esses apontamentos, passa-se ao estudo das contribuições sociais sob a perspectiva assistencial e previdenciária, cujos objetivos buscados são o bem-estar e a justiça social, conforme dita o art. 193 da Carta. Aborda-se o caráter prestacional das contribuições sociais, onde o indivíduo possui direitos e o Estado obrigações. São os benefícios previdenciários.

Sabe-se da importância da Previdência Social, dada a sua finalidade de garantia de uma renda aos trabalhadores de âmbito geral, em certos eventos que os impossibilitam de exercer a atividade laborativa. Constitui um seguro social que garante uma renda ao contribuinte e à sua família, em casos de doença, acidente, gravidez, prisão, morte e velhice. Adquire-se esse seguro social por meio de uma contribuição mensal que garante ao segurado uma renda no momento em que ele não puder trabalhar.

Os benefícios que a Previdência Social oferece dão tranquilidade no presente e no futuro, em vista da renda que concede aos contribuintes impossibilitados de exercerem as funções que resultam na remuneração, ou afastados temporariamente.

As contribuições sociais, ao contrário dos impostos, geram deveres sociais específicos. São contraprestações devidas pelo Estado justamente por ter recebido valores a título de contribuição social. Em tese, quanto ao imposto, é pago sem saber a que atividade estatal específica está vinculada a sua receita. É o princípio da não vinculação, ou da não afetação das receitas dos impostos. Diferentemente, o valor arrecadado pelo Estado a título de contribuição social será aplicado para manutenção da ordem social, ou seja, para as ações destinadas a assegurar os direitos relativos à saúde, à previdência e à assistência social – art. 194 da Constituição Federal.

As contribuições sociais possuem destinação certa, destacada por Luciano Amaro: "O que importa sublinhar é que a Constituição caracteriza as contribuições sociais pela sua destinação, vale dizer, são ingressos necessariamente direcionados a instrumentar (ou financiar) a atuação da União (ou dos demais entes políticos, na específica situação prevista no § 1º do artigo 149) no setor da ordem social".[4]

O § 1º do art. 149 sofreu modificação pela Emenda Constitucional 103/2019.

Leandro Paulsen segue nas distinções: "Há situações em que o Estado atua relativamente a um determinado grupo de contribuintes. Não se trata de ações gerais, a serem custeadas por impostos, tampouco específicas e divisíveis, a serem custeadas por taxa, mas de ações voltadas a finalidades específicas que se referem a determinados grupos de contribuintes, de modo que se busca, destes, o seu custeio através de tributo que se denomina de contribuições. Não pressupondo nenhuma atividade direta, específica e divisível, as contribuições não são dimensionadas por critérios cumulativos, mas por critérios distributivos, podendo variar conforme a capacidade contributiva de cada um. Designa-se simplesmente por 'contribuições' ou por 'contribuições especiais' (para diferenciar das contribuições de melhoria) tal espécie tributária de que cuida o art. 149 da Constituição. Já as subespécies são definidas em atenção às finalidades

---

[4] *Direito tributário brasileiro*, cit., p. 75-76.

que autorizam a sua instituição: a) sociais, b) de intervenção no domínio econômico, c) do interesse das categorias profissionais ou econômicas e d) de iluminação pública".[5]

São justamente as contribuições sociais uma das fontes que mantêm a seguridade social, e por tal motivo, ou pela função que possuem, é possível explicá-las também pela perspectiva sistemática que a Carta Magna definiu a Seguridade Social. A Seguridade Social, segundo a Constituição, é o conjunto integrado de ações de iniciativa dos Poderes Públicos e da sociedade, destinado a assegurar os direitos relativos à saúde, à previdência e à assistência social. A seguridade social, pode-se notar, é gênero, da qual são espécies a saúde, a previdência e a assistência social.

Desloca-se da órbita onde o indivíduo é considerado contribuinte e, portanto, sujeito passivo de uma relação jurídica – relação tributária – pousando-se em campos onde esse mesmo indivíduo assume o polo ativo de outra relação jurídica, a relação securitária, assistencial em sentido amplo.

Quanto à assistência social, seus benefícios, previstos no art. 203 da Carta, serão prestados a quem necessitar, independentemente de contribuição. Integram a política de assistência social. São prestados de forma articulada, por meio da inclusão de beneficiários e de suas famílias nos serviços socioassistenciais e em outras políticas setoriais. Esses benefícios podem ser de prestação continuada ou eventual.

É benefício de prestação continuada, como, por exemplo, "a garantia de um salário mínimo de benefício mensal à pessoa portadora de deficiência e ao idoso que comprovem não possuir meios de prover à própria manutenção ou de tê-la provida por sua família", segundo o inc. V do art. 203.

Os benefícios estão previstos nos incs. I a VI do mesmo artigo, com acréscimo da Emenda Constitucional 114/2021:

> "I – a proteção à família, à maternidade, à infância, à adolescência e à velhice;
>
> II – o amparo às crianças e adolescentes carentes;
>
> III – a promoção da integração ao mercado de trabalho;
>
> IV – a habilitação e reabilitação das pessoas portadoras de deficiência e a promoção de sua integração à vida comunitária;
>
> V – a garantia de um salário mínimo de benefício mensal à pessoa portadora de deficiência e ao idoso que comprovem não possuir meios de prover à própria manutenção ou de tê-la provida por sua família, conforme dispuser a lei.
>
> VI – a redução da vulnerabilidade socioeconômica de famílias em situação de pobreza ou de extrema pobreza".

3. BENEFÍCIOS DE PRESTAÇÃO CONTINUADA E A INCIDÊNCIA DA PRESCRIÇÃO UNICAMENTE NO QUE TANGE ÀS PRESTAÇÕES

Em relação aos benefícios assistenciais de prestação continuada, justamente por constituírem obrigação pecuniária continuada, aplica-se a regra insculpida no parágrafo único do art. 103 da Lei nº 8.213, de 24.07.1991, modificado pela Lei nº 10.839/2004, além da Súmula nº 85 do Superior Tribunal de Justiça, cujas ideias exprimem a incidência de prescrição às relações

---

[5] *Curso de direito tributário completo*, cit., p. 40.

jurídicas de trato sucessivo em que a Fazenda Pública figure como devedora, no que toca às parcelas vencidas há mais de cinco anos da data da reclamação. Eis o texto do parágrafo único do art. 103, incluído pela Lei 9.528/1997:

> "Prescreve em cinco anos, a contar da data em que deveriam ter sido pagas, toda e qualquer ação para haver prestações vencidas ou quaisquer restituições ou diferenças devidas pela Previdência Social, salvo o direito dos menores, incapazes e ausentes, na forma do Código Civil".

Por sua vez, a redação da Súmula nº 85 do STJ, de 1993:

> "Nas relações jurídicas de trato sucessivo em que a Fazenda Pública figure como devedora, quando não tiver sido negado o próprio direito reclamado, a prescrição atinge apenas as prestações vencidas antes do quinquênio anterior à propositura da ação".

O seguinte aresto do Tribunal Regional da Primeira Região esclarece:

> "Apelação cível. Falta de interesse de agir. Desnecessidade de prévio requerimento administrativo. Seguridade. Benefício de assistência social. Pessoa portadora de deficiência. Art. 203, V, da Constituição Federal. Art. 20 da Lei nº 8.742/1993. Renda familiar *per capita* inferior a um quarto do salário mínimo. pedido procedente. Prescrição quinquenal. Atualização monetária.
>
> 1. O artigo art. 203, V, da Constituição Federal garante benefício mensal ao idoso que comprove não possuir meios de prover à própria manutenção ou de tê-la provida por sua família, conforme dispuser a lei (...).
>
> 4. Por aplicação analógica do art. 49, II, c/c o art. 103, parágrafo único, ambos da Lei nº 8.213/1991, o benefício em análise deve ser concedido desde a data do requerimento administrativo, ressalvada a prescrição quinquenal.
>
> 5. Apelação do INSS a que se nega provimento; apelação da parte autora a que se dá parcial provimento para determinar que o termo inicial do benefício seja a data de apresentação do correspondente requerimento administrativo (25.07.2003), ressalvada a prescrição quinquenal, observando as parcelas atrasadas as orientações do Manual de Cálculos da Justiça Federal, aprovado pela Resolução/CJF 134, de 21.12.2010".[6]

Quanto à decadência, não incide nos direitos aos benefícios da assistência social, por falta de expressa previsão. Pensa-se que o princípio da legalidade deve abranger qualquer situação que importe perda de um direito, principalmente nos casos que esse mesmo direito vem instituído por lei. Ademais, está-se tratando de direitos de cunho alimentar.

Especialmente no que tange aos benefícios da saúde, por não haver prestação de trato continuado, não há de se falar em prescrição. E por falta de regra expressa, da mesma forma que a assistência social, não sofrem os efeitos da decadência.

O item abaixo envolve o prosseguimento da análise da decadência do direito ao benefício.

---

[6] TRF-1, AC nº 63158 MG 0063158-29.2011.4.01.9199, da 1ª Turma, j. em 20.02.2013, *e-DJF1* de 5.04.2013, p. 151, rel. Des. Federal Kassio Nunes Marques.

4. DECADÊNCIA DOS DIREITOS E PRESCRIÇÃO DAS PRESTAÇÕES

A questão muda em relação aos benefícios oriundos da Previdência Social, cujas situações decadencial e prescricional são mais detalhadas, mormente pelo fato de haver disposição legal a respeito. Assim, os benefícios oriundos da Previdência Social se sujeitam à decadência, enquanto as prestações se submetem à prescrição. É necessário, portanto, identificar quais são esses benefícios, e como se regem juridicamente.

O art. 201 da Constituição Federal, com mudanças vindas com as Emendas Constitucionais 20/1998 e 103/2019, que menciona o caráter contributivo da Previdência Social, traz alguns benefícios: cobertura dos eventos de doença, invalidez, morte e idade avançada; proteção à maternidade; proteção ao trabalhador em situação de desemprego involuntário; salário-família e auxílio-reclusão para os dependentes dos segurados de baixa renda; e pensão por morte.

O § 7º do mesmo dispositivo acrescenta mais um benefício, que é a aposentadoria.

Fixada a ideia de que os benefícios oriundos da Previdência Social são prestações pecuniárias, de caráter continuado, deve-se identificar o sentido de cada significação do dispositivo legal que regula o instituto, no caso, o art. 103 da Lei nº 8.213/1991.

A citada Lei, em redação da Lei nº 9.528/1997 ao mesmo art. 103, previu o prazo decadencial dez anos para buscar os direitos previdenciários.

Houve alterações posteriores, reduzindo o prazo decadencial para cinco anos, até chegar-se à Lei nº 10.0839, de 2004, que firmou o lapso decadencial novamente em dez anos, vindo a atual redação dada pela Lei 13.846/2019:

> "O prazo de decadência do direito ou da ação do segurado ou beneficiário para a revisão do ato de concessão, indeferimento, cancelamento ou cessação de benefício e do ato de deferimento, indeferimento ou não concessão de revisão de benefício é de 10 (dez) anos, contado:
>
> I – do dia primeiro do mês subsequente ao do recebimento da primeira prestação ou da data em que a prestação deveria ter sido paga com o valor revisto; ou
>
> II – do dia em que o segurado tomar conhecimento da decisão de indeferimento, cancelamento ou cessação do seu pedido de benefício ou da decisão de deferimento ou indeferimento de revisão de benefício, no âmbito administrativo".

O parágrafo único, vindo com a Lei nº 9.528/1997, limita o prazo de cinco anos para a prescrição das prestações ou restituição de diferenças, exceto se devidas em favor de menores, incapazes ou ausentes:

> "Prescreve em cinco anos, a contar da data em que deveriam ter sido pagas, toda e qualquer ação para haver prestações vencidas ou quaisquer restituições ou diferenças devidas pela Previdência Social, salvo o direito dos menores, incapazes e ausentes, na forma do Código Civil".

São, portanto, duas as hipóteses de lapsos temporais: um decadencial, previsto no *caput*; e outro prescricional, constante do parágrafo único:

– No *caput*: direito ou ação do segurado ou beneficiário para a "revisão do ato de concessão, indeferimento, cancelamento ou cessação de benefício e do ato de deferimento, indeferimento ou não concessão de revisão de benefício".

– No parágrafo único: ação para "haver prestações vencidas" ou "quaisquer restituições ou diferenças devidas" pela Previdência Social.

Surgiram críticas à divisão estabelecida na lei, como se infere da seguinte decisão do Tribunal Regional Federal da Quarta Região:

> "... Segundo a doutrina, a decadência atinge os direitos potestativos, cujo objeto é a constituição, modificação ou extinção de uma relação jurídica, na qual o titular simplesmente exerce o direito, sem ação ou pretensão, e o sujeito passivo apenas se sujeita ao exercício do direito, sem poder violá-lo ou opor resistência. O art. 103, *caput*, ao sujeitar a prazo decadencial a revisão do ato de concessão do benefício – direito a uma prestação, e não direito potestativo –, não prima pelo rigor científico, criando dificuldade para sua aplicação; o que na verdade prevê é uma hipótese de prescrição...".[7]

Indo mais longe, pela ADI nº 6096, da relatoria do Min. Edson Fachin, em 9.10.2020, foi declarado, pelo STF, inconstitucional o art. 103 da Lei 8.213/1991, em redação dada pela Lei 13.846/2019, ao fundamento da impossibilidade da decadência de direitos constitucionais, em cujo rol se encontram os direitos previdenciários.

Considerado inconstitucional o art. 24 da Lei 13.846/2019, que instituiu o prazo decadencial para revisão de ato de indeferimento a benefício previdenciário, cancelamento ou cessação de benefício previdenciário, conforme previsão no art. 103 da Lei 8.213/1991. De acordo com o entendimento majoritário da Corte, negar a pretensão revisional à obtenção do benefício representa ofensa ao artigo 6º da Constituição Federal, que lista a previdência social entre os direitos sociais.

Veja-se a decisão, na parte significativa da inconstitucionalidade:

> "Inconstitucionalidade material do art. 24 da Lei 13.846/2019, no que deu nova redação ao art. 109 da Lei 8.213/1991, Prazo decadencial para a revisão do ato do indeferimento. Cancelamento ou cessação de benefício previdenciário. Ofensa ao art. 6º da Constituição da República e à jurisprudência do Supremo Tribunal Federal ao comprometer o núcleo essencial do direito fundamental ao benefício previdenciário e à previdência social".

5. FUNDO DE DIREITO, BENEFÍCIOS PREVIDENCIÁRIOS, PRESCRIÇÃO E DECADÊNCIA

Percucientes, ainda, os seguintes acréscimos à exegese acima.

Quanto ao fundo do direito, independentemente da real natureza do lapso temporal previsto no *caput* do art. 103 da Lei nº 8.213/1991, já era dominante em nossa doutrina e na jurisprudência o entendimento de que não há prescrição do direito a benefícios previdenciários ou assistenciais.

Fundo de direito, exemplificativamente, segundo o Ministro Octávio Gallotti, do Supremo Tribunal Federal:

> "É a expressão utilizada para significar o direito de ser funcionário (situação jurídica fundamental), ou direito a modificações que se admitem com relação a essa situação ju-

---

[7] TRF da 4ª Região, AC nº 1999.70.09.003820-2, da 6ª Turma, *DJ* de 20.06.2001, rel. Luiz Carlos de Castro Lugon.

rídica fundamental, como reclassificações, reenquadramentos, direito a adicionais por tempo de serviço, direito à gratificação por prestação de serviços de natureza especial".[8]

Integram a categoria de fundo de direito aqueles benefícios e serviços previstos no art. 18 da própria Lei Geral dos Benefícios (Lei nº 8.213/1991), com alteração de leis posteriores. Relembra-se a relação de prestações consideradas benefícios, cujo exercício para a obtenção não sofre a interferência do tempo:

"I – quanto ao segurado:

a) aposentadoria por invalidez;

b) aposentadoria por idade;

c) aposentadoria por tempo de contribuição;

d) aposentadoria especial;

e) auxílio-doença;

f) salário-família;

g) salário-maternidade;

h) auxílio-acidente;

i) *revogada*;

II – quanto ao dependente:

a) pensão por morte;

b) auxílio-reclusão;

III – quanto ao segurado e dependente:

a) *revogada*.

b) serviço social;

c) reabilitação profissional".

O Superior Tribunal de Justiça, em inúmeros julgamentos, destaca que "os benefícios previdenciários envolvem relações de trato sucessivo e atendem a necessidades de caráter alimentar, razão pela qual a pretensão à obtenção de um benefício é imprescritível".[9] Assim é quando se busca um direito contemplado em lei, como o auxílio doença, a aposentadoria, a pensão de dependente por morte de segurado.

A prescrição do fundo de direito é admitida somente quando há previsão legislativa nesse sentido, e em hipóteses que não dizem com os direitos fundamentais. Serve de exemplo evidente a ação para buscar créditos junto à Fazenda Pública, conforme previsão do art. 1º do Decreto nº 20.910/1932:

> "Art. 1º As dívidas passivas da União, dos Estados e dos Municípios, bem assim todo e qualquer direito ou ação contra a Fazenda federal, estadual ou municipal, seja qual for a sua natureza, prescrevem em cinco anos contados da data do ato ou fato do qual se originarem".

---

[8] Voto proferido no Recurso Extraordinário nº 110.419/SP, do Tribunal Pleno, j. em 8.03.1989, *DJ* de 22.09.1989, do Supremo Tribunal Federal.

[9] STJ, AgRg no AREsp nº 311.396/SE, da 1ª Turma, j. em 20.03.2014, *DJe* 03.04.2014, rel. Min. Napoleão Nunes Maia Filho.

Daí consolidou-se o entendimento de não haver prescrição sobre o fundo de direito, pois as obrigações que dão ensejo às prestações de trato sucessivo não são dívidas constituídas, ainda não se originaram.

Em acréscimo ao desenvolvido no item 3 acima, o que prescreve são apenas as parcelas expressas em pecúnia e já devidas, na progressividade em que as prestações vencem, ou seja, na medida em que completarem o lapso temporal estabelecido em lei. Eis um aresto do Superior Tribunal de Justiça, que analisa o tema:

> "Processual civil e administrativo. Servidores públicos. Plano de cargos e salários do Município de Santos. Reenquadramento. Prescrição do fundo de direito. Não ocorrência. Parcelas de trato sucessivo. Incidência da Súmula 85/STJ.
>
> 1. Nas ações em que servidor público do Município de Santos pleiteia diferenças de vencimentos oriundas do reenquadramento funcional havido por avaliação de desempenho prevista no Plano de Cargos e Salários (Leis Complementares Municipais nº 162/1995 e nº 214/1996), a relação é de trato sucessivo, o que afasta a prescrição do fundo de direito.
>
> 2. 'Nas relações jurídicas de trato sucessivo em que a Fazenda Pública figure como devedora, quando não tiver sido negado o próprio direito reclamado, a prescrição atinge apenas as prestações vencidas antes do quinquênio anterior à propositura da ação' (Súmula 85/STJ). Agravo regimental improvido".[10]

De salientar, a não incidência, assim, da decadência quando se busca o direito, o que é diferente na hipótese de se pretender a revisão de um ato administrativo que tratou de um benefício previdenciário, ou que atingiu um direito. Na revisão do ato, é aplicada a regra do art. 103 da Lei nº 8.213/1991, isto é, incide a decadência decenal.

A Turma Nacional de Uniformização dos Juizados Especiais Federais (TNU), que tem competência para analisar a questão, ressaltou a distinção:

> "... Não há prescrição do fundo de direito de benefícios previdenciários ou assistenciais, mas incide prazo decadencial na revisão do ato administrativo que defere ou indefere o pedido do autor, com prescrição apenas das parcelas vencidas além do quinquênio, nos termos do art. 103 e parágrafo único da Lei nº 8.213/1991, tendo o segurado dez anos para intentar ação judicial visando ao direito respectivo.
>
> Hipótese na qual alega o recorrente que o acórdão da Turma Recursal de origem, ao confirmar a sentença de improcedência da pretensão em face da prescrição do fundo de direito, divergiu da jurisprudência dominante da TNU, segundo a qual, sendo os benefícios assistenciais de prestação continuada e de natureza alimentícia, não se aplica a prescrição de fundo de direito em razão de haver sido ou não negado o direito na via administrativa, mas somente os créditos relativos às parcelas vencidas há mais de cinco anos do ajuizamento da demanda.
>
> Acórdão recorrido que merece ser mantido por fundamento diverso. É que a Turma de origem, mantendo a sentença no sentido de que 'o pleito administrativo foi indeferido pelo INSS em 1996, momento em que teve início o curso do prazo prescricional para ajuizamento de demanda judicial a amparar a suposta lesão'; e que, 'observada a inércia

---

[10] STJ, AgRg no REsp nº 1447808/SP, da 2ª Turma, j. em 20.05.2014, *DJe* 26.05.2014, rel. Min. Humberto Martins.

do demandante, posto que somente em 2008 foi ajuizada a presente demanda, é de se concluir que a pretensão se encontra fulminada pela prescrição, restando prejudicada a análise das demais alegações constantes da inicial', não se ajusta à jurisprudência consolidada da TNU, segundo a qual 'o direito à revisão do ato de indeferimento de benefício previdenciário ou assistencial sujeita-se ao prazo decadencial de dez anos' (TNU – Súmula nº 64). Incidente conhecido para, reiterando a tese sumulada de que 'O direito à revisão do ato de indeferimento de benefício previdenciário ou assistencial sujeita-se ao prazo decadencial de dez anos...'"[11]

Sobre a prescrição, a doutrina esclarece que "não há, nem pode haver, prescrição de fundo de direito quanto ao benefício previdenciário, que é direito fundamental, não reclamado. A imprescritibilidade do fundo de direito em matéria previdenciária é regra tradicional, que já figurava na LOPS. Bem por isso, se o segurado vier a perder essa qualidade após o preenchimento de todos os requisitos necessários para a concessão de aposentadoria ou pensão, isto não afetará o seu direito ou o de seus dependentes obterem o benefício respectivo de acordo com as regras vigentes à época em que as exigências foram atendidas, como já visto (LBPS, art. 102, § 1º). O que é suscetível de sofrer os efeitos da prescrição é, tão somente, a ação que ampara a cobrança das parcelas vencidas impagas na época própria ou adimplidas com valores inferiores ao devido, não exercida dentro do lapso temporal consignado na regra de direito material".[12]

Já em relação à decadência, incidem, segundo a literalidade do art. 103, o prazo decadencial à revisão do ato pela administração que deferiu ou indeferiu o pedido do autor; e o prazo prescricional à ação para haver prestações vencidas ou quaisquer restituições ou diferenças devidas pela Previdência Social.

Quanto à revisão, porém, de direitos mais amplos reconhecidos em ação judicial posterior, tem sido admitida desde que não decorrido o prazo de dez anos da decisão que os admitiu.

É o que se passa a examinar no item abaixo.

6. ESPECIFICAMENTE QUANTO À DECADÊNCIA DAS AÇÕES QUE VISAM À REVISÃO DO BENEFÍCIO PREVIDENCIÁRIO

Pertinente desenvolver a matéria particularmente no que diz com a revisão do benefício previdenciário, em uma extensão à interpretação do art. 103, sobretudo em vista da ADI 6096, acima referida, se houver a modificação em ação posterior.

Oportuna a compreensão dos termos "segurado" e "beneficiário".

O *caput* do art. 103 da Lei nº 8.213/1991 fala em "segurado" e "beneficiário".

"Segurado" é o empregado regido pela CLT, o empregado doméstico, o contribuinte individual, o trabalhador avulso, o segurado especial e o segurado facultativo.

"Beneficiário" considera-se o cônjuge; a companheira; o companheiro; o filho não emancipado, de qualquer condição, menor de vinte e um anos ou inválido ou que tenha deficiência intelectual ou mental que o torne absoluta ou relativamente incapaz, assim declarado judicialmente; o pai ou a mãe; e o irmão não emancipado, de qualquer condição, menor de vinte e um anos ou inválido ou que tenha deficiência intelectual ou mental que o torne absoluta ou

---

[11] Pedido de Uniformização de Interpretação de Lei Federal 200871510033511, j. em 17.10.2012, *DJ* de 26.10.2012, Juiz Federal Janilson Bezerra de Siqueira.
[12] ROCHA, Daniel Machado da; BALTAZAR JÚNIOR, José Paulo. *Comentários à lei de benefícios da Previdência Social*. 10. ed. Porto Alegre: Livraria do Advogado, 2012. p. 325-326.

relativamente incapaz, assim declarado judicialmente. Ademais, o enteado e o menor tutelado equiparam-se ao filho, mediante declaração do segurado e desde que comprovada a dependência econômica.

O *caput* do art. 103 expressa que o prazo decadencial de dez anos diz respeito à "revisão do ato de concessão" de benefício e à "revisão da decisão" de indeferitória definitiva no âmbito administrativo. O dispositivo legal abrange a concessão, a negativa de concessão de benefício e a sua revisão.

A revisão da decisão pode dirigir-se a pedido de benefício mais amplo ou diferente na hipótese de reconhecimento em ação reclamatória trabalhista, vindo, depois, a dirigir a revisão ao órgão competente da administração pública:

> "Previdenciário... Na hipótese dos autos, como já decidiu o e. STJ no julgamento do REsp nº 1.341.000/SC, *DJe* 18.03.2013, o pedido de revisão decorreu do julgamento de ação trabalhista que somente transitou em julgado em 22.09.2006, e a solicitação de revisão do benefício, na seara administrativa, deu-se em 08.10.2009, com indeferimento na mesma data, contando daí o prazo decadencial para a revisão pleiteada...".[13]

É de ver na jurisprudência do Tribunal Regional Federal da Quarta Região, no mesmo acórdão, a clara tendência de afastar a incidência da decadência mesmo no pedido de revisão do ato da aposentadoria, se a matéria não se submeteu, quando da concessão, à discussão:

> "Previdenciário. Revisão de benefício. Diferenças salariais reconhecidas em reclamatória trabalhista.
>
> 1. Em face do princípio da razoabilidade, não se pode declarar a decadência do direito de revisão da aposentadoria, considerando que o autor não se mostrou inerte; ao revés, não pôde usar o instrumento adequado para reivindicar o direito porque o próprio Estado tardou em entregar a prestação jurisdicional. *In casu*, a reclamatória trabalhista foi ajuizada em 17.11.1995 e só transitou em julgado em 22.09.2006, e a decisão da citada ação é pressuposto *sine qua non* para o pedido de revisão do benefício.
>
> 2. Em verdade, o prazo de decadência para a revisão do ato de concessão do benefício, *in casu*, só passa a fluir a partir do requerimento de revisão, já que a questão ora examinada não foi discutida na data da entrada do requerimento de concessão da aposentadoria. Precedente da Terceira Seção desta Corte, no julgamento dos Embargos Infringentes nº 0002211-73.2009.404.7201, no sentido de que o prazo decadencial de dez anos para a revisão do benefício, previsto no art. 103 da Lei nº 8.213/1991, não alcança questões que não foram resolvidas no ato administrativo que apreciou o pedido de concessão.
>
> 3. O êxito do segurado em reclamatória trabalhista, no que pertine ao reconhecimento de diferenças salariais, atribui-lhe o direito de postular a revisão dos salários de contribuição componentes do período básico de cálculo do benefício, os quais, por consequência, acarretarão novo salário de benefício, sendo que o recolhimento das contribuições pertinentes, tratando-se de empregado, é ônus do empregador".[14]

---

[13] TRF da 4ª Região, APELREEX nº 0002313-38.2012.404.9999, da 6ª Turma, *DE* de 25.09.2013, rel. Celso Kipper.
[14] TRF da 4ª Região, APELREEX n 0019522-20.2012.404.9999, da 6ª Turma, *DE* 11.07.2013, rel. Celso Kipper.

No STJ, se consumou esse entendimento, isto é, não se reconhece a decadência se a matéria não foi submetida à discussão, sendo sempre oportuna a reclamação administrativa ou judicial:

> "Previdenciário. Benefício previdenciário. Decadência. Não ocorrência. Prescrição. Aplicação do art. 103 da Lei nº 8.213/1991.
>
> 1. Hipótese em que se consignou que 'a decadência prevista no art. 103 da Lei nº 8.213/1991 não alcança questões que não restaram resolvidas no ato administrativo que apreciou o pedido de concessão do benefício. Isso pelo simples fato de que, como o prazo decadencial limita a possibilidade de controle de legalidade do ato administrativo, não pode atingir aquilo que não foi objeto de apreciação pela Administração'.
>
> 2. O posicionamento do STJ é o de que, quando não se tiver negado o próprio direito reclamado, não há falar em decadência. *In casu*, não houve indeferimento do reconhecimento do tempo de serviço exercido em condições especiais, uma vez que não chegou a haver discussão a respeito desse pleito.
>
> 3. Efetivamente, o prazo decadencial não poderia alcançar questões que não foram aventadas quando do deferimento do benefício e que não foram objeto de apreciação pela Administração. Por conseguinte, aplica-se apenas o prazo prescricional, e não o decadencial. Precedentes do STJ.
>
> 4. Agravo regimental não provido".[15]

Há, inclusive, o Tema 1.117 do STJ, que estabelece o prazo decadencial de dez anos a partir do trânsito em julgado que ampliou o benefício:

> "O marco inicial da fluência do prazo decadencial, previsto no *caput* do art. 103 da Lei n. 8.213/1991, quando houver pedido de revisão da renda mensal inicial (RMI) para incluir verbas remuneratórias recebidas em ação trabalhista nos salários de contribuição que integraram o período básico de cálculo (PBC) do benefício, deve ser o trânsito em julgado da sentença na respectiva reclamatória".

Eis a ementa do acórdão que originou o Tema:

> "(...)
>
> 2. A controvérsia dos autos refere-se à imposição do instituto da decadência sobre o pedido de revisão de benefício previdenciário, matéria que se enquadra na competência do Superior Tribunal de Justiça, e não sobre o ato de concessão, tema que foge à alçada desta Corte de Justiça, conforme decisão do Supremo Tribunal Federal no RE 626.489/SE, com repercussão geral, e na ADI n. 6.096/DF.
>
> 3. A jurisprudência do Superior Tribunal de Justiça tem reconhecido que o termo inicial da decadência, nos pedidos de revisão de benefício com base em sentença trabalhista, é o trânsito em julgado do *decisum*.
>
> 4. O reconhecimento judicial na seara trabalhista deve ser considerado o nascedouro do direito potestativo, ante a incorporação de verbas ou de tempo de contribuição ao patrimônio jurídico do trabalhador.

---

[15] AgRg no REsp nº 407710/PR, da 2ª Turma, j. em 08.05.2014, *DJe* de 22.05.2014, rel. Herman Benjamin.

5. O ajuizamento da ação reclamatória justifica-se pelas seguintes razões: primeiro, de acordo com o art. 29 da Lei n. 8.213/1991, o salário de benefício consiste na média aritmética dos maiores salários de contribuição no período contributivo, que incluem os ganhos habituais do segurado empregado (§ 3º) e os aumentos homologados pela Justiça do Trabalho (§ 4º); segundo, a lei previdenciária garante o recálculo da renda do segurado empregado que, ao tempo da concessão do benefício, não podia provar os salários de contribuição, como dispõe o art. 35 da Lei n. 8.213/1991; e terceiro, a atuação judicial do trabalhador em busca de seus direitos, desde que reconhecidos, traz reflexo positivo também sobre a esfera de competência da autarquia, que poderá cobrar as contribuições referentes ao vínculo trabalhista reconhecido judicialmente, nos termos do art. 22, I, da Lei n. 8.212/1991.

6. A partir da integralização do direito material pleiteado na ação trabalhista transitada em julgado, o segurado poderá apresentar requerimento para revisão de benefício, na via administrativa, no prazo previsto legalmente no caput do art. 103 da Lei n. 8.213/1991.

7. Em casos como o da presente controvérsia, na qual houve a integralização do direito material a partir da coisa julgada trabalhista, a exegese mais consentânea com o princípio da segurança jurídica e o respeito às decisões judiciais é manter a jurisprudência segundo a qual o marco inicial do prazo decadencial deve ser o trânsito em julgado da sentença da Justiça do Trabalho".[16]

7. DESAPOSENTAÇÃO E PRAZO DECADENCIAL

A desaposentação é a possibilidade de o segurado já aposentado, por tempo de contribuição, por idade ou especial, retornar à atividade laboral e a contribuir para o Regime Geral da Previdência Social. Historicamente, o aposentado que retorna a contribuir não tem nenhuma vantagem oriunda desses novos aportes. A par de muitas reivindicações judiciais, os Tribunais vêm decidindo pelo cômputo dessas contribuições nos proventos da futura/nova aposentadoria.

A desaposentação constitui-se da renúncia do segurado à aposentadoria, com o propósito de obter benefício previdenciário mais vantajoso, mediante a utilização de seu tempo de contribuição já implementado. É necessária a renúncia à aposentadoria.

A nova cotização gerada com a desaposentação poderá ser utilizada para a obtenção de novo benefício, abrindo-se mão do anterior, de modo a utilizar-se do tempo de contribuição passada adicionada das novas contribuições. Esse o espírito de desaposentação: a renúncia de benefício anterior em prol de benefício futuro mais vantajoso.

A questão envolve o alcance interpretativo dado ao § 2º do art. 18 da Lei nº 8.213/1991, com redação da Lei nº 9.528/1997:

> "O aposentado pelo Regime Geral de Previdência Social – RGPS que permanecer em atividade sujeita a este Regime, ou a ele retornar, não fará jus à prestação alguma da Previdência Social em decorrência do exercício dessa atividade, exceto ao salário-família e à reabilitação profissional, quando empregado".

Alguns tribunais já vinham reconhecendo o direito à desaposentação e aplicando o prazo decadencial de dez anos para regular o lapso temporal:

---

[16] REsp 1.947.419/RS, da Primeira Seção, rel. Min. Gurgel de Faria, j. em 24.08.2022, *DJe* de 30.08.2022.

"Previdenciário e processo civil. Renúncia à aposentadoria. Decadência. Ocorrência. Agravo regimental a que se nega provimento.

1. O art. 103 da Lei de Benefícios, ao dispor sobre o prazo decadencial, o fez de forma abrangente, não se limitando apenas à revisão de benefício, mas, sim, fixando prazo para todo e qualquer direito ou ação no sentido de alterar o ato de concessão do benefício, o que inclui o direito de renunciar à aposentadoria.

2. Agravo regimental a que se nega provimento".[17]

No voto, assim se manifestou a Ministra Relatora Maria Thereza de Assis Moura:

"Consoante acentuado no provimento agravado, o art. 103 da Lei de Benefícios dispõe que 'é de dez anos o prazo de decadência de *todo e qualquer direito ou ação* do segurado ou beneficiário para a revisão do ato de concessão de benefício'. Ao que se tem, o dispositivo legal é abrangente, não se limitando apenas à revisão de benefício, mas, sim, fixando prazo decadencial para *todo e qualquer direito ou ação* no sentido de alterar o ato de concessão do benefício, o que, a meu ver, inclui o direito de renunciar à aposentadoria".

A Ministra cita outro aresto que merece atenção:

"Previdenciário. Agravo regimental. Decadência. Art. 103 da Lei nº 8.213/1991. Pedido de renúncia a benefício (desaposentação). Incidência.

1. Trata-se de pretensão recursal contra a aplicação do prazo decadencial do art. 103 da Lei nº 8.213/1991 sobre os pedidos de renúncia de aposentadoria (desaposentação).

2. Segundo o art. 103 em comento 'é de dez anos o prazo de decadência de todo e qualquer direito ou ação do segurado ou beneficiário para a revisão do ato de concessão de benefício'.

3. O comando legal estipula como suporte fático-jurídico de incidência do prazo decadencial todo e qualquer direito ou ação para a revisão do ato de concessão.

4. O alcance é amplo e não abrange apenas revisão de cálculo do benefício, mas atinge o próprio ato de concessão e, sob a imposição da expressão 'qualquer direito', envolve o direito à renúncia do benefício.

5. Agravo Regimental não provido" (AgRg no REsp nº 1.298.511/RS, rel. Min. Herman Benjamin, *DJe* 04.09.2012).

A matéria chegou à análise do Supremo Tribunal Federal, por meio da Repercussão Geral no Recurso Extraordinário nº 381.367[18] – *Leading Case*. No mérito, o Ministro Relator Roberto Barroso deu parcial provimento aos recursos para assentar o direito dos recorridos à "desaposentação", observados, para o cálculo do novo benefício, os fatores relativos à idade e à expectativa de vida – elementos do fator previdenciário – aferidos no momento da aquisição da primeira aposentadoria. Segundo o Ministro Relator, violaria o sistema constitucional contributivo e solidário impor ao trabalhador que voltasse à atividade apenas o dever de contribuir, sem poder aspirar a nenhum tipo de benefício em troca, exceto os salário-família e reabilitação.

---

[17] STJ, AgRg no REsp nº 1276576 RS 2011/0187950-4, da 6ª Turma, j. em 23.10.2012, *DJe* de 29.10.2012, rel. Min. Maria Thereza de Assis Moura.
[18] Rel. Min. Luís Roberto Barroso, j. em 26.10.2016.

Em síntese, assentaram-se as seguintes diretrizes:

a) inexistência de fundamentos legais válidos que impediriam a renúncia a uma aposentadoria concedida pelo Regime Geral da Previdência Social para o fim de requerimento de um novo benefício mais vantajoso, tendo em conta as contribuições obrigatórias efetuadas em razão de atividade laboral realizada após o primeiro vínculo;

b) exigência de que sejam levados em consideração os proventos já recebidos pelo interessado, com o objetivo de preservar a uniformidade atuarial, relacionada à isonomia e à justiça entre gerações;

c) utilização, no cálculo dos novos proventos, dos fatores idade e expectativa de vida com referência ao momento de aquisição da primeira aposentadoria, de modo a impedir a deturpação da finalidade desses fatores como instrumentos de graduação dos benefícios segundo o tempo estimado de sua fruição pelo segurado; e

d) produção dos efeitos da decisão a partir de 180 dias contados da publicação do acórdão, salvo edição de ato normativo para disciplinar a matéria de modo diferente.

No Recurso Extraordinário nº 661.256, originário de Santa Catarina,[19] a mesma questão foi suscitada, sendo também reconhecida a repercussão geral. Vejamos a ementa da decisão que reconheceu a repercussão, pois facilita o entendimento de como a matéria vem sendo tratada pelos Tribunais pátrios:

> "Constitucional. Previdenciário. § 2º do art. 18 da Lei nº 8.213/1991. Desaposentação. Renúncia a benefício de aposentadoria. Utilização do tempo de serviço/contribuição que fundamentou a prestação previdenciária originária. Obtenção de benefício mais vantajoso. Matéria em discussão no RE nº 381.367, da relatoria do Ministro Marco Aurélio. Presença da repercussão geral da questão constitucional discutida. Possui repercussão geral a questão constitucional alusiva à possibilidade de renúncia a benefício de aposentadoria, com a utilização do tempo se serviço/contribuição que fundamentou a prestação previdenciária originária para a obtenção de benefício mais vantajoso".

Em 26 de outubro de 2016, foi definitivamente julgado o Recurso Extraordinário nº 661.256, tendo o Supremo Tribunal Federal fixado a tese de que, "no âmbito do Regime Geral de Previdência Social (RGPS), somente a lei pode criar benefícios e vantagens previdenciárias, não havendo, por ora, previsão legal do direito à 'desaposentação', sendo constitucional a regra do art. 18, § 2º, da Lei nº 8.213/91".

Prevaleceu a tese do INSS de que, dentre outros fundamentos, não pode haver criação ou majoração de benefício sem fonte de custeio.

8. SUSPENSÃO E INTERRUPÇÃO DO PRAZO PRESCRICIONAL

Ressalta-se que o prazo prescricional, e apenas ele, em se tratando de benefício da Seguridade Social, pode ser suspenso ou interrompido.

A suspensão vem descrita no parágrafo único do art. 103 da Lei nº 8.213/1991, incluído pela Lei 9.528/1997, quando refere que, para os menores, os incapazes e os ausentes, não corre

---

[19] Julgado em 06.11.2013, *DJe* de 11.11.2013, rel. Min. Marco Aurélio.

o lapso temporal de cinco anos das ações destinadas a haver prestações vencidas ou quaisquer restituições ou diferenças devidas pela Previdência Social.

Já a interrupção segue a regra do parágrafo único do art. 174 do Código Tributário Nacional, em redação das Leis Complementares 118/2005 e 208/2024, que estabelece sua ocorrência pelo despacho do juiz que ordenar a citação em execução fiscal; pelo protesto judicial ou extrajudicial; por qualquer ato judicial que constitua em mora o devedor; e por qualquer ato inequívoco, ainda que extrajudicial, que importe em reconhecimento do débito pelo devedor.

Deve-se aplicar o art. 174 do Código Tributário Nacional em conjunto com o art. 240 do Código de Processo Civil, de forma que o prazo prescricional, depois de interrompido, recomeça a correr na data da propositura da ação:

> "Processual civil e tributário. Agravo regimental em agravo em recurso especial. Execução fiscal. Prescrição. Art. 174 do CTN c/c art. 219, § 1º, do CPC. O acórdão recorrido reconheceu a prescrição em razão do transcurso do prazo quinquenal entre a inscrição do débito fiscal e a citação do devedor, consignando ainda que a demora na realização do ato citatório não pode ser atribuída ao Poder Judiciário. Inaplicável, portanto, a Súmula 106/STJ".[20]

Obviamente, não se pode esquecer o cumprimento das exigências do § 2º do Código Instrumental.[21]

Não se pode esquecer que a suspensão impede que o lapso temporal corra, não desprezando o tempo já corrido. Já na interrupção o mecanismo é diverso. Ela interrompe o prazo que estava correndo, fazendo que reinicie a partir do início, desprezando o lapso já transcorrido. Esse recomeço se dá tão logo a interrupção ocorra.

9. DECADÊNCIA DO DIREITO DA PREVIDÊNCIA SOCIAL EM ANULAR OS SEUS ATOS ADMINISTRATIVOS

A Previdência Social também se sujeita a prazo decadencial para anulação dos seus atos administrativos, em face dos beneficiários, no caso de entender que foi indevida concessão dos benefícios, segundo redação do art. 103-A da Lei nº 8.213/1991, em redação da Lei nº 10.839/2004:

> "O direito da Previdência Social de anular os atos administrativos de que decorram efeitos favoráveis para os seus beneficiários decai em dez anos, contados da data em que foram praticados, salvo comprovada má-fé".

O lapso temporal é de dez anos, da mesma forma que o prazo dos segurados e dos beneficiários.

Esse art. 103-A foi incluído na Lei dos Benefícios Previdenciários pela Lei nº 10.839/2004.

Observa-se que o *caput* do artigo 103-A esclarece ser o termo inicial do prazo decadencial contado desde a data em que foi concedido o benefício, salvo comprovação de má-fé. Nesta

---

[20] A regra do art. 219, § 1º, encontra-se no art. 240, § 1º, do atual CPC. STJ, AgRg no AREsp nº 374205/MG, da 1ª Turma, j. em 17.09.2013, rel. Min. Benedito Gonçalves.
[21] "§ 2º Incumbe ao autor adotar, no prazo de 10 (dez) dias, as providências necessárias para viabilizar a citação, sob pena de não se aplicar o disposto no § 1º."

eventualidade caso, o termo inicial ocorre quando da ciência da administração pública acerca da má-fé.

O § 1º dá o termo inicial do prazo decadencial para casos de benefício patrimonial contínuo: a data do percebimento do primeiro pagamento:

> "No caso de efeitos patrimoniais contínuos, o prazo decadencial contar-se-á da percepção do primeiro pagamento".

Admite-se a interrupção do prazo decadencial, que se dá com a notificação do segurado ou do beneficiário sobre qualquer medida da autoridade administrativa que manifeste alguma contrariedade à concessão ou ao valor do benefício.

Sempre deve haver contraditório em questões como a modificação de um benefício previdenciário, pouco importando se a questão está na esfera administrativa ou judiciária.

Uma questão especial merece de destaque. Caso o benefício não se sustente, já que indevido, como quando concedido a um aposentado já falecido, ou quando a administração pública equivoca-se ao conceder um benefício que não era devido, corre prazo decadencial para o cancelamento do benefício? *Prima facie*, crê-se não existir prazo decadencial em casos como esses, eis que, na primeira situação, deu-se o termo final da obrigação de prestar o benefício, não mais subsistindo qualquer fundamento legal da prestação; e, no segundo, jamais existiu algum suporte para a concessão.

Inobstante, sob os auspícios de princípios jurídicos, algumas decisões judiciais vem entendendo pela aplicabilidade de prazo decadencial também nessas hipóteses, como a seguinte:

> "Administrativo. Previdenciário. Pensão por morte. Lei nº 8.213/1991. Obtenção de duas pensões por morte em face do mesmo instituidor à vista de que o *de cujus* exercia labor urbano e rural. Erro da administração. Cancelamento de um dos benefícios quando já decorridos mais de vinte e seis anos. Não comprovada a alegada má-fé. Operada a decadência. Manutenção de ambos os benefícios. Precedente desta 4ª Turma. Não pode a Administração, passados mais de vinte e seis anos do deferimento do benefício, proceder à revisão de sua legalidade (art. 103-A da Lei nº 8.213/1991), salvo comprovada má-fé. No presente caso não houve qualquer demonstração de que o ato administrativo revisto tenha sido perpetrado mediante má-fé. Ademais, independentemente da incidência do art. 103-A da Lei nº 8.213/1991 ao caso concreto, maltrata a segurança jurídica a revisão de benefício previdenciário, cuja concessão, há mais de vinte e seis anos, decorreu de erronia na interpretação da legislação previdenciária pela Administração. Apelação provida para, concedendo a segurança pleiteada, determinar que a autarquia impetrada restabeleça a pensão por morte devida à impetrante, ora apelante".[22]

Entretanto, havendo nulidade do ato, por inexistir o direito ao benefício, não existe prazo de decadência. O ato nulo não se convalida. O prazo do art. 103-A cinge-se a equívocos quanto a valores, ao teto, à adequação a determinado fato, à extensão do benefício, ao seu alcance, e não em aspectos que se fundam no cabimento e constitucionalidade.

Assim, embora controvertido o assunto, em havendo ofensa ao art. 124 da Lei nº 8.213/1991, sempre é revogável o ato. Não se fala, então, em prazo decadencial.

---

[22] TRF da 5ª Região, AC nº 200984010016162, da 4ª Turma, j. em 28.06.2011, *DJ* 07.07.2011, rel. Des. Federal Edílson Nobre.

Eis o texto do dispositivo, com alterações da Lei 9.032/1995:

"Salvo no caso de direito adquirido, não é permitido o recebimento conjunto dos seguintes benefícios da Previdência Social:

I – aposentadoria e auxílio-doença;

II – mais de uma aposentadoria;

III – aposentadoria e abono de permanência em serviço;

IV – salário-maternidade e auxílio-doença;

V – mais de um auxílio-acidente;

VI – mais de uma pensão deixada por cônjuge ou companheiro, ressalvado o direito de opção pela mais vantajosa.

Parágrafo único. É vedado o recebimento conjunto do seguro-desemprego com qualquer benefício de prestação continuada da Previdência Social, exceto pensão por morte ou auxílio-acidente".

10. PRESCRIÇÃO DAS AÇÕES REFERENTES À PRESTAÇÃO POR ACIDENTE DO TRABALHO

O art. 104 da Lei nº 8.213/1991 estabelece que prescrevem as ações referentes à prestação por acidente do trabalho em cinco anos. O art. 18 da mesma lei deixa claro que o Regime Geral da Previdência Social também compreende os eventos decorrentes de acidente do trabalho.

São os acidentes do trabalho aqueles que ocorrem no exercício do trabalho, resultando em lesão corporal ou perturbação funcional, seja temporária ou permanente, que cause a morte, perda ou redução da capacidade para o trabalho. É o conceito do art. 19 da mesma Lei:

"Acidente do trabalho é o que ocorre pelo exercício do trabalho a serviço da empresa ou de empregador doméstico ou pelo exercício do trabalho dos segurados referidos no inciso VII do art. 11 desta Lei, provocando lesão corporal ou perturbação funcional que cause a morte ou a perda ou redução, permanente ou temporária, da capacidade para o trabalho".

Por sua vez, as ações referentes a esses acidentes, correspondentes a benefícios da Previdência Social, são o auxílio doença, a aposentadoria por invalidez, o auxílio acidente e a pensão por morte.

O termo inicial deste prazo corre da data do acidente, quando dele resultar a morte ou a incapacidade temporária; e da data em que for reconhecida pela Previdência Social a incapacidade permanente ou o agravamento das sequelas do acidente. É quando o acidentado toma conhecimento inequívoco da incapacidade, em consonância com a Súmula nº 278 do STJ: "O termo inicial do prazo prescricional, na ação de indenização, é a data em que o segurado teve ciência inequívoca da incapacidade laboral".

11. PRAZO PRESCRICIONAL DA AÇÃO REGRESSIVA DA PREVIDÊNCIA SOCIAL EM FACE DOS RESPONSÁVEIS PELO ACIDENTE DO TRABALHO E PELOS ATOS DE VIOLÊNCIA DOMÉSTICA E FAMILIAR CONTRA A MULHER

O art. 120 da Lei nº 8.213/1991, em redação da Lei 13.846/2019, prevê a ação regressiva nos benefícios que concede a título de acidente do trabalho, se apurada culpa na conduta do empregador, e violência doméstica/familiar contra a mulher, nos termos da Lei 11.340/2006 (Lei Maria da Penha):

> "A Previdência Social ajuizará ação regressiva contra os responsáveis nos casos de:
>
> I – negligência quanto às normas padrão de segurança e higiene do trabalho indicadas para a proteção individual e coletiva;
>
> II – violência doméstica e familiar contra a mulher, nos termos da Lei nº 11.340, de 7 de agosto de 2006"

Mais complexa a primeira situação.

A ação regressiva, prevista no art. 120, inciso I, tem natureza civil, e não administrativa ou previdenciária. É dirigida contra o empregador pessoa natural ou a empresa empregadora para o reembolso das quantias pagas em dinheiro e o ressarcimento de outros custos. A base da prescrição está no art. 206, § 3º, inc. V, do Código Civil.

Entretanto, o STJ passou a ter em alta conta o Decreto nº 20.910/1932, que trata da prescrição das "dívidas passivas" dos entes públicos. Assim como o prazo prescricional para se obrigar o ente público a ressarcir as ações indenizatórias é de cinco anos, pelo princípio da isonomia deve-se-lhe garantir igual prazo para a busca dos ressarcimentos que lhe são garantidos. Eis a inteligência no seguinte aresto:

> "É quinquenal o prazo de prescrição nas ações indenizatórias ajuizadas contra a Fazenda Pública, nos termos do art. 1º do Decreto nº 20.910/1932.
>
> Pelo princípio da isonomia, o mesmo prazo deve ser aplicado nos casos em que a Fazenda Pública é autora, como nas ações de regresso acidentária. Conforme se extrai do acórdão recorrido, o evento danoso ocorreu em 8.07.2003 e a propositura da ação de regresso em 28.04.2010. Logo, está caracterizada a prescrição, porquanto decorridos mais de cinco anos entre o evento danoso e a propositura da ação.
>
> Agravo regimental improvido".[23]

O voto do relator dá as razões e rememora os entendimentos existentes:

> "Conforme consignado na análise monocrática, é quinquenal o prazo de prescrição nas ações indenizatórias ajuizadas contra a Fazenda Pública, nos termos do art. 1º do Decreto nº 20.910/1932. A propósito, tal entendimento foi consolidado pela Primeira Seção do STJ, no julgamento do REsp nº 1.251.993/PR, Rel. Min. Mauro Campbell Marques, submetido ao rito dos recursos repetitivos, conforme o disposto no art. 543-C do CPC e da Resolução 8/2008 do STJ.
>
> A ementa do julgado guarda o seguinte teor:
>
> (...)
>
> *'1. A controvérsia do presente recurso especial, submetido à sistemática do art. 543-C do CPC e da Res. STJ nº 8/2008, está limitada ao prazo prescricional em ação indenizatória ajuizada contra a Fazenda Pública, em face da aparente antinomia do prazo trienal (art. 206, § 3º, V, do Código Civil) e o prazo quinquenal (art. 1º do Decreto 20.910/1932).*

---

[23] AgRg no REsp nº 1423088/PR, da 2ª Turma, j. em 13.05.2014, *DJe* de 19.05.2014, rel. Min. Humberto Martins.

2. O tema analisado no presente caso não estava pacificado, visto que o prazo prescricional nas ações indenizatórias contra a Fazenda Pública era defendido de maneira antagônica nos âmbitos doutrinário e jurisprudencial. Efetivamente, as Turmas de Direito Público desta Corte Superior divergiam sobre o tema, pois existem julgados de ambos os órgãos julgadores no sentido da aplicação do prazo prescricional trienal previsto no Código Civil de 2002 nas ações indenizatórias ajuizadas contra a Fazenda Pública. Nesse sentido, os seguintes precedentes: REsp nº 1.238.260/PB, 2ª Turma, rel. Min. Mauro Campbell Marques, DJe 05.05.2011; REsp nº 1.217.933/RS, 2ª Turma, rel.Min. Herman Benjamin, DJe 25.04.2011; REsp nº 1.182.973/PR, 2ª Turma, rel. Min. Castro Meira, DJe 10.02.2011; REsp nº 1.066.063/RS, 1ª Turma, rel. Min. Francisco Falcão, DJe 17.11.2008; EREspsim nº 1.066.063/RS, 1ª Seção, rel.Min. Herman Benjamin, DJe 22.10.2009). A tese do prazo prescricional trienal também é defendida no âmbito doutrinário, dentre outros renomados doutrinadores: José dos Santos Carvalho Filho (Manual de direito administrativo, 24. ed., Rio de Janeiro: Lumen Juris, 2011. p. 529-530) e Leonardo José Carneiro da Cunha (A Fazenda Pública em Juízo, 8. ed., São Paulo: Dialética, 2010. p. 88-90).

3. Entretanto, não obstante os judiciosos entendimentos apontados, o atual e consolidado entendimento deste Tribunal Superior sobre o tema é no sentido da aplicação do prazo prescricional quinquenal – previsto do Decreto nº 20.910/1932 – nas ações indenizatórias ajuizadas contra a Fazenda Pública, em detrimento do prazo trienal contido do Código Civil de 2002.

4. O principal fundamento que autoriza tal afirmação decorre da natureza especial do Decreto nº 20.910/1932, que regula a prescrição, seja qual for a sua natureza, das pretensões formuladas contra a Fazenda Pública, ao contrário da disposição prevista no Código Civil, norma geral que regula o tema de maneira genérica, a qual não altera o caráter especial da legislação, muito menos é capaz de determinar a sua revogação. Sobre o tema: Rui Stoco (Tratado de responsabilidade civil. 7. ed. São Paulo: RT, 2007. p. 207-208) e Lucas Rocha Furtado (Curso de direito administrativo. 2. ed. Belo Horizonte: Fórum, 2010. p.1042).

5. A previsão contida no art. 1º do Decreto nº 20.910/1932, por si só, não autoriza a afirmação de que o prazo prescricional nas ações indenizatórias contra a Fazenda Pública foi reduzido pelo Código Civil de 2002, a qual deve ser interpretada pelos critérios histórico e hermenêutico. Nesse sentido: Marçal Justen Filho (Curso de direito administrativo. 5. ed. São Paulo: Saraiva, 2010. p. 1.296-1.299).

6. Sobre o tema, os recentes julgados desta Corte Superior: AgRg no AREsp nº 69.696/SE, 1ª Turma, rel. Min. Benedito Gonçalves, DJe 21.08.2012; AgRg nos EREsp nº 1.200.764/AC, 1ª Seção, rel. Min. Arnaldo Esteves Lima, DJe 06.06.2012; AgRg no REsp nº 1.195.013/AP, 1ª Turma, rel. Min. Teori Albino Zavascki, DJe 23.05.2012; REsp nº 1.236.599/RR, 2ª Turma, rel. Min. Castro Meira, DJe 21.05.2012; AgRg no AREsp nº 131.894/GO, 2ª Turma, rel. Min. Humberto Martins, DJe 26.04.2012; AgRg no AREsp nº 34.053/RS, 1ª Turma, rel. Min. Napoleão Nunes Maia Filho, DJe 21.05.2012; AgRg no AREsp nº 36.517/RJ, 2ª Turma, rel. Min. Herman Benjamin, DJe 23.02.2012; EREsp nº 1.081.885/RR, 1ª Seção, rel. Min. Hamilton Carvalhido, DJe 1º.02.2011.

7. No caso concreto, a Corte a quo, ao julgar recurso contra sentença que reconheceu prazo trienal em ação indenizatória ajuizada por particular em face do Município, corretamente reformou a sentença para aplicar a prescrição quinquenal prevista no Decreto nº 20.910/1932, em manifesta sintonia com o entendimento desta Corte Superior sobre o tema.

8. *Recurso especial não provido. Acórdão submetido ao regime do artigo 543-C, do CPC, e da Resolução STJ 08/2008'* (REsp nº 1251993/PR, rel. Min. Mauro Campbell Marques, 1ª Seção, j. em 12.12.2012, DJe 19.12.2012).

No mesmo sentido:

(...)

'*1. Nas ações indenizatórias ajuizadas contra a Fazenda Pública, incide o prazo prescricional quinquenal previsto no Decreto nº 20.910/1932, em detrimento do prazo de três anos previsto no art. 206, § 3º, V, do Código Civil de 2002 (REsp nº 1.251.993/PR – art. 543-C do CPC).*

2. Agravo regimental em ataque ao mérito de decisão proferida com base no art. 543-C do CPC não provido, com aplicação de multa no percentual de 10% sobre o valor da causa' (AgRg no REsp nº 1.363.832/RO, rel. Min. Eliana Calmon, 2ª Turma, j. em 02.05.2013, DJe 10.05.2013).

(...)

'*1. A Primeira Seção dessa Corte Superior de Justiça, no julgamento do REsp nº 1.251.993/PR, sob o rito do art. 543-C do CPC, firmou o entendimento de que deve ser aplicado o prazo prescricional quinquenal – previsto do Decreto nº 20.910/1932 – nas ações indenizatórias ajuizadas contra a Fazenda Pública, em detrimento do prazo trienal contido do Código Civil de 2002.*

2. Agravo regimental desprovido' (AgRg no AREsp 108.912/SP, rel. Min. Napoleão Nunes Maia Filho, 1ª Turma, j. em 19.03.2013, DJe 03.04.2013).

Assim, se nas ações indenizatórias contra a Fazenda Pública o prazo prescricional é quinquenal, o mesmo prazo deve ser aplicado nos casos em que a Fazenda Pública é autora, como nas ações de regresso acidentária, em respeito ao princípio da isonomia.

Ressalta-se que não se desconhece a corrente doutrinária e jurisprudencial que defende que nos casos de ação regressiva acidentária o prazo prescricional é o disposto no art. 206, § 3º, inciso V, do Código Civil. Todavia, tal entendimento não merece prosperar, pois no presente caso o INSS não atua como particular, submetendo-se ao Direito Civil; na verdade busca-se o ressarcimento ao erário, evitando, assim, que as consequência do ato ilícito que gerou o acidente de trabalho sejam suportadas por toda a sociedade. Ademais, nas hipóteses de ausência de norma específica sobre o assunto, o STJ vem aplicando o princípio da isonomia nas ações proposta pela Fazenda Pública em face do administrado.

Confira-se:

(...)

'*1. Conforme sedimentada jurisprudência desta Corte, o prazo prescricional para a Fazenda Pública cobrar dívidas não tributárias é quinquenal, em observância ao que dispõe o art. 1º do Decreto 20.910/1932. Precedentes.*

2. Agravo regimental não provido' (AgRg no REsp nº 1.146.686/RS, rel. Min. Castro Meira, 2ª Turma, j. em 28.02.2012, DJe 12.03.2012)".[24]

Em relação ao inciso II do art. 120 da Lei 8.213/1991, nos atendimentos prestados a vítimas de violência doméstica e familiar, também assegura-se o ressarcimento contra o causador quanto às despesas decorrentes de tratamento médico-hospitalar e aos benefícios previdenciários

---

[24] O art. 543-C do CPC supracitado está reproduzido no art. 1.036 do CPC/2015.

concedidos. O art. 5º da Lei 11.340/2006 caracteriza e descreve o âmbito em que podem ocorrer os atos de violência:

> "Para os efeitos desta Lei, configura violência doméstica e familiar contra a mulher qualquer ação ou omissão baseada no gênero que lhe cause morte, lesão, sofrimento físico, sexual ou psicológico e dano moral ou patrimonial;
>
> I – no âmbito da unidade doméstica, compreendida como o espaço de convívio permanente de pessoas, com ou sem vínculo familiar, inclusive as esporadicamente agregadas;
>
> II – no âmbito da família, compreendida como a comunidade formada por indivíduos que são ou se consideram aparentados, unidos por laços naturais, por afinidade ou por vontade expressa;
>
> III – em qualquer relação íntima de afeto, na qual o agressor conviva ou tenha convivido com a ofendida, independentemente de coabitação".

Já o art. 7º, alterado pela Lei 13.772/2018, elenca as formas de violência:

> "I – a violência física, entendida como qualquer conduta que ofenda sua integridade ou saúde corporal;
>
> II – a violência psicológica, entendida como qualquer conduta que lhe cause dano emocional e diminuição da autoestima ou que lhe prejudique e perturbe o pleno desenvolvimento ou que vise degradar ou controlar suas ações, comportamentos, crenças e decisões, mediante ameaça, constrangimento, humilhação, manipulação, isolamento, vigilância constante, perseguição contumaz, insulto, chantagem, violação de sua intimidade, ridicularização, exploração e limitação do direito de ir e vir ou qualquer outro meio que lhe cause prejuízo à saúde psicológica e à autodeterminação;
>
> III – a violência sexual, entendida como qualquer conduta que a constranja a presenciar, a manter ou a participar de relação sexual não desejada, mediante intimidação, ameaça, coação ou uso da força; que a induza a comercializar ou a utilizar, de qualquer modo, a sua sexualidade, que a impeça de usar qualquer método contraceptivo ou que a force ao matrimônio, à gravidez, ao aborto ou à prostituição, mediante coação, chantagem, suborno ou manipulação; ou que limite ou anule o exercício de seus direitos sexuais e reprodutivos;
>
> IV – a violência patrimonial, entendida como qualquer conduta que configure retenção, subtração, destruição parcial ou total de seus objetos, instrumentos de trabalho, documentos pessoais, bens, valores e direitos ou recursos econômicos, incluindo os destinados a satisfazer suas necessidades;
>
> V – a violência moral, entendida como qualquer conduta que configure calúnia, difamação ou injúria".

Capítulo CIII
A PRESCRIÇÃO E A DECADÊNCIA NOS TÍTULOS DE CRÉDITO

1. A INCIDÊNCIA DA NORMA GERAL DO CÓDIGO CIVIL

Sabe-se das dificuldades acerca do estudo dos títulos de crédito em razão da grande profusão de leis especiais que regem a matéria, possuindo as normas do Código Civil apenas aplicação subsidiária. Trata do assunto o art. 903 do referido diploma:

> "Salvo disposição diversa em lei especial, regem-se os títulos de crédito pelo disposto neste Código".

Da mesma forma, portanto, ocorre relativamente à prescrição aplicável a estes títulos. No art. 206, § 3º, inc. VIII, encontra-se a norma geral:

> "Art. 206. Prescreve: (...)
>
> § 3º Em três anos: (...)
>
> VIII – a pretensão para haver o pagamento de título de crédito, a contar do vencimento, ressalvadas as disposições de lei especial".

Não há especificação se a regra está tratando apenas de pretensão executiva ou de qualquer pretensão condenatória de pagamento. Parece razoável a interpretação de que o prazo trienal é aplicável para o exercício de qualquer forma de pretensão para haver o pagamento do título. Se o título de crédito for também título executivo, o prazo destina-se para a propositura da ação de execução. Se, ao contrário, o título não for executivo, o prazo previsto será para a propositura da respectiva ação de cobrança ou ação monitória. Recentemente, no entanto, o Superior Tribunal de Justiça editou súmula sobre o tema, alterando o prazo para a monitória de notas promissórias já vencidas, o que se analisará adiante.

Como se está tratando de norma geral, o inc. VIII *supra* é aplicável apenas nos casos em que a lei especial que regula a matéria for omissa, ou para os títulos atípicos, aos quais se aplica a nova regulamentação instituída pelo Código Civil. Portanto, se lei especial previr prazo específico para o exercício da pretensão, este é o prazo que prevalecerá. Passa-se à análise de caso a caso.

2. DA PRESCRIÇÃO DAS NOTAS PROMISSÓRIAS E LETRAS DE CÂMBIO

No estudo dos títulos cambiários, a Lei Uniforme de Genebra, recepcionada pelo sistema jurídico nacional em 1966 por meio do Decreto nº 57.663, de 24.01.1966, encerra a matéria concernente às notas promissórias e às letras de câmbio.

Como o estudo da prescrição das notas promissórias e letras de câmbio está regulado pela referida Lei Uniforme, passa-se à breve análise do seu surgimento.

A universalidade do direito cambiário levou à sua uniformização e unificação, como exigências para facilitar a segurança das relações obrigacionais no âmbito internacional, decorrentes de negócios comerciais. Com a expansão das importações e exportações, foi decorrência natural a necessidade de instrumentos capazes para representar as obrigações, de modo a imprimir segurança e credibilidade.

Desde épocas remotas, os Estados de direito utilizam certos documentos que, confeccionados com requisitos apropriados e previamente estabelecidos, se convencionou imprimir-lhes o caráter de representar créditos. A partir do começo do século passado se intensificaram os esforços para uniformizar as regras disciplinadoras dos títulos.

Em 1930, celebrou-se a Conferência Internacional de Genebra, com a presença de representantes de trinta e um países, inclusive do Brasil. Nesta Conferência, três as convenções aprovadas, nesta ordem:

a) As partes contratantes se obrigaram a introduzir nas legislações dos respectivos países a chamada *Lei Uniforme*, composta do Anexo I, onde se dispôs acerca das regras da Letra de Câmbio e da Nota Promissória; e do Anexo II, tratando das chamadas reservas oferecidas às partes contratantes.

b) As partes contratantes traçam normas dispondo sobre os possíveis conflitos de lei com a legislação interna.

c) As partes contratantes se comprometem a não submeter a validade das disposições cambiárias ao cumprimento de regulamentos internos relativos ao imposto de selo.

No ano de 1931, novamente em Genebra, em outra assembleia, se aprovou a uniformização da legislação sobre o cheque.

De modo que se aplica, no Brasil, a Lei Uniforme de Genebra – LUG. Unicamente em matérias não reguladas pela Lei Uniforme e naqueles casos específicos das Reservas (utilizadas quando se observa contrariedade entre a Lei Uniforme e a legislação interna), tem incidência o Decreto nº 2.044, de 31.12.1908, que trata da letra de câmbio, da nota promissória e regula as Operações Cambiais.

Passa-se à breve exposição no intuito de bem caracterizar os títulos ora em estudo, dando ênfase às Notas Promissórias pela sua larga utilização, se comparadas às Letras de Câmbio.

Conceitua-se a nota promissória como um compromisso de pagar a outrem certa importância em dinheiro. Ou simplesmente, é uma promessa escrita de pagamento, que uma pessoa faz em favor de outra.

Apropriada é a lição do clássico Magarinos Torres: "A nota promissória é uma promessa de pagamento (Decreto Legislativo nº 2.044, de 31.12.1908, art. 54), isto é – compromisso escrito e solene, pelo qual alguém se obriga a pagar a outrem certa soma de dinheiro".[1]

Há, de um lado, o sacador, ou emitente, ou subscritor, que é quem promete pagar; e, do outro, um favorecido, ou beneficiário, ou sacado. Quanto ao emitente, a posição equivale a do aceitante, expondo José A. Saraiva: "O emitente da nota em lugar de delegar a outrem, promete,

---

[1] *Nota promissória*. 7. ed. Rio de Janeiro: Forense, 1969. v. I, p. 3.

ele próprio, efetuar o pagamento ao tempo do vencimento. A garantia prestada pelo emitente da nota promissória é, exatamente, idêntica ao do aceitante da letra de câmbio".[2]

A diferença básica da nota promissória em relação à letra de câmbio é que esta se define como uma ordem de pagamento, figurando três pessoas, que são o sacador, o sacado/aceitante e o tomador ou beneficiário. Mais especificamente, define-se a letra de câmbio como uma ordem de pagamento à vista ou a prazo. Numa significativa expressão, diz José Maria Whitaker "ser um título capaz de realizar imediatamente o valor que representa".[3] Trata-se de uma ordem de pagamento que alguém dirige a outrem para pagar a terceira pessoa. Por outras palavras, vem a ser um documento no qual se insere a obrigação de uma pessoa em pagar para outra uma quantia determinada em dinheiro, num prazo e lugar fixados. Conforme Cesare Vivante, cuida-se de um documento necessário para o exercício do direito literal e autônomo que lhe é mencionado.[4] Aprofunda a natureza Sebastião José Roque: "A letra de câmbio é um título de crédito, de rigoroso formalismo, submetido a uma peculiar regulamentação jurídica, com características próprias dos títulos de crédito, e algumas peculiares à própria letra de câmbio. É um título literal, no sentido de que a existência do direito e sua modalidade são exclusivamente determinadas pelo teor do que está descrito no título".[5]

A nota promissória é mais prática e vantajosa do que a letra de câmbio pelo fato de, ao ser emitida, já ficar formalmente pronta, saindo com o aceite, que corresponde à assinatura do sacador. Não necessita de um momento seguinte, como acontece com a letra de câmbio, que deve ser aceita para obrigar e se tornar título de crédito. Uma vez aceita, no entanto, equipara-se à nota promissória.

Historicamente, os passos da formação e evolução da nota promissória e da letra de câmbio seguiram juntas. Ambas constituíam títulos cambiários porque a finalidade inicial era representar uma operação de câmbio. De início, não passavam de documentos de depósito de importâncias junto a banqueiros.

No documento que originou a nota promissória se inseria a promessa de devolução de quantia, quando reclamada. Por isso, tinha o nome de *cautio*, equivalendo a uma garantia de que se devolveria a quantia em momento oportuno. Mais tarde, desvinculou-se o caráter de depósito, vindo a constituir-se de um documento no qual se fazia constar a promessa de pagamento em data designada, sempre no futuro, e preponderantemente em relação ao comércio. Pelo Século XVIII, variaram as finalidades, servindo o título para representar dívidas de toda ordem, para documentar mútuos realizados e, nas últimas décadas, destinou-se, também, para expressar o valor devido e constante em um contrato, de modo a vincular-se ao mesmo, e tendo a finalidade de facilitar o protesto.

No Brasil, a primeira referência mais saliente de regulamentação encontra-se no art. 426 do Código Comercial de 1850, em que se ordenou que "as notas promissórias e os escritos particulares ou créditos com promessa ou obrigação de pagar quantia certa e com prazo fixo à pessoa determinada ou ao portador, à ordem ou sem ela, sendo assinados por comerciante, serão reputados como letras da terra, sem que, contudo, o portador seja obrigado a protestar quando não sejam pagos no vencimento; salvo se nelas houver algum endosso".

As "letras da terra" eram letras de câmbio passadas e aceitas na mesma província.

---

[2] *A cambial*. Rio de Janeiro: José Konfino Editor, 1947. v. III, p. 175.
[3] *Letra de câmbio*. São Paulo: Livraria Acadêmica Saraiva, 1950. p. 14.
[4] *Trattato di diritto commerciale*. 3. ed. Milano: Vallardi, 1934. v. III, p. 24.
[5] *Títulos de crédito*. Rio de Janeiro: Forense, 1991. p. 15.

Veio, então, o Decreto nº 2.044/1908, que dedicou os arts. 54 e 55 à nota promissória, enquanto a Lei Uniforme de Genebra tratou da matéria nos arts. 75 a 78. Todavia, ambos os diplomas contêm dispositivos prevendo a aplicação das regras da letra de câmbio à nota promissória.

Por conseguinte, todas as colocações desenvolvidas acerca da letra de câmbio se aplicam à nota promissória, exceto o que está ressalvado especificamente.

Adentrando-se na matéria da prescrição, consta no art. 70 da LUG que o prazo para execução de notas promissórias e letras de câmbio é de três anos a iniciar no dia seguinte ao vencimento, se proposta a ação contra o emitente da nota ou o aceitante da letra. Eis a redação do dispositivo, em sua 1ª alínea:

> "Todas as ações contra o aceitante relativas a letras prescrevem em três anos, a contar do seu vencimento".

Por conseguinte, estende-se por três anos o lapso de tempo reservado para o ingresso da ação executória, iniciando sempre a contar do vencimento do título.

Este prazo limita-se às ações asseguradas ao portador contra o aceitante ou sacado, por previsão expressa, e, por equiparação, estende-se à execução contra o avalista.

Se a ação for do portador contra o endossante ou o sacador, reduz-se para um ano o prazo, com início na data da efetivação do protesto feito em tempo útil ou da data do vencimento, conforme decorre da 2ª alínea do citado art. 70:

> "As ações do portador contra os endossantes e contra o sacador prescrevem em um ano, a contar da data do protesto feito em tempo útil, ou da data do vencimento, se se trata da letra que contenha cláusulas 'sem despesas'".

Esta cláusula equivale à dispensa do protesto.

O prazo de um ano, pois, restringe-se à ação do portador contra os endossantes e o sacador.

Já se a ação partir dos endossantes uns contra os outros, e contra o sacador, reduz-se para seis meses o período prescricional, a iniciar do dia do pagamento, ou do dia em que ele foi acionado, o que está na terceira alínea do art. 70:

> "As ações dos endossantes uns contra os outros e contra o sacador prescrevem em seis meses a contar do dia em que o endossante pagou a letra ou em que ele próprio foi acionado".

Cuida o art. 71 da Lei Uniforme da interrupção da prescrição:

> "A interrupção da prescrição só produz efeito em relação à pessoa para quem a interrupção foi feita".

Refere-se que a interrupção provoca o reinício do prazo prescricional, uma vez verificada. A suspensão apenas abre um lapso de tempo na prescrição que corre, reiniciando quando desaparecer a causa que a provocou.

As hipóteses de interrupção e suspensão são as do direito comum, aplicando-se ao direito cambiário.

Por oportuno, acrescenta-se que o protesto do título não tinha, no passado, o efeito de interromper a prescrição, pois não prevista a hipótese no Código Civil de 1916, existindo, inclusive, a Súmula nº 153, do STF, de 1963, sobre o assunto: "Simples protesto cambiário não interrompe a prescrição". Entretanto, com o Código de 2002, passou o protesto cambial a figurar entre as causas de interrupção da prescrição (art. 202, III).

E se a nota promissória não possuir força executiva? A Segunda Seção do Superior Tribunal de Justiça, em 11.12.2013, *DJe* de 10.02.2014, aprovou a Súmula 504, que trata do prazo para ajuizamento de ação monitória em caso de promissória sem força executiva. Com a decisão, a Corte Superior consolidou o entendimento de que o prazo para ajuizamento da ação contra o emitente de nota promissória sem força executiva é de cinco anos, a contar do dia seguinte ao vencimento do título. Eis a redação: "O prazo para ajuizamento de ação monitória em face do emitente de nota promissória sem força executiva é quinquenal, a contar do dia seguinte ao vencimento do título".

Um dos precedentes utilizados foi o REsp nº 1.262.056, de relatoria do Ministro Luis Felipe Salomão. Segundo a decisão, aplica-se, no caso, o prazo prescricional do § 5º, inc. I, do art. 206 do Código Civil, que regula a pretensão de cobrança de dívidas líquidas constantes de instrumentos públicos ou particulares:

> "Para fins do art. 543-C do Código de Processo Civil" [art. 1.036 do atual CPC], 'o prazo para ajuizamento de ação monitória em face do emitente de nota promissória sem força executiva é quinquenal, a contar do dia seguinte ao vencimento do título'".[6]

Como visto, se o título perder a executividade, permanece o caráter de documento idôneo para provar a dívida tomada em função de negócio jurídico. Todavia, o que é necessário frisar, se ultrapassado o prazo da ação cambial, o avalista não pode mais ser cobrado. Isso em razão de que o aval é instrumento exclusivo do direito cambiário. Se vencida a cártula, não existe pretensão a ensejar ação monitória em face do avalista, pois a matéria deixa de ser a pertencente ao direito ora em análise. Tal entendimento foi consolidado no Recurso Especial nº 707.979/MG:

> "O aval é instrumento exclusivamente de direito cambiário, não subsistindo fora do título de crédito ou cambiariforme ou, ainda, em folha anexa a este (art. 31 da Lei Uniforme). Com efeito, inexistindo a cambiariedade, no caso ora em exame, o aval não pode prevalecer, subsistindo a dívida apenas em relação ao devedor principal".[7]

No voto do relator, é desenvolvida a matéria:

> "É que o aval é instrumento exclusivamente de direito cambiário, não subsistindo fora do título de crédito ou cambiariforme ou, ainda, de folha anexa a este (art. 31 da Lei Uniforme). Com efeito, inexistindo a cambiariedade, no caso ora em exame, o aval não pode prevalecer, subsistindo a dívida apenas em relação ao devedor principal. Confira-se:
> 'Direito comercial. Falência. Sentença declaratória. Publicação. Ausência. Ação monitória. Subsistência. Duplicata prescrita. Aval. Perda. Eficácia. Avalistas. Benefício. Dívida. Averiguação. Omissão. Acórdão recorrido. Ocorrência.

---

[6] STJ, REsp nº 1.262.056, da 2ª Seção, j. em 11.12.2013, *DJe* de 03.02.2014, rel. Min. Luis Felipe Salomão.
[7] STJ, REsp nº 707.979/MG, da 4ª Turma, j. em 17.06.2010, *DJe* de 29.06.2010, rel. Min. Luis Felipe Salomão.

(...) Prescrita a ação cambiária, o aval perde eficácia, não respondendo o garante pela obrigação assumida pelo devedor principal, salvo se comprovado que auferiu benefício com a dívida. Nuance, portanto, relevante que, suscitada na instância de origem, não foi decidida pelo acórdão recorrido, mesmo após os declaratórios. Omissão reconhecida.

Recurso especial conhecido para, aplicando o direito à espécie, manter válido o ajuizamento da monitória e determinar a volta dos autos ao Tribunal de origem para suprimento da falta, conforme preconizado' (REsp nº 896.543/MG, rel. Min. Fernando Gonçalves, 4ª Turma, j. em 13.04.2010, DJe 26.04.2010). (...)

'Direito comercial. Recurso especial. Embargos à ação monitória. Cheque prescrito. Propositura de ação contra o avalista. Necessidade de se demonstrar o locupletamento. Precedente.

Prescrita a ação cambial, desaparece a abstração das relações jurídicas cambiais firmadas, devendo o beneficiário do título demonstrar, como causa de pedir na ação própria, o locupletamento ilícito, seja do emitente ou endossante, seja do avalista' (REsp nº 457.556/SP, rel. Min. Nancy Andrighi, 3ª Turma, j. em 11.11.2002, DJ 16.12.2002, p. 331)".

3. DA PRESCRIÇÃO DO CHEQUE

O cheque é uma ordem de pagamento à vista dada contra um banco ou instituição do gênero, para que pague ao portador ou a uma terceira pessoa certa importância em dinheiro. Com a entrega do valor, é registrado o saque na conta.

A legislação que trata do cheque é trazida pela Lei nº 7.357, de 02.09.1985, tendo em vista que a Lei Uniforme de Genebra, por meio de reserva do Anexo II, deixou a cargo da legislação interna dos países disciplinar a respeito.

No que concerne à prescrição, vem a norma prevista no art. 59 da referida lei, com o seguinte teor:

"Prescreve em 6 (seis) meses, contados da expiração do prazo de apresentação, a ação que o art. 47 desta lei assegura ao portador".

Já o art. 47 discrimina as pessoas contra as quais se dirige a exigibilidade, por meio de ação executiva:

"I – contra o emitente e seu avalista;

II – contra os endossantes e seus avalistas, se o cheque apresentado em tempo hábil e a recusa de pagamento é comprovada pelo protesto ou por declaração do sacado, escrita e datada sobre o cheque, com indicação do dia de apresentação, ou, ainda, por declaração escrita e datada por câmara de compensação".

Sabe-se que o prazo de apresentação do cheque é de 30 ou 60 dias (art. 33 da Lei nº 7.357/1985), conforme a emissão se dê para o pagamento na mesma praça ou em outra praça. Em decorrência, na prática, o lapso prescricional será de sete ou oito meses da emissão do título, tendo em vista que é contado o período de prescrição a partir do término (expiração foi o termo utilizado pelo legislador) do prazo de apresentação.

Tem-se, no parágrafo único do art. 59, a disposição acerca da prescrição no direito de regresso:

"A ação de regresso de um obrigado ao pagamento do cheque contra outro prescreve em 6 (seis) meses, contados do dia em que o obrigado pagou o cheque ou do dia em que foi demandado".

Não importa quando se deu o pagamento, pois mesmo que tenha ocorrido após o prazo de prescrição, reserva-se tal período de seis meses para o direito de regresso.

Como tem sido admitida a validade do chamado cheque pré-datado, a contagem do prazo prescricional se dá a partir da data consignada no cheque, segundo orientação dada pelo STJ:

"O cheque emitido com data futura, popularmente conhecido como cheque 'pré-datado', não se sujeita à prescrição com base na data de emissão. O prazo prescricional deve ser contado, se não houve apresentação anterior, a partir de trinta dias da data nele consignada como sendo a da cobrança. Recurso não conhecido".[8]

Em havendo passado o prazo prescricional de seis meses, há, ainda, a possibilidade de ajuizamento de ação de indenização por enriquecimento indevido. É o que prevê o art. 61 da lei especial:

"A ação de enriquecimento contra o emitente ou outros obrigados, que se locupletaram injustamente com o não pagamento do cheque, prescreve em 2 (dois) anos, contados do dia em que se consumar a prescrição prevista no art. 59 e seu parágrafo desta Lei".

Esta ação, que será de cobrança, baseia-se exclusivamente no fato do não pagamento, que configura locupletamento injusto do devedor, sem necessidade da remissão ao negócio subjacente. Não se restringe unicamente contra o emitente, mas envolve também os demais coobrigados, e, assim, o avalista.

Sobre o cabimento da ação contra o avalista, o Superior Tribunal de Justiça entendeu que há necessidade da prova de seu locupletamento:

"Prescrito o cheque, desaparece a relação cambial e, em consequência, o aval. Permanece responsável pelo débito apenas o devedor principal, salvo se demonstrado que o avalista se locupletou".[9]

A ação monitória também é admitida para a exigibilidade do valor quando prescrito o cheque, procedimento que transforma em execução a exigibilidade, na interpretação dos tribunais:

"Direito privado não especificado. Cheque prescrito. Ação monitória. Procedimento adequado. A ação monitória é procedimento adequado para a cobrança de cheque prescrito, constituindo-se início de prova acerca da dívida. Precedentes do TJRGS e STJ. Embargos monitórios. Alegação de pagamento parcial. Ônus da prova. Incumbe à parte que alega a ocorrência de pagamento parcial o ônus da prova correspondente, em face do que dispõe o art. 333, II, do CPC, pagamento este não devidamente demonstrado. Cobrança de juros acima do legalmente permitido. Impossibilidade. Determinação de incidência de juros legais e correção monetária pelo IGP-M no período. Incontroversa

---

[8] REsp nº 620.218/GO, da 3ª Turma, j. em 7.06.2005, *DJ* de 27.06.2005, rel. Min. Castro Filho.
[9] REsp nº 200.492/MG, da 3ª Turma, de 29.06.2000, *DJ* de 21.08.2000, rel. Min. Eduardo Ribeiro.

a cobrança de juros em percentual superior ao legalmente permitido, determina-se a redução do débito mediante a incidência de juros legais e correção monetária pelo IGP-M no período. Apelação provida em parte".[10]

Outro julgado no mesmo sentido:

"Ação monitória. Cheque. Preliminar de carência de ação. Cheque prescrito. O cheque que embasa o presente feito é prova escrita suficiente para a constituição de título executivo judicial, restando atendidos os requisitos do art. 1.102-A do CPC. Rejeitada a preliminar, negaram provimento".[11]

Igualmente o Superior Tribunal de Justiça apresenta o mesmo entendimento:

"Agravo regimental. Recurso especial. Ação monitória. Cheque prescrito. *Causa debendi*.

1. A ação monitória instruída com cheque prescrito dispensa a demonstração da causa de sua emissão, de acordo com a jurisprudência mais recente, considerando a perda da natureza executiva em face do transcurso do prazo prescricional.

2. Contradição e omissão inexistentes no acórdão da apelação.

3. Agravo regimental desprovido".[12]

Em razão da edição da Súmula nº 503 do STJ, da Segunda Seção, aprovada em 11.12.2013, *DJe* de 10.02.2014, ficou consolidado o prazo de cinco anos para a ação monitória:

"O prazo para ajuizamento de ação monitória em face do emitente de cheque sem força executiva é quinquenal, a contar do dia seguinte à data de emissão estampada na cártula".

As razões que justificam a Súmula nº 503 são as mesmas da Súmula nº 504, vistas *supra*, no estudo da prescrição da nota promissória e da letra de câmbio. Acresce observar a possibilidade de, no caso, se ingressar no exame da relação causal que determinou a emissão, mesmo que dirigida a lide contra os coobrigados, pois não mais perduram os princípios da abstração e da autonomia das garantias.

Inicia o prazo no dia seguinte ao constante na data da emissão, o que restou consolidado no Tema 628 do STJ, na seguinte tese, aprovada no Recurso Repetitivo do REsp 1101412/SP:[13]

"O prazo para ajuizamento de ação monitória em face do emitente de cheque sem força executiva é quinquenal, a contar do dia seguinte à data de emissão estampada na cártula".

---

[10] O art. 333, II, tem regra com o mesmo sentido no art. 373, II, do CPC vigente. Apelação Cível nº 70007601701, da 12ª Câmara Cível do TJRS, j. em 18.12.2003, DJ de 09.02.2004, rel. Des. Carlos Eduardo Zietlow Duro.
[11] O referido art. 1.102-A tem regra equivalente no art. 700 do atual CPC. Apelação Cível nº 70007339328, da 15ª Câmara Cível do TJRS, j. em 19.11.2003, rel. Des. Otávio Augusto de Freitas Barcellos.
[12] AgREsp nº 450.231/MT, da 3ª Turma, j. em 10.12.2002, DJ de 10.03.2003, rel. Min. Carlos Alberto Menezes Direito.
[13] Segunda Seção, rel. Min. Luis Felipe Salomão, j. em 11.12.2013, publ. em 3.02.2014.

Dentre as justificações, observa o voto do Relator:

> "O termo inicial para fluência do prazo prescricional para perda da pretensão relativa ao crédito concernente à obrigação originária corresponde ao dia seguinte àquele constante no cheque como data da emissão. Isso porque o artigo 132 do CC de 2002 esclarece que, salvo disposição legal ou convencional em contrário, computam-se os prazos, excluindo o dia do começo e incluindo o do vencimento. Desse modo, o prazo prescricional da ação monitória fundada em título de crédito, prescrito ou não, começa a fluir no dia seguinte ao do vencimento do título".

A interrupção da prescrição é tratada no art. 60 regulando, sendo as mesmas causas que tratam da interrupção no direito comum. As mais frequentes são a citação pessoal feita ao devedor e o protesto judicial.

Importante aduzir, ainda, não fugindo ao tema, que é permitido o ingresso de ação ordinária com amparo no art. 62 da lei em comento, servindo o cheque como início de prova:

> "Salvo prova de novação, a emissão ou a transferência do cheque não exclui a ação fundada na relação causal, feita a prova do não pagamento".

A ação é, portanto, causal, comportando discussão sobre o negócio subjacente, e servindo para o recebimento do crédito após o vencimento do prazo de dois anos, exigido na ação do art. 61:

> "A ação de enriquecimento contra o emitente ou outros obrigados, que se locupletaram injustamente com o não pagamento do cheque, prescreve em 2 (dois) anos, contados do dia em que se consumar a prescrição prevista no art. 59 e seu parágrafo desta Lei".

A jurisprudência, em reiteradas vezes, faz a distinção entre a ação do art. 61 e a do art. 62:

> "Enquanto na ação de locupletamento o próprio cheque basta como prova do fato constitutivo do direito do autor, incumbindo ao réu provar a falta de causa do título, na ação de cobrança necessário se faz que comprove o autor o negócio jurídico gerador do crédito reclamado.
>
> Na espécie, diferentemente da ação de locupletamento prevista na Lei do Cheque, a ação ajuizada, de indenização fundada na culpa e/ou no inadimplemento contratual não dispensa, entre outros pontos, a prova da culpa e o nexo da causalidade.
>
> No caso, diferentemente, repita-se, a ação se fundou na responsabilidade civil por culpa, que inocorreu na espécie. Outra, portanto, seria a situação se a ação ajuizada fosse aquela prevista na Lei do Cheque, e a sua causa de pedir o locupletamento indevido".[14]

Mais um exemplo:

> "Alegação de decurso do prazo para ajuizar ação de locupletamento. Art. 61 da Lei nº 7.357/1985. Distinção entre a ação de locupletamento e a ação causal prevista no art. 62 da Lei do Cheque. Prescrição vintenária para esta última. Doutrina e jurisprudência.

---

[14] REsp nº 383.536/PR, da 4ª Turma do STJ, j. em 21.02.2002, *DJ* de 29.04.2002, rel. Min. Sálvio de Figueiredo Teixeira.

Caso em que, na inicial, o autor declinou o negócio subjacente que motivou a emissão dos cheques... Ação objetivando cobrar cheques alegadamente passados para pagamento de honorários... Credibilidade da versão do réu apelante, no sentido de que os cheques acostados à monitória representavam parte do preço e deveriam ser entregues à vendedora, o que não ocorreu".[15]

A doutrina de Paulo Sérgio Restiffe Neto já colocava a distinção em termos claros:

"A prescrição chéquica na verdade retira a executoriedade do título, mas não o direito nele documentado... Esse é o fenômeno que explica a subsistência de outras duas demandas: a ação de locupletamento (cambiariforme, mas não de eficácia executiva, que é a prevista no art. 61); e a ação causal, fundada esta última na relação jurídica que deu origem à emissão do cheque (art. 62). Nesta, a causa de pedir pelo credor remonta ao negócio subjacente, servindo o cheque impago (*pro solvendo*) como elemento de prova, e o prazo é, em princípio, o vintenário de prescrição das ações comuns, de conformidade com o Código Civil; já a pretensão de locupletamento contra o emitente em detrimento do credor tem na falta de pagamento do cheque o seu pressuposto, e o prazo é bienal de prescrição. Essas são as distinções entre ambas".[16]

Conforme analisado alhures, o prazo para ajuizamento da ação monitória contra emitente de cheque sem força executiva passou a ser de cinco anos, a contar do dia seguinte à data de emissão. O entendimento, já pacificado no Superior Tribunal de Justiça (STJ), adveio de reiterados julgamentos consolidados pela Segunda Seção da corte superior na Súmula 503.

Entre os precedentes considerados para a edição da Súmula está o Recurso Especial nº 926.312, de relatoria do ministro Luis Felipe Salomão. Neste caso, o STJ, dentre outras matérias, entendeu que é possível ação monitória baseada em cheque prescrito há mais de dois anos sem demonstrar a origem da dívida:

"O cheque é ordem de pagamento à vista, sendo de 6 (seis) meses o lapso prescricional para a execução após o prazo de apresentação, que é de 30 (trinta) dias a contar da emissão, se da mesma praça, ou de 60 (sessenta) dias, também a contar da emissão, se consta no título como sacado em praça diversa, isto é, em município distinto daquele em que se situa a agência pagadora.

Se ocorreu a prescrição para execução do cheque, o artigo 61 da Lei do Cheque prevê, no prazo de 2 (dois) anos a contar da prescrição, a possibilidade de ajuizamento de ação de locupletamento ilícito que, por ostentar natureza cambial, prescinde da descrição do negócio jurídico subjacente. Expirado o prazo para ajuizamento da ação por enriquecimento sem causa, o artigo 62 do mesmo Diploma legal ressalva a possibilidade de ajuizamento de ação de cobrança fundada na relação causal.

No entanto, caso o portador do cheque opte pela ação monitória, como no caso em julgamento, o prazo prescricional será quinquenal, conforme disposto no artigo 206, § 5º, I, do Código Civil e não haverá necessidade de descrição da *causa debendi*.

Registre-se que, nesta hipótese, nada impede que o requerido oponha embargos à monitória, discutindo o negócio jurídico subjacente, inclusive a sua eventual prescrição, pois

---

[15] Apelação Cível nº 70004209623, da 10ª Câmara Cível do TJRS, j. em 05.12.2002.
[16] *Lei do cheque*. 4. ed., p. 353, transcrição feita na Apelação Cível nº 70001432004, da 18ª Câmara Cível do TJRS, j. em 9.07.2003.

o cheque, em decorrência do lapso temporal, já não mais ostenta os caracteres cambiários inerentes ao título de crédito".[17]

De acordo com o colegiado, em caso de prescrição para a execução do cheque, o art. 61 da Lei nº 7.357/1985 prevê, no prazo de dois anos a contar da prescrição, a possibilidade de ajuizamento de ação de enriquecimento ilícito. Expirado esse prazo, o art. 62 da Lei do Cheque ressalva a possibilidade de ajuizamento de ação fundada na relação causal.

Em outro precedente, que é recurso repetitivo (REsp nº 1.101.412), a Segunda Seção consolidou o entendimento de que o prazo prescricional para a ação monitória baseada em cheque sem executividade é de cinco anos, previsto no art. 206, § 5º, inc. I, do CC/2002, como se vê no inteiro teor do voto: "Qualquer dívida resultante de documento público ou particular, tenha ou não força executiva, submete-se à prescrição quinquenal, contando-se do respectivo vencimento",[18] afirmou o colegiado em sua decisão.

4. DA PRESCRIÇÃO DA DUPLICATA

O título de crédito ora em análise é regido pela Lei nº 5.474, de 18.07.1968. Cabe breve exposição do que vem a ser tal documento, tendo em vista que sua utilização é feita basicamente no meio empresarial.

É a duplicata um título representativo de um crédito originado de compra e venda mercantil a prazo ou de prestação de serviços. Mais propriamente, decorre de uma compra mercantil, que é, consoante Fábio O. Penna, "aquela feita por comerciante nos precisos termos dos textos comerciais citados".[19] A prestação de serviços envolve a realização de atividades econômicas, isto é, remuneradas, por pessoas habilitadas.

Para a compreensão da duplicata, deve-se, antes, entender o contrato de compra e venda ou de prestação de serviços, e a fatura. Em primeiro lugar, há um contrato de compra e venda mercantil, ou de prestação de serviços, o qual é pressuposto para a emissão da fatura. Por meio deste instrumento contratual, o comprador e o vendedor, ou o prestador de serviços e àquele que o contrata, acordam na venda ou realização de uma coisa, fixando o preço e estabelecendo as condições.

Nas vendas mercantis a prazo ou na prestação de serviços, o vendedor ou prestador emite uma fatura para apresentação ao comprador ou contratante. A fatura corresponde à relação de mercadorias vendidas ou aos serviços prestados, onde se discriminam a sua natureza, a quantidade e o valor das mercadorias ou serviços. Bem claramente elucida Carlos Fulgêncio da Cunha Peixoto: "A fatura é o escrito particular emanado do comerciante devedor e remetido ao comprador, contendo a qualidade, quantidade e preço da mercadoria".[20] Ilustra mais Fábio O. Penna que se trata "do escrito unilateral do vendedor e acompanha as mercadorias, objeto do contrato, ao serem entregues ou expedidas".[21]

Todavia, não é suficiente a mera fatura ou a nota fiscal-fatura. Cabe ao vendedor ou prestador extrair outro documento, que será um título de crédito, denominado duplicata mercantil. De modo que a duplicata tem em conta a fatura, emitindo-se com base nela. Unicamente depois

---

[17] Da 4ª Turma, j. em 20.09.2011, *DJe* de 17.10.2011.
[18] Da 2ª Seção, j. em 11.12.2013, *DJe* de 03.02.2014, rel. Min. Luis Felipe Salomão.
[19] *Da duplicata*. 2. ed. Rio de Janeiro: Forense, 1966. p. 30.
[20] *Comentários à Lei de Duplicatas*. 2. ed. Rio de Janeiro: Forense, 1971. p. 21.
[21] *Da duplicata*, cit., p. 36.

da emissão da fatura ou relação de mercadorias vendidas, ou da prestação de serviços, é que se remete a duplicata, o que se fará num prazo de 30 dias. Assim depreende-se do art. 1º da referida Lei nº 5.474/1968, que trata das duplicatas:

> "Em todo o contrato de compra e venda mercantil entre partes domiciliadas no território brasileiro, com prazo não inferior a 30 (trinta) dias, contado da data da entrega ou despacho das mercadorias, o vendedor extrairá a respectiva fatura para apresentação ao comprador".

Em síntese, define-se a duplicata como sendo um título elaborado pelo vendedor comerciante ou prestador de serviços, tendo como base um contrato de compra e venda ou de prestação de serviços, no qual se estabelece, com exatidão, o montante ou o preço da venda mercantil ou do serviço prestado, sendo encaminhado ao comprador ou contratante, que, ao assiná-lo, obriga-se a efetuar o pagamento, quando vencer o prazo ajustado. De Plácido e Silva explicita sua gênese: "Desse modo, a duplicata pressupõe a existência de um contrato de compra e venda mercantil ou de uma compra feita a comerciante, já perfeita e acabada. Ela resulta desta venda mercantil, quando não é o preço pago segundo a regra, isto é, imediatamente, logo que o contrato se ultima".[22]

A palavra expressa o sentido de duplicidade, por corresponder a uma duplicação da fatura, eis que a representa.

Feitas as observações introdutórias acima, adentra-se no tema referente à prescrição. Cumpre, de início trazer a lição de Alberto João Zortéa: "A prescrição é a consumação de um direito de adquirir ou perder a propriedade, por omissão da parte, deixando escoar um determinado tempo capaz, por lei, de produzir efeitos extintivos".[23]

Realmente, a omissão em promover a ação de cobrança pelo prazo de três anos, contra o sacado e seus avalistas; ou de um ano, contra os endossantes e seus avalistas; ou também de um ano, contra qualquer dos demais coobrigados, acarreta a prescrição, nos termos do art. 18 da Lei nº 5.474/1968, modificado pela Lei 6.458/1977:

> "A pretensão à execução da duplicata prescreve:
>
> I – contra o sacado e respectivos avalistas em 3 (três) anos, contados da data do vencimento do título;
>
> II – contra endossante e seus avalistas, em 1 (um) ano, contado da data do protesto;
>
> III – de qualquer dos coobrigados, contra os demais, em 1 (um) ano, contado da data em que haja sido efetuado o pagamento do título".

Decorridos os prazos, opera-se a perda da ação de execução, que é a prevista no Código de Processo Civil, por força do art. 784, inc. I. Todavia, persiste ao credor o direito à ação ordinária de enriquecimento sem causa, admitida também para os títulos de crédito cambiários em geral.

Sendo o enriquecimento sem causa considerado fonte de obrigações, mesmo antes de sua previsão expressa no Código Civil (arts. 884 a 886), a pretensão de ressarcimento por enriquecimento sem causa é sempre possível de ser exigida judicialmente, para tanto devendo ser observado o prazo de três anos previsto no art. 206, § 3º, inc. IV, contado a partir do fato

---

[22] *Noções práticas de direito comercial*. 11. ed. Rio de Janeiro: Forense, 1960. v. II, p. 560.
[23] *A duplicata mercantil e similares no direito estrangeiro*. Rio de Janeiro: Forense, 1983. p. 115.

que enseja o enriquecimento de um e o empobrecimento de outro, qual seja, a prescrição da pretensão de cobrança do título de crédito pela via específica. A prescrição atinge o direito de ação do credor para especificamente cobrar o título de crédito, mas não extingue o direito subjetivo do credor, que poderá obter o reembolso do prejuízo por meio da ação de enriquecimento sem causa.

Se vencido o prazo para a execução da duplicata, também é aplicado o recente entendimento do Superior Tribunal de Justiça, no tocante ao prazo para a ação monitória, que vem a ser de cinco anos, conforme já analisado, contados a partir da data de vencimento do título.

5. DA PRESCRIÇÃO DOS TÍTULOS REPRESENTATIVOS DE MERCADORIAS

Os bens representados por tais títulos de crédito (representativos de mercadorias), como o próprio nome diz, não se traduzem em dinheiro, mas sim em mercadorias (bens), ficando o possuidor do título apto a realizar negócios, sem necessidade de demonstrar a existência física destes bens, bastando apresentar o documento que representa a propriedade, a fim de negociá-lo diretamente com terceiros.

Exemplificando, quando uma mercadoria é embarcada de navio num determinado país da Ásia para o Brasil, com prazo de entrega em 30 (trinta) dias, a simples posse do documento demonstrando que a mercadoria foi transportada garante ao seu proprietário o direito de vendê-la antes mesmo da chegada, valendo-se exclusivamente da posse do título de crédito representativo das aludidas mercadorias. Os terceiros não têm necessidade de analisar os bens e/ou mercadorias, anteriormente, para o fechamento dos negócios, eis que a existência física dos bens e/ou mercadorias está caracterizada pelo documento que se encontra na mão do legítimo proprietário.

No Brasil, tais títulos de crédito representativos são comumente chamados de conhecimento de depósito, conhecimento de transporte (ou de frete) e o *warrant*. A Lei das Sociedades por Ações contempla, ainda, outros títulos de crédito representativos, como o Certificado de Depósito de Ações e a Cédula Pignoratícia de Debêntures, que são regulamentados pela Lei nº 6.385, de 07.12.1976, os quais serão tratados a seguir.

Far-se-á breve descrição de cada um dos títulos aqui discutidos, no intuito de esclarecer as diferenças entre cada um, passando, em seguida, à análise da prescrição.

O *conhecimento de transporte* por terra, água ou ar, que era disciplinado pelo Decreto nº 19.473, de 10.12.1930, o qual, em seu art. 1º, estabelecia, entre as suas características, ser um título à ordem. No entanto, consta o mesmo na relação de diplomas revogados pelo Decreto sem número de 25.04.1991.

Há, também, o conhecimento de transporte eletrônico, que é um documento fiscal brasileiro emitido pelas transportadoras de carga para cobrir as mercadorias entre a localidade de origem e o destinatário da carga. Serve esse documento, para a empresa transportadora, como nota fiscal, ou o documento oficial usado para contabilizar as receitas e efetivar o faturamento. Em vez do seu titular transferir fisicamente a mercadoria, poderá transmitir o título que a representa, permitindo ao endossatário a retirada da mercadoria, mediante a apresentação do documento, formalizado eletronicamente. Como o conhecimento original de frete constitui um título de crédito, o direito às mercadorias passa a ser representado pela cártula, como o direito à pecúnia, e representado por um cheque, valendo como título de crédito somente o documento original do conhecimento de transporte.

Já o *conhecimento de depósito* e o *warrant* consideram-se títulos emitidos quando ocorre o depósito de bens. Os armazéns gerais, regulados pelo Decreto nº 1.102, de 21.11.1903, são empresas destinadas à guarda e conservação de mercadorias, as quais emitem títulos especiais que representam as mercadorias neles depositadas. Por motivos diversos, o empresário ao fazer depósitos de mercadorias nos armazéns gerais pode adquirir dois títulos representativos das mercadorias neles depositadas, denominados conhecimento de depósito e *warrant*. Nos termos do art. 15 da citada norma, os armazéns gerais, e somente estes, emitirão, quando for solicitado pelo depositante, tais títulos unidos, mas separáveis à vontade deste. Os títulos diferenciam-se pela finalidade, uma vez que o conhecimento de depósito se destina a permitir a transferência da titularidade da propriedade sobre os bens depositados, e o *warrant* tem por finalidade permitir que os bens depositados nos armazéns gerais sejam suscetíveis de penhor.

Como título de crédito, o conhecimento de depósito representa mercadoria e torna o portador seu legítimo proprietário; já o *warrant*, também como título de crédito, equivale a uma promessa de pagamento, eis que o seu subscritor se obriga a pagar certa soma em dinheiro, no vencimento, e confere ao beneficiário ou portador a garantia de penhor sobre as mercadorias depositadas.

Passa-se à prescrição.

Desde a vigência do Código Comercial, até sua revogação parcial pela Lei nº 10.406/2002 (atual Código Civil), tinha-se que a prescrição para qualquer ação em que se buscasse indenização ou perdas e danos por extravio de carga era de um ano, com fulcro no art. 449, inc. II, do Código Comercial. Transcreve-se voto proferido no Supremo Tribunal Federal, do qual se extrai tal entendimento:

> "A ação para pedir, no caso de extravio de carga, enquadra-se, irrecusavelmente, no inciso 2º do art. 449 do Código Comercial. Estão sujeitas á prescrição especial de um ano todas as ações que se prendem à não entrega de carga. Não há distinguir entre o caso de retenção da carga e o de extravio desta. Em qualquer caso, há inadimplemento do contrato de transporte: a responsabilidade é, sempre, contratual, e não delictual, pois, em se tratando do transporte de coisas, não há discrepância no sentido da obrigação do transportador em levá-las idênticas, íntegras e salvas ao lugar de destino. (...)
>
> No sentido das soluções acima, firmou-se a jurisprudência deste Supremo Tribunal. Assim, conhecendo do recurso, dou-lhe provimento tão somente para declarar prescrita a ação, limitadamente às mercadorias cuja entrega deixou de ser feita um ano antes da instauração do judicium, contado o prazo do dia em que findou a viagem".[24]

Revogadas as determinações do Código Comercial, quanto ao conhecimento de transporte e de depósito, por inexistir regra própria na legislação específica, o prazo prescricional é de três anos, por imposição do art. 206, § 3º, inc. VIII, do Código Civil.

Em relação ao *warrant*, por força do art. 23, *caput*, do Decreto nº 1.102/1903, utiliza-se a prescrição relativa às notas promissórias e letras de câmbio, cujo lapso temporal é também de três anos, iniciando-se a contagem na data da venda, isso após o protesto do título no prazo de dez dias, a contar, obviamente, da data do vencimento. De forma pormenorizada, têm-se os seguintes passos: no caso de inadimplência, inicialmente o portador do warrant deverá,

---

[24] STJ, Recurso Extraordinário nº 21.791, da 1ª Turma, em 18.12.1952, rel. Min. Nelson Hungria.

obrigatoriamente, levar o título a protesto, logo no primeiro dia após o vencimento do título, visando à comprovação da constituição em mora.

De posse do instrumento do protesto e do título, o portador do *warrant* tem o direito de vender as mercadorias especificadas no título, por meio de corretor ou leiloeiro que livremente escolher, independentemente de autorização judicial, no prazo máximo de dez dias, contados do instrumento do protesto, nos termos do art. 23, *caput*, do Decreto nº 1.102/1903:

> "O portador do *warrant* que, no dia do vencimento, não for pago, e que não achar consignada no armazém geral a importância do seu crédito e juros (art. 22), deverá interpor o respectivo protesto nos prazos e pela forma aplicáveis ao protesto das letras de câmbio, no caso de não pagamento".

Em vista de tal dispositivo, e diante da previsão de que se aplicam os prazos e a forma das letras cambiais, efetuada a venda, o valor será entregue ao depositário (armazém geral), que entregará a mercadoria adquirente. Se, mesmo assim, o portador do *warrant* não ficar integralmente satisfeito, caberá ação contra os demais devedores, subscritores dos demais endossos, conforme suprarreferido. O prazo prescricional, então, será de três anos, contados da data da venda, contra o primeiro endossante; quanto aos demais, o prazo é de um ano, nos termos gerais das letras de câmbio e notas promissórias.

Pelos prejuízos que os armazéns-gerais causam na guarda, conservação e outras obrigações, cabe a indenização, cujo pedido prescreve em três meses, na forma do art. 11, § 1º, do mesmo Decreto nº 1.102/1903, no que já decidiu o Superior Tribunal de Justiça:

> "Prescreve em três meses a pretensão indenizatória contra armazém-geral, por danos sofridos em mercadorias nele depositadas".[25]

6. DA PRESCRIÇÃO DOS TÍTULOS DE CRÉDITO COM GARANTIA REAL OU PRIVILÉGIO ESPECIAL

No tocante à prescrição dos títulos ora em análise, primeiramente faz-se necessário caracterizar cada um dos títulos em estudo.

Os títulos de crédito com garantia real são formalizados mediante um documento particular, no qual se descrevem os bens que servem de garantia, de modo minucioso. Por virem com garantia real, e representarem uma promessa de pagamento, costuma-se denominá-los cédulas hipotecárias ou pignoratícias, abrangendo um contrato de financiamento ou empréstimo e outro de garantia. É indispensável, nesses tipos de títulos, o registro no Cartório dos Registros Públicos. Tornam-se endossáveis, com o que o credor pode negociá-los a terceiros. Mais detalhadamente, a cédula com garantia real corresponde a um papel representativo de dinheiro, ou a um documento escrito, no qual vem expressa uma quantia em dinheiro, acompanhando uma garantia, com o caráter de certeza, liquidez e exigibilidade, equivalendo a uma confissão de dívida.

São os títulos instituídos para finalidades determinadas, não se permitindo uso diverso daquele específico que a lei prevê. Nesta ordem, se o título é uma cédula de crédito industrial,

---

[25] REsp nº 302.737/SP, da 4ª Turma, j. em 4.12.2001, *DJ* de 18.03.2002.

o financiamento só pode ser dirigido à atividade industrial. Eis a orientação do Superior Tribunal de Justiça:

> "Em sendo a cédula de crédito industrial um título causal, pode o obrigado invocar como defesa, além das exceções estritamente cambiais, as fundadas em direito pessoal seu contra a outra parte, para demonstrar que a obrigação carece de causa ou que esta é viciosa. Não é exequível a cédula industrial, cujo financiamento é aplicado em finalidade diversa daquela prevista na lei de regência".[26]

As cédulas de crédito reguladas por leis especiais hoje em vigor, que formam títulos de crédito, são as de crédito rural, de crédito industrial, de crédito comercial, de crédito à exportação, de crédito habitacional, e de crédito bancário.

Na sua regência, incidem as normas do direito cambiário.

Quanto aos créditos rurais, estabelece o art. 60 do Decreto-lei nº 167, de 14.02.1967, que se aplicam as normas de direito cambial, inclusive quanto ao aval, dispensado, porém, o protesto para assegurar o direito de regresso. No pertinente aos industriais, cuja regulamentação se estende aos comerciais e à exportação (Lei nº 6.840, de 03.11.1980, art. 5º, e Lei nº 6.313, de 16.12.1975, art. 3º); o art. 52 do Decreto nº 413, de 9.01.1969, introduz norma semelhante, ou seja, a de direito cambial, dispensando o protesto.

Dando maior destaque aos títulos de crédito rural, pela sua importância, dentre os diplomas que os regulam destacam-se a Lei nº 4.829, de 5.11.1965, e o Decreto nº 58.380, de 10.05.1966, que se inspiraram na Lei nº 4.504, de 30.11.1964, a qual instituiu o Estatuto da Terra.

Os instrumentos de crédito rural são regulados pelo Decreto-lei nº 167, de 14.02.1967, que substituiu a Lei nº 3.253, de 27.08.1957, e teve diversas alterações, como as vindas através da Lei nº 14.421/2022.

Os títulos de crédito rural introduzidos pelo citado diploma têm a seguinte divisão (art. 9º do Decreto-lei nº 167):

a) cédula rural pignoratícia;
b) cédula rural hipotecária;
c) cédula rural pignoratícia e hipotecária;
d) nota de crédito rural.

Todas se enquadram na denominação geral "cédula de crédito rural", que é promessa de pagamento em dinheiro; as três primeiras com garantia real cedularmente constituída, e a última sem vinculação de qualquer lastro real. Aquelas, pois, constituem cédulas de crédito real rural e a nota de crédito rural classifica-se como cédula de crédito pessoal rural.

Existem, ainda, outros três títulos: nota promissória rural, duplicata rural (sem garantia real específica, mas com garantia geral sobre os bens do devedor perante outras dívidas meramente fidejussórias), e a cédula de produto rural (CPR).

As duas primeiras destinam-se a contratos de venda a prazo de produtos agrícolas. Salienta Fran Martins: "Declara a lei que 'a cédula de crédito rural é um título civil, líquido e certo, exigível pela soma dele constante ou do endosso, além dos juros, da comissão de fiscalização, se houver, e demais despesas que o credor fizer para segurança, regularidade e realização do

---

[26] REsp nº 162.032/RS, da 3ª Turma, j. em 26.10.1999, DJ de 17.04.2000.

seu direito creditório' (art. 10). Considera a lei o título como civil por se prender a atividades rurais, em regra afastadas do campo do direito comercial".[27]

Já a CPR (cédula de produto rural) vem a ser uma cédula diferente de todas as outras, pois é um título circulatório, uma promessa de que se entregará o produto a determinada pessoa. Está regulada na Lei nº 8.929, de 22.08.1994, que teve várias alterações pelas Leis 13.986/2020 e 14.421/2022.

Constitui uma promessa de entrega de produtos, mas unicamente para produtos rurais, podendo vir acompanhada de uma garantia de que será entregue o produto. Que tipo de garantia? Uma garantia cedular, isto é, de cunho real. Por outras palavras, é possível que venha com uma garantia real de que o produto descrito na cédula será efetivamente transferido para o credor. É o que consta do art. 1º:

> "Fica instituída a Cédula de Produto Rural (CPR), representativa de promessa de entrega de produtos rurais, com ou sem garantias cedularmente constituídas".

Representa o título um compromisso, pois, de entregar uma mercadoria futura, que ainda não existe, e que se formará da cultura a que se dedica o produtor rural.

Constitui um título semelhante ao conhecimento de transporte, ao conhecimento de depósito, ao conhecimento de frete, ao conhecimento marítimo, e ao conhecimento de depósito em armazém.

Os títulos de crédito industrial objetivam colocar à disposição do setor industrial financiamentos concedidos por instituições financeiras a pessoas físicas ou jurídicas que se dediquem às atividades industriais.

O diploma que regula os títulos de crédito industrial é o Decreto-lei nº 413, de 09.01.1969, o qual instituiu a cédula de crédito industrial e a nota de crédito industrial.

A cédula de crédito industrial (cédula hipotecária e pignoratícia, existindo, também, a nota de crédito industrial) vem a ser uma promessa de pagamento em dinheiro, com garantia real, constituída por via de cártula. Trata-se de título líquido e certo, exigível pela soma dele constante ou do endosso, além dos juros, da comissão de fiscalização, se houver, e demais despesas que o credor fizer para a segurança, regularidade e realização do seu direito creditório. Enquadra-se como título formal, do tipo cambiariforme, na designação de Pontes de Miranda, ao qual se aplicam, no que for cabível, as regras do direito cambiário.[28]

Existem, também, a cédula de crédito comercial (hipotecária e pignoratícia, e mais a nota de crédito comercial), regida pela Lei nº 6.840, de 03.11.1980, aplicando-se basicamente o mesmo regime dos títulos de crédito industrial regidos pelo Decreto-lei nº 413/1969; e a cédula de crédito à exportação (hipotecária ou pignoratícia, mais a nota de crédito à exportação), submetida à Lei nº 6.313, de 16.12.1975, também incidindo o Decreto-lei nº 413/1969 na sua regulamentação suplementar.

São todos títulos líquidos e certos, ensejando processo de execução, e podendo ser negociados ou endossados a estabelecimentos de crédito, o que permite a conclusão de que servem como instrumentos de garantia em empréstimos bancários contraídos por agricultores e produtores rurais, industriais, comerciantes e exportadores. Portanto, o rito para cobrança da inadimplência de tais títulos é o da execução extrajudicial, por submeterem-se às normas do direito cambial.

---

[27] *Títulos de crédito*. 3. ed. Rio de Janeiro: Forense, 1986. v. II, p. 252.
[28] BULGARELLI, Valdírio. *Títulos de crédito*: direito comercial. São Paulo: Atlas, 1979. p. 422.

Quanto à prescrição, questão polêmica quando se trata dos títulos com garantia real, seguem-se as normas do direito cambiário da Lei Uniforme, por força do disposto no art. 60, *caput*, do Decreto-lei nº 167/1967 (que permanece sem alterações recentes) e no art. 52, do Decreto-lei nº 413/1969 (o qual se estende às cédulas de crédito comercial e à exportação).

Assim sendo, utilizam-se os prazos prescricionais determinados pela Lei Uniforme de Genebra (art. 70), prescrevendo a ação de execução das cédulas de crédito em três anos contra o emitente e seus avalistas a contar do seu vencimento. A ação de regresso movimentada pelo portador contra os endossantes e respectivos avalistas, prescreve em um ano da data do vencimento, posto que a cédula dispensa o protesto. A ação, também de regresso, de um endossante contra outro, prescreve em seis meses a contar do dia em que o endossante-exequente pagou o valor do título.

Sobre o prazo de prescrição, colacionam-se os seguintes arestos:

"Prescrição trienal da cédula de crédito comercial. Lei Uniforme. Em se tratando de título cambial não se aplica, quanto à prescrição, a regra de direito comum (arts. 177 do Código Civil/1916 e 205 do Código Civil/2002), mas o prazo regulado na Lei Uniforme, que menciona prazo prescricional de 3 (três) anos (...)".[29]

"Apelação cível. Execução de título extrajudicial. Cédula de crédito comercial e aditivo. Título extrajudicial. Prescrição. Ocorrência. Prazo trienal. Aplicação da Lei Uniforme de Genebra. O prazo para execução de cédula de crédito comercial é de três anos, pela inteligência do art. 70 da Lei Uniforme de Genebra (Decreto-lei nº 57.663/1966) c/c o art. 52 do Decreto-lei nº 413/1969. Precedentes do STJ; Apelação cível desprovida".[30]

Cabe um esclarecimento à parte quanto à prescrição da CPR (cédula de produto rural) já explicada.

A CPR (cédula de produto rural) é prescritível, como acontece com os demais títulos.

Segundo o art. 10 da Lei nº 8.929/1994, são aplicáveis à CPR as normas de direito cambial. Ora, direito cambial ou direito cambiário é o ramo do direito comercial que envolve um conjunto de normas que regulam os direitos, deveres e obrigações, nas relações de natureza cambiária especialmente dos títulos de créditos, que têm na letra de câmbio e na nota promissória seus pilares.

A lei cambiária preponderante no País é a Lei Uniforme de Genebra relativa às letras de câmbio e às notas promissórias, recepcionada no País pelo Decreto nº 57.663, de 24.01.1966, dispondo o art. 70 da lei cambiária nestes termos:

"Todas as ações contra o aceitante relativas a letras prescrevem em 3 (três) anos a contar do seu vencimento.

As ações do portador contra os endossantes e contra o sacador prescrevem num ano, a contar da data do protesto feito em tempo útil, ou da data do vencimento, se se trata de letra que contenha cláusula 'sem despesas'.

A ações dos endossantes uns contra os outros e contra o sacador prescrevem em 6 (seis) meses a contar do dia em que o endossante pagou a letra ou em que ele próprio foi acionado".

---

[29] TJPR, 8291705, PR 829170-5, publ. 02.05.2012.
[30] Processo nº 8291705/PR, da 16ª Câmara Cível, j. em 02.05.2012, rel. Paulo Cesar Bellio.

Assim, diante da Lei Uniforme, tem-se que as ações de execução decorrentes da CPR prescrevem da seguinte forma:

a) – contra o emitente – em 3 (três) anos à contar do seu vencimento;

b) – do credor contra o endossante – em 1 (um) ano a contar da data do protesto;

c) – do endossante contra o endossatário – em 6 (seis) meses, à contar do dia em que pagou o título (art. 70 da LUG).

Não havendo previsão expressa de prescrição contra o avalista ou contra qualquer outro garantidor hipotecário, pignoratício ou fiduciário, aplica-se a regra geral disposta no art. 206, § 3º, inc. VIII, do Código Civil que diz:

> "Prescreve:
>
> (...)
>
> § 3º Em três anos:
>
> (...)
>
> VIII – a pretensão para haver o pagamento de título de crédito, a contar do vencimento, ressalvadas as disposições de lei especial".

Perdendo a CPR sua característica de título de crédito por qualquer razão, inclusive a prescrição, subjaz a pretensão do credor de buscar ressarcimento por enriquecimento sem causa, inclusive mediante ação monitória regulada pela Lei nº 9.079/1995.

Nesse caso, a prescrição é regrada pela Súmula de nº 504/STJ, da Segunda Seção, de 2014, que trata do prazo para ajuizamento de ação monitória em caso de promissória sem força executiva. Como já estudado, com a edição da citada Súmula, a Corte Superior consolidou o entendimento de que o prazo para ajuizamento da ação contra o emitente de nota promissória sem força executiva é de cinco anos, a contar do dia seguinte ao vencimento do título. Eis a redação:

> "O prazo para ajuizamento de ação monitória em face do emitente de nota promissória sem força executiva é quinquenal, a contar do dia seguinte ao vencimento do título".

Aplicando-se o princípio da razoabilidade, é de se entender que a ação tem o prazo de início a partir do momento em que o título perdeu sua característica executiva.

Importantes algumas colocações no tocante à interrupção do prazo prescricional, também regida pela Lei Uniforme, no que concerne aos títulos ora em estudo.

Tratando-se de título de crédito, a interrupção da prescrição só produz efeito em relação à pessoa para quem a interrupção foi levada a efeito. Exemplificando, se operada contra o emitente, não se estende ao seu avalista e vice-versa.

Questão interessante e, às vezes, de difícil solução, relativamente à prescrição, dá-se nos casos de vencimento antecipado. O art. 11 do Decreto-lei nº 167/1967, a respeito da questão, determina:

> "Importa vencimento da cédula de crédito rural, independentemente de aviso ou interpelação judicial ou extrajudicial, a inadimplência de qualquer obrigação convencional ou legal do emitente do título ou, sendo o caso, do terceiro prestante da garantia real.
>
> Parágrafo único. Verificado o inadimplemento, poderá ainda o credor considerar vencidos antecipadamente todos os financiamentos rurais concedidos ao emitente e dos quais seja credor".

O art. 11 do Decreto-lei nº 413/1969, na mesma linha, preceitua:

> "Importa em vencimento antecipado da dívida resultante da cédula, independentemente de aviso ou de interpelação judicial, a inadimplência de qualquer obrigação do emitente do título ou, sendo o caso, do terceiro prestante da garantia real.
>
> § 1º Verificado o inadimplemento poderá, ainda, o financiador considerar vencidos antecipadamente todos os financiamentos concedidos ao emitente dos quais seja credor.
>
> § 2º A inadimplência, além de acarretar o vencimento antecipado da dívida resultante da cédula e permitir igual procedimento em relação a todos os financiamentos concedidos pelo financiador ao emitente e dos quais seja credor, facultará ao financiador a capitalização dos juros e da comissão de fiscalização, ainda que se trate de crédito fixo".

Pergunta-se: ocorrendo a conjectura legal, o prazo da prescrição começaria a correr da data do inadimplemento? O mais correto parece que não, salvo se o credor de forma explícita e clara, assim declarasse o vencimento da dívida, ou praticasse ato de caracterização da mora, tal como um protesto. E, nesta hipótese, cláusula em sentido contrário à lei não teria o efeito de abrigá-la.

7. A PRESCRIÇÃO DAS CÉDULAS HIPOTECÁRIAS HABITACIONAIS E DAS CÉDULAS DE CRÉDITO BANCÁRIO

As *cédulas hipotecárias habitacionais* são empregadas nos contratos de financiamento na aquisição da casa própria, por meio do Sistema Financeiro da Habitação, sendo a garantia do mútuo firmada mediante a emissão da referida cédula hipotecária habitacional, pela qual o próprio imóvel adquirido fica hipotecado ao agente financeiro, até o implemento total da dívida. Com efeito, eis o texto do art. 10 do Decreto-lei nº 70, de 21.11.1966:

> "É instituída a cédula hipotecária para hipotecas inscritas no Registro Geral de Imóveis, como instrumento hábil para a representação dos respectivos créditos hipotecários, a qual poderá ser emitida pelo credor hipotecário nos casos de:
>
> I – operações compreendidas no Sistema Financeiro da Habitação;
>
> II – hipotecas de que sejam credores instituições financeiras, em geral, e companhias de seguros;
>
> III – hipotecas entre outras partes, desde que a cédula hipotecária seja originariamente emitida em favor das pessoas jurídicas a que se refere o inc. II *supra*".

Conterá, ainda, a cédula, no verso, a indicação dos seguros obrigatórios estipulados pelo agente financeiro (art. 15, parágrafo único, do Decreto-lei nº 70/1966). Será a mesma sempre nominativa, aparecendo como credor o agente em cujo favor se dá a emissão. Permite-se, no entanto, o endosso em preto lançado no verso.

Conforme o art. 17 do mesmo diploma, na emissão e no endosso da cédula, o emitente e o endossante permanecem solidariamente responsáveis pela liquidação do crédito, a menos que avisem o devedor hipotecário e o segurador, quando houver, de cada emissão ou endosso, até trinta dias após a sua realização por meio de carta, do emitente ou do endossante, conforme o caso, entregue mediante recibo ou enviada pelo Registro de Títulos e Documentos, ou, ainda, por meio de notificação judicial, indicando-se, na carta ou na notificação, o nome, a qualificação e o endereço completo do beneficiário (se se tratar de emissor) ou do endossatário (se se tratar de endosso).

O valor nominal de cada hipoteca poderá ser expresso pela equivalência em fator de correção monetária e representado pelo quociente da divisão do valor inicial da dívida ou da prestação, prestações ou frações de prestações de amortizações e juros de dívida originária, pelo valor corrigido do fator de correção monetária no trimestre da constituição da dívida (art. 12).

Instrumentaliza-se o contrato por meio de escrito particular, como estabelece o art. 61, § 5º, da Lei nº 4.380/1964: "Os contratos de que forem parte o Banco Nacional da Habitação ou entidades que integram o Sistema Financeiro da Habitação, bem como as operações efetuadas por determinação da presente lei, poderão ser celebrados por instrumento particular, os quais poderão ser impressos, não se aplicando aos mesmos as disposições do art. 108 do Projeto (art. 134, II, do Código Civil de 1916), atribuindo-se o caráter de escritura pública, para todos os fins de direito, aos contratos particulares firmados pelas entidades acima citadas até a publicação desta lei".

No tocante à execução extrajudicial da dívida hipotecária, o Decreto-lei nº 70, com as inovações do art. 21 da Lei nº 8.004, de 14.03.1990, prescrevia uma forma de execução extrajudicial da dívida hipotecária, desde que vencidas três ou mais prestações.

Com efeito, determinava o art. 29:

> "As hipotecas a que se referem os arts. 9º e 10 e seus incisos, quando não pagas no vencimento, poderão, à escolha do credor, ser objeto de execução na forma do Código de Processo Civil ou deste Decreto-lei."

O art. 1º da Lei nº 5.741, de 1º.12.1971, manteve a execução extrajudicial, ao dizer que:

> "Para a cobrança de crédito hipotecário vinculado ao Sistema Financeiro da Habitação criado pela Lei nº 4.380, de 21 de agosto de 1964, é lícito ao credor promover a execução de que tratam os arts. 31 e 32 do Decreto-lei nº 70, de 21 de novembro de 1966, ou ajuizar a ação executiva na forma da presente lei".

Na hipótese, o credor somente poderia solicitar a execução à entidade que estivesse especificada no contrato como agente fiduciário.

No entanto, restou revogado o Capítulo III do Decreto-lei 70/1966 pela Lei 14.711/2023, o que importa em concluir que não mais existe tal execução extrajudicial.

A execução judicial da dívida hipotecária dá-se de duas formas: por meio do rito da Lei nº 5.741, de 1º.12.1971, e por meio do rito estabelecido pelo Código de Processo Civil.

Quanto às *cédulas de crédito bancário*, importante referir que foram instituídas pela Medida Provisória nº 2.160-25, de 23.08.2001, depois substituída pela Lei nº 10.931, de 2.08.2004. Têm o caráter de título de crédito e de garantia, podendo, porém, conter somente a primeira qualidade. É o que se depreende do art. 26 da Lei nº 10.931/2004:

> "A Cédula de Crédito Bancário é título de crédito emitido, por pessoa física ou jurídica, em favor de uma instituição financeira ou de entidade a esta equiparada, representando promessa de pagamento em dinheiro, decorrente de operação de crédito de qualquer modalidade".

A finalidade é munir as instituições financeiras com maiores garantias e imprimir mais agilidade aos contratos. Inspirou a introdução, sobretudo, o imperativo de atender alguns contratos não protegidos por leis específicas, mormente os de abertura de crédito. É que esses contratos tornaram-se um meio apropriado para agilizar as operações de concessão de crédito. Ao mesmo tempo em que dispensam a constante celebração de novos contratos, o que acontece no empréstimo ou mútuo, favorecem os interessados, posto que os encargos iniciam unicamente a partir do uso do crédito.

A proteção verifica-se, sobretudo, nas garantias reais que passaram a ser permitidas com este novo instrumento.

Adentra-se na matéria referente à prescrição dos títulos em análise, a qual é singela no ponto.

Quanto à cédula hipotecária habitacional, não se encontra alguma regra na legislação específica. Por isso, incide o prazo de três anos, contemplado no art. 206, § 3º, VIII, do Código Civil, visto que a dívida vem materializada em título de crédito. Tratando-se de um documento no qual está expressa uma obrigação em dinheiro a ser cumprida mediante o pagamento de prestações, na verdade é a dívida que prescreve, extinguindo-se consequentemente a garantia hipotecária. Inexistindo a dívida, a hipoteca perde a razão de ser, com o que se extingue.

A prescrição, evidentemente, atinge as prestações vencidas, subsistindo aquelas não alcançadas pelo lapso prescricional.

Diferente é o enquadramento da prescrição da cédula de crédito bancário.

Incide a Lei Uniforme de Genebra, por imposição do art. 44 da Lei nº 10.931/2004, preceituando que:

> "Aplica-se às Cédulas de Crédito Bancário, no que não contrariar o disposto nesta Lei, a legislação cambial, dispensado o protesto para garantir o direito de cobrança contra endossantes, seus avalistas e terceiros garantidores".

A Lei Uniforme de Genebra é a lei cambial vigorante no caso, pois cuida do prazo prescricional no seu art. 70:

> "Todas as ações contra o aceitante relativas a letras prescrevem em 3 (três) anos a contar do seu vencimento".

O seguinte aresto, do STJ, corrobora a incidência da lei cambial, que é a Lei Uniforme de Genebra:

> "Nos termos do que dispõe o art. 44 da Lei nº 10.931/2004, aplica-se às Cédulas de Crédito Bancário, no que couber, a legislação cambial, de modo que se mostra de rigor a incidência do art. 70 da LUG, que prevê o prazo prescricional de 3 (três) anos a contar do vencimento da dívida.
>
> São inaplicáveis os prazos do atual Código Civil ao caso em exame, que trata de execução de título de crédito, haja vista que o Diploma de 2002 fez expressa reserva de subsidiariedade nos arts. 206, § 3º, inciso VIII, e 903. Precedentes".[31]

---

[31] AgRg no AREsp nº 353702/DF, da 4ª Turma, j. em 15.05.2014, *DJe* de 22.05.2014, rel. Min. Luis Felipe Salomão.

A prescrição no prazo de três anos é para a ação executória, para ambos os títulos. Remanesce ao credor a pretensão ressarcitória por meio da ação monitória, no prazo de cinco anos, tendo, inclusive, amparo no art. 206, § 5º, inc. I, do Código Civil, eis que os títulos se constituem de documento particular.

8. DA PRESCRIÇÃO DOS TÍTULOS DE CRÉDITO RURAL NO AGRONEGÓCIO E COM LASTRO EM DIREITOS CREDITÓRIOS

Existem, ainda, os títulos cambiários utilizados nos agronegócios, sendo importante sua apreciação. Primeiramente, esclarece-se que o agronegócio diz respeito ao extenso conjunto de negócios relacionados à agricultura e pecuária. Busca expressar a relação comercial e industrial envolvendo a cadeia produtiva agrícola ou pecuária. Compreende a atividade agropecuária, termo utilizado para definir o uso econômico do solo para o cultivo da terra e a criação de animais. É entendido como o conjunto organizado de atividades econômicas que envolve a fabricação e fornecimento de insumos, a produção, o processamento e armazenamento até a distribuição para consumo interno e internacional de produtos de origem agrícola ou pecuária, ainda compreendidas as bolsas de mercadorias e futuros e as formas próprias de financiamento, sistematizadas por meio de políticas públicas específicas.

Surgiram, com a Lei nº 11.076, de 30.12.2004, alterada pelas Leis nº 11.524/2007, 13.331/2016, 13.986/2020, 14.421/2022 e 14.937/2024, cinco novos títulos de crédito para incentivar o setor privado e elevar a disponibilidade de capital para o agronegócio. São os seguintes: Certificado de Depósito Agropecuário – CDA, *Warrant* Agropecuário – WA, Certificado de Direitos Creditórios do Agronegócio – CDCA, Letra de Crédito do Agronegócio – LCA e Certificado de Recebíveis do Agronegócio – CRA.

Adentrar-se-á, brevemente, no regramento de cada um deles, a fim de bem caracterizar correta utilização do título.

Inicia-se pelo CDA e pelo WA. A sua criação consta no art. 1.º da Lei nº 11.076/2004:

> "Ficam instituídos o Certificado de Depósito Agropecuário – CDA e o *Warrant* Agropecuário – WA".

O CDA e o WA são títulos de crédito cartulares ou escriturais, que dependem da existência de produto agropecuário armazenado, nos termos da Lei nº 9.973, de 29.05.2000, lei esta que trata das regras de armazenagem.

Uma vez emitidos, os produtos neles descritos não poderão ser objeto de penhora, embargo, sequestro ou qualquer outra forma de embaraço à circulação dos produtos (art. 12 da Lei nº 11.076/2004).

O CDA, que corresponde ao antigo conhecimento de depósito, representa promessa de entrega de produto agropecuário depositado em armazém, sendo emitido pelo armazenador, em favor do depositante, que poderá ser produtor, cooperativa, comerciante, indústria ou exportador.

A Lei nº 9.973, de 29.05.2000, dispõe sobre o sistema de armazenagem dos produtos agropecuários, constando de seu art. 3º que:

> "O contrato de depósito conterá, obrigatoriamente, entre outras cláusulas, o objeto, o prazo de armazenagem, o preço e a forma de remuneração pelos serviços prestados, os direitos e as obrigações do depositante e do depositário, a capacidade de expedição e a compensação financeira por diferença de qualidade e quantidade".

O WA significa o direito de penhor sobre o produto descrito no CDA correspondente. É título de crédito, pois, que confere ao credor o direito de penhor sobre o produto descrito no CDA correspondente. O proprietário do CDA ao negociar o WA, assume dívida perante o comprador do WA e a garantia dessa dívida é o penhor da mercadoria descrita no CDA.

O CDA é título de crédito representativo da promessa de entrega de produtos agropecuários, seus derivados, subprodutos e resíduos de valor econômico, emitido pelo armazenador, em favor do depositante, que poderá ser produtor, cooperativa, comerciante, indústria ou exportador. O WA corresponde a título de crédito representativo de promessa de pagamento em dinheiro que confere direito de penhor sobre o CDA correspondente, assim como sobre o produto nele descrito.

Conforme o § 3.º do art. 1º da Lei 11.076/2004, por formarem títulos unidos, são "emitidos simultaneamente pelo depositário, a pedido do depositante, podendo ser transmitidos unidos ou separadamente, mediante endosso". O endosso deve ser completo (endosso em preto, nominativo ou pleno) com ou sem aval do endossante, havendo, ainda, a possibilidade de instituir cessão fiduciária em garantia dos direitos creditórios em favor do credor (arts. 43 e 44, I, da Lei nº 11.076/2004).

O § 4º considera-os títulos executivos extrajudiciais.

Passa-se ao CDCA (certificado de direitos creditórios do agronegócio), à LCA (letra de crédito do agronegócio) e ao CRA (certificado de recebíveis do agronegócio).

Já estes três últimos títulos são títulos de crédito nominativos, de livre negociação, representativos de promessa de pagamento em dinheiro e constituem títulos executivos extrajudiciais. Numa visão mais completa, são títulos de crédito representativos de promessa de pagamento em dinheiro, de execução extrajudicial, emitidos com base em lastro de recebíveis originados de negócios realizados com produtores rurais e cooperativas, relacionados com a produção, comercialização, beneficiamento ou industrialização de produtos ou insumos agropecuários ou de máquinas e implementos utilizados na atividade agropecuária.

As três modalidades apresentam funções e características muito semelhantes entre elas, sendo a única diferença a instituição emitente. Basicamente, todos são títulos de crédito lastreados em dívidas a receber de produtores rurais. Visam à captação de recursos no mercado financeiro, em organizações que financiam esses agentes.

A LCA é emitida por instituições financeiras, enquanto o CDCA provém de ato de empresas processadoras, fornecedores de insumos, cooperativas e tradings. Já o CRA constitui criação de companhias securitizadoras do agronegócio.

Encontram-se previstos no art. 23 da mesma Lei nº 11.076/2004:

"Ficam instituídos os seguintes títulos de crédito:

I – Certificado de Direitos Creditórios do Agronegócio – CDCA;

II – Letra de Crédito do Agronegócio – LCA;

III – Certificado de Recebíveis do Agronegócio – CRA".

A lei ressalta a executividade de tais documentos, pois revestidos das qualidades de certeza, liquidez e exigibilidade.

Relativamente à prescrição, tem incidência a Lei Uniforme de Genebra – LUG. O prazo prescricional é de três anos, por aplicação do art. 70 em suas alíneas, iniciando sempre a contar do vencimento do título.

Este prazo limita-se às ações asseguradas ao credor contra o devedor, por previsão expressa, e, por equiparação, estende-se à execução contra o avalista.

Se a ação for do portador-credor contra o endossante, reduz-se para um ano o prazo, com início na data da efetivação do protesto feito em tempo útil ou da data do vencimento.

A aplicação da LUG emana do art. 2º da Lei nº 11.076/2004, no pertinente à CDA e ao WA:

"Aplicam-se ao CDA e ao WA as normas de direito cambial no que forem cabíveis ...".

Em relação aos títulos CDCA. LCA e CRA, o art. 44 da mesma Lei remete à LUG:

"Aplicam-se ao CDCA, à LCA e ao CRA, no que forem cabíveis, as normas de direito cambial, com as seguintes modificações (...)".

Salienta-se, igualmente, da possibilidade da ação monitória se prescrita a executividade do título, passando a ser de cinco anos o prazo para a cobrança do título sob a forma monitória, a contar do seu vencimento.

9. DA PRESCRIÇÃO DOS TÍTULOS COM LASTRO OU GARANTIA IMOBILIÁRIA

Importante uma visão dos referidos títulos, dada a sua utilização pelo sistema financeiro, apesar de em menor proporção do que os financiamentos imobiliários comuns. São eles as *letras hipotecárias*, os *certificados de recebíveis imobiliários*, as *letras de crédito imobiliário* e a *cédula de crédito imobiliário*.

Explica-se cada modalidade.

Sobre as *letras hipotecárias*, dá-se a instituição da cártula sob a seguinte forma: efetuado um financiamento com garantia hipotecária, os bancos que atuam nesse campo habilitam-se a emitir títulos no mercado, investimento este disciplinado pela Lei nº 7.684/1988.

Algumas observações importantes são trazidas pela lei especial. O art. 3º dá às letras a garantia no crédito hipotecário que a instituição emitente detém. Todavia, o art. 2º admite também a garantia fidejussória adicional. Sobre as garantias, escreve Aramy Dornelles da Luz: "As letras hipotecárias têm a garantia dos imóveis hipotecados, que não é direta sobre determinado imóvel, mas recai sobre a universalidade dos imóveis que estão hipotecados ao emitente, e, além disso, respondem por ela o fundo social e o fundo de reservas do emitente, preferindo a qualquer título de dívida quirografária ou privilegiada".[32]

É de ressaltar que as letras podem ser emitidas na forma nominativa, endossável ou ao portador.

O endossante da letra hipotecária responde pela veracidade do título, sem que se garanta o direito de cobrança regressiva.

Nestes títulos, existem alguns prazos a serem vencidos antes de se falar em prescrição para a ação executiva. Primeiramente, existe um lapso de tempo para a letra hipotecária ser exigível de até vinte anos, segundo normatização do Banco Central do Brasil. Veja-se:

---

[32] *Para uma fácil compreensão dos títulos de crédito*. São Paulo: Saraiva, 1992. p. 129.

"Ação monitória. Letra hipotecária do Banco do Brasil. Prescrição quinquenal. Reconhecimento.

– A letra hipotecária, não sendo sorteada, passa a ser exigível decorridos 20 anos de sua emissão, a partir de quando se inicia o prazo para ajuizamento da ação executiva.

– Expirado o prazo para ajuizamento da ação executiva, dá-se início ao prazo prescricional da pretensão autoral para ajuizamento da monitória".[33]

Ou seja, observam-se três prazos. Primeiro, o período necessário para a letra hipotecária tornar-se exigível, que, pelo § 1º do art. 3º da Lei nº 7.684/1988, não poderá ser superior ao prazo dos créditos hipotecários que lhe servem de garantia. Após, inicia-se o prazo para a ação de execução, de três anos a partir do vencimento, conforme estipulação dada pela LUG, em seu art. 70. Aí, sim, por derradeiro, contam-se mais cinco anos para o ingresso da ação monitória, pelo rito não executivo, se perdido o prazo para a ação executória.

Entende-se como apropriado o prazo prescricional da ação de execução de três anos por constituir o prazo mais comum para a prescrição de títulos de crédito. Ademais, parece óbvia a aplicação do art. 206, § 3º, inc. VIII, do diploma civil. Tal entendimento vem com amparo em recente julgamento do Tribunal Regional Federal da 2ª região, no qual é trazido o entendimento da Corte Superior:

"Recurso de apelação. Letra hipotecária. Ativos não bloqueados. Abril/1990. Prescrição. Critério de atualização. IPC. Recurso desprovido.

1. O sobrestamento determinado pelo Supremo Tribunal Federal no RE nº 591.797/SP, no RE nº 626.307/SP, e no AI nº 754.745/SP não alcança o presente feito, por não se tratar, na hipótese, de discussão envolvendo depósitos em cadernetas de poupança.

2. A despeito de o título de crédito perder sua eficácia executiva, no prazo de três anos, nada obsta a cobrança do crédito correspondente na via da ação ordinária, pois prescrita apenas a pretensão executiva decorrente do título, mas não o resultante do crédito em si' (REsp nº 1162896/MG, rel. Min. Paulo de Tarso Sanseverino, 3ª Turma, j. em 03.05.2012, DJe 10.05.2012)".[34]

Os *certificados de recebíveis imobiliários* – CRI – constituem uma espécie de financiamento que se distingue do comum, utilizado pelo Sistema Financeiro de Habitação, o qual teve suas bases na Lei nº 4.380/1964, por dois fatores básicos: a garantia pela alienação fiduciária do crédito, a par de outras, e a transferência ou cessão dos créditos decorrentes do financiamento a companhias de capitalização, que os poderá fragmentar em títulos e colocá-los no comércio.

De modo que, com o financiamento, se forma um crédito. E para negociá-lo, angariando, assim, novas aplicações, dito crédito do banco é fracionado e vendido em parcelas ou na sua globalidade para as sociedades de securitização. Ou seja, os créditos do agente financiador, garantidos pela alienação fiduciária ou outra garantia, poderão ser cedidos a uma companhia securitizadora de crédito imobiliário. Adquirindo esta companhia os créditos junto aos bancos, gabarita-se a transferi-los a terceiros, por meio de títulos, que serão vendidos, com remuneração,

---

[33] Apelação Cível nº 10701100178980003/MG, da 11ª Câmara Cível, j. em 28.08.2013, rel. Des. Alexandre Santiago.
[34] Apelação Cível nº 200851010225090, da 5.ª Turma, j. em 01.07.2014, rel. Des. Federal Aluisio Gonçalves de Castro Mendes.

e resgatáveis segundo os prazos convencionados. Estes títulos denominam-se Certificados de Recebíveis Imobiliários – CRI.

Este é o significado constante do art. 6º da Lei nº 9.514, de 20.11.1997:

> "O Certificado de Recebíveis Imobiliários – CRI é título de crédito normativo, de livre negociação, lastreado em créditos imobiliários e constitui promessa de pagamento em dinheiro".

O parágrafo único do mesmo artigo restou revogado pela Lei nº 14.430, de 2022, o qual estipulava que o CRI era de emissão exclusiva das companhias securitizadoras.

Pode-se sintetizar toda a operação da seguinte maneira: a instituição financeira concede o crédito para a construção, ou o empreendimento imobiliário, ou a aquisição do imóvel. Fica ela, assim, com o crédito do financiamento, acrescido dos encargos. Especialmente se de longo prazo os créditos, autoriza a lei a sua negociação junto a uma companhia securitizadora. Esta não é obrigada a aguardar o recebimento do crédito, mediante o pagamento das prestações pelas pessoas que contraíram o financiamento. Fica autorizada a vender no mercado o crédito, por meio de certificados dos valores que tem a receber, adquiríveis por aqueles que desejam investir suas economias.

Emitem-se títulos na quantidade que permite o crédito adquirido pela companhia securitizadora. Lançam-se no mercado certificados de recebíveis financeiros na quantidade permitida pelo crédito. Conclui-se, daí, que os certificados adstringem-se ao montante dos créditos adquiridos, ou ficam lastreados em créditos efetivamente adquiridos perante os financiadores ou incorporadores imobiliários.

Aqui, também, em razão da falta de previsão de um prazo prescricional, revela coerência a aplicação do lapso temporal de três anos do art. 206, § 3º, inc. VIII, da lei civil.

Já as *letras de crédito imobiliário* – LCI – foram mais um módulo de crédito instituído, desta vez pela Lei nº 10.931/2004.

A denominada Letra de Crédito Imobiliário pode ser emitida por instituições financeiras ligadas a crédito imobiliário, e que possui lastro em créditos garantidos por hipoteca ou por alienação fiduciária de coisa imóvel. Esse título está, pois, garantido pelos bens que foram financiados, e que decorreram a sua emissão. Aprofundando-se a explicação, acrescenta-se que a LCI é um título de crédito lastreado por créditos imobiliários, garantidos esses por hipoteca ou por alienação fiduciária de coisa imóvel. É um investimento que tem lastro, fundamento, em crédito imobiliário. Esse tipo de instrumento foi concebido, dentre outros motivos, para incentivar o mercado de crédito imobiliário no País.

Os créditos decorrentes de financiamentos são conversíveis em títulos, que são colocados no comércio.

O art. 12 da lei *supra* elenca as entidades autorizadas à emissão:

> "Os bancos comerciais, os bancos múltiplos com carteira de crédito imobiliário, a Caixa Econômica Federal, as sociedades de crédito imobiliário, as associações de poupança e empréstimo, as companhias hipotecárias e demais espécies de instituições que, para as operações a que se refere este artigo, venham a ser expressamente autorizadas pelo Banco Central do Brasil, poderão emitir, independentemente de tradição efetiva, Letra de Crédito Imobiliário – LCI, lastreada por créditos imobiliários garantidos por hipoteca ou por alienação fiduciária de coisa imóvel, conferindo aos seus

tomadores direito de crédito pelo valor nominal, juros e, se for o caso, atualização monetária nelas estipulados".

São nominativos os títulos, transferíveis por endosso em preto, e contendo os requisitos listados no § 1º do art. 12:

> "A LCI será emitida sob a forma nominativa, podendo ser transferível mediante endosso em preto (...)".

O prazo prescricional, segundo coerente inteligência, é de três anos, forte no art. 206, § 3º, inc. VIII, do Código Civil pátrio.

Finalmente, ingressa-se no estudo da *Cédula de Crédito Imobiliário* – CCI, igualmente instituída pela Lei nº 10.931/2004.

Sendo a instituição financeira titular de crédito imobiliário, decorrente da concessão de financiamento para finalidades imobiliárias, faculta-se que emita a cédula, a qual constituirá um título com força executiva, munida ou não de garantia real ou fidejussória, sendo devedor aquele que recebeu o crédito para o financiamento na aquisição de imóvel ou na construção de casa.

De modo que a Cédula de Crédito Imobiliário constitui o documento, emitido pela instituição que atua no ramo de financiamento imobiliário, e assinado por aquele que recebeu o crédito.

A cédula abrangerá todo ou parte do crédito, nos termos do § 2º do art. 18 Lei nº 10.931/2004:

> "As CCI fracionárias poderão ser emitidas simultaneamente ou não, a qualquer momento antes do vencimento do crédito que elas representam".

Os dispositivos legais asseguram a execução judicial da cédula, a faculdade da emissão da cédula sem autorização do devedor, a cessão do crédito representado pela cédula, a securitização da cédula nos termos da Lei nº 9.514, de 20.01.1997, dentre outras disposições.

O título em análise tem força executiva, devendo ser cobrado em três anos a partir do vencimento, ou a partir do momento em que se torna exigível, incidindo a prescrição do art. 206, § 3º, inc. VIII, do estatuto civil, já que não existe norma prevendo um prazo próprio.

10. DA PRESCRIÇÃO RELATIVAMENTE ÀS AÇÕES E DEBÊNTURES DAS SOCIEDADES ANÔNIMAS

Inicia-se por breve explanação acerca das ações. O termo "ação" serve para designar um título representativo do capital das sociedades anônimas. Representa uma fração ou uma unidade do capital social, aspecto este que leva a enquadrar a ação como título de crédito de participação. Enquadra-se como um título de crédito, pelo qual o seu titular participa da vida societária e tem direito a uma parte do capital social. Pertence àquele que se apresentar para exercer os direitos relativos à ação.

Existem vários tipos de ações, como as ordinárias, as preferenciais e as de fruição.

As ações ordinárias são aquelas que conferem aos titulares direitos iguais de participação nos lucros da empresa, além de representar uma participação no capital e de assegurar o direito a voto nas deliberações das assembleias.

As ações preferenciais conferem vários privilégios, podendo, no entanto, privar o acionista do direito de voto. Os privilégios consistem na prioridade na distribuição dos dividendos da sociedade, na prioridade do reembolso do capital, dentre outras vantagens.

O art. 17 da Lei nº 6.404, de 15.12.1976 (Lei das Sociedades Anônimas), com as modificações da Lei nº 10.303/2001, discrimina algumas preferências ou vantagens de tal modalidade.

As ações de fruição, antigamente denominadas ações de gozo, são aquelas que resultam da amortização das ações comuns ou preferenciais. Atribuem-se aos acionistas que amortizaram as ações que tinham. O art. 44, § 5º, da Lei nº 6.404/1976, contempla-as, prevendo que as ações comuns ou preferenciais integralmente amortizadas poderão ser substituídas por ações de fruição, com as restrições que o estatuto ou assembleia geral da sociedade estabelecer. Na liquidação da sociedade, os titulares dessas ações concorrem ao acervo líquido unicamente depois de assegurado o respectivo valor às ações não amortizadas dos outros sócios, com a devida correção monetária. Não possuem capital, posto que se operou a sua amortização, ou a entrega do valor correspondente. Distribui-se aos acionistas a quantia que lhes tocaria no caso de liquidação da sociedade.

Relativamente à circulação ou transferência, classificavam-se as ações em nominativas, endossáveis, ao portador e escriturais, persistindo no direito brasileiro unicamente as nominativas, por força do art. 20 da Lei nº 6.404, de 1976, em redação trazida pela Lei nº 8.021, de 12.04.1990, o qual estabelece que as ações devem ser nominativas. Por outro lado, o art. 33 da Lei nº 6.404/1976, que tratava das ações ao portador, restou revogado pela mesma Lei nº 8.021/1990. No entanto, as ações ao portador, por sua tradição, merecem alguma análise.

As nominativas consistem nas ações em que aparece o nome do proprietário originário, procedendo-se a transferência por meio de termo lavrado em livro próprio da sociedade anônima, devendo assinar o cedente e o cessionário. Como assinala De Plácido e Silva, "a propriedade das ações nominativas presume-se pela inscrição do nome do acionista no livro de registros das ações nominativas, onde, obrigatoriamente, devem ser averbadas. E, assim, claramente, não se faz fundamental a presença da ação para demonstração da qualidade de acionista nominativo perante a sociedade".[35]

As endossáveis correspondem às ações que, como o nome indica, são objeto de cessão ou transferência pelo mero endosso. Não se requer o termo de transferência ou cessão, e muito menos a inscrição em livro da empresa. Presumem-se de propriedade daquele que detém a posse. Conforme visto, não mais existem no direito brasileiro.

As ações escriturais são aquelas que apenas constam escrituradas em livro especial da instituição financeira, que o mantém na Comissão de Valores Mobiliários ou na Bolsa de Valores. O registro confere a propriedade. Não há a corporificação em um certificado emitido pela companhia que as emite. Sua transferência se faz por meio de um termo lavrado num livro onde se faz o registro.

As ações da sociedade anônima, embora enquadradas como títulos de crédito, não se submetem à cobrança por meio de processo de execução, a menos que se busque o recebimento de dividendos. Realmente, os litígios que surgem giram em torno da falta de pagamento dos rendimentos ou dividendos, e de transferência e entrega de ações subscritas.

A prescrição, nessas matérias, se opera no prazo três anos, a teor do art. 287, inc. II, "g", da Lei nº 6.404/1976.

---

[35] *Noções práticas de direito comercial*, cit., p. 211.

O assunto foi desenvolvido no capítulo que trata da decadência e da prescrição nas sociedades por ações.

Se pleiteado o direito por pessoa que não faz parte da sociedade porque, embora subscritas as ações, não as recebeu, o lapso prescricional passa para dez anos, com amparo no art. 205 do Código Civil, conforme orientação do STJ:

> "Como a prescrição é a perda da pretensão por ausência de seu exercício pelo titular, em determinado lapso de tempo; para se verificar se houve ou não prescrição é necessário constatar se nasceu ou não a pretensão respectiva, porquanto o prazo prescricional só começa a fluir no momento em que nasce a pretensão.
>
> – Nos termos do art. 287, II, 'g', da Lei nº 6.404/1976 (Lei das Sociedades Anônimas), com a redação dada pela Lei nº 10.303/2001, a prescrição para o acionista mover ação contra a companhia ocorre em 3 (três) anos.
>
> – A pessoa que subscreveu ações de uma sociedade anônima, mas não recebeu a quantidade devida de ações, não é acionista da companhia em relação às ações não recebidas e, por isso mesmo, ainda não tem qualquer direito de acionista em relação à companhia por conta das referidas ações.
>
> – O direito à complementação de ações subscritas decorrentes de instrumento contratual firmado com sociedade anônima é de natureza pessoal e, consequentemente, a respectiva pretensão prescreve nos prazos previstos nos arts. 177 do Código Civil/1916 (20 anos) e 205 do atual Código Civil (10 anos)".[36]

Desenvolve-se a matéria no voto da Ministra Relatora, quanto aos subscritores que não receberam as ações:

> "Quem não é titular de ações de uma sociedade anônima não é seu acionista e, portanto, não pode exercer os direitos correlatos, tais como aqueles previstos no art. 109 da Lei das Sociedades Anônimas, dentre eles o de '*participar dos lucros sociais*' (inciso I). Assim, da mesma forma que não é acionista aquele cujo nome não consta no livro de 'Registro de Ações Nominativas' (ou do extrato fornecido pela instituição custodiante), também não o é em relação a determinado número de ações, aquele em cujo nome conste apenas o registro de quantia inferior de ações (*e. g.*, quem subscreveu 100 ações, mas só tem em seu nome o registro de 10 ações, não é acionista em relação às 90 ações não registradas).
>
> Portanto, a pretensão relativa à entrega de determinada quantidade de ações de uma companhia, que já foram subscritas por força de um contrato, não pode ser considerada como equivalente a uma pretensão de um acionista, porque a pessoa que não recebeu a quantidade devida de ações sequer acionista da companhia é em relação às ações não recebidas. Nessa hipótese, a relação jurídica é contratual.
>
> Nesse sentido, aliás, é também o entendimento de José Edwaldo Tavares Borba, segundo o qual, '*A subscrição de capital tem natureza contratual*' e por isso '*os subscritores não participam da assembleia de homologação do aumento* [de capital], *posto que ainda não são acionistas*' (ob. cit., p. 439-440).

---

[36] REsp nº 829.835, da 3ª Turma, de 1º.06.2006, *DJ* 21.08.2006, relatora Ministra Nancy Andrighi.

Assim, se a pretensão relativa ao acionista sequer nasceu – porque as respectivas ações ainda não foram registradas no nome do seu subscritor –, por certo que tal pretensão não pode estar prescrita.

Por consequência, o direito à complementação de ações subscritas decorrentes de instrumento contratual firmado com sociedade anônima é de natureza pessoal e, consequentemente, a respectiva pretensão prescreve nos prazos previstos no art. 177 do Código Civil/1916 (20 anos) ou no art. 205 do atual Código Civil (10 anos)".

No concernente às debêntures, estas foram instituídas originariamente pelo Decreto nº 177-A, de 15.09.1893, e atualmente reguladas pelos arts. 52 a 74 da Lei nº 6.404/1976, com várias alterações, em especial das Leis 10.303/2001, 12.431/2011 e 14.711/2023. São títulos de crédito representativos de empréstimos que as sociedades comerciais contraem junto ao público, conferindo aos seus titulares direito de crédito contra elas. Para Theophilo de Azeredo Santos, as debêntures são uma espécie do gênero empréstimo: "É o contrato de mútuo, que se distingue do simples mútuo, definido no art. 247 do Código Comercial, pela divisão da quantia mutuada em frações, expressa por títulos... nominativos endossáveis...".[37]

Vê-se que se trata de uma forma das sociedades comerciais conseguirem capital perante os investidores em geral, à semelhança do que ocorre com o Poder Público, que lança títulos ao mercado para angariar fundos ou capital para determinadas finalidades. Ilustra José Edwaldo Tavares Borba que "constituem uma alternativa para aumento de capital, sendo indicadas nos casos em que o mercado não se encontre predisposto à absorção de ações, ou, ainda, quando aos antigos acionistas não convenha aumentar o capital próprio".[38]

Cumpre referir que o debenturista não se torna sócio da empresa, mas apenas seu credor, constituindo-se entre as partes uma relação de mútuo. A estes títulos ou obrigações é que se dá o nome de *debêntures*.

Nas palavras de De Plácido e Silva, a debêntura, pois, representa o documento ou título em que se faz uma *promessa de pagamento em dinheiro*, a ser cumprida nas condições que no próprio título se mencionam.[39]

Acrescenta-se que o documento expedido, constituindo-se de um título de crédito, possui a natureza de abstrato, não ligado à relação causal.

A debêntura, qualificando-se como um título de crédito, sujeita-se à execução de título extrajudicial, na forma do art. 784, inc. I, do Código de Processo Civil, no que já foi referendado pelo Superior Tribunal de Justiça.[40]

Passa-se para a prescrição.

Diante da omissão da Lei nº 6.404/1976, o prazo de prescrição para execução de tais títulos é de três anos, nos termos do artigo 206, § 3º, inc. VIII, do Código Civil. Isso para o ingresso da ação executiva.

No entanto, há decisões que defendem o prazo de cinco anos (art. 206, § 5º, inc. I, do Código Civil), como a presente, do STJ:

---

[37] *Manual dos títulos de crédito*. 3. ed. Rio de Janeiro: Companhia Editora Americana, 1975. p. 298.
[38] *Direito societário*. 5. ed. Rio de Janeiro: Renovar, 1999. p. 345.
[39] *Noções práticas de direito comercial*, cit., p. 255.
[40] Agravo nº 107.738/SP AgRg, da 3ª Turma, j. em 14.10.1997, *DJ* de 9.12.1997.

"O artigo 70 da Lei Uniforme de Genebra (LUG), referente às notas promissórias e letras de câmbio, não se aplica às debêntures. Aplicam-se a estas o artigo 206, parágrafo 5.º, inciso I, do Código Civil, que estabelece prescreverem em 5 (cinco) anos a pretensão de cobrança de dívidas líquidas constantes de instrumento público ou particular.

As debêntures não perdem sua liquidez por dependerem de atualização monetária e cálculos aritméticos, a serem apurados quando da habilitação da falência. Precedentes".[41]

Passado o lapso previsto para a execução, pode-se, ainda ingressar pelo rito monitório, no prazo de cinco anos, segundo orientação da Corte Superior:

"Recurso especial. Civil e processual civil. Ação monitória. Prazo prescricional. Termo inicial. Novo Código Civil. Regra de transição. Art. 2.028. Contagem do novo prazo. Início a partir da vigência do atual diploma civil. Precedentes. Prescrição quinquenal não implementada na espécie. Efeito devolutivo da apelação. Necessidade de retorno dos autos.

Ação monitória ajuizada para cobrança de debêntures, cujo prazo prescricional foi reduzido de vinte anos (CC/1916) para cinco anos (CC/2002)".[42]

---

[41] REsp nº 1316256/RJ, da 4ª Turma, j. em 18.06.2013, *DJe* de 12.08.2013, rel. Min. Luis Felipe Salomão.
[42] REsp nº 1.172.70/AL, da 3ª Turma do STJ, j. em 28.05.2013, rel. Min. Paulo de Tarso Sanseverino.

Capítulo CIV
PRESCRIÇÃO E DECADÊNCIA
NO DIREITO DO TRABALHO

1. ASPECTOS INTRODUTÓRIOS E CONCEITUAIS DA PRESCRIÇÃO

A prescrição que interessa no Direito do Trabalho é a extintiva, aquela pelo qual se dá a perda da faculdade de pleitear judicialmente um direito, em decorrência do decurso do tempo. A prescrição aquisitiva, aquela pela qual se adquire um direito real pelo decurso do tempo, não interessa para fins trabalhistas.

Conceitualmente, a redação original do art. 11 da Consolidação das Leis do Trabalho (Decreto-lei nº 5.452, de 5.01.1943), antes da redação da Lei 13.467/2017, considerou a prescrição na perspectiva do direito de pleitear a reparação de ato violador da própria Consolidação: "Não havendo disposição especial em contrário nesta Consolidação, prescreve em dois anos o direito de pleitear a reparação de qualquer ato infringente de dispositivo nela contido". Mais tarde, a Constituição Federal de 1988 trouxe à prescrição o alcance de "crédito trabalhista". Eis a redação, em sua versão original, do inc. XXIX, de seu art. 7º: "São direitos dos trabalhadores urbanos e rurais, além de outros que visem à melhoria de sua condição social: ação, quanto a créditos resultantes das relações de trabalho...".

Em 1998, a Lei nº 9.658 deu nova redação ao artigo 11 da Consolidação, deixando-o idêntico ao dispositivo constitucional correspondente. Ou seja, a redação original da Consolidação tratava de "ato infringente"; a Constituição Federal e a nova redação da Consolidação falam em "crédito". O que significa essa modificação? Isis de Almeida explica: "Confrontando os dois textos, parece-nos que o da Carta apenas fixa um no prazo, mas não estabelece um novo conceito de prescrição trabalhista, diferente do que consta do dispositivo consolidado que se refere à *reparação* do ato violador da lei. A Constituição trata do direito de ação quanto a *créditos* resultantes da relação de trabalho, e o crédito nada mais é do que uma consequência da reparação do dano causado, seja por ação ou omissão do empregador, em virtude da violação da norma legal, ou contratual.

Poder-se-ia, entretanto, considerar que a disposição da nova Carta teria ampliado o objeto do art. 11 da CLT. Se este se acha limitado a regular a prescrição relativa a atos que infrinjam dispositivos de lei, aquela inclui, na ação, qualquer espécie de crédito resultante da relação jurídica do prestador com o tomador de serviços, seja o primeiro empregado ou não do segundo.

E é aqui que se tona relevante notar que a Carta menciona 'créditos resultantes das *relações de trabalho*' – e 'relações de trabalho' não incluem exclusivamente direitos originados de *relação de emprego*, uma vez que esta é uma espécie do gênero em que aquela se classifica".[1]

---

[1] *Manual da prescrição trabalhista*. 3. ed. São Paulo: LTr, 1999. p. 45.

Pode-se, pois, dizer que a prescrição trabalhista ocorre com o não exercício do direito de ação judicial para cobrança dos créditos resultantes das relações de trabalho, decorrendo do decurso de tempo sem a devida movimentação do credor, trabalhador urbano ou rural.

Originariamente, a prescrição tinha uma sistemática diversa entre o obreiro urbano e o rural. A redação original do art. 11 da Consolidação tratava apenas do trabalhador urbano, sendo o lapso temporal prescricional de dois anos. A prescrição dos créditos do trabalhador rural vinha legislada no Estatuto do Trabalhador Rural – Lei nº 4.214/1963, em seu art. 175: "A prescrição dos direitos assegurados por esta lei aos trabalhadores rurais só ocorrerá após dois anos de cessação do contrato de trabalho". O Estatuto foi revogado pela Lei nº 5.889/1973, que continuou, em seu art. 10, a tratar o tema prescricional de forma idêntica.[2] Ou seja, tanto para trabalhador urbano, quanto para o trabalhador rural, o lapso temporal da prescrição era de dois anos.

A presente Constituição passou a regular a prescrição dos créditos trabalhistas tanto do obreiro urbano, quanto do rural. Veja-se a redação original, de forma completa, do art. 7º, inc. XXIX, da Carta Maior: "São direitos dos trabalhadores urbanos e rurais, além de outros que visem à melhoria de sua condição social: ação, quanto a créditos resultantes das relações de trabalho: ... XXIX – ação, quanto a créditos resultantes das relações de trabalho, com prazo prescricional de: a) cinco anos para o trabalhador urbano, até o limite de dois anos após a extinção do contrato; b) até dois anos após a extinção do contrato, para o trabalhador rural".

Essa redação constitucional, conforme referido, foi transpassada para a Consolidação por meio da Lei nº 9.658/1998, em seu art. 11:

> "O direito de ação quanto a créditos resultantes das relações de trabalho prescreve:
>
> I – em cinco anos para o trabalhador urbano, até o limite de dois anos após a extinção do contrato;
>
> II – em dois anos, após a extinção do contrato de trabalho, para o trabalhador rural".

Mais tarde, o inc. XXIX do art. 7º da Constituição foi emendado (Emenda Constitucional nº 28/2000), de forma a unificar a sistemática prescricional dos créditos dos trabalhadores urbanos e rurais, sob o regime jurídico que até então regulava a prescrição dos trabalhadores urbanos. Eis a redação atual:

> "São direitos dos trabalhadores urbanos e rurais, além de outros que visem à melhoria de sua condição social:
>
> (...)
>
> XXIX – ação, quanto aos créditos resultantes das relações de trabalho, com prazo prescricional de cinco anos para os trabalhadores urbanos e rurais, até o limite de dois anos após a extinção do contrato de trabalho".

Portanto, o inc. XXIX do art. 7º da Constituição é o norte em matéria de prescrição trabalhista, seja para o trabalhador urbano, seja para o trabalhador rural. Daí ter surgido a mudança do texto do art. 11 da CLT, em aporte da Lei 13.467/2017:

---

[2] "Art. 10. A prescrição dos direitos assegurados por esta Lei aos trabalhadores rurais só ocorrerá após dois anos de cessação do contrato de trabalho".

"A pretensão quanto a créditos resultantes das relações de trabalho prescreve em cinco anos para os trabalhadores urbanos e rurais, até o limite de dois anos após a extinção do contrato de trabalho".

Ressalta-se que todas aquelas obrigações que regiam a prescrição para o rurícola, mormente as consubstanciadas no art. 233 da Constituição, restaram revogadas pela Emenda Constitucional nº 28, do ano 2000.

Várias disposições pertinentes à matéria estão nos parágrafos do art. 11, e no art. 11-A, com modificações ou inclusões das Leis 9.658/1998 e 13.467/2017.

Quanto ao art. 11, pelo § 1º, a prescrição referida não "se aplica às ações que tenham por objeto anotações para fins de prova junto à Previdência Social".

Conforme o § 2º, é total a prescrição, exceto quando o direito à parcela esteja também assegurado por preceito de lei, em se tratando "de pretensão que envolva pedido de prestações sucessivas decorrente de alteração ou descumprimento do pactuado".

O § 3º define quando se considera interrompida a prescrição: "somente ocorrerá pelo ajuizamento de reclamação trabalhista, mesmo que em juízo incompetente, ainda que venha a ser extinta sem resolução do mérito, produzindo efeitos apenas em relação aos pedidos idênticos".

O art. 11-A trata da prescrição intercorrente, que exige o decurso do prazo de dois anos, o qual inicia, consoante o § 1º, quando o exequente deixa de cumprir determinação judicial no curso da execução; e podendo, segundo o § 2º, ser requerida ou declarada de ofício em qualquer grau de jurisdição.

O assunto será aprofundado adiante.

A par das inovações acima, não se podem esquecer os efeitos que a Emenda Constitucional nº 45/2004 causou aos assuntos trabalhistas. A redação tradicional do art. 114 da Carta Maior, de forma geral, dava competência à Justiça do Trabalho para conciliar e julgar os dissídios individuais e coletivos entre trabalhadores e empregadores, e outras controvérsias decorrentes da relação de trabalho.

A nova redação passou a dar competência à Justiça do Trabalho para processar e julgar, além das ações individuais e coletivas entre trabalhadores e empregadores, os mandados de segurança, o *habeas corpus* e o *habeas data*, quando o ato questionado envolver matéria sujeita à sua jurisdição; os conflitos de competência entre órgãos com jurisdição trabalhista; as ações de indenização por dano moral ou patrimonial, decorrentes da relação de trabalho; as ações relativas às penalidades administrativas impostas aos empregadores pelos órgãos de fiscalização das relações de trabalho; e a execução, de ofício, das contribuições sociais previstas no art. 195, I, *a*, e II, e seus acréscimos legais, decorrentes das sentenças que proferir.

Interessa, para o presente estudo, a questão prescricional envolvendo as ações de indenização por dano moral ou patrimonial decorrentes da relação de trabalho. O debate parte da identificação do regime prescricional aplicado nessas ações: regime de Direito Civil ou regime de Direito do Trabalho?

No Tribunal Superior do Trabalho, a posição dominante é de que o fato de as indenizações por dano patrimonial, moral ou estético serem efeitos conexos do contrato de trabalho, implica em atração da regra do art. 7º, inc. XXIX, da Carta Magna:

"Agravo de instrumento. Recurso de revista. Acidente de trabalho. Responsabilidade civil. Prazo prescricional.

A decisão do Tribunal Regional está em conformidade com a jurisprudência do TST no sentido de ser aplicável ao caso a norma prescricional trabalhista prevista no art. 7º, XXIX, da CF/1988, uma vez que o acidente de trabalho ocorreu em 16.02.2007. Assim, não configurada violação dos arts. 205 e 206, § 3º, do CC. Incidência do art. 896, §§ 4º e 5º, da CLT e da Súmula 333 do TST".[3]

"(...) Acidente do trabalho. Prescrição. Indenização por dano moral. Ciência inequívoca do dano após a EC 45/2004. Art. 7º, XXIX, da CF.

Nos termos da jurisprudência do TST, da Súmula nº 230 do STF e da Súmula nº 278 do STJ, o marco inicial do prazo prescricional é a data da ciência inequívoca da incapacidade laboral, e não a data do acidente de trabalho (diagnóstico da doença), pois não há como o reclamante antever quais serão os efeitos futuros da moléstia. Assim, a data a ser considerada para efeito do marco prescricional, no caso, é a aposentadoria por invalidez. Logo, não se aplica a prescrição civil para a ação ajuizada em 2010, uma vez que a aposentadoria por invalidez se deu em 2007, quando já vigente a EC 45/2004 devendo ser observada a prescrição quinquenal do art. 7º, XXIX, da CF...".[4]

Várias as discussões que giraram em torno da prescrição.

A própria questão da competência da Justiça do Trabalho para apreciar e julgar a ação de indenização por dano moral e patrimonial decorrente de acidente do trabalho tem relevância, pois importou em influência na concepção de lapsos prescricionais, consoante decidida a matéria pela Justiça Comum ou pela Justiça do Trabalho. Após acalorada controvérsia, o Supremo Tribunal Federal reviu sua decisão anterior, preconizando a competência da Justiça Comum. No julgamento do Conflito de Competência nº 7204-1/MG, de 29.06.2005, o Plenário do Supremo Tribunal Federal entendeu ser da Justiça do Trabalho a competência para o processamento e julgamentos das ações indenizatórias de acidentes de trabalho e doenças profissionais movidas pelos empregados em face dos empregadores. Houve, portanto, radical mudança de entendimento anterior[5] do mesmo órgão, que entendia a competência da Justiça Comum.

A partir daí, nova discussão surgiu, envolvendo o regime prescricional que se aplicaria ao caso concreto: incidiria a prescrição do art. 7º, inc. XXIX, da Constituição Federal; ou, em razão da natureza do litígio, que envolve matéria de índole civilista, a prescrição seria a do Código Civil (observadas as diferenças temporais entre o Código Civil de 1916 – prescrição vintenária, – e o Código Civil de 2002 – prescrição trienal)?

Prevaleceu a prescrição regida pelo art. 7º, inc. XXIX, da Carta Maior.

A discussão também envolveu o viés intertemporal, ou seja, aqueles casos cuja prescrição não estava consolidada até a entrada em vigor da Emenda Constitucional 45/2004. Aí prevaleceu a corrente doutrinária que defende a prescrição civil para os casos anteriores ao advento da Emenda em comento, mas a data do ajuizamento da ação não definiria entre a prescrição civil ou trabalhista. Levar-se-ia em conta a data do acidente ou da consolidação das lesões decorrentes de doença profissional, data que constitui o marco. Se o marco é anterior ao advento da Emenda Constitucional nº 45/2004, a prescrição é civil; se posterior, prevalece a prescrição trabalhista. O direito regula os "fatos ocorridos" na sua vigência, e não os "fatos ajuizados" na

---

[3] Processo AIRR nº 1174-87.2011.5.03.0054, da 4ª Turma, j. em 11.06.2014, *DEJT* 24.06.2014, rel. Min. Fernando Eizo Ono.
[4] Processo ARR nº 16200-10.2010.5.17.0010, da 6ª Turma, j. em 22.05.2013, *DEJT* 24.05.2013, rel. Min. Kátia Magalhães Arruda.
[5] STF, Recurso Extraordinário nº 438.639/MG, de 09.03.2005.

sua vigência. Assim, o direito aplicável é o vigente na época do fato e não do ajuizamento da respectiva ação. De forma que, se o acidente de trabalho aconteceu anteriormente à Emenda Constitucional nº 45/2004, a prescrição é a do Código Civil; sendo o acidente de trabalho posterior ao advento da Emenda, adota-se a prescrição do inc. XXIX do art. 7º da Constituição, isto é, prescrição trabalhista.

2. O PRAZO

Nota-se, do que foi observado, que os créditos trabalhistas são prescritíveis.

Todavia, em atenção ao art. 9º da Consolidação das Leis do Trabalho, que classifica como nulos de pleno direito os atos praticados que desvirtuam, impedem ou fraudam a aplicação de seus preceitos, há o entendimento forte no sentido de que os atos que geram créditos trabalhistas, com origem na infração da lei trabalhista, são imprescritíveis. Esse entendimento, porém, não prevalece. Em verdade, o art. 9º aponta para a irrenunciabilidade dos direitos trabalhistas. Trata-se de um princípio, também chamado de princípio da indisponibilidade ou da inderrogabilidade dos direitos trabalhistas. Tal norma torna os direitos trabalhistas irrenunciáveis, indisponíveis, inderrogáveis. Contudo, isso não significa imprescritibilidade. O Tribunal Superior do Trabalho, inclusive, pacificou entendimento de que os arts. 11 da Consolidação, e 7º, inc. XXIX, da Constituição, não distinguem ato nulo de ato anulável para fim de prescrição, estando ambos sujeitos à prescrição:

> "Embargos em recurso de revista. Decisão embargada publicada antes da lei nº 11.496/2007. Prescrição. Ato nulo.
>
> A jurisprudência deste colendo Tribunal Superior do Trabalho pacificou-se no sentido de que os arts. 11 da CLT e 7º, XXIX, da Constituição Federal, de 1988 não consagram a distinção entre ato nulo e anulável para fim de prescritibilidade, estando ambos sujeitos aos prazos previstos naqueles dispositivos. Logo, ajuizada a ação depois de transcorrido o biênio imediatamente posterior à rescisão do contrato de trabalho, correta a decisão que extingue o processo com resolução de mérito, visto haver se operado a prescrição total do direito de ação dos reclamantes. Recurso de embargos não conhecido".[6]

Segundo a redação atual do inc. XXIX da Consolidação, o prazo prescricional da ação de cobrança desses créditos é de cinco anos, até o limite de dois anos após a extinção do contrato de trabalho. Dois, daí, são os lapsos temporais previstos: de cinco e de dois anos. Como se operam? Por inclusão: os cinco anos previstos na primeira parte do inciso incluem os dois anos contemplados na segunda parte. Daí que o prazo para o trabalhador urbano ou rural propor ação na Justiça do Trabalho é de dois anos a contar da cessação do contrato de trabalho, podendo-se postular os direitos relativos aos últimos cinco anos, a contar da data do ajuizamento da ação. Ou seja, o prazo de cinco anos é dimensionado pelo prazo de dois anos.

Eis um exemplo que ajudará a compreender a sistemática, levando-se em conta a premissa do art.132 do Código Civil:

> "Salvo disposição legal ou convencional em contrário, computam-se os prazos, excluído o dia do começo, e incluído o do vencimento".

---

[6] TST, E-RR nº 4369889319985015555 436988-93.1998.5.01.5555, da Subseção I Especializada em Dissídios Individuais, j. em 6.11.2008, *DJ* 14.11.2008, rel. Horácio Raymundo de Senna Pires.

Suponha-se que as lesões aos direitos ocorreram com reiteração mensal desde 1º.06.2015, e a extinção do contrato de trabalho tenha se dado em 1º.06.2019. A prescrição do crédito correspondente à lesão em 1º.06.2015 dar-se-á em 2.06.2020. Se o ingresso da ação judicial ocorrer no dia seguinte à extinção do contrato, todos os créditos decorrentes das lesões não estarão prescritos, pois contando-se retrospectivamente o lapso de cinco anos, desde a data de ingresso da ação (2.06.2019), chegar-se-á à data de 1º.06.2014, período pretérito à data da primeira lesão (1º.06.2015). Entretanto, se a ação judicial for proposta na data limite da implementação do prazo prescricional de dois anos (2.06.2020), os créditos decorrente das lesões anteriores ao quinto ano em contagem retrospectiva (1º.06.2015) estarão prescritos.

Atuam, portanto de forma articulada os lapsos de cinco e de dois anos: dois anos para propor a ação, buscando os direitos pendentes nos cinco anos anteriores à extinção do contrato.

É de observar que, enquanto há a relação de trabalho, não inicia a prescrição. Faculta-se, entrementes, ao trabalhador buscar seus direitos durante a relação de trabalho, não havendo um prazo prescricional enquanto perdura tal relação.

Prevalece o prazo da prescrição bienal, que começa a contar do término do contrato de trabalho, incluindo a projeção do aviso prévio proporcional ao tempo de trabalho. Já a prescrição quinquenal é contada a partir da abertura da ação judicial, importando em afirmar que, quanto antes o exequente abrir a ação, mais tempo de trabalho poderá abranger os direitos reclamados.

Faz-se breve referência à questão da sucessão de leis no tempo, que ampliaram os prazos da prescrição trabalhista. Obviamente só interessam aqueles prazos prescricionais que não se esvaíram quando da novel legislação modificadora, ou seja, as prescrições não consumadas. A melhor forma de compreender a sistemática operacional desses prazos diversos que se sucederam é explicada por Luiz F. Carpenter: "A prescrição antiga não completada, a prescrição em curso não é um direito adquirido do prescribente, portanto, consoante o art. 3º da Lei de Introdução, embora nascida tal prescrição sob a vigência da lei antiga, passará a ser regida pela lei nova quer quanto ao prazo, quer quanto às causas suspensivas, quer quanto às causas interruptivas, quer quanto às demais alterações trazidas pela lei nova, sem prejuízo dos fatos consumados na vigência da lei antiga, isto é, o prazo já decorrido, as interrupções e suspensões já acontecidas etc.".[7]

3. ATO ÚNICO, PRESCRIÇÃO TOTAL E PARCIAL

A Súmula nº 294 do Tribunal Superior do Trabalho, de 2003, dispõe que, em se tratando de ação que envolva pedido de prestações sucessivas decorrente de alteração do pactuado, a prescrição é total, exceto quando o direito à parcela esteja também assegurado por preceito de lei:

> "Tratando-se de ação que envolva pedido de prestações sucessivas decorrente de alteração do pactuado, a prescrição é total, exceto quando o direito à parcela esteja também assegurado por preceito de lei".

Esse enunciado visa exclusivamente à prescrição de direitos violados a partir de alterações contratuais.

Neste caso, considera-se a alteração contratual ato único. Ato único é aquele que atinge o elemento de formação do contrato. "É aquele que, de plano, não causa prejuízo ao empregado. É ato que não carrega em si nenhuma valoração negativa. É o caso, por exemplo, da alteração

---

[7] *Da prescrição*, cit., p. 735.

do modo de pagamento do obreiro, de salário fixo para comissão, quando o resultado do ganho mensal continua o mesmo".[8]

O reflexo em se considerar a modificação contratual como ato único é que a prescrição se dá de forma total, imediatamente após a implementação do lapso prescricional. Sob outros termos, quando a infringência a um contrato de trabalho não decorre de uma alteração contratual (ato único), mas, sim, de atos que reiteradamente violam os direitos dos trabalhadores, a prescrição é parcial, e daí o que prescreve são as parcelas na sucessividade em que se tornam inadimplidas.

Ainda, sob outro ângulo, pode-se explicar a prescrição total e parcial com base na própria citada Súmula nº 294. Explica-se. A parte final do verbete excepciona a ideia de prescrição total, ao referir que aquelas prestações sucessivas que sofreram de alteração contratual, caso também estejam protegidas por lei, não se submetem à prescrição total.

> "Quando a pretensão está assegurada por preceito de lei, ainda que a lesão ao direito do reclamante decorra de ato único praticado pelo empregador, deve incidir apenas a prescrição parcial".[9]

Dessa forma, sempre que ocorrer a prescrição do ato único, será ela total. Ao reverso, quando não se estiver tratando de ato único, a prescrição será parcial. Casos práticos, colhidos da jurisprudência, ajudam a aclarar o entendimento:

> "O Tribunal Regional manteve a sentença que acolheu a arguição de prescrição total das pretensões dos reclamantes quanto ao direito às diferenças salariais decorrentes da supressão da gratificação de função comissionada da base de cálculo das vantagens pessoais (VP-GIP 2062 e 2092), nos termos da Súmula nº 294 do TST, e julgou extinto o feito, com resolução do mérito. No caso, não deve incidir a prescrição total, de que trata a Súmula nº 294 do TST, mas sim a parcial quinquenal, pois não houve ato lesivo único do empregador que alterou o contrato de trabalho, mas, sim, descumprimento do que foi pactuado, e que consistiu na alteração da base de cálculo das vantagens pessoais, e ensejou lesão que se renova mês a mês".[10]

Muitas gratificações são pagas aos trabalhadores por um longo período, como por exemplo, a verba denominada "Complemento Temporário Variável de Ajuste ao Piso de Mercado" (CTVA), a gratificação de função comissionada, as gratificações periódicas previstas em contrato, dentre outras. Nesses casos, no entendimento reiterado do Tribunal Superior do Trabalho, ocorre a instituição de um ato único, pois essas gratificações não são asseguradas por lei. Por conseguinte, não obstante essas verbas sejam pagas em prestações sucessivas, como o salário, a prescrição aplicável é a total, e não parcial.

---

[8] TRT da 2ª Região, RO 00008066720135020432/SP 00008066720135020432 A28, da 12ª Turma, j. em 13.03.2014, *DJ* 21.03.2014, rel. Maria Elizabeth Mostardo Nunes.
[9] TST, RR nº 3133-44.2011.5.02.0047, da 7ª Turma, j. em 23.10.2013, *DEJT* 25.10.2013, rel. Luiz Philippe Vieira de Mello Filho.
[10] TST, RR nº 44958720115070000, da 6ª Turma, j. em 26.03.2014, *DEJT* 28.03.2014, rel. Kátia Magalhães Arruda.

4. AS REGRAS DO CÓDIGO CIVIL APLICÁVEIS À PRESCRIÇÃO TRABALHISTA

Conforme leciona Sergio Pinto Martins[11], a CLT não contém "regras procedimentais" relativas à prescrição, aplicando-se o Código Civil para questões relativas à suspensão, interrupção e renúncia de prazo, dentre outras. Inobstante, em termos "materiais", parte-se do prazo prescricional do inc. XXIX do art. 7º da Constituição da República.

Passa-se à análise do Código Civil em relação à prescrição trabalhista.

a) *Violação do direito e nascimento da pretensão*

O art. 189 do Código Civil, que encabeça as disposições gerais sobre o capítulo da prescrição, define a sistemática pela qual uma pretensão jurídica nasce e se extingue. Pretensão jurídica seria o direito que nasce da violação a um direito.

De sorte que, violado um direito, nasce para o titular a pretensão, a qual se extingue pela prescrição. Seguiu-se a tradição jurídica alemã, para a qual a violação do direito traz para o seu titular a pretensão da reparação, ou restauração, ou recomposição. O marco para o início do prazo prescricional é o momento da transgressão ou violação. Tão logo verificado o fato que atingiu e feriu o direito, oportuniza-se o exercício da demanda cabível, que perdura por certo tempo, não sendo indefinido ou eterno.

b) *Prescrição da exceção*

A exceção ao direito prescreve no mesmo prazo da prescrição à pretensão. Sobre a matéria, tratam José Costa Loures e Taís Maria Loures: "Como de saber corrente, exceção é uma espécie do gênero defesa, sendo dita indireta. As exceções se apresentam sob duas formas: a) as substanciais, como compensação, pagamento, novação e prescrição; e b) as formais, ou processuais, como incompetência, impedimento, litispendência e coisa julgada".[12]

c) *Renúncia da prescrição*

O art. 191 do Código Civil trata da renúncia da prescrição, que poderá ser expressa ou tácita, sendo válida apenas se não prejudicar terceiro, e se ocorrer depois que a prescrição se consumar.

Obviamente a lei não poderia impedir a renúncia à prescrição, já que envolve uma questão patrimonial. As pessoas são livres para decidir o que melhor lhes aprouver sobre seu patrimônio, afora algumas exceções. Seria uma indevida invasão do Direito em fatos que não lhe diz respeito. Aplicada na práxis do Direito do Trabalho, a questão da renúncia à prescrição é bastante debatida naqueles casos em que o empregador ajusta um termo de confissão de dívida relativo a parcelas do FGTS junto com o órgão gestor do Fundo, que é a Caixa Econômica Federal. O efeito dessas confissões de dívida, quando já consumada a prescrição, implica em renúncia ao direito de invocá-la em relação às reclamações trabalhistas que objetivem diferenças de depósitos da verba fundiária.[13]

---

11 *Direito do trabalho*. 30ª ed. São Paulo: Atlas, 2014. p. 764.
12 *Novo Código Civil comentado*. Belo Horizonte: Del Rey, 2003. p. 86.
13 TST, E-RR nº 1627-40.2010.5.15.0036, da Subseção I Especializada em Dissídios Individuais, *DEJT* de 02.08.2013, rel. Min. Renato de Lacerda Paiva; AIRR nº 4100-69.2008.5.01.0226, da 2ª Turma, *DEJT* de 09.11.2012, rel. Min. Maria das Graças Silvany Dourado Laranjeira; RR nº 163700-92.2009.5.15.0100, da 8ª Turma, *DEJT* de 02.03.2012, rel. Juíza Convocada Maria Laura Franco Lima de Faria; RR nº 45600-56.2008.5.03.0066, da 2ª Turma, *DEJT* de 24.08.2012, rel. Min. José Roberto Freire Pimenta; RR nº 82800-34.2007.5.03.0066, da 6ª Turma, *DEJT* de 16.12.2011, rel. Min. Mauricio Godinho Delgado; RR nº 15600-39.2009.5.03.0066, da 5ª Turma, *DEJT* de 18.11.2011, rel. Min. João Batista Brito Pereira; RR nº 14500-49.2009.5.03.0066, da 5ª Turma, *DEJT* de 17.06.2011, rel. Min. Emanoel Pereira; RR nº

d) *Proibição em alterar o prazo da prescrição*

A regra do art. 192 da lei civil, pela qual os prazos de prescrição não podem ser alterados por acordo das partes, não tem significado no pertinente ao direito do trabalho. Em primeiro lugar, porque o prazo da prescrição trabalhista é apenas um – aquele do inc. XXIX do art. 7º da Carta. Em segundo lugar, justamente por ser previsão constitucional, não excepcionada pela própria Constituição, que não instituiu a prescrição trabalhista, mas fixou o seu "prazo".

e) *Momento da suscitação da prescrição*

O art. 193 possibilita a alegação da prescrição em qualquer grau de jurisdição. Além do mais, apenas a parte a quem aproveita a prescrição é que pode alegá-la. Em relação ao momento da alegação, o Enunciado nº 153/2003 do Tribunal Superior do Trabalho previa o não conhecimento da prescrição não arguida na instância ordinária. Instância ordinária só pode ser a fase de discussão de conhecimento, de debate amplo de mérito do processo. Por isso seria incabível alegar pela primeira vez a prescrição da fase executiva do feito, ou nos Tribunais que analisam apenas a questão da legalidade. Todavia, se a parte pode alegar a prescrição em qualquer grau de jurisdição e o juiz deve pronunciar de ofício sobre a sua ocorrência, não há mais cabimento ou espaço para a regra exposta na Súmula nº 153, que resta superada.

f) *Conhecimento de ofício da prescrição pelo juiz*

O art. 194 do Código Civil, que impedia o juiz de suprir, de ofício, a alegação de prescrição, salvo se favorecer a absolutamente incapaz, foi revogado pela Lei nº 11.280/2006, que também introduziu o § 5º ao art. 219 do anterior CPC de 1973, encontrando equivalência nos arts. 240, § 1º, e 487, inc. II, do CPC vigente, no sentido completamente inverso, ou seja, de que o juiz pode pronunciar, de ofício, a decadência ou a prescrição.

g) *A prescrição em relação aos menores*

O art. 195 da lei civil contempla que "os relativamente incapazes e as pessoas jurídicas têm ação contra os seus assistentes ou representantes legais, que derem causa à prescrição, ou não a alegarem oportunamente". Em relação aos relativamente menores, porém, há tratamento especial, conforme se verá adiante, por força do art. 440 da Consolidação, firmando que não corre a prescrição relativamente aos menores de dezoito anos.

h) *A sucessão da prescrição*

Quanto ao art. 196, estabelecendo que a prescrição iniciada contra uma pessoa continua a correr contra o seu sucessor, deve ser analisado em conjunto com o art. 448 da Consolidação, o qual, por sua vez, determina que a mudança na propriedade ou na estrutura jurídica da empresa não afetará os contratos de trabalho dos respectivos empregados. A característica da pessoalidade do contrato de trabalho está ligada ao empregado, não ao empregador, de forma que as modificações de estrutura ou de propriedade da empresa não eximem o empregador da responsabilidade trabalhista. O art. 10 da Consolidação também ordena que qualquer alteração na estrutura jurídica da empresa não afetará os direitos adquiridos por seus empregados. Realmente, no Direito do Trabalho, vigora o fenômeno da despersonificação física do tomador de serviço. Reconhece-se a sucessão empresarial quando ocorre transferência total ou parcial da atividade econômica; quando uma empresa utiliza as instalações de outra que lá estava instalada; quando há transpasse de clientela ou carteira de clientes; quando há arrendamento;

83200-48.2007.5.03.0066, da 4ª Turma, *DEJT* de 10.06.2011, rel. Min. Milton de Moura França; TST-RR nº 50500-82.2008.5.03.0066, da 5ª Turma, *DEJT* de 18.03.2011, rel. Min. Kátia Magalhães Arruda; RR nº 6723400-12.2002.5.04.0900, da 8ª Turma, *DJ* de 17.10.2008, rel. Min. Dora Maria da Costa; RR nº 129600-55.1999.5.03.0049, da 1ª Turma, *DJ* de 08.02.2008, rel. Min. Lelio Bentes Corrêa.

quando se dá a transferência do fundo de comércio. Enfim, são variadas as formas pelas quais se caracteriza a sucessão empresarial no Direito do Trabalho, e, nesses casos, a prescrição iniciada contra um empregador continuará a correr contra quem for considerado seu sucessor. A troca de empregador não interrompe ou suspende o lapso prescricional.

i) *Impedimento ou suspensão da prescrição*

O Código Civil elenca casos que impedem ou suspendem a prescrição, e casos que interrompem a prescrição. Aplicam-se essas previsões na órbita trabalhista quando possível. Nesse sentido, o artigo 197 prevê não correr a prescrição entre os cônjuges, na constância da sociedade conjugal; entre ascendentes e descendentes, durante o poder familiar; entre tutelados ou curatelados e seus tutores ou curadores, durante a tutela ou curatela. Nesses casos, havendo relação trabalhista entre esposos ou entre pai e filho, por exemplo, durante o tempo em que dura o casamento ou durante o tempo em que há poder familiar, não corre o lapso prescricional. A questão é controvertida, sendo que Isis de Almeida é um dentre tantos que se manifesta contrariamente: "É certo que, segundo os autores – entre eles Carvalho Santos –, a suspensão (ou o impedimento) da prescrição entre os cônjuges, na constância do casamento, diz respeito, realmente, às ações patrimoniais. Daí a inclusão da ação trabalhista na restrição.

A verdade, porém, é que a relação jurídica que se estabelece, entre marido e mulher, em face da prestação de serviços subordinados de um deles ao outro, em favor de uma atividade econômica definida, nada tem a ver com o vínculo matrimonial, e o trabalho desenvolvido pelo prestador não estaria, de maneira alguma, inserido nas obrigações inerentes ao matrimônio ou nos encargos de família. Não seria justo, portanto, que qualquer dos cônjuges fosse liberado de uma sanção que se estabelece para quem não exercita o seu direito de ação, e que gera uma situação de expectativa permanente que impede o próprio desenvolvimento social, com aquela intranquilidade ou ameaça aos que devem ou são responsáveis por uma obrigação pecuniária... É irrelevante que se considere ou não uma separação de bens no contrato matrimonial; haveria sempre uma separação definida dos bens adquiridos pelo cônjuge empregador, na atividade econômica por ele desenvolvida, conforme o disposto no art. 246 do CC. Esclarece-se que, embora esse dispositivo se refira aos direitos e deveres da mulher, pode ser entendido, no nosso caso, ao marido, se esse for o empregador".[14]

j) *Pessoas contra as quais não corre a prescrição*

Já o artigo 198 do Código Civil enumera contra quem não corre a prescrição: contra os incapazes do art. 3º do próprio *Codex*; contra os ausentes do país em serviço público da União, dos Estados ou dos Municípios; e contra os que se acharem servindo nas Forças Armadas, em tempo de guerra.

Os incapazes do art. 3º do Código Civil são os menores de dezesseis anos, sendo retirados os demais incisos do artigo pela Lei 13.146/2015.

Interessa, no que toca à práxis forense, o absolutamente incapaz em razão da idade. A Consolidação traz capítulo próprio sobre o tema, referindo, em seu artigo 402, que se considera menor o trabalhador de quatorze até dezoito anos. Para os menores a partir dos quatorze anos, segundo o inc. XXXIII do art. 7º da Constituição Federal (Emenda Constitucional nº 20/1998), é possível o trabalho somente na condição de aprendiz. O referido inciso é digno de reprodução:

> "São direitos dos trabalhadores urbanos e rurais, além de outros que visem à melhoria de sua condição social: (...)

---

[14] *Manual da prescrição trabalhista*, cit., p. 205-206.

XXXIII – proibição de trabalho noturno, perigoso ou insalubre a menores de dezoito e de qualquer trabalho a menores de dezesseis anos, salvo na condição de aprendiz, a partir de quatorze anos".[15]

No art. 440 da Consolidação, vem o tema da prescrição no que diz respeito aos menores:

"Contra os menores de 18 (dezoito) anos não corre nenhum prazo de prescrição".

A previsão é idêntica a do parágrafo único do art. 10 da Lei nº 5.889/1973 – Estatuto do Trabalhador Rural.

Ou seja, para o Código Civil, não corre a prescrição para os menores de dezesseis anos, enquanto para a Consolidação das Leis Trabalhistas não corre a prescrição para os menores de dezoito anos. Nitidamente a lei trabalhista é mais benéfica. José Luiz Ferreira Prunes, a respeito da Consolidação, escreve que "esse princípio tem origem no Código Civil, embora este último diploma aponte para a idade de 16 anos, o que é inaplicável ao Direito do Trabalho".[16]

A questão, em nível jurisprudencial, é pacífica. No mais, duas observações são pertinentes:

a) as regras de cessação antecipada da menoridade por emancipação não se aplicam no âmbito do Direito do Trabalho;[17]
b) a prescrição favorecida dos menores de dezoito anos trata apenas do caso em que o próprio empregado é menor de idade.

k) *Situações em que não corre a prescrição*

O art. 199 do CC também adiciona situações em que não corre a prescrição: a condição suspensiva; o prazo não vencido; e a pendência de ação de evicção. No direito trabalhista, interessa a condição suspensiva apenas, pois há intenso debate sobre os reflexos que a suspensão do contrato de trabalho causa na prescrição. Uma das questões diz respeito à suspensão do contrato de trabalho, que não suspende a prescrição. A Orientação Jurisprudencial nº 375, da Seção de Dissídios Individuais I, *DEJT* divulgado em 19, 20 e 22.04.2010, do Tribunal Superior do Trabalho, tem a seguinte redação: "A suspensão do contrato de trabalho, em virtude da percepção do auxílio doença ou da aposentadoria por invalidez, não impede a fluência da prescrição quinquenal, ressalvada a hipótese de absoluta impossibilidade de acesso ao Judiciário". Para o Tribunal, não existe previsão no ordenamento jurídico nacional de hipótese de suspensão do prazo prescricional em razão da suspensão do contrato de trabalho.

Frise-se que o fundamento da suspensão do prazo prescricional é a impossibilidade do titular de um direito em reivindicar esse direito em juízo. Existindo esse óbice, não se pode penalizar o empregado alegando a sua inércia. No entanto, se ausente, entende o Tribunal Superior que não se pode dar guarida ao "descaso" do titular de um direito, permitindo que se invoque o art. 199 do Código Civil para alegar a suspensão da fluência desse prazo, contrariando fundamentos elementares do instituto da prescrição. Assim, o acidente que gerou a suspensão do contrato deve ser de tal gravidade que impossibilite ao empregado a defesa de seus interesses em juízo.

---

[15] O art. 403 da Consolidação repete essa redação constitucional.
[16] *Tratado sobre a prescrição e a decadência no direito do trabalho*. São Paulo: LTr, 1998. p. 230.
[17] JORGE NETO, Francisco Ferreira; CAVALCANTE, Jouberto de Quadros Pessoa. *Direito do trabalho*. 4. ed. Rio de Janeiro: Lumen Juris, 2008. t. II, p. 916.

Não parece haver motivos para se admitir suspenso o prazo prescricional quando o empregado tinha plenas condições de exercer o seu direito de ação.

No entanto, esse entendimento não é pacífico. Há os que defendem a suspensão da prescrição em casos de suspensão do contrato de trabalho. Os defensores dessa tese citam os arts. 475 e 476 da Consolidação das Leis do Trabalho, prescrevendo, respectivamente, que o empregado aposentado por invalidez terá suspenso o seu contrato de trabalho durante o prazo fixado pelas leis de previdência social para a efetivação do benefício; e que, no caso de seguro doença ou auxílio enfermidade, o empregado é considerado em licença não remunerada durante o prazo desse benefício. Esses dois artigos trazem causas de suspensão total e parcial do contrato de trabalho. Quando configuradas as causas, provocam a supressão dos efeitos produzidos por este contrato, fazendo com que ele sofra uma paralisação. Extinta a causa que a originou, a relação contratual normalmente se restabelece, trazendo consigo todos os seus efeitos.

Por sua vez, os arts. 42, e 43, § 1º, alínea *a*, da Lei nº 8.213/1991, em texto da Lei 8.976/1999, a qual dispõe sobre os planos de benefícios da Previdência Social , estabelecem a suspensão do contrato a partir do décimo sexto dia de afastamento do empregado, independentemente do recebimento de auxílio-doença, sem distinção entre incapacidade decorrente de acidente de trabalho, doença profissional ou outro tipo de doença que ocorra com o trabalhador. Na jurisprudência, não são poucos os julgados nesse sentido, como neste caso julgado pelo Tribunal Regional do Trabalho da Segunda Região:

> "Em caso de seguro doença ou auxílio enfermidade, o empregado é considerado em licença não remunerada, durante o prazo desse benefício. Destarte, o contrato de trabalho do reclamante encontra-se suspenso a partir do afastamento pelo INSS. E a concessão de aposentadoria por invalidez não altera a situação, eis que, nos moldes do art. 475 da CLT, 'o empregado que for aposentado por invalidez terá suspenso o seu contrato de trabalho durante o prazo fixado pelas leis de Previdência Social para a efetivação do benefício'. E o art.199, I, do vigente Código Civil, inserido no capítulo que trata da prescrição e da decadência, dispõe: 'Não corre igualmente a prescrição: I – pendendo condição suspensiva'. Daí que, estando suspenso o contrato de trabalho do autor... O curso da prescrição encontra-se igualmente suspenso (art. 199, CCB), não havendo falar em exaurimento de prazo prescricional".[18]

l) *A prescrição ante o fato pendente de apuração no juízo criminal.* Já o art. 200 do Código Civil expressa:

> "Quando a ação se originar de fato que deva ser apurado no juízo criminal, não correrá a prescrição antes da respectiva sentença definitiva".

Com a reforma que a Emenda Constitucional nº 45/2004 proporcionou, conferindo à Justiça do Trabalho a competência para processar e julgar as ações de indenização por dano moral ou patrimonial decorrentes da relação de trabalho, dentre outras, resta cristalina a aplicabilidade do artigo em análise no âmbito trabalhista. Exemplo que se retira da jurisprudência é a hipótese de ação de indenização por danos morais decorrentes de acusação feita pelo empregador da prática de crime pelo trabalhador. Pela razão de o dano moral se originar de fato que deve ser

---

[18] Recurso Ordinário, Acórdão nº 20131362229, Processo nº 00005583320115020251, da 4ª Turma, j. em 10.12.2013, *DJ* 10.01.2014, rel. Ricardo Artur Costa e Trigueiros; revisora Ivani Contini Bramante.

apurado no juízo criminal, o prazo prescricional fica suspenso até que sobrevenha a respectiva sentença criminal.

m) *Efeitos da suspensão da prescrição para os credores solidários*

O art. 201 do Código Civil traz a previsão dos efeitos da suspensão da prescrição para os credores solidários. Segundo a norma, a suspensão da prescrição em favor de um dos credores solidários só aproveitará os outros credores se a obrigação for indivisível. Aplica-se essa previsão, na Justiça do Trabalho. Caso clássico é a morte do empregado, existindo, entre seus sucessores, um menor. O transcurso do prazo prescricional suspende-se para esse menor, começando a fluir somente a partir do momento em que este alcance a maioridade. Essa suspensão aproveita os demais herdeiros, na medida em que a suspensão da prescrição aplica-se a todos os sucessores, pois o crédito trabalhista do *de cujus* é indivisível e os credores são solidários.

n) *Causas que interrompem a prescrição*

Passa-se para a análise das causas que interrompem a prescrição, que estão veiculadas aos arts. 202 a 204, do Código Civil, em relação ao Direito do Trabalho.

O art. 202 traz uma série de hipóteses em que ocorre a interrupção da prescrição: por despacho do juiz, mesmo incompetente, que ordenar a citação, se o interessado a promover no prazo e na forma da lei processual; por protesto, nas condições do inciso antecedente; por protesto cambial; pela apresentação do título de crédito em juízo de inventário ou em concurso de credores; por qualquer ato judicial que constitua em mora o devedor; por qualquer ato inequívoco, ainda que extrajudicial, que importe reconhecimento do direito pelo devedor.

Eis o texto:

> "A interrupção da prescrição, que somente poderá ocorrer uma vez, dar-se-á:
>
> I – por despacho do juiz, mesmo incompetente, que ordenar a citação, se o interessado a promover no prazo e na forma da lei processual;
>
> II – por protesto, nas condições do inciso antecedente;
>
> III – por protesto cambial;
>
> IV – pela apresentação do título de crédito em juízo de inventário ou em concurso de credores;
>
> V – por qualquer ato judicial que constitua em mora o devedor;
>
> VI – por qualquer ato inequívoco, ainda que extrajudicial, que importe reconhecimento do direito pelo devedor".

A prescrição pode ser interrompida somente uma única vez,[19] e, desde que interrompida, recomeçará a correr da data do ato que a interrompeu, ou do último ato do processo que a interromper – no caso de a interrupção ocorrer em face de processo judicial.[20]

Ademais, a prescrição pode ser interrompida por qualquer interessado.

---

19 "Prescrição. Interrupção. A interrupção da prescrição ocorre somente uma única vez com a distribuição da primeira reclamatória" (TRT-2, RO nº 00013476520115020046/SP 00013476520115020046 A28, da 17ª Turma, j. em 08.04.2014, *DJ* 23.04.2014, rel. Álvaro Alves Nôga).

20 "Prescrição. Interrupção. A contagem do marco prescricional se dá a partir do último ato processual praticado nos autos com cunho decisório que pôs fim ao processo" (TRT-1, RO nº 00014844120105010036/RJ, da 4ª Turma, j. em 29.04.2014, *DJ* 12.05.2014, rel. Ângela Florêncio Soares da Cunha).

Em relação às hipóteses interruptivas, o inc. I do art. 202 do CC determina que o despacho do juiz, mesmo que incompetente, que ordenar a citação, interrompe a prescrição. Nesse caso, a citação deve ser promovida no prazo e na forma da lei processual – Código de Processo Civil, art. 240. A particularidade é que, no processo do trabalho, o simples ajuizamento da ação tem o condão de interromper o fluxo do prazo prescricional, sendo inaplicável, ao reclamante, o ônus de promover a citação, porque ela é feita de ofício na Justiça do Trabalho, mediante notificação, e de forma automática, pela Secretaria da Vara do Trabalho, e não por meio de despacho do juiz na petição inicial.[21]

A ação de protesto é compatível com o processo do trabalho, consoante entendimento consagrado na Orientação Jurisprudencial nº 392 da Seção de Dissídios Individuais-1, do Tribunal Superior do Trabalho (*DEJT* divulgado em 09, 10 e 11.06.2010): "O protesto judicial é medida aplicável no processo do trabalho, por força do art. 769 da CLT",[22] sendo que o seu ajuizamento, por si só, interrompe o prazo prescricional, em razão da inaplicabilidade do § 2º do art. 240 do CPC, que impõe ao autor da ação o ônus de promover a citação do réu, por ser ele incompatível com o disposto no art. 841 da CLT.

Retira-se da jurisprudência trecho do relatório de um acórdão, que ajuda a entender a utilidade do protesto na Justiça do Trabalho:

> "O autor não se conforma com o julgamento de improcedência da ação, com base no art. 269, inc. IV, do Código de Processo Civil, pela pronúncia da prescrição total. Sustenta que o Sindicato dos Trabalhadores em Empresas de Telecomunicações e Operadores de Mesas Telefônicas no Estado do Rio Grande do Sul – SINTTEL/RS ajuizou protesto interruptivo da prescrição em 23.02.2012, a fim de garantir aos ex-trabalhadores da primeira reclamada (ETE – Engenharia de Telecomunicações e Eletricidade Ltda.) e aos sindicalizados não apenas o direito de pleitearem judicialmente o reconhecimento de vínculo de emprego com a segunda reclamada (Oi S.A.), mas também o de postularem o pagamento de verbas trabalhistas inadimplidas, independentemente da declaração ou não de vínculo com a tomadora. Afirma que o protesto ajuizado pelo sindicato alberga os pedidos formulados na presente reclamatória, interrompendo, portanto, o prazo prescricional, nos termos da OJ nº 392 da SDI-1 do TST. Transcreve jurisprudência que entende amparar a sua pretensão. Argumenta ter havido a suspensão do prazo prescri-

---

[21] "Prescrição. Interrupção. Ação arquivada. Ausência de citação. No processo do trabalho, o simples ajuizamento da ação tem o condão de interromper o fluxo do prazo prescricional, sendo inaplicável o dispositivo do CPC que impõe ao autor da ação o ônus de promover a citação, porque ela é feita de ofício (notificação) e automaticamente pela Secretaria da Vara, e não por meio de despacho do juiz na petição inicial" (TRT-1, RO nº 13554220105010034/RJ, da 3ª Turma, j. em 23.01.2012, *DJ* 02.06.2012, rel. Rildo Brito).

"Recurso ordinário. Protesto judicial. Interrupção da prescrição. No processo trabalhista não ocorre o despacho citatório tal como no processo civil, de forma que a citação é realizada de ofício, promovida pela Secretaria da Vara ou pelo Distribuidor de Feitos. Assim, a prescrição não se interrompe somente com a realização da notificação, e sim no momento em que o protesto é ajuizado. Omissa a CLT, a interpretação do art. 219 do Código de Processo Civil deve ser compatibilizada com as peculiaridades do Processo do Trabalho, bastando simplesmente a propositura do protesto para a interrupção da prescrição, ao contrário do que ocorre no processo civil em que os efeitos dessa interrupção apenas são atingidos pela citação válida. Recurso do reclamante a que se dá provimento" (TRT-1, RO nº 1578009820085010021/RJ, da 7ª Turma, j. em 15.04.2013, *DJ* 07.05.2013, rel. Paulo Marcelo de Miranda Serrano). O citado art. 219 corresponde ao art. 240 do CPC de 2015.

[22] O art. 769 da Consolidação prescreve que, nos casos omissos, o direito processual comum será fonte subsidiária do direito processual do trabalho, exceto naquilo que for incompatível com o regramento especial do direito do trabalho.

cional entre a data do 'Requerimento de Acordo na CCP' e a da lavratura do termo de acordo".[23]

No protesto judicial utilizado para interromper a prescrição, deve ser considerado como marco inicial o ajuizamento de notificação, conforme arts. 726 a 729 do Código de Processo Civil. Manifesta-se a disposição de interromper a prescrição quinquenal para resguardar o direito de ajuizar futura ação contra o empregador, na defesa dos direitos decorrentes do contrato de trabalho. Externa-se o pedido mediante uma notificação, alegando-se a existência de um direito, que será exercido dentro do prazo prescricional, o qual recomeça a partir da efetivação da notificação. Não se faz necessária a instauração do contraditório, posto que existe a mera exposição do direito pendente. Impõe-se, obviamente, que a parte demandada seja cientificada. A seguinte decisão expressa a realidade da espécie:

> "Na ação de protesto o autor exterioriza manifestação de vontade, declarando algum direito ou pretensão que afirma serem seus, ou manifestando vontade de exercê-los. Trata-se de medida cautelar preventiva, com o objetivo de assegurar o ajuizamento de futura reclamação trabalhista. Deferido o protesto e notificada a requerida, não caberá qualquer recurso, porque exaurida a função jurisdicional. Como ensina Luiz Fux e estabelece expressamente o art. 871 do CPC, a não contenciosidade dessa manifestação preventiva justifica a regra de que o protesto não admite defesa nem contraprotesto nos autos, embora o requerido possa contraprotestar em processo distinto. Não há falar em violação aos princípios constitucionais do duplo grau de jurisdição, ampla defesa e contraditório. Em se tratando de medida cautelar preventiva, com o objetivo apenas de prevenir o ajuizamento de futura reclamação trabalhista, não há qualquer prejuízo para a parte, tendo em vista não haver condenação, mas tão somente resguardada a interrupção do prazo prescricional. Acertada a decisão que entendeu incabível na espécie o recurso interposto pela demandada, se insurgindo contra a decisão que não conheceu da defesa apresentada, ante a vedação expressa do art. 871 do CPC. Agravo a que se nega provimento".[24]

O protesto cambial e a apresentação de título de crédito em juízo de inventário ou em concurso de credores raramente encontram aplicabilidade no direito do trabalho, o que não importam em inviabilidade.

O título de crédito decorrerá de direitos trabalhistas. Somente existirá depois da condenação em uma demanda trabalhista, e uma vez levada a termo a liquidação, com o cálculo das quantias devidas. A prescrição se operará após o decurso de prazo de cinco anos de omissão do credor em exigir o crédito. O título é considerado um documento público de crédito, pois emanado de um processo judicial, parecendo coerente a incidência, então, do art. 206, § 5º, inc. I, do Código Civil. Assim, não falece razoabilidade admitir a interrupção com o seu protesto. Além disso, a exteriorização do recebimento mediante a apresentação em juízo de inventário ou em concurso de credores faz recomeçar o prazo prescricional.

---

[23] O citado art. 269, inc. IV, corresponde ao art. 487, inc. II, do atual CPC. Tribunal Regional da Quarta Região, Processo nº 0001038-28.2012.5.04.0701 (RO), da 7ª Turma. j. em 28.11.2013, Origem: 1ª Vara do Trabalho de Santa Maria, relatora Tânia Regina Silva Reckziegel.

[24] O mencionado art. 871 não tem regra correspondente no atual CPC. Acórdão TRT da 8ª Região, AI/RO nº 0000026-95.2012.5.08.0012, da 2ª Turma, j. em 3.10.2012, relª Desª. Elizabeth Fátima Martins Newman.

A prescrição também é interrompida por qualquer ato judicial que constitua em mora o devedor. O seguinte exemplo colhido da jurisprudência ilustra a presente hipótese:

"No caso em tela, a decisão de conhecimento transitou em julgado em 23.05.2005, com julgamento dos embargos de declaração (fls. 1046). Em 29.05.2005 o agravante foi regularmente notificado para dar início à execução, com a apresentação das contas de liquidação do julgado. Entretanto, permaneceu em silêncio. O reclamante atravessou petição, em 06.11.2006, pugnando pelo cumprimento da obrigação de fazer fixada no título judicial, qual seja, anotações na CTPS. Tal solicitação veio a ser atendida em 08.01.2007. Reiterada a notificação para liquidação do julgado em 08.03.2007 (fls. 1064), mais uma vez o autor não se pronunciou. Em 28.04.2007 o agravante peticionou ao juízo de base solicitando levantamento de alvará judicial, para levantamento de depósito recursal. O insigne Juiz de primeiro grau declarou a prescrição de ofício, com base na Súmula nº 150 do TST, em 05.08.2008, por entender que o reclamante deixou transcorrer o prazo de dois anos sem promover a liquidação do julgado, embora tenha sido devidamente notificado para tal. O atual Código Civil define a prescrição como a perda da pretensão do direito, nos moldes do art. 189, *in verbis*:

'Violado o direito, nasce para o titular a pretensão, a qual se extingue, pela prescrição, nos prazos a que aludem os arts. 205 e 206'.

Sob essa óptica, a perda da pretensão está intrinsecamente ligada à inércia do titular do direito, no que tange à movimentação do processo, o que não foi o caso dos autos. É que o autor se manifestou mais de uma vez nos autos, requerendo o cumprimento do comando sentencial, em relação à obrigação de fazer imposta à primeira reclamada para a atualização e baixa na CTPS. Assim, não há que se falar em inércia, e, por consequência, em prescrição. É hipótese de interrupção da prescrição. O art. 202 do CC/2002 dispõe sobre as hipóteses de interrupção da prescrição, nos termos seguintes:

'A interrupção da prescrição, que somente poderá ocorrer uma vez, dar-se-á: (...) V – por qualquer ato judicial que constitua em mora o devedor'.

Ao requerer o cumprimento da decisão, mesmo que parcialmente, o credor manifestou seu interesse na execução do feito, constituindo em mora o devedor em face da previsão do comando sentencial no sentido de fixar: 'Como obrigação de fazer deve a primeira reclamada proceder à atualização e baixa na CTPS do reclamante, sob pena de fazê-lo a secretaria deste Juízo, supletivamente'. Dessa feita, a prescrição da pretensão do autor foi interrompida, desde o ato judicial que constitui em mora o devedor (art. 202, V, do CC) até o cumprimento do comando sentencial, em 8.01.2007, quando, então, recomeçou a contagem do prazo prescricional bienal. Por óbvio, a ação em tela não se encontra prescrita, motivo pelo qual afasto a prescrição pronunciada".[25]

Finalmente, prevê o art. 202 do Código Civil que qualquer ato inequívoco, ainda que extrajudicial, que importe reconhecimento do direito pelo devedor, interrompe a prescrição. Novamente, buscam-se situações práticas para ilustrar a hipótese, evitando-se, assim, argumentação prolixa:

"Caixa Econômica Federal. Horas extras além da 6ª diária. Interrupção da prescrição. Art. 202, VI, do Código Civil. Hipótese em que o Banco reclamado reconhece, por meio de comunicação interna numerada e datada, a obrigação de pagar as horas extras além

---

[25] TRT da 5ª Região, Agravo de Petição nº 00959-2002-007-05-00-2-AP, da 2ª Turma, *DJ* de 26.03.2009, rel. Renato Mário Borges Simões.

da sexta diária a todos os empregados que ocupem ou tenham ocupado, por qualquer período nos últimos cinco anos, cargo em comissão cuja jornada foi ajustada para seis horas. Ato inequívoco extrajudicial que importa reconhecimento do direito pretendido, autorizando a interrupção do prazo prescricional, na forma do art. 202, VI, do Código Civil...".[26]

"Recurso ordinário da reclamante. Interrupção da prescrição. O art. 202, VI, do Código Civil, de aplicação subsidiária ao Direito do Trabalho, conforme o disposto no art. 8º, parágrafo único, da CLT, estabelece a interrupção da prescrição por qualquer ato inequívoco, ainda que extrajudicial, que importe reconhecimento do direito pelo devedor. Hipótese em que o documento extrajudicial juntado pelo reclamante expressa ato inequívoco da reclamada, pelo qual noticiou a seus empregados o reconhecimento do direito ao pagamento das 7ª e 8ª horas como extras, ensejando a interrupção da prescrição. Recurso provido, no tópico".[27]

Igualmente o acordo extrajudicial encaixa-se nessa previsão:

"Prescrição. Interrupção. Acordo extrajudicial interrompe, sim, a prescrição, que recomeça a correr no dia posterior imediato à celebração do mesmo, e não após o pagamento dos valores acordados. Recurso ordinário conhecido e não provido".[28]

Além dessas hipóteses do art. 202 do Código Civil, caso particular surgiu na práxis trabalhista, envolvendo ação arquivada. Foi editada a Súmula nº 268/2003 pelo Tribunal Superior do Trabalho, no sentido de que a "ação trabalhista, ainda que arquivada, interrompe a prescrição somente em relação aos pedidos idênticos". Nessa senda, a jurisprudência vem exigindo que o reconhecimento da interrupção da prescrição prevista nesta súmula reclama prova de identidade de pedidos entre as ações trabalhistas – a ação arquivada e a nova ação.

Outro caso interessante refere-se à reclamação administrativa. Isis de Almeida, citando Eduardo Gabriel Saad, explica que a reclamação administrativa concernente à falta de anotação de Carteira de Trabalho – arts. 36 a 39 da Consolidação – tem efeito de interromper a prescrição: "Trata-se de hipótese que não foi arrolada pela Consolidação das Leis do Trabalho e pelo Código Civil. Considerando-se, porém, os fins últimos do Direito do Trabalho e a circunstância de que o empregado recorre à autoridade administrativa do trabalho no exercício de uma faculdade legal, entendemos que, no caso, está configurada a interrupção do prazo prescricional, cuja contagem, de ordinário, se inicia na data da dissolução do contrato de trabalho".[29] A questão é controvertida, com inúmeros julgados que admitem e outro tantos que não admitem a reclamação administrativa como ato apto a interromper a prescrição. O Tribunal Regional do Trabalho da Décima Quinta Região já se manifestou no sentido de que o processo administrativo de reclamação movido junto ao Ministério do Trabalho interrompe o fluxo do prazo prescricional.[30] Em sentido contrário, porém, o Tribunal Regional do Trabalho da Terceira Região julgou que:

---

[26] TRT da 10ª Região, Recurso Ordinário nº 01639-2011-018-10-00-7 RO, da 3ª Turma, j. em 01.08.2012, *DEJT* de 10.08.2012, rel. Des. Douglas Alencar Rodrigues.
[27] TRT da 4ª Região, Recurso Ordinário nº 0000922-04.2011.5.04.0007, da 7ª Vara do Trabalho de Porto Alegre, j. em 12.09.2013, rel. José Felipe Ledur.
[28] TRT da 1ª Região, 2ª Turma, RO nº 03696009320035010481/RJ, j. em 15.05.2006, *DJ* 19.07.2006, rel. Glória Regina Ferreira Mello.
[29] *Manual da prescrição trabalhista,* cit., p. 139.
[30] TRT da 15ª Região, RO nº 27796 SP 027796/2003, *DJ* 19.09.2003, rel. Luiz Antonio Lazarim.

"a única exceção à regra geral de interrupção por ato extrajudicial, refere-se ao reconhecimento inequívoco, por parte do devedor, do direito pretendido (art. 172, V). Assim, o requerimento ou reclamação administrativa dirigidos ao empregador, não produzem o efeito jurídico de interromper a prescrição em curso".[31]

o) *Efeitos da interrupção da prescrição na obrigação solidária*

Vejam-se as normas do art. 204 e de seus parágrafos do Código Civil:

"A interrupção da prescrição por um credor não aproveita aos outros; semelhantemente, a interrupção operada contra o codevedor, ou seu herdeiro, não prejudica aos demais coobrigados.

§ 1º A interrupção por um dos credores solidários aproveita aos outros; assim como a interrupção efetuada contra o devedor solidário envolve os demais e seus herdeiros.

§ 2º A interrupção operada contra um dos herdeiros do devedor solidário não prejudica os outros herdeiros ou devedores, senão quando se trate de obrigações e direitos indivisíveis.

§ 3º A interrupção produzida contra o principal devedor prejudica o fiador".

Pelos termos do *caput* do dispositivo, a interrupção da prescrição por um credor não aproveita aos outros. Da mesma forma, a interrupção operada contra o codevedor, ou seu herdeiro, não prejudica aos demais coobrigados. Ou seja, os efeitos da interrupção não se expandem para as demais partes do mesmo polo obrigacional. Todavia, no caso de a obrigação ser solidária e indivisível, a interrupção por um dos credores solidários aproveita aos outros, assim como a interrupção efetuada contra o devedor solidário envolve os demais e seus herdeiros. Em resumo, havendo responsabilidade solidária de obrigação indivisível, a interrupção da prescrição surte efeito para todos.

Em outro campo, a matéria dirige-se aos herdeiros do devedor solidário: a interrupção não prejudica os outros herdeiros ou devedores, a menos que envolvidas obrigações e direitos indivisíveis, em que existe indistinção de pessoas responsáveis.

Por último, há o efeito da interrupção da prescrição quanto ao fiador: simplesmente faz interromper o prazo da responsabilidade do fiador. Constitui a regra a aplicação do princípio da acessoriedade da fiança, deixando de existir a responsabilidade do fiador tão logo desapareça a do devedor.

De modo que, promovendo o credor a interrupção da prescrição contra o devedor, fatalmente fica interrompida a prescrição contra o fiador, sem a necessidade de que providencie na sua notificação.

Na esfera trabalhista, a responsabilidade solidária é debatida em conjunto com a responsabilidade subsidiária. Como ambas as responsabilidades não se confundem, os efeitos da interrupção da prescrição, em cada caso, não é o mesmo.

A culpa *in vigilando* do tomador dos serviços, por exemplo, é caso de responsabilidade subsidiária. Assim, a interrupção da prescrição operada contra a responsável principal não prejudica o responsável subsidiário.[32] A Súmula nº 331/2011, do Tribunal Superior do Trabalho,

---

[31] TRT da 3ª Região, RO nº 1139190 11391/90, da 2ª Turma, *DJMG* de 31.01.1992, rel. Sebastião Geraldo de Oliveira.
[32] TST, RR nº 122002520095010243, da 6ª Turma, j. em 28.05.2014, *DEJT* de 30.05.2014, rel. Augusto César Leite de Carvalho.

em seu item 4º, prescreve que "o inadimplemento das obrigações trabalhistas, por parte do empregador, implica a responsabilidade subsidiária do tomador dos serviços quanto àquelas obrigações, desde que haja participado da relação processual e conste também do título executivo judicial". Todavia, atente-se: o tomador dos serviços somente pode ser responsabilizado subsidiariamente pelos débitos trabalhistas do empregador direto quando houver participado como litisconsorte da reclamação trabalhista principal, sob pena de vulneração aos mais basilares princípios constitucionais de processo, como o princípio do contraditório.

É caso clássico de responsabilidade solidária a ocorrência de sucessão de empregador, que se dá, segundo o art. 448 da Consolidação, com a mudança na propriedade ou na estrutura jurídica da empresa. Existe a sucessão, dentre outros casos, quando ocorre mudança na propriedade da empresa ou alguma alteração significativa na sua estrutura jurídica, sendo que a empresa continua utilizando-se dos serviços dos empregados da sucedida. As reestruturações societárias e patrimoniais também não afastam a solidariedade entre as empresas resultantes da reestruturação.

Revela-se clássica a responsabilidade solidária decorrente da formação dos grupos empresariais. O § 2º do art. 2º da Consolidação, em redação da Lei 13.467/2017, firma a solidariedade solidária na interligação de empresas:

> "Sempre que uma ou mais empresas, tendo, embora, cada uma delas, personalidade jurídica própria, estiverem sob a direção, controle ou administração de outra, ou ainda quando, mesmo guardando cada uma sua autonomia, integrem grupo econômico, serão responsáveis solidariamente pelas obrigações decorrentes da relação de emprego".

O contrato de subempreitada enseja, igualmente, responsabilidade solidária da empreiteira principal, nos termos do art. 455 da Consolidação:

> "Nos contratos de subempreitada responderá o subempreiteiro pelas obrigações derivadas do contrato de trabalho que celebrar, cabendo, todavia, aos empregados, o direito de reclamação contra o empreiteiro principal pelo inadimplemento daquelas obrigações por parte do primeiro.
>
> Parágrafo único. Ao empreiteiro principal fica ressalvada, nos termos da lei civil, ação regressiva contra o subempreiteiro e a retenção de importâncias a este devidas, para a garantia das obrigações previstas neste artigo".

Enfim, esses são apenas os casos mais corriqueiros de responsabilidade solidária nas relações trabalhistas. Cabível a lembrança do art. 167 do Código Civil de 1916, o qual determinava que, com o principal, prescrevia o acessório. A regra deixou de ser prevista no atual Código Civil por questões óbvias, pois trata-se de verdadeiro princípio de Direito Civil. No entanto, o Código Civil vigente faz referência à exceção, no art. 190, que pode ser concebida como um incidente acessório da pretensão principal:

> "A exceção prescreve no mesmo prazo em que a pretensão".

5. FUNDO DE GARANTIA POR TEMPO DE SERVIÇO E A PRESCRIÇÃO

Em relação ao Fundo de Garantia por Tempo de Serviço, previsto no art. 7º, inc. III, da Constituição Federal, o prazo da prescrição era de trinta anos, nos termos originais do art. 23, § 5º, da Lei nº 8.036/1990:

"O processo de fiscalização, de autuação e de imposição de multas reger-se-á pelo disposto no Título VII da CLT, respeitado o privilégio do FGTS à prescrição trintenária".

A jurisprudência trabalhista consagrava a regra, respeitado o prazo de dois anos depois de cessada a relação de trabalho para buscar o direito:

"FGTS – Prescrição trintenária: É de trinta anos o prazo para se exigir o correto depósito na conta vinculada do trabalhador, observado o prazo de dois anos após o término do contrato de trabalho. Nesse sentido o entendimento jurisprudencial consagrado, consubstanciado nas Súmulas 362 do TST e 210 do STJ, e ainda o art. 23, § 5°, da Lei n° 8.036/1990".[33]

Sobre o assunto, havia a Súmula n° 210/1998 do STJ: "A ação de cobrança das contribuições para o FGTS prescreve em 30 (trinta) anos".

Também o TST tinha lançado a Súmula n° 362/2003, a respeito: "É trintenária a prescrição do direito de reclamar contra o não recolhimento da contribuição para o FGTS, observado o prazo de 2 (dois) anos após o término do contrato de trabalho".

No entanto, o STF, em razoável e coerente entendimento, após o reconhecimento de repercussão geral, considerou inconstitucional o final do § 5° do art. 23 da Lei n° 8.036/1990, a partir da lesão do direito, tendo em vista a necessidade de certeza e estabilidade nas relações jurídicas, já que o FGTS situa-se dentro dos direitos assegurados ao trabalhador urbano e rural, cujo prazo prescricional está fixado no art. 7°, inc. XXIX, da Constituição Federal, sendo de cinco anos. Eis a ementa da decisão, da relatoria do Min. Gilmar Mendes:

"Recurso extraordinário. Direito do Trabalho. Fundo de Garantia por Tempo de Serviço (FGTS). Cobrança de valores não pagos. Prazo prescricional. Prescrição quinquenal. Art. 7°, XXIX, da Constituição. Superação de entendimento anterior sobre prescrição trintenária. Inconstitucionalidade dos arts. 23, § 5°, da Lei n° 8.036/1990 e 55 do Regulamento do FGTS aprovado pelo Decreto n° 99.684/1990. Segurança jurídica. Necessidade de modulação dos efeitos da decisão. Art. 27 da Lei n° 9.868/1999. Declaração de inconstitucionalidade com efeitos *ex nunc*. Recurso extraordinário a que se nega provimento".[34]

As razões da mudança de entendimento estão bem claras e compatíveis ao caráter de direito trabalhista que encerra o FGTS, cuja visibilidade transparece neste trecho do voto do Ministro Relator:

"Isso porque o art. 7°, XXIX, da Constituição de 1988 contém determinação expressa acerca do prazo prescricional aplicável à propositura das ações atinentes a 'créditos resultantes das relações de trabalho'.

Eis o teor do referido dispositivo constitucional:

'Art. 7° (...) XXIX – ação, quanto aos créditos resultantes das relações de trabalho, com prazo prescricional de cincos anos para os trabalhadores urbanos e rurais, até o limite

---

[33] TRT/MG, Recurso Ordinário n° 00245-2009-140-03-00-4 RO, da 4ª Turma. j. em 16.09.2009, *DJ* 28.09.2009.
[34] STF, Pleno, ARE n° 709.212/DF, j. 13.11.2014.

de dois anos após a extinção do contrato de trabalho' (redação determinada pela Emenda Constitucional nº 28/2000).

Desse modo, tendo em vista a existência de disposição constitucional expressa acerca do prazo aplicável à cobrança do FGTS, após a promulgação da Carta de 1988, não mais subsistem as razões anteriormente invocadas para a adoção do prazo de prescrição trintenário.

Nesse sentido o magistério de Sérgio Pinto Martins:

'Com a Constituição de 1988, o FGTS passou a ser um direito do trabalhador (art. 7º, III, da Constituição). O prazo de prescrição para sua cobrança também deve observar os prazos normais do inciso XXIX do art. 7º da Constituição. Dessa forma, não poderia o § 5º do art. 23 da Lei nº 8.036 tratar diversamente da Constituição e especificar o prazo de prescrição de trinta anos. Se a lei maior regula exaustivamente a matéria de prescrição no inciso XXIX do art. 7º, não poderia a lei ordinária tratar o tema de forma diferente' (MARTINS, Sérgio Pinto. Prescrição do FGTS para o empregado. *Repertório IOB de Jurisprudência*. Trabalhista e Previdenciário, 13/99).

Não há dúvida de que os valores devidos ao FGTS são 'créditos resultantes das relações de trabalho', na medida em que, conforme salientado anteriormente, o FGTS é um direito de índole social e trabalhista, que decorre diretamente da relação de trabalho (conceito, repita-se, mais amplo do que o da mera relação de emprego).

Registre-se que a aplicabilidade do disposto no art. 7º, XXIX, da Constituição à cobrança judicial dos valores relativos FGTS foi reconhecida até mesmo pelo Tribunal Superior do Trabalho, embora apenas de forma parcial, restritiva e até mesmo contraditória.

Refiro-me à edição, em 2003, do Enunciado nº 362, segundo o qual '*é trintenária a prescrição do direito de reclamar contra o não recolhimento da contribuição para o FGTS, observado o prazo de 2 (dois) anos após o término do contrato de trabalho*'.

Em outras palavras, a Corte Trabalhista entendeu ser aplicável apenas a parte do dispositivo constitucional que prevê o prazo de dois anos após a extinção do contrato de trabalho, olvidando-se do disposto na primeira parte do dispositivo (o direito de reclamar o depósito do FGTS somente alcançaria os últimos cinco anos).

Tal entendimento revela-se, a meu ver, além de contraditório, em dissonância com os postulados hermenêuticos da máxima eficácia das normas constitucionais e da força normativa da Constituição.

O princípio da proteção do trabalhador, não obstante a posição central que ocupa no Direito do Trabalho, não é apto a autorizar, por si só, a interpretação – defendida por alguns doutrinadores e tribunais, inclusive pelo Tribunal Superior do Trabalho – segundo a qual o art. 7º, XXIX, da Constituição estabeleceria apenas o prazo prescricional mínimo a ser observado pela legislação ordinária, inexistindo óbice à sua ampliação, com vistas à proteção do trabalhador".

Decidiu o STF, também, nos termos do voto do Relator, modular no tempo os efeitos decisão, de modo a respeitar as situações de prazos já iniciados e que se encontram em andamento:

"A modulação que se propõe consiste em atribuir à presente decisão efeitos *ex nunc* (prospectivos). Dessa forma, para aqueles cujo termo inicial da prescrição ocorra após a data do presente julgamento, aplica-se, desde logo, o prazo de cinco anos. Por outro lado, para os casos em que o prazo prescricional já esteja em curso, aplica-se o que ocorrer primeiro:

30 anos, contados do termo inicial, ou 5 anos, a partir desta decisão. Assim se, na presente data, já tenham transcorrido 27 anos do prazo prescricional, bastarão mais 3 anos para que se opere a prescrição, com base na jurisprudência desta Corte até então vigente. Por outro lado, se na data desta decisão tiverem decorrido 23 anos do prazo prescricional, ao caso se aplicará o novo prazo de 5 anos, a contar da data do presente julgamento".

Daí ter advindo a Lei 13.932/2019, que suprimiu a parte final do art. 23, § 5º, da Lei nº 8.036/1990, para incidir, pois, o disposto no inciso XXIX do art. 7º da Constituição Federal.

6. A PRESCRIÇÃO INTERCORRENTE

A prescrição intercorrente decorre da prolongada inércia da parte durante o curso de uma ação judicial. O instituto tem por finalidade penalizar a parte autora de uma demanda judicial que deixa transcorrer *in albis* um determinado (e longo) lapso de tempo sem dar andamento ao processo. Alice Monteiro de Barros explica que "a prescrição intercorrente se verifica durante a tramitação do feito na Justiça, paralisado por negligência do autor na prática de atos de sua responsabilidade".[35]

A legislação trabalhista era totalmente omissa no tema, sendo que o Tribunal Superior do Trabalho possuía a Súmula nº 114, no sentido da inaplicabilidade da prescrição intercorrente no processo trabalhista. Essa súmula é da década de 1980, tendo sido mantida pela Resolução nº 121/TST, de 2003.

Em épocas anteriores, mais precisamente em 1963, o Plenário do Supremo Tribunal Federal aprovou a Súmula nº 327, no sentido de que era aplicável na Justiça Trabalhista a prescrição intercorrente.

As intelecções dos operadores do direito, porém, em especial os que enfocam o Direito do Trabalho, não eram unânimes em relação ao tema.

A matéria veio a ser pacificada com a Lei 13.467/2017, que incluiu o art. 11-A na CLT, dispositivo que trata, justamente, da prescrição intercorrente nos processos trabalhistas. No *caput* fixa o prazo da prescrição, que será de dois anos de paralisação do processo por incúria da parte reclamante:

"Ocorre a prescrição intercorrente no processo do trabalho no prazo de dois anos".

O § 1º explicita quanto ao início do prazo de dois anos, que coincide com as regras gerais sobre a matéria:

"A fluência do prazo prescricional intercorrente inicia-se quando o exequente deixa de cumprir determinação judicial no curso da execução".

Já o § 2º permite a invocação pela parte e a declaração pelo julgador a qualquer tempo:

"A declaração da prescrição intercorrente pode ser requerida ou declarada de ofício em qualquer grau de jurisdição".

---

[35] Aspectos jurisprudenciais da prescrição trabalhista. *Curso de direito trabalhista*: estudos em memória de Célio Goyatá. 2. ed. São Paulo: LTr, 1994. v. 1, p. 201.

No mais, incidem as disposições já estudadas que cuidam da prescrição intercorrente de modo geral.

7. READMISSÃO, REINTEGRAÇÃO E RECONTRATAÇÃO DO EMPREGADO, E SUSPENSÃO E INTERRUPÇÃO DO CONTRATO DE TRABALHO DIANTE DO PRAZO PRESCRICIONAL

É comum a situação de demissão, readmissão e reintegração do empregado. Nesses casos, o que se deve considerar é a questão da prescrição diante do encerramento da prestação do trabalho em consideração à volta da prestação do serviço, obviamente em relação aos mesmos contratantes. Definir se tais eventos devem ser considerados como extintivos do contrato de trabalho revela-se de importância capital, pois, segundo a nossa Carta Magna, a ação de cobrança dos créditos resultantes das relações de trabalho tem como limite prescricional o prazo de dois anos após a extinção do contrato.

Sobre a matéria, o Tribunal Superior de Trabalho editou a Súmula nº 138 (ex-prejulgado nº 09), de 1982, oficializada pela Resolução/TST 121/2003, nos seguintes termos: "Em caso de readmissão, conta-se a favor do empregado o período de serviço anterior, encerrado com a saída espontânea". Também emitiu a Súmula nº 156/1982 (ex-prejulgado nº 31), que conduz à contagem do prazo de prescrição a partir da extinção do último contrato, igualmente mantida pela Resolução 121/2003: "Da extinção do último contrato começa a fluir o prazo prescricional do direito de ação em que se objetiva a soma de períodos descontínuos de trabalho".

Especificamente no caso de readmissão, no tempo de serviço do empregado serão computados os períodos, ainda que não contínuos, em que o mesmo trabalhou anteriormente na empresa, salvo se houver sido despedido por falta grave, ou recebido indenização legal, ou se aposentado espontaneamente. Tal intelecção tem relação, obviamente, com a prescrição. Explica Sérgio Pinto Martins que "Havendo tempo de mais de dois anos entre a saída do empregado da empresa e a sua readmissão, não deve ser contado o tempo anterior na empresa, em razão de que houve prescrição (art. 7º, XXIX, da Constituição)".[36]

Se a readmissão ocorrer em outra empresa, mas pertencente ao mesmo grupo econômico da ex-empregadora, também se soma o período anterior, porque o grupo econômico é considerado empregador único para fins trabalhistas. É o que se infere da Súmula nº 129/1982, do TST, incluída na Resolução 121/2002: "A prestação de serviços a mais de uma empresa do mesmo grupo econômico, durante a mesma jornada de trabalho, não caracteriza a coexistência de mais de um contrato de trabalho, salvo ajuste em contrário".

No caso da reintegração, há a retomada do contrato de trabalho anteriormente vigente. Desconsidera-se qualquer ato rescisório praticado pelas partes, pois ilegal.

Readmissão e reintegração são institutos diversos. Enquanto na readmissão há geração de um novo contrato de trabalho; na reintegração há a continuação de um contrato de trabalho indevidamente rescindido. A reintegração também afeta a prescrição uma vez que, como informa a própria Súmula nº 156, é da extinção do último contrato que começa a fluir o prazo prescricional do direito de ação em que se objetiva a soma de períodos descontínuos de trabalho.

Referentemente à recontratação, ou seja, à despedida e subsequente contratação do mesmo empregado, caso seja fraudulenta, leva à consideração da unicidade de contratos. Por inúmeros motivos pratica-se fraude dessa estirpe: para redução de salário; para troca de empregador

---

[36] *Comentários às Súmulas do TST*. São Paulo: Atlas, 2010. p. 89.

– hipóteses, por exemplo, de grupo empresarial e empresa interposta, uma vez que a terceirização pode implicar redução de custos; para a troca contrato; e de rescisão do contrato de trabalho e recontratação como representante comercial. Declarada a fraude, consideram-se únicos os contratos que se seguiram, aplicando-se a prescrição para todos os períodos dos contratos de maneira única.

Outras situações corriqueiras são a suspensão e a interrupção do contrato de trabalho. Estas figuras não importam em cessação do contrato de trabalho. Na cessação ocorre a extinção total do contrato. O contrato de trabalho deixa de existir. Tal situação não ocorre com a interrupção e a suspensão, onde há continuação laboral. Há a questão da existência do próprio contrato de trabalho e a questão da sua execução. Estamos, por hora, dentro da segunda questão.

Segundo Sérgio Pinto Martins, "a maioria da doutrina esclarece que na suspensão o empregador não deve pagar salários, nem contar o tempo de serviço do empregado que está afastado. Na interrupção, há necessidade do pagamento dos salários no afastamento do trabalhador e, também, a contagem do tempo de serviço. Entretanto, esse conceito não resolve todos os casos, pois pode não haver pagamento de salários, nem contagem de tempo de serviço para determinado fim, mas haver para outro, como recolhimento de FGTS, na hipótese de o empregado estar afastado para prestar serviço militar ou por acidente de trabalho. A suspensão é a cessação temporária e total da execução e dos efeitos do contrato de trabalho. Na interrupção, há cessação temporária e parcial dos efeitos do contrato de trabalho. A cessação tem de ser temporária, e não definitiva. Na suspensão, o empregado não trabalha temporariamente, porém nenhum efeito produz em seu contrato de trabalho. São suspensas as obrigações e os direitos. O contrato de trabalho ainda existe, apenas seus efeitos não são observados. Na interrupção, apesar de o obreiro não prestar serviços, são produzidos efeitos em seu contrato de trabalho".[37]

Transcrevem-se, de relance, as hipóteses previstas na Consolidação, no intuito de tornar mais palpável a discussão, visto que o enfoque aqui buscado diz respeito à prescrição nos casos de suspensão e interrupção.

O vigente art. 473 da Consolidação, em texto modificado por diplomas legais posteriores, traz as previsões de interrupção:

> "O empregado poderá deixar de comparecer ao serviço sem prejuízo do salário:
>
> I – até 02 (dois) dias consecutivos, em caso de falecimento do cônjuge, ascendente, descendente, irmão ou pessoa que, declarada em sua carteira de trabalho e previdência social, viva sob sua dependência econômica;
>
> II – até 03 (três) dias consecutivos, em virtude de casamento;
>
> III – por 5 (cinco) dias consecutivos, em caso de nascimento de filho, de adoção ou de guarda compartilhada;
>
> IV – por um dia, em cada 12 (doze) meses de trabalho, em caso de doação voluntária de sangue devidamente comprovada;
>
> V – até 2 (dois) dias consecutivos ou não, para o fim de se alistar eleitor, nos termos da lei respectiva;
>
> VI – no período de tempo em que tiver de cumprir as exigências do Serviço Militar referidas na letra 'c' do art. 65 da Lei nº 4.375, de 17 de agosto de 1964 (Lei do Serviço Militar);

---

[37] *Comentários às Súmulas do TST*, cit., p. 370-371.

VII – nos dias em que estiver comprovadamente realizando provas de exame vestibular para ingresso em estabelecimento de ensino superior;

VIII – pelo tempo que se fizer necessário, quando tiver que comparecer a juízo;

IX – pelo tempo que se fizer necessário, quando, na qualidade de representante de entidade sindical, estiver participando de reunião oficial de organismo internacional do qual o Brasil seja membro;

X – pelo tempo necessário para acompanhar sua esposa ou companheira em até 6 (seis) consultas médicas, ou em exames complementares, durante o período de gravidez;

XI – por 1 (um) dia por ano para acompanhar filho de até 6 (seis) anos em consulta médica;

XII – até 3 (três) dias, em cada 12 (doze) meses de trabalho, em caso de realização de exames preventivos de câncer devidamente comprovada".

Existem outras causas, como as elencadas no § 3º do art. 60 da Lei nº 8.213/1991, prevendo que, "durante os primeiros quinze dias consecutivos ao do afastamento da atividade por motivo de doença, incumbirá à empresa pagar ao segurado empregado o seu salário integral"; as constantes dos incs. XV, XVII e XVIII do art. 7º da Constituição, estabelecendo o "repouso semanal remunerado, preferencialmente aos domingos", "gozo de férias anuais remuneradas com, pelo menos, um terço a mais do que o salário normal" e a "licença à gestante, sem prejuízo do emprego e do salário, com a duração de cento e vinte dias"; a referida no art. 1º da Lei nº 605/1949, dispondo que "todo empregado tem direito ao repouso semanal remunerado de vinte e quatro horas consecutivas, preferentemente aos domingos e, nos limites das exigências técnicas das empresas, nos feriados civis e religiosos, de acordo com a tradição local"; a inserida no art. 395 da Consolidação, consignando que, "em caso de aborto não criminoso, comprovado por atestado médico oficial, a mulher terá um repouso remunerado de 02 (duas) semanas, ficando-lhe assegurado o direito de retornar à função que ocupava antes de seu afastamento".

Exemplificativamente, são casos de suspensão do contrato de trabalho os previstos no art. 472 da Consolidação, no sentido de que "o afastamento do empregado em virtude das exigências do serviço militar, ou de outro encargo público, não constituirá motivo para alteração ou rescisão do contrato de trabalho por parte do empregador"; e no art. 475 do mesmo diploma, segundo o qual "o empregado que for aposentado por invalidez terá suspenso o seu contrato de trabalho durante o prazo fixado pelas leis de previdência social para a efetivação do benefício". Lembram-se também o art. 59 da Lei nº 8.213/1991, expressando que "o auxílio-doença será devido ao segurado que, havendo cumprido, quando for o caso, o período de carência exigido nesta Lei, ficar incapacitado para o seu trabalho ou para a sua atividade habitual por mais de 15 (quinze) dias consecutivos"; e a greve, regulada no art. 7º da Lei nº 7.783/1989, no seguinte sentido: "Observadas as condições previstas nesta Lei, a participação em greve suspende o contrato de trabalho, devendo as relações obrigacionais, durante o período, ser regidas pelo acordo, convenção, laudo arbitral ou decisão da Justiça do Trabalho".

No que tange à prescrição, em casos de suspensão e interrupção do contrato de trabalho, tais situações em nada influenciam a fluência de seu lapso temporal. Suspenso ou interrompido o contrato de trabalho, segue hígida a prescrição, que corre sem sofrer qualquer interferência. O raciocínio é claro: não havendo norma trabalhista sobre interrupção e suspensão da prescrição dos direitos trabalhistas, aplicam-se as regras do Código Civil, e nelas nenhuma hipótese há sobre interrupção ou suspensão do contrato de trabalho.

8. TERMO INICIAL DO PRAZO PRESCRICIONAL

O art. 459 da Consolidação e seu § 1º estipulam:

> "O pagamento do salário, qualquer que seja a modalidade do trabalho, não deve ser estipulado por período superior a 01 (um) mês, salvo no que concerne a comissões, percentagens e gratificações.
>
> § 1º Quando o pagamento houver sido estipulado por mês, deverá ser efetuado, o mais tardar, até o quinto dia útil do mês subsequente ao vencido" (redação da Lei 7.855/1989).

Com base nessas previsões, importante fixar o termo inicial do prazo prescricional.

O entendimento é que a obrigação trabalhista de pagamento do salário é exigível até o quinto dia útil do mês subsequente ao vencido, sendo, portanto, a partir dessa data que começa a correr o prazo prescricional:

> "... O Tribunal Regional pronunciou a prescrição quinquenal da pretensão, começando a fluir o prazo de cinco anos da data em que a prestação era exigível, qual seja o quinto dia útil do mês subsequente ao vencido, nos termos do art. 459, parágrafo único, da CLT...".[38]

Trata-se, como sempre, em se falando de prescrição, da identificação da *actio nata*. O prazo prescricional começa a fluir quando nasce o direito de deduzir em juízo a pretensão reclamada, e esse direito só é exercitável no momento em que a parcela salarial se torna exigível, ou seja, depois de vencido o prazo de seu pagamento, consoante previsto no inc. II do art. 199 do Código Civil. Sob esses argumentos, o sexto dia útil do mês subsequente é o marco inicial do lapso prescricional para reclamar parcelas salariais devidas no mês anterior. Não se pode esquecer, diga-se de passagem, do art. 132 do Código Civil, que fixa a computação dos prazos excluindo-se o dia do começo e incluindo-se o do vencimento. Por isso o início do prazo flui a partir do sexto dia útil.

9. A PRESCRIÇÃO RELATIVA AOS EMPREGADOS DOMÉSTICOS

O art. 7º da Constituição Federal indica expressamente vários direitos assegurados aos trabalhadores urbanos e rurais, abrindo a possibilidade de existência de outros, desde que visem à melhoria de sua condição social. O parágrafo único, na redação da Emenda nº 72/2013, do mesmo artigo assegura à categoria dos trabalhadores domésticos os direitos. Ocorre que, dentre os direitos dos trabalhadores domésticos, o parágrafo único não faz referência ao regime prescricional do inc. XXIX. A questão encontra-se praticamente pacificada na jurisprudência, muito embora, às vezes, encontrem-se vozes divergentes. É exemplo o seguinte aresto do Tribunal Regional do Trabalho da Quarta Região:

---

[38] TST, AIRR nº 6386000-91.2002.5.02.0900, j. em 12.08.2009, *DJ* 21.08.2009, rel. Walmir Oliveira da Costa.

"Relação de emprego doméstico. Prescrição. Regra geral. A prescrição aplicável à relação de emprego doméstico é a trabalhista, prevista no art. 7º, XXIX, da Constituição Federal".[39]

No Tribunal Superior do Trabalho julga-se da mesma maneira:

"(...) Na linha dos precedentes desta Corte Superior, o prazo de prescrição constante do inciso XXIX do art. 7º da Constituição Federal é aplicado a todos os trabalhadores, sendo irrelevante a circunstância de a prescrição não estar elencada no rol dos direitos sociais assegurados aos empregados domésticos. A prescrição, com natureza de direito material, não se confunde com o direito subjetivo, tendo a finalidade de extinguir a pretensão (ação de direito material), produzindo efeitos no âmbito do processo (CPC, art. 269, IV). Agravo regimental a que se nega provimento".[40]

10. A DECADÊNCIA NO DIREITO DO TRABALHO

No Direito do Trabalho, só há prazo de decadência no que tange ao inquérito para apuração de falta grave cometida pelo empregado estável. O prazo é de trinta dias a partir da suspensão do contrato de trabalho do acusado, desde que a empresa tenha assim providenciado. A previsão vem contida no art. 853 da Consolidação das Leis Trabalhistas:

"Para a instauração do inquérito para apuração de falta grave contra empregado garantido com estabilidade, o empregador apresentará reclamação por escrito à Junta ou Juízo de Direito, dentro de 30 (trinta) dias, contados da data da suspensão do empregado".

A natureza decadencial do prazo de trinta diz já restou, inclusive, confirmada pelo Supremo Tribunal Federal, por meio da Súmula 403, de 1964: "É de decadência o prazo de trinta dias para instauração do inquérito judicial, a contar da suspensão, por falta grave, de empregado estável".

O prazo de trinta dias começa a correr a partir da suspensão do contrato de trabalho, segundo a literalidade do artigo supratranscrito. Segundo Isis de Almeida, se o empregador não suspende o empregado, não há decadência do direito de propositura do inquérito para postular ao Poder Judiciário a rescisão contratual.[41]

Caso não se providencie na suspensão do contrato de trabalho, o inquérito pode ser proposto a qualquer tempo, desde que se averigue certa atualidade, pois o decurso de longo prazo induz a presumir-se o perdão. A jurisprudência vai nesse sentido, conforme se depreende do julgado do Tribunal Superior do Trabalho, que, inclusive, utiliza o próprio prazo decadencial de trinta dias do art. 853, analogicamente, como prazo para se suspender o contrato de trabalho, e então instaurar o inquérito:

---

[39] TRT da 4ª Região, Recurso Ordinário nº 0000415-83.2011.5.04.0026, da 9ª Turma, j. em 21.03.2013, rel. Des. Marçal Henri dos Santos Figueiredo.

[40] O citado art. 269, inc. IV, corresponde ao art. 487, inc. II, do vigente CPC. AgR-AIRR nº 632-27.2010.5.15.0036, da 1ª Turma, j. em 29.06.2012, rel. Walmir Oliveira da Costa.

[41] *Manual da prescrição trabalhista*, cit., p. 210.

"Quanto ao mérito, a agravante acusa afronta ao art. 5º, II, da Constituição, ante o julgamento por presunção de perdão tácito, considerando que não existe em nosso ordenamento jurídico regra que estabeleça prazo para o empregador dispensar empregado.

A questão da ocorrência ou não de perdão tácito não implica vulnerabilidade direta e literal do princípio constitucional da legalidade, por se tratar de matéria vinculada ao princípio da atualidade, ou da imediatidade, para o exercício do *jus persequendi* e *jus puniendi*, segundo o qual extingue-se a punibilidade pela renúncia do direito à queixa ou à punição não aplicada dentro de período razoável de tempo, tão logo a parte prejudicada tenha conhecimento da falta cometida pela outra. Segundo a doutrina, um dos princípios a que está sujeita a justa causa é o da atualidade ou imediatidade, pelo qual o contratante prejudicado com a conduta do outro deverá rapidamente denunciar o contrato, de modo que, se não o fizer no calor das circunstâncias, não mais poderá invocar a falta passada, a não ser quando particularizada pela repetição desidiosa. Incide, então, o instituto do perdão tácito, como corolário da mediatidade, porquanto a contrapartida da ausência de punição oportuna é a presunção de que a falta fora implicitamente perdoada.

É certo que o lapso temporal configurativo da imediatidade não está expressamente fixado na legislação do trabalho, como ocorre no direito criminal (art. 103 do Código Penal). Mas há indicativos que não podem ser desprezados, como a analogia autorizada como parâmetro máximo pelo prazo decadencial de 30 dias para o ajuizamento da ação de inquérito para apuração da falta grave do empregado estável (no art. 853 da CLT e Enunciado 62 do TST)".[42]

Incide, na questão, a Súmula nº 62/2003 do Tribunal Superior do Trabalho, que prevê o seguinte: "O prazo de decadência do direito do empregador de ajuizar inquérito em face do empregado que incorre em abandono de emprego é contado a partir do momento em que o empregado pretendeu seu retorno ao serviço".

Suspenso o contrato de trabalho e não instaurado o inquérito, pode o empregado ajuizar ação de reintegração no emprego, ou ação de reconhecimento de rescisão indireta. Nessa hipótese, para o trabalhador, incide o prazo prescricional tal como previsto na Constituição Federal.

---

[42] TST, AIRR nº 19700-43.2000.5.03.0007, da 3ª Turma, j. em 24.03.2004, *DJ* de 30.04.2004, rel. Wilma Nogueira de Araújo Vaz da Silva.

Bibliografia

ALMEIDA, Gregório Assagra de; CIANCI, Mirna; QUARTIERI, Rita. *Mandado de segurança*. São Paulo: Editora Saraiva, 2011.

ALMEIDA, Isis. *Manual da prescrição trabalhista*. 3. ed. São Paulo: LTr Editora, 1999.

ALMEIDA JÚNIOR, Jesualdo Eduardo de. Os contratos de compra e venda, de doação e de permuta entre ascendentes e descendentes. *AJURIS*, nº 89, Porto Alegre, mar. 1993.

ALVES, João Luiz. *Código Civil da República dos Estados Unidos do Brasil anotado*. Rio de Janeiro: F. Briguiet & Cia. – Editores e Livreiros, 1917.

ALVIM, Agostinho. *Da compra e venda e da troca*. Rio de Janeiro: Forense, 1966.

ALVIM, Agostinho. *Da doação*. 3. ed. São Paulo: Editora Saraiva, 1980.

ALVIM, Agostinho. *Da inexecução das obrigações e suas consequências*. 5. ed. São Paulo: Editora Saraiva, 1980.

ALVIM, Arruda. Da prescrição intercorrente. In: CIANCI, Mirna (coord.). *Prescrição no Código Civil*. 2. ed. São Paulo: Editora Saraiva, 2006.

AMARAL, Francisco. *Direito civil brasileiro* – Introdução. Rio de Janeiro: Editora Forense, 1991.

AMARO, Luciano. *Direito tributário brasileiro*. 20. ed. São Paulo: Saraiva, 2014.

ASCARELLI, Tullio. *Problemas das sociedades anônimas e direito comparado*. Campinas: Bookseller Editora e Distribuidora, 2001.

ASCOLI, Alfredo. *Trattato delle Donazioni*. 2. ed. Milão: Società Editrice Libraria, 1935.

AUBRY, C.; RAU, C. *Cours de droit civil français*. 6. ed. Paris: Librairie de la Cour de Cassation, 1938. vol. III.

BALEEIRO, Aliomar. *Direito tributário brasileiro*. 5. ed. Rio de Janeiro: Forense, 1973.

BARBI FILHO, Celso. Execução específica de cláusula arbitral. *Revista dos Tribunais*, nº 732.

BARROS, Alice Monteiro de. Aspectos jurisprudenciais da prescrição trabalhista. In: *Curso de direito trabalhista* – estudos em memória de Célio Goyatá. 2. ed. São Paulo: LTr Edição, 1994. vol. 1.

BATALHA, Wilson de Souza Campos. Lei de introdução ao Código Civil. In: *Novo curso de direito civil*. São Paulo: Editora Saraiva, 2002.

BAUDRY-LACANTINERIE, G. *Précis de droit civil*. 9. ed. Paris: Librairie de la Société du Recueil Gal. des Lois et des Arrèts, 1952. t. I.

BERARDO, Leonardo de Faria. *Curso de arbitragem nos termos da Lei nº 9.307/96*. São Paulo: Editora Atlas, 2014.

BETTI, Emilio. *Teoria geral do negócio jurídico*. Tradução de Fernando Miranda. Coimbra: Coimbra Editora Ltda., 1970. t. III.

BEVILÁQUA, Clóvis. *Código Civil dos Estados Unidos do Brasil comentado*. 12. ed. Rio de Janeiro: Edição Paulo de Azevedo Ltda., 1959. vol. I.

BEVILÁQUA, Clóvis. *Código Civil dos Estados Unidos do Brasil comentado*. Rio de Janeiro: Livraria Francisco Alves, 1919 e 1950. vols. III, IV e VI.

BEVILÁQUA, Clóvis. *Direito das coisas*. 5. ed. Rio de Janeiro: Forense, 1961. vol. I.

BEVILÁQUA, Clóvis. *Teoria geral do direito civil*. Rio de Janeiro: Livraria Francisco Alves, 1908.

BITTAR, Carlos Alberto. *Contornos atuais do direito do autor*. Atualização de Eduardo Carlos Bianca Bittar. 2. ed. São Paulo: Editora Revista dos Tribunais, 1999.

BITTAR, Carlos Alberto. *Direito de autor na obra feita sob encomenda*. São Paulo: Editora Revista dos Tribunais, 1977.

BORBA, José Edwaldo Tavares. *Direito societário*. 5. ed. Rio de Janeiro: Livraria Editora Renovar Ltda., 1999.

BRASIL, Ávio. *Transportes e seguros marítimos e aéreos*. Rio de Janeiro, 1955.

BULGARELLI, Valdírio. *Títulos de crédito* – direito comercial. São Paulo: Editora Atlas, 1979.

CAHALI, Yussef Said. *Aspectos processuais da prescrição e da decadência*. São Paulo: Editora Revista dos Tribunais, 1979.

CAHALI, Yussef Said. *Dano e indenização*. São Paulo: Revista dos Tribunais, 1980.

CAHALI, Yussef Said. *Prescrição e Decadência*. 1. ed., 2. tir. São Paulo: Editora Revista dos Tribunais, 2008.

CÂMARA, Hamilton Quirino. *Condomínio edilício*. 3. ed. Rio de Janeiro: Lumen Juris, 2010.

CARPENTER, Luiz F. *Da prescrição*. 3. ed. Rio de Janeiro: Editora Nacional de Direito Ltda., 1958. vol. I.

CARVALHO, Paulo de Barros. *Curso de direito tributário*. 23. ed. São Paulo: Saraiva, 2001.

CARVALHO, Paulo de Barros. *Direito tributário, linguagem e método*. 3. ed. São Paulo: Editora Noeses (edição digital), 2009.

CARVALHO DE MENDONÇA, M. I. *Rios e águas correntes*. Rio de Janeiro: Livraria Editora Freitas Bastos, 1939.

CARVALHO SANTOS, J. M. *Código Civil brasileiro interpretado*. 10. ed. Rio de Janeiro: Livraria Freitas Bastos S. A., 1963. vol. III.

CARVALHO SANTOS, J. M. *Código Civil brasileiro interpretado*. 8. ed., 1964. vol. XVII.

CARVALHO SANTOS, J. M. *Código Civil brasileiro interpretado*. 9. ed., 1963. vol. V.

CARVALHO SANTOS, J. M. *Código Civil brasileiro interpretado*. 10. ed., 1963. vol. IX.

CASSETTARI, Christiano. *Direito agrário: lições básicas*. São Paulo: Editora Saraiva, 1985.

CASSONE, Vittorio. *Direito tributário: fundamentos constitucionais, análise dos impostos, incentivo à exportação, doutrina, prática e jurisprudência*. 10. ed. São Paulo: Atlas, 1997.

CASTRO, Amílcar de. *Comentários ao Código de Processo Civil*. Rio de Janeiro: Forense, 1941.

CAVALCANTE, Mantovanni Colares. *Mandado de segurança*. 2. ed. São Paulo: Dialética, 2010.

CAVALCANTE FILHO, João Trindade. *Teoria geral dos direitos fundamentais*. Disponível em: <http://www.stf.jus.br/repositorio/cms/portaltvjustica/portaltvjusticanoticia/anexo/joao_trindadade__teoria_geral_dos_direitos_fundamentais.pdf>.

CARVALHO, Aurora Tomazini de. *Decadência e prescrição em direito tributário*. 2. ed. São Paulo: MP Editora, 2010.

CERQUEIRA, João da Gama. *Privilégios de invenção e marcas de fábrica e de comércio*. São Paulo: Revista dos Tribunais, 1931. vol. I.

CERQUEIRA, João da Gama. *Tratado da propriedade industrial*. 2. ed. São Paulo: Editora Revista dos Tribunais, 1982. vol. I.

CHAVES, Antônio. *Tratado de direito civil* – parte geral. 3. ed. São Paulo: Editora Revista dos Tribunais, 1982. vol. I, t. II.

CHIOVENDA, Giuseppe. *Instituições de direito processual civil*. Tradução de Benvindo Aires. São Paulo: Editora Saraiva, 1942. vol. I.

CHIRONI, G. P. *La colpa nel diritto civile odierno* – colpa extracontratual. 2. ed. Torino: Fratelli Bocca, 1906. t. III.

CIANCI, Mirna. Da prescrição contra o incapaz de que trata o artigo 3º, inciso I, do Código Civil. In: CIANCI, Mirna (coord.). *Prescrição no Código Civil*. 2. ed. São Paulo: Editora Saraiva, 2006.

CIANCI, Mirna. Da prescrição intercorrente. In: CIANCI, Mirna (coord.). *Prescrição no Código Civil*. 2. ed. São Paulo: Editora Saraiva, 2006.

CIANCI, Mirna. Renúncia da exceção de prescrição – abrangência do tema. In: CIANCI, Mirna (coord.). *Prescrição no Código Civil*. 2. ed. São Paulo: Editora Saraiva, 2006.

COELHO, Fábio Ulhoa. *Comentários à lei de falências e de recuperação de empresas*. 8. ed. São Paulo: Saraiva, 2011.

COELHO, José Fernando Lutz. *Condomínio edilício* – teoria e prática. Porto Alegre: Livraria do Advogado, 2006.

COÊLHO, Sacha Calmon Navarro. *Liminares e depósitos antes do lançamento por homologação* – decadência e prescrição. 2. ed. São Paulo: Dialética, 2002.

COLIN, Ambrosio; CAPITANT, H. *Curso elemental de derecho civil*. 2. ed. Madrid: Instituto Editorial Reus, 1951. t. III.

CONTE, Rita de Cássia Rocha. *Prescrição no Código Civil e a ação civil pública, ação popular e ação de improbidade administrativa*. In: CIANCI, Mirna (coord.). *Prescrição no Código Civil*. 2. ed. São Paulo: Editora Saraiva, 2006.

COSTA, Judith Martins. *A boa-fé no direito privado*: sistema e tópica no processo obrigacional. São Paulo: Revista dos Tribunais, 1999.

COUTO E SILVA, Clóvis do. *Comentários ao Código de Processo Civil*. São Paulo: Editora Revista dos Tribunais, 1977. vol. XI, t. I.

CRETELLA JÚNIOR, José. *Tratado geral da desapropriação*. Rio de Janeiro: Forense, 1980. vol. I.

DAIBERT, Jefferson. *Direito das sucessões*. Rio de Janeiro: Forense, 1976.

DE PLÁCIDO E SILVA. *Noções práticas de direito comercial*. 11. ed. Rio de Janeiro: Editora Forense, 1960. vol. II.

DEL NERO, Patrícia Aurélia. *Propriedade intelectual*. A tutela jurídica da biotecnologia. São Paulo: Editora Revista dos Tribunais, 1998.

DEMOLOMBE, Jean Charles Florent. *Cours de Code de Napoléon* – traité des servitudes. 3. ed. Paris: Durand et L. Hachette & Cia, 1863. vol. XII, t. II.

DIAS, Adahil Lourenço. *Venda a descendente*. 3. ed. Rio de Janeiro: Forense, 1985.

DIAS, José de Aguiar. *Da responsabilidade civil*. 9. ed. Rio de Janeiro: Forense, 1994. vol. II.

DINAMARCO, Márcia Conceição Alves. *Ação rescisória*. São Paulo: Editora Atlas S. A., 2004.

DOMINGUES, Douglas Gabriel. *Direito industrial* – patentes. Rio de Janeiro: Forense, 1980.

DORNELLES DA LUZ, Aramy. *Negócios jurídicos bancários*. São Paulo: Editora Revista dos Tribunais, 1996.

DORNELLES DA LUZ, Aramy. *Para uma fácil compreensão dos títulos de crédito*. São Paulo: Editora Saraiva, 1992.

DOWER, Nelson Godoy Bassil. *Curso moderno de direito civil* – parte geral. 2. ed. São Paulo: Nelpa Edições, 1996. vol. 1.

DINIZ, Maria Helena. *Código Civil anotado*. 12. ed. São Paulo: Editora Saraiva, 2006.

DINIZ, Maria Helena. *Curso de direito civil brasileiro* – teoria geral do direito civil. 3. ed. São Paulo: Editora Saraiva. 1993. vol. 1.

EHRHARDT JR., Marcos. *Direito civil* – LICC e parte geral. Salvador: Editora JusPodivm, 2009. vol. 1.

ESPÍNOLA, Eduardo. *Sistema do direito civil brasileiro*. Rio de Janeiro: Livraria Francisco Alves, 1977. vol. 1.

FARIAS, Cristiano Chaves de; ROSENVALD, Nelson. *Curso de direito civil*. Parte geral e LINDB. 13. ed. São Paulo: Editora Atlas, 1915. vol. 1.

FAZZIO JÚNIOR, Waldo. *Atos de improbidade administrativa*. São Paulo: Editora Atlas S. A, 2007.

FEDERIGHI, Suzana Catta Preta. A prescrição e a decadência no CDC. In: CIANCI, Mirna (coord.). *Prescrição no Código Civil*. 2. ed. São Paulo: Editora Saraiva, 2006.

FÉRES, Marcelo Andrade. Empresa e empresário: do Código Civil italiano ao Novo Código Civil brasileiro. In: *Direito de empresa no Novo Código Civil*. Rio de Janeiro: Editora Forense, 2004.

FERRAJOLI, Luigi. *Derechos y garantías:* la ley del más débil. Tradução espanhola de Perfecto Andrés Ibañez. Madrid: Editorial Trotta, 1999.

FERRAZ, Sérgio. Aspectos processuais na lei sobre improbidade administrativa. In: *Improbidade administrativa* – questões polêmicas e atuais. São Paulo: Malheiros Editores, 2002.

FERRETTO, Vilson. *Contratos agrários* – aspectos polêmicos. São Paulo: Editora Saraiva, 2009.

FISCHER, Brenno. *A prescrição nos tribunais*. 2. ed. Rio de Janeiro: José Konfino, 1956. t. I.

FONSECA, Arnoldo Medeiros da. *Investigação de paternidade*. 3. ed. Rio de Janeiro: Forense, 1958.

FRANÇA, Rubens Limongi. *Manual prático das desapropriações*. 2. ed. São Paulo: Editora Saraiva, 1978.

GAGGINI, Fernando Schwarz. *Fundos de investimento no direito brasileiro*. São Paulo: Livraria e Editora Universitária de Direito Brasileiro – LEUD.

GASPARINI, Diógenes. *Direito administrativo*. 17. ed. Atualizada por Fabrício Motta. São Paulo: Saraiva, 2012.

GOMES, Orlando. *Contratos*. 10. ed. Rio de Janeiro: Forense, 1984.

GOMES, Orlando. *Introdução ao direito civil*. 3. ed. Rio de Janeiro: Forense, 1971.

GOMES, Orlando. *Sucessões*. Rio de Janeiro: Forense, 1973.

GRAU, Eros. Proteção do meio ambiente: caso do parque do povo. *Revista dos Tribunais*, São Paulo, ano 83, nº 702, 1994.

GUIMARÃES, Aureliano. *A compra e venda civil*. São Paulo: Livraria Acadêmica Saraiva & Cia, 1927.

GUIMARÃES, Carlos da Rocha. *Prescrição e decadência*. Rio de Janeiro: Forense, 1980.

JORGE NETO, Francisco Ferreira; PESSOA CAVALCANTE, Jouberto de Quadros. *Direito do trabalho*. 4. ed. Rio de Janeiro: Lumen Juris, 2008. t. II.

KLIPPEL, Rodrigo; NEFFA JÚNIOR, José Antônio. *Comentários à Lei de Mandado de Segurança*. Rio de Janeiro: Editora Lumen Juris, 2010.

LEAL, Antônio Luiz da Câmara. *Da prescrição e da decadência*. Rio de Janeiro: Forense, 1958.

LEAL, Antônio Luiz da Câmara. *Da prescrição e da decadência*. 2. ed., Rio de Janeiro: Forense, 1959.

LEAL, Antônio Luiz da Câmara. *Da prescrição e da decadência*. 3. ed., Rio de Janeiro: Forense, 1982.

LEITE, Solidônio. *Desapropriação por utilidade pública*. Rio de Janeiro: Edição J. Leite, 1928.

LEIVAS JOB, João Alberto. *Da nulidade da partilha*. 2. ed. São Paulo: Editora Saraiva, 1986.

LISBOA, Lázaro Plácido. *Manual de contabilidade de fundos de investimento*. 19. ed. São Paulo: Editora FIPECAFI, 1998.

LÔBO, Paulo Luiz Netto. *Direito civil*. Parte geral. São Paulo: Editora Saraiva, 2009.

LOURES, José Costa; LOURES, Taís Maria. *Novo código civil comentado*. Belo Horizonte: Del Rey, 2003.

MACHADO, Antônio Luiz Ribeiro. *Manual prático dos contratos agrários e pecuários*. 2. ed. São Paulo: Editora Revista dos Tribunais, 1977.

MACHADO, Antônio Luiz Ribeiro. *Manual prático dos contratos agrários e pecuários*. 3. ed. São Paulo: Editora Saraiva, 1991.

MACHADO, Hugo de Brito. *Curso de direito tributário*. 29. ed. São Paulo: Malheiros Editores, 2008.

MACHADO, Paulo Affonso Leme. *Direito ambiental brasileiro*. 2. ed. São Paulo: Malheiros Editores, 2012.

MAGALHÃES, Roberto Barcellos de. *Comentários ao Código de Processo Civil*. Rio de Janeiro: José Konfino Editor, Rio de Janeiro, 1974.

MANCUSO, Rodolfo de Camargo. *Ação popular*. São Paulo: RT, 1993.

MARKY, Thomas. *Curso elementar de direito romano*. São Paulo: Saraiva, 1995.

MARTINS, Alan; FIGUEIREDO, Antonio Borges de. *Prescrição e decadência no direito civil*. 3. ed. São Paulo: IOB Thomson, 2005.

MARTINS, Fran. *Títulos de crédito*. 3. ed. Rio de Janeiro: Forense, 1986. vol. II.

MARTINS, Ives Gandra da Silva; BRITO, Edvaldo Pereira de (orgs.). *Direito tributário:* princípios e normas gerais. São Paulo: Revista dos Tribunais, 2011. (Coleção Doutrinas Essenciais, vol. 1).

MARTINS JÚNIOR, Walace Paiva. *Probidade administrativa*. 2. ed. São Paulo: Editora Saraiva, 2002.

MATTOS, Mauro Roberto Gomes de. *O limite da improbidade administrativa* – comentários à Lei 8.429/92. Rio de Janeiro: Forense, 2010.

MAXIMILIANO, Carlos. *Direito das ducessões*. 5. ed. Rio de Janeiro: Livraria e Editora Freitas Bastos, 1941.

MAZEAUD, Henri; MAZEAUD, Léon; MAZEUD, Jean. *Lecciones de derecho civil*. Parte terceira. Buenos Aires: Ediciones Jurídicas Europa-América, 1962. vol. III.

MAZZILLI, Hugo Nigro. *A defesa dos interesses difusos em juízo*. 11. ed. São Paulo: Editora Saraiva, 1999

MAZZILLI, Hugo Nigro. *A defesa dos interesses difusos em juízo*. 13. ed. São Paulo: Editora Saraiva, 2001.

MEDEIROS, Murilo Tadeu. *Direitos e obrigações do representante comercial: segundo a Lei 4.886/65, com as modificações introduzidas pela Lei 8.420/92*. Curitiba: Juruá editora, 2003.

MELLO, Celso Antônio Bandeira de. *Curso de direito administrativo*. 27. ed. São Paulo: Malheiros Editores, 2010.

MELLO, Celso Antônio Bandeira de. 4. ed. São Paulo: Malheiros Editores, 1993.

MELLO, Oswaldo Aranha Bandeira de. *Princípios gerais de direito administrativo*. 3. ed. São Paulo: Editora Malheiros, 2007. vol. 1.

MELO, Mônica de. A prescrição no processo de execução fiscal: alegação em exceção de pré-executividade. In: CIANCI, Mirna (coord.). *Prescrição no Código Civil*. 2. ed. São Paulo: Editora Saraiva, 2006.

MENDES, Gilmar Ferreira. Os direitos fundamentais e seus múltiplos significados na ordem constitucional. *Revista Diálogo Jurídico*, Centro de Atualização Jurídica – CAJ, Salvador, nº 10, jan./2002.

MESSINEO, Francesco. *Le servitù*. Milão: Dott. A. Giuffrè Editore, 1949.

MIRANDA, Alcir Gursen de. *Áreas indígenas*. In: *O direito agrário na Constituição*. Rio de Janeiro: Editora Forense, 2005.

MONTEIRO, Samuel. *Tributos e contribuições*. Tratado teórico e prático. São Paulo: Ed. Hemus, 1990. t. I.

MONTEIRO, Washington de Barros. *Curso de direito civil* – direito das sucessões. 4. ed. São Paulo: Editora Saraiva, 1962.

MONTEIRO, Washington de Barros. *Curso de direito civil* – direito das coisas. 3. ed. São Paulo: Editora Saraiva, 1962.

MONTEIRO, Washington de Barros. *Curso de direito civil* – direito das obrigações. 2. ed. São Paulo: Editora Saraiva, 1962. vol. 2.

MONTEIRO, Washington de Barros. *Curso de direito civil*. Parte geral. 3. ed. São Paulo: Editora Saraiva, 1962.

MULLER NEVES, Gustavo Kloh. Prescrição e decadência no Código Civil. In: TEPEDINO, Gustavo (coord.). *A parte geral do novo Código Civil*. 2. ed. Rio de Janeiro: Livraria e Editora Renovar Ltda., 2003.

NADER, Paulo. *Curso de direito civil* – parte geral. Rio de Janeiro: Editora Forense, 2003.

NASCIMENTO, Tupinambá Miguel Castro do. *Usucapião comum e especial*. 5. ed. Rio de Janeiro: Aide Editora, 1984.

NEQUETE, Lenine. *Da prescrição aquisitiva (usucapião)*. 3. ed. Porto Alegre: Coleção AJURIS/17, 1981.

NOBRE JÚNIOR, Edilson Pereira. Prescrição: decretação de ofício em favor da Fazenda Pública. *Revista Forense*, Rio de Janeiro, nº 345.

NORONHA, Fernando. *O direito dos contratos e seus princípios fundamentais*. São Paulo: Saraiva, 1994.

NUNES, Antônio de Pádua. *Código de Águas*. 2. ed. São Paulo: Editora Revista dos Tribunais, 1980. vol. I.

NUNES, Antônio de Pádua. *Nascentes e águas comuns*. São Paulo: Editora Revista dos Tribunais, 1969.

NUNES, Antônio de Pádua. *Nascentes e águas comuns*. 2. ed. São Paulo: Editora Revista dos Tribunais, 1980.

OLIVEIRA, Antonio de Almeida. *Prescrição em direito comercial e civil*. Porto: Livraria Clássica, 1896.

OLIVEIRA, J. M. Leoni Lopes de. *Direito Civil – teoria geral do direito civil*. Rio de Janeiro: Editora Lumen Juris, 1999. vol. 2.

OLIVEIRA, Wilson de. *Inventários e partilhas*. 5. ed. São Paulo: Editora Saraiva, 1987.

OLIVEIRA E CRUZ. João Claudino de. *Dos alimentos no direito de família*. Rio de Janeiro: Editora Forense, 1956.

OPITZ, Oswaldo; OPITZ, Sílvia. *Direito agrário brasileiro*. São Paulo: Edição Saraiva, 1980.

OPITZ, Oswaldo; OPITZ, Sílvia.*Tratado de direito agrário brasileiro*. São Paulo: Editora Saraiva, 1983. vol. 3.

PACHECO, José da Silva. Comentário ao Recurso Especial nº 95.309-SP, 27.04.1998, da 3ª Turma do STJ, Rel. Min. Eduardo Ribeiro, *COAD – Direito Imobiliário*, nº 47, novembro de 1998.

PACHECO, José da Silva. Comentários ao Recurso Especial nº 45.624, de 21.10.1997, da 5ª Turma do STJ, em *COAD – Direito Imobiliário*, nº 12.

PACHECO, José da Silva. *Inventários e partilhas na sucessão legítima e testamentária*. 8. ed. Rio de Janeiro Forense, 1994.

PACIFICI-MAZZONI, Emidio. *Codice Civile italiano commentato, trattato delle servitù prediali*. 5. ed. Florença: Casa Editrice Libraria Fratelli Cammeli, 1905. vol. II.

PAES, Paulo Roberto Tavares. *Propriedade industrial*. São Paulo: Editora Saraiva, 1982.

PAULSEN, Leandro. *Direito tributário – Constituição e Código Tributário à luz da doutrina e jurisprudência*. Porto Alegre: Livraria do Advogado Editora, 2008.

PAULSEN, Leandro. *Curso de direito tributário completo*. 4. ed. Porto Alegre: Livraria do Advogado Editora, 2012.

PEIXOTO, Carlos Fulgêncio da Cunha. *Comentários à Lei de Duplicatas*. 2. ed. Rio de Janeiro: Editora Forense, 1971.

PENNA, Fábio O. *Da duplicata*. 2. ed. Rio de Janeiro: Editora Forense, 1966.

PEREIRA, Caio Mário da Silva. *Instituições de direito civil*. 9. ed. Rio de Janeiro: Forense, 2004. vol. 1.

PEREIRA, Caio Mário da Silva. *Instituições de direito civil*. 9. ed. Rio de Janeiro: Forense, 1986.

PEREIRA, Caio Mário da Silva. *Instituições de direito civil*. 3. ed. Rio de Janeiro: Forense, 1975. vol. III.

PEREIRA, Caio Mário da Silva. *Instituições de direito civil*. 2. ed. Rio de Janeiro: Forense. 1970. vol. IV.

PEREIRA, Lafayette Rodrigues. *Direito das coisas*. Rio de Janeiro: Freitas Bastos, 1943. vol. IV.

PETTERSEN, Altemir; MARQUES, Nilson. *Uso e posse temporária da terra (arrendamento e parceria)*. São Paulo: Pró Livro – Comércio de Livros Profissionais Ltda., 1977.

PIETRO JUNIOR, Miguel Thomaz de. A prescrição administrativa e o Novo Código Civil. In: CIANCI, Mirna (coord.). *Prescrição no Código Civil*. 2. ed. São Paulo: Editora Saraiva, 2006.

PINTO FERREIRA, Luís. *Inventário, partilha e ações de herança*. São Paulo: Editora Saraiva, 1986.

PLANIOL, Marcelo; RIPERT, Jorge. *Tratado práctico de derecho civil frances*. Havana: Editora Cultural S. A. ,1946. t. I.

PINTO MARTINS, Sergio. *Comentários às súmulas do TST*. São Paulo: Atlas, 2010

PINTO MARTINS, Sergio. *Direito do trabalho*. 30. ed. São Paulo: Atlas, 2014.

PONTES DE MIRANDA, Francisco Cavalcanti. *Comentários ao Código de Processo Civil*. Rio de Janeiro: Forense, 1977. vol. XIV.

PONTES DE MIRANDA, Francisco Cavalcanti. *Tratado de direito privado*. Parte Geral. 3. ed. Rio de Janeiro: Editora Borsoi, 1972. vol. III.

PONTES DE MIRANDA, Francisco Cavalcanti. *Tratado de direito privado*. 3. ed. Rio de Janeiro: Editora Borsoi, 1971. vols. V, XVIII e XXXIX.

PONTES DE MIRANDA, Francisco Cavalcanti. *Tratado de direito privado*. 4. ed. São Paulo: Editora Revista dos Tribunais, 1974. vols. VI e XXVI.

PONTES DE MIRANDA, Francisco Cavalcanti. *Tratado de direito privado*. 4. ed. São Paulo: Editora Revista dos Tribunais, 1977. vol. XI.

PONTES DE MIRANDA, Francisco Cavalcanti. *Tratado de direito privado*. 4. ed. São Paulo: Editora Revista dos Tribunais, 1983. vols. IV e VI.

PORTO, Mário Moacyr. Ações de investigação de paternidade ilegítima e petição de herança, *Revista dos Tribunais*, São Paulo, nº 645.

POTHIER, Robert Joseph. *Traité de la prescription qui resulte de la possession*. Oeuvres Complètes. Paris: P. J. Langlois, Librairie & A. Durant, 1844. vol. X.

PRUNES, José Luiz Ferreira. *Tratado sobre a prescrição e a decadência no direito do trabalho*. São Paulo: Editora LTr, 1998.

RÁO, Vicente. *O direito e a vida dos direitos*. 2. ed. São Paulo: Editora Resenha Universitária, 1978. vol. II, t. I.

REALE, Miguel. *O dano moral no direito brasileiro* – Temas de direito positivo. São Paulo: Editora Revista dos Tribunais, 1992.

RECHESTEINER, Beat Walter. *Arbitragem privada internacional no Brasil*. São Paulo: Editora Revista dos Tribunais, 1998.

REQUIÃO, Rubens. *Do representante comercial*. 9. ed. Rio de Janeiro: Editora Forense, 2005.

RESTIFFE NETO, Paulo Sérgio. *Lei do cheque*, 4. ed., p. 353, transcrição feita na Apelação Cível nº 70001432004, da 18ª Câmara Cível do TJRGS, j. em 09.07.2003.

RIBEIRO ALICE, Luciana Maria. Prescrição na ação de improbidade administrativa, *Revista da AJURIS – Associação dos Juízes do RGS*, Porto Alegre, nº 102, jun./2006.

RIBEIRO DE SOUZA, J. L. *Servidões*. São Paulo: Livraria Acadêmica Saraiva & Cia., 1931.

RIPERT, Jorge; BOULANGER, Jean. *Tratado de derecho civil*. Contratos civiles. Buenos Aires: Ediciones La Ley, 1965. t. VIII.

ROCHA, Daniel Machado da; BALTAZAR JÚNIOR, José Paulo. *Comentários à lei de benefícios da Previdência Social*. 10. ed. Porto Alegre: Livraria do Advogado, 2012.

RODRIGUES, Sílvio. *Direito civil* – Direito das sucessões. São Paulo: Editora Saraiva, 1972. vol. VII.

RODRIGUES, Sílvio. *Direito civil* – Dos contratos e das declarações unilaterais da vontade. 3. ed. São Paulo: Saraiva, 2003. vol. III.

RODRIGUES, Sílvio. *Direito civil*. Parte geral. 27. ed. São Paulo: Editora Saraiva, 1997. vol. I.

ROQUE, Sebastião José. *Títulos de crédito*. Rio de Janeiro: Editora Forense, 1991.

SALVAT, Raymundo M. *Tratado de derecho civil argentino*. 2. ed. Buenos Aires: Tipografica Editora Argentina, 1957. vol. III.

SANTI, Eurico Marcos Diniz de. *Decadência e prescrição no direito tributário*. São Paulo: Max Limonad, 2000.

SANTOS, Luciana Pereira dos; JACYNTHO, Patrícia Helena de Ávila; SILVA, Reginaldo da. *Imprescritibilidade dos direitos da personalidade*. Disponível em: <http://www.cesumar.br>.

SANTOS, Theophilo de Azeredo Santos. *Manual dos títulos de crédito*. 3. ed. Rio de Janeiro: Companhia Editora Americana, 1975.

SANTOS, Ulderico Pires dos. *Usucapião* – Doutrina, jurisprudência e prática. São Paulo: Editora Saraiva, 1983.

SARAIVA, José A. *A cambial*. Rio de Janeiro: José Konfino Editor, 1947. vol. III.

SERPA LOPES, José Maria de. *Curso de direito civil*. 6. ed. Rio de Janeiro: Livraria Freitas Bastos S. A., 1988. vol. I.

SHIMURA, Sérgio. *Título executivo*. São Paulo: Saraiva, 1997.

SILVA NETO, Orlando Celso. *Comentários ao Código de Defesa do Consumidor*. Rio de Janeiro: Editora Forense, 2013.

SIQUEIRA, Antônio César. A prescrição nos contratos de seguro e o Código de Defesa do Consumidor. *Revista de Direito do Consumidor*, São Paulo, nº 26, abr./jun. 1998.

SOARES, José Carlos Tinoco. *Nome comercial*. São Paulo: Editora Atlas S. A., 1968.

SOUZA, Sebastião de. *Da compra e venda*. Rio de Janeiro: José Konfino Editor, 1946.

STAHNKE, Oscar Breno. *Apontamentos e guia prático sobre desapropriação*. Porto Alegre: Sérgio Antônio Fabris Editor, 1986.

STOCO, Rui. *Tratado de responsabilidade civil*. Doutrina e jurisprudência. 7. ed. São Paulo: Editora Revista dos Tribunais, 2007.

TEIXEIRA, José Guilherme Braga. *Comentários ao Código Civil Brasileiro* (da propriedade, da superfície e das servidões). Coordenação de Arruda Alvim e Thereza Alvim. Rio de Janeiro: Editora Forense, 2004. vol. XII.

THEODORO JÚNIOR, Humberto. Comentários aos arts. 185 a 232. In: TEIXEIRA, Sálvio de Figueiredo (coord.). *Comentários ao Novo Código Civil*. Rio de Janeiro: Editora Forense, 2003. vol. III, t. I e II.

THEODORO JÚNIOR, Humberto. *Curso de direito processual civil* – processo de execução e processo cautelar. 25. ed. Rio de Janeiro: Forense, 1989. vol. II.

THEODORO JÚNIOR, Humberto. *Ensaio sobre decadência, prazo, termo final e extinção de eficácia do negócio jurídico*. Disponível em: <newsletter@lexdirect.com.br>. Edição 2187, de 5.08.2014.

THEODORO JÚNIOR, Humberto. Prescrição e decadência no direito brasileiro. In: CIANCI, Mirna (coord.). *Prescrição no Código Civil*. 2. ed. São Paulo: Editora Saraiva, 2006.

TORRES, Magarinos. *Nota promissória*. 7. ed. Rio de Janeiro: Editora Forense, 1969. vol. I.

VEIGA, Dídimo da. Direito das coisas. In: LACERDA, Paulo de (org.). *Manual do Código Civil brasileiro*. Parte segunda. Rio de Janeiro: Jacinto Ribeiro dos Santos Editor, 1925. vol. IX.

VIANA, Marco Aurélio S. *Comentários ao Novo Código Civil (dos direitos reais)*. Coordenação de Sálvio de Figueiredo Teixeira. Rio de Janeiro: Editora Forense, 2003. vol. XVI.

VIANA, Marco Aurélio S. *Curso de direito civil*. Belo Horizonte: Editora Del Rey, 1993. vol. 1.

VIANNA, Aldyr Dias. *Lições de direito processual civil*. Rio de Janeiro: Editora Forense, 1985. vol. 2.

VIVANTE, Cesare. *Trattato de diritto commerciale*. 3. ed. Milão: Casa Editrice Dottor Francesco Vallardi. vol. III.

VOLKWEISS, Roque Joaquim. *Direito tributário nacional*. 2. ed. Porto Alegre: Livraria do Advogado Editora, 1998.

WALD, Arnoldo. *Curso de direito civil brasileiro* – Obrigações e contratos. 3. ed. São Paulo: Sugestões Literárias S. A., 1972.

WAMBIER, Luiz Rodrigues. Curso avançado de processo civil. In: ALMEIDA, Flávio Renato Correia de.; TALAMINI, Eduardo; WAMBIER, Luiz Rodrigues (coord.). *Processo de execução*. 6. ed. rev., atual. e ampl. São Paulo: Editora Revista dos Tribunais, 2004. vol. 2.

WAMBIER, Teresa Arruda Alvim; MEDINA, José Miguel Garcia. *O dogma da coisa julgada*. São Paulo: Editora Revista dos Tribunais, 2003.

WHITAKER. José Maria. *Letra de câmbio*. São Paulo: Livraria Acadêmica Saraiva S. A., 1950.

ZACLIS, Lionel. *Proteção dos investidores no mercado de capitais*. São Paulo: Editora Revista dos Tribunais, 2007.

ZORTÉA, Alberto João. *A duplicata mercantil e similares no direito estrangeiro*. Rio de Janeiro: Editora Forense, 1983.